KB264745

한국 지성의 소리 1

한국 지성의 소리

언론자료로 본 일본교과서 역사왜곡 **1**

일본교과서바로잡기 운동본부 편

역사비평사

한국 지성의 소리 · 1

지은이 일본교과서바로잡기 운동본부
펴낸이 장두환
펴낸곳 역사비평사

등록 1988년 2월 22일 제1 - 669호
주소 서울시 종로구 계동 140 - 44
전화 영업부 741 - 6123~4
　　　편집부 741 - 6127
팩스 741 - 6126
E-mail yukbi@chollian.net

제1판 제1쇄 2002년 5월 20일

값 30,000원

ISBN 89 - 7696 - 901 - 5 - -03900

* 잘못된 책은 구입하신 서점에서 바꾸어드립니다.

【해제】 되돌아보기, 희망 찾기 - 2001년도 일본의 역사왜곡 파동과 지성의 소리

신주백(성균관대 BK21 연구교수)

일본 중학교 역사교과서의 왜곡된 서술로 인해 2001년에도 국제사회가 크게 반발하였다. 이것이 세 번째였다. 이 대목에서 많은 사람들은 '또 왜곡했어?'라고 반문하면서 '왜 이렇게 자꾸 반복되지?', '교과서문제는 해결될 수 없는 사안일까?'라는 의문을 품게 되었다. 그러면서도 우리는 그 동안 무엇을 했길래 이렇게 당하고만 있는 것인가, 우리는 일본의 역사왜곡을 저지할 능력조차 없는 것인가라고 반문하는 사람도 많았다. 이러한 의문에 조금이나마 도움이 되고자 한국 지성인들의 주장을 한데 모아보았다.

그렇지만 편자는 지성의 소리를 단순히 편집하기 위해 여러 주장을 한 곳에 모은 것이 아니다. 편자는 작년 초부터 1982년도의 역사왜곡 파동 이후 아무것도 제대로 하지 못한 정부, 학계, 시민사회의 모습을 되돌아보기 위해 틈틈이 기사를 모아왔다. 이 자료집은 그것을 바탕으로 편집되었다.[1] 자료집은 우리가 왜 목소리를 높였고, 무엇을 고민했으며, 부족한 것이 무엇인지, 그리고 어떤 해결책(대안)을 찾고 있는지를 집합적으로 확인해보고 싶다는 편자의 개인적인 동기에서 시작한 작업을 출판물로 외화한 것이다. 편자의 문제의식은 지금도 유효하다고 생각하며, 일본의 역사교과서 문제만이 아니라 한국의 교과서에 대한 문제

---

1) 그러다보니 빠진 기사도 있을 것이다. 그것은 편자의 진의가 아니며, 여러 필자분들에게 넓은 이해를 구하고 싶습니다. 1982년도 역사왜곡 파동에 대한 한국사회의 대응에 관해서는 신주백, 「일본의 역사왜곡에 대한 한국사회의 대응 - 새로운 희망을 찾아서(1965~2001)」, 『한국근현대사연구』 17, 2001 참조

제기, 곧 기억을 둘러싼 갈등문제가 해결될 때까지도 유효할 것이다.

자료집에는 역사왜곡 파동과 관련된 보도기사는 수록하지 않았다. 그것까지 포함시키기에는 분량이 너무 방대해질 뿐만 아니라 편자의 생각을 드러내기에 부적절하다고 판단되었기 때문이다. 대신에 한국의 주요 일간지, 주간지, 월간지에 게재된 논평 또는 시평류의 글을 중심으로 편집하였다. 또한 외국인의 글과 독자투고, 기자들의 분석적인 글과 대담 기사도 수록하였다. 다만, 특정 언론의 입장이 반영되어 있는 사설은 편집에서 제외하였다.

2001년도 역사왜곡 파동은 2000년 8월경부터 점차 우리의 관심사로 부각되기 시작하였다. 그리고 2002년도 현재 '한일역사공동연구기구'의 결성과 '일본역사교과서바로잡기 운동본부'라는 시민운동 단체의 상설화로 이어졌다. 이제 또다른 한 과정이 시작되고 있는 것이다. 그래서 자료집에 수록된 글도 이 기간에 게재된 것으로 한정하였다.

개관

일본의 중학교 역사교과서의 심각한 사실왜곡이 국내 언론을 통해 본격적으로 전달되기 시작한 것은 2000년 8월경부터였다. 이때까지만 해도 국내의 언론과 학계에서는 그 심각성에 적극 주목하지 않았다. 교과서의 왜곡내용이 어떠하다는 정도의 개괄적인 보도기사만 나왔을 뿐이며 극히 일부의 연구자와 학회에 의해 문제의 심각성이 제기되는 정도에 그쳤다.[2] 따라서 분석적인 글도 거의 나오지 않았다.

일본의 역사왜곡 문제는 2001년도 2월 말경 검정통과가 확실해지면서부터 한국사회의 여론을 들끓게 하는 뜨거운 감자로 되었다. 언론에서 연일 대대적으로 보도하고, 국회의 해당 상임위원회에서도 이 문제를 다루는 등 세간에 큰 주목을 받게 된 것이다. 또한 3월에 '일본교과서 개악저지 운동본부'가 발족되고, 4월에 운동본부가 상설 기구로 되었으며, 정부에서도 대책반을 구성하였다. 같은 달에 일본 문부과학성에서 '새로운 역사교과서를 만드는 모임' 측이 만든 후소

---

2) 강창일, 「황국사관의 망령을 본다」, 『한겨레신문』 2000. 8. 18 ; 정재정, 「日의 교과서 개악과 한국의 자세」, 『朝鮮日報』 2000. 10. 1 ; 「일본의 역사왜곡에 대한 우리의 입장(2000. 11. 14)」(역사학회 · 역사교육학회 · 한일관계사학회)(이원순 · 정재정 편저, 『일본 역사교과서, 무엇이 문제인가』, 동방미디어, 2002, 153～157쪽)

샤의 역사교과서가 검정을 통과했다고 발표하였다.

이즈음부터 한국정부의 수정요구 사항에 대해 사실상 거부의사를 밝힌 답변서가 공포된 7월 9일을 전후한 시기까지, 각 언론에서는 역사왜곡의 내용과 그 배경 등에 관해 분석적인 글을 집중적으로 게재하였다. 심지어 일본의 보수·우익을 대변하는 산케이신문을 분석하고, 새로운 역사교사서를 만드는 모임의 회장인 니시오 간지의 주장을 게재하는 언론도 있었다. 각 TV방송국에서도 이와 비슷한 내용을 집중적으로 분석한 기획프로그램을 여러 차례 방송하였다. 2000년 3월 국내 일간지에 '새로운 역사교과서를 만드는 모임' 측의 교과서가 검정을 신청했다는 보도가 나온 이후 1년여 만에 분석적인 접근이 나오기 시작한 것이다. 그러나 정부의 늦장 대응을 꼬집는 비판기사는 많았어도 일본사회의 변화를 국민들에게 올바로 전달하지 못한 언론 자신의 반성, 지성인들의 비판적 자기 성찰은 아주 드물었다.

일본정부의 수정거부에 대해 한국정부는 문화개방의 중단, 국제기구를 통한 압력 등 다양한 대응방법을 내놓기 시작하였다. 이에 대해 민간인 교류, 특히 학생 교류를 중지한 정부의 조치는 근시안적인 정책결정이라는 비판이 제기되었고, 정부도 얼마 안 있어 이를 정정하였다. 또한 정부의 보복조치가 미칠 영향력과 실효성에 의문을 품으면서 일본의 역사왜곡을 어떻게 하면 해결할 수 있을까를 고민하는 글이 7월과 8월에 많이 발표되었다. 특히 후소샤 교과서의 채택률이 0.039%에 그치면서 민간 교류의 중요성을 강조하는 주장이 많이 제기되었다.

2001년 10월 15일 일본의 고이즈미 총리가 방한하여 양국 간의 정상회담이 이루어졌다. 고이즈미의 야스쿠니신사 참배와 꽁치파동으로 한일관계는 꼬일 대로 꼬여 있던 상황이었다. 정상회담에서는 한일역사공동연구기구의 설치를 합의하는 등 두 나라 사이의 현안을 해결하려는 전환점이 마련되었다. 그럼에도 불구하고 국내에서는 1995년의 '무라야마 담화'와 1998년의 '한일파트너십선언'에 연연해 하는 정부의 대일 외교정책이 정교하지 못하다는 비판이 제기되었다. 얻은 것이 무엇이냐는 비판도 제기되었다. 다른 한편에서는 역사왜곡 문제를 해결하기 위해 어떤 원칙과 장기적인 전망을 수립해야 하는가를 고민하는 글도 많이 발표되었다.3)

---

3) 이상의 2002년도 역사왜곡 파동에 대한 자세한 언급은 신주백, 앞의 논문 ; 신주백, 「2001년 일본의 역사왜곡 파동을 되돌아보며」, 『내일을 여는 역사』 7, 2001 참조

편자는 이러한 고민의 연장선에서 앞으로 한일 간의 활발한 민간 교류가 이전에 비해 더욱 왕성하게 이어질 것으로 본다. 그 대표적인 보기가 정부와 민간이 합동으로 참여하는 한일역사공동연구기구의 출현과 시민단체로서 우리의 교과서만이 아니라 아시아의 역사교육 네트워크를 구축하기 위해 결성된 일본역사교과서 바로잡기 운동본부의 결성일 것이다.

이상과 같은 흐름을 1982년도와 비교했을 때 크게 바뀐 점이 무엇인지 간략히 비교해보자.4)

첫째, 한국사회는 극단적인 주장과 감정적인 대응을 자제하며 역사왜곡 문제를 어떻게 해결할 것인가를 구체적인 원칙과 대안을 제시하며 진지하게 고민하였다. 더구나 이를 장기적이고 지속적으로 구체화하기 위한 노력이 민간과 정부 차원에서 다양하게 이루어지고 있다.

둘째, 일본의 역사교과서를 비판하는 와중에서 우리의 역사교과서와 역사교육을 되돌아보는 주장이 참으로 많이 제기되었다. 교육시간의 축소와 한국근현대사를 심화선택과목으로 전락시킨 교육정책에 대한 비판을 중심으로 문제제기가 있었지만, 민족사관을 새롭게 확립하는 방향으로 결론지어진 1982년도와 달리 인류의 보편적 가치를 강조하는 방향에서 역사교육을 실시해야 한다는 주장도 있었다. 훨씬 열려진 자세로 문제에 접근하였던 것이다.

셋째, 각 지방 자치단체는 중앙 정부만을 쳐다보며 일본의 역사왜곡에 대해 아무런 발언을 할 수 없었던 1982년과 달리 자매결연을 맺고 있는 일본측 자치단체에 대해 적극적으로 문제를 제기하였다. 실제 민간 단체의 적극적인 문제제기와 함께 각 지방 자치단체의 왕성한 활동이 후소샤 역사교과서의 채택률을 낮추는 데 큰 역할을 하였음은 부인할 수 없는 사실이다. 이는 풀뿌리 민주주의의 중요성을 새삼 확인할 수 있었던 순간이었으며, 다양하고 유연해지고 있는 한국사회의 흐름을 보여주는 활동이기도 하였다.

2001년도 일본의 역사왜곡에 대해 발언한 사람들을 보더라도 이전과 확연히 달랐다. 한국사회에 관심이 많은 여러 외국인 연구자들의 주장이 언론을 통해 우리에게 그대로 전달되었다. 일본의 와다 하루키(和田春樹), 야스마루 요시오(安

---

4) 일본사회는 2001년도 기억을 둘러싼 한일 양국 사이의 갈등과정에서 나타난 한국사회의 변화된 주장과 행동을 제대로 보지 못했다. 특히 지식인들의 주장, 시민단체의 이성적인 대응, 지방자치단체의 대응 등이 그러한 경우이다.

丸良夫), 미국의 스칼라피노, 브루스 커밍스 등이 대표적인 사람이다. 특히 와다 하루키는 일본의 현장에서 직접 행동으로 자신의 양심을 표현하면서 한국의 언론에도 여러 편의 글을 게재하였다. 또한 재일한국인 연구자인 강상중, 윤건차, 이종원 등이 역사왜곡 파동에 대해 국내 연구자들이 분석하지 못했거나 발언하기를 꺼려하는 부분까지 언급하며 생생하고 날카로운 분석을 많이 내놓았다.

한국에서도 한국사와 정치학, 일본학을 연구하는 연구자를 중심으로 많은 사람이 다양한 주장을 제기하였다. 그럼에도 불구하고 일본사회, 특히 '새로운 역사교과서를 만드는 모임' 측이 한국사회의 움직임에 대해 제기한 비판을 역비판할 수 있는 논리를 제시하지 못한 경우도 많았다. 예를 들어 일본 역사교과서의 사실왜곡에 대해 한국사회가 문제를 제기하는 것을 일본에서는 내정간섭이라며 반발하는 사람도 있었고,[5] '새로운 역사교과서를 만드는 모임' 측이 '해석은 우리 마음'이라는 입장에서 자신을 정당화하는 경우에서 알 수 있듯이,[6] 일부 일본사회에서 제기하는 부당한 주장에 대해 정면으로 비판하는 필자는 많지 않았다. 더구나 언론매체 이외에 학술지 등을 통해 일본의 역사교과서를 전면적으로 분석하고 비판한 연구자는 그다지 많지 않았다. 일본 교과서의 구체적인 문제점은 국내에 번역된 일본측의 분석논문을 참조하는 경우가 더 많았다. 이제는 우리의 능력으로 일본과 중국의 자국사와 세계사 교과서 전반을 구체적이고 세심하게 분석한 글이 나와야 한다. 이제 팥빵에서 팥만 쏙 빼먹듯이 일본의 교과서에서 우리와 관련된 부분만을 분석하는 접근방식 자체는 지양되어야 할 것이다.

일본은 왜 자꾸 역사를 왜곡하는가

강상중은 역사왜곡 파동이 한국사회를 들끓게 만들기 이전인 2000년 10월 일

---

5) 그렇지 않은 이유를 간략히 언급하면, 문부과학성이 집행하는 일본의 검인정 제도에 1차적인 원인이 있다. 또한 청일전쟁, 러일전쟁, 그리고 아시아태평양전쟁은 아시아인의 공동의 기억이지 일본인만의 기억이 아니라는 점에서, 더구나 제대로 된 사과와 배상도 받지 못한 피해자의 입장에서 상처 난 기억을 치유하기 위해 목소리를 높일 수 있다.

6) 사실을 바탕으로 인류의 보편적 가치를 숭고하게 생각하도록 가르치는 교육은 역사교육의 기본이다. 또한 인간은 타자를 의식하고 깨달으며 자신의 정체성을 찾는다. 타자를 비하하고 무시하는 주장은 자신의 정체성조차 비틀리게 한다. 일본인들이 2001년도 한국사회의 변화를 제대로 보지 못했다고 앞서 지적했던 이유의 하나도 여기에 있다.

본의 보수·우익이 역사를 왜곡한 이유를 다음과 같이 설명하였다.

일본에서 '역사 수정주의' 움직임의 배경엔 보수적 내셔널리스트, 그리고 당파·조직과 연계돼 이어져 내려오는 전후 민주주의 체제와 헌법에 대한 강한 거부감이나 반발심이 존재하고 있다. 확실히 많은 일본 국민은 미국의 '관대한' 점령 정책과 미·일 안보에 의해 일본의 기적적인 경제성장이 달성됐다고 믿으며, 전후 민주주의의 가치관이나 제도를 받아들여왔다.

그러나 한쪽에서는 전전과 전후의 연속을 상징화하는 천황제가 온존하고, 요시다 시게루처럼 전전의 보수적인 세력을 대표하는 인물이 전후 최대의 '권력 브로커'로서 일본 정치의 틀을 짰다. 역사의 명확한 단절이 이루어지지 않은 채 대미 일변도의 국제관계를 통해 일본의 부흥과 번영이 달성되어왔다.

한편 동아시아에서는 일본의 패전과 동시에 중국 내전과 한국전쟁 등 냉전의 치열한 대립이 전쟁으로 번졌고, 그로 인해 일본의 전전 역사를 엄중히 추궁할 기회를 갖지 못했다. 또 냉전시대 미국을 중심으로 하는 동아시아의 국제 반공동맹 결성을 위해 A급 전범에 해당하는 정치가나 보수적 내셔널리스트들이 대만·한국과 일본을 중개하는 로비스트로 암약, 식민지 지배에 대한 역사인식을 국민적 차원에서 공유하면서 밑에서의 우호관계를 심화시키는 작업은 거의 이루어지지 못했다.

그러나 1980년대 이후 미국 경제에 도전할 수 있을 정도의 대국으로 등장한 일본에 대해 미국은 과거와 같은 관대한 패권국가로서의 대일 정책을 변경, 오히려 자국의 이익 추구를 위해 경제적으로 강하게 일본에 대한 요구를 밀어붙였다. 그리고 성장한 한국과 대만, 중국 등 동아시아 여러 나라들에 민주화의 물결이 퍼지고 '독립변수'로서의 지위를 획득해 나가면서, 냉전 아래서 일본이 누릴 수 있었던 좋은 조건들이 상실돼갔다.

그런 과정에서 냉전과 독재 가운데 밀봉됐던 과거 역사의 기억이 해당 피해자들의 육성으로 공개되고, 동결됐던 역사 문제가 돌연 정치의 장으로 부각된 것이다.

1990년대 이후 일본은 정치·경제·사회·문화·안전보장 등의 각종 분야에서 '잃어버린 10년'이라 불릴 정도로 '제도 피로'와 폐색감(패배감)이 깊어져갔다. 그 반발로서 역사의 표면에서 자취를 감춘 줄 알았던 보수반동적 내셔널리즘의 움직임이 전후 체제 전반에 대한 재검토와 일본의 자존심, 일본 역사의 명예로운

회복 등을 부르짖으며 조직적인 운동을 전개하게 된 것이다.[7]

요컨대 강상중은 전쟁책임을 묻지 않은 미국의 전후처리와 그에 따른 천황제 온존 및 보수·우익 세력의 활개, 아시아의 경제성장과 정치적 민주화, 그리고 일본의 정치혼란과 경제불황이란 점에서 역사왜곡 파동이 반복되는 원인(遠因)과 2001년도 역사왜곡 문제가 발생한 근인(近因)을 찾고 있다.

국내 언론에서 2001년 2월 말경까지도 이처럼 분석한 경우는 드물었다. 대부분 교과서의 왜곡 내용을 지적하는 데 그쳤을 뿐이다. 그렇지만 4, 5월경에 이르면서 일본의 역사왜곡이 되풀이되는 원인과 2001년도 역사왜곡의 정치적 목적, 이에 따른 대응방안에 대해 활발한 분석이 이루어진다. 그 중 몇 개의 보기를 들어보겠다.

문제의 근본(반복) 원인 : 일본이 역사교과서 왜곡 문제 등 일본의 과거 제2차 세계대전에서 인류에 끼친 제국주의적인 죄악을 부인하고 있는 것은 그때 당시 전승국인 연합국의 패전국 처리에 있어서 독일과 일본에 대한 처리 방식의 차별성에서 비롯된 측면을 우리는 주목해볼 필요가 있다. …… 미국의 일본에 대한 종전 처리 과정에서 보여줬던 일본에 대한 전쟁책임의 사실상 면책에서 오늘의 일본국민과 일본정부 그리고 학자들의 역사교과서 왜곡은 싹텄다고 보는 것이 정확한 표현이라고 생각한다.[8]

역사왜곡의 목표 : 삼두마차(자민당 우파·새로운 역사교과서를 만드는 모임·산케이신문 - 인용자)가 지향하는 마지막 목표는 물론 교과서 시장 10% 점유가 아니다. 그들은 여세를 몰아 천황제 국가로 복귀, 헌법 개정, 핵무장 등을 향해 힘차게 삼두마차의 바퀴를 굴러가려들 것이다.[9]

때늦은 분석이었지만, 여러 언론에서 역사왜곡 문제의 본질을 많은 사람에게 전달하고, 그들이 차분하게 대응할 수 있게 하는 데 큰 도움이 되었을 것이다. 9월에 이르면, '잃어버린 10년'을 극복하려는 일본사회의 우경화를 촉진한 요인 가운데 하나로 미국의 전략을 지적하는 분석까지 나왔다. 즉 미국이 일본을 안

---

7) 「日교과서 '역사왜곡' 음모」, 『朝鮮日報』 2000. 10. 12
8) 홍재희, 「일본 역사교과서 왜곡과 미국 그리고 우리의 대응」, 『한겨레신문』 2001. 4. 16
9) 「'천황국가 부활' 위해 우향우」, 『시사저널』 599, 2001. 4. 19

보정책의 파트너로 삼으려는 세계전략의 일환으로 평화헌법을 개정하도록 권고하였다는 것이다.[10]

하지만 한국사회에는 한일 간의 역사인식을 둘러싼 외교마찰을 역사적이고 구조적으로 보려는 인식이 아직까지 널리 자리잡고 있지 않은 것 같다. 왜냐하면 2001년 10월 한국정부는 한일 정상회담을 계기로 일본에 대한 보복조치를 해제하기 시작했는데, 여기까지 오는 과정에서 9·11테러와 꽁치분쟁이 역사왜곡 파동에 끼친 영향을 종합적으로 분석하고 논하는 글을 찾기가 어려웠기 때문이다.

2001년도 파동에 대해 어떻게 대응했는가

일본정부는 2001년 4월 3일 후소샤의 교과서를 비롯해 8종의 중학교 역사교과서의 검정을 통과시켰다고 발표하였다. 이에 대해 정부도 나름대로 대응조치를 강구하기 시작하였고, 여야도 한 목소리로 대일 강경조치를 촉구하며 일본 문부상의 교체, 일본의 유엔 안보리상임이사국 진출 반대 등을 두 나라 정부에 요구하였다. 심지어 한나라당은 "정부가 이 문제를 바로잡지 못하면 존재가치가 사라진다"며 주일대사의 소환, 한일 문화교류의 일단 중지, 일본 대중문화 수입 일정의 재검토, 중국·북한 등 동남·동북아 국가와의 연대를 통해 일본 물자 안 쓰기 운동을 벌이자고 제안하였다.[11] 온 사회가 강경 일색의 여러 가지 대책을 제시하도록 한국정부에 요구했지만, 그것이 정말 실효성 있는 대책인가에 대해 어느 정도 확신을 했는지 의문이다.[12] 한국사회가 그만큼 구체적이고 효과적인 대응방안을 갖고 있지 못했던 것이다. 심하게 말하면 목소리만 높인 대응이었다고도 말할 수 있을 것이다. 그리하여 "정말 자신이 있는가", "카드가 없다면 차라리 화해를 하는 것이 낫다"는 주장까지 제기되었다.[13]

한편, 시민운동 차원에서 전개되고 있던 결의대회, 화형식, 불매운동과 같은

---

10) 「美·日 간 '야스쿠니음모'를 아십니까」, 『뉴스메이커』 438, 2001. 9. 6
11) 『연합뉴스』 2001. 4. 4. 이런 정도의 요구사항이라면, 지금의 야당이 집권했어도 일본의 역사왜곡에 대한 대응에서는 현 정부와 그다지 차이가 없었을 것 같다.
12) 정부의 대응카드에 대한 의문은 7월 12일 문화개방을 무기한 연장한다는 정부 발표가 있기 전부터 있었다. 예를 들어 『中央日報』 7월 9일자 참조
13) 정운영, 「정말 자신 있는가」, 『中央日報』 2001. 7. 13 ; 이신우, 「춤추는 한·일 외교」, 『文化日報』 2001. 10. 15

대응방법에 대해 다음과 같은 비판적인 주장이 제기되었다.

주장 1 : ……한국측의 개정 요구를 일본정부가 더이상 들어줄 수 없다고 최후 통첩하자 아니나 다를까, 서울시내 곳곳에서 일본 국기를 불태우거나 일본상품 불매운동 내지 화형식이 벌어졌다. 한국사회에서 가공할 최면력을 발휘하는 '애국심'이나 '민족주의'라면 딱히 반박할 여지도 없지만 그렇다 해도 무슨무슨 결의대회가 과연 얼마나 실질적인 효과를 발휘할지는 알 길이 없다. ……남의 나라 국기를 불사르는 일은 자기 만족의 효과보다 상대국 시민의 분노를 자극하는 부작용이 더 클 뿐이고, 일본상품 화형식 또한 산업의 국가간 상호의존도를 이해하지 못하는 전근대적 의식에 지나지 않는다.[14]

주장 2 : 교과서 문제를 핑계삼아 전개되는 일본제품 불매운동은 아무런 의미도 없다. 일본제품을 선호하고 일본제품의 홍수에 잠기다시피 한 생활 실태로 보건대, 불매운동은 단순한 감정의 발로에 불과하며, 외부에서 보면 편협한 민족주의 그 자체다. 정말로 일본제품의 범람(汎濫)이 한국사회에서 문제가 된다면, 그것은 정부의 경제·무역 정책 문제로서 담담하게 처리하면 되는 일이다. '민족'을 앞세운 불매운동은 사고를 편협하게 만들 따름이다.[15]

역사왜곡 파동이 한국과 일본 사이에 민족(국가) 대 민족(국가)의 대결국면이었다는 현실을 숨길 수 없지만, 그 대응방법으로 민족을 내세우는 것에 대해 제동을 거는 주장이 제기된 것이다. "이제 민족 대 민족의 대결적 도식은 지양돼야 한다"는 같은 결론에 도달하면서도, 그 근거를 일본 내에 다양한 양심세력이 있다는 현실에서 찾는 주장도 있었다.[16] 1982년도 역사교과서 파동에서는 찾아볼 수 없는 주장으로서 여러 사람들 사이에 상당한 설득력을 발휘했을 것이다. 이는 한국사회에서 극단적인 내셔널리즘을 주장하는 사람들의 설 땅이 상당히 좁아졌음을 의미하는데, 일본사회의 양심세력조차 이러한 변화를 제대로 읽지 못하였다.

---

14) 이신우, 「시론 : 결의대회식 대처방법」, 『文化日報』 2001. 7. 2
15) 윤건차, 「역사교과서 왜곡문제 해결을 위한 제언 '민간 공동연구부터 하자'」, 『新東亞』 2001년 7월호
16) 유혁수, 「재연된 日 역사교과서 파동의 이면」, 『뉴스메이커』 409, 2001

그러면 우리는 어떠한가

한국사회는 효과적인 대응책을 뚜렷하게 내놓지 못하고 있는 가운데서도 자신을 되돌아보려는 노력을 계속하였다. 일본의 역사왜곡 파동이 역사교과서의 서술로부터 제기된 사인이었기 때문에 특히『국사』교과서의 내용과 제7차 교육과정에 따라 실시되는 국사교육에 관한 문제제기가 많았다. 대부분의 비판자들은 제7차 교육과정의 실시에 따라 중학교의 국사 수업시간을 축소하고 고등학교의 한국 근·현대사를 선택과목으로 바꾼 조치로 인해 역사교육이 부실화될 우려를 지적하였다. 또한 우리의 국사교과서가 수난과 투쟁의 역사, 한일관계에 지나치게 편중된 역사, 민족주의의 과잉이라는 문제점을 갖고 있다는 지적이 있었다.

이러한 비판에 대해 수업시간 등에서 국사교육의 비중이 제6차 교육과정에 비해 낮추어진 것이 아니며 일본에도 뒤지지 않는다는 반박이 있었다. 그러면서 다음과 같은 관점에서 국사교육의 문제를 지적해야 한다는 반박도 있었다.

자라나는 학생들의 교육과정을 어떻게 구성해야 하는가는 특정 교과서의 관점에서만 볼 수 없다. 역사학계의 입장에서는 우리나라가 IMF 구제금융을 받고, 이를 극복해가는 과정이 현대사의 중요한 사실이라고 주장할 수 있다. 그러나 현대사의 많은 부분은 역사과목보다도 정치·경제·사회·문화 영역을 다루는 사회과목에서 다루는 것이 더 합리적일 수도 있다. 교육과정은 특정 교과의 관점에서가 아니라 '학생들이 무엇을 어떻게 배우는 것이 가장 타당한가'의 관점에서 구성하고 있다는 것을 말씀드린다.[17]

실제 제7차 교육과정의 의도를 염두에 두고 다른 과목과 비교하는 가운데 국사교육의 방향과『국사』교과서의 내용을 검토하는 경우는 드물었다. 그럼에도 불구하고 제7차 교육과정에 따른 중고등학교의 국사교육이 본격화되는 2002학년도부터 다음과 같은 현상이 나타날 것은 확실하다.

학교가 학생들에게 한국 근·현대사 선택을 권장한다고 하더라도 학생들이 선

---

17) 성삼제, 「'국사교육위기'는 과장」,『朝鮮日報』2001. 7. 25

뜻 이를 선택할지는 의문이다.

대학입학에 모든 공부의 초점을 맞추고 있는 우리의 현실에서 다른 사회과 과목에 비해 학습 부담이 많은 한국 근·현대사를 많은 학생들이 선택하리라고 기대하기 어렵다. 그것은 현재도 특정 교과목에 학생들이 몰리고 있는 상황을 보면 쉽게 짐작할 수 있다. ……

더구나 현실적으로 중·고등학교에서 선택과목은 학생의 희망보다는 교사의 수급이나 수업시수 조정과 같은 다른 요인에 의해 결정될 가능성이 크다.

가장 우려되는 것은 많은 학생들이 중·고등학교 동안 우리 사회와 삶의 형성이나 변화와 직접적으로 관련된 역사를 거의 배우지 못할 수도 있다는 점이다.

제7차 교육과정에서 중학교 국사는 정치사 위주의 통사로 구성돼 있다. 근·현대사의 경우 다른 분야의 역사는 제대로 다루고 있지 않다. 고등학교 1학년의 국사는 거의 대부분 전근대사로 구성돼 있으며, 근·현대사는 정치사만 형식적으로 포함돼 있다.

결국 한국 근·현대사를 선택하지 않는 학생들은 근·현대의 경제·사회·문화에 대해 전혀 배우지 않고도 중·고등학교를 졸업하게 된다. 당연히 근래 강조되고 있는 인간의 생생한 삶의 모습을 담은 사회사나 생활사에 대한 교육은 아예 엄두도 내지 못할 실정이다. ……18)

역사를 사회교과에 포함시켜야 한다는 주장에 대해 실제 제기되었거나, 제기될 문제점을 갖고 비판한 지적으로 타당한 문제제기이다. 다만, 국사교과서와 국사교육을 우려한 여러 글 가운데 역사과를 사회교과에 포함시킨 현행제도를 역사과의 독립 교과화 또는 지리역사과로 개편해야 한다고 전제하며 제7차 교육과정의 문제점을 지적한 경우는 그다지 보이지 않았다. 여기에서 출발하지 않는 역사교육의 강조는 과목 이기주의로 비쳐질 가능성도 있음을 부인할 수 없을 것이다.

앞으로 어떻게 해야 하는가

먼저 일본의 미래는 어떻게 될 것인가. 한국사회는 일본의 우경화가 곧 '고이즈미 현상'이라고 보았다. 그런 우경화의 연속선상에서 볼 때 일본의 군국주의

---

18) 김한종, 「국사교육 편제 바꿔야」, 『中央日報』 2001. 5. 2

는 과연 부활할 것인가. 다음 주장과 대담 내용은 이에 대해 우리의 섬세한 판단이 요구되고 있음을 시사해준다.

주장 1 : 문제는 이러한 일본의 한계(독일이 될 수 없는 한계 - 인용자)가 국수주의로 발전할 것인가이다. 그러나 미일안보조약과 문제의 교과서 0.4% 채택률이라는 참패를 안겨준 일본의 건전한 시민사회가 존재하는 한, 국가주의적 경향이 강화될 수 있어도 과거와 같은 군국주의가 부활할 가능성은 거의 없다. 따라서 필요 이상의 과민반응을 보이는 것은 우리 자신을 위해 이롭지 못하다.[19]

주장 2 : 박규태 - 현재 한국에는 야스쿠니신사 참배를 비롯한 일본사회의 우경화를 통해서 일본의 군국주의가 부활하려고 하는 것은 아닐까라는 우려가 높아지고 있다. 어떻게 생각하는가?

야스마루 요시오 - 먼저 '군국주의'라는 용어의 정의를 확실히 해야 한다. 나는 이제는 일본에서도 서구에서도 국민 모두가 전쟁에 참가하는 그런 성질의 군국주의는 일어나지 않을 것이라고 생각한다. 그러나 군사력을 약자에게 행사하는 군국주의는 현실적인 문제라고 본다. 최근의 미국의 군사 개입이 바로 그것이다. 글로벌 자본주의 아래서 그러한 개입이 요구되면 일본도 거기에 참여하는, 그런 군국주의 방향으로 급속히 나아가고 있다고 본다.[20]

야스마루의 주장처럼 분명한 것은 일본의 우경화가 1945년 8월 이전의 일본 군국주의와 같은 양상으로 전개되지는 않을 것이다. 그렇지만 지금의 우경화 현상은 평화헌법의 개정, 자위대의 군사력 강화와 대외활동의 합법화 시도 등으로 상징되듯이 이전에 볼 수 없었던 새로운 모습이다. 이를 신군국주의, 신대국주의라고 말할 수 있다.

지금 일본의 우경화는 미국에 대한 자립적인 노선을 포기하고 미국과의 동맹을 강화하는 바탕 위에서, 다국적 기업으로 성장한 일본 기업의 이해를 보호하기 위해 세계의 자유무역을 주장하는 방향으로 가고 있다. 일본의 보수·우익 세력은 '립서비스'를 통해 과거사로부터 어느 정도 단절하려 하고 있으며, 국제협조 또는 국제공헌이라는 명분을 내세우면서 미국과의 군사적 동맹을 강화하고 유엔의 활동에 적극 참여하려 하고 있다. 그들은 이를 통해 일본 내 양심세력

---

19) 신지호, 「제언-일본은 독일이 될 수 없다」, 『文化日報』 2001. 8. 18
20) 「일본의 우경화를 어떻게 볼 것인가」, 『교수신문』 2001. 8. 27

과 아시아권의 반발도 돌파할 계산인 것이다. 이때 천황은 일본적 내셔널리즘의 중심적인 위치에 있지 않게 된다. 활용의 대상일 뿐인 것이다.[21]

자기중심적이고 완강해지고 있는 일본의 내셔널리즘을 수정하며 동아시아의 네트워크를 구축하기 위해 우리는 단계적이고 장기적인 노력을 꾸준히 지속해야 한다. 사실 2001년도 역사왜곡 파동에서 무조건적인 강경 대응을 외치는 주장은 대세가 아니었다. 장기적으로 일본의 양심세력 및 동아시아의 여러 나라와 연대하며 꾸준히 노력해야 한다는 주장이 대부분이었다. 그 이유를 다음 두 논자의 글에서 확인할 수 있다.

주장 1 : 교과서 문제는 일본에 천황제가 있는 한 피할 수 없다. 일본의 근본이 바로 '황국사관'이다. 우리는 보다 장기적으로 대응해야 한다.[22]

주장 2 : 가장 중요한 것은 '일본은 독일이 될 수 없다'는 사실이다. 천황제의 존재와 속 좁은 계산을 넘어서지 못하는 그릇된 국익개념에 사로잡혀, 일본은 과거사의 속박으로부터 벗어나지 못하고 있다. 일본의 이 같은 '역사적 상상력의 결핍 현상'은 쉽게 극복되지 않을 것이다. 따라서 역사문제는 앞으로도 상당 기간 골칫거리로 남을 것이다.[23]

그러면 우리는 오랜 기간 동안 어떤 노력을 기울여야 하는가. 모든 문제의 해결을 정부에 기대하던 관행, 모든 잘못을 정부의 탓으로만 돌리던 습성은 2001년도 역사왜곡 파동에서도 되풀이되었다. 그렇지만 2000년에 상대국을 방문한 한국인과 일본인이 400만 명을 넘어섰다. 그만큼 접촉의 계기와 측면이 다양해지고 있는 것이다. 전략적으로 기획된 확고한 대일정책을 수립하고 노력하는 모습을 정부에서도 보여주어야 하겠지만, 이번 역사왜곡 파동 때 전개된 한일 양국의 시민운동에서 확인할 수 있듯이 시민단체 상호간의 적극적인 교류도 그에 못지 않게 중요하다. 상처난 기억을 되새김하는 한일 두 나라 사이에 작업의 역사는 그다지 오래되지 않았다. 독일과 폴란드, 독일과 프랑스의 경우에서 알 수 있듯이, 기억의 차이를 되새기는 데 많은 시간이 필요할 것이다. 우리의 끈기와

---

21) 일본의 신군국주의, 신대국주의에 대해서는 渡辺治, 『日本の大国化とネオ・ナショナリズムの形成』(桜井書店, 2001)을 참조하였다.
22) 『朝鮮日報』 2001. 4. 25 대담 중 공노명의 발언 가운데 일부다.
23) 신지호, 「제언-일본은 독일이 될 수 없다」, 『文化日報』 2001. 8. 18

진지함이 그 어느 때보다 필요한 시점이다. 기억을 둘러싼 갈등을 치유하는 과정에 전문적인 연구자들의 적극적인 동참 또한 필요하다. 구체적이고 정리된 근거를 가지고 서로의 기억을 되새길 때만이 과거의 상처난 기억은 치유될 수 있기 때문이다.[24)]

---

24) 예를 들어 우리는 일본의 우익과 보수 세력을 구분하지 않고 '보수우익세력'이라고 뭉뚱그려 비판하고 있다. 또한 1937년 이후 일제의 강제동원으로 사상(死傷)한 사람이 어느 정도인지를 자료적 근거를 가지고 합의된 결론에 도달한 적이 없다.

한국 지성의 소리 1 · 차례

<일간지>

언론자료로 본 일본교과서 역사왜곡

일간지

【기고】 황국사관 망령을 본다

『한겨레신문』 2000. 8. 18

'새 역사교과서를 만드는 회'라는 일본우익집단이 만든 중학교 사회과 역사교과서가 문부성 검정 통과가 확실시돼 2002년부터는 사용될 거라고 한다.

이 우익집단은, 1996년 일제의 패전 50년을 '총결산'한다는 취지에서 결성됐는데, 역사전문연구자는 거의 찾아보기 어렵고 만화가·교육학자·독문학자 등 잡다한 우익적인 문화인이나 지식인들이 스스로 애국자인 양하면서 이름을 내걸고 있다. 이들은 기존의 역사교과서가 패전으로 인한 '자학사관'이나 반일본적인 유물사관에 의해 서술됐다고 비판하면서 애국주의와 자유주의 사관에 의해 새롭게 역사교과서를 만들어야 한다고 주장해왔다. 그 주장이 너무나 허무맹랑한 것이어서 역사학계에서 냉담한 반응을 보이자 우익적인 정치세력과 손잡고 애국운동으로 발전시켜나가더니 바야흐로 이제는 자민당과 문부성을 움직여 망론(妄論)으로 가득 찬 교과서까지 만들게 됐다.

이들의 주장은 종래 우경화된 정치가가 내뱉던 망언의 내용과 같다. 이들에게 있어서 일본의 과거역사, 즉 천황이 통치하는 신국인 일본에 의해 이루어진 모든 사실은 합리화되고 정당화된다. 감히 현인신(現人神)인 천황의 행위에 대하여 인간이 이러쿵저러쿵 재단하는 것은 있을 수 없다는 황도주의사관에 입각한 역사인식이고 해석이다. 여기에서 과학적이거나 비판적 역사인식은 비애국적인 것으로 매도된다. 군국주의 시대 황국사관이 다시 재생해 활보하고 있는 형상이다.

일제가 패망하고나서도 우익적인 인사들에 의해 망언이 줄곧 발설됐다. 이에 대해 우리는 이를 '망령된 헛소리' 정도로 치부해왔다. 그러나 그런 작태가 줄곧되고 오히려 시간이 흐를수록 더욱 기승을 부리게 되자 그 배경, 목적, 효과 등에 눈을 돌리게 됐고 그것을 간파할 수가 있었다. 패망하고나서도 스스로 과거를 청산하지 못한 일본의 구조적 한계라는 점, 침략주의 시대의 역사인식과 정신구조를 현대일본이 고스란히 계승하고 있다는 점, 망언은 고도의 정치적 행위로 그를 통해 스스로 애국자연할 수가 있고 일본국민을 애국주의로 무장시키려는 파쇼적 책략이라는 점, 그 배경에는 천황제의 주술이 깊게 드리워져 있다는 점, 그들의 망론이 이제는 일본적인 상식이 되고 있다는 점 등등이다.

천황제 군국주의가 패망했을 때 황국 관료들은 전쟁의 책임을 지고 당연히 정리됐어야 했다. 그럼에도 동서냉전의 구조가 형성되면서 이들은 부활해 현대일본을 장악하고 농락해왔다. 그리고 그들 후예들이 확대재생산돼 또다시 일본을 좌지우지하려고 하고 있다. 과거를 미화하고 정당화하는 일은 이들의 책략으로 역사를 역류시키려 하는 작태다. 경제적인 풍요로움과 천황제의 주술 속에서 다수의 일본인이 나라를 거꾸로 되돌리려고 하는 이들 조직된 소수에 맡겨버렸기 때문이다. 일본인이 스스로 책임지지 않으면 안 되는 부분이다.

그들의 작태를 목도하면서 이웃나라의 벗들이 이제는 분노와 우려의 차원을 넘어 애처롭고 불안하기까지 하다. 역사는 변화를 순리로 한다. 힘이 있을 때 자중자애해야 한다. 일본은 인류역사의 진보를 확신하면서 서로 더불어 같이 사는 모습을 갖추어야 한다. 그것은 곧 일본의 생존과 번영을 위한 조건이다. 내정 간섭이 아니라 일본을 아끼는 이웃나라 친구들의 따가운 충고임을 명심하기 바란다.

강창일(배재대 교수)

【기고】 日의 교과서 개악과 한국의 자세……

『조선일보』 2000. 10. 1

아무리 건망증이 심한 한국인이라 할지라도, 30대 이후의 사람들은 1982년에 발생한 소위 일본 교과서의 '역사왜곡 사건'을 기억하고 있을 것이다. 이 사건은 문부성이 교과서 검정 과정에서 '침략'을 '진출'로 고쳐 쓰라거나, 일본이 자행한 전쟁과 식민지 지배에 관한 서술을 축소하라는 등의 압력을 가한 조치에 대해, 일본 국내는 물론이고 동아시아 여러 나라에서 비판 여론이 들끓어, 마침내 심각한 국제 문제로까지 번졌던 것을 말한다.

당시 국제 여론의 비판에 직면한 일본 정부는 교과서 검정의 기준 속에 "근린 아시아 여러 나라와 관련된 근·현대사의 역사적 사상을 취급할 때에는 국제 이해와 국제 협조의 견지에서 필요한 배려를 한다"는 조항을 마련했다. 그리고, 실제로 문부성은 그 후의 검정에서는 전보다 훨씬 유연한 태도를 견지하여, 많은 교과서들이 '침략' '전쟁' '식민지 지배'에 관한 사실들을 비교적 공평한 시각에서 기술하게 되었다. 그리하여 인접한 여러 나라로부터 조금씩 신뢰를 회복할 수 있었다.

그런데 이번에 문부성의 검정 과정에서 '역사왜곡 사건'이 다시 발생한 것은, 동아시아 여러 나라 사이에서 퍼져가고 있던 우호 협력과 평화 공존의 기운에 찬물을 끼얹는 불행한 사건이라고 할 수 있다. 나아가서 일본이 세계 무대에서 떳떳이 행동하는 데 있어서도 방해가 되는 일이라고 볼 수 있다. 왜냐하면 근린 여러 나라 사람들은 일본의 왜곡된 역사 인식이 침략과 지배의 정신적 기반이 되었다는 사실을 선명하게 기억하고 있어서, 일본이 다시 황국사관적인 아시아관으로 회귀하는 것을 용납하지 않을 것이기 때문이다.

한국 정부는 지금 일본에 대해 유화정책을 쓰고 있으며 국민들도 이에 호응하여 일본에 대한 긍정적 인식을 넓혀가고 있다. 나는 한국 정부와 한국 국민의 이러한 태도를 '일본에 대한 햇볕 정책'이라고 부르고 싶다.

그렇지만 한국과 일본의 우호협력 관계가 아무리 중요하다고 하더라도 황국사관으로 회귀하려는 일본의 태도를 묵과해서는 안 된다. 왜냐하면 황국사관은 일본이 한국의 역사를 짓밟고 더럽히는 가운데 형성된 역사관이므로, 이것의 부활을 허용하는 것은 일본이 새로운 세기에도 한국의 역사를 짓밟고 더럽혀도 좋다는 것을 한국 스스로가 인정하는 셈이 되기 때문이다.

1982년의 '역사교과서 왜곡 사건' 때 한국 정부는 물론 일반 국민들까지 나서서 성금을 모아 독립기념관을 건립한 바 있다. 그리고 뜻 있는 한국인들은 일본인들과 연대하여 '역사왜곡'을 시정하는 데 진력하였다. 20여 년의 세월이 흐른 지금 그러한 노력이 완전히 결실을 맺기도 전에 사정은 다시 원점으로 돌아갈 위기를 맞고 있다.

현 단계에서 한국인들이 취할 수 있는 최소한의 태도는 일본에서 일어나고 있는 새로운 움직임을 예의 주시하면서, 한국과 관련된 역사적 사실을 일본이 제멋대로 왜곡하는 사태에 대해 엄격한 비판과 항의를 계속하는 일이다. 그리고 최근 한국에서 확산되고 있는 일본에 대한 우호적 분위기가 일방적인 짝사랑으로 끝나지 않도록 일본에 주의를 환기시키는 것이다. 그리고 사태의 진전 여하에 따라서는 '일본에 대한 햇볕 정책'의 공과에 대해서도 진지하게 반성해볼 필요가 있다. 한·일 사이의 진정한 우호 협력과 공존공영은 역사 인식의 상호이해로부터 출발하기 때문이다.

정재정(서울시립대 국사학과 교수)

【일본】 '歷史교과서 왜곡' 또 광풍분다

『조선일보』 2000. 10. 1

우경화 일본에 역사교과서 왜곡의 광풍이 불어닥치고 있다. 일본사회의 역사미화 본능을 여지없이 드러냈던 1980년대 초 '교과서 파동' 이후 약 20년 만이다. 20년 전엔 주변국의 반발로 실패했지만 이번엔 좀더 조직적이고 치밀해졌다. 정·관·재가 입체적으로 동원됐고, 역사파괴를 위한 전위부대까지 준비됐다. 일본의 '국가의지'가 작용하고 있다는 교과서 왜곡 시도엔 어떤 결말이 예정돼 있는가. - 편집자

"근·현대사 부분이 편향돼 있다."

1996년 8월 국회 답변에서 마치무라 당시 문부상은 중·고교 역사 교과서에 대해 이런 불만을 터뜨렸다. 종군위안부·침략전쟁 등의 제국주의 관련 기술이 지나치게 '자학적'이라는 주장이었다. 그는 "교과서 검정 신청 전 단계에서 내용 시정이 가능한지 여부를 검토중"이란 의미심장한 말을 덧붙였다.

4년 뒤 사태는 마치무라 문부상이 말한 대로 진행되고 있다. 지난 봄 문부성에 제출한 교과서 검정신청에서 7개 출판사가 일제히 과거사 부분을 왜곡했다. 종군위안부 기술을 삭제·축소하고 '침략'이란 표현을 뺐으며 난징(남경)대학살은 애매하게 희석시켰다. 그 배경을 놓고 자민당·문부성의 '음모설'이 제기되고 있다. '어린이와 교과서 전국 네트워크' 등의 시민단체들은 "교과서 왜곡에 문부성이 개입했다"고 주장하고나서 파문을 일으켰다. 올해 초 총리실 및 문부성 관리가 출판사에 압력을 가했음이 관계자 증언으로 확인됐다고 시민단체는 주장했다. 출판사의 자주결정을 가장한 '사전규제'라는 주장이다.

기존 교과서가 과거로 회귀했다면 역사파괴로 시종하는 '전투적 교과서'도 새로 등장했다. '새 역사교과서를 만드는 모임'이란 극우그룹이 검정 신정한 교과서는 제국주의 시절의 그것과 다를 게 없다. 태평양전쟁은 '대동아전쟁'으로 묘사되며, 침략은 '진공'으로 둔갑한다. 사실과 실증주의를 무시한 채 신화적 상상력으로 쓴 위험한 교과서다.

이 교과서의 배후엔 자민당과 재계가 버티고 있다는 게 정설이다. 자민당 우파는 1996년 '역사검토위원회'라는 조직을 발족시켜 과거사 미화의 시나리오를 짰다. ①과거 전쟁은 침략전쟁이 아니었고 ②종군위안부·난징학살은 날조며 ③이를 선전하기 위한 국민운동이 필요하다는 게 당시 위원회의 결론이었던 것

으로 알려진다.

　교과서 공격의 전위부대인 '새 역사교과서…모임'은 이런 자민당 우파의 시나리오에 따라 탄생했다. 일본 재계도 보이지 않게, 그러나 물심 양면으로 지원하고 있다. 1998년 경제4단체는 경영자를 상대로 한 역사강좌를 개설했다. 이 강좌엔 '새…모임'의 멤버가 강사로 나오고 있다고 재계 관계자는 전했다.

　물론 문부성이 어떤 검정판정을 내릴지는 속단하기 힘들다. 그러나 기존 교과서는 물론 새로 등장한 파괴적 교과서도 합격할 가능성이 크다고 교육계에선 분석한다. '새…모임'은 일선 학교의 10%에 자기들 교과서를 채택시킨다는 목표를 세웠다. 일본 문부성이 왜곡 교과서를 합격시킨다면 결과는 끔찍하다. 이 교과서로 공부한 일본의 아이들은 종군위안부가 무언지도, 아시아 침략이 있었는지도 모르게 된다. 그런데도 한국 정부는 "아직 나설 때가 아니다"라며 팔짱만 끼고 있다.

　박정훈 기자

【시론】　日교과서 '역사왜곡' 음모……

『조선일보』 2000. 10. 12

　김대중 정권의 등장과 함께 한 · 일관계는 과거에 없던 밀월시대를 맞고 있다. 그러나 역사교과서(2002년도 중학교용)의 내용 변경에 관한 한, 한 · 일 간 역사인식 공유에 찬물을 끼얹는 변화가 일어나고 있다. '종군 위안부'에 관한 부분이 삭제되고, 식민지 지배의 기술이 줄어드는 등 과거 일본제국이 저지른 과오에 대해 가능한 한 그것을 완화하려는 것 같은, 혹은 그런 사실을 덮으려는 것 같은 교과서가 공인받으려 하고 있는 것이다.

　전후 50년 되던 해, 무라야마 정권은 국회 결의와 총리 담화의 형태로 식민지 지배를 '사죄'하고, 과거의 '불행한 시대'에 대해 하나의 획을 그은 것으로 인정받고 있다. 그러나 그 후의 모습은 그런 흐름을 역전시키려는 뒤집기 작업이 보다 강화되고, 이를 조직화하려는 모습이 보여진다. 만약 그러한 '반동적인' 흐름을 '역사 수정주의'라고 부른다면 그것은 어떤 배경을 바탕으로, 무엇을 목표로 하고 있는 것인가.

일본에서 '역사 수정주의' 움직임의 배경엔 보수적 내셔널리스트, 그리고 당파·조직과 연계돼 이어져 내려오는 전후 민주주의 체제와 헌법에 대한 강한 거부감이나 반발심이 존재하고 있다. 확실히 많은 일본 국민은 미국의 '관대한' 점령정책과 미·일 안보에 의해 일본의 기적적인 경제성장이 달성됐다고 믿으며, 전후 민주주의의 가치관이나 제도를 받아들여왔다.

그러나 한쪽에서는 전전과 전후의 연속을 상징화하는 천황제가 온존하고, 요시다 시게루처럼 전전의 보수적인 세력을 대표하는 인물이 전후 최대의 '권력 브로커'로서 일본 정치의 틀을 짰다. 역사의 명확한 단절이 이뤄지지 않은 채 대미 일변도의 국제관계를 통해 일본의 부흥과 번영이 달성되어왔다.

한편 동아시아에서는 일본의 패전과 동시에 중국 내전과 한국전쟁 등 냉전의 치열한 대립이 전쟁으로 번졌고, 그로 인해 일본의 전전 역사를 엄중히 추궁할 기회를 갖지 못했다. 또 냉전시대 미국을 중심으로 하는 동아시아의 국제 반공 동맹 결성을 위해 A급 전범에 해당하는 정치가나 보수적 내셔널리스트들이 대만·한국과 일본을 중개하는 로비스트로 암약, 식민지 지배에 대한 역사인식을 국민적 차원에서 공유하면서 밑에서의 우호관계를 심화시키는 작업은 거의 이뤄지지 못했다.

그러나 1980년대 이후 미국 경제에 도전할 수 있을 정도의 대국으로 등장한 일본에 대해 미국은 과거와 같은 관대한 패권국가로서의 대일 정책을 변경, 오히려 자국의 이익 추구를 위해 경제적으로 강하게 일본에 대한 요구를 밀어붙였다. 그리고 성장한 한국과 대만, 중국 등 동아시아 여러 나라들에 민주화의 물결이 퍼지고 '독립변수'로서의 지위를 획득해나가면서, 냉전 아래서 일본이 누릴 수 있었던 좋은 조건들이 상실돼갔다.

그런 과정에서 냉전과 독재 가운데 밀봉됐던 과거 역사의 기어이 해당 피해자들 육성으로 공개되고, 동결됐던 역사 문제가 돌연 정치의 장으로 부각된 것이다.

1990년대 이후 일본은 정치·경제·사회·문화·안전보장 등의 각종 분야에서 '잃어버린 10년'이라 불릴 정도로 '제도 피로'와 폐색감(폐새감)이 깊어져갔다. 그 반발로서 역사의 표면에서 자취를 감춘 줄 알았던 보수반동적 내셔널리즘의 움직임이 전후 체제 전반에 대한 재검토와 일본의 자존심, 일본 역사의 명예로운 회복 등을 부르짖으며 조직적인 운동을 전개하게 된 것이다.

정치가나 관료, 학자나 저널리스트 등 횡적인 네트워크를 형성하는 '역사 수정주의'적인 내셔널리즘의 움직임은 다른 한편으로 다양한 미디어를 활용하면서 역사교육의 '개악'을 시도해왔다. 그 하나의 성과가 교과서 공격이라는 결과로 나타나고 있는 것이다. 이들 '역사 수정주의자'의 움직임에 우리는 주목, 자세를 늦춰서는 안 된다. 한·일 우호 분위기에 종말을 고하지 않기 위해서는 더욱 그렇다.

강상중(도쿄대 교수)

【해외논단】 일본우익의 역사왜곡
『한겨레신문』 2000. 10. 23

일본의 역사교과서가 다시 큰 문제가 되고 있다. 이번에는 교과서 내용의 수정을 요구하는 운동이 끼친 영향이 중심적인 요인이다.

올해 문부성 검정을 신청한 중학교 사회과 교과서에는 기존 7개사 외에 새로 '새로운 역사교과서를 만드는 모임'(이하 '새역모')이 집필한 후소샤의 교과서가 포함돼 있다. 7개사 교과서에서는 군대위안부 기술이 거의 자취를 감췄고 후소샤 신청본은 한국 강제합방, 태평양전쟁 등에 대해 놀랄 만한 기술내용을 담고 있다고 해서 주목을 받고 있다.

사태는 1993년에 시작됐다. 냉전이 끝나고 소련식 사회주의가 막을 내려 새로운 시대가 도래했다. 일본에서는 자유민주당 독점통치, 일본사회당의 만년야당이라는 '55년체제'가 무너졌다. 내부에 전혀 이질적인 이데올로기, 역사관이 혼재돼 있던 자민당의 독점통치시대에는 한번도 내세우지 못했던 일본의 과거에 관한 비판적인 총괄이 가능해졌고, 처음으로 비자민 연립정권 총리인 호소카와 모리히로가 새 내각 발족 기자회견(1993. 8. 10)에서 이를 명료하게 표명했다.

이는 집권당 내부의 우익세력을 공포 속에 몰아넣으면서 그들을 분기시켰다. 자민당 내의 야스쿠니 신사 관련 3개 의원단체는 즉각 '자학적인 사관의 횡행'을 허락해서는 안 되며 '일본인 자신의 역사관 확립'이 급무라는 이유를 내걸고 '대동아전쟁 총괄'을 목표로 한 '역사검토위원회'(위원장 야마나카 사다노리, 사무국장 이타가키 다다시)를 발족시켰다. 참의원 의원인 이타가키는 A급 전범으로 처형당한 이타가키 세이시로(만주국 군사 고문이자 관동군 총참모장)의 아들이다. 우익의 위기감은 1994년 자민당·사회당·신당사키가케 3당 연립정권인 무라야마 도미이치 내각이 성립되자 한층 더 심각해졌다. 그해 12월 자민당 내 우익은 전후 50돌 국회의원연맹(회장 오쿠노 세이스케, 간사장 무라카미 마사쿠니, 사무국장 이타가키 다다시, 사무국 차장 아베 신조)을 발족시켰다. 이 의원연맹에는 우익세력의 압력 아래 자민당 국회의원 3분의 2가 참가했다.

그러나 무라야마 내각은 밀어붙였고 상당부분 알맹이가 빠져버렸지만 '식민지지배와 침략적 행위'에 의해 '아시아 국민들에게 안겨준 고통을 인식하고 깊은 반성의 뜻을 표한다'는 중의원결의를 1995년 6월 9일 통과시켰다. 7월에는 위안부 문제에 대해 도의적 책임을 인식하고 정부와 국민이 협력해서 보상사업을 벌이기 위한 아시아여성기금을 설치했다. 8월 15일에는 각의결정을 통해 국책을 그르치고 '식민지지배와 침략'으로 아시아 국민들에게 손해와 고통을 준 점을 반성하고 사죄한다는 총리 담화를 발표했다. 이로써 우익세력은 결정적인 패배를 당했다. 이후 무라야마 총리담화는 하시모토 류타로, 오부치 게이조, 모리 요시로 등 3대 자민당 총리에 의해 계승돼 일본정부의 공식입장이 됐다.

패배한 세력은 만회할 때를 노렸다. 1996년 가을 이들은 다시 행동에 나섰다. 그해 검정이 끝난 모든 중학교 사회과교과서에 군대위안부에 관한 기술이 등장한 데 대한 항의운동이 시작됐다. 1996년부터 활발하게 역사교육 비판을 시작한 도쿄대 교육학부 교수 후지오카 노부가쓰가 정력적으로 움직였으며 오쿠노, 이타가키 등은 새로운 의원연맹을 만들었다. 전기통신대 교수 니시오 간지, 만화가 고바야시 요시노리, 평론가 사쿠라이 요시코 등이 들고 일어나 위안부를 강제연행한 사실은 없었다고 주장하면서 언론을 동원해 사죄도 보상도 필요없다고 선전했다.

이들은 같은해 12월 자신들의 주장을 펼치기 위해 '새역모'(회장 니시오 간지, 선전담당 고바야시 요시노리, 사카모토 다카오, 후지오카 노부가쓰)를 만들었다. 이 조직은 1999년 10월에 우선 니시오가 쓴 『국민의 역사』(후소샤)를 출판해 대량으로 배포함으로써 여론형성을 꾀하는 한편 자신들이 집필한 교과서를 검정신청본으로 제출했다. 후소샤는 『산케이신문』의 계열사다.

이 우익세력의 움직임에는 미래가 없다. 반미·반중·반한을 앞세운 일본찬미론은 출구가 없으며 허무주의에 빠질 수밖에 없다. 『국민의 역사』는 50만 부가 팔렸다고 하지만 상당수는 무료배포한 것으로 보인다. 그 내용도 '일본은 국가배상의 길을 순조롭게 걸어왔으며 사태는 완전히 종결됐다'고 결론지은 33장

'홀로코스트와 전쟁범죄'에 이어, 종장인 34장은 '사람은 자유를 견뎌낼 수 있을까'라고 설정해 '우리는 바닥모를 심각한 권태에 시달리고 있다'고 맺고 있다. 이런 책을 읽고 일본과 세계의 위기적 상황에 대처할 수 있는 인간을 길러내기란 불가능하다.

당연히 이들의 교과서가 검정을 통과할지 지켜볼 필요가 있다. 한국강제합방은 일본의 안전과 만주의 권익을 지켜내기 위해 필요했다거나 대동아전쟁은 아시아해방을 위한 것이었다는 식의 기술내용을 담은 교과서가 검정을 통과한다면 무라야마 담화는 부정되고 이들의 반격은 성공한 꼴이 된다. 그렇게 되지는 않을 것이라고 나는 믿고 있다. 위안부 문제에 관한 기술이 삭제된 점에 대해서는 식민지지배와 전쟁에 관한 서술 전체를 보고 판단한 뒤 다음 개정 때 여론압박을 가해야 할 것이다.

와다 하루키(도쿄대 명예교수·역사학)

【아침햇살】 역사는 되풀이되는가

『한겨레신문』 2000. 11. 10

아흔여섯에 세상을 떠난 친정 아버지는 평생 신문을 보다가 '에잇 이런 무식한 놈들, 이렇게 역사를 모를 수가' 하시며 부르르 떠신 일이 많았다. 1903년생인 아버지는 강원도 시골에서 태어나 보통학교 시절 기미년 독립만세 운동에도 가담했고, 상업전문학교를 나와 은행에 다니다 만주에서 살다가 해방되어 귀국하였다. 인물이 많지 않던 시절이라 해방 뒤의 정치·경제·사회 거물들과 두루 교분이 있었고, 그들의 젊은 시절 행적에 대해 소상히 알고 있었던 살아 있는 인물 현대사였다. 그 양반은 친일파, 정치모리배, 재벌들이 과거 행적을 미화하거나 둔갑시키는데도 언론이 그것을 깊이 캐 들어가지 않고 그대로 보도하는 일에 번번이 분노하였다.

당신이 따뜻하게 밥을 드실 때 얼어터진 발에 발싸개를 하고 기약없이 산으로 들어가 독립운동하던 친구 아무 아무개의 이름을 열거하며, 그가 죽었는지 살았는지 그의 자손들을 어디 가서 찾을지 안타까워하셨다. 마약장사하며 독립군을 때려잡았던 인물이 버젓이 독립운동가로 둔갑한 것, 과거행적을 꾸며댄 정치인과 그들의 부패상, 북으로 간 인재와 그들의 부재로 인한 역사왜곡, 재벌의 창업 미담이 어떻게 거짓말인지를 구체적 예를 들어가며 소상히 설명해주셨다. 돌아 가시기 1년 전에도 평생 써온 일기를 내놓으며 이러이러한 것은 바로잡아야 한 다 말씀하였는데, 나는 건성으로 대답했을 뿐이다. 이미 수십년 사실로 굳어져 본인도 언론도 역사도 그 거짓말을 참말인 줄 알고 있는데, 내가 무슨 수로 증거 를 찾아가며 역사왜곡을 바로잡는단 말인가.

역사는 되풀이되고 개인사도 유전하는 것인가. 나도 요즘 아버지처럼 부르르 몸을 떠는 일이 많다. 해방 뒤처럼 그렇게 세상이 어수룩하지는 않아 시시비비 를 가리는 일이 제법 이루어지고는 있다. 하지만 역사란 온갖 거짓을 통해서도 성공을 한 사람들에 대한 기록이고, 그들과 성공의 과실을 함께 따먹은 사람들 과 그들의 자손에 의해 기록되며, 역사왜곡은 되풀이되어 거짓의 바탕 위에서 새로운 거짓이 덧씌워지는 것이라는 회의감에 때로 절망하게도 된다. 박정희 유 신독재와 개발독재, 재벌에 대한 특혜와 정경유착 등의 폐해가 오늘날 현대사태 와 대우 등 재벌의 몰락으로 이어지고 있다. 그들과 그들 자손들은 아무런 제재 없이 현란한 삶을 누리고 있는데, 이제 나라경제가 살려면 노동자들이 곧 추운 거리로 몰려나갈 수밖에 없다는 쪽으로 가닥을 잡아가고 있다. 그 원죄가 박정 희에 이르며 다시 실끝을 찾아가면 아버지가 혹독하게 평했던 아무개 아무개 아 무개의 이름들이 그대로 40년이 지나 내 입에서 그대로 반복되고 있다.

그가 숨진 지 30년, 차마 부끄러워 이름을 부르지 못했던 전태일. 나도 아버지 가 자신들의 친구들처럼 독립운동에 투신하지 못한 것에 원죄의식을 갖고 있듯 이 전태일에게 원죄의식을 갖고 있다. 그는 1970년 11월 13일 청계천의 한 거리 에서 분신 자살하였다. 그 가을에 나는 한창 잘나가던 젊음을 보내고 있었다. 낮 에는 취재를 하고 기사를 쓰고 밤에는 생맥주집에서 기고만장해서 기염을 토해 대고 있었다. 중산층 가정에서 인생의 양지쪽은 당연히 내 차지라는 생각만 하 고 그늘에 있는 사람의 생존문제는 그들의 일이라고 생각했다. 그가 청계천에서 배고픔과 졸음에 파리하게 죽어가던 10대의 어린 동생들과 자신과 동료들의 생 존권을 위해 스스로 산화하였을 때, 대학생 친구가 하나만 있으면 했던 탄식과 공책에 빼곡이 쓴 일기를 보았을 때, 그때의 충격과 부끄러움이 바로 어제 일인 듯 생생하다. 전태일로 인해 많은 젊음들이 인생의 진로를 바꾸었던 이야기를 내 아들들에게 하면서 40년 전 내가 내 아버지의 말씀을 건성으로 대했던 것처 럼 별로 감명을 못 받는 것을 보며 나는 내 아버지가 느꼈을 쓸쓸함과 외로움을 알 것 같다.

sunjoo

【해외논단】 일 역사교과서 왜곡 대처법
『한겨레신문』 2000. 11. 20

지난달 이 칼럼난에서 일본 역사교과서 문제의 위기적 양상에 대해 쓰면서 위기의 주요인이 역사교과서 수정을 꾀하는 우익세력의 움직임이라고 지적했다. 한국내 우인들의 눈에도 띄었던지 "잘 읽었다"는 이야기를 한 사람도 있었다. 한국의 비정치적 민간단체 책임자 대리라는 분도 전화를 했다. 책임자가 내 글을 읽고, 일본에 가서 나를 만나보도록 지시했다는 것이다.

일본에 온 그는 책임자가 사태추이를 심히 우려하면서 한·일 공동사업의 장래에 끼칠 영향에 대해서도 걱정하고 있다고 했다. 책임자는 내 결론에 어떤 근거가 있는지 알고 싶었던 건지도 모른다. 지난번 글 속에서 나는 우익세력의 교과서가 "검정을 통과한다면 무라야마 도미이치 전 총리 담화는 부정되고 (우익세력의) 반격은 성공한 셈이 돼버린다"며 그러나 "그렇게는 되지 않을 것으로 나는 믿는다"고 썼다. 그의 방문은 한국인들이 갖고 있는 절박한 우려를 강하게 느끼도록 만들었다. 새삼 일본인들의 안이한 인식, 옅은 관심, 긴장감 결여가 심각한 정도라는 생각을 갖게 했다.

중학교 역사교과서 검정을 담당하는 위원회 구성원이 '새 역사교과서를 만드는 회'의 검정신청본이 불합격되도록 획책했고 "문부성 간부도 관여한 혐의가 있다"고 산케이신문이 공격한 것이 지난달 13일이었다. 이것이 자민당 내에서도 문제가 돼 오시마 다다모리 문부상은 검정위원인 노다 에이지로 전 인도주재 일본대사를 역사교과서 검정작업에서 제외시켜 다른 부서로 옮기도록 했다. 그럼에도 이에 대한 항의 움직임은 거의 없었다. 우익 쪽은 이미 지난달 말 잡지『사피오』를 통해 만화가 고바야시 요시노리가, 이달 초에는 잡지『쇼쿤』을 통해 니시오 간지 '…만드는 회' 회장이 "(불합격 운동은) 중국의 의사를 전달받은 고토다 마사하루 전 관방장관과 외무성 고하라 마사히로 아시아지역정책과장, 검정위원 노다 등의 공모에 의한 것"이라고 지적하며, 노다를 해임하라고 주장한 자신들이 승리하고 있다고 선전하고 있었다.

그 동안 여러 사람을 만나 많은 이야기를 나눠본 결과 이런 우익적 교과서에 반대하는 쪽에 4가지 정도로 분류되는 분위기가 있고, 그것이 대응에 장애가 되고 있음을 알았다.

현재의 검정신청본 내용을 폭로하고 비판하는 것은 검정 과정에 압력을 가하는 꼴이 되기 때문에 쉬운 일이 아니라는 생각이 신문사에는 있다. 신문사들은 검정신청본 복사본을 입수해놓고 있지만 자세한 내용검토는 기사화하지 않는다. 일부 전문가 사이에는 아무리 그렇더라도 '…만드는 회' 편찬 교과서는 검정을 통과할 수 없을 것이라는 낙관론도 있다. 또 민간인 집필자가 쓰고 민간 출판사가 출판하는 교과서를 국가가 검정한다는 데 대해 오랫동안 반대해온 사람들은 이런 내용의 교과서는 부당하니까 검정에서 통과시켜서는 안 된다는 이야기를 하고 싶어하지 않는 분위기가 있다. 내용에는 반대하지만 어떤 논리로 검정과정에 들어간 검정신청본에 반대할 수 있을지 자신이 없는 것이다. 그리고 이 문제는 정부와 문부성, 자민당, 우익적 교과서단체 등 교과서 내용을 개악하려는 세력 내부의 대립이라고 보는 초연주의(초월적 입장) 분위기도 있다.

지난 11일 도호쿠대 도호쿠아시아연구센터에서 열린 최상룡 주일 한국대사 강연회와 관련 토론회에 참가했다. 최 대사는 교과서문제에 대해 일본이 지금까지 도달한 인식수준에서 후퇴하지 않는다면 한·일 협력은 전진할 수 있지만 여기서 후퇴한다면 한·일 협력도 위험해질 것이라고 말했다. 대사는 사태를 우려하면서 "밤에도 잠을 잘 수 없다"고 밝혔다. 대사는 이런 말을 센다이 시내 호텔에서 열린 재일대한민국민단본부와 일한친선협회 공동주최 리셉션에서도 되풀이했다. 대사의 말은 참석자들에게 충격을 줬다.

도쿄에 돌아와 대사의 말을 모두에게 전했다. 성명문안 작성작업이 시작되고 학회와 단체도 마침내 움직이기 시작했다. 이런 상황에서 지난 14일 발표된 한국의 3개 역사연구단체인 역사학회·역사교육학회·한일관계사학회의 성명을 읽고 우리는 한발 늦었다는 데 대해 심한 자괴감을 느꼈다. 성명이 역사교과서의 '축소·삭제·왜곡'이 일본과 이웃나라 간의 좋은 관계를 유지하기 어렵게 만든다고 거듭 지적하고 있는 점이 내 가슴을 쳤다.

다만 한 가지 마음에 걸리는 것은 '역사교과서 개악은 왜 일어났는가'를 논한 부분에서 "일본 정부와 자민당이 역사교과서 출판사 등에 강한 압력을 행사한 것"이 "결정적인 역할"을 했다며 "우파 민족주의자의 역사교과서 공격과 개악운동”은 “이러한 움직임을 한층 더 가속화”한 데 지나지 않는다고 지적한 점이다. 확실히 일본 정부는 보수화 물결에 끊임없이 쓸리면서 동요·후퇴하고 있는 것으로 보이지만, 그래도 1995년에 확립된 무라야마 총리 담화의 입장을 여전히 기본적 입장으로 견지하고 있다. 이것을 우익이 크게 흔들어 공동화시키고 사실상 무효화하려 하고 있는 것이며, 정부와 국민이 거기에 굴복할 것인지 거부할 것인지가 지금 대결의 기본적인 내용이라고 생각한다.

　　와다 하루키(도쿄대 명예교수·역사학)

【기고】 일본 교과서 수정 말만으론 안 된다
『동아일보』 2001. 1. 6

　일본의 역사교과서 문제는 이제 신물이 날 지경이다. 아시아에 대한 식민지배와 침략을 미화하고 천황주의를 근간으로 한 전후 일본의 교과서 기술은 1980년 한국과 중국측의 강한 공격을 받고 외교문제화되었다.

　그 후 차츰 개선되어가던 것이 자민당이 복귀한 1996년부터 다시 개악되기 시작해 올 4월이면 문부성 검정을 마칠 7개의 교과서 내용은 크게 우려되는 수준으로 후퇴해 있다.

　뿐만 아니라 최근 일본 지식인 사이에서 우익사관을 주도하고 있는 ‘새로운 역사교과서를 만드는 회’가 극단적으로 우경화된 교과서를 새롭게 만들어 검정을 신청해놓고 있다. 이 교과서는 ‘침략’ 대신에 ‘진출’이라는 용어를 사용하면서 아시아에 피해를 준 사실을 부정하고 천황을 강력하게 부각시키고 있다.

　일본 내 비판적인 시민단체와 아시아 피해국들이 이러한 과정을 주목하고 있는 가운데 4일, 산케이신문은 ‘만드는 회’가 제작한 교과서의 문제점을 지적한 일본 외무성의 문서를 공개하고 이를 비판하는 기사를 실었다.

　무슨 일인가. 일본정부와 자민당이 교과서 개악을 위해 중요한 영향력을 행사해왔다는 사실은 이미 널리 알려져 있다. 1998년 6월 문부대신은 국회에서 현재의 중학교 역사 교과서에 부정적 요소가 너무 많으니 집필 전의 단계에서 보다 균형 잡힌 내용으로 개선할 수 있는지 검토하고 있다고 말했으며, 1999년 1월에는 문부성 간부가 교과서 회사에 구체적인 주문을 한 바 있다. 수많은 자민당

의원들이 소위 '밝은' 역사를 만드는 운동을 스스로 벌이고 있고, '만드는 회'에 직간접으로 연결되어 있다.

이렇게 수년에 걸쳐 이루어져온 주지의 사실에 대하여 이제야 외무성이 언급한 것은 무슨 이유인가. 더욱이 1997년에 설립된 '만드는 회'를 준비단계에서부터 키워준 장본인이며 교과서 개악 캠페인을 공격적으로 벌여온 산케이신문이 또다시 논의의 장을 만든 것은 우연의 일치란 말인가.

한 부서에서 망언을 하고, 다른 부서에서 그것을 비판하면서, 정부의 의중을 나타내고 문제는 무마하는 식의 일본의 행태를 자주 보아온 우리에게, 이런 외무성의 지적이 곧 이루어질 개악된 교과서의 출판을 준비하는 짜여진 수순으로 보이는 것은 무리가 아닐 것이다.

밖으로는 일본 정부의 성의를 보이고, 안으로는 우파를 자극하여, 이미 거의 확정된 교과서의 출판이 가져올 충격의 흡수를 준비하는 것이 아닌가.

다행히도 외무성의 지적이 진실한 것이라면, 일본정부는 그것을 받아들여 교과서 수정에 반영시켜야 한다. 아무런 실질적 조치도 없이 말뿐으로 끝난다면 이것 역시 망언의 연극이 될 뿐이다.

일본은 더욱 국제적 신뢰를 잃게 될 것이며, 결과적으로 아시아 피해국과 더욱 큰 외교적 마찰을 빚을 것이다. 한국을 비롯하여 아시아 피해국의 정부와 국민은 새삼 다시 피해와 모욕을 가하고 있는 일본의 역사 왜곡을 준엄하게 비판해야만 한다.

정진성(서울대 교수 · 사회학)

【한국시론】 日, '파트너십 선언' 잊었나

『한국일보』 2001. 2. 22

일본의 문부과학성은 지금 2002년 4월부터 중학교에서 사용할 교과서를 검정하고 있다. 그런데 일본의 침략전쟁과 식민지 지배에 관련된 내용을 대폭 삭감하거나 오히려 한껏 미화한 역사교과서가 검정에 통과할 것이 확실하다고 해서 한국을 비롯한 주변 국가가 '다시' 비판의 날을 세우고 있다.

여기서 '다시'라는 말을 사용한 것은 일본의 역사교과서가 논란의 대상이 된

적이 여러 번 있었기 때문이다.

특히 1982년에는 한국을 비롯한 아시아 여러 나라가 '침략'을 '진출'로 표기한 일본 교과서에 일제히 항의함으로써 외교문제로까지 비화했었다.

이번에 검정을 받고 있는 역사교과서는 모두 8종이다. 이중에서 7종은 기존 교과서를 수정개편한 것이고 1종은 황국사관적 민족주의자들이 중심이 돼 집필한 '새로운 역사교과서'이다.

기존의 교과서도 종군위안부와 관련된 내용을 삭제하는 등 종래보다 개악의 조짐을 보이고 있지만 우리를 더욱 경악케 하는 것은 '새로운 역사교과서'의 내용이다. 이 교과서가 서술한 근현대사의 특징과 성격만을 몇 가지 지적하면 다음과 같다.

첫째 일본의 한국에 대한 식민지지배가 정당하고 합법적인 것이었다고 주장한다. 그렇기 때문에 사과나 반성 또는 보상이 전혀 필요없다는 게 이 단체의 주장이다.

둘째 한반도를 '일본에 들이댄 흉기'라고 단언한다. 따라서 이 흉기를 사전에 제거함으로써 자신의 안전을 지키려 한 것은 침략이 아니라 정당방위였다는 것이다.

셋째 한국을 '잠만 자고 있던 나라'로 묘사한다. 즉 한국은 자주적으로 근대화할 수 없는 나라였기 때문에 일본의 지배가 오히려 한국의 발전에 도움을 주었다는 뜻이다.

넷째 일본이 비판을 받을 만한 사실, 예를 들면 강화도사건 등과 같은 군사적 도발, 의병투쟁과 독립운동에 대한 탄압 등은 언급하지 않는다. 일본은 선이고 한국은 악이라는 차별의식이 내포되어 있다.

다섯째 일본의 식민지지배와 황민화정책의 실상 등을 무시한다. 또 관동대지진 때의 재일동포 학살에 대해서도 한마디도 서술하지 않는다. 이것은 역사의 말살이다.

국가에 부정적인 이미지를 주는 역사적 사실이라도 정확하게 서술하는 것은 올바른 역사인식을 함양하는 데 필요한 사항이다.

자기 나라를 극단적으로 미화한다거나, 주변 여러 나라와 관련된 사실들을 자기 나라에 유리하게 해석하고 잘못은 모두 다른 나라에 전가하는 것은 바람직한 태도가 아니다.

그리하여 일본은 1982년의 '역사교과서 왜곡 사건'을 계기로 교과서 검정에서

‘근린 여러 나라를 배려한다’는 방침을 천명한 바 있다.

그럼에도 불구하고 이번에 ‘역사왜곡’이 다시 발생한 것은 일본이 다시 ‘근린 여러 나라를 무시’하는 방향으로 회귀하는 것이라고 볼 수 있다. 이것은 동아시아 여러 나라의 우호협력이나 평화공존을 위해 대단히 불행한 일이다.

한국정부는 일본과의 우호협력 관계가 아무리 중요하다 하더라도 황국사관으로 회귀하려는 일본의 태도에 제동을 걸어야 한다.

일본의 태도는 ‘후세에게 올바른 역사인식을 심어주는 것이 우호협력의 기초’라는 것을 명시한 ‘한일 파트너십 선언’(1998년)을 무시한 것이다.

그리고 한국 국민들은 일본의 왜곡된 역사인식에 대해 엄격한 비판과 항의를 계속해야 한다. 특히 정부와 국민은 합심협력하여 한국인의 진정한 뜻이 일본인에게 직접 전달되어 건전한 역사인식으로 선회할 수 있는 방안을 모색해야 할 것이다.

일본인이 한국의 역사를 짓밟고 더럽히는 역사인식을 포기하지 않는 한 양국의 참다운 공존공영은 공염불에 불과하기 때문이다.

정재정(서울시립대 국사학과 교수)

【횡설수설】 역사와 지식인
『동아일보』 2001. 2. 27

일본의 교과서 왜곡에 대한 주변국들의 반발이 거세지고 있다. 중국은 이미 외교채널을 통해 우려를 전달했고 다음달 초 열리는 전국인민대표대회에서 대응책을 논의할 것 같다는 보도다. 일본인들의 역사왜곡은 우리 정치권에도 충격을 주어 여야 의원 100여 명이 당적을 초월하여 일본의 역사왜곡 중단을 촉구하는 결의안을 마련하기로 뜻을 모았다고 한다.

▷ 역사는 사실에 바탕해 기록하는 것이고 사실은 신성하다. 조선왕조실록의 편찬은 사실의 신성성을 최대한 보호하는 역사기록 과정이었다. 실록의 가장 중요한 기본자료는 사관이 날마다 일어나는 사실들을 작성해둔 사초(史草)다. 그러나 왕조차도 이 사초는 볼 수 없게 돼 있었다. 그리고 실록편찬은 전왕이 죽은 뒤에 다음 왕의 책임 아래 하게 돼 있었으므로 왕이 자신의 치적에 관한 역사기

록에 개입할 길이 없었다. 그런 원칙이 무너진 일도 더러 있긴 하지만 그것은 폭군이나 저지른 역사파괴행위였다.

▷ 조선조의 사초 중에서 가장 큰 사건을 불러일으킨 것이 세조 때 사림파 유학자인 김종직(金宗直)이 세조의 왕위찬탈을 비난하기 위해 쓴 조의제문(弔義帝文)이다. 후에 김종직의 제자 김일손(金馹孫)이 사관으로 있으면서 스승의 곧은 역사관과 선비정신을 후세에 전하기 위해 이 글을 사초로 올려놓았다. 실록 편찬을 맡게 된 정파는 유자광(柳子光)계의 훈구파로 사림파와 숙적이었다. 훈구파가 조의제문이 대역죄에 해당한다고 보고하자 연산군이 김일손 등을 처형하고 타계한 김종직을 부관참시(剖棺斬屍)했다. 사초 때문에 일어난 이 무오사화(戊午士禍)로 많은 유학자가 참변을 당했다.

▷ 역사와 사실의 신성성을 지키는 것은 양식 있는 지식인들의 선비정신이다. 역사가 왜곡된 교과서를 일본정부가 채택한다면 그것은 일본 지식인사회의 양식에 도전하는 것이다. 그러나 작년에 일본의 한 거물급 고고학자가 일본의 구석기시대를 70만년 전으로 조작하려고 유물을 몰래 파묻은 사건까지 일어난 것을 보면 지식인들의 양식 자체가 미심쩍기도 하다. 일본 지식인의 양식은 역사왜곡을 어떻게 보고 있는지 궁금하다.

김재홍 논설위원

【칼럼】 日 군국주의 왜 힘을 얻나

『문화일보』 2001. 2. 27

오는 2002년부터 일본 중학교에서 사용될 역사·공민 교과서의 채택이 국제적인 관심을 불러일으키고 있다. '새 역사교과서를 만드는 모임'이라는 극우적 역사관의 소유자들이 모인 단체가 후지·산케이 그룹의 후쇼(扶桑)사를 통해 출판할 예정인 교과서가 문부과학성에 제출돼 현재 검정중이나 부분적인 수정이 가해져 채택될 전망이기 때문이다.

한국과 중국은 그 동향을 특별히 주시하고 있으나 일본 국내의 반응은 별 문제될 것 없다는 투다. 일부 매스컴과 학자·교육자, 시민그룹을 제외하면 사안의 중대성이 거의 전달되지 않고 무관심한 분위기가 대세를 이루고 있다.

'새 역사교과서를 만드는 모임'이 제출한 역사교과서는 '한국병합'을 "동아시아의 안정에 필요한 정책이었다"고 정당화했다. 또 태평양전쟁을 아시아 해방을 위한 '대동아전쟁'이라 칭하고, 아시아 각국에 대한 침략을 '성전'의 이름 아래 긍정하고 있다고 한다.

물론 이러한 기술은 공식적으로 밝혀진 것은 아니다. 교과서 검정의 실태는 베일에 싸여 있고, 밀실 안에서 검정관과 교과서회사 관계자가 서로 의견을 주고받으며 진행하는 것으로 알려지고 있다.

일본 정부는 일률적인 국정교과서 제도가 아니라 교과서 채택은 역사적인 '사실'을 검토해서 엄정하면서도 객관적인 검정에 의해 결정되어진다고 변론하고 있다. 바꿔 말하면 역사적인 '사실'의 인정과 교육의 문제에 외부로부터 정치적인 압력을 가할 일이 아니라 어디까지나 '사실'에 입각해서 교과서의 기술내용을 정밀 검토하고 수정과 삭제 등 필요한 수속을 거친 교과서만을 검정 합격시킨다는 것이다.

그렇지만 검정의 실태는 정보공개를 통해서 모든 내용이 밝혀지는 것도 아닌 만큼 무엇을 가지고 역사적 '사실'이라고 인정하는가는 사실상 검정관들의 손에 달려 있는 것 같다.

패전 전의 문부성에는 도쿄(東京)대 국사학과 교수로 초국가주의적 '황국사관'의 소유자로 유명한 히라이즈미 기요시(平泉澄)의 영향을 받은 제자들이 몰려 있었다. 이 침략전쟁의 유력한 이데올로기는 패전과 함께 쇠퇴하고 말았으나 '황국사관'적인 역사의식은 전후 문부관료들의 일부에 세대를 넘어 계승됨으로써 완전히 뿌리가 뽑히지는 않았던 것이다.

확실히 히라이즈미적인 과격한 '황국사관'은 자취를 감췄다. 그러나 예를 들면 전후 민주주의와 그것을 지탱해온 역사관을 미국에 의해 강요된 '자학적인' '도쿄전범재판사관'이라 부르고, '다른 사람의 이야기'가 아니라 일본인에 의한 스스로의 '이야기'로서 국민의 역사를 새롭게 창조할 필요가 있다고 외치는 학자와 저널리스트, 평론가, 전직관료, 정치인, 기업인 그룹이 은연중에 하나의 세력으로서 일본사회에 뿌리를 뻗어가고 있다.

'새 역사교과서를 만드는 모임'은 이러한 그룹이 결집한 단체로 그 저변은 상당히 넓은 범위에 걸쳐 있고, 지방의 풀뿌리 레벨까지 합치면 결코 소수세력이 아닌 것은 틀림없다.

왜 이렇게 침략전쟁을 주도하는 듯한 이데올로기와 극단적인 내셔널리즘이 글로벌화의 시대에 발호하게 된 것일까. 이 문제는 단지 일본만의 특이한 현상은 아닐 것이다. 글로벌화는 세계가 균질화해가는 것이 아니라, 역으로 '내셔널리즘의 글로벌화'를 수반하고 있기 때문이다.

그럼에도 불구하고 일본에 특이한 것은 황당하다고밖에 말할 수 없는 데마고그적인 역사관과 내셔널리즘이 구미제국과는 다르게 사회체제의 가운데에 당당하게 자리잡고 있다는 점이다.

한 고명한 정치학자는 일본 파시즘의 특징으로서 파시즘에 선행한 체제 자체가 내외의 위기에 직면해서 지그재그 코스를 돌면서 군국주의 체제로 '변신'했다고 지적했다. 이것은 현재에도 일부 해당되는 것이다.

세계에는 이른바 선진국이라고 불리는 지역에서도 그냥 놔두면 과거의 악몽을 재현할지도 모르는 네오 파시즘과 과격한 내셔널리즘의 그림자가 어른거리고 있고, 그렇기 때문에 그런 세력이 미약할 때 싹을 잘라버리려고 하는 움직임도 활발하다.

물론 그러한 세력을 완전히 닫아 가둬버리는 것은 어려울지도 모른다. 그러나 그러한 역사에 역행하는 '히틀러의 자손들'의 대두에 대한 반대 움직임이 아직 건전하게 작동하고 있는 사회라야 민주주의의 이름으로 부를 가치가 있을 것이다.

그렇지만 일본에서는 정·관·재계, 심지어 미디어와 교육계, 지방에서조차 '군국주의자의 자식들'이 은연중에 세력을 형성해가고 있는 것이다. 이번에 '새 역사교과서를 만드는 모임'이 만든 역사·공민 교과서의 등장은 그러한 불순 세력이 무대 전면에 등장하고 있다는 증거이다.

강상중 도쿄대 교수

【시론】 우리의 역사교육은 지금?
『조선일보』 2001. 2. 27

그 동안 수 차례 망언을 거듭해오던 일본이 급기야 그것들을 주워담아 역사교과서에 싣고 21세기의 주역이 될 학생들에게 가르치겠다고 한다. 우리는 그간 일본 지식인이나 정부관료의 망언에 대해서 심각한 우려를 표명해왔다. 하지만

그것이 일본인 일반의 견해는 아니라고 여긴데다 세계의 선도국 반열에 든 저들
의 양식을 믿어, 그리고 지구촌의 세계화·정보화 추세도 그러한 독선적 시각을
억제하는 제어봉 구실을 하리라 기대하여 점차 나아지겠거니 하고 어처구니 없
는 마음을 달랬었다. 그러다가 이번 검정에서 문제의 교과서를 통과시키고 주변
국을 설득하겠다는 일본 정부의 태도를 보고, 우리가 그 동안 무언가를 크게 착
각해온 것이 아닌가 스스로를 돌아보지 않을 수 없게 되었다.

일본의 몇몇 온건한 지식인들은 이런 교과서의 검정 통과와 일선학교에서의
채택이 초래할 폐해를 지적하고 정부측에 강력한 경고의 뜻을 전했다고 한다.
그러나 이런 움직임조차도 일본의 우경화 경향을 합리화하는 포장술의 하나로
비쳐진다. 그들은 일본의 경제위기가 우경화를 부추기는 계기가 되었다고 해석
하였다. 그럴듯한 논리다. 그렇지만 우리나라에서는, 같이 경제위기에 당면하였
어도 우경화의 기미를 보이지 않았다. 다른 나라의 경우도 마찬가지다. 그렇다면
저 논리는 결국 우경화를 정당화하는 데 이용되고 말 공산이 크다.

그 동안의 망언이나, 그것을 국가 차원에서 공인한 이번의 조처가 일본인이
느끼는 무슨 위기감에서 비롯한 필연적 결과인 양 분석하는 것은 사실의 호도에
불과하다. 위기감과는 전혀 상관없이 저들이 지녀온 속성의 표현일 뿐이다. 저들
이 위기감을 가졌다면, 그것은 경제에 대해서가 아니라 진실을 가르치는 역사교
육과 그 결과에 대해서라고 봄이 옳다.

우리는 역사교육의 중요성을 하찮게 여기는 경향이 강하다. 중·고등학교 교
과과정에서 국사 교과의 시간 수를 점차 줄이더니 마침내 독립교과로서의 지위
를 부정하고 사회의 한 영역, 사회과의 한 과목으로 해소하기에 이른 것이 우리
의 현실이다. 대학의 교양필수과목에서 한국사가 제외된 지는 이미 오래다. 식민
통치하에서 우리 역사를 잃고, 광복 후에는 이른바 '선진'을 배우기 위해 서양사
를 모범으로 삼다가 겨우 자신을 돌아보며 한국사를 익히기 시작한 시기가 공교
롭게도 유신체제의 성립 시기와 일치하였다고 하여 우리는 「국사」를 없애야 할
국책과목쯤으로만 인식해왔다. 우리가 자신이 생장해오고 처한 독특한 삶의 방
식과 여건을 외면하거나 부인하고, 획일적 가치를 보편으로, 강자의 논리를 정의
로 잘못 생각하며 점차 자주·자존을 잃어온 것은 바로 이 결과이다.

물론 그 내용은 잘못이고 위험하기까지 하지만, 자세 면에서 볼 때 위기에 당
면하여 자기 역사를 재인식하려 하고, 문제해결의 실마리를 조상들의 삶에서 찾
으려는 일본의 태도는 그 실마리를 늘 다른 나라의 예에서 찾아온 우리에게 매

우 시사적이다. 역사교육이 정권의 유지에 이용된 측면이 있었다면 그 악용의 소지를 없애면 되었던 것을, 우리는 역사 자체의 중요성까지 부인하는 우를 범하고 만 것이 아닐까? 어떤 형태로든 일본은 역사교육의 중요성을 알고 있음이 분명한 반면, 우리는 아직도 이에 주목조차 못하고 있는 것 같아 안타깝다.

일본 우파학자 단체가 낸 역사교과서의 검정 통과 움직임에 효과적이고 지혜롭게 대응하여 잘못 처리되지 않도록 막아야 한다는 것은 당연한 일이지만, 이를 계기로 우리 자신의 역사교육에 대한 종래의 인식과 태도를 점검해보는 것도 꼭 필요한 일이다.

서의식(서울산업대 교수 · 한국사)

【기고】 일본 역사왜곡 정부 대응 약하다
『동아일보』 2001. 2. 28

1982년 한민족을 격분시켜 독립기념관을 건립하게 했던 일본의 역사교과서 왜곡의 광풍이 다시 거세게 몰아치고 있다. 그 시대착오적 성향은 일본 사회의 총체적 우경화 경향을 연상시킬 정도로 심각한 수준이다.

일본의 역사왜곡의 광기는 이미 지난해 11월 출판된 니시오 간지(西尾幹二 · 전기통신대 교수)의 『국민의 역사』가 선풍을 일으킬 때부터 예견된 일이었다. 그런데 이번 역사왜곡은 18년 전과 비교하면 일본의 정 · 관 · 재계와 민간이 조직적이고 입체적으로 진행하고 있다는 점에서 더욱 우려스럽다.

일찍이 1996년 자민당 우파는 '역사검토위원회'를 발족해 역사왜곡의 시나리오를 짰고, 그해 8월 문부상이던 마치무라는 "국회 답변에서 근현대사 부분이 편향됐다"며 이른바 '자학사관(自虐史觀)'에 의해 쓰여진 교과서를 검정 이전에 수정하겠다는 점을 강하게 시사했다. 자민당과 문부성의 '음모설'이 제기되는 것은 이 때문이다. 일본의 경제 4단체도 1998년 경영자를 상대로 한 역사강좌에서 역사왜곡을 주도하는 극우파 조직인 '새로운 역사교과서를 만드는 모임'의 회원을 강사로 초빙, 동조하고 나섰다.

교과서를 저술해 이번에 검정 신청까지 한 '새로운 역사교과서를 만드는 모임'의 사관은 회장인 니시오 간지의 저술을 통해 '국수주의적이고 쇼비니즘적'

이라고 천명된 바 있다. 이번 교과서 왜곡의 주요내용을 두고 그들은 '자학사관'에 의해 잘못 기술된 부분을 '공정'하게 바로잡은 것이라고 강변한다. 남의 나라 교과서 기술에 참견하는 것은 내정간섭이라고 한다.

1997년 8월 29일 일본 최고재판소(대법원)에서 내린 이에나가 사부로(家永三郎·전 도쿄교육대 교수)의 이에나가 교과서 검정 소송 판결을 되새겨볼 필요가 있다. 문부성의 교과서 왜곡 검정에 맞서 32년 간 외롭게 투쟁한 노학자의 집념도 그렇거니와, 부분적이긴 하지만 일본 사법부가 교과서 검정의 불법성을 인정했기 때문이다. 특히 당시 오노 마사오(大野正男) 재판장은 '개별 의견'을 통해 "역사를 왜곡하는 나라는 언젠가는 망한다"고 판시했다. 또 이에나가는 "역사적 진실이 정치적 논리로 왜곡돼서는 안 되며 역사기술에 권력이 개입하면 안 된다"고 소감을 밝힌 바 있다. 그 판결문의 잉크도 마르기 전에 더욱 왜곡된 역사 교과서가 나타나고 있는 현실이다.

일본의 역사왜곡에 대해 중국 북한이 강도 높게 비난한 데 비해 우리 정부의 대응은 매우 미온적이었다. 사정이 있는지 모르나, 외교나 경제문제와 역사왜곡은 사안이 본질적으로 다른 것이다. 결론이 나기 전에 마땅히 강력히 항의하고 시정을 요구하며, 재발 방지 약속을 받아내야 한다. 그래야만 선린 이웃으로서 미래를 함께 할 수 있을 것이다.

일본 교과서의 역사왜곡은 한일 간의 과거사가 종료된 것이 아니라 현재의 문제임을 상징하는 것이다. 모두가 눈을 부릅뜨고 검정결과를 주시해야 할 것이다. 야밤에 개가 아무리 휘영청 밝은 달을 보고 짖어대도, 달은 개의 그림자를 만들며 그 자리에 있을 뿐이다.

박유철(독립기념관장)

【여론나침반】 일본교과서 왜곡과 산케이신문

『한겨레신문』 2001. 3 1

일본의 우익 국가주의 단체인 '새 역사교과서를 만드는 모임'이 편집한 '중학교 역사교과서'의 문부성 검정 통과 여부가 한·일을 비롯한 동북아시아 일대의 관심사로 떠올랐다. 우리 국회와 정부는 '교과서의 역사왜곡'에 대해 공식 항의의 뜻을 밝혔고, 중국 외교부도 이 교과서 출간 금지를 촉구했다. 그러나 '새 교과서 모임'을 비롯한 우익세력은 이 교과서에 반대하는 일본 내 양심적 지식인들의 입을 막기 위해 테러위협도 불사하고 있다.

일본 극우세력의 '위험한 장난'을 바라보는 독자들의 심정은 걱정과 분노가 뒤섞여 있다. 김미라씨는 "세계사를 거꾸로 돌려놓으려는 한심한 작태이며 국제적 수치"라고 이들의 행태를 규정하면서 "국제사회로부터 비난과 응징의 화살을 받아 마땅하다"고 말했다.

문제의 교과서는 전후 일본의 역사인식을 '자학사관'으로 폄하하는 일군의 극우 지식인들이 집필한 '극우적 이념서적'이다. 이 책은 일제의 아시아 침략을 미화하고 한반도 지배를 정당화하는 가당찮은 내용을 담고 있다.

눈여겨보아야 할 것은 이 교과서를 발간하는 출판사 '후소샤'가 산케이신문의 계열사라는 사실이다. 산케이신문은 일본 내부의 강경 우익세력의 주장을 줄기차게 대변해온 가장 보수적인 일간지이다. 당연히 산케이는 진행중인 '교과서 논란'에서도 아사히신문 등을 공격적으로 비판하고 있다.

이 신문의 기조는 일제의 조선강점이 한국 근대화를 이끌어왔다는 것이어서 '새 교과서 모임'과 한치의 차이가 없다. 1995년 군대위안부 문제가 불거졌을 때 이 신문은 일본 정부가 위안부 강제 연행을 인정했다고 분통을 터뜨린 바 있다. 그들의 견해를 잘 보여주는 이 가운데 한 사람이 산케이신문 서울지국장인 구로다 가쓰히로다.

구로다 기자는 지난해 말 부산 영도다리 철거에 관한 칼럼을 쓰면서, '일제의 학정과 전쟁의 비극을 지켜본 영도다리'라고 한 국내 잡지의 표현을 꼬집어 "(일제의 학정이 아니라) '일제하의 근대화'가 바른 표현 아닌가"라고 썼다. 일본 우익의 주장을 그대로 옮겨놓은 셈이다. 이 기자는 1999년 펴낸 책 『한국인의 역사관』에서도 "당시 일본군과 위안부의 관계는 적대관계가 아니라 협력관계였을 것"이라고 상식 밖의 주장을 폈다. 도쿄에 사는 재일동포 안호진씨는 이런 사실을 놓고 "산케이 서울지국 폐쇄운동이라도 펼쳐야 하는 것 아닌가." 하며 얼굴을 붉혔다.

산케이의 반북 보도도 위험 수위를 넘나든다. 이 신문은 지난해 11월에도 "북한이 지난 1994년 핵무기 보유를 세계에 공표하는 방안을 고려했다"는 확인하기 어려운 기사를 게재하는 등 북한에 관한 신중치 못한 보도를 양산하고 있다. 재미있는 것은 스스로 민족지라고 말하는, 친일전력이 있는 국내 신문에 의해 산케이의 이런 기사들이 가장 빈번히 인용된다는 점이다. 반공·반북에서 죽이 맞으면 일제 미화 신문과도 손잡는다는 것인지 씁쓸한 일이다.

고명섭 기자

【동아광장】 일본이 알아야 할 '작은 과거'
『동아일보』 2001. 3. 12

일본의 역사왜곡 문제가 불거질 때마다 떠오르는 삽화가 있다. 해방 이듬해인 1946년 3월 1일 작가 손소희씨가 한 일본인 모자에게 베푼 소박한 선행 이야기다.

해방 후 처음 맞은 3·1절 그날, 손씨는 서울 을지로 4가 중부시장 근처에서 한떼의 '패전 일본인 귀향민'과 마주쳤다. 남루한 행색에 궁기까지 겹친 비참한 모습이었다. 모두 지친 다리를 질질 끌며 걷는데 무리 중에서 갑자기 대여섯살 난 아이가 털썩 길가에 주저앉더니 발을 주무르며 엉엉 울기 시작했다는 것이다.

증오했던 日人에 온정 베풀어

아무도 그런 아이의 모습을 거들떠보지 않았다. 심지어 그 어머니마저 외면하고 한참을 걷다가 뒤돌아보며 고작 이런 말을 할 뿐이었다. "일어나서 걷는 거야. 걷지 못하면 죽어야 해. 아무도 너를 업거나 안아줄 수 없어."

손씨는 이 슬픈 정경을 보다못해 아이에게 다가가 등을 내주었다고 한다. "내게 업혀라. 오늘이 3·1절이야. 네 할아버지와 아버지가 지은 죄값을 지금 어린 네가 톡톡히 치르고 있구나." 앞서가던 아이의 어머니가 눈물바람으로 고맙다며 목례를 하고, 손씨는 아이를 등에 업은 채 몇 개나 언덕을 넘어 행렬을 따라갈 수밖에 없었다.

그날 아이를 내려준 뒤 손씨는 '나 스스로를 비웃었다'고 적었다. 유관순의 태극기 든 두 팔을 칼로 쳐 떨어트린 일본인 순사와 핏줄이 닿아 있을지도 모를 소년에게 보낸 어쭙잖은 동정과 연민을 어떻게 설명해야 옳은가…… 생각에 생각을 거듭하며, 발부리로 길가의 돌멩이를 걷어차며 집으로 돌아올 수밖에 없었다는 것이다.

침략전쟁을 정당화하면서, 이웃나라의 항의에 못 이긴 척 몇몇 표현만 바꾼 새 역사교과서를 내겠다고 고집하는 요즘 일본인들에게 손씨의 일화를 들려주고 싶다. 발이 부르터 걷지 못하는 아이를 업어준 인지상정조차 스스로 비웃어야 했던 손씨의 어쩔 수 없는 대일감정이 그 일화엔 배어 있다. '유관순과 일본인 순사와 걷다 지친 아이' 사이에서 손씨가 느꼈던 갈등을 지금도 대부분 한국인은 느끼고 있다.

해방 무렵 한국민의 일본에 대한 감정은 36년 간 속절없이 당해온 직접피해에 대한 분노가 주된 것이었다. 부모형제를 징병 징용으로 끌고 가 죽거나 다치게 했고 누이를 황국 군대의 노리개로 삼았으며 밥그릇과 수저까지 군수물자용품으로 빼앗아갔던 그들을 꿈에서라도 용서할 수 없었다.

지금은 어떤가. 침략과 수탈의 역사가 끝난 지 벌써 56년이 지났으나 정말 제대로 된 반성과 사죄가 있었던가. 오히려 정치인과 우익학자들이 앞장서 식민지 지배를 시혜와 원조, 보호쯤으로 호도하며 황국사관적 민족주의를 자국내에 전파하지 않는가. 일본 스스로 과거의 잘못을 인정하는 것은 '자학(自虐)사관'에 불과하다며 아직도 한과 슬픔에 젖은 이웃국민들의 '가슴'을 또다시 침략, 수탈하고 있지 않은가.

여기에는 언론도 가세하고 있다. 교과서의 역사왜곡에 대한 한국과 중국의 항의를 내정간섭 차원으로 매도하더니 한편으론 "독도가 일본 땅이라는 것을 명백히 하라"고 일본정부에 주문한다. 전후 일본의 교육은 일본역사에 대한 긍지를 결여해 좁은 시야를 가진 자폐적 일본인만 양산했다며 이를 시정해 자유주의사관을 키워야 한다고 주장한다. 군국주의의 망령을 불러와 그걸 후손에게 심어주겠다는 얘기다.

하기야 야스쿠니신사에 합사된 한국인 영새 21,000여 주의 말소조차 거부하고 있는 일본이다. 태평양전쟁 때 희생된 한국인 군인과 군속의 원혼을 유족이나 우리 정부의 승인도 없이 신사에 합사조치함으로써 마치 원혼들이 천황에 충성하고 일본을 위해 목숨을 바친 것처럼 위장하고 있는 것이다.

역사왜곡의 업보 두렵지 않나

태평양전쟁 전몰유족회 등이 "일본에 끌려가 죽은 것도 억울한데 일본을 위한 수호 제신으로 모셔지는 것은 있을 수 없다"며 근 10년째 영새의 말소를 요구하고 있으나 일본은 들은 척도 안한다. 그러니 중학 교과서의 역사왜곡에 대한 이웃의 항의쯤은 '아시아의 맹주답게' 거쳐야 할 통과의례 정도로 치부하는지 모른다.

그르친 역사에 대한 반성이 없으면 결국 그 역사가 자신을 되치게 된다. 패망해 쫓겨가던 어린이의 비극이 되풀이되지 않게 하려면 일본은 손소희씨의 '작은 과거'에서 교훈을 얻어야 한다.

민병욱 논설위원

【해외논단】 아직 불충분한 '수정'

『한겨레신문』 2001. 3. 19

일본의 중학교 역사교과서 검정 문제가 드디어 막판에 이르렀다. 검정 결과는 이달 말에 발표될 예정이다.

나는 지난해 10월, 우익단체 '새 역사교과서를 만드는 모임'의 운동을 1995년 국회 결의와 무라야마 도미이치 총리 담화에 대한 우익세력의 반격으로 보고 다음과 같이 쓴 바 있다. "그들의 교과서가 검정을 통과할지 여부는 주목할 만한 가치가 있다. 한국합방은 일본의 안전과 만주의 권익 방위를 위해 필요했다거나, '대동아전쟁'은 아시아 해방을 목표로 했다는 기술을 포함한 교과서가 검정에 통과한다면 무라야마 총리 담화는 부정되고 그들의 반격은 성공을 거두게 된다. 그래서는 안 된다고 믿고 있다."

그 뒤 경과를 보면, 일본 내의 비판은 충분하게 나오지 않았다. 지난해 말 검정제출본의 내용을 공개비판하는 지식인의 움직임을 만드는 데 실패했다. 백수십 군데에 대한 수정요구가 이 교과서를 출판한 후소샤에 전해졌다는 소식을 듣고 행동을 주저하는 경향이 나타난 것이다. 역사가 60명이 발의한 뒤 829명이 서명에 참가한 성명이 발표된 것은 겨우 지난달 15일이었다. 오랫동안 숨을 숙이고 사태를 지켜보고 있던 한국 사람들은 이미 억누를 수 없는 우려의 소리를 내기 시작한 시점이다.

이어 지난달 21일『아사히신문』이 1면 머리기사로 한국·중국의 우려를 크게 보도했다. 그 뒤 27일 나는 스미야 미키오, 아라이 신이치 등과 함께 16인 성명을 냈다. 우리들은 검정조사심의회에 대해 수정요구가 충분한 것인지, 제출된 수정이 형식적인 것은 아닌지 등을 다시 한번 검토할 것을 요구하고, 검정 합격이라는 결론이 나와도 '근린제국 조항'과 무라야마 담화에 비춰 문제되는 기술이 아직 남아 있다면 정부가 책임을 지고 재수정을 요구하도록 촉구했다.

지난 5일 수정내용이 부분적으로 보도됐다. 수정요구는 두 차례 이뤄졌다고 한다. 한국합방 부분은 검정 담당자 쪽이 명확한 수정요구를 했기 때문에 기술이 크게 바뀌었다. 합방이 "한국 안의 반대를 무력으로 제압하고" 행해졌다는 것을 첨가했다. "합방은 일본의 안전과 만주의 권익 방위를 위해 필요했다"는 것이 당시 일본정부의 생각이란 것이 명확해졌다. 열강은 일본에 의한 한국합방을 '지지'했다는 표현이 '이의를 제기하지 않았다'로 약해졌다. 합방이 '국제관계의 원칙에 입각해 합법적으로 행해졌다'는 기술은 삭제됐다. "한국의 국내에는 찬반양론이 있고, 반대파의 일부가 격렬한 저항을 했다"는 기술이 "한국의 국내에는 합방을 받아들이는 목소리도 있었으나 민족의 독립을 잃은 것에 격렬한 저항이 일어나고 그 뒤에도 독립회복 운동이 치열하게 전개됐다"고 고쳐졌다.

식민지지배가 가져다준 피해와 고통에 대해서는 태평양전쟁 부분에 노동자가 광산 등에서 사역했다는 것, 동화를 위한 황민화정책이 강제됐다는 것, 일본식의 이름으로 바꾸려고 했던 것 등이 추가됐다.

이런 수정을 강제했다는 것은 정부의 검정기준으로서 '근린제국 조항'과 무라야마 담화가 살아 있다는 것을 보여주는 것이다. 애초 신청본에서와 같은 기술은 인정할 수 없다는 것이다. 그런 의미에서 '만드는 모임'은 패배했다.

그러나 난징학살의 경우는, 도쿄재판에서 다수의 중국인 살해가 인정됐는데도 불구하고 수정 이후에도 "이 사건은 자료상으로도 의문점이 많고" 그 사실이 어떤 것이었는지에 대해 논쟁이 계속되고 있다는 정도로 표현돼 있다. 살해의 사실 자체에 대해서도 '의문점'을 표시했다고 할 수 있다. 이것은 불충분한 수정이다. 이것으로 중국관련 기술의 수정이 제대로 이뤄졌는지 의심하지 않을 수 없다. 후소샤의 책 집필자들은 중국에 대해 절도를 잃은 대립감정을 노골적으로 드러내고 있기 때문에, 만주국과 중일전쟁에 관한 기술을 한국합방 관련 기술을 수정한 정도로 수정하지 않은 것은 아닌가 하는 걱정이 든다. '대동아전쟁'이라는 말을 수정본 중에도 사용하고 있는 것을 포함해 주의할 대목이다.

현행 검정제도 아래서는 수정의견을 붙여 수정하면 그것으로 충분한가 아닌가를 판단할 뿐으로, 불합격시키는 것은 불가능하다. 수정된 후소샤 책은 틀림없이 검정을 통과할 것이다. 그러나 중국에 관한 검정 신청본의 기술이 충분히 수정되지 않았다면 큰 문제다. 중국에서는 탕자쉬안 외교부장이 이미 기자회견에서 중대한 관심을 나타냈다. 여기서 외무성이 노력을 기울여 수정이 부족하다는 의견을 내야 한다.

후소샤 책이 검정을 통과하게 되면 검정 신청본과 수정본이 동시에 공개된다. 그러면 상세한 검토와 비판이 명확하게 이뤄질 것이다. 이들 필자가 어디까지 수정요구에 응했는가, 어디까지 자신들의 주장을 집어넣으려고 했던가 등이 명확하게 드러날 것이다. 교과서를 둘러싼 공방은 교육위원회 차원의 교과서 채택 국면으로 넘어갈 것이다. 거기서도 격렬한 대결은 피할 수 없다.

'만드는 모임'이 그런 검정 신청본은 낸 것은 실패였다. 애초의 신청본은 검정을 통과하지 못했다. 당연한 일이나 그것을 확인할 수 있었다는 것은 다행스런 일이다.

와다 하루키(도쿄대 명예교수·역사학)

【데스크칼럼】 '교과서문제'의 성격과 해법
『한겨레신문』 2001. 3. 26

역사적 사실을 왜곡한 일본의 중학교 역사교과서에 대한 문부과학성의 최종 검정 결과 발표가 초읽기에 들어갔다. 특히 우익단체 '새 역사교과서를 만드는 모임'이 제작한 교과서의 수정 내용과 검정에서 통과될지 여부에 관심이 모이고 있다.

역사왜곡은 1990년대 이후 여러 나라에서 나타나고 있는 극우파의 부상과 맥락을 같이한다. 냉전체제가 무너지고 경제·사회의 세계화가 빠른 속도로 진행되면서 많은 사람들이 변화를 따라잡지 못하고 불안감을 느끼게 됐다. 극우파는 불안감을 손쉽게 전가할 수 있는 탈출구를 제공한다. 유럽 극우세력은 외국인 배척을 주요 강령으로 해 세력을 키우고 있다.

일본은 2차대전에서 패한 뒤 경제대국이라는 정체성을 갖게 됐다. 1980년대 이후에는 군사·외교 대국까지 노려, 주변국 등이 경계심을 늦추지 않고 있다. 그런데 경제가 1980년대 말 거품 붕괴 이후 탈출구를 찾지 못하고, 정치도 혼미를 거듭하고 있다. 이런 분위기를 파고든 것이 우익이다. 화려했던 대외진출, 즉 침략의 역사는 국민을 집결시킬 수 있는 좋은 수단이다.

유럽 우익의 외국인 배척과 일본의 교과서왜곡은 성격이 거의 같지만, 문제에 대응하는 양쪽 정부의 태도는 아주 다르다. 독일 정부는 지난 1월 극우 국가민주당에 대한 위헌 심사를 법원에 신청했다. 반면 일본 문부과학성은 1982년 역사교과서 파동 때처럼 이번에도 역사왜곡을 은근히 부추기고 있다는 지적을 받는다.

이런 차이는 과거의 잘못된 역사를 얼마나 철저하게 청산했으며, 이후 학교 등에서 교육을 어떻게 해왔느냐에서 나온다. 군국주의 일제를 이끌었거나 그들과 뜻을 함께하는 사람들이 지난 수십 년간 냉전 및 자민당 장기집권 체제에서 일본을 이끌어왔다. 일본 우익의 뿌리는 그래서 깊고 단단하다. 과거 침략에 대한 미화는 앞으로도 형태를 바꿔 침략할 수 있는 가능성을 높여준다.

공식적인 항의와 시정 요구는 출발점일 뿐이다. 역사교과서뿐만 아니라 모든 형태의 역사왜곡에 대해 정부는 분명한 목소리를 내야 한다. 항의와 요구에서 중국은 우리보다 더 분명하고 적극적이다. 외교적 제재 등 직접 행동에 들어가는 것도 고려해야 한다. 이번 교과서 검정을 둘러싼 일본정부의 소극적인 태도는 "국제적인 배신행위"(사카모토 요시카즈 도쿄대학 명예교수)이기 때문이다. 지난해 초 오랫동안 오스트리아의 군소정당이었던 자유당이 신나치주의적 노선을 내세워 제2당으로 떠올라 연정에 참여하자, 유럽연합은 오스트리아에 대해 경제적·인적 제재를 가했고 자유당은 한걸음 물러섰다. 효과를 높이기 위해서는 중국·북한 등 관련국과 긴밀히 협의해야 한다.

일본 안에서 철저한 반성이 이뤄지지 않는 한 문제는 언제든지 재발될 수 있다. 일본은 '근린제국 조항' 등을 만들어놓고도 교과서왜곡을 되풀이한다. 일본 우익을 제어하는 동력이 일본 안에서 나와야 하지만 이들에 맞서는 세력은 미흡해 보인다. 이번에도 교과서의 문제점을 지적하는 일본내 사회운동 세력이나 학자·언론은 상당수 있지만 '만드는 모임'의 인맥과 이들의 운동방향, 문제점 등을 따지는 시도는 거의 없었다.

그런 의미에서 이번 교과서 파동의 최대 성과는 일본 내에서 자성의 소리가 조직되기 시작한 것인지 모른다. 교과서의 문제점을 지적하는 서명 대열에 지난해 말 이래 와다 하루키 도쿄대학 명예교수와 노벨문학상 수상자인 오에 겐자부로 등 1천 명 가량이 동참했다. 이들이 더 큰 힘을 얻어야 한다.

곳곳에서 지역협력체가 생기는 데서 보듯이, 세계는 서서히 공통의 가치관을 찾으면서 통합돼가고 있다. 일본 우익은 동아시아 나라의 협력에 가장 큰 걸림돌이 되고 있다. 일본내 양심세력과 이웃나라들이 이들을 어떻게 통제하느냐는 문제는 역사왜곡의 재발뿐만 아니라 동아시아 나라의 공존·협력 여부를 가름하는 가장 큰 변수가 될 것이다.

김지석 국제부장

일본교과서 관련 정부성명 전문
『한겨레신문』 2001. 4. 3

1. 우리 정부는 일본 정부가 2002년도용 일본중학교 역사교과서 검정과정에서 소위 "근린제국 배려" 등 검정기준에 따라 충실한 검정을 하였다고 설명하고 있으나, 검정을 통과한 일부 교과서가 여전히 자국 중심주의적 사관에 입각하여 과거의 잘못을 합리화하고 미화하는 내용을 포함하고 있는 데 대해 깊은 유감의 뜻을 표하지 않을 수 없다.

2. 우리 정부는 이와같은 일부 왜곡된 역사교과서를 통해 일본의 젊은 세대들이 그릇된 역사교육을 받게 되는 경우, 이는 일본 자신의 미래와 국제사회에서의 책임있는 역할 수행에도 바람직하지 못할 뿐만 아니라, 한·일 양국관계의 발전을 크게 손상시킬 것이라는 점에서 심각한 우려를 금할 수 없다.

3. 우리 정부는 일본 정부가 1995년 무라야마 총리의 '전후 50주년 특별담화'와 1998년 김대중 대통령 방일시 채택된 <21세기 새로운 한·일 파트너십 공동선언>에서 천명하고 있는 역사인식을 바탕으로 이와같은 역사왜곡을 근본적으로 방지하기 위한 대책을 강구할 것을 강력히 촉구하는 바이다.

4. 우리 정부는 앞으로 관계 전문가 등을 통해 금번 검정결과를 면밀히 검토하여 필요한 조치를 취해 나갈 것이다.

일본교과서 파문 - 정부당국자 일문일답

『한겨레신문』 2001. 4. 3

　추규호 외교통상부 아태국장은 3일 일본정부의 역사교과서 검정결과에 대한 우리 정부측 입장을 밝혔다.

　다음은 추 국장과의 일문일답.

　우리 정부의 검토결과는 언제 나오나. △1차적인 결과 외 최종 결론은 다소 시간이 걸릴 것이다. 지난 1995년 무라야마 총리의 담화, 1998년 한·일 파트너십 선언 정신에 구체적으로 반하는 내용이 있는지를 집중 검토하게 될 것이다. 여기에는 전문가들에 의한 전문적인 분석이 필요하다.

　우리 정부는 유감의 뜻을 나타냈는데 그 의미는. △일본 정부가 이런 나쁜 순환을 반복하지 않도록 근본적인 대책을 강구하라고 요청했다. 그것에 따라 일본 정부가 성의있는 태도를 보이기를 바란다.

　정부가 재수정을 요구한 것인가. 우리 정부의 대책은 뭔가. △재수정 요구 문제는 관계부처 대책회의, 전문가 검토결과를 받아봐야 말할 수 있다. 정부 차원의 대책회의를 거쳐 지혜를 모은 다음 4일께 발표하겠다.

　이번 교과서 검토결과가 한일관계의 근간을 흔든다고 보나. △검토결과에 따라서는 그럴 가능성도 없지 않다고 해석할 수 있다.

　'새역모' 교과서만 그런가, 아니면 8종이 다 그런가. △기본적으로 문제되는 것은 '새역모' 교과서라고 인식하고 있다. 다른 교과서도 전혀 문제가 없는 것은 아니지만 사관의 다양성 입장에서 수용할 수 있을 정도다.

　다른 교과서들이 군대위안부 문제를 모호하게 하거나 누락시켰는데. △좀더 두고봐야 한다. 위안부 문제만 특정해서 문제삼기는 이르다고 생각한다.

　일본 역사교과서문제의 본질은. △교과서문제가 일본 사회의 소극적인 보수화,

점진적인 우익화의 연장선상에 있는 것만은 사실이다.

중국 등 다른 국가와 공동 대응하는 방안은. △3국과의 공동대응은 유엔을 비롯해 국제적 포럼 등 다른 기회가 많이 있다. 교과서만을 두고 별도의 조치는 생각하지 않고 있다.

일본교과서문제의 핵심은. △일본이 정체성(idendity)을 강화하고 싶어도 역사문제는 필연적으로 주변 국가와 관계가 있는데, 이번 교과서는 너무 자국 중심의 국가관으로 기술했다.

교과서 검정과정에서 일본 정부는 어떤 태도를 보였는가. △기본적으로 역사교과서가 형식상으로는 민간 출판업자가 책을 만들어서 교과서 검정을 신청하기 때문에 일본 정부의 개입에 제약이 있다는 것이다. 또 하나는 <근린제국>조항과 1995년 무라야마 총리 담화 및 1998년 한·일 파트너십공동선언 정신에서는 벗어나지 않겠다는 정부 차원의 결의를 전달해왔다.

우리가 재수정을 요구했을 경우 일본이 받아들일 여지가 있나. △이론적으로 100% 없다고는 생각하지 않는다. 하지만 이번에는 지난해부터 문제시돼 수정을 마음먹고 했다는 것이 일본측 생각이다.

【포럼】 '거짓'을 가르치는 나라 日本
『문화일보』 2001. 4. 4

어제 일본 문부과학성의 최종 검정을 통과한 중학교 역사교과서는 이웃나라와 관계된 서술에서 특히 자국 중심의 주관적인 서술을 일삼고 있다고 비판되고 있다. 우리가 일본 교과서에 관심을 기울이게 된 것은 바로 이 때문이다. 특히 과거 일본의 침략을 받았던 시기에 대한 서술이 어떻게 이뤄지고 있는가 하는 데에 깊은 관심을 갖고 있어서다. 이웃에 관련된 사실과 그 평가에서 객관적이지 못하고 왜곡되거나 편파적이라면, 그 점에 대해 지적하고 시정을 요구하는 것은 내정간섭이라고 할 수 없다.

검정을 통과한 교과서들이 한국의 식자들과 언론의 관심을 끌고, 의견을 개진하고 논평하는 것은 이 때문이다.

2002년 사용을 목표로 검정을 통과한 8종의 일본 역사교과서는 그중 7종이 전부터 사용되어왔었고, 하나만 '새 역사교과서를 만드는 모임'이 새로 검정을 신청한 것이다. 우익측 인사들로 구성된 '새…모임'은 다른 7종의 교과서에 큰 영향을 미쳐, 종래 표현했던 조선에 대한 '침략'은 '진출'로 바뀌었고, '종군위안부'라는 말은 아예 삭제해버렸던 것이다. 분위기가 이 정도였으니까 '새…모임'이 간행한 교과서를 이웃나라들이 주목하는 것은 당연하다.

'새…모임'이 만든 교과서는 검정을 위해 137곳의 수정지시를 받았다. 그럼에도 불구하고 최종검정본은 많은 문제점을 드러내었다. 고대사 부분에서 임나일본부를 써넣고 마치 고대 일본이 조선의 남반부를 지배한 것같이 서술했고, 고구려가 '예기치 않게' 일본에 조공을 바쳤다고 기술하였다. 일본 학계에서도 인정하지 않는 이런 서술은 지극히 의도적이다.

일본의 국학적인 전통에서 보면, 이는 조선이 신대(神代)의 옛날부터 일본의 지배하에 있었다는 것을 의도적으로 주입시키고자 함이다. 중화 질서 속에서도, 일본은 독립된 입장을 관철했고 조선·베트남은 중국의 역대왕조에 복속했다고 강조함으로써 이웃의 역사를 의도적으로 비하하는 점도 없지 않다.

근현대사의 한국관계 서술에서도 의도적인 왜곡은 과거 일본 정치인들의 망언(妄言)을 보는 듯하다. 망언의 핵심이 일제강점 합리화와 일제통치 시혜론, 침략전쟁의 아시아해방론에 있듯이, '새…모임'의 강조점도 거기에 맞춰져 있다. 이 교과서는 여러가지 구실을 붙여 자신의 침략행위를 변명하고 희석시켰다. 한국 병합에서 '일부에 병합을 수용하자는 목소리도 있었던 것'처럼 과장한 것도 일례다.

일제는 근대화를 돕기 위해 한국에 진출했고, 식민지 조선에 철도·관개시설 등의 개발을 했다고 주장한다. 이와는 대조적으로 식민지 조선에서 행한 그들의 수탈과 억압은 정직하게 표현하지 않았다. 강제징용이나 종군위안부 등은 아예 거론되지 않았다. '새…모임'의 교과서는 일본의 남방침략을 두고, 아시아를 독립시켜주는 계기가 되었다고 주장하는 한편 이 전쟁을 대동아전쟁이라 하여 마치 대동아공영권을 구축하기 위한 것으로 미화시켰다.

이같은 교과서는 사실을 전달하는 데에 왜곡하였을 뿐 아니라 사실을 해석하는 데도 객관성을 결여하고 있다. 자학(自虐)사관을 비판하는 데서 시작한 일본 우익의 자유사관은 '새…모임'이 간행한 이 교과서를 통해 젊은이들을 국수주의적인 자폐(自閉)사관으로 이끌어가고 있다. 자폐사관으로는 열린 세계, 화해하려는 이웃과 공유하는 역사를 만들어갈 수 없다. 자폐사관을 기반으로 한 역사교과서가 검정을 통과한 데에는 일본 정부의 책임 또한 없다고 단언할 수 없다.

일본교과서 문제가 야기되면서 다시 스스로를 되돌아본다. 먼저 국정 국사교과서를 사용하고 있는 한국이, 검정제도하에 있는 일본 교과서를 비판한다는 것이 부끄럽다. 국사교과서는 시급히 검정 체제로 전환되어야 한다. 한국은 최근 국사교육이 제도적으로 축소되고 있는 실정인데, 자기 역사에 소홀하면서 남의 나라의 역사교과서를 비판하는 것도 또한 꺼림칙하다.

세계화 전략에 대비하기 위해서라도 국사교육은 강화되어야 한다. 잊을 만하면 찾아오는 일본 역사교과서 파동은 국사에 관심이 없는 한국민에게 역사의식을 환기시켜준다는 점에서 역설적으로 '필요한 사건'이다. 일본교과서 문제에 대처하는 첩경은 없을까. 대답은 역사의식의 지속적인 고양과 심화에 있다.

아울러 그동안 학자들의 경고에도 불구하고 이 문제에 대해 지나치게 안이한 태도를 취해온 정부는 늦었지만 강력한 대응조처에 나서야 한다. 정부는 신어업협정이나 문화개방 등 지금까지 일본에 대해 실망스런 자세만 취해왔던 만큼 들끓고 있는 국민여론이나 이미 발표한 '21세기의 새로운 한일파트너십 공동선언'을 감안해서라도 조속히 특단의 대처에 임해야 할 것이다.

이만열(숙대교수 · 독립운동사 연구소장)

【일본교과서 우향우】 역사시계 되돌린 일본

『중앙일보』 2001. 4. 4

일본의 중학교 역사교과서 검정 결과 우파학자 단체의 교과서가 통과된데다 기존 교과서의 침략 부분 등에 관한 기술이 줄어 일본과 한국 · 중국 등 주변국 간의 외교적 마찰 등 상당한 파문이 예상된다.

일본서적 교과서에 '명성황후 시해사건'이 추가되고 도쿄(東京)서적에는 김대중(金大中)대통령의 1998년 일본 국회 연설문이 일부 실리는 등 보완된 부분도 있지만 전반적으로는 침략역사 기술이 상당히 후퇴했다는 평이다.

의미

'일본중심 역사관'을 표방하는 우익단체 '새 역사교과서를 만드는 모임'(새역모)의 교과서가 내년부터 공식 무대에 등장하게 돼 교육현장의 '우경화' 바람은 더욱 거세질 것으로 보인다.

이 교과서의 경우 검정과정에서 상당히 수정된 것은 사실이다. 그러나 침략전쟁을 부인한 당초 신청본의 기조는 고쳐지지 않았다. 일제의 가해행위는 축소하고 전쟁 피해자로서의 입장만 부각한데다 동남아시아 침략을 식민지해방에 기여한 것으로 미화했다.

일본 중학생이 잘못된 역사관을 가질 우려가 있는 것이다. '새역모'는 내년에 전체 중학교의 10%가 자신들의 교과서를 채택하도록 한다는 계획이다. 우익단체들이 이번에 자신들의 의지를 관철함에 따라 사회적으로도 목소리를 한층 높일 것으로 예상된다. 침략에 대한 일본 정부의 역사적 시각도 상당히 후퇴해 일본 정부·정치권이 이런 분위기에 편승할 가능성도 한층 커졌다.

배경

장기 경기침체 및 정치 공백에 대한 실망으로 미래에 대한 '희망'을 잃은 일본 국민 사이에 민족주의에 대한 향수가 늘고 있다. 일본 정치권·정부 내에서도 이를 부추기며 이용하려는 움직임이 확대되는 추세다. 일본 법원조차 종군위안부·강제징용 희생자의 배상청구 소송을 모두 기각했다.

외교소식통은 "최근 일본의 정치상황·국민정서를 볼 때 '새역모' 교과서의 통과는 불가피했을 것"이라고 풀이한다. 곧 물러날 모리 요시로(森喜朗)정권이 한국·중국과의 마찰을 감수하면서까지 '무리수'를 택했다는 해석도 있다.

사실상 문부과학성이 주도했다는 지적도 있다. 마치무라 노부타카(町村信孝) 문부과학상은 1998년 당시 문부상일 때 국회에서 "현행 역사교과서는 메이지(明治)유신 이후 역사를 부정적으로 적고 있다"고 기존 교과서를 공격한 바 있다.

그는 이후에도 "검정은 집필자의 사상이 아니라 내용을 갖고 한다"고 말하는 등 '새역모' 측을 지원했다. 그런데도 문부과학성은 "내년부터 역사교육시간이 주 4시간에서 3시간으로 단축돼 한국 침략역사 교육부분이 줄었고, 종군위안부 문제는 중학생에게 가르치기가 부적절하기 때문"이라고 해명한다.

외교 마찰

일본과 한·중 간에는 한동안 먹구름이 드리울 전망이다. 교과서가 갖는 상징성 때문이다. 한국 정부는 유감의 뜻을 전했고 필요한 조치를 검토중이라고 밝혔다.

중국 정부의 역사인식 공세는 불 보듯 뻔하다. 중국은 그 동안 수차례에 걸쳐 일본 정부에 '새역모' 교과서를 불합격시킬 것을 촉구해왔다.

또 "일본 정부가 통과시킬 경우 심각한 외교마찰이 발생하고 이는 모두 일본 정부의 책임"이라고 강조해 외교적 갈등이 지속될 것으로 예상된다.

오대영 도쿄 특파원

【일본 교과서 파동 새국면】 전문가 기고

『중앙일보』 2001. 4. 4

예상했던 대로 일본의 중학교 역사교과서 8종이 모두 문부과학성의 검정에 합격했다. 이제 관심은 가장 많은 비판을 받았던 '새 역사교과서'가 얼마나 많이 채택되느냐에 쏠려 있다.

먼저 검정 신청본과 합격본의 차이, 즉 수정 여부를 살펴보면 다음과 같다. 우선 기존의 7종 교과서는 내용상의 변화가 많지 않았다. 다만 종전에 비해 한국관련 서술이 30% 정도 줄었다. 일본군 위안부에 대한 서술도 빠졌다.

이는 교과 개편으로 역사 시간이 줄었기 때문에 생긴 현상으로 볼 수 있지만 문제는 내용 축소뿐 아니라 '침략'이 '진출'로 바뀌는 등 표현상의 개악이 나타났다는 점이다. 이는 '새 역사교과서'의 등장을 의식한 자의반 타의반의 선택이라고 볼 수 있다.

문제의 '새 역사교과서'는 잘못 기술한 사실과 과장된 해석 등을 상당히 수정·보완했다. 특히 비판이 집중되었던 근대 한일관계사에서 그 점이 두드러졌다. 예를 들면 조선을 '잠자던' 나라로, 한반도를 '흉기'로 표현했던 문구 등은 사라졌다.

반면 신청본에는 빠져 있던 관동대지진 때의 조선인 학살에 대한 서술 등이 첨가됐다. 이것은 신청본의 내용이 워낙 엉망이었던데다 검정 통과를 위해선 문구의 부분적 수정쯤은 감수하겠다는 전략 때문인 것으로 보인다. 하지만 '새 역사교과서'는 여전히 많은 문제를 안고 있다.

첫째, 여전히 '황국사관적' 역사인식을 관철하고 있다. 신화와 천황을 대단히 중시하고 패전 전에 지녔던 충효를 아름다운 덕목으로 내세운다. 특히 일본의 우월성을 강조하기 위한 방편으로서 한국 역사의 열등성을 부각하고 있다. 이 점은 패전 후 역사학계의 연구성과를 아예 무시한 것이다.

둘째, 대외팽창과 침략전쟁에 대한 미화의 강도를 조금 완화했지만 그 당위성을 적극 옹호하는 데는 변함이 없다. 도요토미 히데요시(豊臣秀吉)를 스페인의 필립2세와 맞먹는 세계 제패의 대야망가로 묘사하고, 아시아·태평양전쟁은 일본이 백인종을 격파해 아시아인에게 꿈과 용기를 심어준 대동아전쟁으로 평가한다.

셋째, 일본에 불리하거나 부정적인 사실은 거의 언급하지 않고 있다. 근대 한일관계의 경우 다른 교과서에는 나와 있는 일본의 침략과정이나 식민지배의 실상, 독립운동에 대한 탄압 등을 거의 무시하고 있다. 의당 써야 할 내용을 일부러 빠뜨리는 것은 사실 왜곡 이상으로 심각한 문제다.

이런 심각한 문제를 안고 있는 '새 역사교과서'마저 검정을 통과하는 것으로, 국제문제로까지 비화했던 일본의 역사교과서 파동은 일단 막을 내렸다. 그렇지만 문부과학성의 수정의견과 합격본의 내용이 일반에 공개됨으로써 역사교과서 파동은 새로운 국면을 맞게 될 것이다.

우선 승리를 거둔 '새 역사교과서를 만드는 모임'은 자신의 교과서가 많이 채택되도록 하기 위해 더욱 치열한 노력을 기울일 것이다. 이미 정·재계, 매스컴 등을 통해 집요한 채택운동을 벌여온 이들은 이제 10% 이상의 시장점유를 위해 온갖 수단을 동원할 것이다.

물론 반대운동도 불을 뿜을 것이다. 그것은 두 가지 방향으로 나타날 것으로 보인다. 하나는 '새 역사교과서'의 부당한 서술에 대해 합당한 비판을 계속하는 일이다. 합격본이라 하더라도 문제되는 부분에 대해서는 문부과학성이 수정을 지시할 수 있다는 점을 염두에 두고, 반대운동측은 항의와 비판의 강도를 높여갈 것이다. 다른 하나는 '새 역사교과서'의 채택을 최대한 억제하는 방안을 모색할 것이다. 이미 일본교직원조합을 비롯한 여러 단체가 이 운동에 나서고 있다.

이 운동이 얼마나 실효를 거둘지는 미지수지만 1980년대 말에 등장한 우익적인 고교 일본사 교과서가 9천여 부 채택되는 데 그쳤던 예를 상기하면, 어느 정도 효과를 기대할 수도 있다. 곤혹스러운 일은 한국측이 앞으로 어떤 태도를 취할 것인가 하는 문제다. 민간 차원에선 일본 내의 교과서 개선운동과 연대하면서 한국인의 진의를 일본인에게 정확히 전달하는 것이 좋을 것이다.

정부는 최근 양국 수뇌가 역사인식에 대해 함께 언급한 '한일 파트너십 공동선언'을 준수하라고 일본 정부에 지속적으로 요구할 필요가 있다.

비가 온 뒤 땅이 더 굳어지는 법이다. 이번 역사교과서 파동을 상호이해와 우호협력을 더욱 증진시키는 전화위복의 계기로 만들어야 한다는 것은 한일 양국 모두의 시대적 소명이다.

정재정(서울시립대교수 · 국사학)

【시론】 일본에도 '햇볕정책'인가

『조선일보』 2001. 4. 5

황국사관에 바탕을 둔 일본의 '새 역사교과서'가 문부과학성의 검정에 합격한 지도 일주일이 지났다. 지난 5~6년 간 이 교과서가 출현하는 과정을 지켜봐온 필자로서는 일본측이 치밀하고 노련하게 이 계획을 실천에 옮긴 반면, 우리 정부의 대응은 상대적으로 허술하고 미숙했다는 것을 지적하지 않을 수 없다.

우리 정부는 일본의 역사교과서 검정에는 많건 적건 간에 정치적 배려가 개입하지 않을 수 없다는 엄연한 현실을 제대로 파악하지 못했다. 일본은 선진국 중에서 교육에 대한 중앙정부의 일률적 통제가 가장 강한 나라이다. 역사교육에 대해서는 특히 그렇다. 지금까지 수십 년 동안 일본이 역사교과서를 둘러싸고 국내적으로는 이에나가 교과서재판, 국제적으로는 주변 국가와의 갈등을 되풀이해 온 것도 역사교과서 검정에 대한 국가권력의 부당한 간섭 여부 때문이었다. 그럼에도 불구하고 문부과학상은 검정이 순전히 학문적 관점에서 객관적으로만 이루어지는 것처럼 위장했다. 우리 정부는 "검정은 확실히 틀린 사실을 지적하는 데 그칠 뿐, 역사인식의 옳고 그름에는 관여할 수 없다"는 그의 원론적인 말을 곧이곧대로 받아들이는 듯한 태도를 취했다.

필자는 '새 역사교과서' 자체가 정치적 산물이라고 본다. 그것은 이 교과서가 출현하는 과정을 훑어보면 금방 알 수 있다. 자민당에 '역사검토위원회'(회원 105

명, 고문은 당시 수상 하시모토 류타로)가 설치된 것이 1993년 8월이고, 그들이 침략전쟁을 전면 부인하는 『대동아전쟁의 총괄』이라는 책을 간행한 것이 1995년 8월 15일이었다. 그 밖에도 패전 50년을 전후하여 자민당을 비롯한 보수 정당에서는 '올바른 역사를 전하는 국회의원연맹' '밝은 일본 국회의원연맹' 등이 결성돼 기존 역사교과서가 '죄악사관'에 빠져 있다고 비판하면서 이의 개정을 요구하는 성명서·결의안을 잇달아 발표, 개정의 분위기를 고취했다.

정치계의 움직임과 발맞춰 역사학자·교육학자를 비롯하여 우파 문화인들이 중심이 된 '자유주의 사관연구회'(1995년 7월)와 '새 역사교과서를 만드는 모임'(1996년 12월)이 결성됐다. 후자가 '새 역사교과서'의 실질적 집필기구가 되었음은 잘 알려진 사실이다. 이 단체의 후원자 중에는 자민당 의원이나 대기업 간부가 다수 포함돼 있다. 따라서 '새 역사교과서'가 집권 자민당으로부터 직·간접의 원호를 받으면서 탄생한 사실을 부인할 수 없을 것이다.

문부과학성은 검정과정에서도 '새 역사교과서'의 집필자에게 자세하고 친절한 수정의견을 제시했다. 집필자들이 이 지시를 고분고분 수용하였음은 말할 것도 없다. 합격을 전제로 한 수정이었기 때문이었다. '새 역사교과서'는 정치와 역사가 교묘하게 결합하여 만들어낸 계획된 합작품이라고 할 수 있다.

그럼에도 불구하고 한국측은 일본의 표면적 태도(다테마에)를 신뢰한 나머지 내면적 흐름(혼네)을 지나쳐버렸다. '새 역사교과서'가 정치적 사안임을 직시하지 못하고 학문적 사안인 것으로 잘못 파악하였다고나 할까. 이러한 안이한 대응은 '한·일 파트너십 공동선언'(1998년 10월) 이후의 대일 유화정책에서도 나타나는 현상이다. 김대중 대통령은 이 선언을 채택하면서 일본의 '사과와 반성'을 진정한 것으로 받아들여 "앞으로 정부 차원에서 더이상 역사인식에 대해 왈가왈부하지 않겠다"는 뜻을 피력한 바 있다. 이 말이야말로 일본이 기다리고 기다렸던 복음이었다. 그 후 한국은 일본의 역사왜곡 문제를 처리함에 있어 자승자박에 빠질 수밖에 없었다. 그리하여 재작년 여름부터 일본 역사교과서가 개악으로 흐르고 있다는 우려가 국내외에서 제기됐지만, 우리 정부는 애써 이를 무시했다. 오히려 한·일 우호의 장밋빛 환상에 들떠 대중문화를 개방하고, 일왕방한을 추진하는 등 '대일 햇볕정책' 일변도로 나갔다. '새 역사교과서'는 한국이 이렇게 스스로 손발을 묶은 틈을 이용하여 탄생한 독버섯인 셈이다.

정재정(서울시립대 국사학과 교수)

【일본교과서 우향우】 "문부성 검정이 왜곡 부추겨"
『중앙일보』 2001. 4. 5

일본 교과서 검정제도가 일본에서 도마에 올랐다.

일본 문부과학성 검정 결과 역사왜곡·침략전쟁 미화 등으로 엄청난 파문을 일으키고 있는 '새 역사교과서를 만드는 모임'의 중학교 역사교과서가 통과된 데다 문부과학성이 검정과정에서 여러 출판사에 내용 수정을 요구하는 등 개입한 것으로 전해지고 있기 때문이다.

일본 언론에 따르면 문부과학성은 이번에 검정을 통과한 내년도 초·중학교 사회·공민교과서에 대해 "학생들이 국기·국가에 대한 존경심을 갖도록 하라"는 내용의 검정지침을 내렸다.

이에 따라 초등학교·중학교 교과서 5개씩이 '의무 존중'을 강조하는 쪽으로 수정해 검정을 통과했다.

검정제도 - 1947년 제정된 학교교육법에 따라 처음 도입됐다.

일제시대 군국주의 교육을 강요한 국정교과서제도에 대한 반성에서다.

민간 출판사가 교과서를 만들면 문부과학성이 일정기준에 따라 심사하고 학교는 심사를 통과한 여러 교과서 가운데 하나를 택하게 된다.

문부과학성은 검정제도에 대해 "교과서검정심의회가 검정기준에 따라 심사하므로 정부가 정치적으로 개입할 수 없다"고 강조해왔다.

중국·한국 정부가 역사왜곡으로 물의를 일으킨 우익단체 '새 역사교과서를 만드는 모임'의 중학교 역사교과서에 대해 항의할 때도 문부과학성이 대응논리로 내세운 것이 '검정제도의 독립성'이었다.

개입 논란 - 일본 국내 정치상황 및 분위기에 따라 문부과학성이 출판사의 제작단계 및 심사과정에서 '주문 형식'으로 사실상 지시한다는 지적이 많다.

문부과학성은 1982년 고교사회교과서에서 '침략'이란 단어를 쓰지 않도록 출판사에 지시했다가 한국·중국 정부가 거세게 반발하자 교과서 제작시 주변국가와의 관계를 고려한다는 '근린제국 조항'을 검정기준에 넣기도 했다.

마치무라 노부타카(町村信孝) 문부과학상은 1997년 문부성 장관일 때 국회에서 "역사교과서가 메이지(明治)유신 이후 역사를 너무 부정적으로 싣고 있다"며

"집필단계부터 편집자가 균형감각을 갖도록 하고 채택 단계에서 개선할 수 있는 지를 심의회에서 협의할 것"이라고 말한 적이 있다.

일본 저널리스트 와니 유키오(和仁廉夫)는 "문부성이 1999년 도쿄(東京)서적 등 일부 출판사에 대해 일본 근대사 내용을 순화할 것을 주문했다"고 밝히고 있다.

일본 출판노조 역사교육 관계자들은 "교과서 검정제도는 검정을 빙자한 정부 검열"이라고 주장한다. 검정이 문부과학성 직원인 조사관과 장관 자문기구인 심의회에 의해 이뤄지기 때문이다.

이들은 또 "정부의 학습지도 요령은 고시(告示)에 불과한데도 검정에서 탈락하면 4년을 기다려야 하는 출판사의 약점을 이용, 막강한 영향력을 발휘하며 교과서 내용에 개입한다"고 지적한다.

이에나가 사부로(家永三郎, 87) 도쿄교육대 교수가 1965년 검정제도에 대해 제기한 소송에서 재판부는 "교과서 검정은 검열을 금지한 헌법 위반이며 교육에 대한 행정의 부당한 개입을 금지한 교육기본법 위반"이라고 밝힌 적이 있다.

민주당·사민당·공산당 등 야당도 검정제도의 폐지 또는 개선을 주장하고 있다.

오대영 도쿄 특파원

【일본교과서 우향우】 중국청년보 칼럼 요약

『중앙일보』 2001. 4. 5

4월 4일자

일본의 역사교과서 왜곡은 과거의 암울한 역사를 직시할 용기가 없는 일본이 겁 많은 타조처럼 눈 가리고 아웅하는 식으로 역사를 날조한 것과 같다.

우파단체의 새 역사교과서는 중국과 한국에 대한 일본의 침략 역사를 간략하게 처리한 것이 가장 큰 특징이다. 교과서의 역사 왜곡은 4개 분야에 집중돼 있다.

첫째, 일본이 '천황 중심의 신의 나라'라는 것이다. 둘째, 전쟁과 관련해 잘잘못의 구분이 없다. 셋째, 일본이 가해자가 아니라 피해자로 돼 있다. 넷째, 침략의 성격은 사라진 채 황군(皇軍)의 위용만 강조하는 등 군국주의 색채가 짙다.

일본의 역사교과서 날조 풍조가 절정에 이른 느낌이다. 세계가 분노하는 난징(南京)대학살은 단지 전쟁중에 불가피하게 발생한 살인행위로 얼버무려지고 있다. 이같은 일본의 교과서 왜곡은 두 가지의 결과를 가져올 것이다.

첫째, 일본에 침략당한 아시아 각국의 분노와 항의에 직면할 것이고, 이들 나라의 후손들이 자자손손 일본의 침략근성을 분명히 기억할 것이란 점이다.

둘째, 나중에 진실을 알게 된 일본 청소년들이 역사를 올바르게 가르치지 않은 일본 정부를 뼈저리게 원망할 것이라는 점이다.

역사를 잊는 것은 배반과 같고, 역사를 날조하는 것은 범죄와 다름없다. 분명한 역사를 문자 놀음으로 복잡하고 모호하게 만드는 것은 분노와 항의만 가져올 뿐이다.

학술·사상은 관점에 따라 견해가 다를 수 있다. 그러나 교과서에 침략을 아시아 해방이라고 하는 등의 거짓말을 쓸 수는 없다.

일본이 아시아 각국과의 관계를 끊으면 일본 청소년들은 아시아뿐 아니라 국제사회의 고아가 되고 말 것이다.

정리 – 유상철 베이징 특파원

【일본교과서 우향우】 일본아사히신문 사설 요약

『중앙일보』 2001. 4. 5

4월 4일자

국가의 교과서 검정은 가능한 한 삼가야 한다. 여러 교과서가 있는 것이 좋다.

다음 세대를 짊어질 어린이들은 사실을 다각적으로 인식하고 자신의 머리로 판단하는 힘을 길러야 한다. 그런 점에서 '새 역사 교과서를 만드는 모임'의 교과서는 균형을 잃고 있다. 교실에서 사용하기에는 맞지 않는다고 생각한다.

예컨대 전쟁을 일본에 유리하게 보려는 편협함이다. 2차 세계대전 당시 일본이 점령한 지역의 대표자들을 모은 '대동아회의'에 한쪽을 할애하는 등 아시아 해방을 이끌었다는 자세는 검정을 거치고도 바뀌지 않았다.

일왕 중심의 시각도 두드러진다. 신화를 이야기로 소개하는 정도를 넘어 '진무(神武)일왕의 동정(東征)' 등을 지도까지 넣어가며 일곱 쪽에 걸쳐 실었다. 전전

(戰前)의 국정 교과서로 착각할 정도다.

한편으론 서민의 사료를 경시하고 여성과 어린이들의 생활상, 아이누와 류큐(琉球)문화 등의 기술이 적다. 되풀이해 초점을 맞춘 것은 특공대원의 유서 등 국가에 대한 헌신이다. 국가 질서를 우선하는 사고방식의 색채가 짙다.

멸사봉공을 미덕으로 삼는 사회관은 공민 교과서에도 관철돼 있다. 세계화의 과정에 여러 문제도 있지만 그런 큰 물결에 대해 과거를 긍정하는 민족주의로 대항하려는 것은 너무 퇴행적이지 않은가.

이 교과서는 '자학 사관 극복'이란 이름 아래 가해 부분도 덮으려고 한다.

어린이를 그런 온실에 가두어서는 학습 지도 요령이 꾀하는 '국토와 역사에 대한 이해와 애정'도 허약한 형태로밖에 길러지지 않을 것이다.

교육위원회에서 채택될 교과서에 대해 교육위원회에만 맡기지 말고 교사·학부모·주민이 관심을 갖고 목소리를 높여갈 필요가 있다.

정리 - 오영환 기자

【포럼】 우리 '역사교육'은 어디로 갔나

『문화일보』 2001. 4. 6

일본정부가 고대사를 왜곡하고 근대사의 잘못을 은폐, 축소시킨 새 역사교과서검정을 통과시켜 그 피해자인 한국과 중국, 그리고 일본내 양심세력의 분노를 야기시키고 있다. 위기를 맞이할 때마다 편협한 국수주의로 돌파하려는 일본 당국의 협심증에 대해 연민의 정마저 느낀다. 국제간의 우의와 협력을 외면한 나라가 실패한다는 것은 고금의 역사가 증명한다. 결국 일본은 스스로 국제적 고립을 면치 못하게 된다는 것을 알아야 할 것이다.

우리는 한·일 두 나라의 장래를 위해서 역사왜곡은 반드시 시정되어야 하고, 이를 위한 다각적인 노력과 방법을 생각해야 할 것이다. 단기적으로는 정부차원의 강력한 대응이 있어야 할 것이고, 장기적으로는 일본 국수주의 세력의 열등감과 협심증에 사로잡힌 역사의식을 치료하는 교육문화 운동이 범세계적 차원에서 일어나야 할 것이다.

그러나 모든 일은 상대성이 있다. 일본이 저토록 방자한 것은 우리가 약하고 물렁하게 보이는 데도 원인이 있다. 비단 외교관계뿐 아니라, 역사교육의 측면에서 보더라도 우리는 지금 우리 역사를 젊은 세대들에게 제대로 가르치고 있으며, 우리 역사를 세계화하는 데 얼마나 노력을 기울여왔는가를 심각하게 반성할 필요가 있다. 한마디로 지금의 국사교육은 마지못해 명맥을 유지시키고 있는 꼴이다.

중학교에서는 국사가 사회생활 과목 속에 흡수되어버렸고, 고등학교에서는 독립교과로 있기는 하지만 1주일에 두서너 시간을 가르치고 있을 뿐이다. 대학수능고사에서도 국사배점은 형편없다. 대학에서는 대부분 필수과목에서 선택과목으로 밀려난 지 오래다.

우리 자신이 우리 역사를 홀대하는데 남이 우리 역사를 우대할 까닭이 있는가.

심지어 국가의 고급법조인을 선발하는 사법고시에서는 국사를 아예 선택과목에서조차 제외시켜 버렸다. 법조계는 이제 역사의식이 필요없는 시대가 되었다는 것인가. 국사과목의 시험문제가 진부하다면 출제방식을 개선하면 되는 일이지 국사 자체를 밀어낼 필요가 어디 있는가. 지난 30년 간 국정으로 편찬해온 역사교과서도 이제는 검인정으로 바꿀 때가 되었다.

그동안 국정교과서를 여러 차례 수정해왔지만, 분량과 내용면에서 빈약하고 외형도 초라하기 짝이 없다. 이런 교과서로 21세기에 적합한 역사교육을 한다는 것은 어렵다. 이제는 교과서 분량도 키우고, 내용도 문화사 중심으로 바꿔야 한다. 그리고 교과서 편찬도 경쟁체제로 가야 한다.

요즘 역사교육은 TV가 맡고 있는 것 같다. 역사스페셜 같은 비교적 우량한 프로그램도 없지는 않으나, 시청률이 높은 사극(史劇)은 역사교육상 문제가 많다. 우선, 사극은 정상적인 시대를 소재로 다루지 않고 치졸한 정쟁을 벌이던 변태적인 시대를 다루는 경우가 많다. 그것도 사실을 흥미위주로 대폭 과장하기 때문에 진실을 왜곡하는 일이 많다.

정사(正史)에도 없는 아지태라는 인물을 놓고 정치인들이 논란을 벌이는 희극적인 일도 벌어지고 있다. 사극에서 정사와 픽션을 구별할 만한 안목을 가진 시청자가 과연 얼마나 되겠는가. 언론매체도 이제는 고급스런 역사교양물을 만들었으면 한다.

우리 역사의 해외홍보는 더욱 한심하다. 한국에 대한 영어 책자는 주로 태권도와 경제발전에 관한 내용이 거의 전부다. 역사와 전통문화에 대한 번역서는 빈사상태다. 이러니 일본인이 쓴 왜곡된 역사가 세계적인 권위를 떨치고 있는 것이다. 진작부터 우리 것의 세계화에 힘을 기울였다면 이런 일은 시정되었을 것이다. 올해가 한국방문의 해요, 내년이 월드컵이 열리는 해가 아닌가. 우리 정부는 이벤트성 행사에는 막대한 돈을 쓰고 있으나, 백년을 내다보는 일에는 대책이 없는 것 같다.

일본인의 역사교육과 우리의 역사교육은 동전의 양면이다. 저들이 잘못할수록 우리는 더 잘해야 하고 더 노력해야 한다. 최근 10여년 간 우리 정부는 세계화만 강조했지 주체성 있는 교육과 주체적 세계화에는 관심을 쏟지 않았다. 우리 자신이 우리 역사를 푸대접하면서 일본의 역사왜곡을 질타하지 않을 수 없는 우리 현실이 참으로 답답하고 안타깝다.

더 늦기 전에 침착하게 대비책을 세워야 한다. 단기적으로 왜곡된 역사교과서의 재수정을 요구해야 하고, 장기적으로 우리 자신의 주체성을 높이는 교육을 서둘러 준비해야 할 것이다. 불행한 역사의 반복이 다시 있어서는 안 될 것이다.

한영우(서울대 교수 · 국사학)

【일본교과서 우향우】 한일 근대사 왜곡 집중분석

『중앙일보』 2001. 4. 6

일본 새 역사교과서들이 안고 있는 문제점 중 가장 대표적인 것이 침략과 식민지배의 정당화다. 이른바 '새 역사교과서를 만드는 모임'(이하 '모임')에서 만든 교과서는 정도가 특히 심하다.

이 교과서는 임오군란과 관련된 부분에서 '일본은 조선 개국 후 근대화를 돕기 위해 군제개혁을 지원했다'고 쓰고 있다. 하지만 1880년대 초반 조선에서의 문명개화를 위한 여러 개혁은 조선 정부의 주도에 의해 이루어진 것으로, 앞서의 표현은 그간의 한일 양국 학계의 연구성과를 반영하지 않은 것이다.

동학농민봉기와 청일전쟁에 대해서는 조선에서 '동학의 난이라는 농민폭동'이 일어나 '청과의 합의에 따라 군대를 파견'하여 일 · 청 양국군이 충돌함으로써 전쟁이 발발하였다고 쓰고 있다. '동학란'이나 '농민폭동'은 한일 양국 학계에서 이미 쓰지 않는 용어다. 최소한 '동학농민봉기' 정도로 써서 부정적 인상을 피해야 한다.

또 청일전쟁은 우연한 충돌로 일어난 것이 아니라 이미 1880년대부터 일본 정부가 준비해온 것이었고, 일본 정부는 조선이 청에 군대 파견을 요청하기도 전에 이미 청국군의 두 배나 되는 병력을 파견해 청일전쟁을 도발할 것을 결정했다.

따라서 역사적 사실은 청일전쟁은 '동학란으로 파견된 청·일 양군의 우연한 충돌'로 일어난 것이 아니라 십여 년 간 전쟁준비를 해온 일본이 동학농민봉기를 개전(開戰)의 기회로 이용해 도발한 것이다.

일본의 한국병합에 대해서는 '일본 정부는 한국의 병합이 일본의 안전과 만주의 권익을 방위하기 위해 필요하다고 생각했다'고 서술했다. '모임'에서 처음 제출했던 검정본에서는 '한반도가 일본에 적대적인 세력에 들어가게 되면 일본을 공격하는 절호의 기지가 돼 일본의 안보가 위협받게 된다'는 내용도 들어 있었다.

이 같은 주장은 1890년대에 일본 내각을 이끈 야마가타 아리토모(山縣有朋) 이래의 이른바 '이익선(利益線)'론을 계승한 일본 우익세력의 주장을 그대로 반영한 것이다.

야마가타는 일본의 영토를 수호하기 위해서는 이익선, 즉 근린에서 본토의 안위와 밀접하게 관계되는 지역도 방어하지 않으면 안 되며, 이익선의 초점은 조선에 있다고 언명했다. 자국의 안보를 위해 이익선이 되는 이웃나라를 침략해 이를 식민지화하는 것이 불가피했다는 논리가 그대로 살아 있는 것이다.

일본의 한국병합에 대해 '한국 내에서 일부 수용하자는 목소리도 있었다'는 대목을 넣은 것은 한마디로 치졸하다. 이는 일본 쪽에 붙어서 나라를 판, 그야말로 한줌도 되지 않는 이완용 일파를 과장해 기술함으로써 병합에 찬성하는 한국인이 상당수 있었던 것처럼 보이게 하려는 의도를 숨긴 기만적 서술이다.

또 '한국병합 후 일본은 식민지화한 조선에 철도.관개시설을 정비하는 등의 개발을 하고 토지조사를 개시했다'고 쓴 부분은 식민지 지배를 미화하려는 의도를 담고 있다.

일본의 한국병합의 가장 큰 목적은 경제적 수탈에 있었다. 철도를 놓은 까닭은 한국에서 쌀과 면화를 보다 쉽게 실어가기 위한 것이었고, 관개시설을 한 것은 더 많은 식량을 한국에서 생산해 일본으로 실어가기 위한 것이었다.

1920년대 산미증식계획사업 당시 늘어난 생산량보다 일본으로 실어간 쌀의 양이 더 많았다는 것이 정설임은 두말할 나위도 없다. 따라서 일제의 식민지 지배는 '개발'이 아니라 '수탈'이 중심이 된 것이었으며, 이런 사실관계를 배제한 채 '개발'만을 언급하는 것 또한 기만적 서술이다.

전체적으로 '모임'의 교과서에서 보이는 한국근대사 관련 서술은 침략에 대한 합리화, 식민지 지배에 대한 미화를 의도하고 있다. 게다가 '모임'의 교과서는 다른 교과서의 서술에도 부정적인 도미노 효과를 가져왔다.

그 대표적인 것이 종군위안부 관계 서술이다. '모임'에서 일찍이 삭제해야 한다고 주장해 온 종군위안부 문제는 실제로 다른 교과서에서도 대부분 삭제·축소됐으며, 3개 교과서에 실렸던 한말 의병 사진도 이번에 삭제됐다. 이러한 도미노 현상은 '모임'과 같은 일본 국가주의 세력의 캠페인이 이미 상당한 성과를 거두고 있음을 보여주는 우려할 만한 현실이다.

박찬승(목포대 교수·역사문화학부)

【특별기고】 일본인이 보는 역사교과서 왜곡
『한겨레신문』 2001. 4. 6

'새 역사교과서를 만드는 모임'이 만든 이상한 교과서가 문부과학성의 검정을 통과해 교과서로 공인된 것에 대해 놀라움과 분노를 금할 수 없다.

이 교과서는 우선 근대 일본이 저지른 침략전쟁과 식민지 지배의 역사적 사실을 전혀 인정하지 않고 있다. 한일합방은 일본을 지키기 위해 필요했다고 쓰고 있고, 더구나 수정 과정에서 합방 뒤에는 철도, 관개 등 개발이 이뤄졌다는 부분을 첨가했다. 아시아·태평양전쟁을 대동아전쟁이라고 부르고 있는 것도 이상하다. 대동아전쟁이란 당시의 일본 지배자들이 전쟁의 목적을 아시아 해방을 위한 것이라고 속이고 아시아 침략전쟁을 정당화하기 위해 붙인 이름이다. 본문에서는 당시 일본 지배자들의 말을 길게 인용한 뒤 이 전쟁이 아시아 여러 나라의 독립의 계기가 됐다고 결론짓고 있다.

학생들이 이런 기술을 그대로 받아들이면, 역사를 거꾸로 이해하게 될 것이 분명하다. 이를 통해 일본이라는 나라에 대한 긍지를 가질지는 모르나, 이것은 너무나 편협한 긍지다. 국제화가 진행되고, 특히 아시아 나라 사이에도 다방면의 교류가 이뤄지고 상호이해와 평화가 지향되는 시점에서 편협하고 폐쇄적인 긍지는 상호이해를 막고 자국 중심의 고립을 자초하게 될 것이다. 역사 사실을 무시한 자국주의는 무참하게 무너질 수밖에 없다. 이 교과서가 교육현장에 들어가 일본을 그런 불행의 길로 이끌어갈까 두렵다. 그 때문에 이 교과서는 절대로 채택돼서는 안 된다. 조금이라도 채택된다면 만드는 모임과 그에 연결된 우익정치가들이 세를 얻어 한층 위험한 길로 일본을 몰아넣을 것이다.

이 교과서가 천황 중심의 국가주의를 선동하고 있는 점도 문제다. 가공의 인물임이 확실한 적어도 10대까지의 천황에 대해서도 천황계보에 따라 즉위순서를 표시해 마치 실존인물이었던 것처럼 취급하고 있다. 진무천황 이래 만세일계의 천황이 계속 이어져 일본을 다스려왔다는 만들어진 이야기는, 2차대전 전에 국민을 천황에게 무조건 복종시키고 무비판의 국민을 만들어 침략전쟁에 동원하는 데 극히 중요한 구실을 했다. 이를 부활한 것이 이 교과서다. 다시 국민을 전쟁에 동원시키기 위한 것으로밖에 설명할 수 없다.

오늘날의 전쟁을 정당화하는 것에 힘을 쏟고 있는 점도 주목해야 한다. 이 교과서는 국제긴장을 부추기고 있다. 중국과 영토분쟁을 빚고 있는 댜오위타이(센카쿠)열도에 상륙을 강행한 의원의 사진을 쓰고, 삽화의 절반 정도를 국제긴장과 군비의 필요성을 강조하는 데 쓰고 있는 것은 정말로 이상하다. 헌법 9조를 적대시하고 각국 헌법을 자료로 들어 일본헌법에 아무런 규정도 없는 국방의 의무를 일부러 강조하는 것은 전적으로 헌법부정이고 공교육에서 도저히 허용할 수 없는 것이다. 핵무기 폐기에 대한 부정론도 약간 수정이 됐지만 기본적으로는 그대로다.

이런 교과서가 등장한 것은 그 동안 일본이 침략전쟁이라는 인식과 전쟁책임을 애매하게 처리해온 데서 근본원인을 찾을 수 있다. 앞으로 이를 극복해나가는 게 우리가 짊어진 커다란 과제다. 그 첫걸음은 이 교과서를 한 권도 교육현장에 들여보내지 않는 것이다. 그것을 위해 지금부터 7월까지 전력을 기울여 교육위원회 등 관계기관을 상대로 불채택운동을 전개할 것이다. 또 국민적인 여론을 형성하기 위해 서명운동도 대대적으로 벌일 예정이다. 이 운동을 통해 한국을 비롯한 아시아 사람들과 시민연대를 강화하고, 21세기에는 공통의 역사인식에 기초한 참 연대와 교류가 발전하도록 노력할 생각이다.

이시야마 히사오(일본 역사교육자협의회 사무국장)

【일본교과서 우향우】 동아시아 침략 미화
『중앙일보』 2001. 4. 7

새 역사교과서를 만드는 모임(이하 '모임')의 검정신청본 내용이 알려지면서 내외의 거센 비판이 일자 '모임'의 사무국장은 이런 논평을 발표한 적이 있다.

"집필자와 편집진은 검정 합격을 향해 대담한 양보는 하면서도, 여러 가지 방법을 모색하여 우리가 제안한 컨셉의 골격은 흐트러지지 않도록 하고 있다고 알고 있습니다"라는 것이다.

과연 그들이 말하는 '대담한 양보'란 무엇이었으며 이들이 지키겠다는 '컨셉 골격'은 무엇이었는가를 동아시아 침략에 관한 기술을 중심으로 확인해보자.

당초 검정 신청본에는 "일본은 전쟁목적이 자존자위와 아시아를 구미의 지배로부터 해방시키고 '대동아공영권'을 건설하는 것이라고 선언했다"고 당당하게 기술돼 있었다.

1943년의 '대동아선언'을 인용하는 형식으로 태평양전쟁의 '자학사관'을 제거했다는 것을 쉽게 간파할 수 있다. 이게 바로 '컨셉의 골격'이다.

이 부분의 '대담한 양보'는 아래의 구절을 첨가함으로써 이뤄졌다.

"그러나 대동아공영권하에서는 일본어 교육, 신사참배가 강요돼 현지인의 반발이 강해졌다. 또한 전황(戰況)이 악화하면서 일본군에 의해 현지인들이 가혹한 노동에 종사당하는 경우도 자주 일어났다. …… 그리고 대동아공영권 구상도 일본의 전쟁이나 아시아의 점령을 정당화하기 위해 내세워진 것이라고 비판받았다." 이른바 '양론병기(兩論併記)'를 내세워 초점을 흐리게 하며 컨셉의 골격을 유지하는 전형적인 수법이 발휘된 대목이다.

'대담한 양보'는 도처에 보인다. 검정 신청시 태평양전쟁 초기 일본의 승리가 "동남아시아인·인도인·아프리카인들에게까지 독립의 꿈과 용기를 심어주었다"고 했다가, 합격본에서 '아프리카인' 부분만 삭제한 것도 마찬가지다.

"일본은 구미제국이 수백 년 동안 결코 독립을 인정하지 않았지만 미얀마·필리핀·인도·베트남·캄보디아·라오스의 독립을 승인했다"는 부분은, "이러한 지역에서는 전전(戰前)부터 독립을 위한 움직임이 있었으나 그 가운데 일본군의 남방진출은 아시아국가들의 독립을 앞당기는 하나의 계기가 되었다"로 고쳐졌다.

물론 당시 군국주의자들이 붙인 '대동아전쟁'이란 컨셉은 끝까지 살아남았다.

‘모임’의 교과서는 또 침략전쟁을 전도된 시각으로 바라보고 있다. 요컨대 전쟁의 가해자로서의 측면은 감추고 희생자의 측면을 대서특필하는 것이다.

1945년 3월의 도쿄 대공습이 그렇다. 검정 신청본은 공습의 정황과 피해 내용을 장황하게 기술해 검정지시를 받았지만, 합격본에서도 단지 분량만을 줄였을 따름이다.

이와는 반대로 난징(南京)대학살에 대해서는 난데없이 엄격한 ‘실증적’ 태도를 보인다. 신청본에서는 제목도 ‘난징 사건’으로 둔갑시켰고, 중국 민중 20만 명 이상이 살해됐다는 사실에 이의를 제기하면서 홀로코스트(대학살)와 같은 종류는 아니었다고 쓰고 있었다.

수정된 합격본은 “도쿄재판에서는 일본군이 1937년 중일전쟁에서 난징을 점령했을 때 다수의 중국 인민을 살해했다고 인정했다”로 ‘대담한 양보’를 했지만, 곧바로 “이 사건의 실태에 대해서는 여전히 자료상 의문점도 제기돼 여러 가지 견해가 있고, 오늘날에도 논쟁이 계속되고 있다”며 난징학살의 신빙성에 의문부호를 붙이고 있다.

“이번 검정과정에서 참을 수 없는 수정이 이뤄지기는 했지만 당초 취지가 그대로 반영된 교과서가 탄생하게 됐다”는 ‘모임’의 자평은 그들의 속내를 거침없이 드러내고 있다. 역사인식을 둘러싼 싸움에 도전장을 던진 것이다.

그러면 도대체 왜 과거의 침략전쟁을 그토록 기를 써서 변호하려는 것일까. 여기에는 전쟁에 대한 부정적 인식의 해소라는 현실적인 필요성이 있다.

패전의 잿더미에서 벗어나 경제적 풍요를 누리게 되면서 일본은 줄기차게 경제대국에 상응하는 정치대국·군사대국으로의 길을 모색해왔다. 1999년에 주변사태법과 국기·국가법이 국회를 통과한 것은 바로 그 전초전이었다.

현재의 중간 목표는 선생 도빌을 금지하고 있는 헌법 9조의 족쇄를 푸는 일이고, 이를 위해 이미 ‘헌법조사회’가 설치됐다.

개헌 논의가 본격화하면 당연히 지난 침략전쟁의 기억들이 되물어질 것이므로, 미리 손을 써둘 필요가 있다. 침략전쟁에 대한 부정적 평가를 불식시키지 않으면 안 되며, 그 작업을 바로 ‘모임’의 전사들이 떠맡은 것이다.

평화헌법의 파괴는 반드시 동북아의 평화를 위협하고 긴장관계를 고조시킬 것이다. 우리가 이웃나라의 한 교과서에 우려에 찬 눈길을 보내는 것도 바로 그 때문이다.

하종문(한신대 교수·일본학)

【독자편지】 일본 역사왜곡 정부대책 한심
『동아일보』 2001. 4. 8

　지금 일본의 교과서 왜곡 문제를 놓고 비통한 심정으로 나날을 보내는 국민이 많다. 그런데도 일부 위정자들은 정치적 외교적 저울질만 하고 있으니 나라의 장래가 암담하기만 하다. 또한 우리 고유의 문화유산과 역사를 가르쳐야 하는 역사교육 시간은 줄어만 가고 일본 제품이라면 사족을 못쓰는 부류들이 늘어만 가고 있다. 일제강점기 조선총독부 산하의 고관 자녀들로만 구성된 모임이 있다는 소리도 들리니 어찌된 일인가. 이런 상황에서 우리가 일본을 제대로 비판할 수 있겠는가. 어려서부터 민족의 기상을 높이고 민족정신을 고취시키는 교육을 제대로 하지 못하고 유치원 시절부터 일제 학용품을 쓰게 하고 있으니 국가와 민족의 장래가 매우 걱정스럽다.

　　이칠용(문화재 전문위원)

【특별기고】 일본학 교수가 본 일교과서 왜곡
『한겨레신문』 2001. 4. 8

　4월 3일은 우리에게 잠들지 않는 남도를 떠올리게 하지만, 이제 새로운 한 페이지가 추가되어야 할 것 같다. 새 역사교과서를 만드는 모임(이하 모임)의 중학교용 사회과 역사교과서가 공민교과서와 더불어 일본 문부과학성의 검정을 통과한 것이다. 공교롭게도 나는 지금 제주에 와 있다. 4·3사건의 아픈 역사는 해원을 향해 나아가는데, 이웃 일본열도는 망각과 왜곡으로 내닫고 있다.

　1997년 1월 모임은 후지오카 노부카쓰, 니시오 간지라는 두 주역을 앞세우고 돛을 올렸다. 소위 자학사관에 일침을 가하고 일본의 자랑스러운 역사를 살리기 위해. 4년의 항해 끝에 이번에 문부과학성의 검정을 통과했고, 이제 내년 4월에는 일본의 어느 중학생들의 사회과 교육을 짊어지게 될 것이다.

　검정의 통과는 이미 예견된 것이었다. "이번 검정 과정에서 참을 수 없는 수정이 이뤄지기는 했지만 애초 설립 당시의 취지가 그대로 반영된 교과서가 탄생하게 됐다"는 모임 쪽의 논평이 이를 잘 말해준다. 여기서 참을 수 없는 수정을 세세하게 훑어보는 것은 피하겠지만, 모임의 발기 성명에서 외쳤던 "어느 민족도 예외 없이 갖고 있는 자국의 정사(正史)를 회복"하는 일은 충분히 달성되었다.

교과서문제로 촉발된 역사인식, 과거사 청산의 이슈는 이제 새로운 국면에 들어섰다. 엄정한 검정을 했다고 호소(?)하는 문부과학성에 재수정을 요구해봤자 실효를 거두긴 어려울 것이다. 1999년의 주변사태법과 국기·국가법의 제정은 자유주의사관파가 쌍수를 들어 반긴 일이고, 평화헌법을 개정하기 위한 준비도 착착 진행되고 있다. 건전한 내셔널리즘 부활의 기수임을 자임하는 모임의 교과서는 든든한 원군일 것이다.

우리 정부도 다각도로 대응책을 숙의하는 모양이지만, 1998년 10월 과거사를 되묻지 않겠다고 선언했던 것을 떠올리면 왠지 미덥지 못하다. 그러면 어떤 대응책이 있을 수 있을까.

두 가지를 말하고 싶다. 하나는 모임쪽 관계자가 한국에 발을 들이지 못하도록 할 일이다. 가령 교과서 감수자 중의 한 사람은 틈만 나면 한·일 우호를 거론하는 친한파이다. 미국이 731부대 관련자의 입국을 금지한 것은 사소한 듯 보이지만 분명 무게있고 확실한 의사 표현이었다.

또 하나는 한·일협정의 개정을 요구할 일이다. 강제징용이든 일본군위안부든 모든 소송은 결국 한·일협정으로 모두 청산되었다는 일갈로 승부가 난다. 어업협정도 이미 개정되었고, 북한과의 수교도 목전의 현실로 다가왔다. 차제에 바람직한 한·일 우호를 왜곡시키는 전가의 보도이자 주범인 한·일협정을 반드시 바꾸어야 한다.

역사적으로 오랫동인 한-일 양국은 무수한 은원 관계에 얽혀 지내왔고, 앞으로도 마찬가지일 것이다. 그 와중에서 두 나라의 민초들은 국가와 민족의 틀을 넘어서는 연대의 경험을 갖지 못했다. 반대로 해방 후의 우리 역사가 그러하듯이 지금까지도 나쁜 일본인과 나쁜 한국인의 야합은 강고하게 재생산되고 있다. 좋은 일본인과 좋은 한국인의 굳건한 연대야말로 21세기적 과제이며 유일한 비전이다.

일련의 교과서 파동을 통해 또한 우리는 우리 자신의 싸움에 새롭게 전의를 가다듬게 되었다. "역사의 개찬을 둘러싼 내전은 일본만이 아니라 한국에서도 진행중이다"라는 한 재일 코리안의 진단에 겸허하게 귀기울일 일이다.

하종문(한신대 일본학과 교수)

【기고】 '우리역사 홀대' 언제까지

『문화일보』 2001. 4. 9

또 한바탕 연극이 벌어지고 있다. 국민들로부터 정치인·역사학자에 이르기까지 많은 사람들은 곧 시들시들하게 막내릴 무대에서 흥분을 가장한 채 열연하고 있다. 일본정부가 역사를 왜곡시킨 교과서를 최종검정에서 통과시켰기 때문이다. 이런 일은 과거에도 여러 번 있었다. 1982년에 마지막 전쟁세대인 나카소네 야스히로(中曾根康弘) 총리가 위기감을 표출한 이래, 일본사회가 우익을 동원하여 벌이는 여러 작업들 가운데 하나다. 그래서 모두들 이 사건을 예측했었고, 우리의 대응이 어떻게 끝날 것인가도 알고 있다.

일본이 역사를 왜곡하는 짓은 비단 어제오늘의 일이 아니라 일본국가의 태생적 한계 때문에 늘 시도되는 일이다. 일본열도를 개척하고 문화를 이식하며 국가를 세운 것은 우리 땅에서 각각 동해와 남해·황해를 건너간 사람들이다. 평화를 사랑하고 한번도 남을 침략한 적이 없다고 자랑(?)하는 우리 조상들이 이룩한 위대한 업적이다. 하지만 역사란 행위도 소중하지만 기록과 보존과 계승도 소중한 것이다.

일본열도에 정착한 진출자들은 자기조상들의 개척사를 성실하게 감동적으로 기록했고, 거기다가 우리 땅의 역사까지 끌어다 유리하게 덧붙여 기록했다. 670년에 일본국가가 성립되고, 712년과 720년에 각각 완성한 고사기(古事記)와 일본서기(日本書記)가 그것이다. 반면에 우리는 자랑스러운 역사를 곧잘 없애버렸다. 고구려의 위대했던 역사도 만약 광개토대왕릉비가 발견되지 않았으면 종이무덤에 영원히 갇혀 복권되지 못했을 것이다.

역사연구와 기록이 얼마나 중요한가는 세계의 예를 보면 안다. 미국·영국·프랑스 등 서구제국들은 사료를 새롭게 해석하고 유적을 발굴하는 한편, 자국사 교육을 더욱 강화시켜 국민들의 자긍심과 애정을 불러일으킨다. 중국도 일본 못지 않게 역사책에서 한국관계를 왜곡시켜 기술한 부분이 많다. 만리장성의 위치, 한사군의 영토, 고구려와 발해를 중국의 지방 소수정권으로 기술하는 등 열거하기조차 힘들다.

일본과 중국 등 큰 나라가 주변국들과 갈등을 무릅쓴 채 역사를 왜곡시키면서 자국중심으로 서술하는 것은 역사교육의 유효성을 입증한다. 우리도 일제시대에는 독립전쟁의 일환으로 역사교육을 받았고, 독립군들은 한 손에 다시 쓴 역사책을 든 채, 다른 한 손에는 총을 들고 전투를 치렀다. 하지만 외세지향적이고 주변부적인 속성을 지닌 우리의 정치인들과 지식인들은 수백 년 동안 우리 역사를 등한시하여왔다.

그나마 1980년대 후반부터는 국사교육을 군국주의의 잔재로서, 박정희의 독재정치를 합리화시킨 도구라는 오명을 씌워버렸다. 그 주장을 펼쳤던 사람들은 문민정부에서는 '세계화'라는 거창한 명분을, 국민의 정부에서는 '신지식인'이라는 구호를 내세웠다. 그리고 우리 역사를 긍정적으로 해석하고, 전통에 의미를 부여하는 사람들을 국수주의자나 국가발전에 걸림돌인 시대의 낙오자로 전락시켜버렸다.

역사는 집단의 자아와 자유가 생명을 누리는 실존의 장이다. 한 개인도 자아에 충실할 때 비로소 자유롭고 정의로운 삶을 살아갈 수 있다. 자기존재에 대한 해석을 남에게 맡긴 채, 그 결과를 좇아 부평초처럼 살아가는 사람과 집단이 어떻게 진보를 구현할 수 있으며, 주체적으로 역사를 운용할 수 있을까. 이제 대다수의 사람들은 국사에 관심을 기울이지 않는다. 이 땅도, 사람들도 사랑하지 않는데, 어떻게 떠나간 사람들과 그들의 삶에 애정을 갖겠는가.

잠시 동안의 격정적인 몸짓과 어설퍼 보이는 연극판이 이제 곧 끝나면 다시금 역사를 잊은 채 부평초처럼 현실 위를 우왕좌왕 떠다니겠지. 하긴 지금도 공연장 밖에서는 일본 것을 그대로 모방해 노래하고 춤추는 사람들의 소리가 거리를 휩쓸고 있다.

윤명철(동국대 교수 · 역사학)

【일본교과서 우향우】 '소설' 쓴 고대 한 · 일 관계사

『중앙일보』 2001. 4. 10

마치무라 노부타카(町村信孝)일본 문부과학상은 지난 4일 이미 검정을 통과한 일본 중학교 역사교과서의 재수정 문제에 대해 "명백한 오류가 없는 한 재수정은 불가능하다"고 밝혔다. 그런데 일본의 '새 역사교과서를 만드는 모임'이 만든 역사교과서의 고대 한·일관계사와 관련된 서술에는 명백한 오류가 있다.

첫째, 이 교과서는 '고구려는 반도 남부의 신라와 백제를 압박하였다. 백제는 야마토 조정(朝廷)에 구원을 요청하였다. ……그래서 4세기 후반 야마토 조정은 바다를 건너 조선에 출병(出兵)하였다'고 했다. 그러나 기원 4세기에 고구려는 신라와 우호적인 관계에 있었고, 백제와만 치열한 전투를 벌였다.

또한 백제가 왜국(倭國)과 통교를 했다는 기록은 있으나, 그들에게 구원을 요청했다는 기록은 어디에도 나오지 않는다. 그리고 '광개토왕릉비문'에 왜의 침략 사실이 나오기는 하나 이를 파견한 것이 야마토 조정인지, 야마토 조정이 어디에 있었는지, 그런 것이 4세기에 존재했는지 등이 모두 분명치 않다. 따라서 이를 당연시한 서술은 명백한 왜곡이다.

둘째, 그 교과서에서는 위의 문장에 이어 "야마토 조정은 반도 남부의 임나(任那.加羅)라는 곳에 거점을 둔 것으로 여겨진다"고 하였다.

이 문장은 지난 심의본에 비해 약간 후퇴한 표현이나, 내용상으로는 기원 4세기부터 6세기까지 존재했다는 이른바 '임나일본부(任那日本府)'를 나타내고 있다. 근래의 연구성과로 볼 때, 요즘 일본 고대사학자 중에도 이런 기술에 수긍할 사람은 거의 없을 것이다. 일본의 역사학자 열 명 중 여덟이나 아홉이 부인해도 명백한 왜곡이 아니라고 할 것인지 일본 문부과학상에게 묻고 싶다.

셋째, 그 교과서에서는 "바다를 건넌 야마토 조정의 군세(軍勢)는 백제와 신라를 도와 고구려와 격렬하게 싸웠다. …고구려는 백제와 임나를 지반(地盤)으로 한 일본군의 저항으로 인해 정복은 이루지 못하였다"고 했다.

여기서도 기원 4세기 말 5세기 초에 왜군이 백제와 신라를 도와 고구려와 싸웠다는 것은 명백한 왜곡이다. '광개토왕릉비문', 『삼국사기』, 『일본서기』 등 모든 기록이 당시의 고구려는 신라의 우군이었다는 것을 보이고 있다. 고구려가 일본군의 저항으로 인해 정복을 이루지 못하였다는 것도 아무런 증거 자료가 없다.

'광개토왕릉비문'의 기록으로 볼 때, 왜군은 항상 고구려에 무참하게 패배하는 존재일 뿐이고 변변한 저항의 흔적조차 보이지 않는다. 고구려가 백제와 가야를 정복하지 못한 것은, 해당 지역에 살던 백제와 가야 사람들 자체의 저항 때문이고, 고구려가 이를 완전히 정복해 직접 지배하려고 하지는 않았기 때문일 것이다.

넷째, 그 교과서에서는 "6세기가 되면 ……고구려가 쇠퇴하기 시작하고 지원 국인 북위(北魏)도 조락(凋落)으로 향했다. ……백제와 야마토 조정의 연계(連繫) 만은 계속되었다. 신라와 고구려가 연합해 백제를 위협하고 있던 시대였기 때문 이다"라고 하였다.

고구려는 북위와 많은 교통을 했으나, 한편으로는 그를 견제하기 위해 남조(南 朝)의 국가들이나 중앙아시아 세력과도 교통하며 세력의 균형을 맞추었으므로, 북위가 고구려의 지원국이었다는 것은 명백한 왜곡이다. 또한 6세기는 백제와 신라가 연합해 고구려의 남하정책에 공동 대처하고 있던 시대이기 때문에, 신라 와 고구려가 연합해 백제를 위협하던 시대였다는 것은 명백한 오류다.

'새 역사교과서'의 고대 한일관계사와 관련된 서술은 거의 일본 군국주의 시 대에 이루어진 식민사관(植民史觀)을 부활시킨 것이다. 이는 마치 근대 일본이 조 선을 침략한 후에 한반도를 위하여 청일전쟁이나 러일전쟁을 일으켰다고 미화 하는 제국주의적 관점을 고대 시기에 그대로 적용한 것이다.

그 결과, 일본이 백제와 신라를 위해 임나에 군사 거점을 두고 고구려와 싸웠 다는 식으로 역사를 조작한 것이고, 이를 위해서 기초 사실들의 왜곡도 서슴지 않았던 것이다.

그런 과정에서 최근 50여년 간 한국과 일본의 역사학자들이 이루어낸 연구성 과들은 철저히 무시되었다.

김태식(홍익대 교수・한국고대사)

중국의 원칙과 우리의 부원칙

『한겨레신문』 2001. 4. 10

뒤늦게 나선 한국 정부 '소 잃고 외양간 고치기' ……중국 정부의 체계적 대응자세 배워야

일본 극우단체인 '새로운 역사교과서를 만드는 모임'(새 모임)이 마련해, 제출 한 2002년도 일본 중학교용 역사교과서 신청본 8종이 우려대로 지난 4월 3일 문부과학성의 최종 검정을 통과했다. 이대로라면 이 교과서는 오는 8월께 일선 학교에서 채택될 것이다.

일본 정부는 주변국의 항의를 의식하여 130여 군데 이상 수정을 지시했다지만, '새 모임' 쪽의 애초 취지가 그대로 반영되어, 아시아를 유린한 침략전쟁을 아시아 해방전쟁으로 정당화, 미화한 황국사관의 얼개는 고스란히 존치되었다.

일본과 수교시 능동과 피동의 차이

현재 한·중 두 나라의 대응이 주목되는 시점에서, 양국의 대응 수위와 양태는 일본 정부에 공식적으로 '재수정작업 착수'와 같은 구체적 조처를 요구하지 않았다는 점에서는 기본적으로 차이가 없다. 그러나 외교적 항의 표현의 강도에서 두 나라는 뚜렷한 차이를 보이고 있다. 즉 정부 차원에서 고려하고 있는 대응책의 강도나 수위를 보면, 한국 정부는 통과되기 전에도 미온적, 소극적 자세를 보였다. 최근 일본 문부과학성의 검정통과 뒤에는 뒤늦게 관계부처 긴급대책회의를 여는 등 나름대로 대응을 논의하고 있지만 그 방안은 △재수정 요구 △일본문화개방에 대한 일정 연기 재검토 △주일대사 소환 등 수준이다.

반면, 문제의 교과서가 알려진 뒤 연일 강력한 경고를 발해왔던 중국 정부는 예상했던 우려가 현실로 나타나자 주일 중국대사가 주재국을 비난하는 기자회견을 갖는 등, 외교적으로 매우 강력하고 이례적인 반응을 보이고 있는 것이다.

단도직입적으로 우리 정부가 고려하고 있는 방안들은 모두 실효성이 의문시되는 대응책에 지나지 않는다. 예를 들어 일본문화개방에 대한 재검토방안의 경우, 왜곡된 과거사를 그린 일본의 대중만화가 이미 국내에까지 들어와 유통되고 있는 마당에 그야말로 이것은 "소 잃고 외양간 고치겠다"는 발상일 뿐이다.

반면 주방짜오(朱邦造) 중국외교부 대변인과 주일 중국대사 천지앤(陳健)의 성명은 일본 정부가 "지금까지 중-일 공동성명과 근린제국조항 등의 정신에 기초해 문제를 잘 풀어나가겠다고 했으나 약속을 지키지 않았다"는 강경한 비난과 함께 교과서의 재검정을 요구했다. 한·중 두 나라의 대응이 처음부터 끝까지 왜 이렇게 다른가?

한·중 양국은 다같이 과거 일본의 제국주의적 침략과 지배에 대한 되풀이되는 역사왜곡을 조기에 방지할 기회를 놓친 적이 있다. 전후, 냉전시기 두 나라는 각기 일본과의 국교수교가 국가생존의 필수적 조건으로 대두되었을 때 똑같이 일본의 과거를 묻지 않기로 했다. 단지 차이가 있다면 능동과 피동이 달랐을 뿐이다. 다시 말해 1965년의 한·일 수교가 미국의 동아시아정책의 한 주변 담지자로서 어찌할 수 없이 내몰린 결과였기에 한국 정부는 일본 정부에 마땅히 요구해야 할 식민지지배에 대한 배상문제마저 피동적으로 처리하였다.

이에 비해 중국의 건국은 일본에 협력했던 친일파 일소로부터 시작되었고, 1972년의 중-일 복교는 소련을 견제할 요량으로 미국과 화해를 겨냥한 포석의 일환이었다. 이때 중국은 능동적으로 일본에 대한 전쟁 배상요구를 포기했다. 마오쩌둥, 저우언라이 등 중국지도자들은 중·일 외교관계를 재수립해야 할 필요성에서 일본의 과거를 용서하고 물질적 배상을 요구하지 않은 것이다. 정치적 사정과 맥락은 다소 달랐지만 대만 국민정부의 장제스도 1952년 일본과의 '평화조약' 체결시 '이덕보은(以德報怨)'의 관점에서 역시 일본 정부에 전쟁배상을 요구하지 않았다.

임기응변적 우려 전달

그러나 일본 정부는 말과 입이 따로 놀았고, 반복되는 역사왜곡으로 대만해협 양안의 중국인 모두에게 모욕만 안겨주었을 뿐이다. '이악보은'인 셈이다. 어쨌든 한·중 양국의 이같은 편의적, 인도적 대응은 분명 지금과 같은 심각한 과거사 왜곡 사태를 초래하게 한 한 원인이 되었다는 점에서, 그것은 역사의 교훈으로 받아들이지 않을 수 없다.

그런데 한국 정부와는 대조적으로 중국 정부의 태도를 보면, 그들은 중·일 복교 때 실기한 역사청산의 경험을 만시지탄의 감이 없진 않지만 반면교사로 여기고 있다.

김대중 대통령은 전후 일본이 재무장과 함께 대외 팽창적 신군국주의로 나아가는 과정이 우려의 수준을 넘어 인근국가들로 하여금 경계해야 할 정도인데도 일본을 방문하여 그리 서두를 것도 없는 과거사 문제에 대한 면죄부를 자진하여 선사했다. 게다가 그는 일본 문화유입에 대한 빗장마저 풀어줌으로써 스스로 대일 운신의 입지를 좁혀버렸다.

지금까지 역사교과서 왜곡에 대한 대통령 자신과 정부가 보여주고 있는 원칙과 동떨어진 유화적, 임기응변적 대응은 이런 한계에서 비롯된 필연적 결과이다. 정부의 공식적 대응이란 게 한·일 수교 교섭과정에서 일본의 과거침략에 대해 사과 한번 요구해보지 못한 김종필씨를 정부특사로 보내는 등, 외교경로를 통한 대통령과 외교통상부의 우려표명을 전달하면서 일본 정부의 적절한 조처를 촉구하는 것이 고작이지 않았던가?

우리 정부의 대일외교가 정말 이런 식으로 부적절한 인물의 특사파견을 통한 임기응변적 우려전달에 그치고 마는 수준이라면 문제는 심각하다. 오히려 사태 해결을 문제 제공자에게 부탁하는 수동적 처지로 입장이 전도되는 꼴이 되고, 그것은 외교적 흥정카드로 역이용될 소지마저 있지 않을까 우려될 정도다. 한국 정부는 애초 문제의 교과서에 대한 일본 문부과학성의 최종 검정 통과여부 발표 이전과 발표 이후로 나누어 대응하겠다는 방침을 세워두고, 일본 정부가 채택을 강행할 경우에 대비해 대책을 강구하겠다고 한 바 있지만, 통과된 이후인 현재도 정부 관련 당국자들은 여전히 마땅한 대응수단을 찾지 못하고 있다.

앞에서 언급했다시피 일본대중문화 개방은 한국쪽이 성급하게 선심을 쓴 사안인데, 현재로선 이를 역사왜곡 문제와 연계시켜야 하는 고육지책임은 이해하지만, 그러나 그것 역시 먹혀들 가능성은 희박하다.

한마디로 정부의 방침이란 게 문제의 교과서 통과방침을 철회해주면 대신 약속을 지켜주겠다는 소리다. 일본이 응해줄 리도 만무하지만, 설사 들어준다 한들 우리는 '본전치기'이다. 역사왜곡 교과서는 통과시켜선 안 될 당연지사에 해당되지만 일본문화개방은 우리의 선택사항이 아닌가? 반면 중국 정부는 1972년 중-일 복교시 대일 전쟁배상 청구권을 포기한 대신 일본으로 하여금 자신들이 일으킨 "전쟁으로 중국인민에 끼친 중대한 손해에 대한 책임" 통감과 "깊은 반성의 표시"를 명문화할 것을 관계정상화의 한 조건으로 내걸어 관철시켰다.

정권 바뀌면 우왕좌왕하는 대일정책

그래도 일본은 여전히 입 따로 몸 따로였다. 손해에 대한 책임과 깊이 반성하겠다는 말만큼 실천이 뒤따르지 않았다. 초심을 알면 만절을 안다고 하지 않는가? 전후 일본이 미국의 방조 아래 제국주의의 허황된 꿈에 향수를 품고 있는 구시대 인물들을 국가권력에 재기용한 이상 그들은 애당초 과거사에 대해 반성할 마음은 없었다고 봐야 한다.

훗날 20여 년이 지나 주룽지 총리가 일본 정부는 지금껏 국가가 일으킨 전쟁에 대해 국제적 기준에 따른 사과를 한번도 하지 않았음을 통렬하게 지적하면서 도덕적 우위에 설 수 있었던 것도 이 때문이었다. 또한 김대중 대통령과 거의 같은 기간에 방일한 장쩌민 국가주석도 일본 왕 앞에 항일의 상징인 인민복 차림으로 나타나 일본의 극우화를 경고하면서 과거사에 대한 올바른 처리를 촉구했다.

예컨대 한국이 일본의 과거사 처리수준에 대한 평가를 대통령 개인의 자의적 판단에 맡겼다고 한다면, 중국은 일본의 역사문제 처리가 국제적 상식수준으로까지 철저하게 이루어지지 않는 한 과거로부터의 자유를 담보해주는 족쇄를 풀어주지 않겠다는 입장이다.

또 한국은 정치지도자가 바뀜에 따라 대일정책이 180도로 바뀌는 문제도 지적하지 않을 수 없다. 김영삼 전 대통령은 일본의 오만한 버릇을 고쳐놓겠다면서 한껏 오만을 부렸는데, 김대중 대통령은 반대로 일본 총리가 직접 나서서 과거사를 직시하겠다고 약속해놓고 보란 듯이 지키지도 않는 일본을 '21세기 새로운 파트너십'의 동반자로 삼겠다고 천명했다. 한 나라의 외교정책 방향이, 그것도 풀어야 할 난제가 첩첩산중인 일본에 대해서, 지도자 개인의 호오(好惡)에 따라 원칙없이 뒤집어져도 되는가?

이 점은 국가 최고지도자가 바뀌어도 국가대사의 원칙은 바꾸지 않고 차세대 지도자에게 미해결된 정치현안으로 승계시키고 있는 중국 정부와 극명하게 비교되는 부분이다.

일례로 중국은 덩샤오핑 시대 이래 정확한 역사기술에 바탕한 올바른 역사교육 문제를 '중·일 양국관계의 정치적 기초'이자 출발점으로 간주하고, 그것을 양보할 수 없는 원칙으로 삼았다. 중국지도부는 유고주재 중국대사관의 피폭으로 미국의 중국 흔들기가 개시된 이래 전략적 동반자에서 전략적 경쟁자로 내몰리고 있음에도 불구하고 여전히 이 원칙을 고수하고 있다.

유고주재 중국대사관에 대한 미국의 폭격을 미국 내 반중(反中) 매파의 중국 두들기기 의도로 보고 있는 중국으로선 일본과 정치적, 경제적으로 협력을 확대해나가야 할 필요성이 더욱 증대되었다. 미군 정찰기를 둘러싼 중·미 간의 힘겨루기가 진행되고 있는 지금 상황은 이 판단을 더욱 실증적으로 뒷받침하고 있다. 또한 일본은 대만독립을 주창하고 있는 현 대만의 민진당 정치세력에 대한 후견인 역할을 할 가능성도 배제할 수 없다. 따라서 미·일 상호밀착을 차단하기 위해서라도 중국은 일본을 끌어안아야 한다.

이러한 딜레마에 처해 있지만, 중국지도부는 '중·일 화평'을 깨뜨리지 않겠다고 하면서도 과거사의 왜곡에 대해서만큼은 결코 좌시하지 않겠다고 한다. 한국 정부와 비교가 되는 대목은 교과서 왜곡 사건이 발생한 단계에서부터 그들은 이미 장기적으로 문제를 해결해나가겠다는 내부 방침을 정해놓고, 그 대응 프로그램에 따라 움직이고 있다는 점이다. 요컨대 그들은 중장기적인 관점에서 민간

교류를 확대해나가 일본 민중에게 일제침략의 역사적 실상을 알리는 것에서 해법을 찾고자 하는 것이다. 지난해 5월, 일본으로부터 일거에 5천 명에 달하는 대규모 민간방문단을 베이징 인민대회당에 초청해다가 국가주석이 직접 나가 환영의 제스처를 내보여준 것은 그 좋은 예이다.

중국 정부 포괄적 대응 준비

중국은 이처럼 역사왜곡과 같은 중차대한 사태가 발생하면 정부의 관련 부서뿐만 아니라 각종 연구기관도 정세분석을 포함한 대응책을 보고하도록 하고, 이들의 의견을 종합하여 대일정책에 반영하는 것을 관행화해왔다. 중국 정부는 향후 모든 관련학자들로 하여금 일본의 역사왜곡을 실증적으로 논박하기 위해 이미 그들에 대한 국가적 차원의 지원에 착수했다.

학자, 전문가들의 의견을 허투루 여기며, 이를 겸허하게 경청하는 것이 몸에 배어 있지 않는 우리 정부가 이들 집단에 자문하도록 하는 시스템 정착은 요원하다손 치더라도, 최소한 중국처럼 장기적인 차원에서 일본의 역사왜곡에 대응하여 실증적인 논박을 가할 수 있도록 관련학자들을 지원해주어야 하지 않겠는가?

중국은 초지일관 문제의 일본 역사교과서가 일본 정부의 최종검정에 합격판정을 받지 않도록 외교부, 주일대사뿐만 아니라 국가주석, 총리까지 나서서 수차례에 걸쳐 강력하게 공개적인 경고를 되풀이해왔다. 그들이 그렇게 대일 비판 수위를 낮추지 않았던 까닭은 어쩌면 신군국주의의 대두를 기정사실화한 일본의 현 정치상황을 볼 때, 일단 통과되고나면 교과서문제는 중국지도부의 외교영향권에서 벗어나고, 그것은 바로 평화헌법의 용도폐기로 직결될 것임을 통찰한 원려 때문으로 보인다. 일본이 간파하고 있듯이 한국인의 행동양태는 얼마 지나지 않아 곧 시들해지고 말, 그리고 대책이랍시고 내놓다는 게 모두 근시안적 미봉책뿐인 것에 그치지 않으려면 우리 정부도 중국으로부터 이런 자세를 배워야 하지 않을까.

서상문(독도찾기운동본부 홍보국장)

【중앙시평】 일본 교사들을 변화시키자
『중앙일보』 2001. 4. 12

여러 해 전 도쿄에 갔을 때 에도(江戶) 박물관을 찾아보았다. 도쿠가와(德川) 막부시대 거리의 모습, 서민의 생활상·예술·유곽 등 흥미진진한 전시품이 많았는데 가장 나의 관심을 끈 것은 태평양전쟁 중의 도쿄 시민의 생활상과 동원양상, 폭격으로 인한 피해, 그리고 전후의 물자부족으로 인한 극심한 생활고 모습들이었다.

과거 속죄하는 양심 세력

관람하면서 일본의 전후세대들은 그 박물관에 와서 폭격당한 도쿄 거리의 처참한 모습과 엄청난 사상자의 숫자를 보며 그것이 그들의 부모가 군국주의라는 집단 히스테리아에 휩쓸린 대가라는 사실을 인식할까 하는 의문을 가져보았다.

그때는 몰라서 가보지 못했지만 일본에는 '평화박물관'이 여러 군데 있는 것으로 알고 있다. 교토(京都) 시 리쓰메이칸대 내의 사립 평화박물관은 일본의 15년에 걸친 침략행위와 전시동원체제, 일본 내의 반전세력들의 활동, 그리고 일본군의 식민지와 점령지에서의 야만적 행위들에 대한 자료를 전시해 반전·반군국주의 사상을 고취하려는 선도적인 평화박물관으로 꼽히고 있다.

그 외에도 히로시마(廣島)·나가사키(長崎)·오사카(大阪)·다카마쓰(高松)·가와사키(川崎)·사카이(堺) 등 일본 여러 도시의 시립박물관들이 전쟁의 참상뿐 아니라 일본의 책임을 밝히는 자료들을 전시해 역사적인 반성을 촉구하고 있다고 한다.

국제회의 같은 곳에서 일본의 지성인들을 만나보면 그들은 대부분 일본의 과거에 대해 깊은 수치심을 갖고 있고, 우익의 선동에 대해 깊이 우려하고 있다. 박해와 테러의 위협에도 굴하지 않고 징용이나 위안부 문제 같은 과거사 규명과 속죄와 보상을 통한 청산에도 우리 못지않게 적극적이고 헌신적인 활동을 하는 '행동하는 일본의 양심'도 많이 있다.

위의 시립박물관들이 건립된 것도 많은 경우 일본의 지식인, 특히 중고등학교 교사들의 제안과 여론형성에 힘입은 것이라고 한다. 그러니까 우리는 양심적인 일본인과의 연대를 모색해야 하고, 특히 일본의 중고교 교사들을 폭넓게 접촉해 그들의 한일 과거사에 대한 이해를 심화하고 올바른 역사교육의 필요성에 대한 인식을 제고토록 해야 한다.

교과서의 내용도 중요하지만 그 교과서를 가르치는 교사의 인식과 자세는 학생들에게 더욱 큰 영향력을 지닌다.

일본과 한국의 교사들이 만나서 일본의 전쟁문학과 한국의 태평양전쟁을 배경으로 하는 문학작품을 같이 읽고 토론해본다면 어떨까. 다음은 영역본에서 중역한 히로시마의 반전주의자 시인 구리하라 사다코의 「깃발」이다.

마치 아무런 과오도 없었다는 듯이 / 깃발은 다시 / 지붕 위에 높이 휘날리며 / 다시 대낮의 살육(殺戮)을 꿈꾸고 있다 / 그러나 아무도 올려다보지 않았고 / 사람들은 그 깃발의 끝없는 탐욕을 증오하며 / 그 흉악한 기억상실증에 이를 갈았다.

그 깃발 아래서 / 매일아침 / 영양실조로 혼미한 정신으로 / 우리는 노예의 서약을 해야 했다 / 그리고, 그 깃발을 흔들며 / 붉은 띠를 두른 아버지와 오빠들을 / 전쟁터로 떠나보냈다 / 대륙의 성벽 위에 휘날린 후로 / 깃발은 미친 듯이 제국의 꿈을 꾸었다 / 멀리 과달카날로부터 / 코레기도어의 절벽에 이르는 제국을 / 그 깃발은 우리의 아버지와 남편들을 / 이오지마와 사이판의 동굴로 내몰았고 / 들짐승처럼 굶겼으며 / 그들의 백골을 흩어지게 했다.

아! 흰바탕에 붉은 점의 일장기! / 너의 발 아래서 행해진 악몽 같은 잔혹행위들! / 여자와 아이들에게 휘발유를 끼얹고 산채로 태워죽였던 / 마닐라와 난징(南京) / 20세기 최악의 범죄. / 그런데도 일장기는 오늘도 뻔뻔스럽게 나부낀다 / 그 피비린내나는 기억을 / 잊고. / 미풍에 나부끼며 깃발은 / 또 세계지도를 다시 그리는 꿈을 꾼다.

(1952년 6월)

올바른 역사인식 제고를

다음은 구리하라가 히로히토(裕仁)의 임종소식을 듣고 쓴 「쇼와(昭和) 시대가 끝나는 날」의 마지막 연이다.

전쟁이 끝난 뒤에도 / 한때의 총사령관은 / 그의 범죄에 대해 참회를 하지 않았다 / 쇼와시대가 끝나는 날 / '대동아전쟁'은 마침내 끝날 것인가? 아니면 일본은 새로운 전쟁의 준비를 갖추고 / 전쟁의 문턱에 서 있는가? / 43년 전 8월 / 일본 전국에서 쓰라리게도 울었던 매미소리가 / 지금 다시 / 고막을 찢는다.

서지문(고려대 영문학 교수)

【국사 교육 바꿔야 한다·上】 퇴보하는 학교 교육
『중앙일보』 2001. 4. 12

일본 역사교과서 왜곡 사태는 우리 역사 교육을 되살펴보는 계기를 제공했다. 국내 역사학계는 일본 우익의 파렴치에 분개하고 역사적 사실에 바탕한 재수정을 요구하면서, 차제에 우리의 역사교육도 제자리를 찾아야 한다고 역설하고 있다. 퇴보하고 있는 우리 역사교육의 실태와 문제점 등을 3회에 걸쳐 싣는다.

"이번 기회에 우리의 국사교육을 바로 잡지 못하면 일본을 욕할 자격이 없다."

서울대 국사학과 한영우 교수의 말이다. 국어와 함께 민족교육의 핵심인 국사가 제도권 교육에서 '천덕꾸러기'가 돼버린 현실에 대한 분노를 이렇게 표현했다. 한 교수의 이런 지적에 대해 다른 학자들도 전적으로 동감한다. 일선 중고등학교 담당 교사들은 말할 것도 없다.

▶ 실태와 문제점=국사교육이 뒷걸음질치고 있다는 사실은 당장 중고등학교의 수업시간 단축에서 단적으로 나타난다. 내년부터 제7차 교육과정안이 본격적으로 시행되면 사정은 더욱 나빠진다.

중학교의 경우 3년 간 사회과 수업시간이 11시간에서 10시간으로 줄어드는데 그 '유탄'을 국사가 맞았다. 현재 주당 2시간씩 배정됐던 2·3학년 국사시간이 내년부터 2학년은 주당 1시간으로 주는 것. '통합교과과정'에 따라 중학교에서는 이미 '국사'라는 독립과목이 사라졌다.

고등학교 국사교육의 불균형 문제도 꼭 짚어야 할 대목. 역시 새로운 교육개정안에 따라 내년에 입학하는 고교생들은 1학년 때만 기본교과로 국사를 배운다. 2·3학년 문과의 경우 '한국근현대사'는 사회관련 9개의 선택과목 중 하나로 바뀐다.

이쯤이면 제도권 교육이 '절름발이' 역사교육을 부추긴다는 오해를 면키 어렵다. 대학에서도 필수이던 국사가 선택교양으로 밀린 지 오래이며, 사법시험 과목에서도 국사는 이미 제외됐다.

▶ 외국의 경우='교육의 세계화'란 명목으로 국사시간을 줄이는 우리와는 대조적으로 외국의 국사교육은 점차 강화되는 추세다. 세계화 시대에 오히려 민족적 정체성이 강조된다는 이야기다.

자국사 교육에 가장 애착을 보이는 곳은 프랑스다. 홍익대 국사교육과 김태식 교수는 "6세부터 18세에 이르는 의무교육의 전과정에서 역사과목은 필수다"라고 말했다.

　한때 사회과 전체의 통합성을 추구해야 한다는 주장에 밀려 자국사 교육이 퇴조했던 미국도 이제 사정이 달라졌다. 초등학교에서 고등학교를 졸업할 때까지 12학년 중 대개 3년(5 · 8 · 11학년) 간은 미국사를 필수로 배우는 게 보통이다.

　일본도 한동안 미국의 교육과정을 참조해 '사회과'라는 하나의 틀 속에서 역사 · 지리 · 정치 · 경제 · 윤리 등을 가르쳐왔다. 역시 문제가 드러나자 1989년 이후 지리.역사과를 분리해 역사교육의 지위를 상승시켰다.

　이를 극복할 전문가들의 처방은 단순명쾌하다. 국사를 독립과목으로 다시 환원하거나, 이게 현실적으로 어려우면 통합교과의 부작용을 최소화해야 한다는 것이다. 교원대 국사교육과 김한종 교수는 "일반사회가 연관성이 큰 윤리와는 분리돼 있으면서 거리가 먼 역사 · 지리와 묶인 것은 상식에서도 벗어난 일"이라며 "새 교과과정에 대한 재검토는 반드시 필요하다"고 말했다.

　정재왈 기자

【국사 교육 바꿔야 한다 · 中】 불보듯 뻔한 부실교육
『중앙일보』 2001. 4. 13

　뒷걸음질치는 것은 수업시간만이 아니다. 역사 수업시간의 축소는 당연히 교육내용의 부실로 연결된다. 잘못된 제도가 악순환을 만드는 것이다.

　▶ 있으나마나 한 근현대사＝이미 지적했듯이(본지 12일자) 앞으로 고등학교 '근현대사'가 선택과목으로 바뀌면 국사교육은 절름발이나 다름없다. 이거야말로 심각한 문제다.

　학교가 학생들에게 선택을 권하면 된다지만, 일선 교사들은 그게 먹힐 가능성은 없다고 단언한다. 입시가 모든 것을 좌우하는 마당에 공부하기 쉬운 다른 선택과목을 제쳐두고 굳이 까다로운 '근현대사'를 택할 학생이나 학부모는 없기 때문이다.

　이러니 결국 '근현대사'는 있으나마나 한 과목이 될 수밖에 없다. 교육과정에서의 이같은 소외가 가져올 결과는 너무나 뻔하다. 서울 석관고 신병철 교사는 "지금 우리의 삶을 규정하고 있는 가까운 과거를 외면한 채 고 · 중세사를 아무리 배워봤자 무슨 소용이 있겠느냐"고 말했다. 이래서는 일본의 날조된 역사관에 당당히 맞설 동량(棟梁)을 키울 수 없다는 것이다.

이같은 근현대사 외면풍조는 역사학계의 해묵은 '사상논쟁'이 가장 큰 원인이다. 고려대 한국사학과 정태헌 교수는 "우리의 역사교육은 아직도 냉전체제의 틀에서 벗어나지 못하고 있다"며 "근대 독립운동사에서 좌파들의 활동을 의도적으로 배제하거나 현대의 민주화운동에 대한 평가 등에서 학자들의 의견이 분분하다보니 차라리 외면하는 쪽을 택하는 경향이 있다"고 말했다. 아직도 지워지지 않은 친일세력의 존재 또한 걸림돌로 꼽힌다.

▶세계사는 없다＝국사교육이 이정도라면 세계사는 더 말할 나위 없다. 중학교에서는 아예 사회 교과서의 일부로 포함돼 있다. 가르치는 데 특별한 전공이 필요한 것도 아니다. 국사 과목과 마찬가지인데, 실제로 현장에서는 비전공자들이 가르치는 것이 일반적이다. 고등학교도 이와 비슷한 실정이다.

이같은 문제가 미칠 악영향 또한 국사 못지않다. 세계사란 큰 흐름 속에서 한 국사를 보는 눈을 가려버림으로써 편협한 국수주의자만 길러내지는 않을지 염려된다. 이런 우려는 특히 우리의 근현대사와 관련해서 볼 때 더욱 심각하다.

경기도 수원 농생명과학고 정용택(전국역사교사모임 회장) 교사는 "그러지 않아도 우리 국사교과서의 근현대사 서술은 지나치게 일본관계사 중심이라는 지적이 많다"며 "자칫하면 일본의 이른바 '근대화론' 혹은 '진출논리'에 이용당할 수 있다"고 경고했다.

올바른 세계사 교육이 동시에 이뤄져야 국사의 본모습도 균형있게 관찰할 수 있다는 이야기다.

정재왈 기자

【특별기고】 일본, 동북아 화합 포기했나

『동아일보』 2001. 4. 15

2002년 월드컵을 한국과 일본이 공동 개최하는 것으로 결정된 1996년 5월 이후, 한국과 일본 양국 사이에는 긍정적인 변화가 일기 시작했었다. 서울과 부산 거리에는 일본 젊은이들이 넘쳐나고, 일본 문화의 유입도 큰 저항 없이 진행돼왔다.

일본에서도 한국 바람이 뜨거웠다. 미국의 시사주간지 『뉴스위크』가 최근호에서 '일본 속의 한국'이란 커버스토리를 통해 일본 젊은이들 사이에 한국 가요와 영화가 큰 인기를 끄는 등 한국 열풍이 뜨겁게 번지고 있는 현상을 다룰 정도였다.

그런 마당에 최근 2002년 월드컵 대회의 호칭 문제를 둘러싼 논란이 벌어진 데 이어 이번에는 일본 역사교과서 왜곡 문제가 발생해 착잡한 심정을 진정하기 어렵다.

일본은 교과서 내용의 수정이 정부의 책임이 아니라고 항변하고 있지만, 일본 정부가 교과서에 대한 검정을 해야만 정식 교과서로 채택되는데도 일본 정부의 책임이 아니라고 하는 것은 당당하지 못한 태도이다.

문제의 교과서를 만든 측에서는, 패전 후의 자학적(自虐的) 사관(史觀)에서 벗어나려는 시도라고 주장하고 있다. 그러나 자학에서 벗어날 수 있는 가장 좋은 방법은 사실을 사실대로 인정하는 일이라고 생각한다.

필자는 1988년 국회에서 일본군 위안부 문제를 거론하면서 군위안부였던 시로타라는 일본 여인이 남방전선에서 패전을 맞았는데, 당시 한국 여인들이 무더기로 트럭에 실려갔으며 정글에서 총성이 울린 뒤로는 다시는 그들을 보지 못했다고 증언한 언론 보도 내용을 소개했다.

이 여인의 목격담이 사실이라면 일본군의 이같은 행위는 패전으로 교전권을 잃은 후에 저질러진 일이어서 일반적인 전쟁범죄와는 다른 차원의 중대한 범죄이다. 불행하게도 이 여인은 자신이 다니던 교회 목사에게 그런 내용을 고백하고 얼마 뒤에 사망했다.

일본이 진정으로 과거사에 대해서 반성하려고 한다면 이 여인이 증언한 사실과 유사한 많은 사건들에 대해 증거가 인멸되기를 기대할 것이 아니라, 관련 생존자들이 지금이라도 스스로 나와서 고해하고 참회하는 진정한 용기를 보여주도록 해야 한다.

일본의 진주만 기습 50주년이 되던 1991년 미국은 하와이에서 일본측 인사들도 초청해 전몰용사들에 대한 추모 행사를 성대하게 치르려고 했다. 그러나 일본측은 반대 의사를 표시하고 총리의 참석을 거절했다.

1995년 러시아 모스크바에서는 미국 대통령과 유럽의 정상들이 한자리에 모여 2차 세계대전 종전 50주년의 의미와 교훈을 되새기는 행사가 거행됐다. 이

행사에서 독일의 헬무트 콜 총리가 50년 만에 승전국 정상들과 공식석상에 나란히 함께 설 수 있게 된 것은 독일의 많은 노력이 있었기 때문이다. 일본은 1995년에는 히로시마와 나가사키에 원자폭탄이 투하된 데 대해 빌 클린턴 미국 대통령이 직접 사과하라고 요구했으나 클린턴 대통령은 이를 정중하게 거절했다.

이런 사례들을 보면 태평양전쟁이나 진주만 기습이 미국의 음모에 의해 유인된 것이라는 일부 일본 역사학자들의 강변이 이번 일본 역사교과서 사태를 계기로 일본인들 사이에 뿌리내리지 않을까 염려된다. 우리가 우려하는 것은 "전쟁을 일으킨 게 잘못이 아니라 전쟁에서 진 것이 잘못"이라는 힘의 철학으로의 회귀이다.

일본의 몰이해와 망언에 대해 우리가 감정적으로 흥분할 필요는 없겠지만 이성적으로 분노하는 것은 반드시 필요하며 이는 외교정책에 반영돼야 한다. '한일관계에 금이 가서는 안 된다'는 논리가 우리 대일(對日) 외교의 약점과 부담이 되어서는 안 된다.

독일의 시인 노발리스는 "부분적인 역사는 결코 있을 수 없으며, 어떤 역사도 세계사이어야 한다"고 말했다. 일본은 역사를 재구성하려는 헛된 노력을 버리고, 세계사적 조명 속에서 과거를 인정하는 용기를 보여줘야 한다.

2002년 5월 31일 서울에서 열리는 월드컵 개막식은 일본 중국 등 아시아 국가 정상들이 모두 참석해 화해의 손을 잡고 아시아의 평화시대를 확인하는 자리가 되기를 기대한다.

정몽준(2002년 월드컵 조직위원장 · 국회 통일외교통상위원)

'교과서' 채택거부가 열쇠

『한겨레신문』 2001. 4. 15

일본의 내년도 중학교용 교과서 검정에서 주목을 끌었던 후소샤를 비롯한 8개의 역사교과서가 모두 합격돼, 논쟁거리가 되고 있다.

후소샤가 검정에 제출했던 최초본에는 일본의 과거역사를 전적으로 미화함으로써 일본인들에게 잘못된 자부심을 주려고 하는 사상이 표현돼 있다. 무라야마 도미이치 담화에 표현된 일본정부의 입장, 즉 침략과 식민지 지배가 초래한 상처와 고통에 대해 반성하고 사죄하는 입장을 부정하는 시각이 일관되게 들어 있다. 검정조사심의회는 이 최초본에 137곳의 수정을 요구하고, '새 역사교과서를 만드는 모임' 쪽은 요구사항 전부를 받아들여 수정을 했다.

특히 한국 관련 기술에서는 강화도조약에서 일본이 군사적 압력을 가해 불평등조약을 강요했다는 것, 한일합방은 무력을 배경으로 단행됐다는 것, 나라를 잃은 데 대한 격렬한 저항이 일어나고 그 운동이 계속됐다는 것, 토지조사사업으로 토지를 빼앗고 동화정책이 반감을 산 것, 관동대지진 때 주민들로 구성된 자경단이 조선인들을 살해했다는 것, 대동아전쟁 때 징병·징용으로 조선인이 고통을 겪고 황민화 정책을 강요해 창씨개명이 이뤄졌다는 것 등이 새롭게 추가됐다. 한일합방이 "국제관계의 원칙에 입각해 합법적으로 이뤄졌다"는 기술은 삭제됐다.

만드는 모임 쪽이 자신들의 입장과 주장에 반하는, 이런 수정을 받아들이지 않을 수 없었던 것은 그들에게 패배를 의미한다. 그런 점에서 무라야마 담화와 근린제국조항은 지켜졌다고 할 수 있다. 이런 결함 투성이의 책은 애초부터 제출돼서는 안 되는 것이고, 신념과 학문적 성과를 중시하는 사람들이라면 마땅히 신청을 철회했을 것이다. 이 정도의 수정을 하면 수정을 하지 않은 부분과의 불균형이 생겨 전체로서 혼란스런 내용이 되고, 원래 결함 투성이의 작품이었음이 더욱 적나라하게 확인된 것이다.

수정본 전체를 자세히 훑어보면 내용에 아직 많은 문제가 남아 있음을 알 수 있다. 1874년에 대만정벌이 있었다고 하고 있으나, 이것은 대만을 멸시한 메이지 정부의 용어이고, 교과서에는 부적당한 표현이다. 일반적으로는 대만출병이라고 부르고 있다. 청일전쟁 전야에 일본 정부 안에 러시아의 위협에 대항하기 위해 조선을 중립국으로 하는 조약을 맺고 일본이 이를 보장해야 한다는 생각을 가진 자가 있었다고 쓰여져 있으나, 그렇게 크게 취급할 만한 조선 중립화안이 있었을까? 러일전쟁 전야에 러시아가 "조선 북부에 군사기지를 건설"했다고 쓰고 있으나, 압록강 일대와 용암포에 러시아 목재회사가 진출한 것을 군사기지로 단정하는 것은 문제가 있다.

최대의 문제는 러일전쟁 과정에서 시작된 조선 지배의 움직임을 기술하지 않은 채 한일합방을 자의적으로 러일전쟁과 분리해 제5장 세계대전의 시대와 일본이라는 장을 별도로 그 속에 집어넣은 점이다. 이 장의 첫 페이지에는 제국, 미영에 선전포고, 영미의 폭정을 물리치고 동아시아 본연의 모습을 회복하자라는 태평양전쟁 개전 다음날의 신문기사를 편집해냈다. 마치 미·영에 대항하는 움직임의 하나로 한일합방이 이뤄진 것 같은 오해를 불러일으킬 수 있는 구성이다. 태평양전쟁을 일관되게 대동아전쟁으로 표기하고, 정부가 전쟁의 목적을 "자존자위와 아시아를 구미의 지배로부터 해방시켜 대동아공영권을 건설하는 것에 있다"고 밝힌 것으로 돼 있으나, 이는 도대체 어떤 문서를 보고 쓴 것일까. 개전 관련 문서에는 자존자위, 동아의 안정을 호소하고 있을 뿐이다. 아시아의 해방이 공식 정부문서에 언제부터 나타났는가? 이 부분의 기술은 의심의 여지가 많다.

이런 부분을 상세하게 검토해 치명적인 사실 오인이 확인되면 문부과학성은 재수정을 요구할 수 있을 것이다. 한국정부도 검토하고 있다고 들었지만, 일본에서도 검토가 진행되고 있다. 생각컨대 검정이 종료된 이 시점에서 재수정을 제기한다면 중대한 사실의 오류, 검정의 치명적인 잘못에 대해 지적할 필요가 있다. "위안부 기술은 없는 것이 부당하다. 이것을 첨가하라"는 식으로는 재수정되지 않는다. "민비살해, 을사보호조약이 기술되지 않은 것은 부당하다. 첨가하라"고 해도 무리다. 다른 교과서에도 이들 내용은 쓰여져 있지 않기 때문이다.

이 교과서는 공산주의와 파시즘에 대해 장황하게 기술하고 있다. 그래도 1936년 독일 방공협정을 맺고 일본이 나치 독일의 동맹자가 된 것, 1939년 관동군이 소련군에 완패한 것, 그 와중에 독일이 소련과 독소 불가침조약을 맺어 곤혹스럽게 된 것에 대해서는 전혀 언급하지 않고 있다. 이것도 결함이지만, 다른 교과서에도 기술돼 있지 않기 때문에 재수정 요구는 불가능하다.

결론적으로는 문제의 교과서에 철저한 비판을 가하고, 그 교과서가 결함 투성이의 졸작이고 교과서로서 부적당한 것이므로 교육현장에서 채택돼서는 안 된다는 것을 알려나가면서 불채택 운동을 전개하는 것이 가장 중요하다고 생각한다. 예전에 우익세력이 낸 신편 일본사는 대폭 수정돼 검정을 통과했지만, 교육현장에서는 거의 채택되지 않고 몇 년 안 돼 교과서로서 자취를 감췄다. 이번 교과서 추진자들은 시장점유율 10%를 목표로 전국의 교육위원회에 강하게 손을 쓰고 있다. 일본 국민이 이 교과서를 물리칠 것인가 말 것인가, 이것이 최종적인 대결의 장이 될 것이다.

와다 하루키(도쿄대 명예교수·역사학)

【독자편지】 역사왜곡한 일본의 공식사과 반드시 받아내라
『동아일보』 2001. 4. 16

일본의 역사교과서 왜곡은 참으로 어처구니없는 일이다. 이번 사태를 통해 일본인의 무지를 알 수 있었다. 일본인들은 역사적 사실을 왜곡해서 무엇을 얻자는 것인가. 또 한국에 어떤 영향을 주려는 속셈인지 이해할 수 없다. 한마디로 유치한 발상이다.

역사란 과거의 사건에 대한 사실적 기록과 현실에 입각한 논의를 따져보고, 잘못된 것에 대해서는 반성하며 새로운 것을 추구해나가는 것이다. 일본은 침략전쟁과 같은 역사적 사실을 감추다 못해 역사를 왜곡하고 거짓된 역사 교과서로 만들고 있다. 일본인들의 사상과 행동이 의심스러울 뿐이다. 2002년 한일 월드컵 공동개최 등 양국간 우호관계가 증진되고 있는 시점에서 이번 사건은 양국 관계에 찬물을 끼얹는 격이다.

정부는 특별대책반을 구성했지만 반드시 일본으로부터 공식 사과를 받아내고 올바른 역사교과서가 나올 때까지 일본 정부에 강력 대응해야 한다. 언론과 각종 단체가 일본에 대한 비난과 함께 정식 사과를 요구하는 것에 대해서는 지지를 보낸다.

지금 역사를 배우며 성장하는 초중고교 학생들에 대해서도 올바른 역사관 확립 및 주체성 교육을 더욱 강화할 때가 아닌가 생각된다.

노지호(대학생 · 충남 아산시 둔포면)

【중앙 시평】 내팽개친 역사
『중앙일보』 2001. 4. 16

지금 우리 '역사'는 지탱이 어려울 정도로 협공(挾攻)받고 있다. 그 협공의 한쪽은 일본이고, 다른 한쪽은 우리다. 일본은 '역사왜곡'을 통해 우리 역사를 무너뜨리고 있고 우리는 '역사무시'를 통해 우리 역사를 붕괴시키고 있다. 지금 우리는 일본의 역사왜곡만 알지, 우리가 어떻게 우리 역사를 허물어뜨리고 있는지는 전혀 알지 못하고 있다.

'침략의 유전자' 대물림

일본과 우리는 세계사 어느 구석에서도 찾아보기 어려운 혐오의 역사를 이어왔다. 역사적으로 우리는 한번도 일본과 편치 못했다. 우리에게 일본은 우호적이고 호혜적인 나라가 아니었다. 고대는 고대대로, 중세는 중세대로 일본은 항시 가해자였고 우리는 피해자였다. '침략의 유전자' 대물림은 끊이지 않고 계속됐다. 마침내 우리 근현대사는 일본에 의한 엄청난 압박과 질곡의 역사였다.

그러나 일본의 역사인식은 전혀 달랐다. 국권 침탈이든 식민지 만행이든 시혜(施惠)로 생각했다. 철도를 부설하고 항만을 개설하고 도로를 건설해준 공헌이 지대한 나라, 적어도 한국에 대한 일본의 기여와 공로만은 한국인들이 반드시 기억하고 고마워해야 한다고 그들은 생각했고 지금도 하고 있다.

그래서 그들 교과서는 우리의 독립운동을 '폭동'으로, 그들의 침략을 '진출'로, 우리 토지의 강탈을 '토지수용'으로, 우리 언어의 말살을 '일본어 교육'으로, 신사참배를 '참배장려'로, 창씨개명을 '개명추진'으로, 그렇게 역사를 사실로서가 아니라 오로지 '일본적 논리'로 기술하고 가르쳤다. 그 기술과 가르침은 이웃나라들의 항의에 아랑곳없이 지속되고 있다.

우리가 두려워하는 것은 그 같은 역사왜곡에 의한 국제사회의 혼돈이며 국제평화체계의 파괴다. 자기나라 역사를 자기가 어떻게 기술하고 가르치든 그건 '내정(內政)이다' 하는 시대는 지났다. 세계는 이미 하나의 촌락이다. 국경의 장벽을 높이 쌓고 내정·외정을 따지기엔 국가간 '의존과 적응체계'가 너무 깊고 커졌다.

사실의 역사가 아니라 왜곡의 역사를 가르치는 데서 오는 다른 나라에 대한 부정과 경시의 대물림, 편파와 배타의 대물림, 마침내 '침략의 유전자' 대물림이야말로 '지구촌 질서'의 파괴로 직결된다. 그것이 어떻게 한 나라만의 문제이겠는가.

그 일본의 역사왜곡 못지않게 우리의 역사무시 또한 국제질서 파괴의 유인소지가 된다. 역사는 과거가 아니라 현재며 미래다. 역사는 과거의 사실을 기록하고 가르치지만 거기에 축적된 역사적 사실로 해서 우리는 현재를 알고 미래를 내다본다.

역사를 무시하고 역사에 무지한 것만큼 현재는 공중에 떠 있고 미래는 기약이 없다. 우리의 지적 기반, 현실적 기반은 일본에 비해 너무 얇고 너무 취약하다. 일본의 역사중시와 우리의 역사무시 차이만큼의 차이다.

　지금 우리 교육은 우리 역사라는 보물창고의 문을 굳게 닫아걸고 있다. 학교에서도, 사회에서도 역사를 가르치지 않는다. 중학교 교과과목에 독립된 국사과목이 없다. 사회생활이라는 과목에 통째 흡수돼버렸다.

　고등학교에서 독립과목으로 가르친다 해도 대학 수능에서 국사배점이 형편없는 것만큼 가르침 또한 미미하다. 대학에서는 배워도 그만, 안 배워도 그만인 과목이 국사다. 그 전락은 해를 거듭할수록 더해서 이제 국사는 대학과목이 아니라 전공학과만의 과목이 된 지 오래다. 국가고시에서도 국사가 언제 없어졌는지 아무도 알지 못하고 아무도 알려고도 하지 않는다.

언제까지 역사 무시인가

　오늘날처럼 우리 역사가 무시되고 푸대접받아본 때가 있는가. 김영삼 정권에선 역사바로세우기 한다면서 역사를 내팽개쳤고, 김대중정권에서는 공부 안해도 대학 갈 수 있다 해서 역사를 무시했다.

　학생들에게 역사적 사실을 물어보는 것만큼 곤혹스런 수업시간이 없다. 아무 것도 모르기 때문이다. 우리가 어떻게, 왜, 어떤 과정을 통해 일본에 나라를 빼앗겼는지 우리 학생들은 알지 못한다. 더 무서운 것은 알려고도 하지 않는 것이다.

　지금 온 나라가 일본의 역사교과서 문제로 흥분해 있다. 자기가 자기 역사를 내팽개치고 있는데, 그 내팽개친 역사를 남이 왜곡기술하고 있다 해서 그렇게도 분노가 이는가. 부끄러운 줄도 모르고 남의 역사왜곡만 질타하는 그 가증스런 행위는 왜 분노하지 못하는가.

　송복(연세대 교수 · 정치사회학)

【토론마당】 일본 역사교과서 왜곡과 미국 그리고 우리의 대응
『한겨레신문』 2001. 4. 16

　현재 한국사회에서는 일본의 교과서 왜곡에 대한 반일 분위기가 고조되고 있다. 문제의 발단은 일본 문부과학성이 일본 국내법에 의해서 검정과정을 거친 역사교과서에 대한 한일 간 식민지시대의 가해자와 피해자로서의 문제 접근 방법에서 비롯된 측면도 있다고 본다. 그렇기 때문에 개별 국가의 접근으로 해소하기 어려운 측면이 있다는 점을 간과해서는 안 된다고 본다.

일본 역사교과서 왜곡문제의 심각성은 제2차 세계대전의 패전국으로서의 제국주의적인 자신들의 행위에 대한 부인에서 비롯됐다고 본다. 일본과 똑같은 패전국인 독일의 가해자로서의 자기반성과 모순되는 일본의 가해자로서의 자기부정은 이 시점에서 우리 사회의 공동체가 신중하게 분석해볼 필요가 있다.

일본이 역사교과서 왜곡 문제 등 일본의 과거 제2차 세계대전에서 인류에 끼친 제국주의적인 죄악을 부인하고 있는 것은 그때 당시 전승국인 연합국이 패전국 처리에 있어서 독일과 일본에 대한 처리 방식의 차별성에서 비롯된 측면을 우리는 주목해볼 필요가 있다.

독일을 보면 미·영·불·소에 의해 동서독으로 철저하게 분할되면서 유럽에서의 독일의 예상되는 침략적인 미래의 불안정에 대한 국제 정치적 보험 성격의 안정화 정책에 의해서 철저하게 연합국에 의해서 통제되고, 또 나치시대의 역사적인 죄과에 대한 제도적 법적 인적 청산을 철저하게 매듭하는 과정을 거쳐 자유와 평등 시장경제와 민주주의를 토대로 하는 민주주의국가로 거듭 태어났는데, 그 과정에서 2차 세계대전에 대한 역사적 청산은 아주 엄격하게 진행됐다.

우리에게 뉘른베르크 전범 재판으로 상징되는 나치의 반인륜적인 전쟁 범죄 행위에 대한 철저한 단죄는 독일인들에게 인류역사에 끼친 그들의 전쟁 범죄에 대한 죄과를 분명하게 각인시켜줬다. 사회주의권의 붕괴 이후 독일이 통일된 이후도 독일은 2차 세계대전에 대한 유럽과 유엔 그리고 미국에 의해서 통일 독일의 군대를 39만 명 이상 보유할 수 없는 족쇄에 묶여 있는 등 독일에 대한 2차 세계대전의 책임을 묻는 인류애를 보편적 가치로 삼고 있는 국가들의 우려를 해소시켜주는 조건으로 통일을 이뤘다는 점을 봤을 때, 독일인들의 나치시대에 제국주의적인 침략과 인류에 대한 대량학살에 대한 책임을 현재진행형으로 아직도 세계가 독일인들에게 묻고 있다고 볼 수 있다.

독일에 비해 2차세계대전의 전범 국가 일본에 대한 전후 처리문제는 어떠했는가에 대해서 우리가 접근해보면, 그 당시 극동정세의 급변으로 2차세계대전 종전 직후 조성된 미소의 동서냉전의 한가운데 있었던 일본은 미국의 대소 봉쇄정책의 일환으로 한국과 일본을 축으로 이데올로기적인 대립의 한편으로 진용을 2차 세계대전 후에 전후에 재편하면서 일본의 전범국으로서의 도덕적 정치적 외교적인 책임을 유화적으로 우회하면서 과거청산을 하는 데 미온적인 태도를 보인 미국의 세계전략 수립 과정의 역사적 심판에 대한 미필적? 고의로 유보했었다고 본다.

동경 전범재판에서 전쟁범죄행위자로 처벌 대상이었던 기시 노부스케가 전후 맥아더 헌법하의 일본 수상을 역임했고 그 외에 천황의 군국주의 팽창정책을 수행했던 많은 관료들이 전범국가의 처벌 대상에서 벗어나 전후 미국이 이식한 민주주의 정부의 형태 국가 수립에 대대적으로 참여함으로 해서 그때부터 즉 미국의 일본에 대한 종전 처리 과정에서 보여줬던 일본에 대한 전쟁 책임의 사실상 면책에서 오늘의 일본국민과 일본 정부 그리고 학자들의 역사교과서 왜곡은 싹텄다고 보는 것이 정확한 표현이라고 생각한다.

독일과는 전혀 다른 2차 세계대전 종전 처리과정이 오늘의 일본인들의 몰역사적인 인식을 심어주었던 것이다. 미국은 냉전 시기 한반도 분단의 책임 당사자이고 분단국가 한국의 건국에도 깊이 개입했다. 정치 경제 군사 모든 면에서 국가를 유지해나갈 능력을 겸비하지 못했던 이승만을 대소 봉쇄 최전선의 국가 수반으로 선택한 미 군정은 한국의 국가라는 형식을 세우는데도 일본식민지 시대의 군경 행정관료를 대거 기용하는 데 묵시적인 동조를 했고 나아가 그러한 친일 부역자들의 정치적 참여에 대한 안정적 조치로 이승만 정권의 건국에 미국의 후원자로서의 도움은 거역할 수 없는 초월적인 것이었다.

이러한 측면 또한 한국에서 친일 잔재 청산에 대한 실패를 원천적으로 제공한 주요 요인으로 작용했다. 이러한 점은 아시아에서 유일하게 일본의 완전한 식민지였던 한반도에 대한 일본의 자기의 과거 죄과에 대한 자기부정을 죄책감 없이 세계를 향해서 주장하게 하는 빌미를 제공했다. 미국은 박정희 정권 당시 대일 청구권 자금으로 대변되는 일본의 식민지 배상에 대한 한일 회담에도 여러모로 깊이 개입, 한일 간 과거사 문제의 매듭보다는 소련의 봉쇄를 위한 한·일 간의 소위 우호적인 카테고리 형성에만 치중했고 한일 회담이 과거사에 대한 미봉책으로 지금까지 한일 양국의 역사 해석의 차이로 과거사에 대한 미완의 불씨로 남게 하는 데 일정 정도의 역할을 한 것도 주지의 사실이다.

이러한 일본의 역사적 사실에 대한 자기 부정과 그 이면에 작용했던 세계적 냉전 시기 냉전 관리자로서의 미국의 국익에 부응하는 정책 추진으로 일본인들이 가지게 되었던 몰역사적인 언행 그리고 한국의 건국과정에 친일 부역자들을 대거 기용하는 데 동조와 협조를 아끼지 않은 점 등이 독일과 다른 일본의 제국주의 만행에 대한 자기 부정의 역사교과서 왜곡을 불러왔다고 볼 수 있다.

그러나 역사는 일본이라는 하나의 국가에 의해서 은폐되거나 조작 혹은 축소

그리고 왜곡될 수 없다는 점을 우리는 간과해서는 안 된다.

여기에서 우리의 대응이 주목된다.

지금까지 정부나 국민 학자와 시민단체 등 우리 사회의 대응을 보면 일관성 있고 주도면밀하게 접근하지 못하는 측면이 나타나고 있다. 민족 정서에 호소하는 측면도 나타나고 있고 정부의 뒤늦은 주일 대사 소환 그리고 시민사회 단체의 일본제품 불매운동 그리고 중국·조선민주주의인민공화국·한국·베트남 등과의 공동 대응을 촉구하는 여론도 일고 있는데.

여기서 유럽의 예를 통해서 일본의 왜곡된 역사교과서에 대한 접근을 시도해 보는것도 의미가 있다고 본다. 유럽은 1992년 12개국의 역사학자들이 모여서 만든 새 유럽의 역사라는 유럽 공동의 역사교과서를 만들었다. 내용은 태초부터 구 소련의 붕괴와 독일 통일까지를 다뤘는데, 우리가 주목할 것은 2차 세계대전의 가해자였던 독일의 학자들까지 포함이 됐고 그 내용을 보면 일본의 왜곡된 역사교과서에 비교하면 객관적이고 유럽이 아닌 타 지역의 학생과 시민들이 역사교과서로 필독을 해도 손색이 없을 정도이다.

일본의 역사교과서 왜곡과 관련해서 유럽의 역사교과서 내용 중 20세기 초 유럽 열강의 아시아 아프리카 식민지 지배에 대한 서술을 보면 유럽 역사학자들은 분명히 제국주의적인 팽창이었다고 기록했고, 나치의 유태인 학살이나 2차세계대전의 죄과에 대한 평가도 독일의 책임을 분명하게 명기하고 있는데 이 점은 일본의 역사교과서와 대비가 된다.

여기서 우리도 일본의 역사교과서에 대한 대응은 아시아 공동의 역사교과서를 만듦으로 해서 일본의 몰역사적인 사고방식을 아시아적인 공동의 인식과 객관적인 접근으로 일개 국가의 편협한 사고에 기인된 역사왜곡 문제를 극복하는 것이 타당하다고 본다.

아시아 지역은 제국주의 식민지 지배와 2차 세계대전의 가해자인 일본을 제외하곤 모든 아시아 국가가 20세기 초에 서구 열강 그리고 일본의 식민지 내지 반식민지 그리고 침략을 경험한 국가들이다. 중국이 일본의 침략을 당했고 한국이 한반도가 일본의 식민지였고 동남아도 일본의 침략을 받았고 인도도 영국의 식민지였고 중동 여러 국가도 서구열강의 식민지였던 역사적인 공동의 체험을 실사구시적으로 아시아 공동으로 각국의 역사학자들이 모여 아시아 공동의 역사교과서를 만들어서 아시아공동의 시각으로 20세기 침략의 역사를 재조명해서 다시는 역사 부정의 모순이 나타나는 것을 막아야겠다.

물론 아시아 공동의 역사교과서를 만들게 될 경우 아시아 모든 국가들의 역사학자들이, 일본까지도 포함해서 객관적이고 보편적인 차원에서 접근해야겠고 유럽은 공동의 문화적 가치를 향유하기 때문에 태초부터 현대사까지 다뤘지만 아시아 지역은 이질적인 문화가 혼재돼 있어 인류역사 시작 단계부터는 각국의 접근 방법에서 문화적 이질성 때문에 공론의 장을 만들기 어렵기 때문에 20세기 초의 식민지 내지 제국주의 침탈의 역사를 공동으로 집필한다면 실현 가능하리라고 보고 여기에는 유네스코라든가 유엔의 지원과 협조도 필요하리라고 본다.

이렇게 아시아공동의 역사교과서를 만들어 아시아인이 지난 역사에 대한 객관적인 접근을 한다면 일본의 왜곡된 역사교과서는 발 붙일 곳이 없다고 본다. 유럽의 공동역사교과서는 EU 대학생의 교과서로 채택하고 있고, 또 일반 유럽인들에게도 평생교육의 교재로 널리 애독되고 있다고 한다. 일본의 2차 세계대전 이후의 전후 세대는 왜곡된 그들의 인식으로 자신들의 과거사에 대한 반성을 잃어버린 단절의 세대라고 볼 수 있다. 우리가 아시아 공동의 역사교과서를 만든다면 일본인들의 잃어버린 배반의 역사에 대한 도덕적 책임과 아시아공동체로서의 그들의 지위를 과거와 현재와 미래를 통해서 같이 아파하고 용서를 구하고 용서받는 것이 될 수 있다고 본다.

홍재희

【시론】 역사교육 다시 생각하자

『중앙일보』 2001. 4. 17

일본의 중학교 역사교과서 검정문제가 한일 간의 외교쟁점으로 발전했다. 그러나 일본의 역사교과서문제는 한때의 외교적 현안 이상의 의미를 지니고 있다. 그것은 진정으로 역사가 해야 할 기능이 무엇이고, 바람직한 역사교육은 과연 어떤 것인가 하는 본질적인 문제를 제기하고 있다.

민족 의식·정체성이 문제

잘 알려진 바와 같이 현재 일본에서 역사교과서를 왜곡하려는 세력이 내세우는 명분은 소위 자학(自虐)사관의 폐단을 극복하겠다는 것이다. 그들이 규정하는 자학사관이란 군국주의와 제국주의가 상징하는 민족사의 어두운 면을 비판적으로 성찰하려는 역사서술 경향이다. 그들은 이러한 역사서술이 일본인들에게 수치심을 가져오고, 특히 자라나는 청소년들의 민족과 국가의식에 절대적인 해악을 끼친다고 믿고 있다. 따라서 이러한 폐해를 극복하기 위해서는 민족사를 긍정적으로 인식하는 새로운 역사서술과 교육이 불가피하다는 것이다. 결국 일본의 민족사를 왜곡하려는 세력의 주장에 따르면 역사란 본질적으로 민족으로서의 의식과 정체성의 확립에 기여해야 한다는 것이다. 그런데 이러한 논변은 사실 일본에만 있는 것은 아니다.

그것은 언제 어디서나 흔히 접할 수 있는 것이다. 민족사에 대한 비판적인 역사서술이 민족으로서의 정체성에 위기를 초래한다는 불만의 목소리는 과거사 반성에서 일본과는 대조적인 나라로 알려진 독일에도 결코 드물지 않다.

우리의 경우는 어떤가. 민족으로서의 긍지와 자부심을 함양하는 것이 민족사 교육의 궁극적인 목표라는 생각은 아마 대단히 많은 사람이 공유하는 믿음일 것이다. 하지만 만약 이러한 견해를 받아들인다면 일본에 대한 우리의 비판은 많은 부분 논리적으로 자가당착에 빠진다.

제국주의 시대의 영화(榮華)를 그리워하는 일본 보수우익 세력의 국수주의와 역사의 피해자로서 민족의 주체성을 회복하자는 우리의 민족주의는 질적으로 다르다고 반박할지도 모르겠다. 그러나 '좋은' 민족주의와 '나쁜' 민족주의가 따로 있는 것은 아니다.

그 둘의 경계는 모호하고 유동적이다. 오히려 민족주의는 순기능과 역기능이 동전의 양면처럼 공존하는 것이다. 그것은 잘 쓰면 유용한 도구이지만 잘못 쓰면 흉기가 되는 칼에 비유할 수 있다.

아무튼 민족사의 연구와 교육에서 민족의식과 민족정체성을 강조하는 것은 재고해야 한다. 계급·종교·성·세대·지역 등 극히 다양한 집단적 정체성의 요인 가운데 유독 민족 구성원으로서의 정체성만을 절대시할 이유는 없다.

게다가 민족으로서의 정체성을 확인하고 민족의식을 고취하는 방법은 역사가 아니더라도 얼마든지 있다. 스포츠 경기, 국경일 행사, 국토순례 여행 등은 단지 몇 가지 예에 불과하다. 무엇보다 현재 일본의 경우가 민족의 중요성을 강조하는 역사교육의 위험성을 웅변으로 보여주는 사례가 아닌가?

그렇다면 역사가 맡아야 할 진정한 역할은 무엇이고 역사교육이 지향해야 할 바람직한 목표는 무엇인가. 역사의 소임은 인간의 삶을 구성하는 다양한 영역에서 공개적으로나 혹은 은밀하게 작동하며 개인과 집단의 삶을 왜곡하고 억압해왔던 각양의 권력과 각종의 이데올로기를 밝혀내고 비판하는 것이다.

계몽·비판정신 길렀으면

역사교육도 마찬가지다. 자라나는 세대에게 민족의 일원으로서 지녀야 할 민족정신과 애국심을 불어넣는 것이 역사교육의 목표라고 생각해서는 안 된다. 바람직한 역사교육의 방향은 오히려 민주주의와 사회정의를 위해 향후 시민사회의 일원으로서 갖춰야 할 비판정신과 참여의식을 키워주는 데 있다.

달리 표현하면 신화의 창조가 아니라 신화의 파괴가, 단결과 통합이 아니라 비판과 계몽이 역사를 연구하고 가르치는 목적이라는 말이다. 역사가 중요한 이유는 역사야말로 현실을 비판적으로 인식할 수 있는 안목, 그리고 나아가 대안적인 삶의 방식을 창의적으로 모색할 수 있는 의지와 능력을 길러주기 때문이다.

일본의 역사교과서문제를 계기로 국사교육을 강화해야 한다는 목소리가 나오고 있다. 옳은 말이다. 그러나 역사로부터 비판과 계몽의 기능을 기대한다면 앞으로 강화해야 할 국사교육의 목표와 방향에 대해서도 진지한 검토가 있어야 할 것이다.

안병직(서울대교수·서양사)

'교과서 우향우' 파장 전문가 대담

『중앙일보』 2001. 4. 17

황국사관(皇國史觀)에 입각한 일본의 역사교과서가 문부과학성 검정을 통과한 데 따른 외교적 파장이 내주에 있을 정부의 종합대책 발표를 계기로 새로운 국면을 맞게 될 것으로 보인다. 정부는 모든 수단을 동원한 강력대응 방침을 천명하고 있다.그러나 일본의 차기 총리를 맡을 자민당 총재 후보들은 한결같이 모리 요시로(森喜朗) 총리보다 더욱 우익적인 입장을 보여 교과서문제가 장기화될 것으로 전망된다. 본사는 김태지(金太智) 전 주일대사와 숙명여대 이만열(李萬烈) 교수 간의 긴급 대담을 통해 정부의 향후 대책과 한일관계의 파장 등을 짚어보았다.

이만열 - 정부의 종합대책이 발표되면 알겠지만 의외로 우리의 대응방법이 많지 않은 것 같아요. 몇 개 안 되는 카드 중에서 '국제적 연대'는 강력한 힘을 발휘할 것으로 판단합니다. 문제 교과서를 보면 중국·베트남·대만·필리핀과의 연대의 틀을 제공하고 있습니다.

특히 동경재판을 부인하고 있어 동경재판에 관련된 미국·러시아·영국·호주 등 당시 연합국과의 연대도 가능합니다. 국제적 공동대응은 일본에 대한 외교적 압박면에서 효과가 있을 것으로 보입니다.

김태지 - 동감합니다. 하지만 외교적 압박 못지않게 일본 내부의 변화를 유도하는 게 필요합니다. 자민당 총재 후보들의 발언을 봐도 알 수 있듯이 불행하게도 일본은 집권층 인사일수록 국수주의적 입장을 확신범같이 갖고 있죠. 그러나 양식을 갖고 있는 사람들이 더 많습니다. 다양한 차원의 한일 연대를 통해 양식 있는 사람들의 목소리를 키워 국수주의적 움직임을 누르도록 해야 합니다. 이것이 되풀이되는 역사왜곡을 근본적으로 해결할 수 있는 방법입니다.

이만열 - 또다른 대응방법 중 하나로 한일기본조약 개정이 제기되고 있습니다. 항상 문제가 되고 있는 1965년 한일기본조약을 개정해야 한다는 목소리가 커지고 있죠. 우리가 청구권협정에 따라 일본으로부터 '독립축하금' 명목으로 돈을 받는 바람에 징용자, 종군위안부 문제에 대해 일본정부로부터 배상청구가 불가능하기 때문입니다. 일본은 한일어협협정 개정 당시 기존 협정을 일방적으로 파기한 적이 있습니다.

김태지 - 그러나 한일기본조약 개정은 쉬운 문제가 아니라고 봅니다. 교과서문제는 강력하게 대처해야 하지만, 한일관계가 복잡하게 얽혀 있는 기본조약은 감정적으로 다뤄서는 안 된다고 생각됩니다.

이만열 - 그럼에도 개정 문제를 지속적으로 거론해야 일본에 대한 우리의 입장이 강해집니다. 특히 역사 축적용으로라도 필요합니다. 이와함께 왜곡 시정을 위해서는 정부뿐 아니라 다양한 분야에서의 노력이 병행되야 한다고 생각됩니다. 정치권은 교과서 왜곡문제가 발생하자 정부만 비판하고 있는데, 제 생각은 다릅니다. 1993년 자민당이 역사검토위원회를 만들 때 중요한 역할을 맡았던 위원 7명이 현 모리 내각의 핵심 각료입니다. 즉 이들이 내각에 들어오자 교과서가 통과될 수 있었던 것이죠. 현재 양국간에는 의원연대기구인 '한일의원연맹'이 있습니다. 이들은 서로 '지한파'다 '지일파'다 하면서 수없이 만났지만 실제로 양국관계 발전을 위해 기여한 것이 무엇입니까. 한일의원연맹이 교과서문제에

대해 관심을 갖고 사전조정에 나섰으면 다른 양상이 벌어졌을 가능성도 있다고
봅니다. 정치권은 목소리만 높이지 말고 지금이라도 의원외교를 통해 왜곡 시정
에 적극적으로 나서야 합니다.

김태지 · 좋은 말씀입니다. 정치권은 물론 시민단체, 역사전문가 등 모든 분야
의 사람들이 나서야 한다고 생각합니다. 일본의 우익 교과서는 정치권과 역사학
자, 만화가 등 다양한 분야의 우익들이 총궐기해 이뤄낸 결과물입니다. 따라서
우리의 대응도 같은 양상을 보여야 합니다. 시민단체들은 일본의 시민단체와 연
대를 강화하고, 역사학자들은 일본 언론 및 미국 · 프랑스 등 세계 각국의 언론
에 기고(寄稿)를 통해 왜곡의 실상을 정확히 전달해 일본을 반성시키고 압박하는
전략이 필요합니다.

이만열 · 유엔 인권위원회에서 일본 역사교과서 왜곡 문제를 강력하게 비난한
것은 국제적 압박이어서 일본이 상당히 아파했을 것이라고 생각합니다. 하지만
대사 소환은 별 효과도 보지 못한 채 귀임시켜야 할 처지에 놓인 것으로 보입니
다. 그러나 정작 아쉬운 것은 이같은 조치가 여론에 떠밀려 취해졌다는 점입니
다. 역사교과서에서 이웃의 인격을 모독하는 내용을 다룰 때 항의하는 것은 너
무나 정당한 권리입니다. 하지만 정부는 정당한 권리에 대한 확신이 없이, 고조
되는 국민여론만을 의식하는 인상을 주었습니다.

김태지 · 저도 주일대사 시절 한일어협협정 때문에 '정무협의차' 일시 귀국령
을 받았습니다. 대사 소환은 큰 의미를 지닌 카드는 아니지만, 중대한 외교문제
가 발생했을 때 대사를 불러 현지상황을 설명듣고 본국의 분위기를 전달할 수
있어 중요하다고 생각합니다. 정부는 검정과정에서부터 지속적으로 우려를 전달
해 문부성 검정 때 상당 부분 수정을 이뤄낸 것은 사실입니다. 하지만 수정된
내용도 왜곡이 극심한 게 문제입니다. 이를 해결하기 위해서는 특정 외교 현안과
연계시키되 자승자박(自繩自縛)적 입장을 보이면 안 됩니다. 특히 외교적 대응카
드를 상대방에게 미리 보이면 협상에서 우위에 서기 어렵습니다. 강경하면서도
신중한 대응이 요구됩니다.

이만열 · 문제가 된 일본의 역사교과서를 학문적 배경에서 살펴보면 식민주의
사관에 기초하고 있습니다. 이는 조선이 정치 · 경제적으로 일본에 비해 1천 년
이상 뒤져 조선은 자체적으로 근대화를 할 수 없어 일본이 도와줬다는 것을 근
간으로 합니다. 그러니 침략이 진출로 정당화되는 것이죠. 또한 식민주의사관을
바탕으로 해 나타난 것이 일본 정치인들의 '게릴라식 망언'입니다. 망언의 중요

한 내용은 세 가지입니다. 한일합방은 국제적으로 정당한 방법에 의해 이뤄졌고, 36년 동안 조선의 근대화를 이끌었으며, 대동아전쟁은 침략전쟁이 아니라 아시아해방전쟁이라는 것입니다. 문제 교과서는 이같은 게릴라식 망언을 조직화·체계화시킨 것에 불과합니다.

김태지 - 그렇습니다. 2차세계대전이 끝난 뒤 일본은 독일과 달리 전쟁에 참여했던 천왕을 그대로 두는 등 과거청산을 하지 않았습니다. 또한 경제대국인 일본은 걸프전쟁 당시 전비의 절반 이상을 냈음에도 군대를 파병하지 않았다는 이유로 미국 등 동맹국들로부터 비난을 받자, 국제사회의 리더십을 확보하자며 국수주의적 움직임이 생겼습니다. 이때 일본의 우파들이 국민 의식변화를 명분으로 자학사관을 극복한 역사교과서가 필요하다고 보고 황국사관에 기초한 왜곡 교과서를 만들어냈습니다.

이만열 - 결국 우리의 관심사는 재수정으로 모아집니다. 제 생각으로는 검정본이 통과됐더라도 재수정은 가능할 것으로 보입니다. 과거에 고친 적이 있기 때문이죠. 검정통과 발표일인 4월 3일부터 40일 이내에 모형본을 만들어 전시를 하는데 이 기간 동안 집중적으로 외교적 압력을 가하면 일본 정부가 재수정을 받아들일 것으로 보입니다. 문제의 역사교과서는 사관 자체가 바뀌어야 하지만 거기까지는 요구할 수 없을 것이고, 구체적 내용을 적시해 재수정을 요구해야 합니다.

김태지 - 그러나 최근의 일본 정부 입장을 보면 쉽지는 않을 것 같습니다. 그렇더라도 면밀한 분석을 토대로 재수정의 내용과 강도를 정해야 합니다. 이와 함께 일본 시민단체와 연대해 문제의 우익 교과서에 대한 '불채택운동'을 벌이는 것도 중요합니다. 문제 교과서가 일본내 여론의 심판을 받아 채택되지 않을 경우 왜곡의 악순환 고리를 일정 부분 끊는 효과까지 거둘 수 있습니다.

이만열 - 현재 일본을 향한 목소리만 격렬해지고 있는데 우리도 반성할 게 있다고 봅니다. 역설적이지만 우리의 역사의식을 높여주는 것은 일본 정치인의 망언과 왜곡 역사교과사입니다. 지속적이면서 체계적인 역사교육이 필요한데 대학 교양교육에서 역사과목이 제외되는 등 우리의 역사교육은 '제도적 후퇴'를 거듭하고 있습니다. 7차 교과개편을 보면 고등학교 교과서에서 고대사부터 조선후기까지는 필수과목이나, 일제시절 등 근현대사는 선택과목이 됐어요. 우리 스스로가 우리의 역사인식을 교육하지 못하면서 일본에게 문제를 제기하는 것은 타당성을 상실할 수 있습니다. 일본에 대한 강경대응 못지않게 우리의 자각도 필요한 시점입니다.

　김태지 · 그렇습니다. 지금부터라도 일본 우익 못지않은 노력을 기울여야 합니다. 일본은 과거의 잘못을 인정하지 않는데 가장 큰 문제가 있습니다. 독일의 바이체커 대통령는 1985년 '종전 40주년 기념식'에서 "죄가 있건 없건 우리 모두 과거를 받아들여야만 한다. 우리 모두 과거와 관련이 있으며 과거의 책임을 지고 있는 것이다. 과거에 대해 눈을 감으면 결국엔 현재의 눈을 멀게 한다"는 유명한 연설을 했습니다. 일본 사람들이 독일처럼 과거를 받아들이게 하기 위해서는 우리의 집요한 문제 제기가 필요합니다. 문제가 발생했을 때 일시적으로 대응하는 방식이 아니라, 끊임없이 문제의식을 갖고 지속적으로 대처하는 자세를 갖춰야 합니다.

　정리＝이철희 · 정재왈 기자

【이인식의 과학생각】 또다른 역사왜곡 '세균전 부정'
『동아일보』 2001. 4. 18

　올해 1월 중순 일본 도쿄 지방법원에서는 2차대전중 일본군의 세균전으로 피해를 본 중국인들이 배상을 청구한 소송의 재판이 열렸다.

　중국에서 세균전을 전개하고 인체실험을 자행한 부대는 1933년 만주에 창설된 관동군 방역급수부(防疫給水部), 즉 731부대이다. 하얼빈 교외의 감옥과 인체실험실에서 죄수나 정치범은 물론이고 애꿎은 농민들까지 '기니피그(실험재료)'로 무참히 죽어갔다. 작은 방에 차꼬를 채운 '기니피그'에게 처음에는 건강 유지를 위해 좋은 음식을 먹이고 콜레라 비저병 선페스트 등의 병균을 접종했다. 주기적으로 피를 뽑아 연구하다가 몸이 허약해져서 쓸모가 없어지면 가차없이 독살했다. 병균말고도 청산가리 독가스 전기충격 등 1000여 가지에 이르는 인체실험이 강행됐다.

　초기 성과에 만족한 일본 육군은 1939년 하얼빈 근처의 핑팡(平房)에 비행장을 갖춘 대규모 세균공장을 건설했다. 종전 때까지 핑팡에서 죽어나간 사람들, 이른바 인간 통나무(마루타)는 중국인 러시아아인 조선인 등 3000여 명에 이르렀다.

　731부대는 개인에 대한 인체실험에 만족하지 않고 병원균의 독성을 야외에서 실험했다. 세균전을 준비한 것이다. 이를 위해 대량으로 생산된 세균은 발진티푸스 장티푸스 선페스트 천연두 콜레라 파상풍 이질 성홍열 디프테리아 폐렴 성병 폐결핵 등 거의 모든 질병을 망라하고 있다.

731부대는 세균을 살포하는 방법도 개발했다. 가령 창춘(長春)에서는 사람들에게 콜레라 병균을 교묘하게 접종했다. 난징(南京)의 우물 속에는 갑상선 기능에 이상을 일으키는 세균을 집어넣었다. 닝보(寧波)에서는 하늘에서 밀밭 위로 콜레라와 선페스트 균을 공중 살포했다.

닝보는 상하이(上海) 남쪽에 있는 도시로 저장(浙江)성에 속한다. 올해 1월 도쿄지법에 제소한 사람들이 바로 저장성의 피해자들이다. 증언대에 선 중국 의사들은 2차대전 종전 후 처음으로 일본 군대가 저지른 세균전의 만행을 낱낱이 폭로했다. 1940년 10월 731부대는 전염병의 세균을 지닌 벼룩을 닝보에 퍼뜨렸다. 선페스트가 34일 간 창궐해 닝보에서 109명이 죽어나갔다. 같은 달에 저장성의 취저우(衢州)에서도 유사한 사건이 발생했다. 일본 군용기가 하늘에서 떨어뜨린 종이가방에는 각각 10마리의 벼룩이 넝마와 함께 들어 있었다. 취저우의 생존자인 한 의사의 증언에 따르면 이 종이가방에는 선페스트 콜레라 발진티푸스 탄저병의 세균이 들어 있었다.

저장성 당국은 닝보와 취저우에서 세균전의 후유증을 최소화하기 위해 병균으로 감염된 주택과 시설을 소각했다. 그러나 중국 세균학자들은 1948년까지 닝보에서 새로운 전염병이 계속 발생했으며 1953년까지 취저우에서 발진티푸스가 창궐했다고 증언했다. 더욱이 일본의 벼룩 투하 직후 취저우를 탈출한 사람들이 주변 마을에 질병을 옮긴 탓으로 상황은 더욱 악화됐다는 것이다.

일본 법정에서 중국 세균학자들은 역사상 한번도 선페스트를 경험한 적이 없는 취저우에서 일본의 세균 공격으로 5만 명이 죽었으며 60년이 지나서도 건강한 사람들 중에 발진티푸스를 잃는 사람이 나타난다고 증언했다. 특히 벼룩은 저장성에서 볼 수 없는 종이므로 731부대의 소행이라고 주장했다.

그러나 일본 정부는 731부대가 세균전을 시도한 적이 없다고 잡아뗐다. 731부대에서 생체실험을 주도했던 인물들이 전범으로 처벌받지 않고, 과거의 비인간적 만행에 대해 반성하기는커녕 오히려 생체실험을 통해 얻은 의료기술로 일본 의학계에서 행세하고 있는 상황에서 일본 정부의 후안무치한 세균전 부정은 당연한 반응일지도 모른다.

최근 국제문제로 비화한 일본 역사교과서 왜곡 사건에서 드러난 것처럼 일본

은 태평양전쟁 대신 대동아전쟁이라고 부르며 자신들이 저지른 침략전쟁의 정
당화에 광분하고 있다. 일본군 위안부의 역사적 사실을 외면하려는 그들이 세균
전을 인정할 리 만무하다.

중국 정부는 일본 군대가 땅 속에 파묻어둔 200만 개의 생화학 무기를 찾아내
파괴하고 있다. 중국에서 2차대전은 현재 진행형이다. 아니다. 한국에서도 태평
양전쟁은 아직 끝나지 않았는지 모른다.

이인식(과학문화연구소장)

【국사 교육 바꿔야 한다·下】 다원화 시급한 교과서
『중앙일보』 2001. 4. 18

국사교육의 전반적인 뒷걸음질 못지 않게 이번에 반드시 짚고 넘어가야 할 문
제가 교과서의 내용이다. 국사 교과서가 세계화의 대전제인 다원화 교육을 위한
디딤돌 역할을 제대로 못하고 있다는 지적이 곳곳에서 터져나오고 있기 때문이
다.

시야 넓혀야 할 역사기술

해방 후 역사교과서는 기본적으로 민족사관의 시각에서 쓰여졌다. 민족사관은
신채호·박은식 등을 중심으로 한 초기 민족주의자들과 해방 이후 남한 정부의
정통성을 상하이(上海) 임시정부에서 찾은 우파 민족주의 계열의 이데올로기다.
적어도 우리 근·현대사를 지배하는 주도사관이 바로 이것이다.

민족사관은 민족적 자긍심을 높이고 친일잔재를 청산하는 데 어느 정도 공헌
했지만, 일제시대 좌파 계열의 민족운동이나 해방 이후 민중 투쟁 등에 대한 '열
린 시각'이 결여됐다는 비판을 받고 있다. 이런 경향이 박정희 전 대통령 등 역
대 군사정권 등에 의해 정권 수호의 이데올로기로 악용된 측면 또한 없지 않다.

1994년 현행 교과서의 발간에 앞서 벌어졌던 학계의 '색깔 논쟁'은 뿌리깊은
민족사관의 위력을 확인하는 계기였다. 당시 교육부는 국사교과서의 개편을 위
해 제6차 교육과정에 따라 '준거안(準據案. 일종의 집필 기획안)' 초안을 마련해 심
포지엄을 여는 등 각계의 의견 수렴에 나섰다. 그러나 이 안이 공개되면서 학계

의 보혁(保革)갈등이 노골화했다.

'민족사관파'들은 준거안 초안이 일제시대 좌익운동사와 북한의 주체사상까지도 다뤄 너무나 급격한 변화를 주고 있다며 강력히 반발했다. 일부 보수언론도 이 초안이 1946년 10월의 '대구폭동'과 1948년의 '제주도 4·3사건'을 '항쟁'으로 표기하려는 등 '위험한 민중사관'을 드러내고 있다며 동조했다.

결국 이런 대세에 밀려 1980년대 이래 연구영역을 확대해온 소장학자들의 진보·수정주의 사관은 묵살됐다. 실제로 현행 중·고 교과서는 일제 침탈 이후의 노동자·농민운동, 친일파 문제, 중국 동북(東北)지방의 무장독립투쟁, 문화·예술활동의 사회주의 경향, 유신체제의 인권탄압, 민중의 각성과 저항, 북한의 친일파 청산과 토지개혁 등은 전혀 언급하지 않고 있다.

고려대 한국사학과 정태헌 교수는 "이런 것들을 균형 있게 언급하지 않고 민족사관에 입각한 서술만을 강조하면 사실 우리의 역사(근현대사)는 쓸 게 없다"고 말했다. 한마디로 지금의 국사 교과서는 반신불수와 같다는 얘기다.

교과서 발행 체제의 혁파

대부분의 역사학자들은 교과서 사관의 이런 편파성을 극복할 방법으로 현행 발행제도의 개혁을 꼽았다. 지금처럼 정부가 국사편찬위원회에 개발을 의뢰하는 식으로 국가가 주도하는 '개발위탁형(제1종 교과서)' 체제는 검인정(제2종 교과서)으로 바뀌어야 한다는 것이다.

검인정하에서는 지금보다 집필과 출판이 자유로워져 다양한 내용과 연구성과를 반영할 수 있는 게 장점이다. 국사편찬위도 이런 식의 개혁에 찬성하는 편이다.

한양대 사학과(서양사) 임지현 교수는 "우리의 교육여건상 교과서는 모든 수업의 중심일 수밖에 없다"며 "이런 상황에서 한쪽의 일방적 시각이나 연구성과를 국가가 공인하는 시스템은 학생들의 역사관과 비판의식을 왜곡할 우려가 크다"고 지적했다.

일단 역사학자들의 이런 바람이 받아들여져 2003년부터 쓰이게 될 고등학교의 '근현대사'는 검인정으로 선을 보인다. 현재 9~10개의 출판사에서 이 교과서의 발행을 준비하고 있는 것으로 알려졌다. 중학교 교과서와 고등학교 필수 교과서(고대에서 근세 이전까지)도 곧 이 방식을 따를 것으로 보인다.

그러나 검인정이 모든 문제해결의 지름길은 아니다. 역사서술의 자율성이 보장되는 만큼 세밀한 연구와 준비가 없으면 대단한 혼란이 야기될 가능성이 크기 때문이다. 조만간 '근현대사'의 서술내용이 드러나면 그 수준과 관점을 놓고 소송사건 등 이해 당사자들의 첨예한 대립이 예상된다.

서울시립대 국사학과 정재정 교수는 "대부분의 학자들이 지금 당장은 1종에서 2종(검인정)으로의 전환에만 관심이 있지 막상 내용과 서술의 견해차 때문에 빚어질 소송사건 등 문제점에 대한 인식은 전혀 없는 실정"이라고 말했다.

이 점에 관해서는 현재 검인정을 택하고 있는 일본의 '이에나가(家永) 교과서 재판'이 교훈을 준다. 이에나가는 '731부대'의 만행 등 교과서 서술의 재량권을 놓고 이를 수용하지 않는 일본 정부를 상대로 32년 간 법정 투쟁을 벌인 끝에 1997년 승소했다.

'새 역사 교과서'처럼 국수주의적 역사관이 횡행하기 쉬운 일본에서 근린제국(近隣諸國)을 배려하며 균형된 역사인식을 보여주려는 건전한 시민의 승리로 기록될 만한 사건이다. 검인정은 이런 것까지도 염두에 둬야 한다.

정재왈 기자

【독자편지】 '일제 불매' 단결된 힘 보여줘야

『동아일보』 2001. 4. 19

일본의 역사왜곡에 대한 뉴스가 연일 나온다. 주일 대사를 사실상 소환하는 조치까지 취했었지만 일본 정부는 한국 정부가 여론에 밀려 어쩔 수 없이 내놓은 조치이기 때문에 신경쓸 필요가 없다는 반응인 것 같다. 일본의 역사왜곡에 대해 가장 효율적인 대응수단은 일본제품 불매운동이 아닐까 한다. 요즘 국제사회는 수입국이 유리한 입장에서 협상을 한다. 대일 무역역조가 심각하고 호화사치성 소비재의 수입도 늘어나는 시점에서 불매운동은 실질적인 효과를 얻을 수 있을 것이다. 우리는 역사 왜곡 문제가 터질 때마다 감정적으로만 대응해왔다. 일본에 불이익을 줄 수 있는 실질적 방법을 찾아 우리의 단결된 힘을 보여줄 때라고 생각한다.

이진희(경기 수원시 장안구)

"친일파 청산 문제는 해방 뒤 반세기가 지난 지금도 여전히 민족적 과제로 남아 있습니다. 우리 현대사가 오랜 세월 극우독재로 얼룩진 것도 굴절된 과거역사를 제대로 청산하지 못했기 때문입니다."

지난 1994년 6차 국사교과서 개편 준거안 마련을 위한 연구위원으로 활동했던 서중석 교수(성균관대, 사학)는 "일본 우익의 역사교과서 왜곡문제에 대한 관심만큼이나 우리 교과서의 잘못된 서술에 대한 문제제기도 필요하다"고 강조했다.

"1994년 봄 국사교과서 현대사 부분 서술과 관련한 준거안을 마련해 발표회를 열었습니다. 이를 바탕으로 건강한 토론이 벌어지기를 기대했는데, 본질을 흐리는 트집잡기식 문제제기가 일부 언론을 통해 연일 쏟아져나오면서 아쉽게도 토론 자체가 이루어지지 못했습니다."

당시 서 교수를 비롯한 준거안 연구위원회가 근현대사 서술과 관련해 강조한 것은 크게 세 가지다. 먼저 식민지 시대를 밝혔던 민족해방운동은 좌, 우를 막론하고 제대로 평가해야 한다는 점과 침략전쟁을 미화하고 황국신민화를 부추겼던 일제 말 친일인사들의 반민족행위를 밝혀야 한다는 점이었다. 해방 뒤 반민족행위자 처단을 위한 반민특위의 구성과 활동 및 와해 과정을 사실대로 기술하는 것도 연구위원회가 중점을 둔 부분이었다.

서 교수는 "우리 역사의 줄기를 민주주의로 본다면 이를 억압하고 반대해온 일제의 식민지배와 군사독재 정권을 비판하는 것은 당연하다"며 "특히 일제의 군국주의를 미화하고 내선일체를 강조하며 황국신민화의 길을 걸었던 친일인사들의 반민족적 행위를 낱낱이 드러내 자라나는 청소년들에게 교훈이 되도록 해야 한다"고 말했다.

서 교수는 "현실적으로 한국사회를 장악하고 있는 정치, 경제, 문화, 언론과 연결된 세력에 아직도 친일의 잔재가 짙게 남아 있다"고 지적한다. 이승만 정권에 의해 저질러진 3·15 부정선거 관련인사 대부분이 친일파였고, 유신체제의 상층부도 친일성향을 가진 인물이 상당수였기 때문이다. 결국 민주주의와 인권을 유린했던 군사독재 청산작업은 친일파와 일제잔재 청산을 위한 노력과 맞물려 있다는 것이 서 교수의 판단이다.

서 교수는 "과거역사가 부끄럽다고 숨길 것이 아니라 냉철하고 참여하려는 자세로 역사에 대한 정당한 평가를 내리는 것이 성숙한 사회로 가는 지름길"이라며 "민족주의를 내세우는 일부 언론과 인사들의 일제하 행적을 사실대로 정확히 기술해주는 것은 젊은이들의 올바른 가치관 형성을 위해서도 중요하다"고 말했다.

"친일파가 득세했던 이승만 정권에 이어 군사독재가 장기간 계속되면서 이에 기생해온 기득권층이 극우세력의 본질입니다. 민족적, 시대적 과업인 통일과 민주주의 발전을 위해서라도 이에 반대하는 세력에 대한 총체적인 사회, 문화운동이 절실합니다."

【토론게시판】 대만의 역사-사회 교육과 일그러진 일본관
『한겨레신문』 2001. 4. 24

저는 대만에 온 지 반년이 지난 한국의 대학원생입니다. 대만의 학교측에서 장학혜택도 흡족히 주고 또 때때로 관광도 시켜주므로 내심 대만에 빚을 지고 산다는 기분도 들곤 하지요. 대만사람들……대개 친절하고 부지런하며 낙천적입니다. 그리고 정서도 우리와 비슷해서 그런지 현재 한국 드라마(불꽃, 가을동화 등)를 참 좋아하더군요. 특히 한국사람들을 점잖고 멋지게 보고 있어서 심지어 구멍가게 아줌마에게도 좋은 대접을 받지요.

이렇듯 개인적으로 호감을 갖는 대만이지만 일본에 얽힌 문제에 있어서는 정말 이해가 안가는 점이 많고 때로 짜증이 날 때가 있습니다. 특히 이번 역사교과서 왜곡 문제에 있어서는 대만인들은 그리 큰 관심과 우려를 갖지 않기에 난감하지요. 우리는 죽일놈 살릴놈 하면서 격분해 하고 있지만요. 대만 친구들에게 이번 문제에 대해 어떻게 생각하냐고 물었더니 잘 알지도 못하고 있고 사태의 심각성을 별로 생각해본 일 없는 것처럼 얼버무리고 말더군요. 한마디로 말해 이것이 대만의 전반적인 태도이자 분위기입니다.

그럼 여기서 잠시 다른 이야기를 해보겠습니다.

1. 다양한 인종으로 구성된 대만

우선 국민들의 구성을 먼저 말씀드려야 이야기가 풀리겠습니다. 명나라가 망한 이후 청나라 때부터 수세기에 걸쳐 중국 남부지방으로부터 주민들이 이곳에 대거 진출하여 현재는 대략 80% 이상의 국민이 중국계가 되었죠.

하지만 정작 수천년 전부터 살아온 원주민들은 이들의 차별과 박해로 인해 깊고 깊은 산간 오지로 쫓겨났다는 사실을 아는 한국인들은 얼마 없을 겁니다. 사실 대만의 산들은 얼마나 깊고 험한지 가장 높은 산들은 옥산(玉山)처럼 3000미터가 넘습니다만, 그런 험준한 산간지방에 살 수밖에 없었던 이들 원주민들을 중국인들은 오히려 고산족이라고 치부하고 멸시해오고 있지요. 이들은 결코 중국인과 닮지 않고 오히려 태평양 섬나라들의 주민과 비슷하지요(그동안 중국인과 피가 많이 섞였지만요).

원주민들은 각각 루카이, 파이완, 부눈, 트로코, 아미 등등으로 불리는 13개 부족으로 구성되어 있고 각각 다른 언어를 사용합니다. 과거의 원시적인 생활과 다소 검은 피부색으로 인해 지금도 차별과 경시를 당하곤 합니다. 정말 측은한 사실은 원래 이들의 영토였던 대만이 이들의 의사와 관계없이 중국(Republic of China, 중화민국)으로 불리며, 중국 공산당 정부도 끊임없이 "대만은 중국 본토에 속한 미수복지역이다"라고 주장하여 더욱 이들의 염장을 지른다 이거죠. 특히 일제시대에는 원주민들이 중국인들보다 더욱 심한 노동력 착취와 박해를 받았습니다.

2. 이해할 수 없는 일본에 대한 편애

그런데 지금의 일본교과서 왜곡문제로 인해 들끓고 있는 한국에 비해, 일본을 대하는 대만인들의 태도는 정말 이해할 수 없다 이 말입니다. 대만은 일본의 첫 식민지로서 우리보다 더 오랜 기간 동안 식민지 경험을 당했는데도 대체로 일본에 대한 부정적인 정서들이 그리 심하지 않을 뿐만 아니라 은근히 일본을 동경하기까지 하지요. 한 교수에게 직접 들은 이야기는, "만약 다시 주변 열강에 복속된다면 중국에 붙을래 아니면 일본에 붙을래?" 하고 길거리의 사람을 붙잡고 묻는다면 "100퍼센트"(100퍼센트입니다!!!)의 절대 다수가 일본을 택할 것이라는 겁니다. 정말 어처구니가 없지요?

개인적으로 케이블 TV를 보고 있자면 한국인으로서 눈이 튀어나올 만한 것들을 보곤 합니다. 케이블 TV에는 80여 개의 다양한 채널이 있는데 그 중 대략 15개 이상의 채널에서 일본방송을 24시간 풀타임으로 내보내고 있지요. 채널을 돌리자면 여기저기서 "곤니치와", "소데스카", "아리가토 고자이마시따, "오겐키데쓰까" 따위가 들려오고, 사무라이 영화, 성인방송, 각종 드라마, 스모 경기, 여자 프로레슬링 등 왜색이 짙은 프로그램도 여과 없이 쏟아지고 있어서, 내가 지금 일본에 있는가 하는 생각이 들 정도이지요……정말 더욱 가관인 것은 대만인에 의해 만들어진 TV 광고에서조차 일본 글자가 뜨고 심지어 일본어를 지껄인다 이 말입니다. 한국에서라면 난리가 날 일이지요.

그럼 거리로 나가볼까요? 오, 이런……도로 위에는 일본차들이 물결을 칩니다! 아마 70% 이상의 차들이 일제일걸요? 도요타, 미츠비시, 닛산, 혼다, 마츠다, 스즈키……헤아릴 수 없이 많은 일제차들이 나를 또 헷갈리게 하는군요……여기가 일본인지……상점의 간판은 말할 것 없고요, 학생들은 일본풍의 헤어스타일과 복장을 하고 돌아다닙니다.

또 대만인에게 직접 들은 이야기인데 대만에서는 일본어를 잘하면 대만인 사이에서 좋은 대접받는다는 겁니다. 그래서 일상 회화에서도 간단한 일본어를 주절거리는 사람을 많이 봅니다.

한번은 결혼식에 참석했었습니다. 그런데 개탄할 일을 보고 말았지요. 한쪽에 새 신랑신부 기념사진을 전시해놓고 있었는데요, 어떤 사진을 보니 신랑신부가 일본의 전통의상 기모노를 입고 있고 있는 겁니다! 아니, 전통 의복이 없어서 타국의, 그것도 일본의 옷을 입고 결혼기념사진을 찍어요?! 대답해주는 친구는 뭐 그리 그게 큰 문제가 되느냐. 그럴 수 있지 뭐……하는 태도를 보였지요.

일반인이 그렇게 줏대가 없다면 지식인들은 좀 나을까요? 학장과 저녁을 함께 먹으면서 들은 이야기인데 그는 일본이 대만을 식민지로 두었을 때 큰 기여를 했고 도움을 많이 줬다고 하더군요(이거 완전 일제의 대동아공영권의 논리와 다를 게 없지요? 아마 한국에서 교수가 이런 소리했다가는 당장 밥줄 끊기지요……). 그럼 그 기여(?)라는 게 뭐냐하면, 산업화와 근대화에 절대적인 역할을 했다는 겁니다. 그리고 십여 개의 언어로 나뉜 대만인들의 의사소통의 장애를 일본어로서 해결해주었다는 겁니다……이거 말이나 됩니까? 한번은 그런 애매한 대일관에 대해 불평을 했더니, 어느 교수는 우리는 한국인과 정서가 달라 그렇다 하고 말더군요. 정말 그의 말처럼 대만이 이 모양인 것이 단순히 우리와 정서가 달라서일까요?

3. 잘못된 국어, 역사, 사회 교육의 현장. 대만

그럼 이제부터 제가 정말 하고자 하는 말씀을 드리겠습니다.

대만에서의 중국인의 역사는 겨우 몇 세기 되지 않습니다만, 실제로 대만의 중국인들(펑푸)은 "호키안외"라는 그들의 언어가 있습니다. 본토 북경어의 4성조 체계가 아닌 8성조의 복잡한 언어로서 중국어보다 더 억세고 딱딱하게 들리지요. 그런데 모택동 공산당 군대에 대패해서 쫓겨온 장개석 국민당 독재 정권은 지난 반세기 동안 대만어를 쓰지 못하게 핍박해왔지요. 각급 학교, 관공서, 방송 등의 분야에서는 공용어로서 엄격하게 북경어만 쓰도록 제한해왔고, 특히 초등 학교에서부터 억압적인 교육을 시켰습니다. 만약 학교에서 대만말을 썼다 발각 되면 방과후 청소를 해야 했거나 벌을 받았다는 이야기는 비교적 젊은 층 사이 의 술자리에서 여전히 들을 수 있습니다(그런데 여기서 뭐 연상되는 것 없습니까? 있지요? 일제의 민족어 말살정책 말입니다……국민당 일당 독재도 중국과의 동화정책의 일환으로 바로 그걸 써먹었지요), 그렇듯 오랜 시간 동안 말살시켜온 대만말이기에 이제는 중남부 지방을 제외하곤 젊은이들이 조상의 언어를 잘 구사할 수 없게 되어버렸지요. 더더욱 안타까운 사실은, 대만의 독립을 주장하는 민진당의 첸수 이피엔 새정부가 50여 년 만에 초등학교에 대만말을 가르치기 시작했는데, 가르 칠 교사가 턱없이 부족해 초반부터 차질을 빚는다는 겁니다.

역사교육이요? 그것도 두말할 필요 없지요. 자신네 조상들이 대만에서 어떻게 살아왔고 어떤 역사적 사실들을 겪어왔는지 전혀 가르치지 않습니다. 그저 중국 의 문명발생부터 원, 명, 청 그리고 국민당 정부의 역사 따위를 배우고만 있지요. 지리교육은 가관입니다. 학생들은 대만에 몇 개 하천이 흐르는지 모르면서 중국 본토에 몇 개의 강하가 있는지 딸딸 외우고, 대만에 몇 개 현(縣)이 있는지 모르 면서 중국 본토에 몇 개 성(省)이 있는지 알고 있다 이 말입니다.

이것이 바로 그들 교육의 현주소인 겁니다. 그러니 당연히 대만인 정체성에 혼란이 오는 겁니다. 시간이 지남에 따라 정치적, 문화적, 경제적으로 중국 본토 와 점점 멀어져가는데 대만인들은 아직 자신들이 누구인지 헷갈려 하는 것이죠. 대만은 중국이 아니다,라는 의식이 강한 남부지방에서조차도 재외 중국인이 노 벨상을 탔다 해서 좋아하는 식이죠.

그러니 이렇듯 모호한 국민의식과 사회 분위기 속에서 짙은 왜색과 일본풍이 범람하는 것을 볼 수 있는 것은 당연한 결과이겠지요. 경제적으로는 여전히 일 본의 식민지이다,라는 이야기를 자주 듣습니다만 정치, 문화적으로는 자신의 주체성을 찾을 수 있었는데도 바로 그것을 해내는데 대만인들이 실패하고 있는 겁니다.

이쯤 해서 여러분들은 왜 대만에서 일본의 역사교과서 왜곡문제가 큰 이슈로 자리잡지 못하는지 얼추 이해할 수 있을 겁니다. 더 나아가 왜 우리가 역사교육을 바로해야 하며 자라나는 세대에게 민족적 현실을 바로 인식시켜야 하는지 타산지석의 예를 얻으셨을 줄 확신합니다. 잘못된 역사교육의 폐해는 바로 그 후손이 지게 됩니다. 분명 일본도 이 점을 하루속히 깨달아야 하며, 우리도 역사적 실제에 기초한 철저한 과거 반성이 필요한 것입니다.

대만 유학생

【특별대담】 "일본의 우익화가 바로 고이즈미 현상"
『조선일보』 2001. 4. 25.

문화개방 문제 단세포적 대응땐 염한론-염일론 악순환만 반복

일본언론은 고이즈미 준이치로의 자민당 총재선거 승리에 대해 '바람이 아니라 태풍이 불었다'고 표현했다. 고이즈미 총재는 파벌과 조직을 활용하는, 오랜 자민당 선거전통을 뒤엎는 데는 성공했다. 그러나 앞길에는 경제재건은 물론, 한국과의 외교현안 등 허다한 난제가 놓여 있다. 본격적인 일본 우익화의 신호탄이란 분석도 나오는 가운데, 공노명 전 외무부장관과 장달중 서울대 정치학과 교수가 '고이즈미 일본호'에 대해 전망했다. (편집자)

공노명 전 외무장관 - "이번 선거는 분명 돌풍이다. 무기력과 경제침체 속에 일본 국민은 장래를 불안해했고, 새로운 리더십을 필요로 했다. 하지만 고이즈미에겐 문제가 많다. 자신이 속한 그룹의 논리를 따르지 않는, 독불장군 스타일이다. 고이즈미가 개혁을 내세우지만 그것을 실현하는 데는 여러 난관이 있다. 먼저 내각구성에서 파벌을 뛰어넘는 인사가 가능할지 의문이다. (연립여당인) 공명당·보수당과의 관계정립도 문제다. 이것을 뛰어넘어 어느 정도의 변화를 달성할지 아직은 알 수 없다. 오는 7월의 참의원 선거를 두고 봐야 한다."

장달중 교수 - "고이즈미 돌풍이 그의 리더십 때문이라는 데는 부정적이다. 이시하라 도쿄 지사의 민중주의적인 성격과 달리, 자민당 체질에 대한 당원들 반감이 고이즈미에게 유리하게 작용했다. 기득권을 지닌 후보들에 대한 반감이다. 이시하라 지사가 대중에 영합해 인기를 끌어올렸다면, 고이즈미는 대중의 분위기에 자신이 끌려들어간 것이다. 앞으로 고이즈미는 기득권을 타파하려고 노력할 것이다. 다만 그는 정치기반이 취약하고 의회의 지지를 얻기에도 힘이 부족하다. 권력에 도전하는 사람으로서의 이미지와 권력을 가진 사람으로서의 이미지는 보통 바뀌는 법이다. 이번 선거 결과는 일시적인 '고이즈미 현상'이라고 생각한다. 그는 커다란 틀을 제시했다기보다 개별적인 이슈 중심으로 어필해 총재가 됐다. 실업자 대책 역시 앞으로 관료사회와의 조정을 거치면서 어떻게 바뀔지 모른다. 신선감과 불안감이 교차한다."

공노명 - "'총리로서 야스쿠니 신사에 갈 것'이라고 말한 것만 봐도 고이즈미는 전후세대이며 젊은이들의 생각을 반영하고 있다. 그는 '신보수'를 상징한다. 한국에 대한 고이즈미의 발언은 별로 없다. 추측이지만 '백지상태'라고 할 수 있다. 그는 한반도 정치에 대해서는 스스로 몸을 빼왔다. 우리 정부로서는 부시 대통령도 벅찬데 고이즈미란 부담까지 안게 됐다. 중요한 것은 이제 한·일 관계의 패러다임을 바꿔야 한다는 것이다. 역사교과서문제 접근도 보다 차분하고 논리적으로, 역사학자들과 사회학자들을 통해 아카데믹하게 해결해야 한다. 감정에 사로잡혀서는 안 된다. 너무 다그치면 반발만 생긴다."

장달중 - "그 의견은 국민 감정과 거리가 있다. 일본 정치·사회 전체의 우익화가 바로 '고이즈미 현상'이다. 정부 차원에서는 외교 득실을, 시민단체나 NGO들은 상호이해의 토대 위에서 일본에 압력을 가해야 한다. 일본은 외압 없이는 움직이지 않는 사회다."

공노명 - "일본은 나원화된 사회다. 일본에 대한 우리의 목소리도 다양해야 한다. 우리 사회는 너무 단세포적인 반응뿐이다. 역사교과서문제도 새롭게 접근하면서 일본 젊은 층을 포용해야 국익에 도움이 된다. 냉정하게 국민적인 예지를 발휘해야 한다."

장달중 - "일본은 다원적인 채널을 통해 접근하기 힘든 나라다. 시민사회가 있는지조차 의심스럽다. 일본의 시민단체들은 지극히 이슈 중심이며 우리처럼 막강하지 않다. 일본의 교과서 검정제도를 없애라는 우리 측 요구는 사실 지나치다. 검정제도가 과거에는 극좌파를 누르기 위한 것이었으나, 지금은 일본 정부가 개입하지 않으면 극우파가 설치는 상황이다."

공노명 - "우리 국회의원들이 일본에 항의하러 간 것은 좋았지만 한·일 의원총회까지 연기한다는 것은 좋은 대처가 아니었다. 항의의 방법이 될 수는 있으나, 문제가 있을수록 만나서 해결해야 한다. 교과서문제는 일본에 천황제가 있는 한 피할 수 없다. 일본의 근본이 바로 '황국사관'이다. 우리는 보다 장기적으로 대응해야 한다. 내과의사가 장기적인 투약을 통해 병을 고치듯이 길게 보고 대처해야 한다. 대일·대미 외교 모두 '인맥'이 단절돼 있다는 게 큰 문제다. 일본은 세대를 이어서 정치가가 나온다."

장달중 - "고이즈미 정권과 한·일관계의 초점은 한반도 냉전해체에 대한 일본의 협력을 어떻게 얻을 것이냐 하는 점이다. 일본측 이해를 끌어내기 위해서는 여러 가지 조치를 취해야 한다. 이제 무대 뒤의 교섭이 어려워졌기 때문에 경제위기에 대해서는 새로운 방식으로 대비해야 한다. 문화개방 쪽은 너무 단세포적으로 행동하면 염한론·염일론의 악순환만 계속될 뿐이다. 양국 모두 한·일 선린관계를 바탕으로 세계로 뻗어나가야 한다. 그러기 위해서는 정부·시민단체 등 2개 채널이 공조해야 하며, 극단적인 민족주의적 감정은 도움이 못 된다."

공노명 - "고이즈미 등장이 일종의 풍향계가 되지 않을까 생각한다. 여러 가지 제도개혁의 시발점이나 기폭제가 될 수 있을지 흥미롭다. 차제에 정치·사회·경제 다방면의 이해관계를 종합적으로 계산해 우호협력과 미래지향적인 관계개선을 생각해야 한다. 그런 기회를 제공하는 것이 이번 '고이즈미 현상'이다."

【시론】 '고이즈미 내각' 대책 세울 때

『동아일보』 2001. 4. 26

일본 자유민주당의 제20대 총재로 선출된 고이즈미 준이치로 총리가 이끄는 새로운 내각이 출범했다.

고이즈미 총리 정권은 '자민당의 변화'를 바라는 당원과 '일본의 변화'를 요구하는 일본 국민의 기대 속에 등장한 정권이다.

폐쇄적 국수주의 경향 보여

선출되면 총리로 이어지는 자민당 총재 선거에서 '탈파벌'(脫派閥)을 내세운 고이즈미 후보가 최대 파벌을 이끌고 있는 하시모토 류타로(橋本龍太郎) 전 총리를 누르고 승리하리라고 생각했던 사람은 많지 않았다. 그래서 그의 선출을 일본 언론들은 '고이즈미 혁명' 또는 자민당의 '지각 변동'이라고 평가하고 있다.

물론 고이즈미 총리 체제의 탄생은 모리 요시로(森喜朗) 정권의 무능, 정치에 대한 국민의 총체적 불신과 장기적 경제 침체에 고이즈미 총리의 개인적 인기와 그의 이단성(異端性) 등이 복합된 결과라고 할 수 있다. 그러나 고이즈미 총리 정권의 등장은 '파벌 역학'이라는 자민당 특유의 정치 행태의 결과가 아니라, 개혁과 변화를 요구하는 당원과 국민의 폭넓은 지지에 의해서 이루어졌다는 점에서 꺼져 가던 정치 개혁의 불씨를 다시 지펴주는 계기가 될 것으로 보인다. 그는 '탈파벌'이라는 자신의 선거 공약대로 자민당 당직 개편에서 최대 파벌인 하시모토파를 완전히 배제하고, 군소 파벌 출신들을 중용하는 '파격'을 선보이고 있다.

고이즈미 총리 체제의 등장은 일본의 국가 진로의 향방에도 하나의 분기점을 이룰 것으로 전망된다. 전후 세대인 고이즈미 총리는 제국주의를 체험하지 않았을 뿐만 아니라 냉전적 국제 질서 속에서 경제발전에만 집착했던 과거의 지도자들과는 다른 여건과 상황에 놓여 있다. 전후 민주주의 이념과 제도 속에서 성장하고 교육받은 그는 일본이 갖고 있는 잠재력과 능력을 바탕으로 국내 정치 및 경제 개혁을 이루면서 보편적 가치를 추구하고 평화를 위한 국제적 공헌을 수행하는 방향으로 나라를 이끌 수 있는 시점에 등장했다.

그러나 동시에 우려 섞인 전망도 가능하다. 고이즈미 총리는 제국주의 시대에 일본이 저지른 일을 잘 알지 못하고, 패전의 아픔보다는 성장과 발전만을 기억하는 세대에 속한다. 이 때문에 민족적 우월감과 자신감, 그리고 폐쇄적 내셔널리즘을 바탕으로 다시 아시아에서 패권적 지위를 지향하는 방향으로 국가의 침로(針路)를 틀어갈 가능성을 배제할 수 없다. 총재 취임 후 가진 첫 기자회견에서 밝힌 자위대의 국군화를 위한 헌법의 조기 개정, 총리 자격으로 야스쿠니신사 공식 참배, 역사교과서 수정에 대한 부정적 입장 등은 이런 우려를 뒷받침해주고 있다. 그리고 이런 요소들은 아시아 주변 국가들에 새로운 긴장과 불안을 야기하고 있다.

오늘날 일본은 지도력의 위기를 맞이하고 있다. 지난 10년 사이에 10명의 총리가 교체되는 단명 정권의 연속이었다. 나카소네 야스히로(中曾根康弘) 전 총리의 표현에 의하면 그 과정에서 일본의 정치, 경제, 사회의 '세 가지 버블이 붕괴됐으며' 유력지 아사히신문은 4월 7일자에 '일본은 전후 최대의 국가적 위기를 맞고 있다'고 걱정했다.

일본, 아시아 평화 깨지 말아야

여기에 더하여 역사교과서 왜곡 문제에서 볼 수 있듯이 일본 사회는 이념적으로 복고적인 국가주의 전통으로 회귀하고 있다. 고이즈미 총리 체제가 여기에 편승한다면 주변 아시아 국가들과의 마찰은 불가피하고, 이는 일본은 물론 아시아 전체를 위해서도 바람직하지 못하다.

고이즈미 총리 정권의 등장을 계기로 일본은 지도력의 위기와 파벌 정치의 한계를 극복하고 경제 재도약으로 '일신'(一新)해 '잃어버린 10년'을 보상받으면서, 동시에 아시아 공동체의 일원으로서 공동의 번영과 평화에 공헌하고 '믿을 수 있는 이웃'이라는 일본상을 구축하는 계기를 마련하기를 희망한다. 지난날 '특수한' 역사적 과거를 가지고 있을 뿐만 아니라, 왜곡 역사교과서 시정 문제와 재일동포의 참정권, 월드컵 공동 개최 등 해결해야 할 현안을 많이 안고 있는 우리는 일본의 변화를 주시하고, 대일 자세를 총체적으로 다시 한번 검토해야 할 것이다.

한상일(국민대 · 국제정치학)

【이어령 기고】 일본의 역사는 왜 뒤로 가고 있는가
『중앙일보』 2001. 4. 27

19세기에서 20세기로 넘어오는 산업화 사회에서 일본은 아시아의 모범생이었다. 그러나 20세기에서 21세기로 진입하는 지식정보 사회에서는 열등생이라는 평을 면치 못하고 있다.

1980년대만 해도 국제 경쟁력 1, 2위를 다투던 일본이 20세기가 끝날 무렵에는 두 자리권 밖으로 밀려나고 만다. 그래서 일본인들 자신이 그것을 '잃어버린 10년'이라 부르기도 하고 '제2의 패전'이라 말하기도 한다.

"장기불황, 유아학대 및 히키고모리(자폐증) 의료사고의 급증과 모럴 해저드……. 한때 자신만만하던 일본은 지금 비명을 지르고 있다"고 자탄한 일본의 한 주간지는 "책임 있는 자리에 앉아 있던 사람들을 모두 재판에 회부하고 그중 톱 랭커들을 A급 전범으로 교수형에 처해야 한다"는 기사를 서슴없이 내걸기도 한다.

그러나 일본의 진정한 위기는 역사적으로 늘 그래왔던 것처럼 위기에 대처하는 일본의 집단주의적 사고와 소수 세력이라 해도 대중 전체를 외곬으로 몰아가는 일본 특유의 그 공기(분위기)에 있다.

『왜 일본은 몰락하고 있는가』를 쓴 모리시마 미치오 교수도 일본의 몰락이 진행되면 여러 형태의 우경화 그룹들이 생겨나게 될 것이라고 우려하면서 그 징조의 하나로 '새 역사 교과서를 만드는 모임'을 들고 있다. 과연 그 모임이 만든 인터넷 홈페이지에 들어가보면 일본의 혼돈과 몰락이 청소년들에게 '자학의 역사'와 '사죄의 역사'를 가르쳐온 교육의 잘못으로 돌리고 있다는 것을 읽을 수 있다.

그리고 이제는 자기 나라의 역사에 긍지심을 가질 수 있는 새 역사교과서를 만들어 널리 채택해야 한다는 운동을 벌이고 있다.

긍지심을 주는 역사를 쓰자는 것에 반대할 사람은 없다. 문제는 어떤 내용의 역사교과서가 정말 청소년에게 긍지심을 심어줄 수 있느냐 하는 것이다. 일본말로는 '긍지'도 '먼지'도 다같이 '호코리'라고 한다. 아무리 말이 같기는 해도 과거의 호코리(먼지)가 호코리(긍지)로 될 수는 없다.

독일의 청소년들이 배우는 역사교과서는 검인정도 아니다. 프랑스나 유대인들이 뭐라고 해서도 아니다. 주마다 다른 역사교과서를 사용하면서도 한결같이 강조되는 것은 히틀러와 나치가 남긴 먼지를 깨끗이 털어내고자 하는 그 의지와 각오다.

그리고 "유대인과 다른 민족에 대한 나치의 범죄는 얼마나 컸는가" "당시에 일어난 일이 오늘날에도 일어날 수 있다고 생각하는가" "우리에게도 당시의 역사에 대한 책임과 죄가 있는가" "우리는 나치의 범죄에 책임을 져야 하는가"라는 토론 제목들이 생생하게 제시돼 있다.

과거의 부끄러움을 덮어버리는 게 아니라 철저하게 씻어냄으로써 제3제국의 나치와 오늘의 독일을 차별화하려고 한다. 그렇게 해서 자라나는 청소년들에게 새로운 역사관과 새로운 나라에 대한 믿음과 긍지심을 부여한다.

그러기 때문에 그것을 자학의 역사라고 비판하는 소리도 없고 '새 역사교과서를 만드는 모임' 같은 것도 없다. 나치에 피해를 본 나라에서도 교과서 왜곡을 문제삼는 볼멘 소리도 들려오지 않는다. 그 대신 유럽연합국을 만들어 총부리를 겨누던 원수의 젊은이들이 서로 어깨동무를 하고 21세기의 새 역사를 만들어가고 있는 모습을 바라볼 수 있다.

그러나 긍지심을 주겠다고 새로 만든 일본의 역사교과서에는 비록 검인정 과정에서 삭제됐다고는 하나 한반도의 형상이 흉기로 기술된다. 그것은 한반도를 대륙의 공략을 막기 위한 생명선으로 보았던 야마가타 아리토모(山有朋)의 옛날의 인식을 그대로 복사해온 것이다.

이러한 논리는 도둑을 막기 위해 이웃집을 빼앗아 담을 치자는 논리와 같은 것이다. 일본 학자 가운데는 한반도의 지정학적 현상을 일본을 향해 뻗은 위협의 팔뚝으로 보지 않고 자애로운 어머니의 가슴에 달려 있는 유방으로 본 사람도 있다.

이끼와 같은 섬이 그 젖꼭지에서 흘러나온 젖방울이고 일본은 그것을 받아먹는 입으로 비유된다. 즉 한반도의 젖줄을 통해 끝없이 대륙의 문화를 섭취해온 일본의 문화지정학적 관점을 나타낸 비유다. 이 두 비유 가운데 어느 쪽으로 청소년들을 가르치는 것이 긍지심을 주게 될 것인가.

일본과 독일은 제2차 세계대전 때 같은 이념을 지닌 동맹국이었는데도 그 역사처리 방식은 이렇게 다르다. 그들은 똑같이 졌다.

그런데 독일은 그 패망의 역사에서 많은 것을 배우고 가르치려 했지만 영국 방송기자의 보도처럼 "일본은 지난 전쟁에서 배운 것이 없다". 그 말을 뒷받침이라도 하듯 지난 21일 '새 역사 교과서를 만드는 모임'의 강연장에서 한 연사는 "일본의 유일한 잘못은 전쟁에서 졌다는 것"이라고 말했다.

이러한 시각에서 기술된 교과서의 직접적인 피해자는 한국인도 중국인도 아니라 바로 그러한 역사관을 배우게 될 일본인 당사자들이다. 그 중에서도 안된 것은 싫든 좋든 보더리스 시대에 이웃사람과 어울려 살지 않으면 안 될 앞길이 구만리 같은 일본의 어린이들이다.

그 아이들이 모르는 것은 군부의 위안부나 식민지배의 과오만이 아닐 것이다. 옛날 일본 육군이 제시한 병사의 값이 2전5리로서 당시의 엽서 한 장 값밖에 되지 않았다는 사실, 그리고 소총이나 군마를 구입하는 데는 사람값의 2만 배에 상당하는 5백 원 가량의 값을 지불해야 했다는 사실, 그 때문에 일본 군부에서는 인명보다 군수품이나 군마를 더 소중히 여겨왔다는 사실 - 지난날 제국시대의 실상을 모른 채 그길로 다시 돌아갈 수도 있다.

그리고 바로 그 인명경시의 사상이 일본 안에서는 '가미카제' 특공대를 만들어내고 이웃나라에 들어가서는 제암리나 난징(南京)에서와 같은 잔인한 학살 사건으로 이어지고, 결국은 패전으로 나라를 망치게 되었음을 알지 못할 것이다.

같은 전쟁포로인데도 영국군에 잡힌 일본 포로보다 일본군에 수용된 영국군 포로들이 훨씬 심한 학대를 받았는지, 그리고 같은 식민지인데도 영국의 그곳에서는 왜 반영주의자들이 적은 데 비해 일본의 식민지 통치에 대해선 그토록 심한 저항이 아직까지 남아 있는지를 반성해볼 기회를 잃게 될 것이다.

그러고 보면 오늘날 일본의 혼돈과 쇠퇴 현상은 '자학의 역사관'이 아니라 오히려 황국사관이나 군국주의의 선잠에서 깨어나지 못한 가위눌림에서 오는 것일 수도 있다.

그 중의 하나가 바로 일본 위기를 불러온 금융공황을 들 수 있다. 쇼와(昭和) 2년 와타나베 은행을 필두로 연쇄 파산하는 금융파동으로 만주 화베이(華北)에 출병중이었던 군부는 후방을 안정시키기 위해 1천3백80개의 은행을 61개로 통폐합시킨다.

이것이 일본의 불행을 불러온 관치은행의 시작이며 그 결과 히틀러의 제국 은행을 본뜬 은행법이 만들어지고 모든 은행이 정부의 통제 밑에 들어가게 된다. 일본 비평가의 말을 그대로 빌리자면 "정부에 의한 보호와 규제 시스템 속에서 리스크를 판단하는 금융인의 눈이 가려지고 관료가 주도하는 국가 특유의 비효율 속에서 자본시장은 제대로 자라지 못하게 된다. 전후 50년이 지난 오늘날에도 이러한 전시 통제의 사상이 그대로 존속돼왔기 때문에 오늘과 같은 금융위기에 처하게 됐다."

그러고보면 아이로니컬하게도 지금이야말로 이시하라 지사의 말 그대로 '노(No)라고 말할 줄 아는 일본인'이 나타나야 한다.

미국이나 그 주변 국가에 대해 노라고 말할 줄 아는 일본인이 아니라 일본인 스스로에 대해 노라고 말할 줄 아는 일본인 - 과거의 그릇된 역사에 대해 노라고 말할 줄 아는 일본인 - 남들이 모두 돌아가도 혼자 남아 노라고 외칠 줄 아는 일본인 - 이렇게 용기있고 개성있는 일본인이 많아질수록 일본의 21세기는 밝고 아시아와 그 세계는 평화로워질 것이다.

가쓰 가이슈(勝海舟)나 이시바시 단잔(石橋湛山)과 같이 이웃나라를 침략하려

할 때 노라고 말한 일본 지도자들이 없었던 것은 아니다. 다만 노라고 말할 수 있는 사회의 분위기가 그 소리를 막았다.

심지어 일본 천황까지도 일본 특유의 분위기 속에 짓눌려 개전(開戰)을 결정할 수밖에 없었다고 고백하고 있다. (쇼와 천황 독백록) 자신이 노(비토)라고 했더라면 국내에서는 내란이 벌어지게 되고 내가 신뢰하는 주위 사람들은 죽임을 당하고 내 생명도 부지하지 못했을 것이라고 술회하면서 내가 뭐라고 하든 결국은 광포한 전쟁이 전개되고 말았을 것이라고 한탄했다.

당시의 분위기를 알고 있는 사람들이라면 그 독백록이 전쟁 책임을 면하기 위한 옹색한 변명이 아니라는 심증이 갈 것이다.

벚꽃을 보면 안다. 원래 벚꽃이 일본사람들의 마음에 자리잡기 시작한 것은 헤이안(平安)시대 중엽부터로 순수한 그 아름다움을 즐기기 위한 것이었다.

그것이 야마토 다마시(大和魂)나 무사도의 상징으로 변하게 된 것은 군국주의 이념이 본격화한 쇼와 10년께(1930년대)부터의 일이라고 한다. '꽃은 벚꽃, 사람은 무사(武士)'라는 말처럼 벚꽃이 군국주의에 의해 왜곡되고 악용돼 전쟁과 죽음을 미화하는 분위기 장치로 변하게 된 것을 일본인 학자 사이토는 벚꽃의 역사에서 자세히 논하고 있다.

이 글을 쓰는 나 자신이 동요 대신 "일본 남아로 태어났다면 산병전(散兵戰)의 벚꽃처럼 지거라"라는 군가를 부르며 자라났다. 그 아름다운 벚꽃의 이미지가 함께 폈다 함께 지는 집단주의 이데올로기의 광란으로 물들여져갔던 것을 몸소 체험한 바 있다.

물론 지금 당장 일본이 군국화한다는 말이 아니다. 그러나 새로 총리가 되자마자 그 제일성(聲)이 개헌 논의가 되는 일본의 오늘에는 분명 21세기의 새로운 비전보다 부국강병의 구 패러다임에 매달리려는 그 공기를 읽을 수 있다.

내 자신이 시바 료타로(司馬遼太郎)와 대담을 했던 20년 전만 해도 "리얼리티가 없는 교과서를 쓰는 나라는 패망하고 말 것"이라는 말을 들을 수 있었다. 그때 우리는 한국이나 일본의 울타리를 뛰어넘어 아시아의 어느 초원에 앉아 이야기하듯 자유롭게 의견을 나눴다.

그리고 그 대담이 일본 법정에서 판결문에 인용돼 역사왜곡의 논의에 쐐기를 박는 역할을 하게 된 적도 있다. 그러나 시바 료타로는 세상을 떠나고 없다. 일본을 지배하는 사회와 문화의 분위기도 많이 변했다.

지금 우리가 교과서의 문제를 비판하고 군 부활의 개헌론에 대해 근심하고 있는 것은 과거가 아니라 미래를 말하기 위해서이며 내셔널리즘이 아니라 글로벌리즘을 마련하기 위해서다.

21세기에 살아갈 한국과 일본의 어린 아이들에게 우리가 지금 무엇을 남겨주어야 하는가 하는 20세기 유산의 결산 문제인 것이다.

역사의 청산이란 어렵고도 오래 걸리는 것이다. 임진왜란이 끝난 뒤 조선조 통신사가 열두 차례나 일본을 왕래하며 두터운 친교를 맺어온 지 3백 년이나 지난 뒤 한일합방의 조인을 끝내고난 밤 데라우치 마사타케(寺內正毅) 통감은 다음과 같은 와카(和歌) 한 수를 지었다.

"고바야가와(小早川) 고니시(小西) 가토(加藤)가 이 세상에 있다면 오늘밤 저 달을 어떤 마음으로 바라볼꼬."

이어령 중앙일보 고문

【시론】 국사교육 편제 바꿔야
『중앙일보』 2001. 5. 2

일본 교과서의 역사왜곡을 계기로, 제7차 교육과정에서 중고등학교 국사교육이 축소되는 데 대해 비판적 여론이 높아지고 있으나 교육인적자원부는 예정대로. 내년부터 개정된 교육과정을 시행할 것임을 확인하고 있다.

교육부 담당자는 그 대신 고등학생들로 하여금 가급적 한국 근현대사 과목을 많이 선택하도록 권장하겠다고 말했다고 한다.

근현대사 수업약화 확실
그러나 교육부의 이러한 방침은 많은 사람이 우려하는 대로 학교 국사교육의 약화를 가져올 것이 확실하며, 논리적으로도 많은 문제점을 가지고 있다.

학교가 학생들에게 한국 근현대사 선택을 권장한다고 하더라도 학생들이 선뜻 이를 선택할지는 의문이다.

대학입학에 모든 공부의 초점을 맞추고 있는 우리의 현실에서 다른 사회과 과목에 비해 학습 부담이 많은 한국 근현대사를 많은 학생들이 선택하리라고 기대하기 어렵다. 그것은 현재도 특정 교과목에 학생들이 몰리고 있는 상황을 보면 쉽게 짐작할 수 있다.

학생의 선택 폭을 넓힌다는 제7차 교육과정의 기본방침을 유지하기 위해 교육과정을 수정 고시할 수 없다면서, 학생들로 하여금 한국 근현대사를 듣도록 권장하겠다는 것도 앞뒤가 들어맞지 않는다.

더구나 현실적으로 중고등학교에서 선택과목은 학생의 희망보다는 교사의 수급이나 수업시수 조정과 같은 다른 요인에 의해 결정될 가능성이 크다.

가장 우려되는 것은 많은 학생들이 중고등학교 동안 우리 사회와 삶의 형성이나 변화와 직접적으로 관련된 역사를 거의 배우지 못할 수도 있다는 점이다.

제7차 교육과정에서 중학교 국사는 정치사 위주의 통사로 구성돼 있다. 근현대사의 경우 다른 분야의 역사는 제대로 다루고 있지 않다. 고등학교 1학년의 국사는 거의 대부분 전근대사로 구성돼 있으며, 근현대사는 정치사만 형식적으로 포함돼 있다.

결국 한국 근현대사를 선택하지 않는 학생들은 근현대의 경제·사회·문화에 대해 전혀 배우지 않고도 중·고등학교를 졸업하게 된다. 당연히 근래 강조되고 있는 인간의 생생한 삶의 모습을 담은 사회사나 생활사에 대한 교육은 아예 엄두도 내지 못할 실정이다.

교육부는 제7차 교육과정의 틀을 조금도 손대지 않는 범위에서만 국사교육의 문제를 다루겠다는 원칙을 세우고 있는 듯하다.

그러나 교육부 스스로도 곳곳에서 말하고 있듯이 교육과정은 학교 교육을 위한 하나의 기본적인 지침일 뿐이지 모든 교육문제를 결정하는 신성불가침의 규정은 아니며, 변경할 수 없는 불변의 진리는 더욱 아니다. 제7차 교육과정은 교과별 이기주의를 배제한다는 명목으로 교과 편제와 수업시수 결정에 각 교과의 담당자를 전적으로 배제함으로써, 합의가 이뤄지지 않은 채 만들어졌다.

더구나 신자유주의적 논리나 내용상의 많은 문제점으로 인해 교사나 학부모 단체를 비롯한 여러 사회단체들로부터 집중적인 비판의 대상이 되고 있다. 이들 단체는 제7차 교육과정의 시행을 유보 또는 중지하거나 개정할 것을 요구하고 있다.

실용성과 기능성만을 강조하는 제7차 교육과정의 논리를 그대로 따른다면 역사를 배우는 목적도 현재 사회에서 살아가면서 부닥치는 구체적인 문제를 해결하는 데 필요한 능력이나 기능(skill)을 기르는 데 둬야 한다.

역사적 사실은 이를 위한 하나의 소재로만 다루면 되고 역사의 흐름이나 변화에 대한 올바른 인식, 역사를 보는 관점 등은 별다른 관심의 대상이 되지 않는 것이다. 역사는 현재의 사회현상과 통합적으로 다루면 된다는 사회과 통합의 논리도 이에 근거를 두고 있다.

그러나 역사교육의 보다 근본적인 목적은 우리의 삶이 사회와 역사의 변화에 커다란 영향을 받고 있으며 거꾸로 자신의 말이나 행동이 이러한 변화에 중요한 영향을 미친다고 생각하는 주체의식을 기르는 데 있다.

그리고 이러한 의식은 역사적 변화의 과정을 비판적으로 검토하고, 그 과정에 인간이 어떠한 영향을 미쳤는지를 앎으로써 형성된다. 특히 현재 우리가 살아가는 사회나 삶의 형성과 직접적으로 관련이 있는 근현대사 교육은 이러한 의식을 기르는 데 결정적 역할을 한다.

제7차 교육과정의 국사교육 편제를 재수정해 근현대사 교육을 강화해야 하는 진정한 이유도 여기에 있다

金漢宗(한국교원대 교수·역사교육)

【여론마당】 日외상 왜곡 시정책 즉각 제시를

『동아일보』 2001. 5. 3

최근 한일관계에 대한 한국 국민의 기대와 요구는 역사교과서 왜곡문제를 넘어서 민족과 국가의 자존심과 명분을 찾는 문제로 나아가고 있다. 그러나 지난해 국회 국정감사 당시 여야의원들이 주일 한국대사관의 역사교과서 문제 대응 실태를 질타했던 사실을 돌이켜볼 때 우리 정부는 일본의 역사교과서 왜곡에 대해 적절히 대처해오지 못했던 것 같다. 정부는 국익을 고려한 차분하고 신중한 대응을 내세우고 있으나 국민의 불안과 분노는 해소되지 않고 있다.

고이즈미 준이치로 일본 총리가 김대중 대통령과의 전화통화에서 교과서 왜곡문제에 대해 진지한 자세를 보인 것은 21세기 새로운 한일 파트너십이 손상돼서는 안 된다는 총리로서의 판단 때문일 수도 있다. 그러나 과거 일본의 국왕이나 총리가 통절한 반성과 마음으로부터의 사죄를 발표한 직후 자신들의 죄과를

호도하고 독도영유권을 주장하는 우파 정치인들의 망언이 뒤따른 것을 보면 외교적 수사에 그칠 가능성이 더 높다.

다나카 마키코(田中眞紀子) 일본 외상은 기자회견에서 역사를 왜곡하려는 사람들을 비판했다. 그는 자신이 만난 한국 외교관의 대인다운 모습을 치켜세우기도 하고, 도쿄 전철에서 취객을 구하려다 숨진 이수현씨 가족과의 일화 등을 소개하며 자신의 입장을 설명하기도 했다. 그러나 다나카 외상은 당초 이 문제를 시급히 시정하겠다고 말하지는 않고 시간이 필요하다고 주문했다. 이것은 세대의 문제이고, 일본뿐 아니라 한국과 중국도 마찬가지라고도 말했다.

이어 다나카 외상은 최근 한일 우호관계가 악화되지 않도록 조기 해결하겠다는 뜻을 밝혔다. 그러나 과거 경험으로 볼 때 아직도 그의 발언에 믿기지 않는 면이 있다. 다나카 외상은 역사교과서 문제 때문에 한일교류사업이 잇따라 취소되고 있다는 지적에 대해 그런 일이 일어나지 않도록 시간을 끌지 않고 연착륙시키기 위해 노력하겠다고 말했다. 그의 발언들은 한국 국민의 격앙된 감정을 누그러뜨리는 게 급하다는 판단에서 연유된 것인지도 모른다. 그러나 시급히 구체적인 방안을 제시하지 않는 한 외교적 수사를 크게 벗어나지 않는다고 볼 수밖에 없다.

일본 자민당은 당 3역을 모두 정통보수를 지향하는 우익성향 인사로 채워 역대 어느 정권보다 복고적 국수주의로 치달을 것으로 보인다. 향후 일본 내각이 대내외 정책을 국민적 인기만을 염두에 두고 펴나갈 때 걷잡을 수 없는 사태가 일어날 수 있으며, 한국의 대일외교도 시련에 봉착하게 될 것이다.

일본이 진정으로 필요로 하는 지도자는 올바른 역사인식과 국제적 균형감각을 갖춘 지도자이다. 다나카 외상이 진실로 인접 국가 국민의 마음의 상처를 치유해주고자 한다면 구체적인 방안을 즉시 제시해야 한다. 외교적 수사가 아니라, 역사적 과오와 범죄행위에 대해 진심으로 반성하고 시정할 때 비로소 진실된 선린우호 관계가 형성될 수 있기 때문이다.

유병용(한국정신문화연구원 교수·한국정치)

【기자의 눈】 신중도 좋지만……

『동아일보』 2001. 5. 3

　일본을 방문한 김한길 문화관광부장관이 2일 일본의 도야마 아쓰코 문부과학상을 만나 일본 역사교과서 왜곡문제를 논의했으나 서로 평행선을 달리고 말았다.

　김 장관은 왜곡 시정을 촉구했지만 도야마 문부상은 교과서를 재수정할 수 없다는 입장을 분명히했기 때문이다.

　도야마 문부상은 "한국의 심각한 분위기는 잘 알고 있다"면서도 "일본의 교과서 검정제도상 객관적이고 확실한 사실의 오류가 아닌 이상 재수정은 어렵다"고 잘라 말했다. 왜곡 시정을 촉구하려다 재수정할 수 없다는 일본 정부의 입장을 통보 받는 꼴이 된 셈이다.

　문제는 도야마 문부상의 이런 반응이 충분히 예견된 것임에도 불구하고 김 장관이 적절히 대응하지 못했다는 점이다.

　일본 정부는 역사교과서 문제에 대해 버티기로 일관하고 있다. 따라서 김 장관은 단호한 방침을 갖고 도야마 문부상을 만났어야 마땅하다.

　우리가 일본을 상대로 쓸 수 있는 가장 효율적인 '협상 무기'는 일본 대중문화 추가 개방 문제다. 김 장관은 문화 주무장관으로서 대중문화 개방과 관련한 '칼자루'를 쥐고 있다. 그러나 김 장관은 도야마 문부상과의 면담에서 역사교과서 문제와 일본 대중문화 개방 연계 여부에 대해 분명한 태도를 보이지 않았다.

　"일본 대중문화 완전개방 등을 통한 한일 간 문화교류 활성화와 2002년 월드컵 축구대회의 성공적인 공동개최는 한일 우호증진에 획기적 계기가 될 것으로 확신한다. 하지만 이를 위해서는 우선 일본정부가 역사교과서 문제를 풀어내야 할 것으로 생각한다." 김 장관이 도야마 문부상을 만난 자리에서 전한 말이다.

　김 장관은 도야마 문부상 면담 후 일본 언론과의 회견에서 교과서 왜곡이 시정되지 않으면 일본 대중문화를 추가 개방하지 않을 것임을 시사했을 뿐이다.

　외교관계에서 신중한 접근도 중요하지만 단호해야 할 때는 단호해야 한다.

김차수 기자

김한길 장관 일문일답

『동아일보』 2001. 5. 4

김한길 문화관광부 장관은 4일 기자간담회에서 최근 일본 방문시 면담한 도야마 아쓰코 문부상과의 대화 내용을 소개하고 "일본 역사교과서의 재수정 여지는 충분히 있다고 판단된다"고 말했다.

기자들과의 일문일답 요지는 다음과 같다.

'검정 통과 교과서의 역사인식, 역사관이 일본 정부의 기본입장과 일치하는 것은 아니다'라는 도야마 문부상의 발언에 대한 견해는.

일본 정부의 공식 입장과 다른 역사교과서가 학교에서 교재로 쓰이는 것은 있을 수 없는 일이다. 학생에게 교과서에 실린 말은 진리와 같다.

도야마 문부상의 반응이 의례적인 것인가, 아니면 재수정할 여지를 보였나.

이번에 문제가 된 왜곡 부분은 일본 교과서 검정제도상 재수정 요건인 '객관적 사정의 변경에 따른 명백히 사실과 다른 기재'에 해당한다고 생각한다. 정부는 내주 월요일쯤 잘못 기술된 30여 곳에 대한 재수정 요구를 할 방침이다.

1995년 무라야마 총리가 '식민지배의 침략전쟁'이라고 표현한 부분을 '진출'이라고 하는 것은 명백한 오류이다. 사실을 잘못 기술한 것인가의 여부에 따라 재수정 여지는 충분히 있다고 판단된다.

일본 언론과의 인터뷰에서 한일 학자들이 공동 참여해 역사교과서를 만드는 문제를 언급했는데 구체적인 계획이 있는가.

유럽에서는 2차대전 후 독일-프랑스, 독일-영국 학자들이 주축이 된 역사해석 모임이 있었다. 그런 모임을 한일 간에 만드는 문제를 기자가 질문해 "긍정적으로 생각한다"고 답변했다. 양국의 경우 역사에 대한 공동인식이 선행돼야 할 것이다.

일본 정부의 역사교과서 재수정이 없을 경우 대일 문화개방과 어떻게 연계시키겠나.

일본 대중문화 개방 문제는 역사교과서 왜곡 문제와 분리해 생각하기 어렵다는 것이 주무 장관인 저의 판단이다.

재수정이 안 된다면 추가 개방이 없나.
이 정도로만 말씀드리겠다.

교과서 수정 요구가 수용되지 않을 경우의 대책은.
정부 차원에서 여러 가지 검토가 있는 것으로 알고 있다.

【日왜곡교과서 재수정 요구】 이성무 국사편찬위원장 인터뷰
『동아일보』 2001. 5. 8

일본 역사교과서 재수정 요구안 작성을 지휘한 국사편찬위원회 이성무(李成茂) 위원장은 7일 "재수정 요구안이 허술할 경우 일본에 반격의 빌미를 줄 것을 우려해 가능한 한 완벽한 요구안을 만들기 위해 노력했다"고 말했다.

어떻게 작업을 해왔나?

"지난달 21일 교육부 산하 한국교육개발원의 학자 9명으로 구성된 전문가팀으로부터 분석자료를 넘겨받아 '국가적으로 공인된 한국사'의 틀에서 정밀하게 검토 보완하는 작업을 했다. 강영철(姜英哲) 편사부장을 중심으로 직원 20여 명으로 교과서 분석팀이 구성돼 2주일 간 밤샘작업을 했다."

그는 우리 정부의 방침은 교육부와 외교부가 달랐다고 털어놓았다. 교육부는 학문적 차원에서 분석자료를 보내왔고 외교부는 외교관계를 고려해 굳이 건드릴 필요가 없는 문제에 대해서는 신중한 태도를 요구해왔다는 것이다. 이처럼 다른 방침을 같이 고려해 최종 수정안을 마련했다고 전했다.

구체적으로 어떤 부분들이 재수정 요구 대상이 됐는가?

"일본 역사 교과서는 전근대사회에서 조공이 의례적인 외교 행태에 불과했는데도 조공 체제 아래의 속국과 근대 식민지와의 차이에 대한 설명 없이 조선을 중국의 복속국으로 표현했다. 또 한반도가 대륙에서 돌출해 일본을 위협하고 있다며 조선조 말 일본 방위를 명목으로 한국에 '출병'했다고 서술하고 있는데 이는 일제의 침략 지배를 합리화한 것이다. 왜구(倭寇)가 일본 내의 기근 등으로 인해 발생했는데도 이에 대한 설명을 누락한 채 왜구에는 일본인 외에 조선인

중국인 등도 많이 포함되어 있다고 기술한 것은 손바닥으로 하늘을 가리는 것이
나 다름없다.”

　일본에서는 ‘군대위안부를 학생들이 배우는 역사교과서에서까지 거론해야 하는가’
라는 견해도 있는데…….
　“군대위안부 언급이 한 줄 들어가고 빠지고 하는 것이 뭐 그리 대단한 것이냐
고 말할지 모르지만 군대위안부 문제는 인류을 저버리는 경지에 이른 일본군의
가혹 행위를 상징적으로 보여주는 것이다. 특히 군대위안부 문제가 아직 현재
진행형의 문제로 남아 있는 만큼 우리로서는 이것이 한 줄 포함되느냐 아니냐가
매우 중요하다.”

　처음에는 사관(史觀)을 검토한다는 얘기도 있었는데…….
　“외교부에서 사관 검토에 대해서는 신중하자는 의견을 냈다. 사관의 문제로
흘러갈 경우 불필요한 학문 외적 논쟁이 유발되는 등 본말이 전도되지 않을까
우려했다. 결국 사관을 문제삼지는 않았다. 그렇다고 ‘이것을 이렇게, 저것은 저
렇게 수정하라’는 식으로 자구(字句)만 문제삼은 것도 아니다. 전체적인 서술 방
식을 중시했다.”

　일본의 대응을 어떻게 전망하는가?
　“지나친 요구는 하지 않았다고 본다. 일본도 받아들일 수 있는 현실적인 것들
이다. 일본의 적절한 반응이 있을 것으로 기대한다. 일본은 과거에도 검정절차를
거친 교과서를 재수정한 사례가 있다. 일본측이 재수정하지 않는다면 우리 정부
차원의 후속 조치가 있을 것으로 알고 있다. 일본측도 고치는 것이 유리하다고
판단할 것이다.”

　장기적으로 일본의 역사교과서 왜곡에 대해 어떻게 대처해야 하는가?
　“일본은 문부과학성 산하 국제교육정보센터에서 자국에 관한 해외 자료의 잘
못을 찾아내 수정을 요구하는 일을 계속해왔다. 우리나라에서는 교육부 산하 한
국교육개발원의 한국관(韓國觀) 시정사업팀이 이런 역할을 맡고 있다. 앞으로 한
국관 시정사업팀의 역량을 강화하고 지원을 늘려야 한다.”

　송평인 기자

【日 왜곡교과서 재수정 요구】 민간전문가 긴급좌담
『동아일보』 2001. 5. 8

일본의 역사교과서 왜곡 문제와 관련해 8일 일본 정부에 전달된 정부의 수정 요구안은 만족할 만한 수준일까. 정부의 '일본역사교과서 왜곡대책반'에 참여하지 않았던 학자들과 시민단체 인사의 좌담을 통해 이를 짚어보고 앞으로의 대응책을 모색해본다. 좌담에는 고려대 조광(趙珖·한국사학과) 교수, 성신여대 구양근(具良根·중문학과) 교수, 정신대문제대책협의회 양미강(梁美康) 총무가 참석했다.

조 교수 - 수정요구안을 보니 일본군위안부 관련 문제 제기가 강화됐고 일부 표현에서 객관성을 유지해 일본을 효율적으로 설득하려 애쓴 흔적이 보인다. 개별 내용에 있어서는 그동안 학계 등에서 꾸준히 지적돼온 것들이 수용됐기 때문에 별 이견이 없다. 그러나 교과서 내용의 오류에 대한 구체적 지적은 교과서 저자가 제시한 논리구조 안에서의 문제제기일 뿐이다. 논리구조 자체에 문제가 있을 때에는 문구의 지적만 해서는 안 된다. 각론적 검토와 병행해 역사관의 문제점을 지적하는 총론적 수정 요구를 강화해야 한다.

구 교수 - 후소샤 교과서에서 일본군 위안부 관련 내용을 빠뜨린 것도 분개할 일이지만 더 놀라운 것은 '조선반도 흉기론'이다. 이는 조선반도는 항상 일본을 향해 내밀고 있는 '흉기'라는 주장이다. 또 3·1 독립운동 부분도 빠져 있다. 심각한 것들이다.

양 총무 - 일본 교과서에는 식민지 지배에 대한 반성이 없다. 정부는 이를 강력히 지적해야 한다. 그들이 왜곡된 역사 교과서를 통해 어떤 학생들을 만들어가려 하는가를 생각해야 한다. 그런 점에서 새 공민교과서도 같은 문제를 안고 있다.

조 교수 - 새 교과서가 인류가 추구하는 보편적 가치와 배치돼서는 안 된다는 것을 총론에서 지적해야 한다. 인류는 후손들에게 평화를 가르칠 의무가 있는데 일본의 왜곡 교과서는 전쟁을 미화하고 인종주의적 편견을 드러내는 등 인류의 보편적 가치를 외면하고 있다.

양 총무 - 군위안부 문제는 1993년 일본 정부가 인정한 바 있다. 이번에 스스로 번복한 셈이다. 유엔 등은 위안부 문제에 대해 일본 정부의 책임을 요구하고 있다. 이 점을 명확히 전달해야 한다.

조 교수 - 검인정된 일본 역사 교과서에서 한국 관계 사항에 한정하더라도 25개 이상의 오류가 확인되고 있다면 이는 교과서 재검정의 충분한 이유가 된다. 따라서 일본은 이번의 교과서들에 대한 재검정을 단행해야 한다.

구 교수 - 일본측은 '내정간섭'이란 대응 논리로 맞서고 있다.

조 교수 - 내정간섭이 아니라는 논거를 제시해야 한다. 일본 교과서는 국내 문제를 서술한 게 아니라 한국과 중국을 포함한 국제 문제를 서술하고 있다. 이 경우 당사국 간 협의와 토론을 통해 기술해야 하는 것이 국제적으로 확립된 원칙이다. 내정간섭이 아니다. 일본은 1982년 '근린제국조항'을 통해 한일관계 등에 관한 문제가 일본 국내문제만은 아님을 실천적으로 확인했다. 이를 망각하고 내정문제라고 재검정을 거부하는 것은 자기 모순이다.

양 총무 - 내정간섭 여부를 떠나 인류 보편적 가치를 지향하느냐를 따져야 한다. 전쟁을 미화하는 식이라면 인류의 일원으로서 문제 제기를 하는 것은 당연하다.

구 교수 - 일본이 재검정을 거부할 경우 적극 대응에 나서야 한다. 민간 차원에서 일본 내 왜곡 교과서 불채택 운동을 지원하거나 국제 사회를 통한 문제 제기를 할 수 있다. 일본 내에는 양심세력이 많다. 일본 전체를 적으로 만들지 말고 양심세력을 우리편으로 끌어들여야 한다.

조 교수 - 단기적으로는 일본 정부에 재검정을 강하게 요구하고 장기적으로는 국제 연대를 통해 일본을 도덕적으로 압박해야 한다. 왜곡 교과서 편찬에 참여한 사람을 입국 금지시키고 이들을 지원한 기업체를 상대로 불매운동을 벌여야 한다. 국제 연대를 통한 공동 대응이 매우 중요하다. 중국에서 공동 대응을 제안했을 때 정부가 거절한 것은 문제다.

양 총무 - 사실 이 문제는 지난해 10월 불거져나왔다. 지난해 말 국내 역사학계에서 성명도 발표했다. 그런데도 정부는 최근에야 여론에 떠밀리다시피해 움직이기 시작했다. 정부의 역사인식이 무엇인지 묻고 싶다. 1998년 한일공동선언 때 정부는 "과거사가 모두 해결됐다"고 했다. 지난해 한국 대통령과 일본 총리가 신년 메시지를 통해 "한일 간 불행했던 과거사는 말끔히 정리됐다"고 했다. 과거사에 대한 인식이 이 정도니 교과서 문제가 터졌을 때 미온적인 반응을 보일 수밖에 없는 것이다. 정부가 강력한 의지를 갖고 있는지가 중요하다.

조 교수 - 검정 통과 후 40여일 간 연구했다 하더라도 정부 대응의 임기응변성을 변명할 수는 없을 것이다. 이 문제가 용두사미식으로 끝나서는 안 된다.

구 교수 - 외교관계상의 문제도 있고 하니 정부 쪽에 큰 기대를 걸기는 어렵다. 학계와 민간단체가 주도권을 쥐고 밀고 나가야 한다.

양 총무 - 문제는 네트워킹이다. 정부는 정부대로, 학계는 학계대로가 아니라 정부 학계 시민단체가 네트워크를 구성해 분산된 힘을 결집시켜 일본 정부로 하여금 재검정하지 않을 수 없게 해야 한다.

조 교수 - 유럽에서도 국가간 공동 학술 운동이 활발하다. 스칸디나비아 3국도 학자들이 공동으로 역사 교과서를 만든다.

양 총무 - 학생들에게 역사를 어떻게 가르칠 것인지도 중요한 문제다. 전국교직원노동조합은 일본 역사교과서 왜곡과 관련된 특별 수업안을 만들어 학생들에게 알리고 있다. 한일 교사들이 공동 수업을 통해 젊은 세대를 가르치는 문제를 검토해야 한다. 사실 일제하 피해사실에 대한 종합적인 진상규명 보고서 하나 없는 현실이다. 일본의 잘못도 바로잡아야 하지만 우리의 문제도 성찰해야 한다고 본다. 우리 국사교과서는 어떤지도 짚어볼 문제다. 일본에서 늘 듣게 되는 얘기가 "너희 교과서는 어떠한가"인데 할 말이 없었다.

조 교수 - 일본과의 관계사 서술에 있어서도 그 객관성을 최대한 높여야 한다. 일본인 연구가와 공동 집필하는 문제도 검토할 수 있다. 또 일본이 교과서를 통해 침략의 역사를 반성하고 인류보편적 가치를 확인하고 밝혀주는 일은 미래 아시아의 평화뿐만 아니라 '일본의 평화'를 위해서도 중요한 문제다. 미래의 일본이 이성적 문화대국으로 성장하기를 바란다.

정리 - 서영아 · 이진영 기자

【문화칼럼】 궁예의 최후와 일본 역사왜곡

『동아일보』 2001. 5. 9

TV 드라마 「태조 왕건」을 준비하고 써온 지 만 2년으로 접어든다. 어느덧 궁예의 한 시대가 마감할 때가 다가왔고 사람들은 여기에 대해 적지 않은 관심을 나타내면서 물어들온다. "도대체 궁예는 어떻게 죽게 됩니까"라고…….

어떻게 죽게 되는가……. 이미 실록이 그의 죽음에 대해 보리 이삭을 훔쳐먹다가 백성들에게 맞아 죽었다고 기록하고 있음에도 그걸 아는 사람이나 모르는 사람이나 다 같이 똑같은 질문을 한다.

힘의 논리로 감추고 미화

그 이유는 참으로 간단하다. 승려 출신의 궁예는 맨주먹으로 일어나 백성들의 추앙과 존경을 받으면서 제국을 건설한 사람이다. 특히 그는 자신이 미륵임을 자처하고 대동방국의 북벌 의지를 강하게 앞세우면서 전제정치를 펴다가 왕건의 혁명으로 무너져내리는 비운의 주인공이다.

살펴보건대, 그만한 인물이라면 아무리 신세가 궁핍하게 되고 배가 고팠다고 하더라도 보리 이삭을 훔쳐먹다가 맞아 죽을 만큼 치졸하고 소인배적인 모습은 보이지 않았을 것이다. 그 때문에 사람들은 실록에 그의 최후가 기록되어 있는데도 불구하고 드라마 작가는 이런 결과를 과연 어떻게 생각하는지 묻는 것이다. 즉 실록을 믿기 어렵다는 이야기이다.

실제로 궁예가 도읍을 삼았던 철원 지방에 내려오는 이야기나 현존하는 지명을 보면 궁예가 결코 그렇게 처량하게 죽지 않았음을 뒷받침하는 여러 증표들을 찾아볼 수 있다. 궁예와 그의 부대가 왕건군과 격전을 벌였던 야전골이나 궁예가 은신했던 궁예왕굴, 끝내 항복하면서 항서를 전했다는 항서받골이라는 지명들은 기록에 남아 있는 역사와 사람들의 눈과 귀로 전해져내려온 역사가 얼마나 다른지를 분명하게 보여주는 것이다. 그래서 역사는 승자의 기록, 즉 힘의 기록이라고들 말한다. 패자는 기록할 권리는 물론 따져볼 자격도 없으려니와, 반대로 승자는 얼마든지 현실을 보다 더 유리한 쪽으로 각색하거나 심지어는 왜곡, 창작까지도 할 수 있는 입장에 서게 되는 것이다.

지금 일본의 역사교과서 왜곡문제로 계속해서 시끄럽다. 일본으로서는 감추고 싶은 역사이고 과거의 피해자인 우리로서는 잊어서는 안 될 역사이다. 우리는 일본 스스로가 과거의 범죄를 애써 잊으려 하고 덮으면서 얼버무리려고 하는 것에 대해 우려하고 또한 분개하고 있다. 그것은 저들이 다시 과거와 같은 잘못을 저지를 수 있다는 염려와 함께 저들이 진실로 반성하고 있지 않다는 섭섭함 때문인 것이다.

하지만 우리는 분노와 우려에 앞서 그 저변에 깔린 일본의 기본 의식구조를 보다 자세히 관찰하고 경계해야 할 필요가 있다. 일본은 과연 무슨 배짱으로 저렇게 나오는가 하는 이유가 그것이다. 그에 대한 대답 또한 어렵지 않게 찾아볼 수 있다. 저들은 지금 한때 움추렸던 패자의 입장에서 벗어나 다시 스스로 승자라고 생각하기 시작한 것이다. 즉, 그만한 힘이 생겼음을 은연중 과시하기 시작했다는 것과도 같은 말이 된다. 그들은 잘못 칠해졌다고 생각하는 과거의 색깔을 지우고 현실에 놓여진 새 캔버스 위에 새롭고 당당하고 화려한 색을 덧칠하고 싶은 것이다. 그리고, 자신들의 후손들에게 다시 덧칠한 그림을 보여주고 싶어하는 것이다. 마치 돈을 많이 번 전과자 아버지가 아들에게 자신의 과거를 숨기고 싶은 것처럼 말이다.

그러나 우리는 지금 과거에만 매달려 집착해서는 안 된다. 저들이 펴기 시작한 힘의 논리를 수백 번 곱씹으며 따져봐야 하는 것이다. 과연 우리의 진정한 힘은 지금 어느 정도나 되는지 하는 것을 말이다. 저들이 국제적인 여론을 무시하면서까지 왜곡된 교과서를 수정하지 못하겠다고 버티는 이유 또한 간과해서는 안 된다.

역사 과목 평가절하 안 될 말

저들이 저토록 집요함을 보이고 있는 것과 비교해 지금 우리는 무얼 하고 있는가? 어떻게 하고 있는가? 우리의 역사 교육은 어떤 모습인가, 자성해야 하지 않을까? 그동안 이런 저런 이유로 우리의 교육 과정에서 역사 과목이 차지하는 비중이 현저하게 줄어들거나 상대적으로 다른 과목보다 평가절하되고 있다는 것은 주지의 사실이다. 이는 자신의 족보를 알지 못하면서 남의 잘못된 족보를 들먹이는 부끄러움과 무엇이 다를까? 생각해볼 일이다.

이한경(TV 드라마 「태조 왕건」 작가)

【중앙 시평】 22세기의 한·일관계
『중앙일보』 2001. 5. 10

우리 정부가 일본 중학교 역사교과서의 재수정 요구안을 일본 정부에 전달함으로써 역사왜곡 문제는 2회전을 맞이했다.

단기해법 없는 교과서문제

몇 년 전 한 국제회의에서 일본의 진보적 지식인으로 널리 알려진 와다 하루키(和田春樹) 도쿄대 교수의 일본의 망언에 관한 논문을 토론하는 자리에서 나는 이런 소감을 밝혔던 적이 있다.

"나는 일본 지도층의 문제 발언을 섭섭하게 생각하기보다 고맙게 생각한다. 왜냐하면 아시아 경제의 70% 이상을 차지하고 있는 일본이 역사적으로 가장 큰 피해를 본 한국인들의 마음을 진정으로 감동시킬 수 있는 사과까지 할 수 있다면 아시아의 일본화는 명약관화하기 때문이다."

교과서문제의 2회전을 맞이하면서 분명한 것은 일본이 우리가 만족할 만한 대응조치를 취하기 어려울 것이라는 점이다.

우리 정부가 1998년 한일파트너십 공동선언을 하면서 한일 과거사 문제를 깨끗하게 청산할 수 있다고 믿었다면 지나치게 순진한 발상이며, 마찬가지로 교과서문제가 단기간에 해결되리라고 기대하는 것도 어리석은 일이다.

교과서문제를 제대로 풀기 위해서는 역사적 안목이 필요하다. 19세기 일본은 1876년에 조선과 근대외교관계를 수립한 이후 한반도에서 실질적 영향력 행사를 위해 많은 노력을 기울였으나, 임오군란(1882)이나 갑신정변(1884)을 통해 오히려 영향력이 약화됐다.

이러한 속에서 일본은 10년 동안 절치부심하며 유럽 모델의 근대국가 건설에 노력해 청일전쟁(1894)에서 비로소 중국을 제압하고 조선에 대한 실질적 영향력을 확보하게 된다. 그러나 청일전쟁의 승리가 러시아를 비롯한 3국간섭으로 무의미하게 되자 다시 한번 10년의 노력 끝에 러일전쟁(1904)의 승리로써 마침내 조선을 장악하게 됐다.

19세기 일본은 동아시아 국가 중에서 가장 효율적으로 유럽형 근대국가 모델을 수용함으로써 20세기에 세계적 대국으로 성장했다.

그러나 세계사의 중심세력들이 21세기를 맞이하면서 19세기형 근대국가 모델의 비효율성을 개선하기 위해 21세기형 신복합국가 건설에 뛰어들고 있는 속에, 21세기 일본은 19세기와 달리 21세기 신국가 건설에 본격적 성과를 거두고 있지 못하다.

일본의 과거사 문제 발언이나 교과서문제는 19세기형 근대국가 건설의 한계를 극복하기 위한 21세기형 복합국가 건설의 실패를 상징적으로 보여주는 것이다. 21세기 일본이 19세기적 발상을 극복하지 못한다면, 22세기 일본은 세계사의 중심에서 멀어져 가는 비운을 맞이하게 될 것이다.

그러나 22세기 일본의 운명이 한일 과거사 문제를 자동적으로 해결해주지는 못한다. 21세기 한국의 새로운 정치주도세력이 일본과는 달리 1백년 앞을 내다보는 장기적 안목에서 21세기형 신국가 건설에 성공할 수 있을 때 교과서문제의 궁극적 해결은 비로소 가능할 것이다.

교과서문제를 해결하기 위한 장기적 노력과 함께 병행해 추진해야 할 단기적 노력 중에 가장 시급한 것은 한일관계 근현대사 연구의 세계적 중심이 될 수 있는 연구소의 수립이다.

근현대사 연구 본격화를

한국 현대사와 관련해 한국전쟁의 원인을 소련과 북한보다 미국과 남한에서 찾아보려는 수정론의 연구방향은 탈냉전과 함께 러시아의 관련문서 공개와 이에 따른 새로운 연구들이 세계수준에서 활발하게 이뤄짐에 따라 자연스럽게 수정의 길을 걷고 있다.

한일관계 근현대사는 우리의 감정으로는 더이상의 연구가 필요없을 정도로 명백한 것이다. 그러나 이 문제를 연구하는 국제학계가 한국보다 일본이 생산하는 자료와 연구에 더 영향을 받고 있는 현실을 주목해야 한다.

이러한 비극적 현실을 극복하기 위해 국제연구의 중심이 될 수 있는 연구소를 만들자는 노력은 김영삼 정부 당시 학계의 간절한 요청에 따라 구체화됐으나 관료정치의 강한 반대로 좌절됐었다.

우리 정부가 지난 정부의 어리석음을 반복하지 않고 세계적 규모의 연구소를 건립, 일본의 역사왜곡을 국제적으로 자연스럽게 소외시키면서 22세기의 새로운 한·일관계를 위한 21세기 신한국 건설에 전력을 기울이는 속에 교과서문제는 해결의 실마리를 찾게 될 것이다.

하영선(서울대 교수·국제정치학)

인상깊은 '교과서' 대응

『한겨레신문』 2001. 5. 13

일본 우익단체 '새 역사교과서를 만드는 모임' 쪽의 후소샤 역사교과서에 대한 한국 정부의 검토보고서가 지난 8일 일본정부에 전달됐다. 한 나라의 정부가 이웃나라의 역사교과서에 대해 전문 역사학자의 검토를 거쳐 이렇게 상세하고 구체적인 의견을 표명하는 것은 극히 이례적인 일이다. 그만큼 이 교과서에 대한 한국 국민·정계·학계·언론계의 비판과 반발이 강하다는 것이 일본에도 전해져 깊은 인상을 주고 있다.

한국 정부의 의견서는 절도와 설득력을 지니고 있다고 생각한다. 특히 서론의 첫머리를 '국제화시대의 교과서를 보는 시점'으로부터 시작한 것은 훌륭한 서술방식이다. 학생들이 "세계에서 살아가는 국민으로서의 자질"을 함양하기 위해서는 역사교육을 통해 "객관적이고 열려진 태도"를 기르는 것이 필요하다는 생각은 보편적인 원칙이다.

'검토의 이유와 목적'이 서술돼 있는 곳에서는 후소샤 교과서를 중심으로 한 교과서 내용이 근린제국 조항과 1995년 무라야마 도미이치 일본 총리의 담화, 1998년의 한-일 공동선언의 취지 등과 "현저하게 어긋난 내용이 있다"는 것을 지적하고, "한국 관련 내용의 오류와 왜곡은 반드시 시정돼야 한다"고 주장했다. 일본 정부가 근린제국 조항을 기준으로 삼아 검정작업을 한 것을 먼저 사실로 인정한 뒤 검정의 불충분과 부족, 불철저함을 비판하는 편이 보다 설득력이 있었을 것으로 생각하지만, 요구로서 '오류와 왜곡'의 시정이라고 표현한 것은 타당하다고 본다. 이 점은 검토방법을 설명한 부분에서 첫째 '사실과 기술의 잘못', 둘째 '해석과 설명'의 '왜곡', 셋째 내용의 '축소와 누락'을 든 것과도 일맥상통한다.

후소샤 교과서와 관련해 '역사인식의 문제'를 9가지로 지적한 뒤 25개 주제에 대해 '수정요구'를 내놨다. 그 가운데 11곳이 전근대사, 14곳이 근·현대사 부분이다. 전근대사에 있어서는 한국 학계의 권위로 지적했기 때문에 타당할 것이라고 생각한다. 실은 나는 아라이 신이치, 운노 후쿠쥬, 스미야 미키오, 다카사키 소지, 미즈노 나오키, 미조구치 유조 등 6명의 역사학자와 함께 지난달 후소샤 교과서의 근·현대사 부분에 대해 51곳의 잘못과 문제점을 지적한 문서를 발표한 바 있다. 한국 정부의 의견서 가운데 우리들의 지적과 겹치지 않은 것은 군대

위안부와 한국전쟁에 관한 것 등 두 가지뿐이다.

한국 정부의 수정 요구에 대해 후소샤를 거느리고 있는『산케이신문』은 그렇다 치고『요미우리신문』이 사설에서 "한국의 수정 요구는 내정간섭"이라고 주장했다. 이런 주장은 일반적인 것이 아니며, 정부는 신중하게 대응하겠다고 표명했다. 특히 문부과학성은 전문 학자들이 한국 정부의 요구를 검토하도록 하겠다고 발표했다. 일반적인 재수정은 있을 수 없다는 것은 분명히 하고 있으나, 그와 함께 잘못이 있으면 수정은 필요하다는 것은 문부과학상도 재삼 밝힌 바 있다. 한국 정부의 신중한 문제제기가 노린 대로 재검토가 이뤄질 수 있는 여지가 있는 것이다.

후소샤는 검정을 통과한 책을 인쇄해 견본본을 만드는 작업에 들어갔고 이달말에는 책이 나올 것이라고 한다. 이 국면에서 일본의 역사학자 가운데서도 후소샤 책의 '사실과 기술의 잘못'에 대한 비판적인 검토가 이뤄지기를 기대한다. 한국 정부의 의견서 검토와 함께 이들 일본 역사가들이 낸 의견서의 검토도 병행할 수밖에 없을 것이라고 생각한다. 이렇게 되면 후소샤의 견본본은 잘못 투성이의 결함 교과서라는 게 밝혀지고 채택을 추진하는 쪽도 커다란 곤란에 봉착할 것이다.

문부과학성의 검토 결과 도저히 방치할 수 없는 사항이 나타나면 후소샤에 대한 행정지도가 행해지고 잘못의 수정이라는 형태로 재수정이 이뤄질 것이다. 이는 '만드는 모임'에게는 제2의 패배가 될 것이다. 이렇게 되면 검정기구의 실수를 인정한 것이 되므로 문부과학성도 심각한 타격을 입을 것이다.

한국 정부의 수정요구를 계기로 일본에서는 전에 없이 한국·중국·일본 역사학자에 의한 공동연구·공동토론의 필요성이 제기되고 있다. 그동안 한·일 간 위원회가 성과없이 끝난 것을 알고 있지만 다시 이런 문제가 제기되지 않을 수 없게 된 것은 좋은 일이라고 생각한다. 정부가 인선하는 위원회를 만드는 것이 아니라 민간·학계의 자주적인 움직임을 양국 정부가 지원하는 형식으로 복수의 팀이 만들어져 논의한 뒤 성과를 공표하고, 이를 양 국민과 정부의 검토에 부치는 것이 바람직할 것이다.

후소샤의 교과서가 학교에서 어느 정도 채택되는가에 관계없이 '만드는 모임' 쪽 사람들은 21세기를 사는 젊은 세대를 위해 현재 요구되고 있는 역사교과서를 만들 수 없다는 사실이 분명하게 드러났다. 한국 정부의 의견서가 지적하고 있는 것처럼 '객관적이고 열려진 태도'를 기르는 역사교과서를 한·일 역사가의 공동 노력을 통해 양국에 제안해가는 것이야말로 전화위복을 이루는 길이 될 것이다.

일본인의 한 사람으로서 한국 정부가 국민 모두의 강한 관심을 모아 의견서를 작성해 일본 정부에 보내준 것에 대해 마음으로부터 감사드린다.

교과서는 관심 밖, 군국주의엔 경종
『교수신문』 제202호, 2001. 5. 14

최근 한국에서는 일본의 일본사 교과서문제에 관심이 집중돼 있으나 일본은 그렇지 않다. 신문, 잡지, TV, 대학, 시민 차원 등에서도 별 논의가 없다. 논의가 있어도 극히 일부이고 그 논점도 다르다. 예컨대 대체로 우익적인 『문예춘추』는 일본사 교과서의 경우 다양할 필요가 있다고 주장하고, 중도적인 『중앙공론』도 같은 결론에 이르면서도 일본사라고 하는 통사 자체와 교과서 검정제도가 국민·국가의 절대화에 기여하는 것이라고 비판하고 있다. 그러나 그것도 한두 편의 글에 그치고 있고 그밖에는 짧은 논단조차 읽기 어렵다.

지금 한국에서는 우익적인 일본사 교과서의 재수정을 적극 요구하고 있으나 검정 절차가 끝난 지금 그것이 가능할지에 대해서는 의문이 있다. 일선 교사들은 대체로 그 교과서를 환영하지 않고 특히 교원노조에 참여하고 있는 교사들은 그렇지 않을 것이다. 그러나 일본에서는 교사들이 교과서를 선택할 수 없고 교육위원회가 결정하므로 우익적 교과서는 다수 채택될 가능성도 있다. 교사들의 희망을 반영하여 채택한다는 원칙이 있었으나 최근에는 국가의 실질적 강요가 두드러지고 있다.

이러한 우익 교과서문제는 일본 우파의 요구 중 하나로 불거졌고 그런 요구 중 가장 중요한 것은 개헌이다. 일본 우파의 전통은 역사적으로 뿌리깊은 것이기에 여기서 그 모두를 다룰 수는 없으나 적어도 일본제국주의-식민지침략주의의 형성과 직결되어 있음은 분명한 사실이다. 최근의 우파는 자민당은 물론 보수당, 자유당, 공명당 그리고 민주당까지 포함된다. 최근 민주당 당수가 한국을 방문하여 자신은 교과서문제나 개헌 문제에 진보적인 입장을 취하는 것처럼 주장했으나 그는 사실 개헌론을 주장하는 우파의 하나일 뿐이다. 개헌에 명확하게 반대하는 정당은 공산당과 사민당뿐이나, 공산당 역시 비상시의 자위대 활용론을 주장하고 있고, 사민당의 경우 그 전신인 사회당이 안보와 자위대를 용인한 바 있다. 따라서 순수하게 개헌에 반대하는 입장은 보기 어렵다.

소위 지성이라고 할 만한 차원에서 개헌 문제를 비롯하여 진보적인 입장을 취하는 입장이 적지는 않으나 우익과 비교하면 그 영향력은 확실히 적다. 더구나 지금 논의되고 있는 개헌 논의 중 수상공선제나 새로운 인권의 명기 등은 사실상 헌법 제9조의 군대 보유의 명기를 위한 곁다리에 불과하다. 이는 현재 명백하게 위헌인 군사정책을 합헌화하자는 것이다.

군사정책의 합헌화는 과거 군사침략의 미화와 직결되어 있다. 예컨대 전 일본 수상이었던 나카소네는 소위 '위안부'를 스스로 만들었음을 자랑하는 군인 출신으로 야스쿠니 신사를 처음으로 공식 참배하고 집단적 자위권의 행사와 수상공선론을 주장해왔다. 지금 일본 수상인 고이즈미도 똑같은 소리를 하고 있는 우익의 대변자이다. 그와 경쟁하여 실패한 전 수상 하시모토도 마찬가지였다. 일본 경제인을 대표하는 경단련 회장 이마이도 다국적기업을 위해 자위대를 해외로 파병하자고 주장한다. 야당이라는 민주당 대표 하토야마도 똑같은 주장을 하고 있다. 일본 지성은 그로부터 얼마나 먼 것일까.

그런데 필자가 보기에 일본 헌법의 최대 문제는 천황제이지만 개헌론자도 호헌론자도 그 점에 대해서는 일체 언급하고 있지 않다. 천황의 전쟁책임 문제 이전에 국민주권주의와 인권주의를 표방하는 헌법에 주권의식을 마비시키고 세습제로 차별을 합리화하는 현행 제도 자체가 민주주의에 명백하게 모순되는데도 누구도 언급하지 않는 점은 신비스럽기도 하다. 어떤 교수는 그것을 일본인이 절대적으로 지지하기 때문이라고 말했다.

필자는 일본연구자가 아니다. 그러나 이번에 일본은 우리 대학에서도 본격적으로 연구될 필요가 있음을 절실하게 느꼈다. 일본은 있다, 없다는 식의 논의는 참으로 위험하고 무용하기도 하다는 것을 느꼈다. 그래서 귀국 즉시 필자가 근무하는 대학에서 '일본법' 강좌 개설을 요청할 계획이다. 또한 나름으로 '위안부' 문제를 정신사 내지 법적으로 연구한 결과를 발표할 예정이다. 필자가 아는 한 그런 연구가 전무하기 때문이다.

박홍규(고베대 대학원·법학)

자폐적 역사인식

『한겨레신문』 2001. 5. 15

바로 얼마전 일본의 역사교과서 왜곡이 우리 국민들을 분노의 도가니로 몰아넣었다. 그 여진은 아직도 가시지 않고 있다. 이 왜곡사태를 보면서 나는 엉뚱하게도 두 가지 '관계없는' 사실을 떠올렸다. 하나는 얼마전 친구와 비디오를 소재로 이야기를 하다가 들은 것이다. 요지는 5·18 재단과 광주문화방송이 광주항쟁을 소재로 하여 국민교육용으로 제작한 비디오를 전국의 교육청에 무료 배포하였는데, 일부 교육청에서 이 비디오들이 배포조차 되지 않고 창고에서 잠자고 있다는 것이었다. 다른 하나는 1999년 6월 베트남 민간인학살을 다루는 한 신문사의 기획기사에 항의하기 위하여 일부 베트남 참전용사들이 신문사에 '난입'한 사건이었다. 이 두 가지 전혀 별개의 사건을 떠올리게 된 이유는 일본 역사교과서 왜곡의 정신구조와 이 사건들의 정신구조가 유사하다는 생각을 하였기 때문이다.

일본 가해자의 시각만 부각

내가 보기에, 일본 역사교과서 왜곡의 근본 문제점은 정부 차원에서 수정을 촉구한 35가지 항목을 잘못 기술한 데 있기도 하지만, 더욱 본질적으로는 '자폐적 역사인식'에 있다. 자폐적 역사인식이란 하나의 역사적 사실을 인식함에 있어 관련 사실, 일반적 상식 혹은 관련 집단의 인식과 괴리되어 한 집단이 왜곡된 인식을 고수하는 것을 의미한다. 특히 한 사건이 갖는 복합적 성격 중 가해자에게 유리한 측면만을 '사실'로 받아들이는 태도가 자폐성의 중요한 특징이 된다. 가해자 집단은 예컨대 자신이 저지른 학살이나 만행에 대해서 왜곡된 정당화를 시도하거나 피해자의 항변에 귀를 기울이지 않는다.

내가 일본 역사왜곡파동에서 보는 것은 바로 이러한 일본사회 특유의 자폐적 역사인식이며, 그 자폐적 역사인식은 여전히 가해자의 시각에서 역사를 보는 방식으로, 그리고 그것이 주변국들의 비판에도 일본사회 내부에서 공유되고 통용되는 방식으로 나타나고 있다.

그러나 내가 심각하게 생각하는 것은 바로 그러한 자폐적 인식이 우리 민족 속에, 우리 사회 내의 특정 집단 내에 존재한다는 점이다. 현재 우리 사회의 상식에 따르면, 베트남 민간인학살에 대하여 존재하지 않았거나 있었어도 지극히 우발적인 사건, 혹은 베트콩들이 자극해서 일어난 사건으로 기술하게 될 것이다. 만일 이에 대해, 베트남 민중들이 역사교과서 왜곡이라고 항의한다면 우리는 어떻게 대응할 것인가. 이런 점에서 나는 일본 역사교과서 왜곡에 대해서 분노하면서, 동시에 그러한 성찰을 우리 자신에게 돌릴 수 있어야 한다고 생각한다.

광주항쟁 비디오에 대해서도 마찬가지이다. 광주 학살 비디오가 창고에서 잠자는 것은 광주 학살 비디오를 배포하는 것에 대하여 뭔가 '거부'정서가 존재한다는 것을 의미한다. 그것은 바로 특정지역 안에 일정한 자폐성이 존재한다는 것을 의미한다. 이런 점에서 광주의 학살을 당시 지역감정 때문이라거나 일부 폭도들의 행위라고 왜곡하였던 전두환 신군부세력과 보수언론의 주장이 일부라도 우리 사회에 남아 있는 것은 아닌지 성찰해보아야 한다. 일본인들이 정신대 만행을 마치 없었던 일처럼 기술하지 않는 태도와, 광주학살의 기억을 대면하지 않고자 하는 우리의 태도가 무엇이 다른가 우리 모두가 자성하여보아야 한다.

우리도 성찰적 능력 가져야

진정한 화해는 바로 자폐적 인식을 탈출하는 것으로부터 시작해야 한다. 우리가 일본 역사교과서 왜곡에 분노하면서, 그와 함께 우리의 자폐성을 성찰하는 계기를 삼아야 하는 이유도 여기에 있다. '가해'역사를 가해자 집단이나 강자집단의 시각에서가 아니라 '피해자 이웃'의 관점에서 되짚어볼 수 있는 성찰적 능력을 우리 모두가 가져가야 한다. 우리의 아픈 '가해'의 과거마저도 정면으로 응시하면서, 반성할 것은 반성하고 속죄할 것은 속죄하면서, 진정한 화해의 길로 나아가는 성숙한 자세가 과연 대한민국 국민에게 불가능한 일일까 스스로 반문해보게 된다.

조희연(성공회대 교수·사회학)

【중앙 포럼】 파이팅! 와다 하루키
『중앙일보』 2001. 5. 16

가끔 부끄러운 순간이 있다. 마땅히 할 일을 한 것뿐인데 생각지 않은 칭찬이 쏟아졌을 때 나는 부끄러워진다. 최근 우리 정부가 일본 정부에 전달한 후소샤 역사교과서에 대한 검토보고서를 놓고 "일본인의 한 사람으로서 한국 정부가 국민 모두의 강한 관심을 모아 의견서를 작성해 일본 정부에 보내준 것에 대해 마음으로부터 감사드린다"는 와다 하루키(和田春樹, 63·도쿄대 명예교수·역사학)의 글을 읽을 때도 그랬다.

역사왜곡 끈질기게 지적

총리부터 유수 언론에 이르기까지 늘상 "너희는 바람 풍 해도 나는 바담 풍 한다"는 식의 반응만을 접하다가 느닷없이 만난 일본인의 '공개적인 감사표현'이었기 때문에 더욱 그러했는지 모른다.

진보적 학자로 아시아사와 현대조선연구를 전공한 그는 일본 우익단체 '새 역사교과서를 만드는 모임' 측의 후소샤 역사교과서에 대한 비판에 앞장서 있는 이다.

그는 지난 2월 히마바야시 마사오 히도쓰바시대 명예교수 등 일본 역사학자와 교육자 8백89명이 연명해 발표한 '문부성이 이 교과서를 검정에 합격시켜서는 안 된다'는 내용의 긴급성명을 주도하고, 검정을 통과한 후엔 역사학자인 아라이 신이치·운노 후쿠주·스미야 미키오·다카사키 소지·미즈노 나오키·미조구치 유와조와 함께 근현대사 부분 51군데의 잘못을 지적해냈다.

와다 교수는 일찍부터 '행동하는 양심'이었다. 1960년대 그의 집이 있는 도쿄 네리마(練馬) 구 아사카 비행장을 통해 당시 미군들을 베트남 전장으로 이송하는 것을 보고 그 지역을 중심으로 베트남 전쟁 반대 시민운동을 벌이면서 부대에서 이탈하는 미군을 보호하는 일을 도맡았다. 1970년대 중반 도쿄에서 벌어진 김대중 납치사건 이후 그는 구명운동에 적극 관여하면서 민주화 운동에 관심이 커져 한국을 본격적인 학문의 대상으로 삼게 됐다고 한다.

'모든 것은 자료에 근거해 말해야 한다'는 그의 신념처럼 『한국전쟁』 등 그의 저술은 모두 실증적인 연구로 이름이 높다. 대부분의 일본인들이 샌프란시스코 조약 및 맞싸운 적국이 아니라는 이유로 한국에 배상을 하지 않아도 된다고 여기고 있으므로 일본인들의 생각을 바꾸려면 한반도가 일본을 위해 총을 들고 싸웠다는 확인이 필요하다며 김일성 연구를 시작했을 정도다.

그러나 그에게 한국이 꼭 궁합이 척척 맞는 동반자였던 것은 아니다. 일본군 위안부에 대한 배상문제를 놓고 아시아 여성기금을 주창해 민간배상의 길을 열었으나 한국은 일본의 국가배상을 요구해 이를 거절함으로써 일본 사회에서 곤란한 입장에 놓여 있기도 하다.

그러나 와다 교수는 이를 섭섭해하지 않고 "펌프가 물을 길어올리려면 한 사발의 물이 반드시 먼저 부어져야 하듯 군위안부 문제에 대해 전혀 움직이려고 하지 않는 일본을 움직이기 위해서 필요한 시도였다"고 해명할 뿐이다.

민주사회의 특성은 다양성에 있고, 그 자신도 소신을 현실참여로 풀어내는 행동파지만 우경화 바람이 예사롭지 않은 작금의 일본에서 역사왜곡문제를 끈질기게 지적하기란 쉬운 일은 아닐 것이다. 당차다는 '여걸' 다나카 외상마저도 말을 바꾸지 않는가.

그런데도 와다 교수는 희망을 버리지 않는다. 이달 말 견본이 나오면 일본의 역사학자들이 '사실과 기술의 잘못'에 대한 비판적인 검토를 할 것으로 기대한다.

일 양심세력에게 격려를

이런 그의 일련의 행동을 지켜보며 나는 일본사회에서 거대한 사회적 압력과 맞서 싸우고 있는 이들에 대한 우리의 지지와 격려가 너무 미약함을 느낀다.

과문한 탓인지 모르지만 교과서의 왜곡문제가 불거진 이래 우리 사회엔 일본인들에 대한 분노와 원망만 넘쳐날 뿐 안타깝게도 일본의 양심세력에 대한 격려는 없었다. 요즘 세대들이 툭하면 만드는 그 흔한 팬클럽조차 감감소식이다.

일본교과서 왜곡문제는 어찌보면 일본인 2세 교육의 문제이므로 이들도 그 사회 구성원으로서 할 일을 하는 것 뿐이라고 치부해 버릴 수도 있다.

그러나 역사가 바로 쓰여져야만 한다는 우리의 주장이 더불어 사는 이웃이 정확한 과거를 토대로 현재를 바르게 이해해야 더 나은 미래를 함께 가꿔갈 수 있다는 데에 있음을 떠올린다면 일본 안에서 힘들게 싸우는 이들이야말로 우리에게 더 없이 소중한 존재가 아닐까.

이제라도 와다 하루키에게 "힘내라"는 편지를 쓰자. 東京都練馬區大泉學園町 7-6-5(우편번호 178-0061)로 편지를 보내자. 그래서 그들의 노력을 주변국이 감동의 마음으로 지켜보고 있음을 알려주자. 그들이 지치지 않도록.

홍은희 논설위원

【칼럼】 '오만과 비굴' 日의 두 얼굴

『문화일보』 2001. 5. 22

최근 마이니치(每日)신문사에서 발행되고 있는 『선데이 마이니치』가 마련한 대담에 참가했다. 대담은 '새 역사교과서를 만드는 모임'이 주체가 되어 집필하고 산케이(産經)신문 그룹의 후쇼(扶桑)사가 출판한 '새 역사교과서'의 옳고 그름을 둘러싼 논전이었다.

'만드는 모임'에서는 모임의 중심적 멤버인 후지오카 노부카쓰(藤岡信勝) 도쿄(東京)대 교수와 사카모토 다카오(坂本多加雄) 가쿠슈인(學習院)대학 교수가 출석했다. '만드는 모임'을 비판하는 측에서는 문예비평가이기도 한 고모리 요이치(小森陽一) 도쿄대 교수와 필자가 동석했다.

이야기는 입에 거품이 튀는 2시간에 걸친 격론이었으며 문자대로 '말을 통한 전쟁'이었다. 내외의 비판에도 불구하고 검정을 합격한 '만드는 모임'의 교과서는 한마디로 말해 '자애(自愛)'와 '가학(加虐)' 그리고 '피학(被虐)'의 감정이 복잡하게 교차하는 역사관으로 채색되어 있다. 전쟁시기 망명이나 다름없이 일본에 왔던 독일의 철학자 칼 레빗은 '일본정신'을 '자애'의 정서로 특징지웠지만 '새 역사교과서'에는 그 나르시시즘이 흘러 넘치고 있다.

예를 들면 "일본의 문화와 예술이 바로크 예술의 정수에 필적할 정도로 뛰어나다"든가 "일본문화의 전통은 세계 어디에서도 유형을 찾아볼 수 없을 정도로 독특하다"는 식의 기술이 곳곳에 보인다. 게다가 그것을 뒷받침하기 위해 수많은 시각적인 궁리가 나타나 있다. 그것은 전후의 일본을 특징지우는 '문화 내셔널리즘'의 총 결집이라 해도 틀리지 않을 것이다. 물론 일본과 비교해서 한국과 중국의 문화적 위치가 상대적으로 깎여 있음은 말할 필요도 없다.

이러한 문화 내셔널리즘은 일본만의 특수한 현상은 아니다. 그러나 '새 교과서'가 불명확한 요소가 있다고 인정하면서도 천황에 얽힌 신화를 아로새기고 마지막에는 쇼와(昭和)천황에 상당한 페이지를 할애해서 그 '공적'을 찬양하고 있는 것 등은 다른 교과서에서는 볼 수 없는 특징이다.

더욱 '가학적'인 것은 한반도가 고대사 이래 줄곧 일본보다 격이 낮은 국가로서 다뤄져 있고, 근대가 되면 가늘고 길게 뻗어 있는 일본열도에 들이댄 비수와 같이 일본의 안전에 대한 위협이라고 단정하고 있는 것이다. 따라서 한반도의 식민지화는 일본의 독립과 안전을 위해 불가피했던 것 같은 인상을 주는 기술이 되어 있고, 더구나 식민지 지배는 당시의 국제적인 상식으로 본다면 결코 부당하지 않았다고 단정하고 있다.

또 앞서의 전쟁을 자신들 일본국민의 '이야기'에 따라 '대동아전쟁'이라 불러야 하고, 동남아시아에 있어서 일본군의 승리는 '현지 사람들의 협력이 있어서' 가능했다고 강변하고 있는 것이다. 거기에는 '대동아전쟁'이 그 목적에 있어서 아시아의 해방을 위한 '성전'이었다고 말하고 싶은 생각이 배어나오고 있다.

그리고 기묘한 것은 미국에 대해서 피학적인 '추수'의 자세이다. 교과서의 마지막은 일본이 패전과 점령, 도쿄재판사관의 '상처'에서 아직 벗어나지 못하고 있으며, 그곳에서 탈출해서 '독립심'을 키우기 위해서는 '자신을 가질 것'이 중요하다고 결론지었다. 그러면서도 당시의 '상처'를 안겨준 미군의 원폭투하에 대해서는 그것을 '전쟁범죄'로 취급하지 않고, 단지 종전에 이르는 '천황의 성단'을 부각시키는 배경으로서 간단하게 언급하고 있을 뿐이다.

게다가 나치 독일의 홀로코스트와 전쟁범죄에 대해서는 굳이 언급하면서도 원폭투하는 단지 막연한 '전쟁의 비극'으로서 덧붙이고 있을 뿐 그 옳고 그름을 문제삼는 대목은 어디에도 없다.

그 위에 미국 중심의 도쿄재판과 점령정책에 대한 부당성을 따지는 듯한 기술은 있으나 그렇다면 왜 그런 미국과 안보조약을 맺어 영토의 일부인 오키나와를 사실상 미군정하에 두다시피 했는가, 그 이유도 전혀 언급하지 않고 있는 것이다.

이상과 같이 겹겹이 굴절된 역사의 시각으로부터 무엇이 보이겠는가. 분명히 전후 일본의 '피해자 의식'이 미국에 의해 만들어져왔음에도 불구하고 그 미국 밑에서 미증유의 경제발전을 수행하고, 핵우산에 들어가기로 선택한 일본엔 미국과의 전쟁의 기억과 그 역사는 금기로 되어 있는 것이다.

그것을 건드린다면 '반미'의 낙인이 찍혀 '우경화'의 흐름에서 따돌림을 당할 것이 명백하기 때문이다. 그 굴욕의 감정이 식민지와 전쟁의 최대 희생자인 근린 아시아 제국에 '가학적'으로 향하고 있는 것이다.

그처럼 역사에서 아시아 제국을 멸시하는 듯한 스토리를 날조함으로써 현재 일본사회의 불투명한 불안감과 자신상실을 치유하려는 '자애'에 가득 찬 자기민족 중심의 역사관이야말로 '새 역사교과서'의 눈에 띄는 특징이라고 하지 않을 수 없다.

이런 교과서를 처음으로 국가가 '공인'해준 의의는 크다. 그것이 어떤 후유증을 남기게 될 것인가, 10년 후에는 그 답이 확실한 형태로 나타날 것이다.

강상중(도쿄대 교수)

【독자편지】 국사가 고교 선택과목이라니…
『동아일보』 2001. 5. 24

중고교 시절 국사는 필수 과목이었다. 그런데 지금은 국사가 사회과목에 편입되어 있고 그나마 고등학교에서는 선택 과목이 되었다고 한다. 한 나라의 역사가 선택 과목이라니 어이가 없다.

국내 역사교과서는 국정본만이 중고교 교재로 채택되어 있어 과거 독재정권이 정통성을 홍보하는 데 악용한 것이 사실이다. 1970년대 유신정권은 독재를 합리화하기 위해 반공 이데올로기와 주체적 민족사관에 의한 통일성을 기한다는 이유로 초중고교의 역사교과서를 검인정에서 국정 '국사교과서'로 바꿨다. 1974년 발간된 국정 교과서는 10월 유신에 대해 '대한민국 정부는……민족 중흥의 역사적 사명을 달성하고자……10월 유신을 단행하였다'고 기술해 정권유지 수단으로 이용됐다.

이런 사정은 제5공화국에서도 마찬가지였다. 국정교과서는 정권 유지와 홍보 수단의 매력적인 매체였던 셈이다. 국내 역사 교육은 결국 지배 집단의 질서와 기득권 유지를 위한 수단으로 전락해왔음을 부인할 수 없다. 우리 스스로 한국 역사에 대한 진실된 시각을 잃을 위기에 빠졌다. 일본의 역사왜곡에 대해 이성적이고 논리적인 대응을 하지 못하는 것도 이같은 이유에서다.

지금부터라도 지배 집단의 도구로 이용됐던 역사 교육의 식민지적 잔재를 털어내고 올바른 역사를 가르쳐야 한다.

이영일(흥사단 간사)

12일 정오 73개국 130여 개 도시에서 일본의 교과서 왜곡을 규탄하고 시정을 촉구하는 집회가 열린다.

한국교총 등 99개 시민운동 단체가 연대해 결성한 '일본교과서 바로잡기 국제 캠페인'이 기획하고 전세계 한인단체, 그리고 현지인과 아시아인은 물론 일본인 까지도 참여하는 이번 동시 집회는 인류에게 역사란 무엇인가를 자각하고 일깨 우는 소중한 경험이 될 것이다. 나라별로 똑같은 12일 정오이지만 시간대가 달 라 뉴질랜드에서 시작돼 미국의 주요도시를 끝으로 연속적으로 펼쳐지게 될 이 번 집회가 일부 일본인들의 자화자찬식 거짓된 역사관을 분쇄하는 전기가 되기 를 고대하는 마음 간절하다.

최근 일본의 TV토론회에서 역사 미화 지지자들은 "한국은 왜 그들의 교과서 에서 베트남 위안부 문제를 다루지 않는가"라든지 "위안부에 대한 강제 연행 증 거가 없지 않은가" 등 역공 논리를 폈다는 보도를 보면 그들이 미래지향적인 시 각보다 부끄러운 과거를 가급적 숨기고자 하는 원초적이고 방어적인 정서에 매 달려 있음을 본다.

일본의 역사 미화 지지자들은 이제라도 적반하장식으로 한국의 교과서가 어 떻고 하는 식의 타령보다 진정으로 아시아 각국의 국민들에게 과거의 잘못에 대 해 깊이 사죄하고 2세 국민들에게도 과거의 잘못을 진솔하게 알림으로써 주변국 들과의 비생산적인 갈등 국면에 종지부를 찍고 세계의 리더 국가로서 평화를 선 도하는 모습을 보이도록 해야 할 것이다.

다행히 일본에서도 일본교직원조합 등 100개 시민운동 단체들이 '새로운 역사 교과서를 만드는 모임'이 집필한 왜곡된 교과서를 채택하는 것을 막기 위한 연 대모임을 결성했다고 한다. 이름하여 "어린이에게 줄 수 있습니까, 위험한 교과 서" 전국 네트워크다. 12일 도쿄에 있는 문부성 앞 집회에 이들도 대거 합류할 것으로 보인다.

이날 서울의 일본대사관 앞 집회에는 1만여 명 이상의 교원과 학생, 시민들이 참여할 것으로 예상되는데 주최측은 역사의 진실과 평화라는 주제 아래 벌이는 평화적 문화운동임을 강조하고 있다. 일본정부는 2세들에게 한국정부가 35곳이 나 수정을 요구할 정도의 거짓된 역사를 가르칠 것인지 아니면 역사의 진실을 알리고 이웃과 평화롭게 사는 길을 가르칠 것인지 답해야 할 것이다.

세계사적 의미가 있는 이번 집회의 서울 행사 주최측은 참가자 대표들이 일본 대사관 앞에서 꽃송이 조형물을 만드는 것으로 집회를 마무리할 계획이라고 한다. 올바른 2세 교육을 염원하고 역사의 진실과 평화의 길을 밝힐 이 집회에 많은 교원과 학생들이 동참하기를 기대한다.

【역사이야기】 가뭄과 역사교과서 왜곡
『연합뉴스』 2001. 6. 12

어느 한쪽의 불행이 다른 쪽에는 기회나 도약의 발판이 되는 경우는 흔히 있다. 한국전쟁이 그랬다. 우리 민족에게는 최대의 비극이었으나 일본에는 전후 경제도약의 도화선이 됐다.

기상관측 이래 최악이라는 최근의 가뭄 사태를 보자. 가뭄 때문에 겪는 농민들의 참상이야 말할 것도 없고 채소값 등의 폭등으로 가계 부담도 가중되고 있다. 하지만 가뭄 사태에 표정관리를 해야 할 곳도 있다. 양수기 보내기 운동이 펼쳐지면서 양수기 제조업체는 모르긴 해도 공장 돌리기에 정신이 없을 것이다.

건설교통부와 수자원공사는 어떠할까. 이런 정부 부처 혹은 공기업은 댐 건설 같은 공사가 없으면 존재기반을 상실한다.

환경보호운동이 우리 사회에서도 큰 시민운동 흐름을 형성하면서 이런 기관들은 나날이 그 활동공간이 위축되고 있다. 건설교통부와 수자원공사가 추진한 강원도 영월 동강댐 건설 계획 취소가 가장 대표적인 사례라고 할 수 있다.

그런데 어떤 의도성이 개입됐는지는 확실치 않으나 이번 가뭄 사태를 계기로 이들 기관이 댐 건설 필요성을 부쩍 강조하기 시작했다. 덩달아 거북이등처럼 쩍쩍 갈라진 논과 저수지 바닥을 큼지막한 컬러 사진으로 싣고 있는 언론 또한 우리나라가 유엔이 정한 물부족 국가임을 연일 상기시키고 있다.

이런 것들을 보면 오직 댐 건설만이 가뭄 사태 해결을 위한 만병통치약인 것 같다. 이런 집요한 활동이 효과를 발휘했음인지 댐 건설에 대한 막연한 일반의 반대여론 또한 건설의 필요성 쪽으로 흘러가는 분위기가 뚜렷이 감지되고 있다.

이런 흐름을 알아챘음인지 환경보호운동에 밀려 수세를 면치 못하던 건설교통부는 전국에 용수공급 중심 중소형 댐 10여 개를 건설하겠다고 나섰다. 여기에는 불황에 허덕이고 있는 건설업체도 당연히 가세하고 있다.

어떤 사태를 계기로 위기 타개를 꾀하는 비슷한 현상을 일본 역사교과서 왜곡 사태에 대처하는 국내 역사학계에서 발견한다.

이번 사태에 대해 국내 역사학계가 보이는 반응만을 보면 이들이 일제 식민강점에 저항하는 독립투사들이 아닌가 하는 착각이 든다. 그만큼 격렬하다.

여러 성명을 발표하고 학술대회를 개최하며 따로국밥처럼 따로 놀던 각종 역사관련 학회들이 한자리에 모이기도 한다. 그러면서 다음과 같이 주장한다.

우리 역사교육이 엉망이 돼버렸기 때문에 이런 사태가 빚어진 것이며 따라서 우리 일선 교육현장에서 역사교육을 강화해야 한다. 국사를 모르면 뿌리가 없는 것이며 나라가 망한다.

그래서 다음과 같은 대안을 내놓는다. 선택과목 전환을 앞둔 중·고교 국사를 필수화하며 대학에서도 국사를 다시 교양필수로 돌려야 한다(물론일본의 역사인식 전반에 대한 질타와 함께 국사교과서의 검인정 전환이라는 구호도 빠지지 않는다). 그렇다면 일본 역사교과서는 차치하고 우리 국사교과서조차 무슨 내용이 어떻게 실려 있는지 쳐다보지도 않던 국내 역사학계는 왜 이런 주장들을 들고 나왔을까? 우리 역사학계는 1973년 국사를 국정화하고 필수 과목화한 박정희 유신정권 이래 1980년대 중반 전두환 정권까지 국가의 비호 아래 호황을 누렸다. 이 기간에 비록 국사의 국정교과서화에 대한 비판이 없지는 않았으나 분명히 역사학은 이런 체제에서 다른 학문에 비해 눈에 띈 성장세를 이룩했다.

40대 중반 이후 50대 중반에 걸친 현재 각 대학 역사학과 교수들을 보자. 이들의 경력을 살펴보면 아주 흥미로운 대목이 드러나는데 첫째 1970년대부터 1980년대 중반까지 강단에 진출했고, 둘째 석사학위 취득과 함께 전임이 된 경우가 아주 많다.

유신이래 전두환 정권 중반기까지 국사학 전공자들은 마치 입도선매되듯 석사학위를 받자마자 대학 강단에 나갔다. 이 무렵 20대 중, 후반에 '교수님' 소리를 들은 역사학 전공자(고고학 포함)가 아주 많다.

하지만 이런 성장세도 80년대 중반을 넘어서면서 서서히 역사학 자체의 이상비대성장에 따른 포화현상으로 한풀 꺾이더니 김영삼·김대중 정부 출범 이후 거세게 몰아친 학부제 열풍과 실용학문에 대한 수요폭발로 결정타를 맞게 된다.

자기가 원하는 과목, 원하는 전공을 스스로 선택한다는 학부제 아래서 '돈이 안 되는' 국사학은 철학이나 수학, 물리, 화학 같은 다른 기초학문과 함께 학과의 존립기반마저 흔들리게 되는 처지로 전락했다. 몇몇 대학에서는 지원자가 없어 과 자체가 없어지기도 했고 대학 당국에서도 구조조정의 칼날을 제일 먼저 사학과로 겨누고 있다. 이런 처참한 현실에서 일본 역사교과서 왜곡 사태가 재발했다.

우리 역사교육 강화와 일본 역사교과서 왜곡은 실은 관계가 없다. 우리가 역사교육을 강화한다 해서 일본에서 역사교과서가 왜곡되지 않는 것도 아니다. 그런데도 이번 사태에 우리 역사교육 강화라는 어울리지 않는 구호가 들어갔다.

일본 역사교과서 왜곡 사태가 본질을 넘어 우리 역사교육 강화라는 국내 역사학계의 이기주의라는 엉뚱한 곳으로 변질되고 있다는 한 증거이다.

역사학계가 말하는 역사학의 위기는 일각에서 지적하듯 실상 국가의 비호 아래 안주한 역사학자들의 위기일 뿐이다.

요즘 역사학은 학계의 자체 진단과는 아주 달리 어느 때보다 극성기를 구가하고 있다. 각 대형서점 인문과학 베스트셀러 목록에 역사학 관련 서적이 대종을 이루고 각종 TV 사극이 활개치는 현실이 역사학의 위기가 아님을 반증한다.

댐 건설이 가뭄의 만병통치약이 아니듯이 일본 역사교과서 왜곡에 우리 역사교육 강화가 처방이 될 수 없다. 진단이 정확해야 바른 처방이 나온다.

김태식 기자

"일본의 역사서 왜곡과 한국인의 냄비근성"에 대해……

『대한매일』 2001. 6. 14

한국인에게 냄비근성은 존재하는가?

요즘 "일본역사교과서문제"에 대한 우리의 대응과 관련해서 일본측은 한국인의 냄비근성으로 볼 때 곧 문제의 본질을 잊고 한국인의 뇌리에서 사라질 것이라고 장담한다는 이야기를 들었다.

나는 가만히 생각해 본다. 과연 우리 속에는 불같이 달아오르다가 얼마 지나면 모든 것을 잊고 지내는 면이 있는지……그런 면이 어느 정도 있는 것은 사실이나 이것은 어느 나라 사람이나 마찬가지라고 본다.

그렇다면 문제는 어디에 있는가? 우리들의 내부에 우리도 알지 못하는 면이 존재하는 것은 아닐까? 사실 우리에게는 어느 문제에 대해서 깊이 있게 파고들면서 끈기를 가지고 해결해 나가는 면이 부족한 것은 사실이다.

일본은 어떠한가? 축구에서 번번이 우리에게 패하자 몇십 년의 장기계획을 세우고 실천에 들어갔다. J리그를 만들고 체계적인 지도자교육과 함께 유소년을 브라질로 유학 보내는 등 노력 끝에 우리 모두가 아는 바와 같이 지금 결실을 맺고 있다.

일본교과서 문제가 나올 때마다 우리는 흥분만 할 것이 아니라 깊이 있는 대책을 세워야 한다. 이 문제가 불거져나온 근본은 무엇인가? 일본의 잘못을 되짚기보다는 우리의 힘이 약하기 때문이라고 본다. 많은 사람들이 지금이 구한말과 시대적 상황이 비슷하다고 하면서도 어떻게 해나가야 할지 모르고, 장기대책을 수립하지 않고 있다.

어떻게 하면 다른 나라의 영향을 받지 않고, 우리의 힘으로 나라를 지키고 여분의 힘이 있어 다른 나라를 지켜줄 수도 있는 나라, 경제적 여유가 있어서 가난한 나라를 도와주는 나라, 대한민국의 일원이라는 것이 세계의 부러움을 받을 수 있는 그런 나라, 훌륭한 문화유산을 지키고 계승해서 세계에 퍼뜨리는 나라를 만들 수 있을까?

훌륭한 지도자도 필요하나 우리국민 개개인이 노력해야 한다. 옛날 노비 만적이 난을 일으키면서 한 말을 나는 잊지 않는다. "왕후장상에 어찌 씨가 따로 있겠는가?" 이 말 속에 우리의 나아갈 길이 있다. 우리라고 해서 어찌 미국과 같은 힘있는 나라를 만들지 못하겠는가? 강대국이 될 나라가 미리 정해져 있는 것은 아니지 않는가?

나의 이 글을 읽는 사람만이라도 각자의 자리에서 노력하자. 후세에 영원히 빛날 나라를 물려주기 위해서……

일본의 역사는 왜 뒤로 가고 있는가?

『한국교육신문』 2001. 6. 18

일본인이 자국의 역사교과서 왜곡에 대해 한국인들조차 미처 발견하지 못했던 부분들까지 조목조목 짚어가며 비판한 책이 출간됐다. 일본의 새 역사교과서를 저지하는 운동을 펴고 있는 우에스키 사토시, 기미지마 가즈히코, 고시다 다카시, 다카시마 노부요시 등 4명이 공동으로 집필한 『신(神)의 나라는 가라』(한길사)가 그것. 이들이 분석한 새 교과서의 시각은 황국사관 그 자체다. 불리한 역사적 사실에 대해서는 그 사실을 부인하기 위해 '역사는 과학이 아니다'라고 말하고 사실이 아닌 역사를 사실로 만들기 위해서는 '모든 역사는 신화'라는 논리를 구사하고 있다고 비판한다.

"어제를 잊지 말고, 오늘에 충실하며, 내일을 준비하자." 인도 총리를 지낸 자와할랄 네루는 옥중에서 보낸 편지를 통해 딸에게 이런 당부를 했다. 그가 어린 딸에게 쓴 이 편지글만큼 '역사의식'의 본질을 집약해 표현한 구절도 드물 것이다. 그가 딸에게 보낸 편지 묶음은 그대로 『세계사 편력』이라는 걸출한 역사서로 거듭났다.

어제, 즉 과거를 잊지 않고 정확히 기억하는 것이야말로 역사를 보아야 하는 기본적 입장이다. 일본의 역사교과서 문제의 본질은 바로 그들이 어제를 잊어버리고 왜곡하려 한다는 데 있다. 『신(神)의 나라는 가라』는 그에 대한 일본 내부 지식인들의 강도 높은 비판을 담은 책이다.

"거짓말쟁이가 쓰고, 거짓말쟁이가 선전하여, 거짓말쟁이가 파는 교과서를 묵인할 정도로 일본사회가 우매하지는 않다. 이와 같은 것을 차세대를 지고 나갈 젊은이들 앞에서 우리들은 행동으로써 증명해 보일 것이다."(高嶋伸欣, 류큐대 교수)

4명의 필자들은 '새로운 역사교과서를 만드는 모임'(이하 '새역모')이 집필한 후소샤 판 '역사' '공민' 두 종의 검정신청 교과서가 기본적으로 '황국사관'에 입각해 있다고 본다.

기미즈마 가즈히코(君島和彦) 도쿄가쿠에이대 교수는 '새역모' 회장 니시오 간지가 지은 『국민의 역사』(1999년 10월)에서 이러한 사관의 단초가 보인다고 지적한다. 『국민의 역사』는 '모든 역사는 신화다'라고 서술하고 있다. '새역모'의 교과서는 머리말에서 같은 논법으로 "역사는 과학이 아니다"라고 언명하며 "과거의 사실을 엄밀하고 정확히 기술하는 것은 불가능하다”는 적당 편의주의의 황당무계한 사관을 보여준다. 기미즈마 교수는 이러한 입장이야말로 ‘황국사관의 완전한 부활’이라고 비판한다.

‘새역모’의 역사교과서는 오늘날 일본의 혼돈과 몰락의 원인을 청소년들에게 2차 세계대전 패전 이후 전쟁의 책임을 반성하는 ‘자학의 역사’와 ‘사죄의 역사’를 가르쳐온 교육의 잘못으로 돌리고 있다는 것이다. 그는 ‘새역모’의 교과서는 이에 대한 반동으로 나온 아시아 침략을 정당화하기 위해 일본의 피해만을 강조하며 타국의 나쁜 점만을 강조한 ‘타학사관(他虐史觀)’의 교과서라고 비판한다.

그는 전쟁을 긍정 찬미하고 아름다운 것으로 묘사하며 국가에 대한 헌신과 자기희생을 강요하는 새역모 교과서의 파시즘적 요소를 조목조목 지적했다. 우에스기 사토시(上杉聰) 일본 전쟁책임자료센터사무국장은 ‘우익운동이 교과서를 만들었다’는 글에서 ‘새역모’ 교과서가 만들어지기까지의 배경을 추적하고 있어 흥미롭다. 지난 3월 회원 수 1만 명을 넘을 정도로 광범위한 계층까지 파고들어 일본의 우익운동을 확산해온 ‘새역모’의 구성부터, 유력 일간지 산케이(産經)신문이 이러한 정치적 입장의 선전지이면서 사실상 전체 사령탑 역할을 하고 있는 실상(교과서를 출판한 후소사는 산케이신문사와 후지TV의 출판부가 병합해서 만들어진 출판사이다)을 파헤친다.

그는 상식적으로 납득할 수 없는 검정 통과 과정을 ‘작전’이라 비판한다. 고시다 다카시(越田稜) 가쿠슈인대학 강사는 “공민” 교과서가 내보이고 있는 국가관은 마치 ‘환각의 세계’에 빠져 있는 듯하다고까지 비판했다. ‘새역모’의 한 인사가 했다는 말처럼 “일본의 유일한 잘못은 전쟁에 졌다는 것”일까.

일본 내 극우파 단체에 의해 왜곡된 역사교과서의 검정통과가 이루어지는 시점에서 뜻 있는 일본 지식인들의 적나라한 탄언과 역사비판이 담긴 이 책은 우리에게 시사하는 바가 크다. 우리는 그동안 역사의 피해자라고만 생각하고 감정에 경도되어 이성을 잃고 있지는 않았던가. 러시아를 위해 군사기밀을 정탐한 중국인이 일본군에게 목 잘리는 사진을 보고 의학의 길을 포기, 중국 혁명문학의 선구자가 되었다는 루신. 그를 정작 분노케 한 것은 일본 군사가 아니라 처형되는 현장에 있던 넋 빠진 듯 멍청한 표정의 중국인이었다고 한다. 우리는 우리의 역사를 제대로 보고 있는가. 사진 속 중국인처럼 우리 역시 역사 앞에 목소리조차 없는 방관자인 것은 아닐까.

서혜정

김희선 '민족정기 세우는 의원모임' 회장
『한겨레신문』 2001. 6. 25

현충일 하루 전인 지난 6월 5일 국회 의원회관 소회의실에서는 민족정기를 세우는 국회의원 모임 토론회와 창립총회가 열렸다. 소식을 듣고 지방에서 올라온 한 노인은 눈물을 글썽이면서 "이제서야 이런 단체가 생겼다"며 국회의원들의 손을 잡았다. 그는 젊은 시절 일제에 의해 징용에 끌려갔던 사람이었다.

이날 행사에 참석한 의원들이 채택한 모임의 회칙은 '목적'에 "3 · 1 운동과 대한민국 임시정부의 법통 계승을 천명한 우리 헌법정신에 입각해, 독립애국정신 발굴 및 일제잔재 청산을 비롯한 현대사 재조명을 통해 민족정기를 고양하는 데 기여함을 목적으로 한다"고 규정하고 있다.

회원으로 참여한 의원들은 민주당에서 김방림 · 김태홍 · 김성호 · 김효석 · 김희선 · 설훈 · 송영길 · 신기남 · 심재권 · 원유철 · 이재정 · 이종걸 · 이창복 · 이호웅 · 임종석 · 정장선 의원, 한나라당은 김부겸 · 서상섭 · 안영근 · 안상수 · 엄호성 · 정병국 의원, 자민련의 배기선 의원 등 모두 23명이었다. 의원들은 이 모임을 국회 연구단체로 공식 등록하는 일을 추진하고 있다. 등록작업은 별로 어려운 일이 아니지만, 역사적 의미는 상당하다고 한다. 해방 직후 국회에 설치됐던 반민특위 이후 첫 국회 공식단체가 되기 때문이다.

국회 연구단체 등록에는 모두 12명의 의원이 필요한데, 의원 1인당 가입단체를 3개로 제한하고 있는 규정 때문에 의원들은 이미 가입한 다른 단체를 탈퇴하는 절차를 밟고 있다.

초대회장을 맡아 모임을 주도하고 있는 김희선 의원을 만나 민족정기를 세우는 국회의원 모임을 결성한 이유와 앞으로 활동계획 등을 들어보았다.

너무 늦은 감이 있는데, 모임을 지금 결성하게 된 직접적 계기가 있습니까?

올해 초 일제시대에 헌병으로 독립운동가들을 탄압한 사람이 국립묘지에 안장된 일이 알려지면서 거센 반대여론이 일어났지요. 문제가 있다고 생각해 국방부에 이야기를 했는데 전혀 받아들여지지 않았습니다. 본질적인 접근을 해야 한다, 입법을 통해서 해결해야 한다는 생각을 하게 됐습니다. '친일반민족행위자 재산환수 및 수혜제한과 민족정통성 수호를 위한 특별조치법'(약칭 민족정통성 수호법)이 필요하다고 생각해 초안을 만들고 있는데, 일본교과서 사건이 터지더군요. 교과서 사건은 결국 일본 사람들이 우리나라를 깔보았기 때문에 생긴 것 아니겠습니까? 뜻을 같이 할 수 있는 의원들과 모임을 시작했고 곧 23명으로 불어났습니다.

민족정기라는 말이 대중적으로 받아들여지기에는 좀 어려운 것 같은데요. 모임에서는 앞으로 주로 어떤 일을 하게 됩니까?

바로 그래서 대중적인 사업을 발굴하고 있습니다. 예를 들어 독립·애국지사를 실천적으로 재조명하는 것이 가능하지요. 우선 안중근 의사를 대중화하는 일을 할 것입니다. 하얼빈 역에 기념상을 세우려고 합니다. 또 우리나라 화폐에는 이순신 장군, 세종대왕, 이율곡, 이퇴계 네 사람의 초상만 쓰고 있는데, 500원짜리 주화에 학 대신 안중근 의사의 초상을 넣는 사업을 하려고 합니다. 중국 옌벤에 안중근 의사의 뜻을 기려 중근대학 설립을 추진하다가 외환위기 사태로 중단됐는데, 재추진하는 방안을 검토중입니다. 그밖에 중·고등학교 수학여행을 독립운동 유적지로 갈 수 있도록 개발하는 것도 좋은 방법이라고 생각합니다.

민족정기를 바로 세우기 위해서는 일제잔재를 청산해야 할 텐데 이 문제를 어떻게 파악하고 계십니까?

노인정에 가면 70대 노인들은 독립 이후 친일파들의 득세로 이 나라가 이 모양이라는 이야기를 많이 합니다. 해방 이후 첫 단추를 잘못 꿰었다는 것이지요. 사실 정치·경제·사회·문화 모든 분야에서 민족의 뿌리를 찾지 못하고 있습니다. 세계화의 길로 갈수록 민족의식은 중요합니다. 청산해야 할 역사는 청산해야 합니다. 어렵다면 문제가 무엇인지라도 정확히 알아야 합니다.

인적청산 작업의 일환으로 친일파의 문제를 어떻게 보고 계십니까? 명단파악 작업은 이루어지고 있습니까? 시간이 많이 지났는데 누가 친일파인지 어떻게 알 수 있습니까?

광복회에서 대표적인 친일파의 명단 900명을 작성했는데, 500명으로 줄이는 작업을 벌이고 있습니다. 누가 봐도 반론을 제기할 수 없을 정도로 객관적이고 과학적인 근거를 갖춘 명단을 작성해 널리 알리자는 취지입니다. 이 작업을 의원 모임이 같이 하기로 했습니다. 광복회에서는 국회의원들이 친일파의 명단을 국회에서 공식 발언해 속기록에 남길 것을 요구하고 있습니다. 민족정기를 바로 잡기 위해 면책특권을 활용하자는 것이지요. 역사적으로 의미가 큰 작업이라고 생각하고 있습니다.

인적청산도 중요하겠지만, 물적청산은 어떻게 해야 한다고 생각하십니까? 사유재산권 보호 문제는 어떻게 돌파할 수 있겠습니까?

재산환수와 관련해 법률적으로 논란이 있는 부분은 우선 양심에 호소하는 방법이 가능할 것입니다. 실질적인 환수가 이뤄지면 되는 것이니까요. 국민운동을 벌여서 친일파의 재산은 장학사업이라든가 노인복지, 장애인복지 등을 위해 내놓도록 하는 것입니다. 꾸준히 설득하면 가능한 일이라고 생각합니다. 물론 법률적인 문제도 어떻게 돌파할 것인지 꾸준히 연구를 해야 할 것입니다.

마찬가지로 형법불소급의 문제가 있는데요?

소급입법은 불가능한 것이 아닙니다. 5·18 특별법의 전례도 있고요. 우리 국민들과 입법권자인 국회의원들의 의지에 달린 문제라고 봅니다. 대중적인 분위기를 잡아가기 위해 여러 가지 작업을 하고 있습니다. 안중근 의사와 관련한 자동응답전화 설문을 계속하고 있습니다. 또 하얼빈역에 동상을 세우는 운동을 꾸준히 벌여 국민들의 참여과 관심을 높이고 있습니다. 이런 분위기를 이어가고 여러 차례 공청회를 여는 등 입법작업을 하면 큰 도움이 될 수 있다는 생각입니다.

입법은 언제부터 어떤 절차를 밟아 추진할 생각이십니까?

서두르지 않을 계획입니다. 민족정기를 바로 세우는 중요한 일을 무리하게 일회성 행사로 치른다면 아무 효과가 없을 것입니다.

친일파나 친일세력의 방해가 예상되는데요?

그렇지요. 아마 구체적인 입법단계에 들어가면 교묘하게 비트는 방식으로 방해책동이 있을 것입니다. 드러내놓고 반대할 명분은 없으니까요. 아직까지는 그런 방해가 나타나지 않고 있습니다.

일제잔재 청산과 관련해 여야 지도부의 생각은 어떤 것으로 파악하고 있습니까? 김대중 대통령은 이 문제에 관심을 보인 일이 있나요?

잘 모르겠습니다. 김 대통령에게는 적절한 기회에 한번 브리핑을 할 생각입니다.

친일파의 친일행적 가운데 언론도 중요한 부분을 차지하고 있는데요?

그렇지요. 언론 부분은 거대한 덩어리를 이루고 있습니다. 최근 우리 모임의 활동을 소개하는 기사에서부터 미묘한 차이가 나타나고 있습니다.

독립운동가의 자손으로서 민족정기를 세우는 국회의원 모임의 회장이 된 것은 운명적이라는 생각이 드는데요?
어려서부터 가정 분위기가 큰 영향을 주었다고 생각합니다. 지금도 고민은 국회의원을 할 사람이 그렇게 많은데, 내가 국회의원이 된 이유가 뭔가라는 것입니다. 내 스스로에게 질문을 많이 하고 있습니다.

지역구에서는 이런 일을 어떻게 평가하고 있나요?
대찬성이지요. 모임 창립총회에 지역구민들을 초청했는데, 너무너무 좋아하시더군요. 의원 모임을 만드는 문제에 대해서도 지역에서 많은 자문을 구했습니다. 많은 분들이 당장 먹고사는 문제는 아니지만 일제잔재 청산을 제대로 하지 못해서 우리가 여기까지 왔다고 말하며 나를 격려해주었습니다. 많은 용기를 얻었습니다.
성한용 기자

【시론】 결의대회식 대처방법
『문화일보』 2001. 7. 2

기자 초년병으로 국세청에 출입할 때였다. 어느 날 아침 데스크가 험한 얼굴로 기자를 불렀다. "자네, 국세청엔 왜 나가나. 아니 전신문에 '세무공무원 부정부패 추방 결의대회'가 실렸는데 자네만 모르고 있었나."

설명할 필요도 없이 대낙종이었다. 1980년대 초 서슬퍼렁던 전두환 정권 시절에 나라에서 주도한 행사를 까맣게 모르고, 덕분에 신문에 한 줄도 나가질 않았으니 데스크로서는 얼마나 한심했을까. 당시만 해도 길거리 벽에는 각종 구호나 표어가 붙어 있었고 사건만 터지면 곧잘 무슨 무슨 결의대회가 유행처럼 치러지던 시절이었다. 국세청 결의대회 역시 같은 맥락이었다.

1990년대 들어 점차 줄어들었지만 결의대회는 한국사회를 보여주는 하나의 상징어였다. 결의대회만 열면 모든 사회적 문제나 갈등이 해결되는 것인지 툭하면 대회였고 집회였다. 실질보다 명분을 중시하는 전통과 정신문화 탓인지는 몰라도 어쨌든 그같은 우리네 의식구조는 형태를 달리해 연면히 이어지고 있다.

일본의 '새로운 역사 교과서를 만드는 모임'이 만든 중학교 역사교과서에 대한 한국측의 개정 요구를 일본정부가 더이상 들어줄 수 없다고 최후통첩하자 아니나다를까, 서울 시내 곳곳에서 일본 국기를 불태우거나 일본 상품 불매운동 내지 화형식이 벌어졌다. 한국 사회에서 가공할 최면력을 발휘하는 '애국심'이나 '민족주의'라면 딱히 반박할 여지도 없지만 그렇다해도 무슨무슨 결의대회가 과연 얼마나 실질적인 효과를 발휘할지는 알 길이 없다.

일본인은 한국인에 비해 실질적이고 구체적이라는 평을 듣는다. 한 가지 예를 들어보자. 2002년 월드컵 축구대회를 한국과 일본이 공동 개최하면서 두 나라 국민이 이 행사를 유치하는 이유는 참으로 대조적이었다.

즉 한국인은 "세계 평화에 기여하기 위해서"였고, 일본인은 "세계 일류 축구 선수들의 경기 모습을 직접 볼 수 있으니까"였다. 이쯤 되면 일본에 대해 우리가 어떻게 대응해야 할지는 어렴풋이나마 떠오르지 않겠는가. 쉽게 말해 세계평화(?)에 기여하지 못하도록 하기보다 일류 선수들의 묘기를 직접 보지 못하게 하는 것이 더 응징하기가 쉬울지도 모르는 것이다.

그런 실질적이고 구체적인 일본인에 대한 청와대측의 대처 방식은 영 핀트가 맞지 않는 것 같다. 청와대 고위 관계자는 얼마전 "일본은 이번 일을 두고두고 후회하고 뉘우치게 될 것"이라고 밝히면서 몇 가지 대응조치를 내놓았다. 그런데 이들 조치가 일본측 입장에서 볼 때 별달리 후회할 것도, 뉘우칠 것도 없다는 점이다. 게다가 지난 1982년 교과서파동 때 이미 학습효과를 거둔 것들뿐 아닌가.

추가 조치가 있다면 일본문화 개방 연기 정도인데, 정부가 하든 안하든 일본문화는 이미 우리네 생활에 깊숙이 자리잡고 있어 더이상 개방하거나 금지할 영역조차 남아 있질 않은 형편이다. 남의 나라 국기를 불사르는 일은 자기 만족의 효과보다 상대국 시민의 분노를 자극하는 부작용이 더 클 뿐이고, 일본 상품 화형식 또한 산업의 국가간 상호의존도를 이해하지 못하는 전근대적 의식에 지나지 않는다.

우리나라 항공업계에서 회자되는 각국 비교가 있다. 그에 따르면 항공사고 발생시 전세계 승객 중 한국인이 가장 다루기 쉽다는 것이다. 사고시 피해를 본 한국 승객들은 고래고래 소리를 지르며 격한 반응을 보여 자칫 곤란한 처리 상대로 오해받기 쉽다. 하지만 정작 다루기 어려운 상대는 조용히 처신하는 서양 인들이다.

왜 그럴까. 시간이 어느 정도 흐른 시점에 서양 승객들은 아무 소리 없이 내용 증명을 발송하거나 변호사를 통한 손해배상 청구 통지를 보낸다. 그에 비해 정작 펄펄 뛰던 한국인 승객들은 며칠만 지나도 화가 풀려 "괜찮아, 그럴 수도 있지 뭐"라는 응답이 많다는 것이다.

이젠 바꿔볼 때도 됐다. 외교 분쟁에 반응하고 대처하는 방식이 지난 100여년 동안 크게 달라진 것이 없다면 그게 바로 우리 자신의 태만이고 실책 아니겠는가

이신우 논설위원

日우익교과서 자율수정 배경과 전망
『연합뉴스』 2001. 7. 2

역사왜곡 파문의 진원지 구실을 해온 '새 역사교과서를 만드는 모임' 측이 2일 일본 역사교과서의 바이블인 양 떠받들어온 자신들의 교과서에 스스로 칼질을 했다.

'새역모'는 지난 4월 문부과학성 검정을 통과할 당시 137곳에 걸쳐 타의에 의한 검열을 받았지만, 이번에는 스스로 9곳의 오류를 정정했다.

우선 전체적으로 보면 한국정부가 요구한 25개의 재수정 요구항목 중 5항목을 부분적으로 반영, 외견상 '성의'를 보인 듯하지만 여전히 교과시 내용 전반에 '황국사관'이 뿌리깊게 박혀 있다는 점을 감안하면 생색내기에 그친 느낌이다.

그나마 평가해줄 수 있는 부분은 고대사 중에서 임나일본부설, 중세 조선의 위상, 근현대사의 한일합방 등의 기술에서 사실관계를 바로잡으려 한 대목이다.

가장 민감한 부분 중 하나였던 한일 병합을 기술한 대목에서 '새역모' 측은 '한국 국내 일부에서는 병합을 받아들이는 목소리도 있었다'는 부분을 전면 삭제했다.

또 '조선과 베트남은……중국의 역대 왕조에 복속됐다'는 부분은 '조선과 베트남은 중국 역대 왕조의 강한 정치적 영향력하에 있었다'고 수정했으며, 임나

일본부설과 관련된 대목 중 '야마토(大和) 군세는 백제와 신라를 도와 고구려와 치열하게 싸웠다'는 부분에서 '신라'를 삭제했다.

이와 함께 한국전 당시 '중국이 참전함으로써 종래의 국경선이던 북위 38도선 부근에서 전황(戰況)은 정체상태를 보였다'는 대목 중 '종래의 국경선'이라는 대목도 뺐다.

이 같은 수정에도 불구, 한일합방 기술 중 '영국, 미국, 러시아 3국은 (합방에) 이의를 제기하지 않았다'는 내용은 그대로 유지됐으며, 임나일본부설 가운데 '임나라는 곳에 거점을 뒀다'는 핵심적인 부분도 자체적인 검열에서 안전지대로 살아 남았다.

결과적으로 '새역모'는 한국정부가 1항목에 걸쳐 여러 가지를 지적한 내용 중 일부만 자의적인 판단에 따라 고친 것으로 보인다.

또 한국정부가 지적하지 않은 내용 중에 수정된 4개 항목은 대부분 철자 오류 또는 단순한 표현 변경에 불과해 점수를 주기 어렵다.

특히 청일전쟁 당시 일본의 영웅을 소개하는 대목에서 '죽으면서도 나팔을 손에서 떼지 않았다'는 종전의 기술을 '죽으면서도 나팔을 입에서 떼지 않았다'고 수정한 대목에서는 실소를 금할 수 없다.

여하튼 문부성 검정 통과 이후 재수정 문제를 '성역과 금기'인 양 치부해오던 '새역모' 측이 교과서 채택을 한 달 남짓 남겨둔 시점에서 갑자기 자율수정에 임한 배경에 관심이 모아지고 있다.

'새역모' 측은 이와 관련, "교과서 채택 이전에 견본을 시판한 결과, 독자들로부터 여러 가지 의견이 있어 수정하게 됐다"고 주장하고 있다.

독자들의 지적을 수렴해 교과서에 수정을 가한 것이지, 한국과 중국의 '외압' 때문에 칼질을 해댄 것은 아니라는 강변이다.

그러나 '새역모' 측은 사실관계에 오류가 있으면 자신들이 편집한 교과서의 권위가 떨어지게 되고, 결국 교과서 시장에서 채택될 확률이 낮아진다는 점을 의식해 전략적 차원에서 자율수정을 결정했을 것이라는 지적이 나오고 있다.

즉 이달 중 전국적으로 교과서 채택작업이 본격적으로 이뤄지는 만큼 자신들의 교과서 채택률을 높이기 위해 '굴욕'을 감수하더라도 일부 수정작업을 거침으로써 비판세력까지 시장을 확대해보겠다는 계산이라는 것이다.

다른 한편으로는 문부성이 한국정부의 재수정 요구에 답해야 할 시점을 앞두고 '새역모'가 자율수정을 '감행', 자신들의 교과서를 통과시켜준 문부성에 '보답'을 했을 가능성이다.

조만간 한국측에 회신을 줘야 할 문부성은 '새역모' 측이 한국측 재수정 요구를 5개 항목이나 수용해 자율수정을 했다는 점을 들어 "이 정도면 되지 않았냐"고 오히려 한국측을 압박할 수 있는 명분을 얻은 셈이 됐기 때문이다.

이런 가운데 주일 한국대사관측은 "우익교과서측이 일부 내용을 수정했다고 하지만 문부성의 회신이 나온 다음에 종합적으로 판단할 일"이라며 구체적인 대응을 유보한 상태이다.

어찌됐든 '새역모'가 자율수정이라는 절차를 밟게 됨으로써 그간 한국정부와 시민단체들이 줄기차게 요구해온 재수정 요구가 헛된 주장이 아니었음을 보여주고 있다.

고승일 도쿄 특파원

【칼럼】 '고이즈미 외교'의 착각
『문화일보』 2001. 7. 3

이상현상이라 할 만한 높은 지지율을 등에 업은 고이즈미 준이치로(小泉純一郎) 일본총리가 워싱턴으로 날아가 미·일정상회담을 가졌다. 서로 '3세 정치가'이고, 알기 쉬운 말로 자신의 견해를 설명한다는 점에서 양 정상은 공통점이 많은 것 같다. 게다가 '매파'라는 점도 닮아 있어서 조금 위험스런 느낌도 없지 않다.

고이즈미 총리는 자신이 '친미집안' 출신이라는 점을 열심히 내세우면서 미국의 새로운 방위·외교 전략체계에 협력해나갈 의지를 분명히 했다. 미·일관계를 미·영 동맹관계와 같은 레벨까지 끌어올리려고 하는 것이다. 미·일정상회담은 마치 미·일을 운명공동체로 묶는 화려한 의식이 된 것 같다. 이러한 미·일 밀월시대를 내외에 과시하면 할수록 어딘가 씁쓸함이 느껴지는 것은 나만의 생각일까. 이미 한일 간에는 교과서문제와 어업허가를 둘러싼 문제 등이 있고, 일·중 사이에도 마찬가지로 교과서문제와 긴급수입제한조치 발동에 따른 무역마찰 등이 있다.

일본과 한국, 일본과 중국의 관계는 최근 수년 동안 전례가 없을 정도로 험악한 모습을 나타내고 있는 것이다. 이런 점을 생각한다면 고이즈미 총리의 외국 방문지는 먼저 한국이 됐어야 하는 것이 아닐까. 현재 일본의 외교와 국제관계에서 한일 파트너십이야말로 그 기초이고, 양국 관계가 반석에 놓여 있을 때에야 비로소 일본은 국제적으로 보다 넓은 선택을 할 수 있기 때문이다.

부시 정권의 미사일방어(MD)구상에 대한 대응만 해도 미·일 양국관계로만 생각하면 일본은 미국의 새로운 방위전략 속에 보다 깊숙이 끌려들어가지 않을 수 없을 것이다. MD구상에 대해서는 미국 내에도 의견이 갈려 있고, 러시아와 중국이 강력히 반발하며, 유럽연합(EU)조차도 냉담한 태도를 취하고 있다. 이 구상에 일본이 적극적으로 협력하게 된다면 동북아시아에 새로운 냉전의 긴장이 태어나 남북평화가 멀어질 뿐만 아니라 대만해협에서도 쓸데없는 파란이 생기게 될 것이다.

게다가 일본측이 뭐라고 변명해도 MD구상에 대한 약속은 일본 국내의 헌법문제와 결부돼 전후 일본 방위·외교정책의 근간을 바꿔놓고 말지도 모른다.

이렇게 생각한다면 왜 일본은 미국이라는 일국의 독단주의적인 방위·외교전략에 끌려 들어가야 하는지 수상하다는 느낌을 지울 수 없다.

나는 이전부터 일본 내셔널리즘의 대두는 실제로는 미국이라는 보다 상위의 파워를 지탱하는 '종속적 내셔널리즘'이 되지 않을 수 없을 것이라고 주장해왔다. 이런 역설이 어떻게 성립할 수 있는가. 그것은 일본이 전후에도 주변 아시아 제국과 흉금을 터놓는 상호 신뢰관계를 구축하지 못했기 때문이다. 전쟁과 식민지 지배의 청산, 그에 수반되는 전후청산의 문제, 역사인식의 갭 등 수많은 가슴의 응어리가 풀리지 않은 채 냉전이 종결되고 '역사문제'는 일본의 국제적인 진로를 결정하는 중대한 현안으로 부상하고 있는 것이다.

그리고 동북아시아에서 일본을 둘러싼 신뢰조성의 기운이 결여된 채 중국의 대국화와 남북공존이 진행됨으로써 일본의 영향력이 상대적으로 떨어진 가운데 압도적인 패권을 과시하는 미국에 의존하지 않을 수 없는 딜레마가 이어지고 있는 것이다.

일본이 미국 일변도가 되면 될수록 동북아시아 제국과의 대화와 협력관계는 어디까지나 대미관계의 종속변수가 돼버리지 않을 수 없다.

고이즈미 총리가 한국이나 중국을 뒤로 돌리고 최초의 외국방문지로 미국을 택한 것은 그러한 딜레마를 끊지 못하고, 그 속에 스스로 뛰어들어감을 의미하고 있다. 그런 한계 때문에 고이즈미 내각의 '성역 없는 개혁'에는 전혀 새로운 점을 발견할 수 없는 것이다.

그렇다면 어떻게 하면 좋을까. 나는 그동안 줄곧 동북아시아를 둘러싸고 일본의 다국주의적인 외교와 방위, 교류가 그러한 딜레마를 해소하고 동북아시아의 평화와 번영에 적극적인 역할을 할 기회를 일본에 부여할 것이라고 주장해왔다. 그리고 그 다국주의적인 신뢰조성과 협력관계의 단서는 한반도에서 찾지 않으면 안 된다고 말해왔다.

국내의 인기가 떨어졌다고 해도 김대중 정권의 '햇볕정책'이야말로 냉전종결 후 남북대화와 공존, 그리고 동북아시아의 평화와 협력을 향한 바른 선택이었다고 한다면 일본은 그 장애가 되는 요인을 제거함과 동시에 교과서 문제 등 김대중 정권의 신사고에 의한 대일접근에 마이너스가 될 것 같은 요인의 해소에 협력해야 할 것이다. 그렇지만 실제로는 오히려 김대중 정권의 다리를 잡아끄는 듯한 정책과 방관이 계속되고 있는 것이다.

영속적인 평화와 우호의 한일관계를 구축할 절호의 기회를 일본측이 고의로 흘려보내게 된다면 그 비용은 감당할 수 없는 무게가 되어 일본에 돌아오게 되지 않을까. 일본정부와 국민의 현명한 판단을 지켜보고자 한다.

강상중(도쿄대 교수)

【역사이야기】 수난과 투쟁뿐인 국사교과서
『연합뉴스』 2001. 7. 3

한국사의 독자성과 발전과정을 짓밟았던 일제 식민사학이 이 땅에서 물러난 해방 이후 한국 역사학계에는 부쩍 자본주의 맹아론이나 한국사회 자체의 내재적 발전과정을 역설하는 연구가 쏟아져나왔다.

이런 맥락에서 조선시대 당쟁을 긍정적 측면에서 보는 연구가 압도적으로 늘어났고 한국 자본주의는 이미 조선 후기에 자체 태동해 한창 기운을 싹틔우다가 식민지로 전락함으로써 오히려 퇴보하고 말았다는 주장이 힘을 얻기도 했다.

하지만 식민사학을 극복한답시며 제창한 이런 논리(이를 역사학자 자신들은 흔히 신민족주의 역사학이라고 했다)는 자칫 '조국 근대화'와 '민족주체성'을 부르짖는 역대 (군사)독재정권과 쉽게 결합될 수 있는 독소도 아울러 내포하고 있었다.

자본주의 맹아론이나 내재적 발전론이 부쩍 높아진 때가 하필이면 박정희 유신정권의 태동과 맥을 같이하고 있다는 점을 우연으로만 볼 수 없다. 말하자면 신민족주의가 때로는 민족의 영광만을 찾는 국수주의로 변질되고 만 것이다.

하지만 우리 역사를 냉철히 볼 필요는 있다. 조선은 망했다. 더구나 35년 간이나 다른 나라의 식민통치를 겪어야만 했다.

일제 어용사가들처럼 조선의 멸망 및 식민지 전락이 오로지 조선사람들의 타고난 당파성 때문이라고만은 할 수 없지만 왕이 죽었는데 그 어미가 상복을 1년 동안 입느니, 3년 동안 입느니 하는 따위로 싸우다가 급기야 많은 사람을 죽이고만 당쟁이 그 원인의 하나임은 분명하다.

또 조선의 멸망을 세도정치, 혹은 앞을 내다보지 못한 흥선대원군의 우둔함 때문이라고만도 할 수 없는 것과 마찬가지로 그를 우국지사로 자리매김할 필요도 없거니와, 빈 껍데기만 남은 상태에서 그 자신과 부인을 각각 황제와 황후라 칭했다고 해서 지금의 우리까지 고종과 민비를 고종황제 혹은 명성황후라고 추겨 읊조릴 필요도 더더욱 없다.

우리 국사교과서는 이 시대를 어떻게 기술하고 있을까? 실로 우스꽝스럽게도 이 시대 국사교과서는 온통 일본을 비롯한 제국주의 국가들에 의한 수탈과 식민지 극복을 위한 각종 영광의 투쟁으로 점철돼 있다. 조선 패망 즈음을 다룬 고교 교과서 제3장 '민족의 독립운동' 첫머리인 단원 개관이다.

'19세기 후반 제국주의 열강의 침탈이 강화되어가는 가운데 근대 국민국가의 수립을 추구하였던 우리나라는 20세기 초 무력을 앞세운 일제의 침략으로 나라를 강점당하였다.' 이 말을 뒤집어보면 우리는 잘했는데 일본을 비롯한 제국주의 열강 때문에 망하고야 말았다는 결론밖에 나오지 않는다.

그 어디에서도 조선이 멸망에 이를 수밖에 없었던 '내재적 원인'에 대한 설명은 없다. 패망 무렵 암울한 시대 분위기를 전해야 할 바로 앞 단원은 제목부터가 '근대사회의 전개'라고 해서 신문 발간이니 국학운동이니 서양 과학기술의 수용이니 하는 각종 '근대화를 향한 움직임'만을 기술하고 있다.

이런 국사교과서를 통독하고나서 드는 느낌은 단 하나.

그런데도 왜 조선은 망했으며 왜 우리는 35년이나 식민통치를 당해야 했는가? 교과서대로라면 조선의 멸망은 오로지 외세 때문이다. 근대화를 향한 우리 민족의 업적만을 나열하다가 일어난 국사교과서의 자가당착이다.

민족수난의 원인을 남의 탓으로만 돌리는 흐름은 일제 식민강점 시기로 넘어가면 더욱 극단을 향해 치닫는다.

이를 극명하게 보여주는 대목이 이 시기 국사교과서가 온통 일제에 의한 압박과 수탈 및 이에 대항하는 '가열찬 투쟁' 두 가지뿐이라는 사실이다.

국사교과서에는 윤봉길의 폭탄투척으로 대표되는 '의거'와 위안부로 통칭되는 우리 민족의 수난, 이 두 가지 말고는 없다.

국사교과서를 읽고난 다음의 느낌 혹은 의문점은 세 가지. 첫째, 일본은 정말로 식민통치를 잘했다. 둘째, 우리 민족은 어떻게 씨가 마르지 않았는가? 셋째, 우리는 어떻게 식민통치를 35년 간이나 겪었는가? 식민통치의 아픔과 이에 대한 저항만을 나열하고 있는 국사교과서 자체만을 보면 분명 이 세 가지 말고 다른 느낌이나 결론이 있을 수 없다.

왜 이런 어처구니없는 현상이 빚어질까? 말할 것도 없이 교과서가 균형감각을 상실하고 있기 때문이다.

적어도 35년이나 되는 적지 않은 기간에 아무리 강대국이라 하더라도 일본과 같은 나라가 조선과 같은 약소국을 효율적으로 식민통치하기 위해서는 약소국 내부 구성원 상당수의 적극적인 지지, 혹은 암묵적 동의 없이는 불가능하다.

조선의 경우는 어떤가? 윤봉길이나 안중근, 신채호처럼 조국 독립을 위해 목숨을 초개같이 버린 투사만큼이나, 아니 오히려 그보다 훨씬 더 많은 조선인이 일제에 빌붙었다. 이들은 투사도 아니요, 피수탈자도 아니다.

일본이 한국을 35년 동안이나 식민통치할 수 있었던 원동력은 그들의 국력이 우리보다 월등히 뛰어난 것도 있었지만 이런 조선 내부의 적극적인 협력 없이는 불가능했다. 하지만 수탈과 투쟁뿐인 국사교과서에 이들 친일부역배를 준엄히 꾸짖는 자리는 없다.

국사교과서의 이런 문제점은 이완용과 송병준으로 대표되는 을사오적과 이광수, 최남선이 상징하는 친일부역배에 대한 기술이 단 한 곳에도 없다는 점에서도 극명하게 드러난다.

국사교과서가 친일부역행위에 눈감음으로써 어떤 우스꽝스런 현상이 빚어지고 있는지 한 가지 사례를 더 보자.

일제하 민족 독립운동을 다루고 있는 고교교과서 3장의 한 부분이 '한국사의 연구'인데 여기서 박은식과 신채호 및 정인보를 민족주의 역사학자로 자리매김하면서 진단학회를 만든 이병도와 손진태조차 일제 어용사학에 대항한 인물처럼 묘사하고 있다.

친일행위가 발견되지 않고 있는 손진태야 논란이 있을 수도 있지만(그렇다고 그가 독립투쟁을 한 것도 아니다) 조선총독부 산하 어용역사연구기관인 조선사편수회에 봉사하기도 한 이병도를 일제 어용사학에 대항한 인물로 설명한 대목은 분명 문제가 있다.

진단학회에 독립투쟁가 기질을 지닌 인사가 꽤 참여했다고 해서, 또 회원 대부분이 일제 식민통치에 반감을 가졌다고 해서 진단학회나 그 회원들이 곧 일제 어용사학에 대항한 단체나 연구자라는 증거는 되지 못한다.

진단학회가 한국사 연구의 초석을 놓는 데 어느 정도 이바지했음은 부인할 수 없으나 그렇다고 식민통치 반대를 위한 어떤 구체적인 움직임을 보인 것도 아니다.

복지부동에 가까운 연구체에 불과했던 진단학회를 독립운동단체처럼 둔갑시키고 이완용·송병준이 대표하는 친일부역배 명단을 탈락시킨 채 오로지 우리 민족은 수탈만 당했고, 오로지 우리 민족은 가열찬 투쟁만 했다는 우리 국사교과서.

역사왜곡이 딴 게 아니다. 한쪽은 눈감아버리고 다른 한쪽만 부각시키는 게 역사왜곡 아니고 무엇이랴?

김태식 기자

【어록】 일본의 '꿍꿍이 역사관'
『한겨레신문』 2001. 7. 3

일본 우익단체 '새 역사교과서를 만드는 모임'이 중학교 교과서 내용 가운데 '조선과 베트남은 중국 역대왕조에 복속됐다'는 구절의 '복속'을 '강한 정치적 영향력 아래 있었다'로 '자율수정'하기로 했단다.

두 표현 사이에 얼마만한 차이가 있는지 몰라도 이 단체 회장이라는 니시오 간지가 "내용상 문제는 없지만 주변국들의 처지를 생각해서 그렇게 수정하기로 했다"는 오만한 말을 한 것으로 보아 '복속'이 그들의 본심임에 틀림없다. 집권 자민당이나 일본정부의 견해도 대동소이한 것으로 보인다.

중국엔 약 2억 명에 이르는 55개 소수민족이 있다. 그들이 차지하는 영토도 넓다. 최대민족인 한족은 하얼빈-청두-광저우를 잇는 동부 연안지역에 주로 몰려 사는데 그 면적은 총 국토의 3분의1 정도에 지나지 않는다. 구이저우·칭하이·시장(티벳)·윈난·신장위구르 등 광대한 지역에는 한족과는 다른 민족이 주류를 이루면서 사실상 자치지역으로서 지위를 누리고 있다. 한족과는 다른 고유문화를 지닌 이민족인 그들은 오늘날 모두 중국이라는 단일 국호 아래 들어가 있다. 그것을 일러 복속이라 한다면 이치에 닿을까.

일본 우익이 통칭하는 '조선'은 고대로부터 현대에까지 이르는 한반도와 그 전체 역사를 가리킨다. 비록 중국내에 연변 조선족자치주가 따로 있기는 하지만 중국은 한족의 활동 중심무대에서 멀리 떨어진 서북지역들을 복속하면서도 바로 코앞에 있는 조선은 끝내 복속하지 못했다. 중국의 수도 베이징과 선양·산둥에서 압록강 부근 의주와 평양·서울이 얼마나 가까운지 지도를 펴보면 금방 확인할 수 있다. 장구한 동아시아 역사에서 한때 유라시아 대륙을 석권한 중화제국으로부터 조선이 숱한 침략과 일시적 점령에도 불구하고 독립을 유지한 것은 기적에 가깝다.

일본 우익들은 그런 조선과 베트남을 군이 중국의 속국으로 간주하는 데 망설임이 없다. 애써 역사적 사실을 뒤집어보려 하는 것이다. 그 의도야 뻔하다.

일본은 서양과 조우함으로써 뒤늦게 동아시아 역사무대에 본격적으로 등장했다. 임진왜란이 그랬고 19~20세기 대륙침략이 그랬다. 근대 이후 일본의 '성공 기적'은 내적 요인 외에 대륙의 침체와 파산, 서세동점, 냉전이라는 특수상황 등의 외적 요인들이 결정적인 구실을 했다. 일본은 그 성공에 집착하고 있는 듯하다. 달리 말하면 이웃들에겐 비참함과 불행을 의미하는 그런 외적 상황의 재창출에 대한 집착일 수 있다. 그렇다면 그것은 새로운 비극의 시작일 뿐이다.

자국의 역사를 미화하고 거기에서 긍지를 찾으려는 것은 모든 시대 모든 나라들에 공통된 본성에 가깝지만 적어도 이웃에 대한 최소한의 예의염치는 지녀야 한다.

한승동 국제부 차장

【해외논단】 日 평화헌법 포기와 美의 선택

『문화일보』 2001. 7. 4

조지 W 부시 미국 행정부의 일본 정책 담당자들, 특히 리처드 아미티지 국무부 부장관은 미국과 일본의 안보관계 재검토에 열정을 보이고 있다. 즉 자위대를 일반 군처럼 운용해야 한다는 것이다. 고이즈미 준이치로(小泉純一郎) 일본 총리도 이런 발상에 활기를 불어넣고 있다. 그러나 헌법 개정은 일부에서 주장하는 것처럼 일본을 '정상적인' 국가로 바꿔놓는 것이 아니라 정치적, 도덕적 재앙을 초래할 가능성이 더 높다.

일본 자위대가 '비정상적'인 것은 사실이다. 일본의 군예산은 중국보다 높다. 그럼에도 불구하고 헌법 제9조에 따라 일본은 국경 밖으로 군을 내보내거나 군을 국가의 정책적 도구로 이용할 수 없다. 고이즈미가 지적하듯 일본 자위대의 위치는 매우 불분명한 것이다. 하지만 자위대의 비정상적인 지위 변경이 아시아의 번영과 평화에 어떤 작용을 할지는 더욱 불분명하다. 그렇다면 왜 일본은 50년 동안 성공적이었던 무력억제를 포기해야 하는가. 일본은 유럽처럼 군사력 억제의 원칙을 다른 아시아 국가들에 확산할 기회를 갖고 있음에도 불구하고 말이다.

현재로서는 여론도 헌법개정론자들에게 유리한 상황이다. 전통적으로 헌법 수호론주의였던 사회당은 냉전의 종말과 함께 무너졌고 제1야당 민주당은 헌법 개정에 자민당보다도 열의를 보이고 있다. 헌법 수호의 또다른 축이었던 지식인들도 힘을 잃어 이들이 전후에 세웠던 '평화헌법이 곧 민주주의'라는 논리는 더이상 대중을 설득하지 못하고 있다. 지식인들이 헌법을 방어할 새로운 이론적 근거를 세우지 못했기 때문이다.

실패는 지식인들의 문제만은 아니다. 수십 년간 일본에는 국가 안보에 관한 어떤 심각한 논의도 없었다. 일본에는 오로지 미국 군의 보호에 대한 믿음밖에 없었던 것이다. 미 · 일 안보협약은 여러 측면에서 헌법 위에 놓여 있다. 이는 권위와 질서의 신전이었으며 심지어 전쟁 전 천황제처럼 '신성하고 불가침해한' 역할을 해온 것이다.

이러한 독특한 지정학적 상황은 왜 보수적 민족주의자들이 헌법개정과 친미(親美)를 동시에 주장하는지를 설명한다. 많은 미국인은 이러한 논의에서 일본의 옛 민족주의의 환영을 발견하고 걱정하지만 이들이 포착하지 못하는 것은 헌법 개정을 주장하는 일본의 보수주의자들은 일본사회에서 가장 친미적인 성향을 가진 구성원들이라는 사실이다. 냉전 당시 우파들은 헌법을 없애고 무장을 한 후 미국에 협조해 소련과 공산주의에 대항할 만반의 준비를 갖추고 있었다.

민족주의와 친미주의의 독특한 혼합은 일본이 국가 안보에 대한 개념이 없다는 증거이기도 하다. 일본이 해외에 군사력을 행사할 수 있다면 어떤 일이 일어날지 일본 내에서 논의된 적이 없으며 사실은 일본인으로서는 가늠하기도 힘든 것이다. 하지만 부시 행정부는 어렵지 않게 일본의 역할을 상상하고 있는 것으로 보인다. 아미티지는 일본이 안정적이고 오랜 우방으로 미국이 무엇을 하든 개의치 않고 함께하는 영국과 같다고 말한 바 있다.

일본이 헌법을 유지하기 위해서는 막강한 일본 정치가들의 지도력과 미국의 도움이 필요하다. 만약 일본의 지도자들이 부시 행정부의 무장한 일본에 대한 열의가 미국 전체의 목소리라고 인식하게 되면 문제는 심각해진다. 이들이 미국을 거역하고 평화주의자가 될 만큼 용감하지 않기 때문이다.

다마모토 마사루〈세계정책연구소(WPI)선임연구원〉

日총리 서투른 줄타기외교

『문화일보』 2001. 7. 5

취임 후 처음으로 1주일 간의 해외순방외교에 나섰던 고이즈미 준이치로(小泉 純一郎) 일본총리가 4일 자크 시라크 프랑스 대통령과의 회담을 마지막으로 미국·영국·프랑스 방문일정을 모두 마치고 5일 오후 귀국한다. 고이즈미 총리는 국내에서 치솟고 있는 인기를 외교적 성과로 연결시키려는 듯 '모양새'에 각별히 신경을 썼다. 지난달 30일 조지 W 부시 미국대통령과의 정상회담 때는 야구공을 주고받는 모습을 연출했으며, 영국과 프랑스에서는 바쁜 시간을 쪼개 뮤지컬과 발레를 관람하는 여유를 보이기도 했다.

내용면에서도 '고이즈미의 독자적인 색깔'을 나타내려는 의도가 엿보였다. 특히 미국과 유럽의 입장이 팽팽히 대립하고 있는 지구온난화 방지를 위한 교토의정서와 미사일방어(MD) 문제에 있어서는 '중재자' 역할을 자임했다.

그러나 결과적으로 그의 이번 순방이 두 가지 현안의 해결에 크게 도움이 된 것 같지는 않다는 것이 외교전문가들의 일반적인 분석이다. 오히려 미국과 유럽 사이에서 '서투른 줄타기'를 함으로써 일본에 대한 불신감만 키워놓았다는 비판도 제기되고 있다.

교토의정서 문제의 경우 고이즈미 총리는 미국 방문시 "미국이 빠진 상태에서 의정서를 비준하지 않겠다"고 말해 "일본총리는 의정서의 사장을 인정했다"는 관측을 불러일으켰다. 그의 발언은 의정서의 일방적 비준거부로 고립상태에 있는 미국의 입장을 결정적으로 살려준 것이다.

고이즈미 총리는 유럽에 건너가 현지 매스컴들로부터 이 대목에 대해 집중적인 추궁을 받고 "의정서를 폐기하자는 것이 아니다"라고 해명하느라 진땀을 흘려야 했다.

그러나 그는 "끈질기게 노력해야 한다"고만 말했을 뿐 구체적인 대안을 내놓지 않았다. 이 때문에 미국과 유럽 양쪽에서 "일본의 본심이 뭐냐"는 불만의 목소리가 터져나오고 있다.

MD문제에 있어서도 고이즈미 총리는 "연구 단계에서 미국의 입장을 이해하나 개발과 배치는 분리해서 생각할 문제"라고 일본의 입장을 설명했으나 프랑스는 MD구상 자체에 대한 반대입장을 굽히지 않았다. 이에 따라 일본의 일부 매스컴은 이번 고이즈미 총리의 3개국 순방에 대해 '위험한 중재외교'라며 불안감을 나타내고 있다.

이병선 도쿄 특파원

【흔들리는 한일관계】 3중 악재에 무해법

『중앙일보』 2001. 7. 8

한일관계가 삐걱거리고 있다. 중학교 역사교과서 파동에 어업분쟁까지 겹쳐 양국 정부·국민 간 갈등의 골이 깊어지고 있지만 뾰쪽한 해결책은 없는 상태다. 현 정부 들어 최악의 상황으로 치닫고 있는 한일관계의 현주소와 바람직한 해결책을 알아본다.

요즘 일본 도쿄에서 일본인을 만나면 반응은 두 가지로 엇갈린다. 하나는 우익교과서 문제 등 이런저런 양국간 현안에 대해 의견을 물어보면서 호의적인 감정을 보이는 사람과 "왜 한국이 간섭하느냐"고 따지는 등 나쁜 감정을 보이는 사람이다.

불만을 표시하는 e-메일이나 전화도 종종 받는다. 김대중(金大中) 대통령이 1998년 10월 일본을 방문, 당시 오부치 게이조(小淵惠三) 총리와 만나 '21세기를 향한 새 한일 파트너십'을 선언한 후 한일관계는 어느 때보다 좋아졌다. 한국정부는 일본 대중문화의 개방을 허용했고 일본정부도 올해 한국어를 대입 외국어 정식과목으로 인정했다.

지난해 일본 내 여론조사에서는 처음으로 한국에 대한 호감도가 50%를 넘기도 했고, 한국 음식을 찾거나 한국어에 관심을 갖는 일본인들도 늘어났다.

그러나 최근의 분위기는 이를 무색하게 할 정도로 냉랭해진 것이 사실이다. 주일 외교소식통은 "양국간에 악재가 많아 가장 어려운 시기"라며 이런 상황이 당분간 지속될 것으로 예상했다.

무엇이 문제

한국과 일본 관계를 악화시킨 주요 요인은 크게 세 가지다. 우선 일본 우익단체 '새 역사교과서를 만드는 모임'이 만들어 지난 4월 문부과학성의 검정을 통과한 중학교 역사교과서.

이 교과서는 일제의 침략 역사를 미화하는 등 심각한 역사왜곡으로 한국·중국 등 많은 아시아 국가에서 항의를 받았다.

지난해 처음 내용이 알려졌을 때부터 문제가 됐지만 문부과학성이 한국 등의 요청에도 불구하고 통과시킴으로써 문제가 더욱 불거졌다. 게다가 일본정부는 한국·중국의 재수정 요구를 거부한 것으로 알려져 한일 정부뿐만 아니라 국민 간에도 엄청난 갈등을 불러올 것이 확실하다.

둘째는 한일 어업분쟁이다. 한국정부는 지난해 12월 러시아 정부와 합의해 이달 15일부터 남부 쿠릴열도(북방4개섬) 수역에서 꽁치 조업을 하기로 했다.

이것은 새로운 것이 아니고 이전에는 민간업체들이 매년 계약하던 것을 정부 간 합의로 바꾼 것에 불과하다.

그러나 일본은 이것이 쿠릴열도에 대한 일본의 영유권을 침해한 것이라며 반발하고 나섰다. 그러고는 일본 배타적 경제수역(EEZ) 내 산리쿠(三陸) 수역에서의 한국 꽁치잡이 허가를 유보하는 보복조치를 취했다.

그러나 일본정부도 매년 러시아에 수산자원보전 협력금 명목으로 돈을 주면서 남부 쿠릴열도 수역에서 조업하는 것으로 밝혀져 일본측의 주장에 명분이 없다는 것이 일반적인 지적이다.

이보다 더 큰 문제는 일본사회에 급격해진 보수우익화 물결에 힘입어 고이즈미 준이치로(小泉純一郎) 총리·이시하라 신타로(石原愼太郎) 도쿄도 지사 등 우익정치인들의 발언권이 커지고 있다는 점이다.

이시하라는 잇따른 중국인 비하발언 등으로 물의를 일으키고 있다. 고이즈미는 한국·중국의 반발에도 태평양 전쟁 A급 전범의 위패가 있는 야스쿠니(靖國) 신사 참배를 강행하려 하고 있다. 게다가 미국 조지 W 부시 행정부 등장에 힘입어 일본정부는 헌법 개정·집단적 자위권 실행·유사법제 정비·유엔평화유지 활동(PKO) 강화 등 군사력 강화 움직임을 보여 한국 등 주변국의 우려를 불러오고 있다.

일본 내 분위기

일본 내에서도 한국·중국과의 관계 악화에 우려의 목소리가 적은 것은 아니다. 아사히(朝日) 신문은 8일자 3면 '한국에 비춰진 고이즈미 정권'이란 기사에서 한국에서 일고 있는 반일 분위기를 상세히 전하고 우려의 목소리를 전했다.

일본 외교의 수장으로 중국과 우호관계인 다나카 마키코(田中眞紀子) 외무상도 이를 걱정하고 있다. 야마사키 다쿠(山崎拓) 자민당 간사장 등 일본 연립 3여당 간사장이 8일부터 한국·중국을 방문하는 등 일본 정치계도 관계개선의 움직임은 보이고 있다.

그러나 문제는 일본정부가 실제 행동은 보여주지 않는다는 데 있다. 또 산케이(産經) 신문 등 우익언론들은 연일 교과서 문제. 어업 분쟁 등과 관련해 한국. 중국 정부를 비판하고 있다. 그럼에도 일본에서 기대하는 것은 내년도 양국이 공동 개최하는 월드컵이다.

주일 외교소식통은 "이 행사는 양국에 모두 중요하기 때문에 양국이 관계를 파국으로 몰고 가는 상황이 벌어지지는 않을 것이며 양국 외교의 근간을 해쳐서도 안 된다"고 강조했다.

오대영 도쿄 특파원

【흔들리는 한일관계】 정부 상처입더라도 장기전
『중앙일보』 2001. 7. 9

정부는 9일 일본측이 공식 전달한 일본 문부성의 검토결과가 자국중심적 사관에 입각해 우리의 요구를 수용하지 않은 것으로 최종 확인되자 향후 대책마련에 부산하다.

"정권이 약해질 때마다 흔든다"

일본의 검토결과에 대해 정부 당국자들은 "해도 너무 한다"는 반응이다.

일본의 이같은 태도는 보수성향의 고이즈미 준이치로 총리 등 전후 정치인들의 정치권 전면 포진과 오는 29일 참의원선거 등 정치일정, 미국 중심의 외교형태 등 복합적 요인이 빚어낸 결과라는 게 정부 당국자들의 판단이다.

하지만 이에 못지 않게 "우리 정부가 국내적으로 약해질 때마다 흔들어대는 일본의 외교습성이 또다시 드러난 것"이라는 분석도 하고 있다.

노태우(盧泰愚) 정부 후반기인 1991년과 김영삼(金泳三) 정부 말기인 1998년 1월 일본은 각각 '혐한론(嫌韓論)'과 '한일 구(舊) 어업협정 일방 파기' 등 강수를 둬 한국을 흔들었는데 이번도 같은 맥락이라는 것이다.

특히 정부 당국자들이 분개하는 것은 일본정부가 최소한의 성의도 안 보였다는 점이다. 정부 당국자는 "우리 왕조를 폄하하는 '이씨 조선'이란 표현을 역사상 정식명칭인 '조선'으로 수정해달라는 최소한의 요청도 일본측은 학계의 경향을 평계로 받아들이지 않는 등 상당한 의도를 담고 있다"고 말했다.

'단계적 대응'

정부 당국자들은 "일본정부가 우리 정부의 의지를 실감할 수 있도록 끝까지 대응하겠다"며 강경대응 방침을 밝히고 있다.

그러나 정부는 "수시로 대책반 회의를 열고 대응카드를 확정할 방침이나 이는 외교전략인 만큼 공개하기 어렵다"는 입장이다.

정부는 일본 내 절차를 감안하면 앞으로 왜곡시정을 위해 남은 기간은 한 달에 불과한 만큼 단기전은 이미 끝났다고 판단, 장기전에 대비하고 있는 것으로 전해지고 있다.

정부가 우선적으로 검토하고 있는 대응카드는 '대일 문화개방 연기'와 '한일

군사교류 중단' '유엔 등 국제회의에서 문제 제기' 등이다.

정부 당국자는 "왜곡 교과서 문제로 일본은 유엔안보리 상임이사국 진출이 상당기간 불가능해졌다"며 "교과서 문제로 한일관계가 악화되면 일본도 상처를 입을 수밖에 없을 것"이라고 전망했다.

이철희 기자

일본 교과서가 위험한 3가지 이유

『연합뉴스』 2001. 7. 9

일본정부는 9일 '역사관의 차이에 따른 기술은 무죄'라는 취지로 역사왜곡 파문을 일으켜온 '새 역사교과서를 만드는 모임' 측의 손을 들어줬다.

일본정부는 한국의 역사학자 등이 참여해 작성한 최소한의 재수정 요구를 '눈에는 눈' 식으로 자국 역사학자들을 동원, 이른바 '정밀조사'를 벌인 끝에 재수정 불가(不可)라는 결론을 내렸다.

그러나 일본정부가 이처럼 한국의 요구를 무시한 것과는 달리 일본 국내의 의식있는 지식인과 학자들은 '새역모' 교과서가 학교현장에서 사용되는 것은 위험하다며 내부적으로 경고음을 내고 있다.

일본의 식자층은 역사왜곡 파문의 불을 댕긴 '새역모' 측 교과서의 위험성을 크게 3가지로 들고 있다.

첫째, 문제의 교과서가 학교현장에서 사용될 경우, 교실내 민족차별을 조장할 수 있다는 지적이다.

운노 후쿠주(海野福壽) 전 메이지(明治)대 교수 같은 사람은 '문제의 교과서가 학교에서 교재로 채택되면 재일 한국인과 중국인 학생들이 같은 반 일본학생들로부터 민족차별을 받는 꼴이 된다'고 지적했다.

'새역모' 측 교과서는 일본 학생들의 자긍심을 고취시킨다는 명분 아래 '일본인은 우수하고, 한국인과 중국인은 열등하다'는 사고를 주입하고 있기 때문이라는 것이다.

두번째로 일본인의 역사관이 사실상 중학교 교육과정에서 형성된다는 점이다. 일본의 고교생들은 대학입시에서 일본사를 선택하는 경향이 줄어들고 세계사

시험을 보려는 추세가 늘고 있다는 것은 널리 알려진 사실이다.

대학에 가서도 일본 학생들이 일본사를 배우는 일은 거의 없기 때문에 실질적으로 일본 역사를 배울 수 있는 기회는 중학교 시절밖에는 없는 셈이 된다.

이런 점에서 중학교 역사교육은 중요하며, 따라서 자의적인 해석으로 전쟁을 미화하고 침략사실을 축소한 역사교과서가 중학교에서 교재로 사용되는 것은 부적절하다는 지적이 팽배하다.

마지막으로 큰 논란을 빚은 '새역모'의 교과서가 상당수준으로 학교현장을 침투하게 된다면 내년으로 예정된 고교 교과서 검정신청에 좋지 않은 선례를 남길 것이라는 우려이다.

실제로 이번에 '새역모' 교과서의 등장으로 지난 1997년판 교과서에서 군위안부 사실을 다뤘던 7개 기존 교과서가 일제히 위안부 관련기술을 삭제하거나 축소했다.

현재 사용되고 있는 일본의 고교 교과서 26종 가운데 25종이 위안부 문제를 기술하고 있으나, 내년 검정신청 때 이들 교과서들이 위안부 문제를 삭제할 가능성은 얼마든지 있다.

특히 고이즈미 정권이 야스쿠니(靖國) 신사참배 강행 등 우경노선을 걷고 있음에도 엄청난 국민적인 지지를 얻고 있다는 점을 감안할 때 내년 고교 검정신청은 또 한번 역사왜곡 파문을 일으킬 소지가 적지 않아 보인다.

이런 점을 종합적으로 고려할 때 일본정부가 끝까지 우익교과서를 감싸고 돈 태도는 일본의 미래를 담보로 해서 부끄러운 과거를 지우려 한 행위로 '치욕의 역사'에 벽돌을 한 장 더 얹어놓는 꼴이 될 수도 있다.

고승일 도쿄 특파원

'일본 교과서문제' 정부성명(전문)

『한겨레신문』 2001. 7. 9

1. 우리 정부는 일본 중학교 역사교과서에 왜곡 기술된 35개 항목에 대한 우리의 수정요구와 관련, 일본정부가 금일 우리의 국민적 관심과 우려를 외면한 검토결과를 발표한 데 대하여 깊은 실망과 유감의 뜻을 표한다.

2. 특히 일본정부가 한편으로는 우리 국민이 아직도 생생하게 기억하고 있는 과거 일본 제국주의 시대의 형언할 수 없는 고통과 아픔까지 왜곡하고 미화하려는 역사기술을 용인하면서 다른 한편으로는 1995년 무라야마 총리 담화와 1998년 한일파트너십 공동선언을 통해 천명한 역사인식이 일본정부의 공식입장이라는 이중적 자세를 보이는 것을 우리는 용납할 수 없다.

3. 우리 정부는 일본정부의 이 같은 태도를 감안해볼 때 일본이 과연 근린제국과의 우호친선관계를 중시하고 나아가 세계평화와 안정을 위해 적극적인 역할을 할 의사가 있는지에 대해 강한 의구심을 갖지 않을 수 없다.

4. 우리 정부는 일본정부가 과거의 잘못을 진심으로 반성하고 이를 역사의 교훈으로 삼는다는 겸허한 자세에 입각하여 왜곡된 역사기술을 시정하지 않는 한 여타 어떠한 방법으로도 이 문제가 해결될 수 없다는 점을 분명히 하는 바이며 이러한 관점에서 역사교과서 왜곡이 반드시 시정될 수 있도록 모든 노력을 경주해나갈 것이다.

5. 우리 정부는 일본정부와 국민들이 일본의 미래를 짊어지고 나갈 젊은 세대들에게 과거 역사를 있는 그대로 객관적이고 올바르게 가르침으로써, 장차 이들이 주변제국과 선린 우호관계를 유지하고 일본은 물론 세계평화와 번영에 기여할 수 있도록 현명하고 사려 깊게 대처할 것을 다시 한번 촉구한다

【교과서 수정거부 일본 논리】 "해석은 우리 마음"
『중앙일보』 2001. 7. 10

일본 정부의 대응논리는 '사실과 해석의 분리'에서 출발한다.

'사실=객관, 해석=주관'이라는 전제하에서 '교과서는 엄격히 객관적이어야 한다'는 자기 방어적인 논리를 이끌어내기 위해서다.

이에 따라 일본 문부과학성은 한국이 재수정을 요구한 35개 항목을 사실관계와 해석상의 문제로 구분하고 역사적 사실의 명백한 오류에 대해서만 수정에 응하기로 한 것이다.

일본측은 우선 한국 정부의 재수정 요구 항목을 잘못된 사실의 기술, 역사 사실의 잘못된 해석에 입각한 기술, 위안부 문제 등 교과서에 기술되지 않은 사항

이나 기술이 미흡한 사항 등 크게 세 가지로 분류했다.

주무부서인 문부과학성은 첫째 범주의 오류에 대해서는 수정의 필요성을 인정했다. 임나일본부설 등 한반도 고대사와 관련된 두 곳이 그것이다.

그러나 나머지는 주관적이므로 받아들일 수 없다고 설명하고 있다.

다양한 학설이 존재하기 때문에 검정을 통과한 역사교과서의 기술이 반드시 오류라고 할 수는 없다는 것이다.

즉, 수많은 학설 중 하나에만 들어맞으면 '명백한 오류'가 아니라는 주장이다.

또 현행 검정제도상 해석의 문제로 정부가 출판사에 정정을 요구할 수도 없다고 한다.

한국이 민감하게 받아들이고 있는 위안부 관련 기술 누락과 관련해서는 "중학교의 학습지도요령에서 반드시 다뤄야 할 내용으로 지정돼 있는 것 외에는 기술을 요구할 수 없다"며 재수정 요구를 비켜갔다.

이는 위안부 문제가 중학생들에게 가르치기 부적절하므로 삭제했다는 우익의 자세를 그대로 옹호한 것이다.

도야마 아쓰코(遠山敦子) 문부과학상은 이같은 결과가 "외부 전문가의 의견을 들어 학문적·전문적으로 충분히 정밀검토(精査)한 것"이라고 변호했다.

그러나 이같은 일본측 논리에는 '내 나라 역사를 내 마음대로 해석하는 데 참견하지 말라'는 뜻이 담겨 있다.

"교과서 검정이 집필자의 역사인식이나 역사관의 시비를 판단하는 것은 아니다"는 문부성의 설명이 바로 그런 자세를 보여준다.

이를 통해 주관적인 역사관 기술이 객관적인 교과서로 둔갑해 교육현장을 파고든다는 점에 대해서는 일본 정부는 팔짱만 끼고 있는 꼴이다.

오히려 우익이 황국사관으로 무장한 교과서로 청소년을 교육하는 것을 일본 정부가 공인하고 나선 것이나 다름없다.

와다 하루키(和田春樹) 도쿄대 명예교수는 "문부성은 교과서의 기술을 학설에 비춰 오류가 없다고 하지만 학설 적용의 엄밀성이 결여돼 있다"며 "한국·중국의 비판을 적극 받아들이지 않은 채 당초의 검정결과를 지키려 하고 있다"고 지적했다.

남윤호 도쿄 특파원

원폭 피해 남북한 정부 공동대응을

『한겨레신문』 2001. 7. 11

역사는 잊을 수는 있지만 덮어버릴 수는 없는 것이다.

일제의 침략전쟁으로 남한과 북한에는 많은 희생자들이 생겼고, 그 가운데 히로시마와 나가사키 원자폭탄 투하로 우리 동포 10만여 명이 무고하게 희생을 당했다.

민간인에게 폭탄을 떨어뜨린 미국 정부, 전쟁을 일으키고 한국인을 동원한 일본정부, 지금까지 자국민의 피해에 대해서 어떠한 대책도 내놓지 못하는 한국정부, 모두 역사 앞에 부끄러움을 알고 참회해야 한다. 일제로부터 해방이 된 지 56년이 지났건만 식민지 참상 가운데 원폭 피해자의 고통은 지금도 계속되고 있다. 이것은 최근의 역사교과서 왜곡 파동에서 볼 수 있듯이 침략전쟁을 강행해 수많은 아시아의 죄 없는 사람들을 희생시키고도 패전 뒤 지금까지 전쟁 책임을 모두 회피해왔던 일본의 반성 없는 태도가 근본 원인이다. 그러나 그동안 우리 민족이 남과 북으로 분단·대립돼 일본에 책임을 묻는 공동의 피해배상운동을 할 수 없었던 것도 이런 고통을 유지·증폭시켰다. 원폭 피해자와 함께 하는 시민모임과 재일조선인연락협의회는 6·15 남북공동 선언의 정신에 기초해 남과 북의 원폭 피해자들이 살아 있는 동안에 일본으로부터 사죄와 정당한 배상을 받기 위해 노력하기로 했다.

두 단체는 합의한 공동성명에서 우선 두 단체가 정기 모임을 열고 원폭피해의 진상을 규명하고 피해배상에 관한 남북을 비롯한 모든 동포 피폭자들의 공통적 요구안을 만들기 위해 노력하기로 했다. 또한 한국인·조선인 원폭피해자들의 공동 피해배상운동에 대해 한국정부와 북한정부의 적극적 관심과 지원을 촉구하기로 했다. 김대중 대통령은 일본의 역사왜곡과 관련해 "일본은 반드시 국민들에게 진실을 가르쳐야 할 의무가 있고 우리는 그것을 요구할 권리가 있다"며 "우리 정부는 왜곡된 교과서의 시정을 끝까지 일본정부에 요구할 것"이라고 강조한 바 있다. 그러나 과연 한국정부가 그 동안 식민지 지배 아래 희생당한 역사적 사실을 얼마나 적극적으로 파헤쳐 국민에게 진실을 가르쳐왔던가 되돌아볼 일이다. 지금이라도 남과 북의 양쪽 정부는 민간단체들의 진실 규명과 지원 요구를 겸허히 받아들여, 식민지 시대에 우리 민족이 겪었던 역사적 사실을 철저히 조사하고 그 진실을 알리는 데 공동의 노력을 아끼지 말아야 한다. 이것이 일본의 역사왜곡에 대응하는 최선의 방법일 것이다.

김동렬(원폭피해자와 함께하는 시민모임 사무국장)

와다 하루키 도쿄대 교수 특별기고

『중앙일보』 2001. 7. 11

한국과 중국 정부의 후소샤(扶桑社)판 역사교과서 수정요구에 대한 일본 문부과학성의 검토 결과가 9일 두 나라 정부에 전달됐다. 그 내용은 놀랄 만한 것이었다.

한국정부가 수정을 요구한 35항목 가운데 33항목과 중국정부가 요구한 8항목 전부가 "학설 상황에 비춰볼 때 명백한 잘못이라고는 할 수 없으며 제도상 정정을 요구할 수 없다"는 이유로 거부됐다. 이는 역사학자 14명에게 의견을 물어 도출해낸 결론이라고 한다.

문부과학성은 필자를 포함한 역사학자 7명이 공동으로 제기한 근현대사 부분 51군데의 오류와 문제점, 22개 학회가 제기한 전근대사 부분 38군데와 근현대사 부분 10군데의 오류에 대해서는 검토할 기미가 없는 것 같다.

그러나 한국·중국 정부의 지적과 겹치는 항목도 있어 이번 검토 결과는 일본 국내의 비판에 대한 부분적인 회답이기도 하다.

검토 결과의 대부분은 학설상황의 파악이나 후소샤판 교과서 기술의 검토에서 엄밀성을 유지하지 못해 명백한 잘못을 인정하지 않은 채 끝내고 말았다. 예를 들어보자.

러·일전쟁에 대해 후소샤판은 전쟁 직전 "러시아는 조선 북부에 군사기지를 건설했다"고 썼지만 한국정부는 이를 잘못이라고 지적했다.

이에 대한 문부과학성의 검토 결과는 "우리나라의 학계에서는 러시아의 행동을……군사적 시설의 건설 또는 그 준비로 보는 것이 널리 인정되고 있다"고 밝혔다. '군사적 시설의 건설'과 '그 준비'는 다르다. '준비'는 건설을 끝낸 것이 아니다.

'일본 외교문서' 제36권에 따르면 1908년 11월에 용암포(龍岩浦)를 조사한 일본대사관원의 보고에는 "현재로선 포대(砲臺)로 설치하는 것이 아니라 표면운동장으로 건설하는 계획인 것 같다"고 돼 있다.

또 후소샤판엔 일본의 승리는 "세계의 억압받는 민족에게 한없는 독립의 희망을 주었다"고 쓰여 있지만 한국정부는 이 표현이 "일본이 한국의 지배권을 인정받았다는 서술과 모순된다"고 지적했다.

이에 대해 문부과학성은 일본의 승리가 아시아인들에게 희망을 준 면이 있다는 것은 널리 인정돼 있다고 주장하며 일본이 한국(조선)의 지배권을 얻었다는 기술이 있으므로 무방하지 않으냐고 지적했다.

그러나 '세계의 억압 받는 민족'에는 조선민족이 포함된다. '세계의 억압받는 민족의 일부'라고 쓰지 않는다면 명백한 오류다. 이는 조선민족에게는 굴욕과 다름없다.

중·일전쟁에 대해 후소샤판은 "국민당과 손잡은 중국 공산당은 정권을 빼앗을 전략으로 일본과의 전쟁 장기화를 방침으로 정했다"고 기술하고 있다. 중국정부는 항일전쟁을 '정권을 빼앗을 전략'으로 표현한 것은 '모욕'이라고 지적했다.

이에 대해 문부과학성은 "우리나라의 학계에서는 마오쩌둥(毛澤東)과 중국 공산당이 일본과의 전쟁이 장기화할 것이란 전망에 편승, 당의 독립자주를 지키고 세력확대를 의도했다는 설이 있다"고 주장한다.

전쟁이 장기화한다는 전망을 갖고 그 속에서 세력확대를 꾀한 것을 '정권을 빼앗기' 위해 전쟁의 '장기화'를 꾀했다고 한 것은 결정적인 오류다. 이 오류는 일본의 침략에 저항한 중국인에 대한 모욕과 다름없다.

문부과학성의 검토 결과의 둘째 문제점은 후소샤측이 지난 2일 정정 신청한 네군데에 대해서는 "자주(自主)정정 신청 중"이라고만 기술하고 판단을 포기한 것이다. 이는 후소샤와 협력하고 있다는 인상을 준다.

잘못이라고 확실히 인정한 점이 한 군데 있었지만 검정에서는 이를 빠뜨리는 잘못을 범했다. 오류가 많이 인정되지 않으면 검정의 권위는 상실되고 만다. 실제로 후소샤판은 '자주' 정정에 포함된 단순 실수 두 곳 등을 제외한 나머지 부분은 "고칠 의향이 없다"고 호언했다. 그러나 단순 실수는 아직도 남아 있다. 또 사료의 개찬(改竄)도 있고 더 중대한 오류도 있다.

이같은 검토 결과로는 중국·한국으로부터의 비판을 수습할 수 없을 것으로 보여 우려된다.

【정운영 칼럼】 정말 자신 있는가
『중앙일보』 2001. 7. 13

혼네(本音)와 다테마에(立前)는 대강 속말과 겉말쯤으로 풀이될 텐데, 흔히 일본인의 이중성격을 야유하는 대명사처럼 쓰인다. 본심을 숨기고 밖으로 내놓는 인사말만 믿었다가는 낭패하기 십상이라는 뜻이다.

고려대 김현구 교수는 거기서 야유나 비판 이상의 '역사성'을 찾으라고 권고한다. 1백여 사무라이 군벌(大名)들이 혈투를 벌이던 전국시대(1467~1568년)의 최고 덕목은 한마디로 살아남기(生殘)였다. 조카가 원군을 청하더라도 알았다고 답한 뒤, 전쟁터에서는 오히려 강한 상대에 붙어 조카를 치는 것이 그 시대의 슬픈 도리였다. 이렇게 형성된 다테마에와 혼네의 관습은 그들의 일상에 삶의 방식(modus vivendi)으로 각인됐을 터인즉, 국외자의 이중성 시비는 한낱 췌언(贅言)에 불과하리라는 것이다.

日교과서 수정 거부 횡포

이런 맥락에서 보자면 역사교과서 왜곡 논란은 간단히 풀릴 문제가 아니다. 일본 정부의 수정 거부는 - 출판사에 대한 수정 지시 거부는 - 강자의 교만이기에 앞서 그들 나름대로 논리를 갖췄다는 점에 주목해야 한다. 사실과 해석이 '틀렸다'고 우리가 지적한 부분에 대해 일본은 '다르다'고 응수한다. 더구나 그것이 어떤 의도를 숨긴 억지의 소산이 아니라 일본 학계의 검토를 거친 결과라고 내세우고 있다. 그들의 주장대로 틀린 것이 아니고 다른 것이며, 그런데도 고쳐야 한다면 그것은 외세의 간섭에 대한 굴복이(!) 된다. 오자와 이치로(小澤一郎) 신진당 당수처럼 일본의 정치개혁을 외치며 자민당에서 뛰쳐나온 인사조차 "한국에서의 대일 비판은 한국의 잘못된 역사교육 때문"이라고 내뱉는 마당에, 서네 역사를 저희가 볶아먹든 지져먹든 우리로서는 모르는 체하는 것이 차라리 상책 아니냐는 생각도 든다.

전국시대의 '원죄' 외에 현대사의 오류도 있었다. 반공 신드롬 말이다. 마오(毛)가 중국을 석권하고 한반도에서 전쟁이 돌발하자, 미국은 동북아 안보와 일본의 재무장을 서둘렀다. 반공의 맹우로 군국주의 세력과 제휴한 것은 예고된 수순이었다. 당연히 재벌이 부활하고, 전범은 석방돼 정계로 진출했다. 그들의 혈관에 도도히 흐르는 파시스트 광기는 재무장, 헌법개정, 부전(不戰) 결의 반대를 필두로 망언, 신사참배, 교과서 왜곡 등 아주 잡다하게 터져나왔다. 독일 역시 비슷한 상황이었다. 그러나 나치 잔당은 반공의 우군이 아니라 역사 청산을 위한 '사냥감'이었을 뿐이다. 코뮤니즘과 함께 파시즘을 억누른 독일의 점령정책은 무엇보다 유대인과 드골이 두려웠기 때문이고, 파시즘으로 코뮤니즘을 막으려던 일본의 경우는 이승만과 장제스(蔣介石)의 - 그 후계들의 - '레드 콤플렉스' 단견에도 원인이 있다.

야스쿠니신사는 A급 전범들의 위패가 봉안된 곳이다. 일본의 눈으로는 충신의 사당이니 총리의 참배가 하등 잘못일 리가 없다. 오히려 참배하지 않는 것이 이상하다. 실은 1985년 '전후 정치의 총결산'을 내걸고 나카소네 야스히로(中曾根康弘) 총리가 이미 참배한 적이 있다. 요정(了定)을 내리려면 그때 냈어야 옳다. 그리고 또 저네 총리가 저희 신사에 죽어도(?) 가서 참배하겠다는 데에 우리가 결사적으로 막아야 하는지도 의문이다.

신사 참배를 반대하고 교과서 왜곡을 비판하는 세력은 그래도 사회당과 공산당을 비롯한 진보적 지식인들이다. 소위 지한파(知韓派) 나카소네에 대한 국내의 연줄은 많겠지만, 이들 진보세력과의 연대는 완전히 막혀 있다. 우리로서 무엇보다 먼저 반성할 점이 이 부분일 듯하다.

본때 보이기 강력 대응을

솔직히 나는 일본의 횡포보다 우리의 대응이 더 걱정스럽다. 대통령이 일본 여당 간사장 접견을 취소했다면, 뒷날 아무리 급해도 그들을 통해 투자협력 따위를 요청하지 않을 자신이 서야 한다. 대사를 소환했으면 흐지부지 귀임시키지 말았어야 앞으로 우리의 결단이 무겁게 보인다. 그리고 일본상품에 대한 불매운동을 벌이기 전에 저들의 기계와 부품이 없으면 공장이 멈추는 현실을 먼저 살펴야 한다. 문화개방 연기? 초등학생 학용품에서 여고생 잡지에까지 침투한 저들의 위력을 보고나서 하는 소리인가? 정말 자신 있으면 크게 한번 '본때'를 보이기 바란다. 그게 자신 없다면 스스로 퇴로를 막고 대드는 실수는 피하도록 하자. 제풀에 나가떨어질 때를 기다릴 만큼 상대는 벌써 사태의 결말을 읽고 있지 않는가? 이제 우리가 저들의 혼네와 다테마에 전술을 배울 차례이다.

『중앙일보』 2001. 7. 14

역사 교과서 재수정 요구를 묵살하는 일본 정부의 대응을 보고 있노라면 1백 33년 전에 있었던 '메이지유신'의 망령들이 되살아나고 있음을 느끼게 된다.

연중행사와 같은 악순환

'새 역사교과서를 만드는 모임'의 니시오 간지(西尾幹二) 회장은 일본은 아시아인이 아니라고 거침없이 말한다. 일본국 근대화의 사상적인 배경을 제공했던 후쿠자와 유키치(福澤諭吉:1만 엔권 지폐의 초상)는 '탈아입구(脫亞入歐)'를 주장하면서 중국과 조선을 야만보다 조금 나은 '반개(半開)'로 규정한 바 있다.

이 탈아론은 패전 후에도 일본의 정계·재계·학계에 막중한 영향력을 행사했다. 일본인들의 각별한 지지를 받는 총리의 한사람인 요시다 시게루(吉田茂 : 1878~1967)도 '미국의 자본과 일본 기술을 결합시켜 동남아를 개발하는 것이 좋다'는 식의 '신탈아론'을 주장한 터다.

또 일본의 메이지유신을 주도했던 젊은 지사들을 길러낸 장주번(長州藩)의 요시다 쇼인(吉田松陰)이 소위 정한론(征韓論)의 태두임을 감안한다면, 신도주의 일본의 부활을 주장하면서 자결한 미시마 유키오(三島由紀夫) 이후 이시하라 신타로(石原愼太郎) 도쿄 도지사, 고이즈미 준이치로(小泉純一郎) 총리로 이어지는 일련의 우익화 발언은 일본국의 경제력과 군사력을 배경으로 한 '신탈아론'이자, 헤이세이(平成)유신의 바람몰이가 분명하다.

한편 그와 같은 일본국의 몰염치에 대응하는 우리 정부의 초강력 전략도 지혜로운 것이 못 된다. 그 까닭은 자명하다. 일본국의 역사 교과서 왜곡 소동은 이번이 처음이 아니고, 또 호락호락 고쳐주지도 않을 것이기 때문이다. 마치 연중행사와 같은 악순환을 수없이 되풀이했으면서도 그동안 왜 잠자코 있었는지 묻고 싶다.

일본의 역사교과서 왜곡문제에 슬기롭게 대응하고 다시 그런 마찰을 없게 하기 위해서는 먼저 우리 지식인들에게 팽배해 있는 식민지사관을 불식해야 한다.

그것은 국사교육을 강화해야만 가능할 것인데도 실상은 초등학교, 중고등학교의 국사과목을 극도로 축소했고, 심지어 사법·행정·외무고시에서도 국사과목을 배제했다.

바꿔 말하면 대한민국을 이끌어나갈 고급관료를 뽑을 때, 역사인식은 고사하고 단 한 줄의 국사를 읽지 않아도 선발될 수 있다는 사실이 얼마나 참담한 노릇인가. 그 결과가 오늘 우리의 현실임을 냉정하게 돌아볼 필요가 있다.

또 일본상품 불매 운동을 벌이거나 '마일드 세븐' 같은 값싼 물건 등을 쌓아놓고 불태우는 것을 취재하는 기자들의 카메라는 몽땅 '캐논'이며 '니콘'이고, 중계에 나선 방송장비 또한 '소니' 일색이니, 무엇을 불매하고 태운다는 것인지 이만저만한 자가당착이 아니다.

지식인 친일성향도 문제

같은 맥락으로 알게 모르게 우리 지식인들의 뇌리를 잠식하고 있는 친일성향을 방치한 데도 맹성이 필요하다. 일본에서는 한국에서 온 정치인들을 "히루 한 니치(낮에는 反日), 요루 신니치(밤에는 親日)"라고 비아냥거린 지가 이미 오래다.

결국 저들에게 온갖 약점을 모두 드러내 보이고나서 일본의 고립화 전략을 외친다 하여 저들이 우리의 요구대로 왜곡된 교과서를 고쳐줄 리 만무하다.

일본의 역사교과서 왜곡은 되살아난 '메이지유신'의 망령들이 주도하는 '신탈아론'의 일환이다. 여기에 슬기롭게 대응하기 위해서는 우리의 국사교육을 다시 살리는 일과 우리 지식인들의 친일성향적인 정서를 뿌리뽑는 일이 선행되지 않고서는 불가능하다.

신봉승(극작가 · 예술원 회원)

【시론】 '역사왜곡' 국제 이슈 삼자

『동아일보』 2001. 7. 16

일본의 역사왜곡으로 한일 관계가 경색되고 있다. 종군위안부와 강제징용 등 명백한 역사적 사실을 숨긴 채 강대국 일본을 건설하려는 일본 정부의 움직임을 보며 21세기 동북아의 안정과 평화가 순탄치 않을 것임을 감지하게 된다.

일본이 역사왜곡을 하며 앞만 보고 전진하겠다는 이른바 강대국 일본건설의 계획은 오래전부터 준비되어온 것이다. 130억 달러라는 거금을 내놓으면서도 일본의 젊은이들을 전쟁터에 내보내지 않았다는 이유로 국제사회의 비난만 들은 일본은 돈만 있는 졸부 같은 멍청한 짓은 하지 않겠다는 각오를 하게 된다. 그리고는 강대국 일본의 면모를 심기 위한 여러 가지 작업에 착수한다.

우선 유엔의 평화유지활동(PKO)의 일환으로 캄보디아에 자위대를 전후 최초로 파견하는 선례를 남겼고 유엔 상임이사국이 되겠다는 의지를 표명함으로써 장차 평화유지군의 파견도 정당화할 수 있는 길을 닦고 있다. 국내적으로는 전후 금기시되던 국기(國旗)와 국가(國歌)에 대한 법제화를 마쳤고 이제 집단 자위권에 대한 헌법적 지지를 부여하기 위한 평화헌법 제9조에 대한 개정작업에 돌입하고 있다. 중, 참의원 정족수의 3분의 2와 국민투표 과반수 이상의 찬성을 얻어야 이뤄지는 헌법 개정은 일본의 정당 구조상 쉽지 않은 일이지만 설령 잘되지 않는다고 하더라도 지금껏 그래왔듯이 헌법의 자의적 해석으로 자위대의 활동반경을 넓힐 수 있다.

그 정지작업이 미국과 일본이 체결한 신방위협력 지침이다. 이 지침은 유사시 일본이 미국을 좇아 전쟁에 참여하는 길을 열어놓고 있어 일본 자위대를 해외로 파견할 수 있는 토대는 마련된 것이나 다름없다. 문제의 심각성은 일본 국민이 이런 변화를 조용히 지지하고 있으며 심지어는 역사왜곡에 대해서도 슬며시 손을 들어주고 있다는 데 있다.

당당하게 야스쿠니신사를 참배하겠다는 고이즈미 총리의 인기가 85%에 육박하는 것도 과거사에 얽매여 이 눈치 저 눈치나 보는 전후 일본의 모습에 일본 국민이 심한 피로감을 느끼고 있다는 사실을 입증한다. 역사교육을 제대로 시키지 않은 어처구니없는 결과다. 지금처럼 심하게 역사왜곡을 하지 않았을 때의 역사교육의 실상도 일본이 침략전쟁을 일으켜 주변국가들을 유린했던 부분의 교육은 대부분 학기말 일정에 쫓겨 배우지도 않고 수업이 끝나버려 전후세대들이 진정한 역사적 사실을 잘 모른다는 것이다.

나치 만행을 전후 초기부터 교과서에 넣도록 한 독일의 아데나워 총리는 독일의 후세들이 국제사회의 일원으로 떳떳하게 자리잡을 수 있도록 한 일등공신이며 아직도 과거사 청산을 못한 일본과는 극명한 대조를 보이고 있다. 그렇다면 과거사에 대한 진솔한 참회가 결여된 이웃나라 일본의 역사왜곡에 대해 우리는 어떠한 입장을 견지해야 할까?

첫째는 끈기 있게 역사왜곡의 수정을 요구할 일이다. 일본은 행여 한국이 그러다 말겠지 하는 착각을 하고 있을지 모르나 우리는 정부와 민간단체를 총동원하여 인내심을 갖고 일본이 올바른 역사관을 갖도록 노력해야 한다. 이는 일본에 있어서도 이로운 일일 뿐만 아니라 한국의 장래와 동북아의 평화를 위해서도 꼭 필요한 일이다. 일본의 역사 왜곡을 간과하면 그렇지 않아도 군사대국 일본으로 일어서고 있는 그들이 또 무슨 일을 저지를지 모를 일이다.

두번째는 국제협력을 적극적으로 추진해야 한다. 매년 봄 스위스 제네바에서 열리는 유엔인권회의를 효과적으로 활용하고 세계의 비정부기구(NGO)들과 깊은 유대관계를 통하여 일본의 역사왜곡을 세계문제로 이슈화해야 한다. 특히 난징(南京)대학살 사건 등의 아픔이 있는 중국과 공동보조를 맞추어 일본을 압박할 필요가 있다. 중국은 일본이 역사왜곡을 할 줄 미리 알았던 것인지 지난해 8월 사회과학원을 중심으로 '군국주의 연구 프로젝트'라는 이름의 역사연구반을 창설하고 일본의 변화를 예의주시하고 있다. 중국의 장쩌민(江澤民) 국가주석이 일본을 방문했을 때 일황이 베푼 만찬 석상에 인민복을 입고 나타났던 것은 역사의식이 약한 일본에 대한 무언의 경고였다. 일본의 역사왜곡에 대한 수정은 가장 큰 피해를 본 한국이 하지 못하면 그 누구도 할 수 없다.

김경민(한양대 교수·국제정치)

정부의 '교과서 오판'
『한겨레신문』 2001. 7. 16

한국, 중국 정부가 '새 역사교과서를 만드는 모임'의 중학교 역사 교과서 재수정요구를 한 데 대해 일본 문부과학성이 놀랄 만한 검토결과를 내놓아 한국과 중국뿐만 아니라 일본에서도 충격이 크다. 일본정부는 '만드는 모임' 쪽의 교과서를 검정에 합격시킨 뒤 사실의 잘못이 있으면 고치겠다는 태도를 분명히 해왔다. 한국은 '사실과 기술의 잘못''해석과 설명'의 '왜곡', 필요한 내용의 '축소와 결락'이라는 세 가지 점에서 문제를 제기함으로써 일본이 사실의 잘못 범위 안에서 '해석과 설명'의 '왜곡'도 수정할 수 있도록 궁리를 짜냈다. 그것은 일본정부에 사태수습 노력을 촉구하기 위한 것이었다.

그러나 문부과학성은 한국정부의 요구 35항목 가운데 33항목, 중국정부의 요구 8항목 전부에 대해 일본내 "학설 상황에 비춰 명백한 오류라고 할 수 없고, 제도상 정정을 요구할 수 없다"는 이유로 재수정을 거부했다. 18명의 학자(한국사는 고대 4명, 근현대 3명)가 참가했다고는 하나 학설 상황을 어떻게 보는가, 무엇을 명백한 오류로 보는가는 편차가 크다. 문부과학성의 결론은 매우 방어적인 논리를 취하고 있으며, '만드는 모임'의 교과서를 돕고 문부과학성의 검정권위를 지키려고 한 것이었다. 더구나 문부과학성 발표 전 '만드는 모임'의 자율수정 발표에 후쿠다 야스오 관방장관은 "대국적인 견지에서 자율수정을 높이 평가한다"며 문부과학성 검토 뒤 채택이 잘 진행되길 기대한다고 말했다. 또 문부과학성의 결론을 한국정부에 전달한 바로 그날 일본 여3당 간사장들이 방한해 재차 문화교류 프로그램을 제안하며 한국 쪽의 비판을 피하려고 했다.

이 모든 것은 한국과 중국 쪽의 비판에 담긴 중대한 의미를 이해하지 않고 검토 결과가 한·중에 받아들여질 것이라고 잘못 인식한 결과다.

고이즈미 내각 등장 이후 일본 정치는 실이 끊어진 연과 같은 상태에 빠졌다. 지금까지는 자민당 안의 하시모토파와 외무성이 일본 대외정책의 계속성을 보증해왔다. 무라야마 도미이치 총리 담화를 내각에서 지지한 사람은 하시모토 류타로와 노나카 히로무 두 장관이었다. 하시모토는 총리가 된 뒤 무라야마 담화를 그대로 계승했고, 오부치 게이조, 모리 요시로 총리에게도 이어졌다. 외무성은 무라야마 담화를 추진하고 그것을 일본정부의 기본이라고 각국에 설명해 왔다. 그리고 외무성은 교과서 문제에서 문부과학성을 견제해왔다.

그러나 고이즈미 총리, 다나카 마키코 외상이 들어선 뒤 하시모토파는 근신상태에 들어가고 오직 때문에 권위가 떨어진 외무성은 다나카 외상의 일격으로 넉아웃 상태에 빠졌다. 지금 일본의 외교는 없는 것과 같다. 외상은 내각의 선전 이외는 아무것도 하지 않고 있다. 그가 미국 모교를 방문하고 있을 당시 총리관저는 매파로서 '만드는 모임' 교과서의 추천인이기도 한 오카자키 히사히코를 총리의 안보문제 특사로 워싱턴에 파견했다. 외교를 모르는 총리 주변에는 아베 신타로 관방 부장관, 문부과학상 출신의 마치무라 노부타카 자민당 부간사장 등 '만드는 모임'에 호의적인 사람들이 활약하고 있다. 그 결과가 이번 문부과학성의 답변이었다. 이에 대해 한국에서는 차례로 보복조처가 나오고 앞으로도 이어질 것으로 보인다.

문부과학성의 답변에 대한 세밀한 학문적 비판이 한국과 일본에서 이뤄질 필요가 있다. 특히 18명의 학자가 관여한 이상 그들간의 토론이 필요하고 가능하다. 한국정부의 수정요구에 관여한 역사학자들도 참가하면 좋을 것이다. 나는 7명의 역사가 집단과 함께 51군데의 근현대사 부분의 잘못과 문제점을 지적했으나, 그 뒤 또 20군데를 추가로 발견했다. 전근대사 부분에서 38군데의 잘못을 지적한 역사관련 22개 단체와 함께 문부과학성의 검토 결과에 대한 토론회를 열고 싶다.

그와 동시에 문제가 되는 것은 무라야마 담화다. 도야마 아쓰코 문부과학상은 지금도 일본정부의 기본입장은 무라야마 담화임을 명언하고 있다. 그러나 한국 쪽에서 보면, 그렇다면 왜 '만드는 모임'의 교과서를 검정 합격시켰는가, 합격시킨 것은 무라야마 담화를 견지한다는 것도 말뿐이라는 걸 보여주는 것 아니냐고 할 수 있다. 무라야마 담화에 기초한 한일 공동선언을 파기하자는 국회결의가 논의되는 것도 당연한 반응일 것이다.

5월 25일 '아사히 텔레비전'의 심야토론 프로그램에서 '만드는 모임'의 회장인 니시오 간지는, 무라야마 담화는 '친북한, 용공, 좌익정권'이 내놓은 것이므로 파기해야 한다고 흥분해서 말했다. 아무리 수정을 해도 이 교과서가 무라야마 담화를 부정하는 사람들이 쓴 사실에는 변함이 없다. 고이즈미 총리, 다나카 외상이 외교를 아무리 모른다 해도 무라야마 담화를 일본정부의 기본입장이라고 계속 주장하고 싶다면 담화를 부정하는 듯한 역사교과서는 정부로서는 바람직스럽지 않다고 명확히 밝혀야 한다. 검정에 합격한 교과서가 이미 존재하는 것은 어쩔 수 없더라도 정부로서는 바람직한 것으로 보지 않는다고 말해야 한다. 그러면 한·중도 일본정부 및 국민은 '만드는 모임'과는 다르다는 것을 이해해줄지도 모른다.

나는 홋카이도의 학회 참석 뒤 돌아오는 비행기 안에서 이 글을 썼는데 거기서 본 홋카이도판 신문은 7월 13일 홋카이도 북부의 한 도시 시의회가 교과서 채택 때 무라야마 담화를 존중하도록 요구하는 결의를 만장일치로 채택했음을 전하고 있었다. 희미한 빛이 여기에 있음을 느꼈다.

와다 하루키(도쿄대 명예교수·역사학)

【시론】 日 역사왜곡의 대응법
『중앙일보』 2001. 7. 16

일본의 중학교 검정 역사교과서와 관련, 한국정부의 수정 요구에 대한 일본정부의 검토 결과가 지난 9일 한국측에 전달됐다.

한국측이 지적한 사항 대부분에 관해 일본정부는 교과서에 기술된 내용이 명백한 오류라고 할 수 없기 때문에 정부로서 제도상 정정을 요구할 수 없다고 답변해옴으로써 우리 정부와 국민이 분격, 한일 양국관계가 급랭하고 있다.

교과서 검정 인식差 현격

일본정부측 설명에 따르면 검정제도는 기술된 내용이 학습지도 요령을 따랐는지, 잘못되거나 균형감각이 현저히 결여된 기술이 없는지 등의 관점에서 검정을 실시하는 것일 뿐 집필자의 역사인식이나 역사관의 시비를 판단하는 것이 아니므로 다양한 학설로 해석이 갈려 있는 사항이나 학습지도 요령에서 요구하지 않고 있는 사항에 관해서는 정정요구를 할 수 없다고 한다.

일본측은 덧붙여 특정 교과서의 역사인식과 일본정부의 역사인식이 반드시 일치하는 것은 아니며 일본정부의 역사인식은 1995년의 무라야마 총리 담화 및 98년의 한일 파트너십 공동선언에서 천명된 것 그대로라고 설명하고 있다.

여기서 일본정부의 역사인식과 교과서 검정제도의 상관관계를 다시 한번 잘 생각해볼 필요가 있다. 이 점에 관한 일본정부와 우리의 현격한 인식차가 큰 문제라고 생각되기 때문이다.

일본정부는 제2차 세계대전 종전 50주년이 되던 1995년 8월 15일에 비로소 당시 사회당 출신 무라야마 총리의 담화를 통해 일본이 근현대에 행한 식민지 지배와 침략으로 이웃나라들에 다대한 고통을 주었으므로 다시 그러한 일이 없도록 반성하고 사죄한다는 나름대로 진솔한 내용의 공식입장을 표명했다.

이후 일본정부는 계속 이를 정부의 공식입장이라며 과거사를 '정리'했다고 밝혀왔고, 이것이 1998년 김대중(金大中)대통령 방일시 한일 파트너십 공동성명으로 이어지게 됐다.

이것이 파트너로서 양국간 미래지향적 관계를 발전시켜나가는 계기가 돼 지난 3년 가까이 양국관계는 어느 때보다 순조로웠다고 할 수 있다.

양국은 이런 관계가 허물어지지 않도록 지켜나가야 할 책무가 있으며 바로 그

점에서 일본정부는 교과서 문제에 좀더 엄격히 대처해야 한다고 본다.

특히 문제가 되고 있는 '새로운 역사 교과서를 만드는 모임'의 교과서에 대해서는 문부과학성이 검정기준으로 삼고 있는 지침의 하나인 '근린제국조항'에 따라 철저한 대처를 했어야 했다. 즉 인근 아시아 제국과의 현대사의 역사적 사항을 취급할 때는 국제 이해와 협력의 견지에서 배려를 해야 한다는 것이다.

상기 특정 교과서를 만든 사람들은 다른 교과서들이 자학사관(自虐史觀)에 빠져 있기 때문에 새로운 교과서를 만들었다고 말한다. 이웃에 있는 우리들로서는 일본 사람들에게 자학하라고 한 일도, 할 생각도, 할 수도 없다고 본다.

다만 일본 사람들이 과거의 잘못을 분명히 인식하고 반성해 다시는 잘못을 되풀이하지 않기를 바라면서, 여하간 더불어 살아야 할 사이이므로 우호와 협력이 양국관계의 기조가 돼야 한다고 생각할 뿐이다. 누가 뭐라고 하건 일본은 분명히 '있다'. 그러나 일본이 있기 위해 이웃인 우리가 '젯밥'이 될 수는 없다는 것뿐이다.

공조대처 신중한 고려를

교과서 문제와 관련, 두 가지를 덧붙이고 싶다. 교과서 문제는 한일 양국관계의 근저(根底)에 걸리는 문제이므로 긴 안목으로 대처해야 한다고 본다.

첫째는 국내적인 상황과 연결시키려고 해서는 안 된다고 본다. 일본의 경우도 그렇고, 우리의 경우도 마찬가지다. 문제의 해결이 매우 어려워 보이지만, 어쨌든 양국관계를 전반적으로 긴 시각에서 보면서 다뤄야 한다.

둘째는, 이 문제에 대한 이웃 나라들과의 공조 문제다. 특히 이번 교과서 문제와 관련해서는 이해관계를 같이 하는 나라가 있고, 당장에는 공조대처가 효과적일 수 있을지도 모르나 신중한 고려가 필요하다고 본다.

나는 처음부터 공조한다는 방침을 세우는 것보다 어디까지나 우리 자체의 생각이나 행동으로 대처하는 것을 원칙으로 하는 것이 옳다고 보며 그래야 우리의 입장도 의젓할 수 있다. 물론 결과적으로 같은 방향으로 가게 되는 것은 어쩔 수 없다.

한일 두 나라는 냉랭하게 오래 있을 수 없는 사이임은 분명하다. 당분간은 어쩔 수 없을지 몰라도 해결을 이루도록 꾸준한 노력을 계속해야 한다.

김태지(전 주일 대사 · 아주대 교수)

【기자의 눈】 日 방패 된 '무라야마 담화'

『동아일보』 2001. 7. 18

일본 정부는 17일 각의에서 고이즈미 준이치로 총리의 야스쿠니신사 참배 문제에 대한 정부의 공식입장을 정리했다. 야당의 질의에 대한 답변서 성격이었다.

답변서는 "오늘날 일본의 평화와 번영은 전몰자의 귀중한 희생 위에서 이루어진 것으로 그런 기분을 표현하는 것은 당연하다"며 종래의 주장을 되풀이했다.

이 답변서에서 눈길을 끄는 것은 1995년 무라야마 도미이치(村山富市) 총리 담화에 대한 언급이다. 답변서는 "고이즈미 총리의 야스쿠니신사 참배방침은 무라야마 담화에서 제시된 견해와 모순되지 않는다"고 밝혔다. 무라야마 담화를 통해 여러 아시아 국가를 상대로 행한 사죄가 아직도 일본 정부의 공식견해이며 유효하다는 주장이다.

일본 정부는 9일 한국 정부의 역사왜곡 교과서 수정 요구를 거부할 때도 같은 논리로 무라야마 담화를 인용한 것을 비롯해 요즘은 한일 간에 문제가 발생할 때마다 무라야마 담화를 내세우고 있다.

그러나 무라야마 담화가 나온 당시 배경을 살펴보면 일본 정부의 주장이 얼마나 잘못된 것인지를 쉽게 알 수 있다. 당시 자민당은 1955년 이후 유지해온 단독 정권 수립에 실패하고 야당과 연립할 수밖에 없었다. 이때 총리로 추대된 사람이 무라야마 사회당 당수였다. 그가 총리가 아니었다면 '담화'는 나오지 않았을 것이다. 실제로 당시 많은 자민당 의원들은 그의 담화에 불만을 표시했다.

그럼에도 불구하고 여전히 자민당이 주도하는 일본 정부가 툭하면 무라야마 담화를 전가의 보도처럼 써먹자 11일 열렸던 여야 7개정당 당수 토론회에서 한 패널리스트는 "요즘 정부는 아쉽기만 하면 무라야마 담화를 내세운다"고 따끔하게 꼬집기까지 했다.

일본의 침략사실을 인정하고 사과한 무라야마 담화의 내용은 평가할 만하다. 일본 정부가 진정으로 이를 인정한다면 이제는 담화를 방패로 삼을 것이 아니라 담화의 정신을 실천해야 한다.

심규선 도쿄 특파원

일본 교과서 역사왜곡 규탄 교총 성명서

『한국교육신문』 2001. 7. 23

우리는 한국정부가 제시한 일본 역사교과서 수정요구 안에 대해 일본정부가 전면적으로 이를 거부한 데 대해 분노하지 않을 수 없다. 특히 우리 40만 교원은 진실만을 가르쳐야 하는 교육자적 양심에서 그릇된 가치관과 왜곡된 역사적 사실이 일본 학생들에게 교육되어진다는 사실을 결코 묵과할 수 없다. 보편적 가치와 진리에 대한 교육을 포기하고 정치적·사회적 관점에 입각해 이루어진 편향적 교육은 일본의 2세들에게는 물론 종국적으로 일본 국가 자체에도 불행한 결과를 초래하게 될 것임을 일본정부는 깊이 인식해야 한다.

일본정부는 '교육은 기본적인 자유와 인권의 존중, 사회정의의 확립, 국제이해와 세계평화 증진에 기여하는 한편 모든 종류의 신식민주의, 모든 형식의 인종주의와 파시즘 그리고 민족적, 인종적 증오를 일으키는 기타 이데올로기에 반대해야 한다'는 유네스코의 선언을 깊이 성찰해야 한다. 아울러 국가간 상호이해와 협력을 증진시키기 위해 역사와 지리 교과서 교류를 장려하는 한편 가능하다면 쌍무협정이나 다자간 협정을 통해 편견을 제거하고 자료의 정확성과 적절성을 확보해야 한다는 유네스코의 권고를 수용함으로써 역사왜곡의 굴레에서 벗어나기를 촉구한다.

한국과 일본은 그 동안 불행했던 과거를 정리하고 급변하는 세계질서 속에서 보다 발전적인 관계를 형성하기 위해 많은 노력을 경주해왔다. 그 결과 1988년에는 '한일 파트너십 공동선언'이 발표됐으며, 2002년에는 월드컵 공동개최를 목전에 두고 있다. 앞으로 미래지향적 관점에서 상호 긴밀한 협력관계가 요청되고 있는 현 시점에서 오히려 그릇된 역사인식에 입각해 과거로 회귀하려는 일본의 태도는 한일관계의 심각한 훼손을 초래하게 될 것이다. 뿐만 아니라 한국은 물론 중국을 비롯해 일본에 의한 불행한 경험을 갖고 있는 아시아 여러 국가들의 불만을 초래하고 국제사회에 일본의 과오를 다시금 되새기도록 함으로써 일본의 국가적 신뢰를 실추시키고 스스로를 고립시키는 과오를 초래하지 말기를 엄숙히 경고한다.

우리는 3월부터 왜곡된 일본 역사교과서 수정을 요구하는 서명을 전개해왔다. 이제 200만 서명자를 대표해 그리고 국내의 모든 한민족의 의사를 결집해 우리의 의지를 다음과 같이 밝힌다.

1. 우리는 왜곡된 역사교과서에 대해 일본정부가 신속하고 성의 있는 조치를 취함으로써 관련국 간의 갈등을 해소하는 한편 인류가 추구하는 보편적 가치에 입각한 교육을 통해 세계평화에 기여할 것을 촉구한다.

1. 한국정부는 일본의 역사왜곡에 대해 단호하고 확고한 대응을 통해 왜곡된 내용에 대한 확실한 수정을 이끌어내는 한편 다시는 이러한 사태가 재발하지 않도록 필요한 제반조치를 취할 것을 강력히 촉구한다.

1. 우리는 일본 역사왜곡 시정을 위해 국민적 의지를 결집하는 한편 정신적으로 성숙한 의식을 기반으로 지속적이고 다양한 활동을 전개함으로써 한일 양국 간의 역사를 바로잡고 올바른 2세 교육이 이루어질 수 있도록 총력을 다할 것을 다짐한다.

【독자편지】 철도 일어방송 중단 한심한 발상
『동아일보』 2001. 7. 24

열차 안에서의 일본어 안내 방송을 중단하겠다는 철도청의 발상은 지나치게 감정적이며 지엽말단적인 정책이다. 철도청은 서둘러 이 발상을 거둬들였지만 한심한 철도 행정의 현주소를 보는 것 같아 안타깝다. 외국인 관광객을 위한 안내 방송이면 관광객이 한국에 대해 좋은 인상을 갖고 다음에 다시 찾을 수 있도록 하면 그만이지 여기에 일본 교과서 문제를 갖다 붙이는 것은 이해가 되지 않는다. 정부가 대일 강경책을 발표하자 철도청이 윗사람의 눈에 들기 위해 이런 결정을 내린 것으로 보인다. 정부가 대처하는 방법에 동의하지 않는 사람도 많다. 일본의 역사왜곡 문제는 망각하지 않으면서도 우리 자신을 돌아보는 마음을 가졌으면 좋겠다.

김강산

한일 민간교류 계속되길
『한겨레신문』 2001. 7. 24

일본의 '새로운 역사교과서를 만드는 모임'(이하 '만드는 모임')이 만든 교과서가 김대중 정권 출범 이후 양호했던 한일 간에 험악한 분위기를 낳고 있다. 한일 관계의 근간을 흔들지도 모르는 큰 문제인 것이다. 7월부터 8월에 걸쳐 각 지방 교육위원회에서는 교과서를 채택하는데 채택률 10%를 목표로 하는 '만드는 모임'의 교과서가 최종적으로 얼마나 중학교에서 사용될지 그야말로 조심스런 심정으로 지켜보고 있다.

또한 고이즈미 준이치로 총리가 8월 15일 일본패전기념일에 '야스쿠니신사' 공식참배를 표명하고 있어 8월을 전후해 일본과 아시아의 관계가 급격히 냉각될 것이 예상된다.

요 며칠 일본언론에서는 한국 국내의 반발이 보도되고 있다. 이번 여름방학 기간에 계획되고 있던 자치단체나 민간단체의 교류 프로그램이 한국 쪽의 요청으로 '연기' 또는 '중지'되고 있다는 것이다. 이런 보도들을 접하면서 조국의 분들이 이 시기에 일본인들과 터놓고 교류할 심정이 아니며, '교류중지'를 통보함으로써 한국민의 감정을 전하고자 함은 충분히 이해가 된다.

그러나 오히려 이런 때일수록 보다 더 냉정한 태도를 지켜야 한다고 호소하고 싶다. 정부간의 외교관계에서 미묘한 신경전이나 '줄다리기'를 자치단체나 민간 단체도 따라갈 필요는 없지 않을까 싶다. 목적은 여러 가지겠지만 한국과 교류하고자 하는 자치단체나 민간단체에는 한국에 친근감을 가지고 있는 사람들, 아니면 친근감을 가지려고 하는 사람들이 많으며, 이번 교과서 문제에 대해서도 '만드는 모임'에 반대하거나 부정적인 견해를 가지고 있는 사람들이라고 볼 수 있다. 구미사회에 대한 동경이 강한 일본사회에서 한국과 교류하고자 하는 사람들은 과거 역사나 한일 간의 특수한 관계에 대해서 나름대로의 의식이나 관심을 가지고 있는 사람들이다. 그러한 일본인들과 교류를 중지시켜버리는 것은 이후 민간 사이의 한일교류사업을 추진하는 데 "한국과 교류는 어렵다"는 인상을 남기게 되고, 일본 언론들도 "한국인의 반일감정이 심해졌다"고 보도할 것이 뻔하다. 또한 이런 시기이기 때문에 더욱더 일본인들과 교류를 넓혀 한국인들의 마음을 솔직하게 전달하고 일본인들 스스로가 저마다의 지역에서 '만드는 모임'의 교과서가 채택되지 않도록 여론을 형성해가는 것도 하나의 방법일 것이다.

'만드는 모임'이나 그들을 신망하는 사람들이 히스테릭하고, 일본정부의 태도가 "악의 있는 무관심"이라면 우리는 이번 문제에 대한 '분노'를 지극히 냉정하게 다스려 지속적인 '풀뿌리 시민교류'를 추진하는 자세를 견지하는 것이 중요하다고 본다. 중요한 것은 저러한 역사교과서가 공인되고, 일본의 수상이 야스쿠니신사를 공식참배하며 과거전쟁을 미화하려고 하는 이런 때일수록 일본인들에게 추상적인 '한국의 이미지'가 아닌 '김씨', '박씨'라는 구체적이고 실감이 나는 한국인의 모습을 심어줄 수 있는 관계 만들기라고 생각한다.

한편, 본인은 일본학교에 다니는 재일동포 어린이들의 민족교육보장 운동을 추진하고 있는 한 사람이지만 한일 간의 교류가 중지되는 가운데에서도 일본학교에 다니는 많은 동포 어린이들은 저 왜곡된 교과서로 교육받을지도 모른다는 현실에 직면해 있다. 조국의 사람들은 일본과 교류를 그만둘 수도 있겠지만 재일동포들은 앞으로도 일본에서 살아가야 한다. 왜곡된 역사교육으로 자신의 존재를 부정하며 살아가도록 강요받을지도 모르는 우리 동포 어린이들의 실태에 조금만 더 눈을 돌린다면 강경외교의 자세만이 아니라 민간 사이의 한일 풀뿌리 교류의 의미가 싹트지 않을까 싶다. 조국의 민간이나 자치단체에서는 이런 시기이기 때문에 더욱더 일본과 교류를 열어가야 한다.

김광민(재일 민족교육촉진협의회 사무국장)

【시론】 '고사위기' 역사교육……

『조선일보』 2001. 7. 24

요즘 한·일 간의 갈등 요인이 되고 있는 일본 역사교과서 파동은 우리의 반면거울이다. 우선 일본이 10년의 경기침체를 경제로 풀지 않고 역사교육에서 활로를 찾으려 한다는 점에 유의할 필요가 있다. 19세기에 들어와 동아시아의 후진국이라는 오명에서 벗어나는 돌파구로 서구 제국주의에 편승하였듯이, 제국주의적 국가주의의 상징인 천황을 구심점으로 다시 한번 국민의식을 일깨워 오늘의 문제를 해결하려는 것이다. 이러한 노선 설정은 극우파만의 문제가 아니라 일본의 국민 정서와 관련이 있다.

물론 이번 파동에서 알 수 있듯이 일본의 역사교육 방향은 잘못된 역사의식에

토대를 두고 있다. 제국주의적 과거에 대한 합리화 작업을 통하여 새로운 대제국에 대한 환상을 심어주는 것은 일시적인 극약처방이 될 수 있을지는 모르지만, 이미 퇴색하고 있는 제국주의적 세계관이 앞으로 다가올 새로운 세계질서에서 오히려 위험 부담이 될 수도 있다는 것을 일본 지식인들 스스로도 잘 알고 있다.

하지만 일본이 경제적 방법론에 매달리는 지엽적인 처방에 한계가 있다는 생각에서 국민의식의 고양이라는 보다 근본적 해결방법을 선택했다는 점은 우리가 주목할 필요가 있다. 그리고 일본이 역사교육을 얼마나 중요하게 여기고 있는가가 잘 드러난 이번 교과서 파동을 보면서 우리는 국사 교육을 얼마나 경시하고 있는가 생각하게 된다.

우리의 국사교육은 질은 고사하고 양적으로 보아도 고등학교까지 통산 300시간이 못 된다. 중학교 교과에서는 국사 시간을 계속 줄이다가 사회과목에 편입시켜놓았는가 하면 고등학교 교과서에서는 근현대사를 아예 빼버리는 작업을 진행중이라고 한다. 일제시대에 우리 말과 역사를 압살시켜 민족의 정체성을 말살하려는 이민족의 철권정치 아래서도 지켜낸 우리 역사를 스스로 없애려는 시도는 비애국적이라기보다 반민족적이다.

이와 아울러 국정 제도도 많은 문제점을 안고 있다. 국정에 묶여 있어 교과서를 만드는 체제가 경직되어 있고 한 사람의 필자가 일관되게 집필하는 것이 아니어서 중복 서술되거나 내용이 뒤엉키면서 서로 모순이 되는 상황도 가능하다. 아울러 역사를 보는 시각이 필자에 따라 다르므로 해석의 혼선이 있다. 또한 새로운 학설이 교과서에 반영되기까지는 10년 이상이 걸리므로 교과서는 항상 시대에 뒤진 느낌이 들 정도이다.

이는 교과서를 검인정으로 하면 해결될 문제다. 모든 사회 문제를 개방과 자율로 푸는데 하필 교과서만은 구태의연하게 국정으로 하는 이유가 무엇인지 묻고 싶다. 우리도 검인정으로 할 경우 일본 같은 극우 교과서가 나오지 말라는 법이 없지 않느냐고 말하는 사람도 있다. 물론 있을 것이다. 하지만 오히려 이런저런 교과서가 나와서 비교되어야 국민들의 역사를 보는 눈도 향상되고 교과서의 질도 높일 수 있다. 극우적이거나 극좌적인 교과서는 균형감각이 있는 우리 국민의 양식으로 걸러지게 될 것이므로 크게 걱정하지 않아도 될 터이다.

아울러 각종 국가 시험에 국사 과목을 넣는 것은 물론, 그 시험 문제를 검증해야 한다. 언제 만들었는지도 모를 문제 은행들을 폐기처분하고 새로운 문제 은행을 만들어야 한다. 시대별, 분야별 전문학자들로 국가 차원의 위원회를 구성하여 최근의 업적을 망라한 수준 높은 중앙문제은행을 만들어 모든 시험에 공통 적용하는 것이 바람직하다.

역사는 민족 자존심의 원천이며 정체성 자체이다. 뿌리깊은 나무는 바람에 아니 흔들린다는 말이 진리일진대 뿌리 의식의 원천인 자기 역사를 스스로 업신여기고 흔든다면 결국 자존심도 정체성도 없이 외부세력에 휘둘림을 당하게 될 것이다. 지금이야말로 일본의 역사교과서 왜곡을 규탄하는 것 못지않게 우리 스스로 제대로 된 역사교육을 통하여 자신의 해체 현상을 수습해야 할 때이다.

정옥자(서울대 국사학과 교수·규장각 관장)

【노트북을 열며】 역사를 반성하는 방식
『중앙일보』 2001. 7. 24

어떤 사안을 다룰 때 가끔은 거꾸로, 또는 비교해가며 들여다보는 방법이 유효한 경우가 많습니다. 요즘 문제가 되고 있는 왜곡교과서를 만들어낸 '새로운 역사교과서를 만드는 모임'(이하 '새역모')의 역사관이라든지, '검정이 집필자의 역사인식이나 역사관의 시비를 판단하는 것은 아니다'라며 재수정 요구를 묵살한 일본정부의 태도도 마찬가지겠고요.

가령 어떤 교과서 집필자가 이런 글을 썼다 생각해봅시다.

현재 일본의 영토로 되어 있는 홋카이도와 오키나와는 메이지유신 이후 일자리를 잃어버린 하급무사의 불만을 외부로 돌리기 위해 의도적으로 벌인 무력침략의 부산물이었다. 사실 에도시대 많은 지도에 홋카이도와 오키나와는 일본 영토로 나와 있지 않습니다.

홋카이도란 원래 아이누족의 땅으로, 메이지유신 직후 하급무사와 영세 농어민을 집단이주시켜 획득한 땅입니다.

더욱이 오키나와는 독립왕국 유구(琉球)를 멋대로 자국땅에 장부상 편입(1871년)시키고, 무력을 동원해 마지막 왕 상태(尙泰)를 도쿄로 끌어온 뒤(1879년) 해체시킨 결과고요. 제국주의적 팽창의 전주곡이었던 셈이지요.

물론 공식 표현에 따르면 홋카이도는 '개척', 유구는 '처분(處分)'한 것입니다만 그 표현을 침략으로 바꾼다 해도 동의할 학자는 적잖을 겁니다. 하지만 검정을 신청한다면 글쎄요, 역사관에 시비를 걸고 나서지 않을까요?

이젠 딴 경우와 비교해보지요.

1891년 즉위한 하와이왕국의 리리우오카라니 여왕이 왕권 회복운동에 나서자 이권 축소를 우려한 미국인 설탕업자들은 거세게 반발합니다. 그러자 당시 하와이 주재 미국공사는 무장병력을 상륙시켜 왕정을 엎어버리고(1893년) 5년 뒤 미 의회는 합병안을 통과시킵니다. 여기까진 피차일반이지요.

그로부터 1백년 뒤인 1993년. 미국의회는 "미국은 미국 공작원과 시민을 참여시켜 하와이왕국을 전복했으며 하와이 원주민들의 자결권을 박탈했다. 의회는 미국 국민을 대표해 하와이 원주민들에게 사과한다"는 결의문을 채택합니다. 당시 클린턴 대통령도 서명을 했습니다. 잘못된 역사를 되돌리긴 어렵겠지만, 반성 만큼은 분명하군요.

다시 일본으로 와볼까요. 1994년 자민당 독주가 끝나고 무라야마 연립정권이 들어서면서 연립3당(사회, 자민, 사키가케)은 종전 50년을 계기로 전쟁을 반성하고 평화에의 다짐을 표명하는 국회결의를 채택키로 합의합니다.

오키나와나 홋카이도는 애당초 기대 밖이었지만, 근린국가에 대한 반성만큼은 똑부러지게 하려나 생각했지요.

그래서 이듬해 내놓은 결의문이 "세계의 근대사상에 있어서 수많은 식민지 지배와 침략적 행위를 돌이켜보고 우리나라가 과거에 행한 이러한 행위와 타국민, 특히 아시아 제국민에게 주었던 고통을 인식하여 깊은 반성의 염을 표명한다. 우리는 과거의 전쟁에 관하여 역사관의 상위(相違)를 넘어 역사의 교훈을 겸허히 배우고…" 운운하는 내용입니다.

뭔가 '토'가 느껴지지 않습니까. 자신의 행위는 지난날 너나없이 하던 일의 한 부분에 불과하며, 역사관에는 차이가 있지만 현재로선 잘못이었다는 판단에 따를 수밖에 없다는 불만이랄까요.

'새역모'의 교과서를 보면 그런 반성조차 보이질 않습니다. 일본정부도 '근린 제국조항' 따위엔 눈감는 느낌이고요. 하지만 일본 시민들의 안목은 호락호락하지 않았습니다.

TV에 잠깐 비친 플래카드에선 '과거에 눈을 감는 자는 현재에 대해서도 맹목'이라는, 1985년 5월 8일, 바이츠제커 독일 대통령이 행한 연설의 한 구절도 보았고요. 그런 눈 높은 일본의 많은 분들과 함께 당시 연설의 다른 구절을 되새기고 싶습니다.

"기억한다는 것은 과거의 사건을 왜곡함 없이 되새기는 것이며 그렇게 함으로써 자기의 내적 삶의 일부가 되게 하는 것을 뜻합니다. 이것은 우리의 참된 성실성을 요구하고 있습니다."

박태욱 문화부장

【긴급진단】 우리 외교 이대로 좋은가
『중앙일보』 2001. 7. 24

한반도 주변 4강에 대한 한국의 외교가 삐걱거리고 있다. 미국과는 북한을 보는 시각차, 미사일 방어(MD)를 둘러싼 혼선 등으로 신뢰에 금이 가고 있는 국면이다.

일본과는 역사교과서 파동과 어업 분쟁으로 '21세기를 향한 새 파트너십 공동선언'이 사문화(死文化)할 판이다. 여기에 중국·러시아가 미국의 세계 전략에 맞서면서 남북한 등거리 외교를 더욱 고수해 우리 외교는 심각한 도전에 직면해 있다.

이는 보수 강경의 조지 W 부시 미국 정부와 고이즈미 준이치로(小泉純一郎)일본 내각의 출범 및 이에 따른 동북아의 신냉전 조짐과 맞물려 있지만 우리의 대응 미숙, 전략 부재, 정치권의 외교정책 정쟁화와도 무관치 않다.

국제정치 전문가들을 통해 우리 외교의 문제점을 진단하고 처방책을 들어보았다.

한미, 한일관계의 현주소는 한국 정치인·당국자의 "내정간섭" "용납할 수 없다" 등의 발언에서 극명하게 드러난다.

일본의 우파 정치인들도 한국의 역사왜곡 교과서 수정요구에 "내정간섭"이라고 맞받아친다.

인터넷시대의 '언력(言力)정치(Word Politics)'에서 보면 우리 외교의 양대축인 한미, 한일관계는 비상사태다.

탈출구 안 보이는 한일관계
공노명(孔魯明)전 외교부장관은 "참의원 선거(29일)를 앞두고 일본의 고이즈미

(小泉)내각이 역사교과서 문제를 재고할 수 있겠느냐”고 말한다. 오른쪽으로 기운 유권자의 정서를 감안하면 교과서 문제에서 물러서기 어렵다는 것이다.

어업분쟁도 남쿠릴열도가 코앞인 홋카이도(北海道)의 표밭갈이를 위한 이 지역 ‘수산족(族)의원’들의 입김 탓에 타협이 쉽지 않다는 지적이다.

게다가 한미관계가 껄끄러워 미국의 조정자적 외압도 기대하기 어려운데다 일본의 차관이 아쉬운 중국은 목소리만 높이고 행동으로 나서지는 않는 실정이다.

교과서 문제와 관련된 우리의 대책 중 서툰 초동대응과 실효성 없는 대책이 문제점으로 등장하고 있다.

김정원(金正源) 세종대 교수는 “우익 교과서의 검정통과 후에도 충분한 시간이 있었지만 정부는(일본의 재수정 거부로) 발등에 불이 떨어진 뒤에야 허둥지둥한 꼴”이라고 말했다.

교과서 문제와 한일 간 각종 교류제한을 연계시킨 데 대해서는 근시안적 처사로 보는 시각이 강하다. 윤덕민(尹德敏) 외교안보연구원 교수는 “과거사 문제에는 단호하게 대처해야 하지만 퇴로 없는 외교를 벌여서는 안 된다”고 말했다.

백진현(白珍鉉) 서울대 국제지역원 교수도 “일본의 역사인식 문제가 이번 일로 끝날 것도 아닌데 국내 정치적 동기로 정부가 여론에 끌려다닌 인상”이라고 말했다.

일본 연립 여3당 간사장들의 방한 때 김대중 대통령이 이들을 만나지 않은 것도 일단 만난 뒤 ‘꾸짖는 모습’을 보여준 장쩌민(江澤民)중국 국가주석의 방식과 대비됐다.

삐걱거리는 한·미관계

한미관계는 신뢰의 위기에 있다고 전문가들은 입을 모은다.

白교수는 “한미관계는 지금 상대방의 얘기에 대해 ‘과연 그럴까’ 하고 서로 의심하는 비정상적인 상태”라며 “동맹관계로서의 신뢰복원이 급선무”라고 말한다.

지난 2월 탄도탄요격미사일(ABM)협정의 보존·강화에 합의한 한러 정상회담은 미국의 한국 불신을 부르는 직접적 계기가 됐다. 김정원 교수는 “MD와 관련해 정부는 북한시각에 맞춰 입장을 정리한 것 같다”고 지적했다.

대북정책에 관해서도 마찬가지다. 정부는 미국이 한국의 포용정책 등을 지지키로 했다고 하지만 속을 들여다보면 완벽한 공조체제는 아니다. 이름을 밝히기를 거부한 한 학자는 "통일정책에 우선순위를 두고 한미 동맹관계를 비롯한 외교·안보정책을 이에 종속시키고 있는 상황에서 한·미 양국의 '궁합'이 맞을리가 없다"고 말한다.

재래식 전력의 한국 주도 해결 입장에 대해서도 미국은 주한미군 문제를 남북한이 일방적으로 처리하거나, 재래식 전력 문제를 어물쩍 넘기려는 것으로 본다는 것이다.

'한국 카드' 활용하려는 중·러

중·러와는 표면상 큰 문제가 없다. 그러나 중·러가 한국을 미국의 세계전략에 맞서는 카드로 활용하는 동시에 남북한 등거리 외교를 펼쳐 우리 외교의 좌표 설정을 어렵게 하고 있다.

박두복(朴斗福) 외교안보연구원 교수는 "미국이 중국 봉쇄정책을 취하면 북·중관계가 더 강화될 것이 분명하고 이는 한반도 통일을 위해 바람직한 것이 아니다"라고 분석한다.

중국이 최근 신임 주한대사로 1997년부터 북한주재 중국대사관에서 공사로 근무하던 부국장급 인사를 내정한 것은 한국에 대한 중국의 인식이 어떤 것인가를 알 수 있는 단적인 예이나, 우리로선 뾰족한 대응카드가 없다.

통일외교팀 오영환·이영종 기자

【세계의 눈】 日 역사왜곡 논리적 대응을
『동아일보』 2001. 7. 25

동아시아에 격렬한 논쟁을 불러일으키고 있는 일본의 역사교과서 왜곡 문제에 대해서 일본은 물론이지만 한국과 중국도 어느 정도는 비난받아야 할 부분이 있다.

한국 및 중국과 일본의 갈등은 일본에서 자기네 학생들이 배울 새로운 몇 권의 역사교과서를 만들면서 표면화되기 시작했다. 한국인들은 새 교과서가 일본이 한국에 대한 식민지배기간에 자행했던 폭정을 인정하지 않고, 또 제2차 세계대전 중 한국의 여성들을 일본군을 위해 동원한 이른바 '위안부' 문제를 외면하고 있다고 비난하고 있다. 중국은 일본의 역사교과서들이 1937~1945년 중 중국에 대한 침략행위를 미화하고 있다고 주장한다.

한국과 중국 국민의 분노한 목소리가 높아지자 일본은 교과서 중 몇 군데를 수정하겠다고 밝혔다. 그러나 일본은 여전히 다른 나라 사람들은 역사를 다르게 볼 수 있다는 애매모호한 이유를 앞세워 한국과 중국의 반발이 정당하지 않다고 맞서고 있다.

이 같은 논쟁과 관련해 한국인들의 주장은 논리적인 신뢰성이 떨어진다. 한국인들은 지난 50여 년 동안 일본에 대해 맹목적인 적개심을 키워왔다. 이 같은 사실은 한국의 역사교과서나 박물관, 고궁, 사찰, 기념비 등 곳곳에서 쉽게 발견되며 일상적인 대화에서도 잘 드러난다. 한국 사람들과 얘기를 나눠보면 종종 일본을 '타도 대상'으로 표현한다.

또 한편으로 한국인들은 일본을 부러워하기도 하며 음악이나 예술작품을 표절하기도 한다.

한국인들이 혹시 일본과의 역사교과서 왜곡 논쟁에 있어서 일본으로부터 정치적 경제적 양보조치를 이끌어내려는 의도를 가진 것은 아닌가 하는 생각이 들기도 한다.

중국 역시 다른 나라의 역사교과서를 비난할 만한 자격이 없지 않느냐는 곱지 않은 시선을 받을 수 있다. 중국 역사상 가장 존경받는 사마천 이후 중국의 역사가들은 중국 황제들의 지배를 정당화하기 위해 역사를 써왔다.

중국의 공산당 지도자들은 공산당을 미화하기 위한 영웅을 만들어내기로 유명하다. 가장 최근의 경우가 남중국해 상공에서 미국 전투기와 충돌한 중국 전투기 조종사 왕웨이이다. 낙하산으로 탈출한 뒤 사망한 그는 애국적인 군인이자 가정에 충실한 가장, 자녀들을 사랑하는 아버지 등 완벽한 중국의 영웅으로 미화됐다.

또 중국 관리들은 국제사회에서 중국을 비난할 때마다 '내정간섭'이라며 다른 나라에 대한 분노심을 드러냈다. 하지만 정작 일본의 교과서 왜곡 논쟁에서는 일본에 대해 역사시간에 무엇을 가르쳐야 하는지를 말하는 데 주저하지 않고 있다.

중국인들은 일본의 역사교과서를 바로잡기 위해서라기보다 일본을 압박함으로써 정치적 외교적 이익을 확보하려는 듯 보이기도 한다.

이번 논쟁에서 일본은 자국의 근대 역사를 면밀하게 검토하려는 의지는 물론 관심조차 없는 듯한 모습을 보여왔다. 사려 깊은 일본인들이 인정하는 바대로 일본은 한국과 중국, 동남아시아에서 행한 침략과 만행을 있는 그대로 기록하기를 주저해왔다.

일부 일본인들은 아시아에 대한 침략행위가 서구 제국주의를 제거하기 위한 것이었다고 주장한다. 이는 사실일는지 모르지만 서구 제국주의를 대동아공영의 폭력적인 지배로 대체한 것일 뿐이라는 사실은 외면하고 있는 것이다.

일부 구세대 일본인들은 한국을 점령한 것이 중국과 러시아로부터 한국을 구해내기 위한 것이었다고 말하는가 하면 제2차 세계대전 이후에 태어난 일본인들은 조국의 어두웠던 과거에 대해 제대로 알지도 못하고 있다.

1861~1865년 미국의 남북전쟁을 연구해온 미국인들은 이번 논쟁이 남북전쟁에 대한 미국인들 간의 서로 다른 관점과 흡사하다고 이해하고 있다. 북부의 역사가들은 남북전쟁을 '내전(the Civil War)'이라고 부르지만 남부의 역사가들은 '국가간 전쟁(the War Between the States)'이라고 말한다.

일본 역사교과서를 둘러싼 갈등을 해결하기 위해서는 한국인, 중국인, 일본인들 모두 마음을 가라앉히고 스스로의 역사와 주장에 대해 다시 한번 심사숙고해야 할 것 같다. 하지만 지금으로서는 이런 일이 일어나기를 바라는 것은 어쩌면 물이 낮은 곳에서 높은 곳으로 흐르기를 바라는 것과 같은 것인지도 모른다.

리처드 핼로란(자유기고가 · 아시아 안보정책 전문가)

【여론】 日역사왜곡 미온대응 말라

『문화일보』 2001. 7. 25

일본의 오만함이 극치를 이루고 있다. 일본 중학교 역사왜곡 교과서의 재수정 요구가 묵살됐다.

우리의 아픈 역사적 사실을 일본은 자의적으로 미화하고 있는데 우리 정부 당국자들의 미온적인 대처 모습에서도 울분을 참을 수가 없다.

우리가 요구한 35개 수정항목 중 일본은 겨우 고대 조선사와 야마토 조정 관련 두 곳만 고치고 한일합방, 일본군위안부, 징용, 징병관련 등 파렴치한 만행의 역사는 전혀 수용하지 않았다. 참으로 분통이 터진다.

그들의 역사적 수치를 감추려는 야만적 근성을 미온적으로 대처하는 우리 정부당국자들의 행태 또한 이해가 안 간다. 겨우 주일대사의 고육책의 항의방문 등은 너무나 미미한 국가적 대응이다.

있지도 않은 사실을 있게 하는 자의적 역사왜곡은 도저히 묵과해서는 안 되는 사안이다. 너무 당연한 말이지만 역사는 사실을 기록해야 한다. 자신들의 추한 모습을 감추고 왜곡하는 역사적 탈바꿈은 그 어떤 죄질보다 무거운 역사적 중죄이다.

특히 우리나라는 일본으로부터 수난과 수탈을 당한 채 이어져왔기에 그들의 역사적 왜곡·은폐는 우리 국민을 두 번, 세 번 짓밟는 처사다. 일본인 자신들의 부끄러운 역사적 만행을 왜곡·은폐하는 것은 절대로 방치해서는 안 된다.

일본의 역사왜곡·은폐는 우리 정부의 강력한 대응에 그 명운이 걸려 있음을 촉구한다.

황규환(경기도 안산시)

【조선일보를 읽고】 '국사교육위기'는 과장

『조선일보』 2001. 7. 25

25일자 7면 '시론-고사위기 국사교육'을 읽었다. 먼저 '고등학교 교과서에서 근현대사의 비중을 대폭 낮추는 작업을 진행중'이라는 것은 사실이 아니다. 오히려 근현대사 부분이 중요하기 때문에 필수 국사과목(여기에도 근현대사가 포함되어 있다) 외에 '한국근현대사'라는 심화선택과목을 신설했다.

가르치는 시간 면에서도 일본에 뒤지지 않는다. 일본은 중학교의 경우 세계사 영역을 포함해서 105시간이지만, 우리나라는 국사시간만 102시간이며, 세계사를 포함할 경우 170시간이다. 고등학교의 경우도 일본사는 선택과목이어서 고등학교 전 과정을 통하여 한 시간도 이수하지 않을 수 있는 반면, 우리나라는 68시간은 필수적으로 이수해야 한다.

자라나는 학생들의 교육과정을 어떻게 구성해야 하는가는 특정 교과의 관점에서만 볼 수 없다. 역사학계의 입장에서는 우리나라가 IMF 구제금융을 받고,

이를 극복해가는 과정이 현대사의 중요한 사실이라고 주장할 수 있다. 그러나 현대사의 많은 부분은 역사과목보다도 정치·경제·사회·문화 영역을 다루는 사회과목에서 다루는 것이 더 합리적일 수도 있다. 교육과정은 특정 교과의 관점에서가 아니라 '학생들이 무엇을 어떻게 배우는 것이 가장 타당한가'의 관점에서 구성하고 있다는 것을 말씀드린다.

성삼제(42·교육인적자원부 7차 교육과정 실무대책반장)

【포럼】 '교과서 해결' 日정부가 나서라
『문화일보』 2001. 7. 26

일본과 한국의 관계는 여행자 왕래를 비롯, 1998년 오부치 게이조(小淵惠三) 총리와 김대중 대통령의 '파트너십 공동선언'과 2002년 월드컵 공동개최 등의 영향으로 커다란 문이 열리려 하고 있다. 이는 한일관계의 촉진을 바라던 양국 사람들에게 있어 함께 환영할 일이었다. 이번 '새 역사교과서를 만드는 모임'(이하 '모임')의 역사교과서는 이런 환영해야 할 흐름에 찬물을 끼얹는 역방향에서의 반격이라고 볼 수 있을 것이다.

'모임'과 자유주의사관연구회에 모인 면면, 그들을 뒷받침하는 보수적 정치세력은 너무나도 빠르게 진행되는 국경을 넘는 우호적 교류에 대해 '일본은 어디로 가버리는 것일까'라는 초조감에 따라 브레이크를 걸려고 했다. 이것이 이번 역사교과서 문제의 원흉이 아닐까 생각한다.

'모임'의 지난해 4월 교과서 검정신청, 올 3월 말의 검정합격은 중앙·지방을 망라한 보수 정치세력의 정치운동을 토대로 이뤄진 것으로 통상적인 '교과서 제도'의 운용과는 다른 흐름 속에서 진행돼왔다고 말할 수 있다. '모임'의 역사교과서는 검정에서 137곳에 검정의견이 붙어 '검정신청본'보다 좋아졌다고 하나 사실의 오류와 학문연구의 무시, 일방적 평가, 중학생용 교과서로서 교육적 배려의 결여 등 문제점이 수없이 남아 있다.

이런 교과서에 대해 비판이 나오는 것은 당연하다. 일본에서는 검정합격 이전부터 비판의 목소리가 부상하고 있었지만 검정합격 후 한국정부로부터 35개항목(이 가운데 '모임'에 대해서는 25개 항목)의 수정요구가 나오고 말았다. 이 사태에 대해 일본정부는 진지하게 대답한 것일까. 교과서의 역사인식과 정부의 역사인식은 다르다든지, 일본의 검정제도하에서는 교과서의 역사관에 개입할 수 없다든지, 검정제도를 설명하면 이해를 얻을 수 있다든지 등, 지극히 안이하게 생각하고 있었던 것 같다.

'모임'의 교과서와 정부의 역사인식은 다를지도 모른다. 그러나 검정에 합격했다는 것은 중학교 교과서로서 사용을 인정한 것이다. 이 점은 결정적으로 중요하다. 정부는 한국과 중국의 요구에 대해 지난 9일 거의 전면부정의 대답을 내놓았다. 그 며칠전 '모임'은 한국으로부터의 요구를 포함해서 9군데를 자율 수정한다는 코미디극을 연출했다. 게다가 대답의 많은 부분이 '…은 넓게 인정돼 있고, 명백한 잘못이라고는 말할 수 없다'는 식이다. 그렇다면 연구자 이름과 저서·논문명 등 '넓게 인정되고 있는' 근거가 되는 학설을 제시해야 한다. 또 '명백한 잘못이라고는 말할 수 없다'라는 말은 '잘못의 가능성을 포함하고 있다'고 볼 수도 있는 표현이다. 교과서이기에 '잘못의 가능성을 포함하고 있다'면 수정해야만 한다.

또한 이번 한국·중국측 요구사항의 검토는 몇몇 연구자의 의견을 들으면서 교과서조사관이 중심이 되어 행해졌다고 한다. 그 연구자들 이름은 밝혀지지 않았다. '모임' 지지 연구자의 의견을 들으면 수정할 필요가 없다는 의견이 돌아오는 것은 당연하다. 작업의 중심이 된 문부과학성의 교과서조사관은 '모임'의 교과서에 대한 검정을 담당한 사람이다. 한국·중국측 요구의 정당성을 인정하면 자신들이 이전에 했던 일이 불충분했음을 인정하는 셈이 된다.

이런 상황에서 한국과 중국의 의견을 검토해도 만족할 만한 답이 나오지 않는 것은 당연하다. 정부가 정말로 한국과 중국을 납득시키기 위해서는 검토를 문부과학성에서 행할 것이 아니라, 일본역사학회와 같은 학회연합조직에 검토를 맡기든지, 검토회를 공개로 열어 널리 역사연구자의 의견을 자유로이 청취하든지, 매일 교단에서 가르치는 교사의 목소리를 널리 공개적으로 들어서 답을 취합했어야 한다. 일본의 연구수준, 교육실천 상황, 교사에 의한 교육적 배려 등을 종합, 해답을 내는 것 이외에 해결의 길은 없다. 여기에서 한일의 역사연구 교류와 교과서연구 교류, 교육실천 교류가 넓어질 가능성도 있다.

일본의 교과서검정규칙 제14조에는 검정후 교과서라도 '학습을 진행하는 가운데 지장이 되는 기재가 있다고 문부과학상이 인정했을 때는 발행자에 대해 그 수정의 신청을 권고할 수 있다'는 조항이 있다. 잘못이 명확하다면 검정권자인

문부과학상은 수정신청 권고를 하면 좋을 것이다. 일본정부의 적극적인 대응을
기대한다.

기미지마 가즈히코(日도쿄가쿠게이대 교수)

【칼럼】 日역사왜곡의 깊은 뿌리
『문화일보』 2001. 7. 29

일본 중등 역사교과서의 한국관련 사실 왜곡문제를 둘러싼 양국관계가 문제
해결에 도움을 주지는 못하면서 일본어 관광안내 방송금지와 일본 관광객의 감
소 등 우리의 이익에 어긋나는 방향으로 흘러가고 있다. 이런 감정적 대응의 이
면에는 일본의 역사왜곡 문제가 이미 단기적 대응으론 그 해결이 어렵고 장기적
인 전략 개발에도 상당한 한계가 있음을 말해주고 있다. 이럴 때일수록 소모적
정쟁이나 정책적 희생양 찾기를 중단하고 기본적인 문제 인식을 새롭게 해야 한
다.

우리 자신에게 싫지만 던져야 할 기초적 질문은 일본사회가 왜 뻔뻔하게 엄연
한 역사사실을 왜곡하고 과거 반성에 큰 관심을 가지지 않고 있는지에 대해 얼
마나 알고 있는가이다. 마냥 싫은 감정을 제하면 우리 국민 중 얼마나 이 질문에
대한 답을 할 수 있는지 의문이다. 분명한 것은 일본의 역사관이 일본 정치·사
회·문화 및 심리적 차원에서 지난 50여 년 하나의 체제로 자리잡았고 이 뿌리
를 제대로 이해하지 못하는 한 장기 전략은 나올 수 없다는 점이다. 우리 사회는
지금까지 지일 없는 친일과 반일만이 있을 뿐, 장기적 전략을 수립할 지적 인프
라스트럭처가 의외로 허약한 실정이다.

국제적으로 일본의 왜곡된 역사관의 형성과 온존은 냉전체제와 무관하지 않
다. 국제적으로 미국 주도의 냉전 질서하에서 일본은 미국의 안보적 이익에 의
존하면서 반공의 우산하에 과거를 잊을 수 있었다. 냉전 속의 한일관계는 과거
사를 따질 여유가 없었고 미국은 이에 한몫을 했다. 또한 미국은 전후 처리과정
에서도 구 식민지에 대한 이해와 준비가 거의 없었으며 냉전 속에 과거는 묻혀
버렸다. 여기에 미국의 역사·정치적 책임이 있는 것이다. 미국의 학계·언론
및 정치권의 이 문제에 관한 관심을 불러일으킬 장기적 전략구상이 절실하다.

냉전은 국내적으로도 우익 보수세력을 키운 반면 양국 진보세력을 약화시켰다. 아이로니컬하게 국내 친일 보수세력과 일본의 우익세력이 손을 잡는 결과를 가져왔다. 국내의 친일을 앞세운 형식적 반일 세력들은 일본 보수들을 정치·경제적으로 이용하기 위해 기회주의적으로 반일을 이용했다. 이런 양국간 엘리트의 연합 구조는 과거사 문제를 소홀히 다루는 것을 넘어 일본내 양심세력들을 좌익이라는 이름하에 경원시하게 되었고 우리는 이 세력과 상당히 소원한 관계를 유지했다. 최근까지도 이들은 한국 방문시 비자 발급에 어려움을 겪어야만 했었다.

지금이라도 우리는 일본내 양심세력에 대한 시각을 바꾸고 그들과의 정신적 학문적 유대를 강화해야 한다. 장기적으로 일본 역사왜곡을 바로 잡기 위해서는 지금까지 존재했던 일본과의 인적 관계구조를 혁신적으로 바꿔야 한다.

냉전 기간 정권의 비민주성과 맞물려 한일관계는 정권적 차원의 이용물인 경우가 많았다. 역사의 문제가 양국 정권간의 흥정의 대상이 되어 연기되거나 숨어버려 체계적이고 독자적 이슈가 되지 못했다.

향후 역사문제의 장기적 전략 구상에는 독자적 영역을 부여하여 대가성이나 막연한 원죄의식 자극용으로 씌어서는 안 될 것이다. 정권이나 정책과의 연계에 관계없이 꾸준히 추진되어야 한다. 한일 간의 역사문제는 50여 년간 정공법을 피해오면서 나름대로 질긴 동력을 갖게 된 영역으로 어쩌면 지금부터라도 장기적 전략을 가지고 해결책을 찾아도 남북한 통일이나 일본의 보통국가화가 이뤄지는 시점에서 비로소 끝장이 날 것으로 예상된다. 이를 위해 단기적 감정 싸움에서 오는 살풀이는 이제 끝내고, 국내적 교육인프라의 구축, 대일본 인적관계 혁신, 미국을 포함한 대세계적 전략을 차분히 준비해야 할 것이다. 아울러 근시안적인 한일관계 차원을 넘어 장기적 대외전략 비전 수립을 위한 상설 대외정책 협의기구의 균형 속에서 전략과 대책이 지속적으로 논의되어야 할 것이다.

하용출(서울대 교수·국제정치학)

【의견】 한국방송은 일본 TV복사판

『조선일보』 2001. 7. 29

　얼마전 일본을 방문할 기회가 있었다. 평소에 광고에 관심이 많았던 나는 TV의 광고나 쇼 프로그램을 많이 보았다. 예전부터 국내 TV 프로그램이 일본 것을 모방한다는 얘기를 들었지만, 막상 접해보니 사용하는 언어만 다를 뿐 배경이나 내용은 그대로 베낀 것이 많다는 것을 느꼈다. 국내방송이 외형적으로는 첨단 장비를 동원해 세계 수준의 방송이라는 목표를 내세우고 있지만, 아직까지도 내용면에서는 여전히 일본풍을 따른다는 사실에 씁쓸한 마음을 감출 수가 없었다.

　일본 역사교과서 왜곡 문제로 한일관계가 긴장된 현 시점에서, 방송이 뉴스프로그램에서는 반일 감정을 집중적으로 자극하면서도 오락 프로그램에서는 버젓이 일본 것을 모방해 방영하는 모습은 이중적이고 위선적인 행동이라고 생각한다. 늦었지만 지금부터라도 외국것을 모방하지 말고, 창조적이고 독자적인 것을 개발해야 하지 않을까 생각한다. 그럴 때에만 방송의 일본 역사왜곡 항의 보도도 더욱 설득력을 갖지 않을까.

　유신영(24 · 미국 보스턴대 그래픽디자인 석사과정)

【발언대】 대일 감정대응 땐 잃는 게 많아

『중앙일보』 2001. 7. 31

　일본의 역사교과서 왜곡에 대한 국민적 분노가 확산되고 있다. 학교나 지자체는 물론 개인까지 교류를 단절하고 있으며 정부는 민간교류에 대한 각종 지원금을 삭감하고 있다.

　하지만 대응이 지나치게 감정적으로 흐른다는 자성의 목소리도 커지고 있다. 사실 한일관계는 그동안 상호 협력적인 분위기 속에서 동반자적 관계를 유지해왔다고 할 수 있다. 민간교류는 정부차원에서 할 수 없는 부분을 민간이 나서서 풀어가자는 취지에 따라 최근 부쩍 활성화됐다.

　우리는 민간교류를 통해 양국이 서로 이해하는 분위기를 조성하기 위해 많은 노력을 기울였다. 이는 동북아의 중추국이라 할 수 있는 두 나라의 화해와 협력이 세계 평화에 기여할 수 있다는 공통된 인식에서 비롯됐다. 감정의 골을 넘어서 이러한 합의를 이끌어내는 데는 수십 년이 걸렸다.

이처럼 소중하게 키워온 민간교류가 줄줄이 축소되고 단절되는 상황을 보면서 이것이 당면문제를 해결하는 데 얼마나 도움이 될 것인지 의문을 갖지 않을 수 없다.

우리 정부가 역사교과서 왜곡과 관련해 강력한 대응책을 마련해야 한다는 점에는 이견이 있을 수 없다. 그러나 교류의 단절을 통해 역사왜곡을 바로잡고 우리의 자존심을 지킨다는 감정적 대응은 결과적으론 우리에게 손해로 돌아온다는 점을 알아야 한다.

지혜를 모아 전략적 사고로 일본정부를 움직일 수 있는 실효성 있는 대책을 마련해야 할 것이다. 지속적으로 교류하면서 우리의 주장을 끊임없이 제기해 그들의 잘못된 인식을 바꾸려는 노력이 더 현명하지 않을까 생각한다.

강원석(한일문화교류센터 경남지부장)

【여론마당】 '입보다 발' 日시민단체 본받자

『동아일보』 2001. 8. 1

지난달 취재차 한국에 출장온 일본 아사히신문의 한 기자에게 '새 역사교과서를 만드는 모임' 측의 교과서가 10%대의 채택 목표를 달성할 수 있는지 물었다. 그 기자는 "일본의 시민단체들이 잘 싸우면 1% 내로 묶을 수 있고, 그렇지 않더라도 10%는 쉽지 않을 것"이라고 전망했다. 당시는 일본 우익의 입김이 우려할 정도였는데 의외의 답을 듣고서 고무되지 않을 수 없었다.

그러다가 7월 26일자 동아일보에서 '모임' 측의 역사교과서에 반대하는 일본 시민들의 이름이 빼곡이 들어간 의견광고를 보고 일본의 시민단체에 대해 다시 한번 생각하게 됐다. 국내 시민단체가 구호와 상징만 난무하고 풀뿌리는 취약한데 비해 일본의 시민단체는 그야말로 '개미처럼' 일하고 있었다.

지난해 '어린이와 교과서 전국네트워크21'이라는 일본 시민단체의 사무국장이 한국을 방문해서 일본교과서 개악 움직임에 대해 설명하고, 이 사실을 일본 전국에 알리기 위해 강연회를 개최한다고 했다. 그때 우리는 문제의 심각성에 대해서는 공감했지만 올해도 아니고 내년에 있을 일이기에 그다지 크게 관심을 두지 않았다.

그리고 지금 오늘, 우리는 전국에서 일장기를 불태우고 규탄 구호로 가득한 집회를 갖고 있을 때 일본의 시민단체는 교과서 채택 권한을 가진 교육위원 한 사람 한 사람에 대한 성향을 파악하고, 그들을 압박해 들어가는 조직적인 활동을 벌였다. 이러한 움직임은 지금까지 공립학교 중 단 한 곳만 왜곡 교과서를 채택하는 결과로 나타나고 있다. 일본의 시민단체가 전국을 누비며 차근차근 문제의 본질을 이해시키고, 자료를 배포하고, 한 사람 한 사람을 조직하는 데 비해 국내 시민단체는 아무런 대책도 없이 감정적 대결 일변도로 치닫고 있는 것은 아닌지 묻고 싶다.

'어린이와 교과서 전국네트워크21'이 아사히신문에 전면광고를 게재한 경위를 알아본 뒤 다시 한번 놀랐다. 3개 단체가 움직여서 단 2주 만에 2000여 명으로부터 600만 엔 가량을 모금해 550만 엔짜리 전면광고를 실었다는 것이다. 더구나 아직도 참여하겠다는 단체들의 요청이 많아 다른 신문에도 광고를 게재할 예정이라는 말을 듣고 부럽기까지 했다.

국내 시민단체들도 일본신문에 광고를 내기 위해 모금운동(홈페이지 http://www.japantext.net)을 벌이고 있다. 그러나 1회 광고에 1억 원 이상 필요한 데 비해 아직 수백만 원밖에 모으지 못한 상황이다. 한 번 광고로 무엇이 나아질까 하는 반론도 적지 않지만, 이번 모금운동은 국내 시민단체의 부족한 역량과 수준을 여실히 보여주는 것이라고 생각한다.

일본 역사교과서 문제로 한일 간의 교류가 단절돼가고 있다. 지방자치단체 사이의 교류 단절이 교과서 채택에 있어서는 충격적인 효과를 가져왔지만, 청소년들의 민간교류마지 중단되고 있어 안타까움을 금한 수 없다. 우리의 목표는 일본의 역사왜곡 시정과 올바른 기술이라는 점에서 시민운동을 차분하게 재검토해야 할 것 같다.

김은식(태평양전쟁피해자보상추진협의회 사무국장)

【금요포럼】 對日 강경책 득될 것 없다
『동아일보』 2001. 8. 2

일본 역사교과서 왜곡 문제에 관한 정부의 대응을 보면 국가이익 개념의 부재와 외교기능의 마비를 엿볼 수 있다. 재수정 요구의 당위성이나 타당성에 의문을 제기하는 것은 아니다. 그러나 정부가 발표한 조치들은 왜곡된 역사교과서의 재수정이라는 목표를 달성하기 위한 실효성도 없고 한국이 치러야 할 대가가 너무 커서 국익에 합치하는 현명한 정책이라고 할 수도 없다.

우선 목적과 수단의 불균형이 심하다. 재수정 요구는 장기적인 노력을 요하는 과제이다. 그런 과제를 끝까지 달성하겠다고 대통령이 공개적으로 천명함으로써 한국 정부에 대한 평판과 외교 역량을 그 정책의 성공과 연계시켜놓았다. 목적을 실현하기 위해 무기한 많은 외교적 노력과 자원을 투입하겠다는 것이다. 실패할 경우 한국 외교 이익에 미칠 손상을 감수할 모양이다.

이미 발표된 정부 조치들은 더욱 강경한 조치로 이어질 것이라고 한다. 추가 문화개방이나 교사 학생 교류를 중단한다는 차원을 넘어서 국제사회에서 일본을 고립시키겠다고 단언하며 정치 외교 안보면에서 협력을 동결하겠다는 자세다. 대응정책의 단계적 강경화는 일본의 대응 보복조치 등으로 이어져 한국의 국가이익 전반에 부정적 영향을 미칠 것인데 그것도 불사한다는 것인지 정부에 묻고 싶다. 교과서 수정 요구를 관철하기 위해 어느 수준의 불이익을 각오할 것인지를 냉정히 판단해야 할 것이다.

청와대의 방침에 따라 정부 부처들이 경쟁적으로 강경책을 공표하는 상황은 정부에 기대되는 냉철하고도 체계적인 외교정책 결정과는 너무 거리가 멀다. 문제는 국내 정치적 고려와 대북정책 제일주의에 몰두하는 대통령 측근들의 사고방식, 가치관, 판단기준이 정상적인 외교 기능을 압박해 마비시키고 있는 것은 아닌가 하는 것이다.

한국 정부가 교과서 문제에 강경 대응하는 것에 대해 특수한 한일 양국간의 역사적 관계, 교과서 문제의 본질적 성격, 한국의 국민정서, 한국 지도자가 느낀다는 배신감, 일본의 우경화에 대한 심각한 우려 등 다양한 해설이 있다. 이 밖에 두 가지 해설을 소개하겠다.

국제정치학에서 원용되는 여러 접근법과 개념 중에 정신분석학적 개념인 '대상대체(對象代替·displacement)'라는 것이 있다. 한국의 현황에 적용해본다면 국내에 축적돼 있는 정부에 대한 불만 분노 비판을 일본이란 대체대상으로 전환해 해소한다는 것이다. 정부가 어느 정도 이를 의식하고 대일정책을 추진하고 있는지 모르나 적어도 결과적으로는 어느 정도 그런 역할을 하고 있다고 볼 수 있다.

두 번째 해설은 현 정권의 최우선 정책은 햇볕정책이며 다른 모든 대내외 정책은 대북정책 - 특히 김정일 국방위원장의 답방 실현 - 에 종속되며 그 목적 달성에 기여하느냐가 정책 결정의 기준이 된다는 것이다. 대일 강경정책이 대북정책에 대한 국민의 비판을 전환 내지 약화시키고 북한 및 중국과의 실질적인 대일 연대투쟁 자세를 선명하게 함으로써 김 위원장의 답방을 위한 분위기 조성이 된다는 것이다.

만약 그런 고려가 작용했다면 정부의 오판이라고 생각한다. 북한은 한국이 일본이나 미국으로부터 '자주성'을 과시하는 것을 이념적으로나 원칙적으로는 환영할 것이다. 그러나 일본이나 미국으로부터 신뢰받지 못하고 영향력을 행사하지 못하는 한국에 북한이 어느 정도의 매력을 느낄지 의문이다.

정부가 국내의 강경론에 밀려 미온적 태도를 버리고 강경 포즈를 잡았다는 설도 있다. 사실 교과서 문제가 이렇게까지 전개되리라고는 양국 정부 모두 예기치 못했고 고위급에서의 정치적 해결책 모색의 기회도 놓쳤다. 새롭게 구축한 한일 간 화해 협력의 기본틀이 붕괴되는 방향으로 표류하는 것을 저지하기 위해서는 조기 수습이 필요하다. 그러나 현재 양국 정부 모두 적절한 수습방안이 없고 가까운 장래에 타결책을 찾을 가능성도 희박하다고 인식하고 있다. 문제의 교과서 채택 규모가 한정된 것이 되더라도 그것은 내용 수정이란 목표와는 다른 차원의 문제이다.

10월에 있을 한일 정상의 상봉 기회를 목표로 타결의 실마리를 찾을 것을 기내하는 식자도 있다. 그러니 그런 기대도 난쿠릴열도 꽁치 주업 문제의 원만한 해결과 일본 총리의 8·15 야스쿠니신사 참배가 야기할 문제들이 통제불능 상황으로 악화하지 않는다는 전제 아래에서이다.

김영진(미국 조지워싱턴대 명예교수·일본 게이오대 객원교수·국제정치학)

【조선일보를 읽고】 교과서 문제와 교류는 별개

『조선일보』 2001. 8. 2

1일자 오피니언면 '시론 - 김대통령이 해야 할 말'을 읽고 내 나름대로의 생각을 적어본다. 필자인 미국 UCLA 교수 오마에 겐이치씨는 일본이 미국의 통상보복을 참고 참으며 수출 실적을 올리는 데만 전력했다는 예를 들면서, 우리나라도 흥분만 하지 말고, 경제적으로 냉정히 따져야 한다고 하였다. 물론 맞는 말이다. 하지만 그분이 한일 젊은층은 과거에 연연하지 않는데 무엇하러 그들까지 끌어들이느냐 식의 발언에 적잖이 놀랐다.

일본 젊은이들은 어떤지 모르겠지만, 적어도 우리는 한일관계나 외교에 대해 관심이 없다고 생각하지 않는다. 고등학생인 나도 이번 일로 인해 일본에 대해 반감을 많이 가지게 되었고, 학교에선 일본제품 불매운동까지 벌였다.

흥분을 참고 냉정히 따지라는 그분의 뜻은 이해가 되지만, 상업과 교류의 영향이 미친다고 해서 우리가 할 수 있는 정당한 발언과 잘못된 일을 바로잡는 것을 못할 이유는 없다. 양국의 감정이 모두 풀어진 후, 상업과 교류가 더욱 크게 진척될 수 있을 것이라고 생각한다. 우리 정부에서는 일본에 대해 강력한 추궁을, 일본은 다시 한번 진지한 자세로 교과서 왜곡 문제를 따져보아야 하지 않을까.

권도희(15 · 인천 계양구)

日 · 美 이중잣대로 과거사 은폐 - 배리 피셔 변호사

『연합뉴스』 2001. 8. 2

일본이 군위안부 문제 등 과거사를 미국의 이중잣대로 덮으려 한다고 미국의 배리 피셔(58) 국제인권변호사협회 수석 부회장이 지적했다.

유대인의 나치독일 전쟁범죄 피해보상 소송을 승리로 이끌고 현재 미국에서 진행중인 위안부 소송 원고측 변호인인 피셔 변호사는 지난달 31일 로스앤젤레스 타임스에 아이리스 창(「난징(南京) 강간 : 잊혀진 2차대전의 홀로코스트」(97년) 저자)과 함께 기고한 글에서 이처럼 밝혔다.

다음은 기고문 요약.

미 정부는 지난달 6일 일본 오키나와의 한 여성을 강간한 혐의를 받고 있는 공군 하사관을 일본 당국에 넘겼다. 미국이 이렇게 빨리 행동할 의무가 없었으나 일본 전역에서 항의 시위가 폭발하자 결국 양국 최고위급 협상에서 신병인도가 결정됐다. 이어 고이즈미 준이치로 총리는 하워드 베이커 주일대사에게 미군은 주일미군의 '기강'을 바로잡아야 한다고 말했다.

누구든지 오카나와 여성에 대한 강간 혐의에 분노한 국가라면 자신들이 2차 대전 중 저지른 집단강간에 대해서도 깊이 뉘우칠 것으로 기대할 것이다. 그러나 지금까지 일 정부는 1930년대와 40년대에 조직적으로 자행됐던 강간과 성노예(위안부) 등 전범행위를 얼버무리고 있는 역사교과서 왜곡에 대한 한국과 중국 등의 수정 요구를 거부하고 있다.

이런 거부 태도는 일 정부의 종전 입장으로부터 후퇴한 것이며 전시 침략에 관한 역사적 사실들을 교과서에 기술하겠다는 1996년의 국제적 약속과도 배치되는 것이다.

그러나 어떤 것도 진실을 왜곡시킬 수는 없다. 일 정부 관리들은 위안부제도에 따라 한국과 중국, 필리핀 등지로부터 20만여 명의 여자들을 납치 또는 감언이설로 끌고가 아시아 점령지역 주둔 일본군의 성적 노리개로 삼았다.

한 위안부 생존자는 위안부 생활을 '살아 있는 지옥'으로 표현했다. 위안부들은 작고 불결한 방에 갇혀 하루 최고 40명의 남성을 상대해야 했다. 탈출하다 잡혀 고문을 당했고 많은 위안부들이 자살했다. 생존자들도 평생 지울 수 없는 정신적, 육체적 상처를 입었다.

일 정부는 거의 50년 간 잔악한 위안부 정책의 실체를 부인해오다 1994년 말 독립적 역사가들이 자료를 통해 일본이 1932년부터 위안부를 조직하고 1937년 난징대학살(2만~8만 명의 중국여성이 강간당함) 이후 확대시켰다는 자료들을 공개하자 마지못해 시인했다.

일본은 위안부 피해자에 대한 어떤 보상도 거부해왔다. 그러나 작년 9월 용기있는 위안부 생존자들이 워싱턴DC 연방지법에 집단소송을 제기했다. 이들은 미 정부가 자신들의 편을 들어 대일 협상을 도와줄 것으로 기대했다.

그러나 정반대의 일이 벌어졌다. 미 정부가 지난 4월 법원에 공식적으로 위안부 소송 기각 요청을 낸 것이다. 미국은 일본이 '(주권국가로서의) 면책특권'에 의해 소송에서 보호받아야 한다고 주장했다. 미국의 이런 태도는 사실상 조직적 강간과 고문, 살인이 단지 별개 정부의 평범한 행위로 인정돼야 한다는 것을 의미한다.

부시 행정부는 지난해 미국이 여성, 아동 인신매매금지법을 제정했음에도 불구하고 일본이 전범행위로 받게 될 어떠한 결론에서도 벗어나도록 돕기로 작정한 것 같다.

미 정부의 이중잣대는 또 있다. 미국은 나치 독일 강제노역 피해 배상 소송에서 유럽의 희생자들을 도와 결국 독일 기업들로부터 수십억 달러의 합의금을 받아내도록 했으나 아시아 피해자들에 대해선 (일본 편을 들어) 이들의 정의추구 노력을 실질적으로 방해했다.

위안부들이 법정에서 이기기엔 아직도 늦지 않았다. 레인 에번스(민주·일리노이) 연방하원의원은 최근 일본정부의 사과와 배상을 요구하는 결의안을 제출했다. 8월 1일엔 헨리 캔네디 판사가 미·일 정부의 위안부 소송 공동 기각요청에 대해 청문회를 연다.

일본은 자신의 범죄에 책임을 져야 하며 미국은 전세계 인권 옹호국으로서의 일그러진 이미지를 개선하도록 행동해야 한다.

로스앤젤레스 권오연 특파원

【연합시론】 고이즈미, 신사참배 깨끗이 포기해야
『연합뉴스』 2001. 8. 2

국내외의 강력한 반대에도 불구하고 일본 총리의 야스쿠니신사 참배를 강행하기 위한 온갖 기기묘묘한 방법이 검토중인 것으로 전해졌다. 참배일 택일에 있어 그들의 패전 기념일인 8월 15일은 피한다든지, 절하고 손뼉치는 신도 의식을 생략한다든지, 또는 총리 자격이 아닌 개인자격으로 참배하는 형식을 취한다든지, 우리가 보기에는 참으로 단작스러운 아이디어들이 오가는 모양이다. 잘못된 길이라면 과감하게 포기하면 될 터인데 왜 이렇게 떳떳하지 못한 일을 군이 강행하려고 하는지, 아무리 정치적 계산이 개입된다고 하지만 과연 그의 행동이 현실적인 이익에 도움이 될 것인지 알 수 없는 일이다.

고이즈미 총리가 이처럼 정당하지도 않고, 그렇다고 뻔뻔하지도 못한 궁색한 선택에 매달리는 이유는 무엇일까. 야스쿠니신사 참배 행위는 2차대전 전범들에 대한 추모로 간주될 수 있는 것이어서 그의 선배 총리 대부분은 이를 자제해왔다. 그러나 고이즈미 총리는 지금까지 그것이 무슨 잘못이냐, 왜 한국과 중국이 이에 간섭하느냐고 큰소리쳐왔었다. 이처럼 잘못되고 위험한 확신에 빠져 있던 그가 최근 참의원 선거 승리 이후 조금은 신중한 태도로 신사참배 문제를 재검토하고 있는 것은 그나마 다행한 일이라고 할 수 있을지도 모른다. 극우보수적 색채를 강조해 선거에서 승리한 소기의 목표를 달성했다면 이제는 이성의 영역으로 돌아와 잘못된 선택은 깨끗이 포기하는 용기를 보여야 할 것이다.

현실정치인들의 복잡하고 치사한 산술법을 동원하더라도 고이즈미는 그의 극우보수적인 노선을 다시 생각해보아야 할 것으로 보인다. 대중적인 인기를 유지하기 위해 오직 극우보수적인 유권자들에게만 영합하는 것은 중대한 계산 착오일 수 있다. 일본의 한 극우단체가 만든 역사왜곡 교과서가 당초 우려와는 달리 교육현장에서 채택될 가능성이 낮아지고 있는 것으로 전해지고 있다. '종군위안부 역사는 화장실 역사'라는 패륜적 사고를 가진 자들이 작성한 이 교과서는 일본의 야만적 군국주의의 부활, 이웃 국가에 대한 위협 제기 가능성과 관련, 참으로 위험한 병균이었으나 다행히도 일본내 양심세력들의 분발 덕분에 그 확산이 저지되고 있는 것으로 전해졌다. 아무리 장기 경제불황으로 강력한 일본의 부활을 희망하는 극우보수적 분위기가 우세하더라도 다른 한편에서 이를 막아보려는 양심세력이 존재하고 있음을 대중정치인 고이즈미는 염두에 둬야 할 것이다.

한국정부는 고이즈미 총리의 신사 참배 문제에 반대한다는 입장을 강력히 표시하고 있다. 고이즈미 총리가 참배를 강행할 경우 어떤 응징에 나서야 할지도 신중하게 검토하고 있을 것으로 믿는다. 왜곡 교과서의 경우, 이 나쁜 병균의 확산을 막은 것은 일본 내 양심세력 덕분이라고는 하지만 우리 국민과 정부, 그리고 언론이 한목소리로 일본 우익의 음모를 규탄하고 경계한 것이 이들 양심세력의 분발을 촉구하는 데 도움이 되었음은 분명하다. 신사참배라는 단순해 보이는 행위 속에 숨어 있는 거대한 음모를 제대로 파악해 단호히 대처해야 한다.

【중앙 시평】 국가홍보 제대로 합니까

『중앙일보』 2001. 8. 3

초등학교 시절 해외출장을 다녀온 아버지가 사다주신 지구본은 어린 나에게 무척이나 재미있는 놀이기구였다.

입체적인 지구본에 그려진 세계 여러 나라의 모습과 교과서 평면에 그려진 국가들의 모습이 서로 얼마나 같은지 혹은 다른지를 비교하는 일은 어린 나에게 매우 흥미로운 일이었다.

지도 '일본해' 표기 왜 많나

또한 당시 우리가 부러워하던 선진국가들 가운데 어떤 나라가 큰 나라이고 또 어떤 나라가 작은 나라인지를 확인해보는 일도 재미있기는 매한가지였다. 당시 내 눈에는 엄청나게 큰 영토를 가지고 있고 거기다가 축구까지 잘하는 브라질이야말로 곧 세계를 제패할 가능성이 큰 무서운 나라로 보였다.

물론 이 모든 놀이는 우선 세계 각 나라의 지명이 영어로 어떻게 표기되는지를 알아야 하는 국제적인 지식을 요구하고 있었다. 아마도 아버지는 이 사실을 의식하고 나에게 의도적으로 영어로 된 지구본을 선물했을 게 분명하다.

하지만 당시의 나로서는 아버지의 그런 '불순한' 의도를 파악할 능력이 없었다. 다만 축이 기울어진 지구본을 앞뒤로 돌리면서 한국이 낮일 때 미국이 밤이 되는 까닭을 깨닫는 재미에 빠져들 뿐이었다.

우리와 멀리 떨어져 있기는 매한가지인 호주와 미국 가운데 호주는 왜 한국과 시간이 엇비슷하고 미국은 왜 시간이 반대인지를 이해하는 것 또한 지구본에 대한 나의 호기심을 충족시켜주기에 충분했다.

그러던 어느 날 지구본을 이리저리 돌리며 깨알 같은 영어 글자를 더듬거리며 읽고 있던 나의 눈에 정말 이상한 표기가 눈에 들어왔다. 다름아닌 'Sea of Japan'이었다. 분명 우리말로 '동해'를 뜻하는 영어 표기가 있어야 할 자리에 난데없이 '일본해'라는 표기가 자리를 잡고 있었던 것이다.

난 곧장 어른들을 붙잡고 그 까닭을 물었고, 대충 다음과 같은 설명을 들었다. 그 바다를 우리나라에서는 '동해'라고 부르지만 일본에서는 '일본해'라고 부르는데 이 지구본에 동해라는 표기가 없고 대신 일본해라는 표기가 있는 까닭은 일본이 우리보다 더 잘살고 돈이 많아 외국 사람들을 상대로 홍보를 많이 했기 때문이라고.

그로부터 30여 년이 흘렀다. 그 사이 우리나라는 산업화의 결과를 세계의 다른 여러 나라에 자랑할 정도로 경제발전을 이루었다.

일시적인 외환의 부족으로 국제통화기금(IMF)의 구제금융을 받기도 했지만 지구본을 가지고 놀던 때와 비교하면 분명 엄청난 발전을 이룩했다.

당시의 일본 그러니까 도쿄(東京)올림픽을 하던 일본과 비교해도 우리는 분명 경제적으로나 정치적으로 일본보다 앞서 가고 있다. 1인당 국민소득이 그렇고 또 정치적인 민주화의 수준이 그렇기 때문이다.

그렇지만 경제발전을 한 만큼 우리가 우리의 문화를 해외에 알리는 일에 어느 정도나 체계적인 관심을 기울이고 있는지를 생각해보면 우울한 느낌을 지울 수 없다.

과연 이제는 외국에서 유통되는 지구본에 '일본해'라는 표기보다는 '동해'라는 표기가 더 많아졌을까. 확인은 못해봤지만 영어로 표기된 지구본에는 아마도 여전히 '일본해'라는 표기가 판을 치고 있을 것이 틀림없다.

국제교류기금 폐지 안 돼

우리는 아직도 우리의 문화와 역사를 해외에 굴절 없이 알리는 작업의 중요성을 이해하지 못하고 있다. 동남아 국가의 교과서에 한국의 역사가 왜곡돼 있다는 보도가 분명한 증거다.

인도네시아와 필리핀 그리고 태국의 교과서에 일본의 식민사관이 유포돼 한국의 역사를 일본이나 중국의 일부로 이해하고 있다니 달리 무슨 이야기를 할 필요가 있는가.

일본의 역사왜곡을 바로잡기 위한 대응이 냄비 물 끓듯 해서는 체계적인 국가홍보를 할 수 없다. 일본이야 한국의 역사를 의도적으로 왜곡하고 있으니 규탄하지 않을 수 없다고 치자.

그러나 다른 나라의 교과서에 우리나라의 역사가 왜곡된 일까지도 규탄할 수는 없는 일 아닌가. 조직적이고 체계적인 국가홍보가 절실하다. 그리고 그런 의미에서 '한국국제교류재단'의 위상과 역할은 더욱 강화돼야 한다. 국제교류기금의 폐지는 더욱 안 될 말이다.

유석춘

세계Tower2002월드컵과 日역사왜곡
『세계일보』 2001. 8. 5

일본의 고이즈미 준이치로(小泉純一郞) 내각의 얼굴이 참으로 두껍다는 인상을
지울 수 없다. 주변국들로부터 결코 동의받지 못할 일들을 서슴없이 자행하면서
도 당사자들의 분노와 우려는 아랑곳하지 않는 철면피 태도가 역력하다. 군대위
안부로 희생된 할머니들의 절규에 귀막고 위험천만한 우경화 경향에 꼼수나 찾
고 있을 뿐이다. 역사교과서 왜곡으로 자신의 정체성마저 호도하고 남쿠릴열도
공해상에서 한국 어선의 조업을 막으려 하고 있다.

이런 판국에 일본 국민들은 최근 참의원선거에서 고이즈미 총리에게 표를 몰
아줌으로써 그의 위험한 정치적 도박에 용기를 북돋아주고 있다. 이에 따라 고
이즈미 총리는 그가 추구하는 극우보수 노선이 더욱 힘과 속도를 얻게 돼 또다
시 어떤 엉뚱한 일들을 저지를까 주변국들은 물론 일본 내 양심세력들에게 큰
우려를 안겨주고 있다.

또한 일본의 거침없는 우경화 경향이 가속화되면서 2002년 한일 월드컵이 과
연 정상적으로 치러질 수 있을까 우려의 목소리가 높다.

월드컵 열기가 어디에서도 감지되지 않는다고 관계자들이 아우성이다. 월드컵
을 500일 앞두었을 때나 300일 앞으로 다가온 현재 별로 달라진 게 없다며 야단
들이다.

월드컵의 성공여부는 국민적 공감을 얼마나 얻었느냐에 따라 결정된다. 월드
컵 분위기가 살아나지 않는 것은 국민적인 공감을 얻지 못하고 있다는 증거이다.
국민적 관심을 불러일으킬 만한 요인이 없다는 반증이기도 하다. 이는 국민이
원하는 바를 간과하고 있기 때문일 것이다. 올림픽사상 가장 성공적인 대회였다
는 찬사를 받은 88서울올림픽이 '단군 이래 최대의 국제행사인 만큼 성공적으로
치르자'는 의식이 국민적 공감대를 형성해 성공한 대회가 됐다. 스포츠 행사는
국민의 가슴으로 치르는 국가적인 행사가 돼야 성공할 수 있다. 2002년 월드컵
이 국민의 성원을 받지 못하고 공감대 없이 치러진다면 결코 성공할 수 없을 것
이다. 조직위원회는 이제부터라도 국민으로부터 마음의 성원을 이끌어 내야 한
다.

현재의 일본과의 관계설정은 '일본의 역사교과서 왜곡문제를 월드컵대회에
연결시키는 것은 소망스럽지 못하다'는 것이 한국조직위원회의 일관된 입장인

것 같다. 정몽준 공동위원장도 기회가 있을 때마다 좋은 분위기에서 대회를 치르자며 점잖게 호소할 뿐이다.

스포츠행사는 팬들의 지지여하에 따라 생명력을 갖는다. 그 지지가 국민적인 성원이라면 아주 큰 힘을 발휘한다. 박찬호나 박세리의 경기가 국민적인 관심사가 된 것도 이 때문이다. 그들은 우리의 답답하고 눌린 가슴을 후련하게 풀어주었고 또 그렇게 해줄 것으로 기대하기 때문이다.

일본의 감정을 자극하지 않으려는 한국조직위원회의 조심스런 행동이 곧 성공적인 개최를 보장하지 않는다. 속좁게 국가적인 문제를 가지고 구태여 스포츠행사에 끌어들어 갈등을 일으켜서야 되겠느냐고 항변할 수 있지만 한일 간의 문제는 이제 민족자존의 문제로 발전되어 있다.

일본은 독도를 자기의 영토라고 생떼를 쓴다든지 남쿠릴열도에서 한국의 조업을 막는 것도 따지고보면 국민들의 정서를 움직이기 위한 수단에 다름아니다. 또 느닷없이 월드컵대회의 공식명칭문제를 들고 나와 일본이 주도하는 것처럼 바꾸려고 했다. 일본의 시도는 결과적으로 무산되었지만 국민적인 관심을 불러 일으키는 계기를 만드는 소기의 목적을 달성했다. 어쨌든 2002년 월드컵 대회가 민족의 자존을 세워 역사에 길이 남을 스포츠행사가 되도록 힘을 모아야 할 것이다.

정동길 체육부장

【월드컵 이렇게】 한일 민간교류 더 필요한 때
『한국일보』 2001. 8. 5

동해와 맞닿아 있는 돗토리(鳥取)현은 한국과는 가장 가까운 거리에 있다. 때문에 현민들의 한국에 대한 관심은 매우 높고 교류도 활발하다. 10여년 전부터 김진선 강원도지사와 돈독한 관계를 유지하고 있어 강원도를 중심으로 행정분야는 물론 여성, 어린이, 농업, 중소기업, 복지관계 등 폭넓은 분야에서 활발한 교류가 전개되고 있다.

올 4월부터는 현 내 요나고(米子)와 인천국제공항 간의 정기항공노선이 개설돼 교류는 더욱 활발해지고 있다. 돗토리현에는 현재 15명의 한국인이 국제교류원으로 활동하고 있고 또 올 4월 일본에 거주하는 한국여성이 일본 최초로 일반공무원인 현청직원으로 채용됐다.

돗토리현이 한국과의 민간교류에 힘을 쏟고 있는 것은 개인적으로 한국에 대한 깊은 애정 때문이고 나아가 한일 간의 지역교류야말로 양국민 간의 신뢰와 우정을 이어가는 최선의 방법이기 때문이다. 교류를 통해 서로 있는 그대로의 모습을 보고 상대가 무엇을 생각하고 있는지 이해하며 자신이 갖지 못한 것을 상대 속에서 발견하고 나아가 상대에 대한 존경심을 품게 된다.

이러한 체험 기회를 양 국민이 많이 가질수록 더욱 좋은 것이고 특히 다음 세대를 짊어질 아이들에게는 이러한 기회를 제공하는것이 무엇보다 중요하다.

현재 역사교과서 문제로 한일 양국정부 사이에는 교류가 중지되거나 연기되는 등 많은 어려움이 쌓여 있다. 그러나 이러한 대립은 오히려 역효과만을 초래한다. 교류중단으로 결국 피해를 입는 사람들은 한국에 대해 남다른 애정을 갖고 한국을 보다 깊게 이해하려는 사람들이고 결국 이로 인해 한국에 대한 관심을 잃게 된다.

이럴 때일수록 한일 민간교류가 더욱 활발히 전개되어야 한다. 정치와는 무관한 민간교류가 양국 간의 무지, 몰이해에서 오는 오해와 편견을 제거하고 서로 신뢰를 돈독히하는 가장 빠른 길이다.

나는 지금도 독학으로 한국어를 배우고, 한국어를 사용하기 위해 노력하고 있다. 외국어를 배운다는 일은 단순히 어학 공부에 머물지 않고 그 나라의 문화, 역사, 라이프 스타일 등 폭 넓은 흥미와 관심을 불러일으키고 이러한 경험이 해당 외국어를 배우려는 사람들을 겸허하게 만들어주기도 한다. 일본인들이 한국어학습을 중요하게 여겨야 하는 것이 바로 이점 때문이다.

한국어 공부에 몰두하던 당시 나는 엔도 야스히로(遠藤安彦) 사무총장에게도 한국어 공부를 권유했던 적이 있다. 지금 엔도 총장은 '한국어선생'인 나보다 한국어 어휘를 더 풍부하게 구사하고 있다. 한국의 역사와 문화에 심취해 있고 지금은 한국의 역사교과서까지 읽을 정도다.

내년 한일 월드컵은 양국관계의 미래를 엿볼 수 있는 상징적인 행사이다. 한일 월드컵을 전세계에 과시할 수 있는 훌륭한 대회로 치러내기 위해서는 양국의 민간교류가 필수적이며 이러한 교류만이 새로운 양국 관계를 정립하는 지름길이다.

가타야마 요시히로〈일본 돗토리(鳥取)현 지사〉

교과서와 민간교류

『한겨레신문』 2001. 8. 6

결론부터 말하자면, 정부의 일본 역사교과서 왜곡대책반이 2일 교과서 갈등이 계속되고 있는 와중에서도 민간교류는 더욱 활성화해야 한다고 확인한 것은 매우 잘한 일이다.

우선, 그런 결정은 막바지 단계에 있는 일본의 교과서 채택 과정에 좋은 영향을 줄 것이다. 일본 안에서 '새 역사교과서를 만드는 모임' 쪽의 교과서 채택 반대운동을 이끌고 있는 다와라 요시후미 '어린이와 교과서네트21' 사무국장은 최근 "민간교류까지 중단하고 있는 한국의 강경방침을 이해하고, 또 그것이 채택 반대운동에 영향을 끼친 것도 사실"이라면서도 "이미 교과서 채택 결정이 많은 지방자치단체에서 이뤄진 만큼, 지금의 단계에서는 '만드는 모임' 쪽 교과서를 채택하지 않은 지역에 대해서는 한국 쪽도 빨리 교류를 재개하면 좋은 영향을 끼칠 것"이라고 말했다. 한 전직 외교관도 "일본과 교류하고 있는 자치단체가 상대방 지역의 교과서 채택 상황을 소상하게 파악하고 있는 만큼 그에 맞춰 선택적 대응을 할 필요가 있다"며 "이는 한국이 일본에 전하고자 하는 메시지를 정확하게 전달하는 효과가 있을 것"이라고 말했다.

둘째, 민간교류에 대한 유연한 자세는 일본 안의 지한세력 또는 친한세력에게 큰 힘을 줄 것이다. 대체로 지방자치단체 차원이건, 학교 차원이건 한국과 교류를 추진하는 사람들은 한국에 호감을 갖고 있는 사람들인데, 한국 쪽에서 교과서 문제를 이유로 갑자기 교류 중단을 통보해오자 이들의 입지가 상당히 위축됐던 것으로 전해진다. 또 민간교류는 미래의 친한세력이나 지한세력을 만들고, 정부 차원에서 밀하기 곤란한 여러 문제제기를 할 수 있다는 점에서 오히려 이런 때일수록 강화해야 한다는 주장도 있다. 한국과 일본의 조선시대 교류사를 연구하고 있는 도쿄대의 로널드 토비 교수는 "제3자의 관점에서 볼 때 일본이 역사를 제멋대로 기술한 것은 부인할 수 없는 사실"이지만 "오히려 '만드는 모임' 쪽 책을 채택한 지역과 교류를 활성화해 그쪽 사람들을 변화시키는 게 더 좋은 방법이라 생각한다"고 말했다.

셋째, 교류중단은 경제적으로도 큰 손실이라는 점이다. 일반적으로 한국 사람들은 그까짓 돈 몇 푼에 정신을 팔 수 있느냐는 식으로 대처하는 경향이 강하지만, 명분도 얻고 실리도 얻는 방법이 있으면 그것을 마다할 이유가 없다. 일본의 우익이나 정부의 잘못을 일본 전체의 시민에까지 전가시켜 관광과 쇼핑 등 한국 열기까지 식히는 것은 명분과 실리를 함께 잃는 것이다.

넷째, 한국의 대일외교가 흑백론의 사슬에서 벗어날 수 있는 가능성을 보였다는 점이다. 일본과의 감정적인 대립이 경제, 문화, 사회적으로 미치는 충격의 크기를 충분히 알면서도 분노의 열기가 워낙 강해 이견을 제기할 여지조차 없었던 것이 그간의 대일외교의 실상이었다. 그러나 이번의 변화는 이런 풍조가 한국 시민세력의 성장과 폭넓은 교류가 가져온 상호이해를 통해 상당히 완화됐음을 보여주는 것이라고 할 수 있다.

마지막으로, 한국정부의 이런 결정은 곧 있을 고이즈미 준이치로 총리의 야스쿠니신사 참배문제를 대처하는 데에도 좋은 지렛대 역할을 할 것이다. 교과서 문제에 대해 일본정부가 성의를 보이지 않는 것은 괘씸하지만 일본 시민들의 양식을 감안해 교과서 갈등을 완화시켜려고 하는 마당에, 다시 야스쿠니로 찬물을 끼얹을 수 있느냐고 항의할 수 있는 명분이 되기 때문이다.

물론, 민간교류 활성화가 한일문제를 푸는 만능 열쇠는 절대 아니라고 본다. 아무리 중요한 선언을 해도 몇 년마다 한 번씩 정기적으로 제기되는 한일 간 역사문제를 어떻게 근본적으로 해결할 수 있을까 하는 문제는 여전히 정부에게 남겨진 큰 숙제다.

오태규 도쿄 특파원

【포럼】 뒤틀린 역사 속의 韓·日관계

『문화일보』 2001. 8. 7

우리는 일반적으로 인간을 역사적 동물이라고 한다. 철학자 막스 셸러의 주장처럼 인간이 단순히 동물처럼 연상적 기억에만 의존하여 과거를 반복적으로 답습하며 거기에 얽매여 있는 존재라면 동물보다 결코 더 존엄한 존재가 될 수 없을 것이다. 과거에 구속돼 있는 존재는 인간을 인간이게 해주는 자유를 상실한 존재가 될 것이기 때문이다. 이 세상 어떤 인간도 스스로를 자유롭지 못한 존재로 만들기를 원하지는 않을 것이다. 인간을 인간이게 해주는 자유는 자신의 현재의 삶이 과거의 노예가 돼 있거나 미래에 속박돼 있는 상태에서는 확보될 수 없다. 적어도 인간이 인간답기 위해서는 과거를 반성하고 미래를 가치있게 만들어가는 창조적 존재여야 할 것이다.

그러므로 잘못된 과거를 반성할 줄 모르고 과거를 부당하게 정당화하려거나 잘못된 과거를 은폐하려는 몰역사적 존재는 스스로를 인간 이하로 전락시키는 것이다. 서양말에서 역사라고 표기되는 '히스토리아'나 '게쉬테'는 우리에게 일어난 '과거의 사건'이나 그것의 기록을 의미한다. 우리가 우리의 역사를 기록하는 것은 그저 과거를 자랑하거나 과시하기 위함이 아니라 지금 우리가 서 있는 여기로부터 막연한 미래의 길을 나아가는 데 안내받고자 함이며, 잘못된 길로 나가지 않도록 교훈을 삼기 위함이다.

그러나 오늘날 일본 역사교과서를 앞에 두고 벌어지는 한일 간 갈등은 '역사 속에 서 있는 인간'을 망각하는 아둔함을 범하고 있다. 침략을 진출로, 대동아전쟁을 아시아 발전의 기여로 해석하는 일본의 과거사에 대한 이해는 스스로를 과거의 굴레 속에 묶어두는 셈이 된다. 본래 과거를 부당하게 미화하는 집단은 현재의 자기 자리에 불안을 느끼거나 늘 지배자이고 싶은 권력병에 시달리는 자들이다. 일본이 과거 역사를 반성하지 못하고 합리화하는 모습을 보노라면 한숨이 나다못해 눈물이 난다. 특히 지난 6월 고이즈미 일본 총리의 부시 미대통령 찬양과 러시아 비난 발언은 강자에 편승, 함께하고 싶은 몸부림처럼 보여 가슴이 아프다. 사실 지난 오랜 역사 동안 아시아는 유럽의 역사에 휩쓸리는 상황을 겪어왔고 지금도 그런 상태를 벗어나지 못하고 있다. 우리는 유럽공동체처럼 아시아 공동체를 마련할 수 없는가.

더구나 참인간을 길러내야 할 교육의 현장에 가장 근간이 되는 교과서가 진실을 가르치지 않고 잘못된 과거에 몰입토록 만든다면, 이는 지금의 불행으로 끝나는 것이 아니라 미래의 불행으로까지 이어지게 만든다. 우리는 분명 참교육은 참역사 속에서, 참역사는 참교육 속에서 이뤄짐을 명심해야 할 것이다. 사실 이 점에 있어서 우리 자신의 역사도 많은 부끄러움을 안고 있다. 우리는 격동의 현대사 속에서 레드콤플렉스라는 심한 병을 겪느라 친일을 제대로 정리하지 못했다. 정리되지 못한 한국 현대사는 일본으로 하여금 치고빠지는 용병술에 편승하여 적당주의를 즐기도록 만든 면이 없지 않다.

그러나 역사는 스스로를 배반하는 자를 결코 용서하지 않는다. 그 어떤 인간도 역사를 이기지는 못한다. 역사는 반드시 자신을 거짓되게 한 자에게 심판을 받게 만든다. 우리는 이 진리를 역사 속에서 배워왔다. 오늘의 일본 열도는 이런 역사의 엄숙한 심판을 결코 외면하지 못할 것이다. 아니 이미 일본 내부에서도 '새 역사 교과서를 만드는 모임'이 제시한 역사교과서를 거부하는 움직임이 일어나고 있다.

이제 우리도 모든 일본인을 병자 취급하는 일반화의 오류를 벗어나 이들과 더불어 일본의 부당한 권력자들이, 쉰들러 리스트 앞에서 고개 숙인 독일의 바이츠제커 대통령처럼 거듭나도록 국내외적인 노력을 경주해야 할 것이다. 우리는 이 역사교과서의 사건을 과거에 얽매인 한풀이 논쟁으로 삼을 것이 아니라 아시아 공동체를 형성하는 새로운 계기로 발전시켜야 할 것이다. 나아가 인류공동체에 부당한 역사를 바로잡도록 고뇌어린 메시지를 던져야 할 것이다. 이것은 자유롭고 싶은 인간이면 누구나 추구해야 하는 지상의 정언명법이다.

그러나 이같은 작업이 성공적인 결실을 얻기 위해서는 우리는 더이상 과거처럼 단순히 선언적인 외침에 머무는 일회성 집회나 화형식에 머물 것이 아니라 일본을 장기적인 안목에서 좀더 과학적으로 접근하여 분석하고 설득력 있는 대안을 모색하는 태도를 견지해야 할 것이다.

김석수(경북대 교수·철학)

【취재일기】 일, 반성 없는 피폭기념일

『중앙일보』 2001. 8. 7

6일은 일본 히로시마(廣島)에 원자폭탄이 투하된 지 56주년이 되는 날이었다. 반세기가 넘은 세월이지만 그 상처는 아직도 깊게 남아 있다.

지난 1년 동안 히로시마에서만 피폭자 4천7백여 명이 사망해 일본 내 사망자만 총 22만1천여 명에 이른다. 한국인 가운데도 일제에 징용당해왔다가 피폭돼 지금도 고생하고 있는 사람들이 많다. 때문에 역설적으로 원자폭탄은 평화의 중요성을 다시 생각케 하는 단어가 됐다.

이날은 21세기 들어 처음 맞은 기념일이어서 어느 때보다 평화에 대한 염원의 목소리가 높았다. 히로미사 시내 평화기념공원에서는 5만여 명의 피폭자·유족들이 참석해 원폭 희생자 위령식 및 평화기념식을 열었다.

고이즈미 준이치로(小泉純一郎) 일본 총리 등 많은 중요 인사들도 자리를 같이해 평화를 강조했다. 총리는 이날 기념사를 통해 "원폭의 참사가 다시는 일어나지 않도록 항구평화의 실현에 전력을 다하겠다"고 말했다. 그러나 고이즈미의 말을 들으면서 '말보다 행동이 중요하다'는 평범한 격언이 다시 생각난 것은 왜 그럴까.

가해자인 일본이 전쟁 후 밟아온 행보를 보면 진정한 평화를 위해 노력한 흔적이 매우 적은데다 최근에는 과거 침략의 사상적 배경이었던 우경화 현상도 두드러지고 있기 때문이다.

진정한 평화의 정착을 위해 반드시 거쳐야 하는 과정의 하나는 과거 불행했던 역사에 대한 명확한 정리다.

가해자는 잘못을 반성하고 피해자는 용서하는 과정에서 새로운 화합의 관계가 형성된다.

독일은 지금까지 피해자들을 찾아 보상하고 사과하는 행동을 보였기 때문에 주변국들의 승인 아래 평화통일이란 대업을 이룰 수 있었다.

그러나 일본은 과거의 침략에 대한 반성·보상에 매우 인색하다. 심지어 같은 피폭자인데도 일본 밖의 한국·중국인 등은 외면하고 있다. 고이즈미도 이날 과거에 대한 반성은 언급하지 않았다. 게다가 일본정부는 침략역사를 미화한 역사교과서를 인정하고 고이즈미는 계속 야스쿠니(靖國)신사 공식참배를 주장하고 있다.

일본은 히로시마 평화기념공원 안에 평화기념관의 설명문에서도 일본의 전쟁 책임을 명시한 부분을 삭제하려 하고 있다.

일본으로서도 숨기고 싶고 왜곡하고 싶은 과거일 게다. 그러나 이런 행동이 거듭된다면 진정한 평화란 오기 힘든 법이다.

오대영 도쿄 특파원

박상천-이인제 '교과서 대응' 논쟁

『한겨레신문』 2001. 8. 9

민주당 이인제 최고위원과 박상천 최고위원은 9일 청와대 최고위원회의에서 일본 역사교과서 왜곡에 대한 정부의 대응방향을 놓고 논쟁을 벌였다.

박 위원은 강경대응을 주장한 반면 이 위원은 '유연한' 자세를 강조했다.

박 위원은 "1998년 10월 '21세기 한일 파트너십 공동선언' 이후 유지되어온 한일 간 우호관계를 일본이 교과서 문제로 먼저 깼다"며 "한일 우호관계는 필요하지만, 건강하지 못하고 불평등한 상태에서는 우호관계를 유지할 수 없다"고 말했다.

박 위원은 교과서 문제에서 강경기조를 유지하지 않을 경우 △일본내 시민단체와 학부모들이 벌이는 왜곡교과서 불채택 운동이 탄력을 잃을 가능성이 있고 △내년 일본 고교 역사교과서 검정과정에서 왜곡교과서가 채택되는 사태가 재연될 수 있다는 점을 지적했다.

이에 반해 이 위원은 "이번 광복절은 역사왜곡과 남쿠릴 열도 주변의 어업분쟁, 야스쿠니신사 참배 문제 등으로 어려운 상황에서 맞고 있다"며 "분명한 원칙과 기준으로 자존심을 지키면서 국익을 지키는 자세가 필요하다"고 주장했다.

이 위원은 "관광업계가 올들어 일본 관광객이 4분의 3이나 줄어들었다고 하소연하는 목소리도 살펴야 한다"며 "정부는 분명한 원칙을 지켜 문제를 해소하되 당은 실용적 차원에서 다양한 전략을 구사하는 것이 좋겠다"고 말했다.

김대중 대통령은 이에 대해 "교과서 문제는 명백하게 일본이 잘못한 것이기 때문에 잘못을 시정하려는 노력이 있어야 한다"는 입장을 밝혔다고 전용학 대변인이 전했다.

한편 언론사 세무조사와 관련해 김 대통령은 "법과 원칙에 따르라는 국민의 뜻이 존중될 것"이라고 말했다.

안선희 기자

【야스쿠니 왜 문제?】 '종교 탈' 쓴 軍國일본 성전

『조선일보』 2001. 8. 9

야스쿠니신사가 늘 주목받는 것은 일본의 역사인식을 판별하는 리트머스 시험지인 까닭이다. 고이즈미 총리의 등장은 안그래도 민감한 '8월의 야스쿠니'를 더욱 뜨거운 현장으로 만들어버렸다. 무엇이 일본의 정치권력을 그토록 야스쿠니에 집착하게 만드는가.

초읽기 들어간 총리 참배

"언제 와도 참배하실 수 있도록 대비해놓고 있다." 무라타 노부아키 야스쿠니 신사 홍보과장은 기자와의 통화에서 "(총리가) 오기를 엄숙히 기다리고 있다"고 말했다.

7일 야스쿠니엔 총리 관저 비서관들이 파견돼 마지막 점검을 했다. 날짜가 하루 이틀 달라질 수 있으나 고이즈미 총리의 참배 자체는 이미 기정사실로 굳어졌다.

도쿄 한복판의 야스쿠니신사엔 언제나와 같은 풍경이 펼쳐지고 있다. 관광버스에서 내린 단체 참배객들이 직경 1.5m의 황금빛 국화 문장이 새겨진 정문을 통과해 우르르 본전 안으로 들어간다. 방학숙제 때문인 듯 공책을 손에 쥔 아이들의 모습이 눈에 띄고, 게시판엔 전몰자 위령제 일정이 빼곡히 적혀 있다.

이곳은 국가주의를 테마로 한 일종의 '국민학습장'이다. 신사 오른쪽에 위치한 전시관에선 '근대일본, 이렇게 싸웠다'는 도발적 제목의 전시회가 열리고 있다. 청·일전쟁에서 이른바 '대동아전쟁'까지, 군국주의 일본이 일으킨 각종 전쟁이 일본군의 활약상을 중심으로 묘사돼 있다.

8월 15일 이곳은 우파의 해방구로 변할 것이 틀림없다. 매년 그랬듯이 올해도 '국가'에 굶주린 세력이 몰려들어 내셔널리즘과 과거 찬미의 성대한 향연을 벌일 예정이다. 우익단체 주최로 기념식을 치르고 항복을 선언한 히로히토 일왕의 '옥음 테이프'를 들으며 '패전의 치욕'을 되새기는 것이 연례 행사로 돼 있다.

전쟁 신사 야스쿠니

야스쿠니는 일왕과 국가를 위해 죽은 전몰자를 군신으로 모시는 '전쟁 신사'다. 패전 전엔 군부(육·해군)가 관장하는 국영 신사였고, 군국주의를 보급시키는 사상적 보루 역할을 했다. 맥아더 군정에 의해 '종교법인'으로 격하됐으나, 일왕 숭배와 '전투적 국가주의'의 분위기는 여전히 이어져 내려온다.

일본 전역 8만여 개 신사의 최고봉으로 꼽히는 야스쿠니는 봉양 음식부터 별격이다. 쌀밥·소금 외에 담배·캔식품·맥주 같은 군인 기호품이 제단 위에 올라가는 것으로 알려져 있다. 전통 아악 아닌 군악대 연주로 주악을 대신한다.

도쿄돔 야구장의 2배 넓이인 경내엔 전쟁 관련 시설들로 가득 차 있다. 정문을 들어서면 우선 마주치는 것이 '일본 육군의 아버지'라는 오무라 마스지로의 동상이다. '군인칙유(일왕에 충성을 다짐하는 제국 일본군의 서약)의 비석'이며, 시베리아에서 전원 전사했다는 '다나카 지대 충혼비' 같은 것들과 곳곳에서 마주치게 된다.

오른쪽 구역엔 제국 일본군이 사용했던 각종 병기들이 전시돼 있다. 전함 '야마토'의 46인치 포탄, 오키나와에서 옥쇄한 중포병대의 15인치 대포, 미얀마 침략에 사용된 증기 기관차……. 가미카제 자살 특공대원의 동상까지 보고나면, 이곳이 정말 '종교시설'인지 의아해진다.

"전범은 없다"

신사 오른편의 전시관 한쪽에 'A급 전범이 뭐냐'라는 제목의 팸플릿이 무더기로 쌓여 있다. 읽어보니 "도쿄 전범재판은 승전국의 보복이고, A급 전범이란 존재하지 않는다"는 도발적 내용으로 좌충우돌하고 있다. 초·중학생 또래의 아이들까지 팸플릿을 들고가고 있다.

태평양전쟁 주모자인 A급 전범 14명을 분리해 내보내자는 아이디어에 야스쿠니와 우파들은 결사 반대다. "한번 신은 영원한 신"이라는 신도 교리를 이유로 들지만, 진짜 이유가 이른바 '야스쿠니 사관' 때문임을 팸플릿은 웅변해준다. 그들로선 일본의 전쟁과 침략책임을 인정하고 싶지 않은 것이다.

박정훈 도쿄 특파원

【야스쿠니 문제】 총리 참배는 '사죄' 뒤집는 짓
『조선일보』 2001. 8. 10

고이즈미 준이치로 일본 총리가 야스쿠니신사(神社) 참배를 고집하는 가운데, 8월 15일 참배를 '다짐하는' 각료 대열은 지난 7일 뜻을 밝힌 3명 외에 10일 나카다니 겐 방위청 장관과 가타야마 도라노스케 총무상이 10일 합류해 5명으로 늘어났다. 고이즈미는 "영령들을 추모하는 게 뭐가 문제냐"고 정당성을 강변하지만, 국제적 파문을 희석시키려는 의도일 뿐이다. '대일본국' 총리와 각료들이 야스쿠니의 의미를 모를 리 없다.

주변국 모두 반발

가장 격렬히 반발하는 나라는 중국이다. 외교부장과 주일대사는 물론, 장쩌민(江澤民) 주석까지 나서서 비난하고 있다. 탕자쉬안(唐家璇) 외교부장이 "(고이즈미 총리는) 참배하지 말라"고 일본 TV에서 명령조로 발언해 일본을 자극할 정도였다.

한국도 참배 여부를 예의 주시하고 있다. "미래지향적인 한일관계를 위해 바람직스럽지 않다(7월 하노이 한일 외상회담)", "과거 문제에 대한 겸허한 자세가 엿보이지 않는다(최상룡 주일대사)"며 비난의 소리를 높이고 있다.

미국 역시 "아시아 국가와의 관계에 비춰 좋지 못한 일(미 국무부 관계자)"이라고 우려하는 모습을 보였다. 워싱턴 포스트도 사설을 통해 "일본이 국제사회의 리더로 발돋움하기 위해서는 주변국의 따가운 시선을 인식해야 한다"고 지적했다.

니혼게이자이(일본경제) 신문은 "미국 여론도 '내셔널리즘 부활'로 여겨지는 행동에 대해 호의적일 수 없다"고 미국 분위기를 전했다.

다양한 반발 이유들

주변국 반발의 공통된 이유는 '일본의 군국주의 부활 우려' 때문이지만, 나라마다 다양한 이유들이 있다.

한국은 '강제 신사참배'라는 일제시대 기억 등 감정적 측면이 강하고, 최근엔 야스쿠니에 합사된 한국인 징병자들의 분사 문제까지 국민감정을 자극한다. 일본 총리의 참배는 1998년 김대중 대통령이 합의해준 '파트너십' 선언의 '일본은 과거를 직시한다'는 약속을 어기는 것이기도 하다.

중국은 일본 총리의 참배를 "중·일 우호관계의 기본을 흔드는 일(탕자쉬안 외교부장)"로 본다. 1972년 수교 합의 당시의 공동성명은 '과거 일본이 전쟁을 통해 중국 국민에 중대한 손해를 끼친 데 대해 책임을 통감하고 깊이 반성한다'고 했다. 1978년 수교협정에서는 '1972년 공동성명은 양국 관계의 기초로서 엄격히 준수해야 한다는 사실을 확인한다'고 했다. 중국은 "총리의 야스쿠니 참배는 이 약속을 깨는 행위"라며 "내년 30주년 행사에 지장을 줄 수 있다"고 지난달 하노이 외상회담에서 경고했다.

미국은 야스쿠니 참배를 '도쿄 전범재판을 부정하려는 일본 우익의 의지'로 본다. 미국이 전범재판을 통해 사형시킨 A급 전범들이 합사돼 있는 곳을 현직 총리가 공식 참배하는 것은 미국으로서도 달갑지 못한 일이다. 빙햄턴 대학의 허버트 빅스 교수는 뉴욕타임스 칼럼을 통해 "야스쿠니 참배는 과거와 관련된 논란을 재점화할 것이 분명하다"고 우려했다.

한국인 분사 문제

야스쿠니에 한국인 위패 봉안 사실이 처음 알려진 것은 1978년 일본 언론 보도를 통해서였다. 이후 1991년 일본정부가 보내온 '태평양 전쟁 사망자 명단'을 통해 이 사실이 확인됐다. 지금까지 확인된 명단으로는 합사된 한국인 수가 2만 1000명을 넘는다.

지난 6월 29일 유족 55명은 "강제로 동원된 우리가 마치 천황에 충성을 다하다 사망한 것처럼 돼 있다"며 도쿄 지방법원에 명예훼손 손해배상을 청구했다. 또 양국 정부에 위패 반환을 요구하는 탄원서도 제출했다. 한국정부는 외교 경로를 통해 "한국인들을 명부에서 삭제해줄 것"을 공식으로 요구한 상태다.

야스쿠니신사에 합사된 한국인 위패 반환 운동을 돕는 시민운동가 야노 히데키씨는 "한국으로서는 민족적 인격을 세우는 문제라고 생각한다"며 한국민들의 관심을 호소했다. 그는 합사된 한국인의 유족들이 명예훼손 손해배상과 분사를 요구하며 낸 일본내 재판에, 자료를 준비하고 법률가들을 연계해주는 등 각종 일을 지원하고 있다. 8일 일본 의원회관에서 열린 '야스쿠니 참배 반대 집회'에 참석한 야노씨를 만나봤다.

재판을 돕게 된 계기는?

"서울의 유족회에서 지원을 요청해와서 참여하게 됐다. 1990년대 위안부 문제 재판에 참여하게 된 것이 (한국 관련 문제와) 인연을 맺게 된 시작이었다."

한국인들이 합사된 사실을 어떻게 보나.

"나도 2만1000명이나 되는 많은 한국인들이 합사된 것은 몰랐다. 한국의 유족들에게 아무런 것도 알리지 않은 채 합사한 것은 문제다. 야스쿠니는 군국주의의 상징과 같은 곳으로, 천황을 위해, 일본을 위해 죽은 사람들이 있는 곳이다. (한국인 합사는) 민족적인 인격권을 무시한 조치다."

일본정부와 야스쿠니는 왜 분사에 동의하지 않나.

"일본정부는 '식민지 치하의 한국인이나 대만인은 (일본)국민이었다'는 명분,

'일본 국민으로서 전쟁에 참여했다'는 사실을 부인할 수 없기 때문이 아닌가 한다. 모든 전쟁 희생자들을 함께 모아 추모할 수도 있지만, 야스쿠니는 일본에서도 문제가 지적되는 곳이다. 또 일본은 그들에 대해 어떠한 보상도 하지 않고 있다. 이는 '같은 국민으로서 싸웠다'는 일본정부 주장에 비춰보면 일관성이 없는 것이다."

권대열 도쿄 특파원

'교과서 민심'과 야스쿠니
『한겨레신문』 2001. 8. 12

교과서 문제로 우려할 만한 상황이 계속됐으나, 최근에 와서 조금 낙관적인 기분이 든다. 이런 말을 하는 것은 어쨌거나 기분 좋은 일이다.

이미 알고 있는 것처럼, 일본의 초·중학교 교과서의 채택은 전국의 교육위원회에서 결정하고, 이미 75%는 채택이 끝난 것으로 전해진다. 결과가 명확히 드러난 것 중에서 일반 중학교에서 '새 역사교과서를 만드는 모임' 쪽의 역사·공민교과서를 채택한 곳은 한 곳도 없다. 도쿄도와 에히메현이 장애아들을 위해 설치된 양호학교에서 일부 채택했을 뿐이다. 그것도 도쿄도는 70명, 에히메현은 10명이 대상 학생이다. 사립학교 가운데서는 이 교과서를 채택한 학교가 몇 있다고 한다.

나는 도쿄도의 북서쪽에 있는 네리마구에 살고 있는데, 네리마구의 교육위원회는 지난 7~8일 채택을 위한 회의를 했다. 7일에는 회의시간인 오전 10시 전부터 80여 명의 시민이 몰려 회의실에 들어가는 교육위원들에게 잘 결정해줄 것을 부탁했다. 교육위원회는 8일 '만드는 모임' 쪽의 역사·공민교과서를 채택하지 않기로 결정했다.

이런 움직임이 전국에서 일어나고 있다. 도치기현에서 한번 내려진 결정을 뒤집은 움직임이 중요했다. 도쿄에서는 스기나미구에서의 승리가 결정적이었다. 이런 움직임이 일어난 배경 가운데 하나는 '만드는 모임' 쪽 책이 시판돼, 많은 사람이 읽었기 때문이다. 이 책의 내용이 지나치다는 것이 확인되고, 반대를 위해 일어난 시민도 늘어났다.

또 교육위원회의 채택 심의 국면에서는, '만드는 모임' 쪽 교과서를 채택하라는 추천운동은 하기 어려웠던 데 비해, 반대운동은 자유롭게 할 수 있었다. 각 교육위원회에 쇄도한 팩스의 양에서도, 모인 사람의 수에서도 반대운동 쪽이 단연 압도했다.

이 전체 과정에서 한국의 비판이 큰 영향을 끼친 것은 명확하다. 한일 간의 교육·문화·체육교류가 차례로 중단되는 사태에, 일본인은 한국인의 분노를 알게 됐고, 이것은 큰일이라고 생각하게 됐다. 한국의 움직임이 내정간섭이라고 선전하려는 움직임도 있었으나, 그것은 통하지 않았다. 『마이니치신문』이 '한 권의 교과서에 휘들리지 마'라는 제목의 사설에서 이렇게 문제가 있는 교과서에 의해 한일 관계가 훼손되는 것은 허용할 수 없다고 주장하고, 이후 열심히 캠페인을 벌인 것은 특징적인 일이다. 그 의미에서 한국국민의 비판은 정말로 고마운 것이었다.

교과서 채택 결과가 모두 드러나는 오는 15일이 되면, 도대체 '만드는 모임'쪽 교과서는 어느 정도 채택률을 보이게 될까. '만드는 모임' 쪽은 10% 정도를 기대하고 있으나, 그것을 크게 밑도는 수준이 될 것은 확실하다. 5%를 밑돌게 되면 '새 역사교과서를 만드는 모임' 쪽의 패배이고, 일본 국민의 양식의 승리라고 할 수 있을 것이다.

그러나 국민이 애쓰고 있는 때, 정부의 책임자는 계속 혼란을 일으키고 있다. 고이즈미 준이치로 총리가 야스쿠니신사 참배 결정을 취소하지 않고 있어 심각한 문제가 되고 있다.

야스쿠니신사 문제는 히노마로, 기미가요 문제와 똑같이, 전후의 일본 국가의 문제회피 증후군의 하나다. 전전의 일본에서, 야스쿠니신사는 일본국가의 중요한 장치였다. 어느 나라도 나라를 위해 숨진 사람을 추도하는 장치는 가지고 있다. 전전의 일본국가는 천황제, 신도, 군국주의, 제국주의를 뼈대로 하고 있었다. 야스쿠니신사는 그 전전 일본국가에 걸맞은 장치였다. 패전을 거쳐 일본은 미국 점령군의 압력 아래 새로운 헌법을 만들어 변모했다. 이 변모한 전후국가는 상징 천황제가 있는 민주주의, 국가의 탈신도화, 평화주의, 식민지 상실을 뼈대로 하고 있다. 야스쿠니신사가 이 국가의 장치가 돼서는 안 된다. 그러나 일개 종교법인인 야스쿠니신사는 전전의 전사자의 혼을 붙잡아서는 안 되는데도, 1978년에 도조 히데키 등 에이급 전범 14명을 합사했다. 천황은 1975년 이후 참배하지 않고 있다. 1985년에 나카소네 야스히로 총리가 참배해, 중국 등의 비판을 받고 그것을 받아들인 결과, 다음해부터 총리의 참배는 행해지지 않고 있다.

이때 고이즈미 총리가 전사자에 대한 자신의 마음을 표현하고 싶기 때문에 참배한다고 말하고 있으나, 문제의 본질에는 전혀 무관심한 채 이웃나라의 비판도 이해하지 않고 자신의 결정에 집착하고 있는 것은 정말로 곤란한 일이다.

전후의 일본국가가, 그리고 미래의 일본국가가, 전전의 일본국과는 다른 뼈대를 취하고 있는 이상, 야스쿠니신사와는 다른, 국가를 위한 죽은이에 대한 추모장치를 갖지 않으면 안 된다. 그 죽은이는 우선 현재의 활동 중에 나온 숨진 사람들이어야 한다. 자위대원으로 훈련중 사고로 숨진 사람, 경찰관 소방대원의 순직자, 유엔평화유지활동중 캄보디아에서 숨진 경찰관, 비정부기구 활동가, 해외청년협력대원 등 많은 사람이 숨졌다. 이 사람들의 죽음을 추도하는 것이 필요하다. 거기에 아울러, 지도리가후치의 전몰자 묘역에 모셔져 있는 신원불명 전사자들의 유골을 수습해야 한다. 그리고 야스쿠니신사에 혼을 흡수당한 전사자들을 추도하는 기념비도 세우면 좋을 것이다. 이런 국립묘지를 만들어야, 야스쿠니신사 문제를 과거의 것으로 하는 것이 가능하다. 고이즈미 총리의 참배에 반대하는 사람들 가운데 국립묘지에 대한 컨센서스가 생기고 있는 것은 불행중 다행이다. 그래도 이 혼란은 언제까지 이어지는 것일까.

와다 하루키(일본 도쿄대학 명예교수)

【야스쿠니 문제】 감상적 역사관이 亞·太평화 걸림돌
『조선일보』 2001. 8. 12

고이즈미 준이치로 총리가 종전기념일인 8월 15일을 피해서 야스쿠니신사를 참배할 것이란 관측이 나오고 있다.

고이즈미 총리는 11일 밤 야마사키 다쿠 자민당 간사장과 가토 고이치 전 간사장을 만난 자리에서 '15일을 피하는 것이 좋을 것 같다'는 의견을 들은 뒤 "종합적으로 어떻게 할지 좀더 생각하고 싶다"고 말했다. 이에 앞서 10일 밤 고이즈미 총리를 만난 후유시바 데쓰조 공명당 간사장은 "고이즈미 총리가 8월 15일 참배를 피할 것으로 생각한다"고 말했다.

올해 야스쿠니 사태는 '구조적' 흐름과 '돌출적' 요인이 겹쳐 파괴력을 증폭시

졌다고 사카모토 요시카즈 도쿄대학 명예교수는 정리한다. 갈수록 강렬해지는
일본 내셔널리즘과 고이즈미 준이치로라는 독특한 리더십의 예상치 못한 등장
이 얽힌 것이다.

고이즈미 변수

고이즈미는 4월 하순 자민당 총재 경선 때 야스쿠니 참배를 공약(유족회 표를
얻을 목적이었다는 게 일반적 분석)으로 내걸었으며, 총리 취임 후에도 같은 입장을
되풀이해왔다.

그의 참배 강행론엔 '가미카제 자살 특공대'와 관련된 개인 체험이 바탕에 깔
려 있다. 태평양전쟁 때 가미카제 특공대가 출격한 가고시마의 비행장 소재지가
그의 부친 고향이고, 유년 시절부터 그는 늘 특공대 얘기를 들으며 성장해왔다
고 한다.

지난 2월 특공대 전시관을 방문해 눈물을 뿌렸다는 일화가 그의 '감상적' 역
사인식을 말해준다. 즉 그의 전쟁관은 전쟁을 일으킨 원인행위보다 '나라를 위
해 산화한 특공대 정신'에 지배돼 있는 듯하다. 총리 취임 후 "어려운 일이 있으
면 특공대원의 기분을 생각해본다"고 말한 일도 있다.

야스쿠니 참배를 비판하는 지적엔 "전몰자 위령이 왜 나쁜가"라는 식의 답변
뿐, 과거 전쟁의 성격·책임에 대한 언급은 피하고 있다. 게다가 그는 아시아에
는 관심이 없는 '외교 음치'이기도 하다. 그의 아시아 경시 자세는 국제사회의
야스쿠니 마찰음을 고조시켜놓고 있다.

고이즈미 총리에게 야스쿠니 문제는 그저 "삶의 방식의 문제일 뿐"이라고, 다
나카 아키히코 도쿄대 교수는 혹평했다.

국가주의의 분출구

물론 고이즈미 혼자가 나쁜 것은 아니다. 고이즈미라는 리더십을 등장시키기
에 충분할 만큼 일본사회의 토양 자체가 국수화돼 있다.

1980년대 일본 내셔널리즘은 이른바 '경제 대국주의'였다. 압도적 경제력을
무기로 국제사회 리더가 된다는 전략은 그러나 1990년대 일본경제가 장기 침체
에 접어들면서 어긋나기 시작했다. 대신 등장한 것이 폐쇄적 성격이 강한 국수
적 내셔널리즘이다.

일본적 특수성과 정치·군사적으로 '강한 일본'을 추구하는 1990년대 내셔널

리즘은 경제패전의 상실감에 사로잡힌 일본 대중 속에서 급속히 세력을 확장시켜왔다.

보수 정치권과 우파 지식인·매스컴은 내셔널리즘의 사회 에너지를 역사 수정주의로 몰아갔고, 교과서 사태와 야스쿠니 문제는 이것이 표면화된 결과였다.

특히 정치 권력의 국수화가 야스쿠니 문제의 엔진으로 작용하고 있다. 자민당 내에선 '보수본류'로 불리는 온건 세력이 쇠퇴한 대신 고이즈미 총리의 출신 파벌인 모리파 등의 강경·매파 그룹이 새 주류로 부상했다. 이들 강경파 정치인들은 모임을 긴급 결성, 고이즈미 총리에게 야스쿠니 참배 압력을 넣고 있다.

참배 날짜만 문제인가

고이즈미 총리가 최종 결정을 미루는 가운데, 자민당 내에선 8월 15일을 피해 참배하는 방안이 유력하게 떠올라 있다. 종전기념일을 피하면 주변국 반발도 약화시킬 수 있지 않겠느냐는 계산이다.

하지만 날짜를 바꿔도 야스쿠니에 합사돼 있는 14명의 A급 전범(태평양전쟁 주모자) 문제를 피해가진 못한다. 일본의 국가의지를 상징하는 총리의 참배란 곧 A급 전범과 그들이 주도했던 전쟁을 인정하는 결과가 될 수 있다.

야스쿠니 문제엔 종교·헌법과 외교관계 등의 논점이 미묘하게 얽혀 있지만, 결국은 역사인식의 문제로 귀결된다. 태평양전쟁의 성격과 A급 전범을 심판한 도쿄 재판, 좀더 확대하면 침략의 역사를 어떻게 규정할 것인지의 문제다.

그러나 이런 의문들에 고이즈미 총리는 아무 설명이 없다. 국제사회의 우려와 관심이 집중된 속에서 2001년 8월의 야스쿠니 문제는 이제 최종 국면을 맞고 있다.

【右로…右로…고이즈미호 上】 "주변국 눈치 안 본다" 고개 세운 日
『동아일보』 2001. 8. 13

고이즈미 준이치로 일본 총리가 13일 국내외의 반대에도 아랑곳하지 않고 제2차 세계대전 당시 전범 위패가 있는 야스쿠니신사를 참배, 우려하던 일본의 우경화 경향이 다시 한번 분명히 드러났다.

그가 일본의 패전일인 8월 15일을 피하는 편법을 쓰기는 했으나 총리가 공개적으로 야스쿠니신사를 참배한 것은 1985년 나카소네 야스히로(中曾根康弘) 총리 이후 16년 만의 일이어서 국내외에서 큰 파장을 불러올 것이 분명하다.

이번 고이즈미 총리의 야스쿠니 참배 강행은 일본 사회의 내셔널리즘과 본인의 고집스런 정치적 신념의 합작품이라는 점에서 큰 우려를 자아낸다.

우선 한중일 3국 관계가 당분간 냉각될 것이 틀림없다.

한일 간에는 이미 역사교과서 왜곡문제와 남쿠릴열도의 꽁치잡이 문제로 팽팽한 긴장이 감돌고 있다. 여기에 야스쿠니 참배가 겹친 것이다. 그렇다고 해서 일본측이 자신들이 원인을 제공한 이들 현안들을 적극적으로 해결할 의사를 갖고 있는 것도 아니다. 고이즈미 총리는 일본의 논리와 분위기만을 앞세우고 있을 뿐 월드컵 공동개최국인 한국의 처지를 전혀 고려하지 않고 있다.

중국과 일본 사이도 교과서문제와 무역마찰, 리덩후이(李登輝) 전 대만총통의 일본 방문 허용 등으로 인해 삐걱거리고 있다. 중국은 특히 일본총리의 야스쿠니 신사참배에 대해 매우 민감하다. 1972년 중국은 일본과 국교를 정상화하면서 배상을 포기했다. 중국은 당시 일본 국민 전체가 아니라 일부 군국주의자가 문제라는 논리를 내세웠다. 일본 현직 총리가 일부 군국주의자, 즉 A급 전범 위패에 머리를 숙이는 것은 이같은 국교정상화의 논거를 무너뜨린 것으로 중국은 풀이하고 있다. 고이즈미 총리는 참배 성격을 공식인지, 사적인지 밝히지 않았지만 참배 후 기자회견에서 총리의 마음을 담아 참배했다며 사실상 공식참배였음을 인정했다.

고이즈미 총리는 참배 전 담화와 참배 후 기자회견에서 문제 해결을 위해 한중 인사들과 의견을 교환하고 싶다는 뜻을 밝혔다. 그러나 하고 싶은 일을 다한 뒤에 해결책을 찾아보자는 그의 제안에 한국이나 중국이 선뜻 응하지 않을 것은 분명하다.

고이즈미 총리의 야스쿠니 참배는 일본 국내에서도 계속 논란을 불러일으킬 것으로 예상된다. 자민당 의원 중 상당수는 고이즈미 총리의 야스쿠니 참배를 실현시키는 모임을 만들어 압력을 가했다. 이들은 총리가 8월 15일을 피한 데 대해 실망감을 나타냈다. 이들과 우익세력은 앞으로 총리가 외압에 굴복했다며 공격할 가능성도 있다.

반면 외교문제 등을 고려해 8월 15일 참배를 단념하도록 요청했던 측근들은 이번 결정을 최선의 선택이라고 평가했다.

그러나 일본에서 총리의 야스쿠니신사 참배에 반대하는 목소리는 어디까지나 소수다. 무관심한 척하는 대다수 일본인도 내심 참배가 나쁠 것이야 없지 않느냐고 생각한다. 한국과 중국이 반발하면 할수록 고이즈미 총리의 국내기반은 더욱 굳어질 것으로 보인다.

따라서 고이즈미 총리는 일부 비판은 감수하면서 궁극적으로는 야스쿠니 참배를 자신의 정치적 기반을 굳히는 데 이용할 것으로 보인다. 그는 겉으로는 밑지지만 안으로는 남는 장사를 했다고도 할 수 있다.

심규선 도쿄 특파원

☆ 야스쿠니신사란

1869년 메이지(明治) 천황 시절 일본군인들의 혼령을 위로하기 위해 만든 '도쿄(東京) 쇼콘샤(招魂社)'가 전신이다. 1879년 야스쿠니신사로 이름이 바뀌었다.

청일전쟁·러일전쟁·만주침략전쟁·제2차 세계대전 등에서 숨진 군인과 군속 246만6000여 명의 위패가 보관돼 있다. 부지가 3만 평이나 되며 '일본 육군의 아버지' 오무라 마스지로(大村益次郎)의 동상, 가미카제 돌격대원의 동상, 유슈칸(遊就館)이라는 일종의 전쟁박물관 등이 함께 있다.

제국주의 시절에는 군국주의 확대정책을 종교적으로 뒷받침하는 역할을 했으며 천황숭배와 군국이념을 조장했다. 제2차 세계대전이 끝난 뒤 일본에 진주한 미국의 맥아더 사령부는 야스쿠니신사와 국가와의 연결고리를 차단하기 위해 국영 신사라는 특권적 지위를 박탈했다.

1978년 도조 히데키(東條英機) 전 총리 등 제2차세계대전의 A급 전범 14명의 위패가 합사(合祀)되면서 총리나 각료의 참배 여부가 쟁점으로 떠올랐다. 일제의 침략을 당한 국가들은 일본 총리가 전범 위패 앞에 고개를 숙이는 것은 '일본의 전쟁 책임을 부인하는 것'이라며 비난하고 있으나 일본의 보수우익세력과 유족회 등은 총리의 공식참배를 끈질기게 요구하고 있다. 1985년 나카소네 야스히로(中曾根康弘) 총리가 공식 참배하자 한국·중국이 거세게 항의했으며 이후 총리의 공식 참배는 없었다.

【한국 어디로 가야 하나】 "강대국 패권에 맞설 전략적 외교 절실"
『동아일보』 2001. 8. 13

4강외교 흔들린다

안병준 교수 - 김대중 정부는 한미일 대북정책 공조를 통해 4강외교를 비교적 잘 이끌어왔다. 그 결과 남북정상회담을 성사시키고 북한을 국제사회로 이끌어 냈다. 그러나 지금 우리의 4강외교는 상당한 시련을 겪고 있다. 미국에 조지 W 부시 행정부가 들어서고, 일본이 고이즈미 준이치로 내각으로 바뀌면서 분위기가 달라졌다. 러시아는 한반도에 대한 영향력 회복을 위해 노력하고 있고, 중국도 내년이면 장쩌민(江澤民) 국가주석을 잇는 새로운 세대가 지도력을 갖게 될 것이다.

공로명 전 외무장관 - 현 정부 초기에 다져놓은 4강외교의 기초에 많은 변화가 오고 있다. 한미일 대북공조 체제는 부시 행정부의 출범으로 새로운 도전요소가 생겼다. 부시 행정부의 대북인식과 우리 정부의 그것과는 근본적인 차이가 있다. 한국이 미국과 동맹관계, 일본과 동맹에 준하는 관계에 있다면 그만큼의 배려를 해야 하는데, 지금 남북관계에 집착해 4강외교의 총체적인 그림을 잃어가는 것 아니냐는 우려가 있다.

안 교수 - 빌 클린턴 전 정부의 대외정책 기조는 북한 중국 러시아에 접근한다는 정책, 즉 'engagement policy'였다. 클린턴 전 정부의 대북 대중 대러정책은 종전의 적대적 국가에 개입정책을 펴 이들을 국제사회로 이끌어내고 세계평화와 안정에 기여하도록 하는 것이다. 다시 말해 '인게이지먼트'의 과정 자체에 중점을 두는 정책이다. 부시 현 행정부는 인게이지먼트 그 자체를 목적이 아니라 전쟁을 억지하고 지역을 안정시키고 대량살상무기 확산을 금지하기 위한 수단으로 본다는 점에서 다르다.

미국의 이런 대북 대러 대중 전략의 이전(移轉)을 우리가 정확히 이해해야 한다. 앞으로 한미 공조는 북한과의 회담 자체도 중요하지만 회담을 통해 무엇을 이뤄낼 것인가에 더 중점을 둬야 한다. 이런 시각으로 한미 간의 새로운 정책조율이 필요하다. 2월 한-러정상회담에서의 탄도탄요격미사일(ABM) 제한협상 파동, 평화선언에 대한 견해 차이 등으로 한미 간 신뢰가 약화되지 않았는지 우려된다. 향후 한미관계는 전략목적을 공유함으로써 신뢰를 회복할 필요가 있다. 한일관계도 마찬가지다.

공 전 장관 - 북한이 부시 미 행정부 출범 이후 미중 간의 긴장이나 경쟁, ABM 협상을 둘러싼 세계전략 차원의 미-러 긴장관계 등을 이용해 냉전시대와 같은 북-중-러 3각 동맹관계를 구성하려는 움직임이 뚜렷하다. 정부는 출범 때의 초심으로 돌아가서 무엇을 4강외교의 중심으로 삼을 것인가를 먼저 생각해야 한다. 역사교과서 왜곡문제, 고이즈미 총리의 야스쿠니신사 참배문제 등 한일 간 현안에 대해서도 냉정한 판단과 분석에 따른 균형감 있는 대응을 해야 한다.

4강외교의 본질

안 교수 - 한반도 문제를 4강 간의 세력다툼에서 분리시키는 게 중요하다. 4강의 틈새에 끼여 있는 한국은 동맹외교밖에 다른 길이 없다. 제일 중요한 것이 한미관계의 강화이다. 한미 양국은 대북 양자동맹뿐만 아니라 통일 후의 중장기적 한미동맹에 대해 협의를 통해 재구성해야 한다.

앞으로 동북아에서는 미국 주도의 단극화 질서에 중국이 도전함으로써 미중 간의 갈등이 심화될 것으로 보인다. 한반도 안정이나 남북 통일을 위해서는 미중 간의 이런 갈등을 해소하고 미중일이 한반도 문제만큼은 협력할 수 있도록 해야 한다. 러시아는 한반도 문제에 부정적 역할을 못하도록 해야 한다. 러시아가 북한에 대해 군사원조를 재개하거나 미사일 부품이나 핵원료 등을 제공한다면 한반도에 엄청난 여파를 가져올 것이다. 중국과 러시아는 한반도를 대미관계의 일환으로 보는 경향이 있다.

공 전 장관 - 우리 스스로 진로에 대한 균형된 시각을 가져야 한다. 북한 김정일 (金正日)국방위원장의 서울 답방도 정부가 너무 매달린다는 인상을 준다. 이는 미국의 대북정책 우선순위 등과 괴리가 있고 일본의 대북정책과도 조화가 안 되는 측면이 있다. 이에 대한 한미일의 내부조정이 필요하다. 그런 것 없이는 우리가 고립될 우려가 있다. 부시 행정부는 북한이 '벼랑끝 전술'을 펴더라도 미국의 필요에 따라 움직인다는 자세를 견지할 것이다. 일본의 '고이즈미 선풍'이 보여주는 국가주의로의 회귀 현상을 보더라도 일본 역시 북한과 쉽게 타협할 상황이 아니다.

중국에 대한 환상은 금물

안 교수 - 한반도 문제만큼은 중국이 미국과 협력할 수 있도록 우리가 대중관계를 잘 조절해나가야 한다. 막연하게 중국에 호의적인 태도를 갖는 것은 바람직하지 않다. 중국은 대대로 한반도에서 세력균형 정책을 취하면서 자국 이익을 추구하는 정책을 펴왔다. 막연하게 '중국은 우리편이다' '무엇이든 우리를 돕는다'는 식으로 인식하면 대단히 위험하다. 중국은 대미, 대일관계의 일환으로 한반도를 보고 있다. 한반도의 평화와 안정을 위해 미일과 협조할 수 있도록 대중관계를 현실주의적으로 풀어나가야 한다.

공 전 장관 - 일본과 비교할 때 중국에 대해서는 관대한 이웃으로 생각하는 경향이 있는 게 사실이다. 19세기에 중국이 한반도에서 무엇을 했는지를 잊지 않았다면 그런 안일한 인식은 고쳐져야 한다. 1992년 한중수교 이후 양국 정상이 만날 때마다 '한중 어업협정을 빨리 체결하자'고 요구했지만 겨우 지난해에야 체결됐다. 중국이 얼마나 실리주의 국가인지, 또 덩치가 큰 만큼 얼마나 위협적인지는 지난해 마늘분쟁을 봐도 알 수 있다. 우리가 898만 달러어치의 마늘에 대해 관세를 올렸는데 중국은 5억 달러가 넘는 휴대전화와 폴리에틸렌의 수입을 중단시켰다. 중국이 한반도의 평화와 안정을 위해 매우 중요한 나라이지만 그만큼 우리에게 압력이 된다는 점도 충분히 인식해야 한다. 그래서 한미동맹이 중요하다고 하는 것이다. 뒤에서 받쳐주는 힘이 있어야 한다.

안 교수 - 안보와 경제는 아무런 관계가 없다고 말하는 사람이 있는데 영국 파이낸셜 타임스(FT)지의 최근 보도에 따르면 1997년 외환위기가 왔을 때 미국은 미군이 주둔하는 나라에는 국제통화기금(IMF) 구제금융을 적극 지원하고 그렇지 않은 나라에는 소극적으로 대응했다고 한다. 대미, 대일관계가 원만해야 국제금융시장에서 한국에 대한 신인도가 높아지고 대한 투자도 늘어난다. 그것이 현실이다. 안보와 경제는 이제 동전의 양면처럼 서로 같이 간다.

4강외교의 해법

공 전 장관 - 정부의 대북 햇볕정책에 대해 국민 대다수는 지지하고 있다. 북한과의 화해협력을 통해 전쟁의 위협을 제거하고 통일의 길을 마련하자는 것이기 때문에 국제사회도 이를 지지하고 있다. 그러나 그 과정에서 국민이 납득하고 지지할 수 있는 절차와 방법을 구사해야 한다는 것을 잊어서는 안 된다. 그런 구체적인 방법에 대한 비판 없이 국민이 무조건 지지하는 것은 아니다. 김정일 위원장은 최근 러시아 이타르타스 통신과의 인터뷰에서 '한반도의 반은 미군에 점령되고 있다'고 지적했다. 이는 북한이 대화의 파트너인 한국을 어떻게 인식하고 있는가를 보여주는 것이다. 주한미군 문제만 해도 그렇다. 북한 정책을 대변하는 북한 방송에서는 주한미군 철수를 주장하는데, 다른 한쪽인 우리가 북한이 용인했다고 하면 혼란만 가져온다. 북한문제는 좀더 신중하게 다뤄야 한다. 4강외교와 직접 관련되기 때문이다. 그 인식의 차이가 대미, 대일관계의 신뢰문제와도 연결된다.

안 교수 - 하나의 과정으로서 남북 간의 평화와 화해협력은 시작됐다고 본다. 향후 과제는 이 과정을 제도화해 한반도에 전쟁이 없고 대량파괴무기가 없는 평화의 상태가 되도록 정착시키는 일이다. 미-일-중-러가 이에 협력할 수 있도록 4강외교를 추진해야 한다. 강대국 사이에 끼어 있는 우리의 외교는 주어진 현실을 직시하고 그 현실의 개선을 추구하는 게 중요하다. 우리와 전략적 이익을 공유할 수 있는 나라와 협조해야 한다.

공 전 장관 - 김 대통령의 남은 임기 동안 가장 중요한 것은 한미일 공조이다. 차관보급의 대북정책조정감독그룹(TCOG)보다 높은 레벨에서 근본적인 전략문제를 협의할 수 있는 길을 모색하는 게 바람직하다. 그것을 통해 신뢰 회복의 길을 마련할 필요가 있다. 4강외교뿐만 아니라 남북관계도 국내 정치를 떠나 초당적인 추진체제를 가져야 한다. 그 방법으로 미국처럼 초당적이면서도 권위적인 외교정책 연구기구를 만드는 것도 생각해볼 수 있다.

안 교수 - 중장기적인 한미동맹을 재정립하기 위한 한미간 위원회를 구성할 필요가 있다. 정치인, 학자, 시민단체 등이 모여 한미동맹의 미래 등에 대한 공동의견을 내고 토론하는 것이다. 부시 행정부는 대북정책조정관을 폐지했지만 우리 정부는 외교정책을 야당 등과 직접 협의하며 초당적인 역할을 할 수 있는 특사제도 등을 검토해볼 만하다. 그것은 외교의 비정치화에도 기여할 것이다. 우리 같은 중진국은 국내정치에 따라 4강외교를 하면 우리가 추구하는 국가이익에 손상을 가져올 뿐만 아니라 오히려 우리가 손해볼 가능성도 있다. 정부도 분석에 근거한 외교정책을 추진해야 한다. 경제정책은 통계나 여야간 정책협의 등을 중시하는데, 외교는 그런 게 없는 것 같다. 선진국처럼 전략과 분석, 즉 지적 투입이 필요하다. 그렇지 않다보니 국내 정치 등 시류에 탄 순간적인 임기응변에서 외교정책이 나온다.

공 전 장관 - 남북관계나 한미간의 신뢰문제가 국내 쟁점화하면 별별 얘기가 다 나온다. 대일관계도 그렇다. 한일간의 넘기 어려운 벽을 깬 김 대통령이 왜 입을 다물고 있는지, 그리고 대일 강경노선에 기름을 붓는 발언을 하는지 모르겠다. 모든 게 다 국내정치를 의식하기 때문이다.

공로명 : 1932년 출생, 서울대 법대 졸, 주 소련(현 러시아) 초대 대사, 외교안보
연구원장, 외무부장관, 현 동국대 석좌교수

안병준 : 1936년 출생, 연세대 정외과 졸, 미국 컬럼비아대 정치학 박사, 미 웨스
턴 일리노이대 교수, 한국국제정치학회장, 현 연세대 정외과 교수

신사참배 후 한일관계 전망
『조선일보』 2001. 8. 13

고이즈미 준이치로 일본 총리가 13일 한국정부의 거듭된 '경고'에도 불구하고
야스쿠니(靖國)신사 참배를 강행하고 말았다.

패전기념일인 8월 15일을 피하기 위해 이틀 일정을 앞당겨 실시된 고이즈미
총리의 신사참배는 여전히 공식참배 성격을 지닌데다 태평양전쟁 A급 전범 14
명에게 머리를 조아렸다는 점에서 한국정부의 반발이 예상되고 있다.

고이즈미 총리의 이날 참배는 일본 중학교 역사교과서 왜곡파문과 남쿠릴 열
도에서의 한국어선의 꽁치조업 등 한일 간 외교현안이 산적한 가운데 이뤄진 것
이어서 한일관계 경색국면이 장기화될 조짐이다.

한국정부는 고이즈미 총리의 신사참배 직후 회의를 갖고 대응수위를 조율하
고 있으나, 일제 식민지배를 경험한 한국민의 정서를 감안할 때 이번 문제도 그
냥 묵과하고 넘어갈 수 없는 중대한 외교현안으로 떠오를 전망이다.

또 이틀 후인 8월 15일에는 역사교과서 왜곡파문을 일으켜온 '새 역사교과서
를 만드는 모임' 측의 내년도 교과서 시장점유율의 윤곽이 나오게 된다.

현 단계에서는 우익교과서의 학교현장 침투가 여의치 않아 보이지만, 고이즈
미 총리의 신사참배와 맞물려 일본의 보수물결을 우려하는 내외의 시선이 집중
될 전망이다. 이런 가운데 일본의 일부 언론에서는 고이즈미 총리의 신사참배
강행이 내년 한국과 일본이 공동개최하는 2002년 월드컵에도 좋지 않은 영향을
미칠 것이라는 걱정스런 지적도 나오고 있는 상태이다.

따라서 문제는 이미 일을 저지르고 만 고이즈미 총리가 얼마나 빠른 시일에
한국정부와의 관계복원에 성의있게 나설지에 모아지고 있다. 고이즈미 총리는
이날 발표한 담화에서 상황이 허락한다면이라는 '인색한' 전제를 깔고 한국의

요로에 있는 사람들과 관계복원을 위한 자리를 마련하고 싶다는 희망을 피력했다.

이는 상황이 허락하지 않는다면, 관계복원을 '방치'할 수도 있다는 얘기로 들려 고이즈미 총리가 매우 소극적인 자세를 취하고 있음을 시사한 것으로 받아들여진다. 실제로 그는 이미 12일부터 무려 보름 간의 여름휴가에 들어간 상태이다. 그는 속전속결로 야스쿠니 참배를 마치고, 다시 긴 여름휴가를 보낼 예정이다.

특히 고이즈미 총리가 신사참배를 끝내고 기자들과 나눈 대화내용을 TV를 통해 지켜보고 있자면 마치 자신의 '영웅적인' 행동에 일말의 후회도 없는 듯한 비장한 모습이어서 벌써부터 우려를 자아내고 있다.

이날 생방송으로 고이즈미 총리의 야스쿠니 참배 소식을 전하던 NHK는 고이즈미 총리의 참배 후 인터뷰를 끝으로 생방송을 마감했다. 그리고 곧바로 일본 고교생들의 꿈의 구연이라는 고시엔 야구대회를 다시 중계하기 시작했다.

일본은 이처럼 고이즈미 총리의 야스쿠니신사 참배를 하나의 '사건'으로 보도하고, 이내 일상으로 돌아갔다.

고승일 도쿄 특파원

【8·15 56돌】 '일본, 그들은 왜 변하지 않나'
『세계일보』 2001. 8. 13

日우경화 정치권이 주도… '제2 고이즈미' 많다

일본의 역사교과서 왜곡을 계기로 경색된 한일관계가 좀처럼 개선될 기미를 보이지 않고 있다. 세계일보는 8·15 광복 56주년을 맞아 가깝고도 먼 한일 양국관계의 '현주소'를 짚어보고 최근 노골화하는 일본의 우경화 대비책과 2002년 월드컵 공동개최를 앞두고 상호 협력증진 방안을 모색하기 위해 '반성하지 않는 일본, 일본은 왜 변하지 않는가'란 주제로 전문가 대담을 마련했다. (편집자 주)

대담자 : 이찬희(李讚熙) 한국교육개발원 한국관 연구실장

　　　　이숙종(李淑鍾) 세종연구소 연구위원(일본정치)

사회 : 이선호 부국장

근래 한일관계가 최악으로 치닫고 있습니다. 왜 이렇게 됐다고 생각합니까.

이 위원 = 한일관계에서 현안은 역사교과서 왜곡, 꽁치잡이, 야스쿠니신사 참배 등 크게 세 가지입니다. 역사교과서 문제는 올 2월부터 한국정부가 일본과 교류를 중단하는 등 적극적 대응이 이뤄졌고 8·15를 맞아 일본의 태도에 따라 대응하면 될 것 같습니다. 꽁치잡이 문제는 올 6월에 불거졌는데 러시아가 실효적으로 쿠릴열도를 지배하고 있어 일본이 어선을 나포하는 상황까지는 벌어지지 않고 있습니다. 문제는 야스쿠니신사 참배인데 이 역시 중국이 '개인신분으로 갈 것', '8·15에 가지 말 것', 'A급 전범자들에게 참배하지 말 것'을 요구하는 등 주변국들의 반발이 거세 일본이 어느 정도 유화적인 제스처를 보일 가능성이 있다고 봅니다.

이 실장 = 세 가지 문제는 별개인데도 공교롭게 서로 꼬이고 있습니다. 역사교과서 문제는 일본은 채택률이 10% 이상이라고 하는데 우리가 보기에는 많아야 5%, 적은 경우 2~3%일 것 같습니다. 따라서 이 문제는 절반의 성공이라고 평가하고 싶습니다. 채택률이 2~3%를 유지한다면 그다지 큰 영향을 미치지 못할 것으로 봅니다. 꽁치잡이는 한·러 간 문제인데 일본이 영유권을 주장함으로써 외교문제로 발전시키려는 의도가 숨어 있는 것 같습니다. 신사참배는 고이즈미 총리가 일보 후퇴할 것으로 전망합니다.

고이즈미 일본 총리의 15일 야스쿠니신사 참배를 둘러싸고 논란이 벌어지고 있습니다. 갈수록 노골화하는 일본 우경화의 주도세력은 누구입니까. 이것이 일시적인 일인지, 아니면 앞으로 제2~3의 고이즈미가 탄생할지도 궁금합니다. 우리의 대응책에 대해서도 말씀해주시지요.

이 위원 = 일본 우경화의 종류는 두 가지입니다. 하나는 일본사회 전반적인 우경화이고, 다른 하나는 정치권의 우경화입니다. 사회의 우경화는 물질적으로 잘살게 되면서 정치적으로 무관심해지는 특성을 지니고 있습니다. 정작 문제가 되는 것은 일부 보수정치권의 우경화입니다. 1990년대 전반에는 역사문제에 대해 사과·반성의 수준이 최고조였습니다. 일본의 새로운 아이덴티티(정체성)를 구축하려는 일부 지식인의 움직임이 보수정치인들의 의식과 맞물리면서 역사, 전쟁, 보수·혁신 문제를 새롭게 생각하게 된 것이지요. 일본의 오피니언 리더들이 21세기 국가 진로를 모색하면서 패전국이라는 굴레에서 벗어나려는 차원에서 과거를 반추하게 된 것입니다. 이들 중 상당수는 순수한 애국심에서 나라를 위해 목숨을 바친 전몰자를 총리가 위령하는 것은 정당하다고 보고 있습니다. 이

점에서 일본의 우경화를 우익이라고 매도하기보다는 자기네의 정체성을 찾으려는 노력로 이해해야 할 것입니다. 일본 정치권의 우경화는 사회보다 훨씬 앞서 갑니다. 자민당 보수 정치인들의 집단화-조직화는 사회당의 몰락과도 무관하지 않습니다. 새로운 역사교과서 만들기와 자민당 보수정치인들의 세규합 등으로 앞으로도 제2~3의 고이즈미가 나올 것입니다. 우리는 이런 우익세력들에게 어떻게 대처할 것인지 진지하게 고민을 해야 합니다.

이 실장 = 일본의 우경화는 '잃어버린 10년'을 되찾으려는 노력 혹은 대동아공영권 부활 움직임이라고 볼 수 있습니다. 국민여론을 그런 쪽으로 몰아가고 있지요. 이런 움직임은 계속될 것입니다. 중국이 올림픽을 유치하고 한반도에 화해무드가 조성되고 있는 것 등도 일본인들이 국가의 정체성 재확립하고 과거의 영광 재현을 꿈꾸도록 자극하는 요소가 될 수 있다고 봅니다.

일본의 역사교과서 왜곡이 전후세대에 어떤 영향을 미칠 것으로 보십니까.

이 실장 = 역사교과서 문제는 어제 오늘의 일이 아닙니다. 1982년에 제1차 일본교과서 왜곡사건이 있었습니다. 한국정부의 강력한 요구에 따라 일본은 '근린제국조항'이라는 검정규정을 만들어 스스로 해결했습니다. 1986년에도 일본은 '원서방'이라는 우익교과서를 만들어 중학교에 배포했지만 역시 한국정부의 요구대로 문제가 해결됐습니다. 이번 3차 교과서 왜곡은 일본정부가 우익세력, 언론 등과 함께 의무교육이나 다름없는 중학교에 우익교과서를 보급하려는 점이 가장 큰 문제입니다. 구체적인 내용을 살펴보면 한국침략을 정당화하거나 식민지 정책을 시혜론적 입장에서 미화함으로써 객관적 사실의 오류, 해석과 설명의 왜곡, 내용의 축소와 누락이라는 측면에서 받아들일 수 없는 것입니다. 일본정부의 이런 행위는 사실상 출판사와 서로 짜고 하는 것이어서 더 위험합니다. 중학교에 이런 교과서가 보급되면 이후 일본인들에게 더욱 심각한 우경화 현상이 나타날 것입니다. 고등학교 교과서들은 입시와 관련된 부분이 아니라 배우지 않지만 중학교는 사정이 다릅니다. 파급효과가 엄청날 것입니다.

이 위원 = 전후세대에 미치는 영향을 가늠하려면 이 책이 많이 읽힌다는 전제가 성립돼야 합니다. 기존 일본교과서 7종은 하자가 없습니다. 나머지 1종의 우익교과서가 문제가 되는데 이것 역시 채택률이 별로 높지 않을 것으로 예상됩니다. 우려할 것은 자기네 역사에 대한 독단적 해석과 자국중심주의에 빠질 가능성이지요. 국제관계사 부분이 특히 중요합니다. 미국·중국·한국에 대한 언급

중 한일관계사는 전체기술 중에서 차지하는 비중이 아주 낮습니다. 1996년에 새 교과서가 만들어진 이후 이 교과서를 편찬하는 모임에 일본인들의 신망을 사는 소설가와 정치인 등이 참여하면서 왜곡된 한일 관계사 점유율이 점차 높아지는 것이 위험요소입니다.

이 실장 = 한일관계사의 내용은 적지만 그들의 역사를 미화하기 위해 한국역사를 폄하하는 것이 문제입니다. 예컨대 자국 중심적인 역사관을 심어주는 것은 일반적인 현상일 수 있지만 일본교과서처럼 사실을 왜곡하면서 남을 폄하하는 것은 보통 문제가 아니지요.

위안부 문제도 여전히 해결의 기미가 보이지 않습니다. 어떻게 풀어나가야 하겠습니까.

이 위원 = 위안부 문제에 관해서는 이미 종결됐다는 것이 일본의 일관된 입장입니다. 우리 정부는 물질적 보상보다 정신적 보상을 원하지만 우리나라를 비롯한 각국 NGO(비정부단체)들은 국가배상 우선 원칙을 고수하고 있습니다. 정대협(정신대대책협의회) 등이 국제기구와 협력해 일본정부가 전쟁에 대한 책임을 지도록 강한 압력을 행사해야 할 것입니다.

이 실장 = 군대위안부 문제는 몇몇 일본 중학교 교과서에서 다뤄지고 있으나 문제의 역사왜곡 교과서에는 전혀 언급이 없습니다. 객관적 사실을 의도적으로 삭제하고 누락한 것이지요. 이 문제는 교과서문제와 별개로 국제기구를 통해 거론돼야 합니다. 일본 전후세대들에게 역사의 교훈이 되도록 해야지요.

일본의 교과서 왜곡 문제에 대한 우리의 지나친 감정적 대처로 유-무형의 손실이 적지 않다는 지적도 있습니다. 어떻게 생각하십니까.

이 위원 = 한국정부는 2월 말부터 국방교류 중단, 문화개방 연기, 교육교류 중단 등 강경대응으로 일관했습니다. 이런 대응은 공동선언 파기나 유엔안보리 가입저지보다 실제 응용이 용이한 보복조치이긴 하지만 자승자박적인 측면이 있는 것도 사실입니다. 역사문제는 무엇보다 문화, 교육 등 민간교류가 활성화돼야 풀 수 있습니다. 일정 시간이 지나면 교류를 재개해 상호신뢰를 회복하는 계기로 삼아야 할 것입니다.

이 실장 = 교과서 문제와 한일 월드컵 문제는 분리 대응해야 합니다. 월드컵을 계기로 한일 교육·문화·경제 교류를 보다 활성화할 필요가 있습니다. 청소년과 관광객들의 활발한 교류는 서로 상대를 제대로 인식하고 이해하는 데 상당한 도움이 될 것입니다.

　한때 일본을 팔면 미국을 사고도 남는다는 말이 있었습니다. 그토록 승승장구하던 일본경제가 침체의 늪에 빠져 있습니다. 향후 전망을 해주시죠.
　이 위원 ＝1980년대 일본은 미국을 따라잡는 데 경제정책의 주안점을 두어 성공을 거뒀지만 1990년대부터 '구조적 불황'으로 큰 어려움을 겪고 있습니다. 그래서 고이즈미 총리는 성역 없는 구조개혁을 외치고 나왔습니다. 하지만 세계적인 경제통합과 정보화시대에 적응하려면 발빠른 전략이 필요한데도 일본은 여전히 폐쇄적이고 외국의 창조적 지식인을 활용하는 데도 인색합니다. 개혁의 준비는 많이 하지만 속도가 느린 게 문제지요. 일본의 저변을 보면 '소자고령화(小子高齡化)' 사회로 진입하고 있습니다. 출산율이 평균 1.35로 다른 선진국에서 비해 아주 낮습니다. 2020년이면 인구의 1/4이 65세 이상이 될 정도로 경제생산활동인구가 줄어듭니다. 이런 기반과 여건에서 경제가 살아나려면 고부가가치인 정보기술(IT)산업위주로 전환해야 하는데 그 시기를 놓친 것 같습니다. 아이티산업이 미국보다 뒤처지면서 산업정책 전반에 착오가 생긴 것이지요. 경제회생 여부는 두고봐야겠지만 현재로서는 회의적입니다.

　지역을 가릴 것 없이 이웃한 나라와 갈등을 빚는 것은 다반사입니다. 하지만 감정의 골이 너무 깊어지면 그 후유증이 매우 심각합니다. 한일 우호 협력관계를 확립하기 위한 방안에 대해 말씀해주십시오.
　이 위원 ＝ 지금까지 한국은 일본의 과거사에 대해 끊임없이 반성을 요구하면서 한편으로는 경제적으로 손을 벌렸습니다. 이른바 떼쓰기 식이지요. 이제는 서로 떳떳하고 당당한 태도를 보여야 할 것입니다. 장기적인 관점에서 양국이 돈독한 관세를 구축하려면 상호 이해의 폭을 부단히 넓혀야 합니다.
　이 실장 ＝ 한일관계를 '가깝고도 먼 나라'로 표현하는데 '가깝고도 가까운 나라'로 만들려면 일본은 결자해지의 자세로 대안을 내놓아야 하고 한국도 일본을 더 많이 알려고 노력해야 합니다. 특히 지일(知日)파가 많이 나와야 합니다. 또 역사왜곡 같은 문제가 생길 경우 적절한 대응책과 합리적 해결방안을 모색할 수 있도록 상설기구를 둘 필요가 있다고 봅니다.
　정리＝김고금 기자

【한국 어디로 가야 하나】 외국 전문가들의 충고

『동아일보』 2001. 8. 14

로버트 스칼라피노 교수

약력 : 1919년 출생, 하버드대 정치학 박사, UC 버클리대 교수 겸 동아시아연구소장, 북한 4차례 방문(1989~95년), 미 학술원 회원, 현 UC 버클리대 명예교수

한국이 일본의 식민 통치로부터 벗어난 지 56년이 되는 올해, 한국인들은 최근 수십년 간 이뤄낸 발전에 대해 충분히 자부심을 가질 만하다. 그러나 한국인들은 앞으로 닥칠 도전에 대해서도 관심을 기울여야 한다.

1945년 당시 한국은 태평양전쟁으로부터 많은 피해를 보아 가난에 찌든 국가였다. 5년 후 남한은 새로운 정치체제를 구축하려고 노력하던 외중에 북한의 침입으로 인해 또다른 갈등에 휩싸이게 됐다. 6·25전쟁으로 남한과 북한은 완전히 파괴됐다. 1961년 박정희 전 대통령이 등장한 후에야 남한은 경제 발전에 본격 진입할 수 있었다. 박 전 대통령은 강한 사명감을 갖고 독재 정치를 경제 발전과 결합시켰다.

그 후 한국 정치는 독재주의에서 정치적 개방으로 서서히 발전해나갔다. 경제적으로 급속한 발전을 이룬 한국은 1990년대 들어 국민소득 1만 달러 시대에 진입하면서 북한을 월등하게 추월했다. 한국은 아시아의 성공 사례로 떠올랐다.

그러나 21세기의 시작과 함께 한국은 또다른 도전에 직면해 있다. 정치적으로는 현대적인 정치 시스템과 구시대적인 정치 문화를 어떻게 결합하는가 하는 근본적인 문제가 있다. 둘 사이의 격차는 매우 심각하다. 한국은 지금 경쟁선거, 광범위한 시민 자유, 법치주의가 공식적으로 가동하는 민주주의 체제를 운영하고 있지만 아직 과거의 유물이 많이 남아 있다.

지역주의는 아직까지 강력한 힘을 발휘하며 당면한 정책 이슈들을 짓누르고 있다. 그래서 정치인이 어느 지역 출신인가 하는 것이 선거 결과와 이에 따른 보직에 큰 영향을 미친다. 또 한국 정치에서 정치인 개인의 역할은 여전히 중요하다. 경쟁 관계에 있는 정치인들 간의 투쟁이 정치 무대를 주름잡고 있으며 이들 간의 인신 공격은 이제 일상사가 돼버렸다. 이런 일들은 많은 국민에게 정치에 대한 혐오감을 심어 주고 있다. 민주주의 실현에 강한 의지를 갖고 있는 지도자들마저 통치행위에서 독재적 잔재를 완전히 씻어내지는 못했다. 권위주의

(authoritarianism)는 한국 민주주의의 한 단면이다.

경제적 도전 역시 존재한다. 아시아 경제 위기 때 한국은 국제통화기금(IMF)에 지원을 요청했고 금융 및 기업 부문의 가혹한 개혁 조치는 고통스러웠지만 성공적인 결과를 낳았다. 2000년 한국은 8.8%의 국민총생산(GNP) 성장률을 기록했다. 그러나 여러 가지 국내적 압력으로 인해 개혁의 기세는 꺾인 듯하다. 일부 재벌의 과도한 부채 등 심각한 문제들은 아직 개선되지 않았으며 정보기술(IT) 산업의 성장은 지지부진하다. 수출은 급격히 감소했으며 외국인 투자는 시들해지고 있다. 올해 성장률은 4%대로 지난해 절반에도 못 미칠 전망이다. 한국 경제의 침체는 미국 유럽 일본의 경기 위축 때문이기도 하지만 과거 체제를 타파하고 가속적으로 개혁을 추진할 필요성은 여전히 남아 있다.

경제적 세계화의 조건들을 충족시키기 위해 한국은 기업권의 경쟁력과 투명성을 제고하는 한편 젊은 창업가들로 하여금 과학기술 발전에 도전하도록 장려해야 한다. 외국과의 경쟁에서 이기기 위해서는 창의력이 무엇보다 필요한 시점이다. 이와 함께 부패 척결에도 관심을 기울여야 한다. 정실 자본주의(crony capitalism)는 이제 끝내야 할 때다.

정치적으로는 국가적이고 이슈 중심적인 정치의 발전을 꾀하고 외교 등 주요 정책의 형성 과정에서 합의를 도출하는 데 힘써야 한다. 최근 수년 간 한국은 외교정책에서 커다란 성공을 거뒀다. 역사왜곡 교과서 및 야스쿠니 신사 참배 문제 등으로 인해 적대감이 일고 있는 일본을 제외한 거의 모든 강대국들과 좋은 관계를 유지하고 있다. 중국 러시아와의 관계는 1945년 이후 어느 때보다도 좋은 상태이다. 미국과도 탄탄한 안보동맹을 유지해 한반도뿐만 아니라 동아시아 전체에서 힘의 균형을 이루는 데도 기여하고 있다.

불행하게도 현새 남북한 관계는 겅제적으로는 진전을 이루고 있지만 정치전략적 측면에서는 고착 상태에 빠져 있다. 북한측은 남북관계를 북-미관계의 인질로 만들었다. 특정 시점이 되면 남북관계와 북-미관계는 다시 진전을 이룰 것이다. 그렇게 하는 것만이 북한을 포함한 모든 당사국들의 이해관계 증진에 도움이 되기 때문이다. 남한은 국내적으로 단합된 모습을 보인다면 북한과의 협상에서 절대적 우위를 차지할 수 있을 것이다.

대부분의 한국인들은 과거 어느 때보다도 풍요로운 삶과 안정된 미래를 누리고 있으며 세계 무대에서 중요한 역할을 담당하고 있다. 현재 당면한 정치 경제적 문제들과 싸워나가는 것은 지도자와 국민 모두에게 주어진 도전이다. 만약 이같은 도전에서 승리한다면 한국의 미래는 매우 밝을 것이다.

니시무라 요시마사 교수

약력 : 1940년 일본 시가(滋賀)현 출생, 도쿄(東京)대 법학부 졸업, 유럽공동체(EC) 일본 대표부 참사관 역임, 1994년 대장성 은행국장으로 퇴임, 미국 스탠퍼드대 객원 교수, 현 와세다(早稻田)대 대학원 아시아태평양연구과 교수

대장성 은행국장으로 재임하면서 금융위기 처리 문제로 고심할 때 미국인들로부터 호의적인 충고를 많이 들었다. 그때 남의 나라 일은 겉모습밖에 알 수 없다는 것을 깨달았고 또 특정 해법이 필요한 것은 알고 있지만 실행이 어렵다는 점에서 쓴웃음을 짓기도 했다.

한국의 경제상황을 살펴보면 일본이 직면한 문제와 아주 비슷하다는 데 자주 놀란다. 그러므로 일본의 고민은 한국에도 어느 정도 타산지석(他山之石)이 될 수 있다.

일본은 1991년 경기침체가 시작됐을 때 그 원인이 80년대 후반의 거품경제가 무너졌기 때문이라고 생각했다. 거품 붕괴가 끝나면 몇 년 후 다시 힘을 되찾을 것이며 그때까지는 재정이나 금융면의 비상조치도 어쩔 수 없다고 예상했다. 그러는 동안 10년이 지나고 말았지만 아무리 기다려도 활력은 되살아나지 않았다. 이대로는 일본 경제가 더욱 어려워진다. 고이즈미 준이치로 총리가 내건 구조개혁의 배경에는 이런 반성과 초조함이 있다.

그러나 냉정히 돌아보면 일본의 경제발전은 세계적 정치 경제 환경에서 지나친 혜택을 받아왔다. 일본은 그것이 자기 실력 덕분이라고 과신해왔다. 미국만을 따라가며 열심히 흉내낸 끝에 1980년대에는 '저팬 애즈 넘버 원(Japan as Number 1)'이라는 칭송을 받았지만 거기에 만족한 나머지 세계의 변화에 대응하는 노력을 게을리했다. 미국을 흉내내기는 가능했지만 미국을 뛰어넘으려 할 때는 두꺼운 장벽에 부닥친 것이다. 그 결과가 1990년대 장기불황으로 나타났다.

1980년대까지 비약적으로 발전해온 한국도 같은 상황이다. 일본의 거품 붕괴에 해당하는 것이 아시아의 통화위기다. 이는 국제자금의 급격한 이동이나 단기적인 경기순환의 문제가 아니라 지나치게 순조롭던 고도성장 경제구조에 대한 엄중한 경고다. 일본은 그것을 깨닫는 데 10년도 더 걸렸지만 한국은 다행스럽게도 통화 위기 후 신속하게 문제의 핵심을 파악했다.

김대중 대통령은 집권 초기 전면적인 경제 구조 개혁을 내걸었다. 그것은 일

본도 하기 어려울 만큼 상당히 과감한 내용이어서 나 스스로도 경외감을 가졌다. 그러나 그 후 추진과정을 보면 기대만큼 진전되는 것 같지는 않다.

부실 채권 문제 등으로 고심하는 일본과 마찬가지로 한국도 과거의 경제 난제를 신속하고도 확실하게 해결하는 것이 우선 급선무다. 그러나 과거 문제 정리만으로는 부족하다. 동시에 향후 어떻게 세계 경제 속에서 더 발전해나갈 것인가 하는 전향적인 전략이 필요하다.

일본이 미국의 뒤를 따르기만 했던 것처럼 한국은 일본 상품을 모방하며 성장해왔다. 그리고 어느 정도 일본 수준에 이르렀다. 이제는 일본을 추격하는 단계를 넘어서 자신만의 경쟁력을 키워야 한다는 자각이 필요하다. 일본은 뒤늦게 그런 자각은 했지만 충분히 실행하지 못해 결국 미국을 뛰어넘는 데 실패하고 주저앉았다. 추격 대상을 뛰어넘으려면 그 나라 이상의 노력을 기울여야 한다. 한국은 일본의 전철을 되밟아서는 안 된다.

현재 한국에게 가장 경계의 대상이 되는 나라는 다름아닌 중국이다. 지금까지는 저임금 등을 토대로 순탄하게 발전해왔지만 이미 중국의 추격을 받는 입장에 처하게 됐다. 한국과 일본이 지금까지 이뤄온 것은 누구라도 흉내가 가능하다. 어쩌면 한국이나 일본이 했던 것보다 더 빨리 따라올지도 모른다. 중국은 세계무역기구(WTO) 가입 후에는 명실공히 '세계의 공장'으로서 무서운 경쟁력을 갖추게 된다.

한국과 일본은 최근의 경기악화를 미국이 주도하는 세계경제의 악화 탓으로 돌리려 하는 것 같다. 물론 어느 나라도 세계경제의 흐름에서 완전히 벗어날 수 없다. 일단은 외부에서 오는 부정적인 영향을 가급적 받지 않도록 나름대로의 조치가 필요하다. 그러나 이는 수동적인 자세에 불과하다. 세계경제가 악화되더라도 이를 극복할 수 있는 자기만의 전략이 없으면 언제까지나 외부적인 요인에 책임을 미루게 된다.

한국은 정보기술(IT)분야 중에서도 브로드밴드 등 인터넷 관련 부문에서 일본을 이미 추월했다. 지금까지의 값싼 공산품을 중심으로 한 '저가격 경쟁력'을 뛰어넘어 전혀 새로운 분야에서 어렴풋하게나마 희망의 빛이 보이고 있는 것이다.

물론 IT분야는 세계적으로 기력을 잃고 하강 국면에 접어들어 '만능의 구세주'라고 할 수 없게 됐다. 그러나 한국으로서는 IT분야에서 엿보인 가능성에서 자신감을 갖는 게 중요하다. 그리고 전체 경제구조의 방향을 '양적인 추월'에서 '질적인 추월'로 전환하는 시도가 필요하다.

일본의 경험을 또 하나 덧붙이자면 생산연령인구 감소도 경제구조개혁을 추진하는 데 커다란 장애가 되고 있다. 이는 21세기 최대의 난제다. 일본의 고도성장은 생산연령인구의 급증으로 지탱돼왔다고 해도 과언이 아니다. 그러나 1990년대 이후 출산률이 감소하면서 장기불황으로 접어들었다. 일본뿐만이 아니다. 독일 이탈리아 등이 1990년대 1%대의 저성장으로 어려움을 겪고 있는 것도 출산율 저하의 결과다. 이런 현상은 다소 시차는 있겠지만 한국에서도 반드시 발생한다. 인구대책은 경제 발전 전략에서 빼놓을 수 없는 근간이 된다.

한국과 일본은 두 나라 모두 고통을 동반한 구조 개혁을 추진중이다. 이미 각자에게 무엇이 필요한지는 충분히 논의됐으며 스스로가 가장 정확하게 파악하고 있다. 따라서 나아가야 할 길은 단 한 가지, 필요한 것을 과감하게 실행하는 것이다. 알고 있으면서도 실천하지 못하면 바로 뒤에서 추격해오는 국가들에 자리를 넘겨줄 수밖에 없다.

【右로…右로…고이즈미호 中】 "전쟁할 수도 있는 나라로…"
『동아일보』 2001. 8. 14

고이즈미 준이치로 일본 총리가 13일 야스쿠니신사 참배를 강행한 것은 총리 개인의 '돌출 행동'이 아니라 '일본의 사고틀'이 바뀌고 있음을 상징적으로 보여준 것이다.

1985년 나카소네 야스히로(中曾根康弘) 총리는 야스쿠니신사를 공식 참배했다가 주변국의 강력한 비판을 받자 다음해부터 참배를 중단했다. 당시 나카소네 총리는 참배 중단 이유를 "일본도 대국이 됐으므로 거기에 걸맞게 이웃국가와의 관계도 중요하게 고려해야 하기 때문"이라고 설명했다.

그로부터 16년이 지난 지금 일본은 더욱 성장해 경제대국을 넘어 '정치대국'을 지향하고 있다. 나카소네의 논리에 따르면 예전보다 더 주변 국가와의 우호 관계를 중시해야 한다. 그런데도 고이즈미 총리가 주변 국가의 반대를 무릅쓰고 야스쿠니신사 참배를 강행함으로써 '일본의 미래'에 대한 우려를 낳게 했다.

일본의 사고틀이 바뀌고 있는 조짐은 여러 곳에서 감지된다.

우선 일본은 전쟁 금지와 군대 보유를 금지한 '평화헌법'의 개정을 논의하고 있다. 일본은 지난해 1월에 5년 시한의 헌법조사회를 중의원과 참의원에 설치했다. '조사'라는 표현을 쓰긴 했지만 사실상 개정을 전제로 한 정지작업을 하고 있다. 2008년에는 헌법 개정시안이 나올 것으로 예상된다. 물론 고이즈미 총리도 헌법 개정에 대해 의욕을 보이고 있다.

일본이 헌법 개정을 위해 내세우는 표면적 이유는 새로운 시대에 걸맞은 헌법이 필요하다는 것이다. 즉 환경권이나 사생활 보호, 지방분권, 재정 건전화 등에 새로운 규정을 넣어야 한다는 주장이다. 그러나 관심은 역시 전쟁 금지와 군대 보유를 금지한 '제9조'(평화조항)의 개정 여부다. 이 조항을 바꾸면 일본은 경제대국에서 '군사대국'으로 가는 길을 열게 된다.

집단적 자위권을 확보하는 문제도 논의되고 있다. 이에 대해서도 고이즈미 총리는 적극적이다. 집단적 자위권이란 우방이 적의 침략을 받거나 주변국에서 전쟁이 발생했을 때 이를 일본에 대한 침략으로 간주해 분쟁에 참여할 수 있는 권리를 뜻한다. 현행 헌법상으로도 행사가 가능하다는 주장이 있으나 대체로 부정적이다. 헌법이 개정되면 이 권리가 확보된다.

또다른 현안인 유사법제 정비는 일종의 '전시동원법'이다. 전쟁이 일어났을 때를 대비해 자위대와 미군의 활동보장, 국민의 생명과 재산보호방안 등을 미리 규정해놓자는 것이다. 방위청은 이를 위해 상당한 대비를 해왔고 지난해 연립 3당이 본격 논의에 합의함으로써 현재는 관련 성청이 법 정비를 준비하고 있다.

일본이 평화유지활동(PKO)에 적극적으로 참여할 수 있도록 참가 요건을 완화해야 한다는 주장도 힘을 얻어가고 있다. 일본은 현재 각종 분쟁지역에 적극적으로 자위대를 파견하고 있으나 엄격한 규제조항을 내세워 보조역할에 그치고 있다. 이 밖에 방위청을 방위성으로 승격시켜야 한다는 주장도 끊임없이 제기되고 있다. 국가의 안전을 책임지는 부서가 '외청'인 곳은 일본밖에 없다는 논리다. 방위성으로 승격되면 예산과 권한이 대폭 확대된다.

이들 논의는 모두 전쟁과 자위대에 관한 것이다. 현재 일본이 지향하고 있는 국가상이 어떤 것인지를 가늠할 수 있다. 전쟁을 원하지는 않지만 전쟁을 할 수도 있는 나라로 개조하려는 움직임이 이어지고 있는 것이다.

심규선 도쿄 특파원

【8·15 대담】 작가 최인호-日정치학자 호사카 유우지
『조선일보』 2001. 8. 14

"교과서 왜곡……신사참배……일본 아직 종전 안해"
광복절 56주년은 고이즈미 준이치로 일본 총리의 전격적인 신사참배로 아시아인들을 격분시키는 가운데 다가왔다. 한일 두 나라는 역사왜곡 교과서 바로잡기, 한일 공동개최 월드컵의 성공적 진행, 문화교류 증대 및 동북아 경제·문화 블럭 형성이라는 중장기 다국적 과제를 앞에 놓고 있는 가운데 당혹스러운 '8·15'를 맞는다. 해방동이 소설가 최인호(56), 그리고 일제 민족동화정책을 분석, 한국에서 박사학위를 받은 일인 중견 정치학자 호사카 유우지(46) 교수(세종대)가 14일 그 문제들의 근본 기저를 살피는 긴급 대담을 가졌다. (편집자)

최인호＝나는 개인적으로 일본을 좋아한다. 우리가 식민의 어두운 역사를 갖고 있지만, 일본이 옆에 있어서 문화적 교훈을 많이 받는다. 일본인의 예의와 공중도덕, 질서의식도 본받는다. 신문이 일본은 왜 이런가라고 비판하는 날도 가령 TV에서는 일본의 높은 문화를 소개하는 프로가 방영되곤 한다. 그러나 답답한 마음을 금할 수 없는 것은 고이즈미 총리의 야스쿠니 참배에서 보듯 왜 일본이 역사적 퇴행을 하고 있는가 하는 점이다. 일본은 내정간섭이라면서 자존심 상해하지만, 역으로 생각해야 한다. 끊임없이 반성을 요구하는 이웃이 있다는 것은 큰 축복이다. 경제적 쇠퇴와 불안감을 그런 식으로 해소한다면 그것은 정치가들의 교묘한 전략일 뿐이다.
호사카＝어제(13일) 일은 '기습 참배'였다.
최인호＝마치 진주만 기습하듯…….
호사카＝고이즈미 참배는 감정에 호소하는 방법이다. 그것은 고이즈미가 구미 열강을 중시하고 아시아를 경시하는 외교 스타일이다. 구체적 대안 없는 대중포섭정책이다. 위험한 시점에 오지 않았나 우려된다. 어제 개인참배인지 공식참배인지 아주 애매하게 처리하는 것도 일본식 해법이다. 곤란할 때 애매하게 하는 것은 천황이 과거사에 취하는 태도와 같다. 고이즈미는 아버지 쪽 친척 중의 한 분이 특공대였고, 야스쿠니신사에 합사돼 있다고 들었다. 그는 불황 12년을 돌파하겠다면서 구체적인 정책 없이 대중 민심을 잡으려는 정책을 쓰고 있다.
최인호＝나는 궁금하다. 일본인들은 말로 유감이라지만, 2차대전에 대해 미안

하다 생각하지 않고, 전쟁을 죄악이라고 보지도 않는다. 그들은 마음깊이 어떤 자부심 같은 것을 갖고 있다.

호사카=독일과 일본의 차이다. 독일은 나치를 장본인 삼아 죄를 정리했다. 종전 전까지 일본의 천황제는 침략 이데올로기를 갖고 있었다. 전후에는 천황제의 상징성이 그대로 남았다. 이것이 일본을 파괴시킨다. 일본이 과거 반성을 하면 천황제에 문제가 생긴다. 그래서 애매하게 해왔다. 역사인식을 제대로 하지 않은 것도 같은 이유다. 일본 역사 교육은 일본이 어떤 목적으로 전쟁을 치렀는지 근본을 전혀 가르치지 않는다. '끔찍한 전쟁' 정도로 가르쳤지만, 사실 그 목적은 '아시아를 황민화한다'였다.

최인호=지난 1988년 「잃어버린 왕국」을 연재하면서 한 일본 기자를 만났는데, 그가 '일본은 천황제가 있는 한 민주주의 장래가 없다'고 말했다. 현재 일본 문제는 2가지 점에서 애매하다. 천황제가 정치적 모순이라면서 일본 정치 자체를 송두리째 끌어안고 있다. 또 하나는 교과서 문제를 논하면서 근대사만 얘기하고 있다. 일본 고대사에도 상당한 문제가 있다. 모리 요시로 전 총리가 '우리나라는 신의 나라'라고 말하는 것을 듣고 깜짝 놀랐다. 일본은 아시아에 속해 있으면서도 아시아인이라고 생각하지 않는다. 구미열강 같은, 마치 신국 같은, 탈아시아적인 생각을 갖고 있다.

호사카=일본 문화는 고대로부터 중국·한국에서 영향받았다는 것을 잘 알고 있었다. 13세기부터 이에 대한 반발이 생겼다. 문화에 고유성이 없다는 열등감을 해소하려다 가장 일본적인 것으로 천황제를 찾아낸 것이다. 일본 민족주의인 국학을 연구하는 사람들이 생겨났다. 18, 19세기 일본인이 가장 우수했고, 중국·한국에 비해 우수하다, 그리고 일본의 중심은 흔들리지 않는다고 생각하면서 중국·한국을 멸시하는 일본식 우월주의가 만들어졌다. 역사왜곡 교과서도 결국, 일본 우월주의, 한국·중국 멸시 등을 근저에 깔았다는 배후 사상이 문제인 것이다.

최인호=우리는 역사적으로 일본에 대해 무심했다. 관심이 없었다. 일본은 항상 우리를 무시했다. '무시'는 관심은 있었다는 얘기다. 우리는 임진왜란 직전까지 "감히 일본이 우리를……"이라는 생각을 갖고 있었다. 이제 우리는 일본에 대해 본질적인 관심을 가져야 하고, 일본은 한국을 직시해야 한다. 한국에 좋은 것이 일본에 좋고 중국에 좋은 것이 한국에 좋다. 그런 이해가 있어야 정치적 역사적으로 좋은 이웃이 될 수 있다. 살아 있는 사람을 생신을 만드니 애매모호함이 따르고 악순환이 계속되는 게 아닌가.

호사카＝말씀하신 대로다. 천황제 자체보다, 천황제를 만든 배후 이데올로기가 문제다. 에도(강호·1603~1867) 시대는 천황제가 있었지만 실권이 전혀 없었다. 당시 조선에서 유교 사상을 배워 평화시대를 구가하고 있었다. 2차대전 후 지금까지는 에도시대를 닮았다. 지금 극우 세력의 움직임은 그것을 깨려는 것이다. 명치시대의 부활을 노리고 있는 것이다. 물론 완전히 그 길로 간다고 할 수는 없다. 침략 이데올로기를 어떻게 평화 이데올로기로 바꾸는가가 문제다.

최인호＝이제 한·중·일 3국에는 공동운명체적 문화의식이 싹트고 있다. 1990년대 이후 홍콩영화는 홍콩만의 영화가 아니다. 이번에 내 소설 「몽유도원도」를 첸 카이거 감독이 영화로 만드는데 음악을 사카모토 류이지가 맡았다. 다국적이다. 또 중국에서는 '한류'붐이 대단하다. 서울 압구정동에서는 일본 패션이 그대로 유행하고, 또 일본에서는 한국 요리가 선풍적인 인기다. 세 나라 사이에는 '문화적 블럭화'가 이뤄지고 있다. 예전에 흠잡듯이 말하는 '침투'가 아니다. 그런데 정치, 경제적인 인도 없이 문화로만 교류하면 언젠가는 딜레마에 빠진다. 그래서 고이즈미 총리에게 화가 난다.

호사카＝공감한다. 문화적 차원에서의 교류는 양국 국민의 마음속에 역사적 공동인식이 없다면 한계가 있을 수밖에 없다. 그런 점에서 한일 양국의 학계와 시민단체가 손잡고 공동의 역사교과서를 만든다고 하는 것은 매우 고무적이다. 양국의 역사 시간에 부교재로 사용한다고 들었다. 일본 젊은이들도 역사적 사실을 가르치면 납득한다. 그만큼 순수하다. 몰라서 휘둘린다.

최인호＝소설가 이시하라 신타로에게 내가 이렇게 말한 적이 있다. 미국에게만 'NO'라고 말하는 일본이 중요한 게 아니라, 이웃인 한국과 중국에 대해서 'YES'라고 말할 수 있는, 그래서 진정한 이웃이 돼야 한다고 했다.

호사카＝새 역사교과서나 신사참배 문제에 관해 일본 내 반대파가 많다. 물론 상당수는 아예 무관심하다. 고이즈미 총리 찬성파는 소수다. 그런데 한국의 보도만 보면 일본인 대부분이 고이즈미처럼 생각하고 있는 걸로 오해될 소지가 있다. 그건 별로 좋지 않다.

최인호＝내가 45년생이니까 해방동이다. 아마 그런 이유 때문에 내가 여기 와 있는지도 모르겠다. 2차대전의 패전국은 일본이다. 우리가 아니다. 그런데 일본은 쪼개지지 않았고 우리가 대신 남북으로 갈렸다. 6·25 전쟁은 거창한 명분 이면에는 형제가 형제를 죽여야 했던 '더티 워(dirty war)'였다. 그런 의미에서 비극은 아직도 계속되고 있다.

호사카＝홍미로운 말씀이다. 2차대전 후 일본과 달리 독일은 분단됐다. 일본 대신 한국이 분단됐었다는 사실을 일본 국민들은 잘 모르고 있다. 한국의 분단 원인에 대한 근본적 이해가 없다. 한민족 고통에 대한 이해도 부족하다. 일본과 달리 한국은 시집이 잘 팔린다. 시인은 타인의 고통을 언어로 쓰는 사람이라고 할 때, 아마도 일본에서는 고통을 이해하는 사람이 많지 않다는 뜻 같다(웃음). 일본 내에서는 정치, 안보 책이 주로 팔린다.

최인호＝"왜 자꾸 과거에 집착하느냐"고 물으면, 이건 과거가 아니라 현재의 문제라고 말하겠다. 해마다 '광복절'은 오지만, 실제적인 진정한 '해방'도 '광복'도 아직 오지 않았다. 일본은 아직 '종전'을 못했다. 이게 비극이다.

호소카＝일본에서는 한반도 분단의 원인에 대해서 생각하기보다는, 북이 붕괴되면 그 난민을 어떻게 대처할 것인가에만 주목하는 경우가 많다. 앞으로는 그 근본 원인에 대한 교육도 이뤄져야 할 것이다. 양국의 시민 단체들이 보다 적극적으로 힘을 합쳐야 할 것이다. 한국 시민단체는 일본 시민단체보다 힘이 세다. 둘이 단결하면 일본정부를 움직일 수 있다. 우리는 월드컵도 기분 좋게 치러야 한다. 단지 양국의 경기장 수준을 비교한다든지, 한일 경기가 월드컵 승패의 전부인 것처럼 인식되는 양상은 별로 좋지 않다.

최인호＝결국 역사와 현재에 대한 한일 공동인식을 어떻게 만드느냐 하는 문제일 것이다.

정리＝김광일·어수웅 기자

【의견】 J학교의 국경일 교육

『조선일보』 2001. 8. 14

3년 전 8월 15일 우연한 기회에 의정부에 있는 J학교를 방문한 적이 있었다. 여름방학 기간중이었지만 전교생이 참석한 광복절 기념사에서 학교 이사장은 "국경일은 노는 날이 아닙니다. 우리 선조들이 피흘려 되찾은 뜻깊은 날입니다. 오늘 우리가 편안하게 살 수 있는 것은 선열들의 피의 대가가 있었기 때문"이라고 역설했다.

그 학교에서 받은 깊은 인상은 오랫동안 머릿속을 떠나지 않았다. 학교 입구
에는 화강암으로 된 독립문이 서 있었고 문 양쪽에는 "조국을 위하여 무엇을 할
것인가" 하는 문구가 방문자들을 숙연케 했다. 또한 교실마다 무궁화 깃봉에 천
으로 만든 태극기가 칠판 좌측에 게양되었고, 국경일이면 전교생이 참석한 가운
데 기념식 행사를 갖는다는 것이었다.

전국에 있는 학교 모두가 똑같이 할 수는 없지만 J학교처럼 자라는 청소년들
에게 올바른 국가관을 인식시켜준다는 것은 매우 중요한 일이다.

이틀이 멀다하고 신문 지면에는 일본교과서 왜곡 보도와 일본총리의 신사참
배 등을 보도하고 있다. 일본의 역사왜곡이 어제 오늘에만 있어온 것이 아니다.
그들의 왜곡행위에 분노만 할 것이 아니라 국경일의 뜻부터 제대로 새기고, 학
교에서부터 애국교육을 소홀히하지 말아야 할 것이다.

김혜숙(36 · 공무원)

【시론】 日은 패전의 교훈 잊었는가
『조선일보』 2001. 8. 14

고이즈미 총리가 주변국들의 만류를 뿌리치고 끝내 야스쿠니신사를 참배했다.
국제사회는 고이즈미의 신사참배를 강력하게 비판하는 한편 새 역사교과서 채
택 움직임 등으로 상징되는 최근 일본사회의 우경화 현상에 우려의 눈길을 보내
고 있다. 그러나 이같은 움직임들의 뿌리는 최근 일본사회의 상황 변화에서보다
56년 전 일본에 대한 패전 처리 과정에서 이미 잉태되어 있었다고 보는 것이 옳
다.

당시 일본은 형식적으로는 연합국에 무조건 항복을 했으나 사실상은 얻어낼
것은 다 얻어낸 '조건부 항복'이었다. 근거는 이렇다.

첫째, 천황의 강위와 처벌을 면했으며, 둘째, 연합국 점령군에 의한 직접통치
를 피하고 일본의 행정제도에 의존한 간접통치를 채용시키는 데 성공했다. 그리
고 동서냉전 속에서 미국의 대일 전략이 일본의 군사국가 재등장을 저지하는 노
선에서 미국 세계전략의 거점으로 일본을 위치시키는 방향으로 변경되기도 했
다.

그 결과 일본의 근대사 해석은 미국 정부의 공인 아래 다음의 골격으로 짜이게 됐다.

첫째, 메이지유신 이래 일본의 근대화 노선은 옳았다. 둘째, 그러나 쇼와 불황 속에서 군부 폭주를 허용하는 바람에 전쟁에 말려 들었다. 셋째, 무고한 인민은 패전의 폐허 속에서 불사조처럼 부활해 경제대국을 재건하고 반세기의 평화를 달성했다…….

이런 근대사 해석은 일견 문제가 없는 것 같으나 2차대전 종결 당시의 기본 정신에서 일탈할 수 있는 여지를 남기고 있다. 예컨대 구미열강이나 일본이나 똑같이 제국주의였던 만큼 일본만이 전쟁 책임으로 처벌당하는 것은 수긍할 수 없다는 주장과, 일본의 아시아 침략은 확실히 나빴지만 결과적으로 아시아가 구미 식민지주의에서 해방되는 데 도움을 주었다는 논의가 역사 수정주의적 입장에서 제기되고 있다.

이 중 첫번째 주장과 관련, 독일을 포함한 188개국의 유엔 가맹국이 2차대전은 식민지주의·제국주의 반대의 전쟁이었음을 분명히 인정하고 있다. 이런 상황에서 일본만이 시대착오적인 이의를 제기하는 것은 사실 관계로도, 그리고 21세기 세계에서 일본의 지위향상을 감안해서도 절대로 지지될 수 없다.

두 번째 논점에 대해선 전쟁 중 아시아에 대한 일본의 행위가 완전한 잘못이었다는 점을 분명히 인정해야 한다는 점을 지적하고 싶다. 과거의 잘못을 확실히 인정하지 않은 채 "결과적인 아시아 해방" 운운하는 것은 일본의 아전인수일 뿐이다.

일본에선 역사교과서 편향이 일본만의 문제가 아니라 어느 나라든 마찬가지라는 주장도 나온다. 어느 나라의 역사이건 민족 아이덴티티를 위해 일정한 편향이 있는 것은 어느 의미에서 자연스러운 일이긴 하다.

그러나 문제는 2차대전 당시의 식민지·제국주의를 미화하고 정당화하려는 듯한 움직임이다. 다행히 이런 주장을 하는 사람들은 일본에서도 소수다. 문부과학성의 검정을 통과한 역사교과서는 8종이나 있으며, 이 중엔 좌파 학자들이 쓴 것도 있다. 실제 각 지역 차원의 교과서 채택에서 우익 저자가 쓴 문제의 교과서를 채택한 경우는 극히 적다.

20세기 전반까지 일본은 구미 이외의 세계에서 유일하게 세계 열강으로 상승했다는 자부심, 그리고 그 과정에 얽힌 노력과 굴욕을 누구도 알아주지 않는다는 분위기가 강했다.

그러나 지금 세계엔 100개 이상의 비구미 국가가 존재하며, 그 중 몇몇 나라는 놀라운 성공을 거두었다. 일본만이 대단한 것처럼 뻐길 일도 아니고, 그렇다고 혼자 울먹거릴 필요도 없다.

21세기엔 자유·인권·민주주의·시장경제라는 공통적 가치의 기반 위에서 다른 민족과 인류의 공동작업을 당당하게 전개해나가는, 그런 일본인이 되기를 나는 기대한다. 그것이 56년 전 패전이 우리 일본에게 가르쳐준 교훈이다.

이노구치 다카시(도쿄대학 교수)

【칼럼】 '8·15'에 다시 생각하는 역사
『문화일보』 2001. 8. 14

새로운 세기의 '8·15'가 돌아왔다. 일본에는 '패전의 날'이고, 한국에는 '해방의 날'인 '8·15'는 여전히 특별한 의미를 갖고 있다. 그러나 20세기의 전반을 정리하는 의미를 갖는 '8·15'는 일본과 한국에 있어서 그 후 반세기의 역사를 역전시킨 출발점이 되기도 했다.

패전의 폐허와 황폐에서 일찍이 종주국이고 패전국이었던 일본은 옛 식민지였던 한반도의 내전을 지렛대로 국부를 쌓아, 지금은 미국과 어깨를 견주는 경제대국의 지위에 올랐다. 북방 4개 섬을 둘러싼 러시아와의 영토문제와 오키나와 미군기지 문제 등을 안고 있다고 하지만 일본의 주요 영토가 분할된 일은 없었다.

이에 비해 해방의 환희로 들끓었던 한반도는 그 열기도 잠깐, 처참한 내전을 경험하고 민족이산의 가혹한 운명 속에서 지금도 그 질곡으로부터 해방되지 못한 채 신세기의 '8·15'를 맞고 있는 것이다.

1945년의 '8·15'에 누가 이런 역사의 역설적 결말을 상상했겠는가. 한반도는 식민지 지배와 제국주의, 총력전의 희생자이면서도 결과적으로는 '전후 독일'처럼 분단의 역사를 강요당했던 것이다. 이 같은 '8·15' 이후 역사의 명암은 일본과 한국 사이에 화해의 길을 닫아버리게 했다.

비록 반공동맹에 의해 연대하고 있는 것처럼 보였다고 해도 그것은 정부와 그 당시 권력자들의 결속이었지 결코 국민의 마음에 울려퍼지는 화해와 연대는 아니었다. 그리고 왜곡된 한·일관계의 자물쇠가 됐던 것은 미국의 동아시아 전략이었다.

한국의 민주화와 냉전의 붕괴, 글로벌화와 국경을 넘는 사람의 이동, 문화교류의 흐름은 지금까지 망각되거나 배제돼온, 사람들의 역사에 대한 기억을 풀어놓는 계기가 됐다. 이른바 '여자정신대' 문제와 한반도 출신의 B·C급 전범자를 둘러싼 문제, 한국 주재 원폭피해자 배상과 강제징용에 대한 보상문제 등 냉전하에서 일본이 그 청산을 면제받았던 문제가 일거에 분출한 것이다.

이렇게 다시 역사의 기억과 그 책임을 둘러싼 문제가 일본에 대두되었다. 국가와 국가 사이에서 대문자 'H'(HISTORY)를 둘러싼 타협만으로 문제가 해결되던 시대는 종말을 고하고, 개개인의 얼굴이 보이게끔 소문자 'h'(history)의 구제를 도모하지 않으면 안 되는 시대가 도래한 것이다. 일본 국민 중에 그런 소문자 'h'에 유연하게 대응하려고 노력하는 사람들이 있다. 그러나 많은 국민은 반발하며 자민족 중심의 내셔널리즘에 의해 마음을 무장하려 하고 있는 것이 사실이다.

국가의 공(公)의 역사, 즉 '국사(NATIONAL HISTORY)'를 영광의 화환으로 장식해서 전쟁 전과 후의 연속선상에 현재의 일본을 두려고 하는 기세가 일본에서는 날로 힘을 더해가며 강해지고 있는 것이다.

고이즈미 준이치로(小泉純一郎) 총리의 야스쿠니신사 참배는 그러한 흐름을 일본의 최고권력자가 추인할 뿐만 아니라 근린 아시아제국으로부터 끓어오르는 소문자 'h'의 목소리에 귀를 닫고, 다시 국가중심의 대문자 'H'로 회귀해가는 것을 의미하고 있다. 비록 야스쿠니신사 참배의 공사 구분과 일정 변경, 참배양식의 변경 등이 있다고 해도 국가 중심의 새로운 내셔널리즘이 무섭게 대두하고 있는 것을 부정하지는 못할 것이다. 이러한 일본의 국가로서 대응을 한국이 받아들일 수 없는 것은 당연하다. 기기에는 애매한 대응 같은 것이 있어서는 안될 것이다.

그러나 동시에 필요한 것은 한국도 역시 국가와 민족의 대문자 'H'에 의해 억압되거나 은폐되어 있는 소문자 'h'를 복권시켜, 그 목소리에 귀를 기울여가는 것이다.

국가의 '정사(正史)', 즉 '국사'에 의해 망각되거나 터부시돼온 사람들의 기억을 소생시켜 그것을 민족의 역사 안에 정당하게 위치짓는 작업이 지금만큼 필요한 때가 없었던 것이 아닐까. 그렇게 할 때 비로소 같은 작업을 계속하고 있는 일본인과 '아래로부터' 역사의 공유가 가능하게 될 것이다. 이런 의미에서 이번

'8·15'는 국가와 국가, 민족과 민족 사이의 대립이 아니라 역사의 기억을 소문자 'h'로부터 차곡차곡 쌓아나가는 출발점으로 삼았으면 한다.

강상중 도쿄대 교수

【열린 마당】 일제 징병 희생자 정부가 피해보상 나서야
『중앙일보』 2001. 8. 14

일제 강점기에 징병 제1기생으로 끌려가 생사의 갈림길을 넘나들다 구사일생으로 살아 남은 80세 노인이다. 아직도 그때의 악몽에서 벗어나지 못한 채 병마에 시달리고 있다.

이제 생의 종착지에 다다랐는데 무슨 원망을 품을 것이며 여한이 있겠는가. 다만 전장에서 죽어가던 징병 전우들의 애처로운 목소리가 여전히 가슴을 울리고 있다.

징용 피해자와 위안부에 대해서는 임금 배상·시신 이양 등이 오래전부터 추진되고 있다. 그런데 광복 56돌을 맞도록 징병 피해자에 대해선 왜 별다른 조치가 없는지 모르겠다. 강제 징병으로 수천 명이 출정해 수백 명이 전사했다.

생명은 누구에게나 소중한 것이다. 강제로 끌려가 목숨을 잃어야 했던 징병자들의 억울함을 말로는 이루 다 설명할 수 없다.

늦었지만 정부가 나서서 징병 전사자들의 시신을 한국으로 모셔오고 위령제를 지내 그들의 억울함을 달래줘야 한다. 전사자나 피해자에 대한 보상책을 마련하고 일본 역사교과서에 강제 징병 및 출정내용을 실어야 한다. 그들의 원한을 풀어줄 것을 간곡히 호소한다.

임효구(부산시 동래구 사직동)

고이즈미의 간지
『중앙일보』 2001. 8. 14

폴란드 출신의 언론인 이안 브루머는 제2차 세계대전과 관련된 독일인과 일본인 심리 비교연구의 권위자다. 그는 역저(力著)『죄의식의 대가』에서 이런 일화를 소개했다.

1991년 여름 베를린에서 심리학자 마르가레테 미철리히의「슬퍼할 줄 모르는 현상의 심리분석」이라는 강연을 들으러 갔다. 나치시대에 대한 독일인의 심리에 관한 강연이었다. 청중은 강연장의 절반쯤 될 것이라고 예상했다. 그러나 가서 보니 젊은이들이 도로의 끝까지 줄서 있었다.

브루머는 이렇게 썼다. "사실 놀랄 일이 아니다. 독일인은 텔레비전·라디오·강연장·학교·박물관에서 제2차 세계대전의 기억을 되살리고 연구하고 고민한다."

아픈 상처 다시 건드려

브루머는 또 이렇게 말했다. "도쿄 한복판에서 일본의 미철리히가 슬퍼할 줄 모르는 일본인의 심리에 관한 강연을 한다고 가정할 때 그렇게 많은 청중이 몰려온다는 것은 상상도 할 수 없다. 서독총리 빌리 브란트가 바르샤바의 유대인 거주구역에서 무릎을 꿇고 나치독일의 범죄에 대해 사죄한 것같이 무릎을 꿇은 일본인은 없다."

56년 전 오늘, 일본인은 한번 크게 슬퍼했다. 그들이 신인(神人)으로 추앙하는 천황이 연합국에 무조건 항복하는 '옥음(玉音) 방송'을 들을 때였다.

그러나 일본인은 야스쿠니 신사에 있는 14명의 A급 전범들이 일으킨 잔혹한 침략전쟁의 피해자 2천만 아시아인을 위해서는 한번도 마음으로부터 슬퍼하지 않았다. 어느 일본인도 종군위안부들의 망가진 일생이 슬프다며 통곡하지 않았다.

우리에게 일본인의 침묵은 차라리 축복일 것이었다. 그러나 일본의 총리 고이즈미 준이치로(小泉純一郎)는 전쟁의 희생자들에게 애도의 뜻을 올리고 전쟁에 반대하고 평화에 대한 맹세를 새롭게 한다면서 고집스럽게 야스쿠니신사 참배를 결행해 아시아인의 상처를 다시 한번 건드렸다.

참으로 가소로운 것은 신사참배의 날짜를 8월 15일에서 8월 13일로 바꿈으로써 시비의 본질을 비켜가겠다는 경박한 간지(奸智)다.

총리의 신사참배가 문제가 되는 것은 일본의 최고지도자가 일본 군국주의의 상징인 야스쿠니에서 머리를 조아려 침략전쟁을 긍정하기 때문이다. 참배가 문제이지 날짜가 문제인가.

참배의 성격도 총리가 가면 공식참배다. 방명록에 총리의 직함이 어떻게 적히는가 따위도 문제의 본질을 흐리는 양동전술이다.

고이즈미는 성명에서 가까운 기회에 한국과 중국의 요로의 인물들과 무릎을 맞대고 아시아와 태평양지역의 미래와 평화발전에 대해 의견을 나누고 싶다고 말했다. 그러나 솔직히 말해 야스쿠니 참배의 국내정치적인 이득은 계산하면서 국제정치적인 파문은 읽을 줄 모르는 외교 지진아(遲進兒)에게 과연 아시아의 미래와 평화를 논의할 비전과 지적(知的) 능력이 있는지 의심스럽다.

막스 베버는 「직업으로서의 정치」라는 강연에서 사물과 인간을 일정한 거리를 두고 냉정하게 볼 줄 모르는 정치인은 불모(不毛)의, 흥분에 도취된 정치적 딜레탕트(아마추어)라고 말했다. 눈앞의 현실에 집착해 큰 것을 놓치지 말라는 경고다.

편협한 민족주의에 도취한 고이즈미는 베버가 그렇게 되지 말라고 말한 바로 그런 일차원적, 즉물적인 정치인으로 보인다.

편협한 민족주의 도취

고이즈미는 미국의 정치학자 조셉 나이의 다음과 같은 경고도 무시했다.

"모든 국가는 군사·경제력의 하드파워와 문화·사상의 소프트파워를 갖고 있다. 일본이 과거문제로 주변국가들과의 관계를 악화시키면 일본의 소프트파워가 약해진다"(아사히신문 인터뷰). 일본은 국제무대에서 고이즈미의 도덕적 권위 상실의 대가를 치를 것이다.

우리는 일본은 왜 독일 같지 않으냐고 따지는 데도 지쳤다. 아마도 그것은 두 나라의 문화·의식 수준의 차이 탓일 것이다. 19세기 후반부터 독일 배우기에 열중한 일본은 프러시아의 군국주의는 배웠어도 독일인의 반성의 미학은 못 배운 것 같다.

답답하지만 단기처방은 없다. 각종 교류의 중단도 일본에 대한 효과적인 압력수단이 못 된다. 강경대응을 뒷받침할 지렛대도 없다.

국내정치용으로 헛손질을 하는 것보다는 잠시 고이즈미의 거동을 지켜보는 무위(無爲)의 전략이 필요할 것 같다.

　김영희 기자

야스쿠니에서의 고이즈미 맹세
『한겨레신문』 2001. 8. 14

　"오늘날 일본의 평화와 번영은 지난번 대전(태평양전쟁)에서 본의 아니게 목숨을 잃어야 했던 전몰자의 희생 위에 서 있다. (그들은) 가족과 헤어지고 사랑하는 사람들에 대한 생각을 끊어버리면서 조국을 위해 산화했다. ……이제부터라도 두번 다시 그런 전쟁을 일으켜서는 안 된다."

　고이즈미 준이치로 총리는 이 말을 전범들이 합사된 야스쿠니신사에서 맹세하듯 토했다. 그가 그 말을 예컨대 한국 제암리나, 명성황후 시해현장 또는 동학농민전쟁 격전지 황토현, 그리고 중국 난징, 상하이, 만주, 동남아 등 군대위안부를 비롯한 수백만 명이 강제동원당하고 2천만 명 이상이 일제에 의해 무고 무참하게 떼죽음을 당한 역사의 현장에 가서 무릎을 꿇고 했다면. 그랬다면 일본은 어떨지 몰라도 아시아를 온통 답답하고 우울하게 만든 야스쿠니의 맹세는 거꾸로 수백년 서세동점에 찌든 아시아를 희망과 환호로 들끓게 했을 것이다. 이른바 '아시아 르네상스'를 기약하는 약속의 말로 들렸을 것이다. 야스쿠니에서 꼭 같은 말을 하더라도 일제침략의 상흔으로 아직도 피를 흘리고 있는 그들 현장을 먼저 찾아 사죄한 뒤 그랬다면 "부전의 맹세" "전몰자에 대한 경의와 감사" "중국·한국 두 나라 정상, 여러분들과 의견교환을 하고 오해를 풀고 싶다"고 한 그의 말은 최소한의 진정성은 획득했을 것이다.

　그러나 고이즈미 총리는 그렇게 하지 않았거나 하지 못했다. 일본역사상 전무후무한 압도적 지지율을 바탕 삼아 그 에너지를 뒤틀린 과거와 단절하고 일본과 아시아를 새로운 방향으로 설계하자고 국민을 설득할 수 있는 절호의 기회였는데도. 그는 패전국, 전범국 일본이 아닌 당당한 보통국가, 아시아를 주도하는 신뢰받고 자신감에 찬 일본으로의 재생이라는 자신의 꿈을 스스로 걷어차버렸다.

　다만 한 가지, 결과적으로 또다시 반면교사로서 충실했던 그의 역할은 평가해야 마땅할 것이다. 항상 잊을 만하면 불현듯 다시 나타나 아픈 과거를 되살리며

'결코 잊어서는 안 된다'고 아시아를 일깨워온 일제 망령의 초혼자, 주술사로서의 역할을 훌륭하게 해냈다. 모름지기 감사해야 할 일이다.

전직 국방관리로 현 일본진로에 적지 않은 영향을 끼친 조지프 나이 미 하버드대 케네디 행정대학원장조차 야스쿠니 참배는 "일본의 소프트 파워를 약화시키는" 독이 된다고 경고(『아사히신문』 12일)했다.

야스쿠니에 연연하는 세력들은 이 자명한 이치를 아는지 모르는지. 과거를 눌러 죽이려고 하면 할수록 오히려 고개를 치켜드는 과거, 분칠을 하면 할수록 초라한 속알맹이가 더욱 드러나 일본을 죽이는 이 역설과 이율배반을.

한승동 국제부 차장

【右로…右로…고이즈미호 下】 "日이 뭘 잘못했나"

『동아일보』 2001. 8. 15

올 들어 한일 양국은 일본의 '새로운 역사교과서를 만드는 모임'(이하 모임)이 쓴 중학교 역사교과서 때문에 불편한 관계를 벗어나지 못하고 있다. 고이즈미 준이치로 일본 총리의 야스쿠니신사 참배도 결국은 일본의 일방적 역사인식 때문에 양국의 현안이 됐다.

일본 정부는 모임 교과서를 합격시킨 데 대해 "특정 교과서의 내용은 일본 정부의 공식적인 견해와는 다르다"고 설명했다. 고이즈미 총리도 "야스쿠니신사 참배에 대해 근린제국이 반드시 이해해 줄 것으로 믿었다"고 말했다. 이러한 언급 속에는 "별일도 아닌데 한국이나 중국이 너무 민감하게 반응한다"는 일본의 불만이 깔려 있다.

지금까지 일본의 정치가들이 해온 '망언'들을 살펴보면 이 같은 일본의 역사인식이 하루아침에 생긴 것이 아니며 그 뿌리가 깊고 넓다는 것을 쉽게 확인할 수 있다. 2차대전을 일으킨 가해자 일본은 피해자인 한국이나 중국의 비난을 한낱 '약자의 화풀이' 정도로 치부하고 있는 것이다.

한국과 관련된 일본의 역사왜곡은 정당방위론, 한국책임론, 시혜론, 증거불충분론 등으로 나눠 볼 수 있다.

정당방위론은 한국이 다른 열강의 지배를 받게 되면 일본이 위험해지기 때문에 어쩔 수 없이 식민통치를 하게 됐다는 주장이다. 모임 교과서가 "한반도는 일본을 향해 뻗은 팔뚝"이라고 기술한 것도 이 같은 논리에 근거한다. 미국 영국 중국 등이 일본을 압박하니까 살기 위해 아시아로 '진출'했다는 논리도 같은 맥락이다.

한국책임론은 한국이 무능력했기 때문에 일본의 식민지가 됐다는 것이며, 시혜론은 식민지배 당시 일본이 한국을 위해 좋은 일도 많이 했다는 주장이다. 모임 교과서는 시혜론에 근거해 "한국합병을 한 뒤 일본은 철도 및 관개시설을 정비하는 등 개발에 나섰으며, 토지조사를 시작했다"고 기술했다. 시혜론을 아시아로 확대하면 "태평양전쟁은 아시아를 해방시키기 위한 전쟁이었다"는 것이 된다.

증거불충분론의 대표적인 주장은 "군대위안부는 없었다"는 것이다. 어디에도 일본 정부가 조직적으로 개입했다는 증거가 없기 때문에 위안부는 '성노예'가 아니라 '공창(公娼)'이거나 '상업행위'라고 주장한다.

일본 내 역사인식의 현주소는 '자학(自虐)사관'과 '자유사관' 논쟁에서 확연히 드러난다. 모임 측은 기존 교과서가 지나칠 정도로 일본의 죄의식을 강조하고 있다며 이를 '자학사관'이라고 몰아붙였다. 그리고 일본의 긍지를 일깨우는 자신들의 사관을 '자유사관'이라고 명명했다. 자학사관과 자유사관을 가르는 최초의 키워드가 바로 군대 위안부였다. 그래서 모임 측은 위안부에 관해서는 한 줄도 기술하지 않았다고 자랑하고 있다.

이러한 주장에는 가해자로서의 반성과 피해자에 대한 배려가 전혀 들어 있지 않다. 고이즈미 총리도 야스쿠니신사 참배와 관련해 가해자로서의 역사인식에 대해서는 한마디도 언급하지 않았다. 대신 "나라를 위해 숨진 영령들을 참배하는 것이 뭐가 잘못이냐"고 줄곧 일본인의 감정에 호소해왔다. 고이즈미 총리는 참배 직전 담화를 통해 마지못해 아시아 국가들에게 안겨준 피해와 고통에 대해 처음으로 언급했을 뿐이다.

일본 내에서도 이런 역사인식에 대한 반대론이 있기는 하다. 모임교과서가 거의 채택되지 않은 것은 잘못된 역사인식에 대해 '레드 카드'를 보인 것으로 볼 수 있다. 그러나 모임 교과서가 출판돼 한바탕 소란을 일으킨 과정을 통해 확인되었듯이 '일본의 긍지를 함양한다'는 구실로 역사에 덧칠을 하려는 일본인들은 끊이지 않을 것으로 보인다.

심규선 도쿄 특파원

'한반도 화해·통일 국제회의' 커밍스·최장집 대담
『한겨레신문』 2001. 8. 15

브루스 커밍스 미국 시카고대 교수와 최장집 고려대 아세아문제연구소장은
지난 13~14일 연세대 새천년기념관에서 열린 '세계평화를 위한 한반도 화해와
통일 국제회의'에 함께 참석했다. 8개월 만에 다시 만난 두 사람은 반갑게 긴
악수를 나눴다. 커밍스 교수는 지난해 말『한겨레』와 아세아문제연구소가 주최
한 '냉전해체와 평화' 국제학술회의에도 참석한 바 있다.

국제회의 둘쨋날, 대담을 위해 두 사람은 연세대 상남경영관 회의실로 자리를
옮겼다. 대담은 자연스럽게 그 동안 부시 행정부의 등장 이후 급변한 동아시아
국제정세와 고이즈미 준이치로 총리 등장 이후 일본에 모아졌다. 커밍스 교수는
1980년대 한국전쟁을 수정주의 시각에서 바라본『한국전쟁의 기원』이란 저서로
널리 알려진 세계적인 한국학 학자다.

최 교수=부시 행정부 외교정책의 핵심은 미사일방어(MD) 정책이라고 할 수 있
다. 부시 행정부가 군사 중시의 새로운 외교정책 목표를 추구하면서 미·중 관
계는 급변하고 있다. 신국제질서를 탈냉전이라고 하지만 미·중 관계는 냉전시
기보다 더 긴장 국면이다. 미·중 관계가 대결로 치닫게 되면 동북아 평화는 물
론 남북한 화해와 공존도 위협받을 것이다.

커밍스 교수=전임 빌 클린턴 행정부의 외교정책 초점은 군사에서 경제로 이동
했다. 중국의 세계무역기구(WTO) 가입 유도와 같은 경제관계에 비중을 두었던
정책은 상당히 성공적이었다. 중국을 자극해 군사력을 증대시키기보다는 주로
경제에 치중하여 중국을 신경제질서에 편입시키려는 노력을 기울였던 것이다.
부시 행정부에서는 콜린 파월 국무장관만이 클린턴 대통령의 정책을 따르고 있
는데, 그의 영향력은 미약하다. 미사일방어계획 추진자인 도널드 럼스펠드 국방
장관은 신무기 개발을 위해 노력을 경주하고 있다. 이를 위해 설정한 적이 북한
이다. 북한은 미국의회나 정책결정과정에 영향력이나 로비를 행사할 지지층이
없다. 럼스펠드 장관은 정책적 목적을 위해 중국까지 주적 개념에 포함시킬 소
지가 크다.

최=북한 김정일 국방위원장이 중국에 이어 러시아를 방문한 것을 두고 탈냉
전과정에서 해체됐던 북·중·러 북방 3각협력체제를 복원하는 게 아닌가 하는

우려가 많다. 냉전시기에서와 같은 한·미·일 3국 공조체제와 북·중·러의 북방 3각체제로의 양극화가 나타나지는 않겠지만, 어쨌든 그것은 부시 행정부의 대중, 대북 강경정책의 부정적 결과 중 하나라고 할 수 있다.

커밍스＝냉전기 북·중·러의 3각 동맹이 재연되지는 않을 것이다. 러시아의 경제력은 한국보다 약한 상태이며 특히 해군력은 전혀 제 기능을 수행하지 못한다. 장기적으로 중국이 미국에 위협적일 수 있을지 모르지만, 현재는 옛 소련과 같은 위협적 존재가 아니다. 김 위원장의 방러 목적은 블라디미르 푸틴 러시아 대통령에게 미사일방어계획을 좌절시키기 위한 압력을 행사하도록 요청하는 데 있었다고 하지만 실제로 수확은 많지 않았다. 러시아의 대북정책은 1991년 이후 붕괴했다는 사실을 염두에 두어야 한다. 그의 방러는 푸틴 러시아 대통령의 방북에 대한 답방 형태이며 고 김일성 주석의 행적을 따라 철도여행을 한 것이다. 나는 그의 이번 철도여행이 유럽연합과 한국에서 일고 있는 부산-파리 간 철도연결을 촉진시킬 상징적 계기가 되기를 바란다.

우려되는 것은 미·일 관계이다. 6~7개월 전까지만 해도 한·미·일 3국공조는 매우 효과적이고 돈독했다. 현재 부시 행정부는 일본과 동맹을 강화하고, 일본의 군사적 역할을 확대하기를 희망한다. 미국의 의도는 일본을 미사일방어 프로그램에 참여시키려는 것이다. 별들의 전쟁(스타워즈) 프로그램에 일본을 끌어들이려 했던 레이건 행정부의 정책과 비슷하다.

최＝레이건 대통령의 스타워즈 정책은 냉전기에 추진되었던 것이다. 그럼에도 실패했다. 그러나 부시 대통령의 미사일방어정책은 탈냉전기에 추진되고 있다. 물론 정치군사전략이 한 시대의 사회적 조건이나 가치와 반드시 일치하는 것은 아니다. 그래서 냉전적 상황이 특정지역과 특정시기에 국지적으로 존재할 수 있다. 그러나 탈냉전이 거스를 수 없는 대세인 지금 부시 행정부가 냉전시대와 같은 대결상황을 부활시키려 하는 것은 현실적으로 불가능하다고 본다.

커밍스＝미사일방어 프로그램은 지지를 받지 못하고 있다. 현재 세계는 매우 온화한 안보적 환경을 즐기고 있다. 미국의 군사력에 대항할 수 있는 나라는 존재하지 않는다. 북한도 미사일을 미국에 발사하면 전면 파괴될 것이라는 사실을 잘 안다. 이런 상황에서 국방비를 증가하기 위한 노력은 명분이 전혀 없다. 미사일방어계획은 군산복합체의 지원을 받고 있다. 이들은 가상적 위협을 조성해 미사일방어 프로그램을 추진하는 데 수단과 방법을 가리지 않고 있다. 미국은 일방주의와 고립주의를 추구하는 듯하다. 내 평생 미국의 외교정책이 이렇게 최악인 경우를 본 적이 없다.

최=같은 생각이다. 아마도 부시는 국내외의 저항에 관계없이 미사일방어계획을 추진하려고 할 것이다. 미국이 말하는 불량국가들에 의한 군사적 위협 때문이 아니라 부시의 등장을 도운 군산복합체와 하이테크 산업의 경제적 요구 때문이다. 그런 의미에서 미사일방어정책은 군사적 케인즈주의와 유사한 것으로 이해할 수 있다고 본다.

커밍스=부시 대통령은 감세에는 성공했지만 다른 것을 추진하기는 힘들 것으로 생각한다. 상·하원 모두 감세 이외의 것에 대해서는 비판적이다. 2002년에 하원 중간선거에서 진다면 2004년 대통령 선거에서도 질 것이다. 그렇게 되면 미사일방어계획을 포기할 수도 있다. 미사일방어계획은 8~10년 뒤의 것이고 그때는 공화당이 집권하지 못하는 시기일 수도 있다. 따라서 부시 행정부가 미사일방어계획을 포기하게 하기 위한 국내외적 압력은 매우 중요하다.

최=현 시점에서 김대중 대통령의 대북정책 특히 대북포용정책을 평가해보는 것은 의미가 있다고 본다. 야당과 비판자들은 김대중 대통령이 김정일의 답방을 구걸하고 있다고 비판하면서 대북포용정책이 실패한 정책이라고 말한다. 일반국민들 사이에서도 최근 정부의 대북정책이 너무 수동적이 아닌가 하는 시각도 있다. 부시 행정부에 대해 한국정부가 보다 적극적인 자세로 대북정책의 이니셔티브를 발휘할 수 있는 방향으로 변화되어야 한다고 본다.

커밍스=김 대통령의 햇볕정책은 한국전 이후 가장 성공적이라고 생각한다. 대결정책은 아무런 해결책을 가져오지 않고 북한의 고립을 강화시킬 뿐이다. 지난해 11월 북한은 핵협정을 준수하고 미사일 문제에 대해서도 협상 용의를 갖고 있었다. 만일 미국 대통령 선거가 빨리 정리됐다면 클린턴의 방북이 이뤄졌을 것이고 한반도에 큰 변화가 있었을 것이다. 그러나 부시 행정부 출범 이후 역사가 멈춘 것 같다. 마치 물이 없어서 항해하던 배가 멈춘 것처럼……. 김 대통령은 대북정책과 관련해 미국의 강력한 지지가 필요하다고 믿고 있는 것 같다. 하지만 클린턴 행정부 시절에도 많은 비판을 받았지만 그의 정책은 성공적이었다. 나는 지금도 성공할 수 있다고 믿는다.

장쩌민 중국 국가주석이 몇 주 안에 북한을 방문할 것이다. 그런 다음 10월 중순 부시 대통령은 중국에서 장 주석을 만날 예정이다. 내 생각으론 10월까지 김 대통령의 포용정책에 대한 미국의 지지가 없다면 김 대통령은 미국과의 안보 관계상 몇 가지 문제에 대해 심각하게 재검토해야 할 것이다. 미국은 오키나와와 한국에 주둔군을 유지할 수 있는 명분을 잃어가고 있다. 이것은 큰 문제가 되고 있다. 결국 철수할 경우 일본의 군사적 역할의 강화를 원하고 있다. 북한도 남한과 미국과의 대화를 단절하고 있다. 그러나 북한은 2차 정상회담으로 많은 것을 얻을 수 있을 것이다. 북한은 지금까지 주체성을 주장해왔는데 미국의 의도와는 상관없이 서울 답방을 감행한다면 부시 행정부가 조성하는 북한위협론을 상쇄시킬 수 있는 좋은 계기를 마련할 수 있을 것이다. 대북정책을 검토한 뒤 부시 대통령은 북한과 언제 어디서고 대화에 임할 용의가 있다고 했지만, 대화의 수준에 대해서는 언급을 하지 않았다. 10월 이전에는 그 어떤 진전도 없을 것이다.

최=이번 8·15는 새천년 들어 처음 맞이하는 특별한 의미가 있다. 한국에서 8·15는 일제식민지로부터 해방되었다는 의미 못지않게 남북한 분단을 상징하는 또다른 의미를 갖는다. 그러나 올해의 8·15는 부시 행정부의 지나친 강경정책과 일본정부의 과거사에 대한 몰역사적 태도로 인해 매우 착잡한 심경으로 맞게 되는 것 같아 안타깝다.

커밍스=지난달에 몇 주 일본에 머물렀다. 일본의 입장은 매우 놀랍다. 부시 행정부를 보는 듯했다. 역사교과서 문제에서 가장 큰 문제는 과거사에 대해 반성하기 싫어하는 일본의 태도에 있다. 독일은 과거사에 대해 사과·반성했다. 그리고 유럽연합에서 비중이 큰 회원으로 중대한 역할을 하고 있다. 일본은 사과도 역사문제에 대해 제대로 된 교육도 하지 않는다. 이해하기 매우 힘들다. 하지만 역사교과서 문제는 해결될 수 있을 것으로 본다. 야스쿠니 신사참배와 관련해 고이즈미 총리는 옛날 스타일이 아닌 신세대 스타 기질을 갖고 있다. 이런 점에서 신사참배는 실수라 할 수 있다. 한편으론 우익에게 만족감을 주기 위한 것에 불과할 수 있다.

최=냉전체제는 해체되었지만 아직도 냉전 이후 체제가 새로운 국제질서로 정착된 것은 아니다. 많은 사람들이 지금의 국제관계를 신냉전이라고 말하지만 나는 그것을 냉전이후 체제로 전환하는 과정에서 나타나는 과도기적 현상이라고 본다. 다시 냉전체제 혹은 그와 유사한 체제로 돌아갈 것이라고는 보지 않는다.

커밍스=탈냉전 이후 미국의 역할과 영향력에는 변화가 없으며 부시 행정부는 아시아 지역에서 냉전적 상황을 재현시키고자 한다. 그러나 세계는 국경 없는 세계는 아니지만, 보다 개방된 국경의 세계가 시대적 주류라고 할 수 있다. 우리는 북한의 외교정책 변화를 높이 평가해야 한다. 남북한은 부시 행정부 정책과 상관없이 화해를 지속해야 한다고 본다.

정리 - 류재훈 기자

왜곡교과서 거부한 일본시민의 힘
『한겨레신문』 2001. 8. 15

우경화의 거센 바람 속에서도 일본 시민들의 양식이 살아 있음이 입증됐다. 15일 마감된 역사교과서의 채택 결과를 보면 우익성향의 '새 역사교과서를 만드는 모임'이 만든 교과서는 교육현장에서 거의 외면당했다. 1997년 1월 출범한 만드는 모임은 청소년들에게 일본인의 자존심을 심어주어야 한다는 구실을 내세워 식민지지배와 침략전쟁을 미화하는 내용을 담은 교과서를 만들었다. 이 단체는 문부성의 검정절차를 통과하자 10%의 채택률을 목표로 내걸고 강연회 개최, 지방의회 청원 등 다양한 채택로비를 벌였다. 하지만 이들의 기세는 꺾이고 말았다. 채택률이 10%는 고사하고 1%에도 훨씬 미치지 못했기 때문이다.

이런 결과는 두말할 나위 없이 건전한 양식을 가진 일본 시민의 승리이다. 가정주부, 일선교사, 활동가들이 힘을 합쳐 이런 저급한 교과서를 아이들의 손에 들려줄 수 없다며 왜곡교과서의 채택거부 운동을 헌신적으로 펼쳤기 때문이다. 이들은 일선학교를 방문하거나 교육위원회에 집단적으로 팩스를 보내 우익교과서의 위험성을 경고했다. 왜곡교과서를 채택할 가능성이 있는 지자체의 청사를 에워싸는 '인간사슬 잇기' 행사를 벌이고 성금을 모아 일간지에 광고를 내기도 했다.

그러나 왜곡교과서 거부운동이 일정한 성과를 거두었다고 해서 그 결과에 안주해서는 안 될 것이다. 만드는 모임 쪽은 보수우익 정서를 가진 계층의 암묵적 지지를 등에 업고 계속 공작을 벌일 것으로 보인다. 문부성의 검정허가를 얻어 낸 전례가 있어 초등학교용 교과서 제작에도 손을 댈 가능성이 있다. 이들의 음모를 봉쇄하려면 한일 시민단체들의 긴밀한 연대활동이 필요하다. 그런 점에서 교과서 파문과 관련해 일본과의 교류행사를 무차별적으로 제한하는 국내의 일부 움직임은 결코 바람직하지 않다.

진정한 해방의 길

『한겨레신문』 2001. 8. 15

최근 미국 인디애나폴리스 민속촌을 관광할 기회가 있었다. 5백여 년 전 기름진 축복의 땅에 살고 있었던 인디언들의 집과 생활에 쓰였던 도구들을 전시해놓았다. 베틀, 물레, 호미, 망치, 삽, 대패, 톱, 도끼, 쟁기, 새끼줄, 수저, 밥그릇, 외양간 등등 이러한 도구들을 보는 순간 마치 우리 농촌에 온 것 같은 착각을 일으켜 몹시 놀라지 않을 수 없었다.

어릴 적 영화나 그림에 등장했던 험악한 모습의 인디언들이 어떻게 우리 농민들의 생활과 그렇게도 같을 수가 있을까? 왜 그들은 그렇게 험악한 미개인으로 둔갑했으며 그 시대 그 땅에 살고 있었던 사람들의 수는 얼마나 되었을까? 또한 그 땅에 살고 있었던 그들은 어떻게 되었을까? 궁금하지 않을 수 없었다.

언젠가 일제 36년을 미화한 일본 정치인에게 우리 국민들의 항의가 빗발치자 그가 내뱉은 말 한마디가 생각났다. "그때 만약에 일본이 보호하지 않았다면 조선사람들은 백인들이 아메리카 인디언들에게 저질렀던 것처럼 살아남은 사람은 거의 없었을 것이다."

참으로 분통 터지는 일이 아닐 수 없다. 조선말기 평화로운 이 땅에 최신 무기로 무장한 일본군이 우금치 고개에서 10만 동학 농민군의 학살을 시작으로 징용, 학병, 노무자, 군속, 위안부 등으로 끌고 가 80만에 가까운 우리 동포들의 아까운 목숨을 앗아갔다. 조국을 되찾기 위하여 그들에 맞서 싸운 독립 유공자들을 사살하고 처형한 숫자는 그 얼마였으며 만주 땅으로 강제 이주시켜 입은 600만 우리 동포의 피해와 36년 동안 착취해간 경제침탈은 그 얼마였던가?

그러나 2차대전이 끝나면서 이 땅은 해방되었지만 분단으로 이어졌다. 동족상잔의 비극적인 전쟁으로 말미암아 수백만 명에 이르는 아까운 생명을 잃어버렸으며 남과 북의 모든 재산은 잿더미로 변해버렸다. 그런 이후에도 서로 철조망을 사이에 두고 일촉즉발의 대치상황에 있는 남과 북을 조롱이라도 하듯 일본은 경제대국을 이루고 독도는 자기네들 땅이라고 슬쩍 치고 빠지는 전술을 쓰고 있다. 또 36년 동안 한반도에 근대화의 초석을 다져놓았고 위안부는 돈벌기 위해서 자진해서 지원했다는 등 역사교과서를 왜곡하고 있다.

일부 남과 북의 분열을 조장하는 반민족, 반통일 세력들 때문에 아직도 우리 한반도는 강대국들이 전략무기 판매에 군침을 삼키기에 충분한 전쟁유발 가능성이 높은 지역으로 분류되어 있으니 어찌 통탄하지 않을 수 있겠는가?

몇 년 전 러시아에서 고국을 찾아온 인민군 장교출신이 김포공항을 들어오면서 "낙동강전투에서 총탄에 맞아 쓰러진 인민군이나 백마고지전투에서 총탄에 맞아 쓰러진 국군이 마지막 남긴 말은 똑같이 '조국을 위해서 목숨을 바치노라'였습니다"라고 한 말이 기억난다.

그 당시 남과 북의 모든 사람들은 전쟁으로 인하여 승부가 판가름날 것으로 생각했을 것이다. 그러나 결국 승자도 패자도 없는 무의미한 전쟁으로 남과 북의 인적, 물적 피해만 남긴 전쟁으로 끝이 나고 말았다. 그러고도 모자라 지난 50여 년 동안 우리는 소모적인 전쟁준비에 열을 올리고 살아온 우매한 국민으로 전락했다.

이제 남과 북의 모든 사람들은 진정한 조국의 해방을 위해서 자신들이 스스로 만든 적을 해방하는 마음가짐을 지녀야 한다. 남쪽사람들은 북쪽사람들을 해방하고 북쪽사람들은 남쪽사람들을 해방하는 마음이 조국을 위해서 목숨을 바쳐 진정한 해방으로 가는 길이라 생각한다.

생각과 말과 행동으로 서로를 용서하고 존중하며 민족의 공동 번영을 위하여 교류와 협력에 나서야 한다. 일제에 맞서 독립을 위하여 싸우던 마음으로 돌아가 함께 응어리를 풀어가는 지혜로운 민족으로 다시 태어나 후손에게 자랑스런 조국을 물려주어야 할 것이다.

그러기 위해서 김정일 국방위원장은 반드시 남쪽을 방문해야 한다. 김대중 대통령의 방북을 열렬히 환영했던 북쪽 사람들처럼 남쪽 사람들도 그를 열렬히 환영하기 위한 마음가짐이 필요하다.

이강일(나사렛한방병원장)

【독자편지】 '역사왜곡 전시' 사실평가 거쳤나

『동아일보』 2001. 8. 17

광복절을 맞아 옛 서울 서대문형무소 자리에 세워진 역사관에서 열리고 있는 '일본침략 역사왜곡 특별전시회'를 둘러봤다. 그런데 기념관 입구에 세워진 기념비의 한자는 '記念'으로 적혀 있고 독립운동가의 기념 사진에는 '紀念'으로 돼 있었다. '記念'은 일제강점기 때 사용했으며 '紀念'이 맞는 표기인데 역사관 측은 이를 혼용하는 것 같았다. 또 처음 열리는 남북 교류 전시회라고 하면서 어느 전시품이 북한에서 온 것인지 구분을 해놓지 않았다. 전시 포스터 중에 일제강점기 때 동아일보가 '물자절약 차원에서 폐간됐다'고 적혀 있었는데 이는 학계의 검증을 거치지 않은 금시초문의 내용이었다. 정확한 사실 평가 없이 전시회가 열려 실망만 안겨줬다.

정동준(서울 서초구 서초동)

【시론】 일본 우익집단의 복수 다짐

『연합뉴스』 2001. 8. 17

"4년 후에는 반드시 리벤지(복수)하겠다." 자라나는 2세를 위한 역사교과서를 만든다는 자들의 입에서 나온 소리다. 일본의 극우집단 '새 역사교과서를 만드는 모임'은 그들 역사왜곡 교과서의 현장 채택률이 0.1%에도 못 미치는 참패를 기록하자 이를 갈며 복수를 다짐하고 있다.

문제의 교과서 집필자 가운데 하나가 '정신대 역사는 화장실 역사'라는 패륜적 망언까지 내놓은 적이 있는 마당에 새삼스럽게 놀라운 일은 아니지만 16일 이 우익단체의 폭언은 그들이 도저히 교육을 이야기할 수 없는 조폭적 집단임을 스스로 증명하고 있다.

이들이 당초 10%대의 채택률을 목표로 했던 만큼 0.1%라는 숫자는 그들에게 대단한 굴욕감을 주었을 것이 틀림없다. 지적 성장기에 있는 어린이들에게 왜곡된 역사를 가르쳐 장차 군국주의의 전사로 양성하려는 이들 극우파들의 음모는 한때 문제의 교과서가 일반 서점에서 베스트셀러의 자리를 차지하는 등 인기를 끈 덕분에 거의 달성되는 듯했었다.

그러나 일본 군국주의의 부활을 우려하는 한국, 북한, 중국의 강력한 반대, 그리고 자신들의 자녀에게 위험한 거짓말을 가르칠 수 없다는 일본 내 양심세력의 분발은 이들의 음모를 무산시키는 데 일단 성공을 거둔 것으로 보인다.

그러나 이 시점에서 똑바로 보아야 할 것은 이들 극우파의 참패가 곧바로 주변국, 그리고 일본 내 양심세력 등 그 반대진영의 완전한 승리를 의미하는 것은 아니라는 점이다. 비록 대부분 지역에서 우익교과서가 불채택되기는 했으나 교육위원 투표에서 접전이 이뤄졌다는 사실은 앞으로 교과서 채택과정에서 반대의 결과가 나올 위험성을 말해주는 것이다. 더구나 교과서 채택 결정 마감일이기도 한 이번 8월 15일, 야스쿠니 신사에서 전쟁범죄자 귀신들과 시대착오적 군국주의 신봉자들과 함께 벌인 춤판은 우리의 모골을 송연하게 만들기 충분한 것이었다.

그리고 신사 밖에서는 변함없이 평화헌법의 개정, 군사력 강화 등 거대한 우경화 음모가 착착 진행중이다.

고이즈미 총리는 한국과 중국의 반발을 무마하는 동시에 일본 우익들과의 약속을 지키기 위해 신사참배 날짜 변경이라는 묘안을 사용했으나 결과적으로 어느 쪽도 만족시키지 못하고 국내에서 인기도 하락하고 있다고 전해진다. 고이즈미 총리는 이제 확실한 방향을 잡아야 하되 올바른 길을 택해야 할 것이다. 대중에 영합하려다 일본을 위험에 몰아넣을 것이 아니라 일본 내 양심세력들의 올바른 주장을 받아들여 무모한 우경화 작업을 중단해야 할 것이다. 이번 왜곡 교과서의 참패가 고이즈미 총리의 방향 결정에 유익한 교훈을 주기를 기대한다. 또 왜곡 교과서라는 악성 병균의 확산을 차단하는 데 성공한 일본 내 양심세력에 경의를 표하며 계속 선전을 기대한다. 우리로서는 이번 저들의 참패가 우리의 승리가 아닌 이상, 전선의 경계태세를 서둘러 해제하는 우를 범해서는 안 될 것이다. 일본 군국주의 병균은 그대로 살아, 우리의 안전을 위협하고 있다.

【제언】 일본은 독일이 될 수 없다

『문화일보』 2001. 8. 18

올 8 · 15는 그 어느 해보다도 뜨거웠다. 교과서 역사왜곡과 야스쿠니(靖國) 신사참배에 비분강개한 애국지사들의 항의와 규탄의 목소리가 최고조에 달했기 때문이다. 언론도 한몫 했다. 신문과 방송의 8 · 15 특집은 예외없이 위험수위를 넘은 일본의 우경화에 초점을 맞췄다.

두말할 필요 없이 최근 일본의 행위는 비판받아 마땅하다. 역사의 시계바늘을 거꾸로 돌리려는 그같은 행위가 왜 잘못됐는지는 더 설명할 필요가 없을 것이다.

그러나 우리는 우리의 대응이 과연 최선의 선택이었는지도 되돌아볼 필요가 있다. 우리 역시 일본과 마찬가지로 감정에만 치우친 나머지 스스로에게 해가 되는 행위를 할 수 있기 때문이다.

외교란 국익을 실현하는 행위이다. 그런데 국익과 국민감정이 항상 일치하는 것은 아니다. 특히 일본이나 북한처럼 감정이 많이 개입될 수밖에 없는 대상일 경우, 양자의 괴리현상은 더욱 심화된다.

이런 맥락에서 볼 때 교과서 문제와 야스쿠니 문제라는 두 사건에 대한 우리 사회의 대응은 외교의 정도를 벗어난 것이었다는 느낌을 지울 수 없다. 철도청의 '일본어 안내방송 중단'이라는 해프닝은 차치하고라도 교육부가 일본정부의 자금으로 이뤄지는 한국 유학생 파견 중단을 대응책의 일환으로 준비한 것은 제 살 깎아먹기나 마찬가지였다.

가장 심각한 것은 국민이 흥분하더라도 침착하고 냉정한 대응을 주도했어야 할 정부가 오히려 감정적 대응을 부추겼다는 점이다. 만일 이것이 경기침체와 여야의 극한대립, 남북관계 답보 등으로 국민적 불안을 해소시킬 돌파구를 찾지 못해 내려진 결정이라면 심히 우려하지 않을 수 없다.

그렇다면 무엇이 정답인가. 우리는 먼저 일본의 한계를 정확히 인식할 필요가 있다.

가장 중요한 것은 '일본은 독일이 될 수 없다'는 사실이다. 천황제의 존재와 속좁은 계산을 넘어서지 못하는 그릇된 국익개념에 사로잡혀, 일본은 과거사의 속박으로부터 벗어나지 못하고 있다. 일본의 이같은 '역사적 상상력의 결핍현상'은 쉽게 극복되지 않을 것이다. 따라서 역사문제는 앞으로도 상당기간 골칫거리로 남을 것이다.

문제는 이러한 일본의 한계가 국수주의로 빌진할 것인가이다. 그러나 미·일 안보조약과 문제의 교과서 0.4% 채택률이라는 참패를 안겨준 일본의 건전한 시민사회가 존재하는 한, 국가주의적 경향이 강화될 수는 있어도 과거와 같은 군국주의가 부활할 가능성은 거의 없다. 따라서 필요 이상의 과민반응을 보이는 것은 우리 자신을 위해 이롭지 못하다.

결국 우리는 긴 호흡으로 역사문제 해결을 위한 끈질긴 노력을 전개해야 한다. 월드컵의 성공적 개최를 위한 협력, 한일 투자협정 체결, 북한문제 해결에 있어서의 공조 등 우리에게 득이 되는 조치를 계속해서 취해나가야 한다.

요컨대, 과거사의 '완전한' 해결을 요구하다가 오히려 미래지향적 관계구축의 발목을 잡는 일이 있어서는 안 된다는 것이다. 최근 중국이 보여준 유연한 대응은 우리에게 많은 것을 생각하게 해준다.

감정을 앞세우는 한풀이식 접근이 우리의 미래를 보장해주는 것은 아니다. 지금이야말로 성숙한 대응이 요구되는 시점이다.

신지호(삼성경제연구소 수석연구원)

【정치 프리즘】 국화와 칼 사이
『중앙일보』 2001. 8. 20

외교관계에서 가장 중요한 것은 서로간에 신뢰를 구축하는 일이다. 국가간의 신뢰는 역사를 공유하고 평화에 대한 전략적 목표를 함께 추구할 수 있을 때 육성될 수 있다.

일본은 역사를 공유하고 전략적 목표를 함께 추구할 수 있을 정도로 신뢰할 만한 나라인가? 일본 점령사령관에서 해임된 맥아더 장군의 대답은 희망적이었다. 1951년 5월 5일 미 상원 청문회에서 그는 일본이 "지금은 비록 열두 살짜리 소년 같은 나라"이지만, 자유와 평화를 지킬 수 있을 정도로 신뢰할 만한 나라가 될 수 있을 것이라고 내다보았다.

불행하게도 맥아더의 이러한 낙관적인 기대에도 불구하고, 우리는 지금 '잊어버릴 만하면 되풀이되는' 일본 정치 지도자들의 시대 역행적 움직임에 일종의 불가사의한 의문마저 느끼고 있다.

신사 참배 단발사건 인기
일찍이 슘페터는 이러한 의문에 대한 해답을 불완전한 민주화에서 찾았다. 그는 일본이 평화를 사랑하고 신뢰받는 국가가 되기 위해서는 우선 일본사회의 봉건적 잔재가 청산돼야 한다고 처방했다.

슘페터의 처방대로 맥아더는 일본의 탈군사화와 민주화를 점령개혁의 양대 목표로 삼았다. 그리고 그는 5년 8개월 간에 이르는 자신의 점령 통치기간 동안 일본의 봉건적 잔재가 모두 청산됐다고 믿었다.

하지만 우리는 이 봉건적 잔재가 '새로운 교과서'와 총리의 야스쿠니 참배의 형태로 다시 나타나고 있는 오늘의 일본을 보며 이제는 불신의 차원을 넘어 배신감과 불안감마저 느끼고 있다.

우리가 배신감을 느끼는 이유는 '21세기 파트너십'에 대한 약속을 2년도 채 되지 않아 헌신짝처럼 버리며 어렵게 시작된 한일 간의 신뢰관계를 다시 손상시키고 있기 때문이며, 우리가 불안감을 느끼지 않을 수 없는 이유는 새로운 교과서와 야스쿠니 참배가 단발적인 사건이 아니라 지난 10년 간 일본사회에 숙성된 네오내셔널리즘의 구조 속에서 일어나고 있기 때문이다.

바이마르 공화국에서 중산층이 붕괴하면서 나치즘이 대두했듯이, 오늘날 일본에서 중산층의 붕괴에 따른 네오내셔널리즘의 정치적 호소력이 강해지고 있는 현상은 실로 우려할 만한 상황이 아닐 수 없기 때문이다.

월드컵 공동개최를 목전에 둔 우리로서는 무엇보다도 고이즈미 현상으로 대변되는 이 네오내셔널리즘의 다음 두 가지 측면에 심각한 대책을 마련하지 않으면 안 될 것으로 보인다. 그 첫째는 고이즈미 현상이 과거침략사의 매듭을 푸는 평화주의의 움직임이 아니라 과거 침략사를 부정하거나 정당화하려는 평화 파괴의 움직임으로 표출되고 있는 점이다.

자신들의 원폭피해 희생만을 강조하고 자신들이 우리에게 가한 고통과 피해는 아예 무시하는 이른바 '패자의 정의'만을 추구할 경우 앞으로 한일 간에는 역사를 뛰어넘는 전략적 목표의 공유가 사실상 불가능하게 될지도 모르기 때문이다.

둘째는 이러한 네오내셔널리즘의 움직임이 현실적으로 일본의 근린(近隣)외교를 상실시키고 있다는 점이다. 이미 모리(森) 전 총리의 '신의 나라' 발언 이후 일본의 대아시아 근린외교는 실종된 감이 없지 않다. 고이즈미 총리하에서 이러한 현상은 더욱 가속되고 있다.

낮은 교과서 채택률 고무적

그러나 비록 실망스럽기는 하지만 절망적이지만은 않다. 왜냐하면 맹렬한 판촉활동에도 불구하고 새로운 교과서의 채택률이 1%대에도 미치지 못한다는 사실은 아직 일본에는 이 네오내셔널리즘의 움직임에 대한 정치적 길항력이 강하게 살아 있음을 보여주기 때문이다.

일찍이 루스 베네딕트는 일본을 국화와 칼 사이에 섬세한 균형이 이뤄지고 있는 나라라고 묘사한 바 있다. 지금 비록 칼의 움직임이 거세어지고 있기는 하지만 국화의 힘 또한 만만치 않다는 현실은 우리에게 고무적이지 않을 수 없다.

맥아더가 냉전의 시작과 함께 포기해버린 봉건적 잔재의 청산을 이 국화의 세력과 연대해 어떻게 청산할 것인지를 진지하게 모색하지 않으면 안 될 시점이다.

장달중(서울대 정치학 교수)

'8·15 원로성명' 잘못된 인식에 기초
『한겨레신문』 2001. 8. 22

얼마전 ㅅ대학 철학과의 ㅇ교수와 이야기할 기회가 있었다. ㅇ교수는 지난 15일 '115명 원로 성명'을 주도한 장본인이다. 이 자리에서 "철학자들이 이 어지러운 시기에 무얼 좀 보여줘야 하지 않느냐"고 속마음을 말한 일이 있다. 며칠 뒤 ㅇ교수로부터 '깨끗한 사회를 만들자는 모임을 꾸릴 테니 발기인 대회에 참석하라'는 공문을 받았으나, 어떤 사정이 있어 참석을 못했다. 그렇게 해서 필자는 '성숙한 사회가꾸기 모임'의 회원이 됐다.

그러던 중 지난 8월 15일 서울에 있는 친구로부터 전화를 받고는 깜짝 놀랐다. '성숙한 사회'의 임원 115명 이름으로 성명서가 발표됐는데 필자의 이름도 있더라는 얘기였다. 일부 신문에 머릿기사로 대서특필된 그 성명서를 보지도, 필자의 이름이 들어 있는지도 몰랐다. 전북참여연대의 임원회의에 참석하여서야 복사된 이 성명서의 전문과 성명인의 명단을 볼 수 있었다. 그 성명서 내용에 도저히 필자가 찬성할 수 없는 것이 있어서 그것을 밝히고자 한다. "한국 근대사의 최대 비극은 일본에 의한 식민지화였습니다. 그 비극의 뒤안길에는 우리들 사이에 벌어진 극심한 분열과 대결의 각축전이 있었습니다. 이러한 약점을 이용하여 일본이 어부지리를 획책한 것이 한일합방이라는 비극적 사건이었습니다"라고 성명서는 서두를 시작하고 있다.

여기서부터 성명서는 우리의 문제를 잘못 짚고 있다. 마치 우리 민족이 하나가 되지 못하고 분열되어 있어서 일본이 쉽사리 우리나라를 집어삼킬 수가 있었다는 말인가? 이 말은 일본이 우리나라를 깔보고 했던 말이다. 더구나 어쩌다가 우리마저 우리 것을 비하하는 마음을 갖게 되었는지 모르겠다. 따라서 원로들이 작성하였다는 이 글은 출발부터 중대한 문제점을 지니고 있다고 본다.

"옛 역사의 '낡은 장부'를 뒤적이면서 적과 동지의 이분법으로 세상을 가르는데 온 힘을 쏟아붓고 있다"는 말도 마땅치 않다. 우리가 진작 친일파를 정리하지 못하고 그들에게 모든 기득권을 갖게 한 것이 지금까지 나타나는 온갖 비리의 온상임을 볼 때에 이 글에서 말하는 옛 역사는 무엇이며, 낡은 장부는 무엇인가? 또 적과 동지의 이분법으로 세상을 가리는 사람들이 과연 누구인가를 적시해야 한다고 본다.

지금 이 시점에서 '사회 원로'가 발표하는 시국성명은 무엇보다 언론사의 사주비리에 대해서 호되게 야단치고, 지역감정과 색깔론의 시시비비를 가려주고, 일본의 교과서왜곡은 물론, 우리나라의 교과서 일제 잔재를 말끔히 씻어내야 한다는 내용이 포함되어야 할 것이다.

추상적이고 막연한 양비론으로 의도와는 상관없이 결과적으로 특정신문 편들기에 나선 이 성명은 한국사회의 이념과 가치를 둘러싼 혼란상을 극복하는 데 전혀 도움이 되지 못하고, 오히려 이를 가중시키고 있다. 이에 필자는 '이 성명서'에 서명한 적이 없음과 더이상 이 모임의 회원이 아니라는 점을 분명히 밝히고자 한다.

이석영(전북대 농대 교수)

조국 일본이 부끄럽습니다
『한겨레신문』 2001. 8. 23

1945년 8월 15일 정오에 라디오방송을 들으라는 주민 회람판이 돌았습니다. 라디오에서는 상상도 못했던 일본의 패전을 알렸습니다. 나는, 내가 태어난 1923년 3월부터 그 순간까지 "신국 일본의 천황폐하를 위해 기꺼이 일하고 기꺼이 죽어라"는 교육만을 받아왔습니다. "신국 일본의 성전은 불패"라고 믿어왔기 때문에 충격이었습니다.

조선인과 관계되는 역사사실에서도 그러했습니다. 일본은 조선인에게서 모국어와 소중한 생명을 빼앗고, 예술·문화재·토지와 물자 등을 무한정 빼앗았습니다. 조선의 애국자들을 학살하고, 남성은 군대와 노무자로, 여성은 성노예로 강제연행했습니다. 그러나 나 같은 일본의 일반시민은 그런 사실을 전혀 모르고 있었습니다. 재일동포로 수필가인 박경남씨가 "독일에서 '나치는 잘못한 게 없다'고 교과서에 쓴다면 유대인들은 그런 독일인들을 용서하겠는가. 일본은 피해자의 아픔에 이다지도 둔한가. 죄를 짓고도 자각하지 못한 채, 아무리 사이좋게 지내자고 하더라도 신뢰받지 못할 것이고, 일본은 아시아에서나 세계에서 고립되고 말 것이다"라고 했는데, 충심으로 공감합니다.

한편으론, 진지하게 진실의 역사를 배움으로써 반성하는 일본인도 있습니다. "거북하다 싶은 사실은 은폐하며 마음대로 고쳐 쓰고, 국가가 저지른 과오마저도 정당화하고 있다"며 새 역사교과서 개정 관계자들을 비판하는 승려, 젊은이들에게 자국의 죄를 인식하도록 하여 올바른 새 일본 창조의 인간으로 키우고자 애쓰는 교사들, "우리들의 깊은 반성을 젊은이의 교육자료로 쓰게 촬영해달라"고 나서는 서민의 소망들이 있습니다.

이와 반대로, 지난날의 명백한 범죄를 잘한 양으로 속이고, 전쟁미화의 길로 일본인을 이끌어가려는 정계, 교육계의 기류도 느껴집니다.

앞으로 80살이 되는 이 할미는 어떻게 살아가야 하는지요. 허무의 밑바닥에서 빛을 찾고, 변함없이 차별과 전쟁을 반대하며, 세계 인류가 서로 존경하며 사이좋게 지내길 바라는 나의 길로 나아가렵니다. 그러기 위해서도 일본인 스스로가 지난날 죄의 역사를 똑바로 인식하는 교육을 위해 힘을 바쳐야겠습니다.

아무쪼록 앞으로도 저희들의 잘못을 지적해주십시오. 인간이고자 하는 바람은 진실, 진실에서의 출발입니다.

오카베 이쓰코(일본 수필가)

일본의 우경화를 어떻게 볼 것인가
『교수신문』 2001. 8. 27

역사교과서 왜곡과 고이즈미 수상의 신사참배로 세계의 비난을 받고 있는 일본. 그 일본의 우경화를 경고해왔던 역사학자 야스마루 요시오 히토츠바시대 명예교수(일본사상사)를 박규태 서울대 강사가 만났다. 야스마루 교수는 지난 17일부터 이틀 동안 한일종교연구포럼 창립기념으로 열린 국제학술대회 참가차 방한했다. 살아 있는 '일본의 양심'이라고 불리는 그의, 시대에 대한 통찰을 들을 수 있는 자리였다.

　일시 : 2001년 8월 20일
　장소 : 인천공항 조선호텔 커피숍
　대담 : 박규태 서울대 강사(종교학)

　박규태(이하 '박') : 근래 한국에서는 일본 역사교과서 문제가 큰 화제다. 선생님의 견해는 어떠한가.

　야스마루 요시오(이하 '야스마루') : 전후 일본에서는 지금까지 반세기에 걸쳐 일본 역사교과서를 둘러싼 심각한 대립이 있었다. 이번에 '새로운 역사교과서를 만드는 모임'이 만든 교과서는 1990년대에 들어와 생긴 상황을 드러내고 있다. 즉 1990년대에 들어서 편협한 내셔널리즘이 확실하게 등장하면서, 그것이 사회적으로 큰 운동이 되고 있다. 이런 점에서 현재 일본사회는 새로운 단계에 서 있다고 할 수 있다. 내용적으로도 여러 문제가 있겠지만, 황국사관을 언급하는 것으로는 부족하다. 황국사관에 더하여 새로운 내셔널리즘에 대한 각성이 필요하다.

　박 : 요컨대 역사교과서 문제의 중심에는 내셔널리즘의 문제가 있다는 얘기다. 현재 한국에서는 일본 역사교과서를 수정해야 한다는 요구가 있는데, 일본의 지식인으로서 그런 요구는 어디까지 타당성이 있다고 보는가?

　야스마루 : 한국, 중국은 역사적 사실 왜곡에 대한 수정을 구체적으로 요구하고 있다. 나는 그런 요구 대부분이 타당성이 있다고 본다. 그리고, 일본 국내 연구자들 사이에서도 역사적 사실 왜곡을 지적하는 움직임이 있다. 하지만, 내가 더욱 중요하다고 생각하는 것은, 한국이나 중국의 수정 요구는 각기 자기 나라에 관련된 부분에 한정되어 있다는 것이다. 그런데 실은 일본 자국의 역사적 사실에 대한 왜곡도 적지 않다. 따라서 한국이나 중국이 자국의 이해만을 문제로 삼는 한, 일본 역사교과서의 근본적인 수정은 이루어지지 않을 것이다. 근본적 수정을 위해서는 완강한 내셔널리즘을 수정하는 방향으로 나아가야 한다.

역사의 자의적 해석 심각

　박 : 한국이나 중국과 관련된 역사적 사실 왜곡뿐만이 아니라, 일본 자국의 역사적 사실에 대해서도 왜곡된 부분이 많다고 말씀하셨는데, 구체적인 사례를 들어달라.

야스마루 : 새 교과서를 펼치면 거기에 일본 미술품인 승문식(繩文式) 토기의 사진이 있다. 거기에는 "승문식 토기는 예술적 성격이 높다, 세계 미술사 속에서도 특별히 중요하다"는 설명이 있다. 이런 것은 자기애적인 내셔널리즘에 지나지 않는다. 물론 승문식 토기에는 문명화된 근대인들이 잃어버린 예술성이 있기는 하지만, 그것은 세계 곳곳에 있는 것이다. 또한, 인덕(仁德) 천황릉과 이집트의 피라미드와 청(淸)의 시황제(始皇帝)의 무덤을 비교하면서 인덕릉의 저변부가 가장 크다고 하고 있다. 실제 저변부가 가장 크다고 하더라도, 왜 크기를 비교할 때 높이, 건축방법, 소재를 포함하지 않는지 궁금하다. 실증주의적으로는 설사 옳을지 몰라도, 인식론적으로는 올바르지 않는 방식이다. 그러니까 여기에는 독선적인 면이 있는 것이다.

또 하나 역사의 이야기성에 대해서 말하고 싶다. 요즘 역사란 객관적인 사실이라기보다는 각각 국민들이 만들어내는 이야기이다라는 인식이 강해지고 있다. 그러한 역사인식론의 변화와 함께 일본에서는 역사 기술에 대한 자의성이 심해지고 있다. 이런 인식에는 자기가 만들어낸 이야기를 비판하거나 상대화하는 것이 방법론상 결여되어 있다.

박 : 한국인이 우려하고 있는 교과서 내용으로는 위안부 문제나 침략사실에 대한 왜곡 외에도 고대사에 있어 '가야'를 일본이 지배하고 있었다는 기술도 있다. 어떻게 보는가?

야스마루 : 그것은 '임나일본부'에 관련된 문제이다. 이 문제는 일본서기의 기술에 의한 것인데, 그것은 다른 문헌을 통해 검증할 수 없다. 일본 고대사 연구자들 사이에서는 그 당시 일본의 조선반도에 대한 영향력이 있었다 하더라도 '임나 일본부'의 존재는 부정하는 것이 보통이라고 한다. 여기에도 고대 문헌을 일본의 내셔널리즘에 알맞게 해석하는 자의성이 작용하고 있다.

성장주의 붕괴가 불러온 '이데올로기'

박 : 일본사회의 우경화에 대한 일본 지식인들의 반응은 어떤가?

야스마루 : 일본 지식인뿐만 아니라 일본사회 전체에 내셔널리스틱한 '분위기' 같은 것이 있다. 예를 들어, 사회의식 조사에 의하면, 80% 이상의 사람들이 현재 천황제를 지지하고 있다. 또한, 신사나 전통문화에 대한 경의를 갖는 게 좋다고 하는 사람들도 많다. 아직까지 많은 지식인들은 우경화에 대해 적극적으로 싸우려고 하고 있지는 않다. 하지만, 한편 이렇게만 봐서는 안 되는 측면이 있다. 전

후 지식인들은 자신의 전쟁 체험을 바탕으로 사상과 학문을 키워왔다. 즉, 기본적으로는 전쟁에 대한 비판의식을 바탕으로 해서 전후 사회사상이나 사회과학이 만들어진 것이다. 그런데, 어쨌든 지금은 그런 동향이 현재 사회 전체의 '내셔널리스틱한' 분위기에 밀리고 있는 상황이다.

박 : 그러면 일본 지식인들 사이에서도 우경화에 대해 동의하는 사람들이 있다는 것인가?

야스마루 : 보는 시각에 따라 다르겠지만, 대략 1970년대 중반부터 보수파의 입장이 거세어지고 있다. 보수파의 입장이란, 전쟁 체험에 대한 반성보다 일본의 경제성장을 중요시하고, 지구화의 추세 속에서 일본의 국가적 이익을 추구하고 그런 방향으로 정책이나 사상을 만들어가야 한다는 사고방식이라고 할 수 있다. 경제성장을 중요시하는 사상과 그것을 수용하는 일본인들의 현상, 긍정적인 의식을 섞어가면서, 경제성장을 추진하면서 국민들의 동의를 얻어가는 일종의 보수화 방향으로 나아간 것이다. 이런 방향성은 여전하지만, 1990년대에 들어서서 새로운 움직임이 나타나게 된 것이다. 그런 동향의 배경으로 크게 세 가지를 들 수 있다.

즉 1990년대에는 세 가지의 붕괴가 있었다. 하나는 냉전체제의 붕괴이다. 또 하나는 냉전체제 틀 속에서 이어져온 자민당의 55년에 걸친 지배체제의 붕괴이다. 마지막으로 이런 국제, 국내 관계 아래에서 경제성장의 붕괴이다. 요컨대, 냉전체제 아래에서의 안보 체제, 국내 정치에서의 55년 체제, 경제적인 고도성장, 이 3개가 함께하면서 일본의 성장을 이뤄왔다. 하지만, 지금은 이 3개 모두가 붕괴될 정도로 그 기반이 흔들리고 있다. 그렇기 때문에 새로운 이데올로기가 번성하고 있다고 볼 수 있다. 야스쿠니신사 문제나 교과서 문제 역시 이런 붕괴의 흐름 속에서 파악할 수 있을 것이다.

박 : 일본사회는 패전 이후 1970년대 중반까지는 소위 '이상의 시대'였다고 말해지기도 한다. 민주주의라든가 경제성장과 같은 이상이 존재했던 시대라는 것이다. 그것이 1970년대 중반을 넘어서면서 '허구의 시대'로 진입했고 그런 허구의 시대 정점에서 1995년 옴진리교 사건이 발생한 것이라는 인식도 있다고 알고 있다. 옴진리교 사건 이후 앞으로 일본이 어떤 방향으로 나아갈 것인지 알 수 없다고 하는 불안감이 지식인들 사이에 팽배해 있는 듯싶다. 교과서 문제라든가 야스쿠니 문제 등 일련의 내셔널리스틱한 움직임은 일본인들의 미래에 대한 이런 불안감을 노출시키고 있는 현상이 아닌가?

야스마루 : '이상적'이라고 할 수 있는지는 모르지만, 어쨌든 1970년대는 지식인 사이의 담론에서 '이상주의'라는 것이 힘을 지니고 있던 시대였다. 그 이상은 민주주의나 경제성장에 대한 것이었는데, 조금씩 민주주의에 대한 이상의 비중은 희미해졌다. 1973년도에 일어난 오일쇼크 때도 다른 나라들이 경제성장이 멈춘 데 비해 일본 경제는 전혀 흔들리지 않았다. 그것을 설명하는 원리로서 '일본적 경영론'이 생겼다. 일본인의 전통적 가치관이 경제성장을 지탱하고 있고, 일본의 경영은 서구의 자본주의와는 다르다는 것이다. 이것이 당시 유력한 설명이었다. 그러나 1990년대 일본 경제가 무너지면서 일본적 경영은 붕괴의 위기에 서 있다.

그렇다면 어떤 방향으로 갈 것인가. 지금 일본정부는 신자유주의를 내세우고 있다. 고이즈미 수상이 말하는 개혁이란 규제 완화인데, 요컨대 정부 규모를 작게 하면서 자유 경쟁을 활발하게 하는 것이다. 이것은 대처나 레이건의 정책을 뒤따라가고 있는 것이다. 또한 이것은 전지구적 자본주의와 대응하고 있는 것이다.

박 : 현재 한국에서는 야스쿠니신사 참배를 비롯한 일본사회의 우경화를 통해서 일본의 국국주의가 부활하려고 하는 것은 아닐까라는 우려가 높아지고 있다. 어떻게 생각하는가?

야스마루 : 먼저 '군국주의'라는 용어의 정의를 확실히 해야 한다. 나는 이제는 일본에서도 서구에서도 국민 모두가 전쟁에 참가하는 그런 성질의 군국주의는 일어나지 않을 것이라고 생각한다. 그러나, 군사력을 약자에게 행사하는 군국주의는 현실적인 문제라고 본다. 최근의 미국의 군사 개입이 바로 그것이다. 글로벌 자본주의 아래서 그러한 개입이 요구되면 일본도 거기 참여하는, 그런 군국주의의 방향으로 급속히 나아가고 있다고 본다.

박 : 고이즈미 수상의 야스쿠니신사 참배에 대한 일본인들의 반응은 어떤가?

야스마루 : 고이즈미 수상의 신사 참배에 대해서는 많은 비판적인 지적이 있었다. 야스쿠니신사는 일본의 군국주의와 관련성이 깊은 특수한 신사이다. 야스쿠니신사를 강조한다는 것은 전전의 체제 또는 전쟁 체험에 대한 무책임한 태도를 의미한다. 그래서, 이에 대한 저항이 크다고 할 수 있다. 흥미로운 것은 비교적 나이가 든 사람들이 저항감을 느끼는 데 반해, 젊은 사람들에게는 별로 그러한 저항감이 없고, 더구나 소수이기는 하지만 전쟁에서 죽는 것은 멋있다는 생각을 갖고 있는 젊은이들도 있다. 아마도 코바야시 요시노리의 만화 「고마니즘(傲慢

ISM) 선언」에 영향을 받은 것이겠지만. 어쨌든 야스쿠니 문제를 둘러싼 국민 의식의 분열이 뚜렷해지고 있다.

전쟁 체험에 대한 무책임한 태도

박 : 야스쿠니신사 참배는 일본인에게 패전의 상처를 치유하는 효과가 있는 것인가?

야스마루 : 지금 말한 그런 의미를 신사에 부여하려고 하는 정치적 조작이 있는 것은 사실이다. 야스쿠니신사는 정치적으로 만들어진 것이며, 일본인이 사자(死者)를 기억하거나 모시는 전통적인 방식과는 다른 것이다. 고이즈미씨는 자주 '감사'라는 말을 쓰는데, 사자의 희생 덕분에 현재 일본이 있다는 의미이다. 이 의미는 아주 애매한데, 고이즈미씨는 전사자와 현재 일본인의 삶 사이에 어떤 관계가 있는지에 대해서는 구체적인 말을 하지 않는다. 당신이 말하듯이 전사자를 둘러싼 일본인의 상처를 치유하는 방향으로 회유하려고 하고 있다.

박 : 선생님은 최근 아사히 신문에 기고한 글에서 야스쿠니신사는 애초부터 정치적 목적을 가지고 만들어진 종교시설이었기 때문에 야스쿠니신사 문제를 생각할 때는 무엇보다 먼저 정치적 관점에서 봐야 한다고 했다. 어떤 의미인가?

야스마루 : 명치유신 직후에 만들어진 야스쿠니신사는 여러 특징을 가지고 있다. 우선, 국내와 국외에서의 모든 전사자들을 모시고 있다는 것을 들 수 있다. 다음에, 사자를 모시는 방식이 불교에서 신도(神道)로 바뀌었다는 것을 들 수 있다. 명치유신이 불교 세력을 억압하고 신사 신도를 강조함으로써 성립했기 때문에, 그때부터 국가와 신사 신도 사이의 결속력이 강해졌다. 일본사회가 지배 이데올로기 측면에서 신도하에 놓여 있는 양상이 강해진 것이다. 그래서, 일본의 군사적인 사자들을 신도의 양식으로 모시는 새로운 방식이 채택된 것이다.

원래 일본에는 내 편의 전사자들만이 아니라 적들의 전사자들도 모시는 소위 어령(御靈) 신앙이라는 것이 있었다. 이것이 바로 일본인이 영혼을 모시는 전통적인 방식이다. 왜냐하면 적의 사자의 영혼이야말로 가장 많은 원한을 가지고 있기 때문에 잘 모시지 않으면 재액이 닥친다고 보았기 때문이다. 이렇게 볼 때 야스쿠니신사는 일본의 전통과도 맞지 않는 것이다. 더구나 사상적인 차원에서도 야스쿠니신사는 일본인 사자들만을 제사지낼 뿐이라서, 타자에 대한 시선은 완전히 결여되어 있다.

박 : 교과서 문제, 신사 참배, 우경화 등등의 흐름은 일본인의 문화적 정체성과

관련이 있는 것인가?

일본, 강력한 '동조화'의 천황제 사회

야스마루 : 현재 일본사회에 일본인으로서의 정체성이 있는지는 의심스럽다. 큰 흐름에서 보면, 내셔널한 의식은 일종의 분위기로서 상당히 넓게 퍼져 있다. 그리고, 그것을 받쳐주는 것으로서 교육제도나 학교현장이 전체적으로 내셔널한 방향으로 만들어지고 있는 것도 들 수 있다. 하지만, 이런 변화와 시민사회 운동 사이에는 갈등이 있다고 본다. 과연, 내셔널한 틀을 지닌 정체성이 성립될 지는 의문이다. 앞에서도 말했지만, 전후의 지식인은 자신의 전쟁 체험을 바탕으로 사상을 키워왔다. 그렇기 때문에 그런 사람들과 현재 지배층의 내셔널한 정체성 사이에는 큰 차이가 있고, 당분간은 이런 문화적 불안정성이 이어질 것이다. 어쩌면 옴 진리교 사건과 같은 돌발적인 대사건이 또다시 일어날지도 모른다.

박 : 천황제에 대해 묻고 싶다. 천황제는 일본사회의 정체성을 통합하는 이데올로기적 측면뿐만이 아니라, 종교적인 기능도 하고 있는 것인가?

야스마루 : 전전의 천황제에 대해서는 그렇게 말할 수 있겠지만, 전후의 천황제에 대해서는 쉽사리 그렇게 말할 수 없을 것이다. 아까도 말했지만, 천황제를 지지하는 사람은 80%를 넘는다. 하지만, 그것은 천황제를 지지하느냐는 식으로 질문 받았을 때의 얘기이고, 일상적으로 언제나 천황제를 지지하는 것은 아니다. 적극적으로 천황을 숭배하는 사람도 있기는 하지만, 소수이다.

천황제가 종교냐 아니냐는 것은 곤란한 질문이다. 소화 천황이 죽고 현재 천황으로 바뀔 때, 그 당시 '자숙(自肅)'이라는 것이 행해졌다. 그것은 도시나 마을에서 축제를 중지하거나 결혼식을 너무 화려하게 안하거나 하는 일들이었다. 그런 일이 실제로 일어나는 것으로 보아 일본사회는 상당히 강력한 동조화의 시스템을 지니고 있다고 생각한다. 이런 뜻에서 현재 일본사회는 천황제 사회라고 할 수 있다. 하지만, 그렇다고 해서 '자숙'을 한 사람들 모두가 적극적으로 천황제에 대한 숭배심을 가지고 있는가 하면, 그것은 의심스럽다. 그러므로 만약 한국인이 천황제가 일본을 이데올로기적으로 통합하고 있다고 말한다면, 그 경우 이데올로기적 통합이라는 것의 뜻을 잘 생각하여 말을 해야 할 것이다.

박 : 선생님은 금번 한일종교연구포럼에 참가하시기 위해 한국을 방문하셨는데, 끝으로, 이번 한일종교연구 포럼에 대한 소감과 한일관계 나아가 한일 지식인들에게 필요하다고 생각되는 것들, 그리고 한국 지식인들에 대한 주문이 있으

면 얘기해달라. 더불어 한일 지식인 사이의 연대의 필요성에 대해서도 말해 달라.

야스마루 : 이번 포럼은 10년 전에 '한일종교연구자 교류심포지엄'이라는 명칭으로 처음엔 작은 규모로 시작된 것이었다. 사람들의 우연적인 만남이 쌓이면서 오늘날 지속적으로 연구할 수 있게 되었고, 올해부터 '한일종교연구포럼'으로 재출발하게 되었다. 이번 포럼에서 교과서 문제나 신사참배 문제를 직접적으로 다루지는 않았다. 하지만, 일본 내셔널리즘에 대한 발표도 있었기 때문에, 신사참배 문제도 시야에 들어가 있었다고 할 수 있다. 즉, 이번 포럼은 이런 문제를 정치적으로 다루기보다는 그 배경에 있는 여러 문제들을 연구해가는 조직으로서 자리매김될 수 있다. 알고 있겠지만, 올해 들어서 한일 간의 많은 교류가 중단되었다. 그러나, 이번 포럼에 참가한 사람들 중 복잡한 한일관계 때문에 이 포럼도 중단될 것이라고 생각한 사람은 아무도 없었다. 이것은 우리 사이엔 공통된 문제의식이 있고, 한일 지식인 사이의 코뮤니티가 형성되어 있는 것을 가리킨다. 또, 이 포럼에서 중심적으로 활약하고 있는 사람들은 유학 경험이 있는 젊은 사람들이다. 서로 일본, 혹은 한국에 유학한 경험을 바탕으로 지식인들 사이의 교류가 깊이 있게 전개되고 있다고 할 수 있다.

교과서 문제에 대해서도 한일 연구자들이 서로 의견을 교환하는 모임이 많이 생기고 있다. 지금 한국에 와 있는 일본 연구자들이 꽤 되는데, 교과서 문제를 통해 서로 교류하려는 의지가 생기고, 한편 좋은 자극도 되는 셈이다. 이것은 일본사회 전체에서 보면 작은 일이지만, 실제로 이런 일을 열심히 하는 사람이 늘어간다는 것이 중요하다. 내가 항상 생각하는 것은 상호 이해가 필요하다는 것이다. 나 또한 나에게 유학온 학생들을 통해 한국에 대한 이해가 깊어지고, 이런 이해에 대한 노력은 앞으로도 이어져갈 것이다. 그런 노력이 동아시아 미래에 대해 어떤 공헌을 할지는 모르지만, 서로 교류가 있는 한 완강한 내셔널리즘에 대한 제약이 될 수는 있을 것이다. 한국 쪽에서 보면 일본에 대해 납득이 안 가는 면이 많겠지만, 앞으로도 서로 같이 협력해나가고 싶다. 요즘처럼 한일관계가 복잡한 시기일수록, 민간 차원이나 연구자 차원에서 교류가 더욱 활발해지기를 진심으로 바란다.

번역 – 최진석 연세대 국문과 박사과정 / 진행·정리 – 이옥진 기자

【발언대】 우린 역사를 제대로 가르치나

『동아일보』 2001. 8. 28

역사를 2세들에게 바로 가르쳐야 하는 것은 어느 나라도 예외일 수 없다. 그래야만 이웃나라 간 상호 이해의 바탕 위에서 진정한 우호가 싹틀 수 있기 때문이다. 우리는 일본에 역사왜곡 시정을 요구하게 됐고, 다방면의 교류와 협력도 유보와 중단이라는 위기에까지 오게 됐다. 그러나 이 시점에서 남의 역사 교육 문제만이 아니라, 우리 자신의 역사 교육에 얼마나 충실했고 바른 역사를 알리기 위해 노력해왔는지 짚어볼 필요가 있다.

현직 교사로서 새 학기가 되면 학생들에게 꼭 묻는 질문이 있다. "조선이 망한 연월일을 아는 사람?" 벌써 4~5년 정도 중학교 3학년 학생들을 대상으로 이 질문을 던지지만 정확히 답한 학생은 한 명도 없었다.

중고교 교육용 한자를 보자. 한국과 일본은 비슷한 수의 교육용 한자를 지정했다. 그러나 한국은 특별한 의미부여 없이 1800자를 지정했지만 일본은 1945자를 지정했다. 그 의미는 놀랍게도 '잊지 말자! 패전의 1945년을'이다. 머리카락이 곤추서는 무서움을 느끼지 않을 수 없다.

이스라엘을 보자. 그들은 지금도 출애굽의 기념일인 유월절이 되면 3500년 전 탈출하며 먹었던 이스트를 넣지 않은 빵 등을 꼭 먹는다고 한다. '맛없는 음식을 먹으며 쓰라린 과거를 되새기고 다시는 다른 민족의 압제를 받지 않는다는 각오'를 다지기 위해서다. 이스라엘 군인은 누구나 '마사다'라는 장소에 가서 선서를 한다. '마사다'는 1970년 경 960여 명의 유대인이 로마군에 맞서다 모두 자결한 비극적인 유적이다. 이스라엘 군인들은 이곳에서 다시는 외적에 정복당할 수 없다는 각오를 다진다.

우리는 어떤가. 6차 교육과정에서 국사과목을 사회과목 밑에 종속시키면서 주당 3시간에서 2시간으로 줄였고, 7차 교육과정에서는 국사에서 고대 중세사와 근현대사를 분리해 근현대사를 선택과목으로 바꿨다. 2005학년도 대학 입시에서는 입시 과목이 더욱 줄어들고 모든 것을 대학 자율에 맡긴다니 국사 교육은 더욱 황폐해질 것이다.

우리 자신은 얼마나 역사를 바로 가르치고 있는지 되돌아보고 다시 신발 끈을 단단히 매야 할 시기이다.

이정호(서울 신수중 교사)

한반도의 냉전변주곡

『한겨레신문』 2001. 8. 28

미국의 보수적인 두뇌집단(싱크탱크)을 대표하는 헤리티지 재단 킴 홈즈 부이사장이 27일 『아사히신문』에 "(미일 간의) 균형잡힌 동맹관계 구축을 위해" 일본헌법 9조를 개정해야 한다고 썼다. 그는 미국민은 "일본의 헌법개정을 환영할 것"이라며 미국은 일본을 군사력으로 지켜주고 "일본은 전역미사일방어(TMD)를 통해 동맹국(미국)을 지원할 기회를 얻을 수 있을 것"이라고 주장했다.

지난 21일에는 『산케이신문』에 한국 저널리즘 일각을 대표하는 유명 언론인이 한국에서는 지금 "북한 김정일 정권과 거기에 동조하는 한국내 좌파와 한국의 민족사적 정통성과 헌법질서(자유민주주의)를 지키려는 보수세력" 간의 "좌우이념대결"이 벌어지고 있다고 썼다. 그는 한국내 좌우대결을 "'김정일 정권＋한국내 좌파' 대 '한국내 주류파＋부시 미국정권'의 2 대 2 구도"라고 부연설명한 뒤 한반도와 동북아시아의 항구적 평화를 위해서는 냉전구조가 해체돼야 하고 냉전구조 해체는 "북한정권의 붕괴·해체를 통해서만 가능하다"고 못박았다. "내년 대통령선거에서는 김정일이 좌파를 지원하고 우파가 부시 정권의 도움을 요청할 가능성도 있다"는 말까지 덧붙였다.

세상사를 그토록 단순명쾌하게 둘로 가른 그의 논리를 연장하면 '한국내 주류파와 부시 정권'을 반대하거나 비판·견제하는 한국내의 모든 세력은 '김정일 정권에 동조하는 좌파'이며 한반도와 동북아의 평화와 번영을 위해서는 그들 '악'을 완전히 제거해야 한다는 이야기가 된다.

해군전역미사일방어(NTWD)를 근간으로 한 티엠디는 부시 정권이 명운을 걸고 추진중인 미사일방어(MD)의 일환이자 일본을 끌어들이는 장치다. 티엠디를 위해 헌법 9조를 개정하라는 요구는 결국 군산복합체의 이익과 미국 일극지배체제 전략 때문이라는 낙인이 찍힌 모순투성이의 엠디 추진을 위해 일본이 군대 보유와 교전권, 집단자위권을 선언하라는 얘기다. 해리티지 쪽의 요구는 미 행정부 고위관리들 관련발언의 연장선상에 있으며 가장 노골적인 형태다.

한국 유명 언론인은 '악'을 무너뜨리고 제거하기 위해서는 이런 미국, 일본과 한국이 한편이 돼 북·중·러 3국 진영과 결전을 벌여야 하며 한반도와 동북아의 장래는 그 한판 싸움에 달렸다고 주장한다.

고대 한반도는 일본의 식민지였고 한일강제합병은 합법적이며 일본의 안위를 위해 정당했고, 일제의 아시아태평양 침략은 아시아민족 해방전쟁이었다고 우기는 우익단체 '새 역사교과서를 만드는 모임'류의 시각을 대표하는『산케이』 헤리티지 쪽이 부추기는 일본헌법 개정 캠페인의 최일선에 서 있는 신문도『산케이』다. 그 신문에서 10여 년 전에 끝났어야 할 한반도 냉전의 변주곡을 다시 듣고 있다.

한승동(국제부 차장)

【한국시론】 아직도 '대동아聖戰'이라니
『한국일보』2001. 8. 28

최근 일본 가나자와(金澤)시에 있는 윤봉길 의사(1908∼1932)의 암장(暗葬)터를 답사했었다. 1932년 4월 29일 상하이(上海) 홍구공원에서 일제침략의 수뇌부를 살상한 의거로 잡혀 상하이파견군 주력 제9사단의 소재지인 가나자와로 연행된 윤의사는 그해 12월 19일 9사단 공병작업장에서 총살당했다.

형법절차를 무시당한 채 암장되었다가 1946년 3월, 13년 만에 효창원에 모셔졌다. 그의 순국은 잔혹한 한국 강점을 끝내고 세계 침략의 야욕을 거두어 평화대열에 동참하라는 메시지가 담긴 거사였다.

윤의사 유해발굴에 동참한 이래 오늘날까지 50년 간 암장지를 돌본 윤의사연구회 박인조(朴仁祚)회장의 안내로 찾아간 곳은 가나자와 시청 옆 혼다노모리(本多森)공원 안에 우뚝 솟은 소위 성전(聖戰)기념대비였다.

시대착오적 聖戰타령

근대사와 독립운동사를 공부하고 있는 나는 '대동아성전대비(大東亞聖戰大碑)'를 보고 경악과 개탄을 금할 수 없었다. 요즘은 역사교과서 왜곡과 총리 신사참배 문제로 대일감정이 안 좋은 때다. 아직도 '성전' 운운하는 모습을 보며 일본인의 역사인식과 양식을 의심치 않을 수 없다.

이 비석은 높이가 12ｍ이고 둘레는 기단의 전후연결길이가 각각 3ｍ 내외로화강암으로 만들어졌다. 그 자체보다는 비에 새겨진 내용이 세계 패도적 황국사관으로 각인되어 우리를 경악케 한다. 이 비전면 우측에 새겨진 내용이다.

"대동아공영권을 건설하기 위하여 천황이 시작한 전쟁은 천년 만년 계속된다. 일본의 장래를 빛내는 모범이 되리라." 비석 뒤쪽에는 또 "대동아공영권을 목표로 한 정의의 전쟁은 높은 명예가 나의 음을 가득차게 한다. 그 명예를 세대 넘어 후손에 넘겨주어야 한다. 성전을 수행한 영광은 영원히 끄지 못하리라"고 쓰여 있다.

침략전쟁이 정의의 전쟁?

또 팔굉위우(八紘爲宇·일본서기에서 나온 말로 온 천하가 한집안이란 뜻)라는 글자가 쓰여진 오른쪽 윗부분에는 다음과 같은 문장이 보인다.

"세계 구석구석까지 지배하여 천황을 정점으로 한 나라를 만들자……사랑하는 조국의 역사가 비뚤어져왔으나 조국의 명예를 구하려는 청정(清淨)한 소원과 올바른 정신이 이에 소생하도다. 잡담은 필요없도다. 정의의 전쟁을 높이 구가하는 전사자의 유품이 말할 것이다. 정의의 대동아전쟁을 마음속으로 후손에 전하자. 그것은 영원히 빛을 이어갈 것이다."

이 비석에는 단체와 개인명의의 헌납자 명단이 나열되어 있는데 최소한의 헌금이 5만 엔 이상이라고 한다. 개인 및 단체 헌납자와 특별 협찬자 합계가 939나 된다. 그 중 한국인은 탁경현(卓庚鉉) 등 7명으로 이들은 소위 가미카제(神風)특공대원으로 오키나와(沖繩)에서 전사하였다는데 어찌해서 헌금자 명단에 들어 있는지 의문이다.

개인헌금자의 경우 도쿄도로부터 각 현과 한국·브라질·하와이 등지까지 망라되어 있다. 그중 '위안부는 상행위'라고 망발한 오쿠노 세이스케(奧野誠亮·전 문부상)와 역사왜곡의 장본인 고보리 게이치로(전 도쿄대 교수)도 끼여 있다.

성전비 당장 철거 마땅

이 비는 2000년 8월 4일 완공되었는데 현(이시카와)정부가 시대착오적인 내용을 알면서도 허가를 내준 것은 상식 이하의 일이어서 의아심이 든다. 이곳 출신 전 총리인 모리 요시로(森喜朗)의 입김이 작용한 것이라는 얘기도 들린다.

이에 대해 이 지역출신 사민당의원 히라타 세이이치(平田誠一) 등 지식인들은 인접국들에 대한 가해의 역사를 인정한 중앙정부의 입장과도 배치된다며 철거를 요구하고 있다. 최근에는 극우파 800명이 이 성전을 극찬하는 대규모의 집회를 열었으며, 이들에 반대하는 항의모임도 있었다고 한다.

애국지사 윤봉길 의사가 총살당한 곳으로부터 불과 10리 거리에 침략자의 거침없는 위세를 자랑하고 서 있는 이 비석은 당장 철거되어 마땅하다. 국치일(1910. 8. 29) 91주년을 맞아 다시 한번 일본의 맹성을 촉구한다.

이현희(성신여대 교수·한국 근현대사)

【파리산책】 정부가 앞장선 프랑스 역사 참회
『중앙일보』 2001. 9. 1

국제 전쟁범죄에 대해 히스테리적인 반응을 보여왔던 프랑스가 전쟁범죄 혐의로 고발됐다.

알제리 전쟁(1954~62) 당시 프랑스편에 가담했던 알제리 현지인 보충병 '아르키'와 그 후손 등 9명은 지난달 30일 프랑스의 '반인도주의 범죄행위'에 대한 손해배상 청구소송을 프랑스 법정에 제기했다.

"잊혀져가는 과거를 올바르게 기록하기 위해서"라는 게 40년 만의 소송 사유다.

사실 아르키는 일본의 '정신대' 문제만큼이나 프랑스 역사의 부끄러운 한 단면이다. 프랑스 정부는 1962년 알제리의 독립을 인정하고 80만 명의 재외국민을 철수시키면서 10만 명에 달했던 아르키들 중 2만여 명만을 프랑스로 데려왔다.

조국을 향해 총부리를 겨눴던 나머지 8만 명의 아르키들의 운명을 짐작하기는 어렵지 않다. 프랑스에 버림받고 무장해제까지 당한 그들은 부역행위자로 낙인찍혀 잔혹한 보복을 받았다.

생존자들과 그 후손들 약 40만 명이 현재 프랑스 남부 지방에 정착, 알제리의 멸시와 프랑스의 무관심 속에서 힘겨운 삶을 살아가고 있다. 하지만 프랑스도 그동안 이 문제에 대해 외면만 하고 있었던 것은 아니다.

프랑스의 역사 교과서는 20여 년 전부터 알제리 전쟁에 상당량을 할애하고 있다. '알제리 전쟁에 대해 논하라'는 문제도 대입 수능시험인 바칼로레아의 단골 메뉴다. 하지만 프랑스 정부와 학계·교육계는 여기서 만족하지 못하고 있다.

프랑스 교육부 주관으로 지난달 29~31일 열린 중고 교사 여름 수련회에서는

"결코 흘러가버리지 않은 과거를 어떻게 가르칠 것인가"라는 주제로 열띤 토론이 벌어졌다.

"역사가 제대로 정립되지 않아 학생들의 질문에 답하는 데 어려움이 많다"는 불만의 목소리도 터져나왔다. 이에 대해 자크 랑 교육부장관은 "알제리 전쟁에 대한 연구가 부족한 게 사실"이라고 인정하고 보다 정확한 역사 기술을 위해 학계·교육계가 정진해줄 것을 당부했다. 실제로 프랑스 정부는 연구를 위해 정부가 보관하고 있는 관련 문서를 공개할 것과 알제리 전쟁에 대한 수업 시간을 더욱 늘릴 것을 약속했다.

이와 함께 사상 처음으로 아르키들을 포함한 알제리 전쟁 희생자들에 대한 추모를 위해 9월 25일을 국경일로 선포했다. 이번 소송을 계기로 잊고 싶은 과거인 알제리 전쟁에 대한 프랑스의 재인식 노력은 보다 가속화할 것으로 보인다.

이훈범 특파원

【태평로】 '우물안' 정치

『조선일보』 2001. 9. 2

해외특파원 생활을 마치고 귀국한 지 3개월이 지난 지금, 가장 큰 변화는 바깥 세계 소식에 깜깜해졌다는 점이다. 외국에선 화제도 국제적이고, 아시아 각국 움직임 정도는 보였지만 '서울살이'는 철저한 국내화(國內化)만을 강요하고 있기 때문이다. 오로지 관심은 국내 소식, 국내 인물에 집중돼 있다. 밖에선 비교적 느긋하던 성격도 쉽게 흥분하고 화내며 추주해하는 '서울 스타일'로 바뀌었다.

사실 지금 우리 주변 정세는 심상치 않다. 중국은 욱일승천(旭日昇天)의 기세로 발전하지만 일본은 10년 불황 속에 쇠퇴하고 있다. 중국이 미국의 패권(覇權)에 도전할 상대로 부상하는 반면 욕구불만에 휩싸인 일본에선 낡은 민족주의가 재등장하고 있다. 시사주간지 『아시아위크(Asiaweek)』(8월 31일자)는 전세계 불황 우려 속에서 한국 등 아시아의 '호랑이'들이 미국과 중국 틈바구니 속에서 다시 위기를 맞고 있다는 기사를 커버스토리로 다루었다.

적어도 요즘 같은 상황에서 한국의 엘리트 사회는 21세기 우리가 살아남고 발전시켜야 할 전략과 방책 연구에 여념이 없어야 할 텐데 유감스럽게도 현실은 그렇지 못하다. 마치 구한말(舊韓末) 때처럼 정치가들은 당쟁(黨爭)으로, 사회 각 분야는 분열과 갈등으로 날새우고 있다. 더욱 주목되는 것은 요즘 우리 모습이 5년 전 김영삼(金泳三)정권 말기 때와 비슷해져가고 있다는 점이다. 그때처럼 경제는 활력을 잃고 있으며 고개숙인 실직자는 늘어가고 있다. 5년 전 한보(韓寶)그룹이 결정적으로 한국경제의 발목을 잡은 주범이었다면 지금 그 역할을 현대그룹 몇몇 기업이 대신하고 있다.

당시 YS정권은 '역사 바로세우기'란 명목을 내걸고 전두환(全斗煥)·노태우(盧泰愚)두 전직대통령에 대한 사법처리를 단행했다. 12·12 사태, 5·18 광주민주화운동 탄압을 주도한 장본인들에 대한 '역사적 단죄'라는 명분에 반대할 이는 적었지만 바로 그들과 연합해 대권을 거머쥔 YS가 그 정치적 푸닥거리를 주도했다는 점은 아이러니였다.

지금 DJ정권은 '언론 개혁'이란 명분을 내세우며 그들에 비판적인 신문에 칼끝을 겨냥하고 있다. 한국의 현대사와 함께 숨쉬어온 『조선(朝鮮)』·『동아(東亞)』등 두 신문사를 매도하기 위해 '빛바랜 장부'를 뒤적이며 별별 궁리를 다하고 있다.

외교적으로는 어떤가. 당시 YS는 미국 및 일본과 최악(最惡)의 관계를 유지하고 있었다. 자신감(?)에 넘쳤던 YS는 세계 제일 대국 미국의 클린턴 대통령을 '훈계'하려고 들었는가 하면 일본에 대해선 "버르장머리를 고쳐주겠다"며 옆집 아이 다루는 듯한 언사를 구사했다. 결국 한국이 1997년 말 IMF 사태로 갈 때 미·일이 팔짱끼고 방관했다는 사실은 유명한 얘기다.

지금은 그 정도까진 아니지만 한국의 대미(對美)·대일(對日) 외교관계 역시 올 들어 현저하게 삐걱거리고 있다. DJ정권의 대북정책은 미 부시 행정부와 마찰을 빚고 있다.

일본에 대해선 DJ가 먼저 손을 내밀었으나 일본은 '왜곡교과서 채택'으로 뒤통수를 치는 바람에 최근 상황은 엉망이 됐다. 국제금융계에선 "YS정권은 오만(arrogance)으로 사태를 그르쳤고, DJ정권은 자기도취(complacency)에 빠져 있다"고들 얘기한다.

그렇다면 향후 DJ정권도 YS말기 때처럼 절체절명(絶體絶命)의 국가적 위기상황을 맞이할 것인가. 무슨 수단을 강구해서라도 그것만은 피해야 한다. 그것을 피하려면 우린 우리끼리 소란스러운 싸움에서 빠져나와 힘을 집중하고, 주변 정세 변화에 능동적으로 대처해야 하는데 현실은 불행스럽게도 그렇지 못하다.

여전히 한국은 남의 얘기도 안 듣고 남의 동향에도 신경쓰지 않고 있다. 오히려 '우리 식대로 살자'는 분위기가 힘을 얻고 있다. 아직도 우물안 개구리에서 벗어나지 못했다.

함영준 사회부장

고이즈미, 한국 오려면
『한겨레신문』 2001. 9. 3

고이즈미 준이치로 일본 총리가 최근 한국과 중국을 방문하지 못해 안달하는 듯한 모습을 보이고 있다. 한국과 중국의 경고를 외면한 채 태평양전쟁 A급 전범의 위패를 합사한 야스쿠니신사 참배를 강행한 때와는 전혀 다른 양태다.

그의 이런 행동은 역사왜곡 교과서 문제도 야스쿠니신사 참배도 '내가 하고 싶은 대로 모두 끝냈으니 이제 주위나 슬슬 살펴볼까' 하는 자기 편의주의적이고 독선적인 모습으로 비춰진다. 이웃 집을 방문하는 데도 상대방의 허락이 필요하듯이 한 나라의 정상이 다른 나라를 방문하는 데는 더 큰 절차와 격식이 필요한 것은 두말 할 나위가 없다.

한국에서도 아직은 고이즈미 총리를 받아들일 만한 분위기가 성숙돼 있지 않은 것 같다. 야스쿠니신사 참배 반대를 위해 지난달 일본에 왔다가 남은 이경해 전북도의원은 3일 현재 도쿄 한복판에 있는 중의원회관 앞 길바닥에서 역사왜곡 교과서 시정과 야스쿠니신사 참배에 대한 사죄를 요구하며 21일째 단식농성을 벌이고 있다. 한국 안에서도 정치권을 비롯해 사회 전반직으로 사죄가 없는 한 그의 방한을 받아들일 수 없다는 목소리가 높다.

한국 쪽의 외교 관계자들도 이번의 한일 관계 악화는 전적으로 일본 쪽에 의해 비롯된 만큼 일본 쪽이 '결자해지' 자세를 가지고 풀어야 한다고 말하고 있다. 특히 교과서 문제에 대해 뭔가 성의있는 조처를 취하지 않으면 곤란하다는 자세를 견지하고 있다.

일본 쪽은 아직 한국 쪽의 목소리에 대한 진지한 반응을 보이지 않고 있다. 가능한 한 빠른 시기에 한국을 방문해 "야스쿠니신사를 참배한 것은 전쟁을 찬미하기 위한 것이 아니라 전쟁이 다시는 일어나서는 안 된다는 마음으로 나라를 위해 희생한 사람들에 대해 경의를 표한 것"이라는 참뜻을 설명하겠다는 게 표면적으로 나타난 그의 방문 이유의 전부다. 한국 쪽이 가장 강조하고 있는 교과서문제에 대해서는 설명을 하겠다는 이야기조차 나오지 않고 있다.

물론 두 나라 관계에서 과거사 문제가 돌출한 것은 한두 번이 아니고 서로의 필요에 따라 유야무야 넘어간 그간의 경험을 되돌아보면, 이번에도 얼렁뚱땅 넘어갈 가능성은 충분히 있다. 한국은 남북관계 개선과 경제문제에 대한 일본의 협력이 필요하고, 일본도 이웃나라인 한국의 협력 없이는 한반도에 대한 영향력을 행사는커녕 세계 외교무대에서 발언권을 갖기가 쉽지 않기 때문이다. 또 당장 내년에 벌어지는 2002년 월드컵 한일 공동개최도 두 나라의 협력을 절실하게 필요로 하는 사항이다.

그러나 미봉적인 해결은 두 나라 모두를 위해서도 바람직스럽지 않다. 특히 1998년 한일 공동파트너십선언 이후 미래지향적 관계발전을 철석같이 믿었던 한국 국민들은 일본에 대해 "언제 또 쓰라린 상처에 소금을 뿌릴지 모르는 믿을 수 없는 나라"라는 인상을 떨쳐내기 힘들 것이다.

이 단계에서 고이즈미 총리가 한국 방문을 형식적인 것이 아니라 진정으로 의미있는 것으로 자리매김하고 싶다면, 먼저 일본 안에서 나오는 다음과 같은 목소리에 귀를 기울일 필요가 있을 것이다.

"냉전종결 뒤 일본 외교의 최대 성과의 하나는 한일 관계를 파트너라는 형태로 만든 것이다. 그것을 기초로 중국과도 얘기할 수 있는 한·중·일 구조를 만들고 그 연장선상에서 '아세안 플러스 3'도 만들어져, 일본이 반미가 아닌 형태로 아시아 안에서 뭔가 할 수 있을지도 모르는 모색이 시작됐다. 그 순간에 한일 관계가 무너졌다. 이것은 결정적인 실패다.……일본은 외교적으로 지금 매우 커다란 쇼크를 받고 있다고 생각한다."(고쿠분 료우세이 게이오대 교수, 『아사히신문』이 발행하는 월간지 『논좌』 9월호 대담기사에서)

오태규 도쿄 특파원

【칼럼】 日왜곡교과서 '실패의 교훈'
『문화일보』 2001. 9. 4

이른바 '교과서문제'를 조금 냉정히 되돌아볼 시기가 온 것 같다.

일본에서는 우파의 논조를 대표하는 월간지 『쇼쿤(諸君)』(문예춘추사)에 '새 역사교과서를 만드는 모임'(이하 '모임')의 회장 니시오 간지(西尾幹二)가 '패배선언'이라고도 할 수 있는 분풀이 같은 말들을 늘어놓았다.

알려진 바와 같이 문제가 된 '새 역사교과서'의 채택률은 1%에도 미치지 못하는 처참한 결과로 끝났으나, 니시오는 그 원인을 이 교과서를 둘러싼 '광기 어린 방해공작' 때문이라고 단정하고 '악의에 찬 포위망'으로 일본의 반체제그룹과 공산당·사회당 계열의 여러 집단, 아사히신문 등의 '편향' 미디어와 좌파지식인, 한·중 정부, 재일한국민단 등을 거론하고 있다. 그의 논리대로라면 일본의 '좌파'적인 교직원조합과 미디어, 지식인, 정당이 '반일'적인 외부세력과 결탁하거나 외부세력에 '보고'해서 소동을 일으켜 '획기적인' 역사교과서의 채택을 짓밟아버린 것이 된다.

그렇지만 니시오에게 '이런 도리 없는 일본인을 위해 5년 간의 세월을 바친 나 자신의 어리석음에 살이 째지는 아픔'을 느끼게 하고, '깊은 슬픔의 늪'에 떨어지게 만든 것은 다름아닌 니시오를 비롯해 '모임' 측이 희망을 걸었던 교육위원과 교육장 등 일본사회의 뿌리깊은 '보수적 내셔널리스트'들이다. 막상 교과서 채택 단계가 되자 틀림없이 '모임' 편이 되어줄 것이라고 생각했던 보수적 교육위원과 교육장들이 '모임'의 교과서와 같은 '우익적'인 교과서와, 전시 일본군의 가해행위를 다른 교과서보다 비교적 공들여 기술한 '좌익적' 교과서 모두를 극단적인 케이스로 배척하면서, '중립적'인 교과서 채용으로 기울어졌다는 것. 결국 일본의 '보수적 내셔널리스트'들은 무사안일주의에 젖은 '대세순응'에 지나지 않는다고 니시오는 탄식하고 있다.

그의 탄식은 어느 의미에서 이번 '교과서문제'를 생각하는 데 시사적이다.

한국과 중국 등에서는 문제의 교과서 채택이 예상보다 훨씬 적었다는 점에서 대다수 일본국민의 양식이 확인됐다는 논조가 많은 것 같다. 확실히 교과서문제를 둘러싸고 주민과 시민의 움직임은 눈에 띄었고, 전국적 네트워크도 활발히 움직였다.

그러나 동시에 '모임'의 교과서를 '우'의 극단적인 사례로서 '좌'의 교과서와 한묶음으로 배척되게 만들어, 식민지 지배와 전쟁의 가해성을 '온건한' 내용으로 희석시킨 교과서들이 주로 채택된 결과를 가져온 것도 사실이다. 교육위원회를 구성하는 보수적인 지역유지들은 한국이나 중국이 식민지 지배와 침략전쟁의 피해자임을 인정하자는 데에는 강하게 반발하면서도 '모임'처럼 극단적인 자민족 중심의 네오내셔널리즘에도 전면적으로 찬동하지 않고, 결과적으로 현상유지에 가까운 선택을 한 것이다.

'우와 좌의 극단을 배제하고 중(中)을 취한다'는 것이지만, '중'이 '중립'이고, '객관'이라는 보증은 어디에도 없다. 어떤 의미에서 그러한 선택은 국가와 국민에 있어서 좋지 않았던 역사의 기억을 물타기해서 망각시키는 '긴 호흡의' 역사수정주의라 할 수 있다.

게다가 결정적으로 중요한 것은 교육위원회의 교과서 채택권이 강화돼 학생은 말할 것도 없고 교육현장의 교사와 학부모가 배제되게 된 점이다. 교육위원이 지방자치단체장에 의해 임명돼 문부과학성과 사실상 직접 연결된다는 것을 생각하면 교과서 채택은 점점 정치적인 계산과 배려에 좌우돼 국가의 간접적 지배와 통제가 더욱 깊고, 넓게 침투해가게 될지도 모른다.

물론 앞으로 교과서 채택의 경위와 이유에 관한 교육위원회 심의를 더욱 투명하게 하고 공개하도록 시민과 주민의 끈질긴 노력이 계속돼가겠지만, 채택권이 시민과 교사의 손이 닿지 않는 곳에 있다는 의미는 크다고 하지 않을 수 없다. '모임'에 의한 일련의 소동이 결과적으로 '우'의 탄력을 이용해서 '좌'의 교과서 채택을 대폭삭감으로 몰고 감으로써 나라가 허용할 수 있는 범위 내의 후퇴를 노린 움직임이었다고 한다면 '모임'은 그러한 움직임의 선도적 역할을 담당하는 피에로 역할을 연기한 것이 되지 않을까.

니시오의 '패배선언'은 그것을 시사하고 있는 것 같다. 교과서문제의 총괄이 지금이야말로 필요한 시점이다.

강상중(도쿄대 교수)

태평양 너머 번진 '일본 과거사'

『한겨레신문』 2001. 9. 5

일본의 역사왜곡과 강제노역 배상 문제가 한국과 중국·동남아 등에 한정되지 않고 미국에까지 본격적으로 확산되고 있다.

"미군포로 강제노역 배상해야"

일본『아사히신문』은 5일 2차대전 중에 강제노동에 동원된 미군포로들에 대한 보상문제가 미·일 간에 커다란 현안으로 부상하고 있어 일본정부가 본격적인 대책마련에 들어갔다고 보도했다. 미국과 일본정부는 1951년 샌프란시스코조약 체결을 통해 모든 청구권을 포기하기로 했으나 최근 미 하원의원들이 조약의 해석변경을 요구하는 법안을 제출했기 때문이다.

캘리포니아주 출신의 로라 바커(공화), 마이크 혼다(민주) 의원이 중심이 돼 제출한 '미군포로정의법안'에는 현재 40% 정도의 의원이 공동발의자로 참여하고 있으며 동조자가 더 늘어날 전망이다. 이 법안은 캘리포니아에 거주하는 미군포로 출신자가 과거 일본 기업에서 강제노동한 데 대해 손해배상을 청구하는 소송을 제기했다가 지난해 9월 연방지방법원에서 패소한 것이 계기가 됐다. 2차대전 당시 일본계 미국인의 강제수용에 대한 보상을 요구하는 재판에도 처음부터 관여한 바 있는 일본계의 혼다 의원은 "역사의 잘못을 되풀이해서는 안 된다는 정의감에 따라 법안을 제출했다"고 밝혔다.

현재 미국·일본정부는 샌프란시스코조약으로 이 문제가 해결됐다는 기본입장을 고수하고 있다. 그러나 미국 안에서는 △독일은 강제노동에 대해 보상했는데 일본은 하지 않고 있고 △독일에 포로로 잡힌 사람 가운데 죽은 사람은 1%도 되지 않는데 일본 포로는 2만 7465명 중 1만 1107명이 숨졌다는 점 등을 거론하며 일본의 책임을 추궁하는 목소리가 높아지고 있다.

"일본 역사왜곡에는 미국 탓도"

일본이 독일과 달리 과거 침략역사에 대해 반성하지 않고 주변국과 갈등을 일으키고 있는 데에는 미 국무부의 책임이 크다고 워싱턴의 비영리 연구단체인 '뉴아메리카 파운데이션'의 스티브 클레먼스 부소장이 3일 지적했다.

그는『뉴욕타임스』기고문에서 미국은 지나친 전후배상 부담이 경제를 파탄

시켜 일본에서 공산주의를 출현시킬 것을 우려해 일본에 대한 전쟁배상권을 포기하는 샌프란시스코조약을 주도했다며, 이는 법정소송 과정을 통해 일본이 주변국과 역사인식을 공유할 수 있는 기회를 박탈한 것이라고 주장했다. 그는 또 일본이 과거의 잘못을 공개적으로 토론하지 않는 것은 비난받아 마땅하지만 미국인과 다른 나라 국민들의 소송을 허용할 수 있는 미·일 간 비밀합의 문서를 공개하지 않은 미 국무부 역시 일본의 역사 기억상실증에 한 역할을 했다고 말했다.

오태규 도쿄 특파원

【포럼】 日우경화의 새로운 해석
『문화일보』 2001. 9. 6

교과서 문제 그리고 야스쿠니신사 참배. 작금에 일본의 '우경화' 문제를 둘러싸고 많은 논의가 이뤄지고 있다. 이에 대해 대부분 사람들은 태평양전쟁 직후까지 소급, 일본은 과거를 청산하지 못했기 때문에 과거에 대해 올바른 인식을 가질 수 없다는 결론을 내린다. 물론 그런 지적은 중요하다. 그러나 오늘날 일본의 우경화를 고려할 때 왜 그것이 바로 이 시점에 대두하고 있는지를 이해하는 데는 그것만으로 불충분하다. 따라서 이 점에 대해 개인적인 견해를 피력해 보고자 한다.

첫째, 오늘날의 우경화를 지탱하고 있는 세력이 직접 태평양전쟁을 경험한 구세대가 아니라 20대 이하의 일부 신세대라고 하는 사실이다. 이를 이해하기 위해서는 일본의 내셔널리즘을 염두에 둘 필요가 있다. 일본 경제가 번영의 절정에 달했던 1980년대에 '일본형 자본주의'를 둘러싼 논의가 활발히 전개됐었다. 당시 미국 및 유럽의 경제적 정체와 일본의 경제적 번영을 동시에 설명코자 했던 이 이론은 일본 국내에서 스스로의 사회시스템이 가진 우월성을 보여주는 것으로 받아들여졌고 또한 각광을 받았다. 이는 패전으로 민족적 자긍심을 상실한 일본인이 이 시기에 민족적 프라이드를 회복한 사실을 의미했다.

그럼에도 불구하고 일부 정치가들의 망언을 제외하면 1980년대에 일본 국내에서 과거를 둘러싼 논의는 활발하지 못했다. 당시 일본인들은 껄끄러운 과거를 재평가하지 않고서도 경제적 성과를 배경으로 프라이드를 느낄 수 있었기 때문이다. 사람은 현재의 자신에 대해 자신감을 갖고 있을 때는 과거에 대해 언급하지 않는 경향이 있다. 그러나 그가 현재의 자신에게 어떤 가치를 발견하지 못할 경우 과거는 매우 중요해진다.

오늘날의 20대는 일본이 '잃어버린 10년'으로 부르는 1990년대에 성장했다. 그들의 눈앞에 펼쳐진 것들은 모든 것에 자신감을 상실한 일본이었다. 역설적이긴 하나 10년 간의 경제적 침체 이후에도 세계에서 선두를 달리는 1인당 국민소득을 보유한 풍요로운 일본에서 자란 그들은 경제적 가치에 그다지 매력을 발견하지 못하고 있다. 1980년대의 주장에 대해 가치를 발견하지도 못하고, 또한 그에 대신하는 것도 갖지 못한 상황에서 그들은 스스로의 아이덴티티를 찾아 방황하고 있는 것이다.

아이덴티티의 불안정성. 많은 석학이 지적하듯이 내셔널리즘은 가장 손쉽게 얻을 수 있는 해답이며, 신세대 가운데 일부가 이에 달려들고 있는 것이다. 이는 그들에게 과거 그 자체가 중요함을 의미하지 않는다. 신세대는 태평양전쟁 이전에 일어났던 일들은 고대사와 마찬가지로 머나먼 과거에 불과하다고 여기며 또한 어떤 애착도 갖고 있지 않다. 그러나 그것이 스스로가 아닌 타자에 의해 해석되고 부정된다면 그들은 심각한 위기에 처하게 되는 것이다. 현실에서도 과거에서도 어떤 의미를 발견하지 못한다면 그들은 과연 스스로를 어떻게 정의해야 좋을 것인가.

문제를 더욱 복잡하게 하는 것은 일본 우익 세력이 불안정한 신세대의 심리상태를 전략적으로 이용한다는 점일 것이다. 그들이 호소하는 것은 과거 그 자체 이상으로 과거에 대한 타자(他者), 즉 인근 국가들의 부당한 간섭이며, 그들은 이를 이용해 그들의 역사적 해석에는 호감을 보이지 않더라도 '타자'가 '과거'를 빼앗을지 모른다고 우려하는 사람들을 자기들 편으로 끌어들이고 있다. 우익 세력에게 중요한 것은 '교과서를 만들어 채택시키는 것'이 아니라, '자극적인 교과서로 외국의 반발을 유도해내 자신들의 존재감을 증대시키는 것'이라고 할 수 있다. 교과서 채택률이 보여준 바와 같이 일본 내에서도 소수파에 지나지 않는 그들에게 중요한 것은 '80%의 지지를 획득하는 것'이 아니라 '90%가 싫어해도 5%의 지지를 확보하는 것'이다. 필요한 것은 어필하기 위한 무대이며, 이를 획득하기 위해 그들은 상황을 교묘히 이용하고 있다.

불안정한 신세대와 우익 세력의 전략. 그들의 전략은 비록 신세대 가운데 극히 일부분을 목표로 한 것이라고 해도 어느 정도 성과를 거두고 있는 듯이 보인다. 우리가 목소리를 높이면 높일수록 소수인 그들의 논의는 더욱 주목을 받을 것이며 또한 발언의 무대를 획득해나갈 수 있을 것이다. 우리들도 우리 자신의 전략에 대해 다시 한번 점검해봐야 할 때가 온 것이 아닌가 생각된다.

기무라 간(日 고베대 교수·정치학)

한일 시민교류의 힘
『한겨레신문』 2001. 9. 9

한일 문화교류회의의 한국 쪽 대표인 지명관씨와 김용운 대표 대리 등 11명이 8월 29일 발표한 성명을 받아 읽어봤다. 매우 중요한 내용을 담고 있었다.

이 성명은, 우선 일본정부의 잘못된 자세를 지적하고 일본정부의 교과서 문제 처리 등에 대한 대항조처에 따라 한일 문화교류회의도 중단하고 있음을 밝혔다. 그리고 '새 역사교과서를 만드는 모임' 쪽의 우익적인 교과서가 양심적인 일본 국민에 의해 거의 채택되지 않은 것을 "일본의 민주주의와 시민의 승리"라고 평가했다. 또 김대중 대통령의 광복절 연설의 정신에 따라, 한일 지방자치단체 간의 교류, 시민 간의 교류, 문화교류를 '가능한 한 빨리' 재개하고 발전시켜 일본의 '우익적 정치세력의 반역사적인 책동'을 봉쇄할 것을 제안했다. 한일 간 시민 차원의 교류는, 우익적인 역사교과서와 야스쿠니신사 참배에 대항하는 힘이고, 동북아시아의 새로운 가능성을 보여주는 일이 될 것이라고 말했다.

한일관계의 역사 가운데 일본의 움직임에 대해 한국 쪽에서 이와 같은 평가를 한 것은 처음이다. 커다란 희망을 던져주는 사건이다.

이 기자회견은 일본의 텔레비전에 보도되고 신문에도 간단히 취급됐으나 전문은 전해지지 않았다. 나는 나에게 보내진 성명을 복사해 아는 사람과 관계자들에게 보냈다. 읽어본 사람들은 모두 너무 고마운 내용이라는 반응을 보였다.

그런데 한일 문화교류회의의 일본 쪽 위원 11명은 이 성명을 어떻게 받아들일까. 원래 이 회의는 한일 정부가 1998년 한일 공동선언의 실천을 위해 설치한 것이다. 당연히 이 회의의 멤버는 한일 공동선언의 정신, 그 기초가 된 무라야마 도미이치 총리 담화를 받아들이지 않으면 안된다. 일본 쪽 위원 11명은 이 성명에 당연히 반응해야 하고, 응답할 의무가 있다. 그러지 않고서는 한일 문화교류를 말할 수 없다. 나는 이 성명이 담고 있는 간곡한 뜻을 꼭 받아들이는 것이 좋을 것이라고 생각한다.

이번 일을 되돌아보며, 나는 한국 쪽의 의견이 일본에 커다란 영향을 주고 있음을 다시 한번 통감했다. 한국인이 일본인에 대해 우리들의 공통의 역사를 생각해보자고 할 때, 일본인은 과거를 미화하고 존중할 수 없다. 한국이 일본의 역사교과서를 비판할 때, 그것을 전적으로 피할 도리도 없다. 극단적으로 말하면, 한국이 한국으로 존재하는 한, 한국으로부터의 비판적 견제가 작동하는 한 일본은 과거의 잘못을 잊어버릴 수 없다. 또 우경화 군국주의화할 수도 없고 다시 타국을 군사적으로 지배하려고 할 수도 없다. 일본에게 한국으로부터의 비판은 생명선을 좌우하는 것이라고 할 수 있을 것이다. 한국으로부터의 비판이 ‘열려지고 객관적’일수록 그 영향력은 점증할 것이다.

일부의 일본 언론인은 나의 견해를 한국의 ‘간섭’을 이용해 ‘새 역사교과서를 만드는 모임’을 타도하려 하는 것이라고 비난하고 있으나, 일본인이 바람직한 국가상을 만들기 위해 노력하면서 한국의 비판으로부터 도움을 받는 것은 바람직한가 그렇지 않은가 하는 차원의 문제가 아니다. 양국은 운명적으로 그렇게 맺어져 있다.

1995년에 무라야마 총리 담화에서 일본이 식민지지배와 침략을 통해 근린제국 특히 한국과 중국에 손해와 고통을 준 것을 반성하고 사죄를 표명한 것도 일본 국민의 노력의 결과인 동시에 한국 국민으로부터의 역사적 비판에 힘입은 것이었다. 1993년에 (일본군대) ‘위안부’ 문제에 대해 고노 요헤이 당시 관방장관이 일본정부의 책임을 인정한 담화를 발표하고, 1995년에 무라야마 내각이 ‘위안부’보상을 위한 정부 민간 합동의 아시아여성기금을 실립하고, 1996년 하시모토 류타로 당시 총리가 ‘위안부’ 출신 여성들에게 내각 총리대신 이름의 ‘반성과 사죄’의 편지를 쓴 것도 일본 국민의 노력인 동시에 피해자를 포함한 한국으로부터의 비판이 있었기 때문에 가능했다. 일본의 전진은 한국 국민으로부터 도움을 받은 일본 국민의 노력의 산물이었던 것이다. 이런 기초 위에 1998년 한일 공동선언이 태어난 것이다.

고노 관방장관 담화를 부정하고, ‘위안부’ 문제에 대한 반성과 사죄를 부정하며, 중학교 교과서에서 ‘위안부’에 대한 기술을 삭제해야 한다고 주장하면서 1996년부터 운동을 시작한 세력이 2001년에 스스로의 주장을 담은 역사교과서를 만들고, 다른 회사 교과서로부터도 '위안부' 기술을 없애는 데 성공했다. 무라야마 담화와 한일 공동선언의 부정을 노린 것이다.

한일협력이 이 교과서 앞에서 멈춰선 것은 당연한 일이었다.

와다 하루키(일 도쿄대 명예교수)

김 대통령의 역사의식
『한겨레신문』 2001. 9. 24

독일 베를린에서 유태인 학살을 사죄하는 기념관 개관식이 이달 초 열려 각국의 지도자들이 대거 참석했다고 한다. 독일은 2차대전 중의 죄과에 대한 철저한 역사적 반성을 기반으로 세계의 1류 국가로 우뚝 서 있다.

일본에도 원폭피해를 기념하는 유명한 히로시마 평화기념관이 있다. 그러나 그것은 자기들의 피해를 주제로 한 기념관이다. 일본에는 외국에 대한 피해를 반성하는 기념물을 정부가 건립한 것을 찾아볼 수 없다. 고이즈미 일본 총리의 야스쿠니신사 참배나 일본의 검인정 역사교과서 왜곡은 그런 일본정부의 역사인식을 반영하는 것이라고 할 수 있다. 일본의 정치가들 나아가서는 일왕이 입으로 제아무리 과거사를 반성한다고 해도 일본정부 예산으로 동경 한복판에 '전쟁반성 기념관'을 건립하지 않는 한 그들의 반성의 말들은 공허하게 들려올 뿐이다. 우리는 그런 역사인식의 수준 때문에 일본을 2류 국가로 보지 않을 수 없는 것이다.

그래도 일본이 2류 국가의 자리를 지킬 수 있는 것은 일본의 지식인들 덕택이라고 할 수 있다. 야스쿠니신사를 참배한 고이즈미 수상에 대한 대중의 인기도가 매우 높다는 것을 기준으로 보면 일본의 수준은 3류나 4류밖에 안 된다. 그러나 지식인들의 역사인식은 우리보다 월등히 앞서 있다는 것이 최근에 밝혀졌다. 왜곡된 교과서를 실제로 채택한 학교가 불과 0.04%에 불과했다는 사실은 일반대중과는 달리 일본 지식인 특히 교직자들의 역사인식 수준이 독일에 버금가는 정도라는 사실을 보여주고 있다. 이것을 민간교류의 승리라고 평가한 일본학자도 있지만 나는 이것을 일본 지식인 특히 교직자들의 승리로 높이 평가하고 싶다.

독일과 일본에 비해 한국은 어느 수준일까? 박정희기념관 건립에 대한 208억 원이란 거액을 국고에서 지원하고 박정희기념사업회 명예회장직을 김대중 대통령이 맡고, 세금감면 혜택을 받는 500억 원의 국민모금을 허용한 나라가 우리나라다. 또한 6·15 공동선언에도 위배되고 자유민주주의 헌법에 보장되어 있는 사상, 신조, 언론, 결사 등 제반 기본적 인권마저 외면하는 국가보안법을 가지고 사람들을 체포, 구금하는 나라가 우리나라다. 이런 현상들은 바로 우리 정치권의 역사인식이 3류는 커녕 4류도 안 된다는 것을 극명히 보여주는 증거들이다. 경제협력개발기구(OECD) 국가는 물론이고 그보다 못한 나라들도 이 정도는 아니다. 그럼 우리 지식인들은 건전한가? 역사의식이고 양심이고 뭐고 다 접어두고 잇속으로 놀아나는 지식인들이 활개치는 상황에서 우리의 지식인들이 일본 지식인들을 비판할 자격이 있는가 묻고 싶을 정도이다. 일본에서는 자기의 신조를 지키기 위해 생명을 내던진 지식인들을 높이 사는 풍조가 일반대중 속에 자리잡고 있음을 본다. 우리의 현실과 비교되는 장면이다.

지금 정가에서는 임동원 장관 불신임 파동으로 디제이피 공조가 깨진 이후 김 대통령과 여당은 홀로서기와 정체성 확립에 골몰하고 있다. 정체성은 바로 역사의식 속에서 찾아질 수밖에 없다.

그럼 김대통령의 정체성과 역사의식은 무엇인가? 국민은 그의 정체성이 민족애와 민주정신이라고 보고 그를 지지하여 대통령에 당선시켰다. 그러나 김대통령은 지난 3년 8개월 동안 제대로 그런 정체성을 발휘하지 못했다. 아니 그와는 정반대되는 행위를 보여주기도 했다. 그 중 가장 두드러진 것이 박정희기념사업회 명예회장직을 맡아한 행위들이다. 그럼으로써 김대통령은 철저히 정략에 매달리는 모습을 보여왔다. 그를 지지했던 수많은 국민이 그에게 등을 돌리게 된 것은 바로 그러한 정체성의 상실과 역사의식 부재에 환멸을 느꼈기 때문이다.

하루빨리 이런 후진성을 극복해야 일본을 향해 제대로 된 역사의식을 요구할 수 있다.

주종환(동국대 명예교수·박정희기념관 반대 국민연대 상임공동대표)

【오후여담】 찻잔 속의 폭풍
『문화일보』 2001. 10. 5

'찻잔 속의 폭풍'은 원래 로마 속담이었다. 그러나 이 말이 역사적으로 유명해진 것은 로마의 웅변가이자 정치가인 키케로(BC 106∼BC 43)가 내분을 일삼는 로마 장군을 '찻주전자 속의 폭풍(storm in a teapot)을 일으키는 자'라고 비판하면서부터다.

로마 속담에서는 폭풍이란 말을 템피스트(tempest)라고 했으나 정작 키케로는 스톰(storm)이라고 불렀다고 영어사전은 설명한다. 주전자와 잔(cup)도 혼용된다. 어쨌든 이때부터 찻주전자 또는 찻잔 속의 폭풍은 큰 난리를 피워봤자 결국 사소한 결말로 끝나는 소동을 비유한 말로 쓰이기 시작했다.

돌이켜보면 우리 사회에는 '찻잔 속의 폭풍'에 해당하는 소동이 너무 많았다. 특히 국정 개혁을 이끌고 나갈 여당에서 한동안 거세게 일어난 자체 비판의 목소리는 모두 찻잔 속의 폭풍으로 끝났다. 연분에 따른 계파 중심 정치를 반성하자는 이른바 정풍(整風)운동이나, 밖은 시끄러운데 청와대는 조용하다는 이른바 청와대 평온론도 모두 잠잠해졌다.

이 나라 정치 풍토나 사회 분위기에 좀더 청신한 기풍을 몰고 올 진짜 폭풍이 일어나지 않고 그냥 한바탕 소동으로 끝나는 이유는 정치인들이 키케로의 운명을 너무 빨리 눈치챘기 때문이 아닐까. 로마 공화정을 수호하려던 그가 로마의 대권을 장악한 안토니우스에게 제거당한 바로 그 운명 말이다.

더 거슬러 올라가면 옷 로비 사건이나 조폐창 파업 유도 사건, 정현준·진승현 게이트 같은 금융 비리 의혹도 결국 찻잔 속의 폭풍으로 끝났다. 이번에 또다시 국민적 관심사가 된 검찰의 이용호 게이트 수사도 '공연한 헛소동'이 될 것 같은 예감이 든다. 제자리에서 맴도는 '성역 없는 수사'를 보면 이런 짐작을 지레 짐작이라고 나무랄 수 없다.

특히 고이즈미 준이치로(小泉純一郎) 일본 총리가 전격 방한하게 된 것을 보면 일본의 역사교과서 왜곡을 시정하라는 한국인의 열화 같은 요구도 찻잔 속의 폭풍으로 끝나는 것 같다. 그가 한국에 와서 '두고두고 후회할 일을 저질렀으니 제발 용서해달라'고 말할 리가 만무하기 때문이다.

진짜 폭풍을 기대한 사람들이 번번이 찻잔 속의 폭풍만 보게 되면 사람 속만 탄다. 그러니 폭풍은 당연히 찻잔 속에서 부는 것이지 땅 위에서 부는 것이 아니라고 생각을 바꿔 먹는 편이 정신 건강에 좋겠다.

포도를 못 따먹은 여우가 '그까짓것, 신포도겠지 뭘' 하는 것처럼. 너무 처량한 결론일까.

김성호 논설위원

【시론】 고이즈미 총리 보십시오
『동아일보』 2001. 10. 6

예부터 한국에서는 비록 반갑지 않은 사람일지라도 찾아오는 손님을 반갑게 맞이하는 것이 관습으로 되어 있습니다. 그러나 귀하의 방한을 맞이하는 한국 국민의 눈빛은 결코 따뜻하지 않다는 사실을 알아주시기 바랍니다.

처음으로 한국을 방문하는 귀하를 국민 모두가 함께 훈훈한 마음으로 환대할 수 없는 현실을 대단히 애석하게 생각합니다.

흔히 한국과 일본의 관계를 '일의대수(一衣帶水)'의 사이라고 말하고 있습니다. 두 나라가 얼마나 밀접한 관계에 있는가를 함축한 표현이라 하겠습니다. 그러나 표현에서는 이와 같이 친밀한 관계에 있음에도 불구하고 역사의 현실에서는 안타깝게도 '가깝고도 먼 나라'라는 특이한 양태로 표출되어왔습니다.

귀하께서도 잘 아시다시피 1965년 국교정상화 이후에도 한국과 일본 두 나라의 관계는 긴장과 갈등의 연속이었습니다. 긴장의 핵심은 과거사에 대한 귀국 일본의 이중적 태도였고, 갈등의 주체는 늘 일본이었다는 사실을 기억하시기 바랍니다.

그동안 일본은 과거 식민지 지배에 대하여 '유감·반성'과 '정당화·미화'의 사이를 상황과 필요에 따라 거침없이 반복해왔고, 이러한 과정을 겪으면서 일본에 대한 한국인의 불신은 더욱 깊어졌습니다.

1998년 김대중(金大中) 한국 대통령과 오부치 게이조(小淵惠三) 일본 총리는 '21세기의 새로운 한일 파트너십 공동선언'에서 '두 나라는 과거를 직시하고, 상호 이해와 신뢰에 기초한 관계'를 발전시켜나간다는 것을 약속했습니다. 그리고 일본은 '과거 한때 식민지 지배로 인해 한국 국민에게 다대한 손해와 고통을 안겨주었다는 역사적 사실을 겸허하게 받아들이면서 이에 대하여 통절한 반성과 마음으로부터의 사죄'를 천명하고 이를 문서화했습니다.

이를 계기로 그때까지 끊임없이 마찰을 빚어온 두 나라의 '특수한 관계'를 불완전하지만 그런대로 매듭짓고 '민족간 화해'의 길로 이어질 것을 우리는 기대했습니다.

그러나, 물론 귀하의 정권이 탄생하기 전부터 진행된 것이지만, 귀하의 정권 출범과 함께 불거진 역사교과서 왜곡 문제와 이에 대한 귀 정부의 미온적 대응과 귀하의 야스쿠니(靖國)신사 참배는 한일관계를 다시 파행상태로 몰아넣었습니다. 귀하와 일본정부의 이러한 대처는 분명히 '공동선언'의 정신과 배치되는 것이고 모든 한국인을 분노하게 했습니다. 그러한 의미에서 이번 방한과 함께 제시될 역사인식에 대한 귀하의 '진전된 입장'은 앞으로의 한일관계를 가늠할 중요한 의미를 지니게 될 것입니다.

우리는 현재 일본이 직면한 지도력의 위기와 파벌정치의 한계를 극복하고 경제적 재도약을 위하여 개혁과 변화를 주도하는 귀하의 정치적 용기와 결단을 높이 평가하며 성원하고 있습니다.

또한 전후 민주주의 이념과 제도 속에서 성장하고 교육받은 귀하가 일본이 갖고 있는 잠재력과 능력을 바탕으로 국내의 정치 및 경제 개혁을 추진하면서 보편적 가치를 추구하고 평화를 위한 국제적 공헌을 담당하는 방향으로 국가 침로(針路)를 이끌기 위하여 노력하리라 믿습니다.

그러나 다른 한편 우리는 귀하가 밝힌 자위대의 국군화를 위한 헌법의 조기 개정, 총리의 자격으로 행한 야스쿠니신사 참배, 역사교과서 수정에 대한 부정적 태도, 재일동포의 참정권 반대 등에 내포돼 있는 의도에 우려를 함께 하고 있다는 것을 알아주시기 바랍니다.

급변하는 세계 역사 속에서 동아시아의 한국과 일본, 중국 세 나라는 그 어느 때보다 신뢰를 바탕으로 한 긴밀한 연대와 협조를 필요로 하고 있다고 생각됩니다. 그러나 이를 위해서는 무엇보다도 먼저 세 나라가 공감할 수 있는 공통의 역사인식이 필수적이고, 일본이 그 중심에 있다는 사실을 기억하시기 바랍니다.

귀하가 정치적 결단과 용기로써 국내 정치에서 '고이즈미 혁명'을 주도한 것과 같이 한국방문을 계기로 한일 간의 '민족화해'의 물꼬를 트는 획기적인 전환점을 만들고, 나아가 동아시아 협력의 새로운 기틀을 만드는 데 기여할 것을 기대해 봅니다.

한상일(국민대 교수·국제정치학)

【아침을 열며】 미래의 일본을 위한 충고
『한국일보』 2001. 10. 10

더불어 사는 이웃되기 바라

지난 여름 일본의 왜곡된 역사교과서 채택문제가 심각할 때 친하게 지내는 일본인 교수가 이런 이야기를 해주었다.

"일본의 역사교과서 채택 문제는 이제 시작에 불과하다. 아마 일본의 진보적인 교원들의 분위기로 볼 때 교과서 채택은 1%를 넘기기 어려울 것이다. 그러면 한국 사람들은 문제의 교과서가 별것 아니라고 생각하고 곧 잊어버릴 것이다. 이때 야스쿠니신사 참배나 교과서 문제로 외교적 비난을 받은 고이즈미 총리는 몇 달 동안 냉각기를 가진 후 한국을 방문할 것이다. 그러면 양국 정치 지도자들은 현실적 이해관계 때문에 몇 마디의 수사를 섞어서 유감을 표시하고 한일관계를 원 상태로 되돌릴 것이다. 하지만 문제의 핵심은 일본의 민족주의적 보수화의 위험성이다. 이를 저지하기에는 일본 국내 지성인의 힘만으로는 어렵다."

따라서 한국에서 지속적으로 관심을 보여달라는 것이 그의 부탁이었다.

그의 예상대로 고이즈미 총리가 교과서 파동이 어느 정도 가라앉은 후에 방한을 하게 되었다. 일부 사회단체를 제외하고 언론도 미국의 아프가니스탄 공격에 눈이 팔려 그의 방한에 주목하고 있지 않다.

성질 급한 한국인들이 쉽게 지난 여름 일들을 잊어버린 것으로 일본에서는 이해할 수도 있다.

고이즈미 총리는 일본의 현실주의 보수 정치가이다. 21세기를 맞이하면서 어두운 과거를 씻고 보통국가론을 주장하는 일본 보수주의 정객들은 일본이 패전 후 맥아더사령부의 규정을 거치면서 민족적 자학을 해왔다고 생각한다.

이제 미래의 젊은이들에게 자랑스런 일본 민족의 역사를 가르치고 국제사회에서 자신감을 키워주겠다는 것이다.

하지만 그런 발상은 시대착오적이다.

일본의 노벨 문학수상자 오에 겐사부로가 잘 지적한 대로 그런 역사를 가르치는 것은 세계화의 시대에 일본 젊은이들을 국수주의적 민족주의자로 만들어 시대를 거슬러 살게 만들 뿐이다.

그런 역사관을 가진 젊은이들이 앞으로 몇십 년 후에 세계무대에서 다양한 사회의 사람들과 만날 때 얼마나 비웃음을 받게 될 것인가?

민족의 특성과 우수성을 내세우는 정치는 20세기의 낡은 정치적 패러다임에 불과하다. 이웃에게 끼친 상처의 아픔을 외면하고 역사를 미화해서 다른 사회를 차별화하도록 교육받은 미래 일본의 젊은이들이 세계에서 설 자리는 없을 것이다.

이제 민족이라는 20세기의 이데올로기는 벗어버려야 한다. 젊은이들에게 세계시민이 되도록 더불어 사는 지혜와 인류의 공동선을 가르치는 것이 보다 현명한 일이다.

민족이나 종교가 다른 사회와의 차별성만을 강조할 때 갈등과 오해는 증폭된다.

나치와 일본의 군국주의가 세계에 얼마나 많은 고통을 안겨주었는가. 또 21세기의 시작이 미국과 이슬람의 갈등에 의해 테러와 보복전쟁으로 얼룩지고 있는 것을 잘 지켜보고 있지 않은가.

일본은 21세기에 들어서면서 국제사회에서 정치적 영향력과 군사적인 힘을 강화하려고 한다. 하지만 힘의 논리는 또다른 힘의 반작용을 초래한다.

일본의 정치 지도자들에게 충고하고 싶은 것은 보다 높은 차원의 일본 미래를 건설하라는 것이다. 일부 우익 단체에 밀려 일본을 편협한 민족주의로 되돌리지 말고 더불어 사는 세계국가가 되기 위한 준비를 하라는 것이다.

우리가 일본의 역사왜곡을 우려하는 것은 과거사나 민족주의적 감정 때문만은 아니다. 일본을 미래의 동반자로 생각하고 국제사회에서 더불어 사는 이웃이 되기를 바라기 때문이다.

이번 한일 정상회담에서 정치적 이해관계 때문에 양국의 정치 지도자들은 역사교과서 문제를 대충 덮고 넘어갈 수도 있다.

하지만 양국의 미래와 젊은이들을 위해 잘못된 방향은 수정하도록 도와주어야 한다. 한국이나 일본의 젊은이들이 품어야 할 미래의 세계는 크고 넓기 때문이다.

염재호(고려대 교수 · 행정학과)

【포럼】 고이즈미 방한과 한일관계

『문화일보』 2001. 10. 13

고이즈미 준이치로(小泉純一郎) 일본총리가 오는 15일 방한한다.

작년 여름 '새로운 교과서를 만드는 모임'이 제작한 역사교과서 왜곡문제에서 시작하여, 올 8월 고이즈미 총리의 야스쿠니(靖國)신사 참배 문제에 이르기까지의 일련의 사건들로 인하여 경색된 한일 양국관계를 복원하기 위해서이다.

이에 대해 우리정부는 역사왜곡 교과서 및 신사참배 등과 관련해 일본측의 가시적인 조치가 없는 한 고이즈미 총리의 방한을 거부한다는 기존의 입장을 선회해, 일본에 대한 대응조치 철회를 검토하는 등 고이즈미 총리를 맞을 준비를 하고 있다. 이와 같은 한일 양국의 행동은 미국의 요구, 즉 반테러정책을 실시하기 위해서는 한일 간의 긴밀한 협력체제가 필요하다는 요구에 의해 촉진됐다.

과연 고이즈미 총리가 한국을 방문해 사과발언을 하고 또 반성의 제스처를 보인다면, 과거사 문제가 해소되어 건설적인 관계가 수립될 것인가.

돌이켜보면, 일본의 한반도식민지지배 미화발언의 원형이라고 할 수 있는 1953년의 '구보타(久保田)발언'은 과거사 문제를 애매하게 처리한 채 한일 기본조약이 체결됨으로써, 또 1980년대 초반의 역사왜곡문제는 나카소네(中曾根) 일본총리가 한국을 방문해 사과발언을 행하고, 전두환 정부가 요청하고 있던 안전보장 관점에서의 경제협력금 60억 달러를 제공함으로써 무마됐다.

또 최근에는 1995년 무라야마(村山) 일본총리가 '전후 50년 총리담화'를 통해, 또 1998년에는 김대중 대통령과 오부치(小淵) 총리가 합의한 '21세기 한일 파트너십 공동선언'을 통해 일본은 한반도 지배와 관련해 "통절한 반성과 마음으로부터의 사죄"를 표명했다. 그럼에도 불구하고 또다시 일본은 역사를 왜곡했으며, 한국은 격분하고 있다.

식민지 지배에 대한 일본의 미화·왜곡, 이에 대한 한국의 반발, 양국관계의 악화, 그리고 일본 총리의 방한을 통한 관계회복이라는 패턴은 왜 주기적으로 반복되고 있는 것인가.

그 원인은 한일 양국관계의 출발점에서부터 찾을 수 있다.

1965년의 한일 기본조약에 의해 한국과 일본은 정식 국가간 관계에 진입했다. 하지만, 한일 기본조약은 그 당사자국인 한국과 일본의 의지보다는 미국의 동북아시아 전략, 즉 공산주의의 위협에 대항하기 위해서는 자유진영에 속하는 한국과 일본의 결속이 필수적이라는 전략에 의해 추진된 측면이 강하다.

이 결과 한일관계는 다음과 같은 이중구조하에서 움직여지게 된다. 즉 안전보장과 같은 '상위정치(high politics)' 문제는 한일정부가 직접 관여하는 것이 아니라 미국을 매개로 한 한·미·일 삼각동맹체제(TASS) 틀 안에서 처리한다.

다른 한편 과거사 문제와 경제협력 문제와 같은 '하위정치(low politics)'에 속하는 문제는 한일 간에 직접 해결을 도모한다.

실제로 조약체결 후 식민지 지배에 대한 해석차에 의해 대변되는 하위정치를 둘러싼 양국의 마찰은 '북한위협'을 전제로 미국의 중재에 기초한 양국 정치가의 타협에 의해 무마돼왔다.

더욱 중요한 점은 작금의 한일 간 마찰의 원인이 과거 냉전시대처럼 역사에 대한 해석차이보다는 한일이 지향하는 미래의 차이에 기인하고 있다는 것이다.

한국의 경우는 작년 남북정상회담이 상징하는 남북긴장완화를 동아시아의 평화질서 구축의 토대로 인식하고 있다. 따라서 일본의 군비확장은 불필요할 뿐만 아니라, 동아시아에 새로운 불안요소를 만드는 것이라고 생각하고 있다.

반면에 일본은 남북긴장완화를 일본의 공산주의 위협에 대한 안전판으로서의 한국의 역할이 축소된 것이라고 생각하고 자국의 군비강화를 통한 '북한위협'에 직접 대처한다는 전략을 취하고 있다. 이것이 바로 탈냉전기에 있어 새롭게 부상된 양국간 마찰의 원인이라고 할 수 있다.

따라서 양국간 마찰을 양국의 최고정치가에 의한 타협이라는 기존의 방식으로 무마하는 것은 시대낙후적 해결방식이다. 한반도뿐만 아니라 일본을 포함한 동북아시아의 안녕과 번영이라는 장기적 비전에 선 새로운 정책적 대응이 요구된다.

신정화(경남대극동문제연구소 객원연구위원)

【시론】 결자해지(結者解之)해주기를……

『조선일보』 2001. 10. 13

교과서 파동과 야스쿠니신사 참배소동 이후 초래된 한일 간의 냉랭한 분위기에도 불구하고 고이즈미 준이치로 일본 총리가 15일 방한한다. 그의 이번 방한

이 전격적으로 마련된 데는 나름대로 불가피한 사정이 고려된 것으로 추측된다. 무엇보다도 테러보복 전쟁수행을 위해 동아시아 국가의 지원체제 구축을 서두르고 있는 미국의 양국관계 개선 요구에 화답해야 할 긴요성이 양국 정부를 움직였을 것이다. 또한 월드컵 공동개최를 앞두고 협력체제 강화는 양국 모두에게 시급한 외교 과제일 수밖에 없다.

우리 정부로서는 미·일 동맹체제의 긴밀화와 중·일 관계의 상대적 진척이 가시화되고 있는 가운데 거듭된 고이즈미 총리의 방한 요청을 거부하기에는 부담스러운 면이 있었을 것이다. 게다가 경제문제나 남북한 관계 등을 고려할 때 경색된 대일관계를 이대로 방치하는 것이 결코 유리하지 않다는 실리적 판단 하에 고이즈미 방한을 급거 수락한 것으로 보인다. 일본으로서는 반 테러 공조외교의 일환으로 추진하고 있는 자위대 해외파견 등의 매우 이례적이라 할 수 있는 대미 군사 공헌책에 대해 주변국의 이해와 협조가 불가결하다고 판단하였을 것이다. 더욱이 고이즈미 정권으로서는 과거사 마찰로 인해 악화일로를 걷고 있는 한국, 중국과의 관계는 적지 않은 외교적 부담이 되어왔으며, 자신의 집권 후 실종해버린 근린(近隣) 외교를 복원시켜야 한다는 일본 내 여론도 압박 요인으로 작용하였다.

그러나 악화될 대로 악화된 한국민의 대일정서가 이번 고이즈미 총리의 방한과 그가 연출할 상징적인 제스처로 과연 얼마나 개선될 수 있을지에 대해서는 매우 회의적이다. 돌이켜보건대 최근 한일관계 악화의 결정적 원인을 제공한 것은 고이즈미 총리 자신이라고 할 수 있다. 그는 자민당 총재선거와 참의원 선거를 치르면서 우경적인 유권자의 포퓰리즘적 지지만을 의식한 나머지 주변국과의 심각한 외교분쟁을 방치하거나 조장하는 행위를 서슴지 않았다. 편파적인 교과서를 검정 통과시킨 후 재수정을 거부하였으며 더욱이 과서사 갈등의 뇌관이라고 할 수 있는 야스쿠니신사 참배를 강행하는 우를 범함으로써 근린외교를 파국으로 이끌었다. 이는 결국 1998년 한일 양국이 미래지향적 관점에서 합의한 파트너십 공동선언의 근본정신을 송두리째 저버리는 행위로 비추어질 수밖에 없었다.

설상가상으로 일·러 간 잠정 합의로 '남쿠릴 수역에서 한국 선단의 꽁치조업이 사실상 배제될 예정이라는 최근의 소식은 그렇지 않아도 썰렁한 대일정서를 더욱 얼어붙게 만들고 있다. 이번 합의는 한국의 어업기득권을 무시한 것으로 설사 그것이 국제법에 비추어 적법한 조치였다 하더라도 양국관계의 친선 분위기 조성노력에 찬물을 끼얹는 것임은 물론이고 국제신의를 저버린 파렴치한 행위로 인식될 수 있다는 점에서 한일관계의 제3의 악재가 되고 있다.

일본측은 이번 총리의 방한을 실무 방문임을 내세워 체류시간을 불과 몇 시간 남짓으로 잡아놓고 최대한의 연출효과를 올리기 위한 일정 조정에 고심하고 있다는 소식이다. 고이즈미 총리는 빡빡한 일정에도 불구하고 일제 폭압통치의 상징성을 지닌 서대문 독립공원을 방문하여 사죄발언을 행할 것으로 알려지고 있다. 그러나 그가 난생 처음 밟게 되는 낯선 땅 한국에서 연출할 몇 시간의 방한극으로 난마처럼 엉클어진 한일관계를 얼마나 복원할 수 있을지는 극히 의심스럽다.

우리는 고이즈미 총리가 이번 방한을 계기로 올 들어 급속히 냉각된 한일관계의 원인을 깊이 통찰하여 결자해지의 자세로 양국간 갈등 현안을 풀기 위한 최대한의 성의와 진실된 태도를 보여주길 기대한다. 무엇보다도 과거사 문제에 대해 진솔한 사죄와 반성의 입장을 명확히 표명하고 이를 실천에 옮긴다는 확고한 결의를 보여주는 것이야말로 한일관계 복원의 첫걸음임을 깨닫길 진심으로 바란다.

이원덕(국민대 교수·정치학)

【시론】 한일 서로 禮는 지켜야
『중앙일보』 2001. 10. 13

작금의 언론보도를 보면 고이즈미 일본 총리의 방한을 수락한 정부 결정에 대한 비판의 소리가 높다. 특히 남쿠릴 열도에서 꽁치어장의 조업권을 놓고 한국을 배제하는 러·일 간의 합의사실이 표면화하자 한국 국민의 감정이 극도로 악화되고 있다.

고이즈미 항복하러 올까
그러나 교과서 문제와 야스쿠니신사 참배의 경위가 어떻든 간에 '동맹적 우방'인 이웃나라의 총리가 취임 후 처음으로 방한하겠다고 하는데, 사과부터 먼저 하고 오라는 것은 백기를 들고 항복하러 오라는 것과 다름이 없다. 이것은 사안의 성격을 아무리 따져보아도 예의가 아닌 것 같다.

지금 우리 국민이 일본교과서 문제와 야스쿠니 참배 문제에 대해 우려하고 있는 것은 일본 내 일부 보수주의자들의 모임인 '자유역사관 연구회'가 중심이 된 '새로운 역사를 만드는 모임'이 추진하는 과거사 미화 내지는 정당화 기도가 일본의 다음 세대를 잘못 가르쳐 1930년대의 일본 군국주의를 부활시키거나 역사를 역류시키는 것이 아닌가 하는 것이다.

물론, 일본 국민 중에는 과거 일본 제국주의의 영광을 구가하려는 사람들도 있을 것이다. 그러나 그것은 이번의 중등 역사교과서 채택 과정에서 본 바와 같이 결코 많은 숫자는 아니다. 이러한 군국주의 망령의 부활을 꿈꾸는 사람들과 일본의 미래에 긍지를 갖고 21세기에 꿈을 가지려는 건전한 민주적 일본인을 구별해야 할 것이다.

물론 한일 간에 있어서 서로의 역사인식이 중요하고, 그것이 상호 신뢰와 우의의 바탕이 되는 것은 사실이나 그것만이 양국관계를 형성하는 전부가 아닌 것도 사실이다. 우리가 과거사에 발목이 잡혀 언제까지나 앞을 보고 나가지 못하는 일이 있어서는 안 된다.

국가의 경영은 냉철한 계산과 전략에 기초해 이뤄져야 할 것이다. 우리 어민들이 내년에는 남쿠릴 열도 꽁치 어장에서 쫓겨날 것 같다는 보도를 보고, 필자는 왜 우리 정부 당국은 다소의 혜안과 용기가 없었는가를 탄식했다.

일본이 최후까지 타결짓고자 외무성 아시아·대양주 국장을 일주일이 멀다하고 한국에 보내 일본의 쿠릴 열도에 대한 주권이 훼손되지 않는 방향에서 타결하자고 했을 때, 이를 받아들이는 용기가 없었는지 한스럽다.

그때 냉철하게 국익을 고려한 용단을 내렸더라면 남쿠릴 열도 주변에서도 조업하고, 산리쿠 수역에도 입어할 수 있었을 것이다. 그것을 막은 것은 '국민 감정'이라는 오기와 이해 타산을 경시하는 무책임의 소치요, '교각살우(矯角殺牛)' 외의 아무것도 아니다.

따라서 우리는 글로벌리제이션화돼가는 세계 속에서 살아남는 전략을 그 어느 때보다 진지하게 생각할 때다. 한편, 일본으로서도 이웃 국가들을 더욱 배려함으로써 이들로 하여금 의구심과 우려를 갖게 해서는 안 될 것이다.

금번 교과서 왜곡 문제 및 고이즈미 총리 야스쿠니신사참배 등의 역사인식 문제와 남쿠릴수역 조업문제에 대한 일본의 대응은 세계 제2의 경제대국으로서 평화 헌법을 고수하는 국가의 모습으로 보기 어려운 면도 있다. 일본은 국제사회에서 경제력에 걸맞은 지도적 역할을 수행해야 하며 자국의 미래를 위해서라도 과거의 과오에 대해 반성하는 자세와 이웃 국가 어민들의 생존권을 배려할 줄 아는 아량을 보여야 할 것이다.

과거사 반성하는 결단을

특히 일본은 전전의 일본과 전후의 일본은 확연히 구분된다는 점을 스스로 인식하고 아시아 각국으로 하여금 그러한 사실을 알 수 있게 하는 자세가 필요하다. 전전의 일본은 한때의 잘못된 판단으로 인근 국가들에 다대한 손해와 고통을 안겨준 바 있으나, 전후의 일본은 땀과 눈물을 바쳐 의회민주주의의 발전과 경제성장을 이룩하고 확고한 평화정책을 고수하고 있음을 전세계에 인식시켜야 할 것이다.

이를 위해서는 전후 일본의 모습에 자부심을 갖되, 전전의 과오를 겸허하게 반성하는 결단이 요구되고 있다. 한일 양국 외교당국자 간의 사전 교섭에서 일본측이 말한 '전진적 생각'이 고이즈미 총리의 방한을 통해 가시화돼 한일 양국 간 관계 증진에 기여하길 바란다.

공노명(동국대 교수 · 전외무장관)

【기고】 韓日정상회담에 바란다

『한국일보』 2001. 10. 14

15일 한일정상회담이 열린다.

올초부터 교과서문제로 어려워지기 시작한 한일관계는 6월 이래 꽁치분쟁으로 더욱 꼬여들었고 한여름에 고이즈미(小泉) 총리의 야스쿠니신사 참배 공방은 불난 데 부채질하는 격으로 한일 간 갈등을 더 뜨겁게 달구었다.

이제 가을이 깊어지면서 정상회담도 열리게 되니 그간 경색됐던 한일관계가 가을바람처럼 시원하게 풀릴 수 있을지 세간의 관심이 크지 않을 수 없다.

고이즈미 총리는 지난 8월 15일 한국과 중국의 정상들과 빠른 시일내 회담을 갖자고 제안한 바 있고, 일본정부는 최근 양국과의 정상회담을 계속 요청해왔다.

문제는 일본정부가 한국이나 중국과 관계복원을 원하지만 관계악화를 가져온 쟁점에 관해 별다른 해결책을 제시하지 않고 있다는 데 있다.

일본의 중학교 역사교과서 왜곡문제가 불거졌을 때 일본정부의 입장은 1995년 무라야마 담화와 1998년 한일파트너십 공동선언의 정신과 여전히 일치한다.

그러나 문제의 우익교과서에 대해 사실 오류가 없는 한 특정 역사관을 가치판단할 수 없으므로 한국측의 재수정 요구를 들어줄 수 없다는 것이었다.

고이즈미 총리가 주변국의 반발과 국내 보수우익여론을 의식, 절충안으로 신사참배를 이틀 앞당겨 강행한 이후 한 말은 전쟁재발을 막고 평화를 기리는 마음에서 야스쿠니신사를 참배했다는 것이다.

A급 전범 14명의 위패가 합사돼 있을 뿐 아니라 천황숭배의 도구가 된 신토종교의 본산을 나카소네 이후 총리 신분으로 16년 만에 참배하면서 한 말이다.

고이즈미 총리는 자신의 이러한 모순적 입장을 한국에 앞서 찾은 10월 8일의 중국 방문에서 별로 수정하지 않았다.

그는 강택민 국가주석과의 회담에서 중일전쟁에 대해 "마음으로부터의 사과"를 표명했다. 말로만으로는 중국의 불신감을 누그러뜨릴 수 없을 것이므로 중일전쟁을 촉발시킨 노구교(盧溝橋)사건의 현장과 항일전쟁기념관을 방문했다.

물론 전쟁을 일으키지 않겠다는 부전결의와 아시아의 평화, 이를 위한 우호적 중일관계의 중요성을 피력했다. 그러나 내년에는 신사참배를 않겠다는 약속을 기대하는 중국측에 답을 피해갔다.

그럼에도 불구하고 강택민 주석은 중일 정상회담에서 중일 간 긴장국면이 완화됐다고 말해 양국이 관계정상화의 길로 접어들었음을 시사했다.

고이즈미의 방한은 그의 방중일지와 거의 비슷할 것이다. 일제의 식민지배가 가져온 한국민의 고통에 대해 사과를 표명하고 항일독립운동의 현장을 찾을 것이다. 그러나 왜곡교과서 재수정에 대해 종래의 원론적 입장만을 반복할 가능성이 크다.

중국에서 중일 간 통상마찰을 해결하려는 의지를 보인 것처럼 한국 어선의 남쿠릴 열도 수역 내 조업이 금지될 경우 대체어장을 제공하려는 수준으로 한일 간 꽁치분쟁을 해결하고자 하는 성의를 보일 수는 있을 것이다.

한국정부도 관계정상화를 수용해야 할 것인가. 일본 시민사회의 자정노력으로 우익교과서 채택률이 거의 제로로 최소화된데다 내년에 일본과 월드컵을 성공적으로 개최해야 하는 한국정부로서는 실효조치가 수반되지 않더라도 '수사적 반성'과 조그만 선물이라도 있다면 받아들이고 싶을 것이다.

더욱이 중국의 반응이 비교적 우호적이었으므로 한국만 보다 많은 가시적 조치들을 요구하기는 어려울 것이다.

이러한 사정을 감안할 때 한국정부는 일단 이번 정상회담을 계기로 관계복원의 길을 밟도록 하는 것이 합리적으로 보인다.

그러나 한국정부는 정상회담에서 보일 일본 총리의 관계복원 의지가 시발점에 불과하며 관계정상화 목표는 일본정부가 앞으로 보일 가시적 조치들에 의해서만 도달될 수 있음을 명백히 해야 할 것이다.

우리 국민은 일본정부가 교과서 왜곡문제에 대해 사과하고 재발방지를 기대한다. 또한 그러한 가시적 조치 없이 이번 정상회담이 열리는 것에 대해 안타깝게 생각하고 있다.

이 점을 생각할 때 정부는 교과서 공동연구와 같은 실용적 제안과 함께 역사문제의 중요성을 다시 천명해야 할 것이다.

한국정부는 한일관계에서 역사인식의 문제는 아직 청산되지 않았으며 이의 방치는 21세기의 한일관계에 여전히 걸림돌임을 재인식시켜야 한다.

이번 미국에서 발생한 전쟁차원의 테러사건으로 일본의 적극적 지원이 요청되고 있듯 아시아와 세계의 평화와 안보를 위한 일본의 기여는 21세기에 더욱 중요해질 것이다.

그러나 세계는 한국을 포함한 주변국이 전후처리를 제대로 못한 일본의 안보역할 신장에 강한 의구심을 가지고 있음을 알아야 한다.

특히 한국은 일본이 평화와 안보 파수꾼이 되기에는 부족한 정통성 문제를 꾸준하게 제기, 일본이 역사문제를 더이상 애매하게 방치하지 못하도록 해야 한다.

노벨 평화상 수상자이기도 한 우리 대통령은 이 점에 대해 명확하게 입장을 밝히고 일본의 역사청산 노력을 촉구해야 할 것이다.

이숙종(세종연구소 연구위원)

【시론】 춤추는 한일 외교

『문화일보』 2001. 10. 15

한국·한국인의 대일(對日)외교에는 2가지 결함이 발견된다. 하나는 우리 정치 지도자들의 억지(抑止)외교에 대한 몰이해이고, 다른 하나는 한국사회를 배회하는 '국민정서'라는 망령이다.

억지란 '비용과 위험'이 '기대하는 결과'를 웃돌 것이라고 상대방에게 인식시킴으로써 특정한 행동을 하지 못하도록 하는 것이다. 그러나 이런 억지외교는 상대방이나 상대국으로 하여금 신빙성이 있다고 믿게 할 필요가 있으며, 그 신빙성을 뒷받침해줄 수 있는 능력을 구비해야 한다는 전제조건이 필요하다. 능력은 억지하려는 측의 외교전략을 성공시킬 수 있는 가장 중요한 열쇠이다.

예를 들어 쿠웨이트를 침공한 이라크의 후세인 대통령에게 미국이 철수를 요구하면서 '……하지 않을 경우 가만 놔두지 않겠다'는 언급이 바로 억지외교의 한 예이며 후세인이 말을 듣지 않자 걸프전을 통해 이라크의 군사력을 초토화시켜버린 것이 바로 능력이다. 여기서 '미국은 한다면 한다'는 주변의 인식이 바로 신빙성일 것이다.

그러나 우리 정치지도자들은 대일외교에서 이따금 아무런 신빙성도 없고 능력도 없이 함부로 억지(抑止)외교를 남발하는 경향이 있다. 다시 말해 우리에겐 상대국(일본)에게 피해를 줄 수 있는 능력은커녕 일본경제에 의지하는 측면이 있는 처지에 걸핏하면 억지(抑止)가 아니라 엄포를 늘어놓는다는 이야기다. 일본 해상보안청의 선박이 독도 주변을 순회하자 김영삼 전대통령이 "버르장머리를 고쳐놓겠다" 한 것이나, 일본정부가 왜곡교과서 검정 승인 움직임을 보이자 김대중 대통령과 그 주변에서 "두고두고 후회하게 만들겠다"고 큰소리친 것은 억지외교의 일종이지만 그렇다고 이 외교술이 일본에 통했다는 징후는 전혀 발견되지 않고 있다.

오히려 우익단체의 교과서는 당당히 일본 문부성의 검정과정을 통과했으며, 교과서 파동의 주역인 고이즈미 준이치로(小泉純一郎) 일본총리는 한일관계의 성감대라 할 수 있는 야스쿠니신사 참배를 강행했다. 일본과 러시아가 남쿠릴 해역에서 한국어선의 꽁치조업을 금지시킨다는 게 사실이라면 그야말로 뒤통수 외교의 결정판일 것이다.

손자(孫子)는 "남이 침략하지 않을 것을 믿지 말고, 침략할 수 없음을 믿으라"고 했다. 그 말을 뒤집어 해석하면 상대방으로 하여금 내 의지대로 할 수밖에 없도록 만들라는 뜻이다. 그렇게 만들 수 없다면 일본에 대해 차라리 침묵해야 한다. 침묵하는 모습이 더 무서울 수 있다.

두번째로 '국민정서'라는 신탁의 소리가 있다. 여기서 신탁이라는 용어를 사용한 것은 그것이 대단히 불합리할 수도 있다는 뜻에서다.

"성품이 경망하고 언어가 간교하다……윤기(倫氣)가 끊어지고 없으니 금수가 사는 곳이다." "웃어른께 삼감이 없고 골육 간에도 칼질을 하며 사납고 모진 성질은 참으로 승냥이와 같다."

이는 조선통신사들이 남긴 일본견문록에서 뽑은 구절들이다. 조선통신사는 오늘날로 따지자면 외교사절이다. 그런 외교사절들이 바라본 일본관은 오늘날까지도 큰 변화 없이 우리 국민의 대일 정서를 형성하고 있으며 정부의 냉정하고 합리적인 외교거래를 어렵게 만들고 있다.

외교와 내정(內政)에서 나타나는 한국민의 뒤바뀐 의식도 국민정서의 큰 몫을 형성하고 있다. 국제무대에서 정의(正義)란 쌍방의 힘이 균형을 이룰 때나 비로소 성립될 수 있다(외교). 아니면 국가폭력이 보호해주는 사회 속에서 그 사회구성원끼리 추구할 수 있는 것이 정의다(내정). 그런데 한국인은 내정을 외교처럼, 외교를 내정처럼 다루려는 경향이 있다. 당연히 대일외교가 늘 뒤죽박죽일 수밖에 없지 않은가.

고이즈미 총리가 한국을 방문했다. 그가 최근의 한일관계에 대해 어떤 사과나 설명을 하더라도 그건 그다지 중요치 않다. 정말 중요한 것은 우리가 고이즈미에게 내보일 수 있는 신빙성 있는 카드다. 그것도 거부할 수 없는 카드여야 한다. 카드가 없다면 차라리 화해를 하는 것이 낫다.

이신우 논설위원

한일 정상회담 의미
『한겨레신문』 2001. 10. 15

15일 정상회담을 계기로, 일본의 역사교과서 왜곡으로 냉각됐던 한일관계는 일단 정상 궤도에 오를 것으로 보인다. 정부 외교당국자는 "고이즈미 총리가 지난 98년의 한일 파트너십 공동선언 수준의 사과를 했고 우리는 이를 받아들였다"고 말해, 일본의 역사인식을 둘러싼 갈등이 일단락됐음을 내비쳤다.

고이즈미 방한이 국빈방문이 아닌 공식실무방문이라, 두 나라 정상 간에 공동선언이나 합의문을 내지 않았다는 게 정부 설명이다.

역사교과서 문제와 야스쿠니신사 참배, 남쿠릴열도에서의 꽁치조업 등 현안들에서 국민의 기대에는 크게 미치지 못하지만 논의를 통한 해결의 발판은 마련하는 등 어느 정도의 성과를 끌어냈다고 우리 정부는 자체평가하고 있다.

역사공동연구기구 설치, 야스쿠니신사 문제에 대한 고이즈미 총리의 발언, 꽁치조업 협의를 위한 고위급회담 조기 개최 등을 그런 합의사항으로 볼 수 있다. 오홍근 청와대 대변인은 "특히 꽁치조업 문제에서 고이즈미 총리가 먼저 '지금부터 논의하자'고 적극적인 자세를 취했다"고 설명했다.

두 나라 정상이 예정 시간을 넘기며 단독 회담을 길게 가진 점도 의미가 있다. 김대중 대통령과 고이즈미 총리는 단독 회담에서 서로의 생각을 허심탄회하게 주고받았다고 한다. 이런 신뢰 형성이 앞으로 두 나라 관계를 정상화하는 데 긍정적 역할을 할 것으로 우리 쪽은 기대하고 있다.

그러나 정부 평가와 달리, 전체적으로 고이즈미 총리의 과거사 언급은 국민들의 기대수준에 못 미치는 게 사실이며 꽁치 문제도 정부당국 입장에서는 진전일지 몰라도 생존문제가 걸린 어민의 입장에서 보면 알맹이가 없는 립서비스에 불과할지도 모른다. 과거사 문제에 대한 그의 언급은 예전의 일본 입장을 되풀이하는 수준으로 교과서 왜곡 등으로 악화된 국민감정을 달래기에는 크게 미흡하다. 이에 대해 심윤조 청와대 외교통상비서관은 "고이즈미 총리도 일본 내부 정서를 의식해야 할 것"이라며 "그가 서대문 독립공원을 방문한 것 등은 예전보다 진일보한 것"이라고 말했다.

역사교과서 문제와 전몰자 참배 등에 대한 발언도 구체적 개선방안을 약속했다기보다는 원론적 노력을 강조한 데 그치고 있다. 일본 자위대의 해외파병 문제 등에선, 보기에 따라 서로의 생각과 우려를 솔직하게 개진했다는 점 이상의 의미를 찾기 힘들다.

급하게 성사된 이번 회담은 테러와의 전쟁을 선포한 미국이 불편한 관계에 있는 한국과 일본, 중국의 외교적 화해를 종용한 것과 무관하지 않다는 점에서 이번 한일 정상회담은 현안의 완전한 타결에 무게를 싣지 않고 있는 등 처음부터 일정한 한계를 안고 있었다고 할 수 있다. 하지만 한일의 두 나라 정부 모두 하루빨리 불편한 관계를 정상화시켜야 한다는 현실적 필요성을 강하게 느끼고 있었기 때문에 봉합의 형태로 관계정상화를 위한 조처들에 합의하게 된 것으로 보인다. 내년 6월의 월드컵 공동개최와 미국의 대테러전쟁 참여, 대북정책에서의 협력 필요성 등도 두 나라의 화해를 밀어붙인 외적 요인이라고 할 수 있다.

이는 두 나라 정부의 평가와 별개로, 한일관계가 언제든지 '불안정한 상황' 속에 다시 빠질 수 있다는 것을 뜻한다. 국민적 이해와 협조가 이뤄지지 않은 상황에서의 관계 정상화는 조그만 사건에도 쉽게 흔들릴 수 있기 때문이다.

박찬수 기자

【독자편지】 日총리 방한 수용 얻은 게 뭐 있나
『동아일보』 2001. 10. 16

고이즈미 준이치로 일본 총리가 방한해 정상회담을 갖고 돌아갔지만 정부가 무엇 때문에 일본 총리의 방한을 수용했는지 지금도 의문이 가시지 않는다. 일본 총리는 일본이 과거에 저지른 잘못에 대해서는 지금까지와 별로 다를 바 없는 수준의 말로 얼버무렸다. 또 역사교과서 왜곡 문제나 꽁치어장 분쟁 등에 대해서는 실무자의 후속 협의에 맡기자고 한 뒤 한국을 떠났다. 말과 행동이 다른 일본 극우 위정자들을 믿고 선물이나 기다리는 듯했던 정부는 제발 정신을 차리길 바란다. 한일 정상회담에 기대를 갖고 있던 꽁치잡이 어민들, 군위안부 할머니를 비롯한 한국 국민의 실망은 더 커졌을 뿐이다. 일본의 잘못에 면죄부만 준 꼴은 아닌지 반성하길 바란다.

최남식(경기 안양시 만안구)

【대일보복 철회 비판여론】 "日 구체약속 하나도 안했는데…"
『동아일보』 2001. 10. 16

정부는 고이즈미 준이치로(小泉純一郎) 일본 총리의 방한을 계기로 일본의 역사인식 문제와 다른 외교 현안들을 분리 대응해 한일관계의 난맥상을 풀어나갈 것으로 보인다.

정부 고위당국자는 "대일외교가 어려운 것은 역사인식 문제가 생기면 국민의 반일감정 등 때문에 일반 외교 현안도 '정상적인' 대응이 힘들다는 데 있다"며 이 같은 방침을 밝혔다.

이날 정부가 역사교과서 왜곡 파문 이후 취해진 각종 보복조치에 대한 단계적 철회 방침을 시사한 것도 반일 감정 때문에 일반적 외교 실리를 잃어서는 안 된다는 내부 지적에 따른 것이다.

정부가 역사인식 문제와 관련이 없는 꽁치분쟁의 해결과 2002월드컵 공동개최를 위한 양국간 협력조치 등에 속도를 내기로 한 것도 이 때문이다. 그러나 정부는 역사인식 문제는 고이즈미 총리가 제시한 '해법'이 제대로 실천되는지 여부를 평가하면서 신중하게 대처할 방침이다.

이는 한일 정상회담에 대한 여론의 평가가 정부와 상당히 다르기 때문이다. 당장 대일 보복조치의 단계적 철회 방침을 시사한 데 대해서도 부정적인 여론이 일고 있는 실정이다. 일본이 아직 실천적 의지를 보여주지 않은 입장에서 정상회담 하루 만에 보복조치를 해제하는 것은 지나치게 성급하지 않느냐는 것이다.

이 같은 비판적 시각은 고이즈미 총리가 방한시 내놓은 제안들이 구체성을 띠지 못하고 있고, 일본측이 과거에도 한국과의 약속을 저버린 적이 한두 번이 아니기 때문이다.

'일본 역사교과서 바로잡기 운동본부' 측이 이날 "고이즈미 총리가 역사인식 문제와 관련해 구체적인 행동약속을 한 것은 하나도 없다"며 "양국의 역사연구 기구를 만들자는 제안은 과거 정부 때도 있었지만 구체적인 성과가 거의 없었다"고 지적한 것도 이를 감안한 것이다. 윤덕민(尹德敏) 외교안보연구원 교수는 "과거사 문제에 매여 모든 한일 외교현안을 미뤄버린다는 것은 국익에도 맞지 않는다"며 "역사인식 문제는 정부차원의 노력뿐만 아니라 일본 내 양심있는 지식인 및 시민단체와 연계해 종합적으로 풀어나가는 노력을 기울여야 한다"고 충고했다.

부형권 기자

【기자의 눈】 "칼자루 받았다"

『동아일보』 2001. 10. 16

일본에서도 고이즈미 준이치로(小泉純一郎) 총리의 당일치기 한국 방문의 손익계산이 분주하다. 그 중에는 이번 방한으로 달라진 것은 없으며 앞으로가 중요하다는 의견이 많다.

그에 비하면 한국정부의 평가는 상대적으로 후하다. 한국정부는 교과서문제의 경우 '역사공동연구기구'를 설치하는 것으로 해결의 실마리를 찾았다고 보는 것 같다. 그러나 일본 문부과학성 차관은 "교과서의 공동 연구는 힘들다"고 선을 그었다.

야스쿠니신사 참배문제에 대해서도 한국측은 고이즈미 총리가 "누구나 참배할 수 있는 곳을 만드는 문제를 검토하겠다"고 한 발언을 주목하고 있으나 '누구나 참배할 수 있는 곳'과 야스쿠니신사는 별개 문제라는 '함정'을 읽지 못하는 것 같다. 일본 총리가 양쪽을 모두 참배하는 일도 생길 수 있기 때문이다.

꽁치어장문제도 현재로서는 일본이 대체어장을 제공하는 것이 유일한 해결책인데 일본이 쉽게 양보할 리가 없다.

일본의 일부 언론은 오히려 일본이 미군 지원 명목으로 파키스탄에 자위대를 파병하는 데 대해 한국측이 이해를 표시하자 "지금까지의 역사적 배경을 고려하면 획기적인 일"이라며 예기치 않은 소득을 얻은 것으로 평가하고 있다.

그런데도 한국정부는 이번 정상회담을 계기로 공은 일본으로 넘어갔다며 안도하는 것 같다. 하지만 일본에서는 공을 넘겨받은 것이 아니라 칼자루를 쥐게 됐다는 분석까지 나오고 있다. 일본 공영방송인 NHK는 "국내 정치기반이 취약해진데다 대통령선거까지 앞둔 김대중(金大中) 정권으로서는 국내의 반발을 무마하기 위해 일본의 태도를 주시할 수밖에 없을 것"이라고 전망했다. 한국정부가 당분간 무리한 요구를 해서 문제를 키우는 일은 없을 것이며, 일본정부의 태도가 한국의 국내정치에 큰 영향력을 행사할 것이라는 분석이다.

우리 정부의 분석을 믿고 싶지만 일본의 반응과는 너무 다른 것이 마음에 걸린다.

심규선 도쿄 특파원

【시론】 고이즈미가 다 아니다

『조선일보』 2001. 10. 16

고이즈미 준이치로 일본 총리의 방한은 '예상대로' 한국민의 분노에 기름을 끼얹은 결과만을 초래했다. 애초 역사 문제에 대해 실질적 조치를 취할 의사는 없이 최소한의 겉치레로 추진된 방문이었다. 게다가 설상가상으로 고이즈미 총리가 "서로 반성하자"는 '실수를 가장한 진담'을 하는 바람에 그나마 겉치레로서의 의미조차 상실되고 말았다.

일본 총리 고이즈미는 원래 그런 정치인이다. 그의 역사관에 식민지 지배가 정말로 잘못됐다는 인식은 존재하지 않는다. 외교에 대한 특별한 식견은 물론 경험도 없고, 더구나 한국이나 아시아에 대해선 관심조차 없다.

이런 '괴짜 정치가'가 총리 자리에 있다는 것이 일본의 현실이다. 침략전쟁의 상징인 야스쿠니신사를 참배하면서 평화를 기원했다는 궤변을 당당하게 전개하는 인물임에도 불구, 일본인의 80% 이상이 고이즈미 정권을 지지하고 있다. 이런 불가사의한 일본을 우리는 어떻게 인식하고 대응해야 할까.

우선 체계적인 대일 역사정책을 수립하는 것이 급선무이다. 그 정책의 기둥은 '원칙은 확고하게, 대응은 폭 넓게'가 돼야 할 것이다. 김대중 정부 초기에도 '유연한 대응'의 슬로건이 제기됐고 근본발상은 지금도 타당하다. 다만 일본사회의 변화에 대한 낙관적 기대 아래 '유연성'만이 강조돼 역사정책적 노력이 등한시된 것은 반성할 필요가 있다. 그러나 동시에 한국의 역사정책이 경직화되거나 감정이 선행된 대응으로 나타나는 것도 피해야 한다. 일본사회 전체에 국가의식의 복고 현상이 보이는 것은 사실이나 이것이 바로 과거 같은 군국주의 부활로 직결된다고 보기는 힘들기 때문이다. 한국·중국을 포함한 아시아 각국과의 역학관계를 보더라도 일본의 '패권' 부활은 그리 간단하지 않다.

또한 오부치 정권 시절 한일관계의 낙관적 기대감이 고조됐듯 일본의 지도층 안에도 한국을 포함한 대 아시아 관계의 중요성을 인식하고 일정한 과거 청산을 추진하려는 세력이 존재한다. '폭넓은 대응'이 필요하다는 것은 이 때문이다.

둘째, 과거 어느 때보다 지속적이고 장기적 시점에 입각한 대처가 요청된다. 일본에 오래 체류하면서 바라볼 때 한국의 대일 정책과 여론이 때로는 너무 큰 폭으로 흔들린다는 인상을 지울 수 없다. 과거 문제를 둘러싼 극한대립과 우호적 분위기 연출이 어지러운 속도로 되풀이되곤 한다.

한일 간 역사인식의 골은 너무나 깊다. 때때로 표면화되는 몇 가지 망언은 빙산의 일각에 불과하며, 일본사회의 평균적 인식 그 자체가 거대한 편견과 무지라고 해도 과언이 아니다. 이를 좁혀나가는 것은 하루 아침에 될 일이 아니다. 한국, 그리고 일본의 일각에서 이런 작업이 시작된 것은 10년 전 일에 불과하다.

고이즈미 방한 파동이 끝나고나서 또다시 금방 잊어버릴 일이 아니라 장기적으로 일본사회 내의 역사인식을 모니터링하고 정책적 대응을 하는 시스템을 만들어야 한다.

셋째, 정부보다 시민운동·단체가 나서 일본사회에 적극적으로 공세를 가하는 것이 오히려 효과적일 수 있다는 점을 염두에 둘 필요가 있다. 이번 역사교과서 파동에서도 일본 정치권의 국가주의적 움직임을 견제하고 결과적으로 성공을 거둔 것은 일본의 시민운동이며 여론이었다.

물론 일본의 시민 여론도 역사인식에 한계가 있는 것은 사실이지만, 최근 10여년 간 한일 간의 사회적 접촉과 교류를 통해 과거 같은 편견은 어느 정도 극복해오고 있는 것이 일본사회의 평균적 모습이라고 볼 수 있다.

잊지 말아야 할 것은 한일 간 역사인식을 좁히는 노력은 장기전이 될 것이라는 점이다. 길고 긴 싸움이 이제 겨우 시작됐을 뿐이다. 일본사회에서 전개되고 있는 복합적인 현실을 직시하면서 우리는 장기전의 신발끈을 동여매야 한다.

이종원(릿쿄대학 교수·국제정치)

【칼럼】 수상쩍은 '日 자위대 파병'

『문화일보』 2001. 10. 16

공전의 테러에 대한 미국의 보복공격이 시작됐다. 탈레반과 오사마 빈 라덴 등 이슬람 과격파에 대한 제한적인 공격이라는 방침에도 불구하고 상당수의 민간인이 휘말리고 있는 모양이다.

이미 옛 소련군과의 전쟁과 뒤이은 내전으로 피폐한 아프가니스탄의 국토는 사실상 폐허로 변하고 있다. 아프간에서는 지난 전쟁으로 인구의 10% 이상이 숨지고 4분의 1 가까이가 난민이 되어 기아선상을 방황하고 있다고 한다.

세계를 뒤흔든 비열한 테러는 결단코 용서할 수 없다. 그러나 20여 년에 걸쳐

빈곤과 공포, 절망과 기아의 한가운데에서 살아온 아프간 사람들은 그동안 세계로부터 무시당하고 버림받아왔다. 이미 충분히 역사의 잔혹한 운명을 짊어지고 온 것이다.

여기에 더해 이번에는 탈레반에 대한 무력제재의 희생자가 된다고 하니, 그 이상 가혹한 처지가 없을 것이다. 이런 불합리한 처사에 대한 분노 속에서 제2, 제3의 오사마 빈 라덴이 탄생할지도 모르는 것이다. 그것은 틀림없이 '끝없는 전쟁'(endless war)이 될 것이다.

그런 조짐은 벌써 나타나고 있다. 미국에서 탄저균 감염자의 발생은 그 원인이 밝혀지지 않았다고는 하나 생물 병기의 의심쩍은 확산을 암시하고 있는 것 같다. 설령 그것이 테러와 관계없는 것이라고 해도 테러에 대한 불안과 공포가 커져 그 그늘에서 두려워 떠는 일상생활이 그 후 계속해서 이어질지도 모르는 것이다.

생각해보면 이런 전율할 만한 세계의 출현은 거대한 역설을 감추고 있다. 글로벌화를 통해 세계가 어쩔 수 없이 '아메리칸 스탠더드'에서 벗어날 수 없는 생활을 하고 있었다고 한다면, 이번에는 그것을 강요당했던 세계로부터 테러의 역습을 통해서 미국이 테러의 그늘로부터 벗어나지 못하게 되고 있는 것이다. '글로벌화의 역습'이라고 해도 좋을 것이다.

이런 전율할 만한 시대의 도래는 정치·경제·군사·외교 그리고 문화·과학·기술 등 여러 분야에서 유일의 초대국인 미국의 압도적인 영향하에 있는 한국과 일본에 심각한 영향을 주지 않을 리가 없다. 특히 자국의 안전보장을 미국과의 동맹관계에 의지하고 있는 한국과 일본은 미국의 대테러 보복공격에 대해 어떤 '협력'을 할 것인지가 동맹의 '증거'로 간주될지도 모르는 것이다.

거듭 다시 생각해봐야 할 것은 동시다발테러가 사실상의 전쟁과 다름없는 피해를 주었다고 해도 그것을 전쟁이라고 인정, 자위권의 발동으로서 무력을 행사하는 것이 정당한가 하는 점이다. 또 무력행사가 과연 테러를 없애는 가장 효과적인 수단인지도 되묻지 않으면 안 된다. 백보 양보해 그러한 수단이 정당하다고 하더라도 행사과정에서 엄청난 희생이 예상된다면 다른 수단을 고려해봐야 하지 않을까.

생각해보면 처음부터 오직 무력제재로 내달린 미국의 대응에는 역시 석연치 않은 점이 있다. 테러는 사라져야 하지만, 무력제재가 바람직하다고는 말할 수 없다.

그러나 일본에서는 특히 고이즈미 준이치로(小泉純一郎) 총리의 퍼포먼스에 있어서 미국에 대한 '후방지원'을 놓고 '알아서 고개를 숙이는' 자세가 눈에 띄고 있다. 미국이 어떤 군사전략을 전개하고, 무력제재의 어떠한 시나리오를 그리고 있는 것인가, 그 전체적인 모습을 모르는 채 서둘러 자위대를 해외에 '파병'하는 것에 모든 것이 집중돼 있는 것 같다.

그것이 전후 50년에 걸친 일본의 안전보장 정책의 근간을 바꿔놓는 중요한 결정인 것을 고이즈미 총리도, 일본의 국민도 어디까지 자각하고 있는 것일까. 어딘지 불투명한 생각이 드는 것은 어쩔 수가 없다. 이상 사태의 혼란에 편승해서 일본 주변을 훨씬 벗어난 먼 거리까지 자위대를 '파병'할 수 있는 사태가 된다면 중국과 한국 등 주변국의 경계심은 쌓여갈 것이다. 교과서 문제와 야스쿠니(靖國)신사 문제 등 역사에 뿌리를 둔 불신감이 풀리지 않은 채 동아시아에는 다시 새로운 사태가 출현하려 하고 있는 것이다.

강상중(도쿄대 교수)

고이즈미 방한 성사 배경
『중앙일보』 2001. 10. 16

15일의 한일 정상회담은 양국 모두에 부담스러울 것이라는 전망이 팽배했었다.

일본의 역사교과서 왜곡과 고이즈미 준이치로 총리의 야스쿠니신사 참배에 대한 접점을 찾기가 쉽지 않았기 때문이다. 실제 회담도 그랬다. 그런데도 양국이 회담을 끝까지 밀고간 배경은 무엇일까.

여기에는 양국의 사정과 국제정세가 얽혀 있다는 게 전문가들의 분석이다. 우선 고이즈미 내각엔 교과서 문제로 꼬여버린 아시아 외교를 본궤도에 올려놓는 것이 발등에 불이었다. 중국과 인도가 역내에서 활발한 정상회담을 펼친 것도 역내 주도권에 대한 위기감을 불렀다는 것.

특히 고이즈미의 신사 참배에 대한 서구의 여론마저 악화되고, 국제무대에서 한국이 대일 비난의 수위를 높이면서 일본은 큰 부담을 느꼈다고 한다.

고이즈미가 5월과 8월에 김대중 대통령 앞으로 회동을 바라는 친서를 보낸 데에는 이런 사정이 깔려 있다는 것.

이 과정에서 고이즈미 내각 탄생에 깊숙이 개입한 나카소네 야스히로 전 총리가 큰 역할을 맡은 것으로 알려졌다. 총리 취임 후 야스쿠니신사를 참배했고 첫 해외 방문지로 한국을 택한 그는 고이즈미에게 아시아 외교에서 한·중의 중요성을 설파했다고 한다.

그러나 한국은 고자세였다. 국민 감정상 일본의 결자해지(結者解之) 없이 고이즈미의 방한을 받아들이기 어려웠기 때문이다.

'일본의 성의있는 조치가 없는 한 정상회담은 없다'는 정부 입장은 9월 말까지 이어졌다.

상황이 반전한 것은 추석 전후였다. 중국의 고이즈미 방중(訪中)을 수용한다는 방침이 감지됐다. 10월 상하이 아태경제협력체(APEC) 정상회의를 개최하는 중국으로선 일본의 요구를 무시하기 어려웠던 것으로 보인다.

그러자 정부는 '고립의 우려가 있다'는 판단을 한데다 대일 관계 악화가 경제로 불똥이 뛰는 국면이 조성되자 고이즈미의 방한을 수용할 수밖에 없었던 것으로 알려졌다.

특히 이 과정에서 테러전 대책을 위해 한일 화해와 그 연장선상에서 주한·주일 미군의 원활한 작전을 바라는 미국의 암묵적인 '등떠밀기'도 한일 양국이 무시하기 어려웠다는 분석이 있다. 한 외교소식통은 "미국 테러가 가져온 새 정세가 한일 정상회담 성사에 큰 영향을 미쳤다"고 말했다.

오영환 기자

【한국시론】 韓日관계 추락만은 막아야

『한국일보』 2001. 10. 16

고이즈미 준이치로(小泉純一郎) 일본 총리는 유관순 열사를 비롯한 독립투사의 영령들이 지키고 있는 서울 서대문 독립공원(옛 서대문형무소)에서 거듭 사죄와 반성을 표하였다.

아마도 지금까지 일본이 표명했던 어떠한 사죄 표현보다도 가장 진전된 것이 아닌가 생각한다.

언젠가부터 우리들은 과거사와 관련한 한일 간의 문제가 터질 때마다 일본의 사죄 표명 수위를 놓고 한일관계를 평가하는 경향을 보여왔다.

사죄와 반성의 표현 수위가 낮아서 문제였다면, 이번 고미즈미 총리의 사죄 표명으로 문제가 해결될지도 모른다.

그러나 사죄의 표명은 문제의 핵심이 아니다. 우리에게 중요한 것은 일본의 실천이다. 고이즈미 총리의 방한을 두고, 국내에는 온통 부정적 입장뿐이다.

그의 즉흥적인 말 하나하나에 쌍심지를 켜고 흠을 들쳐내고 싶은 강력한 의심이 우리에게 존재한다.

이번 방문이 아무런 성과도 없었다는 비난이 있지만, 고이즈미 총리는 처음으로 우리 땅에 와서 우리가 왜 그토록 분노하는가를 볼 수 있는 기회를 가졌다.

또 독립열사들의 혼이 서린 서대문 형무소도 방문했다. 비록 그의 방문이 우리의 분노를 잠재우기에는 턱없이 부족했지만, 한일 간 문제를 해결하기 위해서는 무엇을 해야 한다는 점을 일본총리가 느낄 수 있었다는 점은 평가할 만하다.

일본은 현재 명치유신 직전과 패전 직후보다 어려운 상황에 처해 있다.

일본은 어떤 선진국들도 경험한 적이 없는 최장의 심각한 경기 침체를 겪고 있으며, 국민들은 깊은 좌절감을 느끼고 있다.

버블경제 붕괴가 초래한 자산 디플레이션으로 1990~97년 일본 국내총생산(GDP)의 2년 분에 해당하는 약 11조 1,700억 달러의 자산이 사라졌다. 이는 1980년대 라틴아메리카의 '잃어버린 10년'에 비유되는 일본판 '잃어버린 10년'을 의미한다.

이러한 상황에서 국민들 사이에 좌절의 탈출구로서 민족주의 의식이 확산되고, 정치권도 이를 부추기고 있는 실정이다.

역사교과서 왜곡 등 우경화 경향은 일본의 정치경제에 대한 자신감 상실에서 비롯되는 측면이 있다.

과거를 미화하고 일본 국내에서만 통용되는 우월감을 강조함으로써 자신감 부족을 감추려 한다는 것이다.

활력을 잃은 일본사회에 국수주의적 접근을 통해 내부개혁을 위한 새로운 활력을 창출하려는 지배세력의 의도가 존재한다.

일본 정국에 있어서 일정 부분 국수주의적 움직임이 돌출되고 있지만, 왜곡 역사교과서가 국민들에게 철저히 외면당했다는 사실은 일본의 민주주의와 시민사회가 상당히 성숙되었음을 말해준다.

우리는 일본의 보수 우경화를 우려하고 있지만, 일본의 진로가 건강한 방향으로 흐르도록 유도하는 것에 우리의 이익이 있다.

최근 국내에서는 고이즈미 총리에 대해 부정적 평가가 일반적이나, 고이즈미 총리가 추진하고 있는 일본의 개혁 성패는 우리에게도 중요성을 갖는다.

우리 경제의 어려움은 적지 않은 부분 일본경제의 침체에 연관되어 있다. 일본경제가 장기적인 침체에서 벗어나 활력을 찾는 것은 우리의 경제적 어려움을 극복하는 긍정적 환경의 조성으로 연결된다. 또한 고이즈미 내각이 추진하는 개혁방향은 우리경제의 발목을 잡고 있는 재정적자, 연금 등 다양한 문제 해결에 있어서 시점이 많다.

자유민주주의와 시장경제를 공유하는 한일 양국의 우호와 협력관계는 양국의 번영은 물론 지역의 번영을 위해 매우 중요한 일이다.

특히 세계인의 축제인 월드컵을 공동 개최하기로 한 상황에서 양국관계가 '날개 없이 추락하는' 상황은 막아야 한다고 본다.

고이즈미 총리의 방한은 추락을 막는 실마리를 제공한 것으로 기대된다.

과거사문제는 하루아침에 해결될 성질의 것이 아니다. 한국내의 뿌리깊은 의심을 해결하는 길은 말보다 구체적 행동이 필요하다는 점을 인식해야 한다.

윤덕민(외국안보연구원 교수)

탈역사의 한일관계

『중앙일보』 2001. 10. 17

김대중(金大中)대통령은 9월 17일 언론 포럼에 참가한 아시아 신문 편집인들을 청와대에서 만났다. 심각한 갈등을 빚고 있는 한일관계의 해법과 한일 정상회담의 가능성을 묻는 질문에 金대통령은 이렇게 대답했다.

"일본이 일으킨 문제를 일본이 해결하면 일본 총리를 언제든지 만나겠다." 金대통령은 고이즈미 준이치로(小泉純一郎) 총리에게 결자해지(結者解之)를 촉구했던 것이다.

그래서 고이즈미 총리의 한국방문이 발표됐을 때 그동안의 물밑접촉을 통해 과거사에 대한 사과, 역사교과서, 꽁치잡이에 관한 정상들끼리의 큰 타결이 합의된 것으로 알았다.

그러나 그것은 환상이었다. 정부가 국민을 그렇게 오도한 것이다. 고이즈미 총리의 중국 방문이 확정되는 것을 보고 정부가 허겁지겁 고이즈미의 한국방문을 조건 없이 받아들여 고이즈미 총리는 세계여론 앞에서 일본이 한일관계의 복원을 위해 최선을 다했다는 말을 할 수 있게 해줬다.

日 총리 첫 독립공원 방문

두말할 것 없이 한일 간의 현안은 역사교과서, 일본총리의 야스쿠니신사 참배, 러시아와의 협상으로 남쿠릴 열도에서 한국어선들의 꽁치잡이 금지다. 이런 현안에 대해 고이즈미 총리는 해결책을 갖고 오지 않았다.

그의 사과발언은 전임 총리들의 수준을 넘어서지 않았고, 신사참배는 일본식 국립묘지 구상으로 해결할 뜻을 밝혔다. 역사문제는 학자들의 연구위원회 구성을 제안하고, 꽁치잡이는 실무진의 검토사항으로 돌렸다. 그가 떠난 자리에는 사무사(思無邪)라는 알 듯 모를 듯한 글귀만 남았다.

그러나 냉정하게 생각해보자. 과거에 대한 사과와 역사교과서와 꽁치잡이에 관해 일본의 큰 양보를 기대한 게 처음부터 현실적이 아니었다. 일본은 기본적으로 한국에 대한 사과와 보상은 그만하면 됐다는 입장이다. 어떤 총리도 정치적인 부담을 각오하지 않는 한 거기서 한걸음도 더 나갈 수 없다.

1970년 폴란드를 방문한 서독총리 빌리 브란트는 바르샤바의 옛 유대인 구역을 찾았다. 그는 나치독일에 학살된 50만 유대인의 위령비 앞에 무릎을 꿇고 독일인의 이름으로 저질러진 만행을 사죄했다. 그러나 부럽지만 일본은 독일이 아니고 고이즈미와 그의 선배총리들은 브란트가 아니다.

부끄러운 과거까지 포함해 스스로를 객관적으로 돌아보는 지적(知的)・도덕적 용기에서 일본인은 독일인을 따르지 못한다. 철학적인 독일인에 비해 일본인은 즉물적이다.

독일의 통일대통령 리하르트 바이츠제커가 "과거의 잘못을 외면하는 국민은 미래에도 그런 잘못을 되풀이한다"고 경고했다. 브란트는 어떤 국민도 그들의 역사에서 도망칠 수 없다고 말했다. 그러나 일본 지도자들에게는 마이동풍(馬耳東風)이다.

백년이 흘러도 서대문 독립공원에서 무릎을 꿇는 일본총리는 없을 것이다. 역사문제는 새세대의 일본인들이 왜곡된 교과서를 배척하는 데 기대하는 게 현실

적이다. 문제된 역사교과서의 채택률이 우익들의 기대에 미치지 못한 게 고무적
이다.

일본의 국내정치를 고려하면 고이즈미 총리의 서울에서의 행동반경은 좁은
것이었다. 그래도 그는 일본 총리로는 처음으로 서대문 독립공원을 방문해 일본
인들이 한국인들에게 가한 가혹행위의 현장에서 인간적인 충격을 받는 모습을
보였다.

미국이 당한 테러공격과 테러와의 전쟁, 그리고 지금 미국과 유럽에 공포 분
위기를 만들고 있는 백색가루 소동은 테러의 글로벌화가 얼마나 광범위한 것이
고, 국제적인 연대 없이는 테러와의 전쟁을 성공적으로 치를 수 없다는 것을 웅
변으로 말해준다.

미래지향적인 패러다임

우리가 능동적으로 입장을 바꿀 수밖에 없다. 바이츠제커는 1995년 일본 언론
과의 인터뷰에서 용서를 통한 "화해"는 원래 가해자가 아니라 피해자가 주도하
는 것이라고 설명했다. 한일관계에서 화해의 손길은 일본이 한국에 내미는 게
아니라 한국이 일본에 내미는 것이라는 의미다.

우리에게는 일본에 대한 힘있는 지렛대가 없다. 그래서 흡족한 사과를 받고
우리가 원하는 내용의 역사교과서를 만들게 하는 것은 불가능하다.

그렇다고 한국의 지정학적 위치에서 일본을 영원히 외면하고 살 수도 없다.
대승적인 자세로 한일관계의 패러다임을 미래지향적으로 바꿀 필요가 있다. 이
건 패배주의가 아니라 가해자에 대한 피해자의 용서요, 관용이다.

김영희 기자

【취재일기】 정교하지 못한 대일외교
『중앙일보』 2001. 10. 17

고이즈미 준이치로(小泉純一郎) 일본 총리가 7시간 30분에 걸친 첫 방한을 마
친 지 하루 만인 16일 정부는 대일 문화개방·군사교류 재개방침을 밝혔다.

일본의 역사교과서 왜곡에 항의해 지난 7월 '보복조치'를 내놓은 지 석달 만

에 원위치로 돌아간 것이다.

이 과정을 지켜보면 우리 외교가 좀더 소신있고 정교했으면 하는 아쉬움을 갖지 않을 수 없다. 동시에 외교에서 일본정부가 갖고 있는 어떤 집요함, 고단수도 보였다.

고이즈미 총리는 교과서 문제에 대해 "양국 역사학자나 전문가로 구성된 역사공동연구기구를 설치하자"며 빠져나갔다.

또 서대문독립공원을 찾아서는 일제의 가해행위에 대한 진솔한 사죄보다는 "서로 반성하자"는 말로 얼버무렸다. 이 발언이 문제가 되자 이를 취소했지만 본심은 그대로 보인 것이다.

물론 앞으로 일본측의 대응자세를 지켜봐야 하지만 신사참배, 교과서, 과거사 문제 등에 관한 고이즈미 총리의 발언은 '그럴듯해 보이지만 결국 실현 가능성은 없는' 내용이었다는 게 일본문제 전문가들의 지적이다. 결국 독일과는 다른 국가라는 점을 여실히 알 수 있다.

그러나 일본정부가 이번에 보여준 외교술은 간단치 않았다. 그들은 어떤 정책을 취하면 한국정부와 언론이 어떻게 대응할 것인지 정확히 예상한 것 같다.

일본은 우리 정부가 '국민정서상' 수용하지 못할 것이라는 점을 알면서도 남쿠릴열도에서의 한국 꽁치잡이가 일본의 영토문제를 건드린 것이라며 이를 취소해줄 것을 우리 정부에 수차례에 걸쳐 요구해왔다.

그러다 일정시점에 이르자 러시아에 강력한 '당근'을 제공, 러시아와 제3국 조업금지에 합의하는 데 성공하고 자국신문에 이를 흘렸다.

'우리가 한국정부에 그토록 애원했는데도 들어주지 않으니 어쩔 수 없는 조치였다'는 메시지를 우리 정부에 전달한 셈이다.

그 결과 가뜩이나 좋지 않았던 고이즈미 방한에 대한 한국 내 여론은 꽁치문제로 더욱 악화됐다. 그러나 일본의 입장에서 보면 골치 아픈 '과거사'나 '신사참배'를 희석시킬 수 있는 카드를 얻은 셈이다.

냉철한 인식과 항의를 받더라도 국익을 위해 용기있게 대처하는 외교의 모습을 보고 싶다.

이영종 통일외교팀 기자

【기자의 눈】 역사왜곡 규탄 포기했나
『동아일보』 2001. 10. 18

고이즈미 준이치로 일본총리가 15일 짧은 한국 방문에서 과거사 문제 등에 대해 별다른 성의표시 없이 돌아간 뒤 국내의 대일 감정은 더 싸늘해진 것 같다.

그런 가운데 16일 프랑스 파리에서 열린 제31차 유네스코 총회에서 한완상(韓完相) 부총리 겸 교육인적자원부 장관이 행한 '평화와 문화' 등에 관한 기조연설은 정부의 대일 '저자세 외교'의 현주소를 다시 한번 드러내 보였다는 지적을 받고 있다.

교육부는 한 부총리 출국 전인 12일 "일본 총리가 어떻게 나오느냐에 따라 연설 수위가 달라질 것이다. 외교통상부와 협의해 3단계 시나리오를 마련했다"고 밝혔다.

그러나 정작 연설문에는 일본의 잘못된 역사 인식을 지적한 대목이 한 곳도 없었다.

한 부총리는 "왜곡된 역사교육은 젊은 세대에게 부정적 영향을 미치고 국가간 협력을 위협할 것이다. 한일 양국이 설치하기로 합의한 '역사공동연구기구'가 미래지향적인 협력시대를 여는 계기가 되길 바란다"고 언급하는 데 그쳤다.

일본은 전에도 이와 비슷한 제안을 여러 차례 들고 나왔지만 별다른 성과가 없었고 이번에도 큰 기대를 모으지 못하고 있다.

한 부총리는 그러면서도 "노벨상 수상자인 김대중 대통령의 역사적인 북한 방문으로 평화정착의 첫발을 내디뎠다. 극악무도한 테러행위로 전세계가 경악한 이때 남북한간 장관급 평화회담이 개최된 것은 인상적"이라며 햇볕정책 전도에 더 열중했다.

일본에 대한 정부의 이러한 태도는 7월 역사교과서 왜곡 문제가 불거졌을 때 한일 학생교류를 전면 재검토하고 국제사회에 여론을 환기시키겠다고 큰소리치던 모습과는 대조적이다.

물론 대일 강경 대응만이 능사는 아닐 것이다. 그러나 의연하고 일관된 자세가 외교 관계의 기본임을 감안할 때 국제회의에서 따끔한 충고 한마디 못한 정부 자세를 국민은 어떻게 받아들일까.

이인철 기자

【성병욱 칼럼】 문제별로 방화벽을
『중앙일보』 2001. 10. 18

　　고이즈미 준이치로(小泉純一郎) 일본 총리의 방한은 한일 외교관계 정상화의
길은 열었으나 우리 국민의 마음을 여는 데는 실패했다.

　　어렵사리 이뤄진 양국 정상회담에도 불구하고 한일 간에는 상당 기간 냉랭한
분위기가 가시지 않을 것 같다. 정부는 고이즈미 총리의 방한을 수락하면서 그
가 역사교과서 문제나 야스쿠니신사 참배 문제와 관련해 '진전된 입장'을 표명
할 것이라고 했으나 실제로는 크게 진전된 내용을 찾아보기 어렵다.

　　고이즈미 총리는 서울 서대문독립공원을 방문한 자리에서 "……마음으로부
터 반성과 사죄의 마음을 갖고 여러 전시, 시설, 고문의 흔적을 참관했다"고 자
신의 역사인식을 표명했다.

　　그것은 "……통절한 반성의 뜻을 표하며, 진심으로 사죄의 마음을 표명한다"
는 1995년 무라야마 총리 담화는 물론 1998년 한일 파트너십 공동선언의 오부치
총리 발언 수준을 넘지 못한다.

미흡한 日 총리 반성 · 사죄

　　그는 교과서 왜곡 문제에 대해서도 문제가 된 중학교 역사교과서의 재수정은
물론 내년의 고교 역사교과서, 4년 후 중학교 역사교과서 재검정과 관련해 어떤
언급도 피했다. 다만 양국의 역사학자와 전문가로 구성된 역사공동연구기구를
설치해 올바른 역사기술이 이뤄지도록 하자는 장기적인 방안을 제시했다.

　　이는 연전 양국 정부의 합의에 따라 활동했던 '한일 역사연구촉진 공동위'의
건의를 진전시켜보자는 뜻으로 풀이된다. 역사공동위는 역사 자료와 기초정보에
대한 접근방법 개선, 역사 연구 인재 육성, 한일 역사연구회의 설치, 역사교재
개발에 관한 협력, 역사에 관한 풀뿌리 레벨 교류 확대 등 5개항을 양국 정부에
건의했었다.

　　이중 역사교재의 개발에 관한 협력 항목에 양국의 역사학자가 '한일관계사'나
'아시아의 역사' 등의 역사개설서를 공동으로 집필, 편찬하는 등의 가능성을 검
토하자는 매우 조심스런 건의가 담겨 있다. 이 역사개설서는 교과서가 아닌 일
반 역사책을 의미한다.

　　이런 상식적인 건의조차 조심스럽게 내놓을 수밖에 없었던 것은 과거사 문제

에 대한 일본측의 자세가 극히 조심스럽고 소극적이었기 때문이다.

고이즈미 총리가 제안한 한일역사공동연구기구가 발족된다 해도 일본측의 기본적인 소극성에 비추어 눈에 띄는 신속한 성과를 기대하긴 쉽지 않다. 오히려 일부 양국 역사학자 간에 이미 진행되고 있는 공동 저술작업이 정부 레벨의 관심표명으로 보다 조심스러워질지도 모를 일이다.

고이즈미 총리는 자신의 야스쿠니신사 참배 문제에 대해서도 분명한 언급을 피했다. 다만 "누구라도 참배가 가능한 방안을 검토하겠다"고 해 A급 전범 14명의 위패를 다른 곳으로 분사(分祠)하는 방안을 시사했다. 그러나 이 역시 일본 국내의 반대가 완강해 성사 여부가 매우 불투명하다.

이렇게 하나하나 따져보면 고이즈미 총리의 방한으로 최근 한일관계에 불신과 대립을 가져왔던 원인 중 어느 하나도 말끔히 해소되지 못했다. 그렇다고 해서 고이즈미 총리의 방한을 받아들인 것이 의미없는 일은 아니라고 본다. 원래 한일관계는 양국의 역사만큼이나 복잡한 문제를 안고 있다.

항상 어느 구석에서 문제가 터져 국민 감정이 자극될지 모른다. 그때마다 양국관계의 기조가 흔들려서는 곤란하다. 문제가 터지면 그 문제에 대해서는 강하게 대처하더라도 그것이 한일관계 전반을 흔들게 해서는 정상적인 한일 외교관계는 유지될 수 없다.

역사왜곡 대응 지속돼야

한일 간에는 독도나 역사문제뿐 아니라 경제협력·무역·안보협력·국제사회에서의 공조·인적교류 등 여러 중요한 협력 분야가 있다.

독도 문제나 역사문제가 터졌다고 해서 다른 모든 관계가 치명적 타격을 받게된다면 그것은 외교도 아니다. 이웃나라와의 관계에선 문제마다 방화벽(防火壁)을 쳐 설혹 어떤 문제가 터지더라도 전반적인 관계의 손상으로 파급되지 않게하는 지혜가 요구된다.

이와는 반대로 한일 양국의 전반적인 관계만을 고려해 문제가 해소되지 않은 역사교과서 왜곡에 대한 대응을 완화해서도 안된다.

일본의 역사왜곡에 대한 국제사회에서의 문제 제기와 일본 문화 개방스케줄의 현단계 동결 등의 직접 대응 조치는 일본측이 이 문제에 대해 가시적 성의를 보일 때까지는 철회하지 말고 꿋꿋하게 밀고 나갈 필요가 있다.

성병욱(중앙일보 고문·고려대 초빙교수)

【한국일보 포럼】 對日 보복조치 단계적 철회
『한국일보』 2001. 10. 18

정부가 한일정상회담을 계기로 일본 역사교과서 왜곡에 따른 문화개방 무기
연기 등의 보복조치를 단계적으로 철회키로 한 것으로 알려지자 반대여론이 뜨
겁다.

한편에서는 "이제 일본과 대화를 시작해야 할 시점"이라고 주장하지만 일각
에서는 "회담에서 얻은 것도 없는데 먼저 족쇄를 푸는 것은 외교적 무능"이라며
반대하고 있다.

찬성 - 이숙종(세종연구소 연구위원)

한일정상회담을 통해 양국 정부가 희망하던 관계복원이 시작되었다. 일본 총
리가 서대문 독립공원을 둘러보고 '반성과 사죄의 마음'을 전달했지만 앞서 진
실한 사죄의 마음을 담았다고는 평가받지 못했다.

또한 한일관계를 경색시켰던 현안에 대해서도 역사공동연구기구 설치, 전몰자
참배 대안방안 검토, 고위외교 당국간 꽁치협의 추진이라는 정도에 불과했다.

이런 상황에서 정상회담 바로 다음날인 16일, 정부는 일본정부가 역사교과서
재수정 요구를 거부한 데 대한 일련의 대일 보복조치를 단계적으로 철회할 방침
인 것으로 보도됐다.

타이밍에 무리가 있음은 분명하다. 그럼에도 불구하고 정부가 한일관계정상화
의 길을 가는 것은 타당한 방향이라 생각된다. 그 이유는 다음과 같다.

첫째, 이번 관계정상화는 정부간 외교관계의 정상화에 한하는 것이다.

즉, 한국 민심의 정상화는 아직 이루어지지 않았으며, 이는 일본의 성의 있는
향후 조치들에 달려 있다는 것이다.

갈등 현안을 협상하고, 공동으로 주최하는 월드컵의 성공과 경제 및 안보상의
협력을 위해 더이상 정부 간 대화를 단절할 수는 없는 것이다.

둘째, 한일관계를 경색시킨 원인은 정부간에 해결하기 어려운 역사인식의 문
제였다.

역사인식의 문제는 한국인과 일본인의 정신세계와 결부되는 것으로 한국측이
상대방을 도덕적으로 정죄하고 다그친다고 해결될 일이 아니다.

더욱이 정부가 역사문제를 해결하려들면 국내 여론의 볼모가 되어 그 해결이

지난해진다. 즉, 한국정부는 반일여론을 의식해 강경노선을 유지해야 하며, 일본 정부는 보수우익여론을 의식해 전향적 입장을 취하기 어렵다.

따라서 역사인식의 격차는 한일 양국 시민사회의 교류 활성화와 유엔 인권위원회나 유네스코와 같은 국제기구의 관여를 통해 서서히 좁혀나갈 수밖에 없다.

셋째, 역사문제는 이제 우리 정부의 대일외교 카드로서의 실효성을 잃었다.

일본 정계가 전후세대로 교체되면서 침략과 패전의 역사를 합리화시키려 하고 있다. 우경화로 일컬어지는 이러한 분위기 속에 '과거사'라는 카드는 일본에게 압력을 주고 있지 못한 것이 현실이다.

따라서 우리 정부는 카드를 새롭게 찾아내야 한다. 한국의 협력이 긴요한 부분에서부터 탐색을 시작해야 한다. 그러기 위해서도 대화를 해야 한다.

반대 · 김민철(민족문제연구소 연구실장)

단도직입적으로 묻자. 고이즈미 총리의 방한을 통해 한국정부가 얻은 게 무엇인가.

많은 사람들의 반대를 무릅쓰고 정부가 방한을 강행했을 때는 그에 따른 대가가 있어야 하지 않겠는가.

그러나 언론에 공개된 내용만으로 볼 때 고이즈미의 '보따리'는 사실상 비어 있는 것과 마찬가지다. 오히려 한국민의 대일감정을 더욱 악화시키고 한국정부의 외교적 무능을 확인시켜주는 결과다.

그가 서대문 독립공원에서 과거의 식민지배에 대해 사과한 발언은 결코 진심이 담겨 있지 않은 외교적 수사에 불과했다.

'서로 반성하고 협조하자'는 따위의 '의도된 실언'에 대해 더이상 말하지 않겠다. 다만 그가 사과를 뒷받침할 만한 약속을 했는가이다.

한국정부가 소리 높여 주장한 교과서 왜곡을 시정하겠다고 약속했는가. 식민지배로 피해를 입은 사람들과 그 유족에게 보상을 하겠다고 약속했는가.

심지어 야스쿠니신사에 합사되어 있는 조선인 영혼조차 궁색한 이유를 들어 반환하지 않고 있다.

사과란 실천을 전제로 했을 때 비로소 설득력을 갖는다. 고이즈미총리는 이번 방한에서 그 어느 것도 약속한 것이 없다. 애초부터 약속할 의사가 없는 것이다.

따라서 한국정부가 주장하듯 '진전된 발언'은 아무런 의미가 없다. 문제의 핵심은 한국정부의 외교적 무능과 무원칙에 있다.

불과 몇 달 전 한국정부는 일본교과서의 시정을 촉구하며 대일 강경노선을 천명했다. 시정할 때까지 대일문화개방을 연기하겠다는 등의 극단적인 발언을 하였다.

그러나 어느 것도 받아들여지지 않은 상태에서 일본 총리를 받아들였다. 자신이 내뱉은 주장을 헌신짝처럼 버려버렸다. 이렇게 쉽게 변할 정책이었다면 애당초 하지 않는 것만 못했다.

결국 교과서 문제를 둘러싼 정부의 대일 발언은 '국내용'이었다는 것을 스스로 증명하고 있다.

한국외교의 고질적 병폐인 무원칙과 무능력이 이번 교과서왜곡과 고이즈미 총리의 방한에서 그대로 드러난 것이다.

최소한 대북정책에서 취하는 자세의 10분의 1만이라도 대일관계에서 유지한다면 이런 지경에까지 이르지는 않았을 것이다.

문화개방과 교류를 누가 반대하겠는가. 그러나 지금은 정부가 자신의 발언에 대한 책임을 지기 위해서라도, 그리고 정책의 안정과 신뢰를 높이기 위해서도 기다려야 할 때다.

대일외교 악순환
『한겨레신문』 2001. 10. 22

일본 우익단체 '새 역사교과서를 만드는 모임'(만드는 모임)의 중학교 역사교과서 왜곡 사태를 계기로 급속하게 냉각된 한일관계가 거의 1년여 만에 정상화의 길로 접어들고 있다. 절대 얼굴을 대면하지 않을 것 같던 양국 정상이 이달 들어 5일 간격으로 두 번이나 만난 것은 적어도 양국 관계가 외교적인 차원에서는 급속히 복원되고 있음을 보여준다.

이런 관계 회복은 문제의 본질이 전혀 해결되지 않은 상태로 진행되고 있다는 점에서 미봉적이고 불안한 것이다. 양국 관계가 쟁점의 근본적인 해결 없이 서둘러 봉합되고 있는 데는 지난달 11일의 미국 동시다발 테러 이후 동북아 차원의 대테러 협력을 원하는 미국의 '압력'이 크게 작용했다는 얘기도 있다. 이른바 외인론이다.

그렇지만 양국 관계가 어색하게 미봉되는 것을 바깥 원인으로만 돌릴 수 없는 구석이 너무나 많다. 우선 역사왜곡 교과서 등 과거인식 문제에 대한 한국정부의 일관성 부족을 지적할 수 있다. 정부는 교과서 문제와 관련해 일본정부가 올 초 '만드는 모임' 쪽 교과서를 검정에서 통과시키자, 35개 항을 수정할 것을 요구했다. 이를 들어주지 않으면 관계 복원이 어렵다는 초강경 자세였다. 이후 일본 쪽은 이 가운데 겨우 2곳만을 수정했다. 이런 상태가 계속되고 있는데도 정부는 지난 15일 서울에서 열린 김대중 대통령과 고이즈미 준이치로 일본 총리의 정상회담에서 "역사공동위원회를 만들어 논의하자"는 일본쪽 주장에 동의해 교과서 문제를 장기적인 과제로 슬쩍 돌려놨다.

둘째는 대일 외교의 우선 순위가 예측 불가능할 정도로 춤을 춘다는 것이다. 이달 들어 러시아와 일본 사이에 남쿠릴열도 주변수역의 한국 꽁치조업 배제 움직임이 나오기 전만 해도 한일 간의 가장 커다란 외교쟁점은 역사왜곡 교과서와 고이즈미 총리의 야스쿠니신사 참배로 야기된 역사인식 문제였다. 이것이 남쿠릴열도 수역의 제3국 꽁치조업 금지 방침이 흘러나온 뒤 갑자기 일변했다. 마치 꽁치가 역사 문제를 잡아먹는 형국이었다. 일본 외무성의 고위 간부는 고이즈미 총리가 방한하기 직전 한 현안 브리핑에서 "이번 방한의 쟁점은 교과서도 야스쿠니도 아니다. 꽁치다"라고 말하기까지 했다.

물론 이런 잘못을 전적으로 정부 탓으로 돌릴 수만은 없다. 실제 대일 문제를 다루는 정부 관계자들을 만나보면 어느 외교 문제를 다루는 사람들보다 전문적이고 축적된 식견을 가지고 있다. 그들은 역사왜곡 교과서 문제가 터졌을 때도 감정풀이식의 일과성 대응보다는 중장기적인 관점에서 일본의 여론도 보면서 냉정하게 대응해야 한다고 강조했다. 꽁치 문제도 러시아와 일본의 영토 문제를 감안해 실리 위주의 대응을 하자는 주장을 폈다.

문제는 이들의 목소리가 정책에 제대로 반영되지 않는다는 것이다. "대일 문제의 경우 강경 일변도로 나가면 절대 손해를 보지 않는다"는 생각을 지닌 일부 정치권과 언론이 버티고 있기 때문이다. 꽁치 문제를 대일 외교의 최우선 쟁점으로 만든 것도 이들이었다. 이 문제가 처음에 발생한 지난 6월께는 역사왜곡 교과서에 대한 비판 여론을 등에 지고 일본과의 타협 가능성을 강하게 경계했던 이들은, 일본과의 비타협의 산물인 러일 꽁치교섭 결과가 고이즈미 총리의 방한 직전에 수면 위로 떠오르자 일제히 '정부 무능론'을 제기했다. 이런 분위기 속에서 정부는 꽁치 문제를 최우선적인 쟁점으로 올려놓은 채 매달렸고, 일본은 골치 아픈 역사인식 문제와 자위대의 해외파병 문제를 쉽게 돌파할 수 있었다.

결국 대일강경론을 정쟁 및 생존의 도구로 삼는 정치권 및 언론과, 이들의 주장에 줏대없이 휘둘리는 정부 당국이 3위일체가 돼 과거사의 미봉적인 해결과 눈앞의 이익에만 급급하는 대일 외교의 악순환구조를 재생산하고 있는 것이다.

오태규 도쿄 특파원

7차 교육과정이란?

『한국일보』 2001. 10. 22

2005학년도 대입부터 수능제도가 바뀌는 것은 2004년까지 제7차 교육과정이 초중고교에 모두 적용되기 때문이다. 7차 교육과정은 지난해 초등 1, 2학년에 적용된 것을 시작으로 올해 초등 3, 4학년, 중 1, 2002년 초등 5, 6학년, 중 2, 고 1, 2003년 중 3, 고 2, 2004년 고 3에 차례로 적용된다.

7차 교육과정의 가장 큰 특징은 초등 1~고 1 10년 간은 '국민공통기본교육과정'으로 정해 10개 과목을 배우게 하되 학생별로 '수준별' 교육과정을 운영하고, 고 2, 3학년은 선택중심 교육과정으로 정해 학생들이 학업수준과 적성에 맞게 자율적으로 배울 과목을 선택하게 하는 것이다.

초등부터 고 1 때까지는 기본소양을 공통적으로 익히게 하고 고 2, 3학년 때는 진로에 맞춰 각자 다른 심화과정에 집중하게 해 전 국민이 초중고교 과정을 똑같은 과목만 배우는 이른바 '붕어빵식' 교육에서 벗어나게 한다는 취지다.

고 2, 3학년 때 전면 선택과목제가 도입되면 지금과 같은 인문계, 자연계, 예체능계 등 계열구분은 사라진다.

고 1학년 때 배우는 국민공통기본교육과정에 포함된 과목은 국어, 도덕, 사회(국사 포함), 과학, 기술, 가정, 체육, 음악, 미술, 영어 등 10개. 고 2, 3학년 때 배우는 선택중심의 교육과정은 26개 일반 선택과목과 53개 심화 선택과목 등 총 79개 과목이다.

안준현 기자

【포럼】 국사교과서의 '과잉 민족주의'
『문화일보』 2001. 10. 26

　요즘 한 일본인이 쓴 『병(病)으로서의 한국내셔널리즘』이란 책이 화제가 되고 있다. 한국 민족주의는 혐오감을 줄 정도로 자민족 예찬에 차 있고 인종주의 냄새까지 풍긴다는 것이다. 최근 일본 역사교과서의 지나친 민족주의적 선회를 강도높게 비판하고 있는 우리에게는 충격이자 아이러니다. 이제 우리의 민족주의도 도마 위에 오른 셈이고, 따라서 우리의 역사교육도 결코 이로부터 자유로울 수 없게 됐다.

　오랫동안, 역사는 개인이나 다양한 집단을 다루기보다 '민족'이란 집단을 단위로 다루는 것이 일반적인 경향이었다. 따라서 역사교육이 민족의식 함양과 정체성 확립에 기여해야 한다는 것은 자연스러운 일이었다. 민족이야말로 나라의 힘을 한 곳으로 모으고, 구성원의 심리적 안정을 찾을 수 있다는 이른바 민족주의의 순기능에 별 이의가 없이 지내왔던 것이다. 그러나 곧 민족주의의 순기능과 역기능은 동전의 양면과 같다는 것이 밝혀지고, 민족주의를 강하게 표방하는 교육일수록 역기능 쪽으로 기운다는 것이 입증되고 있다.

　우리나라의 역사교육에서 민족주의에 각별한 관심을 가질 수밖에 없는 나름대로의 이유는 있었다. 한국의 근대는 제국주의 침략과 전근대성의 극복이란 이중과제 속에, 진정한 민족주의적 경험이 불가능한 상황에서, 실패한 근대화 과정에서 파생하는 저항민족주의만이 존재할 수밖에 없었다. 해방 후 남북분단과 냉전구조, 일본과의 불편한 관계 등은 진정한 의미의 민족주의적 성찰을 어렵게 만들었다. 이런 환경에서 국사교육은 일제에 의한 우리 역사의 왜곡을 바로잡아, 긍정적인 역사를 가르쳐야 한다는 탈식민사관으로 그 방향을 잡았다.

　그런데 문제는 이 '긍정적'인 역사교육이 민족주의의 역기능에 해당하는 여러 징후를 드러내고 있다는 점이다. 유신정권의 민족적 민주주의 단계를 거치면서 국적 있는 교육이란 구호 아래 우리 국사교육은 그 폐쇄성과 배타성을 더해갔다. 이 과정에서 실패와 약점도 우리 역사의 참된 일부이고, 우리에게 반면교사의 역할을 할 수 있다는 역사교육의 중요한 부분을 외면하려는 경향이 나타났다. 예컨대, 현대 정계의 난장판에는 분명히 역사성이 있을 터이고, 그래서 역사적으로 설명이 가능해야 하는데, 옛날과 무관한 돌출로 보려 한다.

　우리 국사교육의 문제점은 국사교과서의 내용에서도 쉽게 찾을 수 있다. 우선,

우린 민족주의 역사교육의 전제가 되는 한민족의 역사적 정체성 설명이 모호하다. 고조선, 3국, 고려, 조선으로 이어지고, 발해까지 편입시킨 우리 역사는, 만주가 우리 땅이라 아쉬워하고, '장백산'에서 대한민국 만세를 부르다가 핀잔을 듣게 하는 것을 넘어, 왜 그들 나라가 우리 민족인가 하는 설득력을 가진 설명은 찾기 어렵다.

인접국과의 관계에서 객관적인 비교사적 관점의 결여도 문제다. 중국에는 항상 방어적이고 일본에는 공격적이다. 전자와의 관계에서는 대결과 독립성 유지를 강조하고 후자의 경우에는 혜택을 줬다는 것만을 부각시킴으로써, 진정한 교류의 이해를 어렵게 만들고 있다.

한국사의 소위 긍정적인 연구성과를 전후 좌우와의 연결을 소홀히한 채 반영함으로써 내용서술의 균형을 깨고 블록화를 조장한 것도 민족주의 과잉의 한 단면이다. 자본주의 맹아론이 근대성과 별개의 것이라는 것이 정설인 지금에도 조선후기의 변화를 근대적 변화로 착각할 정도이다. 독립운동사의 경우도 마찬가지이다. 근대화에 실패한 민족이 공유하는 저항민족주의를 마치 우리만이 격렬하게 투쟁한 것같이 비치도록 서술하고 있다.

민족주의적 관점은 내용서술의 균형성에서 영향을 주고 있다. 해방전후사에서 사회주의 계열의 활동내용이 상대적으로 빈약한 것은 대표적인 예이다. 보수주의와 민족주의가 같은 맥임을 입증하는 대목이다. 그밖에도 우리 문화유산에 대한 지나치게 후한 평가, 고조선을 강조해 역사연대를 끌어올리려는 노력, 위인을 실존적 인물로 되살리려는 노력을 외면하고 무오류의 완벽한 인간으로 서술하려는 것 등도 재고해봄직하다. 민족주의 문제와 국정교과서문제는 무관하지 않다. 국정교과서제도는 장점도 있겠지만, 학생에게 교과서의 다양화를 통해 보폭 넓은 학습기회를 줄 수 없게 만들 뿐만 아니라 민족주의를 이용한 지배자의 담론에 이용되고, 이는 곧 억압구조로 작용할 개연성도 가지고 있다.

윤세철(서울대 명예교수 · 역사교육학)

화해의 월드컵을 위하여

『한겨레신문』 2001. 10. 29

9월 11일 미국 뉴욕의 테러로 시작한 미군의 아프가니스탄 폭격, 그리고 탄저균 테러사건은 세계를 전례없는 위기로 몰아넣고 있다. 고조된 증오는 군사행동과 테러의 일상화를 낳고 광신을 불러일으킬지 모른다. 지금 우리 앞에 있는 것은 세계전쟁이 아니다. 세계전쟁은 승리가 목적이고 결국 승자와 패자를 냄으로써 끝난다. 현재의 위기는 그대로 진행되면 인류의 공멸에 이를 것이다.

어떻게 해서든지 그런 방향으로 진행되는 것을 막아야 한다. 그를 위해서는 어떤 형태로든 대화를 통해 탈출구를 찾아야 한다. 그와 동시에 증오와 광신, 비타협적인 대립의 세계적 확산을 막기 위한 지역 차원의 노력도 필요하다. 동북아시아는 이슬람이 적고 팔레스타인 문제 개입 정도도 약하기 때문에 이 지역에서 이슬람과 비이슬람의 공생세계를 만들기 위한 메시지를 보내는 것은 의미가 있다.

더구나 이 지역은 대립을 넘어 테러를 극복하는 데 더욱 진지한 자세를 취해야 할 특별한 사정을 갖고 있다. 한국과 일본은 내년 5월에 2002 월드컵 축구대회를 공동개최한다. 이 대회를 훌륭하고 대과 없이 치르는 것은 전세계 사람들에 대한 양국의 책임이다. 내년 미국의 솔트레이크시티에서 벌어지는 동계 올림픽대회도 커다란 문제지만, 월드컵 축구대회는 훨씬 더 많은 사람들이 참가하고 관중의 흥분도도 훨씬 높다. 테러에 대한 철저한 안전관리 대책이 있어야겠지만 그것만으로는 부족하다. 주최국은 전세계에 대해 평화와 화해의 메시지를 보내고 그것을 인정받아야 한다.

또 수최국은 주변국, 동북아시이 지역 여러 나라에 협력을 요청해 지지를 받고 축복의 분위기를 조성해야 한다. 한국과 일본의 가장 중요한 과제는 북한의 지지를 얻는 것이다. 이를 위한 3자회담이 이른 시일 안에 열릴 필요가 있다. 한국의 움직임이 기대된다.

현재 북한과 일본 간에는 접촉이 끊겨 있는 상태다. 지난해 4월 7년 만에 재개된 북일 국교교섭은 4월 평양, 8월 도쿄, 10월 베이징에서 3차례 열렸으나 사실상 결렬된 지 이미 1년이 지났다. 원인은 북한이 국교수립의 전제는 '과거의 청산'이고 그 내용은 '사죄와 보상'이라고 주장한 데 대해, 일본 쪽이 사죄는 무라야마 도미이치 담화로 대응하고 보상은 한일조약 방식으로 하자고 제안했고 그것을 북한이 거절했기 때문이다. 따라서 북일회담은 북한 쪽 주장에 대한 일본 쪽의 새 응답이 없으면 열리기 어렵다.

지난해 11월 30일 무라야마 전 총리를 단장으로 하는 북일국교촉진국민협회 대표단이 평양을 방문했다. 나는 비서장으로서 동행했으나, 평양에 도착한 다음 날『로동신문』에는 "과거청산 없는 관계개선은 꿈도 꾸지 말아라"는 제목의 대논문이 실렸다. "일본이 조일(북일)관계 문제해결의 기본열쇠인 과거청산에 어느 정도 성실성을 가지고 나오느냐에 따라 우리도 쌍무관계개선을 포함한 일련의 문제들에 대해 결심을 내리게 될 것이다. 이런 원칙적 입장으로부터 출발하여 지난 10월 말 베이징에서 열렸던 조일정부간 회담 때 우리쪽은 일본쪽에 과거를 청산할 준비가 되면 언제든지 다시 마주 앉을 수 있다고 하였다. 우리쪽은 일본 쪽의 불성실한 태도를 강하게 추궁하고 과거청산 준비를 똑바로 한 다음 회담에 나와야 한다는 것을 엄숙히 경고하였던 것이다." "우리는 일본이 계속 지금의 자세대로 나온다면 진전이 없는 회담에 흥미가 없으며, 거기에 언제까지 불편하게 구속돼 있을 필요를 느끼지 않는다."

그 뒤 10개월 사이에 일본은 모리 요시로 내각이 물러나고 고이즈미 준이치로 내각이 들어서 지지율이 올랐으나, 외무성이 매우 심각한 오직사건으로 무력화 되고 교과서 문제와 야스쿠니신사 참배문제로 한국·중국의 비판을 받는 와중 에서 북일교섭은 생각할 여유도 없었다. 지금도 고이즈미 정권의 관심은 테러에 대한 미국의 군사행동을 지원하는 태세를 어떻게 만들까 하는 데 집중돼 있다. 실로 난처한 상황인 것이다.

고이즈미 총리는 한국과 중국의 비판에 대해 어떻게든 대응해야만 하는 상황 에 몰려 양국을 방문했다. 한국에서는 '서로 반성' 등의 쓸데없는 말을 하는 실 수를 범했으나, 기본정신은 '반성과 사죄'라는 것을 확실하게 확인했다. 두 나라 정부가 앞으로의 행동이 중요하다고 말하고 있으므로 지금부터 고이즈미 총리 에게 실질적 행동을 촉구해갈 기회는 있다고 생각한다.

현재의 위기 중에서, 더욱이 월드컵을 이 땅에서 한일이 공동개최하는 마당에 북한의 정신적인 지지, 가능하면 구체적인 협력을 얻기 위한 제의를 하면 어느 입장에 있는 사람도 거부할 수 없을 것이다. 그리고 이런 대화에 일본이 끼여들 기 위해서는 북일교섭의 재개도 동시에 이뤄져야 할 것이다.

일본정부는 일본이 할 수 있는 모든 수단을 동원해 최소한이라도 필요한 행동 을 취할 필요가 있다. 이런 의미에서 한국으로부터의 계속적인 지원을 기대한다.

와다 하루키(일 도쿄대 명예교수)

【지평선】 국사교육과 교수증원

『한국일보』 2001. 11. 6

지난달 김대중 대통령과 고이즈미 준이치로 일본총리가 '역사공동연구기구'를 설치하기로 합의했다. 양국의 역사학자가 참여할 이 기구가 어떻게 설립될지 자못 궁금하다.

일본의 학문수준은 정평이 있다. 세계에서 가장 앞선 분야도 적지 않다고 한다. 양국 간 학문수준에서 격차가 있을 터인데 대등한 연구가 가능할 것인가 걱정하는 사람도 있다.

일본의 자국사 연구자는 통상 2만 명을 헤아린다. 이들이 연구하는 주제는 폭넓어서 매년 엄청난 업적이 나온다.

그뿐 아니라 외국사연구도 대단하다. 서양사는 물론, 중국사와 인도사, 그리고 이슬람역사도 깊이있게 연구해서 자국사 연구에 막대한 도움을 준다.

시오노 나나미의『로마인 이야기』처럼 한국 독서계를 휩쓴 일본인의 역사책은 무서울 정도이다. 그런 일본인 학자와 공동연구가 어떨지 뻔히 결과가 보인다.

교육부가 내년부터 2년 간 매년 1,000명씩 국립대학 교수를 증원시킨다고 한다. 교육여건 개선을 위한 이 계획은 주로 이공계 교수의 증원이 목직이다. 아마 한국사 전공교수를 확충하려는 계획은 없으리라 생각된다.

주요 국립대학 인문대의 한국사 전공교수의 수를 보면 한심할 지경이다.

서울대는 10명, 강원대는 3명, 충남대는 5명, 경북대는 4명, 전북대는 7명, 전남대 3명으로 주요 국립대학 교수를 모두 합해도 60여 명 남짓하다.

사범대에 소속된 2~3명의 전공교수까지 합하면 10여 명 더 늘어날 정도이다.

한국에선 대학에 자리잡지 못하면 한국사 연구를 지속하기 어렵다. 연구기관도 별로 없는 형편이고, 평생 직장 없이 전문가로 지내기도 어렵다.

사립대학에선 겨우 두세 명의 전공자가 학과를 운영하는 경우도 있다.

대학마다 한국사 교양과목이 많이 개설되지만 전공교수가 절대 부족해서 주로 강사들이 대단위 강좌로 강의한다.

교육부가 모처럼의 증원기회에 한국사 전공교수를 배려할 것인가.

지금 내년도 교육예산이 심의중이다. 국민을 대변하는 국회의원들의 대국적인 안목이 기대되는 시점이기도 하다.

최성자 논설위원

【기자의 눈】 두 얼굴의 일본

『동아일보』 2001. 11. 25

22일 일본 총리관저와 방위청 등은 한국의 미사일 실험 발사를 놓고 소동을 벌였다. 북한의 대포동 미사일이 발사된 것 아니냐고 호들갑도 떨었다. "한국정부가 미리 알려주지 않았다"는 잘못된 불만의 목소리도 터져나왔다.

그런 일본이 25일 요코스카(橫須賀) 구레(吳) 사세보(佐世保) 기지에서 해상자위대 함정 3척을 일제히 인도양으로 발진시켰다. 미국의 테러전쟁을 지원한다는 구실 아래.

이웃나라의 예고된 미사일 실험발사에 이처럼 신경을 곤두세우는 일본이 자위대 함정 파견이 주변국가들에 주는 우려와 불안감에 대해서는 왜 그렇게 무감각한 것일까.

일본은 미군을 지원하기 위해 일사천리로 새 법까지 만들었다. 이번 임시국회에서 유엔 평화유지활동(PKO) 협력법도 고쳐 자위대의 활동영역과 무기사용 범위도 대폭 늘릴 예정이다. 평소 자위대의 활동에 비판적이던 야당들의 목소리는 거의 들리지 않는다.

어떤 의미에서 자위대의 활동 강화는 역사교과서 문제나 고이즈미 준이치로(小泉純一郎) 총리의 야스쿠니(靖國)신사 참배보다도 더 심각한 문제다. '과거의 문제'가 아니라 오늘의 문제이고 내일의 문제이기 때문이다. 그런데도 한국·중국 등 이웃나라에서조차 견제와 우려의 목소리가 크게 들리지 않는다. 일본이 내세우는 '테러 방지'와 '국제 공헌'이라는 명분에 밀린 때문인가.

일본에선 "자위대의 활동 폭이 넓어졌다고 무조건 '군사대국화'나 '우경화'로 볼 필요는 없다"는 주장도 있다. "보통국가로 가기 위한 과도기적 진통"일 뿐이라는 것이다.

수긍할 대목이 없지 않지만 "우리가 하는 일에 도대체 무슨 잘못이 있느냐"고 강변하는 요즘 일본의 분위기는 걱정거리다. 그런 일본인들에게 말하고 싶다. 이웃나라의 정상적인 군사훈련에 과잉 반응하기보다는 스스로를 돌아보는 것이 일본에 대한 주변 국가들의 의구심을 더는 일이라고.

심규선 도쿄 특파원

【한일관계 국제학술회의】 "한일 주류세력 미래 협력해야"
『문화일보』 2001. 11. 26

세종연구소(소장 백종천)와 현대일본학회(회장 이정복) 공동 주최로 24, 25일 이틀간 열린 「전환기의 동북아질서와 한일관계」 국제학술회의에서 양국 전문가들은 동북아평화와 안정을 위해서는 양국의 주류세력이 중심이 되어 과거문제를 해결하고, 국제적 시각과 기준에 맞춰 협력을 강화하는 것이 중요하다고 강조했다.

제1회의 · 한국과 일본의 국가진로와 동북아 질서

첫 발제자로 나선 기타오카 신이치(北岡伸一) 도쿄대 교수는 "일본은 1955년 자민당 중심의 파벌정치가 수립 이후 국가전략 부재상태를 겪고 있다"며 "일본이 정상적인 국가발전을 이루려면 총리의 권한이 강화돼야 한다"고 밝혔다. 기타오카 교수는 또 "글로벌리즘이 전세계적으로 확산되는 상황에서 더이상 지역국가로 남아서는 생존을 보장받기 힘들다"면서 "한국과 일본은 아시아의 대표적 국제국가로서 글로벌 스탠더드에 맞춰 협력을 확대해야 한다"고 말했다.

김영작 국민대 교수는 21세기 한국이 취해야 할 대외전략으로 구한말 황준헌의 '조선책략'을 응용한 "친(親)미국, 결(結)일본, 연(聯)북방 삼각동맹(북·중·러), 방(防)전쟁, 성(成)민족통일, 여(與)지역통합"을 제안했다.

김성철 세종연구소 연구위원은 "한국과 일본은 중국 화교경제권과 미국태평양 경제권 중간에 위치해 있어 어느 쪽에도 속하지 않고, 어느 쪽과도 가깝게 연계될 수 있다"며 "한국과 일본은 지정학적으로 같은 배를 탔다는 한일 동주론(同舟論)에 입각, 협력을 강화해야 한다"고 밝혔다.

오코노기 마사오(小此木政夫) 게이오대 교수는 "중국은 지역적 대국은 가능하나 국제국가화는 힘들다"며 "반면 일본과 한국은 지역국가로는 살아남을 수 없고 국제국가화되어야 한다"고 주장했다.

제2회의 - 한일관계 I

타와라 요시쿠미(俵義文) 어린이와 교과서 전국네트워크 사무국장은 한일교과서 파동과 관련, "일본 시민운동계에서는 1980년대부터 역사교과서 개선운동을 해왔으나 1990년대 중반 극우층 인사들이 자학적 역사관을 극복하자며 새로운 역사를 만드는 모임을 결성해 문제의 교과서를 냈고, 문부성은 내부 규정을 완화시키면서까지 문제의 교과서를 통과시켜 파문을 일으켰다"고 지적했다.

가와라 국장은 또 "이번 교과서 불채택운동은 일본의 시민운동권과 교직원그룹, 노동운동조직, 기독교인, 청년·학생, 지식인, 예술인뿐만 아니라 한국의 시민단체들이 연대해 큰 성과를 냈다는 사실"이라면서 "앞으로 아시아 각국의 시민운동단체들과 연대해 교과서문제 해결을 위해 노력하겠다"고 말했다.

이원덕 국민대 교수는 "1990년대 이후 일본의 우경화가 가속화하면서 교과서 파동이 재발했다"면서 "새로운 역사를 만드는 모임은 일본 국내정치만 고려하는 극우단체이기 때문에 일본의 주류지식인들은 이같은 모임이 만드는 교과서를 인정하지 않고 있다"고 밝혔다.

조규철 한국외국어대 일본어과 교수는 "1998년 한일 공동파트너십 선언과 일본문화개방으로 한국인의 일본 이미지는 많이 개선됐으나 중·고등 역사교과서와 피상적인 논조로 쓰여진 베스트셀러로 인해 일본에 대한 부정적 이미지가 만들어지고 있는 것도 현실"이라고 말했다.

제3회의 - 한일관계 II

오코노기 교수는 "김대중 정부 출범 이후 포용정책 추진과 미국 빌 클린턴 행정부의 공조로 고립위기에 처한 일본은 대북 유화정책을 취할 수밖에 없었으나 별 성과가 없었다"며 "북·일 교섭 결렬 이후 클린턴 대통령의 방북이 성사됐다면 일본 외교는 커다란 충격을 받았을 것"이라고 밝혔다. 오코노기 교수는 "조지 W 부시 행정부 출범으로 대화의 기류가 역전되면서 지금은 한국이 고립되는 양상"이라고 분석했다.

토론에서 서동만 상지대 교수는 "북한은 일본이 요구한 미사일문제를 북·미 협상에서 해결하는 등 대일 협상에서 상당히 유연한 태도를 취해왔으나 일본은 계속 일본인 납치사건 등을 이유로 북·일교섭을 미루고 있다"며 일본의 대북 협상 태도에 문제가 있다고 지적했다.

이에 대해 오코노기 교수는 "일본인 납치 문제는 감정적인 문제라 해결하기 힘들다"며 "더 큰 문제는 북한에 친근감 있는 일본내 정치적 인사를 다 썼고 모두 실패했다는 것"이라고 답했다.

김석 기자

"국사교과서 획일성 탈피를"

『한국일보』 2001. 12. 6

단군학회 학술대회서 비판제기

일본의 역사교과서 왜곡에 올바르게 대처하려면 우리 역사교육 현실에 대한 반성과 역사교육의 강화가 우선돼야 한다는 주장이 학계에서 제기됐다.

최광식 고려대 교수는 5일 '바람직한 상고사교육의 방향'을 주제로 열린 단군학회(회장 김정배 고려대 총장) 학술대회 주제발표에서 "일본역사교과서 왜곡사건을 한국사, 특히 한국 상고사(上古史·단군에서 삼한시대까지의 역사)에 대한 올바른 인식과 새 역사교육방법을 모색하는 계기로 삼아야 한다"고 말했다.

최 교수는 "우리 역사교육이 너무 추상적이고 지나치게 민족적 특성만을 강조하는 측면이 있다"며 "일국사적(一國史的)인 관점에서 벗어나 보편사적인 관점으로, 특히 동아시아 전체를 대상으로 하는 비교사적 관점을 갖고 역사를 서술하려는 노력이 필요하다"고 지적했다.

그는 또 우리 역사교과서 검인정 제도에 대해서도 정부 주도로 집필과 편찬이 이루어지는 '1종 도서'라는 획일성 때문에 다양한 역사인식을 보여주지 못하고 학계의 새로운 연구성과를 수용하는 데도 한계가 있다고 밝혔다.

그는 "여러 학자들의 견해를 한 권의 책에 담으려 하다보니 서로 다른 견해를 절충해 짜깁기하는 해프닝이 벌어지고 있다"며 "민간에 맡기는 검인정(2종 도서)으로 다양화하고 한국사를 사회과에서 분리·독립시켜야 한다"고 주장했다.

정영훈 한국정신문화연구원 교수는 '최근 상고사 인식혼란 실태와 그 수습방안'이라는 주제발표에서 "상고사에 대한 일반 국민의 인식이 매우 혼란스러운 것은 편사(編史) 당국과 주류 학계가 전개해온 역사교육이 실패했거나 위기에 처해 있음을 의미한다"고 지적했다.

그는 "상고사에 대한 인식의 혼란은 궁극적으로 민족 정체성의 혼란으로 이어질 가능성이 높기 때문에 상고사에 대한 다양한 주장을 걸러낼 수 있는 토론의 장이 활성화돼야 한다"고 말했다.

한편 서영대 인하대 교수는 '일본 중학교 역사교과서의 한국 고대사 서술과 문제점'이란 논문에서 "일본 역사교과서의 왜곡은 근현대사 부분이 심각하지만 고대사 부분도 문제가 없는 것은 아니다"라며 "우리 고대사에 대한 일본측 서술에 대해 치밀한 검토가 필요하다"고 밝혔다.

서 교수는 특히 "일본 역사교과서 왜곡 문제는 끝난 것이 아니라 기회를 엿보며 내연(內燃)하고 있는 것"이라며 "교과서검정이 새로 실시되는 2003년 일본 극우 보수주의자들의 '복수'에 대비하기 위해서라도 관심과 학문적 축척이 필요하다"고 강조했다.

김철훈 기자

【기자의 눈】 日 언론 말로만 韓·日우호
『동아일보』 2001. 12. 24

일본 도쿄(東京)에서는 보통 6개의 종합일간지를 읽을 수 있다. 그런데 23일 아키히토(明仁) 천황의 '일본 천황가와 백제와의 혈연관계'에 대한 언급을 보도한 신문은 2개밖에 없었다.

물론 나머지 신문들도 천황의 다른 발언은 자세히 보도했다. 월드컵을 통해 한일 간의 우호증진을 희망한다는 발언도 빼놓지 않았다. 그러나 유독 '혈연관계' 부분에 대해서만큼은 침묵했다.

뉴스의 가치를 판단하는 것은 개별 신문의 몫이다. 그러나 아키히토 천황의 발언은 일본사회에서도 관심을 끌기에 충분한 사안이다. 금기시돼 있어 누구든 공개적으로 언급할 수 없었을 뿐이다. 그런 금기를 천황 자신이 깼다. 무엇보다도 터놓고 얘기할 수 있는 분위기를 천황 자신이 만들어줬다.

그럼에도 불구하고 상당수 신문이 이를 제대로 보도하지 않은 것은 왜일까. 단정하기는 어렵지만 아주 먼 옛날 일본이 한반도로부터 문화와 문물을 전수받았다는 사실을 인정하기 싫어하는 사회분위기 때문이 아닐까 한다. 황실의 핏줄에 대해서는 더욱 그런 생각이 들었을지도 모른다.

한국의 역사교과서를 분석한 어느 일본 학자는 "옛날 한국은 늘 일본에 뭔가를 '가르쳐줬다' '전해줬다'는 등 '생색내기 사관'으로 가득 차 있다"고 비판했다. 아주 틀린 얘기는 아닐 것이다. 그러나 이번에 일본 언론의 보도 태도를 보면서 '생색내기 사관'도 문제지만 사실을 인정하고 싶어하지 않는 '콤플렉스 사관'도 문제라는 생각이 들었다.

아키히토 천황이 백제와의 혈연관계를 언급한 뜻은 분명해 보인다. 월드컵을 계기로 앞으로는 양국이 예전처럼 친한 사이가 되었으면 좋겠다는 뜻일 것이다.

일본의 상당수 언론이 이런 천황의 뜻을 제대로 읽어내지 못한 것은 유감이다. 기회 있을 때마다 한일 우호관계의 회복을 주장하면서 말이다.

심규선 도쿄 특파원

【포럼】 일본 과거사반성 '인권' 차원서 - 일본의 역사왜곡과 인권

『문화일보』 2001. 12. 24

지난 8월 고이즈미 준이치로 일본 총리가 신사참배를 강행할 즈음 미국 워싱턴포스트 기자가 필자를 찾아와 인터뷰를 하면서 이런 질문을 했다. 미국의 건국과정에서 수많은 아메리칸 인디언이 희생되었어도 사과하지 않는데 왜 한국은 일본을 50여 년 간 집요하게 과거사 속죄를 요구하느냐고. 역사의 승자(勝者)다운 질문이었다.

그래서 필자는 한일 간의 역사문제는 역사문제로만 보아서는 안 되고 인권의 문제로 바라봐야 역사문제와 인권 문제를 동시에 파악할 수 있다고 대답해주었다. 장구한 인류의 역사를 더듬어볼 때 힘의 역학관계에서 비롯된 지배와 피지배의 관계, 다시 말하면 정복과 침략의 과정에서 야기된 인권유린 행위가 제2차

세계대전 이후만큼 인류의 관심의 대상이 된 적은 없었다. 그전에도 적지않게 인권 문제가 거론되었지만 인권 문제 즉 인간의 생명과 기본권에 대한 존엄성이 본격적으로 국제사회의 관심이 된 것은 제2차 세계대전 이후의 일이다.

지금도 매년 스위스 제네바에서는 유엔인권회의가 열려 인권의 사각지대에 놓인 불쌍한 사람들을 위해 인류가 한자리에 모여 피해상황을 보고하고 청취하면서 그 해결방법을 논의하고 있다. 어쩌면 가장 아름다운 인류의 노력 중 하나일 것이다.

한국이 일본의 교과서 왜곡을 고발하고 그 시정을 요구하는 것은 왜곡된 역사적 사실을 시정하라는 항의라고 치부하기 이전에 이는 전쟁이라는 침략행위에 의해 표출된 심대한 인권유린 행위를 고발하는 것이며 이에 대한 각성을 촉구하고 피해자에 대한 적극적인 위로와 보상을 요구하는 것이다. 2001년은 한일관계에 있어 여러 가지 갈등을 초래한 1년이었다. 왜곡된 역사 교과서의 채택 여부는 한일관계를 최악의 상황으로 내몰 수 있는 아킬레스건이 되었고, '꽁치문제'마저 겹쳐 유례 없는 긴장의 한 해였다.

우리는 이 시점에서 일본의 역사왜곡 문제를 침략전쟁이라는 힘의 역학관계에서 일어난 문제로 접근하기에는 무리가 따른다는 것을 직시할 필요가 있다. 지난 50여 년 간 과거사를 사죄하라는 한국과 이를 형식적으로 받아들이는 일본과는 분명한 역사인식의 차이가 있기 때문에 숨바꼭질하듯 맴돌고 있는 것이다.

일본이 역사를 왜곡하려는 시도에는 속마음 깊은 곳에 이런 생각이 숨어 있다. 일본이 침략전쟁을 일으킨 그 시대로 돌아가보자. 형님처럼 모시던 중국이 아편전쟁에 패해 1842년 영국과 굴욕적인 남경조약을 맺게 되었고 흑선(黑船)을 앞세운 미국에 일본도 미·일 화친조약의 이름으로 문호를 개방한 것이 1854년이었다. 한반도는 열강에 의해 국운이 어떻게 될지 모르는 위태로운 상황하에서 한반도가 무너지면 그 다음 차례가 일본인데, 그러다보니 먹고 먹히는 제국주의의 역사적 사조(思潮)에 따라 일본도 제국주의 전선에 나서게 됐고 이는 어찌할 수 없는 역사의 운명이었다는 것이다.

엄청난 역사인식의 편차를 보이는 한일관계다. 그래서 지난 50여 년 간 공전(空轉)에 공전을 거듭하는 과거사 사죄 싸움이 계속되는 이유는 역사인식에 대한 일본인의 속마음과 겉마음이 달랐기 때문이다.

따라서 우리는 일본의 과거사 문제를 인권의 문제라는 보다 구체적인 해법을 갖고 접근하지 않으면 억울한 가슴에 또 한번 못질을 당하는 분통터질 일을 당하게 될 가능성이 크다. 일본의 우경화 움직임은 이미 그 시동을 걸었고 일본의 역사왜곡을 방관하라는 것이 아니라 보다 효과적이고 실질적인 대응책을 갖고 올바른 역사관을 갖도록 해야 하는 것이다. 인권의 문제는 이제 건전한 국가라면 최고의 가치로 인정하는 세계 시민의 관심사이기 때문에 인권을 유린하는 국가는 국제사회에 발을 들여놓기 어려운 상황이다.

이러한 관점에서 일본군대위안부 문제와 강제징용 등에 대한 보상과 사과문제를 국제사회의 협력을 얻어가며 인내심을 갖고 대처해나간다면 이는 자연스레 역사문제와 연결되게 되어 있고 궁극적으로는 두 마리 토끼를 다 잡는 지혜로운 방책이 될 것이다. 우리가 생각하고 있는 것보다 일본 내에는 인권 문제를 중요시하는 시민단체의 활동이 왕성하다는 사실을 상기하면서 이 조직들과의 체계적인 연대는 비정부기구(NGO)의 역할이 점점 중요시되는 세계사회의 변화에 적절한 전략이 될 것으로 판단된다.

김경민(한양대 교수 · 국제정치학)

【양국반응】 일본 "엄청난 충격"

『중앙일보』 2001. 12. 24

일본 국내는 아키히토 일왕의 발언을 엄청난 충격으로 받아들이고 있다.

일본인 가운데는 고대로 거슬러가면 왕실이 한반도에 닿는다는 것을 인정하는 사람도 적지 않다.

그러나 그것은 사석에서의 이야기일 뿐 누구도 이를 공식적으로 발언해 '지존(至尊)과 같은 일왕의 '순수한' 혈통에 흠집을 내는 것은 금기시돼 있다.

요미우리(讀賣)신문 등 대부분 언론들이 일왕의 발언 가운데 "양국 국민이 이해하고 신뢰해야 한다"는 내용만 보도하고 백제와의 관련 부분을 뺀 것은 이같은 분위기를 반영하고 있다.

아키히토 일왕의 발언은 아사히(朝日)신문을 통해 알려졌다. 이 신문은 23일자 1면에 일왕의 발언 내용을 상세히 보도했다.

주일 한국문화원 관계자는 "외교상 일본을 대표하는 천황이 이같이 발언한 것은 일본 황실이 상당히 진보적으로 변했고, 천황이 한일관계를 매우 중시한다는 것을 의미한다"고 말했다.

일왕의 기자회견 내용은 통상 내부의견 수렴과정을 거치는 것으로 알려져 있어 이번 일왕의 발언은 왕실의 의견이 반영된 것으로 전해지고 있다.

또 한국측의 거듭된 요청에도 내년도 월드컵 개막식에 참석하지 않기로 한 일왕이 한국측을 배려해 발언했다는 해석도 있다.

도코로 이사무(所功) 교토산업대 일본문화연구소장은 "일·한 관계를 정확히 재인식하고 싶다는 열의·각오를 느낀다"며 "현재 일·한 관계는 식민지 이후 역사에만 초점이 맞춰져 있지만 1천 년 이상의 역사관계를 조명해 이해의 폭을 넓히자는 메시지를 담고 있다"고 말했다.

하타 이쿠히코(秦郁彦) 니혼대 교수는 "천황이 한국과의 역사관계를 구체적으로 언급한 것은 매우 의외"라며 "교과서 문제 등을 겪은 고이즈미 내각에도 상당한 영향을 미칠 것"이라고 밝혔다.

우에다 마사아키(上田正昭) 교토대 명예교수는 "천황이 불행했던 관계를 잊어서는 안 된다고 지적한 것도 중요한 대목"이라고 말했다.

작가 이노세 나오키(猪瀬直樹)는 "월드컵 공동개최를 앞두고 이같이 발언한 것은 우호관계를 구축하자는 메시지"라며 "일본에 적대적인 한국의 자세도 바뀌는 계기가 되기를 바란다"고 말했다.

오대영 도쿄 특파원

【중앙일보 선정 2001년 국내 10대 뉴스】 악재 얼룩진 韓·日 관계
『중앙일보』 2001. 12. 24

한일관계는 악재의 연속이었다. 일본 우익의 역사왜곡 교과서가 검정을 통과하면서 양국 관계는 최악의 국면을 맞았다. 우리 국민의 분노는 들끓었고 정부는 군사교류 중지 등의 조치를 취했다. 여기에 고이즈미 준이치로 일본 총리가 야스쿠니신사를 참배하고, 일본이 러시아와 남쿠릴열도 수역에서 우리의 꽁치잡이를 금지키로 해 관계는 더 얼어붙었다. 양국은 정상회담을 잇따라 열어 문제해결의 접점을 찾았지만 갈등의 불씨는 남아 있다.

【시론】 '일왕발언'과 역사교과서……
『조선일보』 2001. 12. 25

일본 아키히토 일왕이 68세 생일을 맞은 23일의 특별 기자회견에서 한·일 관계에 대한 그의 역사인식을 엿볼 수 있는 발언을 했다.

"한국에서 이주한 사람들이나 초빙한 사람들에 의해 여러 가지 문화나 기술이 전수되어 왔다. …… 나 자신 간무(桓武) 천황의 생모가 백제 무령왕의 후손이라고 '속(續)일본기'에 기록돼 있는 사실에, 한국과의 연(緣)을 느낀다. … 그러나 유감스럽게도 한국과 교류는 이런 교류만 있었던 것이 아니었다. 이런 사실을 우리들은 잊어서는 안 된다고 생각한다. …… 양 국민이 자신들의 국가가 걸어온 길과 각각의 사건을 정확히 알도록 노력해야 한다. 나는 개개인이 상대방의 입장을 이해하는 것이 중요하다고 생각한다."

일왕의 발언은 오랫동안 깊은 교류를 지속해온 한·일 관계의 특징과 양국의 우호친선을 바라는 그의 역사관을 간명하고 요령 있게 잘 표현했다고 볼 수 있다. 패전 후의 일왕은 정치에 실제로 관여하지 않는 상징적 존재이다. 그렇지만 한반도를 둘러싼 국제정세, 특히 한·일 관계가 일본역사교과서의 왜곡 문제로 상당히 유동적인 시점에서 일본인들의 경애를 받고 있는 일왕이 '역사인식'의 바람직한 방향에 대해 언급했다는 사실은 앞으로 한·일 간의 '역사대화'에 긍정적 효과를 넬 것으로 보인다.

한국과 일본은 지난 10월 정상회담에서 외교적 현안으로 떠오른 일본 역사교과서 왜곡 문제의 해법으로서 '한·일역사연구공동위원회'와 같은 기구 설치를 합의했다. 여기에는 한·일관계사에 대한 공동연구와 역사인식에 관한 상호 대화를 촉진함으로써 '역사'가 더이상 양국 '정치·외교'의 발목을 잡지 않도록 하겠다는 의지가 깔려 있다고 할 수 있다. 사실 일왕의 이 발언이 있었던 시각에 도쿄에서는 한·일 양국의 10개 역사학관련학회 대표가 모여 '역사대화' 문제를 진지하게 논의하고 있었다. 일왕의 발언을 절묘한 시기의 미묘한 발언이라고 평가한 것은 이 때문이다.

아키히토 일왕의 발언, 특히 "간무(桓武) 천황의 생모가 백제 무령왕의 후손"이라고 언명한 부분은 한국인들에게 대단히 신선하게 받아들여지고 있다. 그리고 일본의 '역사인식'에 어떤 변화라도 오지 않겠는가 기대하는 분위기도 생겨나는 듯하다. 그 동안 일왕가(日王家)에 대한 한국인들의 이미지가 부정적이었고,

또 문제가 되었던 '새 역사교과서' 등이 오히려 일본이 고대에 한반도 남부에 세력을 뻗치고 있었다고 기술했던 것과 선명하게 대비되었기 때문인지도 모른다.

일왕의 발언은 그가 분명히 한·일의 역사를 우호친선의 시각에서 인식하고 있음을 보여준 것으로 평가할 수 있다. 그렇다고 하여 이것이 일본인들의 '역사인식'을 같은 방향으로 변하게 할 것이라고 쉽게 판단해서는 안 될 것이다. 최근 20여 년 동안 일왕은 한·일관계사에 대해 꽤 적극적인 발언을 해왔다. 고(故) 히로히토 일왕은 1984년 9월, 전두환 대통령 환영 만찬사에서 일본이 4~5세기가 아니라 6~7세기에 고대국가를 수립하였다고 말하고, 그때 한반도에서 건너간 도래인(到來人)과 문물이 일본의 발전에 큰 영향을 주었다고 인정한 것이다.

그럼에도 불구하고 '새 역사교과서'는 아직도 4~6세기에 일본이 강력한 고대국가를 건설하고, 그때의 야마토조정이 한반도의 남부지역에 거점을 구축하여 세력을 떨쳤다고 기술하고 있다. '새 역사교과서'의 집필자들은 천황을 누구보다도 존경하기 때문에 논리적으로 따지면 천황의 '역사인식'에 따라야 하지만, 실제로는 그 반대의 '역사인식'을 주창하고 있다. 그러므로 일왕의 발언에 일희일비(一喜一悲)할 필요는 전혀 없다. 한·일 관계에 대한 일본인의 '역사인식'은 그 자체가, 100년 이상의 역사가 만들어낸 사상이다. 냉철한 자세를 가지고 지켜봐야 할 것이다.

정재정(서울시립대학교 국사학과)

【포럼】 일왕의 한일관계 변화기대 - 천황의 발언을 생각한다
『문화일보』 2001. 12. 27

나는 때로 한일관계가 '살아있는 늪'처럼 느껴지곤 한다. '살아있는 늪'은 일상적·관습적, 또는 윤리적으로는 마땅히 해야 한다고 생각하면서도 막상 하려고 들면 주저함이나 메스꺼움을 느끼는 심리상태, 달리 말하면 긴장감을 내포한 당위와 현실의 괴리상태를 나타낸다. 한일 양국은 국가이익과 동북아의 발전과 평화를 위해 우호협력을 강조하면서도, 과거사와 역사적 감정으로 인한 갈등으로 양국관계의 현실은 늘 긴장 속에서 실타래처럼 꼬여 있다. 이 때문에 월드컵 공동개최를 앞두고 높아져가는 우호협력의 당위성도 역사교과서나 어업협정 문제와 같은 쟁점 앞에서 별반 설득력을 얻지 못하고 있다.

한일관계가 을씨년스럽게 한 해를 마감하는가 싶더니 별안간 아키히토(明仁) 일본천황의 발언이 튀어나와 우리를 당황스럽게 했다. 천황은 생일 기자회견에서 조상인 간무(桓武)천황의 생모가 백제 무령왕의 후손임을 밝히면서 이 때문에 '한국과의 인연'을 느낀다는 소회를 피력했다. 또한 일본에 대한 한반도인의 문화적 기여와 인적 교류를 우호적으로 보는 발언도 했다. 월드컵을 계기로 양국민의 교류와 이해를 증진시키자는 순수한 뜻에서 나온 발언으로 보이지만, 양국의 사학자들은 천황 자신이 천황가 혈통의 한반도 관련사실을 직접 언급한 것에 대해 '놀라움'과 '충격'으로 받아들이는 분위기다. 여기서 우리가 따져볼 일은 역사적 사실의 진위가 아니라 천황의 발언행위가 갖는 상징적 의미와 정치적 함의일 것이다.

이미 알려진 사실을 천황이 발화하는 행위가 '충격'으로 여겨지는 데는 금기(禁忌)와 비의성(秘儀性)을 토대로 만들어진 천황의 상징성이란 문제가 걸려 있다. 이번 발언은 극히 일부나마 천황을 둘러싼 금기와 비의성을 천황 자신이 건드린 유례없는 행위로 볼 수 있다. 일본정치와 한일관계에서는 명분과 실제의 이중적 언어가 교착하는 언어의 정치, 그리고 역사와 감정이 강하게 개재되는 기억의 정치가 이루어져 왔다. 일본인들의 이중적 언어습관의 모순은 때때로 '망언'을 통해 드러나는데, 천황의 발언도 내용은 다르지만 이중적 언어습관을 폭로한 하나의 충격이 아닐까. 아사히(朝日)신문을 제외한 거의 모든 일본 언론들의 의도적 침묵은 아마도 당혹감의 표현일 것이다.

이번 발언이 단지 일본사회의 언어습관에만 관련되는 것은 아니다. 한일관계와 동북아 국제사회의 현 수준과 미래상이 간접적으로 이러한 발언을 유발했다고 보인다. 천황의 발언은 문화교류와 인적 교류에 국한되고 한반도 침략과 식민지 지배에 관해서는 완곡하게 언급하는 한계를 보였지만, 천황가의 혈통에 관한 발언은 그 한계를 보충할 만했다. 한일 양국의 문화교류와 상호이해의 증진을 바라는 천황의 기대는 월드컵을 목전에 두고 임기응변의 성격이 강하지만, 아울러 한일관계의 전반적 수준이 그러한 발언을 가능하게 했던 것이 아닐까.

현재 한·중·일 삼국은 발전을 토대로 행위자로서의 자율성을 확보하고 경제적 상호협력을 증대시키고 있다. 또한 동북아의 유례없는 국제사회화는 세계화현상과 맞물려 동북아 국제사회의 다자성과 복합성의 증대와 교류수준의 다층화를 가져왔고, 구성국가들의 존재방식과 행동방식에 변화를 요구하고 있다. 이러한 동북아 국제관계 구도는 경제적 이익의 충돌과 정치군사적 긴장을 쉽게 없애지는 못하겠지만 그것들을 억제하고 특정국가의 군국주의나 일국주의적 대외행태를 제약할 것이다. 이러한 상황은 천황의 비의성과 상징성, 그리고 거기에서 비롯된 일본의 특수성과 극우보수주의를 완화시키는 데 긍정적으로 작용할 가능성이 없지 않다.

일본인들에게 천황의 발화행위가 이중적 언어습관을 고치는 하나의 계기가 되고, 일본의 언론과 여론이 천황과 관련된 금기와 비의성에서 자유로워질 것을 기대해본다. 우리도 일본의 천황이 고정된 실체가 아니라 역사적 형성물이며 그 상징성은 가변적이라는 사실을 인식해야 한다. 천황의 부정적 상징성은 경계하고 비판해야겠지만, 우리 자신들도 고정된 이미지를 벗어낼 필요가 있다. '반일'이라는 타자부정의 심리가 우리의 유력한 생존근거를 이루었던 때는 멀어져가고 있다. 역사와 현재의 사이에서, 감정과 실리의 사이에서 일본을 실용적 관점에서 거리를 두고 포착할 때, 우리는 일본에 대해, 나아가 스스로에 대해 자유로울 수 있고 국가이익을 제대로 추구할 수 있을 것이다.

장인성(서울대 교수 · 국제정치학)

【2002년 신년특집 - 한 · 중 · 일 새시대 열린다】

올해는 한 · 중 · 일 '신질서 구축' 원년

『문화일보』 2002. 1. 1

2002년은 한 · 중 · 일 3국이 9 · 11테러 공조, 중국의 세계무역기구(WTO)가입, 한일 공동월드컵 등과 같은 새로운 환경요인들의 영향을 받아 '신협력시대'를 열어가는 원년으로 기록될 전망이다.

정치보다는 경제와 문화가 우선시되는 이같은 신환경들은 3국 간 갈등보다는 협력을 추동하는 요인으로 작용할 것으로 보인다. 3국이 미국이 주도하는 대테러 공조라는 신질서를 수용함에 따라 그동안 주된 갈등 변수였던 과거사나 북한 문제 등의 비중도 낮아질 수밖에 없다.

나아가 중국의 WTO 가입과 월드컵 개최는 획기적 경협 및 민간교류증대로 연결될 것으로 보인다. 벌써 꿈틀대는 3국 간 자유무역지대(FTA) 창설 논의는 경제블록화 가능성을 배제할 수 없게 만드는 대목이다. 그러나 수시로 돌출하는 일본내 극우민족주의, 중국 경제력의 급팽창 및 일본 경제의 장기침체 가능성 등은 3국관계의 중대 고비로 작용할 것이라는 분석도 만만치 않다.

9·11 미국테러 사태 이후 미국 주도의 반테러전쟁이 전지구적 차원으로 확산되면서 나타난 대테러연대는 새해에도 여전히 동북아 정세의 중심축으로 작동할 것으로 보인다.

동북아 정세의 핵심변수로 작용했던 북한문제를 둘러싼 4강의 이해관계 중요성은 상대적으로 낮아지고 미국과 일본은 물론, 중국과 러시아까지도 포함되는 대테러연대에 따라 동북아의 국제정치가 좌우됨을 뜻한다.

북한이 핵·미사일 관련 돌발행동을 하지 않는 한 미국은 주요국가의 협조를 통해 반테러전을 수행하는 데 역점을 둘 것이며, 이같은 대테러 신질서 구축은 한·중·일의 최대 외교 현안으로 굳어지고 있다.

한반도 안정과 동북아 지역정세를 고려해 북·미대화에 역점을 두던 과거 빌 클린턴 행정부의 구도는 9·11테러사태 이후 전면적 변화를 겪게 된 것이다. 북·미협상은 이제 미국의 대테러 공조의 하위 아젠다로 격하됐다. 북측의 전향적인 대화 노력이 없는 한 북·미 냉각기가 고착화되는 구도다.

한·중·일 간 외교관계도 마찬가지다. 새해는 동북아시아의 중심국가인 한국과 중국, 일본이 미국의 대테러전 공조 요구라는 외적 요인과 한·중·일 3국의 내재적 필요성에 의해 새로운 협력으로 나가는 해가 될 가능성이 높다. 3국간 외교공조가 강화되는 길로 접어든 셈이다.

경제적으로는 새해부터 세계무역기구(WTO) 정식회원국으로 활동하게 되는 중국의 위상이 동북아에서 더욱 커지는 한편 3국 간 경협관계는 크게 확대될 전망이다. 지난해 40만 명 선에 이르던 중국인 관광만 해도 월드컵 특수로 크게 늘어날 것으로 예상된다.

한·중 양국은 올해 수교 10주년을 맞는다. 제로 베이스에서 시작된 양국관계는 한국이 중국의 4대 교역국인 동시에 2001년 양국교역액이 355억 달러를 기록한 데서 드러나듯 상호 뗄레야 뗄 수 없는 긴밀한 경제관계가 됐다. 외자유치를 통해 개혁개방을 더욱 가속화시켜야 하는 중국은 한국의 앞선 기술과 자본을 받아들이는 게 우선 과제다. 한국으로서는 중국이 정치 군사적으로 여전히 북한의 후견인인데다가 WTO 가입이후 '최대의 신시장'이 된 매력적 국가다.

교과서 왜곡파동, 남쿠릴 열도 꽁치조업 등으로 파상적 갈등관계에 빠져 있던 한일관계는 지난해 말 한일투자협정이 타결되면서 경협의 기반이 확대된 데 이어 양국역사위원회 설립이 가시화하면서 교과서문제도 근본적 문제해결단계로 진입하고 있다. 또한 5월 말부터 한국-일본에서 개최되는 월드컵을 앞두고 양국 외교·경제·문화·체육 간 교류는 급물살을 타고 있다.

교과서파동을 겪으며 일본대중문화 추가개방이 중단됐으나 일본은 이미 지난해 말 한일 영사국장 회의에서 월드컵기간 중 한국인의 비자를 한시적으로 면제하고, 방일경력이 있는 이들에 대해서는 1회에 90일 체류가 가능한 5년짜리 복수비자를 발급하겠다고 밝혀 한일 간 민간교류가 양적으로 확산되고 질적으로 변화하는 신시대가 열리게 됐다.

이미숙 기자

【2002년 신년특집 - 한·중·일 새시대 열린다】
"'과거사' 등 현안부터 풀자"
『문화일보』 2002. 1. 1

세계 각국이 지역별 협력을 강화하는 추세임을 감안할 때 동북아도 한·중·일 3국이 중심이 되어 긴밀한 협력체제를 구축할 필요성이 제기되고 있다.

그러나 3국 협력체제를 말할 때는 항상 이니셔티브의 문제가 제기된다. 일본은 과거의 잘못이 있기 때문에 무엇을 해도 경계심을 부른다. 중국은 체제가 다르기 때문에 가치관과 제도의 공유가 가능할지 의문이다.

이렇게 본다면 한국이 이니셔티브를 취해야 하나 국력의 문제가 있고 남북문제를 우선 해결해야 하는 과제를 안고 있다. 따라서 한·중·일 간 협력관계는 전략적이고 단계적으로 사고해야 할 문제다. 당장은 양자간 문제를 중심으로 3국 간 관계를 풀어가야 할 것이다.

중·일 관계는 어느 때보다도 긍정적인 요소를 안고 있다. 지난해 역사교과서나 야스쿠니신사 참배 문제에도 불구하고 중국정부는 일본과 극단적인 관계악화는 피하겠다는 자세를 보였다. 일본정부는 이 점을 평가하고 있다. 이런 분위기 속에서 올해 양국 국교정상화 30주년을 맞아 각종 행사와 교류가 활발히 벌어지게 된다. 9·11미국테러사건 이후 미·중 관계가 한층 부드러워진 것도 양국관계에 긍정적으로 작용할 것이다.

한·중 관계도 전망이 밝다. 이미 한국에 있어서 대중 수출은 대일 수출을 앞질렀다. 한국은 월드컵축구대회를 계기로 '중국특수'를 기대하고 있고, 만약 장쩌민(江澤民) 국가주석이 서울을 방문하게 된다면 이런 분위기는 더욱 고조될 것이다. 이에 비해 올해 한일관계의 전망은 밝다고 보기 힘들다. 월드컵축구대회를 공동개최하지만 대회기간중에는 양 국민의 왕래가 오히려 줄어들 것이다. 고이즈미 준이치로(小泉純一郎)정권은 한국보다 중국과의 관계를 중시하는 자세를 보일 가능성이 있다.

지난해 교과서와 야스쿠니 문제는 물론 일본측이 원인을 제공했지만 여론은 한국의 대응에 지나친 점이 있었다고 보고 있다. 고이즈미 총리가 서울을 방문했을 때 야당의 거부로 국회 방문이 무산된 사실이나 총리의 말꼬투리를 잡아 언론들이 대서특필한 것 등이 그런 인상을 남겼다. 한국 언론들은 김대중 정권을 비판하기 위해 대일 강경론을 부추기는 것 같다. 내년 대통령선거가 끝나더라도 약 1년 후에 총선이 있기 때문에 한국정부가 대일관계에 유연성을 가지고 대처할 여지는 별로 없다.

고이즈미 총리가 올해도 야스쿠니신사 참배를 강행한다면 한일관계는 아주 심각한 상황에 빠질 것이다. 3국 간 협력체제 구축을 위해서는 이같은 양자간 문제를 먼저 해결해야 하는 과제가 가로놓여 있는 것이 엄연한 현실이다.

고하리 스스무(日 시즈오카대 교수)

【오후여담】 일선동조론

『문화일보』 2002. 1. 3

1066년 프랑스 북부에 자리잡고 있던 노르망디 공국의 윌리엄1세는 영국을 정복하고 왕으로 즉위했다. 이를 계기로 국왕, 귀족, 기사 등 영국사회의 지배계층을 이룬 노르만인은 모국어인 프랑스어를 사용하면서 앵글로색슨 인종이나 언어에도 상당한 영향을 끼쳤다.

영국의 역사교과서들은 이를 '노르만 정복'이라는 용어로 정확히 사실을 기록하고 있다. 5~7세기경 한반도에서 건너간 도래인들이 일본의 왕조와 귀족사회에 영향을 준 점에 대해 일본 역사교과서가 가능한 한 축소, 은폐하려는 것과는 천양지차다.

영국인이 그같은 사실을 별로 부끄러워하지 않듯 프랑스인들도 그같은 점에 대해 별로 우쭐해 하지 않는다. 한국인이 틈만 나면 일본 황실이 백제계라느니 아니면 가야왕조의 후예라느니 떠들어대며 쥐꼬리만한 우월감을 맛보려는 행태와도 크게 비교된다.

일본의 아키히토(明仁) 천황이 얼마전 8세기 후반에 재위했던 간무(桓武) 천황의 어머니가 백제계라는 사실을 언급했다. 속(續)일본기에 나오는 역사적 사실을 지적한 것임에도 불구하고 한국인들은 "그것 보라"는 식으로 반겼고 일본인들은 "천황이 그런 말까지…"라며 놀라워한 모양이다.

물론 일황으로서는 한일관계가 다시금 삐걱거리는 상황에서 좀더 관계개선이 필요한 것 아니냐는 암시를 주기 위한 의도였을 것이다. 그저 호의적으로 받아들이면 될 발언일 뿐이다. 그런데도 한국의 일부 지식인은 이것이 일선동조론(日鮮同祖論)으로 확대될지 모른다는 우려까지 표시하고 나섰다.

일선동조론이란 한국과 일본의 선조는 하나라는 뜻으로 일제시대에 일본정부가 조선인을 황국신민화하는, 즉 내선일체(內鮮一體)의 이데올로기로 사용했던 정치적 캐치프레이즈였다. 과연 일황이 황국신민화를 못 잊어 그같은 용어를 다시금 끄집어냈을까. 한국인은 틈만 나면 일본황실이 한국계임을 강조하는데 그야말로 일선동조론 아닌가. 내가 바람피우면 로맨스고 남이 바람피우면 스캔들이냐고 묻는다면 뭐라 대답할 것인가.

민족국가 형성 이전의 역사에는 국경의 개념도 불분명하고 민족이동 역시 오늘날과 같은 이민의 개념과 동일시할 수 없다. 그런 점을 무시한 채 고대사의 혼돈스런 관계를 애써 꼬집어 자랑하려는 것 자체가 콤플렉스(열등감)의 또다른 표현에 불과할 뿐임을 알아야 한다. 일본이나 한국이나 하는 짓들을 보면 '쪽팔려서' 못살겠다.

이신우 논설위원

【동북아 정세를 전망한다】 한·중·일 전문가 3각 대담
『중앙일보』 2002. 1. 3

한국·중국·일본 3국 관계는 올해 새 전기를 맞을 전망이다. 중국의 세계무역기구(WTO)가입은 3국간 경제적 상호 의존을 높일 것이 분명하다.

게다가 한일 양국이 월드컵을 공동 개최하는 것을 비롯해 한·중은 수교 10주년을, 중·일은 국교정상화 30주년을 맞아 상호 이해와 교류의 폭을 넓히게 될 것이다. 이 와중에 남북 관계를 축으로 한 한반도 정세가 어떻게 전개될 것인지도 큰 관심사로 떠오르고 있다.

한국의 최광수(崔侊洙) 전 외무장관, 일본의 나카야마 다로(中山太郎) 전 외상(중의원 의원), 중국의 양청쉬(楊成緒)국제문제연구소 소장에게서 올해 동북아 정세 및 양자 관계 전망에 대해 들어보았다. 대담은 崔 전장관이 서울에서 발제하고, 나카야마 전 외상과 楊소장이 현지에서 각각 답하는 형식으로 이뤄졌다.

崔 전 장관=지난해 미국의 대외 정책은 적잖은 변화와 조정을 겪었습니다. 이런 가운데 9·11 테러사건이 터지자 조지 W 부시 대통령은 강력한 응징 의사를 표시하고, 아프가니스탄에 대한 군사행동에 들어갔습니다. 부시의 대외정책을 놓고 일각에선 일방주의라는 비난도 제기됐습니다만 테러전을 통해 미국의 위상과 역할은 더 두드러졌다고 봅니다.

楊소장=9·11 테러는 전통적 안보 관념과 전략에 엄청난 충격을 주었습니다. 또 세계 각국에 공동의 위협이 무엇인지를 인식시켜주었습니다. 이 공동의 위협으로 분쟁이 중지됐는가 하면, 격화될 뻔했던 이해 충돌 또한 완화되는 일도 있었습니다. 테러와의 전쟁으로 각국 간 협력은 정도의 차이는 있지만 모두 강화됐습니다.

崔=동북아에서는 국가·지역 간 이해 갈등이 있었지만 전반적으로 안정과 협력이 기조를 이뤄왔다고 봅니다. 동북아의 안정은 핵무기·대량살상무기를 포함한 '비전통적' 안보위협과 마약을 비롯한 초국가적 범죄 대처를 위해 역내 국가가 협조 관계를 유지한 결과라고 생각합니다.

楊=무엇보다 지난해는 중·러가 '선린우호 협력조약'을 체결하는 등 풍성한 결실을 거둔 해였습니다.

崔=남북관계는 부시 행정부 출범 이래 소강상태입니다.

그런 만큼 한국의 대북 포용정책을 지지하는 중국과 일본의 건설적 역할이 기대됩니다. 중국과 일본은 한반도 정세를 어떻게 보고 있습니까.

나카야마 전 외상=한반도 정세는 김대중 대통령이 신임을 받으면서 한동안 평화무드가 조성되는 듯했습니다. 하지만 현재는 불안정한 상황입니다. 남북대화도 당초 기대했던 것만큼 진전되지 않고 있습니다.

북한은 미국과의 관계를 최우선시하고 있으며, 일본에 이어 한국과의 협상을 맨 마지막에 진행시킬 것으로 보입니다. 일본은 북한의 '일본인 납치사건'에도 불구하고 쌀 원조를 계속해왔으나 최근의 괴선박 문제는 향후 북·일 관계의 전망을 어둡게 합니다. 앞으로도 한·미·일 3국의 대북 공조체제를 유지하는 것이 중요합니다.

楊=부시 행정부의 대폭적인 한반도 정책 조정이 남북한 화해와 협력에 부정적 영향을 미친 것은 부인할 수 없습니다.

그러나 이로 인해 한반도의 긴장완화 추세가 역전되고 남북관계가 후퇴했다고 볼 수는 없습니다. 남북이 긴 대립을 해소하고 신뢰를 쌓으려면 시간이 필요합니다. 또 화해협력 과정에서 상호 의심과 불신이 발생하는 것은 자연스러운 일입니다. 중국은 남북 화해와 협력, 한반도의 평화체제 구축과 관련해 계속 건설적인 역할을 해나갈 것입니다. 다만 9·11 테러 이후 국제정세에 나타나고 있는 새로운 변화로 인해 북·미관계와 한반도와 관련된 문제들에 새 변수가 생겨나고 있는 것은 눈여겨봐야 합니다.

崔=일본이 경제대국에 걸맞게 동북아 안정과 세계 평화를 위해 기여하는 것은 바람직하다고 생각합니다. 그러나 역사교과서 왜곡, 총리의 야스쿠니신사 참배 문제에서 보이는 일본사회의 우경화, 군사력 증강을 주변국은 우려하고 있습니다. 테러대책특별조치법에 따라 자위대를 국제 분쟁지역에 파견한 것에 대해서도 필요성은 인정하지만 주변국은 일말의 의구심을 갖고 있습니다. 일본의 방위·안보 역할의 확대는 한국의 안보는 물론 동북아의 안정과도 맞물려 있는 만큼 일본의 조치는 평화헌법의 기본정신을 유지하면서 역내 평화와 안정을 저해하지 않는 범위 내에서 이뤄져야 한다고 봅니다.

나카야마=일본의 안전보장 개념이 크게 바뀌었습니다. 국가간 안전보장에 치우쳤던 과거의 안보정책은 9·11 테러 이후 개인의 안전보장은 물론 지역·국가·세계 전체로 다원화됐습니다. 일본의 안보정책은 천연자원을 수입에 의존하는 섬나라라는 차원에서 고려되고 있습니다. 자원 수송로의 안전을 보장하고 최대 무역국인 미국과의 관계를 최우선시하고 있지요.

일본은 미국과의 안보조약을 바탕으로 삼아 아시아 평화를 중시하고 인도와의 관계 강화를 추진하고 있습니다. 중의원 헌법조사회 회원으로서 일본이 민주주의를 수호하고, 인권을 존중하며, 군사대국이 되지 않는다는 3개의 원칙을 전 세계에 전하고 있습니다.

楊=10년여에 걸친 일본의 장기 불황은 일본 내에 '신민족주의'의 범람을 가져와 우경화의 결과를 낳고 있습니다. 왜곡된 역사 교과서 출판, 개헌 시도는 모두 이같은 사조(思潮)의 표현입니다. 과거 일본의 침략을 받았던 국가로서 우리는 일본 내의 이런 동향을 주목하는 한편 역사를 왜곡하는 언론과 행동을 비판하지 않을 수 없습니다. 일본은 9·11 테러 이후 자위대 활동 범위와 무기 사용, 미군에 대한 지원 행동, 유엔평화유지군(PKF) 참여 등에서 새로운 돌파구를 열었으나, 중국은 이를 깊은 관심을 갖고 주목하고 있습니다.

崔=지난해 한일관계는 일본의 역사교과서 왜곡 문제로 매우 어려운 상황이 전개됐습니다. 다행히 지난해 10월 일본 총리가 한국을 방문, 과거사에 대한 반성과 사죄를 확인하면서 양국은 역사왜곡 문제를 비롯한 7개 현안 해결의 접점을 찾았습니다. 중·일 관계도 한일관계와 큰 차이가 없었다고 봅니다. 반면 한·중 관계는 수교 이래 모든 분야서 비약적 발전을 이뤘습니다. 한·중·일 3각 관계를 어떻게 내다봅니까.

나카야마=앞으로 중국과 남북한, 일본·대만 모두 에너지 부족 시대를 맞을 겁니다. 때문에 각국은 시베리아 이르쿠츠크 주변의 유전개발과 수송 파이프라인 건설에 협력해야 합니다. 이 경우 한국은 중국으로부터 가스를 공급받게 됩니다. 서로간의 협력이 필요하다는 얘기죠. 특히 동북아의 지역안보 장치도 마련해야 합니다.

楊=중·한 양국은 올해 수교 10주년을 맞아 협력적 동반자 관계를 한층 더 발전시켜 나갈 것입니다. 양국의 협력은 중·한·일의 협력과 동남아국가연합(아세안)+3(한·중·일)의 협력 증대를 통해 더 큰 의미와 사명을 지니게 됩니다. 지난해 중·일 관계는 저조했지만 일본 총리의 방중(訪中) 등을 통해 양국 관계가 회복되고 있습니다. 중·일 국교정상화 30주년을 맞아 양국이 협상과 협력을 통해 마찰을 줄이고 진정한 '선린 우호협력 동반자 관계'를 맺기를 중국은 바랍니다.

崔=미국은 올해에도 한일 양국과의 군사동맹 관계를 공고히하려 할 것으로 보입니다. 특히 미국은 일본을 아시아·태평양지역 안보 전략의 축으로 활용해 동북아 안정 유지의 부담을 덜려는 정책을 추구할 것으로 판단합니다. 미·중 간에는 반테러 협력 등 세계 경영을 위한 협조관계가 유지될 것이지만, 전략적 이해상충으로 갈등이 생길 수도 있다고 봅니다. 중·일 관계도 국교정상화 30주년을 계기로 원만한 관계 유지를 위해 노력할 것으로 예상되지만 상호 군사력 증강, 과거사 문제로 갈등이 표출될 수도 있습니다. 전반적으로 동북아는 잠재적 갈등 요인은 있지만 안정 기조를 유지할 것으로 생각하며, 또 그렇게 되길 희망합니다.

楊=동북아 역내 국가들이 협력을 강화해 평화와 안정을 가져오기를 바랍니다. 그러나 이 지역을 둘러싼 대국들 간에 전략적 이해 충돌이 존재하고 있는 점을 간과할 수 없습니다. 중국은 각국이 하루빨리 냉전적 사고를 벗어던지기를 바랍니다. 냉전 사고란 다른 국가를 계속 전략적인 경쟁상대로 보고 방위를 강화하며 군비를 확충하고 패권주의를 추구하는 것으로 이는 긴장만 부를 뿐입니다.

정리=유상철 베이징특파원, 오대영 도쿄특파원, 오영환 기자

【열린마당】 천황 표현은 적절치 못해

『중앙일보』 2002. 1. 11

일본을 존중하기 위해 '천황(天皇)'이라고 표기하자는 지현웅 독자의 의견(8일자 7면)에 대해 같은 학생으로서 반론을 제기한다. 월드컵을 공동주최하는 일본과 동반자적 관계를 이뤄야 한다는 데는 동의한다. 하지만 일본과 우리나라의 관계는 아직 정상적인 외교관계가 아니라고 본다. 과거사 문제를 비롯해 역사교과서 왜곡 파문 등 최근 일본의 행태를 보면 그들이 과연 한국과의 우호적 외교관계를 원하는지 의심스러울 뿐이다.

지현웅 독자가 대안으로 제시한 '덴노' 혹은 '일황(日皇)'이라는 명칭 역시 천황이라는 단어가 내포하는 것과 크게 다르지 않은 의미를 갖고 있다고 본다.

일본 스스로 변혁과 쇄신의 노력이 있을 때라야만 우리 언론의 '일왕' 표기 문제가 해결될 수 있고 양국이 미래지향적 동반자 관계를 이룰 수 있을 것이라

고 확신한다.

김택빈(서울 서라벌중 3)

【로터리】 한반도 중심 동북아시대

『한국일보』 2002. 1. 20

월드컵 중국 경기 입장권이 100만 원을 호가한다니 하루빨리 우리 사회에서 암표상이 근절되어야겠다라는 생각을 하면서도 한편으로는 중국의 13억 인구와 경제성장의 위력을 새삼 실감하게 된다.

까다로운 국내 입국비자를 발급받는 프리미엄이고 중국에서는 800만 원까지 부풀려지고 있다는 지적도 있지만, 연간 소득이 2만 5,000불을 넘는 중국 부유층 숫자가 한반도 인구 전체를 웃돈다는 최근의 통계수치는 오히려 입장권의 호가가 더 치솟을 것이라는 예단도 가능하게 해준다. 바야흐로 이웃 중국 대륙이 기회의 땅으로 다가오고 있는 것이다.

지난해부터 중국의 성장과 함께 일본의 역사교과서 왜곡과 경제 유동성 위기는 국내 일간지의 머리기사를 장식해왔다.

더불어 매스컴은 유럽국가들이 유로화로 스스로의 파이를 키우고, 북미 블록화의 대열에 남미국가들까지 합류한다는 지구촌의 흐름을 짚어주기도 하였다. 지구촌 전체가 글로벌화의 급류를 타고 있음을 1년 내내 확인시켜준 셈이다.

이처럼 이 시대는 우리 사회에 이웃나라를 역사적 앙금의 프리즘으로 바라보거나 수출 라이벌이라는 관점에서만 보지 말라는 교훈을 던져주고 있다.

이러한 연장선상에서 경희대에서는 20여 년 전부터 국제관계지역학과들과 아태국제대학원이 군락을 이루며 동북아와 지구촌 두뇌의 요람이길 꿈꾸고 있다.

되돌아보면 한반도는 지정학적으로 군사와 외교·경제주권을 지킬 때만이 안정과 번영을 누릴 수 있었던 태생적 특성의 공간이었다.

그러나 눈여겨보면 한반도와 3면의 태평양은 늘 푸른색으로 가능성을 담고 있다. 우리 모두 이러한 시각과 위기가 없다면 도전의 의미도 없다는 자세로 한반도를 바라보면 어떨까. 우리는 수많은 외침을 극복하고 한강의 기적과 근대화를 이루어낸 민족이 아닌가.

지금 이 순간에도 일본 경제는 동북아시아에 환율전쟁을 불러일으켜 좋든 싫든 경쟁과 상생의 정신으로 동북아시대를 함께 열어야 한다는 숙제를 던지고 있다.

이제는 우리도 글로벌 수준의 창의성과 기술력으로 주변국과 함께 지구촌의 역학구도를 바꾸고 동북아시대를 열어야 할 때다.

조정원 경희대 총장

【기자수첩】 '戰犯옹호' 유죄

『조선일보』 2002. 1. 27

프랑스 파리의 경범재판소는 지난 25일 퇴역 장성 폴 오사레스(Aussaresses · 83)에게 '전범 행위를 정당화했다'는 이유로 유죄 판결을 내리고, 벌금 7500유로를 물렸다.

1955~57년 당시 알제리 독립전쟁에 프랑스 공수부대 방첩장교로 투입됐던 오사레스는 지난해 5월 회고록『비밀 임무, 알제리 1955~1957』을 통해 알제리 민족해방전선 운동가들을 고문하고 약식 처형했다는 사실을 떳떳하게 고백한 뒤 인권운동단체로부터 전범으로 고발당했다. 오사레스는 회고록에서 "진술을 거부하는 테러리스트의 입을 여는 가장 좋은 방법은 고문"이라며 "그들은 내가 내린 처형 명령에 대해 무덤덤했고, 그들을 죽일 수밖에 없었다"고 적었다.

그는 자신의 행위가 '테러 진압을 위한 국가임무 수행'이었다고 정당화했다. 프랑스는 현행법상 알제리 독립전쟁에서의 전범 행위를 사면했다. 그러나 '전범 행위를 옹호한 범죄'는 처벌할 수 있기 때문에 오사레스는 이번에 유죄 판결을 받았다. 오사레스의 변호인은 "재판부가 살아보지도 못한 역사에 개입할 수 있는 권리를 얻은 것은 이번이 처음"이라며 "우리는 역사를 있는 그대로 말할 수 있기 위해 투쟁해야 한다"고 항소의사를 밝혔다.

그런데 재판부는 오사레스뿐만 아니라 그의 책을 펴낸 출판사의 사장과 편집장에게도 각각 1만 5000유로의 벌금형을 선고했다.

재판부는 "다른 비인간적 행위에 길을 열어주고 새로운 고문기술자의 등장을 부추길 위험이 있다"며, 이들에게 '출판의 자유'를 인정하지 않고 저자보다 더 많은 벌금을 때린 것이다.

전범 행위를 찬양한 역사교과서가 주변국 항의에도 불구하고 버젓이 돌아다니는 일본사회의 집단적 '전범 행위 옹호'를 떠올리게 하는 프랑스식 판결이었다.

박해현 파리 특파원

【3·1운동 83주년 특별기고】 자주독립정신 되살리자
『동아일보』 2002. 2. 28

1일은 온 국민이 일어나 일제 강압통치에 항거했던 3·1운동 83주년 되는 날이다. 신용하 서울대 사회학과 교수의 글을 통해 3·1운동의 의미와 그 정신을 오늘에 어떻게 되살려야 할지 짚어본다. - 편집자 주

한국의 봄은 3·1절과 함께 온다. 이것은 한국인에게 다행한 일이기도 하다. 민족 자주성을 점검해보는 계기를 주기 때문이다.

3·1운동에서 한국인들은 비폭력적 방법으로 적극 봉기했다. 박은식 선생의 통계에 의하면 일제의 총검에 7509명이 피살되고 1만6000명이 부상했으며 5만 명이 체포 투옥당하는 큰 희생을 내면서도 불굴의 투쟁을 전개해 일본 제국주의 식민지 통치를 근저에서 붕괴시켰다. 그리고 미래의 '자주독립'을 스스로의 힘으로 보장시켰다.

3·1운동 때 한국인들은 전민족적으로 대동단결했었다. 물론 이것은 천도교 기독교 불교지도자를 중심으로 한 민족지도자 33인과 민중 시민의 단결도 포함한 것이었다. 민족지도자들은 3·1운동을 기획 조직하고 준비했다. 민중은 이를 받아 요원의 거대한 불길이 되어 일제 식민통치를 사실상 붕괴시켰다. 양자는 대립관계가 아니라 상호보완적 대동단결의 관계였다. 민족지도자들의 기폭제가 없었다면 민중의 요원의 불길이 타오를 수 없었을 것이다. 반면에 민중의 요원의 불길이 없었으면 기폭제는 한 점 불꽃으로 끝나고 말아서, 일제를 붕괴시킨 역사적 3·1운동으로 발전하지 못했을 것이다.

3·1운동의 기본정신은 완전 자주독립사상, 민주공화주의, 대동단결주의, 민

중주의, 비폭력주의, 세계평화주의 등이라고 지적되고 있다. 이 중에서 우선적으로 오는 것은 물론 완전자주독립사상이다.

3·1운동 83주년이 되는 2002년 오늘의 우리 현실은 어떠한가? 대(對) 일본관계, 대(對) 강대국 관계에서 완전 자주독립은 제대로 지켜지고 있는가?

최근 일본의 집요한 팽창주의 정책과 미국 중심의 '세계화'로 훼손당한 부분이 많이 있다. 예컨대 우선 최근 일본 교과서의 한국역사 왜곡과 한국 당국 일부의 대응을 보라. 일본 정부가 주도해서 19세기 일제의 한국 '침략'을 '진출'로 왜곡하고 식민지 '착취'와 '학살'을 '개발과 근대화의 혜택'을 준 것이라고 왜곡하여 일본 중학생들에게 의무교육을 시키기로 했다. 한국측 항의로 겨우 '한일 역사공동연구위원회'를 만들어 해결한다고 호도하더니 최근 일본 산케이신문은 "한국 정부가 한일 역사공동연구위원회의 연구결과를 일본 교과서에 반영시키지 않아도 좋다고 양해했다"고 보도했다. 오히려 새로 "독도는 일본영토이다"라는 내용을 일본 정부 지시로 역사교과서에 추가해 넣었다는 소식도 들려오고 있다.

독도에 대해서도 일본의 공격외교에 한국은 후퇴외교를 하고 있는 것은 아닌가? 독도문제 전문가들이 모두 신한일어업협정이 한국의 독도영유권을 훼손한 위험이 있다고 경고하고 500만 명 이상의 유권자가 한일어업협정의 재협상 요구에 서명을 했으면 당연히 토론회를 열어 이들의 견해를 경청해야 할 것 아닌가.

담당 국장들 중심의 일방적 토론회로 국민의 입막음만 시도하고 어떻게 일본의 독도 침탈 공격외교에 맞서 영토와 영해를 지킬 수 있겠는가. 어업협정이 독도영유권을 훼손하지 않은 것이 진실이라면 천만다행이지만 조금이라도 훼손했다면 독도 전문가들의 의견을 받아들여 외교정책을 수립하거나 재협상을 하는 것이 위정자의 당연한 의무가 아닌가?

외국자본에 대한 정책도 위험하다. 제조업에 장기 투자하는 외국자본만 환영하고 단기투기자본의 유입은 규제해야 하는데 외국자본이라면 가리지 않고 끌어들이니 국내 금융시장을 외국자본이 거의 장악하였다. 최근 보고에 의하면 주식시장에서 외국자본의 비중은 100조원을 넘었는데 이것은 상장 총 주식가액의 33.7%에 달하는 것이다. 외국자본은 외환시장의 50%, 은행 여·수신 시장의 43.7%를 점유하고 있다. 이 외국자본의 거의 모두가 투기성 단기자금이므로 그들의 작전여하에 따라 주식시장이 춤추고 만일 그들이 일시에 빠져나가면 '제2

의 환란(換亂)'이 오게 되어 있다. 왜 확고한 대책을 세우지 않는가?

전력 철도 철강 가스 같은 기간산업은 외국자본에 팔면 안 된다. 칼자루를 외국에게 주고 한국 국민경제가 칼날을 쥐면 외국자본의 이익 추구에 한국경제가 치명적 상처를 입을 수 있기 때문이다. 발전 철도 등을 지금 민영화해도 한국 기업은 잉여자본이 없기 때문에 결국 한단계 거쳐 외국자본의 사냥감이 될 수밖에 없다. 왜 이러한 어려운 시기에 민영화를 강행하여 국민경제를 외국자본의 지배하에 몰아넣을 위험을 자초하려 하는가?

최근에는 자주의식이 마비되어 신식민지주의 사관(史觀)까지 발호하려 획책하고 있다. '세계화'를 밀어붙이는 초강대국이 스포츠에서 남의 나라 선수의 금메달까지 합법적으로 탈취해가는 세계의 현실을 직시하라.

3·1정신으로 돌아가서 이를 계승 발전시키자!

신용하(서울대교수·사회학)

【시론】 3·1절에 생각하는 韓·日관계……
『조선일보』 2002. 2. 28

새천년 들어 세 번째의 3·1절을 맞았다. 돌아보건대, 3·1운동은 우리 민족의 독립운동사에서 '호수'와 같은 존재라고 할 수 있다. 3·1운동은 1919년까지 나라 안팎에서 다양하게 전개되어온 민족운동의 흐름을 하나로 통합하여 폭발시켰다가 다시 여러 갈래의 민족운동으로 분출시켰다. 그뿐만 아니라 3·1운동은 일제의 혹독한 무단통치에 항거하면서도 자유·평등·평화·행복 등 인류 보편의 가치를 주창함으로써 피압박 민족뿐만 아니라 일제 당국에노 큰 녕향을 주어 식민지 지배 정책을 수정하도록 만들었다. 따라서 3·1운동에 대한 평가는 인류 보편의 가치가 존중되는 시대가 될수록 국가와 민족의 차이를 넘어 더욱 긍정적일 수밖에 없다.

월드컵 축구의 한·일 공동개최가 있는 올해의 3·1절은 각별한 의미가 있다고 할 수 있다. 얼마전까지만 하더라도 적대적 관계에 있었던 한·일 양국이 불행했던 과거를 딛고 서서 인류 최대의 스포츠 제전을 함께 개최한다는 것은 한·일 관계에 새로운 획을 긋는 일이다. 그리고 이것은 일제의 식민지 지배를 원수로 갚으려 하지 않고 인도와 정의를 광명정대하게 부르짖음으로써 극복하려고 했던 3·1운동의 이념을 실현하는 것이기도 하다.

그런데 한국과 일본의 관계가 이렇게 획기적인 전환점을 맞고 있음에도 불구하고 두 나라 사이에는 여전히 무언가 메울 수 없는 간격과 께름칙한 불신이 가로놓여 있다는 것을 부인할 수 없다. 그리고 그 원인의 하나는 역사인식의 차이와 이것을 극복하려는 노력의 부실함에서 찾을 수 있다.

한국과 일본은 아직도 '일본 역사교과서 왜곡 사건'의 여파에서 벗어나지 못하고 있다. 한국 정부는 일본 정부에 대해 역사교과서의 재수정을 요구했지만, 일본 정부는 '학설상' 또는 '검정제도상' 요구를 받아들일 수 없다고 버티고 있다. 양국 정부는 교착 상태인 이 문제를 풀기 위해 작년 10월 고이즈미 총리가 전격적으로 한국을 방문하여 '과거사'에 대해 반성의 뜻을 표시하고, '한·일 역사 공동연구기구'를 설치하기로 합의하였다. 이것은 일본 역사교과서 문제를 정치·외교의 현안에서 분리하여 학문·교육의 장으로 옮기려는 양국의 고육지책이었다.

그렇지만 양국은 아직도 '공동연구기구'를 출범시키지 못함으로써 '역사교과서 문제'를 풀 수 있는 실마리를 찾지 못하고 있다. 한국인들은 역사학자끼리의 공동연구가 별로 신통한 해답을 가져오지 못하리라는 것을 잘 알면서도, 그 결과를 교과서에 반영하는 것에 대해서는 일말의 기대를 거는 심정이다. 반면에 일본인들은 한국이 자신의 교과서에 시비를 거는 자체를 불쾌하게 생각하며, '공동연구'가 진행된다 하더라도 그 성과를 교과서에 반영하는 것에 대해서는 아주 못마땅하게 생각하고 있다.

따라서 '일본 역사교과서 왜곡 사건'은 앞으로도 상당 기간 뾰족한 해법을 찾지 못한 채 한·일 양국 사이의 무거운 부담으로 남아 있을 것으로 예측된다. 이런 상태에서 한 달 후에는 또다른 '왜곡 교과서'인 『최신 일본사』(고교)가 일본 문부과학성의 검정에 통과될 것이다. 한국에서는 이에 대한 비판운동이 불을 뿜겠지만 월드컵 공동개최의 열기 속에서 그 기세는 작년보다 훨씬 미약할 것이다. 더구나 고등학교 교과서의 경우에는 학교에 채택권이 주어지는 관계로 일본에서는 전국 규모의 반대 운동은 별로 일어나지도 않을 것이다.

'일본 역사교과서 왜곡 사건'을 오히려 한·일 양국의 상호 이해와 우호 협력을 더욱 증진시킬 수 있는 전화위복(轉禍爲福)의 계기로 만들 수는 없을까? 두 나라 정부는 물론 양식 있는 시민들이 좀더 슬기롭게 나서야 할 것이다. 이것이 월드컵 축구 한·일 공동개최가 있는 해의 3·1절을 맞는 감회이다.

정재정〈서울시립대 교수·한국사〉

【여론마당】 한일역사연구 투명한 진행을
『동아일보』 2002. 3. 6

지난해 이때쯤 일본에서 교과서문제가 불거져 우리나라뿐만 아니라 전세계 양심의 저항을 불러일으켰다. 그 후 한일 두 나라 정상은 지난해 10월 역사문제 해결을 위한 공동연구기구를 설치하기로 합의했고, 두 나라 정부는 5일 구체적인 구성방안을 발표했다. 그 내용은 '연구성과를 활용하도록 배포한다', '각자의 제도상 허용되는 범위 내에서 공동연구의 목적에 최대한 부합하는 방향으로 연구성과를 활용한다'는 것이다. 두 나라 정부는 연구결과의 교과서 반영이라는 핵심쟁점에 대해 난항을 거듭한 끝에 결국 지극히 낮은 수준의 합의를 보는 데 그친 것이다.

일본의 역사교과서 왜곡문제가 공동연구기구의 출발점임을 생각해볼 때 두 나라 정부가 합의한 내용은 우리를 매우 당혹스럽게 한다. 연구성과를 교과서에 반영하라는 주장을 해온 한국정부가 단지 '활용하도록 배포한다'는 차원에서 합의해준 것은 공동연구의 성과가 '반영'도 아니고 '병기'도 아닌, 일종의 '회람' 수준에서 정리될 것임을 의미한다.

이렇게 급히 서둘러 합의해준 데는 여러 가지 사정이 있을 것이다. 특히 고이즈미 준이치로 일본 총리의 3월 방한과 올해 한일월드컵축구대회 공동 개최를 앞두고 두 나라 정상 간의 합의를 하루빨리 구체화해야 한다는 정치적 배려가 작용했을 것이다. 불본 월드컵대회 공동 개최는 한일 간의 우호친선관계를 맺는 데 중요한 이벤트일 것이다. 그러나 더욱 필요한 것은 과거의 역사를 딛고 한일 간의 진정한 공생과 우호관계를 만들기 위한 상호신뢰와 올바른 역사인식의 공유다.

사실 공동연구를 통해 문제를 해결하겠다는 두 나라 정부의 합의에 대해 처음부터 별로 기대를 하지는 않았다. 과거에도 한일 공동연구 시도가 있었으나 번번이 별 성과를 거두지 못했기 때문이다. 이번 공동연구 역시 잘못하면 과거를 답습하는 임기응변책이 될 가능성이 있기 때문에 한국과 일본의 시민단체들은 공동연구기구 인선과정에서 공개성 투명성 전문성 등을 원칙으로 하는 것이 중요하다고 두 나라 정부에 계속 요청해왔다. 그럼에도 불구하고 공동연구기구 인선 결과나 합의내용은 우려했던 대로 '혹시나'가 '역시나'가 되어버렸다.

그러나 이미 시작한 일을 놓고 찬물을 끼얹고 싶지는 않다. 그래서 또 한번 속는 셈치고 기대를 걸면서 다음의 사항만이라도 지켜주기를 한국 정부에 강력히 촉구한다.

첫째, 공동연구기구의 목적 자체가 역사교과서 왜곡 해결에 있는 만큼 연구성과를 적극 활용할 수 있는 방법을 구체적으로 마련해야 한다. 둘째, 공동연구기구의 인선과정을 투명하게 공개해 참여인사들에 대한 검증절차를 밟아야 하며 조속히 명단을 공개해야 한다. 셋째, 공동연구기구의 연구결과들을 공개하여 다양한 의견을 수렴할 수 있는 공청회 등의 제도적 장치를 마련해야 한다.

책임 모면용이나 여론 무마용으로 역사 공동 연구기구가 설치되고 운영된다면 이는 국민을 기만하는 일이다. 그리고 그것은 한일 양국이 교과서문제를 해결하는 것이 아니라 더욱 심화시키는 결과를 가져올 것임을 잊어서는 안 된다.

강창일(일본교과서바로잡기 운동본부 공동 운영위원장 · 배재대 교수 · 한국사학)

【기자의 눈】 '들러리' 한일역사공동위

『동아일보』 2002. 3. 7

5일 공식 출범을 선언한 '한일역사연구공동위원회'(이하 공동위)가 일본의 역사 왜곡을 바로잡을 수 있을까? 한국과 일본의 사학자들이 양국 역사를 함께 연구한다는 취지로 구성된 공동위는 늦어도 4월까지 고대사 · 중대사 등 소위원회를 구성해 본격적인 작업에 들어갈 계획이다.

하지만 한일 양국 정상 간 합의에 따라 출범한 공동위는 출발부터 '난항'을 거듭하고 있다. 공식 출범식도 없이 한일 양국에서 간단한 발표로 대신했고, 참여학자 명단도 "빠른 시일 안에 발표할 것"이라는 말만 되풀이하고 있다. 특히 이번 발표문에 '연구 결과를 양국 역사 교과서에 반영한다'는 내용이 빠진 것은 공동위 구성 취지 자체를 크게 퇴색시켰다는 지적이다.

외교통상부 관계자는 "일본 정부가 자국의 교과서 검정제도 때문에 정부 제안을 무조건 받아들이라는 것은 무리라고 주장해 '교과서에 반영한다'는 문구를 삭제했다"고 말했다. 이 관계자는 그러나 "일본이 그동안 역사 왜곡에 대해 수동적으로 대응했지만 최근 한국 중국 등 주변국들의 반발이 심한 상태여서 연구결과가 어느 정도 반영될 것"이라고 기대했다. 교육인적자원부 관계자는 "공동위의 연구 결과를 한일 양국 정부가 책임지고 교육 기관 및 국회, 도서관 등에 배포할 예정"이라고 말했다.

그러나 연구결과가 일본 교과서에 기대할 만한 수준으로 반영될지는 미지수다. 일본 정부가 받아들인다고 해도 중학교 8종, 고교 20여 종이나 되는 일본 역사 교과서 제작업체에서 이를 거부할 가능성이 있기 때문이다. 공동위의 결과물은 2005년 후에 공개할 예정이지만 더 연기될 가능성도 있다.

결국 공동위가 출범은 했으나 '역사왜곡 바로잡기'라는 목적달성보다는 형식적인 '공동 연구'에 그치는 것이 아니냐는 지적이 일고 있다. 역사학계에서도 '공동위는 양국 정상의 전시 외교에 역사학계가 들러리를 선 것일 뿐'이라는 목소리가 나오고 있다.

황태훈 기자

【2020 미래로 가자】 정부는 교과서에서 손떼라
『조선일보』 2002. 3. 20

조선일보와 '코리아 프로젝트 2020'은 현재의 국정·검정 교과서 편찬 제도를 점차적으로 폐지, 궁극적으로는 교과서 제작·채택에서 정부가 완전히 손을 뗄 것을 제안한다.

대신 출판사가 자유롭게 교과서를 제작하고, 각 과목별 전문교사 연구회가 이를 평가하며, 교사·학부모 등이 참여하는 지역(또는 학교)별 '교과(커리큘럼) 위원회'가 교과서 집필기준 설정 및 채택을 담당하는 '자유 발행제'로 전환해가자.

정부가 저작권을 갖거나(1종·국정), 발행 여부를 최종 판단하는(2종·검정) 현행 교과서 제도는 암기와 입시에 길든 '규격형 획일인간'을 양산하고 있다. 창의적 개성의 인재가 활약해야 할 2020년에는, 초·중·고교 교과서가 '교육 소비자'인 학생·학부모에게 봉사하도록 시장원리에 맡겨 다양한 시각을 담도록 해야 한다.

선진국치고 정부가 교과서에 대해 시시콜콜 관여하는 나라는 없다. 미국·영국·프랑스 등은 정부가 전혀 개입하지 않거나 개괄적인 편찬 방향만을 제시하는 등 최소한의 역할에 그치고 있다.

반면 한국은 초등학교 전 과목과 중·고교의 국어·국사·도덕 등이 국정(國定), 나머지 대부분은 정부가 합격 여부를 판정하는 검정(檢定) 교과서다. 그 결과 학생은 물론 교사들까지 관제(官製) 교과서를 낮춰보고 민간 출판업자의 참고서를 더 찾는, 왜곡된 교육풍토를 낳고 있다.

획일적 '대량생산 교육'을 청산하려면 출판사가 '잘 팔리는' 교과서를 만들려 치열하게 경쟁하는 시스템이라야 한다. 질 낮은 교과서가 나올 수도 있으나 시장이 걸러줄 수 있다.

출판사가 자유롭게 펴낸 교과서는 과목별 전문교사 연구회가 자율적으로 심의·평가하고 이를 근거로 시·도 교육청이 교과서로 인정할 만한 교재의 목록을 만들면 일선 학교가 '교과 위원회' 결정을 거쳐 고르는 시스템으로 하자. 학부모와 교직단체는 출판사가 좋은 교과서를 만들도록 감시자 역할을 해야 한다.

교과서 자유화는 교원양성 시스템 개선과 출판문화 개혁이 동반돼야 한다. 교대·사대의 프로그램에 학문적 소양을 강화해 교사들이 탄탄한 교과서 선택 능력을 갖추도록 하고, 출판사들은 교과서 편찬과정에 학계·산업계의 전문가와 학부모·사회단체 대표 등을 참여시켜 질을 높이는 노력을 해야 한다.

무엇보다 '자유 교과서'를 전제로 한, 대학입시 제도의 대폭 개편이 필요하다. 과목별로 출제문제가 똑같은 지금의 수능시험 체제 대신, 같은 과목이라도 교과서에 따라 다른 문제를 출제하되 공정한 난이도 및 평가 기준을 만들어야 한다. 그리고 학부모들은 다른 시험문제의 득점 결과를 인정하는 관용의 문화를 갖춰야 한다.

이런 교과서 개편방향은 충분한 시간을 갖고 미리 예고하자. 그래야 교원·출판계가 전문화로 무장할 수 있고, 한국의 교육행정에서 늘상 반복돼온 '졸속'을 피할 수 있다.

朴瑛錫 기자

한일정상회담 내용과 의미

『동아일보』 2002. 3. 22

김대중 대통령과 고이즈미 준이치로 일본 총리 간 22일 정상회담은 두 달 앞으로 다가온 월드컵 대회의 성공적인 공동개최 및 미래지향적 관계 발전을 위한 협력에 초점이 맞춰졌다.

특히 두 정상이 회담에서 고이즈미 총리의 5월 31일 월드컵 서울 개막식 참석과 김 대통령의 6월 30일 요코하마(橫浜) 폐막식 교차참석에 최종 합의하고, 정상회담 이후 월드컵 관련 상징장소를 함께 방문한 것은 이같은 의미를 더해줬다.

두 정상은 개·폐회식 교차방문 이외에 원활한 월드컵 교류증진을 위해 한시적인 비자면제(5.15~6.30), 한일 항공편의 주 140편 증편, 김포-하네다(羽田) 간 하루 10편의 전세기 운항 등 구체적인 월드컵 협력방안에도 의견을 모았다.

두 정상의 논의 초점은 역사왜곡 파문으로 지난해 한때 불편했던 한일관계를 극복하고, 양국간 실질적인 협력관계 증진을 위한 방안 마련에도 집중됐다.

두 정상은 이와 관련, 역사왜곡 방지를 위한 한일 역사공동연구기구 설치에 양국이 이달 초 최종 합의한 것에 만족을 표시하고 내실 있는 성과도출을 위해 적극 노력키로 하는 등 지난해 10월 정상회담 7개 합의사항의 철저한 이행에 노력키로 했다.

두 정상이 월드컵 기간 한시적인 비자면제에서 나아가 항구적인 한일 간 비자면제 협의를 적극 벌여나가고, 양국 외무장관의 연내 교차방문, 양국 외무당국 간 고위급 협의 활성화, 한국 청년들의 워킹홀리데이 비자발급 확대 등에 합의한 것은 양국간 미래지향적인 협력 의지가 담겨 있다.

또 그 동안 민간차원에 미물던 양국간 자유무역협정(FTA)에 대한 논의를 정부도 참여하는 합동위원회를 발족, 한 단계 논의 수위를 높여 나가기로 의견을 모은 것이나 양국이 투자자유화를 위한 한일투자협정(BIT)을 이날 체결한 것은 실질 경제통상 협력의 계기가 될 것으로 보인다.

두 정상은 이날 한반도 평화와 안정을 도모하기 위한 대북정책 조율에도 상당한 시간을 할애했다. 특히 두 정상은 단독회담 배석자를 양측 각 1명으로 줄임으로써 대북문제와 관련한 깊숙한 의견을 나눈 것으로 관측돼 주목된다.

두 정상은 우선 지난달 부시 미국 대통령의 방한이 한반도 평화, 안정에 기여했다는 점을 평가하고, '대화를 통한 대북문제 해결' 원칙 및 대북 포용정책의 지속적 추진 및 한·미·일 3국 간 대북정책 조율 강화에도 의견을 모은 것으로 알려졌다.

또 두 정상은 북일 간 수교교섭 중단에도 불구하고 북일 간 외교관계 정상화가 필요하다는 데도 인식을 같이한 것으로 알려졌다.

이날 회담에서는 북한의 일본인 납치 의혹도 거론됐다. 고이즈미 총리는 방한 전부터 얘기했듯이 "북한이 납치문제 해결을 위해 적절한 조치를 취해야 한다"며 우리의 협조를 요청했고 김 대통령도 가능한 범위내 협력의 뜻을 전한 것으로 알려졌다. +

일본은 이와 관련, 식량지원 등 대북 인도적 지원문제에 대해 자국내 여론을 감안해 신중한 입장을 보인 것으로 알려졌다.

양국 정상은 지난해 10월 정상회담에 이어 이번 회담을 통해 1998년 체결된 '21세기 한일 파트너십 공동선언' 정신에 맞춘 미래지향적 실질협력 복원관계의 발판을 마련했지만 향후 양국관계는 고교 교과서 검정과 고이즈미 총리의 신사 참배 등 아직 넘어야 할 산이 남아 있다.

언론자료로 본 일본교과서 역사왜곡

중간정

역사왜곡 '배후'는 실패한 과거청산

『시사저널』 제495호 2000. 4. 19

미국, 일왕 단죄 않는 등 전범 재판 '느슨'……'냉전 방파제 야합'으로 우익 준동 길터

한 국가의 극우 세력은 사회의 전반적인 우경화라는 토양에서 자라난다. 일본의 극우파 역사왜곡 범죄자들이 자행한 일본의 과거사 왜곡 사태는, 전후 일본이 대외 팽창적 제국주의 의식에 대한 자정력을 상실하고, 우경화로 나아간 결과 생겨난 필연적 현상이다. 일본사회의 전반적 우경화는 근본적으로는 '만세일계의 황국'이라는 민족 우월의식에 뿌리를 두고 있다. 고대 '임나설' 날조, 임진왜란 도발, 근대 이래 아시아 인접국에 대해 감행한 수많은 침략 전쟁은 모두 근세 일본 국수주의자들이 날조한 근거 없는 민족 우월의식의 표출이다.

그러나 동아시아 역사의 비극적 화근으로 작용한 이 민족 우월의식은 일본이 제2차 세계대전에서 패배한 후에도 치유되지 못한 채 황국주의자들의 혈관 속을 그대로 흘렀다. 전후 미국이 주도해 추진된 연합국의 극동 국제 군사재판(1946. 5. 3~1948. 11. 12), 일명 '도쿄 재판'이 그 직접 원인이었다. 전승국인 미국이 전범 재판을 포함한 전후 처리를 올바르게 행하여 일본 우경화의 싹이라고 할 민족 우월감을 제도적·타율적으로 제거, 혹은 정화하지 못하고 자국의 이익에 따라 편의적으로 행사했기 때문이다. 요컨대 일본을 새롭게 탄생시킬 수 있었던 호기를 방기한 셈이다.

도쿄 재판은 A급 전범인 일왕을 전범의 혐의를 벗겨 그대로 국가 권력의 구심점으로 존치시켰다. 이것이 바로 이 재판의 성격을 이해하는 출발점이자 핵심 코드이다. 히로히토(裕仁) 일왕은 전전(戰前) 국가 권력의 수반이자 근대 계급제도의 유산인 귀족 계급을 대표하는 인물이다. 그는 A급 전범인 도조 히데키(東條英機)가 제기했듯이 만주사변·중일전쟁 및 태평양전쟁 도발을 용인한 최고 결정권자였음에도 연합국 판사단(사실상 미국)은 전범으로 처리하지 않았던 것이다. 결국 2년 반에 걸친 재판 과정에서 피소된 28명 전원이 유죄 판결을 받았다(교수형 도조 히데키 등 7명, 종신 금고 16명, 20년 금고 1명, 7년 금고 1명, 기타 3명). 여기서 네 가지 사실을 유념할 필요가 있다.

첫째, 일왕의 전쟁책임론이 폐기되어 전범에서 제외된 것은 곧 전쟁 책임자에

대한 진정한 처벌이 이루어지지 않았다는 의미이다. 즉 A급 전범을 포함해 유죄 판결을 받은 자 전원은 전범의 괴수임에는 틀림없으나, 그들 권력의 원천인 일왕을 단죄하지 않고 어떻게 여타 전범에 대한 단죄가 가능할 것이며, 또 전쟁의 성격은 어떻게 규정할 것인가 하는 점이 문제다. 말하자면 유죄 판결을 받은 자들은 단지 형식 논리에 따라 일왕과 모든 전범을 대신하여 본보기로 단죄된 것일 뿐이다. 일본 정치학의 대가인 마루야마 마사오(丸山眞男)가 일본은 '정치적 책임을 질 사람이 한 사람도 없는 국가'라고 비판한 것도 이런 문제 의식에서였다.

둘째, 전쟁 기간에 전쟁 수행에 대한 권력 행사의 주체와 실상에 눈이 가려 있었던 보통 일본인들은 당연히 전쟁 도발과 패전의 죄과를 A급 전범인 이들 일왕의 하수인들에게 물었고, 같은 일왕의 하수인인 그 외의 B급·C급 전범에 대해서는 오히려 용서와 동정을 보냈다. 그리고 일왕을 치죄하는 데는 보수 우익뿐만 아니라 일반 민중도 반대했다.

마지막 보루 좌익마저 대외 팽창주의 노선에 합류

1945년 12월, 연합국은 일본인들을 대상으로 일왕과 패전에 대한 여론조사를 실시한 적이 있는데, 이때 일왕은 살아있는 신, 즉 현인신으로서 일본 민족의 상징으로 나타났다. 패전에 대해서는 후회·비탄·낙담 또는 유감 등의 다소 복합적 정서가 나타났지만, 하루빨리 전쟁의 상흔에서 벗어나고 싶다는 생각은 공통되었다. 바로 이 점이 자신들의 침략 전쟁을 훗날 정당화·미화하는 극우 세력의 온존을 가능케 한 토양이었다.

과거에 대한 준엄한 자기 반성이 결핍되어 있는 민족에게 기억의 저편으로 사라진 과거의 전쟁에 관해 보여주는 집단적 의식은 대체로 극과 극의 모습을 띠게 마련이다. 그렇지만 그 귀결점은 합치된다. 자신들의 국가가 부강해졌을 때 다시 한번 과거 승전시의 영광을 재현했으면 하는 향수가 되살아나고, 만약 경제 발전이나 국가의 위상이 장기 침체 국면에 빠지게 되어도 역시 좋았던 과거를 그리게 된다.

일본 NHK가 실시한 '일본인 의식 조사'에 따르면, 일본이 일류 대국이라고 의식한 사람이 1973년에 41%였고, 1983년에는 57%로 증가했다. 고도 성장을 이룬 1980년대에 그들은 그것이 냉전 시기 미국의 핵우산 속에서 안보 무임 승차, 또 한국전쟁·월남전의 특수 덕분이었음을 망각하고 물질적 성과를 스스로 대

견해 한 것이다. 또한 1986~1987년, 『아사히신문』이 독자 투고를 분석한 것에 따르면, 내용 중 85%가 자신이 전쟁의 피해자라고 인식하고 있었고, 가해자라고 응답한 자는 겨우 5%에 불과했다.

셋째, 일왕을 단죄함으로써 그의 존엄을 훼손하는 것에 대해서는 한때 일왕폐기론까지 주장했던 좌익까지도 반대하고 나섰다. 일본 좌익이 누군가? 그들은 전후 '평화헌법'과 반핵 3원칙 고수, '미·일 안보동맹' 반대라는 정치 이념을 표방함으로써 일본의 우경화를 견제하는 저울 추로 자처하지 않았는가? 그런데 그들은, 일본이 전쟁 발동에 대해서 전세계에 반성해야 한다고 주장하면서도 일왕의 권위는 인정하고자 했다. 좌익은 1990년대에 들어와 우익에 영합하여 일본의 대외진출 관련 법안을 지지하고 나섬으로써 일본의 대외 팽창주의 노선에 합류했다. 좌우익이 국가주의라는 한 배에 탄 것이다.

넷째, 제소된 전범의 숫자나 형량이 타국과 비교가 되지 않을 정도로 적었다는 점이다. 1945년 2월부터 1949년 12월까지, 즉 일본 전범을 처리한 같은 기간에 미국·호주·영국·네덜란드, 베트남의 프랑스 식민정부, 필리핀·중국(국민당 정부) 등 7개 국가가 B, C급 전범을 9백71명이나 사형에 처한 데 비해 일본의 경우 A급 전범 7명만 사형에 처했다. 이는 모두 미국의 자국 편의주의에 따른 것이다. 당시 미국은 일본 각계의 골수 파시스트 약 20만 명을 '숙정'했다고 하지만, 같은 시기 독일에서는 미군 점령 구역 전체 인구 1천3백18만여 명 가운데 3백44만1천8백 명이 기소되어 정식 판결을 받은 자가 전체 인구의 7.2%에 달하는 94만5천 명이나 되었다.

기소된 전범이 총리 되기도

더군다나 전범으로 지목, 기소된 일본인 가운데는 이런저런 이유로 풀려나 정치 권력에 복귀한 자가 한둘이 아니었다. 초대 자민당 당수가 된 하토야마 이치로(鳩山一郎), 내각 총리로 등극한 기시 노부스케(岸信介)가 대표적이다.

주지하다시피 이것도 미국이 미·소 냉전 심화에 따라 일본을 공산 세력의 확대를 막을 방파제로 삼기 위해 야합한 결과였다. '마루타'로 우리에게 널리 알려진 일본 관동군 731부대의 생체 실험 결과를 입수하기 위해 미국이 관련 연구원을 군사 재판에 회부하지 않기로 일본과 비밀 협정을 맺은 사실이 이를 입증하는 한 예이다.

비밀협정이 벌여놓은 틈을 비집고 일본은 1950년대 중반부터 경제 호전에 발맞추어 역사를 왜곡하기 시작했다. 일본 우익은 침략 전쟁에 대한 배상과 사과가 요구되지 않은 점을 뒤집어서 전쟁 정당화를 시도한 것이다. 1960년대에 등장한 하야시 후사오(林房雄)의 '대동아전쟁 긍정론'은 그 후의 역사왜곡에 심대한 영향을 미친 가이드라인 구실을 했다.

이제 일본은 동아시아에서 중·미의 힘겨루기 시대가 도래하자 중국을 겨냥한 아시아 패권 장악을 강하게 의식하고 있다. 현재의 역사왜곡은 일본이 지난 걸프전에서 달러를 기부하고도 정치·군사 대국으로서 대접받지 못한 점에 심하게 자극받은 극우 세력이 초조함을 드러낸 현상으로 보아도 틀린 말은 아니다. 그들은 이제 그들의 상전이었던 미국에 대해서도 도전 의식을 표출하고 있다. 일본 국민을 포함한 아시아인에게 태평양전쟁은 아시아를 구미의 지배로부터 해방시키고 '대동아공영권'을 건설하기 위해 불가피했던 전쟁이라고 호도한다. 그들의 논리에 의하면, 미국이 가해자이고 일본은 피해자였다. 그들의 말대로 정녕 도쿄재판은 전승국에 의한 징벌적 재판이었을까?

서상문(독도찾기운동본부 홍보국장)

【국사교과서가 거꾸로 간다】 학생 중심 교과서 만들어라
『뉴스피플』 제416호 2000. 4. 28

가장 이상적인 국사교과서는 어떤 형태일까? 극히 평범한 이야기지만 역사 교사들이 가르치기 좋고 학생들이 쉽게 이해하고 배우기 편한 교과서일 것이다.

그러나 역사 교사가 가르치기 좋은 교수 중심 교과서와 학생이 배우기 편한 학습 중심 교과서는 차이가 많다. 두 가지 측면을 다 만족시킬 수 있는 국사교과서는 하나의 이상일 뿐 실제로는 만들기 어렵다. 그래서 현실적으로 가능한 교과서는 두 가지 측면 가운데 한 가지에 중점을 두고 다른 면도 고려해 만든 교과서일 것이다.

교과서를 성전(聖典)처럼 보았던 과거의 성전적(聖典的) 교과서관에 의해 만들어진 국사교과서는 교수 중심에 가깝다. 반면 교과서를 학습도구로 보는 현대적 교과서관에 의해 만들어진 교과서는 학습자 중심이라 할 수 있다.

현행 우리 국사교과서는 성전적 교과서에서 현대적 교과서로 이행돼가는 과도기 내지 절충형에 머물고 있어 발전적으로 변화해야 한다. 앞으로의 국사교과서는 학습자가 이것을 통해 우리 역사를 능동적으로 공부하고자 하는 의욕이 일어날 수 있도록 좀더 학습자 중심으로 만들어야 한다.

이런 형태가 되려면 교과서의 체제, 내용을 조직하는 방법 등이 변화해야 한다. 그렇다면 이상적인 교과서란 구체적으로 어떤 모습일까. 첫째, 학생들이 재미있게 읽으면서 쉽게 우리 역사를 이해하고 배울 수 있는 '읽을거리'여야 한다. 둘째, 학생들이 스스로 학습할 수 있도록 공부의 길잡이가 돼야 한다. 셋째, 학생들이 학습한 역사의 기본적인 원리나 개념을 적용하여 우리주변 문제를 해결할 수 있는, 역사의식을 길러주는 것이어야 한다.

가장 이상적인 교과서는 학생에게 흥미 있고 국사의 '무엇을' '왜' 배우는지를 충족시킬 수 있는 형태다. 그러므로 단원이나 주제명도 학습자의 관심과 흥미를 끌면서 학습할 내용의 암시와 문제의식을 줄 수 있도록 해야 한다.

교과서의 핵심 부분은 본문이다. 본문은 학생들이 학습해야 할 기본적 역사 학습요소가 선정 수록되고 이것을 학습하는 원리 및 방법 등이 제시돼 학생들 스스로 본문을 읽어가면서 이런 것들을 터득할 수 있도록 구성해야 한다.

이를 위해서는 구체적인 역사 사례와 삽화, 통계, 도표 등 많은 자료들을 다양하게 제시하고 이들을 유기적으로 연계, 내용을 구조적으로 꾸며야 한다. 그리고 지속적으로 학생들의 흥미와 관심을 끌기 위한 방법을 찾아야 한다. 역사의 기본적인 개념을 짧게 낱낱이 나열하기만 해선 안 된다.

현행 국사교과서도 이런 문제를 해결하기 위해 많은 노력을 했지만 아직도 지나치게 많은 학습요소를 담고 있다. 그 결과 이를 소화하기 위해 많은 역사 사실을 나열할 수밖에 없다. 문장은 딱딱하고 재미없다. 학생들이 쉽게 싫증을 느낄 것은 당연하고 결국 학생들은 우리 역사에 대한 관심을 잃어버리게 된다.

그러므로 앞으로의 국사교과서는 국사 교육목표 달성을 위해 꼭 필요한 최소한의 역사의 기본 개념이나 역사 사실만 수록해야 한다. 그리고 이를 학생들이 쉽게 학습하고 이해하도록 많은 참고자료와 읽을거리를 제공해야 한다. 그래서 새 국사교과서는 기존 교과서보다 학습 요소는 적어지고 쪽수는 많이 늘어난 '재미있는' 교과서가 돼야 한다.

윤종영(尹種榮, 전 교육부 역사담당 편수관『국사교과서 파동』저자)

【국사교과서가 거꾸로 간다】 역사교실은 거짓말을 가르친다
『뉴스피플』 제416호 2000. 4. 28

역사를 알고 그것에서 지혜를 캐낼 수 있는 사람이 세상을 주도한다. 그런 의미에서 한 나라의 총체적 역량을 드러내는 것은 바로 그 나라의 역사책이다. 그런데 21세기 문화선진국 진입을 운운하는 우리의 국정 국사교과서는 아직 선진국 수준이 아니다. 사실의 왜곡도 잦다. 교사들의 국사교과서 불신은 새로운 대안 교과서 제작으로 이어지고 있다. 무엇이 이토록 국사교과서를 추락시켰을까. 현행 국사교과서의 왜곡 실태와 그 원인, 그리고 대안을 생각해본다.

국정 국사교과서는 왜곡에서부터 수요자인 학생의 눈높이를 외면한 딱딱하고 관료적인 서술까지 여러 분야에서 중병을 앓고 있다.

일본만 한국사를 왜곡하는 것이 아니다. 우리의 국정 국사교과서에도 역사왜곡이 일어나고 있다. 교육부가 펴내는 국정 국사교과서(고교) 첫머리에는 역사학습의 목적을 '과거의 사실을 바르게 인식하기 위한 것'이라고 제시하고 있다. 그러나 교과서 안으로 한번 들어가보면 이것이 얼마나 허구에 가득찬 말인지 금세 알 수 있다.

역사 서술에서 가장 우선해야 할 것이 정확한 사실의 기록. 그런데 사실과 동떨어진 서술이 많다. 대표적인 것이 백제의 담로제(憺魯制). 고교 교과서는 "백제의 담로는 고구려의 3경, 신라의 소경과 같은 특수행정구역"이라고 적었다. 그러나 담로는 중국의 군현(郡縣)과 같은 성격으로 지방통치 단위라는 것이 학계의 정설. 그러므로 담로를 특수행정구역으로 서술한 교과서의 설명은 전혀 사실이 아니다.

'삼국의 합좌제도'를 설명한 대목도 그렇다. 고구려의 제가 회의, 백제의 정사암 회의, 신라의 화백 회의 같은 귀족의 합의 제도는 국왕권이 성장하기 전 시기, 귀족의 강력한 힘을 상징한다. 그럼에도 불구하고 교과서는 합좌제의 의미를 '국왕중심의 귀족 정치'라고 풀었다.

신라에 대한 용어 설명도 사서(史書)의 기록과 배치된다. '신라의 발전'을 서술한 단원에서 신라의 국호를 "왕의 업적이 날로 새로워져서 사방을 망라한다는 의미"라고 했다. 그러나 『삼국사기』에는 신라의 국호와 관련, "새 신(新)자는 좋은 사업이 날로 새로워진다는 뜻이요, 벌 라(羅)자는 사방을 망라한다는 뜻"이라고 기록하고 있다. 그러므로 국사교과서는 집필자가 삼국사기 본래의 내용과 달

리 자의적으로 해석한 것이다.

고구려, 백제, 신라 할 것 없이 삼국에서 모두 만들었던 금동미륵보살 반가 사유상. 그러나 교과서에서는 신라의 유물로 소개, 마치 신라에서만 제작한 것으로 왜곡했다.

"여러 조각으로 꿰맨 너덜너덜한 옷이 바로 현행 국사교과서의 자화상이다." 한 학자는 이렇게 자탄했다. 국사교과서가 학계의 비난을 피하려 무리하게 여러 학설들을 종합, 현실세계에선 도저히 존재할 수 없는 괴물이 됐음을 비판한 말이다. 비난을 피하려다 또 하나의 역사왜곡을 저지른 셈이다. 학계의 여러 설을 타협한 결과물로는 '고조선의 세력범위 지도'가 손꼽힌다. 고조선의 영역에 대한 학설이 워낙 많다보니 이 설들을 모두 수용, 고조선 영역이 무리하게 확장됐다. 한 학자는 "어떻게 이런 이상한 지도가 국사교과서에 버젓이 실릴 수 있었는지 당황스러울 뿐"이라고 전했다.

논쟁중인 학설이 버젓이 정설로 둔갑한 예도 많은 것으로 알려졌다. 백제 22담로(儋魯)의 경우, 교과서는 그 성립시기에 대해 동성왕에서 무령왕 사이로 단정했다. 그러나 박현숙 고려대 교수(역사교육학과)는 "22담로의 성립시기는 백제 건국 초기설, 근초고왕설, 무녕왕설 등 여러 학설이 있으므로 동성왕에서 무령왕 사이로 단정하는 것은 피해야 한다"고 밝혔다.

신라 미술품으로 소개한 '탑의 모양이 새겨진 관을 쓴 금동미륵보살 반가 사유상'(국보 78호). 그러나 이것은 백제설, 고구려설, 신라설 등 그 제작국이 분분한 대표적인 불상이다. 석굴암 전실을 「」형태로 구부린 모양의 삽도도 싣지 말았어야 할 것으로 지적됐다. 아직까지도 논쟁이 첨예하게 진행중인 만큼 '정설'로 싣기에는 부적당하다는 것이다.

확정되지 않은 학설을 정설로 실어 비난의 표적이 된 것은 특히 고대사가 두드러진다. 이것은 사료의 미비나 고대 사료에 대한 해석의 차이가 큰 때문으로 풀이된다. 이에 비해 근대사는 누락이 많은 것으로 알려졌다. 정통론적 패러다임에 근거하다보니 이것에서 비껴나 있는 사회주의자들의 독립활동 등이 누락, 파행적인 역사가 됐다.

모순되는 서술도 산견(散見)된다. 고조선의 성립 문제가 아주 대표적. 교과서는 청동기 문화의 발전과 함께 국가가 성립했으며 우리나라 최초의 국가는 고조선이라고 밝혔다. 그리고 고조선은 단군왕검에 의해 BC 2333년에 건국됐다,고 썼다. 그러나 청동기 문화를 설명한 단원에서는 한반도와 만주 지역 일대의 청동기 문화 성립을 BC 10세기경 전후라고 설명했다. 이 설명대로라면 우리나라 최초의 국가 고조선의 성립은 BC 2333년이 아니라 BC 10세기 전후가 된다. 그런데 왜 사실과 다른 단군왕검의 BC 2333년 건국설을 실었을까.

'우리의 시조 단군'과 한민족의 유구함을 강조하려는 의도와 밀접한 관련이 있다. 그러나 아무리 역사교육의 목표가 민족의식의 고취에 있더라도 신화는 신화로 인정해야 하는 법. '민족의식 고취'라는 목적 때문에 사실 왜곡이라는 무리수를 둔 결과가 됐다. 이에 대해 학계에서는 "주(註)를 활용하는 것도 한 방법"이라고 설명했다. 따로 각주를 마련, 단군신화를 설명함으로써 사실 왜곡이라는 우를 범하지 않고도 충분히 민족의식을 고취할 수 있다는 것이다.

용어 사용도 신중하지 못하다. 군장(君長)과 족장(族長)은 동일하게 사용할 수 없는 개념임에도 불구하고 같은 뜻으로 쓰였다. 군장은 족장이 지배하는 부족사회 단계보다 한 단계 진전된 사회의 지배자다. 그러므로 군장과 족장은 사회발전 단계상으로 보아도 도지히 같은 의미가 될 수 없다.

"역사는 과거와 현재의 대화"라고 E .H 카는 썼다. 현행 국사교과서도 역사학습의 목적을 '과거 사실의 단순한 이해로 끝나는 것이 아니라, 현대를 살아가는 우리에게 도움이 되는 것이어야 한다'고 밝혔다. 그러나 현행 역사교과서만으로는 이 목적을 도저히 달성할 수 없다.

단순한 사실의 나열에 불과한 경우가 많다. 어떠어떠한 제도가 시행됐다고 나열할 뿐, '왜'에 대한 설명이 빠졌다. 사회발전 과정에 대한 계기적 설명이 없다. 낱낱의 지식은 있으나 그것들을 하나로 꿸 수 있는 방법은 안 보인다. 학생들이 사실의 인과관계를 통해 역사를 통찰할 수 있는 능력을 키우고 그 능력, 즉 역사의식을 토대로 현재를 살아갈 수 있는 지혜를 얻기에 현행 역사교과서는 족탈불급(足脫不及)이다.

사실의 나열은 '인간이 없는 국사'를 초래했다. 역사란 인간의 생생한 삶의 역사다. 그러나 현행 교과서에는 단지 딱딱한 제도만 있을 뿐, 이것을 만든 인간의 모습은 좀처럼 찾기 힘들다. 생활사가 아주 적다. 실제로 많은 학생들이 고등학교를 졸업한 뒤 학교에서 배우지 못한 생생한 역사를 접하고 "이제까지 왕창 속았다"고 느낀다고 한다. 문체도 문제다. 일방적인 서술에 수동태가 많다. 딱딱하고 생동감이 없다. 구석기 시대의 유물을 설명하면서 유물을 만든 구석기인들의 관점에서 서술하지 않는다. 단순히 유물의 상태를 설명하는 형식이다.

국사교과서의 수요자인 학생에 대한 배려는 거의 0점에 가깝다. 한성고에서 국사를 지도하고 있는 이운용 교사는 "현행 고교 교과서는 대학수준의 교양국사"라고 전했다. '중앙집권 국가체제, 집권적 관료조직…' 등 학생들이 이해하기 어려운 용어들이 많다. 학생들이 흥미를 느낄 리 만무하다. 일선 교사들도 수업 시간의 대부분을 용어 설명에 할애하느라 탐구수업이니 하는 것들은 엄두조차 못 낸다고 입을 모은다.

이 밖에도 국사교과서의 부실은 세세한 부분에 이르기까지 총체적이다. 조선 전기의 신분제도를 설명하면서 조선후기 김홍도의 풍속화를 싣는 등 시대적 차이를 무시한 삽화나 의미없는 사진의 게재, 본문과 무관한 주(註), 통일성 없는 외래어 표기, 틀린 용어 등, 일일이 거론하기가 힘들 정도다.

그렇다면 한 민족의 역량의 총화(總和)라고 할 수 있는 역사교과서의 부실은 왜 일어났는가. 그리고 부실투성이란 오명을 벗을 방법은 없는가. 이제 이 고민을 시작해야 할 때다.

소현숙 기자

【국사교과서가 거꾸로 간다】 "검인정 부활은 곧 역사 부활"
『뉴스피플』 제416호 2000. 4. 28

사실과 다르고 재미없는데다가 역사의식을 기르기엔 미흡한 현행 국정 국사교과서의 문제점은 어디서 유래하는가. 발행제도가 그 원인으로 지목받고 있다.

"하나의 사실만을 진리처럼 기술한 현행 국정 국사교과서가 많은 문제를 불러일으키고 있다." 역사학계와 교육계는 현행 국정 발행제도를 폐지하는 것이 현행 교과서의 병폐를 치유하는 지름길이라고 지적한다. 그리고 더 나아가 "21세기 다원화 시대에는 다양한 이론이 수용된 검인정 교과서만이 대안이 될 수 있다"고 덧붙이고 있다.

현재 우리나라 국사교과서는 국정(1종)으로 국가가 발행권자다. 국사교과서 표지 아래에 큼지막하게 찍힌 '교육부'란 글자가 이것을 웅변적으로 잘 말해준다.

그러나 처음부터 국사교과서가 국정으로 출발한 것은 아니었다. 1948년 정부 수립 후 검인정으로 발행되던 국사교과서가 국정이 된 것은 1974년이다. 1972년 10월 유신 이후 정부는 '국적 있는 교육'의 기치를 내걸고 국사교육 강화에 힘을 쏟았다. 그 결과가 바로 1974년 국사교과서의 국정으로 나타났다.

　당시 국사교과서의 국정화는 10월 유신이라는 시대상황과 맞물린 것이었다. 그런데 30년이 지난 지금은 시대가 확 달라졌다. 민주화는 진전됐고 사회는 다원화됐다. 그러나 국사교과서만은 오로지 '나 하나만이 진리'임을 외치며 국정으로 남아 있다. 사회는 변하는데 국사교과서는 오히려 거꾸로 가고 있는 셈이다.

　"상고사·현대사 부분은 학설도 많고 논쟁도 많습니다. 만약 국사가 2종(검인정)이 된다면 책마다 다른 학설들을 내세워 학생들이 혼란을 겪을 것은 명약관화합니다. 학생들에게 통일된 시각을 갖게 해서 공통된 민족관을 성립시키는 것, 그게 바로 국사교육의 목표입니다."

　교육부의 한 관계자는 새 천년에도 국사를 국정으로 계속 존속시켜야 하는 이유를 이렇게 설명했다. 그러나 '학생들에게 통일된 시각을 갖게 한다'는 교육부의 입장이 바로 문제라는 지적이 많다. 통일되고 고정된 한 시각만을 가지고는 21세기 다원화 시대를 헤쳐나갈 수 없다는 것이다. 이에 대해 강만길 전 고려대 교수(역사학과)는 "역사를 보는 관점이 다양해져야 그 민족사회를 이끄는 힘이 커진다"며 국정 교과서만으론 우리 역사를 제대로 알 수 없다고 강조했다.

　'국정 교과서가 통일된 시각을 갖게 한다'는 교육부의 목표도 실현되지 못한 것으로 드러났다. 논쟁이 많은 고대사가 특히 현저하다. 필자로 선정된 역사학자들은 여러 학자들에게 비난받지 않으려 그들의 학설을 모두 수용하게 된다. 그 결과 모순되는 서술이 적지 않아 학생들에게 많은 혼란을 불러일으키는 것으로 지적됐다. 서울 석관고 신용석 교사도 『내일을 여는 역사』 창간호에서 "현행 국사교과서가 일정한 방향 없이 연구자의 연구성과를 마구잡이로 서술한 무방향의 사실 나열"이라고 혹평했다.

　국사교과서의 검인정화 목소리는 이제 대세다. 학계나 교육계뿐 아니라 국사교과서 제작과 관련된 내부로부터도 활발하게 나오고 있다.

　현재 국정 국사교과서를 제작하고 있는 국사편찬위원회(이하 '국편'으로 약칭)도 발행제도 변경을 주장하고 있다. 그동안 국편은 자주 국사교과서의 검인정화를 건의하곤 했었다. 국편의 한 관계자는 "국편 안의 분위기도 국사교과서의 검인정에 무게를 두고 있다"며 "2002년부터 고등학교 국사의 근현대사 부분이 검인정이 된 만큼 다른 부분들도 단계적으로 검인정으로 바뀌지 않겠느냐"고 덧붙였다.

　국편 자료실장을 역임했던 최근영 한국사연구회장은 또다른 측면에서 국사교과서의 국정을 반대했다. 최 회장은 "현행 국사교과서에 국가의 입김이 들어갔다고 생각하는 것은 오해"라며 "집필자의 의도가 거의 모두 반영된다"고 설명했다. 그러므로 "구태여 국정으로 남아 있을 필요가 없다"며 국사교과서의 검인정화에 찬성의 뜻을 밝혔다.

한때 문교부(현 교육부) 국사교과서 편수관을 지냈던 윤종영 역사교육연구소장도 국사교과서의 검인정화는 거스를 수 없는 대세라고 지적했다. 그는 "북한 등 몇몇 독재국가를 제외하곤 모든 나라들이 검정, 또는 자유발행제도를 채택하고 있다"며 "개인의 창조성, 개성, 다양성이 존중, 강조되는 21세기에 발맞추기 위해서도 국사교과서의 발행제도를 바꿔야 한다"고 강조했다.

그렇다면 검인정은 '만능키'인가? 역사학계와 교육계는 "절대 아니다"라고 입을 모은다. 현행 우리나라 검인정 교과서 제작은 그리 자유스럽지 못한 것으로 알려졌다. 교육부 지침에 의해 방향, 내용, 그리고 분량까지 모두 정해져 있어 다양한 교과서 제작이 어렵다고 한다. 교육부 지침에 의해 쪽수까지 정해진 상황에서는 검인정 교과서라 하더라도 국정과 별반 달라질 게 없다는 지적이다.

그러므로 교육계와 학계 일각에서는 교육부의 지침에서 자유로운 자유발행제가 이상적이라는 의견도 나오고 있다. 그러나 자유발행제로 인해 여러 교과서가 난립할 경우 학생들이 겪을 혼란이 클 것이라는 우려도 많다. 윤종영 역사교육연구소장도 "당장 자유발행제도는 어렵다"고 밝혔다. 역사용어 등에 어느 정도 '사회의 일정한 합의'가 반영돼야 한다는 것이다. 그러므로 현 단계에선 용어나 학설에 대한 최소한의 합의를 토대로 한 검인정 교과서가 최선이라는 의견이 가장 설득력 있는 주장으로 알려졌다.

【교육】 검인정교과서 수 제한 없앤다

『뉴스피플』 제416호 2000. 4. 28

현재 우리나라 중·고교에서 사용되고 있는 교과서는 국어·국사·도덕(윤리) 등 국정교과서를 제외하고는 검인정교과서를 쓰고 있다.

지난 1996년 제6차 교육과정 실시와 함께 검인정교과서는 과목별 5종류에서 8종류로 늘었다. 따라서 현행 검인정교과서는 국정교과서와는 달리 한 과목당

8가지 종류의 교과서가 있는 셈이다.

검인정교과서는 한국교육과정평가원에서 최종 심의를 거쳐 확정한다. 일정한 자격요건을 갖춘 출판사라면 교과서 제작에 누구나 참여할 수 있기 때문에 최종 심의에서 통과되기란 여간 어려운 게 아니다. 심의를 통과한 8가지 교과서에 대해서는 학교별 재량으로 선택해 쓰도록 돼 있다. 이와같은 과정에서 출판사들은 자사에서 출간된 교과서를 쓰도록 치열한 로비를 벌이게 된다.

특히 이 가운데서도 영어와 수학 과목은 자습서와 테이프 등 부수적인 수입요인이 커 '황금알을 낳는 거위'로 불린다. 출판사들은 교과서 채택이 자사 출간 참고서 수요로 곧바로 이어지기 때문에 필사적으로 매달릴 수밖에 없다. 이 과정에서 출판사들은 학교와 교사, 학부모 대표 등 교과서 채택에 영향력이 있는 사람들을 상대로 갖가지 검은 거래가 이뤄진 게 사실이다.

학교마다 교과목 선택을 할 때는 학교협의회를 구성해 교과서 내용을 검토하고 학교 실정에 맞는 것을 택하도록 되어 있으나 대부분이 지켜지지 않고 있다. 서울 강서구 Y여고에서 수학과목을 담당하고 있는 황모 교사는 "출판사 관계자가 교과서 채택을 부탁하며 금품까지 건네주는 것을 거절하느라 곤혹을 치른 경험이 있다"며 "국·공립 학교는 덜한 편이지만 특히 사립학교에서는 교과 담당 교사들의 영향력보다는 학교운영자들의 입김에 의해서 채택되는 경우가 많았다"고 말했다.

교과서를 발행하고 있는 G출판사의 영업담당인 최모 부장은 "교과과정이 바뀌고 새로운 교과서 발행권을 따내는 순간부터 학교와 교사들을 상대로 치열한 로비가 이뤄진다"며 "주요 과목일수록 놓치지 않기 위해 갖은 수단과 방법을 동원하게 된다"고 했다.

최근 교과서 채택에 대해 일선교사들을 상내로 실문조사한 내용은 검은 거래의 실태가 어느 정도인지 짐작케 해준다. 전국교원노조 산하 전국 영어교사 모임(회장 홍완기·서울 온수고 교사)이 최근 전국 중·고교 영어교사 250명을 상대로 '영어 교과서 채택에 관한 설문조사'를 실시한 결과, 응답자의 40%가 출판사 직원이나 주변 교사들로부터 특정 교과서를 채택해달라는 권유나 로비를 받았다고 답변했다. 구체적으로는 '금품과 권유'를 받았다는 응답이 30%로 가장 많았고, 교과서가 채택된 뒤 사례금 100만 원 또는50만 원을 주겠다는 등의 제의가 10%, 돈과 백과사전 1질이나 식사대접 등 사전 금품제공과 권유가 8%, 교과서 내용을 담은 비디오와 오디오 제공 8% 등의 순이었다.

내년부터 중1년을 시작으로 연차적인 교과개편작업이 이뤄진다. 특히 이번 7차교육과정에서 교과서 검정은 과목당 수에 제한을 두지 않은 게 특징이다.

교육부 교과서발행과 담당자는 "출판사 간의 경쟁을 통해 교과서의 질을 향상시키기 위한 차원에서 7차교육과정 교과검정부터 종류의 제한을 없애게 되었다"고 설명했다. 더불어 교과서 선택 범위가 넓어지면서 채택을 둘러싼 검은 거래에 대한 것도 많이 투명해질 거라는 말도 덧붙였다.

하지만 현재 과목당 8종류보다 더 많은 교과서가 발간됨에 따라 채택을 둘러싼 선택경쟁과 로비 등은 더욱 심화될 것이라고 보는 시각도 만만치 않다.

유진상 기자

【초점】 '헛소리'가 역사가 되는 나라
『한겨레21』 제322호 2000. 8. 17

문부성 검정신청한 일본의 새 중학교 교과서…… 일제가 식민지 민족해방운동 지원자였다고?

내년부터 제2차 세계대전과 그 뒤 세계사는 완전히 다시 고쳐써야 할지 모른다. 세계 2위의 경제대국 일본이 지금까지의 역사는 모두 강요와 세뇌에 의해 날조된 거짓임을 알리는 정부공인 문서를 내놓을 가능성이 크기 때문이다.

그 문서의 일부 내용은 다음과 같다. "같은 날(일본 해군기동부대가 하와이 진주만 미 태평양함대를 기습한 1941년 12월 8일) 일본의 육군부대는 말레이반도에 상륙해 영국군과의 전투를 개시했다. 자전거를 탄 은륜부대를 선두로 일본군은 정글과 고무나무숲 사이를 누비며 영국군을 격퇴하면서 싱가포르를 향해 쾌속진격했다. 55일 만에 말레이반도 약 1천㎞를 종단하고 다음해 2월에는 겨우 70일 만에 싱가포르를 함락시켜 마침내 일본은 영국의 동남아시아 지배를 무너뜨렸다. 필리핀·자바·버마 등에서도 일본은 미국·네덜란드·영국군을 격파하고 결국 100일 정도 만에 대승리로 서전을 장식했다. 이것은 수백 년에 걸친 백인의 식민지지배 아래 고통받던 현지인들의 협력이 있었기에 가능한 승리였다. 이 일본의 서전의 승리는 동남아시아나 인도인들, 나아가 아프리카인들에게까지 독립을 향한 꿈과 용기를 키워주었다."

아시아는 지금까지 세계 식민지민족해방운동을 위해 서구 제국주의 열강에 약소민족과 대동단결해 피흘리며 싸웠던 일본을 침략자로 오해하고 있었던 모양이다. "독립을 향한 꿈과 용기를 키워주려고" 온 그들을 서구와 같은 제국주의자로 모는 것은 배은망덕이다.

인도 독립의 아버지가 도조 히데키?

문서는 영어 'aggression'은 선공이나 침공 정도에 해당하는데 도쿄 전범재판에서 일본 쪽은 그 전쟁에는 정당한 이유가 있고 자위전쟁이었다고 반론했으나 연합국 쪽이 이 단어를 침입하고 약탈한다는 뜻의 침략으로 번역하는 바람에 "일본이 마치 강도와 같은 짓을 했다는 인상만이 퍼지고 말았다"고 유감스러워했다.

글은 계속된다. "일본군은 인도독립운동을 지원해 인도 국민군을 탄생시켰다. 싱가포르에서 거행된 열병식에서 독립운동 투사 찬드라 보스는 조국으로의 진격을 선언했다. '체로 델리!'(진격하라, 델리로!)라는 폭풍과 같은 외침이 국민군과 2만 명 인도민중, 유색인종 관중을 에워싸고 그칠 줄을 몰랐다." "인도 법률가 바라바이 데사이는 '인도독립은 일본 덕택에 30년은 앞당겨졌다'고 말했다."

"구미 식민지지배하에서 이익을 얻고 있던 자들에 의한 항일 게릴라활동도 있었다. 그러나 일본은 그래도 구미제국이 수백년 간이나 결코 승인하지 않았던 버마, 필리핀, 인도, 베트남, 캄보디아, 라오스 등의 독립을 승인했다."

"이처럼 일본군의 남방진출이 계기가 돼 일본 패전 뒤 아시아에서 아프리카에 이르기까지 유럽의 식민지였던 나라들의 독립 물결은 멈추지 않았으며 2차대전 뒤의 세계지도는 일변했다. 1960년 유엔총회에서 식민지 독립선언이 결의됐다. 그것은 대동아회의 공동선언과 같은 취지였다."

대동아회의란 1943년 11월 도쿄에서 도조 히데키 일본총리 주재하에 열린 회의로 중화민국(난징 정부) 대표 왕조명, 만주국과 타이, 필리핀, 버마 대표와 자유인도 임시정부 찬드라 보스 등이 참석했다. 그 회의 공동선언이 17년 뒤의 유엔 결의와 같은 취지였다면 도조 히데키가 패전 뒤 A급 전범자로 찍혀 사형당한 것은 뭔가 크게 잘못됐음이 분명하다. 뿐만 아니라 난징 정부와 만주국을 친일 괴뢰 정부로 규정하고 타이, 필리핀, 버마 참석대표들을 일본 앞잡이라 부른 것도 잘못됐을 것이다. 그리고 놀랍게도 인도독립의 아버지는 이제 보니 마하트마 간디나 자와하를랄 네루가 아니라 실은 바로 도조 히데키였다?

일본군은 유대인을 도와줬다는데……

동남아에서 일본군이 파죽지세로 서전을 승리로 장식한 것은 "현지인들의 협력" 때문이 아니라 1939년 9월 독일의 폴란드 침공으로 유럽 전역이 2차대전의 소용돌이에 휘말리면서 영국·프랑스 등 동남아 식민종주국들이 전력을 유럽에 집중할 수밖에 없었기 때문이라는 주장은 거짓인 셈이다. 진주만 기습으로 일격을 당한 미국이 필리핀을 일본에 내줄 수밖에 없었다는 것도 말이 안 된다. 사전에 사태전개를 치밀하게 계산한 일본은 무주공산에 밀고들어가면서 식민지 주민들이 주체적으로 그 공백을 메울 기회마저 빼앗아갔다는 지적도 그야말로 억지다.

잘못된 것은 이런 정도에 그치지 않는다. "예컨대 2차대전 말기 소련군은 만주에 침입해 일본 일반시민의 살해, 약탈, 폭행을 계속하고 포로를 포함한 약 60만 명의 일본인을 시베리아에 강제연행해 가혹한 노동에 종사케 함으로써 약 10%를 사망케 했다. 이것은 분명한 전쟁범죄다. 그러나 전승국의 전쟁범죄는 거의 묵인됐지만 패전국 일본은 진위가 불명확한 전쟁범죄까지도 충분히 심리도 받지 못한 채 재단당해 1천명(B·C급 전범) 이상의 사병과 장교가 사형에 처해졌다."

"나치 독일은 2차세계대전중 홀로코스트(유대인 대량학살)를 자행했다. 이것은 전쟁과는 전혀 별도로 국가의사로서 계획·실행된 전체주의 범죄이며 일반주민 중 600만 명의 유대인, 200만 명의 폴란드 지식인과 그 이상의 소련인, 50만 명의 집시를 살해하고 장애자나 환자를 안락사시켰다."

"2차대전 뒤에도 제노사이드(인종학살)는 세계 각지에서 자행됐다. 소련 스탈린은 국내 부르주아로 불린 유복한 계급 사람들을 수천만 명 규모로 살육하고 중국 마오쩌둥도 마찬가지 규모의 자국민을 사상이 다르다는 이유만으로 처형했다. 캄보디아의 폴 포트도 자국민 800만 명 중 250만 명을 학살했다."

이제 여기부터가 중요하다. "그런데 일본은 독일과 동맹을 맺고 있었으면서도 인종차별 반대라는 국가방침을 통해 유대인을 도와줬다. 1938년 3월 육군소장 히구치 기이치로는 시베리아 쪽으로 도망쳐온 유대인 난민의 만주국 입국을 인정해 구원하고, 다음해 11월 리투아니아 주재 영사였던 스기하라 치우네는 6천 명의 유대인 난민에게 비자를 발급해 일본을 경유한 피난길을 열어주었다."

그 다음에도 미군의 도쿄 대공습을 비롯한 일본 대도시 무차별폭격, 히로시마·나가사키 원폭투하 등을 지적하고 '전쟁범죄'냐 '제노사이드'냐를 물은 뒤

"미국은 일본군대가 아니라 70만에서 80만 명의 무저항 일반시민 위에 소이탄을 비처럼 뿌려 살상하고 원폭효과를 확인하기 위한 실험도 겸해서 30만 명의 시민을 일순간에 살상했다"고 열거했다.

"일본도 예외 아니다"는 단 한마디

이렇게 되면 일본이 중국대륙 침략과정에서만도 3천만 명 이상의 주민들을 학살했다는 기록들은 사실이기는커녕 미국 등 '무도한 국가'들이 스스로 자행한 엄청난 살육을 감추기 위해 인도주의정신의 화신인 일본에 없는 죄를 덮어씌운 꼴이 된다. 왜냐하면 문서에는 일본이 2차대전에서 유대인까지 도왔다는 기록은 있지만 대량학살을 했다는 기록은 단 한 군데도 나오지 않기 때문이다. 다만 이런 문장이 딱 한 군데 들어 있을 뿐이다. "그러나 전쟁을 해서 전쟁범죄를 전혀 저지르지 않은 나라는 없으며, 물론 일본도 예외는 아니다. 다만 전쟁범죄에 대해 공정한 처벌이 이뤄졌느냐 하면 그렇다고 말하기 어렵다." 집필자들은 다른 나라들에게 한 것처럼 구체적인 사례를 드는 대신 오직 "일본도 예외는 아니다"는 한마디만으로 끝내고 더이상 언급이 없다. 그리고 과연 "공정한 처벌이 이뤄졌느냐"는 문제인데, 실은 이 말을 하기 위해 문서는 여러 국가들의 전쟁범죄 상황을 장황하게 나열했다. 그러면서도 왜 수백만, 수천만 명을 살육한 다른 나라 전쟁범죄자들은 그냥 놔두고 도조 히데키와 같은 식민지민족해방운동 지원자들을 중벌에 처했느냐고 항변하고 있다.

단 하나 예외적으로 일본군의 전쟁범죄와 관련된 사항이 나오는데 그것은 이른바 난징대학살에 관한 것으로 '난징사건'이란 소제목을 단 그 내용 전문은 다음과 같다.

"이 도쿄재판법정은 일본군이 1937년 난징공략전에서 중국민중 20만 명 이상을 살해했다고 인정했다. 그러나 당시 자료에 따르면 그때 난징 인구는 20만 명이었으며 게다가 일본군 공략 1개월 뒤에는 25만 명으로 늘었다. 그 외에도 이 사건의 의문점은 많고 지금도 논쟁이 계속되고 있다. 전쟁중이었으므로 얼마간의 살해가 있었다고 하더라도 홀로코스트와 같은 종류의 것은 아니다." 정말 문서가 인정한 일본군의 잘못은 이것이 유일하며 그것도 '얼마간의 살해'일 뿐이다. 이런 진실을 왜곡과장하는 중국은 정말 나쁘다.

물론 군대위안부도 창씨개명도 없다. 징병·징용은 주로 일본인을 상대로 이뤄졌는데 다만 괄호 속에 "대만·조선에도 적용됐다"는 설명을 덧붙여 배려했다.

그런데 이런 사소한 잘못을 엄청난 범죄인 양 부풀리고 진짜 대량학살자들은 처벌조차 하지 않은 것은 순전히 전승국, 그 중에서도 미국의 다음과 같은 음모 때문이었다.

"도쿄재판과 병행해서 GHQ(일본점령군 총사령부)는 전쟁에 관한 죄악감을 철저히 일본인 마음에 심어 놓기 위한 선전계획인 '워 길트 인포메이션 프로그램'(전쟁범죄선전계획)을 실행했다. 신문, 잡지, 라디오, 영화 등 모든 미디어를 동원해 일본의 전쟁이 부당한 것이며 일본인은 잔학한 짓을 했다고 강조한 것이다. 그것은 도쿄재판에 제출된 진위가 불확실한 의심스런 것들이 많았다."

'새 역사교과서를 만드는 회'의 실체

미국의 과오를 따지자면 한이 없다. '대동아전쟁' 자체가 미국의 횡포 때문에 일본이 어쩔 수 없이 시작한 '자위를 위한 전쟁'이었다. "1938년 고노에 후미마로 총리는 동아신질서의 건설을 천명하고 일본·만주·중국을 통합한 경제권을 만들겠다는 것을 시사했다. 이것은 나중에 동남아시아를 포함한 대동아공영권이라는 슬로건으로 발전했다. 문호개방, 기회균등을 부르짖으면서 일본을 억눌러온 미국은 일본의 독자적 경제권 구축을 결코 허락하지 않으려 했다." 이것이 직접적인 미일전쟁의 도화선이 됐다. 미국만 훼방을 놓지 않았으면 일본은 "독자적인 경제권=대동아공영권"을 완수할 수 있었을 텐데…….

이 문서는 일본 우익단체 '새 역사교과서를 만드는 회'가 지난 4월에 문부성에 검정신청을 한 중학교 사회과 역사교과서 내용의 일부다. 최근 내부자에 의해 비밀리에 일부 유출됐다. 통과되면 2002년 4월부터 각 학교에서 채택해서 쓸 수 있다. 소학교 교과서는 2001년 4월, 고교는 2003년부터 바뀌어 이르면 내년 봄 소학교부터 국가가 정당한 역사관의 하나로 공식 인정해주는 이런 유의 교과서가 등장하게 된다. 자민당은 통과시키라고 압력을 넣고 있고 문부성은 약간만 손질하게 해서 통과시킬 것이라는 풍문이 돌고 있다. 검정은 10월에 문부성의 '검정의견' 발표와 함께 사실상 끝나며 내년 3월 최종 합격여부가 통지되면 6~7월 각 자치체들이 교과서를 채택하게 된다. 최근 일본사회 분위기로 보아 이 교과서가 통과될 경우 많은 학교에서 채택할 가능성이 있다.

'새 역사교과서를 만드는 회'는 200여 명으로 구성된 '역사교과서문제를 생각하는 국회의원 모임' 등 정계, 재계, 학계, 언론계, 종교계에 광범한 후원세력을 갖고 있으며 특정교과서 채택운동을 벌이는 조직까지 확보하고 있다. 따라서 이는 결코 사회의 일반적 흐름과 동떨어진 군소집단의 돌출행동이 아니다. 이미 『국민의 역사』라는 베스트셀러와 「최후의 순간 - 프라이드」라는 영화 등을 통해 실습과정을 마쳤다. 극우적 일본 민족주의를 고취하는 이른바 '자유주의사관'에 철두철미하다는 점에서 이들은 완전히 닮은 꼴이다. 장차 일선학교에서 이 교과서를 얼마나 채택하게 되든 일단 문부성이 검정통과 도장을 찍을지 말지가 큰 관심사다. 검정통과는 그러한 시각을 국가가 공인한다는 것을 의미한다.

이 교과서에서 일본은 처음부터 끝까지 한번도 흔쾌히 과오를 인정하는 법이 없다. 사실 2차대전에서 일본이 나쁘냐 미국이 더 나쁘냐, 또는 유럽제국이 나쁘냐 따위는 아무 의미 없는 질문이다. 그들은 동아시아라는 먹잇감을 서로 더 많이 차지하기 위해 으르렁거리고 싸운 제국주의자들이라는 점에서는 우열 없는 한패거리들이었다. 교과서는 그 점을 또 하나의 책임회피 수단으로 삼고 있다. "전쟁은 비극이다. 그러나 전쟁에서 선과 악을 가르긴 어렵다. 어느 쪽이 정의고 어느 쪽이 불의라고 할 수 없다. 국가와 국가가 국익을 놓고 다툰 끝에 정치로는 해결되지 않을 때 최종수단으로 동원하는 것이 전쟁이다. 미국군과 싸우지 않고 패배하는 것을 당시의 일본인들은 선택하지 않았던 것이다."

도대체 일본은 어디로 가는가

그럴듯하지만 이건 말이 안 된다. 선과 악, 정의와 불의를 가를 수 없다는 주장은 어차피 약탈에 혈안이 돼 서로가 손에 피를 묻힌 제국주의자들 사이에서나 적용될 수 있다. 일제군대가 조선의 동학농민혁명을 좌절시키고 끝내는 국가 자체를 강탈하고 서구열강들과 빼앗기 조를 짜서 일방적으로 중국을 유린하면서 수천만 명을 살육한 선생에 신과 악, 정의외 불외가 없다는 것은 헛소리에 불과하다. 일제는 철저한 가해자요 악이며 불의였다. 교과서 집필자들은 이 '헛소리'의 본질을 감추기 위해 모든 책임을 미국 등 서구 제국주의 동지들에게 떠넘기고 그들을 공격함으로써 스스로를 서구열강들의 침탈에 허덕이는 비서구 식민 제국의 민족해방자로 둔갑하려 한다. 그럼에도 그 자가당착과 교활함은 금방 드러난다. 동일차원의 피해자에게 한쪽에서는 "독립을 향한 꿈과 희망을 키워줬다"고 떠들어대면서 동시에 다른 쪽에서는 멀쩡한 독립과 꿈과 희망을 박살내고 있었던 것이다.

이 우익들의 집요함은 광신적 민족주의를 부채질하고 있다는 점에서 심각하다. 그들은 이제 겨우 중학생 나이의 아이들에게 이렇게 가르치려 한다. "알류산 열도의 아츠섬에서는 겨우 2천 명의 일본군 수비대가 2만 명의 미군을 상대로 한걸음도 물러서지 않았다. 탄환도 쌀도 보급이 끊긴 가운데 마지막 남은 300명 정도의 부상병들이 너덜너덜한 옷에 다리를 끌면서 일본도를 꼬나들고 유유히 미군에 다가가 옥쇄했다. 이리하여 남태평양에서 뉴기니를 거쳐 중부태평양 마라아나 제도의 섬들에서 일본군은 항복하지 않고 차례차례 옥쇄해갔던 것이다." "미군 장병들은 이(가미가제 특공대)를 자살공격이라며 공포에 가까운 두려움을 느꼈고 나중엔 가미가제 존경의 염까지 품게 됐다." "(공격은 작전으로서는 해선 안 되지만)고향의 가족을 지키기 위해, 이 일본을 지키기 위해 희생하는 것을 굳이 마다하지 않았던 것이다." 19살로 오키나와에서 전사한 가미가제 특공대가 고향 누이동생에게 남긴 편지도 인용해놨다. "야스코야…… 매일 공습 때문에 무섭지. 오빠가 원수를 갚아줄게. 엄청 큰 항공모함에 들이박을 거야. 그때는…… 오빠를 기쁘게 해다오."

도대체 일본은 어디로 가고 있는가? 수없이 제기돼온 이런 물음에 또 한 가지 꽤 명쾌한 답을 얻은 셈인가.

한승동 도쿄 특파원

【심층진단】 재연된 日 역사교과서 파동의 이면
'교과서 왜곡 사건'의 원인과 경위, 우리의 대응자세
『뉴스메이커』 제409호 2001. 2. 1

교과서 파동의 경위

'새로운 역사교과서를 만드는 모임'(이하 '교과서모임'으로 표기)이 집필한 중학교 역사교과서가 문부과학성의 교과서 검정을 통과할지 귀추가 주목되면서 한일 양국간에 긴장이 고조되고 있다. 이번 사태 역시 아직도 우리의 기억에 선명한 1982년 한일 교과서 왜곡 사건의 재현을 방불케 한다. 이에 대한 일본정부의 대응 여하에 따라 이 문제가 외교문제로 비화할 조짐도 보이고 있다.

이 문제는 '교과서모임'이 2002년 4월부터 사용될 중학교 사회과의 역사부문과 공민부문의 교과서를 만들어 지난해 4월 문부성에 검정을 신청한 것에서 시작됐다. 교과서의 발행은 『산케이신문』, 발매는 산케이 계열회사인 후소샤(扶桑

社)이다.

검정신청 도서는 표지에 출판사나 저자명이 표시되지 않은 상태이기 때문에 '시로뵤시본(白表紙本)'(백색 표지의 책)이라 불린다.『아사히신문』이 작년 7월 29일 공민 교과서 시로뵤시본을 비판적으로 보도함에 따라 문제가 내외에 알려지게 되었다.

이들 역사 및 공민 교과서 2종은 작년 가을 제1단계 검정을 통과하고 지난해 12월 검정의견에 따른 제1차 수정작업을 거쳤다. 이들 교과서는 올해 2월 22일 제2차 수정본을 제출하고 최종 결과를 기다리고 있다.

'새로운 역사교과서를 만드는 모임' 성격과 문제의 교과서 내용

'교과서모임'은 주로 '자유주의사관 그룹'이라 자칭하는 우익 인사들에 의해 1996년 12월 조직됐다. 이 조직의 주장은 대부분의 중·고등학교용 일본사 교과서의 근·현대사 부분이 일본의 제국주의적인 침략이나 식민지 지배, 전쟁책임, 전쟁범죄 등을 과도하게 강조하고 있으며 전체적으로 어둡다는 것이다. 이들은 메이지국가를 천황제 절대주의 체제로 파악하는 '코민테른 사관'과 전쟁의 원인은 일본의 호전성에 있으며 일본만을 나쁘다고 보는 '동경재판 사관'에 대해 '반일·망국적' 또는 '자학적' 역사관으로 규정한다. 이 조직은 자기 나라의 역사를 배우는 것은 그를 통해 긍지와 낭만을 느끼고 이런 감정을 갖기 위해서라고 주장한다.

이 그룹의 자유주의사관이 그대로 투영된 문제의 역사교과서의 시로뵤시본을 보면 다음과 같은 내용이 눈에 띈다. 이 백색표지의 책은 첫째, 현행 헌법을 미군점령 당국에 의한 강요의 신물이라 부정하고 전전의 '교육칙어'를 전문 게재하여 해설하면서 찬미하고 있다. 둘째, 일본의 아시아 침략 전쟁을 '대동아 전쟁'이라 표현하며 "초기 일본군의 승리는 동남아시아는 물론 아프리카 사람들에게도 독립에의 꿈과 용기를 주었다"고 미화한다. 당연한 귀결이지만 종군위안부 등 일본군의 전쟁범죄행위나 아시아 제국에서의 약탈 등에 대해서는 일체 언급하지 않는다. 셋째, 특히 우리에게 관계되는 부분으로 "조선반도가 적대국의 손에 들어가면 일본의 방위가 곤란하게 되기 때문에" 조선을 병합하지 않을 수 없었으며 구미열강의 지지 속에서 당시 국제관계의 원칙하에 합법적으로 행해졌다고 주장한다. 넷째, 일본사를 신화부터 시작하여 천황 중심으로 역사를 기술,

황국사관을 심으려 한다.

역사적으로 본 이번 사태

이번 사태는 한 우익 그룹의 단독 행동에 그치지 않는 뿌리 깊은 고질적 구조의 재연이다. 전후 교과서 검정 역사상 1955년 당시 민주당의 교과서 공격, 1982년 교과서왜곡 사건에 이은 세번째의 파동이라 할 수 있다. 이번 사태는 1982년 사건을 계기로 "근린 아시아 제국과의 근·현대사를 다룰 때에는 국제이해와 국제협조의 견지에서 필요한 배려를 해야 한다"는 소위 '근린제국 조항'이 문부성 검정 기준에 추가됨에 따른 여파로 보인다. 파동은 중·고등학교 역사교과서에 아시아 침략에 관한 기술이 늘어난 데 대해 자민당을 중심으로 하는 보수우익 세력이 강력히 반발하는 형태로 진행되고 있다.

이번 사건의 근원을 따져보면 1993년 38년 만에 성립한 비자민내각의 호소카와(細川) 총리가 "지난 전쟁은 일본에 의한 침략전쟁이었다"고 발언한 데 대해 자민당의 일부 의원이 반발한 사태로 거슬러올라갈 수 있다. 당시 호소카와는 결국 발언을 철회했다. 이를 계기로 자민당 의원들이 '역사검토위원회'를 발족시켜 1년 반 이상에 걸쳐 지난 전쟁의 침략성을 부인하는 방대한 저서를 발간했다. 『대동아전쟁의 총괄』이란 저서의 책 후기에서 이타가키 참의원 의원은 "일방적으로 일본을 단죄하고 자학적인 역사인식을 강요하는 것은 범죄행위라 해도 과언이 아니다"라고 선언했다.

그 후 1996년 6월 이듬해부터 사용되는 중학교 사회과 교과서에 종군위안부에 대한 기술이 등장한다는 사실이 알려지면서 자민당 내에는 이에 반대하는 모임이 다수 만들어졌다. 때를 같이하여 자유주의 사관 그룹이 이들 자민당 세력에 이론적 지주의 역할을 하기 시작했다. 또한 『산케이신문』을 비롯한 언론이 그들에게 활약의 장을 제공하고 일부 우익단체가 행동부대의 소임을 맡았던 것이다.

역사의 반복과 일본 전후민주주의의 한계

이같이 침략전쟁과 근대천황제 국가체제 전체를 미화하는 역사관은 전후 한번도 공식적으로 부인되지 않은 채 일본사회에서 그 생명을 유지해왔다. 그것은 이번 교과서 검정 사태에서 보듯이 노로타 발언과 같은 대신(장관) 및 정치인의 망언이 전후 되풀이되어온 데에서도 잘 나타나 있다.

실제로 1945년 8월 15일 패배를 시인하는 '옥음(玉音) 방송'에서 천황은 "영·미를 상대로 한 전쟁이 일본의 자위와 아시아의 안정을 위한 전쟁이었다"고 말했다. 같은해 11월 시데하라(幣原) 내각은 '전쟁책임 등에 관한 건'이란 문서를 채택했다. 이것은 대동아전쟁이 일본으로서는 불가피한 것이었다는 취지를 담고 있다. 식민지 문제에 대해서도 1949년 외무성에 설치된 평화조약문제연구회의 견해는 일본은 조선의 경제적 사회적 문화적 향상과 근대화에 공헌했으며 합병은 정당한 절차에 의해 이루어졌다는 내용이다.

결국 일본의 전후 민주주의는 그동안의 이같은 정치적 토양을 바꾸지 못했다. 전전(戰前)과 단절하고 '새로운 일본'을 만들겠다던 많은 일본인의 희구는 냉전의 시작으로 인해 '역코스'로 변질됐다. 또한 점령군이 들어와 구지배층은 '악인'으로 규정하고 국민은 희생자로 구분지어줌에 따라 일본 국민들은 전쟁과 원자폭탄의 이중의 희생자로 변모했다. 일본 국민은 이런 가운데 민주주의보다는 번영을 추구하는 '중산층의 전후'에 몰두해갔다. 당시는 우리나라를 포함해서 아시아제국과 일본은 반공과 조건부 원조라는 공통분모로 연결되어 있었다.

그럼에도 1982년 교과서 왜곡 사건은 문부성과 문부성의 교육정책에 지대한 영향력을 행사해온 자민당의 '분쿄족(文敎族)'이 주도하는 역사왜곡에 대해 일본 민중도 비판에 동참하면서 '가해자 의식' 의 결여를 반성하는 계기가 됐다. 당시 일본 민중들은 불충분하지만 아시아의 인민들과 공존한다는 관점에서 이런 행동을 취했다.

하지만 1990년대 들어 경제의 거품이 꺼지면서 시작된 '잃어버린 10년' 동안 일본 국민은 극도의 자신감 상실에 시달리기 시작했다. 이로 인해 국민적 통합의 와해를 우려하는 사회적 분위기가 고조돼 자유주의사관과 같은 시대착오적 발상의 대두를 부추겼다. 게다가 현재 재정난에 허덕이고 있는 '아시아 여성 기금' 사례에서 드러나듯 일본인들은 "우리도 할 수 있는 데까지 하고 있는데 도대체 언제까지 사죄를 되풀이해야 하는가" 하는 '오와비즈카레(お詫び疲れ:사죄 피로증)' 현상도 나타나고 있다.

우리의 대응

『아사히신문』이 최근 지적했듯이 검정 작업은 비공개리에 행해지기 때문에 '교과서모임'이 집필하는 교과서가 최종적으로 어떤 내용으로 귀착될지는 두고 보아야 할 것이다. 하지만 문부과학성이 어떤 교과서라도 역사적인 사실관계에 틀림이 없는 한 통과시킨다는 방침을 고수한다면 문제가 없지 않다. 왜냐하면 아직까지도 여러 가지의 역사적인 사실관계가 객관적으로 결론지어지지 않았다는 것이 일본정부의 기본 입장이기 때문이다. 더구나 한국에 관계된 부분, 예를 들면 식민지 시대가 나쁘지만은 않았다는 평가 등은 사실관계에 포함되지 않을 것이다.

우리 정부는 검정 결과 여하에 따라 일본정부에 대해 확고한 자세로 임해야 할 것이다. 『산케이신문』 등은 우리나 중국의 시정 요구를 내정간섭이라 비난하지만 한일 및 중·일의 원만한 관계가 일본정부의 과거에 대한 사죄를 전제로 하고 있는 한 이는 근거 없는 주장이다. 우호관계의 성립과 지속은 서로가 주고받은 약속 이행의 문제이고 그에 의한 신뢰 형성의 문제이다. 지난 1982년 교과서 파동 때는 당시의 우리 정권이 반공이란 공통분모에 의거하여 막대한 차관 공여를 요구했고 일본의 친한(親韓) 우익 정치가가 이를 지지해준다는 '꺼림칙한' 부분이 있었으나 현재는 그렇지 않다.

이 문제를 둘러싸고 일본 국민은 여러 목소리를 내고 있다. 일본 내에는 보수세력의 주장에 반대하는 다양한 양심세력이 존재하고 있다. 이제 민족 대 민족의 대결적 도식은 지양돼야 한다.

우리는 여러 차원에서 일본 내의 세력들과 연대해 일본 국민이 내셔널리즘의 공격성을 버리고 아시아의 민중과 공존할 수 있도록 끈기 있게 협력해나가야 할 것이다. 특히 일본 국민이 '잃어버린 10년'의 혼미 속에서 허덕이고 있는 지금은 더욱 그러하다.

유혁수(요코하마대학원 교수)

【이사람】 "일본은 과거침략사 반성하지 않았다"

『뉴스메이커』 제409호 2001. 2. 1

서대문형무소 역사관에서 자원봉사하는 야마다 이쿠요

"일본정부는 근세에 들어 한국 중국 대만 싱가포르 등 아시아 인근 국가에 대해 어떤 짓을 했는지 자국 국민에게 말해주지 않았어요. 한국에 관광온 일본인들에게 과거 일본이 저지른 잔혹한 행위를 설명해주면 이들은 '이런 줄 몰랐다'

거나 '공부가 많이 됐다'는 말을 하곤 합니다. 그럴 때마다 보람을 느낍니다."

서울 서대문구 현저동 101번지 서대문 로터리에 위치한 서대문형무소 역사관 (02 - 363-9750∼1, 관장 윤현중)에서 일본인 관람객을 상대로 자원봉사 안내를 하는 일본인 가정주부 야마다 이쿠요(山田育代 · 37) 씨는 이같이 말했다.

야마다씨는 어떤 계기로 이곳에서 자원봉사 안내자 역할을 하게 됐을까. 그녀는 역사관 건립 전후 두 차례에 걸쳐 서대문형무소를 방문했다. 여행을 좋아하는 그녀는 책을 통해 서대문형무소의 역사를 알게 됐고 그 때문에 이곳을 두 번이나 찾았다는 것. 여행사에서 근무한 바 있는 야마다는 아시아 지역을 방문할 때 특히 일본의 '태평양 전쟁'과 관련된 근세 역사의 현장을 애써 찾아다녔다고 한다.

야마다는 작년 8월 15일 서대문형무소 역사관에서 열린 순국선열 추도식에 남편 사와이 토루(澤井亨 · 36)씨와 함께 참석했다. 이들 두 사람은 쨍쨍 내리쬐는 햇볕 아래에서 2시간 이상 서 있었다고 역사관의 학예연구원 양성숙씨는 말했다. 당시 행사장에는 천막이 설치돼 있었으나 사람이 많아 자리가 없었다. 양씨에 따르면 야마다는 일본인이 한국인에게 저지른 죄악에 대한 사죄의 심정으로 뙤약볕에 서 있었다고 말했다는 것.

야마다는 서대문형무소 역사관 방문을 통해 자연스럽게 일본어 자원 봉사 안내자 홍성원씨(28 · 여)를 알게 됐다. 그녀는 "일본인도 이곳에서 자원봉사 안내를 할 수 있느냐"고 물었고 이같은 자신의 뜻이 받아들여져 마침내 작년 12월부터 이곳에서 일본인 관광객을 상대로 안내를 맡게 됐다. 전업주부인 그녀의 근무시간은 금요일 오전 11시부터 오후 4시 30분까지. 역사관을 한 바퀴 도는 데 걸리는 시간은 1시간 가량.

야마다는 얼마 전 일본인 대학교수 부부가 형무소 역사관에 왔을 때를 기억했다. 교수 부부는 주저하던 끝에 역사관 내 '고문체험관'에 들어갔다. 그들은 야마다에게 "왜 일본인들이 이렇게 나쁜 민족으로 인식돼야 하느냐? 한국이 과거 역사를 정치적으로 이용하는 게 아니냐? 왜 반일교육에 이용당하느냐?"고 그녀에게 따졌다고 한다.

야마다는 이런 일본 지식인의 항의에 대해 "정치적으로 이용하는 것이 아니다"라고 단호하게 말했다. 그녀는 오히려 "일본이 과거의 침략사에 대해 반성하지 않았다. 일본의 침략사를 가르치지 않은 일본정부는 나쁘다"고 역설했다.

야마다는 일본의 관광객들이 서대문형무소 역사관의 고문실이나 체험관 등에 오면 크게 놀란다고 말했다. 고문실에는 일본 경찰이 독립운동가들을 잔인하게 고문하는 장면이 생생하게 재현돼 있기 때문. 근세 일본의 침략사에 관해 약간 알고 있는 일본 지식인이라도 "식민 통치를 이런 정도로 심하게 했는가?"라며 놀란다는 것이다.

야마다 이쿠요는 시즈오카대학에서 일본문학(한문시 전공)을 공부하고 졸업한 뒤 모교에서 8년 동안 성적처리 및 유학생 지원 등 행정업무를 했다. 평범한 생활을 하던 그녀는 이 기간 중 한국 유학생은 물론 아시아 유학생들과 자주 접하게 됐고 한국인 유학생들로부터 한국어를 배웠다. 일본에 유학온 한국 학생들로부터 "차별을 당하고 있다"거나 "일본 친구를 사귀는 게 어렵다"는 이야기도 자주 들었다. 또한 한국인 유학생들이 하숙집을 구하는 데 어려움을 많이 겪는다는 것도 알게 됐다. 그녀는 한국인 유학생들과의 대화를 통해 한일 간 큰 벽이 존재한다는 것을 알았다.

야마다는 이에 대해 "일본정부는 과거를 반성하지 않았다. 일본은 전쟁 때 주변국들에 어떤 일을 했는지 젊은이들에게 이야기해주지 않았다"고 말했다. 그녀 자신도 중·고등학교 시절에는 한일 간 근세 관계사를 막연히 알았을 뿐이라고 한다.

야마다는 아시아 유학생들과 접하면서 자연스럽게 아시아 주변국의 역사에 관심을 갖게 됐고 특히 한국 학생을 통해 한일관계에 대해서 더 많은 관심을 갖게 됐다. 여행을 좋아하는 그녀는 한국 중국 대만 싱가포르 등을 여행할 때면 반드시 '태평양전쟁'과 관련된 박물관이나 유적지를 찾아갔다. 그녀는 "일본이 전쟁에서 가해자였으나 일본 내에는 가해자의 행위에 관한 박물관이나 유적이 전혀 없다"고 말했다.

한국에 대한 야마다의 관심은 지난 1994년 마침내 한국을 신혼여행지로 택한 것으로 나타났다. 그녀는 천안의 독립기념관과 광주 망월동의 5·18 광주민주화묘역을 둘러봤다.

이어 야마다는 1999년 4월 남편 사와이 토루와 함께 한국에 살기 위해 왔다. 남편이 일본 자치체 국제화협회 서울사무소로 발령받으면서 함께 온 것. 그녀는 "한국인들이 마음을 열기 때문에 친구로 사귀기가 좋다"면서 "전국을 여행하면서 많은 한국인 친구를 사귀었다"고 말했다. 그녀는 아직 매운 음식을 못 먹지만 삼계탕을 좋아하고 한국 여행을 좋아한단다.

그녀는 지난해 3월 경기도 광주의 '나눔의 집'도 방문했다. 이곳은 일제 당시 종군위안부로 끌려갔던 할머니 10여 명이 모여 거주하는 곳. 야마다는 할머니들이 자주 "허리가 아프다"고 호소하는 것을 들었다. 그녀는 "할머니들은 종군위안부 시절 겪었던 고통으로 허리 통증을 호소하는 것 같았다"면서 "그럼에도 할머니들은 강하게 살고 있었다"고 말했다. 그녀는 나눔의 집에 가서 일본에서 수학여행차 온 남학생 300여 명을 상대로 이 집의 내역에 관해 설명해주었다. 그녀는 나눔의 집 방문시 "몹시 마음이 아팠다"고 말했다.

야마다는 매주 수요일 일본 대사관 앞에서 벌어지는 '수요집회'에도 빠지지 않고 참석한다. 수요집회는 정신대문제대책협의회(정대협) 소속 사람들과 소수의 일본인 등 20여 명이 모여 일본정부의 사과와 배상을 요구하며 시위하는 모임이다.

야마다는 서울 서대문구 대현동 럭키아파트에 산다. 그녀는 "서대문 구민으로서 서대문구청 소속인 형무소 역사관에서 자원봉사하는 것이 지역을 위해 봉사하는 것"이라고 말했다. 그녀는 이곳에서 '서울시 문화월드컵 자원봉사자'라는 이름으로 외국어 안내를 맡고 있는 13명(일본어 10명, 영어 2명, 중국어 1명) 중 한 명. 전국에는 2002년 5월 월드컵 축구경기를 앞두고 현재 3만 8천여 명이 자원봉사를 '실습중'이다.

야마다의 남편 사와이는 시즈오카(靜岡)현의 일본 자치체 국제화협회에 소속된 지방공무원이다. 그의 일은 시즈오카 방문자에게 안내를 하거나 여행계획을 잡아주는 것. 그는 한국어도 아내보다 훨씬 잘하고 집안일도 도와주며 그녀의 한국 내 활동을 이해해준다고 한다.

기자는 야마다에게 "일본에서는 여자가 결혼하면 남편의 성을 따르지 않느냐"고 물었다. 야마다는 호적상으로는 남편의 성 '사와이'를 쓰고 있지만 사회생활에서는 결혼 전의 성을 쓰고 있다고 대답했다. 그녀는 "요즘의 일부 젊은 일본 여성들은 결혼해도 자신의 성을 계속 쓴다"면서 "회사생활을 하는 여성이 결혼 후 갑자기 성을 바꾸면 불편을 겪는다"고 설명했다.

서대문형무소 역사관 관계자들은 야마다의 '반일행동'(?)으로 인해 혹시 공무원인 남편이 피해를 보지 않을까 걱정하고 있다. 그러나 야마다는 "개인적 행동이기 때문에 남편에게 나쁜 영향이 미칠 리 없다"고 말했다.

서대문형무소 역사관은 어떤 곳인가

애국지사 고문·처형 장면 그대로 재현

서대문형무소는 1908년 '경성감옥'이라는 이름으로 문을 열었다. 이곳은 일제 침탈기 동안 나라를 찾으려던 수많은 애국지사가 투옥돼 고문당하거나 처형된 곳으로 악명 높던 감옥이었다. 광복 후 1945년 11월 서울형무소로 이름이 바뀌었고, 1967년엔 서울구치소로 개칭됐다. 1987년 11월 서울구치소가 경기도 의왕시로 옮겨가자 폐허만 남은 채 민족수난의 역사현장은 사라졌다. 이후 1992년 8월 15일 서대문독립공원으로 개원했다가 이정규 서대문구청장 등의 발의로 3년여의 공사 끝에 1998년 11월 현재의 서대문형무소 역사관으로 복원됐다.

역사관에 들어가면 1919년 사이토 총독에게 폭탄을 던진 강우규 의사의 의거를 입체영상으로 재현한 매직 비전을 볼 수 있다. 또한 일제의 잔혹한 고문장면을 비롯해 애국지사들의 옥중투쟁 모습도 볼 수 있다. 옥중 시위를 벌이던 유관순 열사의 모습도 있고 창씨개명을 강요하는 장면도 있다.

이곳 역사관에는 일본 중국 등 외국인 관광객을 비롯해 우리 중·고등학생과 일반인도 많이 찾아온다. 윤현중 역사관장에 따르면 하루에 약 1,300명이 찾아온다고 한다. 지난해 6월에는 독립기념관 이명화 연구원을 초빙해 '옥중 역사교실'을 운영하기도 했다.

설원태 기자

한일 공동 역사교과서 만든다
『뉴스피플』 제454호 2001. 2. 2

일의대수(一衣帶水)의 나라 한국과 일본. 지형적으론 아주 가까운 관계지만 두 나라 간 역사인식의 골은 매우 깊다. 1982년 일본의 역사교과서 파동에서도 보듯 이런 역사인식의 현격한 차이는 역사교과서를 통해 재생산돼왔다. 이에 뜻있는 양국의 학자들과 교사들이 모여 그 골을 좁히는 데 노력하고 있다.

한국역사교과서연구회(회장 이존희)와 일본 역사교육연구회(회장 가토아키라)는 "한일양국의 왜곡된 역사를 시정해야 한다"는 데 공감하는 역사학자와 역사교사들로 구성된 민간단체. 1997년부터 해마다 두 번씩 서울과 도쿄를 오가며 한일 양국의 역사교과서 기술의 문제점을 분석하는 '한일 역사교과서 심포지엄'을 해왔다. 두 단체는 지난 1월 13일부터 이틀 간 도쿄 가쿠게이대(學藝大)에서 열린 회의까지, 모두 7차례의 심포지엄을 통해 한일 양국의 역사인식의 차이를 극복하는 데 상당한 기여를 했다는 평가를 받고 있다. 최근에는 그간의 성과를 바탕으로 『역사교과서 속의 한국과 일본』(도서출판 혜안)을 양국에서 동시에 발간하기도 했다. 내년 출간을 목표로 하고 있는 '한일공동역사교과서'의 시험본인 셈이다.

한일관계를 둘러싼 두 나라의 인식차는 주로 고대사와 일제침략 등의 근현대사에 집중돼 있다. 가쿠게이대의 7차 심포지엄에서도 마찬가지였다. 가까운 나라 한국과 일본, 두 나라는 과연 어떤 문제에 대해 '하늘과 땅만큼이나 다른' 역사 이해를 해오고 있는가.

고대사 - 임나일본부 문제와 문화전파

임나일본부설은 왜가 한반도 남부지역에 진출, 백제·신라·가야를 지배하고 특히 가야에는 '일본부'를 두어 6세기 중엽까지 직접 지배했다는 것이다. 이에 대해 국내학계는 5세기까지의 일본 열도에는 통일세력이 존재하지 않았으므로 한반도로 진출할 수 없었다고 주장한다. 일본학계도 근래에는 임나일본부설이 퇴조하고 있는 실정이다. 대신 일본부가 왜에 의한 군사정벌이나 직접지배기구가 아니라 가야지역의 철이 일본열도에 대단히 중요한 존재였기 때문에 설치된 교역기관 내지는 외교기관이었다는 쪽으로 그 의미가 이동하고 있다.

고대 동아시아 문화는 중국에서 한반도, 그리고 일본으로 전래되는 경로를 밟아왔다. 양국 학계는 이런 문화전파 경로에는 의견을 함께 한다. 그러나 이 과정에서 한국, 즉 삼국과 통일신라가 했던 역할에 대해서는 엇갈린 태도를 취해왔다. 일본은 한반도가 단지 문화의 통과지점이란 점을 부각, 그 역할을 축소하고 있는 반면, 국내학계는 삼국과 통일신라가 중국문물을 섭취해서 소화한 것을 일본에 전해줬다는 입장이다. 이번 가쿠게이대 심포지엄에서는 일본측이 한국측 주장에 공감을 표명, 문화전파에서 삼국과 통일신라가 했던 역할의 중요성을 인정했다.

왜구의 성격문제

왜구의 성격을 어떻게 규정짓느냐가 관건. 일본은 왜구를 일본인 해적집단으로 규정하는 국내 학계와는 다른 견해를 내놓고 있다. 도쿄대를 중심으로 왜구는 일본인들뿐 아니라 중국·한국·필리핀인 등 여러 집단으로 구성된 존재라는 주장이 대세를 이루고 있다. 왜구 성격에 대한 양국의 상반된 주장은 이번 심포지엄에서도 평행선을 달렸다.

임진왜란 후 국교재개와 통신사

임진왜란이 끝난 후 조선 정부는 일본 막부에 모두 12번의 통신사를 파견한다. 처음 3번은 임진왜란과 정유재란 때 끌려간 포로문제와 국교를 회복하기 위한 '회답 겸 쇄환사'로, 이후 9번은 '통신사'란 명칭으로 일본에 갔다. 국내학계는 1609년의 기유약조(己酉約條)와 통신사의 파견을 임진왜란 후 동아시아 국제사회에서 고립된 일본을 국제사회에 편입시킨 계기로 파악하며 통신사 파견도 일본의 요구에 의한 것으로 평가하고 있다. 그리고 통신사를 통해 일본측이 많은 문화적 혜택을 받았다는 점을 강조한다. 이에 반해 일본 학계는 통신사가 대부분 장군의 생일 등 막부의 경축일(慶祝日)이나 장군이 바뀔 때 파견된 경우가 많았다는 점 등을 들어 통신사의 문화적 역할 등을 과소평가하고 있다.

일제 침략과 한일병탄

국내 학계는 '경술합방 무효론'을 제기했다. 일본이 대한제국을 군사적으로 점령하고 무력으로 한국측의 반대와 저항을 탄압하면서 국권을 강탈했으며 조약체결권자인 대한제국 황제의 직인이 없었기 때문에 원천적으로 무효라는 주장을 폈다. 이에 대해 일본측은 "왜 다시 그 문제가 나오느냐"는 예민한 반응을 보였다. 현재 일본학계는 조약의 강제성은 인정하지만 한일 간의 여러 조약들이 유효하게 성립됐다고 보는 게 대세.

이 심포지엄에서 기조발표를 한 이존희 회장은 "한일병탄문제는 주제가 워낙 민감해서 양국간의 의견접근이 일체 없었다"고 밝혔다. 그러나 이 회장은 "임나일본부설이나 고대의 문화전파에서 삼국과 통일신라가 했던 '큰' 역할 등 선사시대에서부터 현대에 이르기까지 일정 정도의 공감대가 있었다"고 덧붙였다. 이번 심포지엄이 두번째 참석이라고 밝힌 이승진 서울 방학중 교사(28)도 "지난해보다 논의의 진전이 있었다"며 "양국학자들이 힘을 합해 역사인식의 골을 좁히려는 노력이 돋보여 흐뭇했다"고 밝혔다.

소현숙 기자

【일본】 "태평양 전쟁은 성전(聖戰)이었다"?
『주간조선』 제1641호 2001. 2. 22

"새 역사교과서를 만드는 모임" 제출 교과서 최종검정 결과 곧 발표
"자학에 빠진 역사관 바로잡겠다"………위안부 삭제·전쟁당위성 담아
　최근 월드컵 명칭 표기 문제로 한일 양국간에 다소 감정 싸움이 생기고는 있지만, '역대 가장 원만하다'는 상황은 아직 변함이 없는 것 같다. 그러나 이 좋은 관계는 조만간 발표될 일본 역사교과서 검정 결과 여부에 따라 한순간에 물거품이 될 수도 있다.

　1996년 12월 도쿄시내 호텔에서 창립회견을 갖고 있는 일본 우익 '새 역사교과서를 만드는 모임'
　일본 문부과학성은 각 출판사가 제출한 검정 수정본 교과서를 접수, 현재 최종 결정을 앞두고 있다. 정부 관계자들은 "늦어도 2월 말까지는 최종 검정이 끝나고 결과가 나올 것"이라며 "제발 문제가 없도록 해주면 좋겠다"고 마치 입시 발표를 앞둔 수험생처럼 결과를 기다리고 있다.
　한일 간에 일본 역사교과서를 두고 약 1년 간 벌어졌던 논란의 최종 포인트는 '새 역사교과서를 만드는 모임'이 제출한 교과서가 검정을 통과할 것인지 여부로 좁혀지고 있다. 이들이 만든 역사교과서는 '황국사관의 부활' '제국주의로의 회귀' '일본 우경화의 상징' 등과 같은 비난을 받아왔다.
　한일관계를 우려하는 측과는 반대로 이를 만든 일본 '우익'들은 어떻게든 이 교과서가 검정을 통과하는 데 총력을 기울이고 있다. 문부성이 약 200~400곳의 수정 지시를 내린 당시에는 '만드는 모임'이 검정 신청을 철회할 것이라는 추측도 있었지만, 이들은 "검정 합격이 1차 목표인 만큼 모든 수모를 일단은 감수한다"는 쪽으로 전략을 세운 것으로 전해졌다.
　'태평양 전쟁은 성전이었다'는 식의 자신들 주장이 모두 빠져버리더라도 꼭 교과서는 만들겠다는 그들 머릿속에는 어떤 생각이 있는 걸까.

"우리는 우익이 아닌 애국자들"

그들은 우선 자신들을 '우익' 내지는 '천황주의자'라고 부르는 것을 거부한다. 그들 표현을 빌리자면 '자학에 빠진 일본교과서를 바로잡고 싶어서 나선 객관적 사실에 기초한 역사를 만들고 싶은 애국자'들이다.

1998년 7월 고바야시 요시노리라는 만화가(현재는 모임의 이사)가 '전쟁론'이라는 만화를 통해 등장인물과 장면들을 자신들 입맛에 맞게 그려 대중 선동적인 효과를 노렸다. 이 책은 60만 부 이상 팔리는 '대성공'을 거뒀다. 이들은 "일본 국민의 숨겨져 있던 마음"이라며 "지금까지 전승국이 멋대로 만든 역사관에 따라 일본 국민은 자신들의 역사에 자부심을 갖지 못해왔다. 이를 바로잡아야 한다"고 주장했다.

이들은 지금까지의 일본교과서가 가진 사관을 자학사관이라고 하는 것에 대비해 자신들의 사관(우리가 보기엔 우익적인)을 '자유주의 사관'이라 칭하고 있다. 이들이 가장 흥분하는 점은 '왜 우리만 잘못했다고 하느냐' 하는 부분이다. 또 가장 쓰고 싶어하는 내용은 '일본이야말로 세계적 문화를 이룬 국가이고, 독립을 지켜온 자랑스런 나라'라는 것이다.

모임의 일원인 후지오카 도쿄대 교수는 "어떤 교과서는 1945년의 종전일을 서술하면서 한국의 서대문 형무소에서 만세 부르고 나오는 독립운동가 사진을 싣고 있다. 이게 한국 교과서에나 있을 내용이지 일본교과서에 실릴 사진이냐"고 묻고 있다. "조상의 고투에 대한 경의와 공감의 념이 빠져 있는, 과거 적국의 선전 문구를 사용해 자국을 오로지 자학적으로 비판하고 있다"고 주장한다.

일본 문부성의 학습지도 요령에는 '교육목표'로서 '우리나라의 역사에 대한 애정을 깊게 하고, 국민으로서의 자각을 기른다'는 부분이 있다. 이들 '만드는 모임'은 이 규정을 원용해 "우리는 일본 역사에 애정을 가질 수 있도록 만들어진 역사교과서를 만들고 싶다"고 감정에 호소하기도 한다.

일본사회가 1990년대 장기 불황과 함께 전체적으로 보수화의 길로 접어들면서 이들 주장에 공감하는 일본인이 늘고 있는 것은 어느 정도 사실로 보인다. 이들은 중국 역사책에 잘못 기재된 몇 장의 사진이나 명확한 증거가 없는 역사적 사실 등 몇 가지를 끄집어내 "중국과 한국의 역사적 주장은 대부분 거짓말"이라는 식으로 왜곡 확대해석하고 있다. 이런 1차적인 접근으로 일반 일본인들은 일단 "어! 그런 게 있었어?"라고 솔깃하게 된다.

그 위에 "어떻게 어린아이들에게 군대위안부 같은 자극적인 내용을 가르칠 수 있느냐"는 접근법도 동원된다. 기자와 만난 일본인 대부분도 "군대위안부는 사실이지만 꼭 그런 내용을 민감한 중학생에게 가르칠 필요가 있느냐? 더구나 정부가 개입됐다는 부분은 아직도 확인되지 않았다"고 반문한다. 역사적 중요성은 뺀 채 '강간'이라는 성적인 요소만 부각시켜 일반의 판단을 흐리게 하는 방법이다. 그렇지만 이 논리는 일본인은 물론 일부 한국 관계자들까지 '꼬시는 데' 성공했다. "군대위안부 부분 기술이 빠지는 건 역사왜곡과는 다른 문제 아니에요?"라고 묻는 정부 관계자도 있으니 말이다.

더불어 '레드 컴플렉스'로 자극하기도 한다. "일본교과서 채택 과정에 일본 교직원 조합이 영향력을 행사해왔으며 이들 중 상당수는 사회주의적 또는 공산주의적 사상을 가진 사람들이다"라는 주장까지 내세운다.

주변국에 대한 '회유책'도 있다. "우리는 역사를 왜곡하자는 게 아니다. 역사교육을 조금 다르게 시키자는 것이다. 역사와 역사교육을 분리해서 봐달라"고 호소한다. 불리한 부분을 빼는 정도는 봐달라는 이야기다.

이들은 이런 논리 아래 각종 방법으로 여러 단체와 힘을 동원하고 있다. 학부모 단체들을 부추겨 "위안부를 애들에게 가르치지 말라"는 성명을 내게도 한다. 이를 산케이신문 같은 매체를 통해 '크게' 보도해 다른 지역 학부모들까지 동요하게 하는 식이다.

또 자민당 보수파가 여전히 힘을 쓰고 있는 지방의회 의원들을 통해 "교직원 노조 등이 교과서 채택 과정에 참여할 수 없게 한다"는 결의를 끌어내기도 했다. 또 교과서 채택권을 가진 교육위원들을 포섭하고 있다. 이와 함께 자신들의 영향력이 좀더 먹힐 수 있는 교육위원회가 전권을 행사할 수 있도록 청원 운동을 벌여 이미 20여 개 도도부현(都道府縣)에 청원 또는 진정을 냈다. 그 중 10여 건은 채택에 성공, 검정이 통과만 되면 바로 일선 학교에 뿌릴 준비를 마친 상태다.

사회 지도층들 폭넓게 참여

아시아 피해국 입장에서 보기엔 "뭐 그런 주장을 하는 놈들이 다 있나"라고 할지 몰라도, 이들 세력은 상상외로 크다. 그들이 낸 책의 뒷부분을 보면 국회의원, 대학교수, 사회운동가, 언론인 등 사회 곳곳의 지도층이 몇 페이지에 걸쳐 빼곡이 적혀 있다. 집권 자민당에는 이들을 후원하는 모임도 결성돼 있다. 대신들 중에서도 이들을 후원하는 그룹이 있고, 문부성 내에도 후원자가 있다고 대사관 관계자들은 전한다. 50년 간 틈만 나면 과거로 회귀하고자 했던 집단의 소리일 뿐이라고 치부하기에는 작금의 분위기가 그리 간단치 않은 것이다.

'일본의 전쟁 책임 자료 센터'라는 단체를 맡고 있는 한 일본인 대학교수는 "역사 기술에 대한 뿌리깊은 반발이 일본사회에 있어왔다. 그 마음이 전전 교과서로의 역행이라는 형태로 나타나고 있는 것이다. '만드는 모임'의 교과서는, 일본 학계의 객관적인 연구를 거의 반영하고 있지 않다. 한·중·일 합동의 실증적 결과도 반영하지 않고 있다. 역사 교육은 미래 일본인의 사상을 만드는 중요한 도구인데 이들은 이것을 왜곡하려 하고 있다"고 말했다. 이런 양심적인 일본인들의 목소리가 묻혀질지, 나아가 사상 최고라는 한일관계가 공동 월드컵을 코앞에 두고 절벽 끝에 설지, 조만간 나올 일본정부의 결단이 주목된다.

일본의 교과서 검정제도
사용 2년 전 검정 시작……2차례 수정 가능

일본 학교들은 문부과학성이 검정 절차를 통해 공인한 교과서 중 임의로 사용할 교과서를 정한다. 문부성은 매년 교과서 사용 2년 전에 교과서 출판을 원하는 출판사로부터 교과서 원본을 제출받아 학교에 사용할 만한지 여부를 검정하는 절차를 거친다. 문부성은 사용하기 1년 전쯤 검정 결과를 발표하며, 6개월 전쯤 각 교과서의 전시회를 개최하고, 각 학교에서는 이를 바탕으로 사용할 교과서를 결정한다. 예를 들어 지금 문제가 되고 있는 중학교 역사교과서의 경우 2002년부터 각 학교에서 사용될 예정이다. 따라서 이번 3월중에 검정결과를 발표하게 된다.

검정은 문부대신이 별도로 공시하는 교과용 도서검정 기준에 따라 행해진다. 일반적인 기준은 교과서의 내용이 중립적이며 공정한지 내용에 틀린 점이나 부정확한 것은 없는지 교과서의 내용이 너무 어렵거나 쉽지는 않은지 등이다. 이런 기준에 부적합한 것이 발견되면 문부성은 출판사에 수정 지시를 내리고 출판사는 이를 손봐서 다시 제출, 검정을 받는다. 이같은 수정 절차는 2차례 거치게 되며 이번에 문제된 교과서는 현재 2차 수정본을 제출한 상태다.

일단 문부성 요구대로 수정할 경우 정부는 이를 거부하지 못한다. 이런 절차를 거치면 '문부성 검정제 교과서'라는 딱지가 붙게 되고 각 학교는 이 중에 맘대로 골라 쓸 수 있는 것이다.

이같은 제도의 특성상 어떤 책이 합격했는지는 별로 관심 대상이 되지 않았으며, 검정 과정에서 어떤 내용이 어떻게 바뀌었느냐에 관심이 집중되는 것이 보통이다. 현 시국을 보는 일본정부의 상징적인 견해가 이를 통해 드러나기 때문이다.

그러나 이번에는 '새 역사교과서를 만드는 모임'이라는 우익 단체가 만든 교과서 때문에 검정 합격 여부 자체가 문제시되고 있다. 약 200~400곳의 수정 지시가 내려졌다지만 해당 교과서는 역사관 자체가 비뚤어져 있기 때문이다. '새 역모' 측도 "이번에는 내용 수정에 관계없이 일단 합격하는 것이 목표다"라는 입장을 밝힌 것으로 전해지고 있다. 교두보를 확보하면 내용 변경이야 앞으로 차차 할 수 있다는 심산이다.

【노규형의 여론보기】 한일 과거사 인식 아직도 차이 크다
"문제 해결 안 됐다" **韓** 89%, 日 58%
『주간동아』 제274호 2001. 3. 8

일본의 문부성은 '새로운 역사교과를 만드는 모임'이 집필한 역사교과서의 최종 수정안을 접수하였다고 하니 일본 중학생들이 극우적 역사관을 배울 가능성이 높아졌다. 이들이 만든 최초 교과서 내용 중에는 한일합병이 '국제법상 합법적'으로 이루어졌다고 하고 일본의 식민지정책이 '한반도 근대화에 도움을 주었다'고 하며, 아시아 침략사실에 '침략'이라는 용어가 적절치 않다고 주장하며, 난징 대학살에 대해서도 '증거가 없다'고 기술하고 있다니 그들의 뻔뻔함에 그저 놀랄 뿐이다.

2000년 10월 R&R가 동아일보사의 의뢰로 일본 아사히신문사와 공동으로 실시한 한일국민의식 조사결과를 보면 '일본의 식민지 지배를 포함한 과거사문제가 해결되었느냐'는 질문에 대해 한국 응답자들은 89%가 해결되지 않았다고 한 반면, 일본 응답자들은 58%만이 해결되지 않았다고 응답하여 양국간 과거사 인식에 차이가 있음을 보여주었다. 해결되지 않았다고 응답한 사람들에게 그 이유를 물어보았더니 일본 사람들은 '한국에 대한 차별의식 때문'이거나 '보상 등의 문제가 남아 있어서'라는 응답이 많은 반면 한국 사람들은 '과거에 대한 사죄가 충분치 않다'거나 '역사인식 - 교과서의 내용에 문제가 있다'는 응답이 훨씬 더 많다. 우리는 과거사문제를 역사적 관점에서 보고 있고 일본사람들은 물질적이

거나 현재의 문제로 보려는 성향이 강하다. 과거의 잘못을 자꾸 들추어내고 반성하는 것은 개인에게도 어려운 일인데 하물며 민족이나 국가 차원에서는 더더욱 어려운 일이 아닐 수 없다.

그렇지만 이런 인지상정을 극복하고 인류에게 역사적 진실을 고백하고 국민의 반성을 촉구하는 것이야말로 정치지도자와 지성인이 할 일이다. 나치 독일이 저지른 유대인 학살을 사죄한 아데나워 총리나 무릎 꿇고 사죄한 브란트 총리, 모금운동에 앞장서는 귄터그라스 같은 독일의 지성인들에 비해 일본 지도자와 지성인들의 국수적 행태는 정말 꼴불견이다.

미국과 유럽은 지역공동체로 번영을 구가하고 있는데 아시아는 아직 과거사에 얽매여 있다. 일본 지성인들의 속 좁은 국수주의가 누구에게 도움이 되는가.

노규형(리서치 앤 리서치 대표·정치심리학 박사)

【시론】 한국인의 친일망언

『뉴스피플』 제459호 2001. 3. 9

일본의 교과서 왜곡날조와 사회 지도층 인사들의 거듭된 망언으로 한동안 잠잠하던 한일관계가 다시 파고를 타고 있다. 잊을 만하면 나타나는 망언이나 과거 일본의 침략정책을 미화하는 교과서 왜곡은 결코 용납할 수 없다. 우리는 일회성 규탄으로 끝낼 것이 아니라 철저한 원인분석과 대응책을 마련해야 한다.

일본의 오만방자한 태도는 우리에게도 일정한 책임이 있다. 해방 이래 친일파들이 득세하고 일제 잔재가 온전히 남아 있는 사회에서 저들이 우리를 깔보고 무시하는 것은 당연하다. 맹자는 '인필자모연후 타모지(人必自侮然後 他侮之)'라 했다. 즉 "사람은 스스로 업신여긴 다음 남도 업신여긴다"는 뜻이다. 박정희가 쿠데타를 일으켰을 때 일군(日軍)과 만군(滿軍) 출신의 일본 정계 거물들이 한자리에 모여 환호했다. 일본군 장교출신 다카기 마사오(박정희)가 마침내 해냈다면서 축배를 들었다고 한다.

5·16 직후 일본을 방문한 박정희는 도쿄의 한 요정에서 유창한 일본어로 "나는 정치도 경제도 모르는 군인이지만 명치유신 당시 일본의 근대화에 앞장섰던 지사들의 나라를 위한 정열만큼은 잘 알고 있다"면서 "그들 지사와 같은 기

분으로 해볼 생각"이라 말하여 참석한 일인들을 놀라게 했다.

1963년 12월 자민당 부총재 오노(對野伴睦)가 박정희 대통령 취임식에 참석하기 위한 방한 기자회견에서 "박정희 대통령과는 부자 사이 같은 관계로서 아들의 경축일을 보러가는 것은 무엇보다 즐겁다"란 망언을 하여 국민의 자존심을 크게 자극했다. 그러나 원인분석을 해볼 때 일왕에게 충성을 맹세한 일본군 출신을 대통령으로 뽑은 우리에게도 '원인제공'의 책임이 따른다.

박정희는 유신도 명치유신을 흉내내고 1973년 제정한 국민교육헌장 역시 명치유신의 '교육칙어'에서 본받았다. 박정희가 죽었을 때 한 일본외교관이『국가와 정보』라는 책에서 "대일본제국 최후의 군인이 죽었다"고 쓴 것은 이런 연유 때문이다.

박정희뿐만 아니다. '박정희사단'의 우등생(?) 노태우 전 대통령은 재임 기간인 1992년 2월 일본잡지『문예춘추』와 회견에서 망언을 했다. "두 나라가 대립할 때에는 보다 큰 나라가 여유를 보임으로써 문제가 해결된다. 약한 사람일수록 큰소리를 내는 경향이 있다. 대립이 생겨 커질 때는 더 큰 나라, 여유 있는 나라가 양보하는 것이 서로 요령있게 문제를 푸는 방식이라고 생각한다. 일본이 그런 여유를 보인다면 한국민은 감격을 잘하는 만큼 대단히 감사하며 진정한 우정으로 응할 것이다. 일본과의 사이에는 과거에 불행한 역사가 있었으나 동시에 나는 일본에서 많은 것을 배우기도 했다……."는 내용이었다. 한나라의 대통령으로, 더욱이 일본인을 상대로 하는 발언치고는 지나친 자기비하의 망언이라 하겠다.

김영삼 전 대통령은 여당대표 시절인 1990년 초 일본에서 "일본은 방위비를 증액하여 북한에 대비해야 한다"고 말하여 물의를 일으켰고, 김종필씨는 중앙정보부장시절 한일협정의 '장전(章典)'처럼 된 '김·오히라메모'의 협의과정에서 "독도를 제3국의 조정에 맡기자"고 일본측에 제의하여 일본 대표들이 오히려 한국민의 반대와 한일 양국의 문제를 제3국에 넘기는 것은 바람직스럽지 못한 일이라고 반대했다고 전한다.

국회의장과 한일의원연맹 한국측 회장이었던 김재순씨는 일본측 대표단을 맞아 베푼 파티에서 기타하라 하쿠슈(北原百秋)가 작사한 일본의 침략주의를 찬미하는「이 길은 언젠가 왔던 길」을 유창한 일어로 불렀다. 그는 "공식석상에서 한국의 요인이 일본노래를 부른 것은 내가 처음일 것이다. 과거의 친일은 매국노였으나 현재의 친일은 애국자라고 확신한다"는 망언을 서슴지 않았다.

일본 예비사관학교 출신으로 전두환 정권의 주일대사였던 최경록씨는 "아시아의 강국 일본은 자위대 명칭을 '일본국군'으로 바꾸고 당당히 군사력을 강화하여 아시아의 방파제가 되기를 기대한다"는 망언을 했다. 일본군국주의 부활을 노골적으로 부추긴 최씨의 국적을 의심케 한다.

지금까지 많은 지도급 인사들이 일본의 군국주의를 미화하는 발언을 하면서 그들에게 아첨했다. 언필칭 '소신'임을 피력하고 이제는 감정적으로 일본과 대립해서는 안 된다는 등 제법 '큰 그릇'인 양 변명했다. 허나 개인의 소신이 국익에 우선될 수 없고 자국의 자존심을 지키는 일이 감정적일 수는 더욱 없는 일이다.

일본의 역사왜곡과 망언을 예방하기 위해서는 먼저 우리 지도층인사들의 투철한 애국심과 역사관이 요구된다.

김삼웅 대한매일 주필

【일본교과서 왜곡】 "역사 비트는 일본은 위험한 나라"

『주간한국』 제1862호 2001. 3. 15

남북한·중국 강도 높은 규탄, 외교적 긴장

동북아에 1982년에 이어 또다시 '일본의 역사교과서'라는 시한폭탄이 가동중이다. 남북한과 중국이 일본의 역사교과서 왜곡에 대해 표출하는 분노의 수위가 점점 높아지는데도 일본이 요지부동의 자세를 견지하면서 동북아 4국 간에 외교적 긴장이 점차 높아지고 있다.

남북한 역사학자들이 3월 2일 평양에서 강도 높은 규탄성명을 발표하는 등 주변국 간의 공조대응 움직임마저 가시화하고 있다.

일본 우익세력이 만든 교과서의 실체가 드러나지도 않은 상황에서 주변국이 발끈하는 이유는 너무도 자명하다. 일본이 자신의 역사를 왜곡할 때 주변국의 역사 또한 왜곡되기 때문이다.

더구나 왜곡된 역사교육은 결국 도덕적으로 결함이 있는 물리적 힘의 강화로 이어져 주변국에 '위협의 부메랑'이 될 수 있다. 일본은 이미 역사를 통해 주변국을 침략할 수 있음을 입증했고 피해 당사국은 아직 고통에서 완전히 벗어나지 못하고 있다.

특히 역사왜곡은 일본의 평화헌법 개정 움직임으로 이어지는 고도의 정치적 행위로, 일본사회의 총체적 우경화, 더 나아가 군국주의 부활의 우려를 높여준다. 때문에 일본 우익진영의 최종 수정판 교과서가 주변국의 기대에 못 미치는 수준으로 드러날 경우 걷잡을 수 없는 민족감정의 충돌이 불가피하게 됐다.

일본의 역사왜곡에 가장 민감하게 반응한 국가는 아무래도 한국이다. 3·1절인 1일에는 근래 보기 힘들 정도로 전국적인 일본규탄 시위가 벌어졌다.

특히 한국교원단체총연합회(교총)는 일본교과서 모형에 대한 화형식을 갖고 교과서 왜곡에 대한 특별수업과 1,000만 서명운동, 일본상품 불매운동을 벌이기로 했다.

한국, "올바른 역사인식 가져라"

한국정부도 강력하게 대응하는 것 외에는 이 문제를 해결하기 어렵다고 판단했다.

정부는 지난달 28일 1982년 이후 처음으로 일본교과서문제에 대한 관계장관 회의를 연 데 이어 이정빈 외교통상부 장관이 데라다 데루스케(寺田輝介) 주한 일본대사를 초치, 우려를 표명하는 등 단계적 대응에 나섰다.

정부의 대응 방안에는 국회에서 통과된 일본 역사교과서 왜곡 시정 촉구 결의안에 포함된 '왜곡 시정시까지 대중문화 추가 문호개방 일정 전면 재검토'도 포함된 것으로 알려졌다.

사실 한국정부는 당초 조용하게 이 문제를 해결하려 했다. 최상용 주일대사가 지난달 내내 일본측에 유감을 표명하고 이 장관이 고노 요헤이(下野洋平) 외무장관에 전화하는 등 다각적 방법으로 입장을 전달했다.

그러나 극우적 교과서의 수정본이 문부과학성의 최종 검정을 통과할 가능성이 높아지면서 상황이 달라졌다.

특히 일본정부가 1982년 국정교과서 파동 당시 '근린제국(近隣諸國)에 대한 배려'라는 기준을 국제적으로 약속하고도 교과서의 객관적 사실만을 따져 검정 통과 여부를 결정하겠다는 미온적 태도를 견지하자 왜곡의 악순환을 끊는 행동이 필요했다.

김대중 대통령도 3·1절 기념사에서 "한일 양국은 미래지향적 관계를 구축하면서 올바른 역사인식을 갖자"고 말했다.

비록 우회적인 유감표명이었지만 대통령이 직접 나서서 교과서문제를 언급한 것은 일본에 상당한 압박이 될 전망이다.

대통령까지 이 문제에 개입하게 된 것은 한반도 화해·협력 시대를 맞은 시점에 교과서 파동으로 반일 감정이 고조될 경우 2002 월드컵 공동개최를 눈앞에 둔 한일관계는 물론 한반도 평화체제 구축에도 악영향을 미칠 수밖에 없다는 판단 때문이다.

대통령이 간접적인 지적에 머문 것은 일본의 검증 절차가 끝나지 않은 상황에서 너무 강하게 나설 경우 역효과를 초래할 수 있다는 판단 때문이다.

그러나 대통령까지 나서 유감을 표명했는데 일본정부가 스스로 매듭짓기는커녕 무대응으로 일관할 경우 마땅한 대응책이 없다는 게 우리의 고민이다.

정부의 한 당국자는 "일단 그런 점을 고려해 대통령이 우회적으로 유감을 표명한 것으로 안다"면서 "정부로선 일단 과거사를 왜곡한 교과서의 문부과학성 통과를 막는 데 총력을 기울일 방침"이라고 말했다.

정부는 교과서가 검증을 통과할 경우에는 1982년의 전례에 따라 문제의 교과서를 자체적으로 분석, 등급으로 나눠 재수정을 요구할 것으로 보인다.

북한, "과거청산도 함께 하라"

북한도 교과서 왜곡에 대한 비난의 강도를 점점 높이고 있다. 북한 외무성이 지난달 여러 차례 교과서 왜곡을 '정치적 협잡행위', '국제법을 위반한 범죄' 등이라며 규탄한 데 이어 3월 1일 평양방송은 "일본이 침략을 다시 하려 한다"고 노골적으로 비난했다.

북한의 이같은 대응은 반제국주의를 주창하고 있는 정체성과 밀접하게 연관돼 있지만 북일 수교협상에서 주도권을 잡겠다는 포석도 포함된 것으로 해석된다.

평양방송 등 북한 언론은 최근 교과서문제와 함께 '시간을 끌수록 과거 죄악의 빚이 커진다'는 등의 보도물을 통해 과거청산 문제를 잇달아 강조하고 있다.

북한과 일본은 지난해 10월 수교 협상을 재개했지만 식민 배상의 규모 등을 둘러싸고 난항을 거듭한 끝에 현재는 차기 협상 일정조차 잡지 못하고 있다.

중국, "일본정부가 나서라"

중국의 입장은 한마디로 "일본정부가 양국 관계에 악영향을 미치지 않도록 스스로 적절한 조치를 취하라"는 것이다.

장쩌민(江澤民) 국가주석이 지난달 27일 나카소네 야스히로(中曾根康弘) 전 일본 총리를 통해 "양국 우호관계가 잘못되지 않게 각별한 배려를 바란다"고 말한 것도 일본정부가 먼저 나서서 교과서문제를 해결하라는 주문이다.

물론 중국의 관영 언론과 외교부는 교과서문제는 물론이고 노로타 호세이(野呂田芳成) 일본 중의원 예산위원장의 망언, 일본 항공사의 중국인 차별 등 잇단 일본과의 마찰에 대해 명확한 입장을 표명해왔다.

주방자오(朱邦造) 외교부 대변인은 교과서 파동에 대해 "일본 우익이 추진중인 교과서의 일부 내용이 수정되더라도 이 교과서의 반동적이고 터무니없는 성격은 변할 수 없다"고 누차 열변을 토했다.

그러나 그의 논조는 어디까지나 일본정부가 교과서 출간을 막을 것을 촉구하는 원칙론에 대한 강조라는 게 대체적인 해석이다.

중국이 이처럼 교과서문제에 대한 직접적 비난을 피하는 것은 전면대응의 경우 일본 극우파에 힘을 실어주는 역효과를 내고 국익에는 도움이 안 될 것이라는 판단 때문이다. 올해 세계무역기구(WTO) 가입을 눈앞에 둔 중국은 중요한 교역 파트너인 일본이 알아서 교과서문제를 잠재워주길 기다리고 있다.

그러나 중국의 이런 원칙론의 행간에는 일본정부가 끝까지 비협조적일 경우에는 문제가 심각해질 수 있다는 강력한 경고가 숨어 있다. 중국은 지난 5일 개막된 전국인민대표대회에서 교과서문제를 포함한 대일 정책의 방향을 재점검했다.

이동준 국제부 기자

【시론】 역사를 위한 해독제

『뉴스피플』 제460호 2001. 3. 16

'역사'는 밀림을 헤쳐가는 칼에 비유되기도 한다. 사파리의 길잡이가 큰칼을 휘둘러 가시덤불을 쳐내면, 뒤를 잇는 사람들은 그렇게 만들어진 길을 따라가게 마련이다. 이런 비유로써 왜곡을 일삼는 '역사'를 단칼에 베어버리려 한 앙리 레비는 군주의 권력을 정당화한 역사서술들을 짚어내면서 자신의 주장을 뒷받침했다.

요즈음 일본의 우익 국가주의 단체인 '새 역사교과서를 만드는 모임'이 편집한 '중학교 역사교과서'가 이웃나라 국민들을 몹시 자극하고 있다. 세계사의 물꼬를 뒤틀어놓으려는 이들은 전후 일본의 역사인식을 '자학사관'으로 못박고 자기네의 침략 행위를 동아시아 국가들에 대한 '근대화'나 '해방'으로 분칠하고 있다.

일본이 과거의 잘못을 인정하지 않는 것은 어제 오늘의 일이 아니다. 우리 정부도 역사를 은폐하거나 왜곡하는 데에서는 그들에게 별로 뒤떨어지지 않았다.

그런가 하면, 6·25전쟁시 세균폭탄을 실험한 미국의 역사은폐는 좀더 교묘하다. 우리의 오랜 '우방'이었던 대만정부도 장개석의 국민당 정부가 대만원주민의 항거를 진압하면서 3만 명을 학살한 이른바 '2·28사건'을 54년이 지난 이제서야 일반인에게 공개하고 있다.

해방 50년이 되는 1995년, 우리 '문민정부'는 독립운동을 한 사회주의자들에게도 독립 유공자 포상을 하겠다며 그 자손들에게 소정의 양식을 갖춰 포상신청을 하게 했다.

어둠의 세월을 숨죽이며 살아온 그 후손들은 조상들이 펼친 독립운동의 증거들을 어렵사리 찾아내 국가보훈처에 제출했다. '전남사회운동협의회'—조선총독부가 붙여준 이름—를 주도했던 이들의 후손들 가운데 한 사람도 한국현대사를 전공하는 사학도의 도움을 받아 자료를 모으고 정리하여 국가보훈처에 제출했다고 한다.

그러나 그 해 8월 15일에 발표된 독립유공자 명단에 오른 사회주의자는 이동휘의 딸과 사위 두 사람뿐이었다.

1930년대 혁명적 농민운동 연구의 권위자인 지수걸 교수(공주대학교)에게 '전남사회운동협의회' 사건이 중요한 까닭을 물어보았다. 그의 답변 요지는 이러했다. 3·1운동 이후 독립운동에 뜻을 둔 많은 사람들이 해외로 나가 무장 독립운동을 펼치기도 했지만, 국내 지식인들은 대다수가 조선총독부의 '문화정책'에 말려들어 독립의 꿈을 접었다. 함경북도에서는 '적색농조' 운동을 펼치다가 일제 당국에 꼬리가 잡히면 두만강을 건너 도주한 사람들이 있었지만, 한 지역에서는 이렇다 할 항일운동이 눈에 띄지 않았다. 그러던 중 이 사건의 주도자들이 검거되면서 일제 당국과 친일파들을 놀라게 했다. 무려 5천 명의 연루자가 드러났고, 51명이 재판에 회부된 것이다. 그러니, 이 사건이 없었다면 한반도 남쪽에서는 일제의 식민통치를 저항 없이 수용한 것으로 정리될 수밖에 없다는 것이 지교수가 내린 결론이다.

이처럼 중대한 사건에 관한 자료가 없는 것도 아닌데(1934년 9월 7일 조선일보는 호외를 발행하여 이 사건을 대대적으로 보도했고, 4년 동안 계속된 재판 기록도 남아 있다), 우리의 역사교과서는 말할 것도 없고 한국사 전공자들조차 이 사건을 제대로 아는 사람이 별로 없다.

이것이 우리 역사인식의 현주소이다. 그러니, 우리가 깨우쳐야 할 것은 이웃나라의 역사왜곡만이 아니다.

해마다 교사의 인솔 아래 한 무리의 일본 학생들이 서대문형무소 자리를 찾아온다. 며칠 전에는 잔혹한 고문에 쓰인 형구들 앞에서 입을 딱 벌리거나 눈물을 흘리는 아이들의 모습이 방영되었다. 잘못된 역사의 독소가 풀리는 한 장면이었다.

니체는 '역사적인 것'의 해독제는 "비역사적인 것과 초역사적인 것"이라고 말했다. 그러나 나는 그의 말에 동의할 수 없다. 역사의 독소나 죄악은 그것들을 잉태한 바로 그 자리들을 확인하는 데에서만 풀릴 수 있을 터이니까. 그리고, 역사의 왜곡은 언제나 은폐를 통해서만 가능했던 것이니까.

황광수(민족문학작가회의 문화정책위원장)

【조명】 한일 지성, 日 과거사 성토 '신선한 충격'

『뉴스메이커』 제418호 2001. 4. 5

도쿄대 졸업식에 서울대 이기준 총장 참석, 하스미 송장과 더불어 '역사왜곡' 일침

3월 28일 일본 도쿄 시내 국제포럼센터에서 열린 도쿄대 졸업식. 이날 하스미 시게히코(連實重彦) 도쿄대 총장은 누구도 예상치 못한 졸업식 축사를 했다. 축사 내용은 곧바로 한일 양국 언론에 대서특필됐고 최근 일본의 역사왜곡 움직임에 거세게 반발하고 있는 한국인들에게는 '일본에 이런 사람도 있구나'라는 신선한 반응을 불러일으켰다.

일본 최고의 행동하는 지성인으로 평가받고 있는 하스미 총장. 도대체 그의 무슨 발언이 이토록 커다란 반향을 불러일으킨 것일까.

　그동안 순수 학내 행사로 진행돼온 졸업식 전통을 깨고 이번 도쿄대 졸업식에는 외국인으로서는 최초로 서울대 이기준(李基俊) 총장이 참석했다. 그러나 이 자리는 서울대 총장에게 첫 연설의 기회를 줬다는 상징적 의미 이상이 담겨 있었다. 이날 행사는 양국 최고 지성이 최근 논란이 되고 있는 일본의 역사교과서 왜곡 문제에 대해 한 목소리로 성토한 자리였다.

　비판의 목소리는 먼저 일본측에서 나왔다. 하스미 총장은 "어두운 과거를 인정할 수 있는 용기를 가져야 긍정적인 미래를 장담할 수 있다"며 과거 군국주의 시대 일본의 잘못을 인정해야 한다는 발언을 거침없이 쏟아냈다. 마음속에 담아둔 이야기를 마음먹고 토해내는 듯이 보였다.

　하스미 총장은 "20세기 일본은 한반도에 사는 사람들의 자유와 인권을 36년 동안 유린한 도저히 정당화하기 어려운 과거를 가지고 있다"며 과거사를 솔직히 인정했다. 그는 이어 "역사를 왜곡해 과거를 정당화하려면 작은 자기만족은 얻을지 몰라도 미래에 대한 용기는 결코 전해받을 수는 없다"며 "과거 기억을 잊으려고 하지 말고 역사적인 현실로서 현재화시킬 수 있는 용기를 가지길 바란다"고 졸업생들에게 당부했다. 일본의 역사왜곡에 대한 자아비판이나 반성은 이전에도 많았지만 일본 최고 명문대생을 앞에 두고 일본 지성을 대표하는 이가 행한 파격적인 발언이어서 신선한 충격을 안겨주는 순간이었다.

　이어 등단한 서울대 이기준 총장 역시 완곡하지만 분명한 메시지를 담은 축사를 했다. 이 총장은 먼저 "역사는 잊혀질 수는 있지만 지워질 수는 없다"며 일본의 과거사 왜곡 움직임에 대해 따끔한 일침을 가했다. 이 총장은 또 "양국간의 불행했던 시대에 대한 진정한 반성을 토대로 한 극복의지가 있을 때에만 신뢰성 있는 참된 이해가 이뤄질 것으로 믿는다"고 강조했고 양교 총장의 역사왜곡에 대한 비판을 진지한 자세로 경청하던 3,500여 명의 졸업생들은 우레와 같은 박수로 호응했다.

　하스미 총장의 소신발언은 어제 오늘의 이야기가 아니다. 그는 1998년 졸업식에서도 이 대학 출신 고위 관료 9명이 금융스캔들로 체포된 사건을 두고 "그들의 파렴치한 언동에 권력지향적인 도쿄대 특유의 풍토가 반영돼 있다면 나 자신을 포함해 우리 모두 깊게 반성해야 한다"며 "지식만 있고 지성은 없는 도쿄대 졸업생들이 일본을 망치고 있다"고 일갈해 일본뿐만 아니라 세계 언론의 관심을 끌기도 했다.

　한일 양국의 진정한 화해를 위해 일본인의 자기반성이 전제돼야 한다는 하스미 총장의 거침없는 주장은 하스미 총장이 이날 행사를 준비하는 과정에서도 그대로 나타났다. 지난해 11월 중국 베이징에서 열린 한일·중·베트남 국립대학 총장이 모인 동아시아 4개국 국립대학포럼에서 하스미 총장은 한일관계 개선을 위해 먼저 한국측에 손을 내밀며 이 총장의 도쿄대 졸업식 참여를 공식적으로 부탁한 것이다.

도쿄대의 부탁을 받은 서울대측은 학내 여론 수렴을 거쳐 방문하는 쪽으로 가닥을 잡았으나 문제는 축사였다. 노로타 호세이(野呂田芳成) 일본 중의원 예산위원장의 한반도 침략 정당화 망언에다, 개정될 중학교 역사교과서문제가 불거지면서 매우 미묘한 시기에 졸업식이 열리기 때문이었다.

서울대측은 남의 잔칫집에서 민감한 문제를 정면으로 건드릴 수도 없고 그렇다고 피해갈 수도 없는 상황이어서 무척 고심을 한 것으로 알려졌다. 축사를 작성할 교수팀을 구성했고 외교관과 언론사 특파원을 통해 각계 각층의 의견을 수렴했다. 그러나 정작 서울대의 '이상한' 고민을 해결해준 것은 하스미 총장이었다. 과거사 문제에 대해 강도 높은 비판을 해도 괜찮다는 하스미 총장의 충고에 따라 우회적이지만 짚을 것은 짚기로 결정한 것이다.

이날 양국 총장의 축사는 많은 이들의 공감을 얻었다. 그러나 한일 양국의 진정한 화해를 위해 함께 나가자는 이상론과 현실은 다소 동떨어져 있는 느낌이다.

하스미 총장의 한일관계 개선 노력은 말의 성찬으로 그치는 것이 아니다. 1990년 양교가 처음 체결한 학문교류협정에 따라 도쿄대는 한국을 알기 위해 부단히 노력해왔다. 현재 도쿄대 문학학부 내에는 한국 문화를 연구하는 교수가 2명 있고 서울대 교수도 객원으로 나와 있다. 또 아시아학과에 한국 전공 교수가 있고 문화인류학과와 동양문화연구소에도 연구자가 있다.

졸업식이 있었던 지난 3월 28일에도 양교 총장은 한일 동반자 관계를 구축하기 위해 학문교류 프로그램을 강화하자는 약속을 또 한번 했다. 이에 따라 도쿄대는 한국학을 가르치는 교수 인원을 교수 4명, 조교수 4명, 조수 2명 등으로 확대하고 매년 객원교수 1명을 서울대에서 초빙할 방침이다. 이와 함께 기존의 조선문화센터를 대학원에서 하나의 학과로 독립시킬 예정이다. 이미 일본정부에 예산신청을 마친 상태여서 올 6월 문부성의 허가를 받으면 내년 4월쯤 '한 국조선문화전공'이라는 대학원 내 한국학과가 최초로 생기게 된다.

반면 서울대는 1946년 개교 이후 일본학 개설을 놓고 진통을 겪다 2001년 1학기 처음으로 교양과목에 일본학 강좌를 신설했다. 서울대 내에 일본 관련학과 설치 문제는 논의가 나올 때마다 언론의 반짝 관심을 유발할 뿐 번번이 장애에 부딪혀 제자리걸음만 해왔다.

지난해 인문대 내에 일본어학과 설치가 대두됐을 때 인문대 다른 외국어학과 교수들은 일본어의 인기로 인해 다른 제2외국어학과의 입지가 줄어들 우려가 크고 당장 교수 인력 충원이 어렵다는 점을 들어 난색을 표명했다. 게다가 도쿄대가 한국 관련학과를 설치하기 전에 서울대가 먼저 일본 관련학과를 설치할 경우 쏟아질지도 모르는 비판 여론도 무시할 수 없다는 이유였다. 우리나라 최고의 상아탑인 서울대가 일본측이 주는 만큼 받겠다는 상호주의와 보신주의에 집착하고 있는 게 아니냐는 비판이 나오는 것도 바로 이 때문이다.

하스미 도쿄대 총장의 졸업식 축사

오늘 의식은 도쿄대학 역사상 처음으로 외국대학 총장을 모시고 거행되고 있습니다. 과거 10년의 일본사회는 이전 시기에 비하면 매우 건전한 사회가 되어가고 있고 그 건전함을 이끌어낸 것은 국민 한 사람 한 사람의 자각이었습니다. 우리 주변에는 많은 변화의 기회가 있고 우리는 이를 행하는 데 두려워하지 말아야 합니다.

외국대학 총장을 졸업식에 모시는 것도 마찬가지입니다. 오늘 졸업식은 한일 양국의 바람직한 미래에 있어 역사적인 순간이라 해도 과언이 아닙니다. 그 점을 마음속 깊이 기뻐하면서도 나는 이를 그저 기쁨으로만 생각할 수가 없습니다. 20세기 일본에는 한반도에 사는 사람들의 자유와 인권을 36년에 걸쳐 유린한, 어떤 견지에서 봐도 도저히 정당화하기 어려운 과거가 있기 때문입니다.

이에 대해 그 시대를 살지 않은 우리가 직접적인 책임을 질 수는 없지만 우리는 우리 세대에게는 우연이라 할 수 있는 일본의 과거와 잘못에 대해서도 책임을 져야 한다는 결론을 내리고 싶습니다. 그렇게 하는 것이 자신과 역사와의 충실한 관계를 형성하는 데 있어서 필수적인 행동이라 확신하기 때문입니다.

잘못에 대해 반성만 하고 아무것도 하지 않는 것 또한 역사를 무시하는 것으로 이어집니다. 그러한 생각에서 비롯되는 책임감을 나는 비굴한 것으로 생각하지 않습니다. 이는 일부 일본인이 잘못 생각하고 있는 것처럼 이른바 자학사관에 의한 것이 아니라 한일 양국의 진실된 상호이해를 구축해야 하는 우리들 세대에 걸맞은 진정한 명예입니다.

역사적인 기억을 잃는 것은 그것에 대한 무지와 마찬가지로 자기 자신에 대해 불성실한 태도입니다. 그것이 얼마나 비참한 것인가, 역사는 그것을 직시함으로써 미래에 대한 용기를 전해줍니다.

풍요한 미래를 공유해야 하는 귀중한 이웃나라 중 하나인 대한민국에 대해 역사적인 기억을 왜곡하는 것으로 스스로의 과거를 정당화하는 것은 작은 자기만족을 가져다줄지는 몰라도 결코 미래에 대한 용기를 가져다주지 못함을 우리는 확신하고 있습니다.

사회부 조현철 기자

【이슈】 일본 역사교과서 왜곡파동과 보수 우경화

『뉴스피플』 제464호 2001. 4. 13

일본 역사교과서 파동은 단순히 교과서 검정이나 역사 기술상의 오류에서 빚어진 문제가 아니다. 한국과 중국 등 주변국과 일본 내 양심적 지식인들이 이번 사태에 그토록 민감하게 반응하는 이유는 다른 데 있다. 21세기 '일본호(號)'가 어디로 향하는지 윤곽을 찾아볼 수 있어서다.

일본에서 왜곡 역사교과서 불채택 운동을 시작한 '어린이와 교과서 전국 네트21'의 다와라 요시후미(俵義文) 사무국장은 왜곡교과서를 만들어낸 장본인인 '새 역사교과서를 만드는 모임'(새 교과서 모임)을 두고 이렇게 말한다.

"그들은 전쟁과 침략이 잘못된 것이 아니고 과거 일본의 행위에 대해 일본은 사죄할 것이 없다고 가르치려 하고 있다. 이런 그들의 궁극적인 목적은 다시 일본을 전쟁이 가능한 나라로 만드려는 데 있다."

일본 지식인들이 우려하는 것은 19세기 말과 20세기 초반 일본을 광분의 도가니로 몰아넣은 그런 국수주의 분위기, 소수의 극우 보수주의자들이 지배하는 그런 일본이 재현되지 않을까 하는 점이다.

최근 일본의 보수우경화의 흐름을 볼 때 역사왜곡 교과서의 등장은 일본사회에서 극우세력이 힘을 얻어가는 교두보를 마련한 상징적인 사건으로 보인다. 지금의 정치 세력과 정부, 일본사회가 과거 식민지배와 전쟁이 잘못이 아니라는 그릇된 역사 인식을 용인한 셈이다.

이런 변화는 일본과 불행한 역사 경험을 갖고 있는 한국 · 중국에는 불쾌감을 뛰어넘는 중대한 위협의 신호가 아닐 수 없다.

1945년 2차대전 패전 후 전승국 미국에 의해 손발이 꽁꽁 묶인 일본의 지난 55년은 그들의 손발에 묶인 족쇄를 치밀하고 끈질기게 조금씩 풀어온 과정이라고도 표현할 수 있다. 미 군정하 일본의 무장과 침략전쟁을 금지한 '평화헌법'(1947년 시행)을 개정해야 한다는 목소리는 미 군정이 일본 열도를 떠난 직후부터 터져나왔다.

자민당은 정강(政綱)에 헌법의 개정을 명시해놓고 있다. 이런 자민당이 1990년대 사회당 정권이 잠시 들어선 때를 빼놓고 50년 가까이 장기집권한 점은 놀랄 일이 아니다.

자민당 보수세력을 중심으로 한 개헌파들은 끊임없이 헌법 개정을 시도해왔으나 일본의 양심세력, 사회·공산당, 국제사회의 감시 등으로 그들의 시도는 번번이 벽에 부딪혔다.

그러다 급기야 지난해 중의원·참의원 양원에 헌법 개정을 다루는 헌법조사회가 설치됐다. 자민당의 개헌 정강 채택 45년 만에 개헌 논의가 본격화된 것이다. 이 조사회가 5년 동안 개헌에 관한 여론을 수집하면 일본 국회는 2008년쯤 개헌에 착수한다는 복안을 갖고 있다.

개헌의 핵심은 일본의 교전권을 부인한 9조의 수정에 있다. 현재 국가통합의 상징으로 돼 있는 일왕을 국가원수로 격상시키는 문제도 개헌의 또다른 핵심 축이다.

그러면 역사왜곡을 주도하고 있는 새 교과서 모임과 이들 개헌파, 보수세력과는 어떤 상관성이 있을까. 1993년 10월 자민당 105명의 의원이 참여한 '역사 검토위원회'가 결성됐다. 이 위원회는 그해 여름 취임한 호소카와 모리히로(細川護熙) 당시 총리의 침략전쟁 인정 발언에 반발해 급조됐다. 모리 요시로(森喜朗) 총리도 이 위원회 출신이다.

검토위원회는 1995년 2월까지 20여 차례 침략 전쟁을 미화하는 우파 지식인들에게 강연을 시키고 그 내용을 『대동아전쟁의 총괄』이라는 책으로 정리해 출간했다. 이 책은 일본의 과거 전쟁이 아시아 해방전쟁이지 침략은 아니었으며 종군 위안부, 난징(南京)대학살 등 전쟁범죄는 완전 날조라는 내용을 담고 있다.

이런 흐름을 이어받아 새 교과서 모임이 세상 밖으로 나온 것은 1996년 6월. 자민당 우파의원들로 구성된 '밝은 일본 국회의원 연맹' 소속 오쿠노 세이 스케(奥野誠亮) 전 법무상의 "종군위안부는 상행위였다"는 망언이 신호탄이었다.

1997년 1월 니시오 간지(西尾幹二) 전기통신대 교수와 후지오카 노부카쓰(藤岡信勝) 도쿄대 교수, 만화가 고바야시 요시노리 등을 중심으로 새 교과서 모임이 결성됐다. 이들은 역사검토위원회의 『대동아전쟁의 총괄』을 그들 역사 인식의 잣대로 삼았다.

새 교과서 모임은 알려진 대로 일본 극우 진영의 최선봉이자 '이론의 산실'이다. 회장을 맡고 있는 니시오 교수 등은 학계를 통해, 만화가 고바야시는 대중적 인기를 바탕으로 일본사회 저변에 그들의 왜곡된 역사 인식을 침투시키고 있다. 산케이신문은 선전부대 역할을 하고 있다.

이들은 정계의 우파세력과 맥을 함께 하고 있다. 이들과 어깨를 나란히 하는 정치권 조직으로는 개헌을 목표로 삼고 있는 '일본회의'가 있다. 일본회의와 새 교과서 모임의 48개 전국 지부는 구성원이 거의 비슷하다.

황국(皇國)사관을 내걸고 있는 '자유주의 사관연구회'와 우익단체인 '일본 청년협의회', '일본교육연구소' 등의 회원이 새 교과서 모임에도 가입해 있는 등 이들 우익세력의 연대는 종횡으로 얽혀 있다.

정계에서는 자민당 '밝은 일본 국회의원연맹'이나 '일본의 앞날과 역사 교육을 생각하는 젊은 의원의 모임', '일본회의 국회의원 간담회' 등이 후방 지원을 아끼지 않고 있다. 히라누마 다케오, 에토 세이치 의원 등이 핵심인물이다. 지난해 중의원 선거에서 새 교과서 모임의 지부장 7명이 국회의원에 당선됐을 만큼 정계에서 우익세력의 뿌리는 두텁고 깊다.

그뿐만이 아니다. 후지쓰, 캐논, 도시바 등 대기업의 경영진들 다수가 새 교과서 모임의 회원인 것으로 알려져 있다. PHP연구소, 미쓰비시 종합연구소, 마쓰시타 정경숙 등 일본의 내로라 하는 연구소의 관계자 상당수도 새 교과서 모임과 유형무형의 관계를 맺고 있다.

일본의 보수·우경화는 주변국들의 우려를 사고 있다. 더욱 걱정스러운 점은 이런 보수·우경화가 군사대국화와 함께 진행된다는 점이다.

평화헌법은 무장이라든가 교전권을 부인한다. 그러나 일본은 사실상 '해석 개헌'(헌법 조문에 대한 정부 해석의 폭을 넓히는 것)을 통해 총도 쏘고 해외 파병도 하고 있다.

1992년 유엔의 평화유지활동(PKO) 파병을 시작했고 이미 1990년대 들어 세계 정상급의 군사력을 보유하게 됐다. 군사비 지출만 보더라도 경제력에 걸맞게 미국에 이은 세계 2위(1998년 기준 370억 달러)이다. 공중급유기 도입, 첩보위성 개발, 전역미사일방위망(TMD) 구상 등 21세기형 군비증강에도 열을 올리고 있다.

1999년 6월 일본정부는 일장기를 국기로, 기미가요를 국가로 하는 법안을 각의에서 통과시키고 학교현장에서 권장하는 등 2차대전 발발 전후를 연상시키는 국민통합을 강조하고 있다.

이런저런 현상들을 볼 때 일본의 역사왜곡은 단지 부끄러운 과거를 숨기고 날조하거나 미화하는 차원이 아닌 것으로 보인다. 침략과 전쟁을 정당화함으로써 이를 미래에 실현하기 위한 역사적·이론적 토대를 마련하려는 게 아닌가 하는 의구심을 불러일으킨다.

이런 점들로 한국이나 중국 같은 주변국들은 긴장할 수밖에 없다. '대동아공영'을 포기하지 않고 있는 극우세력이 일본의 심층부에 포진하고 있고 역사왜곡은 '화려했던 대일본제국으로의 회귀'를 위한 것이라는 점은 피해 당사자들이 누구보다 잘 알고 있기 때문이다.

황성기 통일팀 기자

'천황 국가 부활' 위해 우향우

『시사저널』 제599호 2001. 4. 19

자민당 우파·새역사모임·『산케이신문』 '3자합작' 교과서 왜곡전모 추적

지난 4월 3일 일본 문부과학성의 최종 검정을 통과한 문제의 후소사(扶桑社)판 중학교 역사교과서는 자민당 우파, 우익 단체 '새로운 역사교과서를 만드는 모임'(새역사모임), 『산케이신문(産經新聞)』을 비롯한 우익 언론 등 삼두마차가 만들어낸 합작품이다. 그들은 왜곡된 역사교과서 출판에 만족하지 않고 이 여세를 몰아 일본을 '우향우'로 몰아가기 위해 또다른 합작품을 만들어낼 가능성이 높다.

자민당 '일본의 전도와 역사교육을 생각하는 젊은 의원 모임'(회원 100여 명)은 지난 4월 5일 자민당 본부에서 총회를 열고, 한국과 중국의 반발에도 불구하고 문제의 역사교과서가 무사히 최종 검정을 통과한 데 대해 쾌재를 불렀다. 이 모임은 또 문제의 역사교과서가 앞으로 외국의 압력에 좌우되지 않고 각 학교에서

공정하게 채택되는지 감시하기로 결의했다.

이들은 지난 3월 7일에도 자민당 본부에서 총회를 열고 국회에서 "한국과 중국 정부의 항의는 내정 간섭에 해당되지 않는다"라고 답변한 외무성 마키다 구니히코 아시아대양주국장을 불러내 "일본 외무성이 중국 외무성과 한통속이라는 것이 사실이냐"라고 닦달했다. 화가 치민 마키다 국장은 "나는 엄연한 일본인이며 애국심도 갖고 있다. 중국 외무성과 한통속이라는 말은 외무성 전체를 모욕하는 것이다"라며 거칠게 항의했다.

이 모임의 대표는 나카가와 쇼이치(中川昭一) 전 농수산장관이다. 그는 1998년 7월 오부치 내각의 농수산장관으로 임명된 직후 열린 기자회견에서 종군위안부 강제 연행은 사실이 아니라고 망언을 한 전력을 가지고 있다. 따지고보면 문제의 역사교과서가 출판되기까지는 그와 자민당 의원 모임이 상당한 역할을 했음을 부인할 수 없다.

자민당 의원 모임은 1997년 12월 자민당 본부에 교과서 회사 편집 간부 10여 명을 소집했다. 이 모임에 참석한 자민당 의원들은 그해 4월 일본의 중학교 역사교과서가 4년 만에 개정되어 7개 회사가 모두 종군위안부에 대한 기술을 일제히 기재한 경위를 집요하게 캐물었다. 그들은 또 "딸이 마침 중학교에 들어가는 나이이다. 딸이 그런 역사교과서를 배운다는 것을 도저히 용납할 수 없다"라고 출판사 간부들을 윽박질렀다. 그들은 그 후 자신들의 내부 토론을 『역사교과서에 대한 의문』이라는 책으로 펴내면서까지 문제의 역사교과서 출판을 부추겨왔다.

자민당의 이른바 '문부족 의원'들의 압력도 집요했다. 자민당의 교육개혁실시본부는 지난해 10월 외무성 출신 교과서검정 심의위원이 다른 위원들에게 "인근 나라의 반발을 사는 교과서를 출판하는 것은 백해무익하기 때문에 최종 검정에서 탈락시켜야 한다"라고 언락한 사실이 보도되자 그를 즉각 경질하라고 문부과학성에 압력을 넣었다. 그 결과 노다 에이지로(野田英二郎) 전 인도대사가 다른 위원회로 전보되는 등 교과서 검정에 '근린제국'을 고려해야 한다는 외무성의 목소리를 잠재울 수 있었다.

'나팔수' 『산케이신문』, 교과서 왜곡 견인

자민당 우파 의원들의 전위부대나 다름없는 우익 단체 새역사모임이 결성된 것도 중학교 역사교과서에 종군위안부 기술이 등장한 1997년이다. 독일 문학을 전공한 전기통신대학 교수 니시오 간지(西尾幹二)가 대표를 맡고, 자유주의사관

운동을 주도해온 도쿄 대학 교육학부 후지오카 노부가쓰(藤岡信勝)를 비롯한 우파 교수와 작가들이 참가한 이 모임은 7개 교과서 회사에 종군위안부 기술을 삭제하라고 요구하면서, 일본의 역사 교육을 근본적으로 뜯어고치기 위해 자기들이 새로운 역사교과서를 만들겠다고 선언했다.

이들은 일본 각지에서 심포지엄과 강연회를 개최하면서 동조자를 늘려갔다. 이 모임의 주장에 따르면, 현재 약 50개 지부와 회원 약 만 명을 확보했다고 한다. 또 이들의 압력으로 33개 지방 의회가 역사교과서 채택 과정의 정상화를 요구하는 의견서를 채택하거나 가결했다. 일개 민간단체인 이 모임이 불과 4년 만에 이처럼 몸집을 불리게 된 것은 보수표를 의식한 자민당 우파 의원들이 적극 호응했기 때문이다.

이 모임이 종군위안부 기술 삭제운동에 그치지 않고 직접 역사교과서를 편찬하겠다고 선언한 데에는 이유가 있다. 1980년대 중반 '일본을 지키는 국민회의'라는 우파 단체가 『신편 일본사』라는 고등학교 역사교과서를 출판했으나, 이 교과서를 채택한 학교가 적어 그들 나름의 역사 바로잡기에 실패한 경험이 있기 때문이다. 그래서 이 모임은 처음부터 중학교 역사교과서 시장의 10%를 점유하겠다는 목표를 세웠다.

앞서 말한 자민당 우파 의원 모임의 회원인 고야마 다카오(小山孝雄) 참의원 의원은 새역사모임의 교과서 시장 10% 점유 목표를 엄호 사격하기 위해 지난해 8월 국회에서 "교과서 채택 권한이 각 지방 교육위원회에 있다"라는 답변을 얻어냈다. 이같은 사실은 자민당 우파 의원들과 새역사모임의 관계를 극명하게 보여준다. 고야마 의원은 지난 1월 오직 사건으로 체포되어 참의원 의원직을 사임했다.

자민당 우파 의원들이 '연출가'이고 새역사모임이 '전위부대'였다면, 『산케이신문』을 비롯한 일본의 우익 언론은 '나팔수'였다. 특히 『산케이신문』과 그 계열 월간지 『세이론(正論)』은 나팔수 노릇을 뛰어넘어 삼두마차를 견인해왔다고 해도 지나치지 않다. 『산케이신문』은 새역사모임이 편찬하고 계열 출판사인 후소샤가 출판하는 문제의 역사교과서의 원고가 완성되어가고 있을 무렵인 1999년 10월, 열두 차례에 걸쳐 '교과서 통신부'라는 기획기사를 내보냈다.

이 신문은 기사에서 기존 7개 출판사의 중학교 역사교과서를 신화·고대·중세·전후 보상 등 11개 항목으로 나누어 관련 기술을 자의적으로 평가한 뒤 등급을 매겼다. 이 평가에서 교과서 시장 점유율이 낮은 데이고쿠 서원 등이 상위를 차지한 반면, 약 40% 점유율을 자랑하는 도쿄서적 등은 하위로 밀렸다.

이 기사는 기존 역사교과서 기술에 큰 영향을 미쳤다. 종군위안부에 관한 기술이 7개 교과서에서 3개 교과서로 준 것이 그 증거이다. 한 출판사 관계자는 "교과서 원고가 완성되어 갈 무렵『산케이신문』의 평가 기사가 나와 매우 당황했다"라고 밝히면서, "이번에 종군위안부 기술이 대폭 후퇴한 것은 각 출판사들이 새역사모임의 교과서를 의식했기 때문이다"라고 지적했다. 즉 새역사모임의 교과서가 교과서 시장을 잠식하는 것을 막기 위해서는 기존 출판사들도 종전의 기술 내용을 대폭 후퇴시킬 수밖에 없었다는 말이다.

『산케이신문』은 이 기사로 지난 1월 말 공정거래위원회에 고발되었다. 류큐대학 다카시마 노부요시 교수 등이 새역사모임,『산케이신문』과 그 계열 출판사인 후소샤를 독점금지법 위반 혐의로 제소한 것이다. 다카시마 교수 등의 주장에 따르면,『산케이신문』과 후소샤는 '1997년 말 새역사모임과 각서를 체결하고 특정 교과서를 팔기 위해 다른 회사의 교과서를 비판하는 기사를 연재하거나, 그런 내용의 책과 팸플릿을 제작하고 유포한 혐의'를 받고 있다.

앞서 말한 외무성 출신 노다 교과서심의위원이 경질된 것도『산케이신문』의 보도가 발단이 되었다. 또 문제의 역사교과서가 검정을 통과할 경우 한국과 중국 정부의 큰 반발이 예상된다고 우려한『아사히신문(朝日新聞)』기사와 논설을 사사건건 물고늘어지는 추태를 보이기도 했다.

『산케이신문』의 인터넷 홈페이지가 한국 네티즌들의 사이버 시위로 다운당하는 사건이 일어난 직후 구로다 가쓰히로(黑田勝弘) 서울 특파원은 '과거가 효용을 갖는 나라들'이라는 칼럼에서 '요즘『산케이신문』에 대해 매스컴을 중심으로 극우, 역사왜곡을 주도하는 신문이라는 비난이 눈에 띄고 있다'라고 지적하면서, 과거에는『아사히신문』이 '반한적'이고『산케이신문』이 '친한적'이라는 평가를 받은 적도 있다고 항변했다.

얼마 전『산케이신문』은 취객을 구하려다 선로에 떨어져 숨진 이수현씨의 의로운 죽음을 대서 특필하는 의외의 모습을 보였다.『산케이신문』은 독자들로부터 모은 위로금 약 1천4백만 엔을 부산에 있는 이씨 집으로 직접 찾아가 전달하기도 했다.

그러나『산케이신문』의 진짜 얼굴이 어떤 것인지는 이미 천하가 다 아는 사실이다. 종군위안부 문제가 불거지자 한국이 무조건 싫다는 '염한론'을 퍼뜨린 것도『산케이신문』이었으며, 한국의 반일 감정 때문에 한일관계가 전진하지 못하고 있다는 억지 논리를 유포해온 것도『산케이신문』이다. 게다가 이제는 왜곡된 역사교과서 출판을 부추겨 역사를 파괴하려고까지 하는 것이다.

자민당 우파·『산케이신문』·새역사 모임은 검정 통과의 여세를 몰아 앞으로 교과서 시장 10% 점유 목표를 달성하기 위해 전력을 기울일 것으로 예상된다. 이미 히로시마 현 교육위원회는 이들의 압력으로 교과서 채택에서 이른바 '학교표'를 배제하기로 결정했다.

삼두마차, 헌법 개정·핵무장 노력

현재 교과서 채택 권한은 각 지방 교육위원회가 가지고 있다. 그러나 담당 교사가 어떤 교과서를 채택할 것인지를 학교장을 통해 교육위원회에 제출하고, 교육위원회 조사원이 조사한 결과를 토대로 채택 여부가 결정되는 것이 일반적이다. 이런 상태에서는 현장 교사들의 반발로 문제의 역사교과서가 채택될 여지가 별로 없다. 때문에 이들은 교과서 채택 권한을 교육위원회로 집중하라고 압력을 가하고 있는 것이다.

그러나 10% 점유 목표가 달성될지는 아직 알 수 없다. 앞서 말한 고등학교 역사교과서『신편 일본사』는 일선 교사들의 반발로 인해 올해 공립학교 가운데 19개 학교의 교과서로 채택되는 데 그쳤다. 채택된 부수도 2천7백 부이다. 한 출판사 관계자는, 세 차례 수정을 거쳤지만 아직도 전체 기술이 다른 교과서와 판이하고, 중학생에게는 어려운 내용이기 때문에 채택하는 학교가 그리 많지 않을 것이라고 전망했다.

삼두마차가 지향하는 마지막 목표는 물론 교과서 시장 10% 점유가 아니다. 그들은 여세를 몰아 천황제 국가로 복귀, 헌법 개정, 핵무장 등을 향해 힘차게 삼두마차의 바퀴를 굴려가려 들 것이다.

도쿄·채명석 편집위원

【학술】 일본 알아야 '교과서 전쟁' 이기지……

『시사저널』 제600호, 2001. 4. 25

객관적·과학적 '제국주의 연구' 빈약…… 맹목적 반일·증오심 키우는 교육도 문제

"나는 반일한다. 고로 존재한다." 소설가 현기영씨가 데카르트의 명언을 빌려, 한국인의 맹목적 반일 감정을 풍자한 말이다. 일본 리츠메이칸 대학 국제관계학부 교수인 나카무라 후쿠지(中村福治) 씨의 최근 저서『김석범 화산도 읽기』(삼인)에 '발문'을 쓰면서 지나친 반일 감정의 문제점을 이처럼 지적한 것이다.

현씨의 지적은 비록 약 2개월 전에 쓰인 것이지만, 일본의 우익 단체인 '새로운 역사교과서를 만드는 모임'(새교과서모임)이 만든 역사교과서의 검인정 통과 사건을 둘러싸고 최근 국내에서 벌어지는 상황을 정확하게 묘사했다.

대부분의 국내 언론은 문제가 터지기 전부터 시작해 한 달 가까이 교과서문제를 연일 대서 특필하며 국민과 정부를 향해 '맹목적 반일'을 독려했다. 대다수 언론에 의해 이른바 '국민 정서'로 옹호되는 맹목적 반일은 과연 타당한 것일까. '역사교과서' 문제의 진행 추이를 주의 깊게 관찰해 온 관련 학자들은 최근 상황을 매우 비판적인 눈으로 바라보고 있다.

상당수 지식인은 1980년대 초반 제1차 '교과서 파동'의 교훈을 떠올리며 '이제야말로 문제의 본질을 내부로 돌려야 할 때'라고 역설하고 있다. 제1차 교과서 파동이란, 1982년 당시 일본 문부성(현 문부과학성)이 역사교과서를 검정하는 과정에서 근대 시기 일본이 이웃나라에 저지른 '침략'을 '진출'로 표기할 것 등을 강요해 한국을 비롯한 관계 국가로부터 격렬한 분노를 불러일으킨 사건을 말한다. 당시 심각성을 깨달은 일본정부가 책임을 지고 문제를 수정하겠다고 약속함으로써 사태는 진정되었다.

하지만 당시 일본 역사교과서 파동의 일단락은 한국에게나 일본에게나 또다른 문제의 시작이었다. 먼저 일본의 경우. 이 파동을 계기로 크게 두 줄기에서 대대적인 반성이 있었다. 하나는 일본의 양심적·진보적 지식인의 반성으로, 이들은 역사 기술에 군국주의의 잔재를 청산하기 위해 노력했다. 이들의 노력은 오늘날 일본에서 쓰이는 대부분의 역사교과서에 그대로 반영되어 있다.

반면 우익 인사들의 반성도 있었다. 교과서 파동 때 패배를 경험한 우익 집단은 이른바 '자유주의'라는 이름으로 새로운 역사교과서 서술을 위한 결집을 서

두르게 되었고(예컨대 '일본을 지키는 국민회의'), 이들의 집요한 노력이 최근 일본 문부과학성 검정을 통과한 새 역사교과서를 통해 열매를 맺었다.

한국에서는 교과서 파동을 계기로, 올바른 역사교과서 서술을 위한 한일 연구자 간의 교류가 본격 시작되었고, 한편으로는 '일본을 바르게 알자'는 이른바 일본학 연구 붐이 일기 시작했다. 20년 가까운 세월 동안 한일 역사학자·역사 교육자 간의 교류는, 참가자들이 연구 및 토론 결과를 공동으로 엮어 양국에서 동시 출간할 정도로 일정한 성과를 거두었다(114쪽 상자 기사 참조).

하지만 일본 연구 분야는 사정이 달랐다. 1980년대 교과서 파동 이후 국내에서는 '일본은 있다' '일본은 없다'는 식의 일본 논쟁이 언론계와 일반 시민 사이에 붐을 이룬 적은 있지만, 정작 일본을 객관적·과학적으로 이해한 학문적 성과는 답보 상태를 면치 못해왔다. 일본사를 전공한 소장 연구자 임성모 박사는 현재의 상태를 다음과 같이 말했다. "교과서 파동 이후 20년 가까이 흐른 오늘 '우리는 과연 일본을 얼마나 이해하고 있는가'라는 질문을 되풀이해야 한다는 사실에 깊은 자괴감을 느낄 뿐이다."

일본 우익에 대한 '주목할 만한 저서' 극히 적어

일본 연구에서 상당히 중요한 부분을 차지하는 것이 일본의 우익 논리에 대한 사적(史的)·사상적 이해이다. 하지만 일본 우익 논리의 근저를 이루는 일본 근대 사상사에 대한 연구는 최근까지 진행된 국내의 일본학에서 가장 취약한 분야 중 하나로 꼽힌다. 실제로 1980년대 이래 최근까지 일본 우익의 역사에 관해 국내 학자가 쓴 주목할 만한 저서는 한상일 교수(국민대)가 쓴 『일본의 국가주의』 등 극히 예외적인 경우를 제외하면 거의 전무한 실정이다.

이같은 사정은 번역 분야에서도 별반 다를 것이 없다. 개화기 김옥균·유길준 등 개화파는 물론, 춘원 이광수·육당 최남선 등 식민지 시대 한국 최고의 지식인들에게도 엄청난 사상적 영향력을 행사한 후쿠자와 유키치(福澤諭吉·1834~1937)의 경우가 대표적이다. 그는 '탈아론'을 주장해 일본은 물론 근세 조선의 운명에 적지 않은 영향을 끼쳤다. 하지만 가장 대중적인 저서인 『학문을 권함』이 중복 번역된 것을 빼고 그의 저작 대부분은 여전히 일본어 상태로 남아 있다.

일본 군국주의에 대한 일방적 분노는 일본이 제국주의 침략 전쟁을 일으켜 패망할 때까지 일본 내부에 군국주의에 맞서 치열하게 싸운 양심적 지식인이 있었다는 사실도 간과하게 만들었다. 우치무라 간쇼(內村鑑三), 요시노 사구죠(吉野作

造), 미키 기요시(三木淸), 미노베 다즈키치(美濃部達吉) 등이 바로 그들이다. 우치무라 간쇼는 러·일 전쟁 때 '비전론'을 주장한 평화주의자이며, 미키 기요시는 '대동아 공영'을 비판하다가 투옥되어 영양 실조로 옥사했다. 헌법학자인 미노베 다즈키치도 파시즘 광풍에 맞섰던 근대 일본의 양심. 이들은 일본의 현행 중등 교과서에 중요하게 언급되고 있지만, 한국 중등 교과서에 이들의 이름은 전혀 언급되지 않는다. 한국의 중등 교과서는 이같은 불균형 속에서 '제국주의 일본'에 대한 증오와 적개심만을 학생들에게 가르쳐온 셈이다.

근대 일본 또는 근대 일본인에 대한 한국인의 인식이 매우 낮은 수준에 머무르는 근본적인 이유가 바로 여기에 있다. 예컨대 이토 히로부미(伊藤博文) 하면 '안중근 의사의 총탄에 죽은 침략의 원흉' 정도를 넘어서지 못하는 것이다. 소장 정치학자 김석근 교수(연세대)는 "이토 히로부미는 후쿠자와 유키치와 함께 우리 처지에서는 침략의 원흉이지만, 일본인들에게는 일본의 근대를 만들어간 선각자로 인식되고 있다. 이 사실을 외면하는 순간부터 근대 이후 일본 역사에 대한 과학적 이해는 실종될 위험을 피할 수 없다"라고 지적한다.

한국인의 피해 의식, 친일파 연구 부진 초래

한국인의 피해 의식과 맹목적인 반일 감정은 일본의 우익 논리 못지않게 식민지 시대 및 현대사 이해에 절대적으로 필요한 친일파 연구까지 부진을 면치 못하게 하는 상황을 낳았다. 특히 행적이 아닌 논리·사상 측면에서의 친일파 연구는 자칫 일본 우익의 논리를 정당화해줄 위험이 있다는 측면에서 한국 근대사의 치부로 여겨져왔다.

친일파 연구의 공백은 한국 근대 지성사를 파악하는 데에도 영향을 준다는 점에서 의미가 크다. 한국 근대 지성의 상당수가 포진해 있는 친일파에 대한 연구가 부진함으로써, 한국 근대 지성사의 전체 지도 또한 제대로 그려지지 못하는 상황이 이어지고 있는 것이다. 최근 일제 때 친일파의 거두로 활약했던 윤치호의 영어 일기 일부를 번역해『윤치호 일기』로 펴낸 김상태씨(서울대 박사 과정)는 "친일파 연구는, 한일관계사와 식민지 상황의 내면 논리를 그릴 수 있게 해준다는 점에서 앞으로 더 진전되어야 할 연구 분야다"라고 말했다.

한국과 일본을 불문하고 오도된 역사 인식은 잘못된 역사 교육과 더불어, 또 하나의 잘못된 역사적 실천을 낳을 수 있다는 점에서 심각한 자기 반성을 요구하고 있다. 이같은 자기 반성 요구에 부응하느냐 못하느냐, 바로 이것이 필경 장기적으로 지속될 '한일 교과서 전쟁'의 관건이다.

박성준 기자

일본인 마음속의 독선이 무섭다
『주간동아』 제281호 2001. 4. 26

자신의 죄 고백해야 진정한 화해 가능······ 역사 인식 상대성 앞세워 비판의 눈 가리고 무시

한국에서 온 김영진(金泳鎭) 의원은 지금 일본 국회 제2의원 회관 앞에 앉아 단식을 계속하고 있습니다. 오늘(4월 13일) 오후 9시면 4일째를 넘기지만 아직 활력이 넘칩니다. 청년운동이나 농민활동으로 단련한 그의 신체와 정신력은 경이스러울 정도입니다.

김의원은 10일 다른 3명의 국회의원과 함께 일본에 왔습니다. 일본교과서 문제에 항의하기 위해서였습니다. 에토(衛藤) 외무성 부장관을 만났지만 냉담하고 형식적인 답변만 들었습니다. 다음날 외무위 원장인 저에게 찾아왔습니다. 그것역시 형식적이지 않을 수 없었습니다. 바로 여기에 교과서문제의 어려움이 있습니다. 문제의 역사교과서 8종은 이미 검정을 끝내고 합격되어버렸기 때문입니다. 이제 지방의 교육위원회가 채택할 것인지의 단계만 남았습니다.

김의원 일행은 저와 면담을 마친 후 국회 주변에서 데모행진을 하겠다고 말했습니다. 국회 주변은 여러 가지 까다로운 제한이 있지만, 데모 인원은 4명에 지나지 않고, 무언(無言)의 항의라고 하는 만큼 통행인처럼 걸어간다면 문제가 없다고 판단했습니다. 국회 정문에 도착하자 김의원 이외의 다른 국회의원 3명은 돌아갔습니다. 그런데 김의원은 잠시 기도를 하고 싶다며 그 자리에 주저앉았습니다.

이것은 국회 경비담당자들에게는 중대한 일이었습니다. 경찰도 철수를 요구해 현장은 긴박감이 돌았습니다. 도로교통법 위반이라는 것입니다. 3시간쯤 지났습니다. 교섭 끝에 의원회관 앞이라면 괜찮다는 결론을 내리고(원래 이것도 법률로는 인정되지 않습니다만), 그곳으로 이동해 지금까지 계속하고 있습니다. 의원회관 앞은 국민들의 시위장소로 여러 집회가 열리기 때문입니다. 저는 걱정이 되었지

만 고베(神戸)에 다녀와야 할 일이 생겨 서둘러 한밤중에 도쿄에 돌아온 뒤 김의원과 새벽 2시까지 대화를 나누었습니다.

그는 항상 냉정했습니다. 게다가 자신의 행위가 불러올 정치적 영향을 생각해 말을 아꼈습니다. 침묵은 일본인 스스로 연좌농성의 의미를 생각해야 한다는 것을 뜻하고, 단식행동은 이웃나라 국민이 얼마나 분노하고 있는지를 뜻하는 것이었습니다.

김영진 의원 단식 농성으로 일본 정치 다시 생각

저는 그의 연좌농성 이후 다시 한번 교과서문제에 대해 일본정부와 우리 정치가들이 해온 일 등을 생각해보았습니다.

'새로운 역사교과서를 만드는 모임'의 교과서는 먼저 도저히 합격할 수 없는 '한국합병'이나 '강제노동' 등에 대해 언급하고 있습니다. '위안부'에 대해서는 언급조차 하지 않았습니다. 이는 위안부 존재를 무시한 것인지, 역사적 사실을 직시하기를 회피한 것인지 아직도 분명하지 않습니다. 정부가 검정과정에서 137항목의 수정을 요구하자 항의도 하지 않고, 아주 쉽게 이를 받아들여 자신들의 교과서를 합격시켰습니다.

그들이 의도하는 이번 교과서는 실은 내용보다는 어떻게 해서든지 교과서를 만든다는 것, 사회적으로 문제를 제기하는 것에 목표를 두고 있습니다. 나중에 이를 디딤돌로 이용해 장대한 국민운동을 일으켜 내용을 조금씩 바꿔간다는 전술입니다. 교과서 판매라는 상업적인 측면에서 생각하면 이런 수단을 취할 수 없습니다. 만일 이것이 팔리지 않으면 회사는 도산하기 때문입니다. 일본에는 이미 7개의 교과서 회사가 있고 점유율을 나눠 갖고 있습니다. 거기에 여덟 번째 회사가 끼여들어가두 돈을 벌 리가 없습니다. 7들은 교과서와는 별도로 2권의 방대한 서적 『국민의 역사』 『국민의 도덕』을 출판하고 전국에 뿌려왔습니다. 이 모임이 출간한 『교과서문제 핸드북』 등도 얼마나 균형이 잡히지 않았는지, 종교관계 서적으로 생각할 정도입니다. 이 모임은 이제 채택에 힘을 쏟으며 교육위원회에 압력을 넣기 위해 먼저 지방의회를 움직이고 있습니다. 교과서 채택에 중립적이어야 하는 위원회를 설득해 모임 교과서를 채택하도록 하는 것입니다.

합격될 수 없는 교과서 검정 합법적으로 진행

이는 모두 합법적으로 진행한 것입니다. 그것은 이 교과서 채택은 정당하고 국가로서도 절차상 문제가 없다는 것입니다. 김의원의 이번 행동제기는 바로 이 점을 정면으로 지적하고 있습니다. 언뜻 보기에는 합법적으로 보이는 것, 그 자체가 큰 허점이라는 것을 합법적으로 반대할 수 있는 방법을 잃어버린 일본 정치가에게, 국민에게, 몸을 손상시켜서라도 호소하지 않으면 안 된다는 생각인 것입니다. 우리 일본인의 마음속에 스며 있는 독선적 - 배타적인 생각은 역사인식의 상대성을 이용해 비판의 눈을 가리고, 근린조항을 무시하며, 내정 간섭론이나 언론의 자유를 내세워 무시해왔습니다. 그러면서 정부의 대폭적인 수정에 응해 역사교과서를 합격시켰습니다. 내정 간섭 등이라고 주장하는 뻔뻔스러움과 수정을 아주 간단히 받아들이는 절조가 없는 것이야말로 무엇보다 무섭다고 생각합니다.

동아시아의 일각에 사는 일본은 이웃나라, 특히 한국과의 관계를 무시하고 살아갈 수 없습니다. 우리는 3년 전부터 '일·한 기독의원 연맹'을 결성해 교류해왔습니다. 결성 이유는 아직 소원한 일·한 관계를 진정한 신뢰에 근거한 관계로 만들기 위한 것입니다. 진정한 교류를 이루어나가고 신뢰감을 얻기 위해서는 기독교의 원리인 화해를 키워드로 해서 기독의원들끼리 일·한 관계를 다시 생각하자는 것입니다.

신과 인간의 거리가 멀어진 것은 인간의 죄 때문입니다. 그러나 예수는 신과 인간과의 중개자로 죄를 사해주고, 사람이 처음으로 신과 화해할 수 있도록 했습니다. 화해는 일방적인 사죄가 아니라 원칙적으로 양쪽이 자신의 죄를 고백하는 것에서 시작합니다. 상호이해는 그것을 통해 성립하는 것입니다. 김의원과 나는 크리스천이 아니었다면 만나지 못했을 겁니다. 형식적인 교류는 있었겠지요. 그러나 그것은 단지 국익이나 사익을 얻기 위한 가면(假面)의 교류였을 것입니다.

저는 한국의 크리스천 국회의원이 결성한 '국가조찬기도회'에 처음으로 출석해봤습니다. 처음에는 마음이 무거워 한국을 방문하는 것이 고통스러웠습니다. 왜냐하면 저는 식민지의 자식이었기 때문입 니다. 부친이 조선총독부에 근무했기 때문에 나는 조선에서 태어났습니다. 제2차 세계대전이 끝나기 직전 만주로 옮겨 거기에서 일본으로 되돌아왔습니다. 이런 이유로 한국행은 무거운 짐이었습니다.

어쨌든 중개자인 예수를 믿고 한국에 가서 교류를 시작하자고 마음먹었습니다. 김의원의 부친은 일본에 강제연행되어 귀에 장애를 입고 귀국하셨다고 합니다. 그 때문에 김의원의 부친은 가난 속에서도 결코 일본인을 용서해서는 안 된다고 가르치셨다고 들었습니다. 그러나 김의원은 저의 사죄를 받아주셨고, 저는 예수 그리스도의 죄의 사면을 확인할 수 있었습니다.

김의원의 외로운 단식농성은 지금도 계속되고 있습니다(김의원은 4월 16일 단식농성을 중단했으나 도이 류이치 중의원이 본지에 기고한 시점에는 농성중이었음 - 편집자). 오늘은 예수의 수난일입니다. 그는 예수의 수난과 가장 친근한 형태로, 십자가에 가장 가까운 곳에 서 있습니다. 그의 신앙, 그의 정치가로서의 감성은 더욱 빛나고 있습니다. 그는 지금도 변함없는 민중에 대한 애정을 보이면서 앉아 있는 것입니다.

도이 류이치(일본 중의원 외무위원장)

뻔뻔스런 일본 무기력한 한국
『주간동아』 제281호 2001. 4. 26

지식인 망언=일본정부 공식 입장, 구보다에서 사카모토 '화장실'까지……지난 50년 간 변한 것 하나도 없어

일본 고위관료나 지식인들이 잊을 만하면 뱉어놓는 역사왜곡과 망언의 뿌리는 깊고도 넓다. 1945년 광복 이후 일본 사람들이 한국을 향해 퍼부은 망언의 출발은 지난 1952년 제3차 한일회담에서, 일본의 조선통치를 미화함으로써 회담을 결렬시킨 '구보다(久保田) 망언'일 것이다. 일본정부는 5년이 지난 1957년에 이르러서야 그의 망언을 사견(私見)으로 치부하는 것으로 가까스로 사태를 수습했다. 그러나 1949년에 일본 외무성이 작성한 '할양지(割讓地)에 관한 경제적 - 재정적 사항의 처리에 관한 진술'을 보면 구보다 망언이 단순한 실언이 아니었다는 사실을 확인할 수 있다. 이 문건은 '이들 지역에 대한 일본의 시정(施政)은 이른바 식민지에 대한 착취정치로 인정되어서는 안 된다'고 못박고 있다. 비슷한 시기에 일본 재무성이 마련한 문건도 "조선 경제가 병합 30여 년 만에 오늘처럼 큰 발전을 이룩한 것은 일본이 지도한 결과라고 해도 지나침이 없다"고 자

랑하고 있다. 결국 구보다 망언은 그같은 일본정부의 공식 견해와 한치의 어긋남도 없었던 것이다.

일본교과서 파동의 와중에서 구보다 망언을 되새기는 이유는 일본정부 고위 관료나 우익 계열 지식인들이 끊임없이 반복해온 '망언 시리즈'를 그때그때 '개인적 의견'이라는 식으로 봉합하였지만, 사실은 일본정부의 공식 입장과 하나도 다를 바 없었다는 점을 상기하기 위함이다. 교과서 왜곡문제는 광복 이후 50년 넘게 계속되어온 일본 정치인과 지식인들의 망언 시리즈를 일본정부가 '공인'하는 것이나 다름없다는 말이다.

한일 국교정상화 이후 1970~80년대를 거치면서도 일본 고위 각료들의 망언 시리즈는 계속 이어진다. 초반에는 아예 일본 총리들이 나서곤 했다. 다나카 가쿠에이(田中角榮) 총리는 침략전쟁 여부에 대해 '후세의 역사가 판단할 것' 또는 '내가 판단할 입장이 아니다'라는 애매한 태도로 일관했고(1973년 2월 국회 답변), 다케시타 노보루(竹下登) 총리는 "침략전쟁에 대한 학설은 여러 갈래로 나뉘어 있으며, 총괄하여 침략전쟁이라고 하는 것은 후세의 사가가 평가해야 할 문제라고 생각한다"고 발뺌하기에 바빴다(1989년 2월 국회 답변).

대부분의 각료들은 망언파동이 불거지면 해명성 발언으로 '치고 빠지기'식 태도를 보여주는 데 비해 정면돌파 방식을 선택해 국내 여론을 더욱 자극한 경우도 있었다. 지난 1988년 오쿠노 세이스케(奧野誠亮) 국토청 장관은 "전후 40년이 지났는데도 여전히 점령군의 망령에 휘둘리고 있다. 왜 일본이 침략국인가. 백색 인종에게 개국을 강요당해 군사력으로 대항한 것뿐이었다"고 주장했다. 또 "아시아 전체가 백색 인종의 식민지가 되었지만 대동아전쟁의 결과 독립을 이루었다"는 주장도 빼놓지 않았다. 오쿠노 장관은 파문이 일자 국토청 장관직을 사임해버렸다. 오쿠노는 그 후 1995년에도 '종전 50주년 국민위원회' 집회에서 '자위전쟁' 발언으로 파문을 일으키기도 했다. 오쿠노는 "침략전쟁을 저지른 것은 미국과 영국이다. 우리와 싸운 것은 영국과 미국이지 아시아가 아니다"라고 주장했다.

잊을 만하면 '툭'……'치고 빠지기'식 국내 여론 자극

종전 50주년을 맞는 1995년은 일본 내에서 어느 해보다도 과거사와 관련한 반성과 사죄, 그리고 이를 부정하는 망언이 줄을 이은 한 해였다. 1995년 6월 일본 중의원에서 채택한 '역사를 교훈으로 평화에의 결의를 새롭게 하는 결의'에는

‘일본이 과거에 저지른 행위가 다른 국민, 특히 아시아의 여러 국민에게 준 고통을 인식하고 깊은 반성의 염을 표한다’는 구절이 들어 있다. 이 결의는 당시 무라야마 도미이치(村山富市) 사회당 위원장이 3당 연립내각 수반으로서 주도한 것이었다. 그러나 일본 내에서는 오히려 이 결의에 대한 역풍(逆風)이 더욱 거셌다. 우익 인사들은 ‘종전 50주년 국민운동 실행위원회’를 만들어 부전(不戰) 사죄 국회 결의에 반대하는 캠페인을 펼치기도 했다. 이 과정에서도 자연히 일본 우익 인사들의 망언이 줄줄이 쏟아졌다. 국회 결의내용을 둘러싼 논의가 치열해지던 그해 6월, 와타나베 미치오(渡邊美智雄) 전 부총리 겸 외무장관의 발언이 국내외의 거센 비난을 불러왔다. 와타나베 전 부총리가 자민당 기자회견 석상에서 발언한 요지는 이렇다.

“일본은 36년 간 한국을 통치했지만 ‘식민지 지배’라는 말은 어디에도 들어 있지 않다. 한일합방 조약은 서로 인정한 결과이고, 이에 대해서는 배상금을 지불하지 않는다. 그 대신 부흥을 위한 협력금을 내는 것으로 처리했다.”

사회당 등이 주도해 과거 식민지 국가에 대해 사죄와 보상을 논의하던 시점에 나온 발언이어서 와타나베 망언의 반향은 매우 컸다. 총리 후보로까지 거론되던 그의 발언에 대해 일본 내에서도 비판의 목소리가 터져나왔고, 서울에서는 규탄대회가 이어지면서 일본 문화원에 화염병이 날아드는 사태까지 벌어졌다.

독도 영유권 거듭 주장……무엇을 노리는가

최근 들어서는 아예 전세계를 향해 일본의 군사대국화를 선언하고 싶은 야욕을 불쑥불쑥 내보이는 경우도 있다. 지난해 이시하라 신타로(石原愼太郎) 도쿄 도지사는 ‘가장 확실한 안전 보장은 우수한 무기를 만들어 외국에 파는 것’이라는 말로 노골적으로 군국주의화를 부추겼다. 이시하라는 당시 일본의 가정용 게임기 컴퓨터 기술이 얼마나 탁월한지를 언급하면서 “(컴퓨터 기술을) 로켓에 전용하면 우주병기의 성능이 크게 향상된다. 통산성에서는 무기수출로 이어지지 않을까 우려하였지만 일본은 당당하게 새로운 병기를 만들어 내다 팔면 된다”고 강조했다.

일본 지식인들의 망언 시리즈는 종군위안부 문제라고 해서 넘보지 않았던 것이 아니다. 대표적인 예가 작가 가미사카 후유코(上坂冬子)의 ‘위안부 필요악론’. 가미사카는 1992년 2월에 발행한 『주간 포스트』 기고를 통해 “최소한의 치안과 질서를 유지하기 위해 위안부는 필요악이었다. (위안부가 없었더라면) 일본군이 근처 민가의 부녀자를 범하고 다녔을지도 모른다. 말하자면 이 문제는 전쟁 비즈니스의 일환에서 파생한 일이라고 할 수 있다”고 주장했다.

위안부 문제에 관한 일본 지식인들의 이러한 인식이 바로 얼마 전 일본의 역사를 왜곡한 교과서 저자인 가쿠슈인(學習院)대학의 사카모토 다카오(坂本多加雄) 교수의 ‘공중 화장실론’으로 이어진 것으로 보인다. 사카모토 교수는 우익계 월간지『세이론(正論)』과 ‘새 역사교과서를 만드는 모임’ 의 간행물 등을 통해 “위안부 역사를 기술하는 것은 화장실 구조에 관한 역사를 쓰는 것과 마찬가지기 때문에 교과서에 쓸 가치가 없다”는 망발을 늘어놓았다. 이는 바로 제2차 세계대전 당시 일본군 병사들이 위안소를 ‘공중 화장실’이라고 불렀던 사실을 연상하게 한다.

또 얼마 전에는 모리 요시로 일본 총리가 김대중 대통령 방일 직전 KBS와 가진 회견에서 일본 총리로는 처음으로 독도를 일본 땅이라고 주장한 발언이 뒤늦게 밝혀져 물의를 빚기도 했다. 모리 총리는 이 회견에서 “독도 영유권 문제에 대해서는 역사적 사실에 근거해서도, 국제법상으로도 명확하게 우리나라의 고유 영토라는 것이 우리의 일관된 입장”이라고 밝혔다. 이 인터뷰는 김대통령 방일 직전 텔레비전을 통해 방송하였으나 문제의 발언 부분만 삭제된 채 방영되었다.

독도문제에 관한 일본 고위관료의 망언은 여기에 그치지 않는다. 지난 2월 교도(共同)통신은 일본 서부 시마네(島根) 현의 스미타 노부요시(澄田信義) 지사가 “다케시마(竹島, 독도의 일본식 표현)는 일본의 고유 영토이며, 한국이 불법 점거하고 있다”고 주장했다고 보도했다. 특히 독도문제에 관한 일본 내 일련의 언급을 보면 매우 의도적인 시나리오 아래 전개되었다는 사실을 짐작할 수 있다. 우리 정부는 독도를 실효적으로 지배하고 있다는 이유로 거듭되는 독도 관련 망언을 거의 무시하였지만, 일본 전문가들은 일본이 기미가요를 국가로 인정하는 법률을 통과시키고 동남아시아의 군사요충지인 싱가포르 기지 사용권을 따내는 등 군사대국화하는 흐름과 독도문제를 연관지어볼 필요가 있다고 지적한다. 식민지배과정, 종군위안부, 독도문제 등 분야를 가리지 않고 계속되는 일본 지식층의 망언을 수수방관하다가는 50년 망언 시리즈 목록에 정한론(征韓論)까지 추가하는 것은 아닐까.

성기영 기자

한국 역사학계는 여태 무엇했나

『주간동아』 제281호 2001. 4. 26

거듭된 왜곡 교과서 대응 미흡 …… 일본 성토에 앞서 뼈아픈 '자기 반성' 먼저 하자

우리는 일본의 역사교과서 왜곡에 대해 비분강개하기에 앞서, 일본의 일부 국수주의자들이 역사를 왜곡한 배경부터 이해할 필요가 있다.

이 교과서들은 일본 역사학계의 우수한 고대사와 근대사 연구성과를 바탕으로 만들어졌다. 여기에 신자유주의 사관을 덧씌워 '자학사관'에서 탈출하자는 표방을 근대적 계몽성으로 내세운다. 그래서 "일본인에게는(선구자적) 자긍심을, 다른 사람에게는 이른바 역사의 신(운명적 손)"을 적용한다. '진출'이니 '합법적'이니 '사관의 다양성'이니 하는 평계를 대면서 침략전쟁과 양민 학살 - 학대와 같은 분명한 역사적 사실까지도 왜곡 - 미화하는 것이다.

그래서인지 일본교과서 왜곡은 고대사와 근대사에 집중되는 경향이 있다. 지금까지의 분석결과를 종합해보면, 특히 중국 등 다른 나라에 비해 전면적인 식민통치를 당한 우리나라 관련 서술이 더 심하게 왜곡 - 개악되어 있다. 전근대사는 사실 자체를 주로 왜곡했고, 근대사는 잘못했거나 자기에게 불리한 사실들을 은폐 - 축소시키는 방식을 주로 사용했다.

세계적 수준에 오른 일본의 역사연구

근대 역사학은 엄밀한 실증과 인과적 법칙에 입각하는 '과학적 윤리성'만을 기본으로 삼지 않는다. 민주적이고 평등한 시민사회의 건설과 통합에 필요한 정치적 기능성에 입각한 '국민적(민족적) 계몽성' 역시 기본바탕이 된다. 즉 오늘날 역사학은 '과학적 윤리성'과 '국민적 계몽성'이라는 두 토대를 통해 제 기능을 발휘한다.

사실 일본의 역사왜곡이 아무리 심각하다고 해도 일본 역사학계가 이미 세계적 수준의 과학성과 계몽성을 인정받았다는 사실까지 부인할 수는 없다. 일본은 학계, 정부, 지방자치단체들이 오래전부터 연대해 기초자료 축적과 보존사업을 펼쳐왔고, 그 결과 옛 문헌과 고문서들이 언제든지 사용 가능한 사료로 잘 정리되어 있다. 이것은 일본을 방문한 우리 역사학자들이 늘 놀라움을 금치 못하는 부분이기도 하다.

또 전근대 일본역사의 경우, '조오몽 문화'로 상징되는 신석기 생활문명은 이미 세계적으로도 그 선구성을 인정받는다. 근대사로 오면 일본식 근대 민족국가 건설체험을 '동아시아 근대화론'이라는 하나의 모델로 만드는 데 성공했다. 모두 일본 역사학계가 과학성과 계몽성을 열심히 축적한 덕분이다. 뿐만 아니라 일본 국민들이 자기 역사에 대해 자긍심을 갖도록 언론계와 교육계가 벌인 '국민적 계몽' 노력도 결코 과소평가할 수 없다.

기초부터 부실, 내세울 연구 없는 한국

반면 오랜 역사를 가진 나라, '문헌의 나라'라고도 하는 우리의 사정은 어떠한가. 먼저 역사학계의 기초자료 축적과 보존사업만 하더라도 일본에 비해 몇 십년은 뒤처져 있다. 정부와 지방자치단체가 역사적 자료의 보존과 정리사업을 위해 학계와 공동보조를 취하였는가. 많이 나아졌다지만 얼마 전까지만 해도 긴밀한 공조가 필요하다는 사실조차 인정하지 않았다.

전근대와 선사시대 문화 중 과연 우리나라 특성을 잘 보여주는 세계적 문화가 있느냐는 물음에 자신 있게 내세울 게 없다. 청동기 시대 '고인돌 문화'를 들 수 있겠지만, 아직 그와 관련이 있는 생활문화 전체를 복원하지 못하고 있다. 과학성의 수준이 뒤떨어지기 때문이다. 또 일본의 '동아시아 근대화론' 담론에 필적할 우리 근대사회 건설체험의 특징은 무엇일까. 아마도 '경영형 부농' 또는 '서민지주'라는 조선 후기 아래로부터의 개혁운동과 이후 민족해방투쟁 과정으로 이어지는 모델을 띄워올려야 할 것이다. 하지만 '동아시아 근대화 모델'은커녕 '조선 근대화'의 모델로조차 정립하지 못한 상태다. 몇몇 선구적 학자들의 피나는 노력이 있음에도 세계인들에게 인정받기 위한 과학성과 계몽성의 축적이 뒷받침되지 않은 탓이다.

애초 역사관련 학자들의 머리 수부터 일본학계와는 비교가 되지 않는다. 게다가 민족의 남북분단에 이은 이데올로기 대치상황으로 민족해방투쟁운동 관련 교육은 근대적 계몽성조차 제대로 갖추지 못했다. 또 언론계나 교육계가 일반 국민들에게 민족적 자긍심을 심어준다고 벌인 계몽도 꼽을 만한 게 없다. 오히려 식민사학의 청산을 위해 노력하는 학계를 식민사학의 아류라고 비난하는 캠페인 정도다.

몰지각한 일부 지식인들 일본 논리 베끼기

그렇다면 우리는 일본의 교과서 왜곡에 어떻게 대응할 것인가. 사실 식민지 근대화론, 신동아시아주의(특히 일제시대 최남선의 불함문화론에서 연유한 경우)와 같은 일본식 역사체험에 입각한 논리들을 시대적 추이라 하여 재빨리 채용함으로써 쉽게 인정받고 출세하려는 오늘날 우리나라의 '시각형 지식인'들 수준에서는 결코 일본교과서 왜곡에 제대로 대응할 수 없다.

동시에 일본과는 전혀 다른 역사체험을 지닌 중국과 조선사회에 일본식 동아시아 근대화 담론을 적용하려는 일본의 일부 몰지각한 지식인들의 오만 또한 정면으로 대응해야 한다.

이제 남의 것이 아니라, 우리가 전근대사회 역사체험의 특징으로 내세울 수 있는 것을 찾아내야 한다. 예컨대 무사적 성격이 아닌 문민적 성격, 백성을 하늘로 보는 데서 나오는 개인을 넘어서는 수준의 공공성 요구, 통치계층과 피통치계층이 '도덕성'과 '학문성'을 공통기반으로 섞여 살아가는 사회공동체, 자기 자신에 대한 공경이 가족 - 이웃 - 자연 사랑으로까지 이어지는 실사구시(實事求是)의 전통들을 지목할 수 있다. 근대사회 역사체험 중에는 군국주의 일본의 침략에 맞서 민족해방투쟁을 통해 근대 국민국가를 건설하려 한 인도주의적 전통이 있다. 이는 이웃나라 중국의 역사체험과 비슷하다. 특히 근대에 들어와 일본 제국주의의 침략으로 심각한 인적 - 물질적 - 정신적 피해를 본 점에서 중국과 한국은 입장을 같이한다.

사정이 이러한데 우리 정부가 중국 최고지도층이 제의한 공동대응 요청에 처음부터 미온적이었다는 언론보도는 참으로 충격적이다. 그야말로 우리 역사의식의 심각한 단절을 입증한 사례가 아닐까 한다. 세계화의 시대라지만 '세계화'가 자기 역사의식의 난절까지 긍정해주는 것은 아니다. 현 정부는 일본정부의 교과서 왜곡 조장에 대응하는 과정에서 심각한 오류를 범했다. 세계인의 '인도주의'와 우리 고유의 역사체험에서 볼 때, 당연히 중국과 공동 대응했어야 한다. 평화주의 운운하며 정치적 - 실리적 계산으로 일단 거절부터 하는 실수를 저질렀다는 말이다.

이제 일부 일본인들의 왜곡된 생각을 성토하는 데 그치지 말고 더 많은 수의 양심적인 일본인들과 연대하고, 더 나아가 그들보다 더 세계적이고 양심적인 자기 반성을 거쳐 우리 역사학의 수준을 획기적으로 끌어올리려는 노력이 필요한 때다. 동시에 아직도 진행중인 진정한 민족국가 건설을 위한 계몽을 계속하는 길만이 일본의 역사교과서 왜곡을 극복하는 지름길이다.

박광용(카톨릭대 교수 · 국사학)

【뉴스초점】 왜곡에 막말……우리 대응은 '아마추어' 수준
『주간한국』 제1868호 2001. 4. 26

한국을 무시하는 일본의 행태가 도를 넘고 있다. 일본은 침략사를 왜곡 · 미화한 교과서 파문이 진행인 상황에서 또다시 한국의 자존심을 건드리고 나섰다.

가메이 시즈카(龜井靜香) 자민당 정조회장이 4월 14일 '자위대 한반도 파병'을 거론한 것이다.

가메이 정조회장은 미 · 일동맹에 따른 집단적 자위권 행사와 관련해 "미군이 일방적으로 공격을 받을 경우 일본은 동맹관계에 따라 한국에서의 무력행사에 참가해야 한다"고 말했다.

가메이 정조회장이 누군가. 오는 24일 치러질 일본 자민당 총재선거에 입후보한 인물이다. 그의 발언은 운양호 사건과 강화도 포격으로 시작된 일제의 한반도 강점사를 되돌아보게 한다.

발언의 언어도단성은 비단 무력행사 금지와 전수방위 원칙을 명시한 일본의 현행 헌법에 위배되는 데 그치지 않는다. 과거사가 문제된 시점에서 자제는 고사하고, 한국의 미래 자존심까지 건드리는 게 더욱 문제다.

일본이 이렇게 나오는데 우리의 잘못은 없을까. 정부는 교과서 파문과 관련해 소환했던 최상용 주일대사의 귀임 시기를 놓고 고민중이다. 대책 없이 대사소환이란 강수를 써놓고 뒷감당을 못하고 있다는 여론의 지탄을 받을 만하다.

정부는 한승수 외교통상부 장관의 유감표명 서한을 전달하는 형태로 최 대사를 일단 귀임시킬 생각도 있는 모양이다.

최 대사의 귀임 명분에 고심해야 하는 우리 정부의 태도가 한심스럽다. 대사소환자체가 처음부터 국내여론 영합용이었다는 지적이 나온 것도 무리가 아니다. 이래저래 할 말은 못하고 우스운 꼴만 보인 격이다.

미군 정찰기 억류사건에서 보인 미국과 중국의 외교력이 타산지석이다.

배연해 기자

【표지이야기】 '헛소리'의 재생산 구조

『한겨레 21』 제355호 2001. 4. 26

숱한 망언과 역사왜곡의 기저엔 무엇이 있을까…… 천황제 신앙, 미군정 하의 반공정책 등

해방되고나서 지금까지 일본의 우파인사들은 연례행사처럼 줄곧 망언과 망동을 일삼아왔다. 우리는 이에 대해 일회적이거나 우발적 해프닝으로 치부해왔다. 그래서 '망언', '망동'이라고 하는 것이었다.

우리는 수없이 반복되는 그러한 작태에 대하여 달구어진 냄비가 금방 식어지듯 감정적 대응으로 일관해왔으며, 정부는 이에 아랑곳하지 않고 무대응이나 혹은 정치적 흥정거리로 이용해왔다. 우리의 대응이 얼마나 안이하고 치졸하였으며 우리의 일본인식이 얼마나 일천하고 감정적이었나를 보여주는 단면이다.

패망 뒤 부활한 전범들

이번 교과서 사건은 망언으로 줄곧돼온 일본인의 왜곡된 역사인식이 다음 세대를 교육하는 역사교과서에까지 침투했고 이를 국가가 공인하였다는 것을 의미한다. 이를 통하여 향후 일본의 진로를 가늠하게 해준다. 그리고 잘못된 역사인식은 이제 망론이 아니라 일본적 상식과 논리가 되어 일본사회를 움직이는 정신적 토대로 작용하게 되는 것이다.

그들의 잘못된 역사인식은 우리와 관계되는 한 다음과 같이 정리할 수가 있다. 1) 조선침략을 위한 청·일전쟁과 러·일전쟁에 대한 조선민족 구제전쟁론, 2) 조선불법강점에 대한 합법적 조선지배론, 3) 식민지 수탈에 대한 조선민족 시혜론, 4) 식민지론에 대한 문화와 조상이 같다는 '동문동조'(同文同祖)의 비식민지적 합방론, 5) 동남아 침략전쟁에 대한 대동아공영을 위한 아시아민족 해방전쟁론 등이다. 이러한 역사인식은 일제시대 황국사관의 역사인식 그 자체이다. 여기에는 천황제 신앙이 작용하고 있다. 다름 아니라 인간의 모습으로 나타난 신인 천황은 무오류의 존재이고 그가 만들어낸 역사 또한 잘못이 있을 수 없고 이를 인간이 재단하는 것은 그 자체가 불충하다는 것이다.

일본 군국주의는 패망과 더불어 점령국인 미국에 의해 해체작업에 들어가는 것 같았다. 실권 천황제가 상징 천황제로 바뀌고 집단적 자위권과 군사재무장이 헌법에 의하여 원천적으로 봉쇄당했고 재벌도 해체당했다.

이러한 외형적인 모습과 현상만을 가지고 1945년 8월 15일의 시점을 역사의 단절점으로 자리매기기도 한다. 그러나 한편 정계 및 관료계의 인맥 및 구조, 역사의식과 인식, 세계관과 가치관 등을 지표로 하여 살펴보면 그처럼 간단히 단정하기가 어렵다. 오히려 본질적 차원에서는 연속되고 있다고 할 수가 있다.

제1의 전범인 천황에게 전쟁책임을 묻지 않았을 뿐만이 아니라 실권만을 박탈하였을 뿐 계속 신앙의 대상으로 존재하게끔 하였다. 천황의 신국(神國) 신화는 무의식의 세계에 잠복하고 있을 뿐 계속 주술적으로 작용하여 유효한 것이었다. 침략전쟁의 전범들도 사면하여 이들을 정계와 관계에 복귀시켰다. 점령국 미국은 동아시아전략의 일환으로 일본을 동아시아 반공의 보루로 삼기 위해 군국주의자들을 반공전선에 재배치시킨 것이다.

패전 이후 전쟁 책임으로 추방된 관리(군인 제외)는 도합 1809명이다. 이중 경찰 간부가 1219명이고 일반 관료는 234명에 지나지 않았다. 관리는 군인과 함께 일본 제국주의를 지탱하고 이끈 양대 축임에도 미국은 대소련 방위전략과 일본의 공산화를 막기 위하여 철저한 반공의 '황국관료'를 재기용하였다. 그 뒤 일본은 내각제 하에서 관료 지배체제라고 하여도 지나치지 않을 정도로 관료에 이끌려왔다. 이 관료 집단은 역사의 단절 없이 전전의 일본을 계승시키려고 몸부림쳤다. 스스로의 의식개혁 없이 타율적으로 주어지는 단절화 요구는 그들에게 한낱 강요된 압박에 지나지 않았다.

하나의 분기점, 1995년

특히 과거청산 없이 문부성을 그대로 장악한 황국 관리들은 전전의 검정 교과서 제도를 그대로 계승해왔고, 특히 역사교과서에 대한 검열과 규제를 엄격히 해왔다. 역사인식의 문제와 직결되기 때문이었다. 진보적이거나 양심적인 역사학자들의 반발과 비판에도 아랑곳하지 않고 반동적이고 제국주의적인 사관 아래 사실 은폐와 역사왜곡을 자행했던 것이다. 문부성의 검정제도를 통한 역사왜곡 작업은 일본의 망론과 망언을 확대재생산하고 그에 토대를 둔 일본적 가치와 상식을 고착시켜갔다.

이들은 패망한 일본을 부흥시키기 위하여 미국에 굴종적으로 기생하면서 전후복구를 이루어나갔다. 그러다가 1970년대 경제대국으로 비상하면서부터 마각을 드러내어 전면에 나서서 '대국 일본'을 외치면서 일본의 우경화를 주도해갔다. 미국에 대해서도 감히 'NO'라고 외치는 급진적인 반미주의자들도 서서히 등장하기 시작한다.

일본의 경제적 성공은 '현인신(現人神)인 천황의 나라' 일본을 별종의 나라로 만들기에 좋은 조건이 되고 일본국민들을 천황교에 빠지게 할 수 있는 좋은 재료가 되었다. 과거 메이지유신을 통하여 부국강병을 달성했을 때 '신국 일본'을 그려내어 천황교의 주술에 빠져들게 했던 전례와 너무나 흡사한 경우이다.

마각을 숨기고 수면하에서 추진되던 우경화 작업은 종종 망언을 발설하면서 존재를 확인하는 정도에 그쳤다. 그러나 경제대국으로 성장하면서 점차 가면이 벗겨지더니 1980년대 들어와 노골적으로 모습을 나타냈다. 1982년에도 '교과서 파동'을 일으켰으나 한국과 중국 등 주변 나라들의 반발에 부딪혀 잠복하였다. 아직은 여건이 성숙돼 있지 않다는 것과 역부족을 느꼈기 때문이었다.

전쟁에서 패망하여 50년이 지난 1995년은 하나의 분기점이었다. 전후 50년이 지나면서 자타가 공인하듯 일본은 경제력을 바탕으로 정치적으로도 군사적으로도 세계 강국으로 재도약하여 있었다. 너나 할 것 없이 내건 '전후 50주년 총결산'이란 다름 아니라 이러한 상황 아래서 패전에 의해 적나라하게 드러난 현대 일본의 '원죄의식'을 청산하고 세계 속의 '새로운 비상'을 꿈꾸는 야망을 실현시키는 계기로 삼고자 하였다.

우익세력이나 보수적인 세력은 50주년을 계기로 우경화 프로젝트를 노골적으로 진행시켜나갔다. 국회에서는 '부전결의'를 채택하였는데, 이는 과거의 수탈과 침략의 역사를 애매모호한 문구로 수식하여 그 책임을 회피해버리면서 '전후 총결산'을 선언하였다. 그리고 군사재무장을 금지한 평화헌법을 개정해야 한다고 공공연히 주장하면서 실현에 박차를 가하기 시작하였다. 미국과는 1997년 9월 미 - 일 방위협력 신지침(신가이드라인)을 채택하고, 1998년 5월에는 신지침 관련 3법안을 국회에서 통과시켜 공격적인 군사력 사용을 가능하게 하였다. 또한 1998년 6월에는 실권천황제 국가의 국가인 기미가요(君が代)와 국기인 히노마루(日の丸)를 상징천황제 일본의 국가, 국기로 하였다. 정치지도자들의 망언이 기승을 부렸음은 말할 나위조차 없다.

새로운 세대의 '일등 국민의식'

1996년 지식인이라 할 수 있는 교수, 만화가, 작가 등을 중심으로 만들어진 '새 역사교과서를 만드는 모임'은 자칭 자유주의 사관을 표방하면서 과학적 역사를 반일본적인 역사로, 역사적 진실을 자학적인 것으로 매도하면서 역사교과서 개악운동을 전개하기 시작하였다. 거대한 정치운동의 일환이었고 이제 그 운동이 정책화한 것에 다름아니다.

이제 일본은 전쟁 체험이 없는 새로운 세대가 모든 분야에서 자연적 세대교체의 흐름을 타서 주역이 되고 있다. 이 세대는 부흥과 고도성장의 모습을 보면서 성장하였고, '일등 국민의식'으로 정신구조가 짜여 있다. 전전(戰前)의 황국신민 관료 출신들이 전후 재등장하여 집권하면서 펼친 세뇌교육의 일정한 작용을 받으면서 의식이 형성된 세대이기도 하다. 경제적 풍요 속에서 불감증에 걸리고 천황교의 주술에 걸린 '별난 나라 별종인간'의 군상들이다.

정계의 세대교체와 함께 형성된 신보수주의는 '총체적 대국 일본'의 건설을 본질로 한다. 이들 세력에 의해 보수・우경화가 더욱 촉진되고 망론적 일본상식은 확대 재생산돼간다. 곧 보편적 가치와 시민적 상식 대신 일본만의 가치와 상식이 일본에서 보편화돼가는 것이다.

일제가 패망하고나서도 우익이나 우경적 정치가에 의해 망언이 줄곧 발설되었다. 이에 대하여 우리는 이를 '망령된 헛소리' 정도로 간과해왔다. 그러나 결코 그러하지가 않다. 패망하고나서도 스스로 과거를 청산하지 못한 일본의 구조적 한계라는 점, 제국주의시대의 역사인식과 정신구조를 현대 일본이 고스란히 계승하고 있다는 점, 망언은 고도의 정치적 행위로 그를 통하여 스스로 애국자연할 수가 있고 일본국민을 애국주의로 무장시키려는 파쇼적 책략이라는 점, 그 배경에는 천황제의 주술이 깊게 드리워져 있다는 점, 그들의 망론이 이제는 일본적인 상식이 되고 있다는 점 등을 확인할 수가 있다.

역사는 비판정신에서 시작된다. 잘못을 잘못이라고 하는 것은 밝고 바른 미래를 구축하기 위한 용기이다. 과거를 미화하고 정당화하는 일은 권력을 장악하고 있는 기득권층의 역사를 역류시키려는 책략이다. 패망한 뒤에도 황국 관료에 의해 장악된 일본은 그들에 의하여 농락당해왔다. 경제적인 풍요와 천황제의 주술 속에서 다수의 일본인이 나라를 거꾸로 되돌리려는 조직된 소수에 맡겨버렸기 때문이다. 일본인이 스스로 책임지지 않으면 안 되는 부분이다.

그들의 역사왜곡과 진실은폐의 정신구조화가 지금 당장 주변 나라들에 영향을 끼치지는 않을 것이다. 그러나 잘못된 역사인식은 또다시 강도적 논리인 빼고 빼앗는 시대의 역사를 재현하는 충동으로 작용하고 그러한 역사를 뒷받침하는 정신적 토양이 된다.

침략의 역사를 뒷받침하는 정신적 토양

이웃나라의 벗들이 이제는 분노와 우려의 차원을 넘어 애처롭고 불안해 하기도 한다. 역사는 변화를 순리로 한다. 힘이 있을 때 자중자애해야 한다. 일본은 인류역사의 진보를 확신하면서 더불어 사는 모습을 갖추어야 한다. 그것은 곧 일본의 생존과 번영을 위한 조건이다. 침략과 전쟁으로 치닫다가 패망한 군국주의 역사의 전철을 밟아서는 안 된다.

우리는 평화와 인권의 기치 아래 국가와 민족을 넘어서는 동아시아 시민의 연대 구축으로 21세기를 열어가고자 한다. 과거사의 반성은커녕 역사의 시계 바늘을 거꾸로 돌리려는 일본정부와 보수 우경주의자들의 책동에 대해 경고하지 않을 수 없다. 일본뿐만이 아니라 우리에게도 역사 개악운동은 결코 좌시할 수 없는 몰역사적 반인도적 범죄이고 침략행위이기 때문이다.

강창일(배재대 교수·한일관계사)

【표지이야기】 일본 시민들의 조용한 몸부림

『한겨레 21』 제355호 2001. 4. 26

어이없는 '표현의 자유론'에 맞서 비판의 목소리를 내고 있는 일본인들의 작은 연대

일본으로 떠나기 전날 뉴스는 온통 일본 역사교과서 왜곡 사건으로 들끓고 있었다. 김대중 대통령 취임 이후 한일관계는 그 어느 때보다 밀월을 유지해왔다. 내년이면 수백만 관광객이 서울과 도쿄를 오가며 역사적인 월드컵을 공동개최하기로 돼 있는데 이 냉기류를 어떻게 풀 것인가. 이만섭 의장의 항의친서와 국회결의문을 들고가는 우리의 마음은 착잡했다.

'검인정 교과서 폐지'의 딜레마

도착 첫날인 12일 일본 중의원 의장을 만나기로 돼 있었으나, 바쁜 일정 때문에 의장을 대신해 고조 와타나베 부의장이 우리 일행을 맞았다. 이만섭 의장의 항의서한과 국회결의문을 전달받은 고조 부의장은 "교과서 검정문제는 정치권에서 관여할 사안이 아니며 의장은 이런 문제에 대해 중립적이어야 한다"며 우

리 일행을 대단히 의례적으로 대했다.

사실 고조 부의장의 말처럼 "정치권에서 교과서 검정문제에 이러쿵저러쿵 개입하기 어렵다"는 이야기는 이번 일본 방문길 내내 귀가 따갑게 들었다. 특히 집권 자민당 의원들은 이런 생각이 강했다. 13일 오전에 만난 자민당 소속의 이토 소이치로 일한의원연맹 의장도 일본의 교과서 검인정제도에서 정부와 정치권의 역할에 한계가 있다는 설명을 오랫동안 했다. 그리곤 이번 일로 한일의원연맹 총회가 무기연기된 것에 대해 안타깝게 생각한다며 이런 문제로 한일우호관계가 손상되지 않기를 바란다고 덧붙였다. 그러나 지금까지 문부과학성이 안된다고 하면 통과하지 못했던 것이 사실인 만큼 우리 정부나 국민들이 항의하는 것은 당연하다는 생각이 들었다. 12일 하토야마 민주당 대표를 만났을 때도 하토야마 대표는 "곧 검인정을 통과한 교과서 내용 검토를 마치겠다. 명백하게 왜곡된 내용이 발견된다면 바로잡아야 할 것이다. 그러나 정치권이 재수정을 요구하는 것이 올바른지 잘 모르겠다. 학교가 문제의 교과서를 추천하지 않도록 노력하는 것이 좋은 방법일 것 같다"는 입장을 밝혔다.

이번 일본 방문길에 새롭게 안 사실이 있다. 일본의 진보적 지식인들은 문부성이 개입할 수 있는 교과서 검인정 제도에 반대하면서 자율에 맡길 것을 요구해왔다. 35년 간 검인정교과서 폐지 재판을 벌여서 승소 판결을 받은 이에나가 같은 사람이 대표적이다. 그렇기 때문에 진보적 지식인 그룹들은 "교과서 왜곡에 대해 항의하지만, 실천적 요구 사항으로서 재수정을 요구하는 것은 자기 논리의 부정으로서 곤란하다"는 태도였다. 이에 반해 보수우익들은 진보진영의 논리를 이번에는 마치 자기들 것인 양 차용하고 있었다. 정부나 정치권이 이미 통과된 교과서에 대해 재수정을 요구하는 것은 심사위원들에게 정치권이나 정부가 간섭하는 것이며 학문과 표현의 자유를 제약하려는 잘못된 처사라는 것이다.

일본의 보통 시민들은 교과서 파동에 대해 거의 관심이 없는 것 같았다. 일본에서 3년째 살고 있는 한 한국인은 교과서 왜곡 같은 짓을 왜 하는지 모르겠다고 말했다. 아이들은 교과서보다 만화나 텔레비전의 영향을 더 많이 받는다는 것이다. 그는 아이들은 이제 우익들이 바라는 애국심 같은 식으로 통제되지 않는다고 본다며 이렇게 전했다. "초등학교 6학년 아들의 졸업식에 가보고 놀랐습니다. 국민의례를 하는데 모두 앉아서 딴짓을 하고 떠들고 있었습니다. 한 아이만 기미가요가 나오니까 똑바로 일어섰습니다. 어쩌면 아이들을 보면 우리보다도 덜 획일주의적인 것 같아요."

그러나 과연 그렇게 봐도 될까? 방일 둘쨋날인 14일 저녁 때 그동안 일본군 위안부 문제로 잘 알고 지내온 시민단체 사람들을 만났다. 오랫동안 이 문제를 위해 일해온 스즈키 유우코는 "일본은 아직 민주주의 국가가 아니다. 천황의 군주제가 지배하는 국가다. 지난해 12월 여성들이 중심이 되어 조직한 '성노예전범국제법정'에서 일본군 위안부 같은 성노예제도를 명령한 아키히토와 천황제에 대해 유죄를 선고하기까지 50년이 넘게 걸렸다." 천황은 현재 일본 헌법상에는 상징적인 존재이다. 그러나 천황제는 우익·보수세력의 구심이고 뿌리라는 것이다. 사실 세속적 의미의 최고권력자에 머무르지 않고, 살아 있는 신(現人神)이라는 초월적인 권위까지 누리고 있던 옛 일본제국의 신권천황제 정신이 우익·보수세력에 그대로 계승되고 있다. 이 때문에 천황의 명령으로 수행된 전쟁과 일본군 위안부, 731부대의 생체실험, 난징대학살, 관동대학살 같은 범죄를 인정할 수 없는 것이다.

"일본 내부의 움직임이기도 하다"

아직도 천황제 비판은 일본 언론의 성역이다. 지식인들도 천황제를 비판하지 못한다. 천황제를 비판하면 우익테러를 각오해야 한다. 이런 사회 분위기에서 어떻게 자유롭게 과거 침략사와 전쟁범죄를 진실되게 양심에 입각해 밝힐 수 있을까. 지난 50년 동안 일본정부가 태평양전쟁 전몰자와 사상자 그리고 유족에게 보상과 은급으로 지출한 돈이 무려 50조 엔이 넘는데, 이것은 독일이 이웃나라에 보상한 돈보다 많다. 우리나라가 1965년 한일협상을 통해 무상공여 3억 달러, 장기차관 2억 달러를 받은 것과 견주면 기가 막힐 노릇이다.

일본에서 만난 지식인들은 교과서 왜곡문제가 일본 내부의 문제이기도 하다는 인식을 갖고 있었다. 일본의 어떤 정치인은 "교과서 왜곡문제는 지난번 모리 총리의 천황주권적 역사인식 같은 잘못된 역사인식과 연관되므로 일본 스스로의 민주주의를 지키는 문제에서도 장애가 되고 있다"고 말했다. 일본의 역사교과서 왜곡문제는 과거 역사의 피해자와 가해자로서 한일 양국간의 문제인 줄로만 알았는데, 이러한 왜곡이 일본 국내에서 우익을 강화시키는 기반이 되고 있다는 것이다. 또 그것이 일본의 정치개혁과 민주주의, 나아가서는 경제발전을 막는 걸림돌이 된다는 인식이었다. 일본의 양심적 시민세력들이 역사왜곡을 바로잡는 일에 나서야 하는 이유도 여기에 있다는 생각이 들었다.

실제 역사교과서 왜곡에 대한 일본 양심세력들의 시각은 상당히 비판적이다.

일본의 시민단체인 '어린이와 교과서 전국 네트워크 21'의 대표는 13일 일본 도쿄 프레스센터에서 열린 공청회에서 "세계화된 시대에 우리의 아이들이 어른이 되어서 세계의 친구들과 만나서 일하게 될 때 잘못된 역사적 내용을 말하기를 원치 않는다"고 말했다. 일본 중의원 의원회관 정문 앞에서 단식농성을 하고 있는 김영진 의원은 "오늘 일본학생 40여 명이 꽃을 들고 오는 등 격려하는 사람들이 많다"고 전했다. 그리고 100여 명의 일본인과 재일한국인들이 노상에서 부활절 예배를 할 예정이라고 말했다.

길게 보는 전략 필요

이들은 이제, 일본 시민들의 힘으로, 왜곡된 역사교과서가 채택되지 않도록 시민운동을 벌여나갈 것이라고 말했다. 우리나라에서는 과거 역사를 보는 일본인의 시각이 거의 통일되다시피한 것으로 잘못 알려져 있지 않나 다시 돌이켜보게 되었다. 집요한 우익·보수세력들에 맞서 시민들은 조용히 판단하고, 조용하게 비판적인 몸짓을 내고 있었다. 비록 그들 자신들도 안타까워하듯이 그 조직된 힘이 매우 약하기는 하지만.

일본 사람들은 한일 과거사 문제가 나오면 한국 국민들은 냄비 끓듯이 후끈 달아오르다가 곧 식어버린다는 것을 잘 알고 있는 것 같았다. 잘 식어버린다는 점이 조금 부끄럽기는 하지만 사실 일본과의 관계가 역사 기술을 이유로 무 자르듯이 삭둑 단절할 수 있는 것은 아니므로 냉정을 찾기는 해야 할 것이다. 대신 우리는 길게 보는 전략을 짤 필요가 있다는 생각이 귀국길 내내 머리를 떠나지 않았다. 우리는 민주주의와 인권에서 모범적인 경험을 키워왔지 않은가.

우리는 아시아 양심세력들의 연대와 그 힘으로 과거 역사를 바로 정립하는 일에 중심적 역할을 해야 할 것이라는 생각이 들었다. 이부영 의원은 이 점을 강조해 '동아시아 미래를 생각하는 의원모임'을 구성할 것을 제안했다. 교과서 왜곡과 일본군 위안부 문제가 해결되지 않는 한 일본 국왕의 방한을 반대하고, 일본 전범자 명단을 작성해 입국을 제한하자는 등의 의견도 의원들 사이에 제시됐다.

이미경(국회의원)

【표지이야기】 일본 연구 아직도 멀었다
『한겨레 21』 제355호 2001. 4. 26

1980년대 중반 이후 양적 증가…… 자족적 연구기반 미비, 객관적 시각 미흡 등 문제점 산재

"바로 우리의 문제와 직결된 사안이었음에도, 국내의 연구자료는 거의 찾아볼 수 없었다. 무엇보다 일제의 범죄상을 증명해줄 만한 구체화한 연구결과를 찾기 어려웠다."

지난해 12월 일본 도쿄에서 열린 종군위안부 관련 '성노예전범국제법정'에 참여했던 조시현 교수(성신여대 법학과)는 재판에서의 증거수집을 위해 겪어야 했던 어려움을 지금도 잊지 못한다. "당시 국내와 일본을 오가며 자료를 수집했는데, 천황과 일제 정책결정자들이 이 문제에 어떻게 관여했는가에 대한 증거자료들은 대부분 일본에 있었다. 국내의 연구는 거의가 식민정책 등 거시적 분야에 한정돼 있어 단순히 참고자료로 활용하는 데 그칠 수밖에 없었다."

조 교수는 "재판 앞뒤로 내내 '일본에 대한 우리의 연구수준이 결국 이정도구나' 하는 안타까움을 떨치기 힘들었다"고 돌이켰다.

규탄의 함성은 높으나……

일본의 역사교과서 왜곡에 대한 분노와 규탄의 함성이 하늘을 찌를 듯하다. "일본의 버르장머리를 고쳐놓겠다"던 전임 대통령의 호기찬 목소리가 그립다는 복고적 반응까지 한쪽에선 들려오는 판이다. 그러나 정작 일본의 되풀이되는 역사왜곡 시도의 근원을 차분하게 되짚고 대처하려는 학문적 노력에 대한 제대로 된 사회적 조명을 찾아보긴 쉽지 않다.

물론 전반적인 국내의 일본 관련 연구 수준은 과거에 비해 크게 높아졌음은 부인할 수 없다. 전문가들은 "이제 연구자의 수와 논문 등 양적 지표에선 일정 궤도에 올라섰다"고 평가하고 있다.

지난 1973년 설립된 국내 대표적 일본학 관련 연구자 모임인 한국일본학회의 회원은 1500여 명. 일본 관련학과가 설치된 대학도 98개나 된다. 어문계열 연구자가 전체의 70%를 차지할 정도로 많긴 하지만, 사회과학이나 역사학 쪽 연구자도 적지 않게 늘었다. 서울대 국제지역원 일본자료센터의 지난 1998년 조사에 따르면, 어문계열을 뺀 국내의 박사급 일본 연구자 수는 경제학 63명, 법학 16명,

사회학 22명, 역사학 35명, 인류학 11명이었다. 정치학은 무려 103명이었다. 일본에 대한 학문적 탐구가 활발해지기 시작한 기점을 1965년 한일 국교정상화로 보는 데는 전문가들 사이에 이견이 없다. 외국어대 일본연구소 책임연구원 박용구 박사는 "한일 국교정상화 이전까진 이승만 정권의 극단적 반일정책 여파로 일본에 대한 연구 자체가 백안시됐다"며 "1965년 이래 꾸준히 증가한 일본 연구자 수는 80년대 중반 이후 폭발적으로 늘어났다"고 말했다. 일본자료센터는 "1981~85년 22명에 불과했던 일본학 관련 박사학위자가 1986~90년엔 49명으로 급증했고, 1991~95년엔 90명으로 다시 배 가까이 늘어났다"며 "이때부터 비로소 일본 연구가 지역학으로 자리잡게 됐다"고 평가했다.

일본 관련 각종 학회활동도 급성장했다. 한일관계사연구회(1993년), 일본역사연구회(1994년) 등이 잇따라 설립됐고, 『한일관계사연구』『일본역사연구』등 각종 학술지들도 선을 보였다. 한국일본학회도 『일본사상총서』10권을 1993년 완간한 데 이어, 전 12권으로 계획된 『일본연구총서』를 이미 5권까지 냈다.

한국사 연구도 일본이 앞서

그러나 놀라운 양적 팽창에도 불구하고 내실이 그에 못 따른다는 불만의 목소리 또한 곳곳에서 들려온다. 전문가들 스스로가 자족적 연구기반의 미비와 객관적 연구시각의 미흡, 일본에의 예속성 등을 풀어야 할 문제점으로 진단내리고 있다.

한국일본학회 회장 이덕봉 교수(동덕여대 일문과)는 "연구자들이 어문계열에 치중해 있고, 서울대, 연세대 등 이른바 명문대학에 아직 일본 관련학과가 설치되지 못한 탓에 국내적으로 일본 전문가의 자족적 배출 기반이 마련되지 못한 것이 큰 문제"라고 지적했다.

인하대 일본학과 이계황 교수(일본사연구회 회장)는 "일본에서 공부를 한 분들이 많다보니 일본 학문의 문제점을 극복하지 못하고 답습하는 부분도 있다"며 "특히 일부 연구자들은 일본의 대표적 우익학자들과 사제관계로 맺어지는 바람에 일본의 왜곡된 역사인식에 대해 정면대응하지 못하고 머뭇거리는 아쉬움도 있다"고 말했다.

일본에서 40년대 일본의 전시동원체제에 대한 연구로 박사학위를 받은 하종문 한신대 교수(일본학과)는 일본에 비해 양과 질에서 모두 열악한 한일관계사 연구의 맹점을 지적했다. "근현대사에서 일본의 구체적 식민활동에 관한 연구는 거의 일본쪽에 기대고 있다. 국내 연구가 독립운동사 중심으로 치우쳐 있기 때문이다.” 그는 “가령 종군위안부 문제는 1990년대 초반부터 문제제기가 돼왔지만, 국내에선 이를 실증적으로 입증하려는 노력이 거의 없었다”며 “국내 정부기록보존소의 관련 자료를 찾아낸 것도 일본의 한 교수였다”고 털어놓았다.

일본의 한국학 연구현황과 비교해보면 이런 문제점은 한층 도드라진다. 일본 문부성 국립정보학연구소(NII)의 2000년 10월 조사에 따르면, 일본의 한국학 연구자는 2311명에 이른다. 조선사 연구자만 267명이고, 고구려(26명), 백제(46명), 신라(66명), 발해(44명) 등 고대사 연구자도 212명이다.

이덕봉 교수는 “4~5년 전까지만 해도 한국사 연구자 수가 국내보다 일본에 더 많았다”며 “지금은 숫자는 비슷해졌지만, 여전히 연구실적은 일본이 더 많다”고 지적했다. 그는 “많은 국내 연구자들이 일본의 연구결과를 참고하는 실정”이라고 꼬집었다.

국내 일본 연구가 질적 도약을 이루려면 좀더 보편적인 시각에 입각해 연구활동이 이뤄져야 한다는 지적도 있다. “‘반일’이라는 가치판단에 근거해 이뤄졌던 과거의 연구행태는 많이 지양됐지만, 아직 한일관계의 특수성만을 지나치게 강조하는 모습이 남아 있다. 중국, 동남아 등 일제의 식민침략을 함께 경험했던 지역민의 시각까지 포괄할 수 있는 보편적 논리 개발이 필요하다.”(박용구 박사)

국내 일본학계의 이런 전반적 문제에 대한 전문가들의 처방은 크게 연구 네트워크 형성과 일본 연구자들에 대한 사회적 발언권 확대로 모아지고 있다. 전자는 연구 내적 요소를, 후자는 연구 바깥의 사회적 요인을 각각 강조하고 있지만, 둘 다 객관적인 관점에 선 일본 연구의 필요성을 강조하고 있다는 점에서 공통적이다.

네트워크 형성과 사회적 발언권 확대를

하종문 교수는 네트워크 형성에 방점을 찍었다. 사회적 분야별로 흩어져 있는 연구자들을 지속적으로 연결시켜주고 기본적 자료들을 묶어줄 수 있는 일본학 연구센터의 수립이 시급하다는 것이다. 박용구 박사도 “사회과학이나 역사쪽은 여전히 구체적인 전문분야별로 나눠보면 연구자 수가 적은 편이라, 내부 토론과 교류를 통한 자족적 이론생산에 미치지 못하고 있는 실정”이라며 “인접 분야의 연구자들끼리 소통할 수 있는 네트워크 형성이 필요하다”고 제안했다.

이덕봉 교수는 전문가들의 차분한 진단이 사회성원들에게 전달되는 채널이 확보돼야 한다고 강조했다. "일본을 제대로 연구한 전문가들의 발언채널은 여전히 제한돼 있다. 신문과 방송은 건수가 생길 때마다 전문가들의 차분한 진단보다는 격한 반일감정을 쏟아내는 데 더 익숙해 있다. 이래서는 한순간의 카타르시스는 가능할지 몰라도, 장기적이고 근본적 대응은 불가능하다."

이계황 교수도 "일본교과서문제에 대해 일본사 연구자들이 학문적인 대응을 준비하고 있지만, 아직 일부에선 이런 논리적 대응을 미진하다고 깎아내리는 분위기가 있다"며 "학문적 지피지기를 위한 노력에 대한 정당한 사회적 평가가 필요하다"고 말했다.

손원제 기자

【표지이야기】 당신들의 과도한 분노

『한겨레 21』 제355호 2001. 4. 26

일본인이 한국인에게 고함…… 한국의 반발은 '교과서 모임'을 신나게 할 뿐이다

내가 한국을 처음 방문한 것은 45살이던 '88 서울올림픽'이 열리던 해였다. 업무나 여행 차원에서 한국과 북조선에 갈 일이 많았던 나는 지금까지 양쪽을 각각 열 번 이상씩 방문했다. 그곳에 친구나 지인도 꽤 많다. 나는 그들과 식사를 하고 술을 마시면서 여행의 즐거움을 느껴왔다. 남녀를 불문한 호탕한 음주문화와 일본과 다른 한국 요리에 특히 매혹되었다. 보통 일본인 중년남성들보다는 한국과 북조선에 호의를 갖고 있는 사람이라고 스스로 생각한다. 때문에 나는 지금의 일 - 한 관계의 슬픈 현실인 '과거청산·역사교과서문제'를 보면서 안타까움을 느낀다.

대부분의 일본인은 관심조차 없다

일본과 한국 사이에는 불행한 과거역사가 있다. 한국사람에게는 '불행한 역사'라기보다는 '침략받은 역사'일 것이다. 그러나 대부분의 일본사람은 '조선반도를 식민지화했다'는 역사인식을 갖고 있다. 또 전후인 1965년에 이미 그에 상응한 보상을 했다고 생각한다. 당시 김종필씨가 일본정부와 이 문제를 매듭짓고 국교를 정상화한 것으로 알고 있다. "과거에 대해 도대체 몇 번씩이나 사과를 하지 않으면 안 되는가. 이제 그만 적당히 해라." 이것이 많은 일본사람들이 한국이 제기하는 요즘 교과서문제를 바라보는 속내이다. 하지만 한국사람들은 "일본은 아직 한번도 마음속에서 진심어린 사죄를 한 적이 없다"고 자주 말한다. 남북을 자주 가본 나는 한국사람들이 느끼는 이런 감정을 충분히 이해한다. 내가 한국사람이라도 그런 생각을 가질 수 있으니까. 때문에 두 나라 국민들 사이의 이런 감정의 차이에 절망감마저 느낀다.

'새로운 역사교과서를 만드는 모임'(교과서 모임)은 역사교육이 일본사람으로서 '긍지, 애국심'을 고취하는 것이어야 한다고 주장한다. 이 주장대로라면 일본의 근대화와 그 뒤의 전쟁에서 행하지 않으면 안 되는 실상을 강조하는 것도 애국심 고취의 한 방법일지 모른다. 실제 세계 많은 나라에서 역사교육을 통해 애국심을 고취하고 있다. 물론 다른 나라에 대해 적개심을 선동하는 듯한 기술이 있어서는 안 된다. 전후 일본의 교과서나 '교과서 모임'의 교과서에도 그런 적개심을 선동하는 기술은 없는 것 같다는 게 내 생각이다.

그런데 한국의 경우 '반일·극일'의 역사교육을 전면으로 내세워 애국심을 고양시켰던 것은 아닌가. 나는 한국의 교육실정을 잘 모른다. 그러나 얼마전 읽은 일본어판 책『왜 한국은 안 되는가』(조선일보사, 조성관 지음)에는 다음과 같은 기술도 있다. "나는 어렸을 때부터 극일교육을 받아왔다. 일본과 일본인을 냉정하게 볼 수 없게 하는 훈련을 받아왔다. 일본인을 '왜놈'이라며 바보취급하고 무시하는 것이 마치 애국의 길인 것처럼 배웠다." 이 글을 통해 추측건대 한국에서는 '반일·극일을 국시'로 하는 교육이 행해지고 있는 듯하다. 나라마다 사정이 있는 만큼 나는 한국의 교육에 대해 불만을 표시할 생각은 없다.

다만 평범한 일본사람 대부분은 이번 교과서문제에 대해 관심이 전혀 없다는 점을 말하고 싶다. 일본사람 입장에서는 과잉반응이라고도 생각할 수 있는 한국의 반발에 정작 즐거워하는 쪽은 '교과서 모임'의 구성원들일지 모른다. 사실 일본에서 이들은 별볼일 없는 존재로 취급된다. 한국에서는 교과서를 만드는 위원이라면 대단하게 볼지 모르지만, 일본은 비슷한 여러 모임들 가운데 하나에 불과하다고 본다. 그런데 한국 대통령까지 나서 이 문제를 공론화하면서 이들은 오히려 자신들의 존재가치가 높아진다며 즐거워하고 있다. '교과서 모임'의 한 사람인 고바야시 요시노리는 한국 등의 반발에 대해『사피오』에 '다른 나라의 교과서에 이래라저래라 하는 것이 내정간섭이 아니라면 이쪽(일본)에서도 한국,

중국의 교과서에 시정을 요구해야 한다’고 썼다.

양국간 역사인식 공유는 불가능

전후 일본은 지금까지 ‘애국심’을 고취하는 교육을 단절시켜왔다. 이것이 좋은지 나쁜지 아직 결론이 나오지는 않았다. 그러나 일본사람들은 전후 50년 동안 경제적 성장을 이루었지만, 그에 따른 부작용도 적지 않다고 지적한다. 도덕심의 결여나 ‘일본인으로서 긍지를 가져야 한다’고 생각하는 사람이 점점 많아지고 있다. ‘교과서 모임’의 교과서도 이런 흐름 속에서 탄생했다고 생각한다.

솔직히 보통 일본사람들은 전쟁 전 일본의 교육을 모른다. 그때의 ‘애국심’도 어떤 것인지 모른다. 그러나 아이들과 청년들의 마음은 순수했을 것이다. 문제가 되는 것은 이런 애국심을 위정자들이 이용하는 일이다.

일본이 한국의 요구를 아무 생각 없이 받아들인다면 앞으로 영원히 일본사람들은 애국심을 키우는 교육을 할 수 없을지도 모른다. 피해를 당한 나라 쪽 심정에서 불안과 분개를 느끼는 것도 충분히 이해하지만, 나는 지금 일본사람들이 애국심을 갖는다고 해도 이것이 ‘황국 일본의 부활’과 결부된다고는 생각하지 않는다. 일본사람들은 히로시마 원자폭탄 투하 등 두 번의 큰 전쟁으로 전쟁에 대한 상당한 거부감과 공포를 가지고 있기 때문이다.

고바야시 요시노리는 “독일은 ‘나치는 일시적인 히틀러주의에 지나지 않는다’면서 이것을 프랑스의 교과서에 쓰라고 권고한다”고 주장한다. 한국 등에서는 과거의 사죄나 역사인식을 말할 때 독일 예를 자주 거론한다. 하지만 침략국 독일이 프랑스 교과서의 내용에 대한 권고를 하듯 독일의 역사교육은 프랑스만의 일방통행이 아닌 쌍방향성을 갖고 있는 것 같다.

종교나 언어 등 공통성이 있는 유럽에서는 각 나라가 역사인식을 공유하는 것이 가능할지 모른다. 그러나 언어, 문화, 종교가 상당히 다양한 아시아에서 역사인식 공유는 어려울 것이다. 일찍이 전쟁을 겪고 국경을 접한 나라인 타이와 라오스, 베트남과 중국 등에서도 역사인식의 공유는 실현되지 않고 있다.

개인적인 의견이지만, 일본과 한국은 19세기 중반까지 같은 역사를 갖고 조선반도에서 많은 지식과 문화도 전달받았다. 때문에 그때까지의 역사인식 공유는 어렵지 않다고 생각한다. 하지만 가장 중요한 근대 역사인식의 공유는 어려울 것이다. 일·한 두 나라와 나라, 정치와 정치가 서로 부딪칠 수 있기 때문이다.

쓸데없는 참견일지 모르지만, 일본과 한국이 역사인식을 공유하기 전에 한국과 북조선의 동포끼리 역사인식을 공유한다면 어떨까. 남북 쌍방의 역사인식 공유가 가능하다면 서울에 '김일성 혁명역사박물관'이 건설될 수 있지 않을까. 지금의 남과 북의 정권이 객관적으로 서로의 역사를 인식한다는 것은 불가능하다고 생각되지만.

1982년에도 지금처럼 역사교과서문제가 발생했었다. 그때는 일-한 두 나라의 국회의원에 의해 왜곡시정특별대책위원회가 만들어져 내용 일부를 검정에서 수정하는 것으로 해결되었다. 그러나 이번 경우에는 한국은 '검정'을 통과한 뒤에도 문제가 있다고 주장하며 재검정을 요구하고 있다. 그러나 일본의 교과서 검정 시스템을 볼 때 아주 근본적인 문제가 발생하지 않는 한 일본정부가 이미 인정한 교과서를 외국이 항의한다는 이유만으로 재수정할 가능성은 별로 없을 것이다. 이미 검정통과시킨 일본의 자존심도 걸려 있는 문제다.

자율에 맡기는 편이 좋지 않을까

'교과서 모임'의 교과서가 얼마나 실제 학교에서 채택되고 사용될지도 아직 미지수다. 또 일본의 언론풍토에서는 다양한 역사인식에 따른 교과서가 등장하는 것도 전혀 이상한 일이 아니다. 일본의 자유주의 성숙도에 대한 판단은 별개의 문제지만, 어쨌든 자유주의가 성숙한 사회라면 '교과서 모임'이 만든 교과서도 검정 없이 자유롭게 발행되고 선택자의 판단에 맡기는 편이 좋지 않을까 생각한다. 다양한 인식과 다양한 사고방식은 건전한 사회의 반영이라고도 생각한다.

다시 말하지만 대다수 일본사람들은 교과서문제를 심각하게 받아들이고 있지 않다. 나와 같은 생각을 갖고 있는 일본인이 많기 때문에 한국에서 분노하고 있는지도 모른다. 그러나 일본사람들이 '교과서 모임'의 교과서를 문제시하지 않는 것이 한국이 지적하는 것처럼 일본사람들이 예전의 역사를 미화하기 때문은 아니다. 오히려 일본사람들은 한국이 역사관을 항상 정치의 도구로 이용하고 있는 것이 아닌가 하는 의구심을 갖고 있고, 바로 그 점을 싫어한다. 솔직히 말하면 상당수 일본사람들은 이런 문제가 생길 때마다 "또 한국 내부에 무슨 정치적 문제가 생겼기 때문에 괜한 일본을 트집잡는구나"라며 시큰둥하게 생각한다.

조난 유우(城南雄, 아사히방송 뉴스스테이션 방송디렉터)

【표지이야기】 강경대응, 고민도 쌓이네
『한겨레 21』 제355호 2001. 4. 26.

대통령 발언을 시작으로 급선회한 정부 대응…… 뾰족한 압박수단 없고
재수정 가능성도 불투명

지난 4월 4일 오후 정부종합청사. 고위 외교당국자가 기자들 앞에서 흥분한
어조로 목소리를 높였다. "오늘 아침 신문에 '주일대사 곧 소환'이라고 보도한
곳이 있는데, 절대 주일대사를 부르는 일은 없을 것이다. 어제 회의에서 주일대
사 소환문제는 논의되지도 않았다. 기사를 그런 식으로 확인도 안하고 쓰지 말
라." 그러나 불과 6일 뒤인 4월 9일, 임성준 외교통상부 차관보는 "정부는 일본
의 역사교과서 파문과 관련해 업무협의차 주일대사를 일시 귀국하도록 했다"며
"일본의 교과서 검정 통과 이후 일본 동향을 보고 받고 우리 정부의 지침을 하
달하기 위한 차원"이라고 최상룡 주일대사의 소환을 발표했다.

지나친 신중함, 뒤늦은 강경대응

그 며칠 사이에 무슨 일이 일어난 것일까. 애초 일본의 중학교 역사교과서 왜
곡 사건에 대한 정부의 대응은 지나치게 신중했다. 일본 문부과학성의 역사교과
서 검정결과가 발표된 3일 정부의 반응부터 뜨뜻미지근했다. 이날 정부는 외교
부 대변인 명의의 공식성명을 통해 "검정을 통과한 일부 교과서가 자국 중심주
의적 사관에 입각해 과거의 잘못을 합리화하고 미화하는 내용을 포함하고 있다
는 데 깊은 유감의 뜻을 표한다"고 신중한 태도를 보였다. 주변국들이 "역사적
사실과 인류의 양심에 대한 도전이며 모든 피해국 국민의 감정을 모욕한 것이다.
일본정부는 문제의 교과서가 출판되도록 방치함으로써 마땅히 져야 할 책임을
회피했다"(중국), "일본정부가 반동적인 역사교과서 개정놀음을 처음부터 비호,
두둔하였고 끝내 그것을 정당화, 합법화함으로써 새 세기에 들어서자마자 인류
와 역사 앞에 또다시 용납할 수 없는 범죄를 저질렀다. 일본은 시대착오적인 행
위에 대해 반드시 값비싼 대가를 치르게 될 것"(북한)이라고 일본에 직격탄을 날
린 것과 비교하면 상당히 점잖은(?) 것이었다.

정부의 후속조처도 미적지근했다. 정부는 4일 긴급대책회의를 열었으나 면밀
히 검토한 뒤 다각적인 중장기 대응책을 마련한다는 원칙만 확인했을 뿐이다.

이후 그나마 눈에 띄는 대책은 '일본교과서왜곡대책반'을 구성해 중단기 대책을 수립하겠다는 것 정도였다. 그러나 대책반도 주무부서 등을 놓고 교육인적자원부와 외교부, 국무조정실이 서로 미루는 등 소극적으로 나오다가 11일 겨우 출범하게 됐다. 또 최상룡 주일대사는 정부로부터 훈령이 늦어져 검정통과 6일 뒤인 9일 일본정부에 공식 항의의 뜻을 전달했을 뿐이다. 오히려 외교당국자들은 최상룡 대사의 소환에 대해서도 "공식 소환이 아닌 정무협의차 일시귀국한 것"이라고 파장이 확대되는 것을 애써 경계했다.

　정부가 뒤늦게 강경대응에 나선 것은 11일 김대중 대통령의 언급 이후였다. 김 대통령은 이날 청와대에서 한일경제협회 일본쪽 회장단을 접견한 자리에서 "1998년 일본방문시 일본정부는 파트너십공동선언을 통해 과거사에 대해 사죄했고 젊은 세대의 역사인식을 심화시키기 위한 노력의 필요성을 강조했다"며 "그러나 이번 역사교과서 검정문제는 이런 공동선언 정신에 비춰 매우 미흡한데 대해 한국 국민이 큰 불만을 표시하고 있다"고 역사교과서문제에 대해 처음으로 언급했다. 이후부터 정부의 분위기는 강경대응 쪽으로 급격하게 옮아갔다. 추규호 외교부 아·태국장은 같은 날 일본교과서왜곡대책반 1차 회의를 마친 뒤 기자간담회에서 "일본 역사교과서에 대한 전문가들의 정밀분석 작업이 20일께 끝나는 대로 일본쪽에 재수정 요구안을 제출하겠다. 만약 일본이 받아들이지 않을 경우 새 교과서의 불채택 운동지원뿐 아니라 사용가능한 모든 카드를 열어두겠다"며 역사교과서문제를 다른 한일 외교사안과 직접 연계할 수 있음을 처음으로 내비쳤다. 임성준 외교부 차관보가 불과 하루 전인 10일 외신기자회견에서 "중국 및 북한과의 공동대응은 생각하지 않고 있으며 한일 양자적 차원에서 문제해결을 위해 노력을 다할 것", "교과서문제해결을 일본 문화개방과 연계할 계획이 없다"고 한 소극적 자세와는 크게 다른 태도였다.

일본은 무반응으로 일관

　애초 역사교과서문제로 한일 우호관계가 훼손돼서는 안 된다는 쪽에 무게를 두던 정부의 태도가 이처럼 강경대응 쪽으로 급선회하게 된 것은 무엇보다 여론의 압력 때문이다. 여야는 국회 대정부질문과 통일외교통상위에서 "국민들이 더 분노하는 것은 역사교과서문제에 대한 정부의 미온적 대처"(서청원 한나라당 의원), "일본교과서의 문제는 '군국주의적 시각'이 있는데도 외교부가 공식문서를 통해 '자국중심주의적'이라는 표현을 쓴 것부터가 의지부족"(김원웅 한나라당 의원), "일본 대중문화 추가개방 중단은 물론 유엔안보리 상임이사국 진출을 묵인하지 않는 것을 검토해야 한다"(박상천 민주당 의원)고 연일 정부를 몰아붙였다. 항의시위와 범국민서명운동을 벌여왔던 정신대문제대책협의회를 비롯한 국내 시민단체들도 '일본교과서 바로잡기운동본부'(가칭)를 상설연대기구로 발족할 계획을 세우는 등 조직적인 대응에 나서는 동시에 정부 쪽에도 적극적인 대책마련을 촉구했다.

그렇지만 이처럼 한국이 교과서문제로 들끓는 것과 달리 일본쪽 분위기는 '소귀에 경 읽기'라는 말이 연상될 정도로 무반응으로 일관하고 있다. 교과서 검정 결과에 항의하기 위해 일본을 방문한 국회의원들도 "한국과 일본의 분위기가 너무 대조적"이라고 이구동성으로 감상을 밝혔다. 이런 일본정부의 태도는 한국쪽이 교과서문제에 대해 강수를 둔 것에 대해 국내 여론용이라고 보는 것과 무관하지 않다. 고노 요헤이 외상이나 정부쪽 관계자들은 "한국의 여론이 매우 안 좋다는 것을 엄중하게 받아들인다"고 제법 심각하게 생각하는 듯한 발언을 하고 있지만, 이는 사실 '국내용 조처'로 본다는 시각의 외교적인 언사인 것이다. 또 일본이 별 반응을 하지 않는 데는 한국 쪽이 재수정 요구를 해와도 이를 현실적으로 수용하기가 불가능하다는 인식이 깔려 있다. 즉 실제적으로 할 수 있는 것이 없는데, 반응을 보여봐야 서로의 감정만 상하게 해 사건이 더욱 악화될 수 있으므로 '무반응과 시간끌기'의 전략을 구사하고 있는 셈이다. 교과서 검정 관련 주무부처인 문부과학성의 마치무라 노부타카 장관은 12일 박상천 민주당 최고위원 등 한일의원연맹 대표단의 재수정 요구에 "객관적인 사실에 명백한 잘못이 있으면 재수정을 교과서 회사에 권고할 권한은 있으나, 이번은 이에 해당되지 않는다"며 재수정 불가방침을 재확인했다. 하시모토 류타로 행정개혁담당상, 고이즈미 준이치로 전 후생상 등 차기 총리에 오를 것이 유력한 자민당의 총재선거 출마자 4명도 같은 날 기자회견에서 '재수정 불가' 입장을 확실하게 밝혔다.

강경책 고집은 역효과 낳을 수도

정부의 고민은 이처럼 요지부동인 일본을 압박할 뾰족한 외교적 수단이 없다는 점이다. 정부가 △중국·북한과의 공동대응 방안 △일본의 유엔 안보리 상임이사국 진출 반대 △일본 문화개방 연기 △'새역사교과서를만드는모임' 관계자들의 입국금지 등 몇 가지 대안을 검토하는 것으로 알려졌지만, 실효성 면에서 똑 떨어지는 수단이 없기 때문이다. 게다가 일본이 우리의 2번째 교역상대국으로 경제적 이해관계가 밀접하다는 점, 또 대북문제와 관련해 한·미·일 공조가 중요한 시점에서 역사교과서문제가 한일 우호관계의 훼손으로 비화할 경우 국가이익에도 도움이 안 된다는 점 때문에 무작정 강경책을 쓰기도 부담스럽다. 정부 고위당국자는 "강경책만 고집할 경우 일본인 전체를 적으로 만들 수 있다. 그런 점에서 일본의 유엔 안보리상임이사국 진출 반대, 일본문화개방 연기 등은 일본인 전체에 메시지를 주는 것으로 비친다. 분리대책이 필요하다. 일본 내의 양심있는 시민과 지식인을 불필요하게 적으로 만드는 대책은 효과가 없다. 이들은 우리편으로 끌어들여야 한다"고 말했다.

정부는 우선 20일께 일본 역사교과서의 정밀 분석이 끝나는 대로 구체적인 대책을 마련하고 일본에 재수정을 요구할 방침이다. 그러나 현실적으로 일본이 재수정 요구를 받아들일 가능성은 그리 높아보이지 않는다. 사실 일본은 1986년 황국사관 등의 비판을 받은 『신편일본사』가 검정합격된 이후 한국·중국 등의 항의를 받고 4차례나 추후 수정을 거친 전례가 있어 재수정이 불가능한 것은 아니다. 그러나 일본의 시민단체 관계자들도 그때는 자민당 안에서도 『신편일본사』를 지지하는 의원이 소수였고 강력한 리더십을 가진 나카소네 야스히로 당시 총리가 있어 수정이 가능했지만 지금은 정반대의 상황이어서, 현실적으로 수정이 어렵다고 보고 있다. 또 7월 참의원 선거를 앞두고 있는 일본정치 일정도 역사교과서 재수정에 걸림돌로 작용하고 있다. 자민당이 보수성향의 표를 의식하지 않을 수 없기 때문이다. 정부도 이런 사정 때문에 단기적인 접근보다 장기적인 해결방안에 무게를 두고 있다. 일본교과서왜곡대책반 관계자는 "이번 일본 중학교 교과서문제의 경우 내년부터 시작되는 고등학교 교과서 검정까지 염두에 두고 대책을 모색하고 있다. 교과서를 정밀분석해 끈질기게 문제를 제기할 방침"이라고 귀띔했다.

직접 행동에 나선 국내 시민단체들

한편 국내 시민단체들은 일본 시민단체와의 연대투쟁을 계획하는 등 직접 행동에 나서고 있다. 정대협 등 59개 시민단체로 구성된 일본 역사교과서 개악 저지운동본부는 이미 3월 26일 서울에서 일본의 시민단체인 '어린이와 교과서 전국네트21'과 공동으로 '올바른 교과서를 위한 한일 연대 세미나'를 열고 교과서 왜곡문제에 대한 공동대응 방안을 협의했다. 양미강 정대협 총무는 "일본교과서의 재검정을 요구하는 국민서명운동과 함께 앞으로 일본 시민단체들과 문제 교과서의 채택저지운동도 전개할 방침"이라며 "장기 대책으로는 일본의 양심적인 지식인들과 함께 한일 공동 교재개발도 추진하고 있다"고 말했다. 일본의 시민단체들은 재수정 쪽보다는 문제의 교과서가 채택되지 않도록 하는 쪽으로 방향을 잡고 있다. 사실 이들 시민단체들은 검정제도 자체를 반대해온데다 일부 수정을 하더라도 필자의 사고방식을 바꿀 수가 없으므로 재수정 요구가 무용하다고 본다. 따라서 연대의 끈을 가지고 있는 한국의 시민단체들과의 조율을 통해, 당장은 불채택 운동에 주력하고 장기적으로는 공통의 역사교재 만들기 등 역사를 공유해나가는 것이 중요하다고 말하고 있다.

'새로운 역사교과서를 만드는 모임' 쪽은 채택률 10%를 목표로 하고 있다.

새 역사교과서를 만드는 모임의 교과서 내용

기술내용 문제점

고대사 고구려가 야마토조정에 돌연 접근했다. 이어 신라와 백제가 일본에 조공했다. → '조공' 표현으로 우월적 지위 강조, 고대 한국문화 수입 은폐.

임나일본부 야마토조정은 반도 남부의 임나라는 곳에 거점을 둔 것으로 여겨진다. → 실존여부 등 논란 무시하고 기정사실화.

한국합병 일본정부는 한국 내의 반대를 누르고 병합을 단행했다.……한국 내에서는 병합을 수용해야 한다는 목소리도 있었지만 민족독립을 잃은 데 대한 강한 저항이 일어나 그 뒤에도 독립회복운동이 끈질기게 일어났다. → 소수 친일파의 목소리를 자의적으로 확대해석.

태평양전쟁 일본의 승리에 용기를 얻은 아시아 국가에서는 내셔널리즘(자국을 사랑하고 국익을 주장하는 사상과 입장)이 일어났다. ……일본군의 남방진출은 오랫동안 서구 식민지였던 아시아 나라들이 독립하는 하나의 계기가 되었다. …… 전쟁목적은 자존자위와 아시아를 구미의 지배로부터 해방시키고 대동아공영권을 건설하는 것이라고 선언했다. → 침략전쟁을 서구의 제국주의에 대항해 싸운 것으로 미화.

종군위안부 기술내용 없음 → 일본군 범죄행위 은폐.

난징사건 사건의 실태에 대해 여전히 자료상의 의문점이 제기돼 여러 견해가 있고 논쟁이 계속되고 있다. → 일본군 범죄행위 은폐.

전범재판 재판관은 모두 전승국으로부터 선발되어 재판의 심리에서도 검찰 측이 제시하는 증거의 대부분이 그대로 채용된 데 비해 변호단이 신청하는 증거조사는 누락된 경우가 많았다. 오늘날 이 재판에 관해서는 국제법상의 정당성을 의심하는 견해도 있으나 역으로 세계평화를 위한 국제법의 새로운 발전을 보여주었다며 긍정하는 의견도 있다. → 전범재판의 정당성에 의문을 제기해 전쟁범죄 축소 부인.

기존 7종 역사교과서 개정 내용

종군위안부 오사카서적, 교육출판, 도쿄서적, 데이코쿠 서원 등 4개 출판사가 종군위안부 문제를 삭제. 교육출판은 '많은 조선인 여성이 공장 등으로 보내겼다'로, 시미즈 서적은 '비인도적인 위안 시설에는 조선 등의 여성도 있었다'고 표현. 니혼서적만 '조선 등의 젊은 여성이 강제적으로 모아져 일본병사의 위안부로 전장에 보내겼다'고 기술.

침략 7종 교과서가 모두 '침략' 표현을 삭제하거나 '전쟁' 등 다른 표현으로 수정. 오사카서적은 기존 교과서 4곳에서 침략이라는 용어를 사용했으나 모두 들어내고 '중국 아시아 진출' 등으로 기술. 교육출판은 '일본의 중국침략'의 제목을 '제2차 세계대전과 일본'으로 수정.

식민지 지배 도쿄서적, 오사카서적, 교육출판, 데이코쿠서원 등이 기존 교과서에 있던 조선의 의병사진을 모두 삭제. 교육출판은 '일제의 강제연행'이라는 테마학습내용 축소.

난징사건 도쿄서적, 오사카서적 등은 '난징 대학살'로 기술한 부분을 '난징사건'으로 수정. 기존 교과서에서는 살해자 수를 20만~30만 명으로 밝히고 있으나 '다수 사망' 등으로 완화. 시미즈서원과 니혼서적만 희생자 수 언급.

오태규 도쿄 특파원

【세상읽기】 일본의 변화를 주목해야 한다

『뉴스메이커』 제422호 2001. 5. 3

고이즈미 준이치로(小泉純一郎) 일본 총리의 새 내각이 출범했다. 소신행동을 일삼는 고이즈미 총리의 야스쿠니신사 참배 의지나 역사교과서 문제가 국민의 정부에서 가꿔온 한일 우호관계를 위협하고 있다. 이전에도 간헐적으로 보수우익 정치인들의 망언이나 역사왜곡 문제가 불거졌지만 최근의 사태는 전혀 양상이 다르다. 일본 총리 선거과정에서 후보들이 밝힌 우경화 발언은 하나같이 확신에 차 있고, 문부과학성도 '새로운 역사교과서를 만드는 모임'이 펴낸 왜곡된 역사교과서의 검정을 통과시켰다. 게다가 한국 등의 외교적 비난도 오불관언하는 일본정부의 태도는 주목할 만하다.

이전에는 슬그머니 잘못을 인정하고 수그러지던 일본의 외교적 자세가 왜 이렇게 변화하고 있는가? 이를 단순히 특정 정치인의 소신이나 일부 학자들의 국수주의적 학설로만 본다면 심각한 오산이다. 더 나아가 일시적인 외교적 문제로 인식하거나 민족주의적 감정으로만 대처하면 우스운 꼴이 되고 말 것이다. 왜냐하면 일본은 변하고 있기 때문이다.

한마디로 일본의 궤도 수정은 21세기로 진입하면서 지난 세기 의사를 청산하겠다는 의지의 표현이다. 최근 일본은 보통국가론을 내세우며 국가국기법을 통과시켰다. 21세기가 시작되는 올해 1월에는 5년여 간 유지해오던 1부 22개 성청을 1부 12개로 축소하는 대대적인 정부조직개편을 했다. 1998년에는 공정거래법을 개정해서 전후 재벌 해체로 자취를 감추었던 지주회사의 출현을 가능하게 했고, 외환법의 개정으로 엔화의 국제기축통화의 기반을 마련했다.

전후 정치를 대표하는 자민당의 소위 보수본류의 기본틀도 변화하기 시작했다. '노(No)라고 말할 수 있는 일본'의 캐치 프레이즈를 내세운 이시하라 신타로 동경도지사가 수상후보 1위로 꼽히는 것은 미국 의존적인 대외정책의 근본적인 변화를 읽게 한다. 대외적으로는 PKO법을 통과시켜 자위대의 해외파병을 정당화했고, 유엔 안보리의 상임이사국의 지위를 얻고자 한다. 대내적으로는 국정운영권을 관료에게서 되찾고 정치개혁을 통해 책임정치를 하겠다고 한다. 일본의 우경화는 21세기를 맞이하여 지난 몇 년간 꾸준히 준비해온 일본 개혁의 한 단면이다. 일본은 21세기를 맞아 20세기의 역사를 털어내고 있는 중이다.

고이즈미 내각은 이러한 변화를 상징적으로 보여준다. 더이상 일본을 겸양의 덕을 강조하는 소극적인 국가로 인식해서는 안 된다. 그것은 일본이 20세기 후반 패전국으로서 '본심'(혼네)을 숨기고 실력을 축적하는 과정에서 나타난 일시적 현상에 불과하다. 명치유신 이후 형성된 국부의 축적이 러·일전쟁과 청·일전쟁으로 이어지고, 대정(大正) 민주주의의 성숙이 만주침략과 태평양전쟁으로 이어졌던 역사를 상기해야 할 시점인지 모른다.

이런 변화의 조류에서 우리도 일본에 대응하는 21세기의 새로운 패러다임을 만들어야 한다. 먼저 과거 역사문제가 민족주의적 관점에서만 비춰지는 것은 피해야 한다. 오히려 미래지향적 인류평화와 인본주의적 관점에서 20세기에 일본의 군국주의가 저지른 잔혹성을 부각시켜야 한다. 일본의 젊은 세대에게 감정적인 일본 비난보다는 창씨 개명, 문화말살, 침략전쟁 등 역사적 만행을 현대적 의미로 재해석해서 알리는 것이 설득력을 얻을 수 있다. 이제 잘못된 역사적 사실의 인식 위에서만 바람직한 일본의 미래 설계가 가능하다는 것을 알게 하는 것이 중요하다.

또한 일본의 정치, 사회, 경제의 변화에 대한 체계적인 연구와 전략적 패러다임의 구축이 시급히 요구된다. 흔히 이야기되는 것이지만 일본이 한국을 연구하는 것에 비해 우리의 일본 연구는 턱없이 부족하다. 정치, 경제, 사회, 이제는 문화적으로도 긴밀한 관계에 있는 일본을 감정적, 감각적으로만 이해하고 대응해서는 안 된다. 체계적이고 객관적인 일본 연구와 전략의 구축이 없으면 일본은 21세기의 패러다임을 마련하고 있는데 우리는 20세기의 패러다임으로 응수하는 우스운 꼴이 된다.

일본에서는 실력이 없으면 쉽게 '이지메(왕따)'를 당한다. 남을 배려하는 것을 최대의 덕목으로 삼지만 우스운 사람은 쉽게 무시하는 게 일본사회다. 한 차원 높은 미래의 전략을 차분히 준비하지 않으면 변화한 일본은 우리를 쉽게 무시할 것이다. 변화하지 않는 것 같은 일본이지만 한 번 변하면 무섭게 변해온 역사적 사실을 잊어서는 안 된다.

염재호(고려대 행정학과 교수)

'조국의 횡포'에 돌 던진다
『시사저널』 제602호, 2001. 5. 10

외국인 운동가들, 미군 범죄·일본의 정신대 처리 등 질타……봉사 활동도 활발

지난 4월 4일 미국대사관 정문 앞에서 한 미국인 수녀가 피켓을 들고 1인 침묵 시위를 벌였다. '한강에 독극물 방류하고 벌금 5백만 원이 웬말이냐, 맥팔랜드를 구속하라'고 적힌 피켓을 들고 서 있던 그녀는 여러 해 기지촌에서 봉사 활동을 해온 문애현 요안나 수녀였다. 주한미군 문제에 대해서 한국인보다 더 많이 문제의식을 품고 있는 그녀는 '불평등한 주한미군 주둔군지위협정(SOFA) 개정을 위한 1인 릴레이 시위'의 마흔세 번째 참가자가 되어 '조국'을 질책하고 있었다.

암에 걸린 사실을 감추고 매향리 미군 사격장 폐쇄운동에 참여했던 서 로베르 또 신부도 아직까지 살아 있다면 이 릴레이 시위에 반드시 참여했을 미국인이다. 지난해 7월 29일 숨진 그는 마지막 순간에도 주한미군 주둔군지위협정에 관한 소식을 물을 정도로 주한미군 문제에 관심을 기울였다. 명동성당에서 치러진 그의 장례 미사에는 매향리 주민 1백50명 등 신도 천여 명이 참석해 그가 남긴 뜻을 기렸다.

문수녀나 서신부 외에도 이 땅에서 시민·사회 운동에 참여하는 외국인은 많다. 정치·경제·교육 등 모든 분야에서 한국 사회에 대한 비관적인 소식이 들려오고 있지만, 이들은 한국에 대한 희망을 포기하지 않고 한국 사회를 개선하기 위한 노력을 계속하고 있다.

성남 '외국인 노동자의 집'에서 일하는 요르그 바루트 목사도 그런 사람이다. 그가 관심을 쏟는 분야는 외국인 노동자 문제이다. 그는 외국인 노동자에 대한 임금 체불이나 인권 침해 문제를 상담하고 있다. 자녀가 한국 아이들에게 매맞고 오기도 했고 뺑소니 사고를 당하기도 했지만, 그는 한국 사회에 대한 애정을 거두어들이지 않고 열심히 활동하고 있다.

한국에서 시민·사회 운동을 하는 외국인의 역사는 1970년대로 거슬러올라간다. 인혁당 사건을 외국에 알린 조지 오글 목사나 짐 시너트 신부는 추방되기도 했다. 1980년대에는 메리 컬린스 선교사와 같은 사람이 군부 독재에 반대해 민주화운동에 참여했고, 루츠 드레셔 신부는 상계동 철거 반대운동을 벌이며 도시 빈민운동에 참여하기도 했다.

1990년대 들어서면서 외국인 활동가의 양상은 조금 변했다. 선교나 봉사를 목적으로 한국을 찾았다가 한국 사회의 문제를 발견하고 운동에 동참하는 '정통 코스'를 밟는 사람이 여전히 주류를 이루지만, 순수하게 한국을 공부하러 왔다가 운동을 시작한 경우도 많아졌다.

"한국 사회에 '희망의 증거' 있다"

마이카 조셉 애들러 씨(『조선일보』 통한문제연구소)가 바로 앎이 실천으로 연결된 경우이다. 유태인인 그는 연세대 정치외교학과 대학원에서 한국정치학을 전공했다. '주한미군 범죄에 대한 한국 비정부 조직의 활동'에 관한 연구 논문을 발표한 그는, 실제로 기지촌에서 봉사 활동을 펴고 주한미군 범죄근절운동본부에서 자원봉사자로 일했다.

그는 "미국인들은 왜 한국 사람이 반미운동을 하는지 모른다. 관심도 없고 알려고 하지도 않으면서 무조건 한국 사람의 주장은 비논리적이라고 몰아붙인다. 그런 미국인들의 생각이 더 비논리적이다"라고 지적했다.

일본인 안자코 유카 씨(역사문제연구소 연구원)는 한국사를 공부하다가 정신대 문제에 관심을 기울이게 되었다. 인간이 인간을 지배하는 형태에 대한 학문적 관심이 많은 그녀는 일제의 전시 강제동원 정책을 연구했다. 고려대 한국사학과 대학원에서 공부하던 그녀는 정신대 문제를 접한 뒤부터 연구와 자원봉사 활동을 병행했다. 정신대 할머니 보호 시설인 나눔의 집에서 봉사 활동을 시작하고, 한국정신대문제대책협의회(정대협)가 '일본군 위안부 역사관'을 건립하는 데 필요한 자료를 수집하는 일을 도왔다.

"전쟁 피해에 대한 일본의 사죄·진상 규명·보상·교육이 반드시 이루어져야 한다"라고 주장하는 그녀는, 5월 말에 열릴 역사학 대회에서 역사교과서 왜곡과 관련해 일본 역사학계를 비판하는 패널로 참가할 예정이다.

다바타 가야 씨는 1980년대 후반 한국 여성운동가들이 일본에서 기생관광 반대운동을 하는 것을 보고 한국의 여성 문제에 관심을 기울이게 된 경우이다. 대학에서 한국어를 배운 그녀는 학교를 졸업하고 '맨날 시위만 하는 나라'에 와서 본격적으로 정신대 문제에 뛰어들었다. 정대협이 일본 여성단체와 연대 활동을 할 수 있도록 옆에서 도운 그녀는 일본에서 정신대 할머니에 대한 다큐멘터리 영화 「낮은 목소리」를 홍보하고 영화기금 모집 사업도 벌였다.

한국과 마찬가지로 미군기지나 사격장 때문에 동병상련의 고통을 앓고 있는 일본인들은 주한미군 문제에도 관심을 많이 기울이고 있다. 오키나와 출신인 히로유키 씨는 통역·번역 일을 해주며 일본 오키나와와 류큐 주민들이 매향리 주민과 연대할 수 있도록 돕고 있다.

이외에도 시민단체에서 통역·번역 자원봉사를 통해 국제 연대 활동을 돕는 외국인은 많다. 환경운동연합에서는 미국인 글렌 해리스 씨와 호주인 머레이 그리피 씨가 국제연대 사업을 돕고 있고, 녹색연합에서는 미국인 마이클 셰이 씨가 통역·번역 작업에 참여하고 있다.

이처럼 시민·사회 운동을 펼치는 외국인 활동가들의 모습은 우리 사회에 '희망의 증거'가 있음을 보여준다. 경제정의실천시민연합 국제국장을 지낸 김매런(미국 이름 메리언 김)씨는 "한국에서 시민운동을 하는 것은 무척 재미있고 보람이 있다. 한국은 문제가 많지만 해결되는 것도 많다. 한국 사람들이 희망을 가지고 살기를 바란다"고 말했다.

고재열 기자

일본이 한국을 두려워하라
『시사저널』 제604호, 2001. 5. 24

교과서 재수정 요구에 "불가능" 일관······ 고치는 척하다 어물쩍 넘길 듯
일본정부는 한국정부의 역사교과서 재수정 요구를 어디까지 받아들일까. 우선 일본정부의 기본 입장은 'NO'이다. 고이즈미 준이치로(小泉純一郎) 총리는 한국정부가 35개 항목을 재수정하라는 요구를 전달한 지난 5월 8일 "한국정부의 재수정 요구에 응할 수 없다"고 잘라 말했다. 그러나 그는 "한국측 주장을 성실히 받아들여 장래에 어떤 대응이 가능한지 전향적으로 검토할 필요가 있다"며 이 문제로 한일관계가 더 악화해서는 안 된다는 입장을 표명했다. 그는 또 이전부터 역사학자·전문가들을 활용해 더 좋은 방향을 모색할 것을 제안해왔다며, 양국의 역사 공동 연구를 일본정부의 대응책으로 제시했다.

일본정부 대변인 후쿠다 야스오(福田康夫) 관방장관도 5월 8일 "명백한 사실 오인이 없는 한 역사교과서 재수정은 불가능하다"고 말했다. 그러나 후쿠다 장관은 "한국측 재수정 요구를 진지하게 받아들여 충분히 검토할 필요가 있다"며, 한국정부의 재수정 요구에 어떤 배려가 필요하다는 점을 인정했다.

역사교과서 검정 업무 주무 장관인 도야마 야쓰코(遠山敦子) 문부과학성 장관도 "한번 검정을 통과한 교과서에 대해 문부과학성이 재수정을 권고하는 것은 제도상 불가능하다"며, 역사교과서 재수정 문제가 이미 문부과학성의 손을 떠난 문제임을 강조했다. 그러나 그는 5월 8일 열린 다른 기자회견에서는 "명백한 잘

못이 있을 경우에는 정정도 가능하다"고 재수정 가능성을 시사했다.

고이즈미 내각에서 한국의 재수정 요구에 전향적인 입장을 보이는 것은 다나카 마키코(田中眞紀子) 외무장관 정도이다. 그녀는 8일 열린 각료 간담회에서 "의도적으로 사실을 왜곡한 교과서를 합격시킨 검정제도는 문제다"라고 말했다. 그녀는 이어 "정부 내에서도 이 문제에 대한 의견이 서로 다르기 때문에 각 부처가 만나 대화할 필요가 있다"고 제안했다.

그러나 다나카 외무장관의 제안이 실현될 가능성은 희박하다. 자민당 우파가 교과서 검정은 문부과학성 소관 업무인데 외무장관이 이 문제에 개입하는 것은 월권 행위라고 들고 일어났다. 고이즈미 내각의 안살림을 맡고 있는 이른바 '관저'의 저항도 만만치 않다. 예컨대 고이즈미 총리의 돈독한 신임을 받는 것으로 알려진 후쿠다 야스오 관방장관은 문제의 역사교과서 출판을 부추긴 자민당 '일본의 앞날과 역사교육을 생각하는 젊은 의원 모임'의 핵심 멤버이다.

언론, 재수정에 전향적인 다나카 외무장관 맹공

고이즈미 준이치로 일본 총리는 한국정부의 교과서 재수정 요구에 대해 "장래 어떤 대응이 가능한지 전향적으로 검토할 필요가 있다"고 밝혔다. 다나카 마키코 외무장관도 "각 부처가 만나 대화할 필요가 있다"고 제안했다. 그러나 일본의 전반적인 여론은 재수정에 부정적이다.

신문 논조를 비롯한 여론도 한국정부의 재수정 압력에 굴복하지 말라는 것이 대세이다. 예컨대 일본에서 발행 부수가 가장 많은 『요미우리신문』은 5월 9일자 사설에서 정작 고쳐야 할 것은 한국 교과서의 군 위안부 기술이라고 주장했다. 이 신문은 그 이유로 '한국의 교과서가 공장 근로 행위를 위해 동원되었던 여자 정신대를 종군 위안부 목적이있다고 오기했다'라고 지적했다.

이 신문은 또 '다나카 마키코 외무장관이 취임 회견에서 새 역사교과서를 만드는 모임의 교과서를 읽어보지도 않은 채 사실 왜곡이 있었다고 비방하는 무분별함을 보였다'라고 마키코 장관을 공격했다.

『마이니치신문』과 『산케이신문』도 '한번 합격한 교과서의 기술을 외국의 요구를 받아들여 재수정하는 것은 바람직하지 않으며, 종군위안부 문제를 기술할 것인지 말 것인지는 교과서 편집자들이 판단할 문제이지 국가가 강제할 사안이 아니다'라는 요지의 사설을 싣고, 한국정부의 재수정 요구에 응하지 말라고 일본정부에 촉구했다.

문제의 왜곡 역사교과서 출판에 비판적인 자세를 보여온 『아사히신문』만이 여전히 재수정에 찬성하는 논설을 게재했다. 이 신문은 '검정 통과 후에도 오류가 발견되면 발행자가 자주적으로 정정 신청을 하도록 되어 있고, 문부과학성 장관도 필요하다면 발행자에게 재수정을 권고할 수 있도록 되어 있다'라며 한국정부의 주장을 받아들여 재수정에 응하라고 촉구했다.

일본의 현행 검정제도에 따르면, 오기나 오식, 객관적 사정이 변경되어 명백한 오인으로 판명된 사실 등이 발견된 경우, 교과서 발행자는 문부과학성 장관의 승인을 받아 정정하도록 되어 있다. 정정 신청은 교과서 발행자가 자주적으로 행하거나 문부과학성 장관이 발행자에게 권고할 수도 있다.

정정 신청에는 시기에 제한이 없고, 내년 4월 교과서를 각 학교에 공급할 때 내용을 바꾸거나, 공급한 뒤에도 교과서 회사가 각 학교에 통지하는 형태로 정정하는 것이 가능하다. 실제로 일본정부는 1986년 여름 한국과 중국 정부의 항의를 받아들여 고등학교 역사교과서인 『신편 일본사』에 대해 검정심의회 검정을 통과한 후에도 네 차례나 수정하도록 지시했다. 그러나 문부과학성 장관의 최종 검정을 통과한 이번 경우는 15년 전과 상황이 다르다는 것이 문부과학성의 주장이다.

문부과학성은 또 최종 검정 통과 후 1개월이 지난 시점에서 한국정부가 재수정 요구서를 제출했다는 점을 들어 한국정부에 대한 답신은 적어도 1개월 이상 시간을 들여 작성할 방침이다. 문부과학성은 이 문제를 검토하기 위해 곧 '교과서 검토위원회'를 설치할 것으로 알려지고 있다. 이 위원회에는 교과서 검정 심의위원과 역사학자들이 참여해 한국측 재수정 요구를 면밀히 검토할 방침이다. 그러나 교과서 검정 심의위원들이 자기들이 한번 합격 통고를 낸 교과서를 재수정할 가능성은 별로 없다.

그리고 일본정부가 한일관계가 더 악화하는 것을 피하기 위해 한국정부의 재수정 요구 중 일부를 받아들이기로 방침을 결정한다 하더라도 자민당 우파를 설득하기란 쉬운 일이 아니다. 자민당 우파는 정부가 김정남을 나흘 만에 풀어준 데 대해 두번 다시 없는 '인질 외교' 기회를 스스로 포기했다며 고이즈미 내각을 격렬히 비판하고 있다. 만약 고이즈미 내각이 한국정부의 요구를 일부 수용할 경우에는 자민당 우파가 벌떼처럼 들고 일어나 고이즈미 내각이 붕괴할 가능성마저 있다.

DJ 정부, 일본의 이중성 간파 못해

또 고이즈미 내각은 올 여름 참의원 선거를 앞두고 있기 때문에 한국정부의 재수정 압력에 굴복했다는 인상을 남기기를 극력 꺼리는 상황이다. 이 때문에 일본정부는 고이즈미 총리 사과 담화나 역사 공동 연구 추진 등의 방법으로 이 문제를 돌파하려는 자세를 보이고 있다. 그러나 역사 공동 연구는 한일 지식인들이 모여 3년 간 '역사 포럼'을 운영해왔지만 아무런 성과를 올리지 못했다. 또 일본의 역대 총리가 식민지 지배에 대한 사과 담화를 발표해왔지만, 말 그대로 담화에 그쳤다는 것은 새삼 거론할 필요가 없다.

일본 우익은 김대중 정권이 한일 공동선언(1998년)에 도취한 것을 보고 문제의 역사교과서 출판을 추진하기 시작했다. 일본의 이중성을 제대로 간파하지 못한 탓에 이 문제가 시작되었다고 해도 지나친 말은 아니다.

도쿄 · 채명석 편집위원

【이슈】 국사는 부실교육, 日 교과서 왜곡 "못 참아"?

『주간조선』 제1656호 2001. 5. 31

고교 근 · 현대사는 선택, 중학교 국사는 주당 1시간으로 축소

일본 역사교과서 왜곡문제가 몇 달째 한일 간 '뜨거운 감자'로 떠올라 있다. 우리 교육인적자원부에는 '일본 역사교과서 왜곡대책반'이 만들어졌는가 하면 여야 의원들은 앞다투어 일본을 방문해 항의했다.

한승수 외교통상부 장관도 "교과서 왜곡 시정을 위해 외교적 · 국제적 노력을 다하겠으며 '한국 바로 알리기'를 위해 정부 내 상설기구를 만들 것"이라고까지 밝혔다.

이런 와중에 '우리 스스로는 얼마나 역사교육을 잘해왔는가'라는 문제가 제기되고 있다. 제 나라 국사(國史) 교육은 '부실 공사'를 해놓고 남의 나라 교과서에 나온 우리 역사를 갖고 왈가왈부할 수 있겠느냐는 것이다. 관련 학계에선 "우리 역사는 일본은 물론 한국에서조차 홀대받고 있다"고 목소리를 높이고 있다. 이번 사건을 계기로 국사교육을 적극 강화해야 한다는 주장들이 곳곳에서 일고 있다.

정부는 공무원시험 과목에 국사를 포함시키는 방안을 적극 추진하겠다고 밝혔다. 행정고시(考試)엔 국사 과목이 들어있으나 지난 1996년부터 사법시험엔 국사가 시험 과목에서 제외됐다. 이밖에 특채 임용이나 철도공무원시험 등 일부 국가고시에서도 국사가 빠져 있다. 하지만 이런 움직임에 대해 '땜질식 방편을 쓴다고 문제가 해결되겠느냐'는 비판 여론이 높다. 사실 국가고시에 국사 과목을 포함시킨다고 빈사상태나 다름없는 역사교육이 되살아날 리도 없다.

뒤늦게 공무원시험에 포함 추진

대체 국내 국사교육의 실태는 어떤가.

지난 4월 30일 교육인적자원부는 일본 역사교과서 왜곡대책반 4차회의에서 "2002년부터 시행될 7차 교육과정을 예정대로 시행할 것"이란 입장을 확실히했다. 학계와 교육단체의 반대에도 불구하고 7차 교육과정에 따라 고교의 한국 근·현대사를 선택과목으로 바꾸고, 중학교의 국사 수업시간을 주당 두 시간에서 한 시간으로 축소하겠다는 것이다.

2002년부터 고교 국사교육은 1학년 필수인 전근대사(前近代史)와 2~3학년 선택인 한국 근·현대사로 양분된다. 한국교원대 역사교육학과 김한종 교수는 "7차 교육과정에서 중학교 국사는 정치사 위주의 통사(通史)로 구성돼 있고 특히 근·현대사의 경우 정치 외의 분야는 제대로 다루고 있지 않다. 고등학교 선택과목인 근·현대사도 지나치게 정치사 위주로 구성돼 있다"고 말했다.

흔히들 근대사(近代史)는 19세기 중반(흥선대원군 시대)부터 광복 전까지, 현대사(現代史)는 광복 이후로 본다. 이 한국 근·현대사 부분이 이제 선택과목 10개 중 하나가 된다는 것이다. 고등학교 2~3학년 시기에 한국 근·현대사를 선택하지 않으면 개항 이후(흥선대원군 이후) 역사는 전혀 알지 못한 채 대학에 입학하게 된다.

특히 '일류 대학 입학'이 최대 관심사인 고등학생들에게 분량 많고 학습 부담도 큰 한국 근·현대사를 선택하라고 강요하기도 어려운 형편이다. 중·고교 교육에 직접적인 영향을 미치는 대입 수학능력 시험에서도 지금까지 국사 문제는 사회탐구 영역(4개 과목 48문항) 중 10문항 이하만이 출제되고 있다. 이제 근·현대사 같은 부분은 아예 관련 시험을 치지 않아도 되게 된 것이다.

이에 대해 교육부 측은 "교육과정 개편으로 일제의 한반도 침탈 등에 대한 교육이 부실해질 것이라는 지적이 있지만 교육과정의 틀을 흔들 순 없다"는 입장이다. "각 고등학교 2~3학년생들이 근·현대사 선택과목을 가급적 많이 듣도록 권장하겠다"는 '비현실적' 이야기만 덧붙이고 있다.

한국교육과정평가원 유재택 교과연구본부장은 "한국 근·현대사는 역사 학습에 있어서 아주 중요한 부분이다. 이런 부분을 선택 과목으로 만든다면 역사 교육의 중요한 부분이 잘려나가는 것과 다름없다. 선택 과목으로 만들려고 하면 근·현대사를 다시 경제사, 문화사, 외교사 식으로 전문화해 나눈 뒤에나 해야 한다"고 했다.

역사교과서 내용에 대한 문제점을 제기하는 목소리도 높다. 서울대 국사학과 송기호 교수는 최근 역사 관련학과 1학년생을 대상으로 한 '역사와 문화'라는 강좌에서 '국사교과서나 국사교육의 문제에 대해 느낀 점을 써보라'는 리포트 숙제를 냈다.

송 교수는 "'역사에 대한 정을 떼어버리게 될 만큼 중·고등학교 교과서 서술이 재미없다' '내용이 너무 찬양 일변도에 민족주의적이다'라는 의견이 많았다"고 했다.

지난 5월 24일 세종문화회관에서 '우리의 역사 교육은 올바른가'(주최 한국역사연구회)란 주제로 강연한 공주대 역사교육과 지수걸 교수는 "국사책의 상당 부분이 '우리 민족'을 주어로 하는 등 지나치게 국가와 민족 중심으로 서술돼 있다"며 "이런 역사 서술로는 다양한 관계와 질서 속에서 전개된 한국사 전반을 온전히 그려낼 수 없다"고 지적했다.

역사교육이 우리 사회에서 홀대받기 시작한 것은 지난 1990년대 초. 울산대 역사문화학과 전호태 교수는 "YS 정권 때 군부 잔재를 청산한다고 하면서 유탄을 맞은 게 국사교육"이라면서 "잘못된 세계화 정책에 떠밀려 국사교육이 희생됐다"고 말했다.

6차 교육과정(1992~97년)이 시작되면서 대학의 교양국사가 없어졌는가 하면, 초·중·고교에서도 국사 과목은 주당 한 시간씩밖에 배정되지 않았다. 그것도 고교 2학년부터는 아예 없어졌다. 교과서야 별도로 있었지만 성적표에 국사는 따로 명시되지 않았다. 예를 들어 학생들이 학교에서 국사 시험을 치르면 그 점수는 지리·세계사·일반사회 등의 점수와 합산돼 사회과 교과목 성적으로 산출되는 식이었다. 대학 내에서 국사가 '교양필수'에서 '교양선택'으로 신분이 바뀐 것도 바로 이때였다.

국사 연구 자체도 심각한 위기

1980년대 들어서면서 대학생들의 군사정권 반대투쟁 같은 사회적 분위기도 일조했다. 3공화국 이후 군사정권이 국사를 교련 과목 등과 함께 국책 과목으로 강조하면서 학생들 사이에서 국사교육에 대한 거부감이 조금씩 고개 들었던 것도 사실이다.

국사편찬위원회 이성무 위원장은 "교과목 학습 부담에서 학생들을 해방시켜 주자, 세계화에 맞는 민주시민을 양성하자면서 국사교육을 거의 없애버렸다"며 "내 나라, 내 민족의 정체성이기도 한 국사를 이렇게 내팽개치면서 '자기 없는 세계화' '자기 없는 민주화' '자기 없는 시장경제 논리'로 흘러갔다"고 했다.

국사학계 전문가들은 "교육당국이 영어와 컴퓨터만 잘하면 된다고 강조하면서 국사교육은 상대적으로 소홀해졌다"고 비판한다.

중·고등학교 내 국사교육도 문제지만 국사 연구 자체도 심각한 위기에 직면해 있다. 울산대 전호태 교수는 "세계 어느 나라를 봐도 우리나라처럼 자기 역사에 대한 연구자층이 빈약한 나라는 없다"며 "국사 연구 자체가 부실화되면 교육도 더욱 부실화될 것"이라고 했다.

미국의 경우 국사를 연구한 교수 수가 한 대학 평균 30여 명인데, 국내에선 '국사교육의 중심'이라고 불리는 서울대의 국사 관련 교수가 겨우 10명이라고 한다. 그외의 대학에는 채 다섯 명이 안 된다고 한다.

현재 우리는 국정 교과서 집필진이 지극히 제한적이다. 이것 역시 학자층이 그만큼 두텁지 않아 나타난 현상이라고 한다. 국사연구소를 따로 만들어 연구자들을 양성해야 한다는 안도 나오고 있다.

또한 교육과정 개편안 작업에 참여하는 학자들이 대부분 미국 출신 박사들로 미국식 실용주의에 입각한 '도구 학문'들만 강조하는 것도 문제점이라는 지적이 있다.

미국처럼 역사가 200년밖에 안 된 곳을 포함, 선진국일수록 자국의 뿌리를 되새기는 역사교육에 열성적이다. 일본은 외무성 안에 상설기구로 국제교육정보센터를 만들어 타국 교과서에 잘못 서술된 일본 관련 내용을 적극 시정하는 작업을 계속하고 있다.

이번 일본교과서 왜곡문제를 계기로 관련 학자들은 정부의 '국사 죽이기' 작업이 중단되기를 기대하고 있다.

황성혜 기자

『주간한국』 제1874호 2001. 6. 7

일본의 '새 역사 교과서를 만드는 모임'은 6월부터 문제의 '왜곡 교과서'를 일반인들에게 시판한다고 한다. 판매 목표는 무려 100만 부 돌파다.

그러나 헬무트 슈미트 전 독일 총리는 5월 21일 일본 아와지시마에서 열린 전직 정상모임에 참석해 일본의 역사왜곡에 일침을 가했다. "독일은 히틀러 치하에서 침략을 강행했으며 일본도 똑같은 침략국이었다. 그런데 일본에는 침략을 미화하는 교과서가 등장했다. 모든 인간은 앞으로 침략을 되풀이해서는 안 된다는 공동의 책임을 지고 있다. 역사문제는 관용의 정신에 입각해서 바라봐야 한다. 유럽에서는 프랑스가 먼저 손을 내밀었기 때문에 독일이 침략을 반성하기 쉬운 측면이 있었다"고 그는 말했다.

슈미트 전 총리가 말하는 '관용의 역사정신'에 대한 실증으로 독일과 프랑스 형법은 나치 시대의 홀로코스트(유태인 집단학살)를 부정하는 것을 막고 있다. 이를 부정하는, 즉 그런 일이 없다고 주장하는 사람은 법에 의해 구속 기소된다.

이런 '관용'을 '표현의 자유'에 대한 침해라고 주장하는 신나치주의 역사학자들은 독일과 프랑스가 아닌 영국법정에서 자신들의 주장을 펴고 있다. 대표적인 사건이 나치주의 역사학자인 데이비드 어빙이 1996년 9월 팽귄 출판사와 데보라 림스타트 교수를 대상으로 낸 출판물에 의한 명예훼손사건이다.

이 재판은 2000년 4월 11일 피고소인의 승리로 끝났다. 그리고 이 '역사법정'에 관한 책 2권이 지난 4월에 나왔다. 『법정에 선 홀로코스트』와 『히틀러에 관한 위증역사, 홀로코스트 그리고 데이빗 어빙』이 그것이다. 아직도 4권이 집필되고 있다고 한다.

『법정에 선 홀로코스트』는 역사법정을 추적 취재해 뉴욕타임스와 월간지 애틀랜틱에 보도한 D.D 구텐프랜의 역저. 다른 하나는 역사법정의 피고소이었던 에머리대 여교수(히브리 역사 전공) 림스타트를 위한 전문가 증인이었던 케임브리지 대학 역사학 교수 리차드 이반스(『역사학을 방어하며』의 저자)가 쓴 것이다.

뉴욕타임스는 서평에서 두 책을 나치주의 선전가인 데이비드 어빙(『히틀러의 전쟁』 등 30종의 나치 관련 저서의 저자)의 정체를 흥분하지 않고 차분히 밝혀낸 역사 교과서라고 평했다.

구텐프랜은 나치 역사를 연구하는 대학원생이었다가 저널리스트로 방향을 바꾼 역사학도. 그는 법정에 서기 전후의 어빙을 추적해 "히틀러가 되어버린 소외된 문필가 어빙"이라는 결론을 내렸다.

1938년생인 어빙은 해군장교였던 아버지의 버림을 받고 홀어머니 밑에서 자라 영국의 계급사회, 즉 기존 사회질서에 크게 불만을 갖고 있었다.

그는 영국군이 독일 드레스덴을 폭격해 20만 명의 독일인을 학살하는 만행을 저질렀다는 반영(反英) 성향의 책을 써 작가가 됐고, 히틀러의 추종자들과 함께 『히틀러의 전쟁』(1977년 출간)이란 베스트셀러를 만들어냈다. 그에게 히틀러는 가난을 벗어나게 하는 자원이었을뿐 역사의 자료나 교훈은 아니었다.

그는 1990년대 들어 히틀러에 대한 이야기가 인기를 잃자 신나치주의 그룹의 대변인이 되었고, 이를 선동하는 연설가로 변신했다. 이에 림스타트 교수는 1993년 『홀로코스트를 부정하며』라는 책을 통해 '어빙은 이제 부인할 수 없는 홀로코스트 부정의 대변인'이라고 적시하게끔 되었다.

역사법정에서 림스타트 교수 편에 선 이반스 박사는 『히틀러에 관한 위증역사』에서 어빙을 '어림도 없는 역사가'라고 결론지었다. 그는 어빙이 히틀러에 대해 거짓을 말한 위증자라고 강조하면서 '역사학을 방어'하기 위해서라도 어빙의 정체를 정확히 밝혀내야 한다는 의무감에서 법정에 섰다고 밝혔다.

이반스 박사는 어빙의 책은 물론 어빙이 인용한 자료, 강연 테이프 등을 3명의 조교와 함께 2년여 간 분석한 뒤 책을 썼다. 그가 밝혀낸 것은 어빙이 역사가라는 미명 아래 히틀러에 관한 서류, 문건, 대화, 일기를 부분적으로 삭제하거나 오역해 '히틀러가 홀로코스트와 관계없는 사람'인 것처럼 조작한 점이다.

이반스 박사는 "역사는 좌나 우에 서서 서술할 수 있다. 그러나 역사적 사실이나 진실은 비록 지구가 둥글지 않다고 믿더라도 이를 조작, 주장해서는 안 된다. 역사는 해석일 수 없다. 역사는 사실인 것이다"라고 지적했다. 역사의 정의를 되새김으로써 '역사를 위증하는 히틀러'가 되어버린, 그래서 역사를 왜곡한 어빙을 불쌍히 여긴 것이다.

일본의 침략 역사도 이와 마찬가지다. 한국 등에 대한 침략과 만행에 대한 일본의 역사왜곡은 관용정신으로 덮어지지는 않을 것이다. 우리도 일본이 스스로 역사법정에 서게 하는 방법을 찾아야 할 때다.

박용배(언론인)

【논단】 한국 교과서의 '왜곡'
『한겨레 21』 제361호 2001. 6. 7

(1) "동욱이는 우리나라 역사가 깊고, 최초의 국가인 고조선을 세운 단군 왕검이 하느님의 자손이라는 사실이 무척 자랑스럽게 느껴졌다." (2) "그러나 순결은 성숙한 성 의식을 가지고 남녀 모두가 지켜야 하며, 결혼 전에는 물론 결혼 후에도 지켜야 한다.…… 나를 사랑하고 나의 몸과 마음을 깨끗하게 지킨다는 뜻에서 순결서약서를 쓰고, 서명해놓자." (3)"서구의 개인주의 사상이 잘못 받아들여져 몰공동체적, 몰사회적 이기심이 팽배하고 있다. 노사 모두 기업의 이익보다는 개인의 이익을 우선하여 노사분규가 심화되고 있으며, 이와 같은 개인 및 집단 이기주의가 사회적 통합을 저해하고 있다." (4)"여기서 주의하지 않으면 안 되는 것은 서구 제국과 우리나라의 사회 구성의 차이이다.…… 학급도 역시 당연히 마찬가지 형태를 지녀야 하다.…… 따라서 그 단체를 규율하는 규범은 교사의 인격에서 배어나오지 않으면 안 된다. 그것을 망각하고 서구류의 개인주의적 자율자치로 빠져서는 안 된다."

내가 시험보면 빵점맞을 교과서

위의 글은 4번을 제외하고는 초등학교 사회, 중학교 기술/가정, 그리고 고등학교 공통사회 교과서에서 뽑은 것이다. 내 관점에서는 하나같이 우스꽝스럽고 편파적인 주장으로 보인다. 고대 신화를 역사적 사실처럼 설명해도 되는가? 형식적인 남녀평등론 뒤에 숨어 성적 억압과 수치심을 야기하는 순결 이데올로기를 주입하는 것도 여전하다. 그리고 노동자 개개인의 이익이 기업의 이익보다 중요한 게 낭연한 섯 아닌가? 징치학자로시 내가 보기에, 집단이기주의의 표출이야말로 민주주의의 필요조건이다. 내가 시험본다면 빵점맞을 게 뻔하다.

몇 년 간 주의깊게 읽어본 초·중·고의 교과서 내용은 한마디로 문제투성이다. 사회, 역사, 도덕, 윤리 등 공공성에 관련된 교과서는 지루하고 근엄한 문장, 단순한 사고, 나열식 구성, 브리핑식 요약, 모든 것을 '총체적'으로 설명하려는 욕심(능력은 그에 턱없다), 선언식 주장으로 가득 차 있다. 수없는 무의미한 추상적 개념과 용어가 짧은 책에 범벅이 돼 있는데도 학생들은 교과서를 다시 한번 '요약'한 자습서로 공부하고 시험친다. 가령 "청소년기에는 신장과 체중이 급격히 증가하게 되는데, 이를 청소년기의 '성장급등'이라고 한다"는 식의 동어반복 설명이 태반이다. 학생들은 네 글자에 밑줄 치고 그것을 무조건 외운다. 비판적 사고력과 창의성, 인간과 세상에 대한 호기심을 배운다는 것은 거의 불가능하다. 스며드는 것은 객관적 사실을 탐구하려는 의욕을 꺾고 독립적 사고를 말살하는 특정 이데올로기다. 그 중에서도 핵심은, 답은 절대적이고 이미 정해져 있다는 전체주의적 발상이다(학생들은 물론 그것을 별로 믿지 않는다. 장기적으로는 공론의 장에서 통용되는 이데올로기 코드와 실제 언행과의 심각한 괴리문제가 발생한다).

필자는 사상과 표현의 자유를 절대적으로 지지한다. 따라서 현행 교과서가 '거짓'이고 출판 금지되어야 한다고 우길 생각은 추호도 없다. 문제로 삼고 싶은 것은 국가의 이름으로 발행되는, 아니 국가만이 발생할 수 있는 교과서에서 매우 주관적이고 당파적인 주장이 절대적인 선 혹은 진리로 전제되는 것이다. 자연과학의 '진리'조차도 차후에 하나의 해석이나 편견의 결과로 드러나는 경우가 허다한데 특정 설을 반영하는 특정한 주장이 보편타당한 논리인 것처럼 쓰여져 있다. 더구나 현행 교과서는 대체로 지배엘리트에게 유리한 편파적인 내용을 담고 있다. 물론 어떤 교과서도 '편파성'의 한계를 벗어나지 못한다. 그런데도 국가가 교과서를 독점하여 그러한 특정한 의견을 보편적 진리로 설파하는 것은 정당한가?

'황국신민교육'의 왜곡을 실천하는가

최근 논란이 된 일본의 일부 역사교과서의 '왜곡'은 한심한 수준이다. 그것을 견제하지 못하는 한 일본사회가 선진국이 되기는 어렵다. 자업자득이 될 게 뻔하다. 그렇지만 한국의 '국정 교과서'의 왜곡은 일본 '검인정'의 왜곡과 비교하여, 아무리 팔이 안으로 굽는다 해도, 오십보 백보 아닌가? (4)의 글은 경성사범 부속 보통학교에서 만든 '황국신민교육의 원리와 실천'(1939)의 일부다(오성철 교수의 한 저서에서 허락없이 재인용했음을 밝힌다). 21세기 한국의 교육이야말로 여전히 '황국신민교육'의 '왜곡'을 실천하고 있지는 않은가?

기독교인은 아니지만 이럴 때 예수님 말씀이 생각난다. 자신의 눈에 있는 들보는 보지 못하고 남의 눈의 티를 욕한다던가? 들보 제 머리 안에 주입하는 '극기훈련'을 위해 스스로를 24시간 스파르타식 감옥에 가둬놓았던 예지학원의 어린 영혼들. 그저 아프다.

권혁범(대전대 교수·당대비평 편집위원)

【포커스】 사면초가, 주일대사는 괴로워!
역사교과서 파동 이후 '꿈쩍 않는 일본, 한국 내 반일 여론'에 운신 불편해져
『뉴스메이커』 제430호 2001. 6. 28

동경대에서 일본정치사상으로 석·박사학위를 받은 자타가 공인하는 학계 최고의 일본통. 지난해 2월 최상룡 고려대 정치외교학과 교수(60)가 주일대사로 임명되자 언론에서는 그의 프로필을 이렇게 다뤘다. '학계 최고의 일본통'이라는 말은 어찌 들으면 그가 외교관 출신이 아니라는 사실을 강조하는 것이기도 하다. 강단에서 30년을 보낸 만년서생이 냉혹한 현실의 벽을 뛰어넘을 수 있을지는 비단 언론뿐만 아니라 모든 국민들의 관심사였을 것이다.

1년 2개월이 지난 올 4월 최 대사는 우리 정부의 명령에 따라 일시 귀국했다. 한일 외교사에서 본국의 명령에 따라 대사가 자리를 떠난 예는 이번이 처음이었다. 일본의 역사교과서 왜곡에 대한 항의 표시로 이뤄진 이 조치는 향후 협상의 여지를 마련하기 위해서 '일시 귀국'이라는 형식을 취했지만 사실상 '대사 소환'이나 다를 바가 없었다. 학자 출신인 그가 비로소 직업 외교관으로서의 능력을 본격적으로 검증받는 상황에 직면한 것이다.

일시 귀국 조치가 이뤄진 지 두 달이 지난 현재 상황은 별로 나아진 것이 없다. 일본 문부과학성은 한국, 중국, 북한을 포함한 전세계의 비난 여론에도 불구하고 왜곡된 역사교과서의 검정을 통과시켰다. 또 지난 5월 초 한국정부가 35개 항목의 재수정을 공식 요구한 것과 관련, 일본정부는 '교과서 재수정 불가'라는 입장을 간접적으로 밝히고 있을 뿐이다.

"우리 정부 만족할 결론 나오기 어려울 듯"

이런 가운데 역사왜곡 논란을 불러일으킨 문제의 역사교과서가 일본 중학교의 내년도 역사교과서로 잇따라 채택됐다는 반갑지 않은 소식도 들려온다. 고이즈미 준이치로 내각 출범 이후 새로 임명된 도야마 야쓰코 문부과학상 역시 "엄정한 검정을 통해 합격됐기 때문에 객관적이고 확실한 오류가 없는 한 재수정이 불가능하다"는 종전 입장만 되풀이하고 있다.

사면초가(四面楚歌). 일본 역사교과서 왜곡 문제를 둘러싸고 최 대사가 처한 지금의 상황을 이보다 더 잘 표현하는 말은 없다. 재수정 요구를 받아들일 기미를 전혀 보이지 않는 일본정부, 들끓고 있는 한국 내 반일 여론, 이 사이에서 한국

정부를 대표해 일본에 파견된 최 대사의 운신 폭은 극도로 좁을 수밖에 없는 것이다.

6월 15일 오후 일본 도쿄 주일 한국대사관에서 만난 최 대사는 그래서인지 무척 말을 아꼈다.

"일본정부에 우리측 요구사항을 전달한 뒤 답변을 기다리고 있는 상황이어서 일본 교과서 문제에 대한 질문은 대답하기가 매우 곤란합니다."

최 대사가 기자에게 건넨 첫마디는 이랬다. 현재 자신이 처한 입장을 간곡히 설명하면서 "매우 민감한 시기"라는 말도 여러 차례 했다. 민감한 질문을 피해가는 직업 외교관의 능수능란함이 물씬 풍겨나는 발언이지만 오히려 난처한 현재 사정이 그의 말문을 막았다는 느낌을 받았다.

"한일 양국을 모두 만족시킬 수 있는 결론이 나오기는 힘들지 않겠느냐"는 질문을 던지자 최 대사는 자신의 속내를 조금 비쳤다. 그는 "양국 정부가 모두 만족할 수 있는 결론을 만들어내는 것이 최선이지만 쉽지 않을 것"이라며 "특히, (현재 상황에서) 한국정부를 만족시킬 수 있는 결론이 나오기는 어려울 것 같아 걱정"이라고 말했다. 한국정부를 만족시키는 결론은 당연히 일본정부가 35개 항목의 재수정 요구안을 수용하는 것인데 일본정부는 이미 여러 차례 '재수정 불가' 방침을 공공연히 천명한 바 있기 때문이다. 최 대사는 또 "어떤 식으로든 결론을 빨리 내리는 것이 질질 끄는 것보다 향후 양국 관계를 위해 좋지 않겠느냐"는 질문에 "이달 안으로 결론이 나올 것"이라고 힘주어 말했다.

1년에 국회의원만도 1,000여 차례 다녀간다는 주일 한국대사관의 수장으로서 그는 한시도 쉴 틈이 없다. 자리를 함께한 짧은 시간에도 최 대사는 여기저기에서 걸려오는 전화를 받느라 잠시도 소파에 엉덩이를 붙이지 못했다. 대화 도중 대표적인 왜곡교과서를 출간한 일본의 '새 역사교과서를 만드는 모임'을 이끌고 있는 우익 언론인 『산케이신문』의 가쓰마 회장으로부터 전화가 걸려왔다. 최 대사는 능숙한 일본어로 전화통화를 마친 뒤 "오늘 저녁 가쓰마 회장을 만나기로 했는데 다시 한번 설득해봐야겠다"고 말했다. 정·관계 인사이건, 민간인이건 문제를 풀어가는 데 도움이 된다면 일단 최선을 다해보겠다는 그의 의지가 엿보였다.

재일동포 신용조합 구조조정 작업 지휘도

우경화 양상을 보이고 있는 일본정부의 완고한 태도도 걱정이지만 최 대사는 한국 내 반일 여론에 대해서도 무척 신경쓰는 눈치였다. 모 일간지에는 동경대 출신인 최 대사가 지나치게 친(親)일본적인 태도를 보이는 것이 아니냐는 비판 기사가 나온 적도 있었다. 그러나 그는 "오히려 일본을 너무 잘 알고 있기 때문에 일본 사람들이 나를 무서워하고 있다"며 한마디로 일축했다.

역사교과서 문제말고도 주일 대사관에는 현안이 한두 가지가 아니다. 최근 최 대사의 또다른 주요 업무는 경영부실로 파탄조짐을 보이고 있는 재일동포계 신용조합의 구조조정 작업을 지원하는 것. 현재 경기 침체로 몸살을 앓고 있는 일본정부 역시 금융기관 구조조정을 한창 벌이고 있는데 재일동포 은행 설립에도 매우 적극적이다. 재일동포계 신용조합은 모두 34개가 있었으나 간사이(關西)홍은, 도쿄(東京)상은 등 16개 조합이 경영부실로 이미 파산했고 나머지 소규모 18개 조합도 경영부실로 파산위기를 맞고 있다.

최 대사는 "일본정부와 민단과의 협의과정을 거쳐 빠르면 9월쯤 재일동포계 신용조합의 부실채권을 완전히 털어낸 클린 뱅크(clean bank)인 가칭 평화은행을 설립할 계획"이라고 밝혔다.

그는 구체적인 은행설립 계획도 소개했다. 동포은행은 일본정부로부터 1조 엔에 달하는 공적자금을 지원받을 예정이며 도쿄와 오사카에 지점을 둔 본격적인 사이버은행으로 자리잡게 된다고 설명했다. 최 대사는 "재일동포계 실업가들의 참여를 유도하기 위해 대사관이 적극 나서고 있다"고 밝혔다.

인터뷰 말미에 이르러 빽빽한 스케줄 속에 건강관리는 잘하고 있는지를 묻자 최 대사는 대사 부임 이후 폭탄주를 다시 마시기 시작했다고 말했다. "일본에서도 폭탄주를 마시느냐"는 말에 그는 "내가 무녀독남이다보니 사람을 워낙 좋아합니다. 폭탄주를 마실 일이 있으면 당연히 마셔야죠. 일이 되게 하려면 뭐든 해야 하는 것 아닙니까"라고 웃으며 말했나.

도쿄·차세현 기자

자치체가 왜곡교과서 덮는다

『한겨레 21』 제365호 2001. 7. 5

충남대표들 자매현 왜곡교과서 불채택 활동…… 일부 기초의회에서 채택 않기로 결정

최근 구마모토현 기쿠치군 기쿠요정(町)의회(우리나라의 기초의회)의 회의결과가 알려지자 구마모토를 방문해 왜곡교과서 불채택 활동을 벌이고 돌아온 충남지역 시민사회단체 방문단원들의 표정이 일순 환해졌다. 지난 6월 15일, 기쿠요의회는 14일 문교후생위원회가 채택을 결정한 '역사왜곡교과서'를 놓고 본회의를 열어, 출석의원 20명 중 다수의원의 찬성으로 이 지역 중학교 역사교과서로 채택하지 않기로 결정했기 때문이다.

지난 6월 7~9일까지 충남지역 교사, 농민, 목사 등 각계각층 대표들로 구성된 '일본 역사왜곡교과서 불채택을 위한 구마모토 충남방문단'(단장 정수용 전농 충남도연맹 의장) 일행 10명은 일본 구마모토현청(도청)을 비롯해 시·정을 돌며 문제의 왜곡교과서를 채택하지 말 것을 요구했다. 이들이 2박 3일 동안 방문한 지역은 1개 현, 1개 광역시, 5개 시·정에 이르고 지역마다 자치단체, 지방의회, 교육위원회를 방문하는 강행군이었다.

이들이 이 지역을 선택한 것은 충남도와 구마모토현이 18년째, '충남참여자치 지역운동연대'와 '평화헌법을 살리는 구마모토 현민의 회'가 5년째 자매결연을 맺고 있었기 때문이다. 일본은 지방자치단체별 교육위원회에서 교과서 채택 권한을 쥐고 있어, '새역사교과서'가 아이들의 책상 위에 펼쳐지느냐의 여부가 자치단체의 선택에 달려 있는 점도 작용했다.

방문기간 동안 일본 행정기관들이 보여준 답변은 의례적이었다. 첫 방문지인 구마모토현청에서는 "현 지사에게 방문단의 요구사항을 그대로 전달하겠다"는 답변만 들을 수 있었다. 구마모토현 교육위원회에서는 교육장을 대신해 교육국 차장이 나와 "한국인에게 많은 피해를 줬다는 역사적 사실을 잘 가르치고 있다"는 답변만 반복했을 뿐, 왜곡교과서 채택 여부에 대한 언급은 끝내 회피했다.

실제 구마모토현은 일본에서 자타가 인정하는 가장 보수우익적인 고장으로 이름나 있다. 명성황후 시해사건 장본인들의 대다수가 그곳 출신인 것으로 알려져 있으며, 임진왜란 때 조선침략의 장수로 알려진 가토오 기요마사를 기리는 신사가 지금도 구마모토 시내에 명소로 자리잡고 있다. 시·정·촌 의회 가운

데 왜곡역사교과서를 채택하라는 우익단체의 진정서가 가장 많은 것으로 알려져 있기도 하다.

그러나 충남방문단은 그럴수록 여러 자료를 제시하며 설득작업을 벌였고, 과거 역사의 진정한 반성을 통해서만 양국의 평화선린 관계가 지속될 수 있음을 설명했다. 나아가 양 지역 시민단체는 구마모토현 안에서 무더기로 왜곡된 역사교과서가 채택될 경우 충남도와 구마모토현 간 자매결연 협정 파기 등을 포함한 후속조처를 요구하기로 결의하는 등 압박을 가했다.

방문단이 값지게 생각하는 또다른 성과는 교과서문제에 대한 구마모토 시민들과의 교감이다. 첫날 저녁 구마모토현에서 열린 '방문단 환영회'에는 시민단체 회원과 현민 50여 명이 참여해 의견을 나눴다. 이 자리에서 양 지역 민간단체 간 공동선언문을 채택해 "교과서문제가 일본의 재침략 야욕과 맞닿아 있다고 단정한다"며 "양쪽 민(民) 모두를 불행하게 하는 잘못된 선택을 방지하기 위해서라도 교과서 채택을 막는 데 힘을 모을 것"이라고 밝혔다.

다음날, 아라오시와 야스시로시에서도 잇따라 시민들의 환영모임이 열렸다. 특히 야스시로시에서는 방문단의 교과서문제에 대한 설명을 듣고 즉석에서 '교과서 네트' 조직이 결성됐다. 이에 따라 구마모토현에서 '교과서 네트'가 결성된 곳은 야스시로시 외에 기쿠치시, 구마모토시, 히토요시, 아마크사, 미나마타 등으로 늘어났다.

"자치단체들이 직접 대응해 채택 막아야"

충남지역 10개 시·군시민단체 연대체인 '충남참여자치지역운동연대' 대표로 방문단에 참여한 권정안(45) 공주대 교수는 "방문단의 활동은 왜곡교과서 불채택운동의 새 노넬이 될 만하다"고 평가했다. 권 교수는 "일본의 힌 시민단체 간부로부터 '한국 자치단체는 왜 자매결연을 맺고 있는 일본 각 지방자치단체나 학교를 통해 대응을 하지 않느냐'고 물었다"고 소개하기도 했다. 한국 자치단체와 일본 자치단체 간 자매결연을 맺은 곳은 일본 규슈지역만도 80여 곳에 이른다. 각 지역교육청과 학교별 자매결연의 경우는 숫자 파악이 어려울 만큼 많다.

이번 방문단에 참여한 예산주민연대 성기원(36) 사무국장은 "일본 내에서는 이미 왜곡교과서가 지방자치단체별로 속속 채택되고 있다"며 "정부 차원의 대응과는 별도로 각 자치단체별 직접대응이 필요하다"고 강조했다.

천안신문 박현식 기자

【뉴스초점】 악화일로 韓·日 정면충돌하나

『뉴스피플』 제477호 2001. 7. 13

일본 역사교과서 왜곡문제와 남쿠릴 열도 인근 수역의 꽁치잡이 조업을 둘러싸고 한일 양국의 충돌이 잇따르면서 두 나라 관계가 악화일로에 놓였다.

정부는 35개항에 걸쳐 수정을 요구한 내년도 일본 중학교 새 역사교과서왜곡 부분에 대해 일본측의 비공식 통보 내용을 검토한 결과 "현저하게 기대에 미치지 못하는 수준"으로 결론짓고 강력한 대응조치를 단계적으로 취하기로 했다. 우선 지난 8일 방한한 야마자키 다쿠(山崎拓) 자민당 간사장 등 일본 연립3당 간사장들의 김대중 대통령 예방 요청을 거부했다. 이와 함께 대일(對日) 추가 문화개방 연기와 한일 간 고위당국자 교류 중단 등 가능한 모든 수단을 동원하려는 움직임을 보이고 있다.

남쿠릴열도 꽁치잡이 분쟁은 현실적 충돌 가능성마저 낳고 있다. 분쟁은 우리 어선들이 1t당 55달러를 러시아에 주고 1만5천t의 꽁치를 이 수역에서 잡기로 한·러 정부가 지난해 12월 합의하자 일본측이 자신들의 영유권을 주장하면서 비롯됐다. 지난 2일과 7일 두 차례에 걸쳐 한일 간 회의를 열었으나 접점을 찾지 못하고 있다. 우리 정부는 일본측이 대체어장을 제공하지 않을경우 15일부터 조업을 강행할 방침이다.

1998년 10월 '21세기 새로운 파트너십'까지 선언했던 한일관계가 악화일로를 치닫고 있는 이면에는 일본 여론의 급속한 보수 우경화 바람이 깔려 있다. 우리 정부는 물론 중국과 북한 등 주변국들의 강력한 요구에도 불구하고 역사교과서 왜곡을 방관하고 있는 일본정부는 여기에 그치지 않고 자국 총리의 야스쿠니신사 참배를 기정사실화하고 나선 것도 일본 정치 지도자들이 국내정치용으로 외교관계를 희생시키고 있다는 분석에 설득력을 실어주고 있다. 고이즈미 정권 출범 이후 한국 등 아시아 주변국을 경시하고 대미일변도의 외교성향을 보이고 있는 점 또한 같은 맥락으로 이해할 수 있다.

꽁치잡이 조업을 둘러싼 일본측 분쟁제기 또한 홋카이도(北海道) 현지 어민들의 이해관계와 오는 29일 열릴 참의원 선거 등을 의식한 조치로 외교전문가들은 분석하고 있다.

한일 양국간 입장은 한치의 양보도 있을 수 없는 강(强) 대 강의 대치국면이다. 교과서 문제와 관련, 일본정부가 "학설상의 문제에 대해선 정부가 개입할 수 없다”는 형식논리를 내세워 사실상 교과서 수정의사가 없음을 재차 확인한 데 맞서 한승수 외교통상부 장관이 일 언론과의 기자회견에서 새역사 교과서를 만드는 모임의 교과서 일부 정정 발표를 “잔재주에 불과하다”고 일축한 데서 극명하게 나타난다.

꽁치잡이 분쟁과 관련 우리 정부는 “러시아가 실효적으로 지배하는 수역에서 우리 어선을 나포하진 못할 것”이라며 물리적 충돌 가능성을 희박하다고 판단하고 있지만 지난 1일 일본 해상보안청 순시선이 우리 꽁치잡이 어선에 한국어로 된 조업불가 전단을 뿌린 사실은 사태의 앞날을 예단하기 어렵게 하고 있다.

일본과의 심각한 갈등으로 우리 정부의 외교력이 시험대에 올랐다. 정부는 독자적 대응방안 이외에 공통의 이해관계를 갖고 있는 중국과 북한과의 공조, 국제사회에서의 대일 비판 여론 유도 등 다각적인 일본 압박 카드를 활용해야 하기 때문이다. 국내 반일 감정을 과도하게 의식해 무조건 강하게 대응하는 게 상수가 아니라는 외교 전문가들의 충고는 우리 정부의 현명한 대응에 대한 기대감을 담고 있다.

김환용 기자

【이슈】 국사교과서 내용 이대로 안 된다

『뉴스메이커』 제433호 2001. 7. 19

역사의식도 사관도 없이 기술, 日 역사교과서 왜곡 방조자역

일본 역사교과서 문제로 나라 전체가 흥분에 휩싸여 있다. 정부는 정부대로 외교적인 초강수를 구사하려 하고, 학계·언론계·시민사회에서도 연일 일본을 성토하는 목소리를 내고 규탄 시위까지 하고 있다.

그러나 이번 사태가 갑자기 일어난 게 아니라 이미 예견됐던 것이라는 점에서 그동안 우리 정부와 사회가 체계적이고 일관된 대일 전략을 갖지 못했다는 자성론이 일부에서 제기되고 있다. 일본은 오래전부터 우익세력을 중심으로 기회만 있으면 한국과 관련된 ‘망언’을 반복했고, 교과서 문제만 해도 1982년 한 차례 파동을 일으킨 데 이어 꾸준히 군국주의 사관에 기초한 검인정 교과서 집필을 시도해왔기 때문이다.

특히 역사왜곡 문제와 관련, 차제에 우리의 역사교육에도 관심을 기울여야 한다는 반성의 목소리도 들린다. 일본 역사교과서 왜곡만 비판했지 정작 우리 역사교과서와 역사교육의 '들보'는 외면했다는 주장이다.

우리의 역사교과서 문제에 대해서는 대체로 두 가지의 주장이 제기되고 있다. 하나는 국사교과서를 필수로 하고 수업시간도 늘리는 등 현행 국사교육을 대폭 강화해야 한다는 것이다. 다른 하나는 국사교과서 내용을 개정해야 하며 이를 위해서는 현행 국사교과서 채택 제도를 바꿔야 한다는 주장이다.

위안부 희생 딱 한 줄로 기술

현재 중·고등학교에서는 2, 3학년을 대상으로 일주일에 3시간씩 국사 수업을 하고 있다. 그러나 내년부터 실시되는 제7차 교육과정에는 각각 일주일에 2시간씩으로 줄어든다. 특히 고등학교에서는 근·현대사가 선택 과목으로 분리된다. 입시가 모든 것을 좌우하는 마당에 공부하기 쉬운 다른 선택과목을 두고 굳이 까다로운 근·현대사를 택할 학생이 있을까 하고 국사교사들은 우려한다.

중앙고 최현삼 교사(국사)는 "결국 근·현대사는 있으나마나한 과목이 될 가능성이 크다"며 "유구한 역사와 전통을 가진 나라치고 제 역사를 독립된 과목으로 편성해 후세에 가르치지 않는 나라는 우리밖에 없다"고 비판했다.

국사교과서 내용 서술 역시 오래전부터 교육계를 중심으로 논란이 끊이지 않았다. 특히 근·현대사 기술 부분과 관련해서는 "역사의식도, 사관도 없다"는 비난이 쏟아졌다.

'우리의 역사는 우리 민족이 걸어온 발자취로서의 역사적 사실이며 그에 대한 기록이다.' 우리의 중·고교 국사교과서 '머리말'은 똑같이 이렇게 시작되고 있다. 역사 서술에 대해서도 '과거가 어둡다고 숨기거나 없는 것을 있다고 과장해서는 안 된다'며 '역사 서술은 치우침이 없고 엄격하여야 한다'고 적고 있다.

그런데 과연 그런가. 이번에 문제가 된 일본 중학교 역사교과서를 둘러싼 쟁점 가운데 하나인 위안부 문제만 보더라도 그렇다. 우리 중학교 국사교과서에는 '이때 여성까지도 정신대라는 이름으로 끌려가 일본군의 위안부로 희생되기도 하였다'라고 간략하게 서술되어 있다.

종군위안부의 규모, 실상, 현재의 생존자 수에 관한 소개도 없다. 그러니 중학교 국사를 통해 위안부에 대해 배운 학생들은 현재 위안부 할머니들이 왜 미국 캘리포니아 법정을 통해 소송을 제기, 일본에 사죄와 배상을 요구하고 있는지

의아해할 수밖에 없다.

친일파 문제를 봐도 현행 국사교과서는 거론조차 않고 있다. 요즘 학생들은 '이완용'이 을사 5적 가운데 하나이며 매국노라는 것을 잘 알지 못한다. 고등학교 국사교과서에도 '나철, 오기호 등은 5적 암살단을 조직하고 5적의 집을 불사르고 일진회를 습격하는 등 매국노를 처단하려고 했다'라고만 되어 있을 뿐 5적의 이름은 거명하고 있지 않다.

국사교과서가 이렇다 보니 일제시대의 한국인들은 거의 모두가 반일 투사요, 애국자로 비쳐진다. 친일파들은 물론 초기 민족주의 입장에 섰던 인물이나 단체들의 친일 행적에 대해서는 거의 서술하고 있지 않기 때문이다. 일본의 식민지 정책에 대항했다고 기술된 언론매체에 관한 기록이 대표적인 보기이다.

'조선일보와 동아일보는 일제의 검열제도에 대항하면서, 민족사상의 고취, 민족의사의 대변, 민족문화의 계승, 재난 동포의 구호 등 민족을 위한 활동을 계속하였다. (중략) 마침내 1940년경에는 이들 민족 신문을 모두 폐간시켰다.'(중학교 국사)

이처럼 『조선일보』와 『동아일보』의 민족주의적 활동만 부각시켰지 친일 행적에 대해서는 한 줄도 할애하지 않고 있다. 공주대 지수걸 교수(한국사)는 "과거의 역사를 가감없이 사실대로 가르치는 역사교육이 필요하다"며 "그런 바탕 위에서 우리가 왜 우리의 조국과 민족을 지키고 가꾸어야 하는지 설득해야 진정한 애국심과 정체성 교육이 이루어질 수 있다"고 말했다.

국정교과서 폐지하고 검인정제 수용해야

우리 국사교과서의 서술 문제는 국사학계의 '검인정 제도 도입' 주장으로 이어진다. 현행 교과서는 교육인적자원부가 국사편찬위원회에 의뢰해 만들고 있다. 국가에서 만드는 제1종 교과서(국정교과서)다. 이 제도를 폐지하고 대신 검인정 제도를 통해 다양한 견해를 수용해야 한다는 목소리는 그동안 학계와 교육계에서 폭넓은 공감을 받아왔다. 국정교과서 제도는 다양한 견해는커녕 학계의 성과조차 제 대로 반영하지 못하고 있다고 해서다.

이에 대해 국사편찬위원회 이근택 연구원은 "그동안 현행 국사교과서에 대한 비판과 지적을 충분히 알고 있다"며 "쟁점이 있는 역사적 사건을 다루다보면 가장 무난하고 문제제기가 없는 방향으로 절충하게 된다"고 문제점을 시인했다. 그는 내년 고등학교 국사 과목의 일부인 근·현대사 과목을 따로 떼서 검인정제도로 바꾼 것은 전체 검인정으로 가기 위한 과도기적 상황으로 이해해달라고 덧붙였다.

우리가 일본에 대해 왜곡된 역사교과서를 수정하라고 요구하는 것은 단순히 우리의 아픔과 상처를 기억해달라는 뜻이 아니다. 역사로부터 교훈을 얻고 오늘의 문제를 해결할 수 있는 지혜로 활용하기 위해서다. 역사는 오늘을 비춰주는 거울이며 내일을 내다보는 창이라고 말하는 까닭이 여기에 있다. 따라서 과거의 역사를 바로잡는 것은 한 · 일관계의 건전한 미래를 위한 디딤돌임은 두말할 필요가 없다.

서울대 최병헌 교수(한국사)는 "역사교과서 문제는 인류 보편적인 평화와 윤리라는 잣대를 놓고 봐야 한다"며 "일본 교과서 문제는 그들 학생들에게 군국주의 사관을 심어주고 결국 이웃나라끼리 갈등과 전쟁을 불러일으킬 수 있다는 점에서 위험하다"고 말했다. 최 교수는 또 "우리 교과서에서 가장 논란이 많은 고대사와 근 · 현대사의 여러 쟁점들을 정리해 학생들이 올바른 역사의식을 가질 수 있도록 학계나 교육계에서 더 분발해야 한다"고 충고했다.

신광식 기자

【시론】 역사왜곡과 늑대 소년

『뉴스피플』 제478호 2001. 7. 20

거짓말은 자꾸 하면 할수록 느는 법이다. 상습범이 되면 버릇처럼 밥 먹듯이 거짓말을 하게 되고, 나중에는 저 자신까지도 최면에 걸려 그것이 진실인 줄로 착각하게 된다.

최근 일본 역사교과서 왜곡 문제를 예의 주시하면서 늑대 소년의 거짓말우화를 떠올리지 않을 수 없었다. 늑대 소년은 "늑대가 나타났다"고 거짓말을 하다가 나중에는 마을 사람들조차 그의 말을 믿지 않게 되고, 진짜 늑대가 나타났을 때는 정작 늑대에게 잡아먹히고 마는 운명에 처한다.

일본인들이 역사교과서에 거짓말을 수록하고 진짜로 믿게 만들려는 발상자체는 늑대 소년의 행위와 별반 다를 바 없다. 그들이라고 늑대 소년의 최후를 모르지는 않을 것이다.

그런데 왜 그들은 자꾸만 역사의 진실을 왜곡하려고 드는 것일까. 우리는 그 진짜 이유를 정확히 알 필요가 있다.

지금 일본의 국민들은 우경화로 치닫고 있다. 과거 군국주의의 망령이 되살아나고 있는 것이다. 작금의 일본 경제는 수년간 경기회복이 되지 않는 상태에서 혼전을 거듭하고 있다. 이 경제 위기의 극복을 그들은 군국주의적인 방식으로 해결하고 싶어하는 것이다.

이러한 우경화 추세에 더욱 힘을 실어주는 것은 고이즈미 총리가 이끄는 일본정부다. 다가올 선거에서 유리한 고지를 점령하기 위한 포석이라는 것은 겉모습에 불과할 뿐이다. 교과서 수정을 정면으로 거부하는 일본정부는 그 이면에 군국주의의 망령을 숨기고 있는 것이다.

자위대로 위장하고 있는 일본은 경제대국에서 이제 바야흐로 군사강국으로 떠오르고 있다. 동북아시아는 물론이고 미국까지도 위협할 수 있는 수준으로 군사적 발전을 거듭하고 있는 것이다. 심지어 일본 군사학교의 커리큘럼에 한국학이 개설되어 있을 정도로 그들은 우리나라를 예의 주시하고 있다.

지금 우리나라는 일본의 역사교과서 왜곡에 대한 대응 문제로 고심하고 있다. 이달 중순으로 예정된 조영길 합참의장의 방일을 취소하고, 하반기 일본방위청 장관의 방한 등을 추진하지 않으며, 또한 제4차 문화개방 일정을 무기한 연기하기로 하였다고 한다.

차제에 그것이 과연 적절한 대응 방법인지 심사숙고할 필요가 있다. 일시적으로 볼 때 하나의 방편은 되겠지만, 그것이 근본적인 문제를 해결하는 데 필요한 바람직한 방법이라고 보기는 어렵다.

문제는 저들 일본인들에게 거짓말의 수치감을 제대로 알려주는 데 있다. 늑대소년의 최후가 어떻게 되는지 경고해줄 필요가 있다는 이야기다.

일본의 교과서 왜곡 문제는 이제 우리나라나 중국뿐만 아니라 미국에까지도 심각한 문제로 파급되고 있다. 최근 중국이 민감한 반응을 보이며 일본의 교과서 왜곡을 전면적으로 비판하고 나섰으며, 미국 언론은 "국제 무대에서 덩치값도 못하는 일본"이라며 공격의 화살을 퍼붓고 있다.

역사는 현재를 해석하는 거울과도 같다. 역사의 거울에 비추어 현재를 바라볼 때 미래도 보이는 것이다. 일본은 이 점을 놓치고 있는 것이 분명하다. 그렇다면 일본이 역사교과서 왜곡을 고집하는 한 그들의 미래는 그만큼 불투명할 수밖에 없다.

21세기는 동북아시아, 더 나아가서는 전세계가 동반자 관계로 나가야 할 때이다. 만약 국제 무대에서 일본이 아웃사이더로 전락한다면, 일본과 함께 동북아시아에 속하는 한국이나 중국도 그 영향을 받을 수밖에 없다.

이러한 시대적 요청에 의해 어차피 우리나라와 일본은 동반자 관계로 가야만 한다. 그런데 요즘 일본은 역사의 큰 흐름으로 볼 때 역행을 하고 있는 느낌이다. 안타깝지 않을 수 없다.

일본의 역사교과서 왜곡을 반대하는 입장을 취하는 것은 정당하다. 그러나 반대만 하는 것보다는 그들로 하여금 역사의 진실을 바로 볼 수 있도록 유도하는 어떤 방법론도 모색해볼 필요가 있다고 본다.

늑대 소년에게 여러 번 속은 마을 사람들이 나중에는 그를 믿지 않아 늑대에게 죽임을 당하게 놔두듯이 일본이 국제 무대에서 아웃사이더로 전락하도록 방치하는 것은 크게 우려되는 일이 아닐 수 없다. 우리나라의 입장에서 볼 때 경제적으로나 정치적으로 미묘하게 얽혀 있어 동반 추락할 위험성도 배제할 수 없기 때문이다.

엄광용(소설가 · 동화작가 · 민족문학작가회의 회원)

【인터뷰】 한승수 외교통상부장관

『뉴스피플』 제478호 2001. 7. 20

일본의 교과서왜곡 시정거부와 남쿠릴열도 주변수역 꽁치조업 분쟁, 고이즈미 준이치로(小泉純一郎) 일본 총리의 야스쿠니(靖國)신사 참배 문제 등으로 한일 간 외교마찰이 정면충돌 양상으로 치닫고 있다.

오는 29일 일본 참의원 선거에서 완승을 노리는 자민당과 고이즈미 내각의 정치적 노림수가 깔려 있다는 분석을 근거로 8월 이후 냉각기류가 완화될 것이라는 분석도 나오지만, 사정은 그렇게 간단치 않다. 내셔널리즘의 확산이라는 자국 내 여론을 감안할 때 일본이 교과서 문제 등 쟁점 현안에 대해 우리 정부의 요구사항을 선뜻 받아들일 수 없을 것이라는 전망 때문이다.

양국간 외교 파고가 가파른 상승곡선을 그리고 있는 가운데 지난 12일 세종로 정부청사 집무실에서 한승수(韓昇洙) 외교통상장관을 만나 정부 입장과 전망, 해법 등을 들어봤다.

지난 4일로 장관 취임 100일을 맞으셨죠. 소회가 어떻습니까.
중요한 외교현안이 많이 발생했습니다. 특히 교과서 문제로 한일 양국의 미래지향적 선린관계 발전에 지장이 초래되는 현실을 일본이 간과하고 있는 듯하여 매우 안타깝습니다. 일본측의 현명한 판단과 결단을 바랍니다.

앞으로 일본 교과서 문제에 구체적으로 어떻게 대응할 생각입니까.
교과서 왜곡이 시정될 때까지 부처별로 필요한 조치를 취하고 있습니다. 외교부도 국제무대에서 일본의 도덕성 문제를 적극 제기, 압력을 가하는 등 가능한 모든 노력을 쏟을 것입니다. 해외 주요 언론 사설 등에서 보듯 국제여론도 일본의 도덕성 문제를 제기하는 등 일본이 결코 옳지 않다고 보고 있습니다.

일본이 재수정 요구를 받아들일 가능성은 있습니까.
일본은 과거 침략의 역사에 대해 국민들에게 진실을 가르쳐야 할 의무가 있고, 역사의 피해자인 우리로서는 이를 요구할 권리를 갖고 있습니다. 이제 이 문제는 기술적 단계를 떠났습니다. 문제 해결의 공은 일본 정치권에 넘어갔습니다. 일본 정치권이 한일 및 일·중 관계, 아시아내 일본의 역할 등을 고려해 큰 차원에서 판단하고 결정해야 합니다.

국회가 일본상품 불매운동 등을 포함한 결의문을 채택할 예정인데, 정부의 입장은 어떻습니까.
국회는 국민의 총의가 모인 곳이며, 정부는 국민의 뜻에 따라 정책을 집행합니다. 때문에 국회 결의를 정부가 주목하지 않을 수 없습니다. 국회 결의가 정부의 대일정책에 적잖게 영향을 끼칠 것입니다. 결의문이 본회의를 통과하는 대로 정부가 적절하게 대응할 생각입니다.

지난 1998년 공동선언한 한일 파트너십의 파기도 거론되는데.
일본이 파트너십의 기본인 역사인식 등에 대한 정신을 살리길 강력히 바랍니다.
교과서 문제와 관련, 국제연대는 어떻게 해나갑니까.
굳이 '연대'를 얘기하지 않아도 이미 피해국들이 각자 조치를 취하고 있습니다. 나라별로 대응이 다를 수도 있습니다. 우리는 우리의 조치를 취하는 것입니다.

중국과 구체적으로 연대방안을 논의했는지요.

그런 것은 아직 없습니다. 다만 야마사키 다쿠(山崎拓) 자민당 간사장을 비롯한 일본 연립 여3당 간사장들이 지난 8일부터 한국과 중국을 잇따라 방문했을 때 양국으로부터 거의 같은 메시지를 받았을 것입니다. 이들이 교과서문제와 관련한 한국과 중국의 인식을 일본 정치권에 충분히 전달한 것으로 알고 있습니다.

정부가 초동단계에서 너무 성급하게 대응하는 등 외교적 실책을 지적하는 목소리도 있습니다.

종전 같으면 국민이 굉장한 규모로 항의했을 텐데 이제는 우리 사회가 대단히 완숙해졌습니다. 정부는 지금까지 역사왜곡을 반드시 시정해야 한다는 인식으로 대응해왔으며, 앞으로도 강력하면서도 차분한 자세로 대처할 것입니다.

김대중 대통령도 강도 높게 교과서 문제의 해결을 촉구하셨죠.

김 대통령도 지난 1998년 10월 일부 국민의 반대에도 불구하고 일본에 가서 미래지향적 한일관계를 구축하겠다는 일념으로 한일 파트너십 공동선언을 만들어냈는데, 상황이 이렇게 되는 바람에 많은 생각을 하지 않을 수 없을 것입니다.

교과서 문제가 대북정책 공조에 영향을 미치지는 않을까요.

한·미·일 3국간 공조관계는 대북정책조정감독그룹(TCOG)회의 등을 통해 계속 진행되고 있습니다. 대북공조는 교과서 문제와 별개로 계속 유지해나갈 것입니다.

고이즈미 총리의 신사참배 문제까지 겹쳐 월드컵 공동개최에도 지장이 있을 것이라는 우려가 있는데.

A급 전범자의 위패가 있는 신사를 공식 참배하는 것은 분명 문제가 있습니다. 고이즈미 총리가 과거 다른 총리들처럼 신중하고 사려깊게 처신하길 바랍니다. 관례에 따라 현명하게 행동해야 할 것입니다.

오는 29일 일본 참의원 선거 이후 상황이 달라질 것이라는 분석도 나오는데.

현재로선 알 수가 없습니다. 선거든 아니든, 가능한 한 빨리 매듭짓길 바랍니다. 고이즈미 총리가 강력한 지도력을 아시아 국가와 선린관계를 확대시키는 데 활용해 정치적 결단을 내려야 합니다.

남쿠릴열도 주변 수역 조업 문제는 어떻게 풀어야 합니까.

남쿠릴 주변수역을 관할하고 있는 러시아와 우리 정부의 조업 합의는 순수한 어업문제입니다. 결코 영토나 주권과 관련된 문제가 아닙니다. 국제법이나 국제관행상 아무런 하자가 없으므로 꽁치잡이는 예정대로 합니다. 일본이 대체어장 제공 등 우리 어민의 어업이익을 반영한 현실적 대안을 제시하면 해결방안을 협의할 용의가 있습니다. 그러나 일본이 현실적이고 수용가능한 대안을 제시하지 않고 있습니다.

실무협상이 결렬되면 최악의 경우 해상에서의 물리적 마찰도 우려되는데.

그런 일이 없길 바랍니다. 그러나 우리는 조업을 하도록 돼 있기 때문에 조업을 할 것입니다. 협상의 성공여부를 떠나 남쿠릴열도는 우리나라 꽁치 어획량의 60% 이상, 1만5천여t이 잡히는 곳입니다. 때문에 일본이 대체어장 제공 등 대안을 내놓아야 한다는 것입니다.

현 정부 기간에 한일관계를 어떻게 정리해야 합니까.

21세기는 인터넷과 네트워크의 시대입니다. 19세기 말 제국주의 시대 때 일본이 아시아를 벗어나 유럽 쪽을 따라가려던 때와 다릅니다. 한국과 중국도 19세기에 비해 많이 성장했고, 인적자원도 많이 배출했습니다. 일본이 아시아국가의 일원이라는 생각으로 역사와 정치를 바라보고, 진정한 화해와 평화를 위해 노력해야 합니다. 그러면 한일 및 한·중 간 문제가 없어질 것입니다. 우리도 노력하겠지만 가해자인 일본이 더 많은 노력을 기울여야 합니다.

이달말 하노이 아세안지역안보포럼(ARF)외무장관 회의에서 백남순(白南淳) 북한 외무상과 따로 만나 어떤 얘기를 나눌 것인지.

지난해 ARF회의 때 첫번째 남북외무장관 회담이 열렸습니다. 이번에 두번째 외무장관 회담이 열리면 유엔 등 국제무대에서 남북한 간 상호 협력방안을 포함하여 지난해 6월 남북정상회담 합의사항의 이행문제를 논의할 것입니다.

남북 당국간 대화가 중단된 뒤 첫 당국자회담이 되나요.

아직 시간이 많이 남아 있어 알 수가 없습니다.

이번 ARF회의에서는 북·미 간 외무회담도 전망되는데.

ARF 이전이라도 북·미 간 의미있는 대화가 이뤄지길 기대합니다. 어느 곳에서나 북·미 간 대화가 성사돼야 합니다.

그런 징후가 있습니까.
여러 가지 여건으로 봐서 그런 상황이 실현될 것으로 기대합니다.

북·미대화와 맞물려 남북관계가 어떻게 진전될지.
북·미대화나 남북대화 모두 빨리 시작돼야 합니다. 두 가지 대화가 독립적으로 진행되는 성질이 아닙니다. 한반도 평화와 안정을 위해 상호보완적으로 이뤄져야 합니다.

북한 김정일 국방위원장의 답방 가능성과 시기는 어떻게 보십니까.
김정일 위원장이 여러 차례 방한의사를 명확하게 표명했기 때문에 김 위원장의 방한은 이뤄질 것입니다. 그러나 정확하게 그 시기가 언제가 될지는 알 수 없습니다. 2차 남북정상회담이 이뤄지면 남북한 간 화해·협력을 증진하고 평화체제 기반을 구축하는 데 획기적인 전기가 될 것입니다.

황장엽씨의 방미 문제는 어떻습니까.
황씨는 지금까지 한국으로 망명한 북한인 중 최고위 인사로서 최고 수준의 신변보호가 절대적으로 필요한 특수한 상황에 놓여 있습니다. 때문에 우리 정부는 사전에 충분한 시간 여유를 갖고 양국 정부의 책임있는 당국간 긴밀한 협의를 통해 황씨의 신변보호 문제를 해결하는 것이 방미의 선행조건이라는 입장입니다.

황씨 방미와 관련, 한·미 정부간 협의가 있었습니까.
우리 정부가 따로 얘기를 하지 않아도 황씨가 일반인과 다르다는 사실을 미국도 잘 알고 있을 것입니다. 여야 간에도 논란이 분분합니다. 황씨의 거취문제가 정치적으로 이용되면 안 됩니다. 여야를 불문하고 국가이익을 최우선으로 생각해 신중하게 발언해야 할 것입니다.

오는 9월 유엔총회 의장을 맡게 됐는데.
유엔총회 의장은 환경, 군축, 인권 및 민주주의 증진, 빈곤타파 등 범세계적이슈 해결에 적극적인 역할을 할 수 있습니다. 이를 통해 우리나라의 국제적 위상과 외교 영향력을 강화하는 데 기여하겠습니다.

대담 양승현 정치팀장 / 정리 박찬구 기자

버티는 일본, 막가는 고이즈미
『주간동아』 제294호 2001. 7. 26

역사교과서 수정요구·비난·압력에도 요지부동…… 한술 더 떠 신사참배 공언까지

지난 7월 12일 한국정부가 일본의 역사교과서 왜곡에 항의해 외교·문화·국방 분야에 대한 대응조치를 취하고, 13일 국회가 일본 비난 성명을 채택해도 일본정부는 묵묵부답이다. 공식적인 논평이나 반응은 앞으로도 나올 가능성이 희박하다. 일본정부 대변인인 후쿠다 야스오(福田康夫) 관방장관이 국방부의 교류 중단 조치에 대해 "안전보장면의 교류는 대단히 중요한데 유감이다"고 논평한 것이 전부다. 한국정부의 조치를 무시하는 듯한 이런 태도는 예상한 것이기도 하다. 일본으로서도 쓸 카드가 없기 때문이다.

한국 쪽에서 보면 교과서 파동을 잠재울 수 있는 유일한 방안은 일본정부의 주도 아래, 아니면 적어도 교과서 출판사들이 자율적으로 교과서 내용을 한국정부가 요구한 대로 고치는 길이다. 그러나 일본정부는 그럴 가능성을 스스로 차단해버렸다. 5월 초 한국정부가 35개 항목에 걸쳐 재수정을 요구하자 일본 문부과학성은 전문가를 동원해 두 달 간에 걸쳐 소위 '정밀조사'를 했다. 그렇게 해서 나온 것이 "고대사 두 곳 외에는 고칠 것이 없다"는 결론이었다. 그런 결론을 내는 데 두 달이나 걸려야 했는지는 논외로 하더라도 적어도 이는 '일본정부의 공식입장'이다. 따라서 일본이 '정부의 공식입장'을 뒤집는 일은 없을 것으로 보인다. 그럴 경우 일본정부는 국내의 반발에 직면해야 한다.

일본 정국도 한국에는 불리하게 돌아가고 있다. 일본은 지금 온통 참의원 선거에 신경이 쏠려 있다. 이번 선거는 고이즈미 준이치로(小泉純一郎) 총리 내각이 발족한 뒤 처음으로 치르는 국회의원 선거다. 고이즈미 총리의 인기를 업고 자민당이 무난히 승리할 것으로 보이지만 선거의 속성상 다른 기능은 올스톱 상태다. 표가 떨어지는 것을 방지하기 위해서라도 선거가 끝나기 전에는 한국에 대한 양보조치는 취하지 않을 것이다.

더 큰 이유는 일본의 분위기가 예전같지 않다는 것이다. 1982년 교과서 문제가 터졌을 때는 일본정부가 "교과서 검정 때 이웃국가를 배려한다"는 '근린제국조항'까지 만들어 한국과 중국의 주장대로 교과서를 고쳤다. 그러나 지금은 일반 국민은 물론이려니와 언론의 보도태도도 그때와는 많이 달라졌다. 일본이 가해자이긴 하지만 언제까지 사과만 하고 있을 수 있느냐, 교과서 정도는 이제 우리 마음대로 만들어도 되는 것이 아니냐, 일본도 이제 패전국가의 질곡에서 벗어나야 한다는 이른바 '보통국가론'이 알게 모르게 힘을 얻어가고 있다. 역사문제에 관한 한 한국정부와 국민의 정서는 거의 변하지 않았는데 상대방 일본은 엄청 변해버린 것이다.

그래서 일본정부는 '소나기가 멎을 때까지 기다려보자'는 태도다. 한국정부의 입장을 이해 못하는 것은 아니다. 그러나 우리가 할 수 있는 일도 없으니 시간에 맡겨보자는 것이다. 따라서 양국간 관계는 당분간 나아질 기미가 보이지 않는다.

對 아시아 정책 부재가 근본 원인(?)

오히려 또다른 악재가 기다리고 있다. 고이즈미 총리가 오는 8월 15일 패전기념일(종전일)에 야스쿠니(靖國)신사를 참배하겠다고 공언한 것이다. 한국에서는 "교과서 문제도 해결하지 않았는데, 설마……"라고 생각할지 모른다. 그러나 고이즈미 총리는 4월 자민당 총재선거에 입후보한 이후 기회가 있을 때마다 "왜 가면 안 되느냐, 꼭 가겠다"고 말해왔다. 이제 한국과 중국이 반발한다고 해 참배를 안한다면 일본 국내에서 오히려 웃음거리가 될 정도다. 따라서 그는 반드시 참배할 것이다.

왜곡 교과서 채택률에 관심 집중

고이즈미 총리는 "일단 야스쿠니신사를 참배한 뒤 한국과 중국과의 관계 복원 문제를 생각해보겠다"고 말했다. 이 말에서 두 가지를 읽을 수 있다. 하나는 그가 문제의 심각성을 잘 모른다는 것이고, 또다른 하나는 자신이 노력하면 뭔가 될 것이라는 과신에 가까운 자신감이다. 야스쿠니신사 참배는 불에 기름을 붓는 격이다. 참배 후에는 양국관계가 더욱 꼬일 가능성이 큰데도 그는 별로 걱정하지 않는 듯하다.

고이즈미 총리는 총리 취임 때부터 외교역량이 부족하다는 지적을 받아왔다. 실제로 그는 취임 후 이렇다 할 대(對) 아시아 정책을 밝히지 않았다. 어쩌면 정책을 갖고 있지 않을지도 모른다. 그에 비해 확실하게 미국 중시정책을 천명하고 있다. 이를 실제로 증명하기도 했다. 미국이 지구온난화 방지협약인 '교토의 정서'에서 탈퇴하겠다고 하자 의정서의 골격을 바꾸어서라도 미국을 끌어들이려는 것이다. 지난 6월 30일 미-일정상회담에서 그런 입장을 밝혔다. 이 때문에 미국의 언론조차 고이즈미 총리가 고립무원인 부시 대통령의 입장을 살려주었다고 비판하기도 했다.

그러나 이 문제를 풀 수 있는 사람은 고이즈미 총리밖에 없다는 사실이 한국으로서는 더 큰 불행일지도 모른다. 고이즈미 총리의 지지는 조사에 따라 차이가 있지만 최소한 80%를 넘고 있다. 내각제인 일본에서 그만큼 높은 지지를 받은 인물은 없었다. 자민당 내부에 저항세력이 없는 것도 아니지만 적어도 현 정국에서 그의 뜻을 거스를 수 있는 세력은 없다. 따라서 그가 문제를 풀려면 풀수도 있다.

다만 그도 "교과서 재수정은 할 수 없다"고 공언한다. 교과서를 재수정하지 않고 이 문제를 풀 수 있는 방법이 있을까. 현재 한국정부가 교과서 재수정 외에 다른 제안을 받아들일 가능성은 거의 없다. 따라서 고이즈미의 선택의 폭은 그만큼 좁다.

현재 상정할 수 있는 방법은 출판사들이 자율적으로 수정하는 일이다. 그러나 이 문제도 간단치 않다. 문부과학성이 일단 합격판정을 내렸고, '정밀 조사'를 통해 문제가 없다고 한 이상 출판사들이 앞장서서 기술내용을 고치려 할 이유가 없다. 따라서 자율수정을 한다고 해도 정부와의 교감 없이는 불가능하다.

앞으로 교과서 사태는 몇 가지 고비를 맞게 된다. 하나는 8월 15일까지 각 시정촌(市町村) 교육위원회와 사립학교들이 문부성에 보고하도록 되어 있는 채택 결과다. 교과서 분제 발난의 씨앗을 뿌린 '새로운 역사교과서를 만드는 모임'측은 당초 채택률을 10%로 잡고 있다고 밝혔다. 만약 이 목표에 크게 못 미친다면 한국으로서는 "일본정부는 한국의 요구를 거부했지만 일본인의 양식은 살아 있다"며 조금은 분노를 삭일지도 모른다. 그러나 목표 채택률을 크게 넘었을 경우 오히려 정반대 현상이 빚어질 것이다. 이와 관련해 '모임' 교과서 채택 반대운동을 벌이는 시민단체의 활동이 마지막으로 기댈 언덕이다. 또다른 고비는 양국 정상이 만나 이 문제를 논의할 기회가 있는지다. 양국 정상은 격년으로 상호 방문하기로 되어 있다. 올해는 일본 총리가 한국을 방문할 차례다. 현재 분위기로는 어렵지만 돌파구를 마련하기 위해서는 양국 정상의 만남이 필요한 것도 사실이다. 10월 중국 상하이에서 열리는 아시아태평양경제협의체(APEC)에서 양국 정상이 단독회담을 가질지가 관심을 끄는 것도 이 때문이다.

심규선(동아일보 도쿄 특파원)

【보수·우익으로 가는 일본】 일본 군비증강, 동북아 긴장 부채질
『주간한국』 제1881호 2001. 7. 26

중기방위력 정비계획, 중·대만·러시아 등 주변국 자극
역사교과서 문제와 야스쿠니(靖國)신사 문제로 한중 양국의 대일 경계심이 크게 부풀고 있다.

중국이 공산당정권 특유의 '군국주의'라는 용어를 써가며 일본의 보수 우경화를 경고하는 것은 물론 한국에서도 우경화, 군사 대국화를 경계하는 소리가 커지고 있다.

7월 6일 일본의 2001년도 방위백서가 각의를 통과한 것과 관련, 구미와 일본 언론은 최초로 등장한 중국의 군비 증강 우려, 중국 대만의 전력 비교, 집단적 자위권 검토, 전역미사일 방어(TMD) 배치 검토 등의 내용에 초점을 맞추었다.

그러나 우리 언론은 이런 정세 분석보다는 2001~2005년도의 중기방위력 정비계획(중기방)의 내용에 치중했다. 지난해 12월 15일 각의를 통과, 확정될 당시는 특별한 관심을 끌지 못했던 내용이다. '구문'(舊聞)이 새롭게 포장된 것은 일본을 보는 우리 여론이 한쪽으로 급히 쏠리고 있음을 반영했다.

공중급유기 도입 등 '전수방위'에 변화
중기방은 총액 25조 1,600억 엔 규모에 달해 1995~2000년도보다 9,300억 엔이 늘어났다.

그러나 연평균신장률은 1986년도에 중기방이 책정되기 시작한 이래 가장 낮은 0.7%에 머물렀다. 전후 베이비붐 세대 자위관의 정년 퇴직이 한꺼번에 몰리는 등의 요인에 따라 인건비와 급양비가 현행 중기방보다 7,200억 엔 늘어난 11조1,100억 엔에 달했다.

시설과 장비 유지비 등을 제외한 장비비는 4조 엔으로 현행 중기방과 같은 수

준이다. 재정구조 개혁 노선을 택한 고이즈미 준이치로(小泉純一郎) 총리는 다른 예산과 마찬가지로 방위비도 감축하겠다고 밝히고 있다. 적어도 중기방의 규모에서는 변화를 찾기 어렵다.

그러나 중기방의 구체적인 장비 조달 계획은 이런 겉모습과는 딴판이다. 가장 눈길을 끄는 것이 900억 엔을 들여 공중급유기 4대를 도입한다는 계획이다. 이는 일본이 표방한 전수방위의 내용과 범위가 크게 변하고 있음을 보여준다. 물론 어제오늘의 일은 아니었다.

1972년 10월 31일 중의원 본회의에서 당시 다나카 가쿠에이(田中角榮) 총리는 이렇게 밝혔다.

"전수방위 또는 전수방어라는 것은 방위상 필요하더라도 상대국의 기지를 공격하지 않고 오직 자국 영토 및 그 주변에 대해서만 방위하는 것이다. 이는 우리나라 방위의 기본적 방침이며 이런 사고방식을 바꾸는 일은 결코 없을 것이다."

그는 또 공중급유기 문제에 대해 ①공중급유는 하지 않는다 ②공중급유기는 보유하지 않는다 ③공중급유기의 연습, 훈련도 하지 않는다는 '공중급유기 3원칙'을 천명했다.

이에 따라 항공자위대 F4 전투기의 공중급유장치를 지상 급유장치로 개조하는 한편 F4 전투기의 뛰어난 대지 공격능력이 문제가 될 수 있다는 이유로 대지 폭격 장치를 부착하지 않도록 했다.

그것이 현재 항공자위대의 주력 전투기가 돼 있는 F15의 도입과 관련한 1978년 3월 4일의 국회 답변에서 일본정부는 ①F4에 비해 행동반경이 크나 대지공격보다는 공중전 능력이 주안점이다 ②80년대 중반 이후 주력전투기가 되면 공중 경계대기가 필요할 것으로 예상돼 공중 급유 장치는 남긴다는 견해로 바뀌었다.

이때 처음 등장한 '공중 경계대기'(CAP)라는 개념은 지금도 공중 급유기 도입에 대한 방위청의 핵심 논리가 되고 있다.

장거리 공대지 공격능력 보유

방위백서는 '요격 전투기를 사전에 공중에 대기시켜 목표 발견 후 곧바로 요격할 수 있는 태세가 필요 불가결하다'고 적었다. 방위청은 자위대기의 대지 공격 능력이 한정적이어서 비행 반경이 커지더라도 타국에 대한 위협을 부르지는 않는다고 주장하고 있다.

이런 주장은 지금까지 공중급유기는 공중 경계대기보다는 장거리 폭격과 전투 비행에 주로 이용됐던 경험과는 상당한 거리가 있다.

1991년 걸프전쟁 당시 아오모리(靑森)현미사와(三澤)기지의 미공군 F16기가 공중급유를 통해 이라크 공격에 참가했고, 1999년 북대서양조약기구(NATO)의 코소보 폭격 당시에는 미본토의 스텔스폭격기가 공중급유기의 도움으로 폭격에 참가, 무착륙 왕복한 바 있다.

중기방에 따라 항공자위대가 보유한 전투기와 전폭기 구성 비율이 상당한 변화를 겪는다는 점을 감안하면 공중급유기의 위협은 더욱 커진다. 항공자위대는 현재 주력전투기인 F15 203대, F4 104대를 갖고 있다.

또 대지 공격 능력을 갖춘 지원전투기 F1이 46대, F16에 일본 독자기술을 덧붙여 개발한 차세대 지원전투기 F2 23대를 보유하고 있다.

중기방에는 F15 12대의 개량과 F2 47대의 추가 배치가 포함돼 있다. F2의 추가 배치로 대지 공격 능력을 갖춘 전투기가 116대로 늘어난다. 언제든 폭격 및 공중급유 장치를 회복할 수 있는 F4의 잠재력을 고려하면 사실상 220대의 전투기가 장거리 대지 공격 능력을 갖추는 셈이다.

공중급유기 도입과 함께 주목되는 것은 해상자위대의 전력 증강이다. 해상자위대는 중기방 기간에 호위함 5척과 잠수함 5척을 포함한 25척의 함정 건조에 착수하고 대잠 초계용 헬리콥터 SH60 개량형 37대와 소해·수송용 헬리콥터 2대를 도입한다. 대잠초계기 P3C의 후계기 개발에도 3,400억 엔을 들인다.

2009년까지 배치가 끝날 호위함은 재래형 1척(4,600톤)과 미사일호위함(DDG·7,700톤) 2척, 헬리콥터 탑재 호위함(DDH·1만3,500톤) 2척이다.

미사일 호위함은 개량 이지스함으로 전역미사일 방어(TMD) 구상에 대응할 수 있는 능력을 갖춘다. 스텔스 기능을 고려하고 헬리콥터 2대분의 격납고도 갖추어 앞으로 일본 이지스호위함의 표준형이 될 전망이다.

기존의 2척을 대체할 신형 헬리콥터탑재 호위함은 SH60 3대와 소해용 헬리콥터 등 4대를 탑재할 수 있다. 대형 갑판을 갖춘 수송함 '오스미'(8,900톤)가 갑판 보강 등을 거치면 언제든 준항모로 변신할 수 있다는 우려를 낳았듯 수직 이착륙기 탑재가 가능한 신형 DDH 2척도 주변국의 경계를 자극할 만하다.

행상·항공전력 강화, 주변국 긴장

중기방은 안 그래도 실질적으로는 동북아 최강으로 여겨져온 일본의 해상·

항공 전력의 강화를 예고한다.

미국에 이어 세계 2위로 평가되는 해상자위대의 대잠 초계 능력이 더욱 커질 것이란 점에서 뒤늦게 해상 전력 증강에 박차를 가하고 있는 중국의 발걸음을 재촉할 것으로 보인다.

이를 가지고 곧바로 일본의 군사대국화를 거론하기는 어렵다. 특히 과거의 침략을 염두에 둔 군사대국화 우려는 객관적 정세와는 거리가 있다.

1980년대 중반부터 끊임없이 제기돼온 그런 우려를 막아온 것은 다름아닌 미일 안보체제였다. 자위대의 꾸준한 역할증대도 미일 안보체제의 틀 안에서 이뤄져왔으며 그 틀은 조금도 약화하지 않고 있다.

현대 전력의 핵심인 독자적 핵·미사일 전력을 갖추지 못했고, 설사 갖추더라도 국토가 협소한 기본 조건상 전략적 의미를 갖기 어렵다는 점에서도 일본의 군사 위협은 한정돼 있다.

무엇보다 동북아 지역의 전반적 경제 발전과 전력 증강의 결과 구한말 당시 일본이 누릴 수 있었던 절대적 우위는 아득한 옛날 얘기가 됐고 이런 정세의 극적인 변화 요인은 찾기 어렵다.

다만 일본의 군비 증강과 미일 안보체제의 강화가 곧바로 중국을 자극, 대만의 즉각적 대응과 러시아의 장기적 극동 전력 회복을 불러 한반도에 미칠 압력이 커질 조짐은 뚜렷하다.

오히려 그것이 일본의 군비 증강에 대한 진정한 우려가 돼야 할 것이다. 또한 중국의 군비 증강이 이미 일본 변수를 넘어 미국 변수와 직접 맞물리고 있다는 점에서 일본에 집중된 우려의 분산은 보다 균형잡힌 정세분석을 가능하게 할 것이다.

황영식 도쿄 특파원

【보수·우익으로 가는 일본】 목소리만 높이는 '대일 보복'
『주간한국』 제1881호 2001. 7. 26

교과서 왜곡·우경화에 마땅한 대응카드 없어 속앓이
종착점을 가늠할 수 없는 한일관계의 냉각이 시작됐다.
일본의 역사 교과서 왜곡 시정거부로 시작된 한일 양국의 현 대립은 향후 어떤 파장을 만들며, 어떤 단계로 진입할지를 예단할 수 없을 만큼 심각하다.

엎친 데 덮친 격으로 남쿠릴 어장에서의 우리 꽁치잡이 어선들의 조업문제, 일본 참의원 선거, 고이즈미 준이치로 일 총리의 야스쿠니신사 참배 등의 예상 악재가 산적해 역사교과서 왜곡을 둘러싼 갈등은 쉽게 치유될 것 같지도 않다.

9일 일본정부가 생색내기용 시정 사항을 우리 정부에 공식 통보한 이후 우후죽순으로 발표된 정부 대응책에 대해 일반 국민은 만족스런 반응을 보이지 않고 있다.

국방부의 한일군사교류 협력중단, 국제사회에서 일본을 고립시켜려는 외교부 조치 등을 지켜본 국민은 보다 강경책을 주문하고 있다.

이러한 국민 정서는 현재까지의 정부 대응이 다분히 1단계 대응에 불과한 데서 기인한다. 정부는 현재 대응의 수위를 상당히 낮춰 잡고 있으며, 한일관계의 전략적 변화를 모색하고 있지는 않다.

즉 1단계 대응은 전술적인 셈이며, 대일관계의 전략적 변화에 아직 부정적인 태도를 취한다는 것이다.

현 정부의 대응이 제한적이라면 이는 어떤 이유에서일까. 우선 미국을 축으로 하는 한·미·일 동맹의 변화에 대해 정부가 변화를 모색하고 있지 않다. 김석규 전 주일대사는 "교과서 왜곡에 대응하면서 중국, 북한과 보조를 맞춰 우리가 그들과 한편인 것처럼 비쳐지는 것은 경계해야 한다"고 말했다.

일본대응 봐가며 수위조절

정부 당국자들도 같은 생각이다. 언론에서는 중국, 북한, 동남아 국가 등 일본 제국주의 피해 당사국들과 국제적인 연대를 통해 대응하는 방안을 정부가 검토하고 있다고 보도하고 있지만 정부 당국자들은 사석에서도 '국제연대'라는 용어를 절대 구사하지 않고 있다.

한승수 외교통상부 장관은 최근 국제연대 필요성을 질문받은 자리에서 "굳이 연대라고 얘기하지 않아도 이미 피해국들이 저마다 조치를 취하고 있으며 나라별로 대응이 다를 수 있다"고 현 대응의 수위를 분명히 했다.

한미일 동맹으로부터 이탈할 의사가 없으며 보수적 색채의 현 미 행정부로부터 오해받을 일도 없을 것이라는 얘기다.

안보 동맹 못지않은 변수는 한일관계의 밀접성이다. 지난해 양국의 무역규모는 522억 달러에 달하고, 한해 양측을 오고가는 유동인구 규모가 250만 명에 육박한다.

또 정부간교류보다 양측간의 민간교류가 압도적인 비중을 차지하는 상태이며 내년 월드컵도 공동으로 치러야 하는 형편이다.

이같은 한일관계의 구조적 성격을 감안, 김대중 대통령은 "일본 왜곡 역사교과서에 대해 의연하고 침착하게 대응하라"고 지시한 것이다. 섣불리 한일관계 변화를 모색하지 않는 가운데 일본의 대응을 봐가며 수위를 조절하라는 취지다.

교과서 이면에 도사린 우경화·군국주의화

이러한 제한이 현 국면을 통제하고 있지만 교과서 왜곡은 그 같은 제약의 한계를 넘나들 만큼 강한 파괴력을 지닌다는 점도 간과할 수 없다.

12일 열린 정부의 왜곡대책반과 자문위원단연석회의에서 참석자들은 "역사왜곡 문제는 한일관계의 근간으로 단호하고도 집요한 대응이 요구된다"는 데 의견을 같이했다.

단호하고도 집요한 대응의 시한은 우리 정부의 성명에 포함된 것처럼 '왜곡이 시정될 때까지'이다. 장기전을 치르는 와중에 고이즈미 총리의 신사참배 등 악재가 불거질 경우 사태는 걷잡을 수 없다.

더욱이 교과서 문제의 이면에는 일본의 급격한 우경화와 군국주의화가 도사리고 있다. 정부 당국자들은 10년 간의 불황과 지도력 부재 때문에 일본사회가 급격히 우경화하고 있으며, 일본정치 지도자들은 국민의 정서에 영합하는 행태를 보이고 있다고 진단한다.

총리의 야스쿠니신사 참배, 유사법제 조기 정비 등 군국주의로 치닫는 행태가 이어질 것을 우려하고 있으며, 이번 역사왜곡은 그 서막에 불과하므로 역사왜곡에 대한 단호한 대응이 불가피하다는 얘기다.

또 군국주의가 가속화할 경우 장기적으로 한미일 안보동맹의 큰 틀도 훼손될 수 있다는 관측도 나온다. 따라서 현재 우리정부의 대응은 분명 전술적이지만 그 폭발력은 누구도 예측할 수 없을 것 같다.

이러한 제약과 폭발성을 염두에 두고 향후 전개될 한일관계와 우리의 대응은 매우 신중하면서도 차분히 진행될 것으로 보인다. 이러한 한국측 대응을 결정할 변수는 일본의 반응이 될것이다.

13일까지 1단계 대응책을 발표한 정부는 29일 참의선 선거과정에서 일본측의 성의표시 여부가 감지될 수 있을 것으로 기대하는 눈치이다.

교과서 왜곡에 대한 일본측 공식발표 후 일본 연립 3당 간사장들이 한국과 중국을 방문하고 귀국하자 고이즈미 총리가 8월 15일 야스쿠니신사 참배를 숙고해보겠다고 밝힌 대목은 향후 냉각국면을 풀 좋은 징후다.

또 고이즈미 총리가 최근 "한국과 중국과의 관계는 8월 15일 이후 잘 될 것"이라고 밝힌 점도 주목된다. 일본 여권은 고립주의적 노선을 통해 참의원선거에서 일단 승리를 챙긴 뒤 전향적인 대책을 내놓을 가능성이 높다.

하지만 일본이 교과서 왜곡문제와 관련해 한국과 중국 등에게 유화적인 제스처를 취한다 해도 문제가 원만히 해결된다는 보장은 없다. 우리 정부와 중국은 역사교과서 왜곡이 시정될 때까지 강경하게 대처한다는 단호한 자세이지만, 일본은 검정통과 교과서의 재수정은 불가능하다는 입장이기 때문이다.

기술적인 미봉책으로 문제를 풀여지가 적은 형편이다. 때문에 한 외교소식통은 "8월 중순 이후 양국이 역사인식에 관한 충분한 논의를 통해 양국 국민의 정서를 어루만지는 조치로 현 국면을 극복할 것"이라는 전망을 내놓는다.

군사협력 잠정중단 등의 조치를 취한 정부는 현재 2단계 대응으로 1998년 체결된 한일파트너십 파기 등 보다 강경한 조치를 검토중이다. 정부의 2단계 대응의 시기는 역사교과서에 대한 인식이 극명히 표출될 참의원 선거 후 이뤄질 공산이 높다.

대일 강경조치, 일본엔 솜방망이에 불과

이번 일본 역사교과서 파문의 간과할 수 없는 또다른 축은 국내 정치적 요소다. 일본의 경우 참의원 선거국면이 적지않은 변수이고, 우리의 경우 복잡한 국내정치적 분위기가 대일대응의 기조를 결정하는 중요한 변수이다.

언론사 세무조사와 하향곡선을 그리는 김대중 정부에 대한 지지도가 대일 강경 분위기를 부추긴다는 일본 언론의 분석 보도는 전적으로 부인할 수 없을 듯하다.

현 한일관계 냉각의 안정적 관리가 국내정치적으로 여권에게 긍정적 결과를 가져올 수 있다는 일부분석도 나오고 있다.

한편 이번 파동을 계기로 정부가 취한 대일대응책의 효과 문제도 짚어봐야 할 듯하다. 우리측이 취한 조치로 일본이 어느 정도 아파했을까 하는 점도 중요하기 때문이다. 대일 문화개방 연기, 국제사회에서의 일본 고립화 정책 등이 일본에게 치명타가 될 수 있을까.

전문가들의 반응은 대단히 회의적이다. 전문가들은 일본어 가창음반 등에 대한 시장개방연기는 한국을 교두보로 중국과 동남아로 진출하려는 일본측에 어느 정도 피해를 줄 수 있겠지만 심각한 정도가 아니며, 국제기구 및 회의를 통한 역사교과서 왜곡 문제제기도 치명적 타격을 입히지 못할 것으로 보고 있다.

오히려 한일관계 냉각으로 예상되는 일본 관광객들의 입국 감소가 우리측에 피해를 입힐 수 있다는 우려도 나온다. 한일관계에서 우리가 취할 수 있는 보복은 아직 이 정도이다.

이영섭 정치부 기자

【보수·우익으로 가는 일본】 대처식 신보수주의 길 닦는다
『주간한국』 제1881호 2001. 7. 26

고이즈미 총리, 국내선 '개혁' 외교·안보선 '강경·보수'

고이즈미 준이치로(小泉純一郎) 총리의 등장 이후 일본이 많이 달라졌다. 역사교과서 문제로 한중 양국과의 관계가 급랭하는 데도 일본정부는 별 반응이 없다. 한중 양국과의 원만한 관계가 총리의 정치 생명에 중요한 변수가 됐던 과거와는 딴판이다.

한때 '새로운 역사교과서를 만드는 모임'이 편찬한 역사교과서를 비난하는 등 적극적 대응을 기대하게 했던 다나카마키코(田中眞紀子) 외무장관은 완전히 입을 다물고 있다.

고이즈미 준이치로(小泉純一郎) 총리는 힌 술 더 떠서 8월 15일의 야스쿠니(靖國)신사를 참배하고난 후 한중 양국과의 관계개선에 나서겠다고 밝혔다.

그러나 고이즈미 총리의 야스쿠니신사 참배는 한국의 국민 감정을 더욱 자극하는 것은 물론 교과서 문제에서는 상대적으로 자제해온 중국마저 격렬한 반발로 몰아갈 뿐이다. 어차피 맞을 매이니 한꺼번에 맞자는 뜻일까.

교과서 문제 의도적 외면 분석

문부과학성이 우리 정부의 재수정 요구를 사실상 거부, 우리 국민과 정부의 반일 감정이 폭발한 직후 도쿄(東京) 외교가에는 몇 차례의 기회를 한일 양국이 모두 놓쳤다는 지적이 나돌았다.

우선 문부과학성의 검정 과정에서 '만드는 모임' 교과서의 문제점을 제거, 검정 신청본 내용에서 비롯한 한중양국의 우려를 씻을 수 있었다. 교과서 시장 교두보 확보를 최우선 목표로 삼은 '만드는 모임'의 전략상 검정 불합격은 불가능했지만 특색을 완전히 지울 정도의 대대적인 수정은 가능했다는 지적이다.

그러나 지난해 말 모리 요시로(森喜朗) 당시 총리의 지도력이 땅에 떨어진 상태에서 가토 고이치(加藤宏一) 자민당 전간사장의 반란까지 터져 자민당은 온통 차기 정권 구상으로 달렸다. 더욱이 막바지 검정 단계인 1월 기밀비 사건이 터지면서 외무성의 외교적 고려가 검정과정에 적극 반영될 여지가 사라졌다.

4월 3일 검정결과 발표 후에도 기회는 있었다. 137곳의 대대적 수정을 겪은 문제의 교과서는 검정 신청본이 빚은 선입관만 아니었다면 양국 관계를 긴장시킬 정도는 아니었다. 한국정부가 정말 중요한 대목만을 짚어 재수정 요구를 10여 항으로 압축하고, 물밑에서 조용히 재수정 방향을 협상할 수 있었다.

전혀 다른 결과였지만 그래도 또 기회는 있었다. 문부과학성이 최소한 '만드는 모임'이 자율 수정한 한일합병관련 기술이나 고대사 관련 기술 등에 덧붙여 일부 항목의 균형 감각 결여를 지적하기만 했어도 상황은 많이 달라질 수 있었다.

그러나 '재수정 요구'와 '검정제도의 취지'라는 양측의 형식적인 주장 이외에 외교적 물밑 접촉은 없었고 문부과학성은 관료나 학자 차원의 고식적인 검토에서 벗어나지 못했다.

경기침체 불구 인기 상종가 행진

다나카 장관 취임 이후 외무성이 관료와 장관의 싸움터로 변해 서로 물고뜯느라 기능마비 상태에 빠진 것이 직접적 요인이다. 그러나 보다 크게는 고이즈미 총리를 비롯한 정치권이 이 문제에 대해 아무런 지도력을 발휘하지 못한 데서 비롯한 결과이다. 더욱이 일본 정치권의 지도력 미발휘가 지도력 부재 때문이 아니라 관심의 부재, 또는 의도적인 외면의 결과라는 점에서 앞으로의 문제 해결 전망을 흐리고 있다.

도쿄(東京) 증시의 닛케이(日經) 평균주가는 1만2,000엔대의 바닥에서 헤매고 있지만 취임 이래 고이즈미 총리의 인기는 상종가 행진을 거듭하고 있다. 그가 무엇을 하건, 어떤 말을 하건 박수를 받을 정도의 이유 없는 열광이 번지고 있어 마음만 먹는다면 얼마든지 해결할 수 있었다.

고이즈미 총리의 외면은 정치적 판단의 결과이다. 80%를 넘은 사상 최고의 내각 지지율에 대해 "나도 이유를 모르겠다"고 너스레를 떨지만 대체적인 분석은 끝나 있다. 기존 정치 관행을 철저히 부정하는 '바꿔' 스타일이 최대 요인이다. TV 정치시대에 걸맞는 외모와 때문지 않은 이미지가 안방으로 그대로 파고들었다. 그가 외치는 경제개혁에 수반할 고통이나 구체적인 내용보다는 과거와 다른 정책을, 전혀 다른 모습으로 당당하게 주장하는 데 국민의 관심이 집중돼 있다.

장기 경제 침체로 자신감을 잃고 정신적 공황에 빠진 일본 국민들의 심리 상태, 되도록 모나지 않게 대세를 추종하려는 전통적 행동 양식 등의 토양은 있었지만 국민의 정서에 직접 호소하는 정치스타일은 독특한 감각의 산물이다.

그런 그의 최대 약점이 외교이다. 외교 문외한이기도 하지만 '일언거사'(一言居士)라는 별명처럼 한번 뱉은 말은 끝까지 고집하는 성격 자체가 외교와는 어울리지 않는다.

실제로 최근 미국 방문이나 영국, 프랑스 방문을 통해 그는 모처럼 꼿꼿한 일본 총리의 모습을 국제무대에 선보였지만 현안 해결의 성과를 거두는 데는 실패했다.

고이즈미 총리 주변에서는 그가 스스로의 약점을 잘 알고 있으며 한중 양국을 무시하는 듯한 태도는 약점을 덮어두려는 시간벌기 차원이라고 전한다.

근대화 당시 풍미, 일본 보수파의 사상적 원천이 됐던 '탈아입구'(脫亞入歐)의 자세를 계승했다는 지적도 있지만 아시아에 대한 경제 의존도가 날로 커지고 있는 현실과는 동떨어져 있다.

고이즈미의 시간벌기 전략

야스쿠니신사 참배도 같은 맥락이라는 분석이 지배적이다. 총리 취임에 앞서 일본 유족회에 참배를 약속하고 언론에 공언한 만큼 자신과의 약속을 지키기 위해서라도 가야 한다는 고집이라는 설명이다.

일본 정계 보수파의 태두로 지금은 고이즈미 총리의 막후 후견인 역할을 맡고 있는 나카소네 야스히로(中曾根康弘) 전총리와의 약속도 있었던 것으로 알려졌다.

정교분리 원칙과 A급전범 문제와 관련한 야당의 잇따른 공세에 대해서도 그는 나카소네 전총리나 우익단체처럼 논리적 정당화를 시도하지 않는다. 그저 전몰자 참배를 이유로 들어 '나는 이런 생각이니 오해하지 말라'는 식이니 논쟁이 좀처럼 성립하지 않는다.

이런 태도는 29일의 참의원 선거를 앞두고 교과서나 야스쿠니 문제에 대한 국민의 관심이 극히 미미하기 때문에 가능하다.

한중 양국과의 관계 냉각이라는 결과를 두고는 상당한 관심을 표하면서도 직접적 계기인 문제의 교과서나 야스쿠니신사 참배에 대해서는 별 관심이 없다.

압도적인 국민의 지지에도 불구하고 당내에서는 소수파여서 정치 기반이 취약한 그로서는 이번 참의원 선거는 절호의 기회이다.

그러니 약한 분야가 선거 쟁점화하는 것을 피할 수밖에 없다.

그의 개혁 노선이 일본의 우경화를 토양으로 삼아 그것을 더욱 자극하는 악순환을 부를 것이란 판단은 아직 이르다. 국내 정치와 경제 문제에서는 개혁주의자, 외교·안보문제에서는 강경 보수주의자의 야누스적 모습은 '대처리즘'의 틀 안에서 하나로 합쳐지고 있다.

한때 유럽을 풍미한 신보수주의 물결의 뒤늦은 도입이다. 나카소네 전총리의 영향력 등으로 보아 그것이 급속한 우경화로 물길을 틀 가능성도 있다. 대중의 열광이라는 핵심 요건도 충족돼 있어 그런 우려를 더하게 한다.

그러나 대중의 열광은 국내 개혁에 몰려 있을 뿐 외부의 적을 찾지 않고 있다. 이런 점에서 현재 일본의 변화를 우경화로 몰아치면서 사생결단이라도 하려는 듯한 태도는 국민 정서로서는 이해할 수 있지만 전략적 판단과는 거리가 멀다.

황영식 도쿄 특파원

<자료> 세계교원단체총연합회 일본역사교과서 왜곡관련 성명서(2000년 7월 27일)

EI 제3차 세계총회 참석자 일동은 일본 우익단체들의 주도로 만들어진 중학교용 교과서가 일본정부의 검정을 통과한 것에 대해 우려한다. 이러한 결과는 아·태지역 국가 간의 우호관계를 훼손하고, 더 나아가 식민지 지배와 침략의 역사를 미화하는 등 바람직하지 못한 역사인식으로 인해 세계평화에 악영향을 미치게 될 것임을 심히 우려하며 다음과 같이 결의한다.

우리는 지난날의 전쟁과 폭력의 역사를 반성하고 평화로운 새시대를 만들기 위해 노력하는 것이 요즈음 전세계의 추세이며 또한 독일의 경우에도 지난날의 역사를 철저히 반성하고 나아가 전쟁피해자에 대한 사죄와 보상을 모범적으로 실천해오고 있음을 상기하며, 일본정부가 역사적 진실을 왜곡한 채 전쟁과 식민지 지배를 미화하고 있는 문제의 역사교과서를 즉각 수정하고 평화를 구현하려는 세계적인 흐름에 적극 동참할 것을 촉구한다.

우리는 일본정부가 "교육은 기본적인 자유와 인권의 존중, 사회정의의 확립, 국제이해와 세계평화 증진에 기여하는 한편 모든 종류의 신식민주의, 모든 형식의 인종주의와 파시즘 그리고 민족적, 인종적 증오를 일으키는 기타 이데올로기에 반대하는 투쟁활동에 이바지해야 한다"고 규정하는 있는 UNESCO 권고(국제이해 · 협력 · 평화를 위한 교육과 인권 · 기본권의 자유에 관한 교육, 1974. 11. 19)를 성실히 이행할 것을 촉구한다.

우리는 또한 일본정부가, 교육의 주체인 교원들과 교원단체들로부터 수렴된 합리적인 의견이 적절히 반영될 수 있도록, 교과서 선택 및 채택 과정을 변경할 것을 촉구한다.

우리는 이상의 권고에 대해 일본정부가 신속한 조치를 취함으로써 관련국 간의 갈등을 해소하고 발전적인 협력관계를 형성해나가며 인류가 추구하는 보편적 가치에 입각한 진실된 역사교육을 통해 세계평화에 기여할 것을 강력히 촉구한다.

【이슈특집】 일본군 '銃口' 동북아로 돌린다
『뉴스피플』 제479호 2001. 7. 27

일본의 가상 적은 어디일까. 첫번째는 러시아다. 그 다음에는 중국과 북한, 한국 등의 순서다. 그러나 최근들어 순서가 바뀌고 있다. 중국을 가상의 적 1순위로 올려놓고 있다. 동북아 해상패권 다툼에서 중국과 격돌할 가능성이 가장 높아졌기 때문이다. 아울러 한국과 북한은 불투명 속의 가상 '적'으로 규정해놓고 있다.

지난 7월20일 서울 이태원 캐피털호텔에서 '동북아 4강의 군사력발전 방향 및 전망'이라는 세미나(전략문제연구소 주관)가 있었다. 이 자리에 참석한 군사 전문가들은 최근 발표된 일본의 '신(新) 중기 방위력 정비계획'을 두고 열띤 논쟁을 벌였다. 일부에서는 일본의 방위전략이 침략화로 전환되는 것이 아니냐고 우려의 목소리를 높였다. 그러면서 중국의 군사적 재무장을 '장애자용에서 웅크리는 호랑이'로 표현하면서 장차 동북아의 군비경쟁에서 치열한 싸움이 전개될 것이라고 입을 모았다.

이처럼 최근 한반도를 중심으로 한 동북아의 군사동향이 새로운 이슈로 급부상하고 있다. 특히 일본의 역사교과서 왜곡사건으로 중국과 한반도, 그리고 타 동남아 국가들도 이같은 추이에 바짝 주목하고 있다.

일본은 한국과 중국 등 인근 국가의 우려 속에도 불구하고 지난 7월6일 향후 5년간 '신 중기 방위력 정비계획'을 확정·발표했다. 정비계획의 총예산만 25조 1천600억 엔(약 260조 원)이다. 앞으로 국방예산만 매년 0.6% 올려야 할 엄청난 자금이며 이러한 정비계획은 이른바 '2001년판 방위백서'의 핵심포인트다.

일본 방위청은 '신 중기 방위력 정비계획'을 골자로 한 '2001 방위백서'에서 아시아·태평양 지역 국가들의 군비증강 경쟁에 대응한 방위력 증강의 필요성을 특별히 강조할 만큼 적극적인 자세를 취하고 있다.

우선 중국의 군사전략의 이동을 예의 주시하고 있다는 점에서 이목을 끈다. 중국은 지금까지 '일반적 국지전'을 지향해왔지만 최근 들어 '하이테크국지전'으로 방향전환하고 있다는 것이 일본 방위청의 판단이다. 특히 1990년대 후반 이후 중국의 군사력 정비방침이 인적 집약형에서 과학기술 집약형으로 전환됐다고 분석했다. 전문가들은 이를 두고 새로운 '3타(打)3방(防)', 즉 스텔스 순항미사일 무장게릴라 등에 대한 공격과 방어의 개념으로 무장하고 있다고 풀이한다.

두번째는 한반도 정세와 관련된 내용이다. 백서는 "남북대화가 진전되고 있으나 남북한 간 부대 상호시찰과 연습의 상호통보 등 본격적인 신뢰구축 조치에 관한 합의에는 아직 이르지 못하고 있다"고 지적하면서 "남북대화의 진전이 한반도의 군사적 대치상태 완화에 어떻게 연결될지 주의깊게 지켜볼 필요가 있다"며 이른바 '불투명성'을 강조했다.

일본의 신 중기 방위력 증강계획의 핵심골자는 중국군의 '전략적 변화'와 한반도의 '불투명성' 등 두 가지다. 이러한 바탕 위에 세부 계획을 세웠다고 해도 과언이 아니다.

따라서 일본군은 올해부터 5년 간 진행되는 '신 중기 방위력 정비계획'을 통해 최첨단 F2 전투기 47기를 우선적으로 생산 배치할 계획이다. 아울러 '자위대의 해외 진출을 위한 포석'이라는 의심을 받고 있는 공중급유기도 도입할 예정이다.

또 '준 항공모함급'으로 분류되는 헬기 탑재 호위함(1만3천t급·DDH)을 구입·배치한다는 계획이어서 주목된다.

백서는 아울러 방위정책 분야에서 '방위청·자위대를 둘러싼 헌법상의 논의'라는 별도의 설명을 통해 최근 일본내에서 일고 있는 헌법 개정과 해석변경의 움직임을 소개함으로써 일정한 제약을 뛰어넘으려는 의지를 간접적으로 내비치고 있다.

신 중기 방위력 정비계획에 언급된 주요 무기들을 보면 다음과 같다.

F2 전투기＝지난 1988년 개발에 착수한 F2 전투기는 지난해 10월부터 항공자위대에 배치되기 시작했다. 아오모리(靑森)현에 기지를 둔 제3비행대가 올해 3월 F2부대로 이미 개편됐다. 백서는 F2가 미국 F16기의 설계도를 기초로 일본제 전자 관련 장비와 일제 날개 등을 부착한 최첨단 전투기라고 소개하고 있다. 특히 컴퓨터 제어에 의한 조작 시스템, 통합화된 레이더와 전자전 기재 3중 계통 조종 시스템 등 지금까지의 전투기에서는 찾아볼 수 없었던 성능이 돋보인다고 자랑하고 있다. 방위청 관계자는 향후 5년 간 F2 전투기 47기를 생산·배치할 계획이라고 밝혔다.

공중급유기＝지난 15년 간에 걸쳐 검토해온 공중급유기 도입 계획이 드디어 이번 중기 방위력 정비계획에 포함됐다. 항공기의 이동거리를 연장시켜 주는 공중급유기 도입은 자위대의 해외진출을 위한 포석이라는 의심을 받아왔다. 백서는 계획기간 중 4기를 도입할 계획이라고 밝혔다.

일본의 군사력 확보목적이 '자위'에 국한된다면 군이 공중급유기를 도입할 필요가 있느냐 하는 것이 전문가들의 지적이다. 공중급유기 도입은 지난해 연립여당내에서조차 반대의견이 만만치 않았으나 정부와 자민당은 '국제공헌'을 명분으로 밀어붙였다.

헬리콥터 탑재 호위함＝2008년과 2009년에 각각 되역하는 해상자위대의 호위함 2척을 대체할 새로운 호위함은 기준 배수량을 2배로 늘린 1만3천t급으로 사실상 '준항공모함'이다. 건조비는 1척당 1천억 엔에 이르는 것으로 알려졌다. 이 호위함에서 55인승 초대형 헬기 4기가 동시에 이·착륙할 수 있다.

DDH 도입과 관련, 백서는 "대규모 재해 파견과 재외국민의 수송 등 다양한 사태에 대응하기 위해 높은 정보력, 지휘통신 능력과 함께 대잠수함 능력, 거주성 등을 충실히 한 신형 호위함의 도입을 생각하고 있다"면서 "규모는 1만3천500t 정도를 염두에 두고 있다"고 밝히고 있다.

항공모함 건조는 해상자위대의 오랜 염원이었다. 아무리 막강한 해군력을 보유하고 있더라도 항공모함이 없으면 독립적인 군사작전 수행이 불가능하기 때문이다. 일본은 지난 1983년 수직 이·착륙전투기 '시어리얼' 20기를 탑재할 수 있는 '경 항공모함' 건조계획을 차기 방위력 정비계획에 포함시키려다 주변국들의 비난과 미국의 반대 등으로 좌절된 바 있다.

초계기 P3C 후속기종═일본은 전 해상에 대한 완벽한 초계활동을 계획하고 있다. 백서에는 "군사과학기술의 진보에 대응해서 수상함정과 잠수함 등에 대한 감시와 초계를 효율적으로 행하기 위해 비행성능과 수색능력 등을 충실히 한 새로운 항공기의 개발에 착수할 계획"이라고만 소개하고 있어 아직 자세한 내용을 알 수 없다.

방위정책의 변화=이번 백서의 또다른 특징은 일본의 평화헌법 개헌론을 염두에 두고 있다는 것이다. 즉 '방위청·자위대를 둘러싼 헌법상의 논의'라는 별도의 부분을 통해 최근의 개헌 움직임과 이것이 방위정책에 미칠 영향 등을 설명하고 있다. 또한 △군대 보유를 헌법에 명기하는 문제 △집단적 자위권의 행사가 가능함을 헌법에 명기하는 문제 △국제평화 협력에 적극적으로 참여할 것을 헌법에 명기하는 문제 등을 열거하고 있다.

백서는 이와 함께 올해로 50주년을 맞는 '미·일 안보동맹체제'의 중요성을 강조하면서 "동맹관계의 신뢰성을 높이기 위해 중요한 기둥이 되는 정책과 장비·기술 등 구체적 분야에서 협력을 추진해나갈 것"이라고 밝히고 있다.

이는 여러 갈래로 쉽게 해석되는 부분이다. 미국의 요구대로 일본은 아시아·태평양 지역에서 군사적 역할을 확대하는 방향으로 정책을 추진하고 있다는 징조다. 이럴 경우 미·일동맹의 강화는 자위대의 제약을 푸는 또다른 요소가 될 것이다. 미국은 현재 일본과의 군사적 관계를 미·영동맹 수준으로 끌어올린다는 생각을 하고 있다.

결국 일본 군사력의 팽창은 동북아에 대한 일본의 새로운 야심, 또 이를 은근히 부추기는 미국의 속셈 등이 잘 맞아떨어진 것이 아니냐고 전문가들은 분석한다.

김문 기자

【어제와 오늘】 과거에 대해 눈이 멀면······
『주간한국』 제1882호 2001. 8. 2

문제의 '새로운 역사 교과서'가 일본의 각 지역 교육위원회에서 제대로 채택될 것 같지 않다.

한국일보 황영식 도쿄특파원의 보도에 따르면 문부성은 7월 19일 전국 광역단체교육위원회 교육장에게 "교과서 채택이 외부압력이나 조직적인 운동에 좌우되지 않고 채택권자의 권한과 책임 아래 공정하고 적정하게 이뤄지도록 철저히 지도하라"고 지시했다.

황 특파원에 따르면 18일까지 전국 543개 교과서 채택지구 중 24개 지구가 교과서를 채택했지만 문제의 '새로운'을 채택한 학교는 한 곳도 없다. 일본 내륙 도치기현의 시오츠가 지구내 공립중학교 역사교과서 채택 공방전은 일단 시민단체측의 승리로 굳어져가고 있다는 것이다.

'새로운 역사 교과서를 만드는 모임'은 이 책을 편찬하면서 이 교과서의 점유율이 10%에 달할 것으로 기대했다.

'새로운…'에 맞서 '신(神)의 나라는 가라', '새 교과서 반대 100만 서명운동' 등에 나선 '전국네트 21'의 다하라 요시후미 사무국장은 이러한 성과에 대해 '일찍이 예가 없었던 시민운동 때문에 기대 이상의 성과를 올렸다"고 기뻐했다.

또한 도치기현의 시민운동을 주도해온 다나카 가즈노리 사무국장은 "7월25일 재검토 회의에 앞서 우익들의 조직적 시위가 우려된다.

그러나 학부모들은 '이런 교과서는 문제다'라고 생각하고 있다. "판매도서라면 몰라도……"라며 주부들의 지지가 컸음을 전하고 있다.

'새로운 역사 교과서를 만드는 모임', '자유주의 사관 연구회' 등에 대해 서울에서 반일(反日), 극일(克日)의 열기가 달아오르고 있다.

그러나 일본 우익의 이론과 목적에 맞설 그 무엇도 없다. 하지만 일본에서는 교과서 채택과정에서 드러났듯이 오래전부터 우익의 역사관에 맞서는 '모임'과 '연구회'와 지식인들이 활동하고 있다. 도치기현의 승리, 즉 7월 18일까지 '새로운'을 채택한 학교가 한 곳도 없다는 사실은 결코 우연한 결과가 아닌 것이다.

승리의 견인차로 누구를 꼽을 수 있을까. 1998년 4월 30일께 『내셔널히스토리를 넘어서』라는 책을 동경대학교 출판회를 통해 펴낸 고모리 요우아치(도쿄대 일본문학 교수), 다끼하시 데스야(도쿄대 철학교수) 등 18인, 도지샤 대학 인문과학 연구소가 1992년 개최한 '과거 극복과 두 개의 전후 - 일본과 독일'에 관한 공개 심포지엄을 1994년 3월 책으로 출판할 때 참여한 다나카 히로시(히도츠바츠대 사회학부 교수) 등 6인.

그리고 이 두 책을 서울에서 출판한 삼인 출판사(대표 홍승권)와 두 책의 해설, 번역자 이규수 박사(광운대 강사, 히도츠바츠대 박사) 등을 들 수 있다.

1931년생으로 최연장인 모치다 유키오(리츠메이칸대 정치과학부 교수)에서 1962년생인 재일동포 이효덕(후쿠오카 태생, 도교대 표상문화론 강의)까지 전쟁에 직접 가담하지 않은 지식인이다.

이들은 '새역사……'나 '자유주의자'들과 음모, 헐뜯기, 욕설, 비방으로 싸우지 않는다. 이들은 역사인식의 차이를 놓고 '자유주의자'들과 다툰다.

이들이 애용하는 경구(警句)가 있다. 1985년 5월 8일 독일 바이체커 대통령이 종전 40주년을 맞아 국회에서 한 연설이다. "죄가 있든 없든, 나이가 많든 적든, 우리 모두가 과거를 떠맡지 않으면 안 됩니다…… 과거에 대해 눈을 감은 자는 결국 현재에 대해서는 눈이 멀게 됩니다."

바이체커의 이 경구를 역사인식의 밑거름으로 삼고 있는 이와사키 마노루 교수(도쿄외국어대학, 철학·정치사상가. 1956년생)는 이번 '새로운 역사 교과서'의 주요 집필자인 사카모토 다카오 교수(각인대 교수, 1991년『시장·도덕·질서』로 산토리 학예상 수상)의 역사인식을 해부하고 있다.

이와사키는 "(사카모토의) 역사 서술은 독자에게 영웅숭배의 기분을 환기시키고, 역사상 영웅을 (독자 자신과) 쉽게 동일화할 수 있도록 만들어준다"며 "결국 사카모토는 각각의 개인과 시민을 '상상으로서의 국민국가', '허구로서의 국민의 역사'에 동화시켜가야 한다는 역사인식에 사로잡혀 있다"고 분석했다.

이와사키는 이런 사카모토류의 역사인식은 전후 50년이 지난 일본의 달라진 역사인식을 메이지 시대의 국가주의, 국민주의, 국민정사(正史)로 되돌리려는 것이라고 주장했다.

두 권의 책(『파시즘의 상상력』,『총력전과 현대화』)의 저자인 이와사키는 사카모토가 개개인, 시민, 전쟁에 참가했거나 참가하지 않았거나, 죽었거나, 살았거나, 그 자신과 후손들이 기억하고 들은 역사를 망각시키려 한다고 고발하고 있다.

사카모토는 일본인들의 역사인식을 '횡령'하고 있다는 말이다. 그리고 한국, 중국, 아시아인에게도 이를 강요하고 있다고 보고 있다.

'역사란 추상화한 국민의 역사이기 전에 무엇보다 구체적인 개인의 역사'라는 진리를 일본의 '자유주의사관 연구회' 주동자는 깨달아야 한다.

박용배 언론인

【국제】 한국 왜곡·오류 인터넷 사이트 '봇물'

『뉴스메이커』 제435호 2001. 8 2

'한국은 사기 천국' 등 116개 사이트서 947건 - '인터넷 오리엔탈리즘'

'월드 와일드 웹'(www)에 한국을 왜곡시키거나 잘못 알리는 사이트가 기승을 부리고 있다. 이들 사이트에서는 서구적인 시각에서 한국과 한국인을 폄하하는 내용이 줄줄이 터져나오고 있다.

오리엔탈리즘이란 팔레스타인 출신 미국 학자 에드워드 사이드(하버드대 교수)가 『오리엔탈리즘』(1978년)이란 책에서 '동양에 대한 서구인들의 왜곡된 편견과 고정관념'을 지칭, 비판한 개념이다. 한국 왜곡 사이트들은 '인터넷 오리엔탈리즘'이라고 부를 만한 내용들을 잔뜩 담고 있다.

국정홍보처 사이트(www.korea.net)의 '인터넷 한국 관련 오류 사례'에 따르면 미개인의 나라라고 불러도 지나치지 않을 정도로 한국을 왜곡·폄하하는 사이트가 온라인을 휘젓고 있다. 현재 발견된 사이트만 총 116개로 거기에서 드러난 오류는 947건이나 된다. 태극기를 인공기로 게양한 사이트가 있는가 하면, 김홍도의 그림 「씨름도」를 올려놓고 태권도라고 한 사이트, '제주도는 화산폭발의 위험이 있다', '태권도의 기원은 일본의 가라데다', '국무총리는 박태준이다'라는 사이트도 있다.

국정홍보처 해외홍보원 관계자는 "한국 왜곡 관련 사이트들은 역사·지리·문화·관광·철자·문법·로마자표기 등 분야별로 각양각색의 '오류투성이 천국'인 걸로 드러나 실소를 금할 수 없을 지경"이라고 토로했다.

역사·지리·문화 등 다방면서 오류투성이

한 사이트(infoplease.lycos.com/ipa/ A0107666.html)는 1910년 한일합병에 대한 내용을 소개한 뒤 1945년 한국의 독립에 대해서는 언급하지 않아 마치 아직도 한국이 일본의 식민지인 것 같은 오해를 낳고 있다. 일제가 조선왕조(Joseon

Dynasty)를 폄하할 목적으로 사용한 '이씨 왕조(Yi Dynasty)'라는 개념을 그대로 쓰고 있는 사이트도 'korcon.com/intro/intro.htm' 등 13개나 된다. 한 일본 사이트 (coralnet. or.jp/kakichi/)는 '종군위안부 동원에 강제성이 없었다'고 주장해 역사교 과서 왜곡 문제가 오프라인만의 문제가 아님을 보여주고 있다.

일제 통치가 한국의 근대화에 기여했다는 내용을 담은 사이트(lcweb2.loc.gov/ cgi-bin/query/rfrd/)도 있다. 이 사이트는 동양과 제3세계는 서양이 근대화시켜주 어야 하는 게 자연 섭리라는 주장을 편 '서구 제국주의 이론'을 떠올리게 한다. 심지어 비무장 지대에는 소규모 전쟁이 계속되는 등 한국이 아직 전쟁중이라고 소개한 사이트(www.koreanwar.org/html/dmz_war.html)까지 있다.

이밖에 '현재 대통령은 김영삼이다' (garnet.berkeley.edu/~korea/jhmenu1.tml), '1970~80년대에 한국인들은 개처럼 일했다'(apps.spaceasia.net/ servlets/ adgateway /html/), '한국역사는 삼국시대부터 시작됐다'(www. expedia.com/ wg /Asia/ South_Korea/P28362.asp), '한국은 최초에 중국의 식민지였다'(www. infoplease. com/ce6/world/A0859140.html) 등 한국 역사를 왜곡, 폄하한 사이트는 부지기수 다.

서양인의 오리엔탈리즘적 시각에는 근본적으로 동양인을 더럽고, 미개하고, 기괴하고, 비이성적 사람들이라는 선입견이 있다고 지적한 에드워드 사이드의 말마따나 '인터넷 오리엔탈리즘' 사이트는 한국을 '어글리 코리아'로 보고 있다.

'한국선 외국인 강간당할 우려 커' 왜곡도

"한국에는 사기가 판을 치고 생활수준이 형편없다. 되도록 치과를 이용하지 말라" (geocities.com/esl······korea/FAQlong. html).

"개와 고양이 학살이 국가적으로 일어나고 있다" (www.moggies.co.uk/html/ korean.html).

"많은 기자들이 보신탕을 먹기 때문에 한국 언론에서 보신탕 관련 보도는 다소 편파적이다" (members.tripod.lycos.co.kr/yso1234/article.htm).

"미 국방부에서 한국에 거주하는 미군, 미국 대사관 직원과 가족들에게 안전 을 위해 방독면과 방독후드를 제공한다" (travel.state.gov/skorea.html).

"한국에는 외국인 영어선생의 유혹에 넘어갈 여자가 많다" (www. culturalbridge.com/kr2.html).

"한국인은 무례하다, 잡채가 쌀국수이고 밥 대용의 일반식이다" (apps.

apaceasia. net).

"한국은 바가지, 사기 천국이다"(geocities.com/esl_korea/KoreaTips.html).

"한국정부를 비방하는 글을 쓰면 감옥에 간다"(gibell.com/ elliemk/ afterthoughts. html).

"자신이 콩글리쉬를 얼마나 이해할 수 있는지를 알아보고 싶으면 여자들을 돈을 주고 사면 된다" (www.angelfire.com/pa/sgtgov/page2.html).

"한국은 아직 말라리아 감염 위험 지역이며, 물은 마시기에 안전하지 못하다" (expedia.medicineplanet.com/countries/rci＝0-410&rcat1＝1).

이렇게 한국을 왜곡하는 '인터넷 오리엔탈리즘'을 시정하기 위해 노력하고 있는 국정홍보처 인터넷팀장 박정렬 사무관은 "우리 동해를 일본해로 표기하는 고질적인 오류는 좀처럼 시정되지 않아 이같은 사이트가 최소 300개가 넘고 아시아 국가의 지도 중에 한국 지도를 아예 빠뜨린 사이트(malaysiacompany.com/map/)도 있다"고 한숨을 쉬었다.

그러나 인터넷 전문 포털사이트 드림아이 윤정현 차장은 "영어를 가르쳤으나 성과와는 상관없이 돈을 제대로 받았다고 고백한 한 외국인 영어강사의 사이트 (www.seoul.amedd.army.mil/katusa/tips.html), 대부분의 한국 아이들이 가수가 되고 싶어 안달하는 연예인 열병에 휩싸여 있다고 지적한 사이트(www.stas.net/ kpopmusic/whatis.html) 등은 도리어 우리의 문제를 되돌아보게 한다"고 지적했다.

그의 말은 인터넷 오리엔탈리즘은 역설적으로 우리가 먼저 발벗고 나서서 시정해야 해결의 실마리가 찾아진다는 것을 가르쳐주는 게 아닐까. "왜곡당한 피해자가 먼저 자각해야 한다"는 사이드의 지적처럼 말이다.

노만수 기자

【노규형의 여론보기】 日 젊은층 "한국 좋아해"
『주간동아』 제295호 2001. 8. 2

응답자 20% "호감"…… 20대는 27%
역사교과서에 대한 우리 정부의 시정요구를 일본정부는 거의 묵살하다시피

했다. 일본 고이즈미 정권으로서는 대외 강경노선을 취해야 7월 29일의 참의원 선거에서 유리한 고지를 점할 수 있을 것이라 생각했을 것이다. 시정요구를 거부하면 한국 내에는 대일본 비난운동이 강경하게 벌어질 것이고, 이러한 강경 분위기가 일본에 전달된다면 정부에 대한 지지가 늘어날 것이기 때문이다.

이른바 국가적 위기에서는 정부나 국가원수에 대한 지지가 늘어나는 '국기 주위에 몰리기'(Rally around the flag) 현상이 있게 마련이다. 돌이켜보면 도요토미 히데요시의 임진왜란에서 시작해 사이코 다카모리의 정한론을 거쳐 전통적으로 일본의 정치세력은 우리나라를 공격함으로써 국내문제 해결의 돌파구로 삼곤 했다. 그래서 현 일본 집권세력이 지난 10여 년에 걸친 경제침체로 인한 국가적 위기를 호도하려는 정치적 계산에서 한국에 대한 강경책을 의도적으로 펼치는 것은 아닌지 하는 의심이 든다.

지적하고 싶은 것은 최근 2~3년 내 한일관계가 그동안 대중문화의 개방을 통해서나 2002년 월드컵 공동개최 등을 통해 매우 긍정적으로 발전하였다는 점이다. 동아일보사와 R&R의 여론조사에 의하면 일본에 대해 호감을 가진 응답자가 1999년에는 9.6%에 지나지 않은 것이 2000년에는 17.1%로 급증하였고, 특히 젊은 층을 중심으로 호감을 가지는 계층이 점점 늘어났다. 이런 현상은 일본에서도 마찬가지여서 2000년 일본 아사히 신문사가 전국 20세 이상 2094명을 대상으로 조사한 바에 의하면 한국에 대해 호감을 가진 응답자는 20.4%로 이 수치는 미국의 29.4% 다음으로 높고, 중국(17.1%), 러시아 (3.7%), 북한(1.9%)보다 훨씬 높은 수치였다.

특히 20대 중 한국에 대해 호감을 갖는 사람은 27%나 되었다. 또 앞으로 일본이 친하게 지냈으면 하는 나라로 한국이 9%를 차지해 미국·중국에 이어 세 번째였다. 이 응답에서도 젊은층일수록 한국을 많이 선택하였다. 일본 내 우익분자와 정치적 목적을 가진 일부 정치인의 적대감만이 한일관계를 악화시킬 뿐이다.

노규형(리서치 앤 리서치 대표·정치심리학 박사)

'일본 혼'의 상징 야스쿠니의 정체

『시사저널』 제614호 2001. 8. 2

메이지시대 이후 '군국주의 전위' 노릇
'총리 참배→헌법 개정→군사 대국화' 가능성

지난 7월 19일 오후. 도쿄 구단시타(九段下)에 있는 야스쿠니(靖國)신사 경내는 단체 관광객 서너 팀과 행사를 준비하는 인부들의 모습만 눈에 띨 뿐 한산하기 그지없었다. 폭풍 전야의 정적이라고 할까.

앞으로 2주일 뒤면 이 고요한 신사에 거센 폭풍우가 몰아칠 것이다. 고이즈미 총리가 A급 전범 14명의 위패가 함께 안치되어 있는 야스쿠니신사를 공식 참배하겠다는 뜻을 아직 굽히지 않고 있기 때문이다.

도대체 야스쿠니신사가 무엇이기에 한국·중국과 외교 마찰을 각오하면서까지 고이즈미 총리가 16년 만에 공식 참배를 강행하려는 것일까. 왜 일본 국내에서는 공식 참배 찬성파와 반대파로 갈려 치열한 공방을 벌이는가.

『야스쿠니』라는 책을 쓴 오에 시노부(大江志乃夫)에 따르면, 일본인들의 야스쿠니신사 참배는 일본 전래의 토속 신앙이던 위령(慰靈) 신앙에서 말미암았다. 이는 '생전에 원한을 품고 죽은 사람의 영혼은 역병을 비롯한 재해를 부르기 때문에 영혼을 진정시키려면 위령제를 지내야 한다'는 믿음이다.

에도 바쿠후(幕府) 정부를 무너뜨리고 1868년에 등장한 메이지 정부도 이 위령 신앙에 입각해 메이지 유신 전후의 내란 때 사망한 정부군 전몰자의 영혼을 위로하기 위해 메이지 2년(1870년) 지금의 야스쿠니신사 자리에 도쿄 초혼사(招魂社)를 지었다. 오에 시노부에 따르면, 피아를 불문하고 전몰자를 함께 제사하는 것이 그때까지 일본의 선동이있다. 그러나 메이지 정부는 도쿄 초혼사에서 제사할 대상을 메이지 순난자(殉難者), 즉 메이지 왕을 위해 사망한 전몰자로 한정하고, 패배한 바쿠후군 전몰자는 제사 대상에서 제외했다. 메이지 정부는 이와 함께 정치 이념의 기본으로서 제정(祭政) 일치를 내걸고 토속 종교인 신도(神道)를 국교로 지정하기 위해 여러 가지 조처를 발동했다.

『일본종교사전』이라는 책에 따르면, 메이지유신 당시 일본에는 신사 약 17만개가 존재했다. 각 지역에는 외부에서 전파된 불교·도교·유교의 영향을 받아 불상을 모시는 신사, 조선과 중국에서 건너온 신을 모시는 신사, 위령 신앙계의 신사, 산 사람을 신으로 모시는 신사 등 여러 형태가 존재했다. 특히 6세기께 전파된 불교의 영향을 크게 받아 불교에 신도를 가미한 이른바 '신불 사상'이 형성되었다.

메이지 정부는 신도 국교화 조처의 첫 번째 순서로 유신 직후인 1868년 신도와 불교를 분리하라고 명령했다. 아울러 천황의 종교적 권위와 신도를 기본으로 한 국가 체계를 확립하기 위해 전국의 17만 신사에 공적 성격을 부여하고, 일왕의 조상인 아마테라우스 오미가미를 모시는 이세(伊勢) 신궁을 전국 신사의 총본당으로 지정했다. 메이지 정부는 또 신사 신도를 '국가의 제사'로 지정해 일반 종교와 분리하고 특권적 지위를 부여해달라는 신도계의 요청을 받아들여, 1882년 제사와 종교를 분리한 국가 신도를 확립했다.

일왕가의 '신궁' 다음가는 지위 지녀

도쿄 초혼사가 야스쿠니신사로 개명된 것도 그때이다. 즉 메이지 정부는 내무성이 관할해오던 다른 신사와 달리 군부가 직접 관리해 오던 초혼사를 1879년 6월 4일 야스쿠니로 바꾼 것이다. 국가 신도 체계를 확립하고 일왕가의 신을 모시는 신궁에 다음가는 이른바 '별격 관폐사(別格官幣社)'라는 특별한 지위를 부여하기 위해서이다.

오에 시노부에 따르면, 야스쿠니신사가 국민을 통합하는 커다란 정신적 지주로 발전한 것은 러일전쟁 이후이다. 러일전쟁 후 야스쿠니신사에는 전사한 일본군 약 8만8천 명의 위패가 안치되었는데, 이 숫자는 청일전쟁 전사자의 6.6배에 달했다고 한다.

그 때문에 수많은 유족이 야스쿠니신사를 참배하게 되었다. 일본정부는 학생들에게도 야스쿠니신사 참배를 강요했다. 이렇게 해서 전쟁에서 죽더라도 야스쿠니로 돌아온다는 신화가 탄생하게 되었다. 태평양전쟁 때 가미카제 특공대원들이 죽으면 반딧불이가 되어 야스쿠니신사로 돌아온다고 굳게 믿고 육탄 공격을 감행했던 것이 좋은 예이다.

그런 '야스쿠니 신화'는 패전과 함께 무너져내렸다. 미군 점령군사령부는 일본을 점령하면서 초국가주의의 상징인 야스쿠니신사를 태워버릴 계획이었다고 한다. 그러나 독일의 한 목사가 진정하자 맥아더 원수가 마음을 바꾸었다고 전해진다.

우파 의원들, 야스쿠니신사 국영화 시도

미군의 점령 계획에서도 신사 처리 문제는 매우 중요한 항목이었다. 미군은 일본 전국의 신사를 세 가지로 분류하고, 대부분의 신사를 일단 마을 축제를 관리하는 종교적 신사라고 규정했다. 그 중 이세 신궁과 같이 고대 종교 신사이지만 국가주의 사상이 가미된 신사와 야스쿠니신사·메이지 신궁·노기 신사·도고 신사와 같은 신사는 종교 시설이라기보다는 군국주의 영웅에 대한 숭배와 전투적 국민 정신을 함양하기 위한 국가주의 신사라고 규정했다.

특히 미군 점령군사령부는 일본군이 직접 관할했던 야스쿠니신사를 종교라는 이름에 걸맞지 않는 국가주의 전당이라고 단정했다. 점령군사령부는 1945년 12월 일본정부에 국가 신도를 폐지하고 신사에 대한 자금 지원 등을 금지하라고 지시했다. 이에 따라 야스쿠니신사는 도쿄도에 등록된 하나의 종교법인으로 거듭나게 되었다.

그러나 1952년 4월 샌프란시스코 강화조약이 발효되어 더이상 점령군사령부의 눈치를 보지 않게 되자 야스쿠니신사를 부활하자는 움직임이 꿈틀거리기 시작했다. 야스쿠니신사에 위패가 안치되어 있는 유족의 모임인 일본유족회를 중심으로 야스쿠니신사를 국영화하자는 운동이 일어난 것이다.

이들은 자민당 우파 의원들을 움직여 1969~1974년 다섯 차례에 걸쳐 이같은 내용을 담은 야스쿠니신사 법안을 국회에 제출했다. 그러나 이 법안들은 정치와 종교를 분리한다고 규정한 헌법을 위반하는 것이라는 야당의 거센 반발로 모두 폐기되었다.

일본유족회와 자민당 우파는 A급 전범들을 야스쿠니신사에 합사(合祀)하는 운동도 벌였다. 일본정부는 점령 상태가 해제되자 전범으로 처형된 사람들을 '평화조약 제11조 관계 사망자' 또는 '법무사 관계자'로 표현했다. 그들을 전쟁 범죄자라고 부르기를 피한 것이다. 국회도 1953년 전범 사형자를 '공무로 사망한 자'로 인정했다.

이에 따라 합사 추진파는 A급 전범들을 일반 전몰자와 똑같이 처우해달라고 야스쿠니신사에 끈질기게 요구했다. 결국 이들의 집요한 압력에 굴복한 야스쿠니신사측은 1978년 가을 스가모 형무소에서 처형된 도조 히데키를 비롯한 A급 전범 7명과 감옥에서 병사한 2명 그리고 수감 중 사망한 5명 등 A급 전범 14명을 합사하는 데 필요한 수속을 비밀리에 밟았다.

야스쿠니신사 법안 추진파는 국영화 법안 통과가 무산되자 종전(패전) 기념일

에 해당하는 8월15일에 총리가 야스쿠니신사를 공식 참배하자는 운동에 전력을
기울이기 시작했다.

역대 총리, 45회 참배……사토, 11회 '최다'

사실 1985년에 공식 참배를 강행한 나카소네 총리 이전에도 일본의 역대 총리
는 8월 15일은 아니지만 봄·가을에 열리는 대제(大祭) 때 야스쿠니신사를 참배
해왔다. 예컨대 총리 재임중 요시다는 5회, 기시는 2회, 이케다는 4회, 사토는 11
회, 다나카는 5회, 미키는 3회, 후쿠다는 4회, 오히라는 3회, 스즈키는 8회 참배
했다.

오히라 총리는 기독교 신자이면서 야스쿠니신사 대제에 참석해 구설에 올랐
고, 미키는 비록 개인 자격이지만 일본 총리로서는 처음으로 8월 15일에 야스쿠
니신사를 참배해 물의를 빚었다.

야스쿠니신사 공식 참배 추진파는 전후 40년, 쇼와 60년에 해당하는 1985년
8월 15일에 현직 총리의 공식 참배를 추진하기 위한 준비를 서둘렀다. 이들은
1978년 자민당 내에 '영령에 보답하는 의원협의회'를 설치한 데 이어 스즈키 내
각이 발족한 1980년에는 '유가족 의원 협의회'를 결성하고, 그 이듬해에는 중의
원 의원 2백59명으로 구성된 '함께 야스쿠니신사에 참배하는 국회의원 모임'을
발족했다.

마침 1982년에 '전후 정치 총결산'을 내걸고 극우 정치가 나카소네가 총리로
취임해 여건이 무르익었다. 나카소네는 1985년 8월 15일 무도관에서 열린 전국
전몰자 추도식에 참석한 뒤 그 길로 야스쿠니신사에 들러 참배하고 '내각총리대
신 나카소네 야스히로'라고 서명했다. 밖에서 대기하던 기자들에게 나카소네는
"총리 자격의 공식 참배였다"라고 당당히 밝히고, "군국주의·국가 신도 부활은
절대 없으며 그런 취지를 이해해주도록 외국에 설명하겠다"라고 말했다.

그러나 총리의 첫 공식 참배 행위에 대한 중국과 한국의 반발이 거세지자 나
카소네 내각은 그 이듬해 8월 관방장관 담화를 통해 나카소네 총리의 공식 참배
를 중지하겠다고 발표했다.

나카소네 이후 총리가 12명 바뀌었지만 총리 자격으로 야스쿠니신사를 공식
참배한 사람은 없었다. 일본유족회 회장을 지냈고, 공식 참배를 적극 추진해온
하시모토도 총리가 된 후 한국과 중국을 배려해 공식 참배를 자제했을 정도이다.

긴 공백에도 불구하고 사태는 다시 16년 전 상황으로 되돌아가고 있다. 1982

년에『신편 일본사』를 둘러싼 역사교과서 파동이 일어난 후 1985년 나카소네가 공식 참배하는 사태가 벌어졌다.

이번에는 '새로운 역사교과서' 문제로 외교 마찰이 빚어지고 있는 상황에서 고이즈미 총리의 공식 참배가 16년 만에 강행될 예정이다. 단순히 전몰자의 영혼을 위로하기 위한 것이라는 그의 주장을 액면 그대로 받아들이는 사람은 거의 없다.

총리의 공식 참배가 관례화하면, 그 후에는 일왕이 공식 참배해야 한다는 운동이 일어날 것이다. 헌법 개정 움직임도 급물살을 타게 될 것이다. 그렇게 되면 일본은 야스쿠니신사를 정점으로 한 군국 시대로 회귀할지도 모른다. 즉 공식 참배가 천황제·헌법 개정·군사 대국화와 밀접한 관련이 있다는 애기이다.

야당들은 현재 'A급 전범 분사안' '별도 국립 묘지 조성안' '무명 전몰자 묘인 치도리가후치 묘원 활용안' 등을 제기하고 있다. 그러나 당장 실현될 일들은 아니다.

도쿄·채명석 편집위원

원수와 함께 제삿밥 드시다니……

『시사저널』 제614호 2001. 8. 2

2만1천여 조선인 원혼, '일왕 위해 죽은 자' 안치소 떠돌아……
유족들 "민족적 인격권 침해당했다" 소송

올봄 일본에서 공개된 영화「호타루」(반딧불이)는 기미카제 특공대를 그린 것이다. 이 영화에 등장하는 육군 특별공격대 미쓰야마 소위는 오키나와로 출격하기 전날「아리랑」을 부르며 갖은 상념에 젖는다. 그는 1945년 5월 11일 아침 출격했다가 비행기와 함께 산화했다.

패전 후 미쓰야마 소위를 비롯한 가미카제 특공대원들의 유품은 야스쿠니신사의 유슈칸(遊就館·전승기념관) 2층에 전시되었다. 그런데 주변의 수소문으로 미쓰야마가 경남 사천군 서포면 출신 탁경현(卓庚鉉)이라는 사실이 밝혀졌다.

야스쿠니신사에 위패가 안치된 한반도 출신 전몰자는 2만1천1백81명에 이른다. 주로 태평양전쟁 때 군인·군속으로 끌려가 희생된 사람들이다. 그러나 개

중에는 탁씨와 같이 가미카제 특공대에 자원 입대했다가 희생된 사람, 일본 패전 후 포로 학대 따위 이유로 B·C급 전범으로 처형된 사람이 섞여 있어 야스쿠니신사의 한국인 위패 안치 문제는 큰 관심을 끌지 못했다.

야스쿠니신사에는 현재 위패가 2백46만여 개 안치되어 있다. 메이지유신 전후의 내란으로 희생된 사람을 비롯해서 청일전쟁·러일전쟁·중일전쟁·태평양전쟁에서 희생된 사람들이다. 태평양전쟁에서 희생된 사람이 2백12만 여 명으로 압도적으로 많다.

일본, 조선인 위패 안치 사실 숨겨

야스쿠니신사에 합사(合祀)되어 제신(祭神)이 되려면 일왕을 위해 전사했다는 조건을 충족해야 한다. 패전 후 후생성은 한국·타이완 출신 전몰자 5만여 명의 명단을 일본인 전몰자와 함께 야스쿠니신사측에 통보했다. 야스쿠니신사 관계자는 후생성의 통보를 받고 당시 관례대로 위패를 안치했을 뿐이라고 말했다.

그러나 후생성은 한국인 유족에게 전사 통지를 하지 않았고, 야스쿠니신사에 합사했다는 사실도 알리지 않았다. 게다가 한국인 유족에게는 외국인이라는 이유로 일본인 유족에게 지급한 연금 등을 한푼도 지급하지 않았다.

야스쿠니신사에 한국인 전몰자가 합사되어 있다는 사실이 처음 알려진 것은 1978년께이다. 그 후 일본정부가 1991년에 보내 온 태평양전쟁 사망자 명부에서 합사된 사람들의 이름을 확인할 수 있었다.

지난 6월 29일 태평양전쟁피해보상추진협의회 소속 유족 55명은 일본정부를 상대로 도쿄지방법원에 손해배상 소송을 청구했다. 유족들은 사망자들이 본인 의사에 반해 일본의 침략 전쟁에 참전했는데도 마치 일왕에게 충성을 바치려다 사망한 것으로 처리되어 민족적인 인격권을 침해당했다고 주장했다. 유족들은 또 지난 7월 16일 김대중 대통령과 고이즈미 총리에게 야스쿠니신사에 모셔진 자신들의 부모 위패를 반환해달라는 탄원서를 제출했다.

야스쿠니신사에는 한반도를 식민지화하는 과정에서 사망한 다수의 일본인 위패도 안치되어 있다. '러일전쟁과 한국 진압' 때 사망한 것으로 분류된 이들은 약 8만8천 명이다. 대다수 한국인 희생자들을 그런 일본인들과 함께 합사해 제신으로 모시고 있는 것이다.

도쿄·채명석 편집위원

왜곡 교과서 '완전히 새 됐어'

『시사저널』 제615호 2001. 8. 9

일본 공립학교, 줄줄이 채택 거부……새역사모임 "4년 후에 설욕"

불볕 더위가 맹위를 떨치던 지난 7월 24일 낮. 도쿄도 스기나미 구청 앞에 '새역사 모임의 교과서에 NO'라고 쓴 피켓을 들고 있던 3백여 군중이 인간 사슬을 만들기 시작했다. 우익 단체 '새로운 역사교과서를 만드는 모임'(새역사모임)이 편집한 후소샤(扶桑社)판 중학교 역사교과서 채택에 반대하는 시민단체 회원과 주부들이 참가한 인간 사슬은 이윽고 스기나미 구청을 겹겹이 에워쌌다.

이 무렵 스기나미 구청 안에서는 임시 교육위원회가 열리고 있었다. 스기나미 구 관하 23개 공립 중학교가 내년부터 4년 간 사용할 각종 교과서 채택을 협의하기 위한 모임이다.

스기나미 임시 교육위원회가 어떤 역사교과서를 채택하기로 결정한 것인가는 구청 앞에서 거세게 공방을 벌이고 있는 후소샤판 채택파와 반대파에게는 물론이고, 일본 전국의 큰 관심거리였다. 만약 스기나미 구가 문제의 후소샤판 왜곡 역사교과서를 채택할 경우, 도쿄도의 다른 40여 개 지구는 물론이고 일본 전국 5백여 개 지구의 교과서 선택에 큰 영향을 미칠 수 있기 때문이다.

"이런 교과서로 자녀 가르치게 할 수 없다"

구청 안의 임시 교육위원회에서도 열띤 공방이 벌어졌다. 스기나미 구는 지난해에 교육위원 5명 중 3명이 사임했다. 스기나미 구의 야마다 구청장이 압력을 넣은 결과이다. 그러나 주민은 야마다 구청장의 교육위원 인사에 크게 반발했다. 그래서 교육위원 5명 중 1명이 지난 6월까지 공석으로 남아 있었다. 또 새로 임명된 교육위원 1명이 "한국의 종군위안부 중에는 매춘부도 포함되어 있었다"라고 발언한 사실이 알려져 구 의회에서 벌언의 진위를 둘러싸고 공방이 벌어졌다.

우선 두 교육위원이 후소샤판 역사교과서 채택을 지지하는 발언을 했다. "이 역사교과서에는 인물 기술이 많고 읽기 위주로 만들어져 있어, 연표에 해설을 붙인 정도인 다른 일곱 출판사 교과서와 동렬로 평가할 수 없다."

그러자 다른 교육위원이 일어나 "이 역사교과서는 어른들이 보기에는 재미있을지 몰라도 중학생들은 이해하기 힘들다. 또 교과서 첫 장에 역사를 이해하는 방법 등을 기술하고 있는 등 까다로운 지시가 많아서 중학교 역사교과서로서는 적당치 않다"라고 반박하면서, 제국서원과 도쿄서적이 출판한 역사교과서를 추천했다.

맨 마지막으로 마루다 위원장이 일어나 "후소샤판 역사교과서는 내용이 너무 많아 교사가 가르치기에 벅차다. 읽는 책으로서는 좋은 점이 있을지 몰라도 의무 교육 교재로는 부적당하다"라고 의견을 개진했다.

스기나미 임시교육위원회는 다음날인 25일에도 교과서 채택을 협의한 결과, 다수결로 후소샤판 역사교과서가 아닌 제국서원 역사교과서를 채택하기로 결정했다. 이로써 도쿄의 40여 채택 지구 가운데 아라카와 구·지요다 구·구니다치 시에 이어 스기나미 구가 왜곡 역사교과서 채택을 거부했다. 이같은 거부 결정은 이번 주부터 본격적으로 시작되는 도쿄도 교과용 도서 채택 지구 협의에 큰 영향을 미칠 전망이다.

일본 전국의 5백여 개 채택 지구 중 처음으로 후소샤판 역사교과서 채택을 결정했던 도치기 현 시모쓰가(下都賀) 지구에서도 7월 25일 당초의 결정이 번복되었다.

자민당의 아성으로 알려진 도치기 현은 본래 보수 우익 색채가 강한 지방이다. 도치기 현 시모쓰가 지구는 도치기·오야마 등 두 도시와 후지오카 마치 등 여덟 마치(읍)로 구성되어 있다. 지구 산하에 30개 공립 중학교가 있으며, 학생 수도 1만4천여 명을 헤아린다.

도치기 현 시모쓰가 지구는 지난 7월 11일 이 지역의 교육장·교육위원장·학부모 대표 등 23명이 모여 교과용 도서 채택협의회를 열었다. 당초 후소샤판 중학교 역사교과서는 일선 교사들이 추천한 교과서 명단에는 올라 있지 않았다. 그러나 시모쓰가 지구 유력자들이 압력을 가해 명단에도 없었던 후소샤판 역사교과서를 내년부터 사용할 역사교과서로 채택했다. 투표 결과는 12 대 11이었다.

그러자 지역 주민들이 거세게 반발했다. 하루 7백 통이 넘는 항의 팩스가 교육위원회에 쏟아졌다. 자녀를 중학교에 보내고 있는 어머니들은 '이런 왜곡된 역사교과서를 자식들에게 가르치게 할 수는 없다'며 집단 항의 시위를 벌였다.

그 결과 지난 7월 16일 후지오카 마치에서 열린 교육위원회는 후소샤판 역사교과서를 채택하기로 한 시모쓰가 지구의 채택 결정을 거부하는 결의를 만장일치로 통과시켰다. 오야마 시 등 이 지구의 9개 교육위원회도 시모쓰가 채택 지구의 결정을 거부하는 결의안을 연이어 통과시켰다.

지구 산하 10개 교육위원회 전부가 지구의 채택 결정을 거부하자 시모쓰가 채택협의회는 지난 7월 25일 다시 회의를 열고 후소샤판 역사교과서 채택 결정을 백지화했다. 대신 채택된 것은 도쿄서적의 역사교과서였다.

시모쓰가 지구 스가누마 회장은 협의가 끝난 뒤 "동일 채택 지구에서는 동일 교과서를 채택하도록 법률로 정해져 있기 때문에 재협의에서 후소샤판 역사교과서를 다시 채택할 여지는 없었다. 이 교과서가 어려운 기술이 많고 설명 위주로 편집되어 있어 중학교 역사교과서로서는 부적당하다"라고 말했다.

"이 추세라면 채택률 '제로'될 수도 있다"

문제의 역사왜곡 교과서 출판을 부추겨온 자민당 나카가와 쇼이치(中川昭一) 의원의 선거구인 홋카이도 도가치 지구에서도 지난 7월 23일 후소샤판 역사교과서 채택을 거부하기로 결정되었다. 나카가와 의원은 자민당 내에 '일본의 전도와 역사 교육을 생각하는 젊은 의원 모임'을 결성하고 문제의 역사왜곡 교과서 출판을 적극 지원해온 보수 우파 정치인이다.

그는 최근에도 자민당·민주당·자유당 의원들을 끌어들여 '역사교과서 문제를 생각하는 초당파 의원 모임'을 결성하고 후소샤판 역사교과서를 채택하도록 각 지구에 압력을 가했다. 그러나 자신의 선거구인 도가치 지방의 제12지구 교과서채택협의회가 채택 거부를 결정함에 따라 그의 위신은 크게 추락했다.

역사왜곡 교과서 채택 거부 운동을 벌이고 있는 '어린이와 교과서 전국네트 21'에 따르면 현재 5백여 개 지구에서 협의가 진행중이며, 결과를 오는 8월15일까지 문부과학성에 보고하도록 되어 있다. 이 관계자는 "현재 추세라면 전국 1만1천여 중학교의 93%를 차지하고 있는 공립 중학교에서 왜곡 역사교과서 채택률이 제로에 가깝게 나올 가능성이 크다"라고 전망했다.

이 관계자가 전망한 데로 이번에 공립 중학교가 모두 역사왜곡 교과서를 채택하지 않는다 해도 역사교과서 마찰이 완전히 종식되는 것은 아니다. 새역사모임 측이 이번 패배를 설욕하기 위해 다시 채택 협의가 시작되는 4년 후 대대적인 공세를 펼칠 것이기 때문이다.

도쿄 · 채명석 편집위원

【국제】 일본총리 고이즈미 준이치로 대해부

『뉴스피플』 제481호 2001. 8. 10

지난 7월 29일 일본 참의원 선거에서 집권 자민당 압승의 1등 공신 고이즈미 준이치로(小泉純一郎) 총리는 국민의 지지를 업고 개혁의 장도에 올랐다. 10일 실시되는 자민당 총재선거에서 고이즈미 총리는 무투표로 재추대될 것으로 보여 장기집권의 발판도 마련했다.

일본 국민의 선택, 고이즈미 총리는 그러나 불행히도 야스쿠니신사 참배나 역사왜곡 교과서 문제로 아시아인에게는 외면을 받는 등 안팎의 평가는 크게 엇갈린다. 한국에는 비교적 알려져 있지 않은 고이즈미 총리를 철저히 해부해본다.

정치 세습 고이즈미 가(家)

고이즈미 총리는 3대 정치인이다. 할아버지, 아버지가 중앙 정치무대에서 국회의원과 각료를 지냈다.

그는 지역구인 도쿄 인근의 요코스카(橫須賀)는 물론 정치관, 이념, 정치 스타일 같은 정치적 자산의 대부분을 선대에게서 물려받았다고 해도 과언이 아니다.

세습 정치가는 일본에서 그리 드물지 않다. 다나카 가쿠에이(田中角榮) 전총리의 딸 다나카 마키코(田中眞紀子) 외상, 후쿠다 다케오(福田赳夫) 전총리의 아들 후쿠다 야스오(福田康夫) 관방장관, 이시하라 신타로(石原愼太郎) 도쿄도 지사의 아들 이시하라 노부테루(石原伸晃) 행정개혁상 등 고이즈미 내각에도 정치 1~3세는 수두룩하다.

할아버지 고이즈미 마타지로(小泉又次郎, 1951년 사망)는 건설 노무자 집안의 차남이었다. 초등학교를 졸업하고 장교를 지망했으나 아버지의 반대에 부딪혀 좌절되자 지방신문 기자를 거쳐 1907년 가나가와(神奈川)현 의원으로 정치생활을 시작했다. 이듬해 중의원이 된 그는 1929년 체신대신에 발탁된다. 고이즈미 총리의 정치적 트레이드 마크인 '우정(郵政) 3개 사업 민영화' 같은 우정사업 개혁은 그의 조부 때부터의 숙원사업이었다.

아버지 고이즈미 준야(小泉純也 1969년 사망)는 고이즈미란 성(姓)만 따왔을 뿐 실은 조부의 사위다. 준야가 고이즈미가에 들어온 것은 조부의 외동딸과 결혼했기 때문이다. 마타지로는 "정치가에게는 절대 딸을 줄 수 없다"고 결혼에 극력 반대했다.

고이즈미 총리의 부모인 두 연인은 그 당시로선 상상할 수 없는 가출과 동거 생활을 감행, 결국 결혼에 골인했다. 어쩔 수 없이 둘 사이를 허락한 조부는 그에게 고이즈미의 성을 준다. 고이즈미 부모의 로맨스는 당시 일본사회의 빅 뉴스였다.

준야는 고향인 가고시마(鹿兒島)에서 1937년 중의원으로 당선된 이후 15년 간 활동하다 장인이자 양아버지인 마타지로가 사망하자 지역구를 요코스카로 옮겼다. 학자풍의 준야는 일본 정치사에 남을 만한 큰 일은 하지 않았지만 안전보장 문제에 정통한 덕분에 이케다(池田) 내각에서 방위청 장관(1964년)을 지냈다.

고이즈미 총리의 발자취

고이즈미 총리는 1942년 요코스카에서 태어났다. 보통 도쿄로 보내져 유학하는 게 보통이지만 고향을 중시하는 가풍에 따라 사춘기를 군항(軍港) 요코스카에서 보냈다.

대학은 도쿄로 진학했다. 게이오(慶應)대학 경제학부를 졸업한 그는 영국런던대학에 유학을 하던 중 갑작스런 아버지의 죽음으로 1969년 고향에 돌아와 중의원에 출마했다. 그러나 낙선이었다. 첫 출마에 낙선한 것도 3대 대물림이다.

그는 후쿠다 다케오(福田赳夫) 전 총리의 비서로 들어가 정치의 앞면과 뒷면을 배우게 된다. 절치부심한 3년을 보내고 72년 첫 당선된다.

선대의 후광을 등에 업은 고이즈미는 후쿠다파에서 승승장구한다. 정계 입문 7년 만에 대장성 정무차관(79년)에 오른 그는 다케시타 노보루(竹下登) 내각에서 후생대신(1988년), 미야자와 기이치(宮澤喜一) 내각에서 우정대신(1992년)을 지낸다.

대망의 총리식을 서너쥐기 위해 95년 자민당 총재선거에 출마한다. 그러나 연전 연패. 2차례 고배를 마신 끝에 지난 4월 25일 2전3기로 자민당 총재에 오른다.

그가 같은 파벌의 모리 요시로(森喜朗) 전 총리의 낙마로 자민당 총재선거에 입후보할 때만 해도 그의 당선은 불가능처럼 여겨졌다. 그의 가족들도 "승산이 없다"고 모두 말렸다. 그러나 그는 "남자는 평생 세 차례 승부한다"면서 "이번에 떨어지면 절대 총재선거에는 나가지 않겠다"고 이를 악물고 출마했다.

배수의 진을 치고 선거에 나선 그는 1995년 첫 출마 때 고배를 마시게 했던 강적 하시모토 류타로(橋本龍太郎) 전 총리를 압도적으로 꺾고 대권을 손에 쥐게 된다.

불행한 결혼

그의 29년 정치 생활에 중의원 첫 낙선, 2번의 자민당 총재선거 낙선 외에 시련은 없었다. 큰 굴곡 없이 대권을 거머쥔 그지만 인간적인 시련은 있었다.

부인과의 이혼이었다. 19년 전 이혼 후 그는 독신으로 지내고 있다. 당시를 회상하며 고이즈미 총리는 "이혼은 결혼의 10배나 되는 에너지를 필요로 한다"면서 그 고통을 간접적으로 표현하고 있다.

고이즈미는 36세이던 1978년 아오야마 가쿠인(靑山學院)대학에 재학중이던 당시 21살의 미야모토 가요코(宮本佳代子)와 결혼했다. 결혼생활은 길지 않았다. 부인이 4년 만에 집을 나가고 결국 이혼 도장을 찍기에 이른다.

그들의 이혼에 대해 세간에서는 고이즈미 총리가 폭력을 휘둘렀다거나 처음부터 여성 혐오증이라는 소문도 있었으나 사실무근으로 알려져 있다.

도쿄 출신인 그의 전 부인은 3대 정치인 집안의 무거운 분위기 속에서 선거운동을 비롯한 고된 뒷바라지, 요코스카에서 자식을 키우겠다는 고이즈미의 고집, 성격 차이 등을 견디지 못했다는 게 정설이다. 전부인(44·회사원)은 최근 한 잡지 인터뷰에서 "내가 좋아했던 대중음악에는 전혀 흥미를 보이지 않았다"고 성격차를 단적으로 표현했다.

두 사람 사이에는 세 아들이 있다. 첫째(23), 둘째(20)는 고이즈미 총리가 요코스카에서 노모와 그의 누나, 여동생의 도움을 받아 손수 키워냈다. 이혼 당시 임신 6개월이던 셋째아들(19)은 부인이 맡아 키웠다.

장남 고타로(孝太郎)는 고이즈미가의 정치 세습의 전통을 잇지 않고 지난 1일 연예계에 발을 들여놓았다. 그의 장남은 세련된 미남형의 마스크로 벌써부터 여성 팬들을 설레게 하고 있다.

지금 일본에는 퍼스트 레이디가 없다. 고이즈미 총리는 재혼을 하지 않았기 때문이다. 전후 총리를 지낸 요시다 시게루(吉田茂) 이후 독신 총리는 50년 만에 그가 처음이다. 그는 독신으로 지내면서도 여성 스캔들 한번 없이 19년을 지냈다.

극우 보수인가

참의원 선거가 끝나면서 일본 정국은 고이즈미 총리의 야스쿠니신사 공식참배 문제로 뜨겁게 달구어져 있다. 한국, 중국도 그를 주시하고 있다.

정작 고이즈미 총리는 태연하다. "숙고해 결정하겠다"며 느긋한 표정이다. 정치 분석가들은 그가 공식 참배를 강행할 것으로 보고 있다.

선거도 승리로 이끌었고 한국과 중국의 반발도 있는 만큼 참배 계획을 철회하지 않겠느냐는 관측도 일부에선 하고 있지만 그 가능성은 지금으로선 희박해 보인다.

일본 변호사 연합회의 후지하라 세이고(藤原精吾) 부회장은 "한다고 하면 하는 그의 성격으로 볼 때 참배를 할 것"이라고 내다봤다.

이런 고이즈미 총리를 두고 극우 보수주의자라고 한다. 그가 일본 정치사에서 보수의 맥을 잇는 인사라는 데는 그 누구도 동의한다. 그러나 그가 나카소네 야스히로(中曾根康弘) 전 총리, 이시하라 도쿄도 지사 같은 '보수 확신범'이라고 말하기에는 다소 주춤거려지는 게 사실이다.

그의 정치 행적, 발언으로 따져볼 때 정치적 유전자(DNA)는 보수 온건쪽이다. 서방 언론들도 그를 국수주의자가 아닌 내셔널리스트(국가주의자)로 분류한다.

그에게는 '야스쿠니 집착증'이 있다. 기자회견을 하면서, 혹은 국회에서 답변을 하는 그를 보면 야스쿠니 참배 얘기에 이를 때마다 표정이 그럴 수 없이 진지해진다. 왜일까.

그런 집착을 그의 보수성향이라는 하나의 키워드만으로 풀기 어렵다. 그의 마음 깊숙이 자리하고 있는 집착증을 형성하고 있는 조각들을 찾아보자.

야스쿠니 집착증

그가 야스쿠니에 가겠다는 이유는 지극히 단순명료하다. "총리건 개인이건 국가를 위해 희생한 전몰자를 참배하는 게 헌법 위반이라고 생각하지 않는다"는 게 그의 일관된 입장이다. 이전에도 그는 각료나 의원 자격으로 공식 참배를 했다.

"가족과 떨어져 전장에 간 사람의 기분은 어떠했을까. 그들 특공대에 비하면 지금 총리의 고생은 아무것도 아니다." 지난 5월 21일 국회 답변의 한 토막이다.

그의 아버지 고이즈미 준야의 고향 가고시마는 제2차 세계대전 가미카제(神風) 특공대의 발진기지 지란(知覽)비행장이 있던 곳이다. 그는 자주 가고시마를 찾는다.

그곳 지란 박물관에는 특공대원의 유서, 유품 등이 잔뜩 전시돼 있다. 그가 그 박물관에 들러 유서를 읽고 눈물을 흘렸다는 일화는 꽤 유명하다. 그의 아버지 쪽 친척 중에는 특공대로 죽은 사람이 있다.

잘 알려져 있지 않지만 그의 애독서는 자살 특공대로 몸을 던진 해군비행예비학생 제14기의 '아아,동기(同期)의 사쿠라'이다. 이런 조각들이 전몰자와 이들의 위패가 있는 야스쿠니에 대한 고이즈미 류(流)의 집착과 향수(鄕愁)를 형성하고 있는 것으로 추정된다.

개인적 정서, 보수 성향이 그의 등을 야스쿠니로 떠밀고 있지만 그가 야스쿠니에 가면 안 되는 이유, 그의 야스쿠니 참배를 한국과 중국이 반대하는 이유는 너무나 분명하다.

아시아 무시 외교

일본을 전쟁으로 밀어넣고 아시아를 침략과 식민지배의 고통으로 빠뜨린 도조 히데키(東條英機) 전 총리 등 처형된 A급 전범 14명이 야스쿠니신사에 합사돼 있기 때문이다.

지난 4월26일 고이즈미 총리가 취임하자 일본 안팎에서는 그의 외교 역량과 편향성을 걱정했다.

그는 총리에 오를 때까지 자민당이건 정부에서건 외교와 관련된 직책을 맡아 본 일이 없다. 일본 정치인들에게서 흔히 볼 수 있는 '미국 중시, 아시아무시'의 판박이가 아닌가 하는 우려가 있었지만 그 우려는 현실로 나타났다.

일본 외무성을 출입하는 한 기자는 "아시아를 이해한다면 야스쿠니신사를 참배하겠다는 언동은 하지 않을 것"이라고 말했다. 아시아 지역에 대한몰이해에는 그럴 만한 이유가 있다.

고이즈미 총리는 한국이건 중국이건 태어나서 가본 적이 없다. 오는 10월 아시아·태평양 경제협력체(APEC) 참가를 위해 상하이(上海)에 가는 게 첫 중국 방문이다. 한국과 중국을 모르는 고이즈미 총리가 취임하자 한국정부는 한일관계의 앞날이 험난해지지 않을까 하는 걱정이 기우이길 바랐지만 결국 최악의 상태로 치닫고 있다.

친미 성향

'아시아 무시'와는 정반대로 그는 미국 중시라고 할 수 있다. 친미(親美) 성향은 지난 6월 워싱턴 미·일 정상회담, 7월 제노바 G8 정상회담에서 잘 드러났다. 기후변화협약인 교토(京都)의정서 비준을 거부하고 있는 미국 입장에 대한 일방적 지지로 그를 비판하지 않던 일본 언론들도 '미국추종 외교'라고 야유했다.

미국에는 관대하고 미소짓는 그이지만 아시아에는 써늘하다. 역사왜곡 교과서나 야스쿠니 참배 문제로 악화일로인 한국, 중국과의 관계회복에 대해서는 "참배 후에 시도하겠다"는 오만하고 고압적인 자세로 일관하고 있다.

그의 미국 중시 성향은 성장 배경에도 뿌리를 두고 있다. 고향 요코스카는 1853년 미국 페리 제독의 이른바 '흑선(黑船)'이 찾아온 일본 개국(開國)의 시발점이다. 근·현대 일본 부흥의 전진기지이기도 한 요코스카에서 그의 할아버지와 아버지를 포함, 3대가 정치생명을 이어왔다.

요코스카에 미 7함대의 해군기지가 들어서면서 반미 운동의 중심지가 됐을 때도 방위청장관을 지낸 그의 부친 준야는 '미·일 안보조약'의 중요성을 역설했을 만큼 고이즈미가의 '친미 성향'은 대물림이다. 지난 5월 6일 국회 연설 때 "외교의 기축은 확고한 미·일 관계가 전부"라고 할 만큼 고이즈미 총리의 미국 편향은 심각하다.

적과 동지

'한 마리 늑대', 고이즈미 준이치로 총리의 별명이다. 무리를 지어 사는 늑대 집단에서 외톨이 같은 그를 단적으로 설명해준다.

그는 혼자이다. 일본 파벌 정치구조에서는 독특한 정치 컬러다. 다나카 마키코 외상은 몇 년 전 요정정치를 싫어하고 오페라를 즐기는 그에게 '별난 사람(變人)'이라는 별명을 선사했다.

그는 동지도 적(敵)도 그다지 없다. 정계 인맥이라면 'YKK' 정도를 꼽는다. Y는 야마사키 다쿠(山崎拓) 자민당 간사장, K는 가토 고이치(加藤紘一) 전간사장, 고이즈미 총리 3녕의 싱에서 떤 영문 이니셜이다.

지금은 모두 파벌의 회장이 됐을 만큼 실력자가 됐지만 이들이 지난 91년 YKK 그룹을 결성했을 때만 해도 이들의 영향력은 미미했다. YKK를 결성한 것은 다케시타(竹下)파, 게세카이(經世會)의 낡은 지배구조를 깨뜨리기 위해서였다. 보다 노골적으로 표현하면 당시의 정치구조하에서 총리가 되기 힘들었던 만큼 총리가 되기 위한 전략적 제휴를 한 셈이다.

당시 다케시타파 가네마루 신(金丸信 사망) 회장은 이들을 두고 "금방 깨질 것"이라고 비웃었다. 그러나 이들은 꼭 10년 만에 일본 정계의 정상에 올랐다.

고이즈미 총리는 당·정 인사 때 야마사키 의원을 자민당 '넘버 2'인 간사장으로 발탁했다. 가토 의원에게는 외상 자리를 제의했으나 이미 간사장을 역임하고 총리밖에 넘볼 게 없는 그가 고사한 것으로 전해지고 있다.

고이즈미 총리의 '정치 스승'인 후쿠다 다케오 전 총리의 아들 후쿠다 야스오 관방장관과는 각별하다. 지난 4월까지 문부상을 지내며 역사교과서문제에 강경입장을 고수하던 마치무라 노부타카(町村信孝) 의원과도 친분이 두텁다.

관료 출신으로는 오카자키 히사히코(岡崎久彦) 전 태국대사가 외교문제에 조언하고 있다. "일본이 제 목소리를 내야 한다"는 내셔널리스트로 알려져 있는 오카자키 전 대사와 고이즈미 총리는 이념 성향이 비슷하다. 정치평론가 오카모토 유키오(岡本行夫)도 측근이다. 외상으로 기용하려다 경력이 짧아 주위의 반대로 포기했을 만큼 신뢰가 깊다. 경제·학계에서는 다케나카 헤이조(竹中平藏) 경제재정상이 꼽힌다.

자민당 총재선거 때 고이즈미 총리를 지원한 다나카 외상은 '고이즈미 인기' 절반의 지분을 갖고 있는 2인3각의 파트너이지만 인간적인 친분은 그다지 없다. 다나카 외상이 고이즈미 총리를 도운 것은 아버지 다나카 가쿠에이 전 총리의 숙적 하시모토파(옛 다케시타파)에 맞서 총재선거에 나섰기 때문이다. '적의 적은 동지'라는 논리로 도왔다는 게 일반적인 해석이다.

적이라고 하면 29년의 정치인 생활 내내 싸웠던 하시모토파를 들 수 있다. 그 중에서도 노나카 히로무(野中廣務) 전 간사장과는 앙숙이다. 간사장 시절인 지난해 노나카 의원은 "YKK를 해체하라"고 공개적으로 싸움을 걸었다. 또 모리 요시로 전 총리가 물러난 지난 4월 총재선거 후보에 노나카 의원이 거론되자 "노나카가 나가면 나도 나간다"고 할 만큼 둘 사이는 나쁘다. 고이즈미 총리가 이른 바 개혁의 '저항세력'이라고 부르는 우정족, 도로족, 건설족 등도 하시모토파에 잔뜩 포진해 있다.

개혁의 성패

내각 출범 이후 80%대의 높은 지지율을 유지하고 있는 고이즈미 인기의 정체는 무엇일까.

일본 국민들은 추락할 만큼 추락한 일본을 다시 끌어올려줄 수 있는 희망을 그에게서 찾는다. 헤이세이(平成) 불황의 '잃어버린 10년'을 보상해주고 자민당 이권정치의 틀을 깰 혁명을 그에게 요구하고 있다.

보통 사람의 풍모, 보통 사람의 감각에 보통 사람의 말로 개혁을 하겠다는 그에게 국민들은 7월의 참의원 선거에서 자민당 압승을 만들어주고 개혁의 실천을 주문했다.

자민당 내 기반이 미미한 그로선 정치적 힘을 파벌간 결탁이 아닌 국민의 지지로부터 끌어왔다. 국민의 힘으로 그는 개혁을 시작한다.

그러나 이제부터다. 그가 말하는 개혁을 실천하기 위해서는 먼저 '나가타초(永田町·정치권)'와 '가스미가세키(霞が關·정부 관료)'와 싸워 이겨야 한다.

개혁의 걸음을 붙잡는 것은 내부의 적뿐만이 아니다. 최근 최저치를 거듭 경신하고 있는 불안한 주가와 함께 '9월 위기설'로 요약되는 경제 위기도 암초다. 개혁에 뒤따르는 대량 도산·실업을 국민들이 얼마나 견뎌줄지도 미지수다. 반개혁의 파도를 넘지 못하면 그의 지지는 '모래성'에 불과하다.

그에게는 내정(內政)뿐 아니라 외치(外治)도 숙제다. 일촉즉발의 한국, 중국과의 관계를 어떻게 풀어갈지도 그의 개혁을 지켜보는 관전 포인트 중 하나다.

황성기 도쿄 특파원

2례 1박수 1례……"하기만 해봐라"
『시사저널』 제616호 2001. 8. 16

신도의식 따르면 정교 분리 원칙 위반……위헌 시비 휩쓸릴 듯

지금으로부터 16년 전인 1985년 8월 15일, 나카소네 야스히로 총리는 도쿄 무도관에서 열린 전국 전몰자 추도식에 참석한 후 그 길로 야스쿠니신사를 공식 참배했다. 그러나 나카소네는 본전으로 올라갔으나 안으로는 들어가지 않고 정면 복도에서 한참 묵도한 후 한 차례 절을 하고 돌아섰다.

나카소네가 월간지 『세이론(正論)』 9월호 인터뷰에서 밝힌 바에 따르면, 본당 안으로 들어가거나 신도 의식인 '2례2박수1례(二禮二拍手一禮)' 형식을 취할 경우, 정교 분리 원칙을 위반한 것이 되어 헌법 위반 시비에 휩쓸릴 가능성이 있었기 때문이다. 나카소네는 천황과 황족이 그런 참배 형식을 취하는 것을 보고 아이디어를 얻었다고 밝혔다.

고이즈미 총리가 개인 자격으로든 공인 자격으로든 야스쿠니신사를 참배할 경우 또다시 헌법 위반 시비가 일어날 것이 분명하다. 고이즈미 총리는 일찍부터 단독으로 야스쿠니신사를 참배해온 것으로 알려졌다. 후생대신 시절에는 공식 일정에 8월 15일 참배를 꼭 집어넣었을 정도이다. 그러나 그는 자민당의 '모두 야스쿠니신사를 참배하는 국회의원 모임'과는 어울리지 않고, 일반 참배자처럼 혼자서 본전 앞에서 절을 한 차례 하고 돌아가는 정도였다고 한다.

그랬던 그가 이번 8월 15일에는 어떤 형식으로 공식 참배를 강행할지 관심거리이다. 총리 참배를 관행화하려는 일본유족회측은 신도 형식에 맞추어 참배하라는 압력을 가하고 있는 중이다. 즉 본전 참배 때는 '2례2박수1례' 형식을 취하고, 공양하는 꽃값 등을 공금에서 지출하라는 것이다.

그러나 일개 종교 법인인 야스쿠니신사를 참배하면서 꽃값 등을 공금에서 지출할 경우 헌법 20조를 위반했다는 시비에 휘말릴 가능성이 크다. 본전 참배 때 신도 형식을 취할 경우에도 마찬가지이다.

그래서 다나카 마키코 외상은 고이즈미 총리에게 "개인 자격이든 공인 자격이든 공식 참배를 자제하라. 일반 영령에 대한 위령은 무도관에서 열리는 전국전몰자추도식으로 충분하다"라고 강조했다고 한다.

고이즈미 총리가 공식 참배를 강행할 경우 한국·중국과의 관계도 큰 문제이다. 일본정부 내에서는 공식 참배 전후에 과거 전쟁을 반성한다는 총리 담화를 발표하는 안을 검토하고 있는 것으로 알려지고 있다.

그러나 1995년의 무라야마 담화와 1998년의 한일 공동선언이 유명무실해진 지금, 공식 참배를 강행하고나서 그런 담화를 발표한다 해도 그 효과는 미미할 것이다. 다만 겉 다르고 속 다른 일본인의 본성을 다시 확인해주는 효과는 있을 것이다.

도쿄·채명석 편집위원

【뉴스초점】 고이즈미 일 총리 전범 참배 배경과 파장

『뉴스피플』 제482호 2001. 8. 17

고이즈미 준이치로(小泉純一郎) 일본 총리가 13일 우리 정부의 거듭된 '경고'에도 불구하고 야스쿠니(靖國) 신사참배를 강행했다.

패전 기념일인 8월 15일을 피하기 위해 이틀 일정을 앞당겨 실시된 고이즈미 총리의 신사참배는 여전히 공식참배 성격을 지닌데다 태평양전쟁 A급 전범 14명에게 머리를 조아렸다는 점에서 충격을 주고 있다.

일본 총리가 재임중 야스쿠니신사를 참배하기는 지난 1996년 7월 자신의 생일에 야스쿠니에 간 하시모토 류타로(橋本龍太郎) 총리 이후 5년 만의 일이다.

고이즈미 총리의 이날 참배는 일본 중학교 역사교과서 왜곡파문과 남쿠릴열도에서의 한국어선의 꽁치조업 등 한일 간 외교현안이 산적한 가운데 이뤄진 것이어서 한일관계 경색국면이 장기화될 조짐이다.

우리 정부는 고이즈미 총리의 신사참배 직후 회의를 갖고 대응수위를 조율하고 있으나, 일제 식민지배를 경험한 한국민의 정서를 감안할 때 이번 문제도 그냥 묵과하고 넘어갈 수 없는 중대한 외교현안으로 떠오를 전망이다. 정부는 이날 오후 고이즈미 총리의 신사참배 강행이 확인된 뒤 외교부 대변인성명을 내고 우리 정부의 강한 유감과 항의의 뜻을 전달했다. 또 이번 사태와 관련, 중동을 순방중인 한승수(韓昇洙) 외교장관도 18일 귀국하는 대로 데라다 데루스케(寺田輝介) 주한일본 대사를 초치, 우리 정부의 항의를 공식 전달하는 방안을 검토중인 것으로 알려졌다.

고이즈미 총리가 신사참배를 강행함에 따라 일본 역사교과서 왜곡문제와 남쿠릴 열도 조업분쟁 등 기존의 마찰요인과 맞물려 한일 양국관계는 최악의 국면으로 치달을 것으로 보인다. 또 내년 한국과 일본이 공동개최하는 2002년 월드컵에도 좋지 않은 영향을 미칠 것이라는 걱정스런 지적도 나오고 있다.

중국측도 이날 비난과 반대입장을 밝히는 등 외교적 압박을 가하고 있다. 중국은 고이즈미 총리의 우익주의적 행동과 경향에 그간 우려와 의문을 품어왔으며, 그의 신사 참배는 중국인의 광범위한 분노를 야기하고, 중·일 관계에 상당한 긴장과 갈등을 가져올 것으로 보인다. 중국측은 이번 참배가 일본의 아시아 다른 나라들에 대한 침략을 현 일본 지도부가 정당화하고 용서하는 조치이자, 일본 군국주의에 대한 고이즈미 총리의 입장을 제시하는 것으로 보고 있다.

중국 외교부 대변인은 이날 오후 "우리는 일본 지도자들이 A급 전범들을 추모하는 위패가 있는 야스쿠니신사를 참배하는 것을 반대한다"고 밝혔고 관영 신화통신도 같은 날 고이즈미 총리의 신사 참배 소식을 보도하면서 "고이즈미 총리의 방문은 한국, 중국, 다른 아시아 국가의 격렬한 반대에 도전하는 것"이라고 비난했다.

우리 정부는 이미 일을 저지르고 만 고이즈미 총리가 얼마나 빠른 시일에 한국정부와의 관계복원에 성의있게 나설지에 촉각을 세우고 있다. 고이즈미 총리는 이날 발표한 담화에서 '상황이 허락한다면'이라는 '인색한' 전제를 깔고 한국의 요로에 있는 사람들과 관계복원을 위한 자리를 마련하고 싶다는 희망을 피력했다. 이는 상황이 허락하지 않는다면, 관계복원을 '방치'할 수도 있다는 얘기로도 해석돼 고이즈미 총리가 매우 소극적인 자세를 취하고 있음을 시사한 것으로 받아들여진다.

실제로 그는 이미 지난 12일부터 무려 보름간의 여름휴가에 들어간 상태다. 그는 속전속결로 야스쿠니 참배를 마치고, 다시 긴 여름휴가를 보낼 예정이다. 특히 고이즈미 총리가 신사참배를 끝내고 기자들과 나눈 대화내용을 TV를 통해 지켜보고 있자면 마치 자신의 '영웅적인' 행동에 일말의 후회도 없는 듯한 비장한 모습이어서 벌써부터 우려를 자아내고 있다.

김환용 기자

민간교류 활성화가 '克日의 길'
『주간동아』 제298호 2001. 8. 23

일본의 역사왜곡 교과서 문제로 와해된 한일 간 민간교류 재개를 위해 한 국회의원이 발벗고 나섰다. 국회 법사위 소속 함승희 의원(민주당)이 그 주인공. 함의원은 "왜곡 교과서로 일본에 대한 한국인의 감정이 매우 격앙된 것은 사실이지만 민간차원의 교류는 이제 재개해야 한다"고 강조한다.

함의원이 한일 간 민간교류에 관심을 가진 것은 일본의 시민단체 '어린이와 교과서 전국네트 21'의 타와라 요시후미(俵義文) 사무국장이 보낸 한 통의 편지 때문. 타와라 국장은 '새로운 역사교과서를 만드는 모임'(이하 모임)이 집필한 중학교 역사교과서의 채택 저지운동을 펼치며 동아일보와 일본 현지 유력지에 '모임' 교과서 채택을 거부하는 의견 광고를 싣기도 한 맹렬 시민운동가.

타와라 국장은 일본 역사왜곡 교과서와 관련해 일본 도쿄지법에 소송을 제기하며 왜곡 교과서 불채택운동에 나선 함의원에게 편지를 보내 "최근 역사교과서 문제로 중단된 한일 청소년·스포츠 교류를 부분적으로라도 재개해야 한다"고 강조했다. 또 타와라 국장은 왜곡 교과서를 채택하지 않기로 결정한 일본의 지방자치단체와의 교류를 강조하면서 "왜곡 교과서를 반대하는 일본 내 시민단체에 힘을 몰아주는 차원에서도 민간교류는 재개되어야 한다"고 주장했다.

함의원은 타와라 국장의 이런 주장이 설득력이 있다고 판단해 외교통상부·교육인적자원부 등 정부부처에 타와라 국장의 편지 내용을 전달하고 교류의 필요성을 역설했다. 이에 따라 교육인적자원부는 지난 8월 초 "청소년 및 학교 차원의 한일 교류는 추진해야 한다"는 원칙을 세웠다. 함의원이 한일 정부의 팽팽한 대치와 별개로 민간인의 교류를 강조하는 것은 나름대로 이유가 있다.

우선 실리를 챙기자는 것. 함의원은 "일본 관광객 감소 등이 우리에게 주는 교훈을 생각해야 한다"며 "감정적 대응만이 능사가 아니다"고 말했다. 특히 내년에 치를 월드컵을 앞두고 민간차원이라도 화해 교류의 모습을 보이는 것이 양국 국익에 훨씬 유리할 것이라는 판단이다. 함의원은 왜곡된 교과서를 바로잡기 위한 싸움은 앞으로도 계속 추진할 것이며 그 경우 타와라 국장 등과 같은 일본 내 시민단체와의 우호적 관계 설정이 무엇보다 필요하다고 주장한다. 함의원은 "도쿄지법에 역사왜곡 교과서 소송을 제기할 때 가장 많은 도움을 준 것이 바로 일본 시민단체다"며 일본의 양심세력에 대해서는 대화의 문을 열어놓아야 한다고 강조했다.

그렇지만 함의원은 본인이나 정부가 직접 나서는 것에 대해서는 부담을 토로한다. "자칫 외교적 오해를 불러올 수 있다"는 게 그 이유. 따라서 함의원은 향후 추진되는 교류는 철저하게 민간차원에서 이뤄져야 한다는 것. 함의원은 오는 8월 말 타와라 국장 등 소송과정에 도움을 준 일본 시민단체 관계자 등을 한국으로 초청해 감사의 뜻을 전할 계획이다.

김시관 기자

【논단】 역사왜곡 바로잡기

『한겨레 21』 제372호 2001. 8. 23

때리는 시어머니보다 말리는 시누이가 밉더라는 옛말은 비록 여성을 낮춰보던 시절에 생긴 것이겠지만, 우리처럼 늘 당하고 살아온 사람들에게는 아직도 제법 실감나는 말이다. 무더위에 짜증만 나는 지금까지 해결은커녕 더욱 꼬여만 가는 일본의 역사교과서 왜곡문제와 이에 대한 우리쪽 대응을 보면서 문득 심통 맞게도 이 말부터 떠오른다. 그러니까 참으로 끈질기게도 손바닥으로 하늘을 가리려 드는 일본 우익집단의 짓거리도 밉지만, 이런 일이 생길 때마다 조금도 나아지지 않은 우리의 대응책, 아니 대책없는 대응이 안타깝다 못해 화가 나고 밉살스럽다는 얘기다.

일본도 밉지만 우리의 대응책도 밉다

세상은 가뜩이나 자꾸 달라져 이제 역사는 마치 빛바랜 사진첩처럼 퇴물이 되고 있는 마당에, 그 아스라하게 잊혀져가는 역사에 대한 생각을 결국 그 왜곡을 통해서나마 한번 되짚어볼 기회를 제대로 써보기는커녕 또 한번 왜곡해서 날려버릴까 두렵기만 하다. 물론 역사를 고쳐 꾸며보려는 저들의 시대착오적인 작태는 아무리 목청을 높여 꾸짖고 핏대올리며 야단쳐도 마땅하겠지만, 어제오늘 일도 아니며, 또 거듭 되풀이되는 역사왜곡이라는 역사에서 우리는 도대체 무얼 배운 것일까? 죽끓듯 하는 비난과 삿대질뿐이다. 그것도 민족의 앞날은 아랑곳 않고 제 권력과 이익에만 눈어두운 정치인들은 판벌이고 앞자리에 나서 자기선전에 이용하고, 보수적인 언론도 합세하여 차제에 거짓뿐인 민족언론을 자랑할 빌미로 삼으면서 말이다. 게다가 배운 사람들도 그저 맹목적인 반일과 폐쇄적인 민족주의만 내건 채 평생 되풀이해온 전가의 보도만 서슬 푸르게 거듭 휘두를 뿐이다.

하지만 정작 대중, 특히 자라나는 세대는 겨우 "오빠 마일드세븐 피우지 마세요"쯤 면피하며 그다지 절실하지도 아쉽지도 않은 반일감정에 슬쩍 편승할 뿐이다. 어쩌면 이렇게도 말리는 시누이만큼이나 못 말리는 어리석음과 짧은 생각과 행동거지투성이일까?

이제 이 글을 써보내고 나는 일본에 갈 예정이다. 홋카이도 북서부에 있는 슈마리나이 댐 근처로 말이다. 지난 1997년부터 해마다 열리는 아주 작은 규모의 한일 대학생 워크숍에 참가하려는 것이다. 첫해 한일 학생들뿐 아니라 재일동포, 그리고 아이누 학생들까지 모여 일제 말기 슈마리나이 댐 공사에 강제징용된 이른바 '타코베이' 노동자들 중 희생된 사람들의 유골을 발굴하였다.

더운 여름날 땀흘려 일하고 함께 사귀며 더없이 가까워진 젊은이들은, 하지만 유골이 발굴될 때마다 역사의 무게에 짓눌려 어두운 얼굴로 서로 다투고 싸우기도 했다. 조선인, 일본인 유골은 모두 비참한 상태로 버려지고 묻혀졌지만 그나마도 차별이 뚜렷했기 때문이다. 이렇게 열흘쯤 역사의 현장을 몸과 마음으로 체험한 이들은 역사인식은 물론 서로에 대한 이해, 그리고 영혼자체가 훌쩍 커 있었다. 곁에서 지켜보면서 역사란 이런 것이구나, 하는 깨달음을 스스로 얻었던 나는 여름마다 만사 제쳐놓고 이 행사에 참여한다.

그 다음해에는 한국에서 일제의 잔재를 함께 찾고, 그 다음해엔 오사카에서 재일동포문제를 가지고 씨름했으며, 지난해 다시 한국에서의 일정을 마치고 네 해 만에 다시 홋카이도에서 새로 시작하는 것이다. 바로 역사교과서 왜곡문제로 지리멸렬한 다툼과 손가락질만 거듭하는 이때, 현장에서 역사와 만나고 역사를 체험하려는 젊은이들과 함께 땀흘리며 서로 어울리는 것만큼 중요한 일이 또 있을까? 게다가 이번엔 한일의 역사유적뿐 아니라 미군기지나 아이누 소수민족의 삶의 현장 등을 아우른 동북아 전체의 역사를 체험하고 연대하는 일정도 들어 있어 더욱 기대가 된다. 이들이 내건 목표처럼 "과거를 마음에 새기고 현재를 몸으로 느끼며 미래를 함께 열어가기 위해" 삶 한복판에서 만나고 사귀고 부딪치는 것만이 왜곡된 역사를 우리 온 존재로 바로잡고, 그것을 역사로 만드는 일이라는 믿음 때문이다.

역사를 몸으로 체험하는 현장

얼마 전 여러 가지 부작용이 두려워 정부가 마지못해 꾀를 내듯이, 겉으로는 으르렁대면서 뒤로는 민간차원의 교류는 활발히 하겠다는 눈가리고 아웅하는 식으로는 역사왜곡을 바로잡을 수도, 그런 일이 다시 일어나지 않도록 막을 수도 없다. 역사왜곡은 오로지 올바른 역사와의 만남, 그것도 사람과 사람의 만남을 통해서만 바로잡을 수 있다. 제발 덕분에 이 한여름 무더위에 더 짜증나는 지루한 정치놀음이나 한심한 눈앞가림이 아니리, 웃통을 벗고 현실과 문제에 제대로 마주하고 부딪치는 매무새로 스스로를 돌아보고 서로의 관계를 짚어보는 시원한 역사가 슈마리나이뿐 아니라 서울에서 평양에서 만들어졌으면 한다. 그것도 역사 속에서 비뚤어질 대로 비뚤어진 어른들이 아니라 저 홋카이도 구석에서 땀흘리는 학생들과 같은 자라나는 세대의 올곧은 삶과 만남, 애씀을 통해서 말이다.

정유성(서강대 교수 · 교육학)

【아시아 네트워크】 우리에게 일본은 무엇인가
『한겨레 21』 제372호 2001. 8. 23

2차대전 종전 56년, 왜 그들은 전쟁에 지고도 아시아를 먹었는가
　"장차 이 일대의 섬들을 짧은 기간 동안이지만 난쟁이들이 지배할 날이 올 것이다."
　13세기 자바섬 케디리왕국의 조요보요 임금은 예언했다. 세월이 흘러 1942년, 해방군이란 깃발을 달고 밀어닥친 일본군이 3년 반 동안 온갖 행패를 부리는 걸 보면서, 인도네시아 시민들 사이에는 조요보요의 예언이 큰 화제가 되었다고 한다.
　그로부터 다시 60여 년이 지난 2001년, 아시아는 들끓고 있다. '거짓말' 때문이다. 아시아를 난도질하고 피바다로 만들었던 그 '해방군'이 죽어라 사실을 감추며 자식들에게 엉터리 교육을 시키겠다고 날뛰는 탓이다. '짧은 기간 동안'이라고 말했던 조요보요 임금의 예언은 빗나갔고, 길어도 한참 긴 세월 동안 인도네시아를 비롯한 모든 아시아가 시달리고 있다.

　거대한 '일본주식회사'의 지사들
　특히 해마다 이맘때면 어김없이 일본은 아시아를 분노케 한다. 2차대전 종전일이 걸리는 8월 15일 무렵을 두고 하는 말인데, 올해는 '거짓말 교과서'에다가 잘 나가는 사나이 고이즈미 총리류들이 대놓고 신사참배를 하겠다고 설쳐 사태가 만만찮게 돌아가고 있는 모양이다. 아시아 곳곳은 악령이 되살아났다고 야단들이지만, 해방군의 자손들은 동네 개가 짖는 소리쯤으로 여기고 있고…….
　신선한 구석이라고는 없는, 이 해묵고 낡아빠진 주제를 올해도 변함없이 2차대전 종전특집으로 삼아야 한다는 사실 자체가 몹시 짜증스럽고 고달픈 일이지만, '아시아 네트워크'는 해방군이 스스로를 침략군이라고 인정할 때까지 이어질 수밖에 없는 작업이라는 데 뜻을 모았다.
　정직하게 말하자면, 더이상 일본을 왈가왈부하기도 싫고, 도무지 할말도 쓸 말도 없다. 지난 1945년 8월 15일부터, 아시아 전체를 통틀어 얼마나 많은 글들이, 또 얼마나 많은 말들이 쏟아져나왔는지 도저히 상상도 할 수 없을 정도다. 변하지 않는 일본, 그 어떤 정교한 논리도 또 냉정한 이성도 통하지 않는 일본을 지켜보며 참담함을 느끼는 것이 아시아 시민들의 공통적인 현상이다.

차라리 무시해버릴까? 그러나 현실은 안타깝게도 일본을 무시할 수 없다. '세이코 자명종으로 눈을 뜨고, 라이온 치약으로 치아를 닦고……'로 시작하는 1970년대 중반 타이에서 유행했던 '타이 - 닛폰'이라는 노래를 30년이 지난 오늘 다시 들어보면, '으응, 내가 타이사람인가?' 헷갈려 하며 끝을 맺는 마지막 소절이 끔찍한 현실로 다가온다. 방콕도 마닐라도 자카르타도 서울도 그리고 프놈펜도 거대한 '일본주식회사'의 지사로 변했고, 그 시민들의 발도, 화장도, 옷도, 먹을거리도 심지어 노래와 만화까지도 모조리 '일제'로 뒤덮였다.

본사의 엔화가 움직일 때마다 지사의 바트화도 페소화도 루피화도 원화도 정밀하게 따라 움직이고, 본사의 돈줄이 풀리는 정도에 따라 지사의 사업은 울고 웃는다. 일년치 예산을 일본의 원조에 의존하고 있는 캄보디아로부터는 앙코르 와트보다도 일본이 더 중요한 삶의 가치로 자리를 잡았다는 슬픈 소식도 들려온다. 전쟁에 지고도 기어이 일본은 아시아를 먹은 셈이다. 전쟁 동안, 자원이건 인력이건 아시아에서 쓸 만하고 돈 될 만한 건 뿌리째 약탈해가서 세운 불순한 경제라고 아무리 일본을 탓해본들, 현실은 '가진 놈이 장땡'이고 결국 '간 큰 놈이 돈번다'는 불쾌한 속어만 남는다. 그렇다면 어떻게 할 것인가.

독일과 일본의 본질적 차이

아시아 네트워크는 처음부터 다시 시작하는 마음으로 '일본은 무엇인가'를 놓고 먼저 아시아 속의 일본을 뒤집어보기로 했다. 건전한 일본 시민들에게 기대를 걸어보았지만 그것도 허사였고, 볼썽사나운 일본정부를 난타해보기도 또 애걸복걸해보기도 했지만 그것도 마찬가지였다. 이제 남은 건, 우리가 가장 혐오해왔던 '힘의 논리'뿐이다. 그 힘은 군대도 정부도 외교도 아닌 시민들의 힘이다. 아시아 네트워크는 그 힘의 원천을 아시아의 이해에서부터 출발하는 아시아의 시민연대라는 믿음으로 이번주 '우리에게 일본은 무엇인가'를 독자들께 올린다.

흔히들, 또 하나의 2차 세계대전 패전국 독일의 자체 패전 처리방식과 사후조처를 놓고 일본의 태도를 비교해왔다. 특히, 독일의 끈질긴 전범 추적이니 충실한 역사교과서니 진실한 사죄니 경우 바른 배상 같은 걸 귀감으로 삼아 그렇지 못한 일본을 질타했다. 그러나 이 과정에서 독일과 일본의 차이를 마치 '도덕성'의 높낮이 식으로만 접근하다보니 지금까지 우리는 가장 중요한 대목을 보지 못했다. 패전 독일에는 유럽시민사회라는 강력한 '응징집단'이 존재했지만, 패전 일본에는 그럴 만한 아시아시민사회가 없었다는 사실이다. 다시 말해, 독일은 자

진해서 사태를 해결하지 않고는 못 배길 상황이었지만, 일본은 시치미를 떼고
있어도 괜찮은 상황이었다는 뜻이다. 바로, 아시아 네트워크가 거듭 아시아시민
연대를 강조하는 까닭이다.

　정문태(국제분쟁 전문기자 · 아시아 네트워크 팀장)

【어제와 오늘】 신사참배와 일본의 오욕

『주간한국』 제1885호 2001. 8. 23

　지난 6월에 나온 햄프톤 사이드스의 논픽션 '고스트 솔져즈(Ghost Sodiers) - 잊
어버렸던 2차대전 중 가장 극적인 임무'는 뉴욕타임스가 집계한 이번주 베스트
셀러에서 2위로 올라섰다.

　10주 가량 10위 안에 머물렀던 이 책이 요즈음 세계적인 논란을 일으키고 있
는 일본 총리의 야스쿠니신사 참배, 역사교과서 왜곡 문제, 사자머리의 59세 나
이에 168㎝ 60kg의 왜소한 체격을 가진 고이즈미 총리의 인기(?) 덕에 8 · 15 대
(對) 일본 승전일을 앞두고 순위가 올라갔는지 모른다.

　그러나 딱히 그런 것 같지 않다. 작가 사이드스는 잡지 『아웃사이드』, 『뉴 리
퍼브릭』 등의 외부 기고가로 꽤나 알려져 있다.

　그가 이번에 쓴 1945년 1월 28~31일 필리핀 루손 섬에 상륙한 미 제6군 제6
레인저 대대 120여 명이 펼치는 미군 500여 명에 대한 구출 작전은 여느 전쟁
서적과 다르다. 3년째 일본 포로 생활을 하던 이들 500여 명은 학살직전에 내몰
려 있었다.

　저자는 애국심을 과장하거나 부추기지 않는다. 다만 '죽음 행군 900km'를 걸
어 1942년 4월 일본 14군에 항복한 미군 2만여 명 중 생존자 500명과 이들을
구출하려는 미국 특수 경보병부대인 레인저, 필리핀 게릴라 80여 명을 세밀하고
냉정하게, 인간적인 눈길을 갖고 감정에 치우치지 않고 표현하고 있을 뿐이다.

　이를 증명하듯 이책 317쪽 마지막 5줄에 사이드스는 담담하게 이 책을 낸 이
유를 썼다. 미 육군 바탄 주둔 31연대 3대대 군의관인 랄프힙브스 대위(아이오와
의대 졸. 2000년 6월 사망)는 1942년 4월 9일 일본군 포로가 된 이후 미국의 성조
기를 1945년 1월 31일 필리핀 중부 갑비아 시 외곽에서 처음 볼 수 있었다.

성조기는 탱크의 포탑 위에서 조그맣게 휘날리고 있었다. 힙브스 대위는 순간 가슴이 멈추는 듯했다. 그와 함께 트럭에 탔던 포로들은 누구나 할 것 없이 일어나 탱크 위 성조기를 향해 경례했다.

그리고 눈물을 흘렸다. "우리는 모두 엉엉 울었다. 어떤 부끄러움도 느끼지 않으면서……"

맥아더 장군은 1945년 2월 이들 포로들이 수용된 병원을 방문해 바탄 시대의 의무참모(힙브스 대위)가 오랜 포로 생활에서 생환한 것을 보고 장군답지 않게 눈물을 흘렸다. "너무 시간이 오래 걸렸네."

루스벨트 대통령은 1945년 샌프란시스코에 귀환한 200여명의 포로들에게 직접 사인한 편지를 보냈다.

"여러분들은 외국 땅에서 용감히 싸웠다. 그리고 너무 많은 고통을 겪었소. 신이 여러분에게 행복을 주고 빨리 건강을 회복하길 바라오."

이런 성조기에 미군은 승자였기에, 포로에서 구출되었기에 눈물을 흘린 것은 아니었을 것이다. 포로를 구출한 레인저들은 "당신들은 미군이기에 구출되어야 한다"고 그들의 목숨을 바쳤다.

일본의 작가 오오오카 쇼오헤이(1909~1988년)는 필리핀 레이더 섬에서 사병생활을 했고 1945년 12월 미군 포로가 되었다가 귀환했다.

그는 전쟁 전에도 소설을 썼으며 전후에는 천황을 '안쓰럽다' '가엾다'고 보고 일본이 패전에서 '오욕'을 느끼고 패배를 자성할 때 전범을 제외한 300여만 명 일본군 영령이 제대로 야스쿠니에 안치된다는 생각을 했다.

그는 본토 점령군이 된 미군은 '미트볼'로, 일본군의 포로였던 미군들은 '당나귀 똥구멍'이라고 불렀던 일장기, 히노마루에 대해 색다른 이해를 갖고 있었다.

"자위대 간부 따위로 줄세한 원래 식업군인이 신싱한 히노마루 아래서 미국식으로 꿰어맞춘 군사 대열 같은 것을 하는 꼬락서니를 보면 부아가 치민다. 창피한 줄 몰라도 분수가 있지.

포로수용소에서는 국기를 만드는 것이 금지되어 있었다. 귀환 일이 되어 배를 타기 위해 뗏목에 실려 갔더니 우리가 타게 되어 있는 배는 귀환선으로 전락한 '시나노마루'였다. 선미에 히노마루가 걸려 있었다.

바닷바람에 더럽혀져 꾀죄죄한 히노마루였다. 내가 사랑하는 히노마루는 이런 더럽혀진 히노마루지, '건국기념일, 부활촉진 국민대회' 같은 곳에서 흔들어대는 장난감 히노마루 같은 것은 똥이나 처먹으란 뜻에 불과하다."

필리핀에서 사병 생활을 한 오오오카는 6년 동안의 집필작업을 거쳐 마침내 1971년 『레이더 전기(戰記)』를 완성했다.

이 책에는 수많은 병사 이름, 부대명 등이 기록되어 있고 이 같은 이름 등을 문고판으로 정리한 색인만 해도 70쪽에 달한다. 이 때문인지 일본정부는 그에게 예술원 회원과 문화훈장을 수여하려 했지만 그는 수상을 거절했다.

"나의 경력에는 전시중 포로였다는 부끄러운 '오점'이 있습니다"라면서.

메이지 대학 교수며 문학 비평가인 가토오 노리히로는 1997년 나온 『사죄와 망언 사이』에서 오오오카의 이 '오점'에서 출발해야 일본은 야스쿠니신사 참배도 한국과 중국 등과의 관계도 원만해진다고 결론 내리고 있다. 고이즈미 총리가 사이드스와 가토오의 책을 꼭 읽었으면 한다.

박용배(언론인)

【국제】 美·日 간 '야스쿠니 음모'를 아십니까

『뉴스메이커』 제438호 2001. 9. 6

고이즈미 신사 참배 부시 정권이 힘 실어줘…… 1955년 이어 '양국 보수 세력의 타협'

광복절을 하루 앞둔 8월 14일 도쿄(東京) 구단키타(九段北)에 자리잡은 야스쿠니신사(靖國神社) 앞. 전날 고이즈미 준이치로(小泉純一郎) 총리의 참배문제로 세상을 시끄럽게 했던 신사는 의외로 차분했다. '일본 군국주의의 상징' '일본 극우파의 본산' 등이란 선입관이 무색할 정도였다. 아이들이 주는 먹이를 좇는 하얀 비둘기떼가 한가로이 거닐고, 매미 소리가 요란했다.

그러나 평화로운 분위기는 느닷없이 출현한 흑색 우익차량의 확성기 소리로 깨졌다. 제각기 다른 종자의 나무들이 꽂혀 있는 신사 주변 정원에 접어들자 군국의 잔재는 다시 한 번 본색을 드러났다. 나무마다 예외없이 달린 꼬리표에는 기증자와 소속 부대명이 빼곡이 적혀 있었다. 대부분 태평양전쟁 참전자들이 남겨놓은 것이었다.

도대체 일본인들은 왜 그리도 야스쿠니에 집착하는가 하는 의문이 솟아났다. 국내외의 비난 속에서도 신사 참배를 강행한 고이즈미 총리의 얼굴에서는 비장한 각오마저 읽혔다. 단순히 보수 우익의 표밭을 노린 정치적인 타산으로만 볼 수 없는 이유가 내재돼 있기 때문이다. 일본 총리의 참배 여부에만 촉각을 곤두 세우기보다는 참배의 속뜻을 깊숙이 들여다볼 필요가 여기에 있다. 일본 보수우 익의 상징인 야스쿠니 참배에는 전후 체제를 백지화하겠다는 의도만 있는 게 아 니다. 조지 W 부시 미국 행정부가 출범한 이후 급변하는 국제 정세 속에서 일본 이 선택할 수도 있는 미래의 단면을 거기에서 예측할 수 있다.

신사 참배는 전후체제의 백지화 겨냥

일본 총리의 야스쿠니신사 참배문제가 불거지게 된 직접적인 이유는 2차대전 뒤 '덴노(天皇)'의 전쟁 책임을 묻지 않은 데서 비롯한다. 덴노는 연합군사령부 (GHQ)로 맥아더를 찾아가 접견했고, 1946년 1월 1일 자신은 신이 아니라 인간임 을 선언했다. 맥아더 사령부도 덴노에 대해 전쟁 책임을 묻지 않았다. 이는 중대 한 의미를 갖는다. 만세일계(萬世一系)의 덴노는 일단 인간이 됐지만, 과오를 인 정하지 않았다. 군국의 역사를 부인하려면, 덴노의 과오를 인정해야 하지만 이것 이 원천적으로 불가능해진 것이다.

덴노를 정점으로 한 신도(神道)와 정치를 분리하고 평화헌법에 전쟁 포기를 명 시하게 한 맥아더 체제는 그러나 중국대륙의 적화와 한국 전쟁을 계기로 돌출한 매카시즘에 의해 변질됐다. 반공의 기치 아래 태평양전쟁의 주역들이 고스란히 복권됐다. 전후 일본 보수우익의 큰 줄기가 형성된 것은 미국의 맹목적 반공우 익 사상과 맥이 닿아 있음을 보여주는 대목이다. 1955년 자유당과 민주당의 합 당으로 자민당이 보수세력의 온상이 되는 이른바 '55년 체제'는 이렇게 탄생했 다. 미·일 보수우익의 첫번째 타협이었다.

일본사회의 우경화는 곧바로 야스쿠니신사에 반영됐다. 1978년 10월 도조 히 데키 전 총리를 비롯해 A급 전범으로 처형된 14명의 위패가 합사(合祀)됐으며, 유슈칸이 재건축된 1985년 8월 나카소네 야스 히로(中曾根康弘)가 총리 자격으로 공식 참배했다.

고이즈미의 신사 참배는 또다른 의미를 갖고 있다. 지난 10년 간 만 성적인 경기 침체로 구겨진 일본인의 자존심을 되찾기 위해 다시 한번 '국가주의'를 내 세울 필요가 있었기 때문이다. 일본인들 스스로 '잃어버린 10년'이라고 부르는 절망의 세월 끝에 집권한 '스타 정치인' 고이즈미가 야스쿠니신사 참배라는 매 력적인 카드를 놓칠 리가 없었다.

미국이 앞장서서 평화헌법 개정 권고

때마침 등장한 미 공화당 행정부도 일본의 변신에 힘을 실어주고 있 다. 지난 5월 일본을 방문한 리처드 아미티지 미 국무부 부장관은 일본의 집단자위권 행사 금지 조항의 폐지를 권고한 '아미티지 보고서'로 평화헌법의 개정 필요성을 제시했다. 일본을 미국 안보정책의 파트너로 삼겠다는 미국의 전략으로 인해 일본사회의 우경화는 급류를 타고 있다. 과거청산은 고사하고 다시 군사대국으로 도약할 발판이 마련된 것이다. 미·일 보수세력의 두번째 타협인 셈이다.

고이즈미가 주변국의 비난에도 아랑곳하지 않고 신사 참배를 강행한 것은 어찌보면 미 공화당 정권의 후원이 있었기에 가능했던 것이 다. 미국이 앞장서서 평화헌법의 개정을 권고하는 마당에 전후체제를 뒤집지 못할 이유가 어디 있겠는가.

해마다 반복되는 일본 정치인들의 야스쿠니 참배와 이에 대한 감정적 대응의 순환고리에서 벗어나 야스쿠니의 현재적 의미를 냉철하게 살펴볼 때다.

야스쿠니신사 부속 건물 '야스쿠니 회관' 탐방기
-일제 만행을 '영광의 역사'로 덧칠해놓다-

야스쿠니신사는 1869년 출범 당시부터 덴노를 중심으로 한 일본 군국주의와 밀접한 관련을 갖는다. 일본 군부는 태평양전쟁 당시 병사들에게 덴노를 위한 전쟁에서 목숨을 잃더라도 혼령이 돼 야스쿠니에 돌아올 수 있다는 맹신을 갖게 했다. 태평양전쟁 전몰자 2백13만3천여 명을 포함한 2백46만6천3백여 명의 신위가 이곳에 안치된 연유다. 군국주의의 역사는 야스쿠니신사 오른편의 유슈칸(遊就館)과 부속건물인 야스쿠니 회관에 응집돼 있다.

유슈칸이 신사의 보물과 전쟁 유물을 보존해놓은 박물관이라면, 야스쿠니 회관 2층의 전시실은 아마도 교육 효과를 높이기 위해 사진물과 육성 자료로 꾸며놓은 듯했다. 1868년 메이지(明治) 유신 이후 일본이 치른 굵직한 전쟁의 흔적이 요약돼 있었다. 유신 주체 세력 간에 벌어진 세이난(西南)전쟁을 제외하고 모두 일제가 해외에서 도발한 전쟁들이다. 전시 공간은 30평 남짓했다.

일본인들은 야만의 역사를 영광의 역사로 교묘하게 덧칠해놓았다. 난징(南京)대학살을 비롯한 일제의 만행은 생략되고 자랑스런 역사로 소개돼 있었다.

태평양전쟁 당시 일본이 점령했던 지역을 표시한 아시아 지도 앞에 그만 발길이 멎었다. 나치가 점령했던 유럽 지도를 독일에서도 이리 자랑스럽게 전시하고 있을까 하는 의문이 들었다.

전시실 중앙의 4, 5평되는 비디오실에서는 일본인 관람객 10여 명이 진지한 자세로 가미카제(神風) 특공대의 활약상을 다룬 테이프를 시청하고 있었다. 1960~70대 노인들은 그렁그렁한 눈빛으로 화면을 보고 있었다. 전시관 입구에서는 '호국영령'들의 장쾌한 죽음을 기리는 글을 쓰라고 관람객들에게 편지용지를 팔고 있었다. 유슈칸과 야스쿠니 회관을 설명한 간단한 전단을 제외하곤, 대부분의 전시물과 안내 전단이 모두 일본어로 돼 있어 주로 내국인들만을 상대로 하려는 폐쇄성이 엿보였다.

이곳에서 전쟁 범죄자들은 오늘의 평화와 번영을 가능케 한 영광의 군신(軍神)으로 부활해 있었다.

김진호 국제부 기자

【논단】 아이덴티티

『한겨레 21』 제377호 2001. 9. 27

재일조선인 2세인 필자는 5개월 동안 영국 런던에서 머문 뒤 9월 1일 서울에 도착했다. 한 학기 동안 서울대 국제지역원에서 한일관계사 강의를 하면서 처음으로 한국에서 겨울을 지내게 된다.

런던 체류중에 유럽 각국과 미국, 캐나다 등에서 적지 않은 동포들을 만났다. 식민지 지배를 경험한 한국은 세계적으로 상당한 이민송출국인데, 실제로 세계 대부분의 나라에 한국인들이 살고 있고 그 수는 약 560만 넝에 이른다고 한다. 또 세계 각지에 살고 있는 동포들은 1세만이 아니라 2세 등도 식생활관습 등의 생활문화면에서는 압도적으로 조국의 그것들을 이어나가고 있는 듯하다. 정주국의 국적이나 시민권을 취득하고 있는 경우도 많지만 그 아이덴티티(정체성) 양상은 좋든 나쁘든 결코 조국과 단절되지 않고 있다.

아이덴티티를 향한 욕망

재일조선인의 경우 1세 및 그 자손으로 지금도 여전히 일본 국적을 취하지 않은 '특별 영주자'는 약 51만 명에 이른다. 1세 시대는 사실상 이미 끝나고 이제

2세, 3세가 중심이 됐으며 4세, 5세도 점차 늘고 있다. 그러나 세계 각지를 돌아보면 재일조선인과 해방 뒤 해외에 나간 한국인 사이에는 생활습관이나 사고방식에 많은 유사점이 있어 '역시 같은 민족이구나' 하는 생각이 들 때가 적지 않다.

이제 지구화시대를 맞고 있고 세계는 확실히 좁아지고 있다. 굳이 민족이나 국가, 국민을 입에 올리지 않아도 살아갈 수 있게 된 듯이 보인다. 그러나 현실은 사람들이 여전히 민족이나 국가, 국민이라는 데에 묶여 살아갈 수밖에 없게 돼 있다. 누구라도 이 세상에 태어나는 것은 우연이지만 태어나자마자 역사적 존재가 돼 하나의(때로는 몇 개의) 민족이나 국가에 속하게 된다. 한국을 뿌리로 해서 태어난 사람은 역시 그 민족, 국가, 국민 속에서, 또는 그 관계성 속에서 살아가게 된다. 그것을 넘어서기 위해서는 일단 그 속에서 격투를 벌이는 과정을 거쳐야 할 것이다.

세계 각지의 동포는 지역에 따라 여러 가지 명칭으로 불리고 있다. 일본 거주자는 재일한국인이라고도 하지만 역사적·포괄적으로는 역시 '재일조선인'이라고 부르는 것이 가장 합당하다. 중국 동포는 '조선족'이고 러시아 동포는 '고려인'이다. 물론 개인에 따라 다른 호칭을 선호하는 경우도 있지만 학술적으로는 역시 그런 호칭이 무난할 것이다. 해방 뒤 건너간 미국이나 유럽의 동포는 의당 '한국인'으로 불리게 된다.

세계 각지에 사는 한국인은 여러 아이덴티티를 갖고 있다. 체류자격 등 법적 지위나 사회적 위치도 천차만별이다. 그러나 그들은 대부분 좋든 싫든 조국에 적지 않은 눈길을 주면서 살아가고 있다. 아마 세계 곳곳의 동포들은 재일조선인과 마찬가지로 자신들의 출신을 분명히 밝히면서 정주국에서 안정된 생활을 영위하고자 할 것이다. 그러기 위해서는 조국과 연결되는 민족적인 것을 계속 유지하거나 남겨둠으로써 '안심감'을 확보하고자 한다. 그런 의미에서 격변하는 세계 속에서 통용되는 '민족적 공동체'의 사상이나 이념에 대해 한번 진지하게 생각해볼 필요가 있을 것이다.

일본인을 알고 싶다면 천황주의·가부장주의를 기축으로 한 '교육칙어'를 읽어보는 것이 좋을 것이라고들 한다. 중국인은 민족·민권·민생을 강조한 쑨원의 『삼민주의』를 읽어보면 쉽게 이해할 수 있을 것이라고 한다. 교육칙어는 근대 일본의 제국주의를 떠받쳐온 이데올로기의 집중적 표현이며 동시에 지금 또 다시 역사교과서 왜곡 등에 보이는 일본의 우익적 체질을 뒷받침하는 사상적 척

추다. 또『삼민주의』는 역사의 거친 파도 속에서 대만 국민당이나 중국 공산당에 의해 계승돼온 민주주의혁명 사상이다.

근현대사와 사상의 압살

이렇게 보면 당연히, 한국인을 알기 위해서는 무엇을 읽으면 될까 하는 문제가 나온다. 한국 근·현대 속의 한국인 형성, 즉 민족이나 국민개념의 이상이라는 것을 알기 쉽게 설명해주는 사상 또는 이념은 과연 있는가, 없는가? 물론 그것은 국민통합이라는 국가권력의 목표 설정을 의미하는 것이 아니라 어디까지나 많은 동포들이 받아들일 수 있고 이어갈 수 있는 사상의 영위를 의미하는 것이다.

결론만 말한다면, 그것이 없는 게 한국 근·현대사가 아닌가 하는 것이다. 일본의 식민지 지배, 그리고 남북분단의 비극을 겪고 지금도 여전히 그것을 해소하지 못하고 있는 한국은 근·현대를 살아남고 미래를 열어갈 사상 또는 이념을 제시하는 데 실패했거나 등한히 해온 것이 아니냐는 것이다. 해방 직후 좌우합작을 추진한 여운형의 사상이 그런 가능성을 갖고 있었는지도 모르지만 그것이 외세에 의해 압살당한 채 세월을 보내온 것이 한국의 사상사, 정신사가 아닐까. 그런 의미에서 앞으로 한국은 남북의 평화적 통일만이 아니라 세계에 흩어져 사는 동포들도 포섭할 만한 민족공동체 사상을 다듬어나갈 필요가 절실히 있다.

윤건차(일본 가나가와대 교수·서울대 국제지역원 초빙교수·사상사)

【특집】 국회는 목청만 높인다?

『한겨레 21』 제382호 2001. 11. 8

피해자 조사, 해외자료 수집에 전력을 다해야

한국 정치권에는 이런 우스갯소리가 있다. "미국에는 무조건 허리 굽히고 일본에는 무조건 목청 높인다." 역사교과서 왜곡문제가 불거지기 전부터 계기가 있을 때마다 수많은 국회의원들이 앞장서 '일본 타도'를 외쳤지만, 그 목소리는 그야말로 '목소리'에 그쳤다.

10월 12일 김원웅 의원(한나라당 대전 대덕)이 중심이 돼 발의한 '일제강점하 강제동원피해 진상규명 등에 관한 특별법'(이하 특별법)이 표류하고 있는 것은 이런 마당에 어찌보면 당연한지도 모른다. 각 당에서 당론으로 확정하고 상임위를 거쳐 본회의에 상정해야 하는데, 지금으로선 김 의원 혼자 고군분투하고 있는 형편이다. 외교통상부의 한 관계자는 "툭하면 과거사 운운하며 한국과 일본을 넘나드는 의원들 중에 실증적인 자료를 갖고 외교통상부를 다그치거나 독려하는 이를 만나기는 어렵다"고 심경을 털어놓는다.

미국에서 일본의 전쟁범죄를 척결하는 데 앞장서고 있는 이들은 행정관료가 아니라 의원들이다. 미국과 일본정부는 1951년 체결된 샌프란시스코 강화조약에 따라 양국의 보상문제가 마무리됐다는 입장이지만, 의회는 강제노역에 동원된 미군포로 등 개인 피해자들의 대일 보상청구권을 줄기차게 주장해왔다. 그 결과 일본제국군 관련 문서공개법이나 징용배상특별법, 미국포로정의법안 등이 만들어질 수 있었다. 또 이런 의회의 움직임을 미 행정부는 대일 외교카드로 적절히 활용해왔다.

피해자 단체가 중심이 된 한국의 특별법 제정추진위원회는 크게 두 단계의 활동에 무게를 두고 있다. 첫 번째는 만주사변부터 태평양 전쟁 종전까지 군인·군속·노무자·군위안부(근로정신대) 등 본인의 의사에 반해 동원된 사람들의 피해를 생존자와 유족을 상대로 체계적으로 조사하는 것이다. 국내 학자들은 일제강점기 때 국외로 동원된 피해자는 150만 명 이상으로 추정하고 국내징용 피해자는 600만 명에 이르는 것으로 보고 있다. 그중 위안부 피해자는 수십만 명을 헤아린다. 두 번째 단계는 해외에 흩어져 있는 자료를 수집하고 해외 피해자에 대해 조사하는 것이다. 미국의 경우 지난해 5월부터 태평양 전쟁과 관련된 3만 박스 이상의 자료들을 100여 명의 공무원이 매달려 조사하고 있다.

현재 국회 안팎에서는 "양민학살진상규명, 의문사진상규명, 4·3항쟁진상규명 등 각종 진상규명 목소리가 쏟아져나와 감당이 안 된다"는 볼멘 목소리가 적지 않다. 이에 대해 태평양전쟁피해자보상추진협의회 김은식 사무국장은 "피해자들 대부분이 80살 이상 고령이므로 이대로 가다가는 3년 이내에 90% 가량이 사망할 것으로 추정된다"면서 "일제강점기 피해규명 작업은 지금 아니면 안 된다는 절박감을 감안해서 하루라도 빨리 서둘러야 한다"고 말했다. 민간차원의 조사는 한계가 있으므로 한시적인 기구를 통한 정부차원의 총괄적인 조사가 이뤄져야 한다는 설명이다. 과거 독일이 나치피해 배상을 추진하면서 "피해자들이 매월 1%씩 사망한다"는 이유로 조사작업을 서둘렀던 것을 주목할 필요가 있다.

【아시아 네트워크】 누가 아시아를 흔들었는가
『한겨레 21』 제389호 2001. 12. 27

10개국 칼럼니스트들이 뽑아낸 아시아의 10대 뉴스와 최고·최악의 인물
'아시아네트워크'는 고정 칼럼니스트들과 머리를 맞대고 아시아 각국의 10
대 뉴스와 각국 최고·최악의 인물과 세계 최고·최악의 인물을 한번 뽑아보기
로 했다. 대개 이런 일은 한 언론사 내부에서 하는 게 보통이었고 조금 넓게 잡
는 경우 외부의 전문가들을 통해 추천받는 식인데, 이번처럼 상황과 형편이 서
로 다른 아시아 각국의 기자들을 동원해서 그이들의 눈으로 뉴스를 정리해보는
일은 매우 이례적이며, 아마도 이런 시도는 국제언론을 통틀어도『한겨레21』이
처음이 아닌가 싶다.
　어쨌든, 기준도 없고 표준도 없는 가운데 '아시아네트워크' 칼럼니스트들에게
자유롭게 일을 맡겼는데, 공교롭게도 거의 비슷한 결론들이 되돌아왔다. 역시 올
해 세계의 뉴스판에서는 세계무역센터 공격과 아프가니스탄 전쟁이 이견없이
으뜸을 차지했고, 그 다음은 각국의 사정과 기자들의 시각이 반영된 뉴스들이
자리를 잡았으나 이 부분에서도 큰 차이는 없었다. 대개 이스라엘-팔레스타인
분쟁, 반세계화운동, 중국의 세계무역기구(WTO) 가입 같은 뉴스들의 중요성이
공통적으로 드러났다. 삶의 조건과 환경은 달라도, 이게 바로 아시아의 공감대
같은 것이라는 결론을 얻었다.
　국제란 톱뉴스들이 거의 아시아와 직간접적인 연관성 위에 있었는데, 이건 아
시아의 기자들이 뽑아서 그런 결론이 난 게 아니라 국제사회에서 아시아가 지닌
중요성이 그만큼 커졌다는 의미로 보아도 좋을 듯하다. 아프리카나 남아메리카
또는 유럽의 국제뉴스를 봐도 아시아의 비중이 크게 드러난 것은 뉴스를 뽑은
이들의 판단이 공정했음을 방증한다.

내년엔 상쾌한 뉴스로 채워보자

　거의 어두운 사건·사고들이 톱뉴스로 자리를 잡아온 게 올해도 변함이 없었
다. 그래서 내년 이맘때쯤에는, 좀 상쾌한 뉴스들로 한해를 마감해보았으면 좋겠
다는 간절한 바람들이 '아시아네트워크' 칼럼니스트들로부터 전해져왔다.
　한반도 통일로, 카슈미르분쟁 종식, 아프가니스탄 원상회복, 조선민주주의인
민공화국 세계 최대 유전발견, 인도네시아 경제회복, 팔레스타인 독립완성, 일본

극우정책 완전포기……. 이런 빛나는 뉴스들로 독자들을 맞이할 수 있는 2002년을 꿈꾸며, 또 올 한해 '아시아네트워크'를 사랑해주신 독자들에게 감사의 마음을 전하며 올해의 10대 뉴스를 올린다.

2001 아시아 10대 뉴스	2001 세계 10대 뉴스
1 아프가니스탄 전쟁	1 아프가니스탄 전쟁
2 팔레스타인-이스라엘 분쟁	2 세계무역센터 공격
3 아시아의 경기침체 지속	3 팔레스타인-이스라엘 분쟁
4 역사교과서 왜곡과 일본의 우경화	4 미국 미사일방위계획(MD) 추진
5 필리핀, 피플파워2	5 세계화반대시위
6 아시아 각국의 세계화 반대 시위	6 부시 미국 대통령 의혹선거 아래 출범
7 인도네시아 와히드 대통령 탄핵	7 중국 세계무역기구(WTO) 가입
8 중국의 세계무역기구(WTO) 가입	8 밀로셰비치 전범재판
9 동티모르 제헌의회 선거	9 유로화 시험무대 돌입
10 네팔, 마오이스터 반군투쟁 격화	10 인간복제 논란

정문태(국제분쟁 전문기자 · 아시아네트워크 팀장)

【논단】 자긍심의 몰락
『한겨레 21』 제389호 2001. 12. 27

12월 8일치 『아사히신문』에 따르면 재일조선인 아이들이 다니는 '민족학교'가 큰 위기에 직면해 있다. 여기서 말하는 민족학교는 해방 뒤 일본에서 민족교육을 주로 담당해온 재일본조선인총연합회(총련)계 학교다. 신문에 의하면 일본 전역에 있는 총련계 학교의 토지와 건물을 담보로 모두 194억 엔의 융자한도가 설정돼 있고, 그 가운데 약 88억 엔은 총련계 은행인 조은신용조합이 채권자로 돼 있다고 한다.

그런데 각지의 조은신용조합은 파탄했고, 각 신용조합의 금융정리 관재인은 일본정부가 직접 관여하는 예금보험기구나 정리회수기구와 제휴해 담보물건인 일본 각지의 민족학교를 처분해 채권을 회수하는 일을 진행하도록 하고 있다.

민족학교가 경매돼 없어질 우려가 있는 것이다.

민족교육, 그 탄압의 역사

해방 뒤 일본에서 재일동포 1세는 무엇보다 자녀 교육에 힘을 쏟았고, 거의 자력으로 학교를 세우고 교사를 양성하고 교육사업을 수행해왔다. 민족학교는 피와 땀의 결정이며 재일동포의 생명 그 자체다. 현재 일본에는 한국계 학교가 4곳, 총련계 학교 80곳이 있다. 총련계 학교는 유치원, 초·중·고, 대학교 등이 있고 약 1만5천 명이 다니고 있다. 여기서 명백해지듯 재일동포의 민족교육은 북한계 총련이 경영했다. 이전에는 백수십여 개 학교가 있었다 한다.

거품경제 붕괴 뒤 땅값 하락으로 일본의 유명한 큰 은행이나 대기업도 도산 위기를 맞고 있다. 재일동포 기업도 비슷한 처지다. 특히 금융기관의 경우 부실 경영까지 겹치면서 민단계나 총련계 모두 도산상황이 됐다. 총련계는 재정난을 타개한다는 명목으로 각지 민족학교를 담보로 거액의 자금을 대출했고, 그것이 이제 일본정부의 은행채권 정리정책의 대상이 되고 있다.

재일동포의 민족교육은 식민지 본국이었던 일본 땅에서 피억압 민족의 존엄 을 지키고 인간으로서 자긍심을 가르쳐온 것이다. 당연히 일본에서 민족교육은 단순한 교육문제가 아니다. 그곳에는 지배집단과 피지배 집단 사이에 차별과 편 견을 둘러싼 심각한 갈등이 있을 뿐 아니라, 남북한의 정치적·이데올로기적 대 립이 복잡하게 얽혀 있었다.

민족교육은 본래 국민국가가 책임을 지는 공교육이다. 하지만 재일동포의 민 족학교는 거의 재일동포들의 노력으로 완성돼왔다. 오히려 역사적으로 보면 한 국정부는 남북대립 속에서 항상 총련계 민족교육을 적대시했다. 일본정부와 협 력하거나 일본정부를 꼬드겨 탄압을 가했다. 1966닌, 67년, 68년 잇따라 일본정 부가 국회에 상정했던 '외국인학교법안'은 한국정부의 사주로 민족학교를 폐지 하려는 의도로 추진됐다.

한국정부와 결탁한 일본정부의 이런 시도는 일제치하 민족의식 말살정책의 연장선상에 있는 것이었다. 당시 박정희 정권의 북한에 대한 증오심이 민족교육 탄압이라는 반민족적 행위에 중첩돼 있었다. 다행히 외국인학교법안은 양심적인 일본인의 집요한 투쟁으로 저지됐다. 물론 총련의 민족교육이 북한의 국민교육 으로 성립돼온 이상 체제 이데올로기 중심의 교육내용 등 많은 문제가 있는 게 명백하다. 그러나 이 정도 대규모의 자주적 민족교육이 옛 식민지 본산에서 반세기 이상 계속돼온 것은 세계교육사에 특필할 만한 일이다. 그것은 틀림없이 한 시대를 산 '민족공동체'의 총재산이다.

최근 몇 년 일본동포들 사이에는 북한체제 이데올로기나 교육내용에 예속된 민족교육 방법에 대해 여러 가지 의문이 제기됐다. 또 민족학교의 재정적 기반 약화, 조은신용조합에 의한 저당권 설정 등의 문제가 얽히면서 자주적 민족교육을 추진하려는 운동도 전개돼왔다. 이런 운동은 한국에서 통일교육이나 평화교육을 추진하는 시민운동과 충분히 제휴할 여지가 있다.

한국정부의 협력을 바란다

총련계 민족교육 문제를 생각할 때 무엇보다 중요한 것은 지금까지 그것을 담당해온 교사나 학부모의 의향을 존중하는 것이다. 재일동포의 민족교육을 지키고 지원하는 일이 한국의 체제 이데올로기나 교육내용을 밀어내는 것은 아니다. 어디까지나 재일동포의 자주적 교육사업을 지키고 지원한다는 원칙을 관철할 필요가 있다. 이런 민족교육 문제는 일본 역사교과서 왜곡문제보다 훨씬 중요하다. 금강산 관광사업이나 민단계 은행의 재편을 위한 투자도 중요하지만 민족교육을 지키기 위한 정책 추진도 상당히 중요하다. 과거 범해온 과오를 불식시키기 위해서라도 한국정부는 이 문제에 관해 '남북공동성명'에서 주창한 화해와 협력의 정신을 관철해야 할 것이다.

세계화 시대에 국가나 민족에 국한된 교육은 극복돼야 한다고도 말한다. 그러나 일본이 식민지배의 과거를 반성하지 않고 남북분단이 지속되고 있는 상황에서 재일동포 자녀들은 지금도 '민족'이라는 회로를 통하지 않고는 인간으로서의 자긍심을 가질 수 없다. 재일동포의 민족교육을 지키고 바람직한 방향으로 발전시키는 것은 우리가 함께 짊어지지 않으면 안 될 시대적 과제가 아닐까.

윤건차(일본 가나가와대 교수 · 서울대 초빙교수 · 사상사)

【논단】 '동북아 평화'를 격침시키다
『한겨레 21』 제393호 2002. 1. 24

일본 '고이즈미'가 미국의 '부시'를 닮아가는 걸까.
　두 나라 모두 경제는 죽쑤면서도 군사부문의 팽창을 막무가내로 밀어붙이고 있다. 일본 해안경비대가 지난해 12월 22일 괴선박을 영해 밖까지 쫓아가 격침시킨 사건은 주변국에 우려를 자아내게 한다. 일본정부의 군사력 확장 욕망을 그대로 드러낸 것이 아니냐는 지적이다. 이번 사건은 괴선박 발견에서부터 침몰까지 모두 일본의 영해 밖인 배타적 경제수역(EEZ) 안에서 일어났다. 배타적 경제수역은 자국 연안으로부터 200해리까지의 수역에 대해 천연자원의 탐사·개발 및 보존, 해양환경의 보존과 과학적 조사활동 등 주권적 권리를 인정하는 유엔해양법상의 개념이다. 특히 해상보안청 순시선은 이 과정에서 중국쪽 배타적 경제수역에 들어가 선체 사격을 가함으로써 외교적인 논란까지 불러일으키고 있다.

과연 '정당방위'였는가

　일본은 지난해 11월 해상보안청법 등을 고쳐 일본 영해에서 검문에 응하지 않고 도주하는 선박에 대해서는 선체 사격을 할 수 있도록 했다. 하지만 영해 밖에서는 정당방위를 빼고는 상대방 승무원을 위협하거나 다치게 하는 사격 등은 하지 못하게 돼 있다. 일본정부는 이번 괴선박 격추를 '정당방위'였다고 주장하고 있다. 일본의 경제수역을 침범한 선박은 경제수역 밖이라도 계속 추적권이 인정된다는 강변이다. 하지만 상대방이 먼저 공격을 해온 경우는 정당방위로 볼 수 있지만 그렇지 않았는데도 경제수역 내에서 배를 멈추게 하기 위해 위협 사격으로 격침까지 시키는 것은 분명 과잉대응이라고 전문가들은 지적한다. 더구나 일본 경비대는 괴선박의 생존 승무원을 구하려는 시도도 하지 않은 것으로 알려지고 있다. 리처드 맥놀린 미시시피대 해양법전문 교수는 "어떤 나라든 자신들의 배타적 경제수역 안에서 다른 나라의 배가 불법 어로작업을 하는 것을 막을 수는 있지만 그것을 집행하기 위해 어떤 종류의 강제 조처를 취할 수 있는지를 규정하고 있는 국제법은 없다"고 말한다.
　전문가들은 과잉 군사대응도 문제지만, 이 사건을 빌미로 일본정부가 자위대의 무장을 더욱 강화시키려는 속셈을 보이고 있는 데 대해 혀를 내두르고 있다.

고이즈미 총리는 이번 사건이 일본군 무기사용에 대한 규제 완화 필요성을 입증했다고 목소리를 높였다. 다른 각료들도 일본군의 화력을 오직 방어적 목적에만 사용하도록 제한하고 있는 각종 법규들을 강하게 비난했다. 일본쪽이 먼저 피해를 입지 않는 한 응전할 수 없도록 돼 있는 현재의 법체계도 바꿀 예정이며 해상보안청에 맡겨놓은 연안경비의 권한을 해상자위대로 상당부분 넘길 계획인 것으로 알려지고 있어 자위대의 활동범위도 더욱 넓어질 전망이다. 게다가 이번 사건은 2002년 정기 국회에 제출될 것으로 예상되는 유사법제 내용에도 영향을 끼칠 것으로 보인다. 그야말로 일본 내 호전세력들은 9·11 미국 테러에 이어 자위대의 힘을 키울 또다른 호재를 만난 셈이다.

일본은 지난해 10월, 전후 50년 넘게 고수해온 전수방위와 집단적 자위권 불행사라는 안보원칙의 대변화를 예고하는 '테러대책특별조치법'을 만들었다. 이는 자위대를 제3국의 영토 및 영공에까지 진출할 수 있도록 하고, 무기사용 범위도 대폭 넓힌 것이다. 바야흐로 자위대가 '자위'의 경계를 훌쩍 뛰어넘기 시작한 것이다. 이 법에 따라 일본은 해상자위대 보급함 1척과 호위함 2척을 인도양으로 보내 테러전을 벌이고 있던 미군을 도왔다.

뿐만 아니다. 자위대의 첫 해외파병 이후 평화유지활동(PKO) 협력법과 자위대법을 고쳐 자위대의 무기사용 기준을 누그러뜨리는 한편 활동범위를 대폭 넓혔다. 자위대는 그간 소총과 기관총 등 최소한의 무기만을 사용할 수 있었으나 이제 로켓포 등까지 휴대할 수 있게 된 것이다. 또 그간 후방지원에만 머물러 있어 자위대가 넘보지 못했던 일본 PKO 활동이 △정전 및 무장해제 감시 △완충지대 주둔 및 순찰 △무기반입 및 반출 검사 △버려진 무기회수 △지뢰제거작업 등의 준군사적인 분야에까지 가능해졌다.

과소평가할 수 없는 일본의 군사력

고이즈미 정부는 2002년 초에는 이런 여세를 몰아 지금까지 '전시 총동원법'이라는 거센 비난을 받아온 유사법제를 만들어 유사시 자위대가 민간 토지와 공항시설 등을 사용할 수 있는 법적 근거를 마련할 태세다. 국민총생산(GNP)의 1% 이내로 묶어두었던 방위예산 상한선도 깨졌다. 이제 궁극적으로 자위대의 정규군화와 해외파병의 정당성을 확보하기 위해 사실상 군대보유와 전쟁포기를 규정한 평화헌법 9조를 고치려 들 것이다. 여기서 성공한다면 유엔 안전보장이사회 상임이사국에 진출하려 할 것이다. 이런 시나리오가 그대로 실현된다면 일본은 그야말로 명실상부한 군사강대국의 반열에 오르게 된다.

사실 그동안 일본 내 안보전문가들은 적어도 군사 측면에서 일본은 자주독립국가가 아니라고 자탄해왔다. 물론 한국처럼 자위대 작전권이나 지휘권이 주일미군 사령관에게 넘어간 것은 아니다. 따라서 주일미군 사령관이 자위대를 지휘할 수는 없다. 자위대와 주일미군은 연합군 체제로 묶여 있는 것이 아니기 때문에 독자적으로 행동할 수 있는 것이다. 하지만 자위대는 2차 세계대전 패전국이라는 멍에 때문에 정규군으로 변신하지 못했다. 그렇지만 이제 사정은 크게 달라지고 있는 것이다. 자위대 병력은 많지 않으나 지속적인 방위비 투자와 세계 최고를 자랑하는 정밀 기술능력에 힙입어 질적으로는 중국, 러시아 등 주변 군사대국에 견줘 뒤지지 않는다는 평가를 받고 있다. 일본정부는 2000년에 43억 달러의 방위비를 투자해 세계 3위를 기록했다.

병력 23만5600명과 예비군 4만6천 명으로 짜여져 있는 자위대는 1999년 말 기준으로 363대의 전투기와 16척의 잠수함 등 110척의 함정을 갖고 있다. 일본의 군사력을 평가하면서 폭격기가 없다고 하여 과소평가하는 경우가 있다. 하지만 군사전문가들은 목표물을 파괴하기 위해서는 과거와 같이 많은 양의 폭탄이 필요하지 않고 정밀도가 높은 1～2개의 폭탄이면 충분하다고 말한다. 이처럼 현대전은 정확성이 생명이다. 정확성을 통제하는 것이 전자장치이고, 반도체기술은 전자장치의 핵심부분이라는 것을 감안할 때 범용기술로서 일본의 첨단 반도체기술은 가공할 군사력의 기반이 될 것이다. 일본정부는 1976년 처음으로 '방위대강'을 발표한 이후 5년 단위로 '중기방위력 정비계획'을 세워 방위력을 쉼없이 키워왔다. '2001～2005년 중기 방위력 정비계획'에는 △P3C 대잠 초계기와 C1 후계기 개발(3400억 엔) △최신예 미사일 호위함 이지스함 2척 도입(2800억 엔) △초계헬기 탑재 항모급 호위함(3500t급) 2척 도입(1900억 엔) △공중 급유기 4대 도입(900억 엔) △정보기술 혁명에 대비한 소형 경량 전차개발(500억 엔) △요격 전투기 F15 현대화 (250억 엔) 등이 담겨져 있다. 일본은 특히 북한의 98년 장거리 미사일 실험발사와 괴선박 사건을 계기로 신형미사일 함정을 도입하고 초계헬기부대와 특별경비대를 새롭게 편성하였다.

일본사회의 우경화 분위기도 한몫

또 일본정부는 앞으로 5년 간 17억 달러를 들여 4대의 첩보위성을 국내에서 자체 생산한다는 방침을 정했다. 이 첩보위성의 해상도는 1㎡ 정도로, 미국 군사위성의 해상도 15㎠에는 뒤지지만 일본이 스스로 개발한다는 점에서 눈길을 끌고 있다. 전문가들은 일본의 기술력으로 볼 때 세계 최고수준의 해상도를 갖는 첩보위성을 개발하는 것은 시간문제이며, 항공우주력과 정보체계의 역할이 중요시되는 미래의 전장에서 일본군의 힘과 비중은 더욱 막강해질 것이라고 보고 있다.

고이즈미 총리가 들어서면서 이런 군사주의로의 독주가 가능한 것은 무엇보다 일본사회 전체의 우경화·보수화 분위기가 한몫을 했다. 일본 국민들 사이에서는 다른 나라들처럼 국기(히노마루)와 국가(기미가요)는 물론 정규군대도 갖고 있어야 한다는 '보통국가론'이 밑바닥에 흐르고 있다. 주변국가의 우려 목소리는 아랑곳하지 않고 고이즈미 총리가 야스쿠니신사를 참배하고, 역사교과서 왜곡을 내버려두는 것은 일본사회의 우경화 움직임을 단적으로 보여주고 있다. 여기에다 일본군을 재무장시켜 아시아·태평양지역 방위부담을 덜려는 부시 행정부의 일본중시정책도 일본의 전반적인 보수화에 적지 않은 영향을 끼치고 있다. 일본은 탈냉전 이후 새롭게 떠오르고 있는 불특정 위협을 감안해 미-일 안보체제를 바탕으로 자위대의 역할을 일본의 방위뿐 아니라 주변지역과 세계적인 차원으로 넓히는 전방위전략을 추진하고 있다.

일부 야당과 시민단체들이 일본의 재무장을 반대하는 목소리를 간간이 내고 있지만 역부족으로 보인다. 그나마 최대 견제세력이라 할 수 있는 사민당은 지난해 7월 참의원선거에서 크게 져 군소정당으로 전락해버렸다. 지난 1990년 걸프전 때만 해도 일본 국민들은 대부분 자위대의 해외파병에 반대했다. 미국이 집요하게 해외파병을 요청했지만 일본정부로서는 국민감정 때문에 미적미적하게 대응할 수밖에 없었다. 그런 일본은 최근 9·11 테러사건 때는 미국의 파병 요청을 받자마자 법제정에서 파병까지 불과 2개월 만에 일사천리로 처리했다. 국민들의 반대 목소리가 예전처럼 거세지 않았기 때문이다. 일본군의 군화발과 총격소리가 동북아시아를 긴장시키고 있다.

일본정부의 방위정책 강화내용 - 주요문건 주요내용

방위계획대강(1976. 10)
　향후 일본의 방위구상, 자위대 체제, 방위력 정비목표 제시

미-일 방위협력지침 (1978. 11)
일본에 대한 침략 미연방지 위한 공동협력
일본 침략시 공동 대처
극동지역 유사시 공동협력

대미무기기술제공에 관한 일본 관방장관 담화(1983. 1)
미-일 방위협력체제의 강화차원 대미군사기술제공(무기수출 3원칙 예외 적용)

UN PKO 협력법(1992. 6)
자위대의 평화유지군(PKO) 파견, 인도적 국제구난활동 규정

신방위계획대강(1995. 11)
향후 일본의 방위정책 및 방위력 정비 방향 제시

미-일 물자 및 용역상호융통협정(1996. 4)
공동훈련, PKO 지원, 국제구난 지원시 적용
15개 장비부품 등 상호지원(상환전제, 무기수출 3원칙 예외적용)
제3국 이양금지

미-일 안보공동선언(1996. 4)
공동관심영역을 아-태지역으로 확정
미-일 안보협력관계의 쌍무화
방위협력의 지침 개정(극동 유사시 공동협력) 등

신가이드라인(1997. 9)
평시 협력 / 일본 유사시 협력(공동방위계획 수립)
주변 유사시 협력(상호방위계획 수립)

주변사태법 제정(1999. 5)
주변사태 발생, 이에 미군 개입하는 경우 미군에 대한 후방지역 지원제공 가
능 규정
미군 지원을 위한 일본내 업무체제 규정

테러대책특별조치법(2001. 10)
자위대의 제3국 영토 및 영공진출 허용
자위대의 무기사용범위 대폭 완화
임을출 기자

【논단】 민족주의와 내셔널리즘
『한겨레 21』 제393호 2002. 1. 24

한국에서 민족주의에 대해 말하는 것은 쉬운 일이 아니다. 민족주의는 근현대 한국의 역사에서 기본적인 사상의 축이 돼왔을 뿐 아니라 해방 뒤 오랫동안 독재정권의 통치수단으로 이용되었기 때문이다. 최근에는 '민족주의는 파시즘'이라며 민족주의 그 자체에 대한 비판도 강한데, 그것은 민족주의가 자칫 사람들을 억압하기 쉬운 이념으로 이해되고 있음을 의미한다.

생각해보면 정말 민족주의는 정치권력에서뿐 아니라 사람들의 일상 의식에서도 타자를 억압하게끔 하는 경우가 적지 않다. 페미니스트는 민족주의를 여성차별의 원흉이라고 비판한다. 남성이 민족주의라는 이름으로 얼마나 여성을 유린해왔던가? 그 역사적 사실을 떠올려보면 쉽게 이해된다. 비록 그렇다 할지라도, 그러면 민족주의를 모두 부정해도 좋은가 하면, 한국이 처해 있는 현실의 역사적·국제적 상황에서 볼 때 그렇게 간단히 버리지는 못한다.

내셔널리즘의 포로는 누구인가

한국 근현대사는 일본의 식민지지배와 계속되는 남북분단에 의해 규정되는데, 그 속에서 민족주의는 반제국주의 독립을 위한 강한 사상적 에너지로 작용했다. 일본에서는 보통 '내셔널리즘'이라는 말을 사용하지만, 지금도 한국에서는 저항의 사상이나 이념으로서 '민족주의'라는 말을 쓴다. 개인적으로는 한국이 세계에 경제 진출을 하게 된 오늘날에는, 국가주의, 국민주의, 민족주의를 합친 내셔널리즘이라는 말을 사용하는 편이 좋다고 생각한다. 그러나 일본의 재군국주의화, 중국의 대국화, 계속되는 미국의 동아시아패권주의 등의 곤란한 상황 속에서 평화적 남북통일을 달성하기 위해서는, 역시 적어도 통일 민족국가를 수립할 때까지는 '민족주의'라는 말을 사용하는 것도 어쩔 수 없지 않은가라고 생각한다.

　여러 사람과 이야기해보면 현재 한국에서 민족주의를 처음부터 부정하는 사람은 별로 없는 것 같다. 일본에서 특히 지식인들은 내셔널리즘, 민족주의에 대한 저항감이 강하고, 또 내셔널리즘, 민족주의라는 말을 듣는 것만으로도 거부감을 보이는 사람이 적지 않다. 심지어 그것이 때때로 한국의 민족주의에 대한 거부감으로 직접 연결되어, 자기들은 내셔널리즘이나 민족주의를 초월하고 있다는 표정을 짓기도 한다. 최근 일본에서 『병으로서의 한국 내셔널리즘』이라는 작은 책이 출간되었다. 읽어보니 한국의 민족주의나 민족주의적 감정의 과잉을 재미 본위로 다룬 것으로, 자기들 즉 일본인의 내셔널리즘이나 민족주의에 대해서는 침묵한 채였다. 전후 일본이 아시아를 망각하고, 전쟁책임이나 전후보상을 애매하게 하였고, 역사교과서 왜곡이나 재군국주의화 움직임 등을 보여온 것을 보면 일본인이야말로 내셔널리즘의 포로가 돼 있다고 말하고 싶을 정도지만, 정작 일본인 자신은 그것을 자각하지 못하고 있는 듯이 보인다. 필자가 보는 바로는 일본인은 일반적으로 '자각없는 내셔널리즘'이나 '천황 숨기기 내셔널리즘'에 물들어 있는 것 같다.

　식민지 경험, 남북분단의 역사와 현실을 고려할 때, 한국에서는 오히려 민족주의 사상과 이념을 항상 재개념화하는 작업을 게을리해서는 안 된다고 생각한다. 민족주의는 하나의 이데올로기라고 말할 수도 있지만, 이데올로기란 원래 두 개의 다른 의미를 부여받는다. 하나는 피지배자에게 현실의 사회관계를 보지 못하게 하기 위한 담론을 재생산하는 허위의식으로서 기능하는 것이다. 이 경우 국가나 민족, 국민, 계급이라고 말하는 것은 고정적, 관념적으로 취급되고 그것은 다수자, 강자 중심의 지배질서가 되고 만다. 또 하나는 일상생활이나 투쟁을 통해서 국가나 민족, 국민, 소수자, 젠더, 계급, 역사인식 등을 둘러싼 기존의 사회적 경계를 파괴하고, 다시 짜맞추는 문화적 아이덴티티로서 기능한다는 것이다. 이 경우에 이데올로기는 생성적인 것으로 항상 재개념화하는 작업을 동반하는데, 그 입지점은 소수자, 주변자, 피지배자, 피억압자 쪽에 있다.

투쟁의 과정 속에서 발전

　현대 한국의 과제는 민주주의를 한층 발전시키고, 남북 평화통일의 추진, 그리고 그에 관련된 동아시아, 나아가 세계 여러 사람들과 연대를 강화하는 것이다. 이를 위한 하루하루의 노력, 즉 투쟁하는 과정에서만 국가나 민족, 국민, 계급은 의미있는 것이 된다. 또 그것들 상호관계가 변화하고 전화하는 것에 의해 그것들을 뛰어넘는 길이 명확해진다고 생각한다.

그런 의미에서 한국에서 민족주의는 결코 '병'이 아니라 나날이 새롭게 만들어가지 않으면 안 되는 것이다. 게다가 많은 '민족'적인 과제라고 불리는 것들은 '민족'을 소리높여 외칠 필요 없이, 또 '민족'의 이름으로 상대를 공격하는 일도 없이, 단지 자기에게 부여된 나날의 '업무'를 성실하게 수행함으로써 이루어지는 것이라고 여겨진다. 즉 우리 자신이 자기 모습을 바르게 해가는 것이 중요한 게 아닌가 생각한다.

윤건차(일본 가나가와대 교수 · 서울대 초빙교수 · 사상사)

친일 · 반일 논쟁의 이중성
『시사저널』 제640호 2002. 1. 31

"일본의 교과서 왜곡 문제는 단호히 대처해야 마땅한 일이지만, 대화를 중단해야 할 영역과 계속 교류해야 할 영역은 따로 있다."

내가 아는 언론계 선배의 선친은 일제 때 김구 선생을 모시고 항일 운동을 했던, 이른바 '상해파'의 일원이었다. 이 땅에 남아 온갖 훼절을 강요당한 국내파와 달리 순결성과 투쟁성을 담보한 상해파는, 자연히 해방 공간에서 대단한 위세를 떨쳤다. 물론 한 시절에 그쳤던 것이기는 하나.

그런 그분이 어느 날 어린 자식을 앉혀놓고 이런 말을 하셨단다. "이 땅에 남아 비천한 삶을 견뎌내면서 나라 말과 음식과 문화를 지켜낸 그런 사람들이 바깥에서 독립운동한답시고 설쳐댄 이 애비보다 백 배 천 배 위대한 존재다"라고.

직접 뵌 적은 없지만 아마도 그분은 인간이 얼마나 물리적 억압에 약한 존재인지, 그리고 동시에 얼마나 질긴 존재인지 통찰하는 안목을 가졌던 것이 아닌가 싶다. 또 민족성을 보존하는 위대한 인류학적인 행위에는 투쟁과 저항만큼이나 굴신과 적응도 포함된다는 진실을 알고 있었던 것 같다. 어쩌면 젊은날 자신의 선택에 대한 자부심이 있었기에 다른 길을 간 이들을 그토록 너그러이 인정할 수 있었는지도 모른다.

하지만 그분이 이 땅에 살아남은 모든 이들을 인정하거나 모든 선택을 옹호한 것은 아니었던 모양이다. 그분은 일제 치하에서 일신의 안녕과 입신 출세를 위해 '적극적으로' 친일에 나섰던 이들이 해방된 조국에서 또다시 얼굴과 논리를 바꾸어 한자리를 차지하는 세태를 너무도 못 견뎌했다고 한다. 김구 선생이 암살된 이후에는 아예 생을 포기한 듯 술로만 세월을 보내다가 맞이한 그의 죽음은, 가족이 보기에는 '자살'이나 다름없었단다.

쉰여섯 번째 광복절을 앞두고 우리 사회는 불볕 더위 못지않게 뜨거운 반일 감정으로 달구어지고 있다. 일본교과서 파동이, 세월의 힘을 빌려 잊히다시피 한 역사적인 반일 감정을 현실의 영역으로 끌어낸 것이다. 심지어 정치권에서는 새삼스레 이회창 총재 부친의 친일 경력과 김대중 대통령의 창씨 개명 문제가 쟁점거리로 등장했다.

그런데 용서는 하되 잊지는 말아야 할 과거를 까맣게 잊고 있던 자신에 대한 소스라친 자각 때문일까, 세월이 흘러도 크게 달라지지 않은 상대방에게서 느끼는 가눌 길 없는 분노 때문일까. 혹은, 매우 불순한 추측이거니와, 2차 세계대전이 끝난 뒤 확실하게 '종전 처리'에 나섰던 국가들과 달리 친일파를 단죄해 민족정기를 바로 세우지 못한 집단적 콤플렉스 때문일까.

일본인 관광객 발 끊겨 한숨 짓는 남대문 상인들

일본의 교과서 왜곡 문제는 마땅히, 단호하게 대처해야 할 일임에는 틀림없지만, 우리 사회가 보이는 반응은 과민하고 지나친 감이 없지 않다. 모두들, 너나없이 나서서, 그러지 않아도 될 일에까지 반일 감정을 적용하는 것이 아닐까 싶을 만큼. 심지어 몇 년 전부터 해온 한일 학생 교류를 중단하는 지방자치단체나 예정된 일본 연수를 취소하는 단체도 속출하는데, 그런 결정이 과연 박수를 칠 만한 일인가 싶다.

같은 일본 땅에도 '말도 안 되는' 역사관을 투영한 교과서를 만든 우익 세력이 있는가 하면, 그런 교과서를 채택해선 안 된다면서 항의 시위에 나서는 학부모와 교사 그리고 양심적인 지식인들도 존재한다. 두 국가가 전쟁 상태에 돌입하지 않는 한, 대화를 단호하게 중단해야 할 영역과 계속 교류해야 할 영역이 따로 있는 법이다.

해협을 사이에 둔 두 나라 사이에 갈등의 파고가 높아진 후 일본 관광객이 '일본을 적대시하는 한국'에 발길을 끊으면서 우리 상인들은 그들을 겨냥해 만든 산더미 같은 상품 앞에서 한숨만 내쉬고 있다. 그들은 텔레비전 카메라 앞에서 답답한 표정으로 이렇게 말한다. "왜 이런 날벼락 같은 일이 벌어졌는지 모르겠지만, 하루빨리 문제가 해결되어 제발 일본 사람들이 다시 왔으면 좋겠다"라고.

요즘 들어 가끔 그 선배의 선친 생각이 난다. 그분이 2001년 한국에서 벌어지는 풍경을 보면 뭐라 하실까, 파리를 날리는 남대문 시장 상인들을 보면 뭐라 하실까 궁금하다.

서명숙(시사저널 편집장)

'군사 대국'에 몸 단 일본 "전쟁터로 어서 가자"

『시사저널』 제640호 2002. 1. 31

고이즈미 총리는 미국에 대한 지원을 빌미로 집단적 자위권 행사를 금한 헌법을 무력화하고 자위대를 파병한 선례를 만들려 하고 있다.

"「하이눈」이라는 영화에서 보안관 게리 쿠퍼는 혼자서 싸웠지만 이번에는 전 세계가 함께 싸울 것이다." 이것은 미국의 동시다발 테러 사건 대책을 협의하기 위해 미국을 방문한 고이즈미 총리가 부시 대통령에게 건넸다는 말이다.

일본정부는 걸프전 때 전비를 1백30억 달러나 분담했는데도 전쟁터에 전혀 모습을 보이지 않았다는 비난을 국제사회로부터 들은 경험이 있다. 그래서 미국의 아프가니스탄 공습이 개시되기 전부터 발빠르게 움직였다.

고이즈미 내각은 10월 5일 미국의 군사 행동을 자위대가 지원할 수 있도록 한 '테러대책 특별조치법안'과, 자위대가 테러에 대비해 주일미군 시설 등을 경비할 수 있도록 한 자위대법 개정안을 각의에서 결정해 국회에 제출했다. 이 법안들을 아시아태평양경제협력체(APEC) 총회가 열리는 10월 20일 이전에 중의원을 통과시킬 예정이다.

테러대책특별조치법안은 2년이라는 시한을 두고 있으나, 자위대가 전투 지역뿐 아니라 외국의 동의가 있는 경우 외국 영토에서 활동할 수 있도록 규정하고 있으며, 자위대의 무기 사용 제한 기준도 주변사태법이나 유엔평화유지활동(PKO) 협력법에 비해 대폭 완화했다.

자위대의 주요 임무는 작전 중인 미군에 대한 후방 지원, 즉 연료 보급·물자 수송·의료 지원·난민 구원이다.

그러나 야당은 테러대책법안이 집단적 자위권 행사를 금지하고 있는 헌법을 위반했다고 주장하고 있다. 집단적 자위권이란 동맹국이 공격받을 경우 자국에 대한 공격으로 간주해 공동 방위할 수 있는 권리이다. 일본정부는 지금까지 헌법 9조에 따라 집단적 자위권 행사가 불가능하다는 입장을 견지해왔다.

자위대가 일본 영토 주변을 벗어나 인도양으로 처음 파병된다는 것도 큰 논쟁거리이다. 또 파병한 자위대원의 무기 사용 범위를 대폭 완화하는 데도 큰 시비가 일고 있다.

"헌법 위반했다" 야당 비난에도 요지부동

방위청은 테러대책법안 국회 통과 여부에 관계없이 이지스함 등을 인도양에 파견할 준비에 착수했다. 즉 요코스카 항을 모항으로 하는 미국의 항공모함 키티호크호가 인도양으로 파견될 경우 이지스함 곤고, 호위함 구라마, 보급함 하마나 등이 키티호크를 호위해 인도양으로 항해한다는 계획이다. 방위청은 그 근거로 방위청 설치법 제5조가 규정하고 있는 '조사 연구에 의한 정보 수집 활동'을 들고 있다. 그러나 일본 영해 밖에서 작전 중인 미군 함정과 공동 보조를 취하는 것은 집단적 자위권 행사를 금지하고 있는 헌법을 명백히 위반하는 행위이다.

미국의 동시다발 테러 사건이 고이즈미 내각과 우파에게 헌법의 틀을 뛰어넘을 수 있는 빌미를 주었다. 자위대를 전투 지역에 처음으로 파병할 수 있게 된다는 것도 그들에게는 큰 수확이다. 또 집단적 자위권 행사를 금하고 있는 종래의 헌법 해석을 유명무실하게 만든 것도 큰 진전이다.

10월 15일 열리는 한일 정상회담에서는 역사교과서와 야스쿠니신사 참배 같은 과거사 문제는 물론이고 고이즈미 정권의 우경화 정책을 꼭 짚고 넘어가야 할 것이다. 한일관계의 미래를 좌우하게 될 큰 변화가 지금 일본에서 일어나고 있기 때문이다.

도쿄 · 채명석 편집위원

일본 꽁치 전쟁 목표는 '독도 점령'
일본, 남 쿠릴 열도 조업 금지 '속셈' 분석
『시사저널』제640호 2002. 1. 31

영토 분쟁 현실화해 점유 노려

고이즈미 준이치로 일본 총리가 방한한 지난 10월 15일, 부산항에는 러시아 남 쿠릴 열도에서 귀항한 꽁치 봉수망 선단이 도착하기 시작했다. 지난 7월 말 남 쿠릴 열도에서 조업에 들어간 우리 어선 26척은, 러시아측이 정한 1차 조업 시한인 9월 28일까지 쿼터 1만5천t을 거의 포획했다. 선단은 일단 인근 공해로 빠져 나왔다가 잔여 쿼터 천여t을 마저 잡기 위해 7척만 조업을 재개했고, 19척은 10월 8일부터 귀항하기 시작해 이날 부산에 도착한 것이다. 남 쿠릴 열도의 어업 시한인 11월 15일을 한 달 이상 남겨두고 일찌감치 만선을 이룬 셈이다.

그러나 이들의 표정에는 만선의 기쁨 대신 이번 항해가 마지막이 될지도 모른다는 불안감이 가득했다. 내년부터 한국을 포함한 제3국의 입어를 금지한다는 러·일 합의로, 남 쿠릴 어장을 잃게 되었기 때문이다. 러시아와 일본은 지난 9월 10~11일 모스크바에서 열린 실무 회담과 막후 교섭을 통해 '제3국 조업 금지'에 잠정 합의하고, 지난 10월 9일 양국 외무차관급 회담에서 이를 사실상 확정한 것으로 알려졌다.

우리 어선들이 남 쿠릴 해역에 들어가지 못할 경우 우리나라는 심각한 꽁치 공급 부족에 시달리게 된다. 남 쿠릴 해역 어획량이 전체 수요의 3분의 1을 차지 하는 데다, 꽁치를 매년 1만~1만5천t씩 잡는 남 쿠릴 열도 인근 공해는 별도 어장으로 삼기에는 경제성이 떨어져 출어 포기가 불가피하다.

어민들과 수산업계는 우리 정부의 안이하고 무감각한 대응이 이같은 사태를 불렀다며 성토하고 있다. 정부는 한일 간 꽁치 분쟁이 본격화한 6월 이후에도 '러시아가 우리측에 우호적이다. 어민이 불이익을 당할 가능성은 없다'는 말만 되풀이해왔다. 심지어 일본 언론들이 러·일 외무차관급 회담에서 잠정 합의를 재확인한 사실을 보도한 10월 10일에도 공식 자료를 통해 '양국간 합의된 것은 아무것도 없다'라며 사태의 심각성을 덮기에만 급급했다. 그러나 내부적으로는 양국의 합의가 막바지 단계에 이른 것으로 보고 한성용 해양수산부 차관과 조환복 외교통상부 국제경제국장을 러시아에 급파해 뒤늦게 뒤집기 외교에 나섰다.

정부의 면피용 대안 '무용지물'

정부는 러시아에 일본과의 협상에 앞서 맺은 한·러 협정을 준수하라고 요청하고, 여의치 않을 경우 민간 차원의 조업 쿼터 확보, 한·러·일 3국 협상을 통한 일본 산리쿠 해역에서의 조업 확대, 남 쿠릴 열도 조업에 대한 러·일 양국 조업 허가 등 대안을 마련했다. 그러나 해양수산부 내부에서조차 어느 방안도 성사를 기대하기 어렵다는 비관론이 지배적이다.

악화일로를 걸어온 반일 여론은 극으로 치닫고 있다. 전국소형어민총연합(어민총련) 소속 어민 1천5백여 명은 10월 10일 오후 부산역 광장에서 '한일 어업협정 재협상, 독도 주권 사수, 일본 만행 규탄 어민대회'를 열어 일본 순시선의 삼진호 충돌 침몰 사건과 남 쿠릴 열도 꽁치 조업 금지에 항의했다. 어민들은 일본이 삼진호를 고의로 침몰시킨 것은 살인 행위이자 명백한 주권 침해라며 공식 사과하라고 요구했다. 이들은 10월 6일에도 부산 영도구 남항동 어업지도선관리소 앞에서 일본측의 사과와 삼진호 피해 보상을 요구하며 연좌 농성 시위를 했다.

어민들은 일본이 바다에서 공포 분위기를 조성하고 '뒷거래'까지 동원해 한일 양국의 연근해를 완전 장악하려 한다고 분개하고 있다. 박건일 어민총련 회장은 이것이 어제오늘 일이 아니라 치밀한 각본에 따라 진행되고 있는 음모라고 규정하고, 정부가 잘못된 한일 어업협정을 파기하고 재협상에 나서라고 촉구했다.

눈여겨보아야 할 대목은, 일본측이 왜 하필 미묘한 시기에 러시아측의 입어료 손실을 현금으로 보상하기로 하면서까지 사실상 한국을 겨냥한 제3국 조업금지 합의를 이끌어냈는가 하는 점이다. 일본은 우리측의 남 쿠릴 열도 조업에 대한 항의 표시로 한일 어업협정을 무시한 채 일본 산리쿠 해역에 대한 조업허가장을 내주지 않고 있다. 지난 8월 20일에는 고이즈미 총리가 러시아측에 친서를 보내 한국 어선에 대한 남 쿠릴 열도 조업 허가 유보를 요구했다. 교과서 왜곡과 신사참배 등으로 커다란 부담감을 안고 있는 고이즈미 총리의 방한에 앞서, 오히려 한국 내의 반일 감정에 불을 지르는 듯한 행동을 계속해온 것이다. 이에 대해 학계는 "의도적이라고까지 할 수는 없지만 한국을 완전히 무시하는 듯한 태도의 이면에 다른 계산이 있을 수 있다"라고 경고하고 있다. 남 쿠릴 열도 꽁치조업 문제는 깃털에 불과하고, 독도 영유권 분쟁이 몸통이라는 의구심이다.

일본의 '독도 강탈 시나리오' 현실이 되는가

정부는 그동안 일본측이 남 쿠릴 열도에 대한 영유권을 주장하며 우리 어선의 조업을 막으려는 데 대해 '영토 분쟁과 수산 문제는 별개'라는 입장을 고수해 왔다. 러·일 합의는, 이 주장을 상당 부분 훼손하고 말았다. 더욱이 정부 대안의 하나인 러·일 양국의 조업 허가를 받는 방안을 추진한다면, 여태까지의 주장은 설 자리를 완전히 잃게 된다. 이를 독도 문제에 그대로 대입할 경우, 주변을 중간 수역으로 남겨둔 것은 우리측이 양국 간의 영토 분쟁을 현실로 인정한 결과가 되는 셈이다.

국제법 전문가인 한국해양대학 김영구 교수 등 많은 학자가 독도 문제에 대한 한국정부의 자세 전환을 여러 차례 촉구한 바 있다. 김교수는 "일본은 1952년 한국의 평화선 선언을 계기로 독도 영유권을 주장한 이후 침범 시도기(1952년 5월~1953년 3월) 한국 점유 확정기(1953년 4월~1956년 12월) 현상 유지기(1956년 12월~1996년 2월) 현상 유지 파괴기(1996년 2월~현재) 등으로 수위를 조절해가며 신중하고 은밀한 전략을 구사하고 있다"라고 분석했다. 김교수는 "이와 달리 우리 정부는 '독도에는 영토 분쟁이 없다'는 회피적 태도로 일관하다 신 한일 어업 협정을 통해 영토권을 심각하게 훼손당했다"라고 지적했다. 『시사저널』이 보도한 '일본의 독도 강탈 시나리오'(제584호)와 일치하는 시각이다. 어민·시민단체가 나서서 어업협상 파기와 재협상을 요구하는 것도 같은 이유에서다.

1998년 발효한 지금의 한일 어업협정은 2002년 2월로 시한이 끝난다. 그러나 지난 8월 부산 등 전국에서 20만 명의 서명을 받아 전달한 박찬종 전 의원(한일 어업협정 재협상촉구 국민서명운동본부 대표)에게 정우택 당시 해양수산부장관은 "어업협정은 현 내용을 그대로 유지하는 것이 가장 유리하다"라고 말해 우리 정부에 재협상 의사가 없음을 분명히했다. 소를 잃고도 외양간을 고치지 않으면 남은 소도 잃게 된다는 지극히 당연한 교훈이, 이번 남 쿠릴 열도 꽁치 분쟁이 남긴 교훈인지도 모른다.

박병출 부산 주재기자

일본, 100년 전부터 역사왜곡
황후 시해 사건, 위증·날조·은폐로 일관……범죄 사실 인정 안해
『시사저널』 제640호 2002. 1. 31

명성황후 시해 사건의 배후는 아직까지도 잘 밝혀져 있지 않다. 당초 은밀하게 진행된 사건인데다, 사건 당시부터 철저히 자행된 일본측의 사건 은폐 및 왜곡 때문이다. 사건 직후 미우라 공사는 대원군이 이 사건을 주모했으며 황후 시해는 조선군 훈련대가 자행한 것이라고 위증했는가 하면, 사건이 난 이듬해 공정한 재판을 통해 불명예를 씻겠다던 일본정부는 증거 불충분을 이유로 범죄와 관련된 일본인 모두를 무죄 방면했다(히로시마 예심 재판소 판결, 1896년 1월). 나아가 이토 히로부미·이노우에 가오루·야마가타 아리토모 등 정부 요인들은 이 사건이 일본정부와 하등 관계가 없다고 일본 주재 서양 외교관들에게 주장했다.

서양 교과서, 일본 주장대로 서술

더 기가 막힌 것은, 황후 시해에 참여했던 기쿠치 겐조·고바야카와 히데오 등 한성신보사(서울의 일본 신문사)의 일본인 기자들이 훗날 『대원군전』『조선근대사』『조선잡기』『민후조락사건』 같은 저작을 통해 19세기 말의 한국사를 대원군과 명성황후의 갈등 구도로 날조했다는 사실이다.

한성신보사는 명성 황후 시해범들의 집결지이기도 했다.

'시해 가담범'인 기쿠치 겐조는 훗날『고종·순종 실록』편찬에 참여해 역사를 날조했다. 위는 기쿠치 겐조가 쓴 책들이다.

당시 대다수 일본 언론은 일본정부의 오도된 주장을 선전하는 대변지 노릇을 했는데, 영자 신문도 예외가 아니었다. 가령『저팬 데일리 메일』은 명성황후가 부정 부패의 원흉으로서 이번 사건은 그녀가 국정을 농단하고 망치는 것을 보다 못한 대원군이 일으킨 쿠데타라는 식의 보도를 계속했다. 이런 영자신문의 보도는 서양인들을 향한 왜곡된 선전이었다. 이처럼 왜곡된 한국사 서술이 오늘날 서양의 역사교과서에도 그대로 반영되고 있다.

일본정부는 시해 사건이 벌어지고 10년이 지나도록 완전 범죄를 모의했다. 가장 상징적인 것 중 하나가 사건 직후 따가운 국제 여론을 의식해 이 사건 관련자들을 일본의 히로시마에 수감했을 당시 고종 명의로 이들에게 '위로금'을 주는 촌극을 벌인 사건이었다. 이는 '명성 황후의 위세에 눌려 기를 펴지 못해오던 고

종이 명성 황후를 제거한 일인들을 치하했다'는 선전 효과를 노린 것이었다(일본은 한때 황후 시해를 고종이 사주했다는 이른바 '고종 주도설'을 유포하기도 했다).

일본인 중 이 사건을 제대로 아는 이는 많지 않다. 1980년대 일본의 여성 작가 쓰노다 후사코 씨가 쓴 『민비 암살』(한국어 번역서 제목은 『최후의 새벽』)에 의해 이 사건에 관한 이야기가 일본인들에게 널리 알려진 것은 그나마 다행이다. 그러나 이 작품도 결론 부분에 이르면 이 사건이 일본정부와 무관하게 미우라 공사와 대원군이 공모해 자행된 사건임을 강조했다.

대원군이 시해 음모와 무관하다는 점은 재일 사학자 박종근 교수가 일본측 자료를 정밀하게 추적해 밝혀놓은 바 있다. 사건의 주요 무력 기반이 일본군이었음도 한국사 연구자 야마베 겐타로에 의해 밝혀졌다. 따라서 남은 문제는 이 사건의 배후 구도가 어떠했는지를 규명하는 것이다.

그런데도 일본은 이 사건을 왜곡하는 데에만 치중하고 있다. 아직까지도 명성 황후 시해 사건과 일본정부는 아무런 관계가 없다는 것이 일본의 공식 입장이다. 게다가 오늘날까지 그 누구도 일본의 정권 담당자로서 이 사건에 대해 공식으로 사과한 적도, 범죄 사실을 인정한 적도 없다.

이런 흐름이 오늘날까지 일본의 연구자들에게 이어지고 있으니, 당시 이토나 일본 언론의 행태는 지난 100여 년 사이에 진행된 한국사 왜곡의 원조 격이라 하겠다.

이민원(국사편찬위원회 사료연구위원)

언론자료로 본 일본교과서 역사왜곡

월간지

【신구교과서 내용 비교】 남경대학살
『디지털 말』 2001. 2. 27

일본의 시민단체 '어린이와 교과서 전국네트21'에서 2000년 가을 조사한 2001
년도 신규 중학교 역사교과서의 역사왜곡 사례를 정리한 내용이다. 한국에서 문
제가 되고 있는 '새 역사 교과서를 만드는 회'의 교과서 외에도 전반적으로 침략
전쟁의 축소 현상이 두드러진다.

＊舊＝1997년도 교과서　新＝검정신청 도서
A사
舊 : 전쟁은 중국 북부에서 중부로 확대되고, 일본군은 같은 해 말 수도 남경
을 점령했다. 그때, 부녀자를 포함 약 20만 명으로 알려진 중국인을 살해했다(남
경대학살).
新 : 전쟁은 중국 북부에서 중부로 확대되고, 일본군은 같은 해 말 수도 남경
을 점령했다. 그 과정에서, 여성이나 아이를 포함한 중국인을 대량으로 살해했다
(남경사건).
주 - 이 사건은 남경대학살로 국제적으로 비난받았지만, (일본) 국민에게는 알
려지지 않았다.

B사
舊 : 일본군은, 각지의 격렬한 저항에 짜증이 나, 남경 점령 후 20만 명으로
알려진 민중을 학살하고, 각국으로로부터 비난받았다. 일본 국민에게 그 사실은 알
려지지 않았다.
주 - 이 사건은 남경대학살 사건이라고 불리며, 중국은 학살자 수가 30만 명을
초과한다고 주장하고 있다.

新 : 일본군은, 각지에서 격렬한 저항에도 불구하고 전선을 확대해, 수도 남경
점령시, 부녀자를 포함한 다수의 중국인을 살해하여, 각국에 알려지고 비난받았
다(남경사건).
주 - 남경사건은 당시 국제 여론의 심한 비판을 받았지만, 일본 국민에게 그
사실은 알려지지 않았다. 그리고, 전후 극동지역 군사재판에서 그 규모나 희생자

의 실태가 처음으로 밝혀졌다.

C사

舊 : 일본군은, 상해나 수도 남경을 점령하고, 다수의 중국 민중의 생명을 빼앗고, 생활을 파괴했다. 남경 점령중, 일본군은 포로나 무기를 버렸던 병사, 아이, 여성 등을 포함한 주민을 대량으로 살해하고, 약탈과 폭행을 행하였다(남경 학살 사건).

주 - 이 사건의 희생자는 20만 명으로 알려졌지만, 중국에서는 전사자를 포함 30만 명 이상이라고 주장하고 있다 …(삼광 작전의 기술)…이러한 일본군의 행위는, 각국으로부터 강력한 비난을 받았지만, 일반 국민은, 패전 후 처음 이러한 사실을 알았다.

新 : 일본군은, 전선을 남쪽에 확대하고, 상해나 수도 남경을 점령하고 다수의 중국 민중의 생명을 빼앗고, 생활을 파괴했다. 남경 점령중, 일본군은, 포로나 무기를 버렸던 병사, 아이, 여성 등을 포함한 주민을 대량으로 살해하고, 약탈과 폭행을 행하였다(남경 학살 사건).

주 - 없음.

D사

舊 : 일본군은 중국 북부에 침공, 상해, 뒤이어 수도 남경를 점령하고, 각지에서 많은 중국 민중의 생명을 빼앗고, 그 생활을 파괴했다.

주 - 일본군은, 남경 점령 후 2월 중순까지, 여성・아이・포로를 포함한 적어도 15만 명에서 20만 명으로 알려진 중국인을 학살했다(남경 사건)…(삼광 작전의 기술)…이러한 사실을 일본국민은 알지 못했다.

新 : 연말에 일본군은 수도 남경을 점령했지만, 그때, 20만 명으로 알려진 포로나 민간인을 살해하고, 폭행이나 약탈도 수없이 행했기 때문에, 격심한 국제적 비난을 받았다(남경 사건).

주 - 일본인의 대부분은, 이 사건에 관한 것을 전쟁이 끝날 때까지 전혀 알 수 없었다.

E사

舊 : 일본군은 상해, 남경, 광주 등의 도시를 점령했다. 남경 점령 때, 많은 중

국 민중이 살해됐지만(남경 학살 사건), 일본 국민에게는 알려지지 않았다.

주 - 이 사건의 희생자 수는, 포로나 일반 시민을 합쳐서 10여만 명으로 추정되고 있다. 극동 국제 군사 재판에서는 20여만 명이라 알려졌으며, 중국은 30만 명 이상이라고 주장하고 있다.

新 : 일본군은, 남경 점령 때, 수많은 중국 민중을 죽였지만(남경 학살 사건), 일본 국민에게는 알려지지 않았다.

주 - 이 사건에 의한 희생자의 수에는, 정설이 없다.

F 사

舊 : 또, 중국 각지에서 잔학 행위를 했다. 특히 남경 점령에 즈음하여, 무기를 버렸던 병사, 노인·여성·아이까지 포함한 민중을 무차별하게 살해했다. 사망자 수는, 병사를 합쳐서 10수만 명 이상이라고 알려졌으며, 중국에서는 30만 이상이라고 추계되고 있다. 각국은, 이 남경대학살 사건을 강하게 비난했지만, 당시 일본인 대부분은 이런 사실조차 몰랐다.

新 : 이 때문에 물자의 약탈·방화 학살 등의 행위도 종종 발생했다. 특히 남경 점령에 즈음하여, 포로·무기를 버렸던 병사, 노인·여성·아이까지 포함한 민중을 무차별하게 살해했다. 전사한 병사를 포함한 당시의 사망자 수는, 상당수에 이른다고 추정되고 있다. 각국은, 이 남경대학살 사건을 강하게 비난했지만, 당시의 일본인 대부분은 이런 사실조차 몰랐다.

주 - 이때의 사망자 수에 관해서는, 수만 명, 10수만 명, 30만 명 이상 등으로 추정되고 있다.

G 사

舊 : 일본군은 남부를 침공하고, 상해나 수도 남경을 점령했다. 남경에서는 여성이나 아이를 포함한 많은 중국인을 살해하고, 각국에서 '일본군의 만행'이라며 비난했다(남경대학살).

新 : 일본군은 남부를 침공하고, 상해나, 당시 수도였던 남경을 점령했다. 남경에서는 여성이나 아이를 포함한 많은 중국인을 살해하고, 각국에서 '일본군의 만행'이라며 비난했다(남경대학살).

【신구교과서 내용 비교】 종군위안부

『디지털 말』 2001. 2. 27

* 舊＝1997년도 교과서 新＝검정신청 도서

A사

舊 : 강제로 종군위안부로 전쟁터에 보내진 젊은 여성이 다수 있었다(1997년도 공급본).

자신의 의사에 반해 위안부로 전쟁터에 보내진 젊은 여성도 있다(2000년도 공급본).

新 : 없음.

B사

舊 : a. 또 조선 등지에서 젊은 여성들을 위안부로 전쟁터에 끌고 갔다.

b. 정부 간 보상뿐만 아니라, 강제적으로 징병된 병사나 종군위안부의 개인 보상을 요구한 의견도 있다.

c. (전후보상문제 부분의 사진과 설명) 일본정부에 전후보상을 요구하고, 시위를 벌인 한국의 전 종군위안부 사람들.

新 : a, b, c 모두 없음.

C사

舊 : a. 또, 많은 조선인 여성 등도, 종군위안부로 전쟁터에 보내졌다(2000년도 공급본).

b. 선후 50년이 지닌 현재, 전쟁 피해외 보상을 요구하는 아시아 사람들의 목소리는, 전례없이 높아지고 있다. 거기에는 전 종군위안부 문제 외에도, 학살이나 강제연행·강제노동 등의 피해자들이 포함되어 있다(2000년도 공급본).

c. 1994년 현재, 전 종군위안부 외에도, 강제연행·강제노동을 강요받거나 해야 했던 사람들이, 20여 건의 전후 보상을 요구한 재판이 진행되고 있다 (2000년도 공급본).

新 : a. 또한, 많은 조선인 여성 등도 전쟁터에 내보내졌다.

b, c 모두 없음.

D사

舊 : 또, 여성을 위안부로 종군시키고, 가혹하게 다뤘다.

新 : 또, 조선 등 아시아 각지에서 젊은 여성이 강제로 징집되고, 일본 병사의 위안부로 전쟁터에 보내졌다.

…중략…

그러나, 일본에 의해 피해를 입었던 개인이 보상을 요구할 권리까지 각국 정부가 빼앗는 것은 타당하지 않다는 견해가 있다. 실제로, 이에 근거하여, 강제 연행된 사람들, 즉, 전 위안부 여성이나 남경 사건의 희생자들이 일본정부에 의한 사죄와 보상을 요구하며, 계속해서 소송을 제기하고 있습니다.

E사

舊 : 위안부로 전쟁터의 군에 따라다녀야 했던 여성도 있다.

新 : 없음.

F사

舊 : 또 조선이나 대만 등의 여성 중에는 전선의 위안 시설에서 일을 해야 했던 사람도 있었다.

新 : 또, 비인도적인 위안 시설에는, 일본인뿐만 아니라 조선이나 대만 등의 여성도 있었다.

舊 : a. 전쟁에도, 남성은 병사로, 여성은 종군위안부 등으로 보내져, 참기 어려운 고통을 주었다.

b. 이런 지역의 출신자들에는, 종군위안부였던 사람들이 있다(2000년도 공급본에는 '종군'이란 용어를 삭제).

G사

新 : a, b 없음.

(전후 보상 부분의 主로) 전시중, 위안 시설에 보내진 사람들이나 기타 보상 문제가 소송에 들어가게 되었다.

'만드는 모임' 교과서의 검정 결과에 관하여

『디지털 말』 2001. 4. 10

1. 역사 교육관에 관하여

머릿말 '역사를 배운다는 것'에서, 역사학·역사교육의 과학성을 부정하는 심각한 문제를 내포하고 있다. 그러나, '역사는 과학이 아니다'라는 문장 하나를 삭제하고, 워싱턴과 관련된 기술상의 잘못을 정정했을 뿐으로 근본적 사고방식은 그대로이다.

2. 신화

신화에 관한 기술은, 역사적 사실과 혼동하지 않도록 최소한의 수정을 행했을 뿐, 神武東征, 日本武尊東征에 나오는 지도도 그대로이고, 내용·분량 모두 거의 변화가 없다. 이 상태로는 사실상, 역사적 사실과 혼동할 수밖에 없다.

3. 천황의 지위

神武 이래의 皇統譜에 의한 역대 천황의 즉위순을 그대로 나타내고 있다.

막부 지배의 시대도, 征夷大將軍의 지위가 천황의 임명에 의한 것으로 계속 기술하여, 권력의 실상을 나타내고 있지 않다. 언제나 천황이 일본사회의 최고의 권위자인 것으로 강조하고 있다.

4. 침략과 식민지 지배의 정당화

아시아 태평양 전쟁을 '대동아전쟁'이라고 부르며, 대동아공영권 등 일본이 전쟁을 정당화하기 위한 목석으로 언급한 것을 그대로 기술히고, 심지어 아시아 여러 나라의 독립의 계기가 됐다고 서술하고 있다.

러일전쟁 당시 일본의 승리에 대한 아시아 사람들의 일면적, 일시적인 평가를 박스기사로 처리한 것도 그대로이다. 국내의 반전론에 대해서는 전혀 다루고 있지 않다.

대동아전쟁(태평양전쟁)의 전쟁 초기의 승리가 아시아 여러 나라의 독립에의 꿈과 희망을 키웠다는 기술도 그대로이다.

한반도는 '대륙에서 들어민 흉기', 한국 병합은 '합법적' 등의 기술은 일부 수정하였다. 그러나, 한국은 열강의 위협에 대하여 충분 대응할 수 없었다, 따라서

'일본의 안전과 만주의 권익을 지키기 위해 필요'했다는 등, 한국 병합을 정당화하고 있다. 또, 병합에 이른 전체적인 경과가 진술되지 않았고, 따라서 한국 병합의 실태와 본질을 알리고 있지 않다. 게다가, 병합 후 철도·관개 등의 개발이 이루어졌다고 말하고 있다.

종군위안부에 대해서는 다루지 않고, 남경대학살에 관해서는, 부정론을 펴고 있다. 반면, 중국에 의한 '남경에서 일어났던 외국인 습격사건'에 관해서는, 그대로 기술하고 있다.

침략·식민지 지배였다는 사실은 처음부터 전혀 기술하고 있지 않다.

일본의 전쟁 책임에 관해서는 모호하고, 책임이 다른 나라에 있는 듯한 기술로 일관하고 있다.

5. 아시아 멸시

'잠자는 중국·조선'이라는 표제는 고쳐졌지만, 그 본문의 내용은 전혀 변하지 않았다. '근대 일본이 처한 입장' '주변국 외교와 국경 확정'의 항에서도 동일하다.

6. 명치(메이지) 국가의 평가·대일본 제국 헌법과 교육 칙서

근대 아시아에 대한 멸시와는 정반대로, 명치 국가를 높게 평가한 점도 변하지 않았다. 여기에는, 5개 항의 서약문을 근대 일본 민주주의의 출발점으로 파악한 특이한 입장이 내세워지고, 천황 중심의 일본이란 이미지가 보여진다.

명치 헌법의 인권 조항 설명으로, '법률 상에서'란 단서조항이 첨가되었지만, 그것이 무엇을 의미하며, 실제로는 인권이 현저하게 침해되고 있었다는 사실에 대한 구체적인 설명은 없으며 그 결과 명치헌법이 민주적 헌법이라고 이해하게 된다.

교육 칙서에 대해서도, 1945년까지라고 한정하였지만, 그 밖의 문장은 그대로 살아 있고, 교육 칙서의 찬미는 그대로이다.

7. 국가 의식의 강조와 민중의 움직임 경시

특히 고대의 국가 의식의 형성을 강조하고, 근대에 들어서는, 국민의 의무, 국난에 대한 의식의 형성, 러일전쟁은 국민전쟁론 등, 곳곳에서 국가 중심 사상의 존재가 강조되고 있다.

그 반면, 민중의 생활 등에 대해서는, 중세의 무로마치시대 농민폭동을 언급하기 이전까지는 아무런 기술이 없다. 자유 민권운동도, 정부와의 공동보조가 일방적으로 강조되고, 그 속에 흐른 민중의 염원은 무시된다. 아이누 민족이 처한 상황에 관한 기술도 없다.

8. 국가에의 의무 · 국방의 의무의 강조
일본 헌법에는 없는 국방 의무 규정을 각국 헌법을 인용한 자료를 이용하여 게재하고 있는 것도 변하지 않는다.

9. 국제 긴장을 강조하고, 군비당연론, 안보긍정론을 일방적으로 강조
첫머리 화보의 '국경과 주변사정'에서는, 尖閣열도에 상륙을 강행한 국회의원의 사진을 게재하고, 그 밖에 관동대지진과 자위대, 국제 연합의 혼란과 한계, 대국 일본의 역할 등의 페이지에서 국제 긴장을 과다하게 묘사하고 나서, 지금의 세계 정세에서 군사적 대응의 필요성, 군비의 필요를 설명한다.

10. 핵폐기 부정론
'핵폐기는 절대정의냐'라는 칼럼에서는, 전반에 핵폐기를 목표로 한 움직임에 관한 기술이 첨가되었지만, 후반에는 원래의 문장이 그대로 남았기 때문에, 그 부분이 결론과 같은 형태가 되고, 결국, 핵폐기에 의문을 던지는 형태로 끝나고 있다.
2001년 4월 3일 '어린이와 교과서 전국네트21' 외 12단체

우익 역사교과서 검정 통과 일본에 전쟁 유령 배회한다
『디지털 말』 2001. 4. 12

우익 역사교과서를 채택한 일본 열도에 전쟁의 망령이 떠돌고 있다. 새로운 역사교과서를 만드는 모임(이하 '만드는 모임') 등이 제출한 8종의 교과서가 검정을 통과했다. 8종의 역사교과서는 우익세력의 자유주의 사관을 따른다. 일본은 제2차 세계대전의 주범이며 아시아 민중을 전쟁의 구렁텅이로 몰아넣은 가해자이다. 그런데 자유주의 사관은 일본이 가해자라고 주장하는 것은 자학적인 역사

관이라고 항변한다. 자유주의 사관에 의하면 태평양 전쟁은 아시아 민중을 서구의 식민주의로부터 해방시킨 해방전쟁이며, 일본이 아시아 지역을 '침략'한 것이 아니라 '진출'했을 따름이다. 제국주의 침략전쟁을 해방전쟁으로 미화하는데 자유주의 사관의 호전적인 전쟁관이 내재해 있다.

일본의 우익은 천황제의 부활을 꿈꾸고 있다. 군국주의의 상징인 천황제를 되살리려는 움직임은 군사대국화로 나타난다. 평화헌법을 파기하여 핵무장을 하자는 주장이 횡행하고 있다. 최근 일본 방위청 정무차관이 핵무장 필요성을 주장했다. '만드는 모임'의 검정용 교과서에 실린 핵무기 보유 내용이 논란을 불러일으켰다. 핵무장한 천황제 국가를 그리워하는 일본 우익의 목소리가 역사교과서에까지 울려퍼지고 있다.

우익 교과서 검정은 교육을 통해 천황제 부활을 꾀하려는 시도이다. 학교 교정에 히노마루를 게양하고 졸업식 때 기미가요를 부르도록 정신무장하기 위해 우익 교과서가 필요하다. 어린 세대부터 천황제 전쟁국가를 지향하도록 정신 구조를 바꾸어놓자는 것이다. 전쟁사관에 찌든 역사교과서를 통해 국민들이 전쟁 마인드를 갖추도록 하자는 것이다. 이 작업의 선봉에 '만드는 모임'이 서 있고 군사대국화를 노리는 재계·정계가 뒷받침하고 있다.

'만드는 모임'의 발기인 9명은 천황제 국수주의의 전위부대이다. 이 모임의 회장인 니시오 간지 교수는『국민의 역사』를 펴내 자유주의 전쟁사관의 불을 붙였다. 니시오 간지 교수를 배후조종하는 사람은 자유주의 사관의 원조인 후지오카 노부카쓰(동경대 교수)이다.『전쟁론』이라는 극우 만화를 낸 고바야시 요시노리는 선전부장이다.

이들 발기인의 지원부대는 두 부류로 나뉜다. 한쪽은 우파 평론가이고 다른 한쪽은 우익 언론이다. '만드는 모임'의 찬동인으로 우익계열의 교수·평론가·작가 등 평론가 집단이 대거 참여하고 있다. 우익 언론으로 유명한 산케이 신문과 월간지(『세이론』『쇼쿤』)가 우파 논객을 총동원하여 우익 이데올로기를 전파한다.

위의 전위부대와 지원부대를 재계와 정계가 엄호한다. '만드는 모임'의 찬동인으로 노무라 증권의 상임고문 등 25명의 경제계 거물들이 포진하고 있다. 이들이 일본 군수산업계의 인맥과 얽혀 있음은 물론이다. 정계의 엄호부대는 주로 자민당을 중심으로 이루어져 있다. 자민당의 보수우익 정객들이 야스쿠니신사 참배, 평화헌법 개정, 새로운 가이드라인 체제 구축, 유사입법, 히노마루·기미가요 법제화 등을 통해 우익진영을 총괄한다.

'만드는 모임'을 비롯한 우익진영의 발호는 일본의 경제침체와 무관하지 않다. 경기불황에 따른 일본 국민의 불안심리에 편승한 국수주의가 기승을 부리는 가운데 우익 역사교과서가 채택되었다. 일본의 우익진영에 묻고자 한다. 과연 일본은 전쟁을 할 준비가 되어 있는가.

김승국 기자

'황국신민'이 일본을 꾸짖는 이율배반
『디지털 말』 제178호 2001. 4.

일본 역사교과서 왜곡과 조선·동아의 원죄

남북화해와 평화구축이라는 민족사적 과제를 실현할 수 있는 절호의 기회를 맞았지만 보수적인 미국정부의 등장과 이에 편승한 국내 냉전세력의 준동으로 우리는 다시 한번 위기에 부닥쳤다. 월간 『말』이 이번호부터 '냉전세력 심층연구'라는 대장정에 들어간 이유도 바로 여기 있다. 우리가 첫번째 작업으로 선택한 것은 냉전세력의 '사상적 진지'라고 할 수 있는 『조선일보』와 『동아일보』의 은폐된 뿌리 찾기. '일본 역사교과서 왜곡 사건'의 거울을 통해 그들의 추악한 원죄를 들여다봤다.

일본의 역사교과서 왜곡 시도는 분명히 잘못된 일이다. 따라서 일본정부와 극우세력의 '뻔뻔스러움'과 '망언'을 규탄한, 다음과 같은 한국언론의 보도는 정곡을 찔렀고, 시의적절했다.

"진실을 왜곡하는 일본인의 '뻔뻔스러움'과 일본정부의 방조행위를 규탄……조선 8도를 36년 간 굴욕적인 식민통치를 하고도 '한일합방'을 '동아시아를 안정시키는 정책'이라느니 '국제관계의 원칙에 기초한 합법'이라는 망언과 대국민 세뇌를 서슴지 않는……이처럼 진실조차 왜곡하려는 일본인들의 속내를 우리 젊은 세대들이 제대로 알아야……침략과 식민통치로 주변국가를 짓밟은 과거의 범죄를 반성하기는커녕 오히려 정당화하여 '군국주의 망령'을 되살리려는 전근대적인 허황된 사고……."(『조선일보』 2001년 2월 25일자 사설)

조선·동아는 일본 역사교과서 왜곡만 탓할 것인가

『조선일보』는 2월 16일자 사설에서도 "일본 역사교과서는 '왜곡' 덩어리……침략전쟁을 '아시아 해방전쟁'이라며 억지주장…… '한국은 일본지배 덕분에 저만큼 살게 됐다'는 식의 황당한 주장" 등의 표현을 동원, 비판의 날을 세웠다. 『동아일보』도 일본 교과서 규탄 대열에 동참했다.

"징용 같은 강제연행이나 종군위안부 등에 관해서는 기술조차 외면……한마디로 악의적인 역사왜곡……극단적인 보수사관에 바탕한 왜곡 날조로 치달고 있는 것……(일본 우익세력들이) 왜곡된 문제의 교과서를 불합격시켜야 한다고 주장한 외교관 출신의 노다 에이지로 교과서 심사위원을 심사위에서 내쫓은 것……터무니없는 역사의 왜곡이나 날조를 바로잡는 데 적극 나서야……현 정부가 당장의 한일관계만을 염려하여 역사왜곡 등 근본적인 문제점을 들추지 않고 단호한 해결을 미루는 식으로 대응한다면 그것은 역사에 큰 죄를 짓는 것."(『동아일보』 2001년 2월 20일)

그런데 여기서 한번 냉정히 생각해보자. 『조선일보』와 『동아일보』는 과연 일본 역사교과서 왜곡을 당당하게 비판할 자격이 있을까. 이런 원초적 물음을 던지는 데는 이유가 있다. 『조선일보』는 일본의 역사교과서에 오른 "한일합방은 동아시아를 안정시킨 합법적 정책"이란 대목을 '망언'으로, "한국은 일본지배 덕분에 저만큼 살게 됐다"는 대목을 '황당한 주장'이라고 공격했다. 그러나 정작 『조선일보』는 "한일합방은 조선의 행복과 동양의 평화를 위해 체결한 조약……데라우찌를 비롯한 7명의 총독과 일제의 30년 통치로 문화조선 건설 결실"(『조광』 1940년 10월호)이라고 보도했던 원죄가 있다.

또 『조선일보』는 2월 16일자 사설에서, 중국에 대한 일제의 침략전쟁을 "아시아 해방전쟁"이라고 주장한 일본 역사교과서를 '억지주장'이라고 비판하기도 했다. 그러나 『조선일보』는 중일전쟁을 수행하기 위해 일제가 실시한 징병제도에 대해 다음과 같이 평가한 바 있다.

"조선통치사의 새로운 기원을 이룬 것이자 미나미 총독의 일대 영단 정책하에 조선에 육군특별지원병제도가 실시된 것에 대하여 이미 본란에 수차 우리의 찬성의 뜻을 밝힌 바 있거니와……종래 조선 민중의 국민으로서의 의무를 다하지 못하고 있던 병역의무를 실현케 하는 것……황국신민된 사람으로 그 누가 감격치 아니하며 그 누가 감사치 아니하랴……황국(皇國)에 대하여 갈충진성(竭忠盡誠)을 하지 않으면 안 된다. 그래서 국방상 완전히 신민(臣民)의 의무를 다하

여야 할 것이다.”(『조선일보』 1938년 6월 18일자 사설)

'갈충진성'은 “모두 닳아서 없어질 때까지 충성한다”는 뜻이거니와, 『조선일보』는 이 땅의 청년들에게 일본 천황의 신민으로서 감사한 마음으로 일본군에 입대하여 싸우다 죽으라고 촉구했던 것이다.

그런데 문제는 이러한 『조선일보』의 친일행각에 대해 역사적·법률적 단죄가 내려지거나, 혹은 『조선일보』가 스스로 독립투쟁의 제단 앞에 무릎을 꿇고 사죄한 적이 해방 이후 지금까지 단 한번도 없었다는 사실이다. 도리어 『조선일보』는 뻔뻔스럽게도 '적반하장'의 대응책으로 일관해왔다. 1988년 12월 13일 언론청문회에 증인으로 출석한 방우영 회장의 발언이 대표적인 사례에 속한다. 그는 이철 의원이 “『조선일보』와 『동아일보』는 일제 때 친일을 하는 굴종의 역사도 갖고 있지 않느냐”고 다그치자 정색을 하며 이렇게 답했다.

“우리는 왜정 때 왜놈에게 친일을 한 적이 없습니다. 친일을 했다는 생각은 선조들에 대한 모욕입니다. 지금 역사를 다시 쓰자는 겁니까?”

잘못된 역사를 다시 쓰는 것은 당연한 일

방우영 회장은 정녕 몰랐단 말인가. 잘못된 역사는 당연히 다시 써야 한다는 사실을. 그리고 실제로 김영삼 정권 초기 그런 시도가 있었다. 제6차 교육과정 개편에 따라 문민정부 교육부는 1993년 9월 '국사교육 내용전개 준거안 연구위원회'(위원장 이존희 서울시립대 교수)를 구성하고 9명의 연구위원을 임명했다. 이들은 7개월 동안의 공동연구를 통해 국사교과서 개편작업을 추진, 1994년 3월 18일 심포지엄을 열고 연구위원 전원합의로 확정한 '준거안'을 발표했다. 이 가운데서도 친일언론과 관련된 근현대사 부분은 다음과 같다.

· 일본의 침략과정에서 형성된 매국적 친일세력에 관해 설명한다.
· 보안법, 조선교육령 등을 통해 일본이 한국인의 정치적 권리를 박탈하고 일본의 신민(臣民)으로 만들고자 했음을 설명한다.
· 1920년대 문화통치의 본질이 민족의 독립의식을 약화시키고, 식민지 착취를 극대화하려는 데 있었음을 설명한다.
· 1920년대 중반 이후 사회주의 세력이 민족운동을 주도하게 되고 민족주의 세력은 타협적 민족주의와 비타협적 민족주의 세력으로 분화되어감을 설명한다.
· 일제가 자행한 민족말살 정책, 일본어 사용 강제, 신사참배 강요, 일본식 성명으

로의 개조, 황국신민화 정책 등을 설명하되, 이 과정에서 노골적인 친일세력이 형성되었음을 설명한다.

· 일제가 민족운동을 탄압하기 위해 제정한 각종 법령과 사상전향제도 등을 설명한다.

· 일부 민족지도자들이 일제 말 일제의 황국신민화 운동과 침략전쟁에 협력하였음을 간략히 기술한다.

· 광복 후 친일파 청산, 토지개혁, 통일국가 건설이 민족의 과제였음을 이해하게 한다.

· 통일정부를 수립하기 위해 좌우합작 운동이 어떻게 전개됐는가를 기술하고, 9월 총파업과 10월 항쟁에 대해 간략히 언급한다.

· 반민법 제정, 농지개혁 등 건국 초기의 활동과 제주 4·3항쟁, 여순사건 등을 이해하게 한다.

준거안은 당시 역사학계의 학문적 업적과 수준을 객관적으로 반영한 것이었다. 이는 중앙일간지 중에 유일하게 심포지엄에 직접 참석한 『문화일보』 기자의 보도에서도 확인된다. 그가 쓴 기사의 제목은 '국사교과서 민족사관 중심 개편 — 일제잔재 청산……독립운동사 대폭 보강'이었다.

그러나 친일행각의 원죄의식에 시달리고 있었을 『조선일보』에겐 대다수 항목이 뼈아픈 대목이었을 것이다. 곧바로 『조선일보』 등 수구언론의 일방적인 여론 조성 속에서 준거안은 '멱살잡이'를 당하기 시작했다. 『조선일보』의 활약(?)이 가장 눈부셨거니와, 준거안의 극히 일부분만을 가지고 시비를 거는 한편 '항쟁'이냐, '사건'이냐 등 지엽말단적인 '용어' 문제로 논쟁의 본질을 흐리는 전술을 채택했다. 동시에 전형적인 '색깔논쟁'을 유발해 분위기를 험악하게 만들었다. 「새 국사교과서 논란—주사파(主思派) 등 1980년대부터 새 작업…… '대구폭동' 등 항쟁·봉기로 규정……운동권선 사실(史實)보다 미화(美化) 치중」(3월 20일) 「어느 나라 교과서인가」(3월 22일) 「북한 선전자료 복사판 우려」(3월 24일) 등이 대표적인 기사에 해당한다.

결국 친일파 문제를 국사교과서에 제대로 기술하려던 시도는 '여론재판'에 의해 좌절되는 비운의 종말을 맞아야 했다. 『세계일보』 등 일부 언론이 "역사에서의 '고정관념'과 '이념편향'을 모두 경계해야 한다"고 지적하면서 "학자가 만든 시안을 매카시즘적으로 매도하는 것은 곤란하다"고 우려를 표명했지만 역부족이었다. 이와 관련, 당시 연구위원 중 한 명이었던 정재정 서울시립대 교수(당시 방송통신대 교수)는 1998년 발간한『한국의 논리 - 전환기의 역사교육과 일본인식』에서 다음과 같이 증언하고 있다.

"인신공격성의 비난과 사상공세적인 위협이 난무하였다. 학문과 교육을 논한다는 자세가 크게 흐트러졌던 것이다. 그러다보니 교과서 문제에 정치와 여론의 입김이 너무 직설적으로 파고들었다. 이 점은 앞으로 역사교육의 독자성과 중립성을 확보해나가는 데 있어서 적지 않은 멍에로 작용할 것으로 생각된다."

역사적 죄악 숨기려 리허설까지 강행

대한민국의 거대언론이 한국현대사 바로세우기의 '멍에'가 되는 현실을 어떻게 봐야 할까. 사실『조선일보』가 역사를 왜곡한 것은 한두 번이 아니다(다음 기사 「진성호『조선일보』기자에게 보내는 편지」 참조). 그들은 아예 자신들의 역사적 죄악을 축소·은폐하기 위해 치밀하게 '리허설'까지 준비하는 행위도 서슴지 않았다. 방우영『조선일보』회장은 자신의 회고록『조선일보와 40년』에서 1988년 언론청문회를 앞두고 열흘 동안 편집국 간부인 김대중, 송희영 등의 도움을 받아 모의청문회를 가졌다는 사실을 고백한 바 있다.

"방우영 증인은 체제언론의 장본인으로 언론을 왜곡하고 권력에 추종했는데 지금 심정이 어떠냐?"

당시 리허설에서 나왔던 예비 질문 중의 하나이다. 아무리 리허설이라지만 기분이 나빠진 '주연' 방 회장은 질의를 맡은 '조연' 송희영 부장에게 "이봐 어떻게 그런 질문을 할 수 있어"라며 화를 냈다. 바로 그때 '연출'을 맡은 김대중 주필(당시 논설위원)은 "그런 식으로 나오면 낙제다. 실제로는 이보다 더 무서운 질문이 나올 것이다. 정신을 집중하고 이성을 잃지 말고 치근치근 답변하라"고 조언했다고 한다.

결국 언론청문회에서 방 회장이 친일행각 문제에 대해 전면 오리발을 내밀고 역공에 나섬으로써 어느 정도 위기에서 벗어날 수 있었던 것도 이러한 치밀한 준비 끝에 얻은 개가(?)였던 셈이다. 은폐된 역사의 진실을 밝혀내야 할 기자들이 도리어 진실을 축소하고 은폐하기 위한 '연극놀음'에 출연한 이 낯선 광경은 일그러진 한국언론 풍토에서나 볼 수 있는 '블랙 코미디'가 아닐까.

『조선투위 18년 자료집』에 등장하는 다음의 장면도 친일행각에 대한『조선일보』경영진의 뒤틀린 심리를 잘 보여준다. 이 책엔 1975년 자유언론수호투쟁 당시 『조선일보』 발행인과 편집인들이 즐겨 쓰던 다음과 같은 빈정거림이 소개돼 있다.

"(『조선일보』는) 광주학생사건(일제시대에 발생한 항일투쟁을 말함)을 2단으로 싣고도 민족지 했어! 신문은 그런 거야."

그것은 그들이 『조선일보』의 친일행각에 대한 죄의식을 애초부터 갖고 있지 않다는 것을 보여주는 증언이다. 사실 일제시대에 『조선일보』는 "광주학생사건은 조선의 불행이자 학생의 불행"이라고 보도한 바 있다. 결국 박정희의 언론탄압에 맞선 농성기자들에게 유신체제에 맞설 필요가 없다는 말을 한 셈이다. 『조선일보』 친일문제가 '과거완료형'이 아니라 '현재진행형'임을 보여주는 대목이다.

『조선일보』는 2월 25일자 사설에서, 일본의 국사교과서 왜곡을 가리키며 "과거의 범죄를 반성하기는커녕 오히려 정당화…… 진실조차 왜곡하려는 일본인들의 속내를 젊은 세대들이 제대로 알아야 한다"고 강조한 바 있다. 그러나 정작 『조선일보』야말로 "과거의 범죄를 반성하기는커녕 오히려 정당화"하고 있다. 이 사실을 "젊은 세대들은 제대로 알아야 한다."

동아가 독립유공자 재심사 결사 저지한 까닭

『동아일보』도 자신의 친일 원죄 때문에 정부가 추진하는 역사바로세우기를 좌절시켰던 전력이 있다.

그 전말은 이렇다. 국가보훈처는 1993년 김성수, 서춘, 이은상 등 친일행각 혐의가 있으면서도 독립유공자로 선정된 8인의 서훈을 박탈할 것인지를 재심사하는 작업을 추진했다. 그것은 상처 입은 민족정기를 되찾기 위해 국가기관이 추진한 자연스런 시도였으며, 당시 친일연구가들과 독립운동단체가 수년에 걸친 노력 끝에 얻어낸 성과이기도 했다.

실제로 당시 6천여 명에 이르던 독립유공자 중에는

△독립운동을 한 흔적이 전혀 없는 가짜

△광복 이후 누린 높은 사회적 지위 때문에 실제 공적보다 높게 평가된 사람

△친일행적이 뚜렷하게 드러난 일부 친일파

들이 포함되어 있었다. 그 결과 1996년 9월 서춘, 김희선 등 친일행각이 들통난 독립유공자 5명의 서훈이 박탈됐다(서춘의 경우, 아들이 1997년 8월 16일 독립유

공자 배제결정 취소청구소송을 제기해놓은 상태다).

그런데 어쩐 일인지『동아일보』창업주인 김성수는 건재했다. 이승만 정권의 부통령을 지내기도 했던 '거물' 김성수는 독립유공자 재심사 과정에서 일제 말기에 총독부가 조직한 친일단체 총력동맹의 이사로 참여한 전력이 드러났다. 또한『매일신보』,『경성일보』등지에 조선 청년들의 학병지원을 권유하는 글을 실었으며, 전국순회 시국강연을 통해 친일강연을 했다는 사실도 확인됐다. 기자는 1993년 당시 보훈처가 보사위에 제출한 8인의 명단과 자료를 최근 입수했다. 이 자료에는 김성수의 이름과 친일 혐의가 분명하게 기록돼 있었다.

그러나『동아일보』가 1993년 7월 10일자 기사를 통해 시비를 걸면서 이 역사 바로세우기 작업은 흔들리기 시작했다. 기사 제목은「친일혐의 독립유공자 명단 근거도 없이 작성 유출……보훈처 '유족에 사과·책임자 문책'」이었다.『동아일보』의 불편한 심사와 의도가 역력히 드러난 기사임을 알 수 있다. 특히「김성수·이은상·이갑성·윤익선씨 등 8명 친일행적 논란…… 서훈 취소 심의」라는 제목으로 비교적 객관적으로 보도한『서울신문』7월 9일자 기사와 비교할 때 그 논조가 대조적이다.

동아가 가로챈 '일장기 말소 사건'의 진실

『동아일보』의 '항일투쟁 업적'으로 둔갑한 '『동아일보』일장기 말소 사건'의 내막을 보더라도 일제시대 김성수의 시국관이 분명하게 읽혀진다. 사실 1936년 베를린 올림픽 마라톤에서 금메달을 딴 손기정 선수의 사진을 신문에 실으며 가슴에 있던 일장기를 지워버린 것은『동아일보』가 처음은 아니었다. 최초로 일장기를 지운 채 보도한 것은『조선중앙일보』였다(물론 당시 친일기사 양산에 여념이 없있던『조선일보』는 아예 시도조치 히지 않았다.).

그런데 정작 당사자인『동아일보』이길용 기자는 이 사건 직후 쫓겨났으며 해방 이후에도『동아일보』에 복귀하지 못했다. "히노마루 말소는 몰지각한 소행"이라는 발언에서 알 수 있듯이, 이 '조그만 항일운동의 실천'에 대한 김성수의 분노는 대단했던 것으로 전해진다. 우리가 지금까지 '『동아일보』의 목소리'를 통해서만 전해들었던 '일장기 말소 사건'의 진실은 또 하나의 역사왜곡인 셈이다.

『동아일보』는 2월 20일자 사설을 통해 "터무니없는 역사의 왜곡이나 날조를 바로잡는 일에 적극 나서지 않으면 역사에 큰 죄를 짓는 것"이라는 취지의 주장을 했다. 그러나 정작 그 말은 『동아일보』가 귀담아들어야 할 금언이 아닐까.
정지환 기자

한국극우와 일본극우는 통한다
극우만화가 고바야시의 실체 "고바야시 요시노리 저, 『전쟁론』 p.179"
『디지털 말』 제178호 2001. 4

일본열도를 엄습하고 있는 역사날조증후군은 광우병을 연상케 한다. 수십 년 동안의 잠복기, 그리고 90%가 넘는 치사율. 이 광우병의 진원지 '새로운 역사교과서를 만드는 모임'엔 친일인사가 많다는 대만에서조차 입국이 거부된 인물이 있다. 63만 부 넘게 팔렸다는 만화 『전쟁론』의 저자, 고바야시 요시노리.

그는 부락차별이나 천황제 문제 등 '금기사항'들을 정면으로 다룬 '고마니즘(오만+이즘의 합성어) 선언' 시리즈로 인기를 얻기 시작했다. 그러나 '새로운 역사교과서를 만드는 모임'의 이데올로그인 후지오카 노부카츠를 만나면서 선동적으로 극우사관을 전파하는 병원체가 돼버린다.

TV 토론 프로그램에서도 무안할 정도로 안하무인인 고바야시는 만화에서도 역시 그 특유의 공격적 논법으로 일본 젊은이들의 이성을 마비시키고 있는데, 그 내용은 한마디로 기가 막힐 정도다.

그는 2차 세계대전을 "구미(歐美) 지배자들로부터 아시아 민족들을 독립시키기 위한 해방전쟁"이라고 하면서 침략전쟁론을 "근거없이 날조된 전쟁관으로 승전국과 국내 일부 좌익세력이 부풀려 만든 허구"라고 단정한다. 또 "통쾌한 인간 승리의 드라마인 전쟁을 단지 비참함만을 강조해 평가하는 것은 자학에 불과하다"며 전쟁 자체를 찬미하는 짓도 서슴지 않는다.

그뿐 아니라 종군위안부에 대해 "당시 모든 여성은 자발적으로 위안부가 되었고 강제 연행은 없었다"며 "빈곤을 못 이긴 부모들에 의해 업자에게 넘겨졌지만 위안소에서 많은 돈을 모아 고향에 집을 지은 경우도 있을 것"이라는 등 황당한 소리로 남의 속을 뒤집어놓는다.

고바야시의 역사의식은 최근 발간된 『대만론』에서 절정을 이룬다. 그는 철저한 중국 분리주의 입장에서 대만의 역사, 문화, 국제관계를 정리하면서 중국, 러시아, 남북한을 싸잡아 공산주의 정치놀음에 끌려다니고 역사를 날조해 무조건적으로 일본을 공격하는 세력으로 묘사하고 있다. 최근 일본 우익과 활발히 교류하고 있는 대만분리주의자와 관련, 한국을 비판하는 대목은 음미할 만하다.

　"대만인은 '누가 가져온 것이든 좋은 것은 좋다'고 인정하는 기질을 가지고 있지만, 조센징은 지배자가 바뀔 때마다 이전의 문화를 파괴하고 없애버리는 '한(恨)'의 기질을 가지고 있다. 조센징들은 이제 한문마저 버리고 한국 민족주의에 빠져 자기 문화의 목을 조르고 있다."

　지난해 있었던 역사적 남북정상회담에 대해서도 다음과 같이 궤변을 늘어놓으면서 남북 지도자들을 '형편없는 인간'으로 폄하한다.

　"김정일의 최종 목표가 민주주의일 리가 없다. 김대중은 김정일의 의도된 쇼와 치밀한 계략에 넘어가 2000년 6월 25일 조선전쟁 50주년 연설을 통해 남북분단의 원인이 일본제국주의 지배에 있다고 말했다. 김대중은 변절자이며 거짓말까지 거리낌없이 늘어놓는 인간이다."

　어쩌면 이렇게 국내 극우세력을 판박이라도 한 듯이 한반도를 바라보고 있는지 놀라울 따름이다.

　고경일(상명대 만화학과 교수·교토 세이카대 강사)

누가 일본 역사교과서 왜곡을 탓하랴

『디지털 말』 제179호 2001. 5

　서정주가 죽었을 때 슬퍼하고 그의 업적을 기리면서 어찌 일본이 대동아침략전쟁을 부인한다고 나무랄 수 있을까. 1965년의 굴욕적인 한일협정을 북일수교에는 적용시키지 말라는 개혁적인 국회의원들의 외침이 공감대를 불러일으키지 못하는 국회와 정치권을 보면 일본이 우리를 깔보는 것은 너무나 당연하지 않나.

　우리가 일본에 대해 그렇게 분노하는 만큼 또다른 외세 미국에게는 어떻게 대하고 있는가. 1994년 우리 민족구성원을 참혹한 죽음과 재난으로 몰고 갈 전쟁을 미국이 마음대로 결정하고 실행 직전에 중단했다는 '이제는 말할 수 있다'의 폭로내용에 대해 어느 정치인도 항의하지 않았다. 작년 미국에서 5억2천5백만달러의 무기를 수입해놓고, 패트리어트 미사일 2대 값밖에 안 되는 7천8백63만

달러를 북한에 지원했다고 '북한에 맘대로 퍼주냐'는 보수언론과 한나라당의 주장이 먹혀 들어가는 정치현실은 정말 답답하기 그지없다.

세계에서 유일하게 '주적' 개념이 있는 나라, 그것도 동포를 '주적'으로 규정한 나라, 2천3백만 동포를 '반국가단체 구성원'으로 규정한 유일한 나라가 우리나라다. 향후 5년 간 북한 동포를 겨냥해 국방비 94조 원, 1인당 부담액 2백9만 원, 한 가구당 1천만 원을 써야 한다는데도, '평화협정은 안 된다'는『조선일보』의 논조가 활개치고 있다. 실업자가 득실거리는 나라에서 향후 5년 간 4조7천억 원의 무기를 사라는 미국에게 꼼짝없이 굴복하고 있지 않나.

우리가 진정으로 일본을 향해 민족적 자존심을 세우겠다면, 일본의 군국주의 재무장에 대해서만 분노하지 말고 미국의 NMD, TMD에 대해서도 목소리를 높여라. 통일은 우리 민족끼리 이뤄갈 테니 주변국들은 가만히 있으라고 요구하자. 늦었지만 이제라도 추악한 친일역사를 청산하자. 친일파 박정희 기념관을 폐기하자. 적어도 그 정도는 해야 일본이 우리에게 사죄할 마음을 품게 되지 않을까.

박정훈(이화외고 교사, 월간『말』기획위원)

【긴급대특집】 일본 역사교과서 왜곡파문
추적! '새로운 역사교과서를 만드는 모임'의 정체 극우파 지식인들의 국수주의 부활 행동대
『新東亞』제500호 2001. 5

기존 일본 역사교과서가 '자학사관' '암흑사건'에 빠져 있다고 공격하며, 스스로 '자유주의사관'을 내세우며 등장한 '새로운 역사교과서를 만드는 모임'. 역사학을 전공한 학자는 단 한 명도 없이 13명의 리더가 이끌어가는 이 모임의 정체와 그 배후세력은?

한일관계를 격랑 속에 몰아넣고 있는 일본의 '새로운 역사교과서를 만드는 모임(이하 모임)'은 1996년 12월 기자회견을 갖고 창립을 선언했다. 그리고 이듬해 1월 창립총회를 갖고 본격적인 활동에 들어갔다.

이들은 설립 취지문을 통해 "전후 역사교육은 일본인이 계승해야 할 문화와

전통을 잃어버리고 일본인의 긍지를 빼앗아왔다. 특히 근·현대사는 일본이 자자손손 사죄만 해야 하는 운명을 짊어진 죄인처럼 취급했다"고 주장했다. 취지문은 이어 "21세기를 살아가야 할 일본의 어린이들을 위해 새로운 역사교과서를 만들어 역사교육을 근본적으로 뜯어고치겠다"고 밝혔다. '전혀 새로운 역사교과서'를 만들어 일본인의 긍지를 높이겠다고 선언한 것이었다.

이 단체의 회칙 제3조는 '본 회는 새로운 역사교과서를 만들어 아동과 생도의 손에 넘겨주는 것을 목적으로 한다'고 되어 있다. 또 4조는 '제3조의 목적을 달성하기 위해 다음과 같은 사업을 한다. ①최신의 학문적 식견에 근거해 새로운 역사교과서를 기획 편집한다. ②학교용 교과서에 관한 각종 제도 및 교과서 출판 사정을 연구한다. ③각종 강연회, 역사세미나 등을 개최한다'고 규정하고 있다. 이들은 '사(史)'라는 기관지를 만들어 자신들의 주장을 전파하고 있다.

연구단체가 학문적 업적을 토대로 교과서를 만드는 것은 이상할 것이 없다. 그러나 모임은 아예 처음부터 역사교과서 제작을 목적으로 출범했다는 점이 가장 큰 특징이다.

여기에는 그럴 만한 이유가 있다. 이 단체 결성에 직접적인 영향을 준 것은 1996년 7월 경에 공개된 기존 7개 중학교 역사교과서 개정판 내용인데, 7개 교과서 전부에 '종군위안부'에 대한 기술이 들어가 있었다. 일부 불만세력은 이를 삭제하라고 요구하며 단체를 결성하기에 이르렀다. 이 단체가 '새로운 역사교과서를 만드는 모임'이다.

이들은 모임 발족 직후 문부성에 의견서를 제출했다. 의견서에는 "문부상은 교과서 발행자에 대해 신속하게 그(종군위안부) 삭제를 요구하는 권고를 행하도록 강하게 요망한다"는 내용이 들어 있다. 이는 문부성 장관이 갖고 있는 '검정통과 후 수정권고권'을 발동하라고 요구한 것이다. 이 주장은 모임이 어떤 성격인가를 분명하게 보여주는 대목이다. 따라서 모임은 이번에 자신들이 집필한 교과서에 '종군위안부'에 대한 내용을 한 줄도 기술하지 않았고 그대로 합격했다. 모임측은 이를 가장 큰 자랑으로 여기고 있다.

모임측은 출범하며 기존 역사교과서가 '자학사관' '암흑사관'에 빠져 있다고 집중적으로 공격했다. 자랑할 것도 많은데 유독 일본의 나쁜 점만 강조하고 있다고 몰아세웠다. 이것이 '제3차 교과서 공격'이다.

1차와 2차 교과서공격은 1955년과 1980년에 있었다. 모임은 자신들의 역사인식을 '자유주의사관'이라고 불렀다. 모임의 이사인 후지오카 노부카쓰(藤岡信

勝·교육학) 도쿄대 교수가 모임 결성 전인 1995년 1월에 만든 '자유주의사관 연구회'에서 따온 말이다. 자유주의사관 연구회도 같은 해 8월 이미 '중학교 교과서에서 종군위안부 기술을 삭제하라'는 성명을 내기도 했다.

역사학자 참여 없었다

이 단체의 발기인은 니시오 간지(西尾幹二·독일문학) 전기통신대 교수, 다카하시 시로(高橋史朗·교육학) 메이세이(明星)대 교수, 후지오카 도쿄대 교수, 사카모토 다카오(坂本多加雄·일본정치사상사) 가쿠슈인(學習院)대 교수, 만화가 고바야시 요시노리(小林よしのり) 등이었다. 이중 니시오 교수가 회장, 다카하시 교수가 부회장, 나머지는 이사(대우)가 됐다. 그 후 이사가 몇 명 늘어나 회장 부회장 및 11명의 이사 등 13명이 이 단체를 이끌고 있다.

여기서 알 수 있듯 역사학을 전공한 학자는 없다. 역사를 전공하지 않았다고 해서 교과서를 쓰지 말라고 할 수는 없지만, 최소한 학문 외적인 이유에서 단체를 결성했다는 점은 쉽게 이해할 수 있다.

1999년 니시오 회장은 이번에 검정을 통과한 중학 역사교과서의 원본이라고 할 수 있는 '국민의 역사'를 집필했고 이번 중학교 역사교과서의 집필도 맡았다. 그는 문부과학성의 수정지시에 대해 "수용하기 어려운 대목도 많았다"며 불만을 표시하고 "그러나 우리의 정신은 그대로 살아 있다"고 밝혔다. 이는 합격하려고 몇 군데 고치기는 했지만 일본인의 자긍심을 높이기 위해 일본 중심의 역사교과서를 쓰겠다던 당초 취지는 살렸다는 점을 강조한 것으로 풀이된다.

후지오카 도쿄대 교수는 모임의 이론가로 활약하고 있다. 그는 4월 13일 도쿄 외신기자클럽에서 열린 기자회견에서 "우리들이 쓴 교과서에서 137곳을 고쳤다고 하니까 굉장이 많이 수정된 것으로 아는데 그렇지 않다"며 "처음에 교과서를 만들면 그 정도의 수정지시는 적은 편이며 실제로 문부과학성 관계자도 그렇게 말했다"고 주장했다.

기자회견에 참석했던 모임의 이사 다쿠보 다다에(田久保忠衛·국제정치학) 교린(杏林)대 교수는 "일본은 독일에 비해 전후처리를 제대로 하지 않는 것 같다"는 지적에 "일본은 독일처럼 인종학살을 한 적이 없다. 독일은 전후에 모든 죄과를 나치에게 뒤집어씌우고 책임에서 도망쳤다"며 독일과 비교하는 데 불쾌감을 표시했다. 그는 또 "천황과 총리가 몇 차례나 사과를 했는지 알고 있느냐"며 "일본은 아시아의 여러 국가들에 충분한 설명을 했다고 생각한다"고 주장했다.

나중에 모임에 이사로 참여한 니시베 스스무(西部邁·평론가)는 이번에 공민교과서를 집필했으며 이 교과서도 합격했다. 이 공민교과서의 최초검정본에는 핵무장 필요성을 시사하는 내용이 들어 있는 등 '개인'보다는 지나치게 '국가'나 '사회'의 가치를 강조하고 있어 일본 내부에서는 역사교과서보다 더욱 문제가 있다는 주장도 나오고 있다. 니시베는 공민교과서의 원본인 '국민의 도덕'이라는 책 집필에도 참여했다.

자민당내 보수세력이 후원

'전쟁론'과 '대만론'으로 유명한 만화가 고바야시는 만화를 통해 모임의 이념을 전파하고 있다. 최근 중국어로 번역된 '대만론'에도 '종군위안부'의 강제성을 부정하는 내용이 들어 있어 그는 한때 대만으로부터 출입국금지조치를 당하기도 했다. 모임의 실무책임자인 사무국장은 국학원대 강사인 다카모리 아키노리(高森明勅·신도학)가 맡고 있다.

모임은 발족 이후 지방에서 집중적으로 강연회, 심포지엄, 요인면담회 등을 열어 자신들의 주장을 전파했다. 지부결성에도 착수해 1999년 10월까지 도쿄(東京) 두 곳을 포함해 47개 도도부현(都道府縣) 전체에 지부를 만들었다. 회원은 지난해 3월 1만 명을 넘어섰다고 발표했다.

모임이 이처럼 급속하게 세를 넓혀가는 데는 이유가 있다. 이들을 지원하는 단체가 있기 때문이다.

우선 자민당내 보수세력이 가장 든든한 후원자다. 자민당은 1993년 8월 '역사 검토 위원회'라는 것을 설치했다. 이 위원회는 1995년 2월까지 19명의 강사를 초빙해 20회의 회의를 열었다. 이 위원회가 낸 최종 보고서는 일본의 침략 및 가해 사실을 부정하고 이를 국민의 역사인식으로 정착시키기 위해 '국민운동'이나 '새로운 역사교과서의 제작' 등에 힘써야 한다고 주장했다. 이 보고서의 지향점은 모임의 지향점과 비슷하다. 모리 요시로(森喜朗) 총리를 비롯해 현내각 각료의 3분의 1가량인 6명이 이 '역사 검토 위원회'의 멤버였다.

1996년 6월 자민당 내에 결성된 '밝은 일본 국회의원 연맹'과 1997년 2월에 출범한 '일본의 앞날과 역사교육을 생각하는 젊은 의원 모임'도 동조자다. 이들은 교과서검정기간에 나타난 한국과 중국 등의 수정요구는 명백한 내정간섭이라고 주장했다.

이들은 마키타 구니히코 외무성 아시아국장이 국회답변을 통해 "내정간섭이라는 것은 국제법상 타국이 자유롭게 처리할 수 있는 사항에 개입해서 강제적으로 자국에 따르게 하는 것”이라며 “한국 등의 주장은 내정간섭으로 볼 수 없다”는 견해를 밝히자 이를 집중적으로 성토했다. 또 “한국 등의 교과서에도 일본을 왜곡해서 기술한 내용이 들어 있는데 이에 대해 항의를 한 적이 있느냐”고 따지기도 했다.

’젊은 의원 모임’은 모임의 교과서가 검정을 통과한 뒤에는 “앞으로 교과서 채택을 엄정하게 하는지 감시하자”고 의견을 모았다. 자민당의 문교과학부회도 “나라 안팎의 부당한 요구가 있어도 최후까지 엄정하고 공정한 검정이 이뤄져야 한다”는 내용의 결의안을 채택하는 등 측면에서 모임을 지원했다.

국회 질의나 답변을 통해 모임 측을 지원하는 사례도 적지 않다. 마치무라 노부타카(町村信孝) 문부성 장관은 1998년 6월 국회에서 “현행 역사교과서가 균형을 잃고 있다”는 취지의 답변을 하며 “검정 전에 내용을 시정할 수 있는 방안을 검토하겠다”고 밝혔다. ‘검정 전 시정’이라는 것은 출판사가 최초 검정본을 내기 이전에 스스로 내용을 고쳐서 제출하는 방안을 찾아보겠다는 것으로 이는 ‘사전 검정’에 해당된다.

이 발언은 기존 7개 역사교과서가 ‘종군위안부’를 없애거나 축소하고, ‘침략’이라는 단어를 ‘진출’로 고쳐 검정을 신청하는 데 결정적인 영향을 끼친 것으로 분석되고 있다. 물론 해당 출판사들은 문부성으로부터 아무런 압력을 받은 적이 없다고 주장하면서 어디까지나 자주적으로 결정(자주규제)한 것이라고 밝히고 있다. 그러나 시민단체들은 정부와 문부성, 그리고 정치인의 압력 때문에 ‘알아서 긴 것’이라고 보고 있다.

산케이신문의 지원사격

2000년 8월 자민당의 고야마 다카오(小山孝雄) 참의원의원은 교과서 채택문제와 관련된 질문을 통해 나카가와 히데나오(中川秀直) 관방 장관과 오시마 다다모리(大島理森) 문부성 장관으로부터 “교과서 채택권한은 교사들이 아닌 교육위원회가 갖고 있다”는 답변을 끌어냈다. 이는 모임측의 이해와 맞아떨어지는 답변이었다.

1997년 개헌운동의 선봉장 노릇을 하던 ‘일본을 지키는 국민회의’와 ‘일본을 지키는 모임’이 통합해서 만든 ‘일본회의’도 든든한 후원자다. 일본회의도 각 도도부현에 지부를 갖고 있는데 회원은 모임 회원과 거의 중복된다.

2000년 4월 발족한 '교과서개선연락협의회'라는 새로운 단체도 모임을 돕고 있다. 이 단체는 교과서 집필자여서 어느 정도 법적규제를 받게 되는 모임을 대신해 활발한 선전활동을 벌이고 있다.

우익의 이익을 대변하는 산케이신문의 지원사격도 빼놓을 수 없다. 산케이신문은 1999년 10월 '중학교 사회과 교과서의 통신부'라는 연재기사를 게재했다. 이는 기존 역사교과서에 점수를 매기는 기획으로 집필자는 모임 멤버들이었다.

모임이 집필한 교과서를 출판하는 후소샤도 산케이신문 계열의 자회사다. 따라서 산케이신문은 신문사이기에 앞서 이해 당사자에 해당된다. 이 신문은 그동안 수차례의 사설과 기사 등을 통해 이 교과서의 문제점을 지적한 아사히신문 등을 공개적으로 비난하며 일본정부는 한국이나 중국의 주장에 굴해서는 안 된다고 촉구했다.

산케이신문은 한국이나 중국이 교과서검정과정에 근린제국(近隣諸國)조항 적용을 요청하고 있는 데 대해서도 나카니시 데루마사(中西輝政) 교토대 교수의 기고문을 통해 반박했다. 나카니시 교수는 "중국과 한국에는 근린제국조항이 없다. 이는 일본만 지고 있는 의무다. 근린제국조항은 법률이 아니고 일본의 내규나 실무수준의 처리기준, 관청내 문서에 불과하기 때문에 타국이 (이를 근거로) 참견할 이유가 없다"고 주장했다.

이들의 주장에는 1982년 '근린제국조항'을 만들 때의 배경은 전혀 언급되어 있지 않다. '일단 만들기는 했지만 지금 와서 보니 불리하다. 그러니 지키지 않아도 된다'는 식이다. 모임측의 교과서가 검정을 통과한 뒤 산케이신문은 '총리와 문부과학성이 잘 대처했다'며 기쁜 마음을 숨기지 않았다.

그러나 사카모토 요시카즈(坂本義和) 도쿄대 명예교수는 "일본정부의 책임을 묻는 한국이나 중국 등의 목소리는 '내성산섭'이 아니다. 예를 들어 징치가나 관료의 오직사건을 교과서에 쓰라는 것이 아니라 일본이 외국에 나가서 저지른 전쟁이나 식민지 지배로 심대한 피해를 본 사람들이 그런 내용을 정확하고 성실하게 기술하라고 요구하고 있는 것"이라며 반박하기도 했다.

교과서 10% 채택운동

모임측은 앞으로 이 교과서가 일선 교육현장에서 더 많이 채택되도록 하는 데 전력을 기울일 것이다.

합격판정을 받은 출판사는 5월 중순까지 견본 교과서를 만들어 문부과학성에

납본하고 7월 한 달 동안 전국 470여 개 블록별로 교과서전시회를 연다. 8월 경 학교설립자인 각 지역 교육위원회(국립 및 사립학교는 학교장)는 자신의 지역 및 학교에 맞는 교과서를 결정해 출판사에 주문하고 이듬해 4월 신학기부터 사용하게 된다.

모임측은 이미 검정통과를 전제로 활발한 '정지작업'을 벌여왔다. 모임은 전국 도도부현에 설치한 지부 등을 통해 현의회에 "교과서를 결정할 때는 현장교사의 의견보다는 교육위원회의 판단을 우선해야 한다"는 내용의 진정서나 청원서를 제출했다. 3월 중순 현재 홋카이도(北海道)와 30개 현 등 31개 광역의회가 이들의 주장을 받아들였다.

모임의 다카모리 사무국장은 진정서 등을 제출한 이유에 대해 "교과서 채택권한은 교육위원회가 갖고 있는데도 실제로는 교사들이 결정하고 교육위원회는 추인만 하는 사례가 많기 때문"이라고 주장했다. 그러나 이는 교과서 채택 과정에 교사들보다는 교육위원들을 설득하기가 쉽다는 판단에 따른 것이다.

노벨문학상 수상자인 오에 겐자부로(大江健三郎)는 3월 16일 기자회견 석상에서 "모임측이 교과서 채택과정에 현장교사의 목소리를 배제해야 한다고 주장하는 데 놀랐다"면서 "앞으로 집필활동을 통해 이 교과서의 채택에 반대하겠다"고 말했다.

후소샤는 2000년 4월 '역사에의 초대'라는 팸플릿을 만들어 사립중학교에 배포했고 모임측은 같은해 5월『국민의 방심』(문고판)이라는 책을 교육위원들에게 우송했다. 또 모임 회원들은 니시오 간지 회장이 쓴『국민의 역사』를 구입해 유력인사들에게 나눠주는 등 채택률을 높이기 위한 작업을 착착 진행하고 있다.

모임측은 자신들이 쓴 교과서의 시장점유율을 10%로 잡고 있다. 현재 중학 역사교과서의 점유율은 도쿄서적 41.2%, 오사카(大阪)서적 19.3%, 교육출판 17.8%, 니혼(日本)서적 12.9% 등 상위 4개사가 90% 이상을 차지하고 있다. 기존 7개사가 8개사로 늘어나면 점유율은 조금씩 떨어질 게 틀림없다. 따라서 모임측이 목표로 하고 있는 10%의 점유율은 8개 교과서 중 4위로 올라서겠다는 의지를 나타낸 것이다.

모임이 교과서 채택에 힘을 기울이고 있는 것은 '합격을 했어도 쓰이지 않으면 의미가 없으며 채택률이 저조하면 오히려 망신을 당할 수 있다'는 위기감 때문이다.

실례가 있다. 1986년 황국사관에 입각해 '일본을 지키는 국민회의'가 저술한 고교 역사교과서 '신편일본사'의 내용이 알려지자 한국과 중국은 크게 반발했다. 일본정부는 한국과 중국의 반발을 무마하기 위해 이 교과서 내용을 대폭 수정해 합격시켰다. 이에 대해 우익들은 일본정부가 한국과 중국의 내정간섭에 굴복했다며 일본정부의 태도를 맹렬하게 비판했다. 만약 이 교과서가 일선 고교에서 많이 채택됐다면 우익들의 기세는 더욱 높아졌을 것이다. 그러나 막상 뚜껑을 열어본 결과 이 교과서를 채택한 학교는 거의 없었다.

만약 모임의 교과서가 거의 채택되지 않는다면 어떤 일이 벌어질까. 국내외의 압력과 내정간섭을 물리치고 합격을 쟁취했다며 축제분위기에 싸여 있는 모임에 엄청난 타격이 될 것이 틀림없다. 학교측이 자신들의 주장에 등을 돌린 것이나 마찬가지여서 단체의 존폐위기에까지 내몰릴 수 있다. 이를 막기 위해서는 수단 방법을 가리지 말고 채택률을 높여야 할 형편이다.

정치혼란과 경제불황이 원인

그러나 이 교과서에 반대해온 시민단체들은 채택저지에 최대한의 노력을 기울이겠다고 선언하고 있어 앞으로 교과서 파동은 제2라운드로 접어들 것으로 보인다.

4월 13일 도쿄 외신기자클럽에서 있었던 시민단체 기자회견에서 이시야마 히사오(石山久男) 역사교육자협의회 사무국장은 채택저지결의를 밝힌 뒤 "우리의 노력이 열매를 맺어 일본 국민 중에도 양식 있는 사람들이 있다는 것을 증명할 수 있는 날이 반드시 오리라고 믿는다"고 말하기도 했다.

이밖에 일찍부터 모임 교과서를 비판해온 시민단체 '어린이와 교과서 전국 네트 21'도 다른 시민단체와 연대해 수만 명의 반대 서명을 받겠다고 밝히고 있다. 이 단체의 나와라 요시후미(俵義文) 사무국장은 "대의명분은 시민단체 쪽에 있기 때문에 운동을 열심히 하면 승산은 있다"고 의욕을 보이고 있다.

모임의 교과서가 일선 중학교에서 어느 정도 채택될지는 아직 단언하기 어렵다. 그러나 이 교과서의 채택률은 일본사회의 역사인식을 검증할 수 있는 시금석이 될 것이다.

그러나 이 교과서를 채택하는 학교가 거의 없다고 해도 문제가 해결된 것은 아니다. 일본사회 속에는 언제나 이런 교과서가 등장할 수 있는 요인이 살아 있기 때문이다. 역사의 시계바늘을 거꾸로 돌리는 이런 교과서의 출현을 방조하고 있는 것은 무엇일까.

가깝게는 일본의 경제불황과 정치혼란에서 원인을 찾는 사람이 많다. 고모리 요이치(小林陽一·일본근대문학) 도쿄대 교수는 "정치와 경제 모두에 대해 자신감을 잃어버렸기 때문에 이런 교과서가 출현한다"며 "과거를 미화하고 일본 국내에서만 통용되는 우월감을 강조함으로써 자신감 부족을 감추려 하고 있다"고 비판했다. 그는 모임측이 만든 교과서의 원본이라 할 수 있는 『국민의 역사』가 과거를 찬양하면서도 미래에 대한 비전은 전혀 언급하지 않고 있는 것이 그 증거라고 지적했다.

가토 다카시(加藤節·정치철학) 세이케이대 교수는 "일본의 '대국의식'은 경제에 의존해왔기 때문에 경기가 후퇴하면 갑자기 사그라든다"면서 "그 반작용으로 새롭게 기댈 곳을 만들려는 움직임이 나타나게 되는데 그 중 하나가 자국 중심적인 역사의식"이라고 분석했다.

그러나 더 근본적인 이유가 있다. 일본사회에 태평양전쟁 이전의 '강한 일본'을 그리워하는 세력이 엄존하고 있다는 것이다. 일본은 미국에 패배함으로써 전후 국가체제가 미국의 입맛대로 만들어졌다는 콤플렉스를 갖고 있다. 미국에 의해 벌거벗겨졌다고 표현하는 사람도 있다. 대표적인 것이 미국 군정(GHQ)이 만든 '평화헌법'이다. 교전권과 군대보유를 금지한 헌법을 고치자는 주장의 근저에는 이런 콤플렉스가 자리하고 있다. 이런 콤플렉스를 해결할 수 있는 방안 중에 하나가 패배 이전의 일본을 찬양하는 것이다.

흔들리는 역사인식

전후 일본이 안고 있는 '부(負)'의 유산을 청산하는 과정에 역사인식이 악용되는 측면도 있다. 일본에서는 전후 체제를 청산하고 '보통국가'를 만들어야 한다는 논의가 설득력을 얻어가고 있다. 이 과정에 과거 일본의 '치부'를 부정하는 목소리가 커지고 있다. 모임측이 기존 역사교과서를 '자학사관'이라고 공격하는 것도 이런 분위기에 편승한 것이다. 언뜻 들으면 그럴싸하다.

그러나 이들 주장의 가장 큰 잘못은 가해자였음을 망각하고 있다는 것이다. 오에 겐자부로는 이를 '쇄국의 멘탈리즘'이라고 명명하고 "쇄국의 멘탈리즘이 단적으로 나타난 것이 바로 모임의 교과서"라고 비판했다.

일본의 지식인들은 모임과 같은, 소위 우익적 사고방식을 가진 사람은 그리 많지 않다고 말한다. 그리 걱정할 필요가 없다는 주장이다. 그러나 문제는 대다수 일본인들이 우익세력을 공개적으로 비판하거나 논쟁하지 않는다는 것이다.

일본의 저명한 현실참여파 사회학자인 히다카 로쿠로(日高六郞·84·전 도쿄대교수)는 3월 23일 사민당이 주최한 원내집회에서 "모임이 만든 교과서는 지금까지의 교과서와는 전혀 다른, 이질적인 교과서이기 때문에 가볍게 생각해서는 안 된다"고 경고하고 "일본의 역사학자들은 왜 이 문제를 철저하게 비판하지 못하느냐"고 불만을 표시했다.

그는 "선진 7개국(G7) 중 교과서의 역사인식이 흔들리는 나라는 일본밖에 없다"면서 "만약 일본이 '침략'을 하지 않았다면 '침략'을 가르쳤던 교과서가 잘못된 것이며, 그 반대라면 '침략'을 가르치지 않는 교과서가 거짓말을 하는 것인데 문부성은 아무런 해명도 하지 않고 있다"고 비판했다. 현재 프랑스에서 연구활동을 하고 있는 그는 "프랑스에서 이 교과서의 최초 검정본을 읽었을 때의 느낌은 더욱 각별했다"면서 "이 교과서는 세계 어디에 내놓아도 통용될 수 없다"고 강조했다.

교과서문제를 해결하는 가장 근본적인 방법은 일본인들이 역사인식에 대해 어느 정도 합의를 이뤄내는 일이다. 한국이나 중국이 비난을 해서 그때 그때 고치는 것이 아니라 일본 스스로가 이런 교과서의 출현을 막을 수 있는 분위기를 만들어야 한다는 것이다.

이런 점에서 교과서문제는 한일이나 중일 간의 문제가 아니라 일일(日日) 간의 문제라고 지적하는 사람도 있다. 한국이나 중국이 간여를 하지 말라는 주장이 아니라 결국 일본이 해결해야 할 문제라는 것이다.

* 기자의 눈
일본 정계의 대물(大物) 공동화 현상과 교과서 파동

역사교과서문제로 한일 간의 외교관계가 냉각된 가장 큰 원인은 물론 '새로운 역사교과서를 만드는 모임'의 역사인식에 있다. 또한 이 교과서 내용이 '스트라이크 존'에 들었다며 합격 판정을 내린 일본 문부과학성도 비난의 대상이 되고 있다.

그러나 속을 들여다보면 일본 정계의 '대물(大物) 공동화' 현상 때문에 문제가 이처럼 복잡해졌다는 분석도 있다. 즉 한국과 일본의 이해관계를 막후에서 조정할 만한 인물이 없기 때문에 호미로 막을 것을 가래로 막게 됐다는 지적이다.

1982년과 86년 교과서파동이 일어났을 때는 일본 정계에 나카소네 야스히로(中曾根康弘), 다케시타 노보루(竹下登), 미야자와 기이치(宮澤喜一) 등 정계 거물들이 막전막후에서 수완을 발휘해 어느 정도 교과서 내용을 고칠 수 있었다는 게 정설이다. 물론 교과서 검정에 정치권의 개입을 반대하는 입장에서 보면 공격받을 일에 틀림없지만 당시로서는 카리스마를 앞세워 그런 일을 가능케 할 수 있는 정치인이 있었던 것이 사실이다.

그러나 이번에는 그런 역할을 맡을 사람이 전혀 없었다. 한국의 민원해결사로 불리며 막후에서 막강한 영향력을 행사했던 다케시타 전총리는 지난 6월 타계했다. 총리에서 물러나면 한일의원연맹 일본측 회장으로 점찍어놨던 오부치 게이조(小淵惠三) 총리도 지난해 4월 뇌경색으로 갑자기 유명을 달리했다.

이런 공백을 모리 요시로(森喜朗) 총리가 메우기에는 역부족이었다. 그럴 의지도 없는데다 10% 이하라는 최악의 지지율과 장기적인 경기불황으로 정치력을 발휘할 입장도 못됐다. 자리보전에 급급했던 그에게 교과서문제를 의지하는 것조차가 무리였다.

한국을 도와줄 만했던 외무성이 교과서 검정이 한창일 때 간부의 공금유용 사건으로 초토화된 것도 불행이었다. 이 사건으로 한국통인 고노 요헤이(河野洋平) 외상은 총리 자리에서 멀어지는 타격을 입었다. 외무성은 최근 몇 달 간 조직보호를 위해 총력전을 펼쳤다. 한국의 요구는 그 다음 문제였다.

그렇다고 앞으로 상황이 나아질 조짐도 별로 없다. 26일 선출되는 신임총리는 하시모토 류타로(橋本龍太郎) 전총리와 고이즈미 준이치로(小泉純一郎) 전후생상으로 압축되고 있다. 두 사람 모두 교과서의 재수정은 옳지 않다는 입장을 견지하고 있는데다 당 내외의 영향력도 그리 강한 편이 못 된다.

더욱이 오는 7월 하순에 치러질 참의원 선거를 앞두고 의원들의 마음은 모두 '콩밭'에 가 있기 때문에 한국의 주장에 귀를 기울여줄 여유 있는 사람들이 없다. 한국으로서는 최악의 시기에 가장 곤란한 문제를 떠안게 된 셈이다.

그러나 가장 큰 벽은 역시 일본의 사회분위기가 1982년이나 86년의 교과서파동 때보다는 훨씬 차가워졌다는 것이다. 그 이유를 꼭 집어 말하기는 어렵지만 더이상 과거사 문제에 끌려다니고 싶어하지 않는 '역사 피로현상'이 감지된다. 이같은 분위기는 "검정이 끝났는데 더이상 뭘 어떻게 하겠느냐"는 '배짱'과 '무관심'으로 나타나고 있다.

심규선(동아일보 도쿄 특파원)

【긴급대특집】 일본 역사교과서 왜곡파문
日本 우익세력의 바이블『국민의 역사』완전해부 "대동아 공영은 있되, 위안 부는 없다"

『新東亞』제500호 2001. 5

"때마다 일본정부에 사죄를 요구하는 한반도인들의 불합리도 생각해보면 뒤틀린 한(恨)의 역사가 있기 때문이라고 일본인은 동정심을 갖고 이해하고 싶다" "세계사의 필연에 대해 우리는 아무것도 사과할 게 없다" 등 일본 우익세력의 논리를 대변하는 책『국민의 역사』에는 소름끼치는 주장들이 담겨 있다.

제1부 우익의 本心『국민의 역사』원본 분석

'새로운 역사교과서를 만드는 모임(이하 모임)'이 집필해 지난해 4월 문부성에 제출한 중학교 역사교과서의 최초 검정본 내용 중 한국관련 부분은 상당히 수정돼 통과됐다. 그러나 교과서 내용이 대폭 수정됐다 하더라도 이 교과서가 주장하고자 하는 '본심'이 달라진 것은 아니다. 화장을 고쳤다고 해서 '얼굴'이 달라지지 않는 것과 같다.

이 교과서의 '얼굴'을 아는 가장 쉽고도 확실한 방법은 교과서의 '원본'이라고 할 수 있는『국민의 역사』라는 책을 분석하는 것이다. 이 책은 모임의 회장인 니시오 간지(西尾幹二) 전기통신대 교수가 썼으며 1999년 10월 출간됐다. 이 책은 현재까지 80여 만부가 팔린 것으로 알려져 있다. 니시오 회장은 후기에 이렇게 쓰고 있다.

"나는 이 책을 정말로 어떻게 될지 모르는 일본의 장래를 향해 던지는 하나의 돌이라고 생각한다. 모임이 2002년 4월에 쓸 중학교 역사 및 공민 교과서를 만든 것도, 이 교과서 채택을 위해 노력하고 있는 것도, 일본의 먼 미래를 향해 돌을 던지는 각오로 하고 있다는 점에서는 같다. 이 책과 모임의 정신은 하나다."

저자도 인정했듯이 이 책이 말하고자 하는 것은 교과서의 지향점과 같다. 교과서보다 훨씬 확실하고 자세하게 기술하고 있어 교과서를 읽는 것보다 훨씬 쉽게 본심을 이해할 수 있다.

우선 이 책에서 한국과 관련된 부분을 살펴보자. 이 책은 34장으로 구성돼 있다. 그중 3개 장은 제목만으로도 한국을 중점적으로 기술하고 있다는 사실을 알 수 있다. '히데요시(秀吉)는 왜 조선으로 출병했는가'(16장) '조선은 왜 계속 잠들어 있었는가'(23장) '나는 지금 일한관계를 어떻게 생각하고 있나'(32장)가 그것이다.

'조선은 왜 계속 잠들어 있었는가'라는 장은 일본이 한일합방을 하게 된 경위를 설명하고 있다. 한국과 관련된 핵심 부분이어서 조금 길게 인용한다.

한국인의 이유없는 일본 우월감

"근대 일본사는 아시아의 국제정세와 불가분의 밀접한 관계가 있었다. 다음에 지적하는 세 가지 포인트를 전제하지 않으면 역사 그 자체를 서술할 수 없다.

우선 제1포인트는 근대 일본의 출발점에는 영국 러시아 프랑스 네덜란드 미국 독일 등 열강의 구체적인 무력 위협이 있었다는 점이다. 당시 아시아 국경은 이름뿐이었고 담도 목책도 없는 황량한 들을 도둑떼들이 휘젓고 다니는 것과 같은 상태였다. 즉 구미열강의 식민지배와 열강끼리의 상호견제 이외는 제약이 없었다.

열강의 지배권 확정은 메이지유신 이전에 완료된 것이 아니라 근대국가로서의 일본이 독립을 유지하기 위해 오래 노력하는 기간에 진행됐다.

영국의 인도 지배가 완성된 것은 메이지유신 10년 전이지만 미얀마 지배는 1886년(메이지 19년), 말레이반도의 완전한 식민지화는 1909년(메이지 42년)이었다. 프랑스가 청불전쟁으로 청나라로부터 베트남을 빼앗은 것은 1887년(메이지 20년), 인도네시아가 정식으로 네덜란드령이 된 것은 1904년(메이지 37년)이다. 그리고 남태평양으로부터 미국이 북상해왔다. 미국이 하와이를 합병한 것이 1898년(메이지 31년), 필리핀을 탈취한 것도 같은 해였다. 한편 북으로부터는 부동항을 찾아서 남하하고 있는 최대의 위협, 러시아가 있었다.

메이지 시대의 일본인은 얼마나 마음이 허전했을까. 이 허전함이 모든 역사 이야기의 기본이 되지 않으면 안 된다. 더욱이 이런 불안한 때에 기댈 만한 중국(청)은 자기 영토의 보전마저 제대로 할 수 없는 관료적 노쇠국이었고 조선은 그 속국에 지나지 않았다. 이것이 제2의 포인트다.

조선반도는 북으로부터의 위협이 지나가는 통로였다. 메이지 일본은 자위를 위해서 조선이 청으로부터 독립해 근대화를 이룰 것을 바라며 정말로 그를 위해 도움을 줬지만, 조선반도 사람들은 시간이 흘러도 눈을 뜨지 못했다. 자기 나라도 유지하지 못하는 청에 조선반도를 좌지우지하게 만든 채 그대로 방치한다면 반도는 러시아 것이 되든가 아니면 구미제국의 꼴 베는 마당이 됐을 것이다.

그 다음에는 일본의 독립 상실과 분할 통치로 나타났을 것이다. 일본은 잠자코 좌시해야 했을까. 근대 일본이 선택한 길 이외에 어떤 가능성이 남아 있었을 것인가. 에도시대를 통해서 무신(武臣)사회였던 당시 일본인은 중한 양국인에 비해 위기의식면에서 큰 차가 있었다. 지금의 일본이 존재하는 것은 그 덕택이다.

제3의 포인트는 중국과 한국은 무력하면서도 일본에 이유없는 우월감을 갖고 있어 다루기 어렵고 귀찮은 존재라는 점이다. 양국은 모두 고색창연한 동이(東夷)사상, 중화(中華)사상에 틀어박혀 있었기 때문에 '까부는 일본'이라는 일본모멸 감정을 처음부터 갖고 있었다. 이것이 현재까지도 계속되는 감정적 갈등의 원점이다. 양국은 구미의 자국 진출에는 비교적 관대하게 대했으나 우리나라의 진출만큼은 신참자 일본이 까분다, 용서하지 않겠다는 감정을 갖고 있었다."

저자가 이야기하고자 하는 바는 간단하다. 일본이 한국을 합병한 것은 당시 국제정세상 어쩔 수 없는 일이었으며 이는 일본과 한국이 모두 살 수 있는 유일한 방안이었다는 주장이다. 그런데도 한국인은 그런 사정을 알아주지 않는다는 것이다.

일한병합은 아시아평화의 최선

이 장에서 한국관련 서술 중 눈에 띄는 대목은 다음과 같은 것들이다.

"드디어 조선반도는 국제적으로 완전히 고립됐다. 말이 통하지 않는, 다루기가 힘든 애물단지라는 점에서 지금의 북한과 많이 닮았다."

"일청전쟁은 일본에서 보면 완전한 성공이었다. 구미열강은 일본의 승리에 갈채를 보냈고 그들의 특권을 잇따라 포기했다. 조선은 처음으로 중국으로부터 해방돼 '독립국'이 됐다."

"1910년의 일한병합은 당시로서는 오히려 그렇게 되지 않는 것이 이상할 정도로 세계가 당연하다고 보았던 조치라고 말할 수 있다. 병합은 국제법상의 '강제'가 아니다. 다른 나라로부터 맹렬한 반대를 받았던 히틀러의 체코 및 오스트리아 합병, 소련의 발트 3개국 합병과 성격이 다르다. 세계는 그 당시 일한병합을 아시아 평화를 위한 최상책이라며 지지했다. 만약 이것이 범죄라고 한다면 영국은 '공범'이며, 미국은 적어도 '종범'이라고 헬렌 미어즈는 '미국의 거울, 일본'이라는 책에 기술하고 있다. 이 건에 대한 일본의 행동은 전부 영국의 동맹국으로서 합법적으로 행한 것이었다. 국제관계 원칙에 따라 당시로서는 최선의 행동기준에 따라 이뤄진 것이었다."

32장 '나는 지금 일한관계를 어떻게 생각하고 있는가'라는 곳에서 저자는 한국인에 대한 불만을 숨기지 않고 있다.

"일한관계를 생각하면 유쾌했던 적이 한번도 없다. 대부분의 일본인이 그럴 것이고, 아마 한국쪽도 마찬가지일 것이다. 많은 일본인이 그렇듯 오랫동안 자기 변명이나 자기 주장 사이를 왔다갔다했다. 그러다가 최근 잘못을 깨달았다. 마치 일본이 강제로, 싫어하는 한국인을 군대에 집어넣어 병사로 내몰았다는 일방적인 기술을 읽었을 때 '아아, 이건 아니다'라고. 이러한 사실을 알고 있는 일본인은 누구나 의문을 가져왔다.

당시 제국 군인이 되고 싶어하던 한국인은 많았다. 또 조선출신자로서 장교가 된 사람도 적지 않았다. 육군사관학교는 대만인의 입학은 허용하지 않았지만 많은 한국인을 받아들여 일본인과 똑같이 대우했다."

"구 일본총독부는 조선과 대만이라는 두 개의 식민지에 대해 같은 대응을 했던가. 오히려 조선쪽에 유리한, 친애(親愛)를 담은 대응을 했을 터다. 그러나 결과는 보기좋게 반대였다. 이 차이는 조선쪽에 역사 문화가 있었고, 중화문명 습득에 있어서도 일본보다 앞서 있다는 생각마저 갖고 있었다는 것이 주된 원인일 것이다.

그렇다고 해서 조선이 일본에 대해 지금 이치에 닿지 않는 말을 아무리 많이 해도 괜찮다고 한다면 일본과의 관계로만 끝나지 않는다. 모르는 사이에 조선인이 대만인을 모욕하는 결과가 될 수도 있다.

실제로 조선이 일본의 통치자, 즉 총독부로부터 받은 지원은 대만보다 훨씬 많았다. 일본은 병합이 결정된 해에 연간 예산 1700만 엔을 조선반도에 주었고 3000만 엔의 거금을 투자했다. 물론 당시 왕후 귀족을 비롯해 우수한 사람들에게 많은 하사금을 준다는 정책을 취하고는 있었지만, 그중 약 60%는 직업 연수, 맹아자나 정신병자 치료기금, 일반 빈민구제기금, 행려병자 구제기금 등 다방면의 복지자금으로 쓰였다. 일본 총독부는 병합 후 곧바로 근대화의 기초가 되는 인구조사나 토지조사, 치산·치수·관개·농업개량·소작제도 개선, 나아가 교육보급과 공평한 사법도입 등을 실시했다."

뒤틀린 한의 의식

"중국황제를 중심으로 동심원으로 퍼져가는 화이(華夷)질서에서 중심에 가까우면 가까울수록 문명적이고, 밖으로 멀어지면 멀어질수록 야만적이라는 아주 오랜 옛날 옛적의 서열의식이, 다른 나라에는 그 예가 없을 정도로 한국에는 고착돼 있다. 원래 북쪽 오랑캐로서 한국인이 멸시하고 있던 만주족이 중국의 중원을 빼앗아 청을 건국한 이래 한국인의 심리는 굴절됐다. 그 후 중화문명의 계승자는 한국이라는 '소중화의식'이 이 나라의 특징이 되어 힘으로 눌리면 눌리수록 다른 지역을 원망하는 심리적 파급효과를 일으켰다. ……

이런 사실은 반도인의 짓눌린 심리와 중국본토 이상으로 중국 유교체제로 관료화된 전제국가를 500여 년에 걸쳐 형성해온 이(李)왕조의 체질과 연결됐다. 이 때문에 세계에서도 극히 유례가 없는 편향적이고 배타적인 한과 우월감이 섞인, 복잡하고 다루기 힘든 정신상태를 낳아 지금의 반일심리의 기초가 되었다. …… 때마다 일본정부에 사죄를 요구하는 그들의 불합리도, 생각해보면 뒤틀린 한의 역사가 있기 때문이라고 일본인은 동정심을 갖고 이해하고 싶다."

"나는 일한병합 5년 후의 상황을 설명한 조선총독부 보고문을 접할 기회가 있었다. 그리고 묘한 위화감을 느꼈다. 읽는 동안 서서히 당시의 일본인 관료에 대한 불쾌감을 억누를 길이 없었다. '국가를 병합할 때는 땅이 인접해 있거나, 인종이 같거나, 풍속이 비슷하거나, 이해 관계가 맞아떨어지는 4가지 조건 중 하나만 있으면 충분하지만 일본과 조선 사이에는 4조건이 거의 갖춰져 있으므로 하나의 가족이 되는 것은 필연적'이라는 내용이었다. 이 글을 읽고나서 나는 일본인의 생각이 처음부터 잘못됐던 것은 아니었던가 하는 생각이 더욱 강해지는 것을 금할 수 없었다. ……

그를 위해 일본에서는 한국인과의 결혼을 장려하거나, 대만 및 그 밖의 지역과는 전혀 달리 한국만을 특별 취급하려고 혈연공동체를 계속 강조했다. 확실히 말해서 친절을 강매한 것이다. '일본인은 사람이 좋다'라는 말에 멍청하다는 형용사를 덧붙여야 할 것이다."

저자의 주장을 종합하면 이렇다.

"별로 득될 것도 없는 나라를 당시 국제정세 때문에 어쩔 수 없이 병합했다. 그러나 일본은 최선을 다해 통치했으며 다른 열강들과는 달리 한국인을 평등하게 대우하려고 노력했다. 그런데도 한국인은 아직까지도 사죄만 요구하고 있다. 이는 옛날부터 한 수 아래로 여겨온 일본에 지배를 당했다는 자존심의 손상 때문이다."

저자는 "세계사의 필연에 대해 우리는 아무것도 사과할 필요가 없다. 그 대신 좋은 일을 했다는 사실도 입이 찢어져도 해서는 안 된다"고 결론짓고 있다.

백보를 양보해 저자의 주장이 사실이라고 하더라도 그의 기술 속에는 식민지 배에 따른 한국인의 고통이나 피해는 전혀 언급이 없다. 역사적 사실의 한 면만을 침소봉대해 마치 그것이 거의 전부인 양 강조하고 있다.

이런 자국 중심적인 역사인식은 이 책 전편에 흐르고 있다. 이 책을 읽고 있으면 일본은 거의 전지전능한 국가라는 인상이 든다. 이 책의 내용 중 한국과 관련된 부분을 소개한다. 한국은 언제나 부정적으로 인용되고 있다.

부정적으로만 인용되는 한국역사

"신라는 중국의 율령 중에서 자국에 도움이 되는 내용만을 뽑아서 계승하고 스스로의 율령을 만들지는 않았다. 일본도 덴지(天智)시대 때 나온 일련의 법령들은 ……백제나 신라와 마찬가지로 중국 율령을 불완전하게 계승한 것에 불과했다. 그러나 '임신(壬申)의 난'(672년)을 거치면서 일본은 독자적인 율령국가로서의 길을 걷기 시작한다. ……일본의 이 자각적인 자세는 신라가 당의 책봉을 받아들여 중국의 종속국이 되는 데 만족했음에 비해서 일본은 이를 받아들이지 않았다는 데에 기인한다."(1장 - 하나의 문명권으로서의 일본열도)

"동아시아에서 독자적인 길을 걸은 것은 일본뿐이었고 조선에서는 신라보다 고려, 고려보다 이조가 점점 중국 전제국가 체제에 경도되는 정도가 심해졌고 일본에 흡수당함으로써 결국 독립적인 문명권을 형성하는 파워는 갖지 못했다."(위와 같음)

"문화는 동양과 서양이 대립하고 있고, 일본 문화는 그중에서도 동양문화의 한 부분에 속하는 것이라고 할 수 없다. 서양문화에 대해서만이 아니라 동양문화와도 대립하고 있다. 즉 양 문명을 합친 유라시아대륙 전체 문화와 일본문화가 서로 맞서고 있다고 생각된다."(6장 - 신화와 역사)

"일본어를 '고립언어'(독립언어)라고 단정할 수는 없지만 역사적 유래를 밝히는 것이 극히 곤란한 언어의 하나이며, 따라서 일본문화 그 자체가 유라시아 대륙으로부터 독립한, '영광의 고립'을 지킬 만한 정당한 근거를 갖고 있는 하나의 문명권이라는 것을 독자가 납득해주면 그것으로 충분하다."(위와 같음)

"일본은 독자적 문명권"

이 주장은 근원을 밝히기 힘든 언어는 독립된 문명의 상징이라는 극히 비약된 논리에 근거를 두고 있다.

"일본은 한국과 달리 지리적 이유로 중국 이데올로기의 지배를 적당한 선에서 차단하는 것이 가능했다. 이것이 오히려 일본 발전에 원동력이 됐다. 요즘 한국을 방문한 중국인은 공자와 유교를 신봉하는 사람을 양성하는 학교 '향교'가 한국 어디에 가도 있는 것을 보고 중국에도 존재하지 않는 중국형 학교가 있다는 사실에 놀란다. 그러나 일본이 대륙으로부터 받아들인 것에는 어느 하나도 그대로 받아들인 것이 없다. 그것을 받아들이기 전에 이 열도에는 독자적인 강력한 문명이 있었다는 증거일 것이다. 받아들이는 데는 오히려 저항이 있었고, 한자 불교 유교 율령 등 어느 하나도 일본열도의 주민에게는 반드시 곧바로 '문명의 등불'로 받아들여지지는 않았다. 이들 4개는 상당히 변형돼 일본화되었다."(11장 - 헤이안쿄(平安京)의 낙일(落日)과 중세 유럽)

저자는 한국이 지금도 '향교'에서 유교적 인간을 양성해내고 있다고 잘못 알고 있다. 사적일 뿐인 향교를 현재도 가동되고 있는 '교육기관'으로 오인하고 있는 셈이다.

또한 저자는 '나는 지금 일한관계를 어떻게 생각하나'(32장)에서는 조선이 독자적인 문화를 갖고 있었던 점을 일본인에게 한을 품는 원인으로 지적하는 등 부정적으로 평가하면서, 일본이 '독자적인 강력한 문명'을 갖고 있었다는 점은 긍정적으로 평가하는 이율배반적인 시각을 보이고 있다.

"894년 당에 사신을 파견하는 것을 중지키로 한 결정은 지금 생각해보면 일본인이 얼마나 감이 좋은지 혀를 내두를 지경이다. 중지 결정을 한 13년 뒤 당은 멸망했다. 당의 멸망은 동아시아 세계 전역을 흔드는 대사건이었다. 당과 책봉관계를 맺고 있던 주변제국은 일제히 멸망했다. 발해와 신라도 운명을 같이했다. ……일본은 정말로 타이밍 좋게 중국의 권위로부터 거리를 두는 것에 성공했다고 말할 수 있을 것이다."(12장 - 중국으로부터 멀어져 나온 시점의 절묘함)

"히데요시는 왜 조선으로 출병했는가. 조선을 경유해서 중국을 누르고 베이징에 천황을 두고, 자신은 영파(寧波)에 있으면서 천황보다 높은 지위에서 동아시아 전역을 내려다보는 제국을 건설하고 싶다는 장대한 구상을 실현시키기 위해 출병한 것이다. 다른 어떤 이유도 생각할 수 없다. 무엇보다도 이것이 일본인의 근대의식의 최초이자 최대의 자기표현이었다."(16장 - 히데요시는 왜 조선으로 출병했는가)

"원래 복속해야만 할 중화제국의 책봉체제에 응할 생각이 없던 나라가 하나 있었다. 일본이다. 조선은 가장 열심히 책봉체제에 참가했던 나라이며 무역이익을 위해 투덜대며 참가했던 태국 같은 나라도 있다. 그러나 일본은 고대부터 중화제국과는 대등 내지는 상위에 선다고 일찍부터 주장해왔다. ……즉 상대국이 인정하든 안하든 간에 일본은 중국과는 다른 '문명'임을 주장했고, 실제로 그렇게 행동했다.

명이 멸망한 뒤에는 청과 수교할 의지조차 보이지 않았다. 일본의 중국에 대한 대결의식은 오히려 우월의식으로 바뀌었다. 이민족에게 몇 번씩이나 중원을 빼앗긴 한민족에 대한 경멸감조차 생겨났다. 화이(華夷)질서의 '화(華)'의 중심은 의심할 여지없이 일본이며 중국은 아니라는 자신감이 강해졌다.

……이런 일본인의 기백이 막말(幕末)을 구했다. 막말체제는 중국이나 조선처럼 관료사회가 아니고 어디까지나 무신사회였다. 따라서 유럽 군사력의 무서움을 빨리 알아차릴 수 있는 민감함을 갖고 있었다. 중국과는 다른 체제였던 까닭에 중국으로부터 자유로울 수 있었고 머뭇거리는 중국을 버리고 유럽으로부터 솔직하게 배운다는 막말의 방향 전환은 이 때문에 가능했다."(19장 - 우월했던 동아시아와 아편전쟁)

이 대목에서도 저자는 한국의 '소중화의식'은 비하하면서도 똑같은 이유로 일본인이 갖게 된 '소중화의식'은 '기백'이라고 평가하는 등 이중잣대를 구사하고 있다.

제2부 교과서 합격본이 나오기까지 수정된 문구들

모임이 쓴 중학교 역사교과서의 원본인『국민의 역사』와 이 모임이 지난해 4월 처음으로 문부성에 제출한 최초 검정본, 그리고 올 4월 검정을 통과한 최종 합격본의 차이를 검토해보는 것은 흥미롭다. 또한 문부성이 어떤 이유로 수정지시를 내렸으며 이를 모임측이 어떻게 수용했는지도 관심을 끄는 대목이다.

결론적으로 말해 한국 관련 부분은 상당 부분 수정한 것이 사실이다. 그러나 곳곳에 최후까지 '반항'한 흔적을 엿볼 수 있다. 소위 그들이 말하는 '정신'을 살리기 위해 노력한 것이다.

'국민의 역사'와 최초 검정본, 그리고 최종 합격본에 문부성의 의견을 곁들여 가며 한국관련 부분이 어떻게 바뀌었는지 살펴보자.

우선 가장 중요한 한일합방 부분. 앞서 소개했듯『국민의 역사』는 "일한병합은 당시 세계정세로는 불가피했던 일이며 주변 국가들도 모두 이를 환영했고 당시의 국제관계 룰에 따라 적법하게 이뤄졌다"고 강조했다.

이런 역사인식은 최초 검정본에 그대로 반영됐다. 최초 검정본의 한일합방 부분은 이렇게 기술돼 있다.

"조선반도는 전략적으로 중요했지만 군사적으로는 불안정했다. 영국 미국 러시아의 3국은 각자 지배하려고 했지만, 실제로 통치를 유지하는 것은 곤란하다고 생각했다. 자기 부담은 피하고 싶으면서도 다른 두 나라 중 어느 한 쪽이 통치하는 것은 곤란하다고 생각한 이 지역에, 통치자로서 신흥국 일본의 등장은 3국에 있어 아주 좋은 일이었다.

일러전쟁 후 일본은 한국에 한국통감부를 설치하고 지배권을 강화하고 있었다. 1910년(메이지 43년), 일본은 한국을 병합했다(한국병합). 이는 동아시아를 안정시키는 정책으로서 구미열강의 지지를 받았다. 한국병합은 일본의 안전과 만주의 권익을 방위하기 위해 필요했지만, 경제적으로도 정치적으로도 반드시 이익을 가져다준 것은 아니었다. 다만 그것이 실행되던 당시로서는 국제관계 원칙에 따라 합법적으로 이뤄졌다. 다만 한국 내에서는 당연히 병합에 반대하는 의견이 있었으며 반대파 일부가 강하게 저항했다."

이에 대해 문부성은 전반적인 수정을 지시했다. 그 이유로 "조선반도를 둘러싼 각국의 동정과 관련, 일면적인 견해를 충분한 배려 없이 취급하고 있다" "일본의 한국병합 당시 구미열강이 지지를 표명했다고 오해할 만한 표현이다" "한국병합에 대하여 일방적으로 '필요성'이나 '이익'이 기술돼 있고 병합이나 통치 실태를 오해할 우려가 있는 표현이다" "'국제관계의 원칙에 따라 합법적으로 이뤄졌다'는 것만을 기술하는 것은 병합과정 실태에 관하여 오해할 우려가 있는 표현이다" "한국 내 병합 반대파의 '강한 저항'이 일부에 불과했다고 오해할 우려가 있는 표현이다"라는 점을 지적했다.

일언반구 없는 종군위안부 최종 합격본은 이 부분을 다음과 같이 수정했다.

"일러전쟁 후 일본은 한국에 한국통감부를 설치하고 지배권을 강화하고 있었다. 일본은 한국병합이 일본의 안전과 만주의 권익을 방위하기 위해 필요하다고 생각했다. 영국 미국 러시아의 3국은 조선반도에 영향력을 확대하는 것을 서로 경계하고 있었기 때문에 여기에 이의를 제기하지 않았다. 이리하여 1910년(메이지 43년) 일본은 한국내의 반대를, 무력을 배경으로 억누르고 병합을 단행했다(한국병합).

한국내에도 일부에는 병합을 받아들이자는 목소리도 있었지만, 민족독립을 잃어버리는 데 대한 강한 저항이 일어나 그 후도 독립회복운동은 끈질기게 일어났다. 한국병합 후 일본은 식민지 조선에서 철도 관개시설을 정비하는 등 개발을 하고 토지조사를 시작했다. 그러나 이 토지사업으로 그때까지의 경작지에서 쫓겨난 농민도 적지 않았고, 또 일본어교육 등 동화정책이 진행되었기 때문에 조선인들은 일본인에 대한 반감을 높여갔다.”

최종 합격본 내용은 많이 순화됐다. ‘구미열강의 환영’은 ‘구미열강의 묵인’으로 바뀌었고 식민지통치를 통해 ‘좋은 일’도 했다는 기술이 추가됐다.

다음은 3・1운동.『국민의 역사』에는 언급이 없으나 최초 검정본에는 “한편 조선에서는 1919년 3월1일 일본으로부터의 독립을 요구하는 운동이 시작돼 전국으로 확산됐다(3・1운동)”고 간단히 기술됐다. 이에 대해 문부성은 “독립운동 전체의 상황이 기술돼 있지 않아 그 실태에 대해 이해하기 어려운 표현”이라고 지적했다. 그 결과 “한편 조선에서는 1919년 3월1일 구(舊) 국왕의 장의에 모였던 지식인 등이 서울에서 독립을 선언하고, 사람들이 ‘독립만세’를 외치며 데모행진을 하자, 이 독립운동은 순식간에 조선 전토로 확산됐다(3・1운동). 조선총독부(일본이 조선지배를 위해 설치한 통치기관)는 이를 무력으로 탄압했으나, 한편으로는 그때까지의 통치방법을 바꾸었다.”

그러나 바뀐 기술에도 피해규모에 대한 언급은 없다. 관동대지진 당시의 한국인 피해에 대한 언급은『국민의 역사』나 최초 검정본 모두에 한 줄도 기술돼 있지 않다. 최종 합격본에는 ‘제1차 세계대전 후의 불황’이라는 항목에 “이 혼란 중에 조선인이나 사회주의자 사이에 불온한 움직임이 있다는 소문이 퍼지면서 주민의 자경단 등이 사회주의자나 조선인 중국인을 살해하는 사건이 일어났다”는 내용이 포함됐다. 그러나 피해 규모는 전혀 언급돼 있지 않다.

강제연행과 황민화정책에 관한 언급은『국민의 역사』에는 아예 없다. 최초 신청본에는 비슷한 대목이 있지만 일본인에 대한 것뿐이었다. 이에 대해 문부성은 “대만이나 조선의 정황에 대하여는 거의 언급하지 않고 있어 전체적으로 균형이 안 잡혀 있다”고 지적했다.

최종 합격본은 일본인의 노동 동원이나 학도병 출진을 설명한 뒤에 “이런 징용이나 징병 등은 식민지에서도 이뤄져 조선이나 대만의 많은 사람들이 갖가지 희생이나 고통을 강요받게 됐다. 그밖에도 다수의 조선인이나 점령하의 중국인이 일본의 광산 등에 끌려와 극심한 조건에서 사역을 당했다. 또 조선이나 대만에서는 일본인으로 동화시키는 황민화 정책이 강요돼 일본식 이름으로 바꾸는 것 등이 진행됐다"는 기술을 추가했다.

언뜻 보면 상당히 많이 수정한 것 같다. 그러나 이 대목이 한국에는 가장 아픈 곳이다. '종군위안부'에 대한 기술이 단 한 줄도 들어 있지 않기 때문이다. 물론 모임이라는 단체가 종군위안부를 교과서에서 몰아내기 위해 조직됐다는 점에서 예견된 것이기는 하다. 원래부터 종군위안부에 대한 기술을 아예 하지 않았고 그대로 검정에 통과했다.

기존 교과서에도 악영향 미쳐

모임의 이런 태도는 엉뚱하게 기존 7개 역사교과서의 서술을 후퇴시키는 데 결정적인 빌미가 됐다. 종군위안부에 대해 기술했던 기존 7종 교과서 중 4개 교과서가 이를 삭제했으며 2개교과서가 '강제성'과 '가혹성'이라는 표현을 완화했다.

1982년 역사교과서 파동의 계기가 됐던 '침략'이라는 용어는 7개사 모두가 사용했었으나 수정본에서는 6개사가 아예 삭제하거나 '진출'로 바꿨다. 또 4개 교과서가 토지의 수탈성을 완화하거나 삭제하고, 5개 교과서가 3·1운동 당시의 일본군 탄압 사실과 희생자 수를 삭제했다. 모임측의 교과서에 신경을 쓰는 사이, 기존 교과서는 20년 전으로 되돌아가버린 것이다. 한국으로서는 허를 찔린 셈이다.

임나일본부설은 『국민의 역사』에도 언급되어 있다. 그러나 최초 검정본은 "4세기 후반 야마토 조정은 바다를 건너 일본에 출병했다. 야마토 조정은 반도 남부의 임나(가라)라는 지역에 세력권을 점했다. 나중에 일본의 역사서는 이곳에 설치됐던 우리나라의 거점을 임나일본부라고 불렀다"고 단징직으로 썼다. 문부성은 "당시 조선반도와 야마토 조정의 관계에 대한 학설 등에 비추어 오해의 소지가 있다"고 제동을 걸었고 최종 합격본은 "야마토 조정은 반도 남부의 임나(가라)라는 지역에 거점을 쌓은 것으로 생각된다"고 고쳤다.

삼국이 일본에 조공을 바쳤다는 내용도 쟁점이다. 최초 검정본은 "그런데 570년 이후가 되면 동아시아 일대에 그때까지 여러 나라의 움직임으로 보면 생각할 수 없는 새로운 사태가 발생했다. 고구려가 갑자기 야마토 조정에 접근해와서 조공을 했다. 뒤이어 신라도, 백제도 똑같이 조공을 했다. 삼국이 서로 견제했기 때문이다. 그 후 589년에 중국대륙에서는 수가 통일을 달성했다. 이것이 새로운 위협이 되어 삼국은 더욱 일본에 접근했다. 임나를 잃어버리고 반도정책에 실패했던 야마토 조정이지만 예기치 않았던 강국 고구려 등의 조공으로 갑자기 자신감을 갖고, 아시아의 중심의 하나라는 강한 자각을 품게 되었다"고 기술했다.

문부성은 "사료적으로 충분한 근거가 있다고는 할 수 없는 일면적인 견해를 충분한 배려없이 다루고 있다"고 지적했다. 최종 합격본은 삼국이 조공을 바쳤다는 기술은 그대로 둔 채 뒷부분을 "임나에서 퇴각해서 반도정책에 실패한 야마토 조정이었지만 이렇게 해서 자신을 되찾았던 것으로 생각된다"고 수정했다.

한국의 지정학적 위치를 설명한 최초 검정본 내용은 가장 문제가 됐던 부분 중 하나다.

최초 검정본은 "조선반도가 일본에 적대적인 대국의 지배하에 들어가면 일본을 공격할 수 있는 최적의 기지가 돼 후배지(後背地)를 갖지 못한 섬나라 일본은 자국의 방위가 곤란해진다. 그런 의미에서 조선반도는 일본에게 끊임없이 들이대는 흉기가 되기 쉬운 위치 관계였다"고 기술했다. 이는 극히 일본의 이익만을 앞세우는 기술이다. 이 대목의 뒷부분은 "후배지를 갖지 못한 섬나라 일본은, 자국의 방위가 곤란해진다고 생각했다"로 바뀌었다.

강화도조약에서는 일본의 도발과 불평등성이 도마에 올랐다. 최초 검정본은 "한편 이에 앞서 조선의 강화도 부근에서 일본군함이 조선군과 교전하는 사건(강화도 사건·1875년)을 계기로 일본은 다시 조선에 국교수립을 강하게 요구했다. 청나라가 조선에 일본과의 국교교섭 개시를 허가한 결과, 1876년 일조수호조규(條規)가 맺어졌다. 이로써 오랜 현안이던 조선과의 국교문제도 해결됐다"고 기술했다.

문부성은 "일본과 조선의 교전상황이 불분명하다"고 문제삼았다. 최종 합격본은 "한편 이에 앞서 일본 군함이 강화도에서 측량을 하는 등 시위행동을 했기 때문에 조선의 군대와 교전하는 사건(강화도 사건·1875년)을 계기로 일본은 다시 조선에 국교수립을 강요했다. 그 결과 1876년 일조수호조규가 맺어졌다. 이는 조선측에 불평등한 조약이었지만 오랜 현안이던 조선과의 국교가 수립됐다"로 수정했다.

자화자찬의 대동아공영권
또다른 쟁점 중 하나는 일본의 전쟁 목적이었다. 이 부분은 『국민의 역사』와 최초 검정본의 인식이 완전히 일치한다. 검정본은 "일본의 전쟁 목적은 자존자위와 아시아를 구미의 지배로부터 해방시키고, 그리하여 '대동아공영권'을 건설하는 것이라고 선언했다"고 적었다. 이에 대해 문부성은 "자존자위와 아시아의 해방을 목적으로 싸웠던 전쟁 실태에 대하여 설명 부족인데다 이해하기도 어렵다"는 수정 의견을 제시했다.

그러자 모임측은 '아시아제국과 일본'이라는 항목을 만들어 "그러나 대동아공영권의 이름 아래 일본어 교육이나 신사참배가 강요되었기 때문에 현지인의 반발이 강해졌다. 또 전황이 악화되면서 일본군에 의해서 현지인들이 가혹한 노동에 사역을 당하는 경우도 종종 있었다. 그리고 필리핀이나 말레이 등처럼 연합군과 연계한 항일 게릴라 활동이 활발해지는 지역도 나왔다. 일본은 이에 강경대처했으며 일본군에 의해 죽거나 부상당하는 사람들의 수도 다수 있었다. 이 때문에 패전 후 일본은 이들 국가들에게 배상했다. 그리고 대동아공영권 구상은 일본의 전쟁이나 아시아의 점령을 정당화하기 위해 제창되었다는 비판을 받았다"고 기술했다.

이 대목은 자연스럽게 일본의 초기 전쟁 승리가 아시아에 용기를 주고 독립을 하는 데 기여했느냐는 논쟁으로 연결된다. 최초 검정본은 자화자찬 일색이었다.

"아시아제국의 독립과 일본·일본국은 개전 직후부터 아시아의 해방을 전쟁 목적으로 내세웠으나 언제 어떻게 아시아 제국을 독립시킬 것인가라는 구체적인 계획은 부족했으며, 암중모색 단계였다. 일본군은 당초 점령지역을 군정하에 두고 독립운동을 단속했기 때문에 배반당했다는 느끼는 아시아 민중도 많았다. 또 그때까지 구미의 식민지배하에서 이익을 얻던 사람들에 의한 항일 게릴라활동도 일어났다. 일본은 그럼에도 불구하고 구미제국이 수백년 동안 결코 인정하지 않았던 독립을, 미얀마 필리핀 인도 베트남 감보디아 라오스에 안겨주었다.

더욱이 일본군은 이미 패색이 농후했던 1944년(쇼와 19년) 3월, 인도 국민군과 함께 인도 독립 지원과 전국 타개를 위해 인팔작전을 감행했다. 그러나 보급이 끊기고, 우기의 정글에서 병사들은 굶주림과 부상, 질병으로 쓰러지면서 패주할 수밖에 없었기 때문에 비극적인 실패로 끝났다. 일본의 패전 후 인도에서는 영국군이 인팔작전에 참가했던 인도 국민군을 처벌하려고 했다. 그러나 이에 대해 인도의 거족적인 격렬한 저항운동이 발발했다. 이를 계기로 2년 후인 1947년, 드디어 인도는 독립했다. 이때 인도의 법률가 팔라비 데사이는 '인도 독립은 일본의 덕택으로 30년 앞당겨졌다'고 말했다.

인도네시아에서는 일본군이 조직한 PETA라는 3만 8000명의 군대가 일본 패전 후 되돌아온 네덜란드군을 상대로 독립운동을 개시했다. 2000명의 일본병이 의용병으로 참가해서 함께 싸웠고 4년 후인 1949년 인도네시아는 350년에 걸친 네덜란드의 지배로부터 독립을 이뤄냈다.

이처럼 일본군의 남방진출이 계기가 되어 일본의 패전 후 아시아로부터 아프리카까지 유럽식민지였던 각국의 독립물결은 멈출 줄 몰라 제2차세계대전 후 세계지도는 일변했다. 1960년 유엔총회에서 식민지독립선언이 결의됐다. 이는 대동아회의 공동선언과 같은 취지였다."

문부성은 이에 대해 "아시아 아프리카 제국의 독립에 관하여, 각국의 독립에 이르는 사정을 고려하지 않고, 일본군의 남방진출에 의해서만 이뤄진 것처럼 오해할 소지가 있다"고 지적했다. 최종 합격본은 양을 많이 줄이고 마지막 문장을 "이들 지역에서는 전전부터 독립을 향한 움직임이 있었지만 그중에 일본군의 남방진출은 아시아 제국의 독립을 앞당기는 하나의 계기가 되었다"고 수정했다.

가해는 숨기고, 피해는 과장하고

이상의 한국 관련 부분을 자세히 뜯어보면 수정을 많이 한 것 같으면서도 어딘지 미진한 구석이 남아 있는 인상을 준다. 이는 가해사실에 대한 서술이 적기 때문이다. 원래 교과서 검정은 기술된 사실에 대해 '의견'을 제시할 수는 있어도 무엇을 써넣으라고 할 권한은 없다. 따라서 집필자가 이를 교묘히 이용하면 가해 사실은 얼마든지 숨길 수 있다.

그러나 이 교과서는 일본의 피해에 대해서는 지나칠 정도로 자세하게 묘사하고 있다. 최초 검정본은 '전쟁의 참화'라는 항목에 다음과 같이 기술하고 있다.

"전쟁중이라고 하더라도 확실하게 군인이 아닌 사람을 무차별적으로 살해하는 것은 국제법으로 금지돼 있고, 미군은 일본을 공습할 수 있었지만 처음에는 군수공장만 공격했다. 그러나 미군측이 기대한 정도의 전과가 오르지 않자 드디어 미군은, 일반서민에 대한 무차별 공격을 개시했다.

1945년(쇼와20년) 3월 미군은 334기의 B29폭격기로 동경의 강동지구를 공습, 우선 동서 5km, 남북 6km에 소이탄을 투하해서 불의 벽으로 퇴로를 차단한 뒤 융단폭격을 해서 약 10만 명을 살해했다. (중략) 더욱이 미군은 인구가 많은 순으로 전국 64개 도시를 불태웠다. 어린이들이 위험을 피해 부모 곁을 떠나 지방의 절 등으로 소개됐다. 일본의 사망·행방불명자는 군인 군속 약 186만 명, 민간이 약 66만 명, 제2차세계대전으로 인한 전세계 전사자는 220만 명, 부상자는 400만 명으로 추정된다. 제1차 세계대전을 훨씬 뛰어넘는 대참화였다."

이런 기술은 한국이나 중국, 대만 등의 피해사실을 그냥 얼버무리고 넘어간 것에 비하면 형평성을 잃고 있다. 문부성도 이 점을 지적했고 약간 수정을 했지만 일본은 미국에 엄청나게 희생됐다는 '항의'의 냄새는 그대로 남아 있다.

또한 동경군사재판에 대한 불만도 노골적으로 드러내고 있다. 최초 검정본은 "재판관은 전원 전승국에서 선발됐고 중립국이나 패전국 사람은 한 사람도 없었다. 증거 조사도 일본측 변호사 것은 계속 각하됐고, 검찰측 것은 진위가 의심스러워도 채택됐다. 더욱이 이 재판에는 위증죄도 없었다. 이 재판은 국제법상 정당성이 없다는 설도 유력하다"고 동경군사재판의 부당성을 지적했다.

이 교과서에 대해 아이러니컬하게도 모임측과 이를 반대해온 시민단체가 모두 "수정을 했지만 본질에는 변함이 없다"고 주장하고 있다. 모임측의 의미는 여러 곳을 수정했지만 학생들이 일본에 긍지를 느낄 만한 수준은 유지했다는 주장이다. 이에 비해 시민단체는 표현을 바꾸었다고는 하지만 자국중심적인 역사인식은 조금도 변하지 않았다는 지적이다. 둘 다 옳다는 점에서 역사교육의 어려움을 실감하게 된다.

제3부 모임교과서 반대 시민운동

모임이 쓴 중학 역사교과서의 최초 검정본 내용이 알려지기 시작한 것은 지난해 8월. 그 후 역사적 진실을 호도하고 은폐하려는 모임측의 의도에 대해 일본내 많은 단체들과 인사들이 반대운동을 벌여왔다.

가장 먼저 포문을 연 것은 '어린이와 교과서 전국네트 21'과 '교과서에 진실과 자유를 연락회'였다. 특히 '어린이와 교과서 전국네트 21'의 다와라 요시후미(俵義文) 사무국장은 역사교육자협의회 이시야마 히사오(石山久男) 사무국장, '교과서에 진실과 자유를 연락회' 대표 하마바야시 마사오(濱林正夫) 히도쓰바시대 명예교수 등과 함께 시민단체의 삼두마차로 불리고 있다. 이들은 요즘 각종 집회와 강연회, 기자회견 등의 연사로 불려가 모임교과서의 부당성을 비판하고 있다.

이들 단체는 지난해 9월 12일 모임측이 신청한 교과서는 물론 기존 7개 교과서 검정본도 전부 입수해서 분석한 내용을 공개했다. 이때 이미 모임의 교과서가 얼마나 왜곡된 내용을 담고 있으며 기존 7개 교과서에서 '종군위안부'와 '침략'이라는 용어가 사라졌거나 축소됐다는 사실도 드러났다.

2월 15일에는 889명의 역사학자 및 역사교육자들이 '사실을 왜곡하는 교과서에 역사교육을 맡길 수는 없다'는 성명을 발표했다. 이들은 성명서에서 "패전 후 일본의 역사학, 역사교육은 국민을 전쟁으로 이끄는 데 이바지했던 전전(戰前)의 역사학, 역사교육에 대한 깊은 반성에서 출발해 많은 학문적 업적을 이뤄냈다"며 "모임의 교과서는 역사적 진실을 왜곡할 뿐만 아니라 이런 역사학, 역사교육의 학문적 성과를 정면에서 부정하는 비학문적인 것"이라고 비난했다.

같은달 27일에는 와다 하루키(和田春樹) 도쿄대 명예교수, 아라이 신이치(荒井信一) 일본의 전쟁책임자료센터 대표, 미키 무쓰코(三木睦子) 미키 전총리 부인 등 지식인 16명이 기자회견을 가졌다. 이들은 '일본의 모습을 그르치는 역사교과서에 반대하는 성명'이라는 호소문을 발표했다.

이들은 호소문에서 "모임의 교과서에는 일본의 전쟁이 아시아의 여러 국민들에게 손해와 고통을 안겨준 데 대한 반성과 사죄가 전혀 없다. 모든 것이 과거의 미화, 긍정, 정당화일 뿐이다. 이렇게 과거를 은폐하고 전면적으로 미화한 역사상을 갖고 차세대 국민을 교육하는 것은 아시아와 세계에서, 다른 나라 국민들과 평화적으로, 인간적으로 이해와 협력을 하며 살아갈 수 있는 가능성을 빼앗는 것이다. 즉 차세대 일본 국민으로부터 미래를 빼앗는 것"이라고 준엄히 통박했다.

70대 전쟁 참가자들의 항의

3월 2일에는 특이한 기자회견이 있었다. 군인으로 전쟁에 참여했다가 일본의 패전을 맞아 중국에서 포로가 됐던 70대 이상의 노인들이 중심이 된 기자회견이었다. '중국귀환자연락회' '일중 우호군인의 모임' '부전 병사 시민의 모임' 등 3개 단체는 합동으로 모임 교과서에 반대하는 호소문을 문부성에 전달한 뒤 기자회견을 가졌다. 이들의 성명서에는 체험에서 우러난 우려가 담겨 있었다.

"우리는 아시아 태평양전쟁에서 총을 잡고 전장의 비참함을 피부로 느낀 군인들이었습니다. 우리는 학교에서 교육칙어를 주입받고 신화를 사실로 알고 전장에 내몰린 군인들이었습니다. 우리는 '성전(聖戰)'이라는 미명 아래 총을 잡고 아시아 여러 나라에 다대한 고통을 주었습니다. …… 그런데 모임의 교과서는 도대체 무엇을 어린이들에게 가르치려 하는 것입니까. …… 최후의 힘을 짜내 여러분에게 호소하고 싶습니다. 이런 교과서가 교육현장에 들어가서는 절대로 안 됩니다. 이런 교과서가 그리는 '인간상'—그것은 예전의 우리입니다—은 55년 전에 아시아 여러국민들에게 다대한 참해를 입혔던, 그래서 파탄했던 사람들입니다."

3월 13일에는 지방사연구협의회, 중국현대사연구회, 조선사연구회, 일본현대사연구회, 일본사연구회, 역사과학협의회, 역사학연구회, 역사교육자협의회 등 8개 단체가 연명으로 성명서를 발표했다. 단체들은 "1995년 무라야마(村山) 총리가 아시아 국가들에 식민지배를 사과한 것은 국제공약이며 모임의 교과서는 이 공약을 깨뜨리고 있다"고 비난했다.

같은 달 16일에는 노벨문학상 수상자 오에 겐자부로(大江健三郎), 사카모토 요시카Tm(坂本義和) 도쿄대 명예교수, 쇼지 쓰토무(東海林勤) 일본기독교단목사 등 17명이 합동기자회견을 가졌다. 이들은 '가해기술을 후퇴시킨 역사교과서를 우려하면서 정부에 요구한다'는 성명서를 통해 "모임 교과서는 불합격시켜야 한다"고 주장했다.

같은 달 22일에는 일조협회가 "모임의 교과서가 노리는 것은 일본을 다시 전쟁을 하는 나라, 기쁘게 전쟁에 참가하는 사람을 만들려는 것이다. 우리는 침략전쟁과 식민지배를 반성한다는 전후정치의 원점에 서서 전쟁으로 연결되는 모든 책동에 단호히 반대한다"는 성명을 발표했다.

정당으로는 처음으로 사민당이 모임 교과서에 반대한다는 견해를 밝혔다. 사민당은 3월 23일 의원회관에서 '역사를 개악하는 역사교과서에 반대하는 긴급 원내집회'를 개최했다. 이들은 "우리는 평화 인권의 21세기를 구축하기 위해 전쟁 가해국 국민이라는 중책을 언제나 잊지 않으며 역사를 직시하고, 일본정부가 성실하게 사죄와 보상을 할 수 있도록 촉구하는 운동을 강화한다. 그리고 '역사개악세력'이 만든 '역사개악 교과서'를 허용하지 않는 노력을, 평화와 민주주의를 사랑하는 사람들과 연대해서 전력을 기울여 벌여나갈 것을 내외에 전명한다"고 발표했다.

서울대와 도쿄대 총장의 발언

야외에서는 반대행진도 벌어졌다. 1982년 역사교과서 파동이 일어난 것을 계기로 1983년 결성된 피스보트 회원들은 3월 24일 도쿄 시부야에서 한 시간 동안 모임교과서에 반대한다는 유인물을 나눠주며 가두행진을 했다. 피스보트는 배를 타고 직접 아시아를 방문해 일본의 가해사실을 확인해보자는 취지로 만들어졌지만, 요즘은 젊은이의 교류를 통한 평화분위기 조성에 노력하고 있는 단체다.

이날 모임에는 한국의 시민단체 대표도 참석해 한국의 분위기를 전했다. 참석자들은 "오늘날 또다시 상황이 거꾸로 돌아가려고 하는 데 대해서 심한 분노를 느낀다"고 말했다.

3월 28일에 있었던 도쿄대 졸업식에서는 하스미 시게히코(蓮實重彦) 총장이 고별사를 통해 역사문제에 대한 의견을 밝혔다.

"역사에 대한 기억을 잃어버리는 것은 역사에 대한 무지와 마찬가지로 자기자신에게 불성실한 자세다. 그것이 아무리 비참한 것이라도 역사는 그것을 직시함으로써 미래에 대한 용기를 준다. 역사라는 것은 그런 가혹한, 또 가혹하기 때문에 풍요로운 미래를 약속하는 현실이다. 풍요로운 미래를 공유해야 하는 이웃국가의 하나인 대한민국에 대해서, 역사적인 기억을 왜곡함으로써 자신의 과거를 정당화하려는 것은, 작은 자기만족은 가져다줄지언정 결코 미래에 대한 용기를 가져다주지는 못할 것이라고 나는 확신한다"

그의 발언은 아주 분명하고 명쾌한 지적이었다. 이날 졸업식에는 도쿄대 졸업식 사상 처음으로 외국대학 총장이 참석했다. 서울대 이기준(李基俊) 총장이었다.

3월 말에는 '동아시아의 냉전과 국가 테러리즘' 국제 심포지엄의 한국·일본·대만·오키나와 사무국 등 4개 사무국이 공동으로 '일본 역사왜곡의 움직임에 대하여 엄중 경고한다'는 성명을 발표하기도 했다. 이 성명에는 3개국 4개 지역의 학자를 중심으로 수백 명이 서명했다.

4월 3일 전국민주주의교육연구회, 일본출판노동조합연합회, '전쟁과 여성에의 폭력', 일본네트워크 등 12개 단체는 모임교과서가 검정을 통과한 사실을 중시한다며 앞으로 불채택운동을 벌여나가겠다고 밝혔다.

한국민단도 이튿날인 4일 성명을 발표하고 모임 교과서의 합격을 우려했다. 민단은 "우리 재일한국인은 일본의 한국침략과 식민지배 결과, 도일하지 않으면 안 되었던 재일동포 1세와 그 자손들"이라며 "우리들은 모임의 교과서가 교육현장에서 채용되지 않기를 강력히 요망함과 동시에 잘못된 역사관으로 일본 자신이 폐쇄 상태로 빠져들지 않기를 바란다"고 촉구했다.

이들의 줄기찬 경고와 비판을 물리치고 모임 교과서는 검정을 통과했다. 일견 이들의 노력이 무위로 돌아간 것처럼 보이기도 한다. 그러나 이들의 성명서는 일본의 한켠에 남아 있는 '양심의 증거물'이기도 하다. 이들의 열정은 앞으로 모임 교과서가 일선 교육현장에 채택되지 않도록 하는 데 집결될 것으로 보인다.

심규선(동아일보 도쿄 특파원)

【긴급대특집】 일본 역사교과서 왜곡파문
한 원로학자의 충고 - "일본인이여, 논어 맹자 다시 공부하라"
『新東亞』 제500호 2001. 5.

19세기 후반과 20세기 전반 일본은 아시아 해방을 부르짖었으나 시간이 지나자 아시아 각국으로부터 증오를 받는 나라로 전락하고 말았다. 동양의 맹주를 자처하기엔 일본인들에게 德과 仁이 너무도 부족했기 때문이다. 그와 똑같은 일이 지금도 반복되고 있다. 독도 영유권 주장이 그것이다. 일본의 정치인들은 천황이 '사과'한 뜻을 되새겨야 한다.

2001년 봄, 일본에서는 '역사 재검토'가 한창이라는 말이 들린다. 태평양전쟁은 아시아의 해방을 위한 전쟁이었다고도 하고, 이 전쟁으로 인해 구미열강의 아시아 식민정책이 사라졌다고도 한다. 이러한 역사 재검토와 함께 독도는 역사적으로나 국제법상으로 일본의 영토인데 한국이 불법 점유하고 있다는 시마네(島根)현 지사의 발언도 들려온다. 그리고 교과서 개정문제가 또다시 등장했다.

역사재검토가 한창인 일본

이러한 뉴스는 과거 여러 차례 있었던 일왕의 사죄 또는 사과문은 무엇이었나 하는 의문을 갖게 한다. 천황과 내각 총리들의 '사과'라는 말은 그때그때의 외교적 제스처에 불과했던가? 그들이 "깊이 반성하겠노라"고 했던 말은 어떤 뜻을 품고 있었나? 과연 그들은 무엇을 반성하겠노라고 했던 것인가?

필자가 이런 질문을 던지는 이유는 사과문을 낭독한 위인들의 진의를 의심해서가 아니다. 그들은 일본의 과오를 인정하고 이에 대해 통탄했을지 모른다. 그러나 대부분의 일본 정치인들은 과오를 인정하기는커녕 '일본제국은 메이지(明治)유신 이래로 동양 모든 나라에 혜택을 베풀었다'고 생각하고 있다. 태평양전쟁이 아시아 민족의 해방전쟁이었다는 주장이 이러한 태도를 단적으로 보여준다. 패전 50년을 기(期)해서 일본 중의원이 사과문 채택을 부결시킨 것도 이를 보여주는 증거다.

추측건대 일본의 일반 시민들은 '과오론'과 '혜택론' 중에 어느 것이 옳은지 알지 못하는 것 같다. 그러나 다케시마(竹島: 독도의 일본명)가 일본 영토라고 하는 일본정부의 주장은 수긍하는 것 같다.

이제 우리는 왜 태평양전쟁이, 그리고 그 전에 일어난 러·일전쟁이 황색인종의 해방전쟁이 될 수 없었는가 하는 문제에 대한 해답을 내릴 필요가 있다. 또 독도에 대한 주장도 해방전쟁론처럼 '반성'의 대상이라는 것을 밝혀둘 필요가 있다.

일본정부는 시마네 현이, 1905년 2월, 무인도였던 다케시마를 편입하였고, 이에 대해서 조선 정부가 항의를 제출하지 않았으므로 국제법상 다케시마는 일본의 영토라고 주장한다. 그러나 이러한 주장은 당시 역사에 대한 인식 부족과 '반성의 부족'이 낳은 소치(所致)라고 할 수밖에 없다.

우선 태평양전쟁이 아시아인종, 즉 황색인종의 해방전쟁이었다는 주장을 검토해보자. 필자는 이 주장을 허무맹랑한 것으로 생각하지는 않는다. 19세기 말엽부터 20세기 전반의 역사를 볼 때 '아시아의 해방'이란 구호는 참으로 매혹적이고 뜻있는 것이었기 때문이다. 아프리카 대륙을 케이크 조각처럼 나눠 삼켜버린 서구열강의 야욕에는 끝이 없는 듯했다. 아프리카 다음으로 인도를 포함한 남아시아를 삼켜버린 서구열강은 말레야(지금의 말레이 반도)를 삼키고, 인도네시아를 삼키고, 인도지나(지금의 베트남 라오스 등)와 필리핀을 정복하고, 계속 북상하여 중국을 할거하고 있었다.

서구열강은 황인종을 미개인종으로 취급하고 그 위에 군림하였다. 여운형(呂運亨)은 1920년대에 중국 학생운동팀을 인솔하고 마닐라에 가서 동양인의 해방을 역설하는 연설을 했다가, 미국 통치하에 있던 필리핀 관헌(官憲)에 체포된 적이 있다. 당시 동양 지성인들은 모두 같은 생각을 하고 있었다.

아시아 해방전쟁론의 허구

제국주의 서구열강으로부터 해방되는 것은 절실한 문제였다. 당시 일본은 동양의 여러 민족을 대표해, 아시아 해방의 선도자가 되고 아시아의 맹주가 될 수 있는 여러 조건을 갖추고 있었다. 조선 왕국을 포함한 여러 나라 군주가 '설마병'에 걸려서 (설마 누가 우리를…… 하는 병) 안일하게 세월을 보내고 있을 때 일본은 개혁을 단행했고, 서양 문물을 받아들여서 막강한 국력을 육성했다. 따라서 19세기 말엽부터 일본은 조선을 포함한 동양 여러 나라 지성인을 동경하는 대상이 됐다. 일본이 스스로 서양 못잖은 개혁을 이룩한 것은 인류 역사상 극히 드문 일이기 때문에, 모든 사람이 이를 칭찬할 수밖에 없었다.

그런데 일본은 끝내 동양의 맹주가 되지 못했다. 될 수 없었다. 맹주가 되지 못한 것뿐만이 아니라 증오의 대상이 돼버렸다. 왜 일본제국은 동양의 맹주가 되지 못하고 증오의 대상이 되고 말았는가. 이 문제는 실로 일본의 정치인들이 반성해야 할 문제다. 이 문제에 대한 해답을 내린다면, 일본은 다시 독도문제를 거론하지 못할 것이다.

나는 이에 대한 해답을 1904년 6월 4일자의 주한미국공사 호레스 앨런(Horace Allen)의 보고서에서 발견했다. 그의 보고서에는 다음과 같은 구절이 있다.

'(한국의) 외무장관은 (일본 공사관의) 하기와라 씨에게 다음과 같이 말했다고 합니다. 즉 지난 2월에는 (한국사람들) 10명 중 9명이 일본을 선호했지만 지금은 일본에게 우호적인 사람을 10명 중 1명 이상 찾는 것이 불가능하고, 다른 9명은 러시아의 성공을 기원(祈願)하고 있을 것이라는 것입니다'.

잘 알려진 바와 같이 일본은 1904년 2월 인천과 중국 뤼순(旅順)에서 러시아 함대를 격침했고 막강한 병력을 상륙시켜서 조선반도를 점령했으며 만주 각지에서 러시아군대와 격전을 벌였다. 전쟁이 일어났을 때 조선인들은 일본을 지지했고, 조선 정부도 그랬다.

19세기 말 국제정세가 복잡해지고, 구한말(舊韓末)의 국내 정세도 유동적이었다. 때문에 오늘날 '당시의 조선인들이 일본을 어떻게 보았는가'에 대해 제대로 알고 있지 못하는 한국 사람이 많고 학자들도 이 문제를 깊이 연구하지 않는다.

러·일전쟁 때 많은 조선인이 일본측에 동조했고, 일본군을 도왔다(조선 정부가 자발적으로 일본을 도왔다는 사실을 아는 사람은 많지 않을 것이다). 그러나 일본군이 상륙한 지 얼마 안 돼서 조선의 여론은 일본을 배척하게 되었다. 그리고 반사적으로 러시아를 선호하기 시작했다.

1904년 조선 여론이 돌변한 이유

나는 조선 여론이 돌변한 이유를 밝히는 것이, 왜 일본이 동양의 맹주가 되지 못했는가 하는 문제를 푸는 관건이라고 생각한다. 또한 이것은 태평양전쟁이 해방전쟁이 될 수 없는 이유이기도 하다. 이 문제를 이해하면 독도 문제는 자연스럽게 풀릴 수 있다. 따라서 우리는 1904년 한국여론의 변화 이유를 정확히 밝혀야 한다.

19세기 말 일본에 대한 조선인들의 태도에는 몇 차례 변화가 있었다. 1876년 개항 후에 한국의 진보세력 또는 개혁파는 일본의 메이지 유신을 극구 찬양했다. 일본의 개혁과정을 배워야 한다고 외쳤다. 그러나 그들은 소수였다.

1894~1895년에 있었던 청일전쟁에서 일본이 승리하였다. 그에 따라 서양문명을 배척하던 수구세력은 약화될 수밖에 없었다. 그러나 종전 직후 3국간섭으로 일본은 중국에 랴오둥(遼東)반도를 반환하는 등 러시아의 압력에 밀리게 됐다. 그런 와중에 일본이 명성황후 시해사건을 일으킴으로써 조선에서는 반일 사조가 강해졌다.

하지만 1900년대에 들어 만주와 조선반도를 에워싸고 러시아와 일본 사이에 전운이 감돌자, 조선은 두 나라 중 하나를 선택해야 하는 처지에 몰렸다. 진보세력은 당연히 일본을 지지했고, 조선 정부도 그랬다. 많은 지식인이 전쟁이 끝난 후에 조선은 승자에게 굴(屈)하고 주권을 상실할 것이라 예측했음에도, 러시아보다는 '동족(同族)'인 일본이 승리하기를 바랐다.

러시아는 타민족을 정복한 후 야만적으로 압제한다고 알려진 것도 이런 분위기를 만드는 데 일조했다. 일본 사람들이 1890년대부터 부르짖어온 '대동연합론(大東聯合論)'에 기대를 건 사람이 많았던 것도 무시할 수 없는 이유다.

이토 히로부미(伊藤博文)는 1904년 3월, 전권대사 자격으로 고종을 만나 "동양 나라들은 형제같이 뭉쳐야 한다. 아니면 서양 나라들에게 먹혀버릴 것이다"라고 말한 바 있다. 고종을 비롯한 조선인들은 이 말을 믿었던 것이다. 그래서 조선정부는 자진해서 일본군을 도왔다.

그랬는데도 한국사람들이 돌변한 것은 두말할 것도 없이, 일본인들의 행동이 너무나 무도하고 야만적이었기 때문이다. 당시 앨런의 보고를 요약하면 다음과 같다.

(1) 1904년 4월 14일. 일본은 조선반도 전역에서 거의 무제한적인 어업권을 요구했다.

(2) 6월 28일. 그들은 지금 조선 내 모든 황무지를 점거하고 사용할 수 있는 권리를 요구했다.

(3) 많은 수의 일본인 불량배 노동자들이 조선 사람들을 괴롭히고 있다.

'일본 당국은 최근 조선으로 몰려드는 일본인 불량배들이 범하는 무도한 행위 때문에 골머리를 앓고 있습니다. …… 조선 관리들은 여인들, 심지어 가마에 탄 귀부인까지도 서울 근교의 경의선(京義線) 철도공사 작업 현장을 희롱당하지 않고 지나칠 수 없을 정도고, 많은 여인이 철도 부설 작업을 하는 노무자들에게 겁탈당했다고 본인에게 전했습니다. 조선 남자들, 심지어 양반들도 그곳을 지나다가 잡혀서 노동을 강요당하는데, 이들이 일을 하는 동안 일본인 노무자들은

손을 놓고 쉬고 있다는 것입니다.'

(4) 8월 27일. 선교사들에 의하면 일본 군대가 노역을 시키기 위해 조선인들을 붙잡아가고 있다고 한다.

'본인은 만주에서 군수품을 수송할 노무자를 강제로 징용함으로써 야기된 조선 토착주민들의 고통과 관련된, 평양에 사는 장로교 선교사 모펫 목사(Rev. Dr. S. A. Moffett)의 이달 15일자 서신 사본을 동봉합니다. …… 일본 당국은 조선 정부에 약 8000명의 노무자를 제공하라고 요청했으며, 높은 임금을 약속했으나 토착민들이 겁을 내 전쟁터에 가는 것을 거절하자, 노무자를 강제로 붙잡게 되었습니다. 그 결과 일본인에 대한 조선인들의 원한은 커지게 되었고 내륙에서 소요가 일어나고 있습니다.'

(5) 10월 11일. 일본군은 절도를 했다는 죄목으로 조선인들을 무도하게 처형하고 있다.

'일례로 지난달 21일 있었던 계엄령하에서의 조선인 세 명을 총살한 사실을 들 수 있습니다. 그들은 일본군이 군용철도를 설치하는 바람에 빼앗긴 자기 땅에 대한 대가를 받으려는 의도에서 다소의 철도자재를 훔쳤습니다. (이러한 범죄에 대해) 어느 정도 교훈이 필요했다는 점에는 의심의 여지가 없습니다만, 농부들이 배상을 받으려는 의도에서 일을 저지르면 무참하게 죽이는 한편, (일본의) 군인이나 헌병들이 이유 없이 (조선) 사람들을 살상한 것을 고발하면 무시해버리는 것을 이해할 수 없다고 합니다.'

(6) 러시아 지휘관들은 군기를 엄중하게 준수하고 접근하기 쉬우나 일본군은 비행을 고발하려는 조선인들을 접근시키지 않고, 그들을 학대하고 있다.

'러시아 지휘관들은 접근하기가 쉽고, 토착민에게 자행된 어떠한 불법행위에 대해서도 그들의 군인을 처벌하는 데 가장 엄중하다고 합니다. 북쪽에서 활동하고 있는 우리 선교사들로부터 본인이 들은 바입니다. 반면 조선 사람이 일본군 본부에 고발하러 가면 쫓아내버린다고 합니다. 이 두 군대로부터 받는 대접의 차이는 한국사람들에게 매우 잘 알려져 있으며, 러시아인들을 선호하는 사람이 늘어나고 있습니다.'

이러한 보고와 당시 선교사들의 기록을 보면 왜 조선사람들이 일본에 가졌던 환상에서 벗어나 일본을 증오하게 되었는지 알 수 있다. 일본사람들은 짜임새 있게, 그리고 능률적으로 모든 일을 했고, 혁혁한 성과를 내기는 했으나, 그들이 점령한 조선반도의 민심은 급격히 이반해갔다.

仁과 德이 부족한 일본인

10분의 9가 일본을 선호하다가 불과 3, 4개월 만에 딱 그만큼이 일본을 싫어하게 됐다는 것인데, 그 이유는 우월한 자리에 선 일본사람들이 너무나 오만하고 잔인했기 때문이다. 조선사람들에겐 러·일전쟁이 해방전쟁이 아니었다. 일본이 중국을 침략하는 과정에도 그랬고, 동남아를 점거하는 과정에도 그랬다. 그래서 일본을 동경했던 동양인들은 일본제국을 증오하게 되었다.

조선총독부 관리로 있으며, 날마다 조선사람들의 생계를 위해 걱정하고 노력했다는 일본 인사들은 소수 일본사람들의 비행을 가지고 일본제국이 이룩해놓은 성과를 평가하지 말라고 할 것이다. 그러나 러·일전쟁 당시 조선 여론이 급변하고, 태평양전쟁 때 동양 각국의 여론이 일본을 배척한 것은 일부 일본인의 행동 때문이 아니었다. 일본사람들의 체질이랄까, 일본사람들에게 고질화된 행동 패턴이 그러했기 때문이다.

이 문제에 대해서는 지금 일본은행이 발행하고 있는 지폐 1만 엔권에 크게 찍혀 있는 후쿠자와 유키치(福澤諭吉)가 명확히 설명해준 바 있었다. 그는『학문의 권유(學問の勸め)』라는 책에서 일본인들의 행태를 이렇게 설명했다.

'소직(小職)에 있는 관리가 평민들에게 권력을 휘두르는 것을 보면 우리는 그가 매우 막강한 인물이라고 생각하게 된다. 그러나 이 관리가 서열이 높은 사람을 만나면 그가 평민에게 행했던 것보다 더 심한 핍박을 받는다. 하직(下職)의 지방관리가 마을 촌장을 소환했을 때 그의 거만한 태도는 정말 가증스러운 것이다. 그러나 이 관리가 그의 상급자와 만나는 광경은 우리의 동정심을 자아내게 한다. 촌장이 관리로부터 당할 때 그는 우리의 동정심을 불러일으키지만 그가 돌아가 그의 아랫사람들에게 똑같이 할 때는 증오심이 일어난다.

갑은 을의 압제를 받고, 대신 을은 병의 통제를 받는다. 이러한 식으로 압박과 지배가 끊임없이 순환되는 것이다. 참으로 놀랄 만한 현상 아닌가.'

후쿠자와의 말을 빌린다면 일본사람들은 상하 개념이 너무 강해서 윗사람 앞에서는 절절매지만 자기보다 낮은 위치에 있는 사람은 인간으로 취급하지 않는다. 이러한 행태는 일본제국이 동양의 맹주가 되는 길을 가로막았고 결국에는 종말을 가져오고 말았다.

일본의 상하간 행동 패턴은 점령한 다른 나라 사람들에게도 적용되었다. 점령지에서 그들은 오만하고 잔인했다. 그래서 동양사람들은 두려워하던 러시아를, 그리고 일본제국이 '미영귀축(米英鬼畜)'이라고 부르던 미국과 영국을 선호하게 되었다. 일본에 의한 '해방'을 배척한 것이다.

메이지유신을 주도했던 일본의 원로들은 '군인칙유(軍人勅諭)' '교육칙어(教育勅語)' 등을 통해서 충효사상을 주입하는 데는 성공했으나 '논어'와 '맹자', 그리고 인(仁)과 덕(德)에 대한 이퇴계(李退溪)의 교훈을 까마득히 잊어버린 것이다.

일왕의 '사과'는 무엇이었나

메이지(明治) - 다이쇼(大正) - 쇼와(昭和)시대 일본사람들은 힘만 있으면 무엇이든 해결할 수 있다고 믿었다. 그러나 덕(德)과 인(仁)이 없는 사람이 존경을 받을 수 없는 것과 마찬가지로, 사람을 사람으로 대하지 않는 공포체제는, 힘(power)이 무너지는 그날로 전복하고 만다. 우리는 이러한 사실을 20세기의 역사 속에서 수없이 봤다.

러·일전쟁 시기 조선의 여론 변화를 논하면서 왜 독도 문제를 연결시키는가 하는 질문이 있을 텐데, 대답은 간단하다. 1904년 2월 조선반도에 상륙한 일본군과 일본정부는 조선의 모든 것을 장악했다. 그 해에 체결된 이른바 의정서(議定書)를 통해 조선은 사실상 일본의 속국이 되었다.

미국공사 앨런이 그 해 9월 6일에 보고한 바와 같이 조선왕 고종은 일본공사 하야시 곤스케(林權助)의 알현요청을 거절할 권한마저 상실했다. 그 해 2월 체결된 의정서는 일본군이 조선의 모든 것을 자의대로 점유하고 사용하는 것을 허락했다.

8월에 체결된 한일협약(韓日協約)은 조선왕국이 일본이 '추천'하는 재정(財政) 고문관과 외교 고문관을 채용하고, 또 모든 외교관계에 일본의 사전승인을 받아야 한다고 돼 있다.

2월 의정서는 한국이 자발적으로 조인했을 가능성이 농후하지만, 8월 의정서는 그렇지 않았다. 조선의 민심은 이미 일본을 배척하고 있었기 때문이다. 이 의정서는 일본의 강압 아래 조인된 것이다. 모든 권한을 이양하라는 요구를 고종이 달갑게 여겼을 리 만무하다.

실제로 고종은 그때쯤 이승만(李承晚)을 미국에 밀사로 보내려고 했다가 거절당한 일이 있다. 이승만은 그 해 8월 7일에 한성감옥에서 풀려나왔는데 자기를 5년 7개월 동안 가두어둔 고종에 대한 울분 때문에 고종이 보낸 궁녀를 용건도 묻지 않고 돌려보냈던 것이다.

고종황제가 궁녀를 보낸 것이 언제였는지 알 수 없으나 문제의 한일협약이 조인된 것은 이승만이 출옥하고 2주일 후인 8월 22일이다.

여하튼 1904년도 아닌 다음해 2월 일본 시마네 현이 독도를 편입한 것을 근거로 일본이 독도에 대한 영유권을 주장하는 것은 지금까지 일왕과 일본 총리들이 밝힌 모든 사과문을 백지화하는 것이나 다름없다. 1904년 2월 이전에 취한 조치라면 모르되, 이토 히로부미(伊藤博文)의 감언을 믿었던 조선 정부의 손발을 묶고, 입을 막고난 후 시마네 현이 독도를 편입한 사실은 마땅히 사과의 대상이 돼야 한다.

『학문의 권유』를 복습하라

그런데 오늘 2001년에, "항의를 하지 않은 것은 묵인을 의미한다"는 '국제법상의 이치'를 들고 나와 독도의 일본 영토설을 주장하는 것은 마치 1910년에 조선이 일본에 합병되었으니 한반도는 일본 영토라고 주장하는 것과 다름없다.

일본은 1904년 2월 이후에 조선반도에서 취한 모든 행동에 대해서 분명한 '반성'의 태도를 보여야 한다. 이러한 관점에서 독도 문제는 일본의 '반성' 여부를 나타내는 시금석이라고 할 수 있다.

만일 일본이 이 문제를 통해 참다운 '반성'의 태도를 보이면, 아시아 전역뿐만 아니라 전세계에서 일본을 새롭게 인식할 것이다. 외교 면에서도 많은 이득이 있을 것이다.

근대역사는 재검토돼야 하고 청산돼야 한다. 진정한 반성이 필요하다. 19세기의 우리의 조상들, 특히 정조 이후의 집권자들은 너무나 무지몽매했다. 자기중심적이어서 나라를 너무나 허약하게 만들어버렸다.

오늘의 정치인들이 구태의연하게 옛 정치인들의 길을 따르는 것을 볼 때 개탄을 금할 수 없다. 우리는 과거 역사에서 배워야 할 것이 많다. 19세기의 한국 통치자들과 일본의 통치자들은 인과 덕이 너무나 결여돼 있었다.

이 시기 일본인들은 승자의 오만에 도취해 맹주가 될 자격을 상실했다. 너무 여러 곳에서 무수한 희생자를 만들어 증오의 대상이 되고 말았다.

그런 뜻에서 일본과 한국, 그리고 주변국의 정치인과 지식인들은 '논어' '맹자'를 다시 읽고, 이퇴계를 배워야 하며 『학문의 권유(學問の勸め)』를 복습하여야 한다.

이정식(연세대 석좌교수 · 미국펜실베이니아대 명예교수 · 정치학)

【긴급대특집】 일본 역사교과서 왜곡파문
일본현지보고 – 교과서 왜곡은 '大國 일본' 위기의식의 발로
『新東亞』 제500호 2001. 5

일본이 변하고 있다. 역사교과서 왜곡과 같은 급격한 우경화 이면에 정계개편 움직임이 일고 있다. 무당파 정치인들이 득세하는 것도 우리 정치권과 유사하다. 과연 일본은 어디로 갈까? 일본의 변화는 한반도에 어떤 영향을 끼칠까?

필자는 지난 4월 1일부터 6일까지 5박6일 간 일본을 방문, 하시모토 류타로(橋本龍太郎) 전총리, 자민당의 실력자 노나카 히로무(野中廣務) 당 행정개혁추진본부장, 일본 언론에서 차세대 총리감 1위로 꼽는 다니가키 사다카즈(谷禎一) 자민당의원, 방위청장관 출신인 에토 세이시로(衛藤征士郎) 외무성 부대신(자민당의원), 야당 민주당의 소장파 리더 가운데 한 명인 오카다 가쓰야(岡田克也) 정조회장 등 일본정계의 유력 인사들과 일본외무성 고위당국자, 일본 주요 언론사 사장, 한반도 문제 전문가 등을 각각 만나 최근 한일 양국간에 최대 현안이 되고 있는 역사교과서 왜곡문제, 한반도 주변을 둘러싼 국제정세, 일본의 정치개혁, 양국의 미래지향적 발전방향 등에 대한 의견을 폭넓게 교환했다. 또한 한일 차세대 지도자들의 교류 협력 필요성에 공감했다.

마지막 일정으로 지방 행정개혁과 관련하여 일본에서 큰 화제를 모으고 있는 나가노현(長野縣)을 방문, 다나카 야스오(田中康夫) 지사와 면담하고, 주민들과 지사가 현장에서 만나 지역문제에 대한 의견을 나누고 이를 정책에 반영하는 자리인 '구루수와슈가이(車座集會)'에도 참석하여 일본 지방자치단체의 행정개혁 실태와 그 현주소를 파악하는 시간도 가졌다.

공교롭게도 필자가 일본을 방문한 짧은 기간 동안, 역사교과서 왜곡문제, 미·중 전투기 충돌사건, 모리 총리의 사임의사 표명과 자민당 총재선출 움직임, 지바현(千葉縣) 지사 선거에서 무당파(無黨派) 여성후보인 도모토 아키코(堂本曉子)씨의 당선 등 현재 일본의 한 단면을 상징하는 사건들이 발생했다.

역사교과서 왜곡문제는 일본 국내 일부 세력 사이에 뿌리깊게 자리잡고 있는 내셔널리즘의 부활 움직임으로 풀이된다. 전투기 충돌사건은 다행스럽게 해결돼 가고 있지만, 미국과 중국의 갈등 상존과 이런 양국관계에 무관할 수만은 없는 동북아시아에서의 일본의 외교적 입지설정이라는 측면에서 특히 관심이 쏠리는

사건이었다.

리더십 부재의 일본사회

무당파 여성후보 도모토 아키코의 지사당선은 10여 년이나 지속된 장기 경기 침체에 따른 국민들의 불만 누적, 그리고 자민당 장기집권으로 인한 국민들의 정치불신과 정권 피로현상으로 불거진 모리 총리의 사퇴, 이런 중앙정치에 대한 심각한 불신과 정치개혁에의 열망이 복합적으로 작용한 것으로 보인다.

이런 현상들을 목격하면서 '리더십 부재 사회' 일본은 가까운 장래에 무엇인가를 분출할 듯한, 마치 '휴화산' 같다는 생각을 지울 수가 없었다. 그 분출된 변화의 흐름이 과연 어디로 흘러갈 것인지, 또한 한반도에는 어떤 파급효과가 있을 것인지 나로서는 사안 하나하나가 적지 않은 관심사였다.

교과서문제 DJ정권이 마무리해야

'새 역사교과서를 만드는 모임'이라는 우익단체가 주동이 되어 무책임하게 써버린 한 권의 역사교과서가 그 동안 공들여 쌓아놓은 한일 양국의 우호 관계를 한순간에 날려버리는 것은 아닌가.

필자가 이번 방일 기간에 만난 대다수 사람들의 한결같은 우려였다. "현재 한국정부와 국민들은 이 문제를 극도로 우려하고 있다. 역사교과서 왜곡은 단순한 우려 차원을 넘어 국민감정과 결부된 국가간의 중대한 외교 쟁점이다. 이 문제에 대한 대응 및 처리 방향이 향후 한일관계의 향방을 가늠할 수 있는 분수령인 만큼, 일본정부 및 정계 지도층은 이 점을 충분히 인식하여 과거사에 대해 전향적인 자세를 보여야 할 것이다. 특히 정·관계, 언론계, 학계에 있는, 합리적이고 양심적인 지도층이 나서줄 것을 기대한다."(필자)

"교과서문제로 주변 국가나 그 국민들의 오해를 사서는 안 되며, 과거사에 대해서 잘 모르는 일본 젊은이들에게 객관적인 역사인식을 심어주어야 한다."(하시모토 전 총리)

"역사란 사실이지 창작물이 아니다. 모래 위에 썼다가 지우는 그런 게 아니다."(노나카 히로무 자민당 행정개혁추진본부장)

"역사교과서문제는 '레토릭(rhetoric)'의 문제가 아니라, 본질적인 문제라고 생각한다. 김대중 대통령이 양국 발전을 위해 취한 용단에 역행하는 것은 무슨 수를 써서라도 막아야 한다."(외무성 고위 당국자)

필자가 일본 정계의 실세들, 그리고 일본 외교를 현장에서 진두지휘하는 위치에 서 있는 외교 당국자를 만나 그들의 말을 들어보면, 현재 진행되고 있는 일본의 역사교과서 왜곡문제에 임하는 그들의 태도에 곤혹스러움이 배어 있음을 엿볼 수 있었다.

차세대 주자로 평가받는 다니가키 의원 같은 사람은, 일본사회 내부의 내셔널리즘이 분출되는 이유로 장기간에 걸친 경제 침체를 들었다. 그는 "일본인들의 자신감 상실이 그 이면에 자리잡고 있다"며, "경제 침체로 인해 미래에 대한 전망이 불투명하여 초조감에 사로잡힌 국민들의 마음을 사로잡는 방편으로 내셔널리즘이 등장하고 있는 것"이라고 분석하고, "일본 경제가 회복되어 일본인들이 다시 자신감을 찾으면, 이 문제는 저절로 해결될 것으로 본다"고 조심스러운 전망을 내놓기도 했다.

그러나 다른 쪽 사람들은 교과서 검정제도가 국가에서 관할하는 '국정(國定)'이 아니라, 민간 자율의 '검정(檢定)'제도임을 들어 정부가 개입하는 데 한계가 있음을 강조하고, 최초 신청한 내용 가운데 137곳에 대해 수정 지시를 내렸다며 자신들의 입장을 좀처럼 굽히려 하지 않았다.

이 밖에 문제가 되는 교과서를 채택할 것인가 아니면 다른 교과서를 선택할 것인가의 문제는 전적으로 지방교육위원회, 혹은 교사들의 판단에 달린 문제, 즉 민간 자율의 문제라는 주장을 하며 맞대응을 회피하기도 했다.

'리더십 부재'가 원인

이번에 만난 사람들은 일본사회의 다양성을 이해해주기를 기대하는 마음도 없지 않은 듯 보였다. 그러나 필자의 눈에는 당장 코앞에 닥친 자민당 총재선거와 오는 7월로 다가온 참의원 선거에 온통 마음이 가 있는 정치현실에서 외교현안의 중대성보다는 표에 약한 정치시스템과 '리더십 부재'의 일본 정치가 두드러져 보였다.

교과서 왜곡문제에서 더 중요한 것은 지금 이 문제를 대충 짚고 넘어갈 수 없다는 데 있다. 몇 년 지나면 잊혀질 사안이 아니라는 데 우리의 고민이 있는 것이다. 이 문제를 그대로 방치한 채 차기정권을 맞이하면, 누가 정권을 잡더라도 현 김대중 정부가 취한 방식과 같이 한일관계발전에 있어서 선도적 조치를 내놓으면서 국민의 동의를 얻기가 어려워졌다는 데 문제의 심각성이 있다. 앞으로 그 어느 누구도 대일문제 접근에 있어서 '무모한'(?) 용단은 내리지 못할 것으로 전망된다.

따라서 이 문제는 현정부 임기 내에 마무리해야 하며, 문제 해결에 있어서 평면적 접근보다는 입체적으로 접근해가야 한다. 정부당국에만 맡기기에는 한계가 있다. 왜냐하면 일본 외무성 당국자의 표현을 빌리자면, "교과서 검증과정을 외무성에 한번도 알려주지 않았다"는 것이다.

우리 정부가 결국 실권 없는 외무성과의 대화를 통해서 문제해결을 할 수 없도록 조치(?)를 취한 일본에 대해 우리로서는 교과서 채택에 영향력을 가지고 있는 학계 및 교사들을 상대로 적극적인 노력을 기울이는 문제도 검토해볼 일이다.

또한 일본사회의 다양성을 시야에 넣고 그들 내부의 양심적이고 합리적인 세력들과 긴밀히 의사교환을 하면서 이런 왜곡된 생각과 주장이 일본사회에서 설득력을 잃게 하는 노력을 인내를 가지고 펼쳐나가야 한다. 그들 사회 내부에서 과격하고 '위험한' 주장이 더이상 통용되지 않고 소수의견으로 전락할 때, 역사교과서문제는 재발되지 않을 것이기 때문이다.

필자는 역사교과서문제는 기본적으로 국민감정의 문제라고 본다. 다만 이 문제를 해결하는 데는 냉철한 이성을 가지고 대응해야 하며, 양국간의 미래를 내다보는 전망 속에서 접근해야 할 것이라고 생각한다. 그래야만 다음 정권에서 진정한 미래 동반자 관계를 위해 좀더 진전된 조치가 나오더라도 국민이 납득하고, 국민의 동의를 구할 수 있으리라고 보기 때문이다.

"이 문제가 미·중 사이에서 (단순)사고로 처리되기를 기대한다. 지켜보자."

미국과 중국 전투기 충돌사건이 발생한 직후에 만난 일본 외무성 고위 당국자는 아주 차분한 어조로 이 문제가 조만간 원만하게 해결될 것으로 전망했다. 이같은 그의 예상은 들어맞았다.

당시 그의 논거는 이러했다. "중국 현 지도부는 '경제발전'에 정권의 명운과 위신을 걸고 있다. 그들에게 '국방'은 나중 문제다. 그들은 이런 뜻을 몇 차례에 걸쳐 명백하게 밝힌 바 있다. 개혁 개방을 추구하는 중국에게는 그에 걸맞은 우호적인 국제환경이 필요하다. 이런 관점에서 WTO 가입은 그들이 바라는 바"라며, 충돌사건이 쌍방의 군사적 긴장관계로 이어지지 않을 것이라고 전망했다.

그는 이러한 중국, 즉 개혁·개방정책을 강력하게 추진하는 중국이 한국이나 일본의 입장에서 볼 때도, 동북아시아 긴장완화 측면에서 볼 때도, 가장 바람직한 모습이라고 주장했다.

이야기가 다소 다른 데로 흘렀지만, 부시 공화당 행정부가 들어선 뒤, 미국과 중국 간에 새로운 긴장관계가 조성될 것이라는 관측이 나오던 차에 발생한 양국 간의 전투기 충돌 사건인 만큼, 이 문제가 악화될 경우에 우리 한반도에 끼치는 영향은 간단치 않으리라는 생각이 들었다.

"김대중 대통령이 미국을 방문했을 때, (부시 대통령과의 사이에) 이견이 표출된 것을 안타깝게 생각한다."(일 정계 수뇌급 고위 인사)

"부시는 클린턴과는 달리 북한에 대해 긴장감을 가지고 있다."(또 다른 정계 고위실력자)

"클린턴 전대통령은 취임 초기에는 전임자인 부시 전대통령의 대 중국정책이 너무 무르다고 비판했다. 그런데 자신이 집권하고 난 얼마 뒤에는 중국을 1주일 동안이나 방문하고, 돌아오는 길에 정작 맹방인 일본은 들르지도 않았다고 해서 일부에서는 일본을 경시한다는 평가가 나오기도 했다."(외무성 고위당국자)

"좀더 시간을 갖고 미국의 (동아시아 담당) 진용이 짜이는 것을 지켜볼 필요가 있다."(외무성 고위당국자)

"한미정상회담에서 남북문제에 미국이 적극적으로 간여하려는 의지를 엿볼 수는 없었나?"라는 필자의 물음에 위와 같은 답변들이 나왔다. 다시 말해 정권 초기에는 약간의 이견이 생길 수 있으나, 시간이 지나면 정책상 균형을 찾게 된다는 것이었다. 시간과 인내심을 가지고 차분하게 지켜보자는 주문이었다.

"페리보고서 쉽게 폐기 못할 것"

외무성 고위 당국자는 "부시는 아래 사람에게 일을 알아서 하도록 맡기는 스타일이다. 미국의 동아시아정책에 관해서는 국무부의 아미티지, 짐 켈리의 역할이 중요하다고 본다. 국방성에서는 월포위츠나 피터 로드만을 주목해야 한다. 특히 국부차관보 후보로 거론되는 짐 겔리는 균형 감각이 있는 인물"이라고 소개하기도 했다.

앞으로 우리 정부가 미국 측에 대해 우리의 주장을 '빈번하게' '심도 있게' 전달하면서 의견을 조율해나가는 일이 매우 중요할 것 같았다. 미국의 부시 행정부는 동북아문제에 접근하는 데 한일 양국과 긴밀하게 협의할 것으로 전망된다. 또한 미국이 북한에 대한 포용정책 자체를 반대하는 것은 아니라는 점, 북한문제에 관해서 앞으로도 미국의 비중이 감소되는 일은 없을 것이라는 점, 특히 북한체제 앞에서 안전을 보장할 수 있는 나라는 미국이라는 사실, 따라서 미사일 문제에 대해 북한의 대화 상대방은 미국이라는 점 등이 그들이 갖는 시각이었다.

앞서의 외무성 관계자는 이 밖에도 북한이 유럽국가들과 수교하고 있으나, 일정 부분 한계가 있다면서, "한반도에서 유럽이 미국의 역할을 대신할 생각도 능력도 없다"는 EU측 관계자 말을 소개했다. 그는 '페리보고서'는 클린턴 정권의 단독 작품이 아니라, 공화당 측도 참여하여 만든 것임을 언급하고, 부시 공화당 행정부가 이를 쉽게 폐기하지 못할 것임을 시사했다. 또 나아가 한·미·일 3국의 공동 작품으로도 볼 수 있다며 향후 대북문제 접근에 있어서도 이러한 3국 공조의 틀이 유지되기를 기대했다.

이 관계자는 미국의 NMD에 관해서는 "기술적인 면에서 볼 때, 실현성 자체가 불확실하다"고 전망하면서도, "다만 미국 새 행정부가 이를 배치하겠다는 강한 결의를 가지고 있음을 느낀다"고 말했다. 그는 또 이런 상황에는 미국이 동맹국인 한일 양국은 물론, 이해관련국인 중국 러시아와 긴밀한 대화를 나눠야 할 것임을 미국측에 주문하기도 했다.

한편 일본 정계 고위 인사는, "요즘 한일관계에는 과거 정권처럼 정상 간의 깊은 신뢰관계 형성이 아쉽다"고 언급했다. 그의 말 속에는 이번 역사교과서 왜곡파동 등 양국의 문제를 해결하는 데 정상 간에 긴밀한 대화가 있었더라면 하는 아쉬움이 배어 있는 듯했다.

또한 그는 개인적으로 '호형호제' 하며 각별한 우의를 맺고 있는 우리의 전직 대통령 한 분에 대해서는 '홀가분한 입장'에서 미국, 일본 등을 방문하면서 외교적인 측면에서 나름대로 나라를 위해 중요한 몫을 해주기를 기대하고 있었다.

7월 이후 정계개편 초점

"일본 정치인들은 앞으로 무엇을 할 것인가에 관해서는 잘 알고 있다. 그러나 기득권 때문에 잘 안 된다."(오카다 민주당 정조회장)

"7월 참의원 선거 결과에 따라서는 정계개편 가능성이 없다고 말할 수는 없다."(다니가키 자민당 의원)

이번 방일기간에 만난 일본의 여야 당 개혁파 리더들은 한결같이 일본 정치의 변화 가능성을 내다보면서 나름의 구상을 가다듬고 있었다. 수십 년에 걸친 자민당의 독주체제가 이제 '정권 피로현상'에 직면해 이합집산을 목전에 두고 있는 듯했다. 자민당 독주체제의 종식은 곧 '금권정치'에 기반을 둔 '파벌'의 해체를 의미한다. 이러한 파벌 해체의 움직임 속에서 다케시타 노보루(竹下登) 전총리 사망 이후, 구시대적 개념의 강력한 카리스마를 가진 파벌 보스의 리더십이 서서히 약화되는 모습이었다.

파벌 보스에 의한 리더십의 상실과 새로운 리더십의 모색기, 이 과도기적 힘의 공백 상태에서 일본 정국은 표류하고 있는 듯 보였다. 이 틈새를 비집고 여야를 불문하고 정책과 비전을 통한 새로운 리더십 형성을 위한 힘겨운 몸부림이 일어나는 것을 확인할 수 있었다.

아직은 이들의 움직임이 역부족이라는 느낌이 들기는 했지만, 예를 들어 이번 자민련 총재 경선에 나선 모리(森)파의 고이즈미 준이치로(小泉純一郎) 전 후생성 장관은 스스로 파벌 이탈을 선언하면서, 출사표를 던지기도 했다.

우리 정치에서 여전히 지역할거 정치구조에 깊이 뿌리 내리고 있는 '3김식 정치'의 극복을 위한 노력과 어쩌면 그 본질이 서로 통하는 면이 적지 않음을 그들과 흉금을 터놓고 이야기를 나누는 과정에 확인할 수 있었다.

수십 년 동안 이어진 기득권 체제에 안주하려는 유혹을 떨쳐버리고, 이를 뛰어넘으려는 야심만만한 개혁파 중진의원들의 고뇌어린 집념에, 같은 세대 간의 동류의식을 뛰어넘는 그 무엇이 가슴에 와닿았다. 이러한 구체제를 청산 대상으로 삼을 것이냐 아니면 극복 대상으로 삼을 것이냐 하는 점에서는 각자가 처한 처지에 따라 미묘한 편차를 보이기는 했다.

일본 정계에서 자민당 독주체제에 서서히 균열이 일어나던 시기인 1993년 일본신당 호소카와 모리히로(細川護熙) 내각 발족 이후 지금까지 일본 정계는 자민당 분열에서 사회당 해체에 이르기까지 정당 간의 합종연횡, 신당결성 및 해체 등 정계개편의 연속이라고도 할 수 있었다.

오카다(岡田) 의원의 정치 이력을 보면 지난 10년 간 일본 정계의 변화상을 쉽게 읽을 수 있다. 1990년 자민당으로 중의원의원에 처음 당선돼 소장개혁파로서 정치개혁 기치를 올림, 1993닌 하타 쓰토무(羽田牧) 오사와 이치로(小澤一郎) 등과 함께 자민당을 탈당하여 신생당(新生黨) 결성, 신생당 해체하여 신진당(新進黨)에 참여, 신진당 해산으로 민주당 참여. 10년 동안에 당을 다섯 군데나 선택하게 된 셈이다.

미국식 양당제로 갈 수도

"자민 민주 양당체제로 갈 것."

그는 향후 일본 정국 구도에 관해 "앞으로 민주당이 커져 자민당과 양대 정당 구도로 갈 것이며 다른 군소 정당들은 더욱 위축될 것"이라고 전망했다.

반면 가네코 가즈요시(金子一洋) 자민당의원은 7월 참의원 선거 결과에 따라 정계개편 가능성을 내다보면서 그 방향에 대해서는 "보수기득권 세력과 이를 타파하려는 구조개혁세력으로 나뉠 것이다. 단순화하면, 자민당 내에서 특정업체와의 유착관계 속에서 그들로부터 지원을 받지 않는 세력과 민주당 내에서도 노동조합의 지원을 받지 않는 세력이 새로운 축을 형성하고, 자민당의 잔존세력과 민주당 내에서 노동조합의 지원을 받는 세력과 공산당 등이 하나의 축을 형성하게 되어 크게 세 개 그룹으로 나뉠 가능성도 있다"면서, "구체적으로 자민당의 경우 하시모토파와 가메이파가 하나가 되고, 가토(加藤), 고이즈미(小泉), 야마자키(山崎)그룹과 민주당의 간 나오토(菅直人)와 하토야마(鳩山) 그룹이 합쳐지고 나머지는 좌파 쪽으로 정리되는 구도도 생각해볼 수 있다"고 희망 섞인 전망을 했다.

그러나 참의원선거에서 자민당이 대패할 경우, 일본의 경제 및 재정 악화에 대한 국민의 우려를 의식하면 일시적으로 '거국일치'의 대연정이 이뤄질 수도 있다는 관측도 나왔다.

'여론조사에서 지사 지지율 90%, 현장정치를 통한 행정개혁'

필자가 나가노현(長野縣) 다나카 야스오(田中康夫) 지사를 주목하게 된 것은 신문기사의 헤드타이틀 때문만은 아니었다. 오히려 흥미를 끄는 것은 그에 대해 반발하는 지역 의회, 관료, 그리고 비판적 일부 언론, 그리고 이를 극복해가는 그의 독특한 리더십이었다.

일본방문 일정의 마지막에 나가노현 방문을 잡아놓고, 4일 오후 나가노행 신칸센을 타고 1시간 반 거리를 달렸다. 나가노현은 일본 전체 지자체 수준으로 보아서 중간 수준의 지자체다. 천혜의 자연환경에 둘러싸여 있어 5월까지도 스키를 탈 수 있을 정도로 좋은 휴양지였다.

지사실이라 해서 안내받은 곳은 1층 30평 남짓한 사무실이었다. 누구나 밖에서 안을 들여다볼 수 있도록 투명한 유리로 둘러싸여 있었다. 일본 특유의 담합문화, 그 폐쇄성과 정체성을 혁파하고 '행정의 투명성'을 시도하려는 그의 의도를 엿볼 수 있었다. 이 담합구조는 그 원류가 자민당정권까지 거슬러 올라간다. 그 지역 토착유지들이 자기 지역 국회의원들을 뽑아 올리고, 뽑힌 국회의원은 지역유지들에게 이권을 제공 혹은 보장해주는 구조가 관행으로 자리잡은 게 이른바 일본의 기득권 구조라 할 수 있다. 물론 나가노현이 반드시 그렇다고 단정

지을 수는 없고 그저 일반적인 이야기다.

주목받는 무당파 약진

이 구조에 의존하지 않는 사람 및 세력만이 '개혁행정'을 당당하게 펼쳐나갈 수 있다는 점에서 주민들에게 신뢰를 얻게 되는데 이것이 요즘 '무당파' 출신이 일본의 자치단체장 선거에서 약진하고 있는 배경이라고 생각한다. 앞에서 언급한 여성후보 도모토(堂本)씨가 기성정당이 공천한 후보를 물리치고 당당하게 당선된 것이 좋은 사례다.

과정의 투명성을 통해 주민들에게 다가가는 그 파격성이 다나카 지사의 개혁 요체라고 생각된다. 다만 앞으로의 과제는 어떤 내용을 담아내느냐에 달려 있는 것 같았다. 대중적 인기에 너무 집착하면 나중에 짐이 될 수 있기 때문이다. 앞으로는 이러한 압도적인 지지를 신뢰로 바꾸어나가야 하며 이를 위해서는 주민 실생활에 이익이 돌아가도록 정책을 펴야 할 것이다.

지사와 회담을 마친 뒤 청사 강당에서 열리는 주민·공무원과의 직접대화 현장인 '구루수와 슈가이'를 약 2시간 동안 참관할 기회를 가졌다. 이들과 지사의 대화 한 토막.

기획과 직원 - "지역 경제를 활성화하려면 유능한 외부인재를 모셔와 활용하는 방안을 검토하시지요."

다나카 지사 - "좋은 생각입니다. 다만 먼저 우리 내부 사람을 찾아서 활용한 뒤에 그 문제를 검토하시는 게 좋겠습니다. 외부 인사를 영입하면 막대한 비용이 듭니다. 그 사람들은 기본적으로 이 지역에 대한 애정이 없습니다. 비즈니스맨에 불과하다는 것이 큰 차이점입니다."

관광과 직원 - "나가노는 관광지인데 한번 오고는 서비스가 나쁘다고 다시 안 오는 일이 많습니다."

다나카 지사 - "화장실을 예로 들어봅시다. 우리나라 국민들처럼 스트레스 많이 받고 사는 사람이 드물어요. 그러니까 그 안에서 10분 정도 잠도 잘 수 있고, 책도 읽을 수 있는 화장실을 한번 고안해봅시다."

이 글을 마치면서 나는 구시대적 리더십의 붕괴와 새로운 리더십의 형성이라는 과도기적 과정에서 불가피하게 발생하는 공백이 일본 정국을 표류하게 한 핵심적 요인 가운데 하나였음을 확인할 수 있었다.

그런데 문제는 이와 같은 리더십 공백이 일본의 경제침체와 그 시기를 같이하고 있다는 점이다.

어느 시기이건 어떤 상황 아래건 리더십의 교체기는 발생하게 마련이다. 다만 일본의 예에서 보듯이 그 공백기간이 길어지는 것은 국가 전체에 매우 바람직하지 않다는 사실에 주목해야 한다.

손학규(한나라당 의원)

【심층연구】 일본 우익의 선봉 산케이신문

산케이 한국보도 親韓인가 反韓인가

『新東亞』 제501호 2001. 6

최근 산케이신문은 한국 여러 기관과 마찰을 빚었다. 뿐만 아니라 산케이는 일본 역사교과서 개정을 주도하는가 하면, 평화헌법 개정, 일본 정치인들의 야스쿠니(靖國)신사 참배, 자위대(自衛隊)의 군대화 등 일본을 보수화하는 여론을 주도하고 있다. 다테마에(建前: 치면치레로 하는 말)를 버리고 과감히 혼네(本音)를 외치는 산케이의 정체는 무엇인가. 그들은 왜 보수의 길로 일로매진하는가. 공산주의와 싸우기 위해 '도망가지 않는 신문' '확실히 할 말은 하는 신문'이라는 모토를 내건 산케이 본사를 찾아가 취재했다.

일본의 대표적인 우익 언론으로 꼽히는 산케이(産經)신문이 화제다. 산케이신문은 최근 한국 내 주요 기관과 마찰을 빚어왔다. 지난 4월 20일자 산케이는 '정부계 또는 친정부계로 분류되는 KBS · MBC · 한겨레신문 · 대한매일 등이 정부의 언론개혁 지지로 돌아, 이에 비판적인 조선 · 동아 · 중앙일보 등에 대해 프로그램과 지면에서 심하게 공격하고 있다'고 보도했다.

이 기사는 또 '(한국) 정부는 정부가 인사권을 가진 것으로 알려진 MBC 사장에 한겨레 사장 출신이며 진보파인 김중배씨를 기용했다. 김사장은 김대중 대통령과 동향인 전라도 출신으로, 김대중 정권이 정권 말기 대응책으로 언론 장악에 힘을 쓰고 있다'고 적고 있었다. 이에 대해 MBC측은 정정 보도를 요구하는 등 강하게 항의했으나, 산케이는 MBC측의 입장만 보도했을 뿐 정정 보도는 아직 내지 않았다.

산케이는 합동참모본부와 갈등을 빚기도 했다. 지난 3월 26일자에서 산케이는 '북한의 반잠수정이 한국 남서해안에 침범해 한국 해군 함정이 출동했으나 적극 대처하지는 않았다'는 기사를 게재했다.

4월 16일 합참은, 산케이에 정정 보도 요구 서한을 보내고 주일 한국무관과 청와대의 국방비서관 그리고 국정홍보처까지 동원해 도쿄에 있는 산케이 본사에 압박을 가했다. 이런 식으로 압력이 강화되자 산케이는 4월 25일자에서 '북 반잠수정 침입보도, 새로 확인된 정보 없어'라는 제목으로, '현 단계에서는 당초의 본지 보도를 확인할 수 있는 정보가 없어 기사를 정정하겠다. 결과적으로 한국 군 당국에 폐를 끼친 점을 사과한다'는 정정 기사를 게재했다.

"산케이 서울지국을 폐쇄하라"

산케이와 일부 한국 기관 사이의 마찰은 대개 산케이 서울지국장 겸 특파원인 구로다 가쓰히로(黑田弘勝·59)씨의 기사로 인해 촉발된다. 때문에 구로다 특파원에 대한 반발이 나타나기도 하는데, 4월 10일 민주당의 김경재(金景梓) 의원은 국회 질문에서 "산케이 서울지국을 폐쇄하라"고 주장했다.

구로다 특파원은 올해 초부터 부산의 국제신문에 시론을 써왔다. 4월 26일 부산언론운동시민연합은 '국제신문은 구로다씨를 시론 필진에서 제외하라'는 내용의 성명을 발표했다.

그러나 뭐니뭐니 해도 산케이를 화제의 중심으로 잡아끈 것은, '일본의 역사교과서 왜곡' 사건일 것이다. 산케이는 오래전부터 일본의 역사교과서를 개정하라는 시리즈를 게재해왔다. 문세가 된 '새로운 역사를 만드는 모임'이 민든 교과서를 출판한 것도 산케이 신문이 포함된 '후지 - 산케이 그룹' 산하의 후소사(扶桑社)였다.

그렇다고 해서 산케이가 한국에서 배척만 당하는 신문은 아닌 것 같다. 북한 문제에 관심이 많은 기자는 구로다씨에게 두 번 '물을 먹은[落種]' 적이 있다. 기자는 모 인사가 갖고 있는 것으로 확인된 북한 자료를 빼내기 위해 상당기간 노력해왔는데, 구로다 특파원이 먼저 입수해버린 것(그 중 하나가 지난해 11월 산케이가 처음 공개해 파문을 일으켰던 황장엽씨 논문이다). 구로다 특파원이 한국 기자보다 먼저 한국의 핵심 정보를 입수했다는 것은, 그와 한국 취재원 사이에 아주 단단한 신뢰 관계가 형성돼 있다는 뜻이리라.

산케이를 싫어하고 좋아하고는 독자 개개인이 선택할 문제다. 문제는 싫어하고 좋아하고가 아니라, 산케이가 어떤 신문인지부터 알아야 한다는 점이다. 한국에 앉아서 한국에 관련된 기사만 보고 산케이를 판단하는 것은, '우물 안 개구리' 같은 발상이 아닐 수 없다.

김경재 의원처럼 산케이가 반한(反韓)적이라고 판단해 서울지국을 폐쇄한다면, 한국은 세계의 웃음거리로 전락할 것이다. 산케이 지국을 폐쇄한다고 한들 일본 언론인 산케이가 한국을 무서워할 이유도 없다.

산케이는 도대체 어떤 언론인가. 기자는 구로다 특파원을 통해 도쿄(東京)의 산케이 본사에 취재하고 싶다는 뜻을 보냈는데, 뜻밖에도 "산케이의 모습을 정확히 전달해준다면 응할 수 있다"는 대답이 돌아왔다. 기자는 즉각 도쿄로 날아갔다.

산케이(産經)는 '산업경제'를 줄인 말이다. 과거에는 경제지인 '산업경제신문'이어서 산케이로 약칭됐는데, 종합지로 전환하면서 아예 산케이로 이름을 바꾸었다. 신문 이름은 바뀌었지만, 회사 이름은 여전히 '산업경제신문사'다.

203만 부를 발행하는 산케이는 일본에서 다섯 번째로 부수가 많다. 일본의 신문 발행부수 서열은 요미우리(讀賣·약 1000만부) - 아사히(朝日·839만부) - 마이니치(每日·약 400만부) - 니혼게이자이(日本經濟·약 250만부) - 산케이 순이다. 경제지인 니혼게이자이가 서열 4위인 것이 이채롭다.

산케이가 보수 우익지라는 사실은 이 신문이 광고 카피로 선택한 '무레나이 신분(群れない 新聞)'과 '니게나이 신분(逃げない 新聞)' 그리고 '모노오 이우 신분(モノを いう 新聞)'이란 문구에서 강렬히 드러난다. 우리말로는 '무리를 짓지 않는 신문' '도망가지 않는 신문' '할 말을 하는 신문'이 되는 이 카피에는, 보수 우익 노선을 걷겠다는 산케이의 의지가 절절히 배어 있다.

다테마에를 감추고 혼네를 드러내다

일본인의 특성을 거론할 때마다 '혼네(本音)'와 '다테마에(建前)'란 일본어가 자주 거론된다. 혼네는 '본마음"이고, 다테마에는 본심을 감춘 '체면치레' 정도가 된다. 일본인들은 여간해선 혼네를 드러내지 않는다고 한다. 그들이 "아리가토 - (감사합니다)"를 연발하며 공손히 인사하는 것은 다테마에지, 혼네가 아니라는 것이다.

이러한 특성은 일본 언론에도 반영된다. 일본의 주류 언론은 과거 일본이 침략했던 나라의 과거사를 다룰 때는 '다테마에'적으로 표현해왔다. 예외가 산케이다. 산케이는 예민한 주제에 대해서도 과감히 혼네를 드러내왔는데, 산케이는 이를 '무리를 짓지 않는 신문' '도망가지 않는 신문' '할 말을 하는 신문'이라는 말로 표현하고 있다.

산케이는 여러 가지를 말하고 싶어하는데, 그중 하나가 '반공(反共)'이다. 산케이 소개 팸플릿에는 기요하라 다케히고(淸原武彦) 사장이 쓴 '21세기를 담당할 당신에게'라는 제목의 글이 실려 있었는데, 일부를 요약하면 이렇다.

'20세기는 전쟁의 세기, 혁명의 세기였다고도 한다. 소련과 동구권이 붕괴할 때까지 국내(일본) 좌익 저널리즘은 폭을 넓혀왔다. 그러나 산케이는 소련과 문화대혁명의 와중에 있는 중국에 대해서도 굴하지 않고 사실을 보도했다.'

기요하라 사장이 '산케이는 소련과 문화대혁명의 와중에 있는 중국에 대해서 굴하지 않았다'고 주장한 것은 결코 허풍이 아니다. 1991년 고르바초프가 이끄는 소련은 '공산주의 포기'를 선언했는데, 이것을 세계 최초로 알린 매체가 산케이였다. '반공 신문'이 공산주의의 심장부에서 공산주의 붕괴를 가장 먼저 알렸다는 것은 아이러니가 아닐 수 없다. 당시 산케이의 모스크바 특파원은 사이토(齊藤)씨였다. 산케이의 스미다 나가요시(住田良能) 주필은 이렇게 설명했다.

"물론 공산주의를 비판하는 시각과 공산주의 붕괴를 최초로 보도하는 것은 상관 관계가 없다. 하지만 반공이든 친공이든 공산주의를 제대로 알려고 하다보면 특종이 나올 수도 있다. 사이토 특파원은 부친이 2차 세계대전이 끝난 후 소련군에 의해 시베리아에 억류됐다가 일본으로 돌아왔는데, 그 직후 사망했다고 한다. 이로 인해 사이토는 공산주의의 가혹함에 대해 투쟁심을 갖게 됐다고 한다. 그래서 관심을 갖고 공산주의 심장부를 파고들있는데, 그깃이 역사적인 대특종으로 이어졌다."

어느 언론사든 그 언론의 명성과 색깔을 끌고 나가는 것은 몇몇 '스타기자' 혹은 '근성 있는 기자'다. 독자들은 사실을 빨리 보도하는 것이 유능한 기자의 조건이라고 생각하겠지만, 스타기자는 속보보다는 논란이 일어나는 문제작을 던지는 기자다. '산케이의 색깔' '산케이의 맛'을 만드는 기자들도 아주 까다로운 주제를 골라 문제작을 던지는 특성이 있는 것 같다.

모택동의 중국과 대립

일본은 중국을 침략한 적이 있어서인지 중국 문제를 다룰 때는 조심하는 버릇이 있다(요즘은 많이 약화됐지만, 한국에 대해서도 비슷한 자세를 취한다). 이러한 조심성은 다테마에를 내세우며 공손히 처신하는 일본인의 습성과 결부돼 중국 정부에 대한 일본의 저자세로 표출되기도 한다.

특히 중국에 파견되는 일본 외교관과 특파원은 베이징 정부의 비위를 거스르지 않으려고 신경을 많이 쓰는데, 이러한 사람들을 가리키는 일본 내 은어가 '차이나 스쿨(china school)'이다. 차이나 스쿨 멤버들은 대부분 유창한 중국어를 구사한다.

1960년대 일본 언론계에는 막연히 진보주의를 추수(追隨)하고, 공산주의와 사회주의를 묵시적으로 동조하는 분위기가 팽배해 있었다. 이런 와중에 중국이 문화대혁명에 들어가자 주류 언론들은 '인간 개조 실험이다' '균등한 사회를 만들고 숭고한 이상을 실현하기 위한 움직임이다'는 식으로 문혁을 긍정적으로 평가하는 기사를 내보냈다.

그러나 산케이의 시바다 미노루(柴田穗) 베이징특파원만은 '문혁은 문화파괴이며 인류에 대한 죄악이다. 문혁은 모택동의 권력투쟁에 지나지 않는다'고 썼다. 때문에 그는 추방당하고, 산케이 지국도 폐쇄되었다. 이후 중국 정부는 다른 일본 언론사 지국도 차례로 폐쇄했다.

'새로운 소식을 판매하는 기업'인 언론사가 세계 중심무대 중의 하나인 베이징에 기자를 두지 못한다는 것은 허점이 아닐 수 없다. 때문에 일본과 중국이 국교를 맺는 1972년을 전후해 일본 언론은 베이징지국 재개를 모색하는데, 이때 중국은 '대만에 설치한 지국을 폐쇄한 언론사만 베이징에 지국을 개설할 수 있다'고 치고 나왔다.

대부분의 일본 언론은 이 조건을 수락하고 차이나 스쿨 멤버를 특파원으로 보냈다. 그러나 산케이만은 "그런 조건을 내걸지 말고 무조건적으로 베이징지국 개설을 허가해달라"고 맞섰다.

이렇게 맞선 것이 무려 30여 년. 1998년 마침내 산케이는 대만지국을 유지한 채로 베이징지국을 개설해도 좋다는 허가를 받아냈다. 산케이의 승리 덕분에 거꾸로 다른 언론사들이 대만에 지국을 개설할 수 있게 되었다.

허가를 받은 즉시 산케이는 워싱턴 특파원 고모리 요시히사(古森義久)씨를 베이징 특파원에 임명했다. 고모리 특파원은 부인이 미국인일 정도로 유명한 미국통이다. 산케이는 마이니치 출신인 그를 정년없이 일할 수 있는 '특별기자'(한국 식으로 말하면 정년이 없는 '전문기자'가 되겠다)로 영입했다. 중국과는 이렇다 할 인 연이 없는 사람을 베이징 특파원에 임명했으니 본인조차도 의아하지 않을 수 없 었다.

고모리씨는 "나는 중국어도 모른다. 그런 나를 베이징에 보내도 되느냐?"고 물었다고 한다. 이에 대해 산케이 경영진은 "괜찮다. 당신이 보고 들은 사실을 그대로 써라"고 주문했다.

기자를 해본 사람들은 다 아는 사실이지만, 외국 취재를 하는 데 있어 외국어 를 능숙하게 하느냐는 것은 그리 중요한 요소가 되지 않는다. 요체는 어떻게 보 느냐 하는 '시각'이다.

미국의 합리적 사고방식에 익숙한 고모리 특파원의 눈에는, '인치(人治)'가 성 행하는 중국이 모순덩어리로 보일 수밖에 없었다. 산케이 경영진이 기대한 것은 바로 그것이었다.

베이징특파원 고모리(古森)

일본은 'ODA(Official Development Assistance: 정부 개발 원조)'로 명명된, 저개발국 가에 대한 원조금을 가장 많이 지불하는 나라다. 일본은 침략에 사과하는 뜻으 로 그 동안 적잖은 ODA 자금을 중국에 제공해왔다. 그러나 차이나 스쿨 멤버들 은 중국이 ODA 자금을 어디에 쓰는지에 대해서는 관심을 기울이지 않았다.

고모리 특파원은 달랐다. 그는 중국이 군사력을 증강할 수 있는 인프라를 구 축하는 데 ODA 자금을 주로 투입하는 사실을 발견하고, 이에 대한 심층 기사를 연속적으로 써내려갔다. 이 기사는 일본에서 적잖은 반향을 일으켜, 마침내 일본 정부는 용처가 어니인지 따져본 후 중국에 ODA 자금을 제공하게 되었다. 기요 하라 사장은 이렇게 적고 있다.

"베이징 지국장에 임명된 고모리 기자는 출발을 앞두고 '저는 기자로서 사실 을 왜곡해서 보도할 수 없습니다. 사실을 보도함으로써 추방을 당해도 좋습니까' 라고 물었다. 이에 대해 하자마 시게아키(羽佐間) 회장과 나는 '그것이 산케이의 존재의의다. 쓰고 싶은 대로 써라'고 대답해주었다. 고모리 기자는 중국 당국의 압력을 물리치고 중국이 위조(僞造)와 모조(模造)의 대국이라는 사실과 일본이 제공한 ODA 자금으로 베이징의 인프라를 정비해, 군사력을 높이고 있다는 사실 등을 보도했다. 이것은 다른 매체가 전혀 보도하지 않은 사실이었기 때문에 큰 반향을 일으켰다.”

까다로운 상대인 중국과 구 소련 정부에 대해서도 ‘할 말은 하겠다’는 신문이 산케이니, ‘공산주의의 악동’ 북한에 대해서는 할 말이 더욱 많을 수밖에 없다. 여기에는 구로다 특파원이 선봉장이다.

산케이는 일본을 때릴 수 있는 북한의 미사일 문제, 북한이 납치한 것으로 추정되는 일본인 실종자 문제 등이 해결되지 않은 상태에서 일본정부가 북한을 지원하는 것은 잘못이라고 지적해왔다. 산케이의 이러한 논조는 일본을 햇볕정책에 참여시키려는 김대중 정부의 의지와 정면으로 충돌한다.

하지만 여기서 산케이는 한국의 우익인사들과는 의기가 투합한다. 산케이가 한국에 대해 영향력을 행사하고, 구로다 특파원이 한국 기자를 제치고 특종을 할 수 있는 것은 이런 이유 때문이다. 구로다 특파원은 황장엽씨 논문을 먼저 입수하게 된 경위를 예로 들어 이렇게 말했다.

“북한 귀순자들은 목숨을 걸고 찾아온 한국에서 푸대접을 받고 있다고 생각한다. 이렇게 무시를 당하니, 그들은 하소연을 들어줄 상대로 외국 언론을 찾는 것이다. 옛날에는 한국의 민주운동가들이 그러했었다.

김대중 대통령이나 김영삼 전대통령도 한국에서 민주주의를 말하기 힘들면 외국 언론을 통해 하고 싶은 말을 했었다. 그런데 요즘은 180도로 사정이 바뀌어, 우파 사람들이 외국 언론을 찾고 있다. 한국의 우익들이 산케이를 찾는 것은 산케이의 문제가 아니고, 그들의 말을 들어주지 못하는 한국 언론의 문제다.”

“군국주의와 우경화는 다르다”

‘할 말은 하겠다’는 산케이가 두 번째로 주장하는 것이 ‘일본판 역사 바로 세우기’다. 이러한 주장은 한국과 중국에서는 ‘일본의 역사교과서 왜곡’이나 ‘일본의 우경화’ 등으로 보도되는 경우가 많다.

이 문제를 다루기 위해서는 2차 세계대전 패전 이후의 일본 언론을 간략히 살펴볼 필요가 있다. 일제 식민지배 시절 적잖은 한국의 젊은이들은 군인이나 정신대 등으로 전쟁에 끌려나가, ‘개죽음’을 당했다. 그런데 흥미로운 것은 상당수 일본인들도 도조 히데키(東條英機)를 비롯한 군국주의자들의 강압과 선동에 말려, 그들의 젊은이들도 ‘헛된 죽음’을 맞았다고 본다는 점이다.

한국인들은 도조 히데키를 포함한 일본 전체를 가해자로 보는 데 반해, 일본 국민들은 가해자는 도조 히데키를 비롯한 군국주의자들이고 자신들은 피해자라고 여기는 것이다.

군국주의로 인해 가장 큰 피해를 입은 것은 자신이라고 생각하는 일본인들은 전쟁과 군국주의를 혐오하는 분위기를 만들었다. 때문에 맥아더 원수가 일본은 '외국과 교전하지 않는다'고 명시한 헌법(평화헌법)을 만들 때 대부분의 일본인들은 저항하지 않았다.

유사 군사 조직인 자위대를 만들 때는 군국주의의 부활을 초래한다며 반대한 식자층이 적지 않았다. 이러한 일본인의 의식을 대변하는 신문이 아사히와 마이니치고 잡지로는 『세가이(世界)』다.

반면 전전(戰前)에 가졌던 일본의 가치관이 전부 나쁜 것만은 아니었다고 주장하는 언론이 있으니 산케이가 그 대표다. 월간지 『분게이순슈(文藝春秋)』도 때때로 산케이와 같은 견해를 취했다. 구로다 특파원의 말이다.

"한국에서는 산케이가 일본의 군국주의를 지지한다고 말하는 사람이 많은데 그렇지 않다. 산케이는 군국주의를 지지하는 게 아니라 일본이 지녀온 가치관 중에서 옳은 것은 그대로 지키자고 주장하는 것이다. 1960년대 일본의 좌익 학생조직인 전공투(全共鬪)가 전면에 나서 투쟁을 벌일 때의 일이다. 일본의 주류 언론은 학생들 편에 서서, 대학을 개혁해야 한다고 주장했으나, 산케이는 폭력을 사용해서는 안 된다며 학생운동 세력을 비판했다.

학생운동 세력이 적군파(赤軍派)로 발전해 총격전까지 벌이고난 다음에야 일본의 주류 언론은 폭력은 안 된다는 쪽으로 방향을 선회했다. 이러한 투쟁의 연장선에서 산케이는 '공산주의와 사회주의는 문제가 있다' '일본의 교육제도와 행정제도를 개혁해야 한다' '일본의 정체성을 부정한 전후 헌법을 개정해야 한다'는 것을 연속적으로 보도했다. 산케이의 이러한 주장에 대해 과거 일본인들은 귀기울이지 않았으나, 1980년대를 분수령으로 달라지기 시작했다."

보통국가론 선도

산케이의 주장은 '보통국가론'에 수렴된다. 보통국가란 군대를 보유하고 외국과 자유로이 동맹을 맺어 집단자위권을 행사할 수 있는 나라다. 그러나 평화헌법은 이러한 행동을 금지하는데, 일본인은 이러한 제약을 받는 일본을 전범(戰犯)국가로 부르고 있다(그러나 보통국가와 전범국가는 어디에 명시돼 있는 것이 아니고 일본에서 통상 이렇게 구분할 뿐이다). 보통국가론은 자위대를 군대로 재편해 외국과 동맹을 맺고 PKO 활동 등을 할 수 있도록 헌법을 개정하자는 것이다.

일본 총리대신의 야스쿠니(靖國)신사 참배, 역사교과서를 새로 써야 한다는 주장, 독도와 센카쿠(尖閣)제도에 대한 영유권 주장, 미일 안보조약을 강화하는 쪽으로의 개정 찬성 등은 헌법 개정을 돕거나 보통국가론과 맥을 같이하는 일련의 운동들이다.

보통국가론을 주장하는 산케이는 어떤 회사인가. 이 신문은 언제부터 우익노선을 걷게 되었을까. 산케이는 1932년 6월 오사카(大阪)에서 '일간공업신문'으로 창간되었다. 오사카는 한국에 빗댄다면 부산에 해당하는 도시다. 한국의 중앙지는 대부분 서울에서 창간됐으나, 일본의 주요 일간지들은 오사카에서 창간되었다. 일본의 3대 일간지 중에 요미우리만 도쿄에서 창간했고, 아사히(朝日)와 마이니치(每日)는 오사카에서 창간됐다.

오사카는 일본의 옛 수도인 교토(京都)에 가까운 경제와 문화의 중심지였다. 1923년 9월 1일 도쿄를 중심으로 한 간토(關東) 지방에서 대지진이 일어나 14만 명의 사상자가 발생하자, 일본에서는 수도를 도쿄에서 오사카로 옮겨야 한다는 주장이 일었다. 오사카 천도론 덕분에 오사카는 많은 언론의 창간지가 되었다.

1980년 전두환 정부가 언론 통합을 단행했듯이, 군국주의 시절인 1942년 11월 일본정부는 '신문통합령'을 발동했다. 이때 일간공업신문을 포함해 아이치(愛知)현 서쪽에서 발행된 산업경제지들이 통합해 '산업경제신문'이 되었다. 반면 아이치현 동쪽 그러니까 도쿄를 중심으로 한 지역에서 발행되던 경제지들은 지금의 '니혼게이자이(日本經濟)'로 통합되었다.

2차 세계대전 후인 1950년 3월부터 산업경제신문은 도쿄에서도 인쇄를 시작했다. 1955년 2월에는 도쿄 본사를 설립함과 동시에 인기를 끌고 있던 프로야구 독자를 흡수하기 위해 자매지 '산케이스포츠'를 창간했다.

한국의 중앙지들은 서울에 본사를 두고, 부산에는 지사만 두고 있다. 그러나 일본의 중앙지들은 도쿄와 오사카에 각각 본사를 두고 있다. 도쿄본사와 오사카본사 중에 물론 도쿄본사의 비중이 크다. 하지만 오사카본사도 그 크기가 만만치 않다. 매체력이 큰 아사히는 도쿄·오사카 외에도 나고야(名古屋)와 세이부(西部)에도 본사를 두고 있다.

1967년 12월 이 회사는 후지 TV·닛폰방송·분카방송 등과 합쳐지면서 '후지 - 산케이 그룹'이 되었다. 산케이 계열사인 후지 TV는, 그룹 내에서는 돈을 벌어주는 그야말로 효자 기업이다(일본의 중앙지들은 TV 방송을 갖고 있다. 요미우리는 김정남의 불법입국을 특종 보도한 '니혼TV', 아사히는 '아사히 TV', 마이니치는

'TBS'에 지분 참여를 했고, 니혼게이자이는 '테레비 도쿄'를 갖고 있다. 일본에는 이러한 5대 민방 외에 공영방송인 NHK가 있다).

1969년 산케이는 '석간(夕刊) 후지'를 창간했다. 산케이가 조·석간(朝夕間) 체제로 발행되는 정론지라면, 석간 후지는 석간으로만 발행되는 대중지다. 타블로이드판인 이 신문은 정치·경제 등 일반 뉴스도 싣지만, 스포츠와 경마·오락·연예 등이 더 큰 비중을 차지한다.

1973년에는 당시 상당한 인기를 끌고 있던『분게이순슈(文藝春秋)』를 벤치마킹해 월간지『세이론(正論)』을 창간했다. 한국에는『신동아』『월간조선』이 월간지 시장을 리드하나, 일본에서는『분게이순슈』를 최선두로,『추오고론(中央公論)』『쇼군(諸君)』『세카이(世界)』『호세키(寶石)』등 여러 매체가 나름대로 시장을 형성하고 있다.

돈을 버는 후지TV, 주장 펴는 산케이

『세이론』은 한마디로 월간지계의 산케이다. 일본의 월간지들은 대체로 점잖은 논조를 유지하나, 세이론은 '할 말을 하는 잡지'를 표방하며 아사히신문을 정면으로 공격한다. 일본 헌법 개정 문제를 거론하며, 역사교과서의 기술 내용을 바꿔야 한다는 등 색깔을 분명히 드러내고 있다.

산케이와 세이론은 보수 우익 주장을 펼치는 매체로 활용되고, 후지TV와 석간후지·산케이스포츠는 이윤 창출을 노리는 매체로 자리잡게 되었다(이외에도 산케이는 일본공업신문을 발행하고 있다).

현재 후지 - 산케이 그룹은 산케이신문(20개사)·산케이빌딩(9개사)·분카방송(4개사)·공익법인(3개사, 5개 법인, 3개 회관)·후지TV(31개사)·닛폰방송(5개사)·쏘니카니온(음반 제작사 - 4개사)·리빙(9개사) 등 여덟 개 소그룹의 93개 사로 구성돼 있다.

그러나 이 그룹에는 절대 지분을 차지한 오너가 없다. 맥아더 군정 시절 미국은 '재벌 해체령'을 내려 창업자가 독점적으로 경영권을 행사해오던 일본식 경영방법을 해체했기 때문이다.

산케이가 보수 색채를 띠게 된 데는 일본 재계(財界)의 지원이 큰 몫을 했다. 1960년대 일본은 1980년대의 한국과 비슷했다. 전공투(全共鬪)를 중심으로 한 일본의 대학생들은 연일 시위를 벌였다. 인도차이나에서는 월남전쟁이 진행중이었고, 한반도에서는 1·21사태와 푸에블로호 납치사건, 울진·삼척사건(1968년)이

연이어 일어나는 등 냉전이 치열했다.

이에 위기감을 느낀 일본 경제계는, 그들이 원하는 '자유민주체제를 지켜줄 언론이 필요하다'는 인식을 하게 되었다. 미즈노(水野成夫)씨를 비롯한 당시의 일본 경제계 실력자들은 재정이 나빠 허덕이던 경제지 '산업경제신문'을 주목했다. 그래서 주주들을 설득해 시카나이 노부다카(鹿內信隆)씨를 이 신문 사장으로 추대했다.

시카나이 사장은 긴축 경영으로 산업경제신문을 살려내면서 신문 이름을 '산케이'로 바꿔 "자유민주질서를 지켜야 한다"는 우파의 목소리를 대변하게 했다. '확실히 할 말을 하는 신문(はっきりモノをいう新聞)'이라는 산케이의 특성은 이때부터 고착된 것이다.

산케이 친구인가, 적인가

산케이의 스미다(住田) 주필은 "이러한 산케이의 전통을 이어가기 위해, 수습 기자를 뽑을 때 나름의 방법으로 이념을 검증하고 있다"고 말했다. 때문에 앞으로도 산케이는 우익을 대변할 것이 분명하다. 이러한 산케이 논조에 대해 고이즈미 순이치(小泉純一郎) 총리를 비롯한 일본 여당의 실력자들은 확실히 동조하는 추세다.

이러한 산케이를 뒷받침하는 것이 요미우리다. 일본 최대 신문인 요미우리는 약간의 시차를 두고 산케이의 주장을 수용해 전 일본으로 확산하고 있다. 산케이 - 요미우리로 이어진 보수파 언론의 발행부수와 아사히 - 마이니치로 대표되는 진보 언론의 발행부수는 엇비슷하다(대략 1200만 부 정도).

하지만 산케이에도 약점이 있다. 부수가 크게 늘지 않는 것이다. 산케이는 판매망이 도쿄와 오사카에만 집중돼 있어, 규슈와 홋카이도 쪽까지 장악하고 있는 요미우리와 아사히 등을 도저히 따라잡을 수 없다. 여기 산케이의 고민이 숨어 있다.

이러한 산케이를 과연 우리는 어떻게 볼 것인가. 산케이는 통일을 지향하는 한국의 적인가 동지인가? 이제는 독자들이 진지하게 생각하고 선택할 차례다.

이정훈 기자

【심층연구】 일본 우익의 선봉 산케이신문
산케이 주필·논설위원장·서울특파원 3인 연쇄인터뷰
『新東亞』제501호 2001. 6

　지난 5월 8일 산케이신문 도쿄본사에서 산케이의 논조를 이끌고 있는 스미다 나가요시(住田良能) 주필과 요시다 노부유키(吉田信行) 논설위원장을 만났다. 스미다 주필은 오사카본사 대표를 겸하고 있는 산케이의 실세고, 요시다 논설위원장은 1980년대 서울특파원을 지낸 인물이다. 그리고 5월 14일에는 서울에서 구로다 가쓰히로(黑田勝弘)특파원을 만났다. 구로다 특파원은 구모리 전 베이징특파원(현재는 워싱턴특파원) 등과 더불어 정년 없이 근무하는 산케이의 '특별기자'다. 1980년 교토(共同)통신의 서울특파원을 하다가 1988년 산케이로 옮겨온 그는, 한국을 소재로 18권의 책을 펴냈다.

"균형 잡힌 역사교과서 필요하다"
스미다 나가요시(住田良能) 주필

　산케이는 중국을 반대하고 대만을 지지하는 것 같다.
　"많은 사람들이 산케이가 '친(親)대만 반(反)중국' 노선을 걷는다고 말하고 싶어하는데, 그렇지 않다. 산케이는 좋은 것은 좋고 나쁜 것은 나쁘다고 말하고 싶어할 뿐이다. 대만은 선거로 정부를 구성하는 자유민주 국가고 중국은 일당독재 국가니, 어디가 좋은지는 자명할 것 아닌가. 산케이는 중국과 친하게 가야 한다고 주장한다. 그러나 중국이 대만지국 폐쇄를 조건으로 베이징지국 재개를 제의했을 때 산케이는 이를 따르지 않았다. 언론 보도기관에 대해 다른 사람이나 기관이 이래라 저래라 하는 것은 옳지 않다는 것이 산케이의 의지다."

　산케이가 다른 언론과 차별화 전략을 펼쳤음에도 판매 부수가 5위인 것은 무슨 이유인가.
　"그러나 산케이는 일본 국민에게 산케이가 있다는 인식을 심어주는 데는 성공했다. 그 결과 오사카에서는 아사히를 이기고 2위로 부상했다. 일본 국민들에게 산케이의 존재를 심어준 점은 판매부수가 늘어나는 것보다 중요하다. 산케이는 일본 지식인을 움직여왔다고 자부한다."

산케이는 북한에 대해서는 비판적인 반면 군사독재를 펼친 한국의 박정희 대통령에 대해서는 좋게 평가하는 것 같다.

"북한에 비판적이지 않은 사람이 있는가? 한국은 자유로이 갈 수 있는 나라지만 북한은 그렇지 않다. 과거 박정희 대통령이 펼친 방법이 혐오감을 줄 수는 있어도 그는 한국에 발전을 가져왔다. 현재의 가치관으로 박정희 대통령과 북한을 같은 위치에 놓고 비교하는 것은 옳지 않다."

전두환 정부는 어떻게 평가하는가.

"전두환 정부의 탄생 배경과 광주사태 등과 관련해 알려지지 않은 사실이 있어 뭐라고 말하기 어렵다. 하지만 일본의 안전보장을 위해서는 한반도의 안정이 소중하다고 생각한다. …… (이어 요시다 논설위원장이 답변) 전두환 정권이 들어섰을 때 우리는 과연 일본의 안전이 보장될까 매우 불안해했다. 그래서 나카소네 총리 시절 45억 달러를 지원했는데 그것이 좋은 결과를 낳았다. 전두환 정부가 단임을 실천하고 올림픽을 유치한 것은 잘한 일이라고 생각한다."

중국과 영유권 분쟁을 빚고 있는 센카쿠 제도에 대한 산케이의 의견은 무엇인가.
"일본의 고유 영토라고 생각한다. 그러나 영유권 분쟁은 평화적인 방법으로 풀어가야 한다고 생각한다."

한국과 마찰을 빚고 있는 독도 영유권 분쟁에 대해서는 어떻게 생각하는가.
"그 질문에는 답하고 싶지 않다. 그 문제를 거론하는 것은 한일 양국에 득이 되지 않는다. 다만 독도 문제가 불거질 때 한국 국민들이 보여주는 행동력만큼은 매우 부럽다."

산케이가 아사히 비판에 열심인 것은 무슨 이유인가. 1994년 TV아사히의 보도국장이 자민당을 지지하라고 지시한 것을 밝혀내 맹공을 퍼부은 것도 산케이였다.
"전후 언론자유와 인권이 신장된 데는 우리도 대찬성한다. 그러나 일본의 전통적인 가치관을 무조건 배격하는 데는 반대한다. 일본 고유의 가치관과 전후에 들어온 새로운 가치관을 균형 맞춰 계승하는 것이 중요하다.

TV아사히의 국장 발언 건에 대한 산케이의 보도는 다른 관점에서 접근해야 한다. 신문은 읽고 싶은 사람들이 돈을 내고 사보는 것이기 때문에 자기 논조를 드러내도 되지만, 전파는 전국민이 공유하는 것이라 편파적이어서는 안 된다고

방송법 등은 규정하고 있다. TV아사히 국장은 이러한 원칙을 깼기 때문에 산케이가 비판한 것이다. 그러나 만약 정부가 TV아사히에 대해 '그런 말(자민당을 지지하라)을 하지 말라'고 간섭했다면, 산케이는 정부를 비판했을 것이다. 방송 매체가 공정성을 지키는 것도 중요하지만, 정부가 언론에 개입하는 것도 옳지 않기 때문이다."

고이즈미 총리는 집단자위권을 가져야 한다고 주장하는데 이를 어떻게 생각하는가.
"아주 당연한 주장이다. 일본은 보통국가가 되어야 한다."

맥아더 군정 때 제정한 일본의 평화헌법 개정에 대해서는 어떤 견해를 가지고 있는가.
"평화헌법, 평화헌법 하는데, 일본에는 평화헌법이라는 것은 없고 일본국 헌법만 있다는 것을 분명히 하자. 많은 사람들은 일본의 교전권을 부인한 헌법 9조만 거론하는데, 9조가 일본국 헌법의 전부는 아니다. 일본이 새로운 시대에 대응하려면 헌법일지라도 고칠 것은 고치고 뺄 것은 빼야 한다. 9조가 국제사회에서 공헌하려는 일본을 제약한다면, 그리고 일본의 안전보장을 위해 필요하다면 고쳐야 한다."

산케이 산하의 후소샤가 역사교과서 출판에 관여한 것은 무슨 이유인가.
"후소샤는 후지 - 산케이 그룹사 중 하나지, 산케이 산하가 아니다. 그 문제는 후소샤에 물어보라. 우리는 현재의 일본 역사교과서에 잘못된 것이 있다는 데는 같은 의견을 갖고 있다고만 말할 수 있다.
이는 중국에 대한 침략전쟁과 한국에 대한 식민지배를 미화하려는 것이 아니다. 중국과 한국을 침략하고 지배한 것에 대해서 깊이 반성하고 미안하게 생각한다. 다만 일본의 역사교과서는 메이지 이후의 일본 역사를 어둡게 기술해왔다. 2차 세계대전 때 일본은 나쁘고 외국은 다 잘했다고는 생각하지 않는다. 시대 환경과 내부 상황이라는 것이 있다. 역사에는 빛도 있고 그림자도 있다. 이러한 것을 균형 있게 기술해서 후손에게 넘겨주자는 것이 우리의 주장이다.
예를 들어 1945년 8월 초(구체적으로 소련의 對일전 참전 등이 거론된 포츠담 선언이 있은 후)를 살펴보자. 이때 일본은 미국과 전쟁을 벌이고 있었는데, 이 전쟁은 국익과 국익이 맞부딪친 전쟁이었다. 반면 중국과의 전쟁은 침략전쟁이었기에 우리는 잘못됐다고 시인하는 것이다. 그러나 소련과의 전쟁은 우리가 침략한 것이 아니라 소련이 침략해서 일어난 전쟁이다. 당시 일본은 소련과 불가침조약을 맺고 있었는데, 소련은 이를 깨고 일본을 공격했다(그 결과 구나시리 등 북방 4개 섬까지 불법으로 가져갔다). 이렇게 여러 가지 상황이 있으니 이를 균형 있고 객관적으로 기술해 후세에게 전달하자는 것이다."

"한국의 햇볕정책 심히 유감스럽다"
요시다 노부유키(吉田信行) 논설위원장

김정일 정권을 어떻게 평가하는가.
"북한은 김일성에서 김정일로 권력을 세습했다. 김정일은 아버지가 살아 있을 때 아웅산 사건과 김현희의 대한항공기 폭파사건을 주도했다. 그런 이유에서 나는 '한국은 과연 이러한 인물과 좋은 관계를 맺을 수 있는가?'라고 반문하고 싶다. 『신동아』에는 미안하지만 우리는 『월간조선』의 조갑제 편집장과 같은 입장이다(조갑제 편집장은 산케이의 '正論'이라는 칼럼란에 글을 쓰고 있다). 한국에서는 조선일보를 뺀 거의 모든 언론이 햇볕정책을 따라가고 있는 것 같다."

일본은 불법입국한 김정일의 아들 김정남을 추방했다. 북한이 납치한 일본인 문제에 대해서는 어떻게 생각하나.
"납북자 문제는 한국과 일본, 그리고 미국이 협력해서 풀어갔으면 정말 좋겠다. 이러한 협조를 이끌어내지 않는 한국의 햇볕정책이 심히 유감스럽다. 일각에서는 불법입국한 김정남과 납북된 일본인을 교환해야 한다는 주장을 펼쳤는데, 불법입국자를 구금할 수 있는 기간은 최장 60일이기 때문에 현실적으로 불가능하다. 하지만 위조여권으로 걸려 추방된 것만으로도 북한은 불명예스러울 것이다. 일본정부가 김정남이라고 단정하지 않고 김정남으로 보이는 인물이라고 해서 돌려보낸 것은 북한에 빚을 안겨준 것이다. 일본정부의 선택이 적절했다고 생각한다."

산케이에는 북한문제를 전문적으로 다루는 팀이 있는가.
"외신부 안에 한반도 정세를 담당하는 팀이 있다. 의문이 많은 나라는 자꾸 들여다보고 싶은 게 기자의 속성이다. 그런데 서울에 '막강한' 구로다 특파원이 있어 가지 못하는 기자 10여 명이 있다. 이들을 묶어서 태스크 포스를 만들었다.

이들은 노동신문을 읽어야 하기 때문에 모두 한국어를 구사할 수 있다.”

후지TV와 석간 후지로 돈을 벌고, 산케이와 월간지 『세이론(正論)』으로 논지를 펼치는 것이 후지 - 산케이 그룹의 대전략인가.
“후지TV의 매출액은 전체 그룹 매출액의 3분의 1에 이른다. 방송으로는 돈을 벌고 신문과 잡지로는 논지를 펼치고 있다.”

석간 후지와 산케이스포츠는 상업성이 너무 강한 것 같다. 점잖은 논조의 산케이와는 어울리지 않는 것 같다.
“산케이는 한국에서 내리 비판만 받고 있는데 뭐가 점잖은가(웃음). 시카나이 노부다카 사장 때 영국 언론계를 조사해보니 정론지보다 연예오락지 판매부수가 많았다. 그래서 스포츠와 오락 기사가 많은 석간 후지를 창간했다. 집에서는 산케이를 보고 전철 안에서는 석간 후지를 보도록 차별화한 것이다. 산케이 스포츠는 도쿄 올림픽 전 스포츠 시대가 열리는 것에 대비해 창간했다. 부수는 산케이가 많지만 이익은 석간 후지와 산케이스포츠에서 더 많이 내고 있다.”

한국 언론과 지식인에게 하고 싶은 말은.
“과거 한국 언론은 북한에 대해서는 편하게 비판했으나 김대중 정부가 들어서면서 비판이 어려워졌다. 일본 문제에 대해서도 그와 유사한 변화를 일으켰으면 좋겠다. 지난 50년 간 일본은 침략을 한 적이 없는데도, 한국 언론은 1945년에 고정된 시각에서 너무 편하게 일본을 비판해왔다.

지난 10년 간 일본은 세계에서 가장 많은 ODA 자금을 제공한 나라다. 한국 언론은 다채로운 각도와 다양한 시각으로 일본을 보도해달라. 이런 말을 하면 한국인들에게 야딘맞을지 모르지만, 우리는 일본이로 번역된 한국의 역사교과서를 읽고 있으나, 한국에 수정을 요구한 적은 없다. 한국 지식인들도 이제는 그들이 갖고 있는 일본관을 용기를 갖고 자유롭게 말할 수 있어야 한다.”

“산케이가 우경화된 것이 아니라, 한국이 좌경화됐다”
구로다 가쓰히로(黑田勝弘) 서울특파원

산케이 보도에 대한 한국 MBC의 항의에 대해 정정 보도를 하지 않은 이유는?
“그 기사는 MBC 사장 인사가 아니라, 한국정부가 주도하는 언론 개혁을 소재로 한 기사다. 김대중 정부가 정권 말기에 언론 개혁을 하는 데는 정치적 상황이 깔려 있는 것 같다는 내용이었다. 기본적으로 나는 언론 개혁은 언론이 스스로 해야지 정부가 간여해서는 안 된다고 생각한다. 때문에 지금처럼 언론 개혁에 찬성하는 세력에 비판적이 될 수밖에 없다. 김중배 사장은 시민운동을 한 분이고 MBC는 언론 개혁에 적극적이었으니, 기사에 그렇다고 쓴 것이다.

내 기사에 대해 MBC는 '김사장 취임은 정부와 무관하다. MBC는 정부의 언론 개혁에 간여하지 않았다'며 정정 보도를 요구했다. 이에 대해 나는 '표현에 지나친 부분은 있었지만 기본적으로 이는 견해차이다'라고 말하고, MBC의 입장을 소개하는 기사를 썼다. 그런데도 부족하다고 하기에 나는 '김사장께서 저와의 인터뷰를 통해 소신을 밝혀주시면 좋겠다. 내 기사에 오보가 있다면 인터뷰를 통해서 사과하고 정정하겠다'는 뜻을 전했다. MBC는 서면 인터뷰로 하자는데, 나는 서면 인터뷰는 곤란하다는 생각이다."

반잠수정 건으로는 합참에 사과했는데.

"제보자는 반잠수정이 출현한 시각(2월 12일 오후 4시30분)을 밝히는 등 매우 구체적으로 알려주었다. 물론 기사를 작성하기 전에 합참이나 국방부에 확인하는 절차를 밟을 수 있었지만, 부정적인 답변이 나올 것이 뻔했다. 그래서 일단 기사를 쓴 후 반응을 보려고 한 것인데, 합참은 구체적인 상황까지 설명하며 북한의 반잠수정이 한국 남서해안에 침투한 사실이 없다고 밝혔다. 그래서 한국군의 대북 경계체계에는 변함없다는 합참의 주장이 포함된 기사를 반론으로 소개했는데, 부족하다며 정정 보도를 요구했다. 내가 쓴 기사를 뒷받침할 확실한 정보를 추가로 확보할 수 없었기에 정정과 사과 보도를 내보내게 되었다."

국제신문에 쓴 글에 대한 시민단체의 반발을 어떻게 생각하는가.

"요즘은 '산케이 배팅(산케이 때리기)'이 유행이니까……(웃음) 내가 역사왜곡을 한 신문사 소속이라서 그러나?(웃음) 내 글의 게재 여부는 국제신문이 결정할 일이다. 문제를 제기한 분들은 한겨레를 열심히 읽는 모양이다. 한겨레의 '여론 나침반'에 같은 내용이 나왔었으니까. 문제가 된 칼럼은 부산에서 철거하기로 한 '영도다리'를 소재로 한 것이다.

6·25전쟁 때 피란민들은 부산 영도다리에서 만나기로 하고 흩어져 월남했다. 또 '굳세어라 금순아'라는 노래에도 영도다리가 나오니, 철거한 후에 기념비라도 세우는 것이 좋겠다고 썼다. 그런데 이 칼럼을 쓰기 전에 한 주간지를 봤는데,

주간지 제목이 '6 · 25전쟁의 비극과 일제 학정을 지켜본 다리'였다.

그래서 국제신문 칼럼에 '영도다리를 6 · 25 비극의 상징으로 볼 수는 있어도, 일제 학정과 연결시키는 것은 옳지 않다. 영도다리는 시민들의 관광명소였다는 기록도 있으니 일제하의 학정보다는 근대화의 상징으로 봐야 한다'고 썼다. 그런데 국회에서는 여당의원이 산케이지국을 폐쇄하라는 말까지 했다. 1980년 광주사태 때 산케이를 비롯한 일부 일본 언론의 서울지국이 폐쇄됐는데, 20년 만에 같은 소리가 나온 것이다. 군사독재 시대에 나오던 이야기가 왜 이 시대에도 나오는지 모르겠다."

일부 한국인은 구로다 특파원을 가리켜 일본의 대륙 낭인(浪人)이라고 한다.

"낭인이 될 배짱이나 있었으면 좋겠다. 나는 일개 기자다. 정치에까지 개입할 능력은 없다."

항의가 들어오거나 정정 보도를 한 후의 스트레스는 어떻게 푸는가.

"한반도라고 하는 '내 책상'에는 '서랍'이 여러 개 있다. 한국의 역사 · 정치 · 경제 · 문화 · 생활 등 주제가 다른 서랍이 많은 것이다. 한두 개 서랍에서 불쾌한 일이 일어나면 이를 확산시키지 않고, 다른 서랍을 열어 거기에 집중한다. 구로다와 산케이를 비난하고 협박하는 전화도 걸려오지만, 반대로 격려하는 분도 있기 때문에 크게 스트레스를 받지 않는다."

한국에서 기자 활동을 하는 데 어려움은 없는가.

"세계 여러 나라에 일본 언론의 특파원이 나가 있지만, 나는 서울 특파원이 가장 보람 있는 자리라고 생각한다. 한국에서 일본이 차지하는 비중이 크다 보니 한국정부와 정치인, 국민들은 일본 기자들을 비교적 잘 대접해준다. 우리는 가끔 한국 대통령과 악수할 기회를 갖는데, 워싱턴이나 베이징 · 모스크바에 나가 있는 일본 기자들은 그런 기회를 갖기 어렵다. 그러나 반대로 기사에 대한 반응이 크고 빠른 곳도 서울이다. 책임이 크기 때문에 신경이 많이 쓰이지만, 부담보다는 보람을 느끼고 지낸다."

한국 언론을 어떻게 생각하는가.

"한국 언론은 '산케이는 극우이고 일본은 우경화하고 있다'고 쓰고 있다. 그런데 우니 좌니 하는 것은 자기가 서 있는 위치에 따라 달라질 수 있는 것이다.

산케이는 예나 지금이나 항상 같은 자리에 있었다. 그런데도 산케이를 가리켜 극우라고 하는 것은, 한국 언론이 좌경화했다는 뜻일 수도 있다. 이런 내용의 칼럼을 썼더니 한국 국정홍보처에서 표현이 지나치다고 항의해왔다."
　이정훈 기자

【심층연구】 일본 우익의 선봉 산케이신문
산케이(産經)의 돌격 vs 아사히(朝日)의 정론
『新東亞』 제501호 2001. 6

　역사교과서문제, 북한 문제, 재일동포의 지방 참정권 문제, 國旗·國歌 문제, 자위대의 군대화 문제, 헌법개정 문제, 야스쿠니신사참배 문제 등 일본 내의 가장 뜨거운 주제에 대해 산케이와 아사히는 항상 정반대의 논조를 내놓고 있다. 보통국가 지향이 일본의 국론이 되어가는 지금, 아사히는 이러한 움직임에 우려의 시각을 유지하고 있으나, 산케이는 당연하다는 논조다. 아사히를 맹공격함으로써 자신의 논조를 극명화하는 산케이. 그 내막을 살펴본다.

　한국정부가 5월 8일 일본측에 역사교과서의 재수정을 요구하자 일본의 주요 신문들은 9일자 신문에 일제히 사설을 게재했다. 그러나 각 신문사의 시각을 대변하는 사설은 완전히 양분됐다. 아사히(朝日)신문은 "긍정적으로 받아들여야 한다"고 했지만, 산케이(産經)신문의 '주장'(사설에 해당)은 "절대로 받아들여서는 안 된다"고 썼다.
　"……(한국정부의) 지적은 '명백한 잘못' '해석이 왜곡돼 있다'는 등을 그 이유로 제시하고 있다. 추상적인 비판이 아니라 일본에서도 검토가 가능한 구체적인 지적이다. 이웃이 전문가를 모아 확실한 검토를 바탕으로 요청한 의견이다. 겸허하고 냉정하게 귀기울이고 싶다.……후소사(扶桑社·'새로운 역사교과서를 만드는 모임'이 집필한 교과서를 출판한 출판사)를 비롯해 각 교과서 발행사도 이번 지적을 확실하게 받아들였으면 좋겠다."(아사히신문, '더 나은 교과서에 일조가 되도록')
　"한국정부가 검정이 끝난 교과서에 대해 수정을 요구한 문제에 대해 고이즈미 준이치로(小泉純一郎) 총리를 비롯해 각 각료들은 검정 후의 재수정은 불가능하다는 견해를 다시 한 번 표시했다. 모리 요시로(森喜朗) 전 총리의 방침을 이어받아 우선은 냉정하게 대응한 것을 평가하고 싶다.……이번 한국의 요구는 모두 역사 인식을 둘러싼 주장이다. 비록 자세히 조사를 하더라도 그에 따른 정정은 있을 수 없고, 있어서도 안 된다. 문부과학성에 일층 의연한 자세를 촉구하고 싶다."(산케이신문, '의연하게 거부하는 자세를 관철하라')

아사히를 공격하는 산케이

두 사설은 아사히신문과 산케이신문이 같은 사안에 대해 얼마나 다른 시각을 갖고 있는지 여실히 보여준다. 그러나 이번 사설은 교과서문제와 관련한 두 신문의 상반된 사설과 기사 중에서도 일부분에 불과하다. 올 들어 교과서문제가 한일 간의 최대 현안으로 등장하면서 아사히신문이 먼저 의견을 제시하면 산케이신문이 곧바로 반박하는 경우가 한두 번이 아니었다.

산케이신문은 5월 6일 '역사를 배운다'는 사설을 게재했다. 부제는 '일본인으로서의 긍지를 - 요구되는 국가의식의 함양'이었다. 새로운 역사교과서를 만드는 모임(이하 모임) 측이 집필하고 산케이신문의 계열사인 후소샤가 펴낸 중학교 역사교과서가 3월 말 문부과학성의 검정을 통과한 것을 계기로 쓴 사설이었다.

"근년, 국제화의 진전에 따라 일본의 전통이나 문화를 너무 강조해서는 안 된다는 풍조가 일부에서 강해지고 있다. 아사히신문은 5월 1일자 사설 '역사를 배운다'에서 '이미 국가가 전부가 아니다. 국가의 틀을 넘어 서로 협력할 수 있는 것은 얼마든지 있다' '나라를 위하여라는 생각이 당연시되던 반세기 전과 비교해볼 때 '인간으로서'의 부분이 확대되고 있다'고 쓰고 있다. 확실히 지구온난화 등 국경을 넘어 인류가 서로 지혜를 짜내지 않으면 안 될 문제가 많다. 그러나 그것이 곧바로 국가의식의 희박화나 지구시민회로 연결되는 것은 아닐 것이다. 국제화가 진행되는 시대야말로 건전한 국가의식은 더욱더 필요한 것이다."

이 사설은 명백히 아사히신문의 사설을 반박하기 위해 쓴 것이다. 아사히신문의 사설이 5월 1일자였고, 산케이신문의 사설은 6일자였다. 아사히의 사설 제목이 '역사를 배운다'였는데 산케이의 사설도 '역사를 배운다'로 똑같았다. 사설은 보통 하루에 두 건을 싣는데 아사히 사설은 한 건으로 매우 긴 것이었고 산케이의 것도 마찬가지였다.

203만 對 839만

이뿐만 아니다. 아사히신문이 2월 22일 '검정의 행방을 주시한다'는 사설에서 모임 측이 집필한 교과서가 문부성 검정을 통과할 가능성에 대해 우려를 표시하자 산케이신문은 이튿날인 23일 즉각 '아사히 사설 - 검정에 압력을 가하려는 것인가'라는 제목의 사설을 통해 이를 정면으로 반박했다. 3월 6일에는 1면에 '아사히신문의 교과서보도'라는 장문의 기사로 아사히신문의 교과서 관련 보도 전체를 조목조목 비판하기도 했다.

다른 신문의 사설이나 기사를 정면으로 문제삼는 이런 식의 공방은 일본 언론계에서 매우 보기 드문 현상이다. 제3자의 눈으로 보면 아사히와 산케이가 정면 대립하고 있다고 볼 수밖에 없다. 교과서문제뿐만 아니다. 여러 가지 쟁점에서 두 신문은 상반된 의견을 제시할 때가 많다. 이 글에서는 아사히신문과 산케이신문이 어떤 문제에 대해, 어떻게 다른 의견을 제시하고 있는지를 살펴보고자 한다.

그러나 이 글은 누가 옳고 그른가를 따지려는 것은 아니다. 사설과 기사라는 객관적인 자료를 바탕으로 두 신문의 주장을 비교해보자는 것이다. 물론 '대일본 제국'의 피해자인 한국으로서는 산케이신문의 보수적인 논조가 마음에 들지 않는 것도 사실이다. 그러나 일본 국내에 산케이신문의 주장에 동조하는 세력이 존재하고 있다는 점도 부정할 수 없다.

또 한 가지. 아사히신문은 산케이신문과 대립하고 있다는 인상을 주는 것을 원치 않는다는 점이다. 아사히신문의 역사는 120년을 넘어섰다. 산케이신문은 1933년 창간된 '일본공업신문'이 모태다. 1월 현재 아사히의 공식 판매부수(ABC 부수)는 839만 부로 203만 부인 산케이신문의 네 배가 넘는다. 역사와 부수가 전부는 아니지만, 아사히신문으로서는 산케이신문과 비교당하는 것 자체가 탐탁치 않은 것이다. 아사히신문은 산케이신문이 자신의 기사나 사설을 반박하더라도 이에 직접적인 재반론은 하지 않는다. 자체 판단에 따라 '마이 웨이'를 갈 뿐이라는 것이다.

구체적으로 두 신문이 대립하고 있는 사안을 살펴보자. 한국과 직접적인 관련이 있는 또 하나의 현안인 영주외국인 지방참정권 부여문제를 둘러싸고도 두 신문은 상반된 주장을 하고 있다. 영주외국인이라고는 하지만 대부분이 재일동포이기 때문에 사실상 이 문제는 한국 관련 문제라고도 할 수 있다. 한국민단의 숙원사업이기도 하다. 김대중(金大中) 대통령과 김종필(金鍾泌) 전 총리 등도 일본을 방문하거나 일본 정치인들을 만날 때마다 이 문제에 대해 관심을 표명하고 일본 정치권의 협조를 당부했다.

영주외국인 참정권을 둘러싼 대립

아사히의 주장은 이렇다.

"국적이야 어떻든 납세 등의 의무를 지고 있고, 일본인처럼 살고 있는 사람들에게 지역의 여러 가지 문제에 대해 발언권을 주는 것은 당연한 일이다. 법안의 조기 가결을 바란다. 영주외국인은 약 62만 명에 달한다. 90% 가까이가 한국·조선(북한) 출신자 및 그 자손들이다.……이에 대해 자민당 내에서는 '참정권을 얻으려면 일본 국적을 취득하면 된다'는 목소리 외에, '지방선거권을 인정하면 나중에는 국정(국회의원 선거)에도 파급된다' '주민의 4분의 1 가까이가 영주외국인인 지역도 있다'는 등 강한 반대론이 나오고 있다. (이런 주장의) 근저에는 참정권과 국적은 하나이며 외국인에게 참정권을 인정하면 국가의 일체감이 훼손될 수 있다는 뿌리깊은 위기감이 놓여 있다. 한국이나 조선국적을 가진 사람들이 일본에 살게 된 역사적 경위나 국제적인 조류에는 눈길조차 주지 않는 주장이라고밖에 할 수 없다.……국제화와 어린이 감소경향에 따라 외국인이 계속 늘고 있다. 이런 사람들과 어떻게 살아갈 것인가 하는 것은 일본이라는 국가의 참 모습과도 관련이 있다. 영주외국인에게 선거권을 인정하는 것은 지방자치 이념에도 맞을 뿐 아니라 국제사회에서 일본이 살아가는 길이기도 하다."(2000년 2월 사설 '영주외국인에게도 부여를, 지방선거권'에서)

그러나 산케이신문은 절대 반대다.

"국가와 국민주권의 근간을 흔드는 중대한 사안으로 논란을 불러온 영주외국인에 대한 지방참정권 부여문제에 드디어 해결의 길이 보이고 있다. 지민·공명·보수의 여 3당은 특별영주외국인이 일본국적을 쉽게 취득할 수 있도록 하는 국적특례법안의 요강을 마련해 이번 국회에 제출하기로 합의했다. 일본국적을 취득해서 합법적으로 참정권을 획득하는 것이 가장 자연스러운 흐름이며 앞으로도 일본에서 함께 살아갈 영주자들에게도 현명한 선택이라고 할 수 있다……우리는 일본국적이 없는 영주외국인에게 지방참정권(자치단체의 장과 지방의원 투표권)을 부여하는 법안에 일관되게 반대해왔다. 국가의 방향타를 맡기는 참정권은 국정, 지방정치를 막론하고 그 국가와 운명을 함께하는 국민고유의 권리이자 의무라고 생각하기 때문이다."(2001년 4월 주장 '국적취득으로 결론을 내라'

에서)

산케이신문은 5월 9일 1면 머리기사로 영주외국인이 신고만 하면 국적을 취득할 수 있도록 하는 법안의 전문(全文)을 보도하면서, 이 법이 통과되면 참정권 부여법안은 필요없다는 분위기가 확산될 것이라고 지적했다. 즉 참정권을 얻으려면 귀화해야 하며, 지금까지 심사제였던 귀화절차가 간단한 신고제로 바뀌므로 별도의 참정권 부여법안은 필요없다는 논리를 강조했다.

이 문제는 최근까지도 결론이 나지 않은 채 논란이 계속되고 있다. 자민당과 연립하고 있는 공명당은 영주외국인의 지방참정권 부여에 가장 적극적이다. 연립정권을 발족할 때 자민당과 이 법안 제정에 합의했으므로 빨리 약속을 지키라고 요구하고 있다. 그러나 이 법안에 반대하는 자민당 소속 의원들이 워낙 많아 자민당 집행부는 머리를 싸매고 있다. 산케이신문은 자민당 내 반대 움직임을 매우 자세히 전하고 있다.

김정남과 납북자 문제

북한문제에 대해서도 산케이신문은 상당히 비판적이다. 김정일(金正日) 북한 국방위원장의 장남으로 추정되는 김정남(金正男)이라는 인물이 위조여권으로 불법 입국하려다 추방된 사건과 관련, 두 신문은 모두 사설(5월 5일)을 게재했다. 두 신문은 불법여권으로 입국을 시도한 것은 북한의 이미지를 더욱 악화시키는 사건이라는 점에는 의견을 같이했다. 그러나 적발한 지 사흘 만에 강제추방을 한 데 대해서는 의견이 갈렸다.

"입국관리국이 불법입국을 시도한 남성을 경찰에 고발해서 철저히 조사해야 했다든가, 북한의 일본인 납치문제를 해결하는 흥정재료로 썼어야 했다든가 하는 목소리도 적지 않았다. 납치문제의 조속한 해결을 원하는 가족들의 심정은 이해한다. 정부 조치에 납득하지 못할 점이 있을 것이다. 그러나 남성(김정남)의 신병을 계속 붙잡아두는 것이 과연 문제 해결의 지름길인가. 오히려 예전처럼 국교정상화 교섭을 통해 끈기를 갖고 해결해야 하는 것이 아닌가. 불법 입국하려던 남성이 김정남씨라고 단정할 수 있을 때까지 조사를 하거나 형사고발을 하면 북한과의 관계는 더욱 악화되고 일북 교섭은 단절될 것이다. 정부가 그렇게 판단한 것도 이상하지 않다."(아사히신문 사설, '그래도 이해하기 어렵다')

"북한의 김정일 총서기의 장남, 김정남씨로 보이는 남성 등 4명이 불법입국을 기도하다 추방됐다. 북한 최고지도자의 자식으로, 후계자로도 주목받는 인물이 위조여권을 사용하는 수법은 역시 국제상식에서 벗어난 '테러국가'의 체질을 상징하는 사건이라고 할 수밖에 없다.……불법입국자의 처리는 일차적으로 법무성이 관할하지만 총리 관저와 외무성의 대응은 석연치 않다. 입국관리법에 따르면 이런 경우 최장 60일 간 수용할 수 있다. 그런데도 불과 사흘 만에 본인이 희망한 대로 중국으로 돌려보냈다.……말할 필요도 없이 북한과는 일본인 납치의혹을 비롯해 많은 현안이 존재한다. 국교정상화 교섭도 지난해 10월 이후 중단된 채다. 이번 '사건'을 관계 타개의 카드로 쓰겠다는 정치적 판단은 할 수 없었나. 납치 피해자의 가족이 '절호의 재료를 납치 문제 해결에 활용하지 않는다면 국민에 대한 명백한 배신'이라고 분노한 것도 당연하다."(산케이 주장, '테러국가 체질을 엿보게 하는 수법'에서)

'김정남 사건'에 대한 의견차이는 '북한을 어떻게 볼 것인가', 또는 '북한을 어떻게 할 것인가'라는 문제와 깊은 관련이 있다. 아사히는 북한을 대화의 장으로 불러내고, 국교정상화를 통해 '불안요인'을 근본적으로 제거해야 한다는 생각이다. 그 과정에 경우에 따라서는 일본이 손해를 볼 수도 있다고 생각한다. 그러나 산케이는 "국교정상화의 필요성은 인정하지만 '양보'만이 능사는 아니다. 강경하게 대응할 때는 대응을 해야 한다"고 주장한다. 이 때문에 북한에 대한 쌀 지원이나 납치문제 대응방법, 남북간 화해 등 북한과 관련된 사안에 대한 두 신문의 시각에는 큰 차이가 있다. 산케이신문은 북한에 가족이 납치된 것으로 알려진 일본인 가족들의 대(對)정부활동이나 해외에서의 호소운동 등을 빠짐없이 보도하고 있다.

"쇼와 천왕의 날을 제정하라"

국기·국가법안에 대해서노 두 신문은 현격한 의견차이를 보였다. 국기·국가법안은 1999년에 통과됐다. 아사히신문은 이 법안이 논의될 때부터 '법안이 통과된 뒤 강요를 해서는 안 된다'는 자세를 유지했다. 그리고 '이 법안이 성립되더라도 일선 학교에 국기 게양이나 국가 제창을 강요하지는 않겠다'는 자민당의 의견이 지켜지는지에 대한 감시활동을 게을리하지 않았다. 이 때문에 일선 학교가 국기 게양이나 국가 제창 등을 강요하거나, 학생들이 이를 거부하는 사례를 자세히 보도했다. 그러나 산케이신문은 반대로 이 법안을 지키지 않는 일선 학교에 대해서 집중적으로 보도하고 있다.

과거와 관련된 문제로 대립하는 경우도 있다. 그중 하나가 '쇼와(昭和)의 날'

제정법안에 관한 것이다. 이는 ‘쇼와’ 연호(年號)를 사용했던 히로히토(裕人) 천황의 탄생일인 4월 29일을 ‘쇼와의 날’로 정하자는 것이다. 현재 이날은 ‘미도리(녹색)의 날’로 국경일이다. 쇼와 천황이 생존했을 때는 물론 ‘천황탄생일’이라는 이름으로 역시 국경일이었다. 그러나 1989년 히로히토가 사망하고 현 천황이 즉위함으로써 ‘천황탄생일’은 현 천황의 생일인 12월 23일로 바뀌고, 쇼와 천황의 생일은 ‘미도리의 날’로 바뀌었다. 그런데 지난해 ‘미도리의 날’이라는 것이 애매하므로 분명히 쇼와 천황을 상기할 수 있도록 ‘쇼와의 날’로 이름을 바꾸자는 법안이 자민당 주도로 제출됐다.

아사히신문은 “각자의 역사관이나 가치관과 밀접한 관련이 있는 법안이 무리하게 처리되는 데 대해 깊은 우려를 품지 않을 수 없다. 그렇게 해서 제정된 ‘쇼와의 날’이 ‘국민 모두가 축하하고, 감사하고, 기념하는 날’이 될 수 있을 것인가를 잘 생각해야 할 것이다.……쇼와라는 시대는 아시아뿐만 아니라 유럽 등에도 부(負)의 유산을 남겼다. 이것을 극복하고 미래에 대한 전망을 열어가는 것은 얼마나 미묘하고 어려운 과제인가”(2000년 5월 사설 ‘다시 한 번 폐안을 요구한다’)라며 이 법안의 폐기를 촉구했다.

산케이신문은 “그럴 때마다 쇼와 천황을 중심으로 국민의 구심력이 작용해 위기를 모면했다. 전후 불에 탄 폐허에서 기적이라고 할 수 있는 부흥을 이룬 것은 천황을 모시고 긴 역사를 걸어온 일본국민의 자부라고 할 수 있다.…… 다시 한 번 입법화 노력을 해서 반드시 ‘쇼와의 날’을 실현하고 싶다. ‘쇼와’가 잊혀지지 않게 하기 위해”(2001년 4월 주장 ‘다시 한 번 쇼와의 날을 시도하자’)라고 촉구했다.

비슷한 사안으로 야스쿠니(靖國)신사 참배문제가 있다. 야스쿠니신사는 1869년 메이지(明治) 천황이 전몰자(戰歿者)의 영혼을 위로하기 위해 만든 ‘도쿄(東京) 쇼콘사(招魂社)’가 전신이다. 1879년 야스쿠니신사로 이름이 바뀌었다. 청일전쟁·러일전쟁·만주사변·제2차 세계대전에서 숨진 군인·군속 246만 6000여 명의 위패가 놓여 있다.

1978년 이곳에 도조 히데키(東條英機) 전 총리 등 제2차 세계대전의 A급 전범 14명의 위패가 합사(合祀)되면서, 종전일(패전일)인 매년 8월 15일이 되면 일본 총리나 각료의 참배 여부가 주목을 끌게 됐다. 일본의 침략을 받았던 국가에서는 총리나 각료가 이곳을 참배하는 것을 ‘과거에 대한 반성의 결여’로 받아들이기 때문이다. 1985년 나카소네 야스히로(中曾根康弘)가 총리 자격으로 ‘공식참배’했을 때, 한국과 중국 등은 맹렬히 반발했다. 그 후의 총리들은 공식참배를 자제하고 있다. 그러나 일본 유족회 등 전몰자 가족들과 우익세력들은 해마다 총리의 공식참배를 요청하고 있다.

고이즈미 총리가 최근 "현재의 일본은 전몰자의 희생 위에 성립한 것이다. 그들에 대한 경의와 감사의 마음을 담아 8월 15일 야스쿠니신사에 참배하겠다"고 공언함으로써 이 문제가 또다시 뉴스의 초점으로 떠올랐다. 연립여당인 공명당은 총리의 야스쿠니 참배는 결사반대한다. 종교와 정치분리를 규정한 헌법에 위배된다는 것이다. 고이즈미 총리는 결국 "개인 자격으로 참배를 하되 방명록에는 '내각 총리대신'으로 쓰겠다"는 타협책을 내놓았다. 형식은 개인자격이지만 결국은 총리로서 공식참배를 하겠다는 뜻을 밝힌 것이다.

집단적 자위권에 대한 시각 차이

산케이신문은 4월 26일 고이즈미 내각의 발족에 즈음한 사설(4월27일자)에서 이렇게 촉구했다.

"우리는 그중에서도 이번 국회에서 결론이 날 영주외국인에 대한 지방참정권 부여, 모리 정권에서 논의가 시작된 집단적 자위권 행사에 관한 헌법 해석의 변경, 8월 15일 야스쿠니신사 공식참배의 세 가지 점에 주목하고 싶다. 이들 모두가 하시모토 파와 연립한 공명당과 고이즈미 총리 사이에 의견차이가 있는 문제이기 때문이다.……국정의 최고책임자가 나라를 위해 숨진 영령을 위무하는 야스쿠니신사를 공식 참배하는 것은 당연한 것이며, 외국을 배려할 필요는 어디에도 없다."(주장 '초심(初心)'을 대담하게 관철하라')

그러나 아사히신문은 같은 날짜에 고이즈미 내각에 입각한 각료 17명 중 16명에게 일일이 야스쿠니신사 참배 여부를 물어 '야스쿠니신사를 공식 참배하겠다는 각료는 한 명도 없었다'는 기사를 게재했다. 이는 고이즈미 총리가 공식참배를 한다고 했지만 각료들은 아직 그럴 마음이 없다는 점을 부각한 것이다. 아사히신문은 또 5월 12일자 '야스쿠니 참배 - 총리는 잘 생각해서 재고를'이라는 사설을 통해 "고이즈미씨는 일 개인이 아니라 내각을 대표하는 총리의 지위에 있다. 그 점을 깊이 자각해서 대국적인 판단을 내려줬으면 한다. 참배는 다시 생각해야 할 것이다"라고 촉구했다.

아사히신문과 산케이신문이 앞으로 계속해서 대립할 것으로 보이는 사안 중의 하나가 자위대에게 집단적 자위권 행사를 허용할 것인지의 여부다. 이는 자위대를 군대로 인정할 것인지와 현재의 방위청을 방위성으로 승격시키는 등의 문제와도 밀접한 관련이 있다.

'집단적 자위권'이라는 것은 자국이 직접적인 무력 공격을 받지 않더라도 동맹국이나 주변국이 적의 공격을 받았을 때 자위를 위해 교전할 수 있는 권리를 뜻한다. 이는 국제법상 모든 국가가 소유하고 있다. 일본정부도 일단 이 권리를 갖고 있다고 선언하고 있다. 다만 헌법 9조 때문에 행사는 하지 못한다는 입장을 취해왔다. 그러나 고이즈미 총리는 취임 기자회견을 통해 "만약 미국이 일본 공해상에서 공격을 받는다면 일본이 아무것도 하지 않을 수 있겠는가"라며 집단적 자위권 행사의 가능성을 언급했다.

산케이신문은 4월 29일자에 '집단적 자위권 - 행사 용인에 정치적 결단을'이라는 사설을 게재했다. 사설은 "고이즈미 총리가 취임 후 첫 기자회견에서 집단적 자위권 행사에 관하여 전향적으로 검토하겠다는 의사를 밝혔다. 일본의 안전보장 정책에서 최대의 결함이라고 말할 수 있는 것이 집단적 자위권 문제였다. 이제까지 자칫 터부시돼온 테마에 과감히 파고든 총리의 자세를 지지하고 싶다. ……이는 일본 안보체제의 공동(空洞)부분을 적확하게 인식한 발언으로서 높이 평가하지 않으면 안 된다. ……그런 의미에서 고이즈미 총리의 발언은 정치 주도의 정권운영을 추진하겠다는 결의 표명으로서 받아들이고 싶다"고 지적했다.

산케이의 이러한 사설은 전날인 28일자 1면 머리기사로 고이즈미 총리의 첫 기자회견 내용 중 집단적 자위권에 대한 언급을 '집단적 자위권행사의 길'이라는 제목으로 크게 보도한 데 이은 것이었다. 아사히신문이 같은 날 1면 4단 기사로 '헌법 개정 총리직선제에 한정 - 9조 개정은 곤란'이라고 보도한 것과 큰 차이를 보였다. 한마디로 산케이신문은 총리가 집단적 자위권 행사에 의욕을 보였다는 점을 강조했고, 아사히신문은 총리가 헌법개정에 신중함을 보였다는 점을 부각시킨 것이다. 집단적 자위권 문제는 사실상 헌법 개정문제다. 헌법을 개정하지 않으면 집단적 자위권을 행사하는 데 장애가 있기 때문이다.

헌법개정을 둘러싼 논란

헌법개정에 대한 인식차이는 일본의 제헌절인 5월 3일 '헌법기념일' 사설에서 극명하게 드러난다. 아사히신문의 사설은 이렇다. "……그러나 이번 여론조사만을 보면 '한 개 조항도 안 된다'고 강조한 호헌론은 약화됐지만 국민의 헌법의식은 놀랄 정도로 변하지 않았다. 헌법 9조에 관해서는 74%가 '바꾸지 않는 것이 좋다'고 답했고, 국제협력에 관해서는 66%가 '군사 이외의 협력을 철저히 하면 된다'고 응답했다. 고이즈미 총리도 인정했듯이 집단적 자위권을 둘러싼 개헌론 등은 여론의 현실적 기반을 결하고 있다는 점이 다시 한 번 분명해졌다고 할 수 있다."

한마디로 이 사설은 헌법 개정 분위기가 무르익지 않았다는 것을 지적하고 있다.

그러나 산케이신문의 사설은 전혀 다르다. 제목은 '「개선」은 시대의 요청 - 무르익어가는 기회를 놓치지 말라'였다. 사설은 "……이번 고이즈미 총리의 개헌 발언이 국회에서 어떻게 취급될 것인지를 차분히 지켜보고 싶다. 각당 당수들을 보더라도 여당 보수당의 오기 지카게(扇千景)씨, 야당 민주당의 하토야마 유키오(鳩山由紀夫)씨, 자유당의 오자와 이치로(小澤一郎)씨 등 소위 개헌파가 즐비하다. 국민의 대다수도 개헌에 유연한 의식을 보이고 있다. '정치'가 헌법으로부터 도피만 한다면 태만하다는 비난을 피할 수 없을 것이다. ……신세기의 국가상을 추구해가다보면 아무래도 헌법의 결함과 부딪칠 수밖에 없다. 헌법 개정은 국제사회에서 일본이 어떻게 살아갈 것인가, 일본인으로서의 공동체의식을 어떻게 기를 것인가라는 무거운 명제에 매달리는 것과 동의어인 것이다"로 이어진다.

아사히와 산케이의 주장을 들어보면, 꼭 집어 말할 수는 없지만 대체로 각 신문의 주장을 관통하고 있는 일관된 '그 무엇'이 있다. 그 출발점은 모두 일본의 태평양전쟁 참여와 패전에까지 거슬러 올라간다. 아사히신문은 전쟁 참여와 패전에 대한 반성에 무게를 두고 있으며, 그런 일이 재발하지 않도록 계속해서 문제점을 제기하고 있다. 교과서나 영주외국인 지방참정권 부여, 야스쿠니신사 참배, 북한에 관련된 문제 등에 이해를 보이고 있는 것은 '과거에 대한 반성'에 기초하고 있다. 이는 아사히신문이 전쟁으로 치달았던 군부를 제지하지 못하고 한때 그 선전에 앞장섰다는 반성에서 비롯한 것이다.

산케이와 부합하는 고이즈미 총리

그러나 산케이신문의 생각은 다르다. 전쟁에 참여한 것을 찬양하지는 않지만 50여 년이 지난 지금까지 그것에 발목을 잡힐 필요는 없다는 생각이다. 이제는 패전국 일본이 아니라 일본의 '아이덴티티(정체성)'를 찾는 데 더 힘을 기울여야 한다는 주장이다. 그를 위해서는 지금까지 과도하게 강조해온 '열등의식'과 '가해자의식'에서 벗어나야 한다고 생각한다. 아사히신문이 이해를 보이고 있는 여러 가지 문제에 대해 '주변국가를 의식할 필요가 없으며 일본의 자체 판단에 따르면 된다'고 주장하는 것은 그런 논리에 기초하고 있다.

산케이신문의 주장은 과거의 '부(負)의 유산'을 청산하고 '보통국가'를 만들자는 주장과 맥을 같이한다. 아니 그런 움직임에 힘을 주고 있다고 하는 편이 더 적절하다. '보통국가론'은 과거 때문에 미래에 대한 설계가 지장을 받지 않는 국가를 만들자는 것이다. 나카소네 야스히로(中曾根康弘) 전 총리는 이를 '전후(戰後) 총결산'이라고 불렀다. 요즘 분위기는 '제2의 전후 총결산' 움직임으로 이해할 수 있다. 고이즈미 총리의 등장은 그런 점에서도 주목할 만하다. 그가 주창하는 '개혁'의 상당 부분이 아사히신문보다는 산케이신문의 주장과 부합하는 것이 많기 때문이다.

'보통 국가'의 최종적인 지향점은 무엇일까. 결국은 군대도 보유하고 자위권도 확보하는 국가를 상정하고 있다. 그것이 최종 목표라고는 할 수 없다. 그러나 그 목표를 달성하지 않고는 보통국가가 됐다고 할 수 없다. 이를 위해서는 헌법 개정은 필수적이다. 따라서 헌법 개정 문제는 앞으로 일본 국내의 최대이자 최후의 쟁점이 될 것으로 보인다.

일본 국회는 지난해 중·참 양원에 '헌법 조사회'를 설치했다. 5년 간 시한부 활동을 한 뒤 헌법 개정에 대한 의견을 내놓을 예정이다. '조사'라는 점잖은 표현은 개정 반대파를 의식한 것이지만 현재의 분위기로 봐서 헌법 조사회가 '개정할 필요성이 있다'는 결론을 낼 것이 거의 틀림없다.

경제대국에서 정치대국으로

헌법을 고친다면 9조 개정이 핵심이다. 헌법 9조는 '전쟁의 포기, 군비 및 교전권의 부인'을 규정하고 있다. 이는 일본 헌법의 가장 핵심적인 조항으로 이 조항 때문에 일본 헌법은 '평화헌법'이라고 불리고 있다. 이 조항을 고쳐 '자위대'를 '군대'로 인정하고 교전권과 집단적 자위권도 확보하자는 것이 개헌론자의 주장이다. 물론 고치기 어려운 헌법을 고치는 김에 9조뿐만 아니라 사회변화에 맞춰 지방분권이나 환경권, 사생활보호와 알 권리 등도 헌법에 반영해야 한다는 의견도 나오고 있다. 그러나 9조가 개정되면 일본은 예전과는 전혀 다른 일본이 될 것이 틀림없다.

일본은 요즘 '경제대국'을 넘어 '정치대국'을 지향하고 있다. 지금까지는 작은 옷에 큰 몸집을 억지로 맞춰왔는데 이제는 몸집에 맞는 옷을 원하고 있는 것이다. 일본이 정치대국을 지향하는 것 자체를 문제 삼을 수는 없다. 다만 정치대국이 되기 위해서는 과거에 대한 명백한 반성이 선행돼야 한다는 것이 적어도 한국정부의 주장이다.

일본이 '보통국가'이자 '정치대국'이 되었을 때 국제사회에서 어떤 역할을 할지는 아직 미지수다. 아사히신문은 그 과정에 '우려'의 눈길을 주고 있고, 산케이신문은 '당위성'에 무게를 두고 있다. 그런 점에서 앞으로 아사히와 산케이의 의견대립은 더욱 선명해질 것으로 보인다.

심규선(동아일보 도쿄 특파원)

한국을 긴장시키는 일본 우익의 깃발 이시하라 신타로 대연구
『월간중앙』 제307호 2001. 6

※ '이시하라 都政'을 다룬 이 글과 이어지는 '이시하라 人脈'은 일본 "아사히신문"이 발행하는 시사월간 『論座』(2001년 5월호)가 게재한 '이시하라 신타로 연구'에서 전재했습니다.

경제의 급속한 추락, 그리고 모리 요시로 총리의 퇴진을 둘러싼 부산함과 혼미한 국회에 아랑곳하지 않고 정기 도쿄(東京) 도의회는 지난 3월 29일 이렇다 할 혼란 없이 40일 간의 회기를 끝냈다. 정기회의의 서두, 그러니까 본회의의 대표질문에서는 이제까지 이시하라 도지사와 일정한 거리를 유지했던 최대파인 도의회 자민당측이 놀랍게도 '이시하라 여당 선언'을 내놓았다.

"지사와 함께 남보다 앞장서서 나아갈 생각입니다."

사토 히로히코(佐藤裕彦) 도쿄도의회 자민당 간사장의 말이다. 도지사 취임 후 이시하라에 대한 야유와 비판의 소리는 이제 모두 그 그림자를 감추어버렸다.

지사에 취임한 지 2년. 이시하라는 이른바 '제3국인'(第三國人) 발언 등으로 때로는 비판의 집중포화를 뒤집어썼다. 그러면서도 대수(大手)은행에 대한 외형표준과세의 도입과 디젤 배기가스 규제 등 나라의 행정에 대한 공격적인 독자정책을 내세워 도지사로서의 구심력을 유지해왔다. '이시하라 도정'(都政)에 대한 여론의 지지는 높다. 이시하라 때문에 올 6월의 도의회 선거를 의식하고 있는 도의회는 이제 '올(all) 여당화'에 가까운 양상조차 보이고 있다.

한편 각종 여론조사에서는 기성 정당에 대한 실망감 특히 도시 유권자의 자민당 이탈이 점점 속도를 더해가고, 7월로 예정된 참의원 선거에서 자민당의 참패가 불가피하다는 견해가 나온다. 그래서 국회 조기 해산 및 총선거 가능성과 정계재편론이 현실감 있게 이야기되고 있다.

이런 가운데 '이시하라 신당'설이 정가 안팎에서 어지러이 날아다닌다. 여론조사의 차기 총리 후보를 묻는 질문에 이시하라가 더해지기도 한다. 그같은 말들이 나도는 것은 '어느 시점이든 이시하라가 국정에 복귀할 국면이 다가오고 있다'는 속삭임이 정가에 퍼져 있기 때문일 것이다. 그러나 이시하라 본인은 그런 말들에 대해 'It's too late'(너무 늦었다)이라고 반복한다. 그는 '신당 결성'설이나 이른바 '총리 대망론'에는 응대하지 않는 태도를 유지해 왔다.

1932년 출생, 69세. '도정에서 국정으로' 모험을 감행할 수 있는 연령은 아니다. 나라와 마찬가지로 거액의 재정적자를 안고 있는 도정을 중간에 내팽개칠 경우 큰 비판을 면할 수 없다. 그러나 다른 한편으로는 이시하라 자신이 국정 복귀에 의욕을 보이는 듯한 언행을 거듭하는 것도 사실이다. 도지사 이시하라는 무엇을 생각하고 있는가?

石原愼太郎는 누구인가

1932년생. 히토츠바시(一橋) 대학 법학부 졸업. 대학 재학중이던 1955년 소설 「태양의 계절」로 아쿠타가와(芥川)상 수상. 「망국(亡國)」「거리의 신(神)들」「고독한 대관」「유사(流沙)의 세기(世紀)에」 등을 비롯한 다수의 인기작품을 발표하며 일본내 영향력 있는 대중작가로 자리매김. 1966년 일본의 참의원 선거 사상 최다득표로 당선. 1972년부터 중의원으로 옮겨 도쿄을(乙) 지역구에서만 6회 연속 당선. 내각의 환경청 장관과 운수 장관을 역임. 1995년 의원 근속 25년째 되던 해 근속패를 받는 자리에서 "국가가 거세된 환관(宦官)처럼 돼버렸다"고 비판하며 의원직 사임.

이시하라는 '강한 국가, 강한 일본'을 표방한 자신의 정책대강(政策大綱)이 자민당에 의해 받아들여지지 않자 "내 나름의 수단을 찾겠다"며 1999년 도쿄도지사 선거에 출마, 당선됐다. 이후 도쿄도(都) 직원들의 급여 삭감 강행, 미군기지 반환 주장, 공공 목적을 위한 사유재산 제한, 민방위 훈련에 장갑차 동원 등 다분히 '국가를 염두에 둔' 파격적인 도정(都政) 조치들을 취하며 줄곧 국민의 주목을 받아왔다.

중의원으로 있던 1980년대 후반 이후 이시하라는 무역마찰과 걸프전 등으로 일본에 대한 국제적, 특히 미국의 비판이 고조되자 이에 정면으로 대응하며 일본의 부활과 웅비(雄飛)를 외치는 우익의 상징 인물이자 대표적 활동가로 움직여 왔다. 그는 일련의 저술과 행동을 통해 미국을 비판하고 일본의 세계적 위상을 제고(提高)할 것을 촉구하면서 전후 일본내 신기류 형성을 주도했다. 그는 우익 쪽 지인들과 함께 1989년 이후 "No라고 말할 수 있는 일본"(1989) "그래도 No라고 말할 수 있는 일본"(1990) "단호히 No라고 말할 수 있는 일본"(1992) 등 일련의 'No 시리즈'를 내놓았다. 이 책들은 일본 국내뿐만 아니라 '비판의 표적으로 겨냥된' 미국 내에서도 베스트셀러로 관심을 모으며 커다란 국제적 반향을 불러일으켰다. 일본의 '우향우 신드롬'을 상징하는 이 책들의 제목과 내용은 한국 내에서도 화제가 됐다.

일본의 역사교과서 왜곡에 대한 국제적 비판이 고조되는 최근에도 이시하라는 "그같은 요구는 있을 수 없는 일"이라며 역공(逆攻)에 나서고 있다. 지금도 그는 일본의 경제위기와 자민당의 정치적 조락(凋落) 등의 와중에 '강한 일본, 강한 국가'를 주장하며 국민들 사이에 인기와 이런저런 논란을 동시에 불러일으키고 있다. 그런 가운데 비록 그가 지금은 도정을 맡고 있지만 중앙 정계에 복귀해 일본을 이끌어가야 한다는 '이시하라 대망론(待望論)'도 분분하다. 이시하라의 강력한 우익 성향과 국가주의는 일본의 우경화를 경계하는 한국의 입장에서는 적대적인 것이다.

이시하라가 어떤 형식으로든 일본을 '장악'하게 될 경우 일본의 우경화는 가속화될 것이다. 그것은 곧 한국에 대한 일본의 태도 역시 크게 달라질 것임을 예고하는 것이다. 『월간중앙』은 이시하라가 어떤 일본인인가, 또 그가 과연 일본의 국정을 장악할 것인가를 분석한 글을 싣는다. 이시하라가 어떤 인물인가를 잘 보여주고 있다. <편집자 註>

이시하라의 노련한 정치술

이시하라에게 두번째가 되는 도쿄도의 올해 예산은 어떤가? 직원의 급여 삭감으로 698억 엔, 외곽단체에 대한 지출 삭감과 공공 공사 재평가 등으로 약 300억 엔을 절약한 반면 수입은 대수은행에의 외형표준과세 등으로 전년도 대비 12.3%의 대폭 증가를 목표로 하고 있다. 도채(都債) 발행 잔고는 7조8,000억 엔이고 타 회계의 차입과 남은 기금 등도 1조 엔 가까이 된다. 나라의 공채 잔고가

세수(稅收)의 7.7배인 데 비해 도쿄도는 1.8배에 그칠 전망이다.

도지사로서 정치활동의 재출발 테이프를 끊은 이시하라에게 무엇보다 급선무였던 것은 적자 단체로 전락하기 직전이던 도(都) 재정 재건(再建)의 길을 여는 것이었다. 여기서 실패하면 이시하라의 국정 비판이나 '일본재생론' 같은 것도 한낱 '주장'이 되어버린다. 실제로 이시하라는 재정 재건안을 만들기 위해 발빠르게 움직였다.

1999년 봄 도지사에 취임하자마자 이시하라는 우선 자신의 급여 10% 삭감과 보너스 절반을 줄이기로 결정했다. 그리고는 직원들 급여 재평가를 내세웠다. 이때 19만 명의 도(都)직원이 급여 삭감의 실제 내용만큼이나 주목했던 것이 바로 이시하라와 도쿄도 노동조합연합회(도노련, 都勞連) 야사와(矢澤賢) 위원장의 '대결'이었다.

약 8만 7,000명의 조합원을 통솔하는 야사와가 승낙하지 않는다면 직원 급여 삭감은 실현되지 못한다. 동시에 이시하라의 재정 재건을 향한 타임 스케줄은 크게 늦어지고 차질을 빚게 되는 것이다. 도(都)직원들에게 급여 삭감을 둘러싼 노사 교섭의 향방은 '도청의 새 주인'의 역량을 확인해볼 수 있는 둘도 없는 기회가 됐다.

이시하라 : 도 직원이 희생을 치르지 않고는 조리(條理)가 맞지 않는다.

야사와 : 공무원을 우습게 여기는 이시하라와는 단호히 싸우겠다.

이시하라 : 해고당해 자살하거나 노숙자가 되는 것보다 낫지 않느냐.

이러한 두 사람의 격렬한 맞대응은 수개월 간의 교섭과 절충을 거친 끝에 이시하라의 손이 올라가는 판정으로 끝났다. 야사와는 "최종적으로는 3년 간 3% 삭감 요구에 대해 2년 간 4% 삭감으로 타협했다. 도노련에 가맹한 6개 단위조합이 이를 만장일치로 결정했다. 더이상 맞선다고 해도 이길 승산이 없었다"고 회고한다.

이윽고 그해 11월 직원 급여 삭감 조례안이 도의회에서 가결된다. 이에 따라 '이시하라 도정'의 첫 예산안은 전년도 대비 지출이 4.9% 줄어들게 됐고 재정 재건을 행정목표로 삼았던 이시하라는 면목을 유지하게 됐다. 이듬해 1월 5일 이시하라는 도노련측에 "여러분의 협력을 얻어 내부 노력을 달성했다. 일본의 노사가 미국보다 훨씬 성숙해 있다"고 인사하고 노조와의 우호 무드를 확인시켰다.

이러한 급여 교섭을 통해 이시하라는 도정 운영의 손발인 도 직원들에게 스스로의 정치력을 과시했고 이후 도정 운영의 자신감이 점점 커져갔다. 자민당내 강경파의 대명사라 할 수 있는 이시하라와 굳건한 신념을 가진 조합 활동가의 대결은 관객들을 매혹시키기에 충분한 구경거리였다.

하지만 정치에서 '계획 없는 드라마'는 흔하지 않다. 이시하라와 야사와 간의 일련의 대결극도 예외는 아니었다. 사실 이시하라는 지사 선거가 한창일 때부터 야사와와 몇 번이나 물밑 접촉을 벌였다. 장소는 국회 근처 캐피털도큐(東急)호텔이었다. 두 사람을 중개한 인물은 매스컴의 수뇌급이었다고 한다.

"선거운동 같은 것은 이제 아무것도 아니다. (당선) 기자회견은 어떤 식으로 하면 좋을까."

아직 선거전이 초반임에도 불구하고 승리를 확신한 이시하라는 테이블 너머로 붙임성 있게 웃는 얼굴로 야사와를 대했다고 한다. 야사와는 "자칫 섣불리 굴면 도청을 때려부술 인물이라고 경계했지만 개인적으로 만나보니 남자답다고 생각됐다"고 첫 대면의 인상을 회고한다.

이시하라의 정치 수법을 말하자면 겉으로는 화려한 퍼포먼스에 눈을 쏠리게 하지만 '때려야 할 손은 분명히 때린다는 것'이다. 유권자의 인기를 얻고 시원스럽고 씩씩하게 등장한 다나카 야쓰오(田中康夫) 나가노(長野)현 지사가 측근과 현 직원들의 배반을 초래해 일찌감치 좌절한 것과는 대조적이다. 노조위원장과의 물밑 협상은 국회의원 경력 27년, 환경청 장관과 운수장관을 경험한 이시하라의 정치가로서의 만만찮음이 엿보이는 에피소드일지도 모른다.

재정 재건의 길을 연 것과 함께 도지사가 된 이시하라가 무엇보다 가장 몰두한 것이 있었다. 심복인 하마우즈 다케오(浜渦武生)의 부지사 기용이다. 하마우즈는 간세이(關西)대학 학생이었을 때부터 이시하라가 주재하는 '일본의 새로운 세대 모임'에 참여했다. 대학을 졸업한 뒤 참의원 의원에서 중의원으로 옮겨 낙선된 이시하라의 비서가 되었다.

그는 말하자면 이시하라의 '호신용 칼'이다. 1995년 이시하라가 중의원 의원을 그만둔 뒤 하마우즈는 '일본의 새로운 세대 모임'의 선배인 자민당 고노이케 요시타다(鴻池祥肇) 참의원의 비서로 있었다. 그러나 도지사 선거 때 재차 이시하라에게 불려와 이시하라의 당선 후에는 그대로 도청에 있게 됐다.

부지사에게 '업무'를 대거 맡긴 까닭은?

도지사 선거가 한창일 때 이런 일이 있었다. 대수제네콘사의 간부가 이시하라

측에 정치헌금을 가져왔다. 물론 당선 후 이시하라에게 모종의 보증(?)을 기대한 것이었다. 나중에 그것을 알게 된 하마우즈는 부랴부랴 그 헌금을 돌려보내게 했다고 한다. 이시하라의 주변에서 눈을 번뜩이면서 이시하라에게 마이너스가 될 불씨를 민감하게 살피는 것이다. 경우에 따라 하마우즈는 이시하라가 뭔가 말하려 해도 완고하게 받아들이지 않는다. 이시하라에게 그런 하마우즈는 정치적 분신이라고 할 만하다.

그러나 도의회는 하마우즈의 부지사 등용을 계속 거부했다. 이시하라는 그런 외중에도 하마우즈를 '특별비서'로 계속 자신의 옆에 계속 두었다. '하마우즈 부지사' 안(案)은 도의회에서 무려 1년여 동안 처리되지 못한 채 계속 미루어졌으나 결국 이시하라의 뜻대로 끝났다.

하마우즈의 부지사 취임에 집요했던 이시하라의 진의(眞意)에 대해 '이시하라가 하마우즈에게 뭔가 약점을 잡혀 있기 때문'이라든가 '오랫동안 일을 맡아준 비서에 대한 따뜻한 마음'이라는 등 여러 가지 이야기들이 분분했다. 하지만 그 어느 것도 정확하지 않다는 것이 나중에 판명됐다.

지난해 12월 이시하라는 '도정개혁 액션 플랜'을 발표했다. 그 중에서도 '톱 매니지먼트 보좌 기능의 강화'를 내세웠다. 그 내용은 이런 것이다.

'이제까지 중요 시책의 종합조정, 홍보·보도 대응, 기본구상·종합계획의 책정 등을 실행해온 정책보도실에 새로운 비서 기능과 도시외교 기능을 부여하고 도정의 기본정책 입안, 중요 시책의 종합조정이 원활·신속하게 시행될 수 있도록 체제를 정비한다.'

새로운 기능이 부여되는 바로 그 정책보도실을 책임지고 관리하고 도지사의 '톱 매니지먼트'를 보좌하는 것이 곧 부지사로서 하마우즈의 역할이 되는 셈이다. 이시하라의 한 측근은 이렇게 말한다.

"가령 재무국은 도지사가 모르는 상황에서 어떤 일을 결정하고 그 결정된 일을 추인(追認)받기 위해 도지사의 결재를 요청한다. 지사가 모든 일을 하나하나 체크하는 것은 어렵다. 또 도지사가 잠자코 있으면 각 부처에서는 하지 않아도 되는 일까지 척척 만들어 도지사에게 가지고 온다. 그런 것을 이제부터는 모두 하마우즈 부지사가 체크하도록 하고, 사전 체크가 없으면 도지사의 결재를 받을 수 없도록 한 것이다."

자민당內 이시하라 세력

이시하라가 도지사에게 번거롭다고 생각되는 일상업무로부터 해방되기 위해서라도 어떻게든 하마우즈를 부지사에 앉혀 자신의 '대리인'으로 삼을 필요가 있었던 것이다. 그리고 그 목적은 잘 실현되고 있다. 어떤 도 직원은 "예산 편성 때 예산을 신청했다 재무국으로부터 일축당한 부서의 간부들이 하마우즈의 방으로 뛰어들어가는 것을 보았다. 그것을 보면서 하마우즈에게는 대적할 사람이 없구나 라고 생각했다"고 한다. 하마우즈는 이미 '특별비서'를 넘어 국장·부장급 간부 인사 대부분을 '터치'하고 그만큼 도청 내부는 하마우즈를 중심으로 돌아가고 있다고까지 말할 수 있다.

이처럼 번거로운 도정의 일상업무에서 해방된 이시하라는 자민당 간부들과 접촉해 나가고 TV나 잡지 등에서의 정치발언을 재차 활발하게 해나가는 것이다.

자민당 간부들 가운데 이시하라와의 접촉에서 가장 눈에 띄는 사람은 바로 가메이 시즈카(龜井靜香) 정조회장(政調會長)이다. 지난 2월 이시하라는 자민당 본부로 가메이를 찾아가 "일본 문학작품을 영어·불어 등으로 번역해 해외로 영역을 넓히겠다"며 관련 예산을 요청했다. 그러자 가메이는 그 자리에서 문화청 장관을 당 본부로 불러들여 예산 배분을 지시했다. 지난 연말 이시하라가 모리 총리에게 하네다(羽田)공항 확장공사의 조기 착공을 요청했을 때도 가메이는 "신 활주로를 서둘러 건설하고 그 전에라도 항공기 정기편(定期便)을 들이고 싶다"고 지원사격을 했다. 이시하라와 가메이의 밀월 관계가 과시된 셈이다.

두 사람은 일찍이 자민당내 의원 모임인 '청풍회(靑嵐會)'의 동지였다. 이시하라는 1989년 '포스트 우노(宇野)'의 후계 싸움에서 다케시타 노모루(竹下登)파가 추천한 가이후 도시키(海部俊樹)에 대항해 자민당 총재 선거에 출마했다. 당시 이시하라 옹립의 중심에 있었던 인물이 비로 가메이였다. 그 후 이시하라를 대표로 한 의원 모임인 '여명(黎明)의 회'가 만들어졌는데 그 멤버에는 가메이 외에도 히타루 마타케오(平沼赳夫)와 고노이케 요시타다(鴻池) 등이 포함됐다.

지금 자민당에서 들리는 이른바 '이시하라 대망론'은 그 대부분이 선거를 목표로 한 것이다. 가메이 등은 당이 조락(凋落)하는 것을 방지하기 위해 필요하다면 자민당 리더로 이시하라가 국정에 복귀하는 길도 염두에 두고 있다고 말한다. 정계 관계자들 사이에서는 그 후원자로 가메이가 소속한 에도(江藤) 파벌의 장로인 나카소네 야스히로(中曾根康弘)의 존재를 감지하는 이들이 많다. 이시하라가 최근 나카소네의 총리 시절 업적을 높이 평가하는 발언을 반복하는 것은 잘 알려져 있다. 나카소네 역시 "참의원 선거를 맞아 눈에 띌 만한 인사 쇄신을 해야 할 것이다. 눈에 띌 만한 인사라면 곧 이시하라"라면서 사인을 보내고 있다.

그러나 이시하라가 이러한 '러브 콜'에 간단히 응하는 일은 거의 없다는 것이 주변의 일치된 견해다. 지사직을 포기해야 하는데다 '결국 자민당의 표몰이에만 이용되는 것'이라는 경계심도 있을 것이다. 이시하라는 TV 인터뷰 등에서 "이제 68세, 사양(斜陽)의 계절이야"라고 말하면서도 '대망론'을 완전히 부인하지는 않는다.

이시하라는 가메이와 더불어 자민당의 전 간사장인 노나카 히로무(野中廣務)와 식사를 함께하기도 한다. 또 자민당 총무회장인 무라오카 가네조(村岡兼造)의 부탁을 받아 무라오카의 장남이 출마한 아키다(秋田)현 지사 선거에 응원을 나가기도 한다. 그런 최근의 이시하라에 대해 자민당 관계자는 "자민당 안에서 자신에 대한 대망론이 과연 어디까지 확대되고 있는가를 확인해보기 위한 수순이 아니겠느냐"는 견해를 내놓고 있다.

'이시하라 新黨'의 가능성

그러면 '이시하라 신당'은 과연 어떤 것일까. 이시하라에게 '신당'이라는 형식은 도지사를 계속하면서 국정으로의 진출을 위한 발판도 만들 수 있는 일석이조의 효과적인 기반이 된다. 그의 신당설과 관련, 최근 움직임이 눈에 띄는 인물이 바로 자유연합 대표인 도쿠다 도라오(德田虎雄) 중의원 의원이다.

그는 일찍부터 '이시하라 신당'의 결성을 주장해왔다. 지난 3월에는 "이시하라 신타로씨를 총리로 하는 국민연합을 결성해 서명운동을 전개한다"고 발표했다. 앞서 중의원 선거에서 이시하라의 응원을 받은 사람들로부터 의석을 획득할 수 있었던 도쿠다는 유력한 '이시하라 플랜'의 한 멤버다.

그는 이시하라의 도정(都政)공약과 관련해서도 큰 기둥이다. 도립(都立) 삼(三)병원을 24시간 풀 진료체제로 하는 '도쿄ER구상'을 입안할 때도 도쿠다는 깊이 관여했다. 이시하라가 도지사 선거 출마를 표명하기 하루전 선거공약에 의료개혁을 집어넣기 위해 당시 가고시마(鹿兒島)시에 있던 도쿠다를 급히 도쿄로 불러들여 강의를 받았을 정도다.

이시하라는 도지사 선거에서 쓸 선거용 차량도 도쿠다에게서 빌린다. 이시하라와 도쿠다는 한몸 같은 관계로 보인다. 이시하라가 도립병원 운영을 도쿠다에게 맡긴 것도 우연은 아닐 것이다. 그러나 도쿠다의 신당론에 대해 이시하라는 무반응이다. 이시하라의 비서진 사이에서 "도쿠다와의 관계는 이제 조금 절도가 있어야 하고 병원 개혁 문제도 도쿠다를 관여시켜서는 안된다"는 소리가 강해지고 있는 것도 배경에 있는 것 같다. 이시하라의 한 측근은 "신당 따위는 필요없어. 도의회 전체가 이미 이시하라 신당 같은 거야"라고 말한다.

(현재로서는) 안정된 도정(都政)을 위한다면 신당은 풍파를 일으킬 뿐이다. 만약 이시하라가 도정에서 국정으로 돌아가는 일이 있다고 해도 과연 '신당'이라는 방식이 좋은지 어떤지는 확인하기 어렵다. 이시하라는 그런 판단을 하고 있는 것 아닐까?

1995년 이시하라는 의원 근속 25주년 표창을 받았다. 그는 답례 연설에서 "오늘의 국가는 거세된 환관같다"고 말하고는 중의원 의원직을 사직했다. 그 직후 "아사히신문"에 보낸 한 글에서 이시하라는 "다른 당과의 연립(聯立)으로 정권에 복귀한 제1당인 자민당은 청신호에도 지나가지 못할 것 같은 꼬락서니가 되어 버렸다. (중략) 모든 정당과 대부분 의원의 흉중에 있는 것이 개악(改惡)한 선거제도 안에서 자기만 살아남는 것뿐이라면 이 나라를 살아남게 하는 것은 누구인가, 그래서 나는 다른 수단을 고르겠다"고 말했다.

이미 이때 이시하라의 마음속에는 일찍이 도전했다 한차례 고배를 마셨던 '도지사'라는 포스트가 자리잡고 있었던 것임에 틀림없다. 그리고 4년 후인 1999년 이시하라는 그렇게 염두에 두었던 도지사 자리를 자기 것으로 만들었다. 이시하라가 (도지사가 된 이후) 지난 2년 동안 왕성하게 부르짖어온 '요코다(橫田)기지 반환'이나 '공공 목적을 위한 사유재산 제한' 등 주장의 대부분은 실은 과거에 미리 구상했던 것들이다. 이러한 주장들은 자민당이 야당 시절 자신이 책임자가 되어 정리한 '21세기로의 다리 - 새로운 정치의 진로'라고 제목 붙인 정책대강(大綱)에 담겨 있었나. 이 세언이 당시 자민당에 의헤 받이들어지지 않은 것도 이시하라의 의원 사직 동기 중 하나였던 것이다.

이시하라는 도쿄도 방재훈련을 하면서 긴자(銀座) 거리에 장갑차를 달리게 한다. 복지문제에서도 "나라는 여러 가지 규제를 강구하고 있다. 그것을 무시하고라도 도쿄도는 도민(都民) 혹은 국민의 필요에 응하는 복지체제를 만들어간다"고 내세웠다. 아무리 보아도 이시하라의 '퍼포먼스'들은 '국가' 또는 '국정'을 의식한 것들뿐이다. 하지만 국가 차원의 정책을 도정(都政)에서 실현시킨다는 것은 어딘가 무리를 느끼게 한다.

이시하라와 도정(都政)의 관계를 한 측근은 "언젠가 그가 도정에 싫증났다고 말하고는 중도에 단념하지 않을까, 그것만 걱정하고 있다”고 말한다. 이 측근의 말처럼 이시하라가 혹시 도정(都政)에 ‘따분한 마음’이 생기고 있다면, 그에 앞서 이시하라에게는 무엇이 보이고 있을까? 자민당의 혼미는 끝모를 만큼 깊어지고 있다. 그것을 가장 응시하고 있는 사람이 이시하라 신타로일지도 모른다.

문제 많은 우리 국사교과서부터 바로잡자
『월간중앙』 제307호 2001. 6

일본의 역사교과서 왜곡에 많은 국민들이 분개하고 있다. 그러나 정작 우리 국사교과서도 이에 못지않은 문제를 갖고 있다는 사실은 잘 모르고 있다. 우리 국사교과서의 문제점은 크게 두 가지로 나눌 수 있다.

하나는 ‘國定’이란 형식을 청산하지 못한 체제상의 문제, 다른 하나는 사관(史觀) 부재로 인한 사실 나열식 기술과 아직까지 청산되지 않은 일부 식민사관식 내용이 그것이다. 우리는 언제까지 우리 어린 학생들에게 일방적인 역사를 강요하고 잘못된 역사를 외우도록 방치할 것인가?

일본의 역사교과서 왜곡에 많은 국민들이 분개하고 있다. 일제의 한국을 비롯한 동아시아 침략을 정당화하는 황국사관을 바탕에 깔고 있는 ‘새로운 역사교과서를 만드는 모임’이 편찬한 후쇼(扶桑)사의 역사교과서가 도쿄(東京)서적·오사카(大阪)서적 등이 발행한 기존 7종의 역사교과서와 함께 문부과학성의 검정을 최종 통과한 것에 대해 반발이 일고 있는 것이다. 후쇼사의 역사교과서는 ‘임나 일본부설’ 등 이미 폐기된 사실을 기술하고 ‘식민지 조선개발론’을 적시하는 등 황국사관적 역사인식으로 우리나라는 물론 중국인들의 분노를 사고 있으며, 기존 7종의 역사교과서도 군대위안부 문제나 강제징용 문제 등을 누락시켜 과거보다 후퇴한 서술태도를 보여 우려를 사고 있다.

이 시점에서 우리는 일본 역사교과서뿐만 아니라 우리 국사교과서문제를 냉정하게 점검해볼 필요가 있다. 우리 국사교과서는 아무런 문제가 없는가?

우리 국사교과서는 크게 보아 두 가지 문제점을 갖고 있다. 하나는 ‘국정’(國定)이라는 체제의 문제이고 다른 하나는 사관(史觀)의 부재로 인한 과거 사실 나열식 기술과 일부 식민사관식(植民史觀式) 내용이 남아 있는 기술상의 문제다. 그런데 이 두 문제는 서로 분리할 수 없는 동전의 양면같이 불가분의 관계라는 점에 문제의 심각성이 있다.

일본의 역사교과서는 문부과학성의 검인정 체제다. 지금껏 검인정을 통과한 교과서는 7개였으나 황국사관에 입각한 '새로운 역사교과서를 만드는 모임'이 제출한 교과서가 이번에 통과된 것이 문제의 발단이다. 7종의 교과서에 하나가 더 추가되어 8종 교과서가 되었는데 추가된 하나가 한국과 중국의 심각한 반발을 일으키고 있는 것이다.

그러나 우리나라는 '7종'도 '8종'도 아닌 '국정' 체제다. 일본 학생들은 7~8개 중에서 선택한 교과서로 일본사를 배울 수 있으나 우리 국사교사와 학생들은 아무런 선택의 권한이 없이 무조건 국정 교과서로 가르치고 배워야 하는 것이다. 적어도 일본의 교사나 학생들은 '새로운 역사교과서를 만드는 모임'이 만든 황국사관의 역사교과서를 가르치거나 배우지 않을 방법은 있다. 그러나 우리는 중·고교 교육과정 이수를 포기하지 않는 한 단일한 국정 국사교과서를 피해갈 방법이 없는 것이다.

일제 조선사편수회의 후신 국사편찬위원회

현재 국사교과서 편찬을 담당하는 국사편찬위원회의 전신은 1946년 설립된 국사관이고 그 국사관의 뿌리는 일제 때 만든 조선사편수회다. 바로 여기에 우리나라 국사교과서가 갖고 있는 문제의 깊은 뿌리가 있다. 일제는 1922년 조선사편찬위원회를 1925년에는 조선사편수회를 만들었다. 일제가 우리 역사를 사랑해서 이런 기관을 만들었을 리 없다. 일제는 1920년대 초반 해외로 망명한 백암(白巖) 박은식(朴殷植)의 『한국통사(韓國痛史)』나 단재(丹齋) 신채호(申采浩)의 애국적 사론(史論)·논설들이 국내에 많은 영향을 끼치자 크게 당황했다. 일제는 이에 맞서 우리 역사를 왜곡하기로 결정했다. 우리 역사를 타율성(他律性)·정체성(停滯性)·사대주의성 역사라고 규정함으로써 유구한 독자성과 발전성을 부인하고 이런 논리를 지속적으로 심어 민족의 항일 의지를 뿌리뽑으려 한 것이다. 그리고 이런 역사인식을 개발하고 확산시키기 위해 조선사편찬위원회와 조선사편수회를 만들었던 것이다.

조선사편수회의 위원장이 학자가 아닌 조선총독부 정무총감 시타오카(下岡忠治)였다는 점에서 그 정치적 성격은 명확해진다. 그러므로 조선사편수회에 경성대 교수인 로이타(黑板勝美)·미우라(三浦周行) 같은 일인 학자들과 이완용·권중현 같은 유명한 친일파들이 고문으로 들어간 것은 당연하다 할 것이다. 그리고 스에마쓰(末松保和)나 이마니시(今西龍) 같은 일인 학자들이 위원으로 들어간 것도 식민통치상 지극히 당연하다 하겠다. 그러나 이병도(李炳燾)·신석호(申奭鎬) 같은 한국인 학자들이 수사관(搜査官) 또는 수사관보(修史官補)로 조선총독부의 녹을 받으며 우리 역사 깎아내리기에 동참했다는 것이 문제였다. 그리고 이들의 조선사편수회 참여 전력이 해방공간에서 정리되지 않고 유야무야 넘어간 결과 오늘날까지 우리 국사교과서의 본질적 문제에 직접 연결된다는 점이 문제다.

오늘날까지도 한국 학계의 큰 흐름이라 할 이른바 실증사학의 대표적 학자가 바로 이병도인데 그는 노론(老論)의 유력 가문인 우봉(牛峰) 이씨로서 이완용의 친척이기도 하다.

그는 일본 와세다 대학에 다니며 요시다(吉田東伍)와 쯔다(津田左右吉)의 지도로 문헌고증학, 즉 실증사학의 기초를 다졌는데 이중 쯔다는 이마니시(今西龍)와 함께 한국 고대사를 왜곡, 말살한 장본인이라는 점에서 이병도와 식민사학의 관계는 운명적인 것이 된다.

이병도는 조선사편수회뿐만 아니라 1930년 경성제대 교수와 조선사편수회원, 그리고 총독부 관리들이 총동원되어 만든 청구학회(靑丘學會)라는 어용 학술단체에도 빠지지 않고 참여했다.

신석호도 일본으로 건너가 세이소쿠(正則)영어학교에서 수학하고 귀국해 경성제대 법문학부 사학과를 졸업하고 1929년 조선사편수회 촉탁으로 들어간 후 수사관보와 수사관으로 승진했으며, 이병도와 마찬가지로 청구학회의 위원으로 활발한 활동을 전개했다.

해방은 이들에게 그리 달갑지 않은 일이었으나 이들은 냉전이 초래한 좌우익의 대립을 이용해 다시 살아나는 놀라운 생명력을 발휘했다. 이병도와 신석호는 1945년 임시중등국사교원양성소를 설치해 국사 교사를 양성했다. 일제의 녹을 받으며 우리 국사를 왜곡한 과거를 반성하고 참회해야 할 판에 국사 교사 양성에 나섰던 것이다.

뿐만 아니라 1946년 조선사편수회 사업을 계승해 국사관을 만들었는데 이를 주도한 인물이 조선사편수회 멤버였던 신석호로, 그는 국사관 초대 관장이 되었다. 물론 조선사편수회가 소장했던 자료 등을 수습할 필요는 있었으나 그 적임자가 조선사편수회에 참여해 우리 국사를 난도질했던 친일학자의 몫이 되어서는 안 되었다. 이렇게 만들어진 국사관은 1949년 북한의 조선력사편찬위원회에 대응하기 위해 국사편찬위원회로 확대된 후 오늘날까지 존속하고 있다.

물론 오늘날 국사편찬위원회가 일제의 조선사편수회의 논리를 답습하는 기관은 아니다. 국사편찬위원회는 "한민족독립운동사자료집"(韓民族獨立運動史資料集) 등의 자료를 꾸준히 간행하는 등 척박한 국사 연구 풍토에서 나름대로 역할을 수행하는 것이 사실이다. 또한 현재 진행중인 총 52권의『한국사』발간 작업은 현재까지의 연구 성과를 집대성한다는 커다란 의미가 있다.

국정 교과서의 문제점

그러나 이런 역할 외에 국사편찬위원회가 국정 국사교과서 편찬 작업에 나서는 것은 논란의 여지를 남기는 것이다. 국정 교과서 편찬이야말로 국사편찬위원회가 일제시대 조선사편수회 이래 틀에 젖은 관학사학 체질을 벗어나지 못했음을 보여주는 대표적 사례로 보인다. 일제시대 조선사편수회처럼 또다시 역사를 관(官)에 종속시키는 구태를 답습해서는 안 된다. 관학사학 체제가 지닌 문제점을 적나라하게 드러내는 사례가 다름아닌 국정 국사교과서인 것이다.

더이상 우리나라 국사교육 체제가 국정 체제, 관학 체제가 되어서는 안 된다. 더이상 국사가 관에 종속돼서는 우리 국사의 미래는 없을 것이다. 또한 국정 체제는 유신 체제라는 파시즘의 잔재라는 점에서 유신 체제의 선조격인 일제 파시즘 체제와 함께 우리 현대사의 극복해야 할 과제다.

5·16 군사쿠데타 이전에는 각 학자들이 저술한 '국사교과서'가 교재로 사용되다 박정희 군사정권이 1963년 각종 검인정 교과서의 내용을 통일하면서 국민들의 국사관을 하나로 획일화시키려 했다. 그리고 유신체제를 수립한 이후인 1974년에는 국사교과서를 국정으로 단일화해 모든 국민에게 국가에서 정한 하나의 국사관을 강요했다. 현행 국정 교과서는 바로 국민들의 사상을 하나로 통일하려는 파시즘적 체제의 산물인 것이다.

전두환 정권 시절인 1980년에도 국사교과서가 홍역을 치른 적이 있다. 재야 사학자들이 국사교과서의 고대사 부분에 대해 일제 식민사학의 잔재라고 공세를 취했던 것이다. 그해 11월 국회에서 열린 공청회에서 재야사학계 측은 "(일제시대 조선사편수회에) 가담했던 분들이 국사 교수가 되고, 국사편찬위원장도 되고, 그분들이 쓴 국사교과서를 검인정 교과서로 문교부가 인정해 사용해왔다. 그 결과 국민들은 한국인으로 태어난 것을 불행하게 생각하게 되었다"면서 현행 국사교과서의 원죄, 즉 친일 사학자들과 뗄래야 뗄 수 없는 약점을 공격했다. 불행한 것은 이들의 주장이 모두 맞는 것은 아니었지만 사학계 주류의 과거 친일 원죄에 대해 공격한 부분은 사실과 부합한다는 점에 있다. 그리고 당시 교과서가 그렇게 비판받을 수 있었던 이유는 다름아닌 국정이라는 관학 체제에 있었다.

따라서 그런 정치적 소동에 휘말리지 않는 방법은 국정이라는 관학 체제를 탈피하는 데 있다. 사실 국사학계가 재야 사학계의 공격 대상이 되었던 이유는 바로 관학 체제와 국정 교과서 체제에 있었다. 획일화된 국정 교과서가 재야 사학자들의 좋은 공격대상이 되었던 것이다.

국사교과서에 특정한 내용을 기술해야 한다는 정치적 주장들이 펼쳐질 때 국사학계는 관학 체제를 버림으로써 이를 학자의 영역으로 넘겨야 했다. 그러나 일제시대부터 관학 체제에 익숙해진 실증사학자들은 왕조 국가나 사회주의 국가에서나 존재할 수 있는 국사편찬위원회와 국정 교과서라는 획일적 관학 체제를 그대로 유지했던 것이고, 지금도 유지하고 있는 것이다.

1980년의 정치적 소동에서 사학계는 관학 체제에 대한 반성의 토대 위에서 열린 자세로 미래를 향해 나갔어야 하는데 관학 체제를 계속 유지하면서 재야 사학계를 포함한 일반 사회와는 담을 쌓고 고립을 자초하는 소아병적 자세를 유지했다.

더 큰 문제는 현행 국정 국사교과서에 일제 식민사학의 잔재가 부분적으로 남아 있다는 점이다. 앞에서 말했듯 해방후 친일 사학을 청산하지 못한 결과 친일 사학자들이 해방 이후 사학계를 주도했고, 그 제자들이 아직도 한국 사학계의 상당부분을 좌우하면서 국사교과서에 식민사학의 논리가 남아 있는 것이다.

조선사편수회 출신인 신석호가 국사관장이 된 것처럼 이병도는 해방 후 경성제대 후신인 서울대 교수로 부임해 그 제자들을 전국 각 대학의 사학과 교수로 심음으로써 그의 학문 논리, 즉 사관이 오늘날까지 막대한 영향을 끼치며 현행 국정 교과서에도 그대로 반영되었다.

이덕일(역사평론가)

고독을 즐기는 '괴짜 총리' 고이즈미, 그는 누구인가
『월간중앙』 제307호 2001. 6

일본 고이즈미 총리의 등장은 '예상치 못한 사건'에 해당한다.

그는 취임과 함께 국가정책 전반의 방향을 우향우로 돌림으로써 우파 본색을 드러내고 있다. 일본 국민들의 박수 소리는 높지만 주변국들에는 경계심을 불러일으키는 매파이기도 하다. 독불장군식 벤처 총리 고이즈미의 집권 드라마와 인간적 진면목 그리고 정치적 앞날을 조망한다.

4월 26일 아키히토 일본 국왕으로부터 신임장을 받는 고이즈미 총리. 고이즈미 총리는 일본과 자민당의 개혁을 슬로건으로 내걸었다.

그것은 지도자로서의 자질이나 정책, 비전을 평가한 것이 아니었다. 위기감 때문이었다. 이대로 가다가는 자민당이 끝장나고, 나라가 무너져내린다는 풀뿌리 당원들의 절박한 위기의식이 파벌 타파와 개혁을 내건 이단아 고이즈미 준이치로(小泉純一郎·59) 전 우정상을 자민당 총재 겸 총리로 만들었다.

반(反)자민당 기치를 든 고이즈미가 지방당원 표를 휩쓴 것 자체가 아이러니요, 이익유도형 자민당 파벌정치가 한계상황에 직면했음을 일러준다. 1993년 자민당의 38년에 걸친 일당지배(55년체제)를 종식시킨 호소카와 모리히로(細川護熙) 내각 탄생 이래 가장 큰 정치적 사건이다. 고이즈미가 자신의 총재 당선을 두고 "정치세계에 지각변동이 일어났다" "역사가 움직였다" "혁명적"이라고 할 만하다.

리더십에 대한 일본 국민의 갈증도 고이즈미 총재 당선의 토양이 됐다. 화(和)를 최고로 치는 조정형 지도자들에게 신물난 기층낭원들은 '이것은 이것이고, 저것은 저것이다'라고 딱부러지게 말하는 고이즈미에게 빨려들어갔다. 고이즈미가 선거공약을 '고이즈미 혁명'으로 포장하고, '자민당을 바꾼다. 일본을 바꾼다'를 슬로건으로 삼은 것은 밑바닥 심리를 꿰고 있었기 때문으로 보인다. 대중영합주의자라는 얘기가 나오는 것은 이와 맞물려 있다.

고이즈미 총리의 승리는 '혁명적 사건'

자민당 집안 선거인데도 1999년 4월 보수 논객 이시하라 신타로(石原愼太郎)를 당선시킨 도쿄도(東京都)지사 선거와 닮은 점은 흥미롭다. 두 선거 모두 명암을 가른 것은 조직이 아닌 바람이었다. 리더십 대망론도 분출했다. 이시하라의 '도쿄가 바뀌면 일본이 바뀐다'는 슬로건은 고이즈미의 그것과 오십보 백보다.

이시하라가 "노(No)라고 할 수 있는 일본"을 트레이드 마크로 삼은 국수주의적 발언을 통해 보수화한 유권자층을 파고든 것과 마찬가지로 고이즈미도 개헌, 야스쿠니(靖國)신사 공식참배 공약으로 당원들을 자극했다. '고이즈미의 일본'을 주목해야 하는 것은 이같은 고이즈미의 포퓰리즘과 매파 성향 때문이다.

고이즈미와 하시모토 류타로(橋本龍太郎·전 총리) 행정개혁상, 가메이 시즈카(龜井靜香) 정조회장, 아소 다로(麻生太郎) 경제재정상이 출마한 지난 4월 24일의 자민당 총재 선거는 당초 하시모토의 승리가 점쳐졌다.

당 소속 국회의원(346표)과 47개 도·도·부·현(都道府縣)대표(141표)가 치르는 선거에서 최대 파벌 하시모토파(12명) 회장인 하시모토에게 관건은 지방당원표였다. 호리우치(堀內)파(44명)와 연대한 만큼 지방 당원표만 어느 정도 다지면 총재는 '떼어논 당상'이었다. 하시모토파는 지방당원 상당수가 가입해 있는 각종 이익단체나 협회 쪽에도 탄탄한 기반을 갖고 있다.

그래서 고이즈미는 출마를 망설인 것으로 알려졌다. 총리·총재가 돼봐야 7월의 참의원 선거에서 자민당이 패할 것이 뻔해 단명에 그칠 것이라는 주변의 조언도 적잖았다. 고이즈미가 출마를 결심한 것은 4월 5일께였다. 후쿠다 야스오(福田康夫) 관방장관과 만나 "하시모토파가 후보를 내면 재미있는 선거가 될 것"이라고 말했다. 최대 파벌에 탈파벌로 맞서겠다는 것이었다. 조직과 개인의 싸움이었다.

고이즈미는 출마 선언 후 계속 가두를 누볐다. 지론인 우정(郵政)사업 민영화론은 유세의 단골 메뉴였다. "우정사업 공무원 30만 명보다 1억인을 생각하는 자민당이 돼야 한다"……. 전국 우편국장회가 자민당 최대의 표밭이라는 생각은 안중에도 없었고, 오직 민의를 사는 데 초점을 맞추었다. 국민이 당원을 포위하고, 다시 당원이 국회의원을 에워싸는 여론몰이 선거전략이었다. 측근들은 "국회의원 표밭갈이에도 힘을 쏟아야 한다"고 조언했지만 고이즈미는 듣지 않았다.

그의 시나리오는 적중했다. 입후보전 예상했던 '재미있는 선거'가 '이길 수 있는 선거'로 바뀐 것은 선거 중반 때였다. 국민을 상대로 한 입후보자 인기조사에서 하시모토를 2배차로 앞질렀고, 당원들 사이에 파벌의 구각을 깨뜨리자는 '움직임이 거셌다.

하시모토의 고향인 오카야마(岡山)현에서조차 당원들은 반란을 일으켰다. 우편국장 출신 등이 만든 정치단체 '대수'(大樹)의 간부들이 오카야마 회원을 상대로 하시모토 지지를 호소했지만 지지 답변을 한 사람은 극소수였다. '대수'는 약 24만 명의 당원을 거느린 자민당 굴지의 지원조직으로, 이번에 하시모토 지지를 선언했었다.

그런데도 상부의 표 단속은 먹혀들지 않았다.

"제가 이기면 자민당 총재 선거 사상 처음으로 최대 파벌의 지원을 받지 않고 이긴 총재가 됩니다."

22일 도쿄(東京) 유락초(有樂町)에서 행한 이 연설은 파벌 탈파를 무기로 싸워온 고이즈미의 사실상 승리 선언이었다.

시장(Market)도 고이즈미 편이었다. 고이즈미의 승리가 굳어진 23일 오전 도쿄의 국채선물시장은 큰 상승세를 보였다. '고이즈미 효과'였다. 재정·구조개혁을 내세운 고이즈미한테 시장이 호감을 갖고 있다는 방증이었다. 출마자 4명이 후보 등록을 마친 12일 대규모 팔자 주문이 쇄도한 것과는 대조적이었다. 당시는 하시모토의 승리가 예상됐던 때였다.

중앙당 파벌의 합종연횡도 고이즈미의 바람 앞에서는 소용없었다. '철(鐵)의 단결'을 자랑해온 하시모토파 내에서 조반극이 일어났다. 선거 당일 오무라 히데아키(大村秀章) 의원은 고이즈미에게 표를 넣었다. 10년 전 미야자와 기이치(宮澤喜一) 전 총리를 비롯한 중소 파벌 소속 3명의 총재 후보가 '수(數)의 논리'로 정계를 주물렀던 다케시타(竹下)파 회장대행 오자와 이치로(小澤一郎·자유당 당수)의 개인 사무소에서 '면접'까지 받았던 것과는 천양지차였다.

미야자와는 24일 투표가 끝난 뒤 "이제 파벌도 바뀔 것"이라고 말했다. 자민당을 안팎에서 떠받쳐온 파벌과 지지 단체라는 양대 버팀목이 삐걱거리는 틈을 고이즈미는 놓치지 않았다. 비록 부분적이지만 파벌 파괴라는 실험이 성공을 거둔 것이다. 그만큼 고이즈미의 총재 당선은 일본 국내정치에서 각별한 의미를 갖는다. 자민당이 야당으로 전락한 뒤에도 깨지 못했던 파벌의 논리를 무너뜨린 데서 고이즈미의 괴짜(變人)다운 면모를 실감하게 된다.

고이즈미의 승리 못지않게 화제를 뿌린 것이 하시모토파 불패(不敗)신화의 붕괴다. 다나카 가쿠에이(田中角榮) - 다케시타 노보루(竹下登) - 오부치 게이조(小淵惠三) 체제로 맥을 이어오며 늘 최대 파벌 자리를 지켜온 하시모토파가 후보를 내세워 총재 선거에서 진 것은 이번이 처음이다.

하시모토파는 자파에 마땅한 후보가 없을 때는 다른 파벌 후보를 내세워서라도 당선시켰다. 10년 전 총재 선거에서 고이즈미·가토 고이치(加藤紘一) 전 간사장·야마사키 다쿠(山崎拓) 간사장이 다케시타파 지배에 대항하기 위해 'YKK 연합'을 결성했을 때도 다케시타파는 미야자와 지지로 돌아서 킹메이커 자리를 지켰다. '권력의 2중구조' '꼭둑각시 정권' 얘기가 끊이지 않은 것은 바로 다케시타파의 막후 지배 때문이었다.

그러나 이번에는 다른 파벌 후보를 밀 여유도 없었고, 3년 전 참의원 선거 패배로 중도하차한 하시모토 재등판 카드를 빼들어 패전 처리의 쓴 맛을 보게 됐다. 파벌의 단결력도 시험대에 올랐다. 파벌 수뇌부의 결정에 따르지 않겠다는 소장그룹의 이탈이 잇따랐으며, 수뇌부 내에서도 불협화음이 생겨났.

조직선거도 뒤뚱거렸다. 하시모토는 지방당원표 가운데 10%를 밑도는 15표를 얻는 데 그쳤다. 일부에서는 하시모토파의 패배를 두고 정(政)·관(官)·업(業) 유착의 '앙시앙레짐' 붕괴 조짐으로 보기도 한다. 하시모토파야말로 자민당의 이익유도형 정치의 본산이기 때문이다.

국민 지지 업고 탈파벌 파격 인사

고이즈미의 파벌 타파 공약은 인사로 이어졌다. 지금까지 당정 인사는 파벌에서 낸 리스트를 갖고 총리(총재)가 안배하는 식이었다. 파벌간 나눠먹기로, 총리가 지명할 수 있는 각료라고 해봐야 1∼2명이었다.

그러나 이번에는 달랐다. 대통령식이었다. 지방당원들의 압도적 지지를 방패막이로 고이즈미는 전권을 휘둘렀다. 조각의 경우 전체 각료 17명 가운데 민간 정책통 3명과 여성 5명을 발탁했다. 여성과 민간인 각료 수는 전후 최대다. 선거운동 기간중 응원대장을 자청했던 다나카 전 총리의 딸 다나카 마키코(田中眞紀子) 의원을 외상에 앉힌 것은 그 백미였다.

하시모토파를 푸대접한 것도 특징이다. 당내 3분의 1의 의원을 가진 하시모토파에게 당 3역 자리를 주지 않았다. 대신 하시모토파 지배 타파의 선두에 서온 야마사키파 회장인 야마사키 다쿠에게 간사장을, 고노그룹의 아소 다로에게 정조회장을 맡겼다. 특히 선거 사령탑을 도맡아온 하시모토파를 주무 당직인 간사장, 간사장 대리, 총무국장 자리에서 배제했다. 여성·민간인 대거 기용과 더불어 7월의 참의원 선거를 조직선거가 아닌 바람몰이식으로 치르겠다는 포석으로 보인다.

　하시모토파 때리기는 조각에서도 마찬가지였다. 하시모토파는 모리 요시로(森喜朗)내각 때 4개의 각료직을 차지했으나 이번에는 한 자리를 맡는 데 그쳤다. 대신 고이즈미가 회장을 맡았던 모리파가 당정의 요직을 꿰찼다. 모리파의 원로인 시오카와 마사주로(鹽川正十郎)를 재무상에 기용한 데 대해서는 특히 말들이 많다. 비주류에서 "이것이 탈파벌 인사냐"는 비아냥이 나오는 것은 모리파 중용 때문이다. 파벌의 논리와 탈파벌의 논리가 동거하는 식이 된 것이다.

　비주류가 이를 정면으로 문제삼지 못하는 것은 고이즈미에 대한 국민들의 압도적 지지 때문이다. 일부 신문사 조사에서 내각 지지율이 사상 최고인 80%를 웃도는 상황에서 시비를 걸어봤자 반개혁 세력으로 낙인만 찍히는 상황이다.

　무엇보다 주목을 끄는 것은 고이즈미 체제의 색깔이다. 총재 선거가 전례없이 보수색채 경쟁 양상을 띠더니 인사에서는 강경 보수론자들이 전면에 배치됐다. 고이즈미부터 그렇다. 그는 자민당 매파 본류 출신이다.

　그가 헌법 개정, 야스쿠니신사 참배 등을 들고나오는 것은 그의 출신 파벌을 빼놓고는 얘기하기 어렵다. 회장직을 맡았던 모리파의 원류(源流)는 중국과의 국교정상화에 반대해온 후쿠다(福田)파다. 하시모토파가 '경무장·경제발전'을 내세운 보수 본류인 데 반해 그가 속했던 후쿠다 - 아베(安倍) - 미쓰즈카(三塚) - 모리파는 일본 재무장, 헌법 개정론쪽이다. 늘 소수파였다.

　이번 선거 과정에서도 다나카파의 상속인인 하시모토가 야스쿠니신사 참배와 리덩후이(李登輝) 대만 총통에 대한 사증 발급에 신중한 반응을 보인 데 반해 고이즈미는 거침이 없었다. 그의 최대 지원세력도 이시하라 도쿄도 지사, 에토 다카미(江藤隆美) 에도·가메이파 회장, 모리 진 총리를 비롯한 정계의 매파들이 가입했던 세이란카이(靑嵐會)다.

정계 설계사 넘보는 나카소네 재등장

　다나카 내각의 대만 단교 - 중·일 국교정상화 외교에 맞서기 위해 설립된 세이란카이는 골수 우파 정치인의 산실로, 후쿠다파와 나카소네(中曾根)파 의원들이 중심 멤버였다. 이번 선거 과정에서도 세이란카이의 고이즈미 원호사격이 포착됐다. 선거 중반이던 4월 16일 나카소네·모리·이시하라가 극비 모임을 갖고 고이즈미 집권 시나리오를 짰다.

고이즈미와 하시모토가 팽팽한 접전을 벌이던 당시는 나카소네가 최고 상임 고문을 맡고 있는 에토·가메이파의 동향에 관심이 집중됐다. 나카소네는 고이즈미의 승리를 내다보고 모리와 이시하라에게 지지를 호소하는 한편 에토·가메이파를 움직여 고이즈미와 손잡게 만들었다. 모임에서는 나카소네의 지론인 국가전략본부 설치가 합의됐고, 이는 그대로 고이즈미의 정책에 반영된다. 리덩후이 전 대만 총통에 대한 사증 발급도 이 모임에서 결정됐다고 언론들은 전한다.

고이즈미는 당선이 굳어진 4월 22일 나카소네와 별도로 만난 것으로 알려졌다. 나카소네의 재등장은 의미하는 바가 크다. 다케시타가 생존해 있을 때만 해도 그는 국책(國策)에 관심을 가진 원로 정치인이었다. 그러나 지난해 다케시타가 타계한 뒤에는 정계의 설계사 자리도 넘보려 하고 있다.

1985년 전후 총리로는 처음으로 야스쿠니신사를 공식 참배했던 그는 '전후 정치 총결산'을 내걸고 방위·안보 현안을 정비했던 인물이다. 지난해에는 개헌 시안, 교육기본법 개정 내용 등이 든 "21세기 일본의 국가전략"이라는 책을 펴내기도 했다. 고이즈미 노선의 해법이 이 책 속에 들어 있다는 생각마저 불러일으킬 정도다.

당 3역 가운데 2명이 매파다. 야마사키 간사장과 아소 정조회장이 그들이다. 둘의 전면 포진은 역사교과서 왜곡 문제, 재일동포의 지방 참정권 획득 문제는 물론 개헌과 관련해서도 시사하는 바가 적지않다. 야마사키는 대표적 방위족(族) 의원이자 개헌론자다. 1990년대 중반 정조회장 때 "유사 사태가 발생할 경우 일본은 극동지역 밖에서 미군 지원을 할 수 있다"며 일찌감치 집단적 자위권 행사의 당위론을 펴왔다. 선거 과정에서 자위대의 한국 파병론을 늘어놓은 가메이 전 정조회장과 궤를 같이하는 것이다.

최근에는 개인적인 헌법 개정 시안을 담은 『헌법개정 - 도의(道義)국가를 지향하며』라는 책을 펴냈다. 책은 평화주의를 전제로 전력 보유 등을 금지한 헌법 9조 2항의 삭제, 자위와 국제평화 실현을 위한 군사력 보유를 주장하고 있다. 야마사키는 "자민당 책임자로서 헌법 개정에 앞장서겠다"고 공언하고 있다. 반면 재일동포를 비롯한 일본내 영주 외국인에게 지방선거 참정권을 부여하는 법안은 폐안시키겠다는 방침이다.

아소는 골수 우익 정치인으로 분류된다. 그동안 우익 성향은 별로 알려지지 않았으나 우익의 본령인 '일본회의'에 선을 대고 있다. 이 모임을 정치적으로 지원하기 위해 중·참의원 의원 200여 명이 결성한 '일본회의 국회의원 간담회' 대표가 다름아닌 아소다. 일본회의는 '일본을 지키는 국민회의'와 '일본을 지키는 모임'이 통합돼 1997년 결성된 단체로 천황제 옹호 운동을 펴왔고, 역사왜곡 교과서를 펴낸 '새 역사 교과서를 만드는 모임'과도 밀접한 관계를 맺고 있다.

자민당 총재 선거에 나왔던 그는 "일본 헌법은 승전국이 패전국에 일방적으로 강요한 것"이라고도 했다. 이른바 '강제헌법론'으로 우익이 되뇌던 것을 그대로 주장했다. 그는 또 야스쿠니신사 참배에 대해 "국가를 위해 목숨을 던진 사람들에게 국가가 최고의 예를 표시하는 것을 금지하는 나라가 세상에 어디 있느냐"며 우파의 본색을 드러냈다.

고이즈미 내각은 앞으로 자위대 전력을 강화하고, 자위대 활동반경을 넓히는 새 안보체제 구축에 힘을 쏟을 것이 분명하다. 요체는 집단적 자위권 행사 문제다. 집단적 자위권은 동맹관계에 있는 국가가 무력 공격을 받았을 경우 이를 자국에 대한 공격으로 간주해 응전할 수 있는 국제법상의 권리다.

국가정책 전반 우향우로 방향 틀어

일본정부는 집단적 자위권에 대해 지난 1981년 "일본도 국제법상 집단적 자위권을 보유하고 있으나 헌법 9조(전쟁 및 무력 행사 포기)가 허용하는 자위권 행사는 일본을 방어하는 데 필요한 최소한의 범위로 한정돼야 하며, 타국에 가해진 무력 공격을 저지하기 위한 집단적 자위권 행사는 헌법상 허용되지 않는다"는 헌법 해석을 마련한 바 있다. 권리는 갖지만 헌법상 제약으로 행사할 수 없다는 것이다.

집단적 자위권을 행사하게 되면 일본은 미국 외의 국가와도 동맹을 맺을 수 있고, 자위대 활동반경에 내한 제한도 없어진다. 자위대는 1999년의 미·일방위협력지침(가이드라인)관련법 제정으로 주변지역 비상사태에 한해 미군에 대한 병참지원만 할 수 있게 돼 있다. 법안은 주변지역 유사시 자위대가 발을 들여놓도록 했지만 자위대는 1981년의 헌법 해석에 묶여 전투행위에는 참가하지 못한다. 일본의 재무장론자들이 집단적 자위권 행사 용인을 주장해온 것은 이런 것들 때문이다.

마침 미국도 공개적으로 집단적 자위권 행사를 요구하고 나섰다. 최근 부시 행정부의 새 미사일 방어(MD) 설명차 일본을 방문했던 리처드 아미티지 국무부 부장관은 일본측에 이 문제의 해결을 촉구했다. 아미티지는 일본의 집단적 자위권 행사에 관한 미국내 지지파의 대부로, 지난해 11월에는 다른 학자들과 이에 관한 보고서를 내기도 했다. 미국측 요구는 한마디로 미군과 함께 싸울 수 있는 자위대를 필요로 한다는 것이다.

자민당 총재 선거 과정에서 후보들이 앞다퉈 집단적 자위권 행사 입장을 밝힌 것은 당선 여부를 떠나 지금이 우파의 숙원을 이룰 수 있는 호기라고 판단했기 때문으로 보인다. 집단적 자위권 행사를 인정하면 파장은 이만저만이 아니다. 헌법에 묶여 있던 세계 굴지의 일본 군사력은 그 실체를 드러내게 될 것이다. 일본 정부의 전수(專守)방위 원칙의 변경도 불가피하다. 헌법 해석(해석 개헌)을 통해 이를 실현하면 현행 평화헌법은 껍데기만 남게 된다.

고이즈미는 이 문제에 대해 오락가락하는 입장을 보였다. 선거 기간중에는 헌법 해석 변경을 통해 집단적 자위권을 행사해야 한다고 했다가 총리 취임 후에는 "연구할 필요가 있다"며 한발짝 물러났다. 그러나 그의 발언 후퇴는 '작전'의 성격이 짙다. 7월의 참의원 선거를 앞두고 민감한 문제를 들고나와 논란을 불러일으킬 이유가 없는 것이다. 고이즈미는 7월 선거에서 승리해 본격적인 정권을 출범시키고난 뒤 이 문제에 팔을 걷어붙일 가능성이 크다.

이와 관련해 벌써부터 묘책이 나오고 있다. 자민당 쪽에서 개헌이나 헌법 해석 변경이 아닌 국회 결의로 집단적 자위권을 행사하는 방안을 추진중이다. 야마사키 간사장은 5월 13일 NHK 토론 프로그램에 나와 "개헌에는 시간이 걸리는 만큼 입법부가 국회 결의를 통해 집단적 자위권을 인정하는 것도 한 방법"이라고 말했다. 자민당 간부가 이에 대해 "국회 결의는 헌법 개정이 이뤄질 때까지 유지되는 잠정적 조치의 성격을 띠게 된다"고 말해 꽤 깊숙한 논의가 진행된 것으로 보인다.

이 문제는 고이즈미 총리 직속기구로 설치된 국가전략본부에서 다뤄질 전망이다. 자위대의 국내외 반경 확대도 예상된다. 고이즈미는 총리에 취임하자마자 방위청에 외국의 공격에 대비한 유사법제를 검토하라고 지시했다. 유사법제는 지난 1970년대 이래 방위청이 연구해온 것으로, 비상시 정부·자위대·지방자치단체·국민을 하나로 묶기 위한 것이다.

자위대의 원활한 작전을 위해 개인과 지자체의 권리를 제한하는 데 따른 국민의 거부감으로 지금까지 입법화되지 못했다. 고이즈미가 방위청 장관에 처음으로 자위대 출신을 임명한 것은 이 문제 해결을 위한 의지로 비친다. 유엔평화유지활동(PKO) 참가 조건 완화와 유엔평화유지군(PKF) 참가를 위한 법제화도 시간

문제로 보인다.

고이즈미 내각은 개헌의 토대도 마련할 것으로 보인다. 고이즈미는 일단 총리 직선제만을 위한 개헌론을 밝혔다. "총리 직선제를 위한 개헌이라면 국민들이 이해하기 쉽다. 총리를 뽑는 권리를 국회의원에게서 국민한테 넘기는 것은 정계의 규제완화"라는 것이 그 이유다.

평화헌법 개헌론 전면 부상할 듯

그러나 총리 직선제만을 위한 개헌론은 눈 가리고 아웅하는 식이다. 그의 말대로 총리 직선제 문제는 전력(戰力)보유, 교전권 행사를 금지하는 평화조항(9조)만큼 복잡하지도 않고, 국민들의 지지도 강하다. 유일한 걸림돌이라면 상징 천황제와의 관계 설정 문제다.

하지만 총리 직선제만을 위한 개헌은 생각하기 어렵다. 자민당 우파들은 현행 헌법 전체를 미국의 강요헌법으로 몰아붙여왔고, 중도계 의원들도 "반세기 전에 맞춘 옷(헌법)이 현재의 몸집(상황)에 맞겠느냐"며 환경권 등 새 기본권 신설을 주장하고 있다. 총리 직선제에 초점을 맞춘 개헌론은 바로 전면 개헌의 물꼬를 트기 위한 포석일 수 있다. 시민단체나 야당의 반대가 강한 평화조항 개정 언급을 피해 일단 개헌 작업에 들어가면 이들 문제도 일괄처리하겠다는 의도가 보인다. 매가 발톱을 숨긴 꼴이다.

마침 헌법 논의를 위한 제도적 장치는 갖춰져 있다. 지난해 1월 중·참의원에 설치된 헌법조사회에서 여야 의원들이 현행 헌법의 문제점을 논의중이다. 헌법조사회는 2005년에 중·참의원 의장에게 그동안의 논의 내용을 보고한다.

고이즈미 내각은 보고 시한을 앞당겨 '논헌'(論憲)기간을 줄이고, 개헌 작업을 서두를 것이 분명하다. 작가 헨미 요(邊見庸)가 '부드러운 국가주의의 위험'이라는 "아사히(朝日)신문" 기고에서 "부드러운 표정으로 매파의 속을 감춘 새 정권은 모리 정권보다 위험하며, 유사입법 제정, 국가주의적 교육개혁, 역사주정주의 움직임은 정권의 얼굴이 부드러운만큼 보다 원활하게 추진될 가능성이 있다"고 지적한 것은 음미해볼 대목이다.

고이즈미에게 경제개혁은 발등의 불이다. 일본 국민이 고이즈미에게 거는 가장 큰 기대는 역시 경기회복과 재정 건전화이기 때문이다. "요미우리(讀賣)신문"의 여론조사에서도 새 내각의 우선 과제로 경기대책(74.8%), 재정재건(56.4%), 부실채권 처리(45.5%)가 1∼3위에 올랐다.

그가 중점을 두는 것은 구조개혁과 재정개혁이다. 그는 총재 선거에서도 "재정·구조개혁 없이 경기회복은 없다"고 주장했다. 성역 없는 구조개혁이란 말도 했다. 올해부터 경기부양용 추경예산 편성 규모를 줄이고, 연간 국채 발행액을 30조 엔 이하로 억제하겠다고 약속했다. 대신 지금까지 경기대책과 관련, '전가의 보도'로 활용해온 지방 공공사업 규모는 줄여나가기로 했다. 지방에서 받은 표를 보상해주는 자민당식 이익분배구조에 손을 때겠다는 의지의 표현이다.

그러나 그의 경제정책은 총론만 있지 각론이 없다는 지적을 받고 있다. 금융 컨설턴트인 기무라 다케시(木村剛)는 "구조 개혁이나 재정 재건은 맞는 얘기지만 내용과 수단이 모호하다"며 "'언어명료·의미불명'이라는 말을 떠올리게 한다"고 꼬집었다. 정·관·업의 기득권익에 메스를 댈 수 있을지에 대한 의문의 목소리도 강하다.

대외관계 미국쪽 '맑음', 주변국 먹구름

고이즈미의 외교 수완은 미지수다. 그는 당정의 외교 관련 직책을 맡은 적이 없는 국내파이기 때문이다. 이는 다나카 외상도 마찬가지다. 아버지인 다나카 전 총리를 수행해 외유를 하고, 중국과 개인적인 파이프를 갖고 있는 것이 얼마나 큰 도움이 되겠느냐는 소리가 들린다. 다나카는 외무성의 기밀비 유용 사건을 문제삼아 인사를 동결하고, 해외로 발령난 과장을 불러들여 관료들의 원성마저 사고 있다. 관료 인사는 관료의 최고봉인 사무차관에게 맡기는 것이 관례지만 다나카는 이를 깨려는 태세다.

대외관계는 '미국쪽 맑음, 주변국쪽 먹구름'이다. 미·일 관계는 클린턴 행정부 때와는 180도 달라질 전망이다. 일본은 클린턴 행정부 8년 간의 대외정책을 '일본 때리기(Bashing), 일본 없음(Nothing)'으로 보아왔다. 일본보다 중국을 중시하고, 동맹보다 경제적 실리를 택했다는 것이다.

그러나 부시 행정부는 일본을 축으로 한 동북아 질서를 그리고 있어 고이즈미는 어느 때보다 양호한 상태에서 대미 관계를 꾸려갈 수 있게 됐다. 현재 여건이라면 1980년대의 로널드 레이건 - 나카소네 야스히로 때의 공고한 관계가 구축될 가능성도 있다.

주변국과의 관계는 더 꼬일 전망이다. 한국·중국 - 일본 간에는 역사교과서 문제를 둘러싸고 냉기류가 형성돼 있다. 여기에 새 내각의 안보정책 전환 및 개헌 방침, 고이즈미의 야스쿠니신사 공식 참배 선언 등 주변국을 자극할 것들은 산더미처럼 쌓여 있다. A급 전범의 위패가 합사된 야스쿠니신사 공식 참배의 파장은 점치기조차 어렵다. 고이즈미 내각과 통하는 한국의 일본 파이프가 눈에 띄지 않는 것도 한일관계를 더욱 어렵게 만들 것이다.

고이즈미는 체신상 할아버지와 방위청 장관 아버지를 둔 세습 정치인이다. 이번에 총재 선거 3수 끝에 대권을 잡았다. 1995년 9월 우정사업 민영화론을 내걸고 하시모토와 한판 싸움을 벌였다가 대패했고, 1998년 7월에는 오부치 전 총리의 조직표 앞에서 맥없이 무너졌다. 그런 점에서 이번의 총재 당선은 하시모토파에 대한 대설욕이기도 하다.

고이즈미는 정가에서는 괴짜, 독불장군으로 통한다. 괴짜는 1998년 자민당 총재 선거에 나왔을 당시 다나카 마키코 현 외상이 붙인 별명이다. 자민당은 최근 고이즈미를 등장시켜 만든 CM에 "고이즈미는 나가타초(永田町·정당가 지명)에서는 괴짜지만 국민들한테는 성실하다"는 구절을 넣기도 했다. 나카소네 전 총리는 그의 튀는 언동을 빗대 '벤처총리'라고 부른다. 모험을 즐기는 벤처기업 사장 같다는 것이다.

고이즈미는 별명답게 파격적 언동을 일삼아 국민들의 시선을 집중시켜왔다. 입바른 소리를 잘하고 한번 내뱉은 말에 대해서는 절대 양보하지 않는다. 파벌에 소속돼 있으면서도 모임을 갖는 것을 싫어하고, '힘의 승부'를 정치스타일로 삼는다. 인간관계를 우선하는 정계에서는 이색적인 존재인 셈이다. 본인 스스로도 "이치로와 신조(둘 다 메이저리그 진출 타자)도 좋지만 역시 노모(메이저리그 진출 투수)가 최고"라고 말한다. 강속구로 메이저리그의 강타자를 굴복시키는 노모 투수한테 매력을 느낀다는 것이다.

1992년 미야자와 내각의 우정상에 취임했을 때는 자민당 의원과 관료가 반대했던 우정사업 민영화를 밀어붙이기도 했다. 우정사업 민영화론은 집권함으로써 겨우 그 빛을 보게 됐다. 1999년에는 의원생활 25주년 근속 표창을 거부하기도 했다. 표창을 받으면 의원 재직중 매월 30만 원의 수당을 받지만 그는 "행정개혁의 필요성을 호소하고 있는 이상 안 된다"고 밝혔다.

개혁에 대한 기대로 곧 시험대 올라

명절 때도 일절 선물을 받지 않는 것으로 유명하다. 모리파의 여성의원인 다카이치 사나에(高市早苗) 의원이 발렌타인데이 때 보낸 '의리(義理) 초콜릿'도 돌려보낸 것으로 알려졌다. 고이즈미와 오래전부터 교분을 쌓아온 야마사키 간사장은 그래서 고이즈미 준이치로를 '고이즈미 준조이치로(純情一郎)'라고 부른다. 절규조의 연설과 달리 사생활은 말수가 적고 고독을 즐긴다고 한다. 이혼한 뒤 독신생활을 해오고 있는 데 따른 것으로 보인다. 주말에는 의원회관에서 혼자 장시간 독서를 하거나 취미인 클래식 음악을 듣고, 때로는 스스로 밥을 만들어 먹는다고 한다.

인맥은 엷은 편이다. 역대 총리가 취임 전 각계에 인맥을 구축한 것과 달리 측근다운 측근, 친하게 지내는 경제인, 정책 브레인이 없다. 1972년 첫 당선 이래 고락을 같이해온 비서가 측근이라 할 정도. 모리파 간부는 "경제인이나 학자들에게 접근하지 않는 자세가 고이즈미의 강점"이라며 "인맥다운 인맥을 만들지 않는 것이 고이즈미류"라고 말한다.

정계의 인맥은 가토 전 간사장, 야마사키 간사장의 YKK 트리오가 축이다. YKK는 다케시타파 지배 타파를 내걸고 1991년 결성됐지만 3명의 행동과 계산은 때때로 달라 고이즈미는 YKK를 "우정과 타산의 이중구조"라고 말해왔다. 모리파는 그의 후원세력이다. 후쿠다 관방장관, 교과서 검정 과정에서 강경파의 면모를 보여준 마치무라 노부타카(町村信孝) 전 문부과학상, 모리의 측근으로 여성 스캔들로 불명예 퇴진한 나카가와 히데나오(中川秀直) 전 관방장관, 아베 신조(安倍晉三) 관방부장관이 대표적 인사로, 하나같이 매파로 분류된다.

고이즈미는 총재 선거를 앞두고 모리파를 탈퇴하면서 "나만큼 모리파에 애착을 가진 사람은 없다"고 호언하기도 했다. 경제계의 지인은 아사히맥주의 히구치 고타로(口廣太郎) 명예회장 정도. 히구치와는 취미인 클래식 음악 콘서트에서 만나는 것이 대부분이어서 경제인맥이라고 할 수는 없을 듯하다.

정치자금 모금은 다른 정치인에 비해 뒤진다. 1999년 정치자금수지보고서에 따르면 그의 자금관리 단체가 모은 정치자금은 8,700만 엔이다. 총재 선거에 나온 4명의 후보 가운데 가장 적었다. 가메이 시즈카 전 정조회장의 6억 엔에 비하면 턱없이 떨어진다. 의료관계 지지 단체 등을 빼면 거의 중소기업과 개인헌금이며, 지원자금도 100만 엔 이하가 대부분이다.

고이즈미는 당분간 승승장구할 전망이다. 국민의 압도적 지지를 등에 업고 있고, 야당은 지리멸렬이다. 그러나 그의 '개혁 단행 내각'은 곧 시험대에 오를 것이다. 압도적 지지에는 그에 대한 지지보다 개혁에 대한 기대가 더 많이 포함돼 있을 수 있기 때문이다. 그가 괴짜가 아닌 보통사람이 됐을 때 자민당도, 그의 정치생명도 끝날지 모른다.

오영환(중앙일보 국제부 기자)

【특별기획】 "핵 보유한 통일한국 받아들일 수 없다"
미국·중국·일본·러시아 한반도 주변 4대국
『월간중앙』 제308호 2001. 7

긴급입수·일본 민간종합연구소 **PHP**의 '한반도 보고서'
2006년 한반도 통일국가 출현을 가정한 **2가지** 시나리오

일본은 한반도 통일을 어떻게 볼 것인가?

나아가 한국이 통일되면 일본과 주변 각국은 어떤 동선을 그릴 것인가?

일본의 PHP총합연구소가 최근 내놓은 한 보고서는 이에 대한 명확한 한 가지 시각을 제시해준다. 이 보고서는 한반도 통일을 전후해 일본이 과연 어떻게 대응해야 할 것인가를 제언하기 위해 시행한 시뮬레이션의 결과물이다.

우리 입장에서는 남북한 통일을 둘러싸고 어떤 일들이 벌어질 것인가, 주변국과 관계국들의 움직임과 역학관계는 어떻게 변화할 것인가를 주지해 볼 가치 있는 자료가 될 것이다. 『월간중앙』이 보고서를 전격 입수, 전문 가운데 주요 부분을 요약 정리해 싣는다.

2000년 4월 PHP총합연구소는 한반도 통일을 둘러싸고 21세기 동아시아에서 일어날 수 있는 국제적인 파워 시프트의 변화상황을 상세히 인식하기 위한 연구회(研究會)를 발족했다. 특히 한반도 통일이라는 상황이 올 때 일본은 어떤 상황에 놓이게 되는가를 부각시키기 위한 시나리오 연구에 착수했다. 이후 연구회는 반년에 걸쳐 시나리오 검토회의를 가졌다. 그런 과정을 거쳐 최종 '게임'을 2001년 2월에 실행했다. 말하자면 '한반도 통일을 전후해 이러이러한 상황이 전개되면 일본은 어떻게 해야 하는가?'를 주제로 시뮬레이션을 진행한 것이다.

이 보고서는 바로 지난 2월 행해진 최종 게임의 결과를 정리한 것이다. 이 시뮬레이션은 아래 3가지 사항을 명확히 하려는 목적 아래 행해졌다. 첫째, 한반도 통일에 얽힌 배경을 나름대로 설정하고 동아시아에서 파워 시프트를 가능한 한 명확히 인식한다는 것. 둘째, 주한미군의 부분철수가 동아시아의 세력균형에 미치는 영향을 인식한다는 것. 셋째, 그럴 경우 주일미군에 대한 일본정부의 조치

는 어떻게 되어야 하는가를 고려하는 것 등이다. 나아가 이를 통해 일본에 가장 바람직한 세력균형의 포인트를 찾아 일본 외교의 지침으로 제언(提言)한다는 것이다.

이번 연구에는 다수의 국내외 관련 전문가들이 참가했다. 연구에서는 우선 참가자들에게 '한반도 통일 과정에서 일본이 대응해야 할 위기적 상황'을 주제로 먼저 토론을 행하게 했다. 그리고 최종적으로 '일본정부가 취할 수 있는 가장 적합한 행동'을 게임 방식으로 찾는 방법을 취했다. 게임 방식은 이런 것이었다.

먼저 무력충돌 시나리오를 배제했다. 전투와 군사적 대립을 상정하지 않는 시나리오의 작성에 중점을 두었다. 그러면서 북한의 미사일·핵문제와 관련해 시나리오를 두 가지로 나누었다. 하나는 북한이 핵을 갖고 있음이 명백하게 밝혀진 상황에서 한반도 통일이 추진된다는 것이다. 이것을 '게임 1'이라고 한다. 여기에서는 북한이 '핵 보유 선언'을 통해 핵문제를 표면화하고 이에 따라 미국이 관여하지 않을 수 없는 대결 시나리오를 채택했다.

반면 또다른 시나리오는 외부세계에 북한 핵의 존재 여부가 불투명한 가운데 통일이 진행된다는 것이다. 이를 '게임 2'라고 한다. 여기에서는 주변 각국이 긴밀하게 연락을 주고받아 '핵을 보유한 한반도'의 출현을 애초부터 서로 견제한다. 그래서 통일한국의 문제가 '어떤 식으로 한반도의 안전보장을 확보할 것인가'라는 한 가지 사안에 집중되도록 시나리오가 준비됐다.

이번 연구의 참가자들은 5개 그룹으로 나뉘었다. ①미국 그룹 ②한국·북한 그룹 ③중국·러시아 그룹 ④일본 그룹1 ⑤일본 그룹2 등이다. 각 참가자에게는 한반도 통일을 둘러싼 '국제정세상황표'를 전달하고 그를 바탕해 최종적으로 (일본의 행동에 대한) 정책결정을 내리도록 했다. 물론 각 참가자는 자기가 속한 그룹의 입장에서 정책결정을 해야 한다. 이 시뮬레이션에서 감안해야 할 것은 실제 한반도의 통일이 실현될 것인가, 또 언제쯤 그 시기가 찾아올 것인가 하는 점은 일절 배제했다는 것이다. 어디까지나 일본의 대응을 알기 위한 도구로써 한반도 통일을 다루었다는 점이다.

PHP연구소란?
전후 '번영에 의한 행복과 평화'라는 마쓰시타 고노스케의 이상을 집대성한 일본 최고의 민간 연구소
PHP연구소는 일본 재계에서 '경영의 신(神)이자 개혁 제창자'로 불리는 마쓰

시타산업전기㈜의 마쓰시타 고노스케(松下幸之助)가 1946년 11월 3일 설립했다.

제2차 세계대전이 끝난 후 미 군정으로부터 일제 군부에 협력한 재벌로 지정돼 기업 해체의 위기에 처하기도 했던 그는 전후 일본이 악성 인플레이션, 식량 부족 등에서 벗어나지 못하자 사회·경제의 구조적 문제에 접근하는 사상가로서의 길로 접어들었고 PHP연구소는 이런 일본의 내외적인 상황과 이를 타개해 보려는 마쓰시타의 성찰에서 나온 결과물인 것이다.

'PHP'는 'Peace and Happiness through Prosperity'의 약자로 '번영에 의한 평화와 행복을'이라는 의미를 가지고 있다. 즉 기업활동에 의해 사회의 평화와 행복을 추구하는 운동을 실현한다는 것이다. PHP의 활동은 기업의 의무가 좋은 제품을 대량생산해 싼 값으로 '수돗물'처럼 공급하는 데 있다는 그의 '수돗물철학'을 널리 알리기 위한 것이라고 하나, 전쟁 참여라는 이미지를 없애기 위한 것이라는 설명도 있다.

PHP연구소는 창립 이듬해인 1947년 4월 기관지인 월간『PHP』를 창간한다. 이 잡지는 오늘날까지도 일본 전역에 150만 명의 독자를 확보하고 있을 정도로 상당한 영향력을 지니고 있다.

PHP연구소는 비단 일본 내에서의 연구활동에만 머무르지 않고 해외에까지 그 영역을 넓혀가고 있다. 1970년 국제판 영문『PHP』를 창간한 데 이어 1979년 11월에는 싱가포르 PHP연구소를, 1989년 2월에는 미국 PHP연구소를 설립한다.

미국 PHP연구소가 설립된 지 두 달 뒤인 1989년 4월 창설자인 마쓰시타가 타계하고 이를 기리는 뜻에서 9월에는 아세안 지역을 대상으로 'PHP장학회'를 발족, 설립한다. PHP연구소는 그동안 정치·경제·사회 등 일본 내부의 제반문제에 대한 정책적 제언을 활발히 그리고 꾸준히 제기해왔다. 1997년 일본이 금융위기를 맞았을 낭시에는 '금융위기에 대한 긴급 제언' '재정구조 전환으로 향한 제언' '금융시스템 재생을 향한 제언' 등을 발표했다.

또 1998년 4월에는 정책제언 잡지인『PHP 연구 리포트』를 창간했다. 같은해 5월에는 21세기 일본의 나아갈 길을 진지하게 다룬 '2010년 일본에의 제언'을 발표했다. '마쓰시타 경영철학'의 계승자로 유명한 에구치 가쓰히코 일본 PHP 연구소 대표는 한국의 IMF 위기와 관련해 한국 기업의 가족주의 경영이 최근의 부도 사태를 불러왔다고 진단하기도 했다.

【긴급특집】 일본역사교과서 韓·日 논쟁
『新東亞』 제502호 2001. 7

일본 '역사교과서모임' 대표가 한국인에게 보내는 공개장
"나는 한국인의 어리광이 정말 답답하다!"

일본은 수동적인 문화의 나라다. 서쪽에서는 영국과 프랑스가, 북쪽에서는 러시아가, 남쪽에서는 미국이 일본을 위협할 때 수동적인 일본은 살기 위해 어쩔수 없이 조선을 합병했다. 이 점에 대해서는 진심으로 미안하다. 하지만 2차 세계대전에서 패전 후 일본의 역사가들은 동경재판사관과 사회주의 환상사관에 젖은 계급주의 사관에서 일본 역사를 서술하고 있다. 우리는 이러한 역사관을 물리치고 일본이 고유한 문화를 갖고 역사를 발전시켜온 민족이란 것을 가르치기 위해 새로운 역사 교과서를 만들었다.

역사교과서 문제는 일본인 자신의 자기회복 문제다. 국가가 전쟁에 패함으로써 입은 상처는 깊다. 전후 50년 간, 일본인은 세계를 두 진영으로 나눈 두 초강대국 미국과 소련의 서로 다른 역사관을 애매모호하게 공존시켜왔다. 곧 미국·영국 등의 민주주의 체제는 항상 옳고 세계사의 모델이라고 생각하며 다음 두 가지 가설을 적당히 융합해왔다. 제2차 세계대전은 영·미 민주주의가 일·독 파시즘을 이긴 정의와 승리의 전쟁이었다는 가설 - 이것을 '동경재판사관(東京裁判史觀)'이라 한다. 한편, 소련을 대표로 하는 공산주의 체제는 평화세력이며 미국을 대표로 하는 자본주의 진영은 전쟁세력이라는, 전후에 특히 지배적이 된 가설 - 이것을 사회주의 환상(幻想)사관이라 하자.

역사를 잃은 戰後 일본

지금도 일본인은 동경재판사관에는 승복하지 않고 있다. 왜냐하면 영·미의 민주주의가 반드시 세계사의 모델이라 할 정도로 훌륭하다고는 말할 수 없으며, 동아시아의 역사에도 나름대로 고유한 민주주의 전통이 있기 때문이다. 또 일본은 독일과 같은 홀로코스트(유태인 학살) 문제를 일으키지 않았다. 동아시아에서 일어난 전쟁은 유럽의 전쟁과는 기본적으로 성격을 달리한다.

사회주의 환상사관은 1945년부터 1975년 사이 창궐(猖獗)했는데, 주지하는 바

와 같이 1980년대 들어 한꺼번에 퇴조하였다. 1989년 베를린 장벽 붕괴로 가속화돼 소비에트연방은 최후를 맞았다.

일본인은 전후에 동경재판사관과 사회주의 환상사관이라는 양립할 수 없는 두 가지의 판이한 역사관을 억지로 합체시켰다. 오로지 머릿속으로 관념적인 역사지도를 그리며, 어떤 의미에서는 스스로 속여왔다. 신문이나 공영방송(NHK), 그리고 교과서가 그려온 역사상(歷史像)은 이 납득하기 어려운 두 가지 역사관의 절충체(折衷體)였다. 왜 그러한 일이 벌어졌는가?

한반도는 독일과 함께 분단국가가 되었으므로 일본의 이 어리석은 자기은폐극(自己隱蔽劇)을 잘 모를 것이다. 일본은 분단되지 않은 대신, 일본 사람들의 마음속에 38선이 그어졌다. 그 결과, 일본에서는 미·소의 대리전쟁이 일어난다고 해도 이상하지 않을 정도가 되었다.

일본인은 내전의 유혈 참사를 회피하고 싶다는 소원을 거의 무의식적·본능적으로 끌어안게 되었다. 그러한 상태에서 전후(戰後) 세월을 보내왔다. 자민당과 사회당, 즉 보수와 좌익이 확고히 대치하며, 자민당에서는 단 한 사람의 탈당자도 허락되지 않았던 것이다. 사회당에게도 최고 160석 이상의 의석 획득이 허용되지 않고 1955년부터 1993년까지 대립만 일삼은 것은 이 때문이었다.

일본인은 미국의 역사관과 소련의 역사관이라는 양극단의 논리를 섞어 합한 후 둘로 나눠놓은 것과 같은 부자연스러운 사고방식을 만들어내고, 이것으로 자기 나라 역사를 묘사함으로써 국내 평화를 유지하고 경제번영의 길을 개척하는 데 성공하였다. 이것은 어떤 의미로는 일본인의 '지혜'였다. 그러나 지혜이자 교묘한 삶의 방식이었던 까닭에, 일본인은 그 대신 '자기 자신의 역사'를 잃어버린 것이다.

1990년 미소 초강대국 간의 냉전이 끝났다. 사회주의 환상사관은 효력을 잃었지만, 그렇다고 동경재판사관이 유일하게 효력을 지닌 역사관으로서 살아남았느냐 하면 반드시 그렇지도 않다. 예컨대 히로시마(廣島)·나가사키(長崎)의 원폭 투하를 예로 들어보자. 1990년까지 세계는 핵무기를 전제로 힘의 균형을 잡고 국제평화를 유지하고 있었다. 때문에 일본에서는 원폭투하가 미국의 전쟁범죄라고는 공공연하게 말할 수 없었다.

계급주의 사관을 거부한다

그러나 지금은 원폭 투하를 미국의 전쟁범죄라고 공공연히 말하게 되었다. 히로시마의 원폭 돔은 나치스의 아우슈비츠 가스실과 함께 유네스코의 '세계유산'으로 지정되었다. 이러한 것은 미국이 뉘른베르크 재판의 피고석에 소환당해 세워진 것과 다름없다.

'새로운 역사교과서'에는 1860년대 이후 미국이 태평양에서 획득한 영토, 즉 식민지를 표시하는 한 장의 지도가 게재돼 있다. 북쪽에서부터 알래스카, 알류산 열도(列島), 미드웨이 제도(諸島), 존스턴 섬, 하와이 제도(諸島), 바르미라 섬, 웨이크 섬, 미국령(領) 사모아, 괌 섬, 필리핀 등등이다. 일본이 근대국가로서 세계사에 등장한 바로 그 시기 미국은 일본열도의 남쪽 해양을 봉쇄하는 형태로 포위한 것이다. 이것만으로도 미국은 이미 일본에 무언의 위협을 주고 있었다.

1904～1905년 일로(日露)전쟁 때 미국은 일본의 협력자였다. 그러나 일로전쟁 직후 미국은 만주 진출의 기회를 노리며 16척의 전함으로 직접적인 위협을 가하는 등, 일본을 가상적국으로 삼는 행동을 나타냈다. 나는 일본과 미국의 전쟁은 피할 수 없는 운명이었다고 생각한다. 어느 쪽이 선이고 어느 쪽이 악이라는 이야기가 아니다. 이것은 두 힘의 물리적인 충돌에 다름아니다.

그러나 전후 일본인은 앞서 말한 동경재판사관 - 미국의 승리는 정의이고, 일본은 부정의(不正義)한 전쟁을 저질렀다는 논리 - 에 따라 일방적으로 죄의식을 세뇌받았으므로 자기 처지를 주장할 수 없었다.

그런데다 역사교육이나 역사교과서의 세계에서는 사회주의 환상사관의 뿌리가 매우 깊어, 아직도 구(舊)공산주의 국가와 같은 사고방식에 깊이 주박(呪縛)당하고 있다. 지금까지 사용되어온 일본의 중학교 역사교과서(1996년도 검정) 일곱 권 가운데 여섯 권이 한국전쟁을 북한의 침략이라고 명기하지 않고 있다.

일곱 권 전부가 러시아 혁명을 높이 평가하며 공산주의의 미점(美點)을 예찬하고 있다. 그리고 스탈린의 범죄는 간신히 한두 줄 언급하지만 사회주의 체제를 악이 아니라 스탈린의 개인 범죄로 취급하고 있다. 스탈린과 히틀러의 범죄가 지닌 동질성을 직시하지 않고 있는 것이다. 모택동이나 폴 포트의 대량학살에 관해서나, 중국에 의한 티베트인의 대량 살육에 관해서도 언급하지 않고 있다.

사회주의 환상사관은 특히 고대사에서 특히 현저하다. 고대사회에서는 중앙집권, 황제나 천황에게 어떻게 권력을 집중시키느냐가 '공(公 : publicity)'이었다. 그것은 일반 호족(豪族)들에게 위탁한 토지나 인민을 왕권이 몰수하고 국가가 어떻게 공평하게 재분배할 것이냐는 의미다. 중국 당(唐)나라에서는 균전제(均田制), 고대 일본에서는 반전제(班田制)라 불리는 '공지공민(公地公民)'의 이념이 그것이다.

우리의 '새로운 역사교과서'는 마르크스주의 사관과는 완전히 절연(絶緣)하였으므로 이 고대사에 관해 국민생활에서 '공정(公正)'의 전진(前進)을 의미하였다고 제대로 써놓았다. 하지만 지금까지 일본의 역사교과서들은 "오로지 농민들은 비참했다", "그래도 농민들은 노예와 다름없었다"며 일면만 강조하고 있다. 이는 "권력은 언제나 '악'이며, 민중은 언제나 '선'이다"라는 계급투쟁사관이다. 이러한 사관은 이제 시대에 뒤졌으며, 역사교과서에서만 볼 수 있다.

한국은 일본 보수의 고통 모를 것

제2차 세계대전 이후 남북으로 갈라진 한반도분단, 특히 사회주의 환상사관의 부정에서 출발한 한국분들이, 일본 교육계의 이상한 왜곡현상 때문에 고통을 겪어온 일본의 전통(정통) 보수계열 지식인들의 깊은 고뇌를 이해하기란 불가능하다. 하지만 지금도 역사 교사들의 세계를 좌우하는 것은 일본공산당과 그에 관련된 조직들이다.

역사교과서의 집필자들의 자세에도 문제가 있다. 집필자는 늘 무엇인가에 저항하고 또 적대시(敵對視)하고 있다. 저항과 적대시하기에 안성맞춤인 화제만 역사에서 채집해 나열하고 있다. 하지만 저항과 적대시의 대상이 누구인지는 명확하고 일관성 있게 제시하지 못하고 있다. 어떤 경우 그 대상은 근세 일본의 중앙권력인 도쿠가와(德川) 막부고, 메이지(明治)정부이며 미국 제국주의인 것 같다. 어떤 경우에도 이들에게는 작은 것은 '선'이고 큰 것은 '악'이다. 역대 일본정부는 예외없이 언제나 '악'이다.

우리는 이러한 단순한 역사관을 받아들일 수 없다. 왜냐하면 국가는 그러한 반대에도 불구하고 어쨌거나 전진할 수 있었고 또 일정한 성과를 거두어왔기 때문이다. 그러나 역사교과서는 일본국가가 이루어놓은 성과에 대해서는 일언반구도 없다. 국가의 슬픔도, 국가가 지향하는 목표도 기술해주지 않는다. 민중이 국가를 적대시하는 자세만 언급하고, 적대시당한 국가의 의견은 일절 설명하지 않는다. 이것들은 교과서가 아니라 선동용 정치 팸플릿이다.

미국의 대일 점령정책에 굴복한 동경재판사관과 소련의 경직된 유물론에 굴복한 사회주의 환상사관, 어떻게 해서든 이 두 가지를 극복하고 역사다운 역사를 되찾아야 한다. 그렇지 못하면, 일본은 정신적으로 주권국가로 되돌아갈 수 없다.

이런 뜨거운 심정으로써 설립된 것이 '새로운 역사교과서를 만드는 모임'이다. 회원은 1만여 명. 이 모임은 1인당 연간 6,000엔씩 내는 회비와 인세(印稅) 수입으로 운영된다. 이사를 맡은 학자와 지식인들은 모두 무보수로 봉사한다. 한국의 일각에서는 우리를 향해, "이 모임의 배후에는 무엇인가 정치적인 흑막(배후 원조자)이 있는 것은 아닌가?"라고 이야기한다. 이러한 이야기를 전해 듣고서 우리는 모두 웃었다. 우리 회원은 전쟁을 기억하고 있는 노인부터 17세의 고등학교 학생에 이르기까지 두텁다.

회원들은 이대로 둔다면, 일본은 망국(亡國)의 늪에 빠져들 것이라는 불안과 초조함으로 벌떡 일어난 사람들이다. 물론 국가를 소중히 여기는 감정은 기본이지만, 옛날식 국가주의와는 별개다.

'새로운 역사교과서'에 관해 교토(京都)대학의 나카니시 테루마사(中西輝政) 교수는 다음과 같은 특징을 지적했다.

"일본이 그 역사를 통해 스스로를 잃지 않고 유난한 자세로, 바깥 세계로부터 문명을 섭취하는 자세를 기본으로 삼은 나라임을, 전편(全篇)에 걸쳐서 일관된 형태로 명료히 서술하고 있다. 이 일관성은 높이 평가할 만하다."(『산케이신문』, 2001년 4월 4일자)

일본 열도는 한반도와 마찬가지로 두 가지 대(大)문명권에 접하며 거기로부터 양분을 얻어 스스로 양육해 독자적인 문화권을 만들었다. 일본 열도가 양분을 얻은 두 문명권은 고대 중국문명과 근대 서양문명이다. 일본 열도는 한반도에 있었던 나라들과는 다른, 문명 섭취방식과 자기 육성 방법을 가지고 있었다.

한국 분들은 일본이 공격적인 나라라고 주장하지만 그러한 이미지는 전혀 옳지 못하다. 일본 문명은 죠오몽(繩文)시대 이래 수동적이었다. 바깥세계에서 갖가지 생활문화를 받아들였으나, 바깥으로는 아무것도 내놓지 않는 저수지와도 같은 문명이다. 세계의 여러 문명을 실어다주는 바람 길의 종착점이며, 그 영양소들이 겹겹이 축적된 옥토가 일본이다. '새로운 역사교과서'는 그러한 일본의 국가 이미지를 정확히 전달하고 있다.

일본은 외압에 의해 국가의지(의사)를 결집해온 나라이기도 하다. 7세기 당나라와 신라의 연합군에 의한 '백촌강의 패배'(백마강 전투의 패배)를 겪고난 후 비로소 '일본'이라는 국호가 탄생했고 '천황'호가 성립하였다. 수동적인 나라다운 행동 패턴이다.

몽고와 고려에 의한 '원구(元寇)'의 습격을 받아 이 섬나라는 다시금 통일 의지를 보였다. 포르투갈과 스페인의 대담한 지구 분할을 눈치채고, 도요토미 히데요시(豊臣秀吉)는 기독교도들을 배제하고 중국문화권으로부터 이탈을 시도한다(조선출병에는 그러한 의미도 있었다).

한반도 침략은 피할 수 없는 선택

기독교를 거부하고 북경정부와 교류하기를 거부한 두 가지 외교정책은 그대로 270년 간 도쿠가와(德川)막부로 계승되었다. 그리고 영국과 프랑스가 아시아로 진출하고 북방에서는 러시아가 남하하고, 이어 남방에서부터 미국이 북상하는 위협을 이 열도는 온몸으로 대결하고 대응하지 않으면 안 되었다. 수동적이기 때문에 주체성을 지키려고 투쟁을 한 나라, 그것이 일본이다.

이 점에 관한 한 한국분들은 무언가 커다란 착각을 하고 있다. 도대체 일본이 포르투갈이나 스페인처럼 지구의 저편까지 가서 그곳을 겁탈하였는가? 영국·프랑스·러시아·네덜란드처럼 지구 저편까지 돌아가서 한 나라라도 식민지로 만든 예가 있었던가? 미국처럼 넓디넓은 바다에 띄엄띄엄 자리한 섬들을 모조리 습격하고 내 영토로 만들려고 어금니를 간 적이 있었는가?

일본의 행동은 모두 수동적이며, 따라서 볼품없고 치졸한 면은 부정하기 어렵다. 그리고 한반도를 연좌시켜 피해를 입힌 것은 지금 시점으로부터 생각하면 폭거(暴擧)이고 유감스럽다. 하지만, 당시로서는 다른 방법이 없었던, 피할 길이 없는 선택의 연속이었다고 생각한다. 한국분들은 일본의 이러한 수동성을 인정하지 않는다.

고대 이래 일본의 행동 가운데 항상 '악마적인 것, 범죄적인 것'만을 확인하고자 하는 역사 시각에 대해 일본인들은, 나만이 아니라, 대부분 당혹감을 느끼고 오싹오싹한 느낌을 받고 있다.

한국분들에게 내가 호소하고 싶은 것은 이 한 가지뿐이다. 물론 긍지 높은 한국인이 타국으로부터 지배를 받았던 사실을 고집하는 것을 이해할 수 없는 것은 아니다. 그러나 그러한 경험만으로 일본의 이미지를 결정하려는 습성은 인간의 본성이 그렇게 만들었기 때문이라는 점도 인정하지 않을 수 없다. 그렇다면, 한국분들이 역사의 오랜 기간에 걸쳐서 중국으로부터 지배를 받은 사실에 관해 고집하지 않는 것은 어찌된 일인지, 대부분의 일본인들은 의아해하고 있으며 불가사의하다고 단정하고 있다.

이것은 일본 국내 문제다

이제 나는 더이상 말하지 않겠다. 솔직히 말해 한국분들에게 말하기 시작하면 나는 둑을 터뜨린 것같이 감정이 복받쳐올라 막을 방법이 없어 두렵다. 역사교과서문제에 관해서는 이것이 동경재판사관과 사회주의 환상사관 두 가지를 극복하려는, 일본인의 주권회복 열정에 깊이 결부되어 있음을 잊지 말아 주시기를 바란다. 이것은 어디까지나 일본 국내 문제다. 일본인 영혼의 문제다.

이번에 한국에서 제시한 집요한 수정 요구를 보고 있노라면, 한국분들은 일본과 한국 사이에 '국경'이 존재한다는 사실을 잊은 것처럼 보인다. 일본인에게는 일본인의 역사가 있다. 한국인에게는 한국인의 역사가 있듯이 말이다. 우리 일본인이 지금까지 단 한 번이라도 한국의 교과서에 대해 무엇인가를 요구한 적이 있었는가? 각각 서로가 독립국이고 주권국인 이상, 내정간섭은 허용되지 않는다.

이것은 국가간의 문제를 이야기할 때 최소한의 조건이자 예의다. 한국의 대일(對日) 요구를 보고 있노라면, 그런 것조차 이해하지 못하고 있는 사람들인 것처럼 보여, 대부분의 일본인들은 이마를 찌푸리고 고개를 옆으로 휘젓고 있다는 사실을 전달해드리지 않을 수 없다.

'새로운 역사교과서'가 쓰인 배경에는 전후 50년 간 미·소 사이에서 자신의 역사를 잃고 살아온 일본인의 오랜 고통이 깔려 있다. 적어도 그 점에 유의하면서 상대방 입장에서 조금은 생각해보는 마음의 여유를 한국분들에게 바라는 것이 과연 무례한 것인가? 이치에 맞지 않는 말 같잖은 요구가 되는 것인가?

한국분들에게 마음으로부터 묻고자 하는 것은 이것이다. 즉 "상대방에게만 이해심 있는 마음을 요구해놓고 자신은 일체 이해심 있는 마음을 안 가져도 된다고 생각하는 한국인의 일종의 어리광에 대해 일본인이 가질 수 있는 답답함과 저항을 어떻게 생각하고 계시는가?" 하는 것이다.

니시오 칸지(西尾幹二·'새로운 역사교과서를 만드는 모임' 회장·일본 전기통신대 교수)

공개장에 대한 한일민족문제학회장의 반박
"당신들은 신화를 근거로 역사를 만드는가?"

'모임'은 새로운 역사교과서를 만든 목적을, 국가관이 약한 일본 젊은이들에게 애국심을 심어주기 위해서라고 한다. 그렇다고 인근국의 자존심을 상하게 하는 역사교과서를 만들어도 되는 것인가? 선진국 반열에 오른 나라는 청소년 범죄와 경제적 불황을 겪고 있다. 그러나 이러한 문제를 해결하기 위해 일본 정치권처럼 내셔널리즘을 고양시키는 나라는 없다. 이대로 간다면 장래의 일본은 아시아에 대해 배타적 사고를 가진 젊은이가 늘고, 과거처럼 국제사회에서 고립되는 결과를 가져올 것이다.

지금 한국과 일본 간에는 또다시 부각된 역사인식의 차이로 인해 난기류가 흐르고 있다. 일본에서 '새로운 역사 교과서를 만드는 모임'(이하 '모임')이란 우익 그룹이 제작한 중학교용 역사교과서(扶桑社 출판)가 일본정부의 검정을 통과하였고, 그 교과서에는 아직도 한국관 기술에 문제가 있는 곳이 적지 않기 때문이다.

지난 5월 9일 한국정부는 문제의 교과서를 포함한 일본의 역사교과서 전체에 대한 한국 관련 기술의 오류를 수정해달라고 요구했다. 그런 한편, 일본에서는 '모임'을 중심으로 한 우익들이 각 지방의회와 교육위원회, 중학교 등에서 문제의 교과서를 채택하는 운동을 벌이고 있고, 지금은 전례없는 일반 서점 판매를 강행하고 있다.

지난 5월 19일, 한일민족문제학회는 일본 역사교과서 문제에 대한 한일 지식인 간의 대화를 위해, 일본 지식인을 좌우에 걸쳐 초청하여 토론회를 개최하였다. 당일의 토론자로는 가토 아키라(일본거주 저널리스트), 구로다 가쓰히로(산케이신문 서울지국장), 미즈노 슌페이(전남대 전임강사 대우), 안자코 유카(역사문제연구소 상임연구원), 정혜경(국가기록연구원 연구기획국장) 등과 내가 참가하였고, 사회는 영산대의 최영호 교수가, 종합 진행은 서울대의 정대성 초빙교수가 맡았다.

그런데 놀랍게도, 전날 밤 토론자로서 내한한 가토 씨를 통해 '모임'의 회장인 니시오 칸지 씨가 한국민 앞으로 메시지(이하 '니시오 메시지')를 전달해왔기에, 토론회 당일은 참고자료로서 그 메시지를 요약 번역하여 배포했다. 토론회에서는 '니시오 메시지'에 대한 비판, '모임'의 교과서를 옹호하는 의견(구로다 씨), 역사 윤색에 대한 일반적 비판, 문제의 역사교과서 제작에 대한 비판 등의 의견이 나왔지만, 인식의 차이가 있다는 것만 확인했고 시간 제약으로 충분한 토론이 전개되지는 못했다.

그런데 토론회 이후 니시오 씨는 가토 씨를 통해 자신의 메시지가 일부만 공표되었다는 것에 불만을 표시하며, 그 전문을 공표해달라고 요구했다 한다. 나는 그 말을 듣고 문득, 과연 니시오 씨는 자신의 메시지를 한국의 누구에게 이해시키려는 것일까, 한국 사회 내에 자신들의 동조자라도 있다고 인식하고 있는 것은 아닐까 하는 의문이 들었다.

다행히도 이번에 『신동아』 편집부에서 '니시오 메시지'에 관심을 가져 그 전문을 게재하는 배려를 해주었으므로 자세한 내용은 게재된 전문을 참조해주길 바란다.

동경재판을 부정할 자격이 있는가

이 메시지를 전부 읽고난 감상을 한마디로 말하자면, 일본은 대단한 대외적 피해 망상에 빠져 있다는 것이다. 일반적으로 우익에게서 흔히 볼 수 있는 현상이다. 그는 시종일관 일본은 외세의 위협에 처해 있었기 때문에 그 방어를 위해 전쟁을 했다고 변명하고 있다. '모임' 그룹이 사용하는 '동경재판사관'과 '사회주의 환상사관'이란 용어는 역사학에서도 정립되어 있지 않기 때문에, 여기서는 그냥 동경재판, 사회주의 등을 사용하기로 한다.

니시오 씨가 동경재판을 부정하는 것은 일본 현대사를 무시하는 무책임한 사후론(事後論)이다. 동경재판을 부정하는 것은 패전 후 일본이 택한 길을 부정하는 것과 직결되기 때문이다. 주지하는 바와 같이 일본제국주의는 1945년 8월 15일에 천황의 이름으로 연합국측의 포츠담 선언을 수락하고 항복했다.

동경재판은 그 포츠담 선언의 '비군사화, 민주화'라는 방침을 실천한 것이다. 일본이 침략 전쟁을 수행하는 데 있어 결정적인 구실을 한 군부와 일부 관료들만 전범으로 처벌한 것이다. 그러나 미국의 '배려'로 명치 헌법상의 최고 권력자인 천황은 처벌 대상에서 제외되었다. 그 후 일본은 미국 군정기를 거치면서 민주적인 헌법을 비롯한 각종 정치경제제도가 개혁되었다. 그리고 1950년 한반도에서 발발한 전쟁으로 호황을 누려 경제 발전의 기반을 구축하였다.

1951년에 소련과 중국 및 한반도가 제외된 미·영 중심의 연합국들과 전후처리를 매듭짓는 샌프란시스코 강화조약을 맺고 국제사회에 복귀했다. 그러나 이후의 냉전기에 펼쳐진 미국의 반공정책 덕택에 전범과 군국주의자들이 전부 원상회복되었다. 일본은 미일안보조약을 맺어 국방을 미국에 의존하고, 미국의 경제·기술 원조와 거대한 시장을 제공받아 경제를 성장시킬 수 있었다. 즉 오늘날 경제대국 일본이 존재하게 된 것은, 일본이 포츠담 선언을 수락하고 패전을 인정하고, 동경재판에서 부분적으로나마 전쟁 범죄를 심판받았기 때문이다.

사회주의 환상사관의 허구

그런데도 니시오 씨가 '일본인은 동경재판사관을 승복하지 않는다'고 하는 것은 무책임한 언사라 주장하지 않을 수 없다. 그가 말하는 '일본인'은 우익 세력이며 자국사에 맹목적이고 이기적이며 아시아 주변국을 무시하는 일본인들을 가리키는 것이리라. '메시지' 중에서 '경제번영을 이룬 것은 일본인의 지혜가 있었기에 가능했다'고 말하고는 '그 교묘한 삶으로 인해 일본의 역사를 잃어버렸다'고 하는 것은 우익의 왜곡된 현실 인식이다. 그들은 전후 55년간 일본이라는 국가가 선택한 항로에 동승하여 갖가지 혜택을 누려오지 않았던가?

니시오 씨가 '사회주의 환상사관'이라고 비판한 것은 제2차 세계대전 후 일본의 역사학연구에서 주류를 이룬 마르크스적 실증주의 사관과 관계가 있다. 그러나 일본사회에서 사회주의적 사고가 압도적인 영향력을 끼치고 있다고 하는 그의 의견은 현실감이 있는 판단으로 보기 어렵다.

그들이 만든 역사교과서의 서문에 '역사는 과학이 아니다'라고 적혀 있듯이, 역사 기술을 옛날이야기 차원으로 시도하는 그들에게 과학적 실증주의 사관으로 기술된 역사는 적성에 맞지 않을 것이다. 그렇지만 그들의 이러한 의견은 편견이라 할 수 있다. 패전 직후에 일본은 미군정이 추진한 전반적인 민주화 정책으로 인해, 천황제 파시즘제에서는 압살되었던 사회주의 운동이 활성화되었다. 연구의 자유를 박탈당했던 학문세계에서도 사회과학이란 이름으로 마르크스주의적 방법론이 부활하였다. 교육계의 민주화도 마찬가지였다.

그러나 1940년대 말부터 미군정은 철저한 반공주의 정책과 기업합리화 정책을 추진하여 일본사회 내의 사회주의 세력은 쇠퇴했다. 그 여파는 오늘날까지 계속되어 현재 일본사회주의 세력은 국회에서 소수를 차지하고 있다. 지금까지 일본 학교교육은 나름내로 민주주의적 교육 체계를 확립하는 데 노력해왔다지만 최근 들어 국가주의 정책에 따라 이른바 '평화주의'에 입각한 인권 중시의 보편적 가치관이 흔들리고 있다.

또한 세계사적 측면에서 현대 자본주의는 '성장' 위주의 체제에 '복지'를 강조하는 사회주의적 요소를 도입해 발전시켜 왔다는 것을 인정해야 한다. 이는 자본주의 체제의 발전을 위한 원활한 노동력 수급을 위해서도 필요한 것이었다. 현대 일본도 결코 예외가 될 수는 없다. 그런 의미에서 니시오 씨의 '사회주의 환상사관'은 비현실적인 과대망상이라고 할 수 있다.

니시오 씨가 일본역사에는 독일처럼 대량학살을 일삼은 전쟁이 없었다며, 과거 일본이 일으킨 전쟁을 유럽에서 일어난 전쟁과 차별화하려는 것은 이기적인 자기 미화에 불과하다.

공격을 한 것은 분명 일본

이는 과거 일본군이 주변국에서 무엇을 했는지에 대한 무지의 소치일 것이다. '썩은 것은 뚜껑을 덮는다'는 일본 속담처럼 자기들에게 불리한 것은 애써 감추려는 비겁한 자세라고 할 수 있다. 과거 일본군이 동학농민군 학살(1894년), 3·1 독립운동시의 제암리 민간인 학살(1919년), 관동대지진시의 조선인 학살(1923년), 중국 남경의 대학살(1937년)을 저지른 사실이 사료상으로나 피해자 및 목격자의 증언 등으로 증명되고 있다. 독일 나치스가 유럽에서 일으킨 전쟁이나 일본 파시즘이 아시아 태평양지역에서 일으킨 전쟁은, 침략전쟁이란 면에서는 본질적으로 동일선상에 있는 것이다.

또한 니시오 씨는 일본 히로시마의 원폭 돔이 아우슈비츠와 같이 유네스코에 의해 세계유산으로 지정된 것은 미국을 전범재판에 세운 것이나 마찬가지라고 아전인수 격으로 해석했다. 원폭 투하는 바람직하지 않지만, 원인은 아시아 태평양 지역에서 전쟁을 일으킨 일본이 제공했다. 원폭돔을 세계문화유산으로 지정한 것은 두 번 다시 과거와 같은 전쟁을 되풀이하지 말라는 의미인 것이다.

니시오 씨는 일본의 문명은 '수동적'이기 때문에, '외압'에 대한 '주체성을 지키려는 싸움을 했다'고 주장했다. '외압'을 핑계로 일본의 침략 행위를 합리화하고 있는데, 이는 과거의 '대동아공영권 찬미론'과 동일한 논리다. '백촌강 전투'에서 백제 및 일본 군이 패한 것이 어떻게 일본에게 외압이 되는가? 히데요시가 두 번에 걸쳐 조선을 침략한 것이 서양의 '외압' 때문이라니 정말 어이가 없다. 그러한 이유로 7년 간이나 남의 나라를 쑥대밭으로 만들어도 좋다는 이야기인가? 히데요시는 제후들의 세력을 약화시키고 국내 불만을 국외로 돌리기 위해 임진왜란을 일으켰다.

미국과 벌인 전쟁도 외압 때문이라고 강변하는데, 만주에 괴뢰국을 세운 것은 일본이었다. 이에 대해 구미 열강이 국제연맹을 통해 일본에게 원상 복구하라고 요구하자, 일본은 파시즘적 고립주의 기치를 걸고, 중국과 전면전을 감행했다. 뒤이어 일본으로서는 이기기 힘든 미국까지도 기습공격했던 것이다. 이러한 외압 때문에 일본은 어쩔 수 없어 전쟁을 했다는 것이 니시오 씨의 논리다.

그러나 일본이 당시 국제사회의 약속이었던 '협조외교의 틀'을 지키려고 노력했다면 전쟁의 참화는 막을 수 있었다. 자신의 돌출된 과격행동으로 재앙이 발생했는데, 그 원인을 타자에게서만 구하려고 한다면 이는 결코 객관적인 이해가 아니다. 니시오 씨는 자기들 '모임'은 '옛날의 국가주의와는 완전히 다르다'고 단언하고 있으니 우습기만 하다. 그는 과거 일본의 국가주의자들이 되뇌던 '대동아공영권론'과 다를 바 없는 자기중심적 방어 논리로 일본의 침략 전쟁을 미화하고 있지 않은가. 방어를 핑계로 타자를 침략한 행위가 어떻게 정당한 것이란 말인가?

니시오 씨는 자기들 '모임'에는 정치적 흑막은 없고, 노소를 불문한 우국지사들이 모여 자원봉사를 한다고 하지만, 전혀 믿을 수 없다. 왜냐하면, 이번에 모임이 만든 중학교용 역사교과서의 원형은 니시오 칸지 씨가 쓴 『국민의 역사』(1999년)이고, 그 중심이 되는 근현대사 부분의 서술은 일본 국회의원들의 모임인 역사검토위원회가 만든 단행본 『대동아전쟁의 총괄』(1995년)을 모델로 하고 있다.

역사검토위원회는 1993년 호소카와(細川) 당시 수상이 일본이 '침략전쟁'을 했다고 발언한 것에 반발한 자민당 소속 국회의원들이 만든 단체다. 역사검토위원회에 참가한 의원들의 활동무대가 '영령(英靈)에 보답하는 의원협의회', '전쟁유가족(戰爭遺家族) 의원협의회', '다같이 야스쿠니신사를 참배하는 국회의원의 모임' 등인 것으로 보아, 성향이 보수 우파라는 것을 쉽게 알 수 있다.

이들 국회의원들은 1996년 6월에 '밝은 일본 의원 연맹'(중·참의원 116명)이라는 단체로 확대 재편되었다. 그리고 무엇보다 '모임'의 지부들이 자민당 계열의 의원 사무실이나 후원회 사무실과 동일한 장소라는 점도 그들이 정치계와 밀접한 관계를 맺고 있다는 것을 뒷받침한다.

국제·평화적인 감각이 필요하다

니시오 씨는 한국인이 일본에게 지배받은 사실을 잊지 않고 있다면서, '(한국인이) 오랜 역사 동안 중국에게 지배당한 사실에 대해서는 그다지 신경쓰지 않는 이유는 무엇인가'라고 묻고 있다. 이는 근대 이전의 조선과 중국의 책봉관계를 조선에 대한 일본의 식민지 지배와 동일시한 몰이해에서 나온 것이다. 동아시아에서 있어온 중국을 중심으로 한 책봉체제는 '사대교린'이라는 외교 질서에 의한 것이었지, 근대 제국주의적인 완전 지배와 피탈의 관계가 아닌 것이다. 당시 '사대'로 인한 대상국의 사회경제적·문화적 이점에 대해서는 이미 학계에서 논증된 부분이다.

니시오 씨의 메시지는 '역사교과서는 어디까지나 일본 국내 문제다' '한국 측의 집요한 수정요구는 일본이 주권국가인 이상 내정간섭'이라며, '최소한의 예의를 지켜달라'고까지 요구하고 있다. 니시오 씨는 입장을 바꿔 왜 한국측에서 그러한 요구까지 하게 됐는가도 생각해주길 바란다. 한국은 일본의 역사교과서 검정제도나 교과서의 전체 내용을 대상으로 문제를 제기하지는 않는다.

이번에 검정을 통과한 '모임'의 교과서는 고대나 중세 및 근대 등에서 한국과 관련있는 기술에 문제가 많다. 동아시아 지역은 고대부터 근대까지 역사가 겹치는 부분이 많기 때문에 자국 중심으로 역사 교과서를 기술하면 국제적인 분쟁이 일어나기 쉽다.

더욱이 어디에서 어디까지가 자국의 역사인지 확실하지 않은 고대 부분을, 신화(그것도 이웃 나라와 깊은 관련이 있는)만을 근거로 사실처럼 역사교과서에 기술한다는 것은 학교교육이나 국제관계에서 바람직한 일이 아니다.

신화를 자국에게 유리하게 역사적 사실인 것처럼 교과서에 기술하는 것은 제2차 세계대전 이전 군국 파시즘이 횡행하던 시대의 '식민지사관'을 방불케 한다. 특히 한국과 일본의 근대사는 동전의 앞뒷면과 같은 부분이 많으니까 역사 기술을 할 때에는 주의를 요한다.

지나친 노파심을 버려라

한국측에서 수정을 요구하는 이유는 단지 한국과 관련된 기술을 이쪽의 자존심도 고려해서 해달라는 것이다. 그리고 가능한 한 과학적 실증에 근거한 역사연구의 결과를 역사교과서의 기술에 반영해달라는 것이다. 이러한 한국측의 요구를 무조건 '내정간섭'이라고 일축하는 태도는 문제를 해결하는 데 도움이 되지 않는다.

'모임'이 문제의 역사교과서를 만든 목적은 일본의 '21세기 국민통합'을 위해, 환언하면 국가관이 약한 일본의 젊은이들에게 애국심(내셔널리즘)을 심어주기 위해서라고 한다. 그렇다고 인근국의 자존심을 상하게 하는 역사교과서를 만들어도 괜찮은 것인가? 상식적인 차원에서 봐도 이는 이치에 어긋난다. '모임'의 주장은 소수 우익들이 가지는 자국 사회에 대한 지나친 노파심에 지나지 않는다.

지금과 같은 국경의 문턱이 낮아진 시대에는 오히려 다양한 가치관이 요구되는데, '모임'과 같은 폐쇄적인 사고는 무리라는 생각이 든다. 선진국 반열에 올라온 나라는 청소년 범죄와 경제적 불황 등 지금 일본이 겪고 있는 것과 비슷한 문제를 안고 있다. 그러나 이러한 문제를 해결하기 위해 일본 정치권처럼 내셔널리즘을 고양시키는 나라는 없다. 일본이 이러한 문제에 부딪힌 것은 어디까지나 전후 일본정치의 중심 역할을 해온 자민당 정치의 결과다. 따라서 역사교과서가 검정을 통과한 최종적인 책임은 일본정부에 있다.

나는 묻고 싶다. "아직도 일본 정치인들은 일본 국내의 정치적 문제를 해결하는 방법으로서 국내의 우익과 손잡고 인근국과의 우호관계를 해치는 내셔널리즘을 고양시키는 해묵은 방법을 사용하는가?"라고. 이대로 간다면 장래의 일본은 아시아에 대해 배타적 사고를 가진 젊은이가 늘고, 과거처럼 국제사회에서 고립되는 결과를 가져올 것이다.

김광열(광운대 일본학과 교수 · 한일민족문제학회장)

역사교과서 왜곡문제 해결을 위한 제언 "민간 공동연구부터 하자"
『新東亞』제502호 2001. 7

교과서 문제가 곧 해결될 것이라 기대하는 것은 공상에 지나지 않는다. 우리는 일본에 관해 비관하거나 낙관할 필요가 없다. 두려워할 필요는 더더욱 없다. 오늘날의 국제질서, 그리고 한국의 국제적 지위는 그렇게 취약하지 않다. 지금 풀어야 할 것은 우리 자신의 문제다. 스스로 식민지 피지배 경험의 후유증을 극복하고 남북통일을 지향한 노력을 꾸준히 펼쳐나가면서 그 과정에 일본에 대해 주문하고 비판해갈 때, 그때 비로소 일본인들은 한국인의 목소리를 받아들이게 될 것이다.

나는 지금 내가 속한 일본 대학에서 파견된 재외 연구원 자격으로 수개월 간 영국 런던에 체재중이다. 일본을 출발하기 전에 이미 역사교과서를 중심으로 하는 일본의 교과서 검정 문제가 한국에서 큰 논란을 일으켰다. 그러나 그 후 일본 정부의 교과서 검정작업이 끝나고 내년도부터 사용될 예정인 교과서에서 보이는 왜곡이 단 하나도 개선되지 않았다는 것이 밝혀지자, 한국 등 아시아 각국에서는 날로 불만의 목소리가 높아지고 있다.

생각해보면, 외교문제로까지 발전한 지난 1982년의 교과서 검정문제를 비롯하여 제2차 세계대전 이후 일본의 교과서 기술(記述)은 항상 남북한이나 중국 등 아시아인들에게 불쾌함의 불씨가 되어왔다. 이번에는 특히 일본 네오내셔널리즘(neo - nationalism)을 대표하는 이른바 '새로운 역사교과서를 만드는 모임'(이하 '모임')이 작성하고 검정을 통과한 중학교용 역사교과서에 대한 반발이 세간의 이목을 끌고 있다.

일본에 있을 때는 '일본'이라는 내부에서 그것을 보고, 한국 내 움직임을 외부의 반응으로 관찰하는 위치에 서 있었다. 그러나 런던에 체재하고 있는 지금은 일본도 한국도 외부가 되어 있으니 등거리에서 대상화해볼 수 있다.

런던에서 본 일본 역사교과서 문제

런던에서 보고 있노라면, 당연한 일이지만 자국의 역사를 왜곡하고 그것을 학교에서 가르치려 하는 일본의 움직임은 정말로 어리석은 일로 보인다. '근대'라는 침략과 전쟁으로 얼룩진 시대 속에서, 가해자이건 피해자이건 타인에게 전혀 나쁜 짓을 한 적이 없었다거나 혹은 반대로 타인에게서 전혀 욕된 일을 당하지 않았다는 나라는 존재하지 않는다. 서구권(西歐圈)의 문화가 제아무리 훌륭하다 해도 그것은 비(非)서구권에 대한 식민지 지배나 침략전쟁과 불가분(不可分)의 관계에 놓여 있다. 한편 식민지 지배나 침략을 당한 측도 단순히 가해자에 대한 반발만이 아니라 자신에 대한 반성이 불가결(不可缺)하다는 것은 명약관화하다.

즉 지배·피지배의 문제는 선악을 준별(峻別)하는 것과 같이 이항대립적(二項對立的)으로 생각할 수 있는 문제가 아니라, 서로 맞물려 있는 복합적인 문제다. 당연히 가해자이건 피해자이건 자신의 역사를 일방적으로 과시하는 내용으로서 기술하는 것은 불가능하다.

그런 의미에서 '모임'의 교과서는 자국(自國)의 과오를 아무것도 인정하지 않고 오로지 '일본'과 '일본인의 긍지'를 강조하는 데 목적을 두고 있다. 게다가 이 움직임은 지극히 정치적인 목적을 가지고 있다. 뿐만 아니라 이상할 정도로 조직적이고 계획적이다. 일본 전국에 걸쳐서 조직망을 구축하고 지방의회나 교육위원회에 교과서를 채택하라는 압력을 가하고 있으며 산케이(産經)신문 등 커다란 매스 미디어가 이들을 지원하고 있다. 이에 반대하는 움직임에 대해서는 비판, 방해공작을 가하고 있으며, 한국 등지의 반발에 대해서도 '주권침해', '추악한 민족주의의 발로'라며 역선전을 퍼붓고 있다.

이것은 누가 보아도 일본 전체를 전전(戰前)으로 회귀시키려는 움직임이다. 일본을 우익적·파시즘적인 방향으로 몰고 가려는 책동이다. 그 기본적인 사상은 '모임'의 교과서에 집약적으로 나타나 있듯이 국가주의·천황주의·자(自)민족 중심주의·아시아 멸시관(蔑視觀)이다.

나아가, 바깥에서 보고 있노라면, 교과서 기술의 왜곡도 문제이지만, 더 큰 문제는 그러한 왜곡의 중대성을 많은 일본인들이 조금도 깨닫지 못한다는 점이다. 일본인들은 이 문제에 대해 전혀 위기를 느끼지 않는 것처럼 보인다. 한국이나 중국에서 이렇게까지 크게 떠들고 있는데도, 비판의 표적인 일본인들은 태연해 보인다.

물론 냉철하게 꿰뚫어보면 일본에서는 우익적 움직임에 반발해 불만을 토로하며 반대운동을 일으키는 층도 결코 적지 않다. 역사인식 왜곡을 반대하는 서명운동이나 집회도 열리고 있으며, 요즘 들어 급속하게 비판정신을 잃어가고 있었던 신문이나 방송국 등 매스 미디어도 일부에서는 활발히 교과서의 문제점들을 지적하는 논진(論陣)을 펴고 있다. 우리가 일본 우익들과 싸울 때 연대할 수 있는 층은 이렇게 '목소리를 내는' 사람들일 것이다.

多數 일본인의 침묵

문제는 일본의 전체적인 흐름으로 볼 때 절대 다수의 일본인들이 너무도 조용하게 '침묵'을 지키고 있다는 점이다.

한편 한국의 움직임은 맹렬한 반대 일색인 것처럼 보인다. 역사적 경위로 보더라도 그것은 당연한 반응이며 일본에 대한 정당한 요구이기도 하다. 한국 현지에 있지 않아 정확하게 알 수 없지만 미디어를 통해 본 한국은, 일본제품 불매운동을 펼치는 등 지난날 험악했던 때의 한일관계를 상기시키는 듯한 반일의식이 만연하고 있다.

세계 어느 나라 사람이 보더라도 일본은 이해하기 어려운 나라라고 생각한다. 나라의 최고책임자인 총리가 몇 개월 만에 바뀌는 정치의 불투명성, 예스(yes)와 노(no)가 확실하지 않은 대화법, 책임의 소재를 항상 애매하게 만들어놓는 '무라(村落)'적 집단주의……. 이것들은 이제 세계의 많은 사람들이 인정하고 있는 '일본의 특성'이다.

그런 가운데서 현재 일본에서는 국가의식의 불안정, 국민의식의 흔들림, 글로벌리제이션(세계화)과 그에 대항하려는 내셔널리즘이나 네오내셔널리즘의 움직임에 협공(挾攻)당하고 있다는 폐쇄감, 불안정한 동아시아 정세에 대한 초조함, 그리고 그것과도 관련되는 대미(對美)의식의 변화 등이 현저하게 눈에 띈다. 특히 오늘날 일본에서는 경제 중심의 글로벌화(化)와 정보기술(IT)혁명이 가져온 급격한 사회변화, 그리고 호전될 기미가 보이지 않는 경제불황까지 가세해 사람들의 불안감이 급속도로 확산되고 있다. 이에 따라 일본은 배외(排外)주의·복고(復古)주의로 치닫고 있는 것으로 판단된다.

비판적 상상력의 쇠퇴

하지만 생각해보면, 이러한 시대적 특징은 단지 일본만이 아니라 한국, 나아가서는 중국 등 동아시아 여러 나라에서 공통적으로 안고 있는 것으로 보인다. 대중화 사회의 진행 속에서 귀속감을 잃은 개인들이 집단이나 국가에서 자신의 활로를 발견하고자 하는 경향이다. 다만, 일본의 경우 그러한 경향은 전전적(戰前的) 체질인 국가주의·천황주의와 쉽사리 결합하게 된다. 뿐만 아니라 일본이 아시아에서 돌출한 경제대국인 만큼 그것은 또한 의도 여부를 불문하고 동아시아 여러 나라들에 크나큰 영향을 주게 되므로 그만큼 경계해야 할 일이다. 더구나 일본인 전체가 그러한 현실을 확실히 자각하지 못하고 있다는 것에 바로 위기의 심각함, 문제의 본질이 있다고 하겠다.

즉 현재 자기 자신이 놓인 상황에 대해 의문을 던지고 사고하며 판단하여 사회를 올바른 방향으로 이끌어갈 수 있는 비판적 상상력의 쇠퇴다.

그런 의미에서 보면, 일본사회 전체가 한덩어리가 되어 전전회귀(戰前回歸) 사상에 빠져드는 위기에 직면한 것은 아닐까? 한편으로 그것은 천황제 이데올로기의 특질이라고 할 수 있는 판단정지·사고정지라는 상황이 심화되고 있음을 뜻하는 것이기도 한다.

런던에서 볼 때 재미있는 것은 '조국'에서 멀리 떠나서 살아가는 일본인들이 이러한 사태의 심각성을 의외로 똑바로 꿰뚫어보고 있다는 사실이다. 런던에 살고 있는 일본인들의 최대 미디어인 '영국 뉴스 다이제스트'는 요즘 연속적으로 '일본인과 교과서', '천황과 천황제'라는 특집기사를 다루고 있는데, 계속 일본 국내의 움직임에 대해 강한 불신을 표명하고 있다. 이들 기사에서는 일본사회 전체에 만연해 있는 애매함이 근대천황제(近代天皇制)와 깊이 연관되어 있다고 명쾌하게 논하고 있다.

물론 역사인식은 다양한 모습으로 나타날 수 있다. 그러나 역사를 자신의 비위에 맞게 써내려가려는 움직임은 어느 시대, 어느 나라에서나 공통적으로 볼 수 있는 현상이다. 특히 정치권력을 쥔 지배층은 대체로 권력 유지에 유리하게 역사를 만들어내는 법이다. 국민국가 제도 속에서 '의무교육'을 체제지배의 중요한 수단으로 장악한 지배층에게, 학교교육은 일정한 역사인식을 사람들 머리 속에 철저히 주입하는 가장 편리한 도구로서 기능하고 있다.

지금 문제가 되는 일본의 역사인식 왜곡 문제는 형식상 민간의 교과서 제작 문제로 취급되고 있다. 일본정부는 "아시아 여러 나라 사람들에게 크나큰 손해와 고통을 주었다"고 하는 1995년 8월의 무라야마 수상의 담화에 위배되는 행위는 하지 않는다고 변명한다. 일본정부의 견해는 어디까지나 검정은 정치적인 것이 아니라 교육적인 견지에서 행해지는 것이며, 정부는 검정을 통과한 교과서의 역사인식에 책임을 지지 않는다는 논법이다. 그러나 외국에서 보면, 교과서 검정은 일본의 중앙행정부가 집행하고 있으며, 그 결과 책임은 일본정부가 져야 마땅하다고 보는 것이다.

성급한 한국정부 대응

여기에는 제2차 세계대전 이후 일본에서 '교육의 중립성'이라는 명목 아래 교육이 보수 정권의 지배도구로 이용당해온 역사가 깔려 있다. 교육은 정치적으로 '중립'이어야 한다는 '정론(正論)' 아래 학교교육 속에서 지배 정당의 의도가 관철되고 동시에 '이에나가(家永三郎) 교과서 재판'으로 대표되는 진보진영의 교과서 시정 요구를 배격해온 것이다. 그런 의미에서 '진출', '침략' 기술의 상징인 1982년 교과서 검정은 정부권력에 의한 교과서 개악이 외교문제가 됨으로써 일시적·부분적이나마 좋은 방향으로 시정되었음을 의미한다.

검정의 주체인 일본정부는 결코 가치 중립적인 판정자가 아니다. 사실, 일본정부는 이번에 '민간' 교과서 제작을 강조함으로써 정부의 책임을 회피하고 실질적으로 자신들이 원하는 교육의 우경화를 실현하려 하고 있다. 이 점에서 볼 때 일본의 역사인식을 바로잡아야 한다는 이유로 한국정부가 정정할 내용을 항목별로 낱낱이 써서 일본정부에게 외교 안건으로 요구한 일이 과연 타당한 방책이었는지는 생각해볼 필요가 있다.

물론 교과서의 역사인식 왜곡을 외교 안건으로 삼아 정식 비판하는 일은 정당하다. 그러나 개별적이고 구체적인 시정 내용을 외교 안건으로 무턱대고 들이대는 일이 과연 효과가 있는지는 의문이다. 일본정부의 의도, 일본의 교과서 검정

제도의 존재양식, 무엇보다도 일본의 사상, 이데올로기의 존재양식 등 현재 상황을 고려할 때, 시정 요구가 어떤 구체적인 결실을 가져다주리라고는 생각하기 어렵다. 잘못하면 반대로 한국정부가 궁지에 몰리는 결과를 초래할 염려도 부정하기 어렵다.

137개 부분에 이르는 수정 의견을 모두 받아들임으로써 검정에 합격한 '모임'의 교과서는, 가령 한국정부가 제시한 35개 부분의 재수정 요구를 받아들였다 하더라도 그 우익적 성격은 기본적으로 하나도 달라지지 않는다. 오히려 한국정부는 자칫 그러한 교과서를 추후 승인하는 꼴이 되고 만다. 만약 그러한 대응이 꼭 필요했다면, 한국정부는 학자들의 조사 결과를 공표한다든지 정부의 유감 성명 발표라는 형태에 그쳐야 했다. 한국정부가 취할 수 있는 조치로 더 효과적인 것은, 오히려 일본 대중문화의 개방정책이라든가 민간이나 연구기관의 교과서 연구 등 일본연구를 조속히 장려·지원해주고 일본의 부당성을 백일하에 드러나게 하며, 국제기관 등 국제사회에서 한국의 주장을 꾸준히 홍보하는 일이 아닐까? 물론 한국의 학술단체나 시민단체 등이 교과서 기술의 시정을 요구하는 일은 당연한 일이며 그것을 한국정부가 적극적으로 지원해주는 방법도 좋을 것이다.

조선 멸시관, 아시아 멸시관

교과서 기술에 관한 개별적이자 구체적인 시정 요구는 어디까지나 일본인 스스로 자국 정부나 교과서 회사, 집필자들에게 요구할 일이다. 한국정부나 한국인들이 할 일은 그러한 양심적인 일본인들이 그렇게 행동하도록 분위기를 조성해주는 것이다. 그것은 일본 우익들이 억지 주장하고 있는 '내정간섭'이라는 불필요한 시비를 피해가는 방책이기도 하다.

일본의 교과서 기술 문제는 중요한 사안(事案)이다. 하지만 그 근저에는 더 큰 문제가 가로놓여 있다. 즉 이 문제의 본질은 일본이 국가로서 아직까지 한번도 조선 침략, 식민지지배의 부당성을 인정하지 않았다는 바로 그 점이다. 1965년 한일기본조약의 체결이나 현재 진행(일시 중단)되고 있는 북일(北日)수교 정상화 교섭, 그리고 국회에서 되풀이된 답변으로 밝혀진 일본정부의 공식적인 견해는 "일본은 이전에 조선반도를 식민지로서 지배했지만, 그것은 대한제국 정부와 협의를 거친 '합법적'인 것이었으며, 침략한 사실은 없다"는 것이다.

지금까지 일본정부, 혹은 천황이 과거의 사죄를 언급하고 선린우호를 찬미한

적은 있어도 그것은 과거 침략 · 지배한 사실을 인정한 것이 아니라, 어디까지나 상황에 따른 임기응변이었다. 외부에 대한 임시변통의 겉치레적 립서비스(lip -service)에 불과했다. 실제로, 일본정부가 표명하는 것은 고작해야 "이전의 식민지 지배에는 '도의적'으로 약간의 문제가 있었다"고 표현하는 정도에 불과하다.

근대 일본의 역사에서 동아시아, 특히 조선은 억압, 침략, 지배 대상에 불과했다. 사실, '일선동조론(日鮮同祖論)'이라든지 '만선(滿鮮)', '오족협화(五族協和)', '내선일체(內鮮一體)', '대동아 공영권' 등의 슬로건들은 제국 일본이 아시아에 대한 군사적 침략의 강도에 상응해서 잇따라 만들어간 정치적 자기표출에 불과했다. 게다가 그러한 역사 과정에서 일본 지식인들은 서구(西歐)에 쫓기면서도 동시에 아시아에서도 반격(反擊)당함으로써 늘 그들 특유의 복잡한 '피해자' 의식을 강하게 가지게 되었다. 일본의 지식인들은 과거에도 그랬고 현재도 서구와 아시아의 추구를 두려워하는 '피해자'적 심정의 소유자들이다. 그들에게 그것을 은폐해주는 것은 애매한 천황제 이데올로기이며 또 그것과 일체화된 조선(朝鮮) 멸시관(蔑視觀), 아시아 멸시관이다.

제2차 세계대전 이후 줄곧 미소 냉전의 틈바구니에서 경제성장의 길을 걸어온 일본은, 기본적으로 정치적 · 정신적으로 전전(戰前)과 똑같은 범주에 놓여 있다. 전후 일본의 역사를 어떻게 정리하느냐는 어려운 문제이지만, 일단 일미안보체제(日美安保體制), 천황제 민주주의, 아시아 침략의 은폐 · 망각 · 미화라는 세 가지 특질을 가진 것으로 이해할 수 있다.

전후 일본의 기축(基軸)을 이룬 일본국 헌법의 구조가 천황제의 존속, 전쟁책임의 무화(無化), 아시아의 망각과 일체가 된 '평화'이념 등을 기본 요소로 삼고 있다. 그것은 미소 냉전의 틀에서 미국의 군사전략에 일방적으로 가담하는 것이었다.

어떻게 문제를 해결할 것인가

그러한 상황에서 '일본인', '일본국민'의 의식, 혹은 정신의 존재양식은 한편으로는 내셔널 아이덴티티(국민적 주체성)를 마이너스 이미지로 파악하고 또 과거를 미래로 이어주는 작업을 소홀히 해왔다. 말하자면, '일본인'이라든지 '일본국민'이라는 것을 실감하지 않는, 또는 책임을 인수하지 않는 '자각이 없는 내셔널리즘'의 만연이기도 하였다.

실제로, 1990년대 10년 내내 전 일본군 '위안부'들의 필사적인 호소에도 불구하고 일본정부는 현재까지도 그녀들에게 정당한 사죄와 보상을 거부하고 있다. 오히려 그 동안 '모임' 등 전 '위안부'들의 호소에 정면으로 반발하는 우익 풍조가 일본사회 곳곳에 확산되었다.

식민지 지배의 반성, 전쟁책임, 전후책임의 문제는 단순히 '과거의 청산' 문제가 아니다. 그것은 근대라는 시대 전체와 그 속에서 자신의 문제를 새로이 직시하고 미래를 어떻게 개척하느냐 하는 문제다. 그러나 전후 일본에서 스스로 역사의 근간에 관련된 문제는 거의 아무것도 논의되지 않았다고 할 수 있다. 실제로, 과거의 청산이나 내셔널리즘의 문제가 어느 정도 진지하게 논의되었는지 의아스럽다.

더구나 전후 일본인의 의식, 정신태도가 막강한 경제력에 의존하고 있던 만큼 일본경제의 실속(失速)은 순식간에 나라 안을 향한 내셔널리즘을 증폭시키게 된다. 정계에서 무슨 일이 있을 때마다 전전회귀의 발상이 토로되고, '기미가요·히노마루'(일본국가·일장기)나 교육칙어의 정신이 강조되고, 야스쿠니신사(靖國神社)의 공식참배가 강행되는 것은 바로 그 때문이다. 게다가 일본의 내부를 향한 내셔널리즘을 두고 말하자면, 그것은 예외없이 천황주의로 경도(傾倒)하게 되고 그것과 겹쳐버리기 일쑤인데, 그 결과 아시아인들의 목소리는 차단되고 역사적으로 천황 신화와 깊이 관련된 아시아 멸시관이 증폭된다. '모임'은 그 선두에 서 있는 것이다.

식민지 지배는 지배한 자와 지배당한 자라는 양자(兩者)에 의해 성립되는 것이다. 게다가 지배자도 피지배자도 상처를 입는 것이 식민지 지배의 실태다. 지금 논단 등에서 화제거리인 탈(脫)식민지주의(post - colonialism)는 그러한 식민지 지배의 후유증을 극복하는 과제를 의미한다. 그것은 단적으로 말해서 가해자 측에서는 반성이 되고, 피해자 측에서는 저항이 된다.

이 탈식민지주의의 과제를 잘못 인식하고 소홀히 할 때 가해자 측에서는 역사의 미화, 전쟁책임·전후책임의 망각, 자기도취가 진행하고, 피해자 측에서는 패배주의·열등의식의 만연, 감정적인 민족주의의 고취라는 사태가 나타난다. 양자 모두 자기중심주의·상호불신에 빠져들게 되어 역사가 진보하기는커녕 증오·편견·멸시의 악순환·확대재생산만 초래한다.

한국은 물론 피지배자 측에 속하지만, 어느 정도 경제가 성장하고 세계로 진출한 현재 상황을 생각할 때 이전의 식민지 지배, 그리고 현재 신(新)식민지적 상황에 대해 저항하면서 동시에 반성하는 위치에 서 있다. 교과서 문제로 말할 것 같으면, 일본의 역사인식 왜곡에 대해 저항하면서 동시에 자신을 돌이켜 반성하는 일은 지극히 중요하다. 단순히 일본을 비판하고 공격하는 것만으로는 문제를 해결하지 못한다. 상처 입은 자끼리 손을 잡고 함께 나아갈 길을 모색하는 것이 중요하다.

일제 불매운동은 의미가 없다

무엇보다 일본의 교과서 기술 문제가 그리 간단하게 개선되리라고 조급하게 생각하지 말아야 한다. 교과서 문제의 밑바탕에는 더 큰 문제, 다시 말해 지난날의 조선침략이나 식민지 지배 사실을 부정하고 과거 청산을 계속 거부하며, 또 사람들의 의식이 무자각적인 형태로 있으며, 전근대적인 천황제 이데올로기에 사로잡혀 있다는 것에 주의를 기울일 필요가 있다. 한국정부가 국가권력을 전면에 내세우며 일본 역사교과서 기술의 개별적이고 구체적인 시정 내용을 들이대 보았자, 문제 해결로 이어지지 않는다. 오히려 일본정부에게 과거 식민지 지배의 부당성을 인정하게 하고 과거를 청산하도록 계속 주장하는 것이 정치·외교 정책의 기본이자 출발점이다.

시민운동 등 민간운동에 대해 지적하면, 교과서 문제를 핑계 삼아 전개되는 일본제품 불매운동은 아무런 의미도 없다. 일본제품을 선호하고 일본제품의 홍수에 잠기다시피 한 생활 실태로 보건대, 불매운동은 단순한 감정의 발로에 불과하며, 외부에서 보면 편협한 민족주의 그 자체다. 정말로 일본제품의 범람(氾濫)이 한국 사회에서 문제가 된다면, 그것은 정부의 경제·무역 정책 문제로서 담담(淡淡)하게 처리하면 되는 일이다. '민족'을 앞세운 불매운동은 사고를 편협하게 만들 따름이다.

앞에서도 언급했듯이 한국의 근현대사는 일본의 식민지 지배와 남북분단에 의해 규정되어 있다. 이것이 뜻하는 바는 한국의 가장 큰 과제는 식민지 피지배 역사의 후유증을 극복하는 일, 남북의 화해와 협력을 추진하고 민족통일의 길을 하루빨리 닦는 일이다.

친일이냐 반일이냐, 친미냐 반미냐, 나아가서는 반공이냐 용공이냐 하는 것은 용어의 문제로서는 그다지 의미가 없다. 중요한 것은 식민지 지배의 청산과 남북통일을 향해 가느냐 안 가느냐의 문제다. 이렇게 보면 식민지 지배 문제와 남북통일 문제는 밀접하게 연결되어 존재한다.

한국의 대일관(對日觀)이나 대일 정책은 마땅히 대미관(對美觀) 또는 대미 정

책, 그리고 대북관(對北觀) 또는 대북 정책과 서로 연관시켜 생각해야 한다. 그것
은 현실에서 일본이 과거의 청산을 소홀히 하는 문제, 미국의 동아시아 패권주
의의 문제, 북조선의 폐쇄적·가부장제적 체제의 문제 등에 어떻게 대처할 것인
가 하는 중대한 문제와 맞닿아 있다.

일본은 미래를 준비하고 있는가?

오늘날의 일본은 정치·경제·외교·문화·교육·사상 등 모든 분야에 걸
쳐 크나큰 어려움에 직면하고 있다. 일본사회 전체가 비관적인 분위기에 물들어
가는 가운데, 병든 정서로 오도된 '힘'이 진리·정의·이념을 무참히 짓밟고 있
다. 이른바 '구세주'로서 등장한 고이즈미(小泉純一郎) 내각도 부드러운 국가주
의·천황주의를 속에 담은 채 '개혁'의 기치 아래 사회 전체를 더욱 우경화하고
있다. 일본은 잠시 이렇듯 비탈길을 굴러내려가듯 전락해갈지도 모른다. '모임'
의 의도는 이러한 일본사회의 어려움·모순을 천황중심·자민족중심의 국민통
합으로 극복하려는 데 있다.

그러나 그것은 현실적으로는 결코 성공할 수 없는 시나리오다. 역사적 사실을
개찬(改竄)·왜곡하면서 이웃 나라들과 사이좋게 지낼 리 만무하다. 무엇보다 일
본경제는 현재도 그러하지만, 장차 외국인 노동자 없이는 성립할 수 없게 될 것
이다. 고령화·소자화(少子化 ; 출산율의 하락)하는 현실에서 이질적(異質的)인 것
을 거부하고 문화의 다양성을 인정하지 않으려는 의식, 정신태도는 바로 자기
목을 조르는 자살행위로 직결된다.

실제로, 현재까지도 일본은 구(舊)식민지 출신자들인 재일조선인들에 대한 정
당한 처우마저 미루고 있는 상황이다. 현시점에서 점치기는 어렵지만, 장차 일본
은 해외에서 들어오는 이슬람교도들에게 노동력을 상당부분 의지해야 할 것으
로 예상된다. 하지만, 그런 상황을 맞아들일 사상적·이데올로기적 준비는 전혀
되어 있지 않으며, 그것이 일본사회에 혼란을 가져올 중요한 요인이 될 것임은
자명하다.

여기 런던에서 관찰하건대, 영국 사회는 이미 백인사회가 아니라 다민족 사회
임을 실감하게 된다. 특히 대도시에서는 비(非)백인이 눈에 많이 띄며 텔레비전
등에서도 비(非)백인들이 뉴스 캐스터 등으로 활약하고 있다.

그것은 대영제국의 유산이기도 하지만, 과거 수십 년 동안 사상적·정책적으
로 개방돼온 결과이기도 하다. 그럼에도 불구하고 영국 각지에서는 아직도 인종

차별에 기인한 사회분쟁이 꼬리를 물고 일어나고 있으니, 여러 민족이 공생·공존하는 일이 얼마나 어려운 과제인지를 뼈저리게 깨닫게 한다.

일본은 역사교과서문제를 통해 아시아가 보내는 눈길을 올바로 받아들여, 과거와 현재를 시야에 넣은 새로운 일본인의 내셔널 아이덴티티를 모색하는 출발점으로 삼아야 한다. 자기 나라를 어떻게 만들어내고 격변하는 국제질서에 어떻게 참여하고 아시아에서 공생할 수 있는 일본인의 아이덴티티를 어떻게 구축해내느냐 하는 점이 중요하다. 그것은 아시아 침략, 식민지지배의 과거를 가진 일본의 책무이자 또 경제대국으로서 국제사회를 지탱해주는 일본의 과제이기도 하다.

한국의 경우 이번 교과서문제는 식민지 지배의 후유증을 극복하고 남북통일로 가는 계기로 삼아야 한다. 일본에 대한 비판을 되풀이하는 것은 중요하다. 그러나 그것은 자신을 돌이켜보고 한국의 새로운 내셔널 아이덴티티를 모색하는 일환으로서 자리매김하는 것이 되어야 한다. 분단을 해소하지 못한 채 일본에게서 아직 단 한 번도 식민지 지배에 대한 사죄를 정식으로 받아내지 못한 현재 상황을 직시해야 한다.

평화통일과 일본의 사죄

한일 간에는 한일기본조약의 개정, 재일조선인의 처우개선, 전 일본군 '위안부'를 비롯한 각종 전후 보상의 실현 등 열거하기에는 너무 많은 문제가 산적해 있다. 국내 문제로 한정하더라도 재벌경제나 언론기관의 문제, 인권이나 민주주의의 문제 등 식민지 피지배 경험과 남북분단의 후유증이 도처에 누적해 있다. 그러한 문제 하나하나에 진지하게 몰두·전념하고 정진·노력을 꾸준히 쌓아간다면 일본과 우호관계를 증진할 수 있고 교과서 기술 문제 등에도 풍요로운 지혜를 발휘할 수 있으리라 믿는다.

일본을 지나치게 욕하고 공격할 필요는 없다. 욕하고 공격해도 현시점에서 일본은 그리 쉽사리 개선되지 않는다. 그것은 여태까지 목청껏 외쳐왔던 한국의 민족주의를 어떻게 다시 생각하느냐 하는 문제와도 연관된다. 일본이 조선을 침략한 사실을 인정하지 않는 조건에서 정부 레벨의, 혹은 정부가 직접 관여하는 형태의 역사교과서 공동연구는 무의미하다. 오히려 중요한 것은 한일 양국의 민간 단체가 역사나 교과서의 공동연구를 추진하고 또 시민 레벨의 교류를 축적해감으로써 쌍방이 역사인식의 중요성을 함께 배우며 터득해가는 과정이다.

또한 교과서 문제가 곧장 해결될 것이라 기대하는 것은 공상에 지나지 않으며, 상황판단을 흐리게 할 뿐이다. 우리는 일본에 관해 비관하거나 낙관할 필요가 없다. 두려워할 필요는 더더욱 없다. 오늘날의 국제질서, 그리고 한국의 국제적 지위는 그렇게 취약하지 않다. 오히려 필요한 것은 우리 자신의 문제다. 스스로 식민지 피지배 경험의 후유증을 극복하고 남북통일을 지향하는 노력을 꾸준히 펼쳐나가면서 그 과정에 일본에게 주문하고 비판할 때, 그때 비로소 한국인의 목소리는 일본인들이 반드시 받아들이게 되는 충고가 될 터이다.

동아시아 각국이 책임감 있는 국가가 되고 함께 평화를 누릴 수 있는 새로운 동아시아를 창조하는 데 어떻게 기여할 것인가를 생각하는 것, 이것이 지금 동아시아인 각 개인에게 요구된다. 우리 한국인의 경우, 평화적으로 남북 통일을 실현하고 지난날의 침략·식민지지배에 대한 사죄를 일본으로부터 이끌어냈을 때 비로소 책임 있는 독립국가를 이루게 되는 셈이다.

윤건차(일본 가나가와 대학 교수·한일민족문제학회 회원)

고이즈미 현상 '이상한 사람'에 열광하는 이상한 일본
『신동아』 제504호 2001. 9

일본 역사상 최고의 인기를 누리고 있는 고이즈미 총리. 그는 자민당 파벌에서 뛰쳐나온 무파벌 총리다. 자민당을 비판해 자민당 총재와 일본 총리에 당선되고, 일본 개혁을 외쳐 구름같은 인기를 모으고 있다. 클래식 음악을 좋아하는 따뜻한 품성에도 불구하고 그의 발상은 지극히 우파적이다. 한일 간에 적잖은 마찰이 일어나도 일언반구 언급이 없는 그는 과연 세계적 지도자가 될 수 있을 것인가? 총리로서 장수하지 못하면 이루기 힘든 개혁을 거침없이 내뱉는 것은 인기의 원천임과 동시에 그의 장애가 될 수 있다.

'성역 없는 개혁'을 표방하고 있는 고이즈미 준이치로(小泉純一郎) 일본 총리가 8월 10일 자민당 총재로 재선됐다. 4월처럼 선거운동을 한 것도 아니다. 가만히 앉아서 '꽃가마'를 태우러 온 사람들을 따라가 다시 총재가 됐다. 자민당 총재는 곧 총리를 의미하기 때문에 그는 장기집권의 발판을 마련한 셈이다. 그의 임기는 10월 1일부터 2년 간이다.

선거용 총리에서 실세 총리로

자민당은 9월에 전당대회를 열어 후임총재를 선출할 예정이었다. 고이즈미 총리는 원래 자진 사퇴한 모리 요시로(森喜朗) 전총리의 잔여임기만을 채우도록 돼 있었기 때문이다. 그러나 자민당 집행부는 7월 29일 참의원 선거가 끝난 뒤 갑자기 8월 9일까지 총재선거에 나설 인사의 입후보를 받겠다고 밝혔다. 후보자가 없으면 이튿날인 10일 전당대회 대신 중·참(衆·參) 양원 소속 의원총회를 열어 고이즈미 총재를 재추대하기로 결정했다. 이 시나리오는 누가 보더라도 고이즈미 총재를 재선출하기 위한 요식 행위에 불과했다.

불과 4개월 전만 해도 총재선거에 나서 한 표를 호소했던 고이즈미 총리를 이처럼 '거물'로 만든 이유는 무엇일까. 직접적인 원인은 그가 참의원 선거에서 압승을 거뒀기 때문이다. 모리 전총리가 그대로 총리직을 맡고 있었다면 자민당은 참의원 선거에서 참패했을 것이다. 어찌되었건 이렇게 믿거나 전망하는 사람이 많았다. 때문에 자민당에서는 공천을 받지 않고 무소속 출마를 고려하거나 모리 총리와 사진을 찍지 않으려는 입후보 예정자가 나올 정도였다. 모리 총리의 인기가 지지율 9%까지 떨어지는 상황이었으니 어쩔 수 없는 일이기도 했다.

모리 총리는 끝까지 자리에 연연했으나 결국은 타의반 자의반으로 물러날 수밖에 없었다. 그 자리를 차고앉은 것이 고이즈미 총리였다. 그가 총재선거에 나섰을 때만 해도 총재는 당내 최대파벌인 하시모토(橋本)파의 하시모토 류타로(橋本龍太郎) 전총리가 유력했다.

고이즈미 후보는 후생상과 우정상은 지냈으나 대장상이나 외상 등 주요 포스트를 맡아본 적이 없다. 간사장(사무총장)이나 정조회장(정책위장) 등 당직도 거치지 않았다. 그러나 그는 하시모토 후보에게 압승을 거뒀다. 변화를 갈망하는 자민당원들이 그에게 몰표를 던졌기 때문이다

"고이즈미를 보고 투표했다"

'고이즈미 돌풍'이 불면서 비관적이었던 참의원 선거에서 승리할지도 모른다는 말이 나오기 시작했다. 그 예상은 보기 좋게 들어맞았다. 참의원 선거용 총리가 참의원 선거에서도 승리를 거뒀으므로 계속해서 총리를 맡는 것은 너무나 당

연한 논리였다. 그래서 자민당 집행부는 총재선거를 앞당긴 것이다. 9월 총재선거에서 권토중래를 노리던 비주류파도 대세를 어쩌지 못하고 받아들일 수밖에 없었다.

참의원 선거결과를 보면 그가 '자민당의 구세주'가 됐음을 실감할 수 있다. 자민당은 이 선거에서 교체대상 의석 121석 중 64석을 차지했다. 기존의석이 61석이었으므로 별로 늘지 않았다고 할 수도 있다. 그러나 3년 전 같은 선거에서 자민당이 44석밖에 차지하지 못했던 것에 비하면 괄목할 만한 승리였다. 하시모토 당시 총리는 선거패배에 책임을 지고 물러나야 했다.

더욱이 흥미 있는 것은 이번에 자민당 후보에게 표를 던진 유권자의 30% 이상이 자민당의 정책이나 후보개인의 능력보다는 고이즈미 개혁노선을 지지하기 때문이라고 밝혔다는 점이다. 고이즈미 총리는 승리의 견인차였다. 대부분의 후보가 고이즈미 후보의 인기에 무임승차했다고 봐도 과언이 아니다. 반대로 야당은 한결같이 '고이즈미 돌풍'에 고전했다고 솔직히 인정했다.

고이즈미 총리 덕분에 참의원 선거에서도 승리할 것이라는 것은 6월에 치러진 도쿄도(東京都)의회선거에서 이미 예견됐었다. 도의회선거에서 55명의 자민당 후보 중에서는 53명이, 26명의 공명당 후보는 전원이 당선되는 등 자민당과 공명당 연립정권이 압승을 거뒀기 때문이다. 고이즈미 총리는 도의회선거에서 승리한 뒤 "자민당이 도심부에서 약하다는 설은 근거가 없어졌다"고 말했다.

고이즈미 총리의 인기가 올라가면서 내각의 인기는 제2차 세계대전 이후 최고치를 기록하기도 했다. 요미우리(讀賣) 신문이 5월에 실시한 전화여론조사에 따르면 고이즈미 내각의 지지율은 87.1%로 지금까지 최고였던 1993년 8월 호소카와(細川)내각의 71.9%를 크게 웃돌았다. 또 도쿄신문과 교토통신 조사에서도 각각 86.3%를 기록했다. 한 방송사 조사에서는 90%을 넘기도 했다.

요미우리 신문 조사에 따르면 고이즈미 내각을 지지하는 이유로 "정치이념이 명확하다"를 꼽은 응답자가 47%로 가장 많았다. 그리고 "지도력이 있다"(21%), "신뢰할 수 있다"(19%)의 순이었다. 고이즈미 정권이 '얼마 동안 계속됐으면 좋겠느냐'는 질문에 "가능하면 오래"가 47%, "2~3년"이 37%로 장기집권을 원하는 사람이 많았다. 이러한 고이즈미 내각의 인기는 최근 60%대 후반에서 70%대 초반까지 내려갔다. 그러나 역대 내각에 비하면 상당히 높은 편이다.

고이즈미 총리에 대한 국민들의 '이상열기'는 예상치 못한 현상을 몰고 왔다. 제1야당인 민주당의 대표적 논객인 간 나오토(菅直人) 간사장이 5월 중의원 예산

위에서 고이즈미 총리를 상대로 야스쿠니(靖國)신사 참배와 집단적 자위권 문제 등을 집요하게 물고 늘어졌다. 이 광경은 공영방송인 NHK를 통해 전국으로 생중계 됐다.

캐릭터 상품도 불티나게 팔려

그러자 간 간사장의 의원회관 사무실에는 100통 이상의 전화가 걸려왔다. 90%가 항의전화였다. 반수 이상은 흥분한 상태에서 "왜 괴롭히느냐" "대답할 수 없는 질문은 하지 말라"고 다그쳤다. 이 때문에 "야당은 원래 여당을 견제하는 것이 일인데 그것조차 못하게 하는 것은 민주주의 자체를 위협하는 위험한 발상이다"는 우려가 나올 정도가 되었다.

'고이즈미 캐릭터'도 불티나게 팔리고 있다. 도쿄 나카타초(永田町) 자민당사 1층 매점에는 고이즈미 캐릭터 상품을 사려는 사람들의 줄이 생길 정도다. 현재 팔고 있는 캐릭터 상품은 고이즈미 총리의 인형이 달린 휴대전화기 끈(700엔), 티셔츠(1200엔), 인쇄한 휘호(1000엔), 전화카드 등 네 종류.

판매시작 후 나흘 동안에 휴대전화기 끈이 1만 7500개, 티셔츠 7800장, 전화카드 1350장이 팔려나갔다. 이 상품들은 국회의사당을 찾는 관광객들이 고이즈미 총리의 캐릭터 상품을 찾는 데 착안해 만들어졌는데, 지금도 꾸준히 팔려나가고 있다.

그가 만든 '메일 매거진'은 며칠만에 가입자가 200만 명을 넘어섰다. 메일 매거진은 그가 총리가 된 직후에 약속한 것이다. 매주 한 번씩 메일을 통해 그의 개인적 소감이나 정부의 방침 등을 가입자에게 전해주고 있다. 일본정부 대변인인 관방장관은 "세계에서 가장 구독자 수가 많은 잡지"라고 자랑하고 있다. 메일 매거진에 이처럼 많은 국민들이 관심을 가지리라고는 누구도 상상하지 못했다.

고이즈미 총리의 얼굴 사진이 들어간 자민당 선전포스터와 티셔츠는 도쿄도의회 선거에서부터 인기를 끌기 시작해 참의원 선거에서도 위력을 발휘했다. 참의원 선거에서 사이타마(埼玉)현에 출마했던 한 자민당 후보의 사무실에는 후보의 포스터는 한 장밖에 붙어 있지 않고 온통 고이즈미 총리와 자민당 포스터 일색이었다. 물론 이 후보도 여유 있게 당선했다.

무엇이 '고이즈미 열기'를 몰고 온 것일까. 자민당 내부 사정과 국민들의 기대, 그리고 그의 개인적인 성격 등 세 가지 면에서 이유를 찾을 수 있다.

자민당은 1955년 이후 몇 년을 빼고는 계속 정권을 유지해왔다. 그러면서 철저히 파벌 위주의 정치를 펼쳐왔다. 한 명이라도 더 많은 의원을 거느리고 있는 파벌 총수가 어깨에 힘을 줄 수 있었다. 아무리 똑똑한 정치가라도 파벌에 속하지 않으면 정부의 주요 포스트를 맡을 수 없다. 대성하기 위해서는 파벌 총수에게 머리를 숙여야 하는 구조다. 여기에 돌을 던진 것이 '고이즈미 후보'였다.

고이즈미 후보는 스스로 파벌을 뛰쳐나왔다. 모리(森)파 회장까지 맡았던 인물이 입후보 직전에 파벌을 이탈했다고 해서 뭐 그리 대수로우냐는 비아냥도 없진 않았다. 그러나 그의 자세는 표를 쥔 자민당원들에게 신선한 충격을 줬다.

그는 철저히 자민당을 비판했다. 몸담고 있는 당을 비판하는 것은 자칫하면 자기 목을 조를 수 있는 극약처방이다. 그러나 그는 "자민당을 개혁하지 않으면 일본의 개혁은 없다"고 외쳤고, 이 호소는 먹혀들어갔다.

결국 고이즈미 후보는 자민당원들의 가려운 데를 긁어준 것이다. 고이즈미 후보를 총재로 뽑은 자민당원들은 "어디 한번 자민당을 뜯어고쳐 보라"고 주문한 셈이다.

국민들의 기대는 경제와 밀접한 관련이 있다. 일본에서는 '잃어버린 10년'이라는 말이 유행하고 있다. 이는 거품경제 붕괴 후 10년 간 일본 경제가 회복하지 못하고 침체의 늪에 빠져 있는 것을 일컫는 말이다. 경제성장은 둔화되고 주가는 떨어지고 있다. 개인소비도 늘고 있지 않다. 일본정부는 경기부양을 위해 공공사업에 천문학적인 자금을 쏟아부었지만 효과는 아직 나타나지 않고 있다. 국채만 늘고 있을 뿐이다. 이럴 때 고이즈미 총리가 등장했다. 혹시나 하는 기대가 고이즈미 총리에게 쏟아졌고, 이러한 분위기가 '이상열기'를 낳았다. 모든 여론조사에서 고이즈미 총리에게 거는 기대의 1순위는 언제나 경기회복이라는 점이 이를 증명한다.

잇따라 터진 정치 스캔들도 그에게 유리하게 작용했다. 업계 등으로부터 부당한 정치자금을 받은 정치인들이 구속되면서 그의 '클린 이미지'가 빛을 보기 시작한 것이다. 파벌의 보스일 때도 그는 돈으로 소속의원들을 거느리는 일은 하지 않았다. 업계에 무리하게 손을 벌릴 필요가 없었다. 일부에서는 보스자격이 없다고 했지만 아랑곳하지 않았다.

'헨진(變人)' 고이즈미의 용기

무엇보다도 그의 인기비결은 그 자신이다. 그의 별명은 '헨진(變人·이상한 사람)'이다. 고이즈미 총리는 이 별명을 '정치가로서의 헨진'을 의미한다고 주장한다. 즉 정치판에서는 이상한 사람일지 모르지만 일반인들과 비교하면 평범한 인물이라는 뜻이다. 자기가 이상한 것이 아니라 정치가들이 잘못됐다는 주장이다. 참의원 선거 때 만든 광고방송의 컨셉도 바로 그것이었다.

그래서 그는 정치가로서는 하기 힘든 말도 마구 해댄다. "정부가 오히려 민간의 발전을 방해하고 있다"는 말이 대표적이다. 그는 국회에서 지론인 우정사업의 민영화를 주장하며 이 발언을 했다. 우정사업의 효율을 높이기 위해서는 당연히 민간에 넘겨야 한다는 것이다. 자민당 내에서 이런 발언을 한 사람은 없었다. 이런 '용기'가 국민들로부터 박수를 받고 있다.

또한 그는 남의 의견이 아니라 자신의 의견을 얘기한다. 지금까지 역대 총리들은 국회답변을 할 때 관료들이 써주는 것을 그대로 읽었다. 그러나 고이즈미 총리는 그렇게 하지 않았다.

야당 당수들과의 토론회에서는 더욱 그렇다. 대개 야당당수들이 공격을 하면 총리는 수세에 몰리게 마련이다. 그러나 고이즈미 총리에게서는 오히려 역전되는 경우가 많다. 국회의 주요 회의는 공영방송인 NHK를 통해 생중계되기 때문에 이런 모습은 안방으로 파고든다. 국회 생중계에 관심이 없던 국민들이 TV 앞에 모여든 것은 고이즈미 총리가 등장하고난 뒤의 일이다.

그는 매스컴도 절묘하게 이용한다. 모리 전 총리는 기자들과 싸운 적이 많았다. 냉전을 벌인 뒤 며칠 동안 기자들의 질문에 답변하지 않은 적도 여러 번 있었다. 그러나 고이즈미 총리는 중요한 현안에 대해서는 반드시 기자들에게 자신의 생각을 똑 부러지게 얘기한다. 별로 길지도 않다. 핵심만을 짚어 이야기하기 때문에 국민들은 그가 어떤 생각을 갖고 있는지 곧바로 알아들을 수 있다.

때문에 고이즈미 총리의 능력에 회의를 품고 있는 일부 기자들은, "그의 능력을 알아보기 위해서는 1시간 정도 계속해서 말을 시켜봐야 할 것 같다"는 농담을 하고 있다. 그러나 국민들은 그런 것을 기대하고 있는 것 같지 않다.

그의 독특한 취향도 한몫하고 있다. 그는 클래식부터 가요, 팝송에 이르기까지 모든 음악을 좋아한다. 총리가 되기 전에는 음악회도 자주 관람했다. 이를 안 외국기자가 7월 이탈리아 제노바에서 열렸린 선진 8개국 정상회담이 끝난 뒤 고이즈미 총리에게 "이번 회담을 음악에 비유한다면 어떻게 평가할 수 있느냐"고 물을 정도였다. 이런 인간적인 면이 인기를 끄는 데 긍정적인 역할을 하고 있다는 사실을 부인하기 어렵다.

다나카를 꺾은 고이즈미

뚝심도 있다. 대표적인 것이 다나카 마키코(田中眞紀子) 외상의 '항명'을 진압한 일이다. 다나카 외상은 사실 고이즈미 총리보다 훨씬 인기가 높은 인물이다. 그녀는 수년간 모든 여론조사에서 이시하라 신타로(石原愼太郎) 도쿄도지사와 함께 총리감 1,2위를 다퉈왔다.

그때 고이즈미 총리는 명함도 내밀지 못했다. 그녀는 총재선거에서 고이즈미 후보를 지지했고, 그녀의 지원이 고이즈미의 총재당선에 결정적인 영향을 준 것도 사실이다. '헨진'이라는 별명을 지은 것도 그녀였다.

때문에 고이즈미 정권을 '고이즈미 - 다나카 연립내각'으로 부르는 사람도 있다. 고이즈미 총리보다 더 높은 국민적 인기를 얻고 있고, 고이즈미 총리보다 더 '헨진'인 그녀가 겁낼 것은 아무 것도 없는 듯했다.

그녀는 실제로 그런 식으로 행동했다. 외무성 내에 '기밀비 유용사건' 등 오직(汚職)사건이 잇따라 발생하면서 차관인사를 어떻게 할 것인지가 외무성의 최대 현안으로 떠올랐다. 고이즈미 총리는 오직사건이 발생하자 사건 당시 차관 자리에 있던 전·현직 차관 네 명을 전부 경질하라고 지시했다. 그러나 다나카 외상은 그중 한 명은 계속해서 쓰겠다고 버텼다.

그러나 사태는 전혀 뜻밖의 방향으로 전개됐다. 언론이 그녀의 '항명'을 문제 삼고 나선 것이다. 총리의 지시를 거부하는 것은 각료로서 있을 수 없다는 지적이었다. 그러나 그녀는 버텼다. 하지만 결국 총리관저에 들어가 백기를 들고 항복해야 했다. 더 까불면 경질할 수도 있다는 사인을 받고서였다. 다나카 외상은 충격을 받은 것이 틀림없다. 그러나 총리의 뚝심을 나무라는 사람은 아무도 없었다. 소동의 모든 책임은 다나카 외상이 져야 했고, 둘 사이는 급격히 멀어졌다.

고이즈미 총리는 참의원 선거를 앞두고 전국을 누비며 지원유세를 했다. 그는 가는 곳마다 수천 명의 인파로부터 환영을 받았다. 대통령선거에 익숙한 한국 유권자들에게 수천 명은 아무 것도 아닐지 모른다. 그러나 일본 선거풍토에서 수천 명이 모이는 것은 대단한 성공이다.

청중 수 외에도 유세장에 모인 인파들은 예전과는 다른 특징을 갖고 있었다. 가장 큰 특징은 젊은이와 여성이 많다는 점이다. 고이즈미 총리가 연설을 하기 전에 "여기에는 유권자도 아닌 사람들이 많이 와 있다"고 농담을 한 적이 있었다. 학생들을 두고 한 말이다.

심지어 초등학생들까지 고이즈미 총리의 연설을 들으러 나온 곳도 꽤 있었다.

이들은 고이즈미 총리를 '인기스타'로 여기고 나온 것이었다. 선거운동의 도사인 지방의 당 간부들도 "고이즈미 인기가 이처럼 높을 줄은 정말 몰랐다"며 함박웃음을 지을 정도였다.

고이즈미 앞에 놓인 암초들

그렇다면 고이즈미 총리의 앞날은 과연 탄탄대로인가. 결론부터 말하면 그렇지 않다. 그의 인기 원천은 곧 위기의 불씨이기도 하다.

당내 사정부터 살펴보자. 그는 당내에서는 소수파다. 국민적 인기를 업고 총재가 되긴 했으나 최대파벌이자 비주류인 하시모토파가 건재하고 있다. 참의원에서 하시모토파는 23명이나 당선돼 중·참 양원의 파벌세력은 2명 늘어나 103명이 됐다. 그러나 고이즈미 총리의 친정이라고 할 수 있는 모리파는 60석에서 55석으로 줄었다.

하시모토파의 숙원은 물론 정권을 재탈환하는 일이다. 지금은 납작 엎드려 있지만 고이즈미 총리가 실수를 해서 인기가 떨어지면, 총재와 총리 자리를 찾아오는 것은 일도 아니다. 하시모토파는 빈틈을 만들기 위해 그를 흔드는 공작을 할 수도 있다.

고이즈미 총리와 당내 비주류가 부딪칠 만한 몇 가지 시한폭탄이 있다. 우선은 공공사업에 관한 시각차다. 공공사업은 '지방에서 강하다'는 자민당의원들이 표를 얻는 데 결정적인 역할을 해왔다. 그러나 고이즈미 총리는 공공사업비를 10%나 삭감하려 하고 있다. '경기부양보다 구조개혁이 우선이다'는 소신을 갖고 있기 때문이다.

'도로특정재원'이라고 해서 도로를 건설하는 데만 쓸 수 있는 특별회계가 있다. 이것은 자민당 의원들이 표를 얻는 젖줄 역할을 해왔다. 그러나 고이즈미 총리는 "이 예산을 도시환경정비나 환경보호 등 다른 곳에 전용할 수 있도록 하겠다"고 공언했다.

때문에 참의원 선거에서 '고이즈미 인기'를 이용하려는 후보들은 "고이즈미 총리의 개혁을 지지한다"고 말하면서도, "공공사업이나 도로특정재원은 손대지 못하도록 막겠다"고 호소하는 촌극을 빚고 있다. 고이즈미 총리가 이를 강행하면 저항세력이 나올 것으로 예상된다.

고이즈미 총리는 157개의 특수법인이나 영리법인도 모두 민영화하겠다고 밝히고 있다. 한국으로 치면 공공부문 개혁이다. 그러자 벌써부터 저항 움직임이 나타나고 있다. 각 성청의 이해와 퇴직관료의 노후가 걸려 있는 문제이기 때문이다.

고이즈미 총리는 이시하라 노부테루(石原伸晃) 행정개혁상에게 "샌드백이 되겠지만 힘을 내라"고 주문했다. 이시하라 행정개혁상은 9월경 "이 법인들의 처리방향을 발표하겠다"고 밝혔다. 그때 한바탕 소동이 일어날 것으로 예상된다.

지방 자치단체의 눈길도 곱지 않다. 고이즈미 총리가 지자체의 재정자립을 강조하고 있기 때문이다. 국가에서 주는 지방교부세나 보조금만 쳐다볼 것이 아니라 지자체가 먼저 스스로 먹고살 수 있도록 노력하고, 그래도 안 되면 국가에 손을 벌리라는 주문이다. 이같은 태도에 대해 지방에서는 "지방을 버리고 도시만 발전시키겠다는 것이 아니냐"며 의혹과 불안의 눈초리를 보내고 있다.

고이즈미 총리는 이 난관을 극복하기 위해 '중의원 해산'이라는 전가의 보도를 사용할 수 있다. 내 정책에 반대하면 중의원을 해산해 국민의 심판을 받아보자고 정면으로 맞서는 것이다. 그러나 이러한 결정은 최악의 경우 자민당 분당(分黨)으로 이어져 정계개편을 초래할 수도 있다.

한국에 가지 않는 우익 총리

이제 국민들에게 '입'이 아니라 '행동'으로 뭔가를 보여줘야 할 때가 됐다는 것도 그에게는 부담이 아닐 수 없다. 고이즈미 총리는 '성역 없는 개혁'과 함께 '고통이 수반되는 개혁'이라는 말을 자주한다. 즉 개혁을 하는 과정에서 국민들이 고통을 당하는 경우가 있을 수 있는데 국민은 이를 감내해야 한다는 것이다. 고통이라는 것은 간단히 말해 실업이나 기업 도산, 그리고 세금이나 개인부담의 증가를 뜻한다.

앞으로 그가 처리해야 할 가장 큰 일은 부실채권 정리와 금융개혁, 규제완화 등이다. 이를 통해 경기를 회복시키겠다는 것이 그의 약속이었다. 그러나 이는 상당히 시간이 많이 걸리는 '한방적(漢方的) 접근'이다. 일부에서는 이 방법에 대해 불만이 많다. 당장 경기부양에 나서야 한다는 주장인 것이다. 그러나 고이즈미 총리는 꿈쩍도 않고 있다. '구조개혁 없이 경기회복은 없다'는 것이 그의 지론이다.

지금까지는 국민들이 그의 주장에 귀를 기울여주고 있는 것 같다. 그러나 그 효과가 나타날 때까지 과연 기다려 줄지, 그리고 개혁으로 인한 피해가 국민에게 돌아올 때에도 이를 용인할 것인지는 미지수다.

개인적인 매력도 양날의 칼이다. 그는 총리가 되자마자 헌법개정과 집단적 자위권 보장, 야스쿠니(靖國)신사 참배와 총리 직선제 등을 들고 나왔다. 지금까지는 소신을 갖고 있더라도 소신이 당장 이뤄지리라고 믿었던 총리는 없었다. 그러나 고이즈미는 실제로 의욕을 갖고 덤벼들었다. 한국으로서는 '매파' 총리가 이웃이 된 것이다. 그가 이러한 일을 할 수 있을지의 여부는 그가 얼마나 오랫동안 총리자리에 있느냐에 따라 결정될 것으로 보인다.

이러한 사안에 의욕을 보이는 고이즈미의 정신적 · 심리적 상태는 상당히 '우익'에 가까운 것 같다. 물론 본인은 부인하고 있지만 그가 지향하는 국가상은 한국의 처지에서 볼 때 그리 달가운 것은 아니다.

이런 점은 외교에서 벌써 문제를 노정하고 있다. 그는 한번도 한국을 방문한 적이 없다. 총리가 되고나서도 한국을 방문하고 싶다고 말한 적도 없다. 한일 양국은 격년으로 상대방 국가에서 정상회담을 열기로 약속해놓고 있는데, 올해는 일본 총리가 한국을 방문할 차례다. 하지만 교과서 · 꽁치 · 야스쿠니신사 문제로 그는 한국 방문을 입에 올리기도 어려운 처지가 되었다.

1998년 김대중(金大中) 대통령이 일본을 방문해, 오부치 게이조(小淵惠三) 당시 총리와 맺은 '한일 공동 파트너십 선언'은 한일관계를 비약적으로 발전시키는 역할을 했다. 그러나 이제는 그것을 파기해야 한다는 주장이 나올 정도로 한일관계는 악화됐다. 현재 한일 간에 부상한 현안들에 대해 고이즈미 총리는 아무런 해결책을 내놓지 않고 있다. 국내에서의 높은 인기와는 달리 외교문제에서는 별다른 영향력을 행사하지 못하고 있는 것이다.

이중적인 고이즈미의 인기

물론 그도 몇 번 "한국과 중국은 일본에 매우 중요한 이웃이고, 두 나라와의 우호관계는 일본의 국익에도 큰 도움이 된다"고 말한 적이 있다. 그러나 막상 문제가 발생했을 때 그가 성의를 보인 적은 없다.

야스쿠니신사 참배가 문제가 되고 일본 국내에서도 최대 정치쟁점으로 부상하자 그는, "일단 참배를 한 뒤에 한국 및 중국과 어떤 화해방안이 있는지를 생각해보겠다"고 말했다. 일단 불에다 기름을 부은 뒤 소화방법을 생각해보겠다는 것이다.

그러나 이런 때일수록 한국은 그에게 방한의 필요성을 강조하고, 그도 한국 방문에 적극적으로 응해야 한다는 지적도 없지 않다.

그의 인기는 상당히 '이중성'을 띠고 있다는 점도 지적된다. 보통 개혁이라고 하면 미래 지향적이고, 세계 지향적이다. 그러나 그에게 인기를 안겨다주는 것은 대부분 과거 지향적인데다 국내용이 많다.

집단적 자위권 확보나 헌법개정 문제 등은 일본을 제2차 세계대전 이전으로 돌려놓겠다는 발상이다. 일부 반대가 없는 것은 아니지만 국내에서는 이를 지지하는 세력도 많은 것이 사실이다. 이웃국가들이 걱정스러운 눈으로 보고 있는 것과는 딴판이다. 그가 아시아의 지도자를 넘어 세계의 지도자가 되려면 사안을 좀더 국제적 시각에서 판단하는 것이 필요하다는 지적이 많다.

그가 이성적으로 의사를 결정하지 않을 수도 있다고 걱정하는 이들이 적지 않다. 그는 "한 말은 반드시 지켜야 한다"는 성격이다. 정치가로서는 좋은 덕목일 수도 있다.

그러나 총리가 되면 하고 싶어도 못하는 일이 있고, 하고 싶지 않아도 해야 할 일이 생긴다. 그것이 국익에 합치하는 일이라면 개인의 소신은 잠시 유보해야 한다. 국가를 책임지고 있는 사람은 당연히 그래야 한다. 그러나 그에게는 그런 것을 기대하기 어렵다는 것이다.

운신의 폭이 좁아진 민주당

그의 등장으로 야당의 활력이 사라진 것도 문제점으로 등장했다. 모리 전총리 시절만 하더라도 제1야당인 민주당은 참의원 선거에서 자민·공명·보수 등 보수 연립 3당이 과반수를 차지하지 못하도록 저지하고, 여세를 몰아 중의원을 해산한 뒤 다른 야당과의 공조로 과반수를 확보한 후 정권을 장악하겠다는 구상을 갖고 있었다.

그러나 고이즈미 총리의 등장으로 이 구상은 한낱 물거품이 되고 말았다. 고이즈미 총리가 있는 한 다음 중의원 선거에서도 야당은 고전할 것이다. '고이즈미 개혁'의 성패에 따라 달라지겠지만, 정권교체는 현재로서는 그림의 떡이다.

민주당은 더이상 '개혁구호'가 상품이 되지 않기 때문에 치명상을 입었다. 민주당은 "자민당의 고인 정치를 바꿈으로써 일본을 바꿔보자"고 호소해왔다. 그런데 이 구호를 고이즈미 총리가 몽땅 가져가버린 것이다. 자민당과의 차별성이 사라지면서 당의 정체성마저 흔들리고 있는 형편이다.

가바시마 이쿠오(蒲島郁夫) 도쿄대 교수는 "일본 정치에서 최악의 시나리오는 자민당의 독주로 인해, 민주당이 자신을 잃고 나아가서는 분열하는 일"이라고 말했다. 그는 이렇게 말한다.

"자민당의 대체 정당으로서 존속해서, 유권자에게 정권교체의 기회를 제공하는 것이 민주당의 역할이다. 이번 참의원 선거에서 무당파층의 상당수가 자민당에 흘러갔는데도 민주당이 26석(기존의석 22석)이나 차지한 데는 그런 의미가 포함돼 있다. 원래 당내 소수파였던 고이즈미씨의 도전을 유권자가 버리지 않았듯, 유권자들은 민주당의 도전도 결코 무시하지 않을 것이다. 민주주의의 진수는 경쟁이므로 민주당의 분발이 필요하다."

야당을 격려해야 할 만큼 자민당은 강해졌고, 그 중심에는 고이즈미 총리가 있다. 일본 국민은 현재 고이즈미 총리에게 커다란 도박을 걸고 있는 셈이다.

심규선(동아일보 도쿄 특파원)

독일교과서의 역사관 "아우슈비츠를 반복해선 안 된다"
『신동아』 제504호 2001. 9.

독일의 과거사 교육을 이해하는 첫번째 열쇠는 죄의식의 대물림이다. 두번째는 아우슈비츠를 반복해서는 안 된다는 것이다. 학자들은 범죄사실에 집중할 때 비로소 범죄를 극복할 수 있다고 주장한다. 1978년 서독 교육부는 이 주장을 채택해 역사교과서뿐만 아니라 윤리 · 사회 · 종교 · 독일어(국어) · 영어교과서 등 사실상 인문 · 사회교육 전반에 적용하고 있다.

1989년 동독 시민들은 공산당 강압 통치에 반대하며 차가운 길거리로 쏟아져 나왔다. 자유를 갈망하는 그들의 절망적인 목소리는 "독일은 하나의 조국을 원한다"는 희망의 외침으로 바뀌었고, 자유의 상징 '서독'을 향한 대탈출이 시작되었다.

이 물결은 마침내 30년 가까이 동서독을 군건히 가로막고 있던 장벽을 무너뜨렸다. 통일의 구호가 전 독일을 가득 메웠고, 통일 독일의 출현을 둘러싼 세계 열강들의 힘겨운 줄다리기 소식이 급전을 타고 세계 각지로 전해졌다.

이렇게 독일 통일의 용광로가 거친 열기를 뿜어내는 동안, 다른 한편에서는 전후 서독의 45년을 관통하는 일련의 사건이 벌어지고 있었다.

1990년 봄 서독 프랑크푸르트에서는 현 독일연방 외무장관 요시카 피셔를 비롯한 녹색당과 사민당의 일부 정치인이 참여한 '반통일' 데모가 한창이었다. 당시 사민당 당수 오스카 라퐁텐은 집권 기민당 헬무트 콜 총리에 비해 인기도에서 20% 앞서고 있었다.

정권교체의 희망을 한몸에 안고 있던 그는 "서독은 그 뿌리를 '아우슈비츠(Auschw itz)'에도 갖고 있다. 이를 망각하는 것은 비도덕적일 뿐 아니라 대단히 위험한 일이다. 우리는 분단을 역사적 죄과의 산물로 받아들여야 한다"며 분단을 독일인의 '죄과'로 해석했다. 거부할 수 없는 역사의 흐름으로 여겨지던 '통일 기류'에 정면으로 맞선 것이다. 노벨문학상 수상작가인 귄터 그라스도 1990년 한 연설에서 "독일의 현재를 숙고하거나, '독일의 정체성'에 대한 해답을 찾고자 하는 이는, '아우슈비츠'를 함께 생각해야 한다"며 반통일 운동 대열에 합류했다. 이렇게 당대를 대표하는 정치인, 지식인들이 앞장서 통일을 반대할 만큼, 나치의 전쟁 범죄에 대한 '죄의식'은 독일인의 머릿속 깊이 새겨져 있었다.

아우슈비츠, 모든 과목 언급

전후 1세대에서 발견되는 이러한 '죄의식'의 뿌리는 그들의 학창 시절로 거슬러 올라간다. 청소년기 이들이 학교에서 배운 '나치의 만행'은 말을 잊게 하는 충격 그 자체였고, 이는 다시 학교에서 가정으로 논쟁의 장소를 옮겨 이어졌다. 그들의 부모세대는 어떠한 형태로든 나치정권과 관계를 맺은 세대였다. 청년당원으로, 군인으로, 또는 방관자로 어두운 과거를 가슴속에 묻고 살아가는 부모세대에게는, 자신들의 과거를 화두로 삼는 것이 그리 달가운 일은 아니었을 것이다. 전후 1세대는 마치 부모가 지하실 창고에 '시체'라도 숨겨둔 것처럼, 범죄사실을 추궁하며 달려들었다.

이런 가운데 가능하면 침묵하고자 했던 부모와, 부모의 고백을 듣고자 했던 자식 간에 '죄의식'이라는 공통분모가 자라났다. 양 세대에게 과거사에 대한 기억은 바로 죄에 대한 고백을 의미했다. 이러한 전쟁세대와 전후 1세대 간의 갈등은 이후 '1968 사회운동'의 한 배경으로 설명되기도 한다.

독일의 과거사 교육을 이해하는 두 개의 열쇠 중 하나가 앞서 설명한 '죄의식'의 대물림(유산)이라면, 1969년 발간된 독일계 유대인 사회학자인 아도르노의 저서 『아우슈비츠 이후의 교육』에서 그 두 번째 열쇠를 찾을 수 있다. 그는 "모든 정치·역사 교육은 '아우슈비츠'가 다시 반복되어서는 안 된다는 것에 중점을 두어야 한다. 이는, 범죄 사실에 직면하는 데 대한 두려움을 버리고, 이 테마에 집중할 때에만 비로소 가능할 것이다"라고 역설한다.

그리고 1978년 서독 교육부는 이 주장을 학교교육의 '규범적 요청'으로 채택한다. 이후 이 '재발 방지'라는 '규범적 요청'은, 단지 역사교과서에 국한하지 않고 윤리, 사회, 종교, 독일어(국어), 영어 교과서 등 사실상 인문·사회교육 전반에 적용되고 있다.

1996년에 발간된 독일 함부르크 주정부 교육청의 '교육지침'을 살펴보자. 초등학교 6학년 '종교' 교과서는 기독교 생성 문제와 관련하여 '역사적 예수'라는 장에서 유대인의 역사를 처음으로 소개한다. 유대인이 유럽 땅에 정착하는 역사적 과정과 그들에 대한 인종차별 역사를 다루고 있다. 고등학교 1학년까지 이어지는 '종교'수업에서는, '신나치(극우파)', '이스라엘과 팔레스타인' 등 시의적절하고 폭넓은 주제를 포괄하고 있다.

'종교'수업을 대치하여 선택할 수 있는 '윤리'과목의 교과서에서는, 유대인의 역사를 소개할 뿐만 아니라, 나치 시대 '개인의 선택'과 이 선택이 가져온 참혹한 사회적 결과를 학생이 되돌아보게끔 한다. 전쟁 범죄에 참여했던 사람을 적극적인 범죄자와 소극적인 방관자로 나누고, 방관자도 나치 범죄의 동조자나 협력자임을 명확히 하고 있다. 특히 이들 동조자 중에 오스카 쉰들러와 같이 결국에는 위험을 무릅쓰고 유대인을 도와주는 사람으로 변모했던 이들의 심리를 분석하고 있는데, 이는 매우 돋보이는 부분이다.

중학교 1학년 독일어(국어) 교과서에는 세계적 명작 '안네 프랑크의 일기'가 등장한다. 이어 2학년과 3학년 교과서는, '나는 노란 별을 달았네', '당시에는 평화로웠습니다' 같은 청소년 시각에서 당시의 참혹한 나날을 묘사한 글을 싣고 있다. 스필버그의 영화 '쉰들러 리스트'를 직접적 소제로 다루고 있는 중학교 3학년 영어 교과서에서도 독일인들의 과거사에 대한 식지 않는 반성의 태도를 다시 한 번 확인할 수 있다.

다음은 역사교과서를 살펴보자. 먼저 독일에서 역사교과서는 일차로 주정부 교육청이 선택하는데, 민간 출판사에서 발행한 교과서 중 7~8종을 결정한다. 이 테두리 안에서 각 학교가 최종 선택권을 행사한다. 중학교 3학년 역사교과서부터 나치의 유대인 학살을 의미하는 '홀로코스트(Holocaust)'가 본격적으로 등장하기 시작한다. '홀로코스트 교육'으로 표현되는 역사 교과과정은 크게 기초단계와 심화단계로 나뉜다.

고등학교 1학년까지의 기초단계에서는 '독일 내 유대인의 역사'라는 소제목 아래 다음의 내용이 담겨 있다. ·중세 시대, 유대인의 유랑과 억압·근세 시대, 계몽과 해방·독일 제국에서의 유대인·바이마르 공화국에서의 유대인 등이다. 기초단계에서는 나치 집권 이전의 과거사 중심으로 '사실 전달'에 집중하고 있다.

심화단계에서는 '민족주의와 2차 세계 대전'이라는 소제목 아래 다음의 테마를 의무적으로 포함하고 있다. ·유대인 차별과 유대인 강제 이주 정책 ·인종주의와 인종주의 법령과 제도들 ·강제수용소와 인종청소의 체계 ·죽음의 공장, 아우슈비츠 ·전통적인 반(反)유대인주의와 홀로코스트 : 범인들의 동기와 자기변명들 ·관계 개선의 어려움과 유대인에 대한 추모 등이다.

마지막으로 학생들에게 두 개의 선택 주제가 제시된다. 하나는 나치의 정치선동과 관련한 '선동과 현실'이라는 주제이고, 나머지 하나는 '신나치주의와 현재'다. 이중 하나를 학생 스스로 선택하여 사고하게 해서 역사와 현재를 접목하고 있다. 심화단계에서는 단순한 '사실 전달'에 집중했던 이전 과정과 달리, 다양한 시각을 비판적으로 읽는 능력과 토론 능력을 습득하는 것이 학습목표로 설정되어 있다.

1996년 이후 발행된 독일 및 폴란드의 역사교과서에는, 히틀러 나치 정권의 피의 학살정책에 저항했던 '유대인 투쟁사'가 등장한다. 일본의 역사교과서에 '항일투쟁사'가 실린다는 것은 우리에게는 상상조차 하기 힘든 일일 것이다. 이는 1970년대 이후 계속 추진된 폴란드, 이스라엘, 독일 역사학자 및 역사교과서 저자들로 구성된 위원회가 공동 작업한 결과다. 나치 정권의 전쟁 범죄가 중심적으로 서술되던 지금까지의 교과서에서는 유대인은 피해자로서 무력하고 수동적인 모습으로 그려질 수밖에 없었다.

반나치 저항조직도 기술

그러나 1996년 개편된 새 교과서에는 폴란드를 중심으로 동유럽 지역에 광범위한 유대인 저항조직이 있었으며, 그중 군사 저항조직은 이미 1939년부터 존재했음이 기술되었다. 또한 '반격, 불타는 바르샤바의 게토' 등 유대인 저항시가 짤막하게나마 소개되고 있다. 이처럼 폴란드, 독일 양국은 전후 이스라엘 역사가들의 노력을 적극 수용하고 있다.

"……(중략)…… 우리 유대인들이 들판에서 기도하는 것을 들어주었던 야훼여, 그리고 당신 독일인의 하느님이여, 우리의 기도를 들어, 우리가 독일인과 벌이는 피의 투쟁을 도우소서……(중략)".

교과서에 담긴 이름모를 한 유대인의 절규가, 지금까지 역사의 증언대로 보존되고 있는 강제 수용소의 가스실과 화장터의 시공간적 한계를 넘어서, 오늘의 독일 청소년들에게까지 전해지고 있다.

독일 연방 각 주(州)정부 교육청은 '홀로코스트 교육'을 위해, 생존자와의 만남을 주선하고, 강제 수용소 방문과 학생 자치활동을 지원하는 등 다양한 프로그램을 제공하고 있다. 또 적은 수이기는 하지만 각 주정부마다 각각 '홀로코스트 교육 자료 도서관'도 운영하고 있다. 함부르크 자료 도서관의 경우 2000년 한 해 동안 총 3319회 대출되었다. 구체적인 대출 내역을 보면 홀로코스트 기록영화 134회, 강제 수용소 기록영화 41회, 아우슈비츠 기록영화 20회, 영화 '쉰들러 리스트' 71회다.

폴란드 · 독일 · 이스라엘 학생 상호 교환 방문

독일 서북부에 있는 한 주의 경우, 이제까지 적극적으로 추진해온 강제수용소 생존자와 학생들의 직접적인 만남이 생존자 노령화로 교육효과가 줄어들고 있다고 판단하여, 폴란드 · 독일 · 이스라엘 학생들의 상호교환과 현장학습에 대한 지원을 한층 강화하고 있다. 폴란드 학생을 독일로 초청, 나치가 불태운 유대교 성소를 보여주기도 하고, 독일 학생들을 폴란드에 보내 나치의 강제 수용소를 둘러보게 한다. 또 학생들을 방문지역 폴란드 가정에 묵게 하는 등 직접적인 경험을 통해 상호 이해의 폭을 넓히려고 시도하고 있다.

이 현장학습과 교류활동에 참여한 학생들은 직접 기록영화를 만들기도 하는 등, 자신의 경험과 지식을 학급 동료에게 소개하는 기회도 갖게 된다. '강제수용소의 여성들'이라는 소주제로 폴란드 참관기를 발표한 15세 독일 여학생은 "이제 내 머릿속에 당시의 일들이 그림처럼 또렷하게 남아 있어요. 그리고 그곳에서 어떤 일이 벌어졌는지, 내가 찾아갔던 그곳, 만나본 사람들, 어떤 물감으로도 지워지지 않을 것 같아요"라며 참관기를 마감하고 있다.

역사교육 연구가들의 적극적인 활동도 눈에 띈다. 이들은 연구활동뿐만 아니라, 수업 참관이나 새로운 역사교육 프로젝트를 운영해, 전후 2세대를 위한 과거사 교육 내용과 방식 개편 작업에 참여하고 있다. 1951년 '교원노조'의 단위 노조로 설립된 '서독 역사교사 협회'는 '우리시대 역사교육'이라는 연구팀을 자체 구성하여 지금까지 활동하고 있다.

독일연방 정부의 지원을 받아 1979년 설립된 역사교과서 연구기관 '게오르크 에케르트 연구소(www.gei.de)'는 국제적 공동 학술 연구에 주력하고 있다. 이 연구소는 1992년부터는 유네스코(UNESCO)와 협력, '국제 교과서 연구 네트워크'를 구성하여 국가의 경계를 넘어 국가간 선입관과 오해를 제거하는 연구작업에 기여하고 있다.

이 연구소가 주최한 2000년 학술대회에서는 매우 주목할 만한 연구결과들이 발표되었다. 지금까지 '전후 1세대'에 기초한 역사교육이 교육대상이 전후 2세대로 교체되면서 그 내용과 방식에 뚜렷한 한계를 보이고 있다는 지적이다. 또 과거사 교과과정에 대한 개혁이 시급하다는 의견도 개진되었다. 이 학술대회가 던지는 일차적인 질문은, 이른바 '입체적인 홀로코스트 교육을 하고 있으나 급격하게 늘어나는 청소년층의 극우파 동조 경향을 어떻게 설명할 수 있을까'이다.

1998년부터 매년 진행된 청소년을 대상으로 한 여론조사는 이 질문의 심각성을 극적으로 보여준다. '홀로코스트'가 무엇을 뜻하는지 아느냐는 질문에, 조사대상 청소년(14~18세) 중 평균 59%가 '모른다'고 답하였다. 실업계 고등학교의 경우 더욱 심각하여 '모른다'고 대답한 비율이 무려 87%에 이르고 있다. 14세 학생 중 90%가, 의무 교과과정인 '홀로코스트 교육'을 수업시간에 접해보지 못했다고 답해서 충격을 더했다.

이에 대해 한 역사교과서의 저자인 질버만씨는 "최근 몇 년 동안 독일 전역에서 법적 구속력을 가진 교과과정이 지켜지지 않은 것으로 이해될 수 있다"고 주장했다. 그는 나아가 "무려 600만 명 이상의 유대인이 살해됐다. 대량 학살 이후 이제 반세기가 지났을 뿐인데, 성인인구의 70%만 그 이유를 설명할 수 있다. 특히 구동독지역의 청소년들이 '무지'의 핵심을 이루고 있다"고 성토했다. 그의 지적처럼, 구동독지역 청소년의 교육은 심각성을 드러내고 있으며, 이에 따라 관할 주정부 교육청에서는 대책 마련에 부심하고 있다.

베를린 주정부 교육청의 경우, 2001년 초부터 중·고등학교 역사 교사를 대상으로 '극우' 문제에 대한 '재교육'을 한창 진행하고 있다. 봄부터 1년 과정으로 진행되는 3개조 재교육 세미나는 참가 희망 교사들로 만원을 이루었다. 각 25명 정원 세미나에 평균 45명의 지원자가 몰려들었고 참가 이유를 묻는 지원서 질문 조항에, 많은 교사가 '역사교육과 극우에 대한 교과과정이 자신들의 능력을 초과하고 있다'고 대답했다.

재교육에 대한 이와 같은 열기는 최근 발표된 베를린 주 교육청의 통계자료를 보면 쉽게 이해할 수 있다.

2001년 상반기에 발생한 극우성향 학생들의 사고는 총 24건으로 전년과 견주어 33%나 상승했다. 또한 24건 중 3분의 2에 해당하는 16건이 구동베를린 지역에서 발생했다. 칠판이나 벽에 낙서된 나치 문양과 '하일 히틀러'라고 구호를 외치는 학생, 유대인 여학생 책상에 유대인을 상징하는 '다윗의 별'을 그려놓은 경우 등이 사례로 보고되었다. 재교육을 통해 교사들은 극우파의 기초 이데올로기에 대한 대항논리를 발전시킬 뿐 아니라, 그들이 선호하는 록밴드, 구호, 유행하는 옷 그리고 즐겨 사용하는 상징에 대한 정보도 얻게 된다. 특히 참가 교사들이 사례발표 등을 통해 경험을 나눔으로써, 문제에 대한 인식을 공유하고, 공동 대응방안을 모색하고 있다.

동독지역 중심으로 극우파 등장

한 여교사의 경험담이다. "교실에 들어서니, 칠판에 나치 문양이 크게 그려져 있더군요. 너무 놀라고 화가 나서 전 비명을 질렀죠. 그러자 학생들이 제 비명소리에 열광하듯 환호성을 질러대는 거예요."

'외국인이 독일인의 일자리를 빼앗고 있다'는 식의 극우 성향 낙서에 애써 무관심하게 대응하는 교사들도 있지만, 대부분의 교사는 일부 학생들의 극우적인 행동에 공포감을 느낀다고 토로했다.

베를린 외곽 한 인문고등학교에서 발생한 일이다. 노령의 강제 수용소 생존자가 수업시간에 초대되었다. 한 학생이 벌떡 일어나 이 생존자에게 질문을 던졌다.

"강제 수용소에서는 한 달에 몇 번 성관계를 가졌어요? 그런데 가스실 문은 안으로 열리던가요, 밖으로 열리던가요?"

이 질문에 당황한 담당 교사는 수업을 중단시켰다.

물론 교사들이 밝히는 경험담에서 독일 역사교육의 현황을 일반화해 말할 수는 없을 것이다. 그러나 재교육 담당관인 로이버씨의 "고통을 묘사하고, 이를 통해 동정을 일으키는 식의 교육방식은 많은 학생들에게 더이상 통하지 않는다"는 진단처럼, 지금의 과거사 교육방식에 문제가 있는 것은 명백한 사실이다. 그는 "최근 가장 큰 문제는, 극우파 대응 방법에 대한 교사 교육의 공백이다. 이들이 낭패를 겪은 후 가능하면 극우파 문제를 회피하려 하고 있다”며 교사의 재교육을 확대할 필요성에 대해 역설했다.

베를린 주 교육청도 재교육을 역사 교사에서 단계적으로 전체 교사로 확대한다는 계획을 제출하고 있으며, 과거사 교육을 초등학교부터 조기실시하기 위해 연구진을 구성하여 교과서 편찬 및 교육과정 개편을 위한 연구 작업에 착수했다. 또 다가오는 신학기부터는 베를린 초등학교에서는 매주 1시간의 ‘톨레랑스’ 시간이 도입된다. 타문화와 외국인의 문제를 어려서부터 자연스럽게 받아들일 수 있게 돕기 위해서다.

‘기억 = 죄의 고백’이란 등식이 쉽게 성립할 수 있었던 전후 1세대는 이미 학교를 떠난 지 오래다. 그리고 그 자리를 채운 전후 2세대가 할아버지, 할머니 세대 또는 증조부 시대의 나치 이야기를 듣고 있다. 이들 전후 2세대에게 “너는 잊었다고 말해서는 안 된다, 네 죄를 잊지 말아라”는 ‘기억명령’은 점차 설득력을 잃어갈 수밖에 없는지도 모른다. 구서독지역을 살펴보면 쉽게 이 정황을 이해할 수 있다. 프랑크푸르트시의 경우 부모가 독일 국적을 갖지 않은 학생 비율이 평균 30%에 이른다. 이들에게 과거사의 책임을 직접 묻는 것은 무리다. 또 독일계 학생들이 동료 외국인계 학생들에게서 듣는 “당시에는 유대인, 지금은 터키인”이라는 식의 비난은 매우 수용하기 힘든 논리적 비약을 담고 있다.

동독지역 새로운 역사교육 필요

이러한 전후 2세대의 다양성과 갈등 양상은 현장 교사들이 힘들어하는 부분이다. 과거, 순수 백인 국가였던 구동독지역, 특히 소도시 지역을 가면 상황은 완전히 달라진다. 자신의 부모가 20%에 육박하는 실업률에 고통을 받는 것을 눈으로 보며 이들은 자라고 있다. 더욱이 이들은, 태어나서 한번도 ‘피부색’이 다른 사람을 학급 동료나 친구로 가져본 적이 없다. 도시 전체 외국인 비율이 2~3%에 지나지 않는다.

이런 학교에 터키계 학생이 한 명 전학오면, 학교는 온통 난리가 난다. 교사도 학생들에게, ‘다른 문화’를 설명하기 힘들어한다. 최근 터키로 휴가를 가는 구동독지역 교사들이 늘고 있다고 한다. 타문화를 경험하기 위해서다. 방학이 끝나면, 교사는 터키에서 가져온 옷이며 장신구를 교실에 전시하기도 하고, 터키 음식에 대한 경험담도 한창 늘어놓는다. 그러나 이러한 임시방편이 “우리는 외국인을 좋아하지 않아요”라고 서슴없이 이야기하는 이 지역 학생들에게 얼마나 효과가 있을지 의심스럽다.

저명한 역사학자 벨른트 바그너씨는 "통일 이후 지난 10년은 우리에게 잃어버린 시간이다"며, 역사학계가 통일 이후 역사교육 통합 작업에 집중한 나머지 새로운 과거사 교육을 정립하는 데 소홀했음을 인정하며 안타까워했다. 구동독에서 나치 역사에 대한 기술은 서독의 그것과는 다른 길을 걸었다. 반파시즘 역사의 중심에는 히틀러에 대항했던 공산당의 저항이 놓여 있다. 이와 함께 '독일 역사상 최초의 노동자 - 농민국가' 건설사가 역사교육의 대부분을 차지했다. 동독 공산당 서기장 울브리히트와 호네커가 이야기했듯이 '승리의 역사'가 동독의 전후 1세대 머리를 붙잡았다.

그러나 이들의 자녀들은 통일 이후 서독에서 직수입된 교과서를 배우며 자라게 된다. 수입된 교과서가 45년의 간격을 메우지 못해 허덕이는 동안, 극우파의 논리는 구동독의 청소년들을 쉽게 사로잡고 있는 것이다.

일부이지만, 이들이 귀에 꽂고 있는 이어폰에서 "저 깜둥이와 유대인을 죽여버리자. 순결한 우리 조국을 위해" "유대인의 무덤에 오줌을 갈기자"는 가사의 극우주의 록밴드의 음악이 흘러나오고 있다. 익히 알려진 것처럼, 철저한 과거청산과 역사교육을 자랑하는 독일에서도 새로운 환경과 새로운 세대는 또다른 전환을 요구하고 있다.

강정수(베를린자유대 박사과정)

역사교과서 왜곡 우리부터 반성을
- 일본의 신자유주의의 첨병화와 군 대국화를 경계하며
『디지털 말』 2001. 11. 4

일제시대의 역사교육은 우리 민족을 왜왕의 충량한 신민으로 만들어 기능과 노동력의 무자비한 착취를 목표로 진행되고 민족말살은 대동아 공영권이란 기만극을 내세운 가운데 '내선일체(內鮮一體)', '황국신민화(皇國臣民化)' 교육정책에서 절정을 이룬다.

해방 이후는 반공을 이유로 이승만에 의하여 발탁된 일제 경찰과 군인 출신들과 친미세력이 동전의 앞뒤를 이루어 정치권력의 핵심부를 장악하고 남하한 극우세력의 일부가 가담하여 교육전반은 유심론적, 자본주의적, 반공적, 비주체적 역사관이 주류를 이룰 수밖에 없었다.

전통적 민족사학과, 사회경제사학이 배제된 가운데서도 각성된 사학자들에 의하여 꾸준히 민족주체사관, 통일사관에 입각하여 근현대사의 새로운 개척, 북한사의 연구, 우리 고대사와 중세사가 재조명되기도 하였으나, 이러한 연구 성과가 교과서에 반영되기에는 그 세력이 역부족이었다.

4·19혁명도 잠시 잠깐. 일본 장교 출신의 박정희 군사 정권에 이르러서는 근 20년에 이르는 기간에 '민족적 민주주의'니, '국적 있는 교육'이니 하는 말이 군사독재를 합리화하기 위한 수단방법으로 용어의 개념이 도용되고 혼미되어가는 가운데 분단사는 더욱 심화되고 역사 교육은 정권의 시녀로 전락하고 말았다. 미국과 일본이 우방으로 기정사실화함으로써 민족주체 사관도 퇴색을 면치 못하고 역사기술의 터부도 늘어만 갔다.

당시 진보 진영은 반획일화교육, 반경쟁교육을 지향하여 인간성 회복을 위한 교육, 주체성 있는 교육, 통일 지향적 교육을 추구했으나, 신자유주의와 세계화라는 망령의 터를 닦아놓은 문민정부를 거쳐 국민의 정부도 IMF의 족쇄를 찬 가운데 교육은 상업논리로 전환하여 수익자 중심이니 열린 교육이니 학생 중심교육이니 무한 경쟁이니, 기능만능이니, 능력중심이니 하면서 교육정책이 난무한다.

이 가운데 급기야 교육과정에서 국사교과서를 제거하여 사회과목의 하나로 편입시키고 심지어는 독립교과서마저 말살하려는 것을 국사학계의 거센 반발로 멈칫하였으나 배당시간을 줄이는 문제가 발생하게 되었던 것이다.

과거 문교부나 교육부가 이제는 '인력 자원부'가 되어 인간을 한갓 인력자원으로 보는 현실에 과연 일본 교과서 왜곡 운운할 자격이나 있는 것일까? 우리는 자신의 역사인식부터 바로하고 혁명적이라 할 수 있는 역사교육의 체계를 바로잡고 주체적 통일교육으로 나가야 할 때이다.

아랫목에서 외국 자본이 즐거움을 만끽하는 가운데 대다수 민중들이 윗목에서 떨며 눈에 핏발이 서는 일이 더이상 방치되어서는 안 되겠다.

홍갑표 기자